中国哲学社会科学学科年鉴
CHINESE ACADEMIC ALMANAC

# CHINESE MANAGEMENT ALMANAC

曲永义 主编

# 中国管理学年鉴

# 2021—2022

中国社会科学出版社

图书在版编目（CIP）数据

中国管理学年鉴. 2021—2022 / 曲永义主编. — 北京：中国社会科学出版社，2022.10
ISBN 978-7-5227-1163-8

Ⅰ.①中…　Ⅱ.①曲…　Ⅲ.①管理学—中国—2021-2022—年鉴
Ⅳ.①C93-54

中国版本图书馆CIP数据核字（2022）第242937号

出 版 人　赵剑英
责任编辑　彭莎莉
责任校对　韩海超
责任印制　张雪娇

出　　版　中国社会科学出版社
社　　址　北京鼓楼西大街甲 158 号
邮　　编　100720
网　　址　http://www.csspw.cn
发 行 部　010－84083685
门 市 部　010－84029450
经　　销　新华书店及其他书店

印刷装订　北京君升印刷有限公司
版　　次　2022 年 10 月第 1 版
印　　次　2022 年 10 月第 1 次印刷

开　　本　787×1092　1/16
印　　张　56.25
插　　页　2
字　　数　1191 千字
定　　价　478.00 元

2020年8月22日，由中国企业管理研究会、江西财经大学主办，江西财经大学工商管理学院承办的“疫情冲击下的企业管理创新”研讨会暨中国企业管理研究会2020年会长理事长会议在江西南昌召开

2020年10月24日，由《经济管理》杂志社主办，河南财经政法大学工商管理学院承办的中国工商管理研究年度高端论坛（2020）在河南郑州召开

2020年11月14日，由中国企业管理研究会、蒋一苇企业改革与发展学术基金、青岛大学主办，青岛大学商学院承办的“百年未有之大变局下的企业管理创新”学术研讨会暨中国企业管理研究会2020年年会在山东青岛召开

2021 年 6 月 20 日，由《中国工业经济》杂志社、上海交通大学安泰经济与管理学院共同主办的《中国工业经济》第四届中国管理学高端前沿论坛在上海召开

2021 年 7 月 10 日，由中国企业管理研究会、蒋一苇企业改革与发展学术基金、内蒙古财经大学主办，内蒙古财经大学工商管理学院等单位承办的“新发展阶段的中国企业管理创新与发展”暨中国企业管理研究会 2021 年会在内蒙古呼伦贝尔召开

2021 年 7 月 11 日，由《中国工业经济》杂志社、北京师范大学经济与工商管理学院共同主办的中国企业高质量发展前沿论坛在北京召开

戚聿东（北京师范大学经济与管理学院院长）
阎海峰（华东理工大学副校长）
綦好东（山东财经大学原副校长）
黎文靖（暨南大学管理学院院长）
霍春辉（辽宁大学副校长）
魏　江（浙江大学管理学院院长）
魏明海（广州大学校长）

# 编辑说明

《中国管理学年鉴》是“中国哲学社会科学学科年鉴”系列之一。《中国管理学年鉴》自启动编辑出版工作以来，始终定位于打造面向全国、全世界，系统展现我国管理学研究和管理学学科建设最新进展的大型综合性、权威性、文献性学科年鉴。受新冠肺炎疫情等因素影响，《中国管理学年鉴》的编辑出版工作在2019年后中断。2022年，按照中国社会科学院科研局的统一部署要求，中国社会科学院工业经济研究所（以下简称工经所）重新启动了此项工作。

《中国管理学年鉴2021—2022》延续学术性、前沿性、代表性的基本编纂宗旨，旨在推动形成服务国内、走向国际的中国管理学研究传播平台。文稿记述与资料收录的起止时间为2020年1月1日至2021年12月31日，涵盖学科包括工商管理（企业管理、会计学、技术经济及管理、旅游管理）、管理科学与工程、农林经济管理、公共管理等一级学科，共设置“重要文献”“专题论述”“学科综述”“论文荟萃”“著作选介”“学界动态”“学科建设”7个栏目。“重要文献”栏目收录了对我国经济发展和企业管理环境产生重要影响的中央文件、法律法规及其他政府部门文件；“专题论述”栏目聚焦于管理学本土化研究、中国企业创新发展与国有企业改革三大主题，收录了10篇代表性文章；“学科综述”栏目介绍了国内管理学部分研究领域的最新研究动态，主要涉及企业管理、人才国际化、企业技术创新、会计与财务学方面的理论前沿；“论文荟萃”栏目提供了243篇发表在公开学术刊物上的、有代表性的管理学论文学术观点概述，根据学科细分为工商管理·企业管理、工商管理·会计学、工商管理·技术经济及管理、工商管理·旅游管理、管理科学与工程、农林经济管理、公共管理7个领域；“著作选介”栏目介绍了31部具有一定学术影响力、专业权威性和公众认知度的公开出版的管理学著作；“学界动态”栏目综述了7个管理学领域主要学术会议情况；“学科建设”栏目介绍了国内18所高等院校的管理学学科建设情况，由编辑部联系国内高等院校供稿，主要内容涉及学科基本情况、学科特色、课程设置、招生和人才培养等。已刊发文章收入年鉴时，根据年鉴编纂规范做了适当修改。

工经所跨国公司研究室、企业管理研究室、财务与会计研究室、创新管理研究室和《经济管理》编辑部的负责人参加了栏目策划和文稿摘编、选编审定工作。编写组主要成员均为中国社会科学院工业经济研究所的专职人员。《经济管理》编辑部主任刘建丽研究员组织《经济管理》编辑部相关人员，联系中国社会科学院工业经济研究所所属期刊以及国内主要管理学期刊编辑部提供了部分供选编、摘编的文章，同时联系国内高等院校并整理了各院校提供的学科建设信息。工经所科研处处长蒙娃协助开展与国内主要管理学期刊、国内高等院校的联系工作，并负责筹备年鉴的发布和推广工作。跨国公司研究室副主任江鸿副研究员负责年鉴内容框架设计，并组织跨国公司研究室王欣副研究员、邵婧婷助理研究员完成了全卷组稿和统稿工作。

# 目　录



## 重要文献



## 专题论述

### 管理学本土化研究

**中国企业创新发展**



**国有企业改革**



# 学科综述

# 论文荟萃

## 工商管理·企业管理

**工商管理·会计学**

**工商管理·技术经济及管理**

**工商管理·旅游管理**

**管理科学与工程**



**农林经济管理**

**公共管理**



# 著作选介

# 学界动态

# 学科建设

# Contents



## Important Documents



## Key Topics

**State-owned Enterprise Reform**



## Discipline Overview

## Summaries of Selected Articles



## Recommended Books



## Academic Activities



## Research Institutions

# 序 言

## 为中国特色哲学社会科学事业立传

### ——写在《中国哲学社会科学学科年鉴》系列出版之际

（一）

2016 年 5 月 17 日，习近平总书记《在哲学社会科学工作座谈会上的讲话》中正式作出了加快构建中国特色哲学社会科学的重大战略部署。自此，中国特色哲学社会科学学科体系、学术体系、话语体系的构建进入攻坚期。

2022 年 4 月 25 日，习近平总书记在中国人民大学考察时强调指出，“加快构建中国特色哲学社会科学，归根结底是建构中国自主的知识体系”。这为我们加快构建中国特色哲学社会科学进一步指明了方向。

2022 年 4 月，中共中央办公厅正式印发《国家哲学社会科学“十四五”规划》。作为第一部国家层面的哲学社会科学发展规划，其中的一项重要内容，就是以加快中国特色哲学社会科学为主题，将“中国哲学社会科学学科年鉴编纂”定位为“哲学社会科学学科基础建设”，从而赋予了哲学社会科学学科年鉴编纂工作新的内涵、新的要求。

从加快构建中国特色哲学社会科学到归根结底是建构中国自主的知识体系，再到制定第一部国家层面的哲学社会科学发展规划，至少向我们清晰揭示了这样一个基本事实：中国特色社会主义事业离不开中国特色哲学社会科学的支撑，必须加快构建中国特色哲学社会科学、建构中国自主的知识体系。加快构建中国特色哲学社会科学、建构中国自主的知识体系是一个长期的历史任务，必须持之以恒，实打实地把一件件事情办好。

作为其间的一项十分重要且异常关键的基础建设，就是编纂好哲学社会科学学科年鉴，将中国特色哲学社会科学事业的发展动态、变化历程记录下来，呈现出来。以接续奋斗的精神，年复一年，一茬接着一茬干，一棒接着一棒跑。就此而论，编纂哲学社会科学学科年鉴，其最基本、最核心、最重要的意义，就在于为中国特色哲学社会科学事业立传。

呈现在读者面前的这一《中国哲学社会科学学科年鉴》系列，就是在这样的背景之下，由中国社会科学院集全院之力、组织精锐力量编纂而成的。

## （二）

作为年鉴的一个重要类型，学科年鉴是以全面、系统、准确地记述上一年度特定学科或学科分支发展变化为主要内容的资料性工具书。编纂学科年鉴，是哲学社会科学发展到一定阶段的产物。

追溯起来，我国最早的哲学社会科学年鉴——《中国文艺年鉴》，诞生于上个世纪 30 年代。党的十一届三中全会之后，伴随着改革开放的进程，我国哲学社会科学年鉴不断发展壮大。40 多年来，哲学社会科学年鉴在展示研究成果、积累学术资料、加强学科建设、开展学术评价、凝聚学术共同体等方面，发挥着不可替代的作用，为繁荣发展中国特色哲学社会科学作出了重要贡献。

### 1. 为学科和学者立传的重要载体

学科年鉴汇集某一学科领域的专业学科信息，是服务于学术研究的资料性工具书。不论是学科建设、学术研究，还是学术评价、对外交流等，都离不开学科知识的积累、学术方向的辨析、学术共同体的凝聚。

要回答学术往何处去的问题，首先要了解学术从哪里来，以及学科领域的现状，这就离不开学科年鉴提供的信息。学科年鉴记录与反映年度内哲学社会科学某个学科领域的研究进展、学术成果、重大事件等，既为学科和学者立传，也为学术共同体的研究提供知识基础和方向指引，为学术创新、学派形成、学科巩固创造条件、奠定基础。学科年鉴编纂的历史越悠久，学术积淀就越厚重，其学术价值就越突出。

通过编纂学科年鉴，将中国哲学社会科学界推进学科体系、学术体系、话语体系建设以及建构中国自主知识体系的历史进程准确、生动地记录下来，并且，立此存照，是一件非常有意义的事情。可以说，学科年鉴如同学术研究的白皮书，承载着记录、反映学术研究进程的历史任务。

### 2. 掌握学术评价权的有力抓手

为学界提供一个学科领域的专业信息、权威信息，这是学科年鉴的基本功能。一个学科领域年度的信息十分庞杂，浩如烟海，不可能全部收入学科年鉴。学科年鉴所收录的，只能是重要的、有价值的学术信息。这就要经历一个提炼和总结的过程。学科年鉴的栏目，如重要文献（特载）、学科述评、学术成果、学术动态、统计资料与数据、人物、大事记等，所收录的信息和资料都是进行筛选和加工的基础上形成的。

进一步说，什么样的学术信息是重要的、有价值的，是由学科年鉴的编纂机构来决定。这就赋予了学科年鉴学术评价的功能，所谓“入鉴即评价”，指的就是这个逻辑。特别是学科综述，要对年度研究进展、重要成果、学术观点等作出评析，是学科年鉴学术评价功能的集中体现。

学科年鉴蕴含的学术评价权，既是一种权力，更是一种责任。只有将学科、学术的评价权用好，把有代表性的优秀成果和学术观点评选出来，分析各学科发展面临的形势和任务、成绩和短板、重点和难点，才能更好引导中国特色哲学社会科学的健康发展。

3. 提升学术影响力的交流平台

学科年鉴按照学科领域编纂，既是该领域所有学者共同的精神家园，也是该学科领域最权威的交流平台。目前公认的世界上首部学术年鉴，是由吕西安・费弗尔和马克・布洛赫在1929年初创办的《经济社会史年鉴》。由一群有着共同学术信仰和学术观点的历史学家主持编纂的这部年鉴，把年鉴作为宣传新理念和新方法的学术阵地，在年鉴中刊发多篇重要的理论成果，催发了史学研究范式的演化，形成了法国"年鉴学派"，对整个西方现代史学的创新发展产生了深远影响。

随着学科年鉴的发展和演化，其功能也在不断深化。除了记载学术共同体的研究进展，还提供了学术研究的基本参考、学术成果发表的重要渠道，充当了链接学术网络的重要载体。特别是学科年鉴刊载的综述性、评论性和展望性的文章，除了为同一范式下的学者提供知识积累或索引外，还能够对学科发展趋势动向作出总结，乃至为学科未来发展指明方向。

4. 中国学术走向世界的重要舞台

在世界范围内，学科年鉴都是作为权威学术出版物而被广泛接受的。高质量的学科年鉴，不仅能够成为国内学界重要的学术资源、引领学术方向的标识，而且也会产生十分显著的国际影响。

中国每年产出的哲学社会科学研究成果数量极其庞大，如何向国际学术界系统介绍中国哲学社会科学研究成果，做到既全面准确，又重点突出？这几乎是不可能完成的任务。学科年鉴的出现，则使不可能变成了可能。高质量的学科年鉴，汇总一个学科全年最重要、最有代表性的研究成果、资料和信息，既是展示中国哲学社会科学研究成果与现状的最佳舞台，也为中外学术交流搭建了最好平台。

事实上，国内编纂的学科年鉴一直受到国外学术机构的重视，也是各类学术图书馆收藏的重点。如果能够站在通观学术界全貌之高度，编纂好哲学社会科学各学科年鉴，以学科年鉴为载体向世界讲好中国学术故事，当然有助于让世界知道"学术中的中国"、"理论中的中国"、"哲学社会科学中的中国"，也就能够相应提升中国哲学社会科学的国际影响力和话语权。

## （三）

作为中国哲学社会科学研究的"国家队"，早在上世纪70年代末，中国社会科学院就启动了学科年鉴编纂工作。诸如《世界经济年鉴》《中国历史学年鉴》《中国哲学年鉴》《中国文学年鉴》等读者广为传阅的学科年鉴，迄今已有40多年的历史。

2013年，以国家哲学社会科学创新工程为依托，中国社会科学院实施了“中国社会科学年鉴工程”，学科年鉴编纂工作由此驶入快车道。至2021下半年，全院组织编纂的学科年鉴达到26部。

进入2022年以来，在加快构建中国特色哲学社会科学、贯彻落实《国家哲学社会科学“十四五”规划》的背景下，立足于更高站位、更广视野、更大格局，中国社会科学院进一步加大了学科年鉴编纂的工作力度，学科年鉴编纂工作迈上了一个大台阶，呈现出一幅全新的学科年鉴事业发展格局。

1. 哲学社会科学学科年鉴群

截至2023年5月，中国社会科学院组织编纂的哲学社会科学学科年鉴系列已有36部之多，覆盖了15个一级学科、13个二三级学科以及4个有重要影响力的学术领域，形成了国内规模最大、覆盖学科最多、也是唯一成体系的哲学社会科学学科年鉴群。

其中，《中国语言学年鉴》《中国金融学年鉴》《当代中国史研究年鉴》等10部，系2022年新启动编纂。目前还有将近10部学科年鉴在编纂或酝酿之中。到“十四五”末期，中国社会科学院组织编纂的学科年鉴总规模，有望超越50部。

2. 学科年鉴的高质量编纂

从总体上看，在坚持正确的政治方向、学术导向和价值取向方面，各部学科年鉴都有明显提高，体现了立场坚定、内容客观、思想厚重的导向作用。围绕学科建设、话语权建设等设置栏目，各部学科年鉴都较好地反映了本学科领域的发展建设情况，发挥了学术存史、服务科研的独特作用。文字质量较好，文风端正，装帧精美，体现了学科年鉴的严肃性和权威性。

与此同时，为提高年鉴编纂质量，围绕学科年鉴编纂的规范性，印发了《中国哲学社会科学学科年鉴编纂出版规定》，专门举办了年鉴编纂人员培训班。

3. 学科年鉴品牌

经过多年努力，无论在学术界还是年鉴出版界，中国社会科学院组织编纂的哲学社会科学学科年鉴系列得到了广泛认可，学术年鉴品牌已经形成。不仅成功主办了学术年鉴主编论坛和多场年鉴出版发布会，许多年鉴也在各类评奖中获得重要奖项。在数字化方面，学科年鉴数据库已经建成并投入使用，目前试用单位二百多家，学科年鉴编纂平台在继续推进中。

4. 学科年鉴工作机制

中国社会科学院科研局负责学科年鉴管理，制定发展规划，提供经费资助；院属研究单位负责年鉴编纂；中国社会科学出版社负责出版。通过调整创新工程科研评价考核指标体系，赋予年鉴编纂及优秀学科综述相应的分值，调动院属单位参与年鉴编纂的积极性。

学科年鉴是哲学社会科学界的学术公共产品。作为哲学社会科学研究的“国家队”，编纂、提供学科年鉴这一学术公共产品，无疑是中国社会科学院的职责所在、使命所系。中国社会科学院具备编纂好学科年鉴的有利条件：一是学科较为齐全；二是研究力量较为雄厚；三是具有“国家队”的权威性；四是与学界联系广泛，主管120家全国学会，便于组织全国学界力量共同参与年鉴编纂。

## （四）

当然，在肯定成绩的同时，还要看到，当前哲学社会科学学科年鉴编纂工作仍有较大的提升空间，我们还有很长的路要走。

1. 逐步扩大学科年鉴编纂规模

经过40多年的发展，特别是“中国社会科学年鉴工程”实施10年来的努力，哲学社会科学系列学科年鉴已经形成了一定的规模，覆盖了90%的一级学科和部分重点的二三级学科。但是，也不容忽视，目前还存在一些学科年鉴空白之地。如法学、政治学、国际政治、区域国别研究等重要的一级学科，目前还没有学科年鉴。

中国自主知识体系的基础是学科体系，完整的学科年鉴体系有助于完善的学科体系和知识体系的形成。尽快启动相关领域的学科年鉴编纂，抓紧填补相关领域的学科年鉴空白，使哲学社会科学年鉴覆盖所有一级学科以及重要的二三级学科，显然是当下哲学社会科学界应当着力推进的一项重要工作。

2. 持续提高学科年鉴编纂质量

在扩张规模、填补空白的同时，还应当以加快构建中国特色哲学社会科学、建构中国自主的知识体系为目标，下大力气提高学科年鉴编纂质量，实现高质量发展。

一是统一学科年鉴的体例规范。学科年鉴必须是成体系的，而不是凌乱的；是规范的，而不是随意的。大型丛书的编纂靠的是组织严密，条例清楚，文字谨严。学科年鉴的体例要更加侧重于存史内容的发掘，对关乎学术成果、学术人物、重要数据、学术机构评价的内容，要通过体例加以强调和规范。哲学社会科学所有学科年鉴，应当做到“四个基本统一”：名称基本统一，体例基本统一，篇幅基本统一，出版时间、发布时间基本统一。

二是增强学科年鉴的权威性。年鉴的权威性，说到底取决于内容的权威性。学科年鉴是在对大量原始信息、文献进行筛选、整理、分析、加工的基础上，以高密度的方式将各类学术信息、情报传递给读者的权威工具书。权威的内容需要权威的机构来编纂，来撰写，来审定。学科综述是学科年鉴的灵魂，也是年鉴学术评价功能的集中体现，必须由权威学者来撰写学科综述。

三是要提高学科年鉴的时效性。学科年鉴虽然有存史功能，但更多学者希望将其作为学术工具书，从中获取对当下研究有价值的资料。这就需要增强年鉴的时效性，前一年的年鉴内容，第二年上半年要完成编纂，下半年完成出版。除了加快编纂和出版进度，年鉴的时效性还体现在编写的频度上。一级学科的年鉴，原则上都应当一年一鉴。

3. 不断扩大学科年鉴影响力

学科年鉴的价值在于应用，应用的前提是具有影响力。要通过各种途径，让学界了解学科年鉴，接受学科年鉴，使用学科年鉴，使学科年鉴真正成为学术研究的好帮手。

一是加强对学科年鉴的宣传。“酒香也怕巷子深”。每部学科年鉴出版之后，要及时举行发布会，正式向学界介绍和推出，提高学科年鉴的知名度。编纂单位也要加大对学科年鉴的宣传，结合学会年会、学术会议、年度优秀成果评选等活动，既加强对学科年鉴的宣传，又发挥学科年鉴的学术评价作用。

二要在使用中提高学科年鉴的影响力。要让学界使用学科年鉴，必须让学科年鉴贴近学界的需求，真正做到有用、能用、管用。因此，不能关起门来编学科年鉴，而是要根据学界的需求来编纂，为他们了解学术动态、掌握学科前沿、开展学术研究提供便利。要确保学科年鉴内容的原创性、独特性，提供其他渠道提供不了的学术信息。实现这个目标，就需要在学科年鉴内容创新上下功夫，不仅是筛选和转载，更多的内容需要用心策划、加工和提炼。实际上，编纂学科年鉴不仅是整理、汇编资料，更是一项学术研究工作。

三是提高学科年鉴使用的便捷性。当今网络时代，要让学科年鉴走进千万学者中间，必须重视学科年鉴的网络传播，提高学科年鉴阅读与获取的便捷性。出版社要重视学科年鉴数据库产品的开发。同时，要注重同知识资源平台的合作，利用一切途径扩大学科年鉴的传播力、影响力。在做好国内出版的同时，还要做好学科年鉴的海外发行，向国际学术界推广我国的学科年鉴。

4. 注重完善学科年鉴编纂工作机制

实现学科年鉴的高质量发展，是一项系统工程，需要哲学社会科学界的集思广益，共同努力，形成推动学科年鉴工作高质量发展的工作机制。哲学社会科学学科年鉴编纂，中国社会科学院当然要当主力军，但并不能包打天下，应当充分调动哲学社会科学界的力量，开展协调创新，与广大同仁一道，共同编纂好学科年鉴。

学科年鉴管理部门和编纂单位不仅要逐渐加大对学科年鉴的经费投入，而且要创新学科年鉴出版形式，探索纸本与网络相结合的新型出版模式，适当压缩纸本内容，增加网络传播内容。这样做，一方面可提高经费使用效益，另一方面，也有利于提升学科年鉴的传播力，进一步调动相关单位、科研人员参与学科年鉴编纂的积极性。

随着学科年鉴规模的扩大和质量的提升，可适时启动优秀学科年鉴的评奖活动，加强对优秀年鉴和优秀年鉴编辑人员的激励，形成学科年鉴工作良性发展的机制。要加强年鉴工作机制和编辑队伍建设，有条件的要成立专门的学科年鉴编辑部，或者由相对固定人员负责学科年鉴编纂，确保学科年鉴工作的连续性和编纂质量。

出版社要做好学科年鉴出版的服务工作，协调好学科年鉴编纂中的技术问题，提高学科年鉴质量和工作效率。除此之外，还要下大力气做好学科年鉴的市场推广和数字产品发行。

说到这里，可将本文的结论做如下归结：学科年鉴在加快构建中国特色哲学社会科学、建构中国自主知识体系中的地位和作用既十分重要，又异常关键，我们必须高度重视学科年鉴的编纂出版工作，奋力谱写哲学社会科学学科年鉴编纂工作新篇章。

高翔

# 重要文献

# 中共中央关于党的百年奋斗重大成就和历史经验的决议*

（2021年11月11日中国共产党第十九届中央委员会第六次全体会议通过）

## 序言

中国共产党自一九二一年成立以来，始终把为中国人民谋幸福、为中华民族谋复兴作为自己的初心使命，始终坚持共产主义理想和社会主义信念，团结带领全国各族人民为争取民族独立、人民解放和实现国家富强、人民幸福而不懈奋斗，已经走过一百年光辉历程。

一百年来，党领导人民浴血奋战、百折不挠，创造了新民主主义革命的伟大成就；自力更生、发愤图强，创造了社会主义革命和建设的伟大成就；解放思想、锐意进取，创造了改革开放和社会主义现代化建设的伟大成就；自信自强、守正创新，创造了新时代中国特色社会主义的伟大成就。党和人民百年奋斗，书写了中华民族几千年历史上最恢宏的史诗。

总结党的百年奋斗重大成就和历史经验，是在建党百年历史条件下开启全面建设社会主义现代化国家新征程、在新时代坚持和发展中国特色社会主义的需要；是增强政治意识、大局意识、核心意识、看齐意识，坚定道路自信、理论自信、制度自信、文化自信，做到坚决维护习近平同志党中央的核心、全党的核心地位，坚决维护党中央权威和集中统一领导，确保全党步调一致向前进的需要；是推进党的自我革命、提高全党斗争本领和应对风险挑战能力、永葆党的生机活力、团结带领全国各族人民为实现中华民族伟大复兴的中国梦而继续奋斗的需要。全党要坚持唯物史观和正确党史观，从党的百年奋斗中看清楚过去我们为什么能够成功、弄明白未来我们怎样才能继续成功，从而更加坚定、更加自觉地践行初心使命，在新时代更好坚持和发展中国特色社会主义。

一九四五年党的六届七中全会通过的《关于若干历史问题的决议》、一九八一年党的十一届六中全会通过的《关于建国以来党的若干历史问题的决议》，实事求是总结党的重大历史事件和重要经验教训，在重大历史关头统一了全党思想和行动，对推进党和人民事业发挥了重要引领作用，其基本论述和结论至今仍然适用。

---

* 资料来源：新华社北京2021年11月16日电。

## 一 夺取新民主主义革命伟大胜利

新民主主义革命时期，党面临的主要任务是，反对帝国主义、封建主义、官僚资本主义，争取民族独立、人民解放，为实现中华民族伟大复兴创造根本社会条件。

中华民族是世界上古老而伟大的民族，创造了绵延五千多年的灿烂文明，为人类文明进步作出了不可磨灭的贡献。一八四〇年鸦片战争以后，由于西方列强入侵和封建统治腐败，中国逐步成为半殖民地半封建社会，国家蒙辱、人民蒙难、文明蒙尘，中华民族遭受了前所未有的劫难。为了拯救民族危亡，中国人民奋起反抗，仁人志士奔走呐喊，进行了可歌可泣的斗争。太平天国运动、洋务运动、戊戌变法、义和团运动接连而起，各种救国方案轮番出台，但都以失败告终。孙中山先生领导的辛亥革命推翻了统治中国几千年的君主专制制度，但未能改变中国半殖民地半封建的社会性质和中国人民的悲惨命运。中国迫切需要新的思想引领救亡运动，迫切需要新的组织凝聚革命力量。

十月革命一声炮响，给中国送来了马克思列宁主义。五四运动促进了马克思主义在中国的传播。在中国人民和中华民族的伟大觉醒中，在马克思列宁主义同中国工人运动的紧密结合中，一九二一年七月中国共产党应运而生。中国产生了共产党，这是开天辟地的大事变，中国革命的面貌从此焕然一新。

党深刻认识到，近代中国社会主要矛盾是帝国主义和中华民族的矛盾、封建主义和人民大众的矛盾。实现中华民族伟大复兴，必须进行反帝反封建斗争。

建党之初和大革命时期，党制定民主革命纲领，发动工人运动、青年运动、农民运动、妇女运动，推进并帮助国民党改组和国民革命军建立，领导全国反帝反封建伟大斗争，掀起大革命高潮。一九二七年国民党内反动集团叛变革命，残酷屠杀共产党人和革命人民，由于党内以陈独秀为代表的右倾思想发展为右倾机会主义错误并在党的领导机关中占了统治地位，党和人民不能组织有效抵抗，致使大革命在强大的敌人突然袭击下遭到惨重失败。

土地革命战争时期，党从残酷的现实中认识到，没有革命的武装就无法战胜武装的反革命，就无法夺取中国革命胜利，就无法改变中国人民和中华民族的命运，必须以武装的革命反对武装的反革命。南昌起义打响武装反抗国民党反动派的第一枪，标志着中国共产党独立领导革命战争、创建人民军队和武装夺取政权的开端。八七会议确定实行土地革命和武装起义的方针。党领导举行秋收起义、广州起义和其他许多地区起义，但由于敌我力量悬殊，这些起义大多数失败了。事实证明，在当时的客观条件下，中国共产党人不可能像俄国十月革命那样通过首先占领中心城市来取得革命在全国的胜利，党迫切需要找到适合中国国情的革命道路。

从进攻大城市转为向农村进军，是中国革命具有决定意义的新起点。毛泽东同志领导军民在井冈山建立第一个农村革命根据地，党领导人民打土豪、分田地。古田会议确立思想建党、政治建军原则。随着斗争发展，党创建了中央革命根据地和湘鄂西、海陆丰、鄂豫皖、琼崖、闽浙赣、湘鄂赣、湘赣、左右江、川陕、陕甘、湘鄂川黔等根据地。党在国民党统治下的白区也发展了党和其他革命组织，开展了群众革命斗争。然而，由于王明“左”倾教条主义在党内的错误领导，中央革命根据地第五次反“围剿”失败，红军不得不进行战略转移，经过艰苦卓绝的长征转战到陕北。“左”倾路线的错误给革命根据地和白区革命力量造成极大损失。

一九三五年一月，中央政治局在长征途中举行遵义会议，事实上确立了毛泽东同志在党中央和红军的领导地位，开始确立以毛泽东同志为主要代表的马克思主义正确路线在党中央的领导地位，开始形成以毛泽东同志为核心的党的第一代中央领导集体，开启了党独立自主解决中国革命实际问题新阶段，在最危急关头挽救了党、挽救了红军、挽救了中国革命，并且在这以后使党能够战胜张国焘的分裂主义，胜利完成长征，打开中国革命新局面。这在党的历史上是一个生死攸关的转折点。

抗日战争时期，九一八事变后，中日民族矛盾逐渐超越国内阶级矛盾上升为主要矛盾。在日本帝国主义加紧侵略我国、民族危机空前严重的关头，党率先高举武装抗日旗帜，广泛开展抗日救亡运动，促成西安事变和平解决，对推动国共再次合作、团结抗日起了重大历史作用。七七事变后，党实行正确的抗日民族统一战线政策，坚持全面抗战路线，提出和实施持久战的战略总方针和一整套人民战争的战略战术，开辟广大敌后战场和抗日根据地，领导八路军、新四军、东北抗日联军和其他人民抗日武装英勇作战，成为全民族抗战的中流砥柱，直到取得中国人民抗日战争最后胜利。这是近代以来中国人民反抗外敌入侵第一次取得完全胜利的民族解放斗争，也是世界反法西斯战争胜利的重要组成部分。

解放战争时期，面对国民党反动派悍然发动的全面内战，党领导广大军民逐步由积极防御转向战略进攻，打赢辽沈、淮海、平津三大战役和渡江战役，向中南、西北、西南胜利进军，消灭国民党反动派八百万军队，推翻国民党反动政府，推翻帝国主义、封建主义、官僚资本主义三座大山。党领导的人民军队在人民支持下，以一往无前的英雄气概同穷凶极恶的敌人进行殊死斗争，为夺取新民主主义革命胜利建立了历史功勋。

在革命斗争中，以毛泽东同志为主要代表的中国共产党人，把马克思列宁主义基本原理同中国具体实际相结合，对经过艰苦探索、付出巨大牺牲积累的一系列独创性经验作了理论概括，开辟了农村包围城市、武装夺取政权的正确革命道路，创立了毛泽东思想，为夺取新民主主义革命胜利指明了正确方向。

在革命斗争中，党弘扬坚持真理、坚守理想，践行初心、担当使命，不怕牺牲、英勇斗争，对党忠诚、不负人民的伟大建党精神，实施和推进党的建设伟大工程，提出着重从思想上建党的原则，坚持民主集中制，坚持理论联系实际、密切联系群众、批评和自我批评三大优良作风，形成统一战线、武装斗争、党的建设三大法宝，努力建设全国范围的、广大群众性的、思想上政治上组织上完全巩固的马克思主义政党。党从一九四二年开始在全党进行整风，这场马克思主义思想教育运动收到巨大成效。党制定《关于若干历史问题的决议》，使全党对中国革命基本问题的认识达到一致。党的七大为建立新民主主义的新中国制定了正确路线方针政策，使全党在思想上政治上组织上达到空前统一和团结。

经过二十八年浴血奋斗，党领导人民，在各民主党派和无党派民主人士积极合作下，于一九四九年十月一日宣告成立中华人民共和国，实现民族独立、人民解放，彻底结束了旧中国半殖民地半封建社会的历史，彻底结束了极少数剥削者统治广大劳动人民的历史，彻底结束了旧中国一盘散沙的局面，彻底废除了列强强加给中国的不平等条约和帝国主义在中国的一切特权，实现了中国从几千年封建专制政治向人民民主的伟大飞跃，也极大改变了世界政治格局，鼓舞了全世界被压迫民族和被压迫人民争取解放的斗争。

实践充分说明，历史和人民选择了中国共产党，没有中国共产党领导，民族独立、人民解放是不可能实现的。中国共产党和中国人民以英勇顽强的奋斗向世界庄严宣告，中国人民从此站起来了，中华民族任人宰割、饱受欺凌的时代一去不复返了，中国发展从此开启了新纪元。

## 二　完成社会主义革命和推进社会主义建设

社会主义革命和建设时期，党面临的主要任务是，实现从新民主主义到社会主义的转变，进行社会主义革命，推进社会主义建设，为实现中华民族伟大复兴奠定根本政治前提和制度基础。

新中国成立后，党领导人民战胜政治、经济、军事等方面一系列严峻挑战，肃清国民党反动派残余武装力量和土匪，和平解放西藏，实现祖国大陆完全统一；稳定物价，统一财经工作，完成土地改革，进行社会各方面民主改革，实行男女权利平等，镇压反革命，开展“三反”、“五反”运动，荡涤旧社会留下的污泥浊水，社会面貌焕然一新。中国人民志愿军雄赳赳、气昂昂跨过鸭绿江，同朝鲜人民和军队并肩战斗，战胜武装到牙齿的强敌，打出了国威军威，打出了中国人民的精气神，赢得抗美援朝战争伟大胜利，捍卫了新中国安全，彰显了新中国大国地位。新中国在错综复杂的国内国际环境中站稳了脚跟。

党领导建立和巩固工人阶级领导的、以工农联盟为基础的人民民主专政的国家政权，为国家迅速发展创造了条件。一九四九年，中国人民政治协商会议第一届全体会议制定《中国人民政治协商会议共同纲领》。一九五三年，党正式提出过渡时期的总路线，即在一个相当长的时期内，逐步实现国家的社会主义工业化，并逐步实现国家对农业、手工业和资本主义工商业的社会主义改造。一九五四年，召开第一届全国人民代表大会第一次会议，通过了《中华人民共和国宪法》。一九五六年，我国基本上完成对生产资料私有制的社会主义改造，基本上实现生产资料公有制和按劳分配，建立起社会主义经济制度。党领导确立人民代表大会制度、中国共产党领导的多党合作和政治协商制度、民族区域自治制度，为人民当家作主提供了制度保证。党领导实现和巩固了全国各族人民的大团结，形成和发展各民族平等互助的社会主义民族关系，实现和巩固全国工人、农民、知识分子和其他各阶层人民的大团结，加强和扩大了广泛统一战线。社会主义制度的建立，为我国一切进步和发展奠定了重要基础。

党的八大根据我国社会主义改造基本完成后的形势，提出国内主要矛盾已经不再是工人阶级和资产阶级的矛盾，而是人民对于经济文化迅速发展的需要同当前经济文化不能满足人民需要的状况之间的矛盾，全国人民的主要任务是集中力量发展社会生产力，实现国家工业化，逐步满足人民日益增长的物质和文化需要。党提出努力把我国逐步建设成为一个具有现代农业、现代工业、现代国防和现代科学技术的社会主义强国，领导人民开展全面的大规模的社会主义建设。经过实施几个五年计划，我国建立起独立的比较完整的工业体系和国民经济体系，农业生产条件显著改变，教育、科学、文化、卫生、体育事业有很大发展。“两弹一星”等国防尖端科技不断取得突破，国防工业从无到有逐步发展起来。人民解放军得到壮大和提高，由单一的陆军发展成为包括海军、空军和其他技术兵种在内的合成军队，为巩固新生人民政权、确立中国大国地位、维护中华民族尊严提供了坚强后盾。

党坚持独立自主的和平外交政策，倡导和坚持和平共处五项原则，坚定维护国家独立、主权、尊严，支持和援助世界被压迫民族解放事业、新独立国家建设事业和各国人民正义斗争，反对帝国主义、霸权主义、殖民主义、种族主义，彻底结束了旧中国的屈辱外交。党审时度势调整外交战略，推动恢复我国在联合国的一切合法权利，打开对外工作新局面，推动形成国际社会坚持一个中国原则的格局。党提出划分三个世界的战略，作出中国永远不称霸的庄严承诺，赢得国际社会特别是广大发展中国家尊重和赞誉。

党充分预见到在全国执政面临的新挑战，早在解放战争取得全国胜利前夕召开的党的七届二中全会就向全党提出，务必继续保持谦虚、谨慎、不骄、不躁的作风，务必继续保持艰苦奋斗的作风。新中国成立后，党着重提出执政条件下党的建设的重大课题，从思想上组织上作风上加强党的建设、巩固党的领导。党加强干部理论学习和知识培训，提高党的领导水平，要求全党特别是党的高级干部增强维护党的团结统一的自觉性。党开展整风整党，加强党内教育，整顿基层党组织，提高党员条件，反对官僚主义、命令主义和贪污浪费。党高度警惕并着力防范党员干部腐化变质，坚决惩治腐败。这些重要举措，增强了党的纯洁性和全党的团结，密切了党同人民群众的联系，积累了执政党建设的初步经验。

在这个时期，毛泽东同志提出把马克思列宁主义基本原理同中国具体实际进行“第二次结合”，以毛泽东同志为主要代表的中国共产党人，结合新的实际丰富和发展毛泽东思想，提出关于社会主义建设的一系列重要思想，包括社会主义社会是一个很长的历史阶段，严格区分和正确处理敌我矛盾和人民内部矛盾，正确处理我国社会主义建设的十大关系，走出一条适合我国国情的工业化道路，尊重价值规律，在党与民主党派的关系上实行“长期共存、互相监督”的方针，在科学文化工作中实行“百花齐放、百家争鸣”的方针等。这些独创性理论成果至今仍有重要指导意义。

毛泽东思想是马克思列宁主义在中国的创造性运用和发展，是被实践证明了的关于中国革命和建设的正确的理论原则和经验总结，是马克思主义中国化的第一次历史性飞跃。毛泽东思想的活的灵魂是贯穿于各个组成部分的立场、观点、方法，体现为实事求是、群众路线、独立自主三个基本方面，为党和人民事业发展提供了科学指引。

遗憾的是，党的八大形成的正确路线未能完全坚持下去，先后出现“大跃进”运动、人民公社化运动等错误，反右派斗争也被严重扩大化。面对当时严峻复杂的外部环境，党极为关注社会主义政权巩固，为此进行了多方面努力。然而，毛泽东同志在关于社会主义社会阶级斗争的理论和实践上的错误发展得越来越严重，党中央未能及时纠正这些错误。毛泽东同志对当时我国阶级形势以及党和国家政治状况作出完全错误的估计，发动和领导了“文化大革命”，林彪、江青两个反革命集团利用毛泽东同志的错误，进行了大量祸国殃民的罪恶活动，酿成十年内乱，使党、国家、人民遭到新中国成立以来最严重的挫折和损失，教训极其惨痛。一九七六年十月，中央政治局执行党和人民的意志，毅然粉碎了“四人帮”，结束了“文化大革命”这场灾难。

从新中国成立到改革开放前夕，党领导人民完成社会主义革命，消灭一切剥削制度，实现了中华民族有史以来最为广泛而深刻的社会变革，实现了一穷二白、人口众多的东方大国大步迈进社会主义社会的伟大飞跃。在探索过程中，虽然经历了严重曲折，但党在社会主义革命和建设中取得的独创性理论成果和巨大成就，为在新的历史时期开创中国特色社会主义提供了宝贵经验、理论准备、物质基础。

中国共产党和中国人民以英勇顽强的奋斗向世界庄严宣告，中国人民不但善于破坏一个旧世界、也善于建设一个新世界，只有社会主义才能救中国，只有社会主义才能发展中国。

## 三　进行改革开放和社会主义现代化建设

改革开放和社会主义现代化建设新时期，党面临的主要任务是，继续探索中国建设社会主义的正确道路，解放和发展社会生产力，使人民摆脱贫困、尽快富裕起来，为实现中华民族伟大复兴提供充满新的活力的体制保证和快速发展的物质条件。

“文化大革命”结束以后，在党和国家面临何去何从的重大历史关头，党深刻认识到，只有实行改革开放才是唯一出路，否则我们的现代化事业和社会主义事业就会被葬送。一九七八年十二月，党召开十一届三中全会，果断结束“以阶级斗争为纲”，实现党和国家工作中心战略转移，开启了改革开放和社会主义现代化建设新时期，实现了新中国成立以来党的历史上具有深远意义的伟大转折。党作出彻底否定“文化大革命”的重大决策。四十多年来，党始终不渝坚持这次全会确立的路线方针政策。

党的十一届三中全会以后，以邓小平同志为主要代表的中国共产党人，团结带领全党全国各族人民，深刻总结新中国成立以来正反两方面经验，围绕什么是社会主义、怎样建设社会主义这一根本问题，借鉴世界社会主义历史经验，创立了邓小平理论，解放思想，实事求是，作出把党和国家工作中心转移到经济建设上来、实行改革开放的历史性决策，深刻揭示社会主义本质，确立社会主义初级阶段基本路线，明确提出走自己的路、建设中国特色社会主义，科学回答了建设中国特色社会主义的一系列基本问题，制定了到二十一世纪中叶分三步走、基本实现社会主义现代化的发展战略，成功开创了中国特色社会主义。

党的十三届四中全会以后，以江泽民同志为主要代表的中国共产党人，团结带领全党全国各族人民，坚持党的基本理论、基本路线，加深了对什么是社会主义、怎样建设社会主义和建设什么样的党、怎样建设党的认识，形成了“三个代表”重要思想，在国内外形势十分复杂、世界社会主义出现严重曲折的严峻考验面前捍卫了中国特色社会主义，确立了社会主义市场经济体制的改革目标和基本框架，确立了社会主义初级阶段公有制为主体、多种所有制经济共同发展的基本经济制度和按劳分配为主体、多种分配方式并存的分配制度，开创全面改革开放新局面，推进党的建设新的伟大工程，成功把中国特色社会主义推向二十一世纪。

党的十六大以后，以胡锦涛同志为主要代表的中国共产党人，团结带领全党全国各族人民，在全面建设小康社会进程中推进实践创新、理论创新、制度创新，深刻认识和回答了新形势下实现什么样的发展、怎样发展等重大问题，形成了科学发展观，抓住重要战略机遇期，聚精会神搞建设，一心一意谋发展，强调坚持以人为本、全面协调可持续发展，着力保障和改善民生，促进社会公平正义，推进党的执政能力建设和先进性建设，成功在新形势下坚持和发展了中国特色社会主义。

为了推进改革开放，党重新确立马克思主义的思想路线、政治路线、组织路线，彻底否定“两个凡是”的错误方针，正确评价毛泽东同志的历史地位和毛泽东思想的科学体系。党明确我国社会的主要矛盾是人民日益增长的物质文化需要同落后的社会生产之间的矛盾，解决这个主要矛盾就是我们的中心任务，提出小康社会目标。党在各方面工作中恢复并制定一系列正确政策，调整国民经济。党领导全面开展思想、政治、组织等领域拨乱反正，大规模平反冤假错案和调整社会关系。党制定《关于建国以来党的若干历史问题的决议》，标志着党在指导思想上的拨乱反正胜利完成。

党深刻认识到，开创改革开放和社会主义现代化建设新局面，必须以理论创新引领事业发展。邓小平同志指出，一个党，一个国家，一个民族，如果一切从本本出发，思想僵化，迷信盛行，那它就不能前进，它的生机就停止了，就要亡党亡国。党领导和支持开展真理标准问题大讨论，从新的实践和时代特征出发坚持和发展马克思主义，科学回答了建设中国特色社会主义的发展道路、发展阶段、根本任务、发展动力、发展战略、政治保证、祖国统一、外交和国际战略、领导力量和依靠力量等一系列基本问题，形成中国特色社会主义理论体系，实现了马克思主义中国化新的飞跃。

党的十二大、十三大、十四大、十五大、十六大、十七大，根据国际国内形势发展变化，从我国发展新要求出发，一以贯之对推进改革开放和社会主义现代化建设作出全面部署，并召开多次中央全会专题研究部署改革发展稳定重大工作。我国改革从农村实行家庭联产承包责任制率先突破，逐步转向城市经济体制改革并全面铺开，确立社会主义市场经济的改革方向，更大程度更广范围发挥市场在资源配置中的基础性作用，坚持和完善基本经济制度和分配制度。党坚决推进经济体制改革，同时进行政治、文化、社会等各领域体制改革，推进党的建设制度改革，不断形成和发展符合当代中国国情、充满生机活力的体制机制。党把对外开放确立为基本国策，从兴办深圳等经济特区、开发开放浦东、推动沿海沿边沿江沿线和内陆中心城市对外开放到加入世界贸易组织，从“引进来”到“走出去”，充分利用国际国内两个市场、两种资源。经过持续推进改革开放，我国实现了从高度集中的计划经济体制到充满活力的社会主义市场经济体制、从封闭半封闭到全方位开放的历史性转变。

为了加快推进社会主义现代化，党领导人民进行经济建设、政治建设、文化建设、社会建设，取得一系列重大成就。党坚持以经济建设为中心，坚持发展是硬道理，提出科学技术是第一生产力，实施科教兴国、可持续发展、人才强国等重大战略，推进西部大开发，振兴东北地区等老工业基地，促进中部地区崛起，支持东部地区率先发展，促进城乡、区域协调发展，推进国有企业改革和发展，鼓励和支持发展非公有制经济，加快转变经济发展方式，加强生态环境保护，推动经济持续快速发展，综合国力大幅提升。党坚持党的领导、人民当家作主、依法治国有机统一，发展社会主义民主政治，建设社会主义政治文明，积极稳妥推进政治体制改革，坚持依法治国和以德治国相结合，制定新宪法，建设社会主义法治国家，形成中国特色社会主义法律体系，尊重和保障人权，巩固和发展最广泛的爱国统一战线。党加强理想信念教育，推进社会主义核心价值体系建设，建设社会主义精神文明，发展社会主义先进文化，推动社会主义文化大发展大繁荣。党加快推进以改善民生为重点的社会建设，改善人民生活，取消农业税，不断推进学有所教、劳有所得、病有所医、老有所养、住有所居，促进社会和谐稳定。党提出建设强大的现代化正规化革命军队的总目标，把军事斗争准备的基点放在打赢信息化条件下的局部战争上，推进中国特色军事变革，走中国特色精兵之路。

面对风云变幻的国际形势，党毫不动摇坚持四项基本原则，坚决排除各种干扰，从容应对关系我国改革发展稳定全局的一系列风险考验。二十世纪八十年代末九十年代初，苏联解体、东欧剧变。由于国际上反共反社会主义的敌对势力的支持和煽动，国际大气候和国内小气候导致一九八九年春夏之交我国发生严重政治风波。党和政府依靠人民，旗帜鲜明反对动乱，捍卫了社会主义国家政权，维护了人民根本利益。党领导人民成功应对亚洲金融危机、国际金融危机等经济风险，成功举办二〇〇八年北京奥运会、残奥会，战胜长江和嫩江、松花江流域严重洪涝、汶川特大地震等自然灾害，战胜非典疫情，彰显了党抵御风险和驾驭复杂局面的能力。

党把完成祖国统一大业作为历史重任，为此进行不懈努力。邓小平同志创造性提出“一个国家，两种制度”科学构想，开辟了以和平方式实现祖国统一的新途径。经过艰巨工作和斗争，我国政府相继对香港、澳门恢复行使主权，洗雪了中华民族百年耻辱。香港、澳门回归祖国后，中央政府严格按照宪法和特别行政区基本法办事，保持香港、澳门长期繁荣稳定。党把握解决台湾问题大局，确立“和平统一、一国两制”基本方针，推动两岸双方达成体现一个中国原则的“九二共识”，推进两岸协商谈判，实现全面直接双向“三通”，开启两岸政党交流。制定反分裂国家法，坚决遏制“台独”势力、促进祖国统一，有力挫败各种制造“两个中国”、“一中一台”、“台湾独立”的图谋。

党科学判断时代特征和国际形势，提出和平与发展是当今时代的主题。党坚持维护世界和平、促进共同发展的外交政策宗旨，调整同主要大国的关系，发展同周边国家的睦邻友好关系，深化同广大发展中国家的友好合作，积极参与国际和地区事务，建立起全方位多层次的对外关系新格局。党积极促进世界多极化和国际关系民主化，推动经济全球化朝着有利于共同繁荣的方向发展，旗帜鲜明反对霸权主义和强权政治，坚定维护广大发展中国家利益，推动建立公正合理的国际政治经济新秩序，促进世界持久和平、共同繁荣。

党始终强调，治国必先治党，治党务必从严，聚精会神抓好党的建设，开创和推进党的建设新的伟大工程。党制定关于党内政治生活的若干准则，健全民主集中制，发扬党内民主，实现党内政治生活正常化；有计划有步骤进行整党，着力解决党内思想不纯、作风不纯、组织不纯问题；按照革命化、年轻化、知识化、专业化方针加强干部队伍建设，大力选拔中青年干部，促进干部队伍新老交替。党围绕解决好提高党的领导水平和执政水平、提高拒腐防变和抵御风险能力这两大历史性课题，以执政能力建设和先进性建设为主线，先后就加强党同人民群众联系、加强和改进党的作风建设、加强党的执政能力建设等重大问题作出决定，组织开展“讲学习、讲政治、讲正气”教育、“三个代表”重要思想学习教育活动、保持共产党员先进性教育活动、学习实践科学发展观活动等集中性学习教育。党把党风廉政建设和反腐败斗争提高到关系党和国家生死存亡的高度，推进惩治和预防腐败体系建设。

改革开放四十周年之际，党中央隆重举行庆祝大会，习近平同志发表重要讲话，全面总结四十年改革开放取得的伟大成就和宝贵经验，强调改革开放是党的一次伟大觉醒，是中国人民和中华民族发展史上一次伟大革命，发出将改革开放进行到底的伟大号召。改革开放和社会主义现代化建设的伟大成就举世瞩目，我国实现了从生产力相对落后的状况到经济总量跃居世界第二的历史性突破，实现了人民生活从温饱不足到总体小康、奔向全面小康的历史性跨越，推进了中华民族从站起来到富起来的伟大飞跃。

中国共产党和中国人民以英勇顽强的奋斗向世界庄严宣告，改革开放是决定当代中国前途命运的关键一招，中国特色社会主义道路是指引中国发展繁荣的正确道路，中国大踏步赶上了时代。

## 四 开创中国特色社会主义新时代

党的十八大以来，中国特色社会主义进入新时代。党面临的主要任务是，实现第一个百年奋斗目标，开启实现第二个百年奋斗目标新征程，朝着实现中华民族伟大复兴的宏伟目标继续前进。

以习近平同志为核心的党中央统筹把握中华民族伟大复兴战略全局和世界百年未有之大变局，强调中国特色社会主义新时代是承前启后、继往开来、在新的历史条件下继续夺取中国特色社会主义伟大胜利的时代，是决胜全面建成小康社会、进而全面建设社会主义现代化强国的时代，是全国各族人民团结奋斗、不断创造美好生活、逐步实现全体人民共同富裕的时代，是全体中华儿女勠力同心、奋力实现中华民族伟大复兴中国梦的时代，是我国不断为人类作出更大贡献的时代。中国特色社会主义新时代是我国发展新的历史方位。

以习近平同志为主要代表的中国共产党人，坚持把马克思主义基本原理同中国具体实际相结合、同中华优秀传统文化相结合，坚持毛泽东思想、邓小平理论、“三个代表”重要思想、科学发展观，深刻总结并充分运用党成立以来的历史经验，从新的实际出发，创立了习近平新时代中国特色社会主义思想，明确中国特色社会主义最本质的特征是中国共产党领导，中国特色社会主义制度的最大优势是中国共产党领导，中国共产党是最高政治领导力量，全党必须增强“四个意识”、坚定“四个自信”、做到“两个维护”；明确坚持和发展中国特色社会主义，总任务是实现社会主义现代化和中华民族伟大复兴，在全面建成小康社会的基础上，分两步走在本世纪中叶建成富强民主文明和谐美丽的社会主义现代化强国，以中国式现代化推进中华民族伟大复兴；明确新时代我国社会主要矛盾是人民日益增长的美好生活需要和不平衡不充分的发展之间的矛盾，必须坚持以人民为中心的发展思想，发展全过程人民民主，推动人的全面发展、全体人民共同富裕取得更为明显的实质性进展；明确中国特色社会主义事业总体布局是经济建设、政治建设、文化建设、社会建设、生态文明建设五位一体，战略布局是全面建设社会主义现代化国家、全面深化改革、全面依法治国、全面从严治党四个全面；明确全面深化改革总目标是完善和发展中国特色社会主义制度、推进国家治理体系和治理能力现代化；明确全面推进依法治国总目标是建设中国特色社会主义法治体系、建设社会主义法治国家；明确必须坚持和完善社会主义基本经济制度，使市场在资源配置中起决定性作用，更好发挥政府作用，把握新发展阶段，贯彻创新、协调、绿色、开放、共享的新发展理念，加快构建以国内大循环为主体、国内国际双循环相互促进的新发展格局，推动高质量发展，统筹发展和安全；明确党在新时代的强军目标是建设一支听党指挥、能打胜仗、作风优良的人民军队，把人民军队建设成为世界一流军队；明确中国特色大国外交要服务民族复兴、促进人类进步，推动建设新型国际关系，推动构建人类命运共同体；明确全面从严治党的战略方针，提出新时代党的建设总要求，全面推进党的政治建设、思想建设、组织建设、作风建设、纪律建设，把制度建设贯穿其中，深入推进反腐败斗争，落实管党治党政治责任，以伟大自我革命引领伟大社会革命。这些战略思想和创新理念，是党对中国特色社会主义建设规律认识深化和理论创新的重大成果。

习近平同志对关系新时代党和国家事业发展的一系列重大理论和实践问题进行了深邃思考和科学判断，就新时代坚持和发展什么样的中国特色社会主义、怎样坚持和发展中国特色社会主义，建设什么样的社会主义现代化强国、怎样建设社会主义现代化强国，建设什么样的长期执政的马克思主义政党、怎样建设长期执政的马克思主义政党等重大时代课题，提出一系列原创性的治国理政新理念新思想新战略，是习近平新时代中国特色社会主义思想的主要创立者。习近平新时代中国特色社会主义思想是当代中国马克思主义、二十一世纪马克思主义，是中华文化和中国精神的时代精华，实现了马克思主义中国化新的飞跃。党确立习近平同志党中央的核心、全党的核心地位，确立习近平新时代中国特色社会主义思想的指导地位，反映了全党全军全国各族人民共同心愿，对新时代党和国家事业发展、对推进中华民族伟大复兴历史进程具有决定性意义。

改革开放以后，党和国家事业取得重大成就，为新时代发展中国特色社会主义事业奠定了坚实基础、创造了有利条件。同时，党清醒认识到，外部环境变化带来许多新的风险挑战，国内改革发展稳定面临不少长期没有解决的深层次矛盾和问题以及新出现的一些矛盾和问题，管党治党一度宽松软带来党内消极腐败现象蔓延、政治生态出现严重问题，党群干群关系受到损害，党的创造力、凝聚力、战斗力受到削弱，党治国理政面临重大考验。

以习近平同志为核心的党中央，以伟大的历史主动精神、巨大的政治勇气、强烈的责任担当，统筹国内国际两个大局，贯彻党的基本理论、基本路线、基本方略，统揽伟大斗争、伟大工程、伟大事业、伟大梦想，坚持稳中求进工作总基调，出台一系列重大方针政策，推出一系列重大举措，推进一系列重大工作，战胜一系列重大风险挑战，解决了许多长期想解决而没有解决的难题，办成了许多过去想办而没有办成的大事，推动党和国家事业取得历史性成就、发生历史性变革。

### （一）在坚持党的全面领导上

改革开放以后，党为加强和改善党的领导进行持续努力，为党和国家事业发展提供了根本政治保证。同时，党内也存在不少对坚持党的领导认识模糊、行动乏力问题，存在不少落实党的领导弱化、虚化、淡化、边缘化问题，特别是对党中央重大决策部署执行不力，有的搞上有政策、下有对策，甚至口是心非、擅自行事。以习近平同志为核心的党中央旗帜鲜明提出，党的领导是党和国家的根本所在、命脉所在，是全国各族人民的利益所系、命运所系，全党必须自觉在思想上政治上行动上同党中央保持高度一致，提高科学执政、民主执政、依法执政水平，提高把方向、谋大局、定政策、促改革的能力，确保充分发挥党总揽全局、协调各方的领导核心作用。

党明确提出，党的领导是全面的、系统的、整体的，保证党的团结统一是党的生命；党中央集中统一领导是党的领导的最高原则，加强和维护党中央集中统一领导是全党共同的政治责任，坚持党的领导首先要旗帜鲜明讲政治，保证全党服从中央。党的十八届六中全会通过关于新形势下党内政治生活的若干准则，党中央出台中央政治局加强和维护党中央集中统一领导的若干规定，严明党的政治纪律和政治规矩，防止和反对个人主义、分散主义、自由主义、本位主义、好人主义等，发展积极健康的党内政治文化，推动营造风清气正的良好政治生态。党中央要求党的领导干部提高政治判断力、政治领悟力、政治执行力，胸怀"国之大者"，对党忠诚、听党指挥、为党尽责。党健全党的领导制度体系，完善党领导人大、政府、政协、监察机关、审判机关、检察机关、武装力量、人民团体、企事业单位、基层群众性自治组织、社会组织等制度，确保党在各种组织中发挥领导作用。党坚持民主集中制，建立健全党对重大工作的领导体制，强化党中央决策议事协调机构职能作用，完善推动党中央重大决策落实机制，严格执行向党中央请示报告制度，强化政治监督，深化政治巡视，查处违背党的路线方针政策、破坏党的集中统一领导问题，清除"两面人"，保证全党在政治立场、政治方向、政治原则、政治道路上同党中央保持高度一致。

党的十八大以来，党中央权威和集中统一领导得到有力保证，党的领导制度体系不断完善，党的领导方式更加科学，全党思想上更加统一、政治上更加团结、行动上更加一致，党的政治领导力、思想引领力、群众组织力、社会号召力显著增强。

### （二）在全面从严治党上

改革开放以后，党坚持党要管党、从严治党，推进党的建设取得明显成效。同时，由于一度出现管党不力、治党不严问题，有些党员、干部政治信仰出现严重危机，一些地方和部门选人用人风气不正，形式主义、官僚主义、享乐主义和奢靡之风盛行，特权思想和特权现象较为普遍存在。特别是搞任人唯亲、排斥异己的有之，搞团团伙伙、拉帮结派的有之，搞匿名诬告、制造谣言的有之，搞收买人心、拉动选票的有之，搞封官许愿、弹冠相庆的有之，搞自行其是、阳奉阴违的有之，搞尾大不掉、妄议中央的也有之，政治问题和经济问题相互交织，贪腐程度触目惊心。这“七个有之”问题严重影响党的形象和威信，严重损害党群干群关系，引起广大党员、干部、群众强烈不满和义愤。习近平同志强调，打铁必须自身硬，办好中国的事情，关键在党，关键在党要管党、全面从严治党。必须以加强党的长期执政能力建设、先进性和纯洁性建设为主线，以党的政治建设为统领，以坚定理想信念宗旨为根基，以调动全党积极性、主动性、创造性为着力点，不断提高党的建设质量，把党建设成为始终走在时代前列、人民衷心拥护、勇于自我革命、经得起各种风浪考验、朝气蓬勃的马克思主义执政党。党以永远在路上的清醒和坚定，坚持严的主基调，突出抓住“关键少数”，落实主体责任和监督责任，强化监督执纪问责，把全面从严治党贯穿于党的建设各方面。党中央召开各领域党建工作会议作出有力部署，推动党的建设全面进步。

党中央强调，我们党来自人民、植根人民、服务人民，一旦脱离群众就会失去生命力，全面从严治党必须从人民群众反映强烈的作风问题抓起。党中央从制定和落实中央八项规定破题，坚持从中央政治局做起、从领导干部抓起，以上率下改进工作作风。中央政治局每年召开民主生活会，听取贯彻执行八项规定情况汇报，开展批评和自我批评。党中央发扬钉钉子精神，持之以恒纠治“四风”，反对特权思想和特权现象，狠刹公款送礼、公款吃喝、公款旅游、奢侈浪费等不正之风，解决群众反映强烈、损害群众利益的突出问题，推进基层减负，倡导勤俭节约、反对铺张浪费，刹住了一些过去被认为不可能刹住的歪风，纠治了一些多年未除的顽瘴痼疾，党风政风和社会风气为之一新。

党历来强调，全党必须做到理想信念坚定、组织体系严密、纪律规矩严明。马克思主义信仰、共产主义远大理想、中国特色社会主义共同理想，是中国共产党人的精神支柱和政治灵魂，也是保持党的团结统一的思想基础。党中央强调，理想信念是共产党人精神上的“钙”，共产党人如果没有理想信念，精神上就会“缺钙”，就会得“软骨病”，必然导致政治上变质、经济上贪婪、道德上堕落、生活上腐化。党坚持思想建党和制度治党同向发力，先后开展党的群众路线教育实践活动、“严以修身、严以用权、严以律己，谋事要实、创业要实、做人要实”专题教育、“学党章党规、学系列讲话，做合格党员”学习教育、“不忘初心、牢记使命”主题教育、党史学习教育等，用党的创新理论武装全党，推进学习型政党建设，教育引导广大党员、干部特别是领导干部从思想上正本清源、固本培元，筑牢信仰之基、补足精神之钙、把稳思想之舵，保持共产党人政治本色，挺起共产党人的精神脊梁。党提出和贯彻新时代党的组织路线，明确信念坚定、为民服务、勤政务实、敢于担当、清正廉洁的新时代好干部标准，突出政治素质要求、树立正确用人导向，坚持德才兼备、以德为先，坚持五湖四海、任人唯贤，坚持事业为上、公道正派，坚持不唯票、不唯分、不唯生产总值、不唯年龄，不搞“海推”、“海选”，强化党组织领导和把关作用，纠正选人用人上的不正之风。

党要求各级领导干部解决好世界观、人生观、价值观这个“总开关”问题，珍惜权力、管好权力、慎用权力，自觉接受各方面监督，时刻想着为党分忧、为国奉献、为民造福。党坚持党管人才原则，实行更加积极、更加开放、更加有效的人才政策，深入实施新时代人才强国战略，加快建设世界重要人才中心和创新高地，聚天下英才而用之。党不断健全组织体系，以提升组织力为重点，增强党组织政治功能和组织功能，树立大抓基层的鲜明导向，推动党的组织和党的工作全覆盖。党坚持纪严于法、执纪执法贯通，用好监督执纪“四种形态”，强化政治纪律和组织纪律，带动各项纪律全面严起来。党坚持依规治党，严格遵守党章，形成比较完善的党内法规体系，严格制度执行，党的建设科学化、制度化、规范化水平明显提高。

党中央强调，腐败是党长期执政的最大威胁，反腐败是一场输不起也决不能输的重大政治斗争，不得罪成百上千的腐败分子，就要得罪十四亿人民，必须把权力关进制度的笼子里，依纪依法设定权力、规范权力、制约权力、监督权力。党坚持不敢腐、不能腐、不想腐一体推进，惩治震慑、制度约束、提高觉悟一体发力，确保党和人民赋予的权力始终用来为人民谋幸福。坚持无禁区、全覆盖、零容忍，坚持重遏制、强高压、长震慑，坚持受贿行贿一起查，坚持有案必查、有腐必惩，以猛药去疴、重典治乱的决心，以刮骨疗毒、壮士断腕的勇气，坚定不移“打虎”、“拍蝇”、“猎狐”。坚决整治群众身边腐败问题，深入开展国际追逃追赃，清除一切腐败分子。党聚焦政治问题和经济问题交织的腐败案件，防止党内形成利益集团，查处周永康、薄熙来、孙政才、令计划等严重违纪违法案件。党领导完善党和国家监督体系，推动设立国家监察委员会和地方各级监察委员会，构建巡视巡察上下联动格局，构建以党内监督为主导、各类监督贯通协调的机制，加强对权力运行的制约和监督。

党的十八大以来，经过坚决斗争，全面从严治党的政治引领和政治保障作用充分发挥，党的自我净化、自我完善、自我革新、自我提高能力显著增强，管党治党宽松软状况得到根本扭转，反腐败斗争取得压倒性胜利并全面巩固，消除了党、国家、军队内部存在的严重隐患，党在革命性锻造中更加坚强。

**（三）在经济建设上**

改革开放以后，党扭住经济建设这个中心，领导人民埋头苦干，创造出经济快速发展奇迹，国家经济实力大幅跃升。同时，由于一些地方和部门存在片面追求速度规模、发展方式粗放等问题，加上国际金融危机后世界经济持续低迷影响，经济结构性体制性矛盾不断积累，发展不平衡、不协调、不可持续问题十分突出。党中央提出，我国经济发展进入新常态，已由高速增长阶段转向高质量发展阶段，面临增长速度换挡期、结构调整阵痛期、前期刺激政策消化期“三期叠加”的复杂局面，传统发展模式难以为继。党中央强调，贯彻新发展理念是关系我国发展全局的一场深刻变革，不能简单以生产总值增长率论英雄，必须实现创新成为第一动力、协调成为内生特点、绿色成为普遍形态、开放成为必由之路、共享成为根本目的的高质量发展，推动经济发展质量变革、效率变革、动力变革。

党加强对经济工作的战略谋划和统一领导，完善党领导经济工作体制机制。党的十八届五中全会、党的十九大、党的十九届五中全会和历次中央经济工作会议集中对我国发展作出部署，作出坚持以高质量发展为主题、以供给侧结构性改革为主线、建设现代化经济体系、把握扩大内需战略基点，打好防范化解重大风险、精准脱贫、污染防治三大攻坚战等重大决策。党毫不动摇巩固和发展公有制经济，毫不动摇鼓励、支持、引导非公有制经济发展，支持国有资本和国有企业做强做优做大，建立中国特色现代企业制度，增强国有经济竞争力、创新力、控制力、影响力、抗风险能力；构建亲清政商关系，促进非公有制经济健康发展和非公有制经济人士健康成长。党坚持实施创新驱动发展战略，把科技自立自强作为国家发展的战略支撑，健全新型举国体制，强化国家战略科技力量，加强基础研究，推进关键核心技术攻关和自主创新，强化知识产权创造、保护、运用，加快建设创新型国家和世界科技强国。全面实施供给侧结构性改革，推进去产能、去库存、去杠杆、降成本、补短板，落实巩固、增强、提升、畅通要求，推进制造强国建设，加快发展现代产业体系，壮大实体经济，发展数字经济。完善宏观经济治理，创新宏观调控思路和方式，增强宏观政策自主性，实施积极的财政政策和稳健的货币政策，坚持推进简政放权、放管结合、优化服务，保障粮食安全、能源资源安全、产业链供应链安全，坚持金融为实体经济服务，全面加强金融监管，防范化解经济金融领域风险，强化市场监管和反垄断规制，防止资本无序扩张，维护市场秩序，激发各类市场主体特别是中小微企业活力，保护广大劳动者和消费者权益。党实施区域协调发展战略，促进京津冀协同发展、长江经济带发展、粤港澳大湾区建设、长三角一体化发展、黄河流域生态保护和高质量发展，高标准高质量建设雄安新区，推动西部大开发形成新格局，推动东北振兴取得新突破，推动中部地区高质量发展，鼓励东部地区加快推进现代化，支持革命老区、民族地区、边疆地区、贫困地区改善生产生活条件。推进以人为核心的新型城镇化，加强城市规划、建设、管理。党始终把解决好“三农”问题作为全党工作重中之重，实施乡村振兴战略，加快推进农业农村现代化，坚持藏粮于地、藏粮于技，实行最严格的耕地保护制度，推动种业科技自立自强、种源自主可控，确保把中国人的饭碗牢牢端在自己手中。

党的十八大以来，我国经济发展平衡性、协调性、可持续性明显增强，国内生产总值突破百万亿元大关，人均国内生产总值超过一万美元，国家经济实力、科技实力、综合国力跃上新台阶，我国经济迈上更高质量、更有效率、更加公平、更可持续、更为安全的发展之路。

**（四）在全面深化改革开放上**

党的十一届三中全会以后，我国改革开放走过波澜壮阔的历程，取得举世瞩目的成就。随着实践发展，一些深层次体制机制问题和利益固化的藩篱日益显现，改革进入攻坚期和深水区。党中央深刻认识到，实践发展永无止境，解放思想永无止境，改革开放也永无止境，改革只有进行时、没有完成时，停顿和倒退没有出路，必须以更大的政治勇气和智慧推进全面深化改革，敢于啃硬骨头，敢于涉险滩，突出制度建设，注重改革关联性和耦合性，真枪真刀推进改革，有效破除各方面体制机制弊端。

党的十八届三中全会对经济体制、政治体制、文化体制、社会体制、生态文明体制、国防和军队改革和党的建设制度改革作出部署，确定全面深化改革的总目标、战略重点、优先顺序、主攻方向、工作机制、推进方式和时间表、路线图。党的十一届三中全会是划时代的，开启了改革开放和社会主义现代化建设新时期。党的十八届三中全会也是划时代的，实现改革由局部探索、破冰突围到系统集成、全面深化的转变，开创了我国改革开放新局面。

党坚持改革正确方向，以促进社会公平正义、增进人民福祉为出发点和落脚点，突出问题导向，聚焦进一步解放思想、解放和发展社会生产力、解放和增强社会活力，加强顶层设计和整体谋划，增强改革的系统性、整体性、协同性，激发人民首创精神，推动重要领域和关键环节改革走实走深。党推动改革全面发力、多点突破、蹄疾步稳、纵深推进，从夯基垒台、立柱架梁到全面推进、积厚成势，再到系统集成、协同高效，各领域基础性制度框架基本确立，许多领域实现历史性变革、系统性重塑、整体性重构。

党中央深刻认识到，开放带来进步，封闭必然落后；我国发展要赢得优势、赢得主动、赢得未来，必须顺应经济全球化，依托我国超大规模市场优势，实行更加积极主动的开放战略。我国坚持共商共建共享，推动共建“一带一路”高质量发展，推进一大批关系沿线国家经济发展、民生改善的合作项目，建设和平之路、繁荣之路、开放之路、绿色之路、创新之路、文明之路，使共建“一带一路”成为当今世界深受欢迎的国际公共产品和国际合作平台。我国坚持对内对外开放相互促进、“引进来”和“走出去”更好结合，推动贸易和投资自由化便利化，构建面向全球的高标准自由贸易区网络，建设自由贸易试验区和海南自由贸易港，推动规则、规制、管理、标准等制度型开放，形成更大范围、更宽领域、更深层次对外开放格局，构建互利共赢、多元平衡、安全高效的开放型经济体系，不断增强我国国际经济合作和竞争新优势。

党的十八大以来，党不断推动全面深化改革向广度和深度进军，中国特色社会主义制度更加成熟更加定型，国家治理体系和治理能力现代化水平不断提高，党和国家事业焕发出新的生机活力。

**（五）在政治建设上**

改革开放以后，党领导人民坚持中国特色社会主义政治发展道路，发展社会主义民主，取得重大进展。党从国内外政治发展成败得失中深刻认识到，坚定中国特色社会主义制度自信首先要坚定对中国特色社会主义政治制度的自信，建设社会主义民主政治，发展社会主义政治文明，必须使中国特色社会主义政治制度深深扎根于中国社会土壤，照抄照搬他国政治制度行不通，甚至会把国家前途命运葬送掉。必须坚持党的领导、人民当家作主、依法治国有机统一，积极发展全过程人民民主，健全全面、广泛、有机衔接的人民当家作主制度体系，构建多样、畅通、有序的民主渠道，丰富民主形式，从各层次各领域扩大人民有序政治参与，使各方面制度和国家治理更好体现人民意志、保障人民权益、激发人民创造。必须警惕和防范西方所谓“宪政”、多党轮流执政、“三权鼎立”等政治思潮的侵蚀影响。

党的十九届四中全会着眼于党长期执政和国家长治久安，对坚持和完善中国特色社会主义制度、推进国家治理体系和治理能力现代化作出总体擘画，重点部署坚持和完善支撑中国特色社会主义制度的根本制度、基本制度、重要制度。党中央强调，必须坚持人民主体地位，保证人民依法实行民主选举、民主协商、民主决策、民主管理、民主监督。党坚持和完善人民代表大会制度，支持和保证人民通过人民代表大会行使国家权力，支持和保证人大依法行使立法权、监督权、决定权、任免权，果断查处拉票贿选案，维护人民代表大会制度权威和尊严，发挥人民代表大会制度的根本政治制度作用。党坚持和完善中国共产党领导的多党合作和政治协商制度，完善民主党派中央对重大决策部署贯彻落实情况实施专项监督、直接向中共中央提出建议等制度，加强人民政协专门协商机构制度建设，推进社会主义协商民主广泛多层制度化发展，形成中国特色协商民主体系。党坚持巩固基层政权，完善基层民主制度，完善办事公开制度，保障人民知情权、参与权、表达权、监督权。按照坚持党的全面领导、坚持以人民为中心、坚持优化协同高效、坚持全面依法治国的原则，全面深化党和国家机构改革，党和国家机构职能实现系统性、整体性重构。党坚持和完善民族区域自治制度，坚定不移走中国特色解决民族问题的正确道路，坚持把铸牢中华民族共同体意识作为党的民族工作主线，确立新时代党的治藏方略、治疆方略，巩固和发展平等团结互助和谐的社会主义民族关系，促进各民族共同团结奋斗、共同繁荣发展。党坚持党的宗教工作基本方针，坚持我国宗教的中国化方向，积极引导宗教与社会主义社会相适应。党完善大统战工作格局，努力寻求最大公约数、画出最大同心圆，汇聚实现中华民族伟大复兴的磅礴力量。党围绕增强政治性、先进性、群众性，推动群团工作改革创新，更好发挥工会、共青团、妇联等人民团体和群众组织作用。我们以保障人民生存权、发展权为首要推进人权事业全面发展。

党的十八大以来，我国社会主义民主政治制度化、规范化、程序化全面推进，中国特色社会主义政治制度优越性得到更好发挥，生动活泼、安定团结的政治局面得到巩固和发展。

**（六）在全面依法治国上**

改革开放以后，党坚持依法治国，不断推进社会主义法治建设。同时，有法不依、执法不严、司法不公、违法不究等问题严重存在，司法腐败时有发生，一些执法司法人员徇私枉法，甚至充当犯罪分子的保护伞，严重损害法治权威，严重影响社会公平正义。党深刻认识到，权力是一把“双刃剑”，依法依规行使可以造福人民，违法违规行使必然祸害国家和人民。党中央强调，法治兴则国家兴，法治衰则国家乱；全面依法治国是中国特色社会主义的本质要求和重要保障，是国家治理的一场深刻革命；坚持依法治国首先要坚持依宪治国，坚持依法执政首先要坚持依宪执政。必须坚持中国特色社会主义法治道路，贯彻中国特色社会主义法治理论，坚持依法治国、依法执政、依法行政共同推进，坚持法治国家、法治政府、法治社会一体建设，全面增强全社会尊法学法守法用法意识和能力。

党的十八届四中全会和中央全面依法治国工作会议专题研究全面依法治国问题，就科学立法、严格执法、公正司法、全民守法作出顶层设计和重大部署，统筹推进法律规范体系、法治实施体系、法治监督体系、法治保障体系和党内法规体系建设。

党强调，全面依法治国最广泛、最深厚的基础是人民，必须把体现人民利益、反映人民愿望、维护人民权益、增进人民福祉落实到全面依法治国各领域全过程，保障和促进社会公平正义，努力让人民群众在每一项法律制度、每一个执法决定、每一宗司法案件中都感受到公平正义。党领导健全保证宪法全面实施的体制机制，确立宪法宣誓制度，弘扬社会主义法治精神，提高国家机构依法履职能力，提高各级领导干部运用法治思维和法治方式解决问题、推动发展的能力，增强全社会法治意识。通过宪法修正案，制定民法典、外商投资法、国家安全法、监察法等法律，修改立法法、国防法、环境保护法等法律，加强重点领域、新兴领域、涉外领域立法，加快完善以宪法为核心的中国特色社会主义法律体系。党领导深化以司法责任制为重点的司法体制改革，推进政法领域全面深化改革，加强对执法司法活动的监督制约，开展政法队伍教育整顿，依法纠正冤错案件，严厉惩治执法司法腐败，确保执法司法公正廉洁高效权威。

党的十八大以来，中国特色社会主义法治体系不断健全，法治中国建设迈出坚实步伐，法治固根本、稳预期、利长远的保障作用进一步发挥，党运用法治方式领导和治理国家的能力显著增强。

### （七）在文化建设上

改革开放以后，党坚持物质文明和精神文明两手抓、两手硬，推动社会主义文化繁荣发展，振奋了民族精神，凝聚了民族力量。同时，拜金主义、享乐主义、极端个人主义和历史虚无主义等错误思潮不时出现，网络舆论乱象丛生，一些领导干部政治立场模糊、缺乏斗争精神，严重影响人们思想和社会舆论环境。党准确把握世界范围内思想文化相互激荡、我国社会思想观念深刻变化的趋势，强调意识形态工作是为国家立心、为民族立魂的工作，文化自信是更基础、更广泛、更深厚的自信，是一个国家、一个民族发展中最基本、最深沉、最持久的力量，没有高度文化自信、没有文化繁荣兴盛就没有中华民族伟大复兴。必须坚持以人民为中心的工作导向，举旗帜、聚民心、育新人、兴文化、展形象，牢牢掌握意识形态工作领导权，建设具有强大凝聚力和引领力的社会主义意识形态，建设社会主义文化强国，激发全民族文化创新创造活力，更好构筑中国精神、中国价值、中国力量，巩固全党全国各族人民团结奋斗的共同思想基础。

党着力解决意识形态领域党的领导弱化问题，立破并举、激浊扬清，就意识形态领域许多方向性、战略性问题作出部署，确立和坚持马克思主义在意识形态领域指导地位的根本制度，健全意识形态工作责任制，推动全党动手抓宣传思想工作，守土有责、守土负责、守土尽责，敢抓敢管、敢于斗争，旗帜鲜明反对和抵制各种错误观点。党从正本清源入手加强宣传思想工作，召开全国宣传思想工作会议，分别召开文艺工作、党的新闻舆论工作、网络安全和信息化工作、哲学社会科学工作座谈会和全国高校思想政治工作会议，就一系列根本性问题阐明原则立场，廓清了理论是非，校正了工作导向，思想文化领域向上向好态势不断发展。推动用党的创新理论武装全党、教育人民、指导实践，深化马克思主义理论研究和建设，推进中国特色哲学社会科学学科体系、学术体系、话语体系建设。高度重视传播手段建设和创新，推动媒体融合发展，提高新闻舆论传播力、引导力、影响力、公信力。党中央明确提出，过不了互联网这一关就过不了长期执政这一关。党高度重视互联网这个意识形态斗争的主阵地、主战场、最前沿，健全互联网领导和管理体制，坚持依法管网治网，营造清朗的网络空间。

党坚持以社会主义核心价值观引领文化建设，注重用社会主义先进文化、革命文化、中华优秀传统文化培根铸魂，广泛开展中国特色社会主义和中国梦宣传教育，推动理想信念教育常态化制度化，完善思想政治工作体系，建立健全党和国家功勋荣誉表彰制度，设立烈士纪念日，深化群众性精神文明创建，建设新时代文明实践中心，推动学习大国建设。党推动学习党史、新中国史、改革开放史、社会主义发展史，建成中国共产党历史展览馆，开展庆祝中国共产党成立一百周年、中华人民共和国成立七十周年、中国人民解放军建军九十周年、改革开放四十周年和纪念中国人民抗日战争暨世界反法西斯战争胜利七十周年、中国人民志愿军抗美援朝出国作战七十周年等活动，有力彰显党心民心、国威军威，在全社会唱响了主旋律、弘扬了正能量。党坚持把社会效益放在首位、社会效益和经济效益相统一，推进文化事业和文化产业全面发展，繁荣文艺创作，完善公共文化服务体系，为人民提供了更多更好的精神食粮。

党中央强调，中华优秀传统文化是中华民族的突出优势，是我们在世界文化激荡中站稳脚跟的根基，必须结合新的时代条件传承和弘扬好。我们实施中华优秀传统文化传承发展工程，推动中华优秀传统文化创造性转化、创新性发展，增强全社会文物保护意识，加大文化遗产保护力度。加快国际传播能力建设，向世界讲好中国故事、中国共产党故事，传播好中国声音，促进人类文明交流互鉴，国家文化软实力、中华文化影响力明显提升。

党的十八大以来，我国意识形态领域形势发生全局性、根本性转变，全党全国各族人民文化自信明显增强，全社会凝聚力和向心力极大提升，为新时代开创党和国家事业新局面提供了坚强思想保证和强大精神力量。

**（八）在社会建设上**

改革开放以后，我国人民生活显著改善，社会治理明显改进。同时，随着时代发展和社会进步，人民对美好生活的向往更加强烈，对民主、法治、公平、正义、安全、环境等方面的要求日益增长。党中央强调，人民对美好生活的向往就是我们的奋斗目标，增进民生福祉是我们坚持立党为公、执政为民的本质要求，让老百姓过上好日子是我们一切工作的出发点和落脚点，补齐民生保障短板、解决好人民群众急难愁盼问题是社会建设的紧迫任务。必须以保障和改善民生为重点加强社会建设，尽力而为、量力而行，一件事情接着一件事情办，一年接着一年干，在幼有所育、学有所教、劳有所得、病有所医、老有所养、住有所居、弱有所扶上持续用力，加强和创新社会治理，使人民获得感、幸福感、安全感更加充实、更有保障、更可持续。

党深刻认识到，小康不小康，关键看老乡；脱贫攻坚是全面建成小康社会的底线任务，只有打赢脱贫攻坚战，才能确保全面建成小康社会、实现第一个百年奋斗目标；必须以更大决心、更精准思路、更有力措施，采取超常举措，实施脱贫攻坚工程。党坚持精准扶贫，确立不愁吃、不愁穿和义务教育、基本医疗、住房安全有保障工作目标，实行“军令状”式责任制，动员全党全国全社会力量，上下同心、尽锐出战，攻克坚中之坚、解决难中之难，组织实施人类历史上规模最大、力度最强的脱贫攻坚战，形成伟大脱贫攻坚精神。党的十八大以来，全国八百三十二个贫困县全部摘帽，十二万八千个贫困村全部出列，近一亿农村贫困人口实现脱贫，提前十年实现联合国二〇三〇年可持续发展议程减贫目标，历史性地解决了绝对贫困问题，创造了人类减贫史上的奇迹。

二〇二〇年，面对突如其来的新冠肺炎疫情，党中央果断决策、沉着应对，坚持人民至上、生命至上，提出坚定信心、同舟共济、科学防治、精准施策的总要求，开展抗击疫情人民战争、总体战、阻击战，周密部署武汉保卫战、湖北保卫战，举全国之力实施规模空前的生命大救援，慎终如始抓好“外防输入、内防反弹”，坚持统筹疫情防控和经济社会发展，最大限度保护了人民生命安全和身体健康，在全球率先控制住疫情、率先复工复产、率先恢复经济社会发展，抗疫斗争取得重大战略成果，铸就了伟大抗疫精神。

为了保障和改善民生，党按照坚守底线、突出重点、完善制度、引导预期的思路，在收入分配、就业、教育、社会保障、医疗卫生、住房保障等方面推出一系列重大举措，注重加强普惠性、基础性、兜底性民生建设，推进基本公共服务均等化。我们努力建设体现效率、促进公平的收入分配体系，调节过高收入，取缔非法收入，增加低收入者收入，稳步扩大中等收入群体，推动形成橄榄型分配格局，居民收入增长与经济增长基本同步，农村居民收入增速快于城镇居民。实施就业优先政策，推动实现更加充分、更高质量就业。全面贯彻党的教育方针，优先发展教育事业，明确教育的根本任务是立德树人，培养德智体美劳全面发展的社会主义建设者和接班人，深化教育教学改革创新，促进公平和提高质量，推进义务教育均衡发展和城乡一体化，全面推行国家通用语言文字教育教学，规范校外培训机构，积极发展职业教育，推动高等教育内涵式发展，推进教育强国建设，办好人民满意的教育。我国建成世界上规模最大的社会保障体系，十亿二千万人拥有基本养老保险，十三亿六千万人拥有基本医疗保险。全面推进健康中国建设，坚持预防为主的方针，深化医药卫生体制改革，引导医疗卫生工作重心下移、资源下沉，及时推动完善重大疫情防控体制机制、健全国家公共卫生应急管理体系，促进中医药传承创新发展，健全遍及城乡的公共卫生服务体系。加快体育强国建设，广泛开展全民健身活动，大力弘扬中华体育精神。加强人口发展战略研究，积极应对人口老龄化，加快建设养老服务体系，调整优化生育政策，促进人口长期均衡发展。注重家庭家教家风建设，保障妇女儿童权益。加快发展残疾人事业。坚持房子是用来住的、不是用来炒的定位，加快建立多主体供给、多渠道保障、租购并举的住房制度，加大保障房建设投入力度，城乡居民住房条件明显改善。

党着眼于国家长治久安、人民安居乐业，建设更高水平的平安中国，完善社会治理体系，健全党组织领导的自治、法治、德治相结合的城乡基层治理体系，推动社会治理重心向基层下移，建设共建共治共享的社会治理制度，建设人人有责、人人尽责、人人享有的社会治理共同体。加强防灾减灾救灾和安全生产工作，加强国家应急管理体系和能力建设。坚持和发展新时代“枫桥经验”，坚持系统治理、依法治理、综合治理、源头治理，完善信访制度，健全社会矛盾纠纷多元预防调处化解综合机制，加强社会治安综合治理，开展扫黑除恶专项斗争，坚决惩治放纵、包庇黑恶势力甚至充当保护伞的党员干部，防范和打击暴力恐怖、新型网络犯罪、跨国犯罪。

党的十八大以来，我国社会建设全面加强，人民生活全方位改善，社会治理社会化、法治化、智能化、专业化水平大幅度提升，发展了人民安居乐业、社会安定有序的良好局面，续写了社会长期稳定奇迹。

**（九）在生态文明建设上**

改革开放以后，党日益重视生态环境保护。同时，生态文明建设仍然是一个明显短板，资源环境约束趋紧、生态系统退化等问题越来越突出，特别是各类环境污染、生态破坏呈高发态势，成为国土之伤、民生之痛。如果不抓紧扭转生态环境恶化趋势，必将付出极其沉重的代价。党中央强调，生态文明建设是关乎中华民族永续发展的根本大计，保护生态环境就是保护生产力，改善生态环境就是发展生产力，决不以牺牲环境为代价换取一时的经济增长。

必须坚持绿水青山就是金山银山的理念，坚持山水林田湖草沙一体化保护和系统治理，像保护眼睛一样保护生态环境，像对待生命一样对待生态环境，更加自觉地推进绿色发展、循环发展、低碳发展，坚持走生产发展、生活富裕、生态良好的文明发展道路。

党从思想、法律、体制、组织、作风上全面发力，全方位、全地域、全过程加强生态环境保护，推动划定生态保护红线、环境质量底线、资源利用上线，开展一系列根本性、开创性、长远性工作。党组织实施主体功能区战略，建立健全自然资源资产产权制度、国土空间开发保护制度、生态文明建设目标评价考核制度和责任追究制度、生态补偿制度、河湖长制、林长制、环境保护“党政同责”和“一岗双责”等制度，制定修订相关法律法规。优化国土空间开发保护格局，建立以国家公园为主体的自然保护地体系，持续开展大规模国土绿化行动，加强大江大河和重要湖泊湿地及海岸带生态保护和系统治理，加大生态系统保护和修复力度，加强生物多样性保护，推动形成节约资源和保护环境的空间格局、产业结构、生产方式、生活方式。党领导着力打赢污染防治攻坚战，深入实施大气、水、土壤污染防治三大行动计划，打好蓝天、碧水、净土保卫战，开展农村人居环境整治，全面禁止进口“洋垃圾”。开展中央生态环境保护督察，坚决查处一批破坏生态环境的重大典型案件、解决一批人民群众反映强烈的突出环境问题。我国积极参与全球环境与气候治理，作出力争二〇三〇年前实现碳达峰、二〇六〇年前实现碳中和的庄严承诺，体现了负责任大国的担当。

党的十八大以来，党中央以前所未有的力度抓生态文明建设，全党全国推动绿色发展的自觉性和主动性显著增强，美丽中国建设迈出重大步伐，我国生态环境保护发生历史性、转折性、全局性变化。

**（十）在国防和军队建设上**

改革开放以后，人民军队革命化现代化正规化水平不断提高，国防实力日益增强，为国家改革发展稳定提供了可靠安全保障。党中央强调，强国必须强军、军强才能国安，必须建设同我国国际地位相称、同国家安全和发展利益相适应的巩固国防和强大人民军队。

党提出新时代的强军目标，确立新时代军事战略方针，制定到二〇二七年实现建军一百年奋斗目标、到二〇三五年基本实现国防和军队现代化、到本世纪中叶全面建成世界一流军队的国防和军队现代化新“三步走”战略，推进政治建军、改革强军、科技强军、人才强军、依法治军，加快军事理论现代化、军队组织形态现代化、军事人员现代化、武器装备现代化，加快机械化信息化智能化融合发展，全面加强练兵备战，坚持走中国特色强军之路。

建设强大人民军队，首要的是毫不动摇坚持党对人民军队绝对领导的根本原则和制度，坚持人民军队最高领导权和指挥权属于党中央和中央军委，全面深入贯彻军委主席负责制。有一个时期，人民军队党的领导弱化问题突出，如果不彻底解决，不仅影响战斗力，而且事关党指挥枪这一重大政治原则。党中央和中央军委狠抓全面从严治军，果断决策整肃人民军队政治纲纪，在古田召开全军政治工作会议，对新时代政治建军作出部署，恢复和发扬我党我军光荣传统和优良作风，以整风精神推进政治整训，全面加强军队党的领导和党的建设，深入推进军队党风廉政建设和反腐败斗争，坚决查处郭伯雄、徐才厚、房峰辉、张阳等严重违纪违法案件并彻底肃清其流毒影响，推动人民军队政治生态根本好转。

党提出改革强军战略，领导开展新中国成立以来最为广泛、最为深刻的国防和军队改革，重构人民军队领导指挥体制、现代军事力量体系、军事政策制度，裁减现役员额三十万，形成了军委管总、战区主战、军种主建新格局。面对世界新军事革命，我们实施科技强军战略，建设创新型人民军队，建设强大的现代化后勤，国防科技和武器装备建设取得重大进展。实施人才强军战略，确立新时代军事教育方针，明确军队好干部标准，推动构建三位一体新型军事人才培养体系，培养有灵魂、有本事、有血性、有品德的新时代革命军人，锻造具有铁一般信仰、铁一般信念、铁一般纪律、铁一般担当的过硬部队。贯彻依法治军战略，构建中国特色军事法治体系，加快治军方式根本性转变。推进军人荣誉体系建设。

党提出新时代人民军队使命任务，创新军事战略指导，调整优化军事战略布局，强化人民军队塑造态势、管控危机、遏制战争、打赢战争的战略功能。人民军队紧紧扭住战斗力这个唯一的根本的标准，扭住能打仗、打胜仗这个根本指向，壮大战略力量和新域新质作战力量，加强联合作战指挥体系和能力建设，大力纠治“和平积弊”，大抓实战化军事训练，建设强大稳固的现代边海空防，坚定灵活开展军事斗争，有效应对外部军事挑衅，震慑“台独”分裂行径，遂行边防斗争、海上维权、反恐维稳、抢险救灾、抗击疫情、维和护航、人道主义救援和国际军事合作等重大任务。

党的十八大以来，在党的坚强领导下，人民军队实现整体性革命性重塑、重整行装再出发，国防实力和经济实力同步提升，一体化国家战略体系和能力加快构建，建立健全退役军人管理保障体制，国防动员更加高效，军政军民团结更加巩固。人民军队坚决履行新时代使命任务，以顽强斗争精神和实际行动捍卫了国家主权、安全、发展利益。

**（十一）在维护国家安全上**

改革开放以后，党高度重视正确处理改革发展稳定关系，把维护国家安全和社会安定作为党和国家的一项基础性工作来抓，为改革开放和社会主义现代化建设营造了良好安全环境。进入新时代，我国面临更为严峻的国家安全形势，外部压力前所未有，传统安全威胁和非传统安全威胁相互交织，“黑天鹅”、“灰犀牛”事件时有发生。同形势任务要求相比，我国维护国家安全能力不足，应对各种重大风险能力不强，维护国家安全的统筹协调机制不健全。党中央强调，国泰民安是人民群众最基本、最普遍的愿望。必须坚持底线思维、居安思危、未雨绸缪，坚持国家利益至上，以人民安全为宗旨，以政治安全为根本，以经济安全为基础，以军事、科技、文化、社会安全为保障，以促进国际安全为依托，统筹发展和安全，统筹开放和安全，统筹传统安全和非传统安全，统筹自身安全和共同安全，统筹维护国家安全和塑造国家安全。

习近平同志强调保证国家安全是头等大事，提出总体国家安全观，涵盖政治、军事、国土、经济、文化、社会、科技、网络、生态、资源、核、海外利益、太空、深海、极地、生物等诸多领域，要求全党增强斗争精神、提高斗争本领，落实防范化解各种风险的领导责任和工作责任。党中央深刻认识到，面对来自外部的各种围堵、打压、捣乱、颠覆活动，必须发扬不信邪、不怕鬼的精神，同企图颠覆中国共产党领导和我国社会主义制度、企图迟滞甚至阻断中华民族伟大复兴进程的一切势力斗争到底，一味退让只能换来得寸进尺的霸凌，委曲求全只能招致更为屈辱的境况。

党着力推进国家安全体系和能力建设，设立中央国家安全委员会，完善集中统一、高效权威的国家安全领导体制，完善国家安全法治体系、战略体系和政策体系，建立国家安全工作协调机制和应急管理机制。党把安全发展贯穿国家发展各领域全过程，注重防范化解影响我国现代化进程的重大风险，坚定维护国家政权安全、制度安全、意识形态安全，加强国家安全宣传教育和全民国防教育，巩固国家安全人民防线，推进兴边富民、稳边固边，严密防范和严厉打击敌对势力渗透、破坏、颠覆、分裂活动，顶住和反击外部极端打压遏制，开展涉港、涉台、涉疆、涉藏、涉海等斗争，加快建设海洋强国，有效维护国家安全。

党的十八大以来，国家安全得到全面加强，经受住了来自政治、经济、意识形态、自然界等方面的风险挑战考验，为党和国家兴旺发达、长治久安提供了有力保证。

### （十二）在坚持“一国两制”和推进祖国统一上

香港、澳门回归祖国后，重新纳入国家治理体系，走上了同祖国内地优势互补、共同发展的宽广道路，“一国两制”实践取得举世公认的成功。同时，一个时期，受各种内外复杂因素影响，“反中乱港”活动猖獗，香港局势一度出现严峻局面。党中央强调，必须全面准确、坚定不移贯彻“一国两制”方针，坚持和完善“一国两制”制度体系，坚持依法治港治澳，维护宪法和基本法确定的特别行政区宪制秩序，落实中央对特别行政区全面管治权，坚定落实“爱国者治港”、“爱国者治澳”。

党中央审时度势，作出健全中央依照宪法和基本法对特别行政区行使全面管治权、完善特别行政区同宪法和基本法实施相关制度机制的重大决策，推动建立健全特别行政区维护国家安全的法律制度和执行机制、制定《中华人民共和国香港特别行政区维护国家安全法》、完善香港特别行政区选举制度，落实“爱国者治港”原则，支持特别行政区完善公职人员宣誓制度。中央人民政府依法设立驻香港特别行政区维护国家安全公署，香港特别行政区依法设立维护国家安全委员会。中央坚定支持香港特别行政区依法止暴制乱、恢复秩序，支持行政长官和特别行政区政府依法施政，坚决防范和遏制外部势力干预港澳事务，严厉打击分裂、颠覆、渗透、破坏活动。全面支持香港、澳门更好融入国家发展大局，高质量建设粤港澳大湾区，支持港澳发展经济、改善民生，增强港澳同胞国家意识和爱国精神。这一系列标本兼治的举措，推动香港局势实现由乱到治的重大转折，为推进依法治港治澳、促进“一国两制”实践行稳致远打下了坚实基础。

解决台湾问题、实现祖国完全统一，是党矢志不渝的历史任务，是全体中华儿女的共同愿望，是实现中华民族伟大复兴的必然要求。党把握两岸关系时代变化，丰富和发展国家统一理论和对台方针政策，推动两岸关系朝着正确方向发展。习近平同志就对台工作提出一系列重要理念、重大政策主张，形成新时代党解决台湾问题的总体方略。我们推动实现一九四九年以来两岸领导人首次会晤、两岸领导人直接对话沟通。党秉持“两岸一家亲”理念，推动两岸关系和平发展，出台一系列惠及广大台胞的政策，加强两岸经济文化交流合作。二〇一六年以来，台湾当局加紧进行“台独”分裂活动，致使两岸关系和平发展势头受到严重冲击。我们坚持一个中国原则和“九二共识”，坚决反对“台独”分裂行径，坚决反对外部势力干涉，牢牢把握两岸关系主导权和主动权。祖国完全统一的时和势始终在我们这一边。

实践证明，有中国共产党的坚强领导，有伟大祖国的坚强支撑，有全国各族人民包括香港特别行政区同胞、澳门特别行政区同胞和台湾同胞的同心协力，香港、澳门长期繁荣稳定一定能够保持，祖国完全统一一定能够实现。

**（十三）在外交工作上**

改革开放以后，党坚持独立自主的和平外交政策，为我国发展营造了良好外部环境，为人类进步事业作出重大贡献。进入新时代，国际力量对比深刻调整，单边主义、保护主义、霸权主义、强权政治对世界和平与发展威胁上升，逆全球化思潮上升，世界进入动荡变革期。党中央强调，面对复杂严峻的国际形势和前所未有的外部风险挑战，必须统筹国内国际两个大局，健全党对外事工作领导体制机制，加强对外工作顶层设计，对中国特色大国外交作出战略谋划，推动建设新型国际关系，推动构建人类命运共同体，弘扬和平、发展、公平、正义、民主、自由的全人类共同价值，引领人类进步潮流。

党把握新时代外交工作大局，紧扣服务民族复兴、促进人类进步这条主线，高举和平、发展、合作、共赢的旗帜，推进和完善全方位、多层次、立体化的外交布局，积极发展全球伙伴关系。我们运筹大国关系，推进大国协调和合作。按照亲诚惠容理念和与邻为善、以邻为伴的周边外交方针深化同周边国家关系，稳定周边战略依托，打造周边命运共同体。秉持正确义利观和真实亲诚理念加强同广大发展中国家团结合作，整体合作机制实现全覆盖。党同世界上五百多个政党和政治组织保持经常性联系，深化政党交流合作。适应“走出去”日益扩大的新形势，不断完善海外利益保护体系，有力应对了一系列海外利益风险挑战。

我国积极参与全球治理体系改革和建设，维护以联合国为核心的国际体系、以国际法为基础的国际秩序、以联合国宪章宗旨和原则为基础的国际关系基本准则，维护和践行真正的多边主义，坚决反对单边主义、保护主义、霸权主义、强权政治，积极推动经济全球化朝着更加开放、包容、普惠、平衡、共赢的方向发展。我国建设性参与国际和地区热点问题政治解决，在气候变化、减贫、反恐、网络安全和维护地区安全等领域发挥积极作用。我国开展抗击新冠肺炎疫情国际合作，发起新中国成立以来最大规模的全球紧急人道主义行动，向众多国家特别是发展中国家提供物资援助、医疗支持、疫苗援助和合作，展现负责任大国形象。

经过持续努力，中国特色大国外交全面推进，构建人类命运共同体成为引领时代潮流和人类前进方向的鲜明旗帜，我国外交在世界大变局中开创新局、在世界乱局中化危为机，我国国际影响力、感召力、塑造力显著提升。

总之，党的十八大以来，以习近平同志为核心的党中央领导全党全军全国各族人民砥砺前行，全面建成小康社会目标如期实现，党和国家事业取得历史性成就、发生历史性变革，彰显了中国特色社会主义的强大生机活力，党心军心民心空前凝聚振奋，为实现中华民族伟大复兴提供了更为完善的制度保证、更为坚实的物质基础、更为主动的精神力量。中国共产党和中国人民以英勇顽强的奋斗向世界庄严宣告，中华民族迎来了从站起来、富起来到强起来的伟大飞跃。

## 五　中国共产党百年奋斗的历史意义

一百年来，党始终践行初心使命，团结带领全国各族人民绘就了人类发展史上的壮美画卷，中华民族伟大复兴展现出前所未有的光明前景。

（一）党的百年奋斗从根本上改变了中国人民的前途命运。近代以后，中国人民深受三座大山压迫，被西方列强辱为“东亚病夫”。一百年来，党领导人民经过波澜壮阔的伟大斗争，中国人民彻底摆脱了被欺负、被压迫、被奴役的命运，成为国家、社会和自己命运的主人，人民民主不断发展，十四亿多人口实现全面小康，中国人民对美好生活的向往不断变为现实。今天，中国人民更加自信、自立、自强，极大增强了志气、骨气、底气，在历史进程中积累的强大能量充分爆发出来，焕发出前所未有的历史主动精神、历史创造精神，正在信心百倍书写着新时代中国发展的伟大历史。

（二）党的百年奋斗开辟了实现中华民族伟大复兴的正确道路。近代以后，创造了灿烂文明的中华民族遭遇到文明难以赓续的深重危机，呈现在世界面前的是一派衰败凋零的景象。一百年来，党领导人民不懈奋斗、不断进取，成功开辟了实现中华民族伟大复兴的正确道路。中国从四分五裂、一盘散沙到高度统一、民族团结，从积贫积弱、一穷二白到全面小康、繁荣富强，从被动挨打、饱受欺凌到独立自主、坚定自信，仅用几十年时间就走完发达国家几百年走过的工业化历程，创造了经济快速发展和社会长期稳定两大奇迹。今天，中华民族向世界展现的是一派欣欣向荣的气象，巍然屹立于世界东方。

（三）党的百年奋斗展示了马克思主义的强大生命力。马克思主义揭示了人类社会发展规律，是认识世界、改造世界的科学真理。同时，坚持和发展马克思主义，从理论到实践都需要全世界的马克思主义者进行极为艰巨、极具挑战性的努力。一百年来，党坚持把马克思主义写在自己的旗帜上，不断推进马克思主义中国化时代化，用博大胸怀吸收人类创造的一切优秀文明成果，用马克思主义中国化的科学理论引领伟大实践。马克思主义的科学性和真理性在中国得到充分检验，马克思主义的人民性和实践性在中国得到充分贯彻，马克思主义的开放性和时代性在中国得到充分彰显。马克思主义中国化时代化不断取得成功，使马克思主义以崭新形象展现在世界上，使世界范围内社会主义和资本主义两种意识形态、两种社会制度的历史演进及其较量发生了有利于社会主义的重大转变。

（四）党的百年奋斗深刻影响了世界历史进程。党和人民事业是人类进步事业的重要组成部分。一百年来，党既为中国人民谋幸福、为中华民族谋复兴，也为人类谋进步、为世界谋大同，以自强不息的奋斗深刻改变了世界发展的趋势和格局。党领导人民成功走出中国式现代化道路，创造了人类文明新形态，拓展了发展中国家走向现代化的途径，给世界上那些既希望加快发展又希望保持自身独立性的国家和民族提供了全新选择。党推动构建人类命运共同体，为解决人类重大问题，建设持久和平、普遍安全、共同繁荣、开放包容、清洁美丽的世界贡献了中国智慧、中国方案、中国力量，成为推动人类发展进步的重要力量。

（五）党的百年奋斗锻造了走在时代前列的中国共产党。党成立时只有五十多名党员，今天已成为拥有九千五百多万名党员、领导着十四亿多人口大国、具有重大全球影响力的世界第一大执政党。一百年来，党坚持性质宗旨，坚持理想信念，坚守初心使命，勇于自我革命，在生死斗争和艰苦奋斗中经受住各种风险考验、付出巨大牺牲，锤炼出鲜明政治品格，形成了以伟大建党精神为源头的精神谱系，保持了党的先进性和纯洁性，党的执政能力和领导水平不断提高，正领导中国人民在中国特色社会主义道路上不可逆转地走向中华民族伟大复兴，无愧为伟大光荣正确的党。

## 六　中国共产党百年奋斗的历史经验

一百年来，党领导人民进行伟大奋斗，在进取中突破，于挫折中奋起，从总结中提高，积累了宝贵的历史经验。

（一）坚持党的领导。中国共产党是领导我们事业的核心力量。中国人民和中华民族之所以能够扭转近代以后的历史命运、取得今天的伟大成就，最根本的是有中国共产党的坚强领导。历史和现实都证明，没有中国共产党，就没有新中国，就没有中华民族伟大复兴。治理好我们这个世界上最大的政党和人口最多的国家，必须坚持党的全面领导特别是党中央集中统一领导，坚持民主集中制，确保党始终总揽全局、协调各方。只要我们坚持党的全面领导不动摇，坚决维护党的核心和党中央权威，充分发挥党的领导政治优势，把党的领导落实到党和国家事业各领域各方面各环节，就一定能够确保全党全军全国各族人民团结一致向前进。

（二）坚持人民至上。党的根基在人民、血脉在人民、力量在人民，人民是党执政兴国的最大底气。民心是最大的政治，正义是最强的力量。党的最大政治优势是密切联系群众，党执政后的最大危险是脱离群众。党代表中国最广大人民根本利益，没有任何自己特殊的利益，从来不代表任何利益集团、任何权势团体、任何特权阶层的利益，这是党立于不败之地的根本所在。只要我们始终坚持全心全意为人民服务的根本宗旨，坚持党的群众路线，始终牢记江山就是人民、人民就是江山，坚持一切为了人民、一切依靠人民，坚持为人民执政、靠人民执政，坚持发展为了人民、发展依靠人民、发展成果由人民共享，坚定不移走全体人民共同富裕道路，就一定能够领导人民夺取中国特色社会主义新的更大胜利，任何想把中国共产党同中国人民分割开来、对立起来的企图就永远不会得逞。

（三）坚持理论创新。马克思主义是我们立党立国、兴党强国的根本指导思想。马克思主义理论不是教条而是行动指南，必须随着实践发展而发展，必须中国化才能落地生根、本土化才能深入人心。党之所以能够领导人民在一次次求索、一次次挫折、一次次开拓中完成中国其他各种政治力量不可能完成的艰巨任务，根本在于坚持解放思想、实事求是、与时俱进、求真务实，坚持把马克思主义基本原理同中国具体实际相结合、同中华优秀传统文化相结合，坚持实践是检验真理的唯一标准，坚持一切从实际出发，及时回答时代之问、人民之问，不断推进马克思主义中国化时代化。习近平同志指出，当代中国的伟大社会变革，不是简单延续我国历史文化的母版，不是简单套用马克思主义经典作家设想的模板，不是其他国家社会主义实践的再版，也不是国外现代化发展的翻版。只要我们勇于结合新的实践不断推进理论创新、善于用新的理论指导新的实践，就一定能够让马克思主义在中国大地上展现出更强大、更有说服力的真理力量。

（四）坚持独立自主。独立自主是中华民族精神之魂，是我们立党立国的重要原则。走自己的路，是党百年奋斗得出的历史结论。党历来坚持独立自主开拓前进道路，坚持把国家和民族发展放在自己力量的基点上，坚持中国的事情必须由中国人民自己作主张、自己来处理。人类历史上没有一个民族、一个国家可以通过依赖外部力量、照搬外国模式、跟在他人后面亦步亦趋实现强大和振兴。那样做的结果，不是必然遭遇失败，就是必然成为他人的附庸。只要我们坚持独立自主、自力更生，既虚心学习借鉴国外的有益经验，又坚定民族自尊心和自信心，不信邪、不怕压，就一定能够把中国发展进步的命运始终牢牢掌握在自己手中。

（五）坚持中国道路。方向决定道路，道路决定命运。党在百年奋斗中始终坚持从我国国情出发，探索并形成符合中国实际的正确道路。中国特色社会主义道路是创造人民美好生活、实现中华民族伟大复兴的康庄大道。脚踏中华大地，传承中华文明，走符合中国国情的正确道路，党和人民就具有无比广阔的舞台，具有无比深厚的历史底蕴，具有无比强大的前进定力。只要我们既不走封闭僵化的老路，也不走改旗易帜的邪路，坚定不移走中国特色社会主义道路，就一定能够把我国建设成为富强民主文明和谐美丽的社会主义现代化强国。

（六）坚持胸怀天下。大道之行，天下为公。党始终以世界眼光关注人类前途命运，从人类发展大潮流、世界变化大格局、中国发展大历史正确认识和处理同外部世界的关系，坚持开放、不搞封闭，坚持互利共赢、不搞零和博弈，坚持主持公道、伸张正义，站在历史正确的一边，站在人类进步的一边。只要我们坚持和平发展道路，既通过维护世界和平发展自己，又通过自身发展维护世界和平，同世界上一切进步力量携手前进，不依附别人，不掠夺别人，永远不称霸，就一定能够不断为人类文明进步贡献智慧和力量，同世界各国人民一道，推动历史车轮向着光明的前途前进。

（七）坚持开拓创新。创新是一个国家、一个民族发展进步的不竭动力。越是伟大的事业，越充满艰难险阻，越需要艰苦奋斗，越需要开拓创新。党领导人民披荆斩棘、上下求索、奋力开拓、锐意进取，不断推进理论创新、实践创新、制度创新、文化创新以及其他各方面创新，敢为天下先，走出了前人没有走出的路，任何艰难险阻都没能阻挡住党和人民前进的步伐。只要我们顺应时代潮流，回应人民要求，勇于推进改革，准确识变、科学应变、主动求变，永不僵化、永不停滞，就一定能够创造出更多令人刮目相看的人间奇迹。

（八）坚持敢于斗争。敢于斗争、敢于胜利，是党和人民不可战胜的强大精神力量。党和人民取得的一切成就，不是天上掉下来的，不是别人恩赐的，而是通过不断斗争取得的。党在内忧外患中诞生、在历经磨难中成长、在攻坚克难中壮大，为了人民、国家、民族，为了理想信念，无论敌人如何强大、道路如何艰险、挑战如何严峻，党总是绝不畏惧、绝不退缩，不怕牺牲、百折不挠。只要我们把握新的伟大斗争的历史特点，抓住和用好历史机遇，下好先手棋、打好主动仗，发扬斗争精神，增强斗争本领，凝聚起全党全国人民的意志和力量，就一定能够战胜一切可以预见和难以预见的风险挑战。

（九）坚持统一战线。团结就是力量。建立最广泛的统一战线，是党克敌制胜的重要法宝，也是党执政兴国的重要法宝。党始终坚持大团结大联合，团结一切可以团结的力量，调动一切可以调动的积极因素，促进政党关系、民族关系、宗教关系、阶层关系、海内外同胞关系和谐，最大限度凝聚起共同奋斗的力量。只要我们不断巩固和发展各民族大团结、全国人民大团结、全体中华儿女大团结，铸牢中华民族共同体意识，形成海内外全体中华儿女心往一处想、劲往一处使的生动局面，就一定能够汇聚起实现中华民族伟大复兴的磅礴伟力。

（十）坚持自我革命。勇于自我革命是中国共产党区别于其他政党的显著标志。自我革命精神是党永葆青春活力的强大支撑。先进的马克思主义政党不是天生的，而是在不断自我革命中淬炼而成的。党历经百年沧桑更加充满活力，其奥秘就在于始终坚持真理、修正错误。

党的伟大不在于不犯错误，而在于从不讳疾忌医，积极开展批评和自我批评，敢于直面问题，勇于自我革命。只要我们不断清除一切损害党的先进性和纯洁性的因素，不断清除一切侵蚀党的健康肌体的病毒，就一定能够确保党不变质、不变色、不变味，确保党在新时代坚持和发展中国特色社会主义的历史进程中始终成为坚强领导核心。

以上十个方面，是经过长期实践积累的宝贵经验，是党和人民共同创造的精神财富，必须倍加珍惜、长期坚持，并在新时代实践中不断丰富和发展。

## 七　新时代的中国共产党

不忘初心，方得始终。中国共产党立志于中华民族千秋伟业，百年恰是风华正茂。过去一百年，党向人民、向历史交出了一份优异的答卷。现在，党团结带领中国人民又踏上了实现第二个百年奋斗目标新的赶考之路。时代是出卷人，我们是答卷人，人民是阅卷人。我们一定要继续考出好成绩，在新时代新征程上展现新气象新作为。

党的十九大对实现第二个百年奋斗目标作出分两个阶段推进的战略安排。从二〇二〇年到二〇三五年基本实现社会主义现代化，从二〇三五年到本世纪中叶把我国建成社会主义现代化强国。到那时，我国物质文明、政治文明、精神文明、社会文明、生态文明将全面提升，实现国家治理体系和治理能力现代化，成为综合国力和国际影响力领先的国家，全体人民共同富裕基本实现，我国人民将享有更加幸福安康的生活，中华民族将以更加昂扬的姿态屹立于世界民族之林。

今天，我们比历史上任何时期都更接近、更有信心和能力实现中华民族伟大复兴的目标。同时，全党必须清醒认识到，中华民族伟大复兴绝不是轻轻松松、敲锣打鼓就能实现的，前进道路上仍然存在可以预料和难以预料的各种风险挑战；必须清醒认识到，我国仍处于并将长期处于社会主义初级阶段，我国仍然是世界最大的发展中国家，社会主要矛盾是人民日益增长的美好生活需要和不平衡不充分的发展之间的矛盾。全党要牢记中国共产党是什么、要干什么这个根本问题，把握历史发展大势，坚定理想信念，牢记初心使命，始终谦虚谨慎、不骄不躁、艰苦奋斗，从伟大胜利中激发奋进力量，从弯路挫折中吸取历史教训，不为任何风险所惧，不为任何干扰所惑，决不在根本性问题上出现颠覆性错误，以咬定青山不放松的执着奋力实现既定目标，以行百里者半九十的清醒不懈推进中华民族伟大复兴。

全党必须坚持马克思列宁主义、毛泽东思想、邓小平理论、“三个代表”重要思想、科学发展观，全面贯彻习近平新时代中国特色社会主义思想，用马克思主义的立场、观点、方法观察时代、把握时代、引领时代，不断深化对共产党执政规律、社会主义建设规律、人类社会发展规律的认识。必须坚持党的基本理论、基本路线、基本方略，增强“四个意识”，坚定“四个自信”，做到“两个维护”，坚持系统观念，统筹推进“五位一体”总体布局，协调推进“四个全面”战略布局，立足新发展阶段、贯彻新发展理念、构建新发展格局、推动高质量发展，全面深化改革开放，促进共同富裕，推进科技自立自强，发展全过程人民民主，保证人民当家作主，坚持全面依法治国，坚持社会主义核心价值体系，坚持在发展中保障和改善民生，坚持人与自然和谐共生，统筹发展和安全，加快国防和军队现代化，协同推进人民富裕、国家强盛、中国美丽。

全党必须永远保持同人民群众的血肉联系，站稳人民立场，坚持人民主体地位，尊重人民首创精神，践行以人民为中心的发展思想，维护社会公平正义，着力解决发展不平衡不充分问题和人民群众急难愁盼问题，不断实现好、维护好、发展好最广大人民根本利益，团结带领全国各族人民不断为美好生活而奋斗。

全党必须铭记生于忧患、死于安乐，常怀远虑、居安思危，继续推进新时代党的建设新的伟大工程，坚持全面从严治党，坚定不移推进党风廉政建设和反腐败斗争，勇敢面对党面临的长期执政考验、改革开放考验、市场经济考验、外部环境考验，坚决战胜精神懈怠的危险、能力不足的危险、脱离群众的危险、消极腐败的危险。必须保持越是艰险越向前的英雄气概，敢于斗争、善于斗争，逢山开道、遇水架桥，做到难不住、压不垮，推动中国特色社会主义事业航船劈波斩浪、一往无前。

党和人民事业发展需要一代代中国共产党人接续奋斗，必须抓好后继有人这个根本大计。要坚持用习近平新时代中国特色社会主义思想教育人，用党的理想信念凝聚人，用社会主义核心价值观培育人，用中华民族伟大复兴历史使命激励人，培养造就大批堪当时代重任的接班人。要源源不断培养选拔德才兼备、忠诚干净担当的高素质专业化干部特别是优秀年轻干部，教育引导广大党员、干部自觉做习近平新时代中国特色社会主义思想的坚定信仰者和忠实实践者，牢记空谈误国、实干兴邦的道理，树立不负人民的家国情怀、追求崇高的思想境界、增强过硬的担当本领。要源源不断把各方面先进分子特别是优秀青年吸收到党内来，教育引导青年党员永远以党的旗帜为旗帜、以党的方向为方向、以党的意志为意志，赓续党的红色血脉，弘扬党的优良传统，在斗争中经风雨、见世面、壮筋骨、长才干。要源源不断培养造就爱国奉献、勇于创新的优秀人才，真心爱才、悉心育才、精心用才，把各方面优秀人才集聚到党和人民的伟大奋斗中来。

党中央号召，全党全军全国各族人民要更加紧密地团结在以习近平同志为核心的党中央周围，全面贯彻习近平新时代中国特色社会主义思想，大力弘扬伟大建党精神，勿忘昨天的苦难辉煌，无愧今天的使命担当，不负明天的伟大梦想，以史为鉴、开创未来，埋头苦干、勇毅前行，为实现第二个百年奋斗目标、实现中华民族伟大复兴的中国梦而不懈奋斗。我们坚信，在过去一百年赢得了伟大胜利和荣光的中国共产党和中国人民，必将在新时代新征程上赢得更加伟大的胜利和荣光！

# 中共中央 国务院关于构建更加完善的要素市场化配置体制机制的意见*

（2020 年 3 月 30 日）

完善要素市场化配置是建设统一开放、竞争有序市场体系的内在要求，是坚持和完善社会主义基本经济制度、加快完善社会主义市场经济体制的重要内容。为深化要素市场化配置改革，促进要素自主有序流动，提高要素配置效率，进一步激发全社会创造力和市场活力，推动经济发展质量变革、效率变革、动力变革，现就构建更加完善的要素市场化配置体制机制提出如下意见。

## 一　总体要求

（一）指导思想。以习近平新时代中国特色社会主义思想为指导，全面贯彻党的十九大和十九届二中、三中、四中全会精神，坚持稳中求进工作总基调，坚持以供给侧结构性改革为主线，坚持新发展理念，坚持深化市场化改革、扩大高水平开放，破除阻碍要素自由流动的体制机制障碍，扩大要素市场化配置范围，健全要素市场体系，推进要素市场制度建设，实现要素价格市场决定、流动自主有序、配置高效公平，为建设高标准市场体系、推动高质量发展、建设现代化经济体系打下坚实制度基础。

（二）基本原则。一是市场决定，有序流动。充分发挥市场配置资源的决定性作用，畅通要素流动渠道，保障不同市场主体平等获取生产要素，推动要素配置依据市场规则、市场价格、市场竞争实现效益最大化和效率最优化。二是健全制度，创新监管。更好发挥政府作用，健全要素市场运行机制，完善政府调节与监管，做到放活与管好有机结合，提升监管和服务能力，引导各类要素协同向先进生产力集聚。三是问题导向，分类施策。针对市场决定要素配置范围有限、要素流动存在体制机制障碍等问题，根据不同要素属性、市场化程度差异和经济社会发展需要，分类完善要素市场化配置体制机制。四是稳中求进，循序渐进。坚持安全可控，从实际出发，尊重客观规律，培育发展新型要素形态，逐步提高要素质量，因地制宜稳步推进要素市场化配置改革。

---

* 资料来源：新华社北京 2020 年 4 月 9 日电。

## 二　推进土地要素市场化配置

（三）建立健全城乡统一的建设用地市场。加快修改完善土地管理法实施条例，完善相关配套制度，制定出台农村集体经营性建设用地入市指导意见。全面推开农村土地征收制度改革，扩大国有土地有偿使用范围。建立公平合理的集体经营性建设用地入市增值收益分配制度。建立公共利益征地的相关制度规定。

（四）深化产业用地市场化配置改革。健全长期租赁、先租后让、弹性年期供应、作价出资（入股）等工业用地市场供应体系。在符合国土空间规划和用途管制要求前提下，调整完善产业用地政策，创新使用方式，推动不同产业用地类型合理转换，探索增加混合产业用地供给。

（五）鼓励盘活存量建设用地。充分运用市场机制盘活存量土地和低效用地，研究完善促进盘活存量建设用地的税费制度。以多种方式推进国有企业存量用地盘活利用。深化农村宅基地制度改革试点，深入推进建设用地整理，完善城乡建设用地增减挂钩政策，为乡村振兴和城乡融合发展提供土地要素保障。

（六）完善土地管理体制。完善土地利用计划管理，实施年度建设用地总量调控制度，增强土地管理灵活性，推动土地计划指标更加合理化，城乡建设用地指标使用应更多由省级政府负责。在国土空间规划编制、农村房地一体不动产登记基本完成的前提下，建立健全城乡建设用地供应三年滚动计划。探索建立全国性的建设用地、补充耕地指标跨区域交易机制。加强土地供应利用统计监测。实施城乡土地统一调查、统一规划、统一整治、统一登记。推动制定不动产登记法。

## 三　引导劳动力要素合理畅通有序流动

（七）深化户籍制度改革。推动超大、特大城市调整完善积分落户政策，探索推动在长三角、珠三角等城市群率先实现户籍准入年限同城化累计互认。放开放宽除个别超大城市外的城市落户限制，试行以经常居住地登记户口制度。建立城镇教育、就业创业、医疗卫生等基本公共服务与常住人口挂钩机制，推动公共资源按常住人口规模配置。

（八）畅通劳动力和人才社会性流动渠道。健全统一规范的人力资源市场体系，加快建立协调衔接的劳动力、人才流动政策体系和交流合作机制。营造公平就业环境，依法纠正身份、性别等就业歧视现象，保障城乡劳动者享有平等就业权利。进一步畅通企业、社会组织人员进入党政机关、国有企事业单位渠道。优化国有企事业单位面向社会选人用人机制，深入推行国有企业分级分类公开招聘。加强就业援助，实施优先扶持和重点帮助。完善人事档案管理服务，加快提升人事档案信息化水平。

（九）完善技术技能评价制度。创新评价标准，以职业能力为核心制定职业标准，进一步打破户籍、地域、身份、档案、人事关系等制约，畅通非公有制经济组织、社会组织、自由职业专业技术人员职称申报渠道。加快建立劳动者终身职业技能培训制度。推进社会化职称评审。完善技术工人评价选拔制度。探索实现职业技能等级证书和学历证书互通衔接。加强公共卫生队伍建设，健全执业人员培养、准入、使用、待遇保障、考核评价和激励机制。

（十）加大人才引进力度。畅通海外科学家来华工作通道。在职业资格认定认可、子女教育、商业医疗保险以及在中国境内停留、居留等方面，为外籍高层次人才来华创新创业提供便利。

## 四　推进资本要素市场化配置

（十一）完善股票市场基础制度。制定出台完善股票市场基础制度的意见。坚持市场化、法治化改革方向，改革完善股票市场发行、交易、退市等制度。鼓励和引导上市公司现金分红。完善投资者保护制度，推动完善具有中国特色的证券民事诉讼制度。完善主板、科创板、中小企业板、创业板和全国中小企业股份转让系统（新三板）市场建设。

（十二）加快发展债券市场。稳步扩大债券市场规模，丰富债券市场品种，推进债券市场互联互通。统一公司信用类债券信息披露标准，完善债券违约处置机制。探索对公司信用类债券实行发行注册管理制。加强债券市场评级机构统一准入管理，规范信用评级行业发展。

（十三）增加有效金融服务供给。健全多层次资本市场体系。构建多层次、广覆盖、有差异、大中小合理分工的银行机构体系，优化金融资源配置，放宽金融服务业市场准入，推动信用信息深度开发利用，增加服务小微企业和民营企业的金融服务供给。建立县域银行业金融机构服务“三农”的激励约束机制。推进绿色金融创新。完善金融机构市场化法治化退出机制。

（十四）主动有序扩大金融业对外开放。稳步推进人民币国际化和人民币资本项目可兑换。逐步推进证券、基金行业对内对外双向开放，有序推进期货市场对外开放。逐步放宽外资金融机构准入条件，推进境内金融机构参与国际金融市场交易。

## 五　加快发展技术要素市场

（十五）健全职务科技成果产权制度。深化科技成果使用权、处置权和收益权改革，开展赋予科研人员职务科技成果所有权或长期使用权试点。强化知识产权保护和运用，支持重大技术装备、重点新材料等领域的自主知识产权市场化运营。

（十六）完善科技创新资源配置方式。改革科研项目立项和组织实施方式，坚持目标引领，强化成果导向，建立健全多元化支持机制。完善专业机构管理项目机制。加强科技成果转化中试基地建设。支持有条件的企业承担国家重大科技项目。建立市场化社会化的科研成果评价制度，修订技术合同认定规则及科技成果登记管理办法。建立健全科技成果常态化路演和科技创新咨询制度。

（十七）培育发展技术转移机构和技术经理人。加强国家技术转移区域中心建设。支持科技企业与高校、科研机构合作建立技术研发中心、产业研究院、中试基地等新型研发机构。积极推进科研院所分类改革，加快推进应用技术类科研院所市场化、企业化发展。支持高校、科研机构和科技企业设立技术转移部门。建立国家技术转移人才培养体系，提高技术转移专业服务能力。

（十八）促进技术要素与资本要素融合发展。积极探索通过天使投资、创业投资、知识产权证券化、科技保险等方式推动科技成果资本化。鼓励商业银行采用知识产权质押、预期收益质押等融资方式，为促进技术转移转化提供更多金融产品服务。

（十九）支持国际科技创新合作。深化基础研究国际合作，组织实施国际科技创新合作重点专项，探索国际科技创新合作新模式，扩大科技领域对外开放。加大抗病毒药物及疫苗研发国际合作力度。开展创新要素跨境便利流动试点，发展离岸创新创业，探索推动外籍科学家领衔承担政府支持科技项目。发展技术贸易，促进技术进口来源多元化，扩大技术出口。

## 六　加快培育数据要素市场

（二十）推进政府数据开放共享。优化经济治理基础数据库，加快推动各地区各部门间数据共享交换，制定出台新一批数据共享责任清单。研究建立促进企业登记、交通运输、气象等公共数据开放和数据资源有效流动的制度规范。

（二十一）提升社会数据资源价值。培育数字经济新产业、新业态和新模式，支持构建农业、工业、交通、教育、安防、城市管理、公共资源交易等领域规范化数据开发利用的场景。发挥行业协会商会作用，推动人工智能、可穿戴设备、车联网、物联网等领域数据采集标准化。

（二十二）加强数据资源整合和安全保护。探索建立统一规范的数据管理制度，提高数据质量和规范性，丰富数据产品。研究根据数据性质完善产权性质。制定数据隐私保护制度和安全审查制度。推动完善适用于大数据环境下的数据分类分级安全保护制度，加强对政务数据、企业商业秘密和个人数据的保护。

## 七　加快要素价格市场化改革

（二十三）完善主要由市场决定要素价格机制。完善城乡基准地价、标定地价的制定与发布制度，逐步形成与市场价格挂钩动态调整机制。健全最低工资标准调整、工资集体协商和企业薪酬调查制度。深化国有企业工资决定机制改革，完善事业单位岗位绩效工资制度。建立公务员和企业相当人员工资水平调查比较制度，落实并完善工资正常调整机制。稳妥推进存贷款基准利率与市场利率并轨，提高债券市场定价效率，健全反映市场供求关系的国债收益率曲线，更好发挥国债收益率曲线定价基准作用。增强人民币汇率弹性，保持人民币汇率在合理均衡水平上的基本稳定。

（二十四）加强要素价格管理和监督。引导市场主体依法合理行使要素定价自主权，推动政府定价机制由制定具体价格水平向制定定价规则转变。构建要素价格公示和动态监测预警体系，逐步建立要素价格调查和信息发布制度。完善要素市场价格异常波动调节机制。加强要素领域价格反垄断工作，维护要素市场价格秩序。

（二十五）健全生产要素由市场评价贡献、按贡献决定报酬的机制。着重保护劳动所得，增加劳动者特别是一线劳动者劳动报酬，提高劳动报酬在初次分配中的比重。全面贯彻落实以增加知识价值为导向的收入分配政策，充分尊重科研、技术、管理人才，充分体现技术、知识、管理、数据等要素的价值。

## 八 健全要素市场运行机制

（二十六）健全要素市场化交易平台。拓展公共资源交易平台功能。健全科技成果交易平台，完善技术成果转化公开交易与监管体系。引导培育大数据交易市场，依法合规开展数据交易。支持各类所有制企业参与要素交易平台建设，规范要素交易平台治理，健全要素交易信息披露制度。

（二十七）完善要素交易规则和服务。研究制定土地、技术市场交易管理制度。建立健全数据产权交易和行业自律机制。推进全流程电子化交易。推进实物资产证券化。鼓励要素交易平台与各类金融机构、中介机构合作，形成涵盖产权界定、价格评估、流转交易、担保、保险等业务的综合服务体系。

（二十八）提升要素交易监管水平。打破地方保护，加强反垄断和反不正当竞争执法，规范交易行为，健全投诉举报查处机制，防止发生损害国家安全及公共利益的行为。加强信用体系建设，完善失信行为认定、失信联合惩戒、信用修复等机制。健全交易风险防范处置机制。

（二十九）增强要素应急配置能力。把要素的应急管理和配置作为国家应急管理体系建设的重要内容，适应应急物资生产调配和应急管理需要，建立对相关生产要素的紧急调拨、采购等制度，提高应急状态下的要素高效协同配置能力。鼓励运用大数据、人工智能、云计算等数字技术，在应急管理、疫情防控、资源调配、社会管理等方面更好发挥作用。

## 九　组织保障

（三十）加强组织领导。各地区各部门要充分认识完善要素市场化配置的重要性，切实把思想和行动统一到党中央、国务院决策部署上来，明确职责分工，完善工作机制，落实工作责任，研究制定出台配套政策措施，确保本意见确定的各项重点任务落到实处。

（三十一）营造良好改革环境。深化“放管服”改革，强化竞争政策基础地位，打破行政性垄断、防止市场垄断，清理废除妨碍统一市场和公平竞争的各种规定和做法，进一步减少政府对要素的直接配置。深化国有企业和国有金融机构改革，完善法人治理结构，确保各类所有制企业平等获取要素。

（三十二）推动改革稳步实施。在维护全国统一大市场的前提下，开展要素市场化配置改革试点示范。及时总结经验，认真研究改革中出现的新情况新问题，对不符合要素市场化配置改革的相关法律法规，要按程序抓紧推动调整完善。

# 中共中央 国务院关于新时代加快完善社会主义市场经济体制的意见*

（2020 年 5 月 11 日）

社会主义市场经济体制是中国特色社会主义的重大理论和实践创新，是社会主义基本经济制度的重要组成部分。改革开放特别是党的十八大以来，我国坚持全面深化改革，充分发挥经济体制改革的牵引作用，不断完善社会主义市场经济体制，极大调动了亿万人民的积极性，极大促进了生产力发展，极大增强了党和国家的生机活力，创造了世所罕见的经济快速发展奇迹。同时要看到，中国特色社会主义进入新时代，社会主要矛盾发生变化，经济已由高速增长阶段转向高质量发展阶段，与这些新形势新要求相比，我国市场体系还不健全、市场发育还不充分，政府和市场的关系没有完全理顺，还存在市场激励不足、要素流动不畅、资源配置效率不高、微观经济活力不强等问题，推动高质量发展仍存在不少体制机制障碍，必须进一步解放思想，坚定不移深化市场化改革，扩大高水平开放，不断在经济体制关键性基础性重大改革上突破创新。为贯彻落实党的十九大和十九届四中全会关于坚持和完善社会主义基本经济制度的战略部署，在更高起点、更高层次、更高目标上推进经济体制改革及其他各方面体制改革，构建更加系统完备、更加成熟定型的高水平社会主义市场经济体制，现提出如下意见。

## 一　总体要求

（一）指导思想。以习近平新时代中国特色社会主义思想为指导，全面贯彻党的十九大和十九届二中、三中、四中全会精神，坚决贯彻党的基本理论、基本路线、基本方略，统筹推进“五位一体”总体布局和协调推进“四个全面”战略布局，坚持稳中求进工作总基调，坚持新发展理念，坚持以供给侧结构性改革为主线，坚持以人民为中心的发展思想，坚持和完善社会主义基本经济制度，以完善产权制度和要素市场化配置为重点，全面深化经济体制改革，加快完善社会主义市场经济体制，建设高标准市场体系，实现产权有效激励、要素自由流动、价格反应灵活、竞争公平有序、企业优胜劣汰，加强和改善制度供给，推进国家治理

* 资料来源：新华社北京 2020 年 5 月 18 日电。

体系和治理能力现代化，推动生产关系同生产力、上层建筑同经济基础相适应，促进更高质量、更有效率、更加公平、更可持续的发展。

（二）基本原则

——坚持以习近平新时代中国特色社会主义经济思想为指导。坚持和加强党的全面领导，坚持和完善中国特色社会主义制度，强化问题导向，把握正确改革策略和方法，持续优化经济治理方式，着力构建市场机制有效、微观主体有活力、宏观调控有度的经济体制，使中国特色社会主义制度更加巩固、优越性充分体现。

——坚持解放和发展生产力。牢牢把握社会主义初级阶段这个基本国情，牢牢扭住经济建设这个中心，发挥经济体制改革牵引作用，协同推进政治、文化、社会、生态文明等领域改革，促进改革发展高效联动，进一步解放和发展社会生产力，不断满足人民日益增长的美好生活需要。

——坚持和完善社会主义基本经济制度。坚持和完善公有制为主体、多种所有制经济共同发展，按劳分配为主体、多种分配方式并存，社会主义市场经济体制等社会主义基本经济制度，把中国特色社会主义制度与市场经济有机结合起来，为推动高质量发展、建设现代化经济体系提供重要制度保障。

——坚持正确处理政府和市场关系。坚持社会主义市场经济改革方向，更加尊重市场经济一般规律，最大限度减少政府对市场资源的直接配置和对微观经济活动的直接干预，充分发挥市场在资源配置中的决定性作用，更好发挥政府作用，有效弥补市场失灵。

——坚持以供给侧结构性改革为主线。更多采用改革的办法，更多运用市场化法治化手段，在巩固、增强、提升、畅通上下功夫，加大结构性改革力度，创新制度供给，不断增强经济创新力和竞争力，适应和引发有效需求，促进更高水平的供需动态平衡。

——坚持扩大高水平开放和深化市场化改革互促共进。坚定不移扩大开放，推动由商品和要素流动型开放向规则等制度型开放转变，吸收借鉴国际成熟市场经济制度经验和人类文明有益成果，加快国内制度规则与国际接轨，以高水平开放促进深层次市场化改革。

## 二　坚持公有制为主体、多种所有制经济共同发展，增强微观主体活力

毫不动摇巩固和发展公有制经济，毫不动摇鼓励、支持、引导非公有制经济发展，探索公有制多种实现形式，支持民营企业改革发展，培育更多充满活力的市场主体。

（一）推进国有经济布局优化和结构调整。坚持有进有退、有所为有所不为，推动国有资本更多投向关系国计民生的重要领域和关系国家经济命脉、科技、国防、安全等领域，服务国家战略目标，增强国有经济竞争力、创新力、控制力、影响力、抗风险能力，做强做优做大国有资本，有效防止国有资产流失。对处于充分竞争领域的国有经济，通过资本化、证券

化等方式优化国有资本配置，提高国有资本收益。进一步完善和加强国有资产监管，有效发挥国有资本投资、运营公司功能作用，坚持一企一策，成熟一个推动一个，运行一个成功一个，盘活存量国有资本，促进国有资产保值增值。

（二）积极稳妥推进国有企业混合所有制改革。在深入开展重点领域混合所有制改革试点基础上，按照完善治理、强化激励、突出主业、提高效率要求，推进混合所有制改革，规范有序发展混合所有制经济。对充分竞争领域的国家出资企业和国有资本运营公司出资企业，探索将部分国有股权转化为优先股，强化国有资本收益功能。支持符合条件的混合所有制企业建立骨干员工持股、上市公司股权激励、科技型企业股权和分红激励等中长期激励机制。深化国有企业改革，加快完善国有企业法人治理结构和市场化经营机制，健全经理层任期制和契约化管理，完善中国特色现代企业制度。对混合所有制企业，探索建立有别于国有独资、全资公司的治理机制和监管制度。对国有资本不再绝对控股的混合所有制企业，探索实施更加灵活高效的监管制度。

（三）稳步推进自然垄断行业改革。深化以政企分开、政资分开、特许经营、政府监管为主要内容的改革，提高自然垄断行业基础设施供给质量，严格监管自然垄断环节，加快实现竞争性环节市场化，切实打破行政性垄断，防止市场垄断。构建有效竞争的电力市场，有序放开发用电计划和竞争性环节电价，提高电力交易市场化程度。推进油气管网对市场主体公平开放，适时放开天然气气源和销售价格，健全竞争性油气流通市场。深化铁路行业改革，促进铁路运输业务市场主体多元化和适度竞争。实现邮政普遍服务业务与竞争性业务分业经营。完善烟草专卖专营体制，构建适度竞争新机制。

（四）营造支持非公有制经济高质量发展的制度环境。健全支持民营经济、外商投资企业发展的市场、政策、法治和社会环境，进一步激发活力和创造力。在要素获取、准入许可、经营运行、政府采购和招投标等方面对各类所有制企业平等对待，破除制约市场竞争的各类障碍和隐性壁垒，营造各种所有制主体依法平等使用资源要素、公开公平公正参与竞争、同等受到法律保护的市场环境。完善支持非公有制经济进入电力、油气等领域的实施细则和具体办法，大幅放宽服务业领域市场准入，向社会资本释放更大发展空间。健全支持中小企业发展制度，增加面向中小企业的金融服务供给，支持发展民营银行、社区银行等中小金融机构。完善民营企业融资增信支持体系。健全民营企业直接融资支持制度。健全清理和防止拖欠民营企业中小企业账款长效机制，营造有利于化解民营企业之间债务问题的市场环境。完善构建亲清政商关系的政策体系，建立规范化机制化政企沟通渠道，鼓励民营企业参与实施重大国家战略。

## 三　夯实市场经济基础性制度，保障市场公平竞争

建设高标准市场体系，全面完善产权、市场准入、公平竞争等制度，筑牢社会主义市场

经济有效运行的体制基础。

（一）全面完善产权制度。健全归属清晰、权责明确、保护严格、流转顺畅的现代产权制度，加强产权激励。完善以管资本为主的经营性国有资产产权管理制度，加快转变国资监管机构职能和履职方式。健全自然资源资产产权制度。健全以公平为原则的产权保护制度，全面依法平等保护民营经济产权，依法严肃查处各类侵害民营企业合法权益的行为。落实农村第二轮土地承包到期后再延长30年政策，完善农村承包地“三权分置”制度。深化农村集体产权制度改革，完善产权权能，将经营性资产折股量化到集体经济组织成员，创新农村集体经济有效组织形式和运行机制，完善农村基本经营制度。完善和细化知识产权创造、运用、交易、保护制度规则，加快建立知识产权侵权惩罚性赔偿制度，加强企业商业秘密保护，完善新领域新业态知识产权保护制度。

（二）全面实施市场准入负面清单制度。推行“全国一张清单”管理模式，维护清单的统一性和权威性。建立市场准入负面清单动态调整机制和第三方评估机制，以服务业为重点试点进一步放宽准入限制。建立统一的清单代码体系，使清单事项与行政审批体系紧密衔接、相互匹配。建立市场准入负面清单信息公开机制，提升准入政策透明度和负面清单使用便捷性。建立市场准入评估制度，定期评估、排查、清理各类显性和隐性壁垒，推动“非禁即入”普遍落实。改革生产许可制度。

（三）全面落实公平竞争审查制度。完善竞争政策框架，建立健全竞争政策实施机制，强化竞争政策基础地位。强化公平竞争审查的刚性约束，修订完善公平竞争审查实施细则，建立公平竞争审查抽查、考核、公示制度，建立健全第三方审查和评估机制。统筹做好增量审查和存量清理，逐步清理废除妨碍全国统一市场和公平竞争的存量政策。建立违反公平竞争问题反映和举报绿色通道。加强和改进反垄断和反不正当竞争执法，加大执法力度，提高违法成本。培育和弘扬公平竞争文化，进一步营造公平竞争的社会环境。

## 四　构建更加完善的要素市场化配置体制机制，进一步激发全社会创造力和市场活力

以要素市场化配置改革为重点，加快建设统一开放、竞争有序的市场体系，推进要素市场制度建设，实现要素价格市场决定、流动自主有序、配置高效公平。

（一）建立健全统一开放的要素市场。加快建设城乡统一的建设用地市场，建立同权同价、流转顺畅、收益共享的农村集体经营性建设用地入市制度。探索农村宅基地所有权、资格权、使用权“三权分置”，深化农村宅基地改革试点。深化户籍制度改革，放开放宽除个别超大城市外的城市落户限制，探索实行城市群内户口通迁、居住证互认制度。推动公共资源由按城市行政等级配置向按实际服务管理人口规模配置转变。加快建立规范、透明、开放、

有活力、有韧性的资本市场，加强资本市场基础制度建设，推动以信息披露为核心的股票发行注册制改革，完善强制退市和主动退市制度，提高上市公司质量，强化投资者保护。探索实行公司信用类债券发行注册管理制。构建与实体经济结构和融资需求相适应、多层次、广覆盖、有差异的银行体系。加快培育发展数据要素市场，建立数据资源清单管理机制，完善数据权属界定、开放共享、交易流通等标准和措施，发挥社会数据资源价值。推进数字政府建设，加强数据有序共享，依法保护个人信息。

（二）推进要素价格市场化改革。健全主要由市场决定价格的机制，最大限度减少政府对价格形成的不当干预。完善城镇建设用地价格形成机制和存量土地盘活利用政策，推动实施城镇低效用地再开发，在符合国土空间规划前提下，推动土地复合开发利用、用途合理转换。深化利率市场化改革，健全基准利率和市场化利率体系，更好发挥国债收益率曲线定价基准作用，提升金融机构自主定价能力。完善人民币汇率市场化形成机制，增强双向浮动弹性。加快全国技术交易平台建设，积极发展科技成果、专利等资产评估服务，促进技术要素有序流动和价格合理形成。

（三）创新要素市场化配置方式。缩小土地征收范围，严格界定公共利益用地范围，建立土地征收目录和公共利益用地认定机制。推进国有企事业单位改革改制土地资产处置，促进存量划拨土地盘活利用。健全工业用地多主体多方式供地制度，在符合国土空间规划前提下，探索增加混合产业用地供给。促进劳动力、人才社会性流动，完善企事业单位人才流动机制，畅通人才跨所有制流动渠道。抓住全球人才流动新机遇，构建更加开放的国际人才交流合作机制。

（四）推进商品和服务市场提质增效。推进商品市场创新发展，完善市场运行和监管规则，全面推进重要产品信息化追溯体系建设，建立打击假冒伪劣商品长效机制。构建优势互补、协作配套的现代服务市场体系。深化流通体制改革，加强全链条标准体系建设，发展“互联网＋流通”，降低全社会物流成本。强化消费者权益保护，探索建立集体诉讼制度。

## 五　创新政府管理和服务方式，完善宏观经济治理体制

完善政府经济调节、市场监管、社会管理、公共服务、生态环境保护等职能，创新和完善宏观调控，进一步提高宏观经济治理能力。

（一）构建有效协调的宏观调控新机制。加快建立与高质量发展要求相适应、体现新发展理念的宏观调控目标体系、政策体系、决策协调体系、监督考评体系和保障体系。健全以国家发展规划为战略导向，以财政政策、货币政策和就业优先政策为主要手段，投资、消费、产业、区域等政策协同发力的宏观调控制度体系，增强宏观调控前瞻性、针对性、协同性。完善国家重大发展战略和中长期经济社会发展规划制度。科学稳健把握宏观政策逆周期调节

力度，更好发挥财政政策对经济结构优化升级的支持作用，健全货币政策和宏观审慎政策双支柱调控框架。实施就业优先政策，发挥民生政策兜底功能。完善促进消费的体制机制，增强消费对经济发展的基础性作用。深化投融资体制改革，发挥投资对优化供给结构的关键性作用。加强国家经济安全保障制度建设，构建国家粮食安全和战略资源能源储备体系。优化经济治理基础数据库。强化经济监测预测预警能力，充分利用大数据、人工智能等新技术，建立重大风险识别和预警机制，加强社会预期管理。

（二）加快建立现代财税制度。优化政府间事权和财权划分，建立权责清晰、财力协调、区域均衡的中央和地方财政关系，形成稳定的各级政府事权、支出责任和财力相适应的制度。适当加强中央在知识产权保护、养老保险、跨区域生态环境保护等方面事权，减少并规范中央和地方共同事权。完善标准科学、规范透明、约束有力的预算制度，全面实施预算绩效管理，提高财政资金使用效率。依法构建管理规范、责任清晰、公开透明、风险可控的政府举债融资机制，强化监督问责。清理规范地方融资平台公司，剥离政府融资职能。深化税收制度改革，完善直接税制度并逐步提高其比重。研究将部分品目消费税征收环节后移。建立和完善综合与分类相结合的个人所得税制度。稳妥推进房地产税立法。健全地方税体系，调整完善地方税税制，培育壮大地方税税源，稳步扩大地方税管理权。

（三）强化货币政策、宏观审慎政策和金融监管协调。建设现代中央银行制度，健全中央银行货币政策决策机制，完善基础货币投放机制，推动货币政策从数量型调控为主向价格型调控为主转型。建立现代金融监管体系，全面加强宏观审慎管理，强化综合监管，突出功能监管和行为监管，制定交叉性金融产品监管规则。加强薄弱环节金融监管制度建设，消除监管空白，守住不发生系统性金融风险底线。依法依规界定中央和地方金融监管权责分工，强化地方政府属地金融监管职责和风险处置责任。建立健全金融消费者保护基本制度。有序实现人民币资本项目可兑换，稳步推进人民币国际化。

（四）全面完善科技创新制度和组织体系。加强国家创新体系建设，编制新一轮国家中长期科技发展规划，强化国家战略科技力量，构建社会主义市场经济条件下关键核心技术攻关新型举国体制，使国家科研资源进一步聚焦重点领域、重点项目、重点单位。健全鼓励支持基础研究、原始创新的体制机制，在重要领域适度超前布局建设国家重大科技基础设施，研究建立重大科技基础设施建设运营多元投入机制，支持民营企业参与关键领域核心技术创新攻关。建立健全应对重大公共事件科研储备和支持体系。改革完善中央财政科技计划形成机制和组织实施机制，更多支持企业承担科研任务，激励企业加大研发投入，提高科技创新绩效。建立以企业为主体、市场为导向、产学研深度融合的技术创新体系，支持大中小企业和各类主体融通创新，创新促进科技成果转化机制，完善技术成果转化公开交易与监管体系，推动科技成果转化和产业化。完善科技人才发现、培养、激励机制，健全符合科研规律的科技管理体制和政策体系，改进科技评价体系，试点赋予科研人员职务科技成果所有权或长期使用权。

（五）完善产业政策和区域政策体系。推动产业政策向普惠化和功能性转型，强化对技术创新和结构升级的支持，加强产业政策和竞争政策协同。健全推动发展先进制造业、振兴实体经济的体制机制。建立市场化法治化化解过剩产能长效机制，健全有利于促进市场化兼并重组、转型升级的体制和政策。构建区域协调发展新机制，完善京津冀协同发展、长江经济带发展、长江三角洲区域一体化发展、粤港澳大湾区建设、黄河流域生态保护和高质量发展等国家重大区域战略推进实施机制，形成主体功能明显、优势互补、高质量发展的区域经济布局。健全城乡融合发展体制机制。

（六）以一流营商环境建设为牵引持续优化政府服务。深入推进“放管服”改革，深化行政审批制度改革，进一步精简行政许可事项，对所有涉企经营许可事项实行“证照分离”改革，大力推进“照后减证”。全面开展工程建设项目审批制度改革。深化投资审批制度改革，简化、整合投资项目报建手续，推进投资项目承诺制改革，依托全国投资项目在线审批监管平台加强事中事后监管。创新行政管理和服务方式，深入开展“互联网+政务服务”，加快推进全国一体化政务服务平台建设。建立健全运用互联网、大数据、人工智能等技术手段进行行政管理的制度规则。落实《优化营商环境条例》，完善营商环境评价体系，适时在全国范围开展营商环境评价，加快打造市场化、法治化、国际化营商环境。

（七）构建适应高质量发展要求的社会信用体系和新型监管机制。完善诚信建设长效机制，推进信用信息共享，建立政府部门信用信息向市场主体有序开放机制。健全覆盖全社会的征信体系，培育具有全球话语权的征信机构和信用评级机构。实施“信易+”工程。完善失信主体信用修复机制。建立政务诚信监测治理体系，建立健全政府失信责任追究制度。严格市场监管、质量监管、安全监管，加强违法惩戒。加强市场监管改革创新，健全以“双随机、一公开”监管为基本手段、以重点监管为补充、以信用监管为基础的新型监管机制。以食品安全、药品安全、疫苗安全为重点，健全统一权威的全过程食品药品安全监管体系。完善网络市场规制体系，促进网络市场健康发展。健全对新业态的包容审慎监管制度。

## 六　坚持和完善民生保障制度，促进社会公平正义

坚持按劳分配为主体、多种分配方式并存，优化收入分配格局，健全可持续的多层次社会保障体系，让改革发展成果更多更公平惠及全体人民。

（一）健全体现效率、促进公平的收入分配制度。坚持多劳多得，着重保护劳动所得，增加劳动者特别是一线劳动者劳动报酬，提高劳动报酬在初次分配中的比重，在经济增长的同时实现居民收入同步增长，在劳动生产率提高的同时实现劳动报酬同步提高。健全劳动、资

本、土地、知识、技术、管理、数据等生产要素由市场评价贡献、按贡献决定报酬的机制。完善企业薪酬调查和信息发布制度，健全最低工资标准调整机制。推进高校、科研院所薪酬制度改革，扩大工资分配自主权。鼓励企事业单位对科研人员等实行灵活多样的分配形式。健全以税收、社会保障、转移支付等为主要手段的再分配调节机制。完善第三次分配机制，发展慈善等社会公益事业。多措并举促进城乡居民增收，缩小收入分配差距，扩大中等收入群体。

（二）完善覆盖全民的社会保障体系。健全统筹城乡、可持续的基本养老保险制度、基本医疗保险制度，稳步提高保障水平。实施企业职工基本养老保险基金中央调剂制度，尽快实现养老保险全国统筹，促进基本养老保险基金长期平衡。全面推开中央和地方划转部分国有资本充实社保基金工作。大力发展企业年金、职业年金、个人储蓄性养老保险和商业养老保险。深化医药卫生体制改革，完善统一的城乡居民医保和大病保险制度，健全基本医保筹资和待遇调整机制，持续推进医保支付方式改革，加快落实异地就医结算制度。完善失业保险制度。开展新业态从业人员职业伤害保障试点。统筹完善社会救助、社会福利、慈善事业、优抚安置等制度。加强社会救助资源统筹，完善基本民生保障兜底机制。加快建立多主体供给、多渠道保障、租购并举的住房制度，改革住房公积金制度。

（三）健全国家公共卫生应急管理体系。强化公共卫生法治保障，完善公共卫生领域相关法律法规。把生物安全纳入国家安全体系，系统规划国家生物安全风险防控和治理体系建设，全面提高国家生物安全治理能力。健全公共卫生服务体系，优化医疗卫生资源投入结构，加强农村、社区等基层防控能力建设。完善优化重大疫情救治体系，建立健全分级、分层、分流的传染病等重大疫情救治机制。完善突发重特大疫情防控规范和应急救治管理办法。健全重大疾病医疗保险和救助制度，完善应急医疗救助机制。探索建立特殊群体、特定疾病医药费豁免制度。健全统一的应急物资保障体系，优化重要应急物资产能保障和区域布局，健全国家储备体系，完善储备品类、规模、结构，提升储备效能。

## 七　建设更高水平开放型经济新体制，以开放促改革促发展

实行更加积极主动的开放战略，全面对接国际高标准市场规则体系，实施更大范围、更宽领域、更深层次的全面开放。

（一）以“一带一路”建设为重点构建对外开放新格局。坚持互利共赢的开放战略，推动共建“一带一路”走深走实和高质量发展，促进商品、资金、技术、人员更大范围流通，依托各类开发区发展高水平经贸产业合作园区，加强市场、规则、标准方面的软联通，强化合作机制建设。加大西部和沿边地区开放力度，推进西部陆海新通道建设，促进东中西互动协同开放，加快形成陆海内外联动、东西双向互济的开放格局。

（二）加快自由贸易试验区、自由贸易港等对外开放高地建设。深化自由贸易试验区改革，在更大范围复制推广改革成果。建设好中国（上海）自由贸易试验区临港新片区，赋予其更大的自主发展、自主改革和自主创新管理权限。聚焦贸易投资自由化便利化，稳步推进海南自由贸易港建设。

（三）健全高水平开放政策保障机制。推进贸易高质量发展，拓展对外贸易多元化，提升一般贸易出口产品附加值，推动加工贸易产业链升级和服务贸易创新发展。办好中国国际进口博览会，更大规模增加商品和服务进口，降低关税总水平，努力消除非关税贸易壁垒，大幅削减进出口环节制度性成本，促进贸易平衡发展。推动制造业、服务业、农业扩大开放，在更多领域允许外资控股或独资经营，全面取消外资准入负面清单之外的限制。健全外商投资准入前国民待遇加负面清单管理制度，推动规则、规制、管理、标准等制度型开放。健全外商投资国家安全审查、反垄断审查、国家技术安全清单管理、不可靠实体清单等制度。健全促进对外投资政策和服务体系。全面实施外商投资法及其实施条例，促进内外资企业公平竞争，建立健全外资企业投诉工作机制，保护外资合法权益。创新对外投资方式，提升对外投资质量。推进国际产能合作，积极开展第三方市场合作。

（四）积极参与全球经济治理体系变革。维护完善多边贸易体制，维护世界贸易组织在多边贸易体制中的核心地位，积极推动和参与世界贸易组织改革，积极参与多边贸易规则谈判，推动贸易和投资自由化便利化，推动构建更高水平的国际经贸规则。加快自由贸易区建设，推动构建面向全球的高标准自由贸易区网络。依托共建“一带一路”倡议及联合国、上海合作组织、金砖国家、二十国集团、亚太经合组织等多边和区域次区域合作机制，积极参与全球经济治理和公共产品供给，构建全球互联互通伙伴关系，加强与相关国家、国际组织的经济发展倡议、规划和标准的对接。推动国际货币基金组织份额与治理改革以及世界银行投票权改革。积极参与国际宏观经济政策沟通协调及国际经济治理体系改革和建设，提出更多中国倡议、中国方案。

## 八　完善社会主义市场经济法律制度，强化法治保障

以保护产权、维护契约、统一市场、平等交换、公平竞争、有效监管为基本导向，不断完善社会主义市场经济法治体系，确保有法可依、有法必依、违法必究。

（一）完善经济领域法律法规体系。完善物权、债权、股权等各类产权相关法律制度，从立法上赋予私有财产和公有财产平等地位并平等保护。健全破产制度，改革完善企业破产法律制度，推动个人破产立法，建立健全金融机构市场化退出法规，实现市场主体有序退出。修订反垄断法，推动社会信用法律建设，维护公平竞争市场环境。制定和完善发展规划、国土空间规划、自然资源资产、生态环境、农业、财政税收、金融、涉外经贸等方面法律法规。

按照包容审慎原则推进新经济领域立法。健全重大改革特别授权机制，对涉及调整现行法律法规的重大改革，按法定程序经全国人大或国务院统一授权后，由有条件的地方先行开展改革试验和实践创新。

（二）健全执法司法对市场经济运行的保障机制。深化行政执法体制改革，最大限度减少不必要的行政执法事项，规范行政执法行为，进一步明确具体操作流程。根据不同层级政府的事权和职能，优化配置执法力量，加快推进综合执法。强化对市场主体之间产权纠纷的公平裁判，完善涉及查封、扣押、冻结和处置公民财产行为的法律制度。健全涉产权冤错案件有效防范和常态化纠正机制。

（三）全面建立行政权力制约和监督机制。依法全面履行政府职能，推进机构、职能、权限、程序、责任法定化，实行政府权责清单制度。健全重大行政决策程序制度，提高决策质量和效率。加强对政府内部权力的制约，强化内部流程控制，防止权力滥用。完善审计制度，对公共资金、国有资产、国有资源和领导干部履行经济责任情况实行审计全覆盖。加强重大政策、重大项目财政承受能力评估。推动审批监管、执法司法、工程建设、资源开发、海外投资和在境外国有资产监管、金融信贷、公共资源交易、公共财政支出等重点领域监督机制改革和制度建设。依法推进财政预算、公共资源配置、重大建设项目批准和实施、社会公益事业建设等领域政府信息公开。

（四）完善发展市场经济监督制度和监督机制。坚持和完善党和国家监督体系，强化政治监督，严格约束公权力，推动落实党委（党组）主体责任、书记第一责任人责任、纪委监委监督责任。持之以恒深入推进党风廉政建设和反腐败斗争，坚决依规依纪依法查处资源、土地、规划、建设、工程、金融等领域腐败问题。完善监察法实施制度体系，围绕权力运行各个环节，压减权力设租寻租空间，坚决破除权钱交易关系网，实现执规执纪执法贯通，促进党内监督、监察监督、行政监督、司法监督、审计监督、财会监督、统计监督、群众监督、舆论监督协同发力，推动社会主义市场经济健康发展。

## 九　坚持和加强党的全面领导，确保改革举措有效实施

发挥党总揽全局、协调各方的领导核心作用，把党领导经济工作的制度优势转化为治理效能，强化改革落地见效，推动经济体制改革不断走深走实。

（一）坚持和加强党的领导。进一步增强“四个意识”、坚定“四个自信”、做到“两个维护”，从战略和全局高度深刻认识加快完善社会主义市场经济体制的重大意义，把党的领导贯穿于深化经济体制改革和加快完善社会主义市场经济体制全过程，贯穿于谋划改革思路、制定改革方案、推进改革实施等各环节，确保改革始终沿着正确方向前进。

（二）健全改革推进机制。各地区各部门要按照本意见要求并结合自身实际，制定完善配

套政策或实施措施。从国情出发，坚持问题导向、目标导向和结果导向相统一，按照系统集成、协同高效要求纵深推进，在精准实施、精准落实上下足功夫，把落实党中央要求、满足实践需要、符合基层期盼统一起来，克服形式主义、官僚主义，一个领域一个领域盯住抓落实。将顶层设计与基层探索结合起来，充分发挥基层首创精神，发挥经济特区、自由贸易试验区（自由贸易港）的先行先试作用。

（三）完善改革激励机制。健全改革的正向激励体系，强化敢于担当、攻坚克难的用人导向，注重在改革一线考察识别干部，把那些具有改革创新意识、勇于改革、善谋改革的干部用起来。巩固党风廉政建设成果，推动构建亲清政商关系。建立健全改革容错纠错机制，正确把握干部在改革创新中出现失误错误的性质和影响，切实保护干部干事创业的积极性。加强对改革典型案例、改革成效的总结推广和宣传报道，按规定给予表彰激励，为改革营造良好舆论环境和社会氛围。

# 关于加强新时代民营经济统战工作的意见 *

（2020 年 9 月 15 日）

新华社北京 9 月 15 日电　近日，中共中央办公厅印发了《关于加强新时代民营经济统战工作的意见》，并发出通知，要求各地区各部门结合实际认真贯彻落实。《关于加强新时代民营经济统战工作的意见》主要内容如下。

改革开放以来，我国民营经济持续快速发展，党的民营经济统战工作不断开拓创新。党的十八大以来，以习近平同志为核心的党中央提出一系列新理念新思想新战略，采取一系列重大举措，指导和推动民营经济统战工作取得显著成绩。同时也要看到，中国特色社会主义进入新时代，民营经济规模不断扩大、风险挑战明显增多，民营经济人士的价值观念和利益诉求日趋多样，民营经济统战工作面临新形势新任务。为深入贯彻落实党中央重大决策部署，进一步加强党对民营经济统战工作的领导，更好把民营经济人士的智慧和力量凝聚到实现中华民族伟大复兴的目标任务上来，现提出如下意见。

## 一　重要意义

（一）加强民营经济统战工作是实现党对民营经济领导的重要方式。民营经济作为我国经济制度的内在要素，始终是坚持和发展中国特色社会主义的重要经济基础；民营经济人士作为我们自己人，始终是我们党长期执政必须团结和依靠的重要力量。充分认识民营经济对我国经济社会发展的重要性，充分认识民营经济存在和发展的长期性、必然性，推动新时代民营经济统战工作创新发展，有利于不断增强党对民营经济的领导力，把广大民营经济人士更加紧密地团结在党的周围，凝聚起同心共筑中国梦的磅礴力量。

（二）加强民营经济统战工作是发展完善中国特色社会主义制度的重要内容。坚持和完善中国特色社会主义制度、推进国家治理体系和治理能力现代化，必须始终坚持和完善我国基本经济制度，毫不动摇巩固和发展公有制经济，毫不动摇鼓励、支持、引导非公有制经济发展。做好民营经济统战工作，有利于激发民营经济人士在深化改革扩大开放、参与国家治理中的积极性、主动性，发挥市场在资源配置中的决定性作用，更好发挥政府作用，充分彰显

*　资料来源：新华社北京 2020 年 9 月 15 日电。

中国特色社会主义的制度优势。

（三）加强民营经济统战工作是促进民营经济高质量发展的重要保障。深化供给侧结构性改革，实现经济高质量发展，迫切需要民营企业加快转型升级，提高民营企业家队伍整体素质。加强民营经济统战工作，有利于引导民营经济人士坚定发展信心、提高创新能力，鼓励支持民营企业转变发展方式、调整产业结构、转换增长动力，推动民营经济更好发展。

## 二　总体要求

（四）指导思想。以习近平新时代中国特色社会主义思想为指导，全面贯彻党的十九大和十九届二中、三中、四中全会精神，紧紧围绕统筹推进“五位一体”总体布局、协调推进“四个全面”战略布局，全面提高党领导民营经济统战工作的能力水平，切实加强民营经济统战工作，教育引导民营经济人士增强“四个意识”、坚定“四个自信”、做到“两个维护”，坚定不移听党话、跟党走，为实现“两个一百年”奋斗目标、实现中华民族伟大复兴的中国梦作出更大贡献。

（五）基本原则。坚持党对民营经济统战工作的领导，始终从政治和全局高度谋划推进工作；坚持“两个毫不动摇”，进一步增强党对民营经济人士的领导力和凝聚力；坚持构建亲清政商关系，优化营商环境，促进形成良好政治生态；坚持信任、团结、服务、引导、教育方针，正确处理一致性和多样性关系，一手抓鼓励支持，一手抓教育引导，不断增进民营经济人士在党的领导下走中国特色社会主义道路的政治共识。

## 三　加强民营经济人士思想政治建设

高举爱国主义、社会主义旗帜，加大政治引领和思想引导力度，不断筑牢民营经济人士思想政治工作基础。

（六）巩固扩大政治共识。教育引导民营经济人士用习近平新时代中国特色社会主义思想武装头脑、指导实践，在政治立场、政治方向、政治原则、政治道路上同党中央保持高度一致，始终做政治上的明白人。进一步加强民营企业党建工作，切实发挥党组织的战斗堡垒作用和党员的先锋模范作用。大力宣传党中央关于民营经济发展的大政方针，进一步推动思想理论创新，及时回应广大民营经济人士思想关切。各级党委统战部门要落实民营经济领域意识形态工作责任制，做到守土有责、守土负责、守土尽责。

（七）深化理想信念教育。持续深入开展理想信念教育实践活动，创新教育形式和话语体系，不断扩大覆盖面，提升实效性。依托革命老区、贫困地区、改革开放前沿地区等主题教育示范基地，加强世情国情党情教育，引导民营经济人士不断增进对中国共产党和中国特色社会主义的政治认同、思想认同、情感认同。发挥党员民营企业家、民营经济代表人士在理想信念教育中的示范作用，充分调动广大民营经济人士的主观能动性，加强自我学习、自我教育、自我提升。

（八）加大思想引导力度。引导民营经济人士增强自律意识，筑牢思想道德防线，严格规范自身言行，培养健康生活情趣，塑造良好公众形象。完善联谊交友、谈心交流制度，广交深交挚友诤友，打造一支关键时刻靠得住、用得上的民营经济人士骨干队伍。按照“团结—批评—团结”原则，扩大团结面、体现包容性。

（九）倡导争做“四个典范”。强化价值观引领，引导民营经济人士树立正确的国家观、法治观、事业观、财富观，做爱国敬业、守法经营、创业创新、回报社会的典范。深化中国梦宣传教育，引导民营经济人士树立家国情怀，以产业报国、实业强国为己任，脚踏实地干事，谦虚低调做人。注重发挥典型案例的警示作用，开展常态化法治宣传和警示教育，筑牢依法合规经营底线，倡导重信誉、守信用、讲信义，不断提升民营经济人士法治修养和道德水准。大力弘扬优秀企业家精神和工匠精神，充分激发创新活力和创造潜能。倡导义利兼顾、以义为先理念，坚持致富思源、富而思进，认真履行社会责任，大力构建和谐劳动关系，积极参与光彩事业、精准扶贫和公益慈善事业，克服享乐主义和奢靡之风，做到富而有德、富而有爱、富而有责。

## 四　建设高素质民营经济代表人士队伍

坚持党管人才原则，遵循民营经济人士成长规律，以提高素质、优化结构、发挥作用为目标，建设一支高素质、有担当的民营经济代表人士队伍。

（十）明确工作范围。统战工作要面向所有民营企业和民营经济人士，工作对象主要包括民营企业主要出资人、实际控制人，民营企业中持有股份的主要经营者，民营投资机构自然人大股东，以民营企业和民营经济人士为主体的工商领域社会团体主要负责人，相关社会服务机构主要负责人，民营中介机构主要合伙人，在内地投资的港澳工商界人士，有代表性的个体工商户。

（十一）健全选人机制。扩大选人视野，兼顾不同地区和行业、大中型企业和小微企业，建立民营经济代表人士数据库和人才库。拓宽人才发现渠道，发挥人才主管部门、统战部门、行业主管部门的作用，构建与民营经济人士健康成长相适应的人才工作体系。优化代表人士队伍结构，适当向战略性新兴产业、高技术产业、先进制造业、现代服务业、现代农业等领域倾斜，培养壮大坚定不移跟党走、一心一意谋发展的民营经济人士队伍。

（十二）加强教育培养。做好民营经济代表人士队伍建设规划，形成规范化常态化教育培养体系。充分发挥非公有制经济人士优秀中国特色社会主义事业建设者表彰的激励作用，进一步扩大其社会影响。以弘扬优秀传统文化、优秀企业家精神为主要内容，加强对民营企业家的教育培训。地方各级党校（行政学院）注意加强对党员民营经济人士的教育培训。坚持政治标准，积极稳妥做好在民营经济代表人士优秀分子中发展党员工作，把政治素质好、群众认可度高、符合党员条件的民营经济代表人士及时吸收到党内来。所在单位没有党组织的，县级以上党委（党组）组织人事部门可直接做好联系培养工作。

（十三）规范政治安排。坚持思想政治强、行业代表性强、参政议政能力强、社会信誉好的选人用人标准，严把人选政治关和遵纪守法关，并按规定事先征求企业党组织和各有关方面的意见。完善民营经济代表人士综合评价体系，确保选人用人质量。做好民营企业家担任省级工商联主席试点工作。稳妥做好推荐优秀民营企业家作为各级人大、政协常委会组成人员人选工作，把好入口关。开展聘请民营企业家担任特约检察员、特约监察员工作。引导民营经济代表人士强化履职尽责意识，建立健全履职考核制度和退出机制。

（十四）加大年轻一代培养力度。制定实施年轻一代民营经济人士健康成长促进计划，加大教育培养力度。发挥老一代民营企业家的传帮带作用，大力弘扬中华民族传统美德，注重家庭、家教和家风建设，引导年轻一代继承发扬听党话、跟党走的光荣传统，努力实现事业新老交接和有序传承。

## 五　支持服务民营经济高质量发展

坚持围绕中心、服务大局，促进民营经济高质量发展，是民营经济统战工作的题中应有之义，是衡量工作成效的重要标准。

（十五）推动践行新发展理念。加强形势政策教育，大力选树先进典型，引导民营经济人士按照新发展理念谋划推进企业改革发展，充分利用政府搭建的各类产学研用对接平台，发挥民营企业在科技创新和成果转化中的积极作用。深入开展调查研究，及时反映和推动解决民营企业转型升级面临的体制机制性障碍。引导民营经济人士坚持稳中求进，坚守实业、做强主业，强化底线思维，增强风险意识，有效防范化解经营风险特别是金融风险。

（十六）鼓励参与国家重大战略。依托统一战线组织动员民营经济人士投身创新驱动发展战略等国家重大战略，在服务国家经济建设大局中实现企业发展，提升思想境界和事业格局。加强与重点国家和地区工商领域社会团体及其驻华机构的交流合作，在相关国际合作机制中充分发挥工商联作用。引导民营企业积极参与“一带一路”建设，自觉维护国家利益，树立中国民营企业良好形象。

（十七）支持投身全面深化改革。引导民营经济人士正确对待改革带来的利益调整，理解改革、支持改革、参与改革，为全面深化改革建睿智之言、献务实之策。鼓励民营企业参与混合所有制改革。引导民营企业完善法人治理结构，探索建立中国特色现代企业制度。推动民营企业主动加强与世界一流企业和优秀国有企业交流合作，不断提升经营能力和管理水平。

（十八）不断优化营商环境。以促进市场公平竞争、平等保护产权为关键，推动构建市场化、法治化、国际化的营商环境。教育引导民营经济人士树立法律意识，坚持守法经营，自党维护公平开放透明的市场规则。加强民营经济统计和监测分析，大力推进服务管理创新。充分发挥工商联和商会的优势作用，积极参与营商环境评价，主动配合有关部门开展依法甄别纠正侵害民营企业产权错案冤案、防范和处置拖欠民营企业账款等工作。

## 六　建立健全政企沟通协商制度

推动构建亲清政商关系，是民营经济统战工作的重要任务。依托统一战线开展政企沟通协商，是构建亲清政商关系的关键之举。

（十九）规范沟通协商内容。包括经济形势和民营经济发展状况分析研判，经济社会发展和产业发展规划、年度经济工作部署、重要改革举措和涉企政策，重要涉企法律法规制定和修改，优化营商环境、构建亲清政商关系情况，民营企业发展面临的普遍性问题，重点骨干民营企业风险防范和危机处置等。

（二十）创新沟通协商形式。各级党委和政府及有关部门就协商事项事先听取民营企业和行业协会商会代表意见建议。各级党委和政府主要负责同志通过与民营企业和行业协会商会代表座谈恳谈等方式，沟通有关情况，聚焦发展难题，共商解决办法，并建立健全沟通成果督办和反馈机制。建立民营经济代表人士专题调研制度，每年开展重点考察调研，党政领导和有关部门要认真听取调研提出的意见建议。民营经济占比较大的地方，党委和政府召开经济工作会议和涉及民营经济发展的会议，人大制定修改相关地方性法规，可邀请民营企业和行业协会商会代表参加。有关部门制定行业标准和规范，一般应委托行业协会商会提出意见。

（二十一）加强对商会和民营企业的联系服务。建立党政领导干部联系商会制度，以行业类、专业类商会和乡镇、街道商会为重点，畅通商会向党委和政府反映情况、提出建议的渠道。规范党政领导干部与民营经济人士联系交往，制定正面和负面清单，激励干部主动作为、靠前服务，督促干部守住交往底线、防范廉政风险，做到“亲”而有度、“清”而有为。统战部门、工商联要积极主动深入民营企业，及时反映并帮助解决困难和问题。

（二十二）完善民营企业诉求反映和权益维护机制。引导民营经济人士依法理性反映诉求、维护权益。依法维护企业正常经营秩序，尊重和保护企业家合法人身和财产权益。健全调解、仲裁、诉讼等多元化纠纷解决机制，及时有效化解民营企业民商事纠纷。

## 七　切实发挥工商联和商会作用

工商联及所属商会是民营经济统战工作的重要组织依托。要深入推进工商联改革和建设，培育和发展中国特色商会组织，推动统战工作向商会组织有效覆盖。

（二十三）推进工商联改革发展。围绕促进“两个健康”工作主题，坚持政治建会、团结立会、服务兴会、改革强会，积极探索彰显统战性、经济性、民间性有机统一优势的组织体制、运行机制和活动方式，不断增强工商联的凝聚力、执行力、影响力。充分发挥工商联在民营经济人士思想政治建设中的引导作用，在民营经济人士有序政治参与中的主渠道作用，在民营企业改革发展中的服务作用，在保障和改善民生、创新社会治理中的协同作用，在依法平等保护产权方面的民主监督作用，努力把工商联建成“民营经济人士之家”。积极探索更好发挥工商联作为民间商会（总商会）功能的有效形式。创新服务、培训和维权平台载体，加快推进“网上工商联”建设，进一步提升工作整体效能。

（二十四）推动统战工作向商会组织有效覆盖。加强工商联所属商会党建工作，探索完善工商联党组织领导和管理所属商会党建工作的有效机制。探索在工商联所属商会党组织中建立统战工作联络员制度。积极培育和发展工商联所属商会，使商会组织覆盖民营经济发展各个行业和领域。鼓励引导民营企业加入商会，商会发展会员不得设立资产规模等门槛。对以民营企业和民营经济人士为主体的行业协会商会，工商联要加强联系、指导和服务。将适宜由商会提供的公共服务职能转移或委托给商会承担。通过政府购买服务等方式，支持帮助商会更好承接公共服务、参与社会服务。鼓励有条件的地方出台地方性法规或政府规章，规范和促进行业协会商会发展。加快推进工商联所属商会依法登记注册。

（二十五）引导民营企业家相关组织规范有序发展。按照摸清情况、主动联系、依法监管、积极引导的工作方针，做好民营企业家相关组织工作。未经社团登记注册的企业家相关组织不得从事社团活动，对经市场监管部门登记但主要开展社团活动的企业家相关组织进行清理整顿，对其中符合条件的依法进行社会组织登记管理。加强对企业家相关组织举办论坛、研讨、讲堂、沙龙等活动的引导和管理。

## 八 加强党对民营经济统战工作的领导

民营经济统战工作是全党的重要工作。要把加强民营经济统战工作摆上重要议事日程，在党委统一领导下，形成各方面既明确分工又高效协同的民营经济统战工作格局。

（二十六）完善领导体制机制。各级党委要依托统一战线工作领导小组，建立完善民营经济统战工作协调机制，定期研究部署、统筹推进民营经济统战工作。要充分发挥党委统战部门在民营经济统战工作中的牵头协调作用，发挥工商联的桥梁纽带和助手作用。

（二十七）强化组织保障。充实民营经济统战工作力量，按照既精通统战工作又熟悉经济工作的要求，选好配强统战部相关业务部门和工商联机关干部。工作任务重的市、县党委统战部门要统筹现有资源，充实工作力量，保障工作开展。

（二十八）加强能力建设。加强教育培训，注重实践锻炼，全面提升民营经济统战干部队伍整体素质，进一步增强从全局把握问题能力、应对风险挑战能力、沟通协调能力、开拓创新能力，为做好新时代民营经济统战工作提供有力支撑。

# 国务院办公厅关于服务“六稳”“六保”进一步做好“放管服”改革有关工作的意见*

国办发〔2021〕10号

各省、自治区、直辖市人民政府，国务院各部委、各直属机构：

深化“放管服”改革，打造市场化法治化国际化营商环境，是做好“六稳”工作、落实“六保”任务的重要抓手。近年来，“放管服”改革深入推进，有效激发了市场主体活力和社会创造力，但仍然存在一些企业和群众关注度高、反映强烈的突出问题亟待解决。为进一步深化“放管服”改革，切实做好“六稳”、“六保”工作，推动高质量发展，经国务院同意，现提出以下意见。

## 一　总体要求

（一）指导思想。以习近平新时代中国特色社会主义思想为指导，全面贯彻党的十九大和十九届二中、三中、四中、五中全会精神，认真落实党中央、国务院决策部署，立足新发展阶段、贯彻新发展理念、构建新发展格局，围绕“六稳”、“六保”，加快转变政府职能，深化“放管服”改革，促进要素资源高效配置，切实维护公平竞争，建设国际一流营商环境，推进政府治理体系和治理能力现代化，推动经济社会持续健康发展。

（二）基本原则。

坚持目标导向、综合施策。围绕稳定和扩大就业、培育市场主体、扩大有效投资、促进消费、稳外贸稳外资、保障基本民生等重点领域，以务实管用的政策和改革举措，增强企业和群众获得感。

坚持问题导向、务求实效。聚焦企业和群众办事创业的难点堵点继续“啃硬骨头”，坚持放管结合、并重，着力清理对市场主体的不合理限制，实施更加有效监管，持续优化政务服务，不断提高改革含金量。

坚持系统集成、协同推进。坚持系统观念，加强各领域“放管服”改革有机衔接、统筹推进，促进中央和地方上下联动，强化部门之间协作配合，立足全生命周期、全产业链条推

* 资料来源：中国政府网，http://www.gov.cn/zhengce/content/2021-04/15/content_5599655.htm.

进改革，完善配套政策，放大综合效应，增强发展内生动力。

## 二 进一步推动优化就业环境

（三）推动降低就业门槛。进一步梳理压减准入类职业资格数量，取消乡村兽医、勘察设计注册石油天然气工程师等职业资格，推进社会化职业技能等级认定，持续动态优化国家职业资格目录。合理降低或取消部分准入类职业资格考试工作年限要求。进一步规范小微电商准入，科学界定《中华人民共和国电子商务法》中“便民劳务活动”、“零星小额交易活动”标准。（人力资源社会保障部、住房城乡建设部、农业农村部、市场监管总局等国务院相关部门及各地区按职责分工负责）

（四）支持提升职业技能。建立职业技能培训补贴标准动态调整机制，科学合理确定培训补贴标准。拓宽职业技能培训资金使用范围。延长以工代训政策实施期限，简化企业申请以工代训补贴材料。加强对家政、养老等行业从业人员职业技能培训，全面提升就业能力。创新开展“行校合作”，鼓励行业协会、跨企业培训中心等组织中小微企业开展学徒制培训，鼓励各地区探索开展项目制培训等多种形式培训。采取优化审批服务、探索实行告知承诺制等方式，便利各类职业培训机构设立。（人力资源社会保障部、民政部、财政部等国务院相关部门及各地区按职责分工负责）

（五）支持和规范新就业形态发展。着力推动消除制约新产业新业态发展的隐性壁垒，不断拓宽就业领域和渠道。加强对平台企业的监管和引导，促进公平有序竞争，推动平台企业依法依规完善服务协议和交易规则，合理确定收费标准，改进管理服务，支持新就业形态健康发展。落实和完善财税、金融等支持政策，发挥双创示范基地带动作用，支持高校毕业生、退役军人、返乡农民工等重点群体创业就业。完善适应灵活就业人员的社保政策措施，推动放开在就业地参加社会保险的户籍限制，加快推进职业伤害保障试点，扩大工伤保险覆盖面，维护灵活就业人员合法权益。（国家发展改革委、教育部、财政部、人力资源社会保障部、农业农村部、退役军人部、人民银行、税务总局、市场监管总局、国家医保局、银保监会等国务院相关部门及各地区按职责分工负责）

## 三 进一步推动减轻市场主体负担

（六）健全惠企服务机制。推广财政资金直达机制的有效做法，研究将具备条件的惠企资金纳入直达机制。优化国库退税审核程序，逐步实现智能化、自动化处理。推动实现非税收入全领域“跨省通缴”。精简享受税费优惠政策的办理流程和手续，持续扩大“自行判别、自行申报、事后监管”范围。整合财产和行为税 10 税纳税申报表，整合增值税、消费税及城市维护建设税等附加税费申报表。大力发展市场化征信机构，建设和完善“信易贷”平台，推动水电气、纳税、社保等信用信息归集共享，依托大数据等现代信息技术为企业精准“画像”、有效增信，提升金融、社保等惠企政策覆盖度、精准性和有效性。持续规范水电气暖等行业收费，确保政策红利传导到终端用户。推动企业建立健全合规经营制度，依法查处垄断行为，严厉打击价格串通、哄抬价格等价格违法行为。（国家发展改革委、财政部、人力资源社会保障部、国家医保局、人民银行、税务总局、市场监管总局、银保监会等国务院相关部门及各地区按职责分工负责）

（七）规范提升中介服务。从严查处行政机关为特定中介机构垄断服务设定隐性壁垒或将自身应承担的行政审批中介服务费用转嫁给企业承担等违规行为。严格规范国务院部门和地方政府设定的中介服务事项。依法降低中介服务准入门槛，破除行业壁垒，打破地方保护，引入竞争机制，促进提升中介服务质量，建立合理定价机制。加强对中介机构的监管，推动中介机构公开服务条件、流程、时限和收费标准，坚决查处乱收费、变相涨价等行为。（国务院办公厅、市场监管总局、国家发展改革委等国务院相关部门及各地区按职责分工负责）

（八）规范改进认证服务。推动认证机构转企改制、与政府部门脱钩，提高市场开放度，促进公平有序竞争。加强对认证机构的监管，督促认证机构公开收费标准，及时公布认证信息，提高服务质量。清理规范涉及认证的评价制度，推动向国家统一的认证制度转变。健全政府、行业、社会等多层面的认证采信机制，推动认证结果在不同部门、层级和地区间互认通用。（市场监管总局等国务院相关部门及各地区按职责分工负责）

（九）优化涉企审批服务。分行业分领域清理规范行政审批前置条件和审批标准，明确行政备案材料、程序，依托全国一体化政务服务平台，推动更多涉企事项网上办理，简化优化商事服务流程，大力推进减环节、减材料、减时限、减费用，降低制度性交易成本。精简优化涉及电子电器产品的管理措施，探索推行企业自检自证和产品系族管理。加快商标专利注册申请全流程电子化，分类压减商标异议、变更、转让、续展周期和专利授权公告周期，建立健全重大不良影响商标快速驳回机制，严厉打击商标恶意注册、非正常专利申请等行为。（国务院办公厅、工业和信息化部、市场监管总局、国家知识产权局等国务院相关部门及各地区按职责分工负责）

## 四　进一步推动扩大有效投资

（十）持续提高投资审批效率。进一步深化投资审批制度改革，简化、整合投资项目报建手续，推进实施企业投资项目承诺制，优化交通、水利、能源等领域重大投资项目审批流程。鼓励各地区推进“标准地”出让改革，科学构建“标准地”出让指标体系，简化优化工业项目供地流程，压缩供地时间，降低投资项目运行成本。推动投资项目在线审批监管平台和各相关审批系统互联互通和数据共享，避免企业重复填报、部门重复核验。（国家发展改革委、自然资源部、住房城乡建设部、交通运输部、水利部、国家能源局等国务院相关部门及各地区按职责分工负责）

（十一）优化工程建设项目审批。持续深化工程建设项目审批制度改革，完善全国统一的工程建设项目审批和管理体系。进一步精简整合工程建设项目全流程涉及的行政许可、技术审查、中介服务、市政公用服务等事项。支持各地区结合实际提高工程建设项目建筑工程施工许可证办理限额，对简易低风险工程建设项目实行“清单制＋告知承诺制”审批。研究制定工程建设项目全过程审批管理制度性文件，建立健全工程建设项目审批监督管理机制，加强全过程审批行为和时间管理，规范预先审查、施工图审查等环节，防止体外循环。（住房城乡建设部、国家发展改革委等国务院相关部门及各地区按职责分工负责）

## 五　进一步推动激发消费潜力

（十二）清除消费隐性壁垒。着力打破行业垄断和地方保护，打通经济循环堵点，推动形成高效规范、公平竞争的国内统一市场。有序取消一些行政性限制消费购买的规定，释放消费潜力。加快修订《二手车流通管理办法》，推动各地区彻底清理违规设置的二手车迁入限制，放宽二手车经营条件。规范报废机动车回收拆解企业资质认定，支持具备条件的企业进入回收拆解市场，依法查处非法拆解行为。鼓励各地区适当放宽旅游民宿市场准入，推进实施旅游民宿行业标准。制定跨地区巡回演出审批程序指南，优化审批流程，为演出经营单位跨地区开展业务提供便利。（国家发展改革委、公安部、生态环境部、商务部、文化和旅游部等国务院相关部门及各地区按职责分工负责）

（十三）便利新产品市场准入。针对市场急需、消费需求大的新技术新产品，优先适用国家标准制定快速程序，简化标准制修订流程，缩短发布周期。在相关国家标准出台前，鼓励先由社会团体制定发布满足市场和创新需要的团体标准，鼓励企业制定有竞争力的企业标准并自我声明公开，推动新技术新产品快速进入市场。加快统一出口商品和内贸商品在工艺流程、流通规则等方面的规定，推进内外贸产品“同线同标同质”，破除制约出口商品转内销的系统性障碍。继续扩大跨境电商零售进口试点城市范围，调整扩大跨境电商零售进口商品清单。（市场监管总局、商务部、海关总署、财政部等国务院相关部门及各地区按职责分工负责）

## 六　进一步推动稳外贸稳外资

（十四）持续优化外商投资环境。完善外商投资准入前国民待遇加负面清单管理制度，确保外资企业平等享受各项支持政策。支持外资企业更好参与国家和行业标准制定。优化外商投资信息报告制度，完善企业登记系统和企业信用信息公示系统功能，加强填报指导，减轻企业报送负担。（国家发展改革委、商务部、市场监管总局等国务院相关部门及各地区按职责分工负责）

（十五）持续推进通关便利化。推动国际贸易“单一窗口”同港口、铁路、民航等信息平台及银行、保险等机构对接。优化海关风险布控规则，推广科学随机布控，提高人工分析布控精准度，降低守法合规企业和低风险商品查验率。深入推进进出口商品检验监管模式改革，积极推进第三方检验结果采信制度化建设。鼓励理货、拖轮、委托检验等经营主体进入市场，促进公平竞争。（海关总署、交通运输部、银保监会、国家铁路局、中国民航局等国务院相关部门及各地区按职责分工负责）

（十六）清理规范口岸收费。加快修订《港口收费计费办法》，进一步完善港口收费政策，减并港口收费项目。定向降低沿海港口引航费标准，进一步扩大船方自主决定是否使用拖轮的船舶范围。完善洗修箱服务规则，清理规范港外堆场洗修箱费、铁路运输关门费等收费。实行口岸收费项目目录清单制度，做到清单外无收费。对政府依成本定价的收费项目，开展成本监审或成本调查，及时调整收费标准；对实行市场调节价的收费项目及对应的收费主体，开展典型成本调查，为合理规范收费提供依据。（国家发展改革委、财政部、交通运输部、国务院国资委、海关总署、市场监管总局等国务院相关部门及各地区按职责分工负责）

## 七 进一步推动优化民生服务

（十七）创新养老和医疗服务供给。推进公办养老机构公建民营改革，引入社会资本和专业管理服务机构，盘活闲置床位资源，在满足失能、半失能特困人员集中供养基础上，向其他失能、失智、高龄老年人开放。推动取消诊所设置审批，推动诊所执业登记由审批改为备案。推动取消职业卫生技术服务机构资质等级划分，便利市场准入。在确保电子处方来源真实可靠的前提下，允许网络销售除国家实行特殊管理的药品以外的处方药。（民政部、国家卫生健康委、国家药监局等国务院相关部门及各地区按职责分工负责）

（十八）提高社会救助精准性。支持各地区推动民政、人力资源社会保障、残联、医保、乡村振兴等部门和单位相关数据共享，运用大数据等现代信息技术建立困难群众主动发现机制和动态调整机制，优化服务流程，缩短办理时限，实现民生保障领域问题早发现、早干预，确保符合条件的困难群众及时得到救助，防止产生违规冒领和设租寻租等问题。（民政部、人力资源社会保障部、国家医保局、国家乡村振兴局、中国残联等相关部门和单位及各地区按职责分工负责）

（十九）提升便民服务水平。建立健全政务数据共享协调机制，加强信息共享和证明互认，通过完善信用监管、全面推行告知承诺制等方式，推动减少各类证明事项。实施证明事项清单管理制度，清单之外不得向企业和群众索要证明。确需提供证明的，应告知证明事项名称、用途、依据、索要单位、开具单位等信息。围绕保障改善民生，推动更多服务事项“跨省通办”。坚持传统服务方式与智能化服务创新并行，切实解决老年人等特殊群体在运用智能技术方面遇到的突出困难。（国务院办公厅、司法部等国务院相关部门及各地区按职责分工负责）

## 八 进一步加强事中事后监管

（二十）加强取消和下放事项监管。坚持放管结合、并重，把有效监管作为简政放权的必要保障，推动政府管理从事前审批更多转向事中事后监管，对取消和下放的行政许可事项，由主管部门会同相关部门逐项制定事中事后监管措施，明确监管层级、监管部门、监管方式，完善监管规则和标准。进一步梳理监管部门监管职责，强化与地方监管执法的衔接，建立相互协作、齐抓共管的高效监管机制，确保责任清晰、监管到位。（国务院办公厅牵头，国务院相关部门及各地区按职责分工负责）

（二十一）提升事中事后监管效能。各地区各部门要完善“双随机、一公开”监管、信用监管、“互联网＋监管”等方式，实施更加精准更加有效的监管。梳理职责范围内的重点监管事项，聚焦管好“一件事”实施综合监管。加强对日常监管事项的风险评估，实施分级分类监管，强化高风险环节监管。对涉及人民群众生命健康和公共安全的要严格监管，坚决守住安全底线。对新产业新业态实行包容审慎监管，引导和规范其健康发展。完善全国一体化在线监管平台，推动监管信息共享，加快形成统一的监管大数据，强化监管信息综合运用，提升监管质量和效率。（国务院办公厅牵头，国务院相关部门及各地区按职责分工负责）

（二十二）严格规范行政执法。制定出台进一步规范行政裁量权基准制度的指导意见，推动各地区各部门明确行政裁量种类、幅度，规范适用程序，纠正处罚畸轻畸重等不规范行政执法行为。鼓励各地区依法依规建立柔性执法清单管理制度，对轻微违法行为，慎用少用行政强制措施，防止一关了之、以罚代管。（司法部牵头，国务院相关部门及各地区按职责分工负责）

## 九 保障措施

（二十三）完善企业和群众评价机制。坚持以企业和群众获得感和满意度作为评判改革成效的标准，依托全国一体化政务服务平台、中国政府网建立企业和群众评价国家层面改革举措的常态化机制。及时公开评价结果，强化差评整改，形成评价、反馈、整改有机衔接的工作闭环，做到群众参与、社会评判、市场认可。各地区要建立地方层面改革举措社会评价机制。

（二十四）加强组织实施。各地区各部门要高度重视，及时研究解决“放管服”改革中出现的新情况、新问题，切实做到放出活力、管出公平、服出效率。要结合实际情况，依法依规制定实施方案，出台具体政策措施，逐项抓好落实。国务院办公厅要加强督促指导，确保改革举措落实到位。

国务院办公厅

2021 年 4 月 7 日

（此件公开发布）

# 国务院关于开展营商环境创新试点工作的意见*

国发〔2021〕24号

各省、自治区、直辖市人民政府，国务院各部委、各直属机构：

党中央、国务院高度重视优化营商环境工作。近年来，我国营商环境持续改善，特别是部分地方主动对标国际先进率先加大营商环境改革力度，取得明显成效，对推动全国营商环境整体优化、培育和激发市场主体活力发挥了较好的示范带动作用。为鼓励有条件的地方进一步瞄准最高标准、最高水平开展先行先试，加快构建与国际通行规则相衔接的营商环境制度体系，持续优化市场化法治化国际化营商环境，现提出以下意见。

## 一　总体要求

（一）指导思想。以习近平新时代中国特色社会主义思想为指导，全面贯彻党的十九大和十九届二中、三中、四中、五中全会精神，立足新发展阶段，完整、准确、全面贯彻新发展理念，构建新发展格局，以推动高质量发展为主题，统筹发展和安全，以制度创新为核心，赋予有条件的地方更大改革自主权，对标国际一流水平，聚焦市场主体关切，进一步转变政府职能，一体推进简政放权、放管结合、优化服务改革，推进全链条优化审批、全过程公正监管、全周期提升服务，推动有效市场和有为政府更好结合，促进营商环境迈向更高水平，更大激发市场活力和社会创造力，更好稳定市场预期，保持经济平稳运行。

（二）试点范围。综合考虑经济体量、市场主体数量、改革基础条件等，选择部分城市开展营商环境创新试点工作。首批试点城市为北京、上海、重庆、杭州、广州、深圳6个城市。强化创新试点同全国优化营商环境工作的联动，具备条件的创新试点举措经主管部门和单位同意后在全国范围推开。

（三）主要目标。经过三至五年的创新试点，试点城市营商环境国际竞争力跃居全球前列，政府治理效能全面提升，在全球范围内集聚和配置各类资源要素能力明显增强，市场主体活跃度和发展质量显著提高，率先建成市场化法治化国际化的一流营商环境，形成一系列

* 资料来源：中国政府网，http://www.gov.cn/zhengce/content/2021-11/25/content_5653257.htm. 原文有附件，收入年鉴时省略。

可复制可推广的制度创新成果，为全国营商环境建设作出重要示范。

## 二 重点任务

（四）进一步破除区域分割和地方保护等不合理限制。加快破除妨碍生产要素市场化配置和商品服务流通的体制机制障碍。在不直接涉及公共安全和人民群众生命健康的领域，推进"一照多址"、"一证多址"等改革，便利企业扩大经营规模。清理对企业跨区域经营、迁移设置的不合理条件，全面取消没有法律法规依据的要求企业在特定区域注册的规定。着力破除招投标、政府采购等领域对外地企业设置的隐性门槛和壁垒。探索企业生产经营高频办理的许可证件、资质资格等跨区域互认通用。

（五）健全更加开放透明、规范高效的市场主体准入和退出机制。进一步提升市场主体名称登记、信息变更、银行开户等便利度。建立健全市场准入评估制度，定期排查和清理在市场准入方面对市场主体资质、资金、股比、人员、场所等设置的不合理条件。推行企业年报"多报合一"改革。完善市场主体退出机制，全面实施简易注销，建立市场主体强制退出制度。推行破产预重整制度，建立健全企业破产重整信用修复机制，允许债权人等推荐选任破产管理人。建立健全司法重整的府院联动机制，提高市场重组、出清的质量和效率。

（六）持续提升投资和建设便利度。深化投资审批制度改革。推进社会投资项目"用地清单制"改革，在土地供应前开展相关评估工作和现状普查，形成评估结果和普查意见清单，在土地供应时一并交付用地单位。推进产业园区规划环评与项目环评联动，避免重复评价。在确保工程质量安全的前提下，持续推进工程建设项目审批制度改革，清理审批中存在的"体外循环"、"隐性审批"等行为。推动分阶段整合规划、土地、房产、交通、绿化、人防等测绘测量事项，优化联合验收实施方式。建立健全市政接入工程信息共享机制。探索在民用建筑工程领域推进和完善建筑师负责制。

（七）更好支持市场主体创新发展。完善创新资源配置方式和管理机制，探索适应新业态新模式发展需要的准入准营标准，提升市场主体创新力。在确保安全的前提下，探索高精度地图面向智能网联汽车开放使用。推进区块链技术在政务服务、民生服务、物流、会计等领域探索应用。探索对食品自动制售设备等新业态发放经营许可。完善知识产权市场化定价和交易机制，开展知识产权证券化试点。深化科技成果使用权、处置权和收益权改革，赋予科研人员职务科技成果所有权或长期使用权，探索完善科研人员职务发明成果权益分享机制。

（八）持续提升跨境贸易便利化水平。高标准建设国际贸易"单一窗口"，加快推动"单一窗口"服务功能由口岸通关向口岸物流、贸易服务等全链条拓展，推进全流程作业无纸化。在确保数据安全的前提下，推动与东亚地区主要贸易伙伴口岸间相关单证联网核查。推进区域通关便利化协作，探索开展粤港澳大湾区"组合港"、"一港通"等改革。推进铁路、公路、水路、航空等运输环节信息对接共享，实现运力信息可查、货物全程实时追踪，提升多式联运便利化水平。在有条件的港口推进进口货物“船边直提”和出口货物“抵港直装”。探索开展科研设备、耗材跨境自由流动，简化研发用途设备和样本样品进出口手续。

（九）优化外商投资和国际人才服务管理。加强涉外商事法律服务，建设涉外商事一站式多元解纷中心，为国际商事纠纷提供多元、高效、便捷解纷渠道。探索制定外籍“高精尖缺”人才地方认定标准。在不直接涉及公共安全和人民群众生命健康、风险可控的领域，探索建立国际职业资格证书认可清单制度，对部分需持证上岗的职业，允许取得境外相应职业资格或公认的国际专业组织认证的国际人才，经能力水平认定或有关部门备案后上岗，并加强执业行为监管。研究建立与国际接轨的人才评价体系。持续提升政府门户网站国际版服务水平，方便外籍人员及时准确了解投资、工作、生活等政策信息，将更多涉外审批服务事项纳入“一网通办”。

（十）维护公平竞争秩序。坚持对各类市场主体一视同仁、同等对待，稳定市场主体预期。强化公平竞争审查刚性约束，建立举报处理和回应机制，定期公布审查结果。着力清理取消企业在资质资格获取、招投标、政府采购、权益保护等方面存在的差别化待遇，防止滥用行政权力通过划分企业等级、增设证明事项、设立项目库、注册、认证、认定等形式排除和限制竞争的行为。建立招标计划提前发布制度，推进招投标全流程电子化改革。加强和改进反垄断与反不正当竞争执法。清理规范涉企收费，健全遏制乱收费、乱摊派的长效机制，着力纠正各类中介垄断经营、强制服务等行为。

（十一）进一步加强和创新监管。坚持放管结合、并重，夯实监管责任，健全事前事中事后全链条全流程的监管机制。完善公开透明、简明易行的监管规则和标准，加强政策解读。在直接涉及公共安全和人民群众生命财产安全的领域，探索实行惩罚性赔偿等制度。深化“互联网 + 监管”，加快构建全国一体化在线监管平台，积极运用大数据、物联网、人工智能等技术为监管赋能，探索形成市场主体全生命周期监管链。推动“双随机、一公开”监管和信用监管深度融合，完善按风险分级分类管理模式。在医疗、教育、工程建设等领域探索建立完善执业诚信体系。对新产业新业态实行包容审慎监管，建立健全平台经济治理体系。推动行业协会商会等建立健全行业经营自律规范，更好发挥社会监督作用。

（十二）依法保护各类市场主体产权和合法权益。构建亲清政商关系，健全政府守信践诺机制，建立政府承诺合法性审查制度和政府失信补偿、赔偿与追究制度，重点治理债务融资、政府采购、招投标、招商引资等领域的政府失信行为，畅通政府失信投诉举报渠道，健全治理“新官不理旧账”的长效机制。完善产权保护制度，强化知识产权保护，开展商标专利巡回评审和远程评审，完善对商标恶意注册和非正常专利申请的快速处置联动机制，加强海外知识产权维权协作。规范罚款行为，全面清理取消违反法定权限和程序设定的罚款事项，从源头上杜绝乱罚款。严格落实重大行政决策程序，增强公众参与实效。全面建立重大政策事前评估和事后评价制度，推进评估评价标准化、制度化、规范化。

（十三）优化经常性涉企服务。加快建立健全高效便捷、优质普惠的市场主体全生命周期服务体系，健全常态化政企沟通机制和营商环境投诉处理机制。完善动产和权利担保统一登记制度，有针对性地逐步整合各类动产和权利担保登记系统，提升企业动产和权利融资便利度。持续优化企业办税服务，深化“多税合一”申报改革，试行代征税款电子缴税并开具电子完税证明。进一步提升不动产登记涉税、继承等业务办理便利度。推进水电气暖等“一站式”便捷服务，加快实现报装、查询、缴费等业务全程网办。推进电子证照、电子签章在银行开户、贷款、货物报关、项目申报、招投标等领域全面应用和互通互认。推进公安服务“一窗通办”。推行涉企事项“一网通办”、“一照通办”，全面实行惠企政策“免申即享”、快速兑现。

## 三　组织保障

（十四）加强组织领导和统筹协调。国务院办公厅要统筹推进营商环境创新试点工作，牵头制定改革事项清单，做好协调督促、总结评估、复制推广等工作。司法部要做好改革的法治保障工作。国务院有关部门要结合自身职责，协调指导试点城市推进相关改革，为试点城市先行先试创造良好条件。有关省份人民政府要加大对试点城市的支持力度，加强政策措施衔接配套，依法依规赋予试点城市相关权限。各试点城市人民政府要制定本地区试点实施方案，坚持稳步实施，在风险总体可控前提下，科学把握改革的时序、节奏和步骤，推动创新试点工作走深走实，实施方案应报国务院办公厅备案并向社会公布。试点城市辖区内开发区具备较好改革基础的，可研究进一步加大改革力度，为创新试点工作探索更多有益经验。

（十五）强化法治保障。按照重大改革于法有据的要求，依照法定程序开展营商环境创新试点工作。国务院决定，根据《全国人民代表大会常务委员会关于授权国务院在营商环境创新试点城市暂时调整适用〈中华人民共和国计量法〉有关规定的决定》，3 年内在营商环境创新试点城市暂时调整适用《中华人民共和国计量法》有关规定；同时，在营商环境创新试点城市暂时调整适用《植物检疫条例》等 7 部行政法规有关规定。国务院有关部门和有关地方人民政府要根据法律、行政法规的调整情况，及时对本部门和本地区制定的规章、规范性文件作相应调整，建立与试点要求相适应的管理制度。对试点成效明显的改革举措，要及时推动有关法律、法规、规章的立改废释，固化改革成果。

（十六）加强数据共享和电子证照应用支撑。加快打破信息孤岛，扩大部门和地方间系统互联互通和数据共享范围。优化数据资源授权模式，探索实施政务数据、电子证照地域授权和场景授权，将产生于地方但目前由国家统一管理的相关领域数据和电子证照回流试点城市；

对试点城市需使用的中央部门和单位、外地的数据和电子证照，由主管部门和单位通过数据落地或数据核验等方式统一提供给试点城市使用。优化全国一体化政务服务平台功能，推动更多数据资源依托平台实现安全高效优质的互通共享。

（十七）做好滚动试点和评估推广。国务院办公厅会同有关方面根据试点情况，结合改革需要，适时扩大试点城市范围。同时，建立改革事项动态更新机制，分批次研究制定改革事项清单，按照批量授权方式，按程序报批后推进实施，定期对营商环境创新试点工作进行评估，对实践证明行之有效、市场主体欢迎的改革措施要及时在更大范围复制推广，对出现问题和风险的要及时调整或停止实施。试点中的重要情况，有关地方和部门要及时向国务院请示报告。

附件：1. 首批营商环境创新试点改革事项清单

2. 国务院决定在营商环境创新试点城市暂时调整适用有关行政法规规定目录

国务院

2021 年 10 月 31 日

（本文有删减）

（附件 略）

# 国务院办公厅关于进一步加大对中小企业纾困帮扶力度的通知*

国办发〔2021〕45号

各省、自治区、直辖市人民政府，国务院各部委、各直属机构：

中小企业是国民经济和社会发展的主力军，在促进增长、保障就业、活跃市场、改善民生等方面发挥着重要作用。近期，受原材料价格上涨、订单不足、用工难用工贵、应收账款回款慢、物流成本高以及新冠肺炎疫情散发、部分地区停电限电等影响，中小企业成本压力加大、经营困难加剧。为贯彻落实党中央、国务院决策部署，进一步加大助企纾困力度，减轻企业负担，帮助渡过难关，经国务院同意，现就有关事项通知如下：

一、加大纾困资金支持力度。鼓励地方安排中小企业纾困资金，对生产经营暂时面临困难但产品有市场、项目有前景、技术有竞争力的中小企业，以及劳动力密集、社会效益高的民生领域服务型中小企业（如养老托育机构等）给予专项资金支持，减轻房屋租金、水电费等负担，给予社保补贴等，帮助企业应对原材料价格上涨、物流及人力成本上升等压力。落实创业担保贷款贴息及奖补政策。用好小微企业融资担保降费奖补资金，支持扩大小微企业融资担保业务规模，降低融资担保成本。有条件的地方要发挥好贷款风险补偿机制作用。（财政部、工业和信息化部、人力资源社会保障部、人民银行等国务院相关部门及各地区按职责分工负责）

二、进一步推进减税降费。深入落实月销售额15万元以下的小规模纳税人免征增值税、小型微利企业减征所得税、研发费用加计扣除、固定资产加速折旧、支持科技创新进口等税收优惠政策。制造业中小微企业按规定延缓缴纳2021年第四季度部分税费。研究适时出台部分惠企政策到期后的接续政策。持续清理规范涉企收费，确保政策红利落地。（财政部、税务总局、海关总署、市场监管总局等国务院相关部门及各地区按职责分工负责）

三、灵活精准运用多种金融政策工具。加强再贷款再贴现政策工具精准“滴灌”中小企业，用好新增3000亿元支小再贷款额度。加大信用贷款投放，按规定实施普惠小微企业信用贷款支持政策。对于受新冠肺炎疫情、洪涝灾害及原材料价格上涨等影响严重的小微企业，

* 资料来源：中国政府网，http://www.gov.cn/zhengce/content/2021-11/22/content_5652485.htm.

加强流动资金贷款支持，按规定实施普惠小微企业贷款延期还本付息政策。（人民银行、银保监会按职责分工负责）

四、推动缓解成本上涨压力。加强大宗商品监测预警，强化市场供需调节，严厉打击囤积居奇、哄抬价格等违法行为。支持行业协会、大型企业搭建重点行业产业链供需对接平台，加强原材料保供对接服务。推动期货公司为中小企业提供风险管理服务，助力中小企业运用期货套期保值工具应对原材料价格大幅波动风险。稳定班轮公司在中国主要出口航线的运力供给。发挥行业协会、商会及地方政府作用，引导外贸企业与班轮公司签订长约合同，鼓励班轮公司推出中小企业专线服务。（国家发展改革委、工业和信息化部、市场监管总局、中国证监会、交通运输部、商务部等国务院相关部门及各地区按职责分工负责）

五、加强用电保障。加强电力产供储销体系建设，科学实施有序用电，合理安排错峰用电，保障对中小企业尤其是制造业中小企业的能源安全稳定供应。推动产业链龙头企业梳理上下游重点企业名单，保障产业链关键环节中小企业用电需求，维护产业链供应链安全稳定，确保企业已有订单正常生产，防范订单违约风险。加快推进电力市场化改革，充分考虑改革进程和中小企业承受能力，平稳有序推动中小企业进入电力市场。鼓励有条件的地方对小微企业用电实行阶段性优惠。（国家发展改革委、工业和信息化部及各地区按职责分工负责）

六、支持企业稳岗扩岗。落实失业保险稳岗返还及社保补贴、培训补贴等减负稳岗扩就业政策，支持中小企业稳定岗位，更多吸纳高校毕业生等重点群体就业。推动各级政府公共服务平台、人力资源服务机构为中小企业发布实时有效的岗位信息，加强用工供需信息对接。（人力资源社会保障部、财政部及各地区按职责分工负责）

七、保障中小企业款项支付。进一步落实《保障中小企业款项支付条例》，制定保障中小企业款项支付投诉处理办法，加强大型企业应付账款管理，对滥用市场优势地位逾期占用、恶意拖欠中小企业账款行为，加大联合惩戒力度。继续开展清理拖欠中小企业账款专项行动。推动各级政府部门、事业单位、大型企业及时支付采购中小企业货物、工程、服务的账款，从源头防范层层拖欠形成“三角债”。严禁以不签合同、在合同中不约定具体付款时限和付款方式等方法规避及时支付义务的行为。（工业和信息化部、国务院国资委、财政部、人民银行等国务院相关部门及各地区按职责分工负责）

八、着力扩大市场需求。加大民生领域和新型基础设施建设投资力度，进一步落实《政府采购促进中小企业发展管理办法》，鼓励各地因地制宜细化预留采购份额、价格评审优惠、降低投标成本、优先采购等支持措施。组织开展供需对接活动，促进大型企业扩大向中小企业采购规模。搭建政银合作平台，开展中小企业跨境撮合服务。依托跨境电商等外贸新业态，为中小企业提供远程网上交流、供需信息对接等服务。加快海外仓发展，保障外贸产业链供应链畅通运转。充分发挥境外经贸合作区作为中小企业“抱团出海”平台载体的作用，不断提升合作区建设质量和服务水平，引导和支持有合作需求的中小企业入区开展投资合作。（国家发展改革委、财政部、商务部、工业和信息化部按职责分工负责）

九、全面压实责任。各有关部门、各地区要进一步把思想认识行动统一到党中央、国务院决策部署上来，强化责任担当，勇于开拓创新，进一步细化纾困举措，积极采取针对性措施，帮助中小企业应对困难，推动中小企业向“专精特新”方向发展，不断提升市场竞争力。各有关部门要加强对中小企业面临困难和问题的调研，总结经验做法，加强政策储备，适时推动出台；要加大对地方的指导支持力度，扎实推动各项政策措施落地见效。落实情况要及时报送国务院促进中小企业发展工作领导小组办公室。（国务院相关部门及各地区按职责分工负责）

国务院办公厅

2021 年 11 月 10 日

（此件公开发布）

# 国务院办公厅关于进一步优化营商环境更好服务市场主体的实施意见*

国办发〔2020〕24号

各省、自治区、直辖市人民政府，国务院各部委、各直属机构：

党中央、国务院高度重视深化“放管服”改革优化营商环境工作。近年来，我国营商环境明显改善，但仍存在一些短板和薄弱环节，特别是受新冠肺炎疫情等影响，企业困难凸显，亟需进一步聚焦市场主体关切，对标国际先进水平，既立足当前又着眼长远，更多采取改革的办法破解企业生产经营中的堵点痛点，强化为市场主体服务，加快打造市场化法治化国际化营商环境，这是做好“六稳”工作、落实“六保”任务的重要抓手。为持续深化“放管服”改革优化营商环境，更大激发市场活力，增强发展内生动力，经国务院同意，现提出以下意见。

## 一 持续提升投资建设便利度

（一）优化再造投资项目前期审批流程。从办成项目前期“一件事”出发，健全部门协同工作机制，加强项目立项与用地、规划等建设条件衔接，推动有条件的地方对项目可行性研究、用地预审、选址、环境影响评价、安全评价、水土保持评价、压覆重要矿产资源评估等事项，实行项目单位编报一套材料，政府部门统一受理、同步评估、同步审批、统一反馈，加快项目落地。优化全国投资项目在线审批监管平台审批流程，实现批复文件等在线打印。（国家发展改革委牵头，国务院相关部门及各地区按职责分工负责）

（二）进一步提升工程建设项目审批效率。全面推行工程建设项目分级分类管理，在确保安全前提下，对社会投资的小型低风险新建、改扩建项目，由政府部门发布统一的企业开工条件，企业取得用地、满足开工条件后作出相关承诺，政府部门直接发放相关证书，项目即可开工。加快推动工程建设项目全流程在线审批，推进工程建设项目审批管理系统与投资审批、规划、消防等管理系统数据实时共享，实现信息一次填报、材料一次上传、相关评审意见和审批结果即时推送。2020年底前将工程建设项目审批涉及的行政许可、备案、评估评

* 资料来源：中国政府网，http://www.gov.cn/zhengce/zhengceku/2020-07/21/content_5528615.htm.

审、中介服务、市政公用服务等纳入线上平台，公开办理标准和费用。（住房城乡建设部牵头，国务院相关部门及各地区按职责分工负责）

（三）深入推进“多规合一”。抓紧统筹各类空间性规划，积极推进各类相关规划数据衔接或整合，推动尽快消除规划冲突和“矛盾图斑”。统一测绘技术标准和规则，在用地、规划、施工、验收、不动产登记等各阶段，实现测绘成果共享互认，避免重复测绘。（自然资源部牵头，住房城乡建设部等国务院相关部门及各地区按职责分工负责）

## 二　进一步简化企业生产经营审批和条件

（四）进一步降低市场准入门槛。围绕工程建设、教育、医疗、体育等领域，集中清理有关部门和地方在市场准入方面对企业资质、资金、股比、人员、场所等设置的不合理条件，列出台账并逐项明确解决措施、责任主体和完成时限。研究对诊所设置、诊所执业实行备案管理，扩大医疗服务供给。对于海事劳工证书，推动由政府部门直接受理申请、开展检查和签发，不再要求企业为此接受船检机构检查，且不收取企业办证费用。通过在线审批等方式简化跨地区巡回演出审批程序。（国家发展改革委、教育部、住房城乡建设部、交通运输部、商务部、文化和旅游部、国家卫生健康委、体育总局等国务院相关部门及各地区按职责分工负责）

（五）精简优化工业产品生产流通等环节管理措施。2020 年底前将保留的重要工业产品生产许可证管理权限全部下放给省级人民政府市场监督管理部门。加强机动车生产、销售、登记、维修、保险、报废等信息的共享和应用，提升机动车流通透明度。督促地方取消对二手车经销企业登记注册地设置的不合理规定，简化二手车经销企业购入机动车交易登记手续。2020 年底前优化新能源汽车免征车辆购置税的车型目录和享受车船税减免优惠的车型目录发布程序，实现与道路机动车辆生产企业及产品公告“一次申报、一并审查、一批发布”，企业依据产品公告即可享受相关税收减免政策。（工业和信息化部、公安部、财政部、交通运输部、商务部、税务总局、市场监管总局、银保监会等国务院相关部门按职责分工负责）

（六）降低小微企业等经营成本。支持地方开展“一照多址”改革，简化企业设立分支机构的登记手续。在确保食品安全前提下，鼓励有条件的地方合理放宽对连锁便利店制售食品在食品处理区面积等方面的审批要求，探索将食品经营许可（仅销售预包装食品）改为备案，合理制定并公布商户牌匾、照明设施等标准。鼓励引导平台企业适当降低向小微商户收取的平台佣金等服务费用和条码支付、互联网支付等手续费，严禁平台企业滥用市场支配地位收取不公平的高价服务费。在保障劳动者职业健康前提下，对职业病危害一般的用人单位适当降低职业病危害因素检测频次。在工程建设、政府采购等领域，推行以保险、保函等替代现金缴纳涉企保证金，减轻企业现金流压力。（市场监管总局、中央网信办、工业和信息化部、

财政部、住房城乡建设部、交通运输部、水利部、国家卫生健康委、人民银行、银保监会等相关部门及各地区按职责分工负责）

## 三 优化外贸外资企业经营环境

（七）进一步提高进出口通关效率。推行进出口货物“提前申报”，企业提前办理申报手续，海关在货物运抵海关监管作业场所后即办理货物查验、放行手续。优化进口“两步申报”通关模式，企业进行“概要申报”且海关完成风险排查处置后，即允许企业将货物提离。在符合条件的监管作业场所开展进口货物“船边直提”和出口货物“抵港直装”试点。推行查验作业全程监控和留痕，允许有条件的地方实行企业自主选择是否陪同查验，减轻企业负担。严禁口岸为压缩通关时间简单采取单日限流、控制报关等不合理措施。（海关总署牵头，国务院相关部门及各地区按职责分工负责）

（八）拓展国际贸易“单一窗口”功能。加快“单一窗口”功能由口岸通关执法向口岸物流、贸易服务等全链条拓展，实现港口、船代、理货等收费标准线上公开、在线查询。除涉密等特殊情况外，进出口环节涉及的监管证件原则上都应通过“单一窗口”一口受理，由相关部门在后台分别办理并实施监管，推动实现企业在线缴费、自主打印证件。（海关总署牵头，生态环境部、交通运输部、农业农村部、商务部、市场监管总局、国家药监局等国务院相关部门及各地区按职责分工负责）

（九）进一步减少外资外贸企业投资经营限制。支持外贸企业出口产品转内销，推行以外贸企业自我声明等方式替代相关国内认证，对已经取得相关国际认证且认证标准不低于国内标准的产品，允许外贸企业作出符合国内标准的书面承诺后直接上市销售，并加强事中事后监管。授权全国所有地级及以上城市开展外商投资企业注册登记。（商务部、市场监管总局等国务院相关部门及各地区按职责分工负责）

## 四 进一步降低就业创业门槛

（十）优化部分行业从业条件。推动取消除道路危险货物运输以外的道路货物运输驾驶员从业资格考试，并将相关考试培训内容纳入相应等级机动车驾驶证培训，驾驶员凭培训结业证书和机动车驾驶证申领道路货物运输驾驶员从业资格证。改革执业兽医资格考试制度，便利兽医相关专业高校在校生报名参加考试。加快推动劳动者入职体检结果互认，减轻求职者负担。（人力资源社会保障部、交通运输部、农业农村部等国务院相关部门及各地区按职责分工负责）

（十一）促进人才流动和灵活就业。2021 年 6 月底前实现专业技术人才职称信息跨地区在线核验，鼓励地区间职称互认。引导有需求的企业开展“共享用工”，通过用工余缺调剂提高人力资源配置效率。统一失业保险转移办理流程，简化失业保险申领程序。各地要落实属地管理责任，在保障安全卫生、不损害公共利益等条件下，坚持放管结合，合理设定流动摊贩经营场所。（人力资源社会保障部、市场监管总局、住房城乡建设部等国务院相关部门及各地区按职责分工负责）

（十二）完善对新业态的包容审慎监管。加快评估已出台的新业态准入和监管政策，坚决清理各类不合理管理措施。在保证医疗安全和质量前提下，进一步放宽互联网诊疗范围，将符合条件的互联网医疗服务纳入医保报销范围，制定公布全国统一的互联网医疗审批标准，加快创新型医疗器械审评审批并推进临床应用。统一智能网联汽车自动驾驶功能测试标准，推动实现封闭场地测试结果全国通用互认，督促封闭场地向社会公开测试服务项目及收费标准，简化测试通知书申领及异地换发手续，对测试通知书到期但车辆状态未改变的无需重复测试、直接延长期限。降低导航电子地图制作测绘资质申请条件，压减资质延续和信息变更的办理时间。（工业和信息化部、公安部、自然资源部、交通运输部、国家卫生健康委、国家医保局、国家药监局等国务院相关部门及各地区按职责分工负责）

（十三）增加新业态应用场景等供给。围绕城市治理、公共服务、政务服务等领域，鼓励地方通过搭建供需对接平台等为新技术、新产品提供更多应用场景。在条件成熟的特定路段及有需求的机场、港口、园区等区域探索开展智能网联汽车示范应用。建立健全政府及公共服务机构数据开放共享规则，推动公共交通、路政管理、医疗卫生、养老等公共服务领域和政府部门数据有序开放。（国家发展改革委牵头，中央网信办、工业和信息化部、公安部、民政部、住房城乡建设部、交通运输部、国家卫生健康委等相关部门及各地区按职责分工负责）

## 五　提升涉企服务质量和效率

（十四）推进企业开办经营便利化。全面推行企业开办全程网上办，提升企业名称自主申报系统核名智能化水平，在税务、人力资源社会保障、公积金、商业银行等服务领域加快实现电子营业执照、电子印章应用。放宽小微企业、个体工商户登记经营场所限制。探索推进“一业一证”改革，将一个行业准入涉及的多张许可证整合为一张许可证，实现“一证准营”、跨地互认通用。梳理各类强制登报公告事项，研究推动予以取消或调整为网上免费公告。加快推进政务服务事项跨省通办。（市场监管总局、国务院办公厅、司法部、人力资源社会保障部、住房城乡建设部、人民银行、税务总局、银保监会、证监会等国务院相关部门及各地区按职责分工负责）

（十五）持续提升纳税服务水平。2020 年底前基本实现增值税专用发票电子化，主要涉税服务事项基本实现网上办理。简化增值税等税收优惠政策申报程序，原则上不再设置审批环节。强化税务、海关、人民银行等部门数据共享，加快出口退税进度，推行无纸化单证备案。（税务总局牵头，人民银行、海关总署等国务院相关部门按职责分工负责）

（十六）进一步提高商标注册效率。提高商标网上服务系统数据更新频率，提升系统智能检索功能，推动实现商标图形在线自动比对。进一步压缩商标异议、驳回复审的审查审理周期，及时反馈审查审理结果。2020 年底前将商标注册平均审查周期压缩至 4 个月以内。（国家知识产权局负责）

（十七）优化动产担保融资服务。鼓励引导商业银行支持中小企业以应收账款、生产设备、产品、车辆、船舶、知识产权等动产和权利进行担保融资。推动建立以担保人名称为索引的电子数据库，实现对担保品登记状态信息的在线查询、修改或撤销。（人民银行牵头，国家发展改革委、公安部、交通运输部、市场监管总局、银保监会、国家知识产权局等国务院相关部门按职责分工负责）

## 六　完善优化营商环境长效机制

（十八）建立健全政策评估制度。研究制定建立健全政策评估制度的指导意见，以政策效果评估为重点，建立对重大政策开展事前、事后评估的长效机制，推进政策评估工作制度化、规范化，使政策更加科学精准、务实管用。（国务院办公厅牵头，各地区、各部门负责）

（十九）建立常态化政企沟通联系机制。加强与企业和行业协会商会的常态化联系，完善企业服务体系，加快建立营商环境诉求受理和分级办理“一张网”，更多采取“企业点菜”方式推进“放管服”改革。加快推进政务服务热线整合，进一步规范政务服务热线受理、转办、督办、反馈、评价流程，及时回应企业和群众诉求。（国务院办公厅牵头，国务院相关部门和单位及各地区按职责分工负责）

（二十）抓好惠企政策兑现。各地要梳理公布惠企政策清单，根据企业所属行业、规模等主动精准推送政策，县级政府出台惠企措施时要公布相关负责人及联系方式，实行政策兑现“落实到人”。鼓励推行惠企政策“免申即享”，通过政府部门信息共享等方式，实现符合条件的企业免予申报、直接享受政策。对确需企业提出申请的惠企政策，要合理设置并公开申请条件，简化申报手续，加快实现一次申报、全程网办、快速兑现。（各地区、各部门负责）

各地区、各部门要认真贯彻落实本意见提出的各项任务和要求，围绕市场主体需求，研究推出更多务实管用的改革举措，相关落实情况年底前报国务院。有关改革事项涉及法律法规调整的，要按照重大改革于法有据的要求，抓紧推动相关法律法规的立改废释。国务院办公厅要加强对深化“放管服”改革和优化营商环境工作的业务指导，强化统筹协调和督促落实，确保改革措施落地见效。

国务院办公厅

2020 年 7 月 15 日

（此件公开发布）

# 国务院办公厅关于深化商事制度改革进一步为企业松绑减负激发企业活力的通知*

国办发〔2020〕29号

各省、自治区、直辖市人民政府，国务院各部委、各直属机构：

党中央、国务院高度重视商事制度改革。近年来，商事制度改革取得显著成效，市场准入更加便捷，市场监管机制不断完善，市场主体繁荣发展，营商环境大幅改善。但从全国范围看，“准入不准营”现象依然存在，宽进严管、协同共治能力仍需强化。为更好统筹推进新冠肺炎疫情防控和经济社会发展，加快打造市场化、法治化、国际化营商环境，充分释放社会创业创新潜力、激发企业活力，经国务院同意，现将有关事项通知如下：

## 一 推进企业开办全程网上办理

（一）全面推广企业开办“一网通办”。2020年年底前，各省、自治区、直辖市和新疆生产建设兵团全部开通企业开办“一网通办”平台，做到企业开办全程网上办理，进一步压减企业开办时间至4个工作日内或更少。在此基础上，探索推动企业开办标准化、规范化试点。

（二）持续提升企业开办服务能力。依托“一网通办”平台，推行企业登记、公章刻制、申领发票和税控设备、员工参保登记、住房公积金企业缴存登记线上“一表填报”申请办理。具备条件的地方实现办齐的材料线下“一个窗口”一次领取，或者通过寄递、自助打印等实现不见面办理。在加强监管、保障安全前提下，大力推进电子营业执照、电子发票、电子印章在更广领域运用。

## 二 推进注册登记制度改革取得新突破

（三）加大住所与经营场所登记改革力度。支持各省级人民政府统筹开展住所与经营场所分离登记试点。市场主体可以登记一个住所和多个经营场所。对住所作为通信地址和司法文书（含行政执法文书）送达地登记，实行自主申报承诺制。对经营场所，各地可结合实际制定有关管理措施。对于市场主体在住所以外开展经营活动、属于同一县级登记机关管辖的，

* 资料来源：中国政府网，http://www.gov.cn/zhengce/zhengceku/2020-09/10/content_5542282.htm.

免于设立分支机构，申请增加经营场所登记即可，方便企业扩大经营规模。

（四）提升企业名称自主申报系统核名智能化水平。依法规范企业名称登记管理工作，运用大数据、人工智能等技术手段，加强禁限用字词库实时维护，提升对不适宜字词的分析和识别能力。推进与商标等商业标识数据库的互联共享，丰富对企业的告知提示内容。探索“企业承诺+事中事后监管”，减少“近似名称”人工干预。加强知名企业名称字号保护，建立名称争议处理机制。

## 三　简化相关涉企生产经营和审批条件

（五）推动工业产品生产许可证制度改革。将建筑用钢筋、水泥、广播电视传输设备、人民币鉴别仪、预应力混凝土铁路桥简支梁5类产品审批下放至省级市场监管部门。健全严格的质量安全监管措施，加强监督指导，守住质量安全底线。进一步扩大告知承诺实施范围，推动化肥产品由目前的后置现场审查调整为告知承诺。开展工业产品生产许可证有关政策、标准和技术规范宣传解读，加强对企业申办许可证的指导，帮助企业便利取证。

（六）完善强制性产品认证制度。扩大指定认证实施机构范围，提升实施机构的认证检测一站式服务能力，便利企业申请认证检测。防爆电气、燃气器具和大容积冰箱转为强制性产品认证费用由财政负担。简化出口转内销产品认证程序。督促指导强制性产品指定认证实施机构通过开辟绿色通道、接受已有合格评定结果、拓展在线服务等措施，缩短认证证书办理时间，降低认证成本。做好认证服务及技术支持，为出口转内销企业提供政策和技术培训，精简优化认证方案，安排专门人员对认证流程进行跟踪，合理减免出口转内销产品强制性产品认证费用。

（七）深化检验检测机构资质认定改革。将疫情防控期间远程评审等应急措施长效化。2021年在全国范围内推行检验检测机构资质认定告知承诺制。全面推行检验检测机构资质认定网上审批，完善机构信息查询功能。

（八）加快培育企业标准“领跑者”。优化企业标准“领跑者”制度机制，完善评估方案，推动第三方评价机构发布一批企业标准排行榜，形成2020年度企业标准“领跑者”名单，引导更多企业声明公开更高质量的标准。

## 四　加强事中事后监管

（九）加强企业信息公示。以统一社会信用代码为标识，整合形成更加完善的企业信用记录，并通过国家企业信用信息公示系统、“信用中国”网站或中国政府网及相关部门门户网站等渠道，依法依规向社会公开公示。

（十）健全失信惩戒机制。落实企业年报“多报合一”政策，进一步优化工作机制，大力推行信用承诺制度，健全完善信用修复、强制退出等制度机制。依法依规运用各领域严重失信名单等信用管理手段，提高协同监管水平，加强失信惩戒。

（十一）推进实施智慧监管。在市场监管领域，进一步完善以“双随机、一公开”监管为基本手段、以重点监管为补充、以信用监管为基础的新型监管机制。健全完善缺陷产品召回制度，督促企业履行缺陷召回法定义务，消除产品安全隐患。推进双随机抽查与信用风险分类监管相结合，充分运用大数据等技术，针对不同风险等级、信用水平的检查对象采取差异化分类监管措施，逐步做到对企业信用风险状况以及主要风险点精准识别和预测预警。

（十二）规范平台经济监管行为。坚持审慎包容、鼓励创新原则，充分发挥平台经济行业自律和企业自治作用，引导平台经济有序竞争，反对不正当竞争，规范发展线上经济。依法查处电子商务违法行为，维护公平有序的市场秩序，为平台经济发展营造良好营商环境。

各地区、各部门要认真贯彻落实本通知提出的各项任务和要求，聚焦企业生产经营的堵点痛点，加强政策统筹协调，切实落实工作责任，认真组织实施，形成工作合力。市场监管总局要会同有关部门加强工作指导，及时总结推广深化商事制度改革典型经验做法，协调解决实施中存在的问题，确保各项改革措施落地见效。

国务院办公厅

2020 年 9 月 1 日

（此件公开发布）

# 关于印发《关于进一步深化法治央企建设的意见》的通知[*]

国资发法规规〔2021〕80号

各中央企业：

为深入学习贯彻习近平法治思想，落实中央全面依法治国工作会议部署，进一步推进中央企业法治建设，提升依法治企能力水平，助力“十四五”时期深化改革、高质量发展，我们制定了《关于进一步深化法治央企建设的意见》，现印发给你们，请认真贯彻落实。

国资委

2021年10月17日

# 关于进一步深化法治央企建设的意见

为深入学习贯彻习近平法治思想，认真落实全面依法治国战略部署，持续深化法治央企建设，更好发挥法治工作对“十四五”时期中央企业改革发展的支撑保障作用，根据《法治中国建设规划（2020—2025年）》《法治社会建设实施纲要（2020—2025年）》等文件精神，现就进一步做好中央企业法治工作提出如下意见：

## 一　总体要求

（一）指导思想。坚持以习近平新时代中国特色社会主义思想为指导，认真落实习近平法治思想，深入贯彻党的十九大和十九届二中、三中、四中、五中全会精神，按照中央全面依法治国工作会议部署，立足新发展阶段，贯彻新发展理念，构建新发展格局，紧紧围绕国企

* 资料来源：国务院国有资产监督管理委员会网站，http://www.sasac.gov.cn/n2588035/n2588320/n2588335/c21487848/content.html.

改革三年行动和中央企业“十四五”发展规划，着力健全领导责任体系、依法治理体系、规章制度体系、合规管理体系、工作组织体系，持续提升法治工作引领支撑能力、风险管控能力、涉外保障能力、主动维权能力和数字化管理能力，不断深化治理完善、经营合规、管理规范、守法诚信的法治央企建设，为加快建设世界一流企业筑牢坚实法治基础。

（二）基本原则。

——坚持融入中心、服务大局。以服务国企改革三年行动和中央企业“十四五”发展规划为目标，牢固树立全局意识和系统观念，法治工作全面融入完善中国特色现代企业制度、深化混合所有制改革、科技创新、国际化经营等重点任务，充分发挥支撑保障作用。

——坚持完善制度、夯基固本。以强化制度建设为基础，坚持尊法、学法、守法、用法，将行之有效的经验做法，及时转化为企业规章制度，嵌入业务流程，加强制度执行情况监督检查，强化制度刚性约束。

——坚持突出重点、全面深化。以落实法治建设第一责任人职责、完善总法律顾问制度、健全法律风险防范机制、强化合规管理为重点，坚持问题导向，在做深做细做实上下更大功夫，真正发挥强管理、促经营、防风险、创价值作用。

——坚持勇于创新、拓展升级。以适应市场化、法治化、国际化发展需要为方向，结合实际拓宽法治工作领域，探索优化法务管理职能，创新工作方式，加快提升信息化、数字化、智能化水平。

（三）总体目标。“十四五”时期，中央企业法治理念更加强化、治理机制更加完善、制度体系更加优化、组织机构更加健全、管理方式更加科学、作用发挥更加有效，法治建设取得更大进展，部分企业率先达到世界一流水平，为企业深化改革、高质量发展提供更加有力的支撑保障。

## 二　着力健全法治工作体系

（四）着力健全领导责任体系。坚持企业党委（党组）对依法治企工作的全面领导，不断完善党委（党组）定期专题学法、定期听取工作汇报、干部任前法治谈话、述职必述法等制度，切实发挥党委（党组）把方向、管大局、促落实作用。强化董事会定战略、作决策、防风险职能，明确专门委员会推进法治建设职责，把法治建设纳入整体工作统筹谋划，将进展情况作为年度工作报告的重要内容。健全中央企业主要负责人履行推进法治建设第一责任人职责工作机制，党委（党组）书记、董事长、总经理各司其职，对重点问题亲自研究、部署协调、推动解决。将第一责任人职责要求向子企业延伸，把落实情况纳入领导人员综合考核评价体系，将法治素养和依法履职情况作为考察使用干部的重要内容。

（五）着力健全依法治理体系。高度重视章程在公司治理中的统领地位，切实发挥总法律顾问和法务管理机构专业审核把关作用，科学配置各治理主体权利、义务和责任，明晰履职程序和要求，保障章程依法制定、依法实施。多元投资主体企业严格依据法律法规、国有资产监管规定和公司章程，明确股东权利义务、股东会定位与职权，规范议事决策方式和程序，完善运作制度机制，强化决议执行和监督，切实维护股东合法权益。优化董事会知识结构，通过选聘法律专业背景人员担任董事、加强法律培训等方式，提升董事会依法决策水平。落实总法律顾问列席党委（党组）会、董事会参与研究讨论或审议涉及法律合规相关议题，参加总经理办公会等重要决策会议制度，将合法合规性审查和重大风险评估作为重大决策事项必经前置程序。依法对子企业规范行使股东权，认真研究制定子企业章程，严格按照公司治理结构，通过股东（大）会决议、派出董事监事、推荐高级管理人员等方式行权履职，切实防范公司人格混同等风险。

（六）着力健全规章制度体系。明确法务管理机构归口管理职责，健全规章制度制定、执行、评估、改进等工作机制，加强法律审核把关，强化对制度的全生命周期管理。根据适用范围、重要程度、管理幅度等，构建分层分类的制度体系框架，确保结构清晰、内容完整，相互衔接、有效协同，切实提高科学性和系统性。定期开展制度梳理，编制立改废计划，完善重点改革任务配套制度，及时修订重要领域管理规范，不断增强针对性和实效性。加强对规章制度的宣贯培训，定期对执行情况开展监督检查和综合评价，增强制度刚性约束，推动制度有效落实。

（七）着力健全合规管理体系。持续完善合规管理工作机制，健全企业主要负责人领导、总法律顾问牵头、法务管理机构归口、相关部门协同联动的合规管理体系。发挥法务管理机构统筹协调、组织推动、督促落实作用，加强合规制度建设，开展合规审查与考核，保障体系有效运行。强化业务部门、经营单位和项目一线主体责任，通过设置兼职合规管理员、将合规要求嵌入岗位职责和业务流程、抓好重点领域合规管理等措施，有效防范、及时处置合规风险。探索构建法律、合规、内控、风险管理协同运作机制，加强统筹协调，提高管理效能。推动合规要求向各级子企业延伸，加大基层单位特别是涉外机构合规管理力度，到 2025 年中央企业基本建立全面覆盖、有效运行的合规管理体系。

（八）着力健全工作组织体系。加大企业法律专业领导干部培养选拔力度，在市场化国际化程度较高、法律服务需求大的国有大型骨干企业，推进符合条件的具有法律教育背景或法律职业资格的专业人才进入领导班子。持续完善总法律顾问制度，2022 年中央企业及其重要子企业全面写入章程，明确高级管理人员定位，由董事会聘任，领导法务管理机构开展工作。坚持总法律顾问专职化、专业化方向，直接向企业主要负责人负责，2025 年中央企业及其重要子企业全面配备到位，具有法律教育背景或法律职业资格的比例达到 80%。加强法务管理机构建设，中央企业及其重要子企业原则上独立设置，充实专业力量，配备与企业规模和需求相适应的法治工作队伍。健全法务管理职能，持续完善合同管理、案件管理、普法宣传等职能，积极拓展制度管理、合规管理等业务领域。加强队伍建设，拓宽法务人员职业发展通道，完善高素质法治人才市场化选聘、管理和薪酬制度，采取有效激励方式充分调动积极性、主动性。

## 三　全面提升依法治企能力

（九）着力提升引领支撑能力。坚持运用法治思维和法治方式深化改革、推动发展，紧盯国企改革三年行动、中央企业“十四五”发展规划重点工作，深入分析对企业提出的新任务新要求，提前研究可能出现的法律合规问题，及时制定应对方案和防范措施。法务人员全程参与混合所有制改革、投资并购等重大项目，加强法律审核把关，坚持依法依规操作，严控法律合规风险。加强对民法典等法律法规的学习研究，深入分析对企业生产经营、业务模式可能产生的影响，推动从健全制度、强化管理等方面及时作出调整。结合企业、行业实际，对相关立法研究提出完善建议，为改革发展创造良好政策环境。

（十）着力提升风险管控能力。持续巩固规章制度、经济合同、重要决策法律审核制度，在确保 100% 审核率的同时，通过跟进采纳情况、完善后评估机制，反向查找工作不足，持续提升审核质量。常态化开展风险隐患排查处置，针对共性风险通过提示函、案件通报、法律建议书等形式及时开展预警，有效防范化解。加强知识产权管理，完善专利、商标、商号、商业秘密等保护制度，坚决打击侵权行为，切实维护企业无形资产安全和合法权益。严格落实重大法律合规风险事件报告制度，中央企业发生重大法律合规风险事件，应当及时向国资委报告。

（十一）着力提升涉外保障能力。加强涉外法律合规风险防范，健全工作机制，推动在境外投资经营规模较大、风险较高的重点企业、区域或项目设置专门机构，配备专职法务人员，具备条件的设立总法律顾问。完善涉外重大项目和重要业务法务人员全程参与制度，形成事前审核把关、事中跟踪控制、事后监督评估的管理闭环。深入研究、掌握运用所在国法律，加强国际规则学习研究，密切关注高风险国家和地区法律法规与政策变化，提前做好预案，切实防范风险。重视涉外法治人才培养，强化顶层设计，健全市场化选聘和激励制度，形成重视人才、吸引人才、留住人才的良好机制。

（十二）着力提升主动维权能力。加大法律纠纷案件处置力度，综合运用诉讼、仲裁、调解等多种手段妥善解决，探索建立集团内部纠纷调解机制。加强积案清理，健全激励机制，力争 2025 年中央企业历史遗留重大法律纠纷案件得到妥善解决。深化案件管理“压存控增、提质创效”专项工作，加强典型案件分析，及时发现管理问题，堵塞管理漏洞，推动“以案促管、以管创效”。严格落实案件报告制度，中央企业发生重大法律纠纷案件应当及时报告，按时报送年度法律纠纷案件综合分析报告。

（十三）着力提升数字化管理能力。运用区块链、大数据、云计算、人工智能等新一代信息技术，推动法务管理从信息化向数字化升级，探索智能化应用场景，有效提高管理效能。

深化合同管理、案件管理、合规管理等重点领域信息化、数字化建设，将法律审核嵌入重大决策、重要业务管理流程，通过大数据等手段，实现法律合规风险在线识别、分析、评估、防控。推动法务管理系统向各级子企业和重要项目延伸，2025年实现上下贯通、全面覆盖。推动法务管理系统与财务、产权、投资等系统的互联互通，做好与国资国企在线监管系统的对接，促进业务数据相互融合、风险防范共同响应。

## 四　保障任务顺利完成

（十四）加强组织领导。充分发挥法治建设领导机构作用，将法治工作纳入中央企业“十四五”发展规划和年度计划统筹谋划、同步推进，加强部门协同，强化人员、资金等保障，形成工作合力。制定本企业未来五年法治建设实施方案，与“十四五”规划相衔接，提出目标任务，明确责任分工，细化工作措施。建立法治工作专项考评制度，将法治建设成效纳入对子企业考核体系。统筹推进法治工作与违规经营投资责任追究等监督工作，完善内部协同机制，提高责任追究体系效能。加大问责力度，对未经法律审核或未采纳正确法律意见、违法违规经营投资决策造成损失或其他严重不良后果的，严肃追究责任。

（十五）持续深化对标。综合分析国际大企业优秀实践，研究归纳世界一流企业法务管理基本要素和具体指标。立足行业特点、发展阶段、管理基础等实际，有针对性地制定对标举措，确保目标量化、任务明确、措施有力。将法务管理对标工作纳入本企业对标世界一流管理提升行动。国资委创建世界一流示范企业和国有资本投资、运营公司要充分发挥引领作用，率先在法治工作上达到世界一流水平。其他中央企业要全面开展对标，努力补齐短板，加快提升依法合规经营管理水平。

（十六）强化指导交流。国资委将根据企业法治建设实施方案，定期组织调研督导，深入了解落实情况，推动解决难点问题。完善法治讲堂、协作组等学习交流机制，聚焦重点难点，创新方式方法，增强交流实效。中央企业要进一步加强对子企业法治建设的督促指导，通过加大考核力度、细化工作要求、定期开展调研等方式，层层传导压力，确保目标任务在子企业真正落实到位。

（十七）厚植法治文化。深入学习宣传习近平法治思想，将培育法治文化作为法治建设的基础工程，使依法合规、守法诚信成为全体员工的自觉行为和基本准则。落实“八五”普法要求，进一步推进法治宣传教育制度化、常态化、多样化，将法治学习作为干部职工入职学习、职业培训、继续教育的必修课，广泛宣传与企业经营管理和职工切身利益密切相关的法律法规。总结法治建设典型做法、成功经验和进展成果，通过开展选树典型、评比表彰、集中宣传等形式，营造学习先进、争当先进、赶超先进的良好氛围。

地方国有资产监督管理机构参照本意见，积极推进所出资企业法治建设。

# 工业和信息化部 科技部 财政部 商务部 国务院国有资产监督管理委员会 中国证券监督管理委员会关于加快培育发展制造业优质企业的指导意见 *

工信部联政法〔2021〕70号

制造业优质企业聚焦实业、做精主业，创新能力强、质量效益高、产业带动作用大，在制造强国建设中发挥领头雁、排头兵作用。加快培育发展制造业优质企业，是激发市场主体活力、推动制造业高质量发展的必然要求，是防范化解风险隐患、提升产业链供应链自主可控能力的迫切需要。为贯彻落实党中央、国务院决策部署，加快培育发展以专精特新“小巨人”企业、制造业单项冠军企业、产业链领航企业（以下简称“小巨人”企业、单项冠军企业、领航企业）为代表的优质企业，现提出以下意见。

一、准确把握培育发展优质企业的总体要求。以习近平新时代中国特色社会主义思想为指导，全面贯彻党的十九大和十九届二中、三中、四中、五中全会精神，立足新发展阶段，贯彻新发展理念，构建新发展格局，以推动企业高质量发展为主题，坚持系统观念，统筹发展和安全，健全体系、完善政策、优化服务，着力增强自主创新能力，着力发挥引领带动作用，推动优质企业持续做强做优做大，促进提升产业链供应链现代化水平，推进制造强国建设不断迈上新台阶。

二、构建优质企业梯度培育格局。分类制定完善遴选标准，选树“小巨人”企业、单项冠军企业、领航企业标杆。健全梯度培育工作机制，引导“专精特新”中小企业成长为国内市场领先的“小巨人”企业，聚焦重点行业和领域引导“小巨人”等各类企业成长为国际市场领先的单项冠军企业，引导大企业集团发展成为具有生态主导力、国际竞争力的领航企业。力争到2025年，梯度培育格局基本成型，发展形成万家“小巨人”企业、千家单项冠军企业和一大批领航企业。（工业和信息化部、国务院国资委按照职责分工负责）

三、提高优质企业自主创新能力。支持参与制造业创新中心、国家工程技术研究中心等

---

* 资料来源：中国政府网，http://www.gov.cn/zhengce/zhengceku/2021-07/03/content_5622135.htm.

创新平台建设，承担国家重大科技项目、重大技术装备创新发展工程。引导参与信息技术应用创新重大工程，推广经验成果。推动产业数字化发展，大力推动自主可控工业软件推广应用，提高企业软件化水平。依托优质企业组建创新联合体或技术创新战略联盟，开展协同创新，加大基础零部件、基础电子元器件、基础软件、基础材料、基础工艺、高端仪器设备、集成电路、网络安全等领域关键核心技术、产品、装备攻关和示范应用。推动国家重大科研基础设施和大型科研仪器向优质企业开放，建设生产应用示范平台和产业技术基础公共服务平台。（科技部、工业和信息化部、国务院国资委按照职责分工负责）

四、促进提升产业链供应链现代化水平。充分发挥优质企业在增强产业链供应链自主可控能力中的中坚作用，组织参与制造业强链补链行动，做强长板优势，补齐短板弱项，打造新兴产业链条，提升产业链供应链稳定性和竞争力。组织领航企业开展产业链供应链梳理，鼓励通过兼并重组、资本运作、战略合作等方式整合产业资源，提升产业链竞争力和抗风险能力。支持参与全国供应链创新与应用示范创建，培育一批制造业现代供应链示范企业。推动优质企业中的国有资本向关系国家安全、国民经济命脉的重要行业领域集中，加快在关键环节和中高端领域布局。鼓励增强根植性，引导有意愿的单项冠军企业、领航企业带动关联产业向中西部和东北地区有序转移，促进区域协同发展。（工业和信息化部、财政部、商务部、国务院国资委、证监会按照职责分工负责）

五、引导优质企业高端化智能化绿色化发展。对标世界一流企业，加快推进新一代信息技术和制造业融合发展，加大技术改造力度，加强质量品牌建设，参与国际技术规范、标准制定，提高中高端供给能力。实施智能制造工程、制造业数字化转型行动和 5G 应用创新行动，组织实施国有企业数字化转型行动计划，打造一批制造业数字化转型标杆企业，培育一批综合性强、带动面广的示范场景，建设和推广工业互联网平台，开展百万工业 APP 培育行动，实施网络安全分类分级管理，积极发展服务型制造新模式新业态。支持参与实施工业低碳行动和绿色制造工程，在落实碳达峰、碳中和目标中发挥示范引领作用。（工业和信息化部、国务院国资委按照职责分工负责）

六、打造大中小企业融通发展生态。建设大中小企业融通发展平台载体，支持领航企业整合产业链资源，联合中小企业建设先进制造业集群、战略性新兴产业集群、创新型产业集群等。鼓励领航企业对上下游企业开放资源，开展供应链配套对接，与中小企业建立稳定合作关系，构建创新协同、产能共享、供应链互通的新型产业发展生态。（工业和信息化部、国务院国资委按照职责分工负责）

七、促进优质企业加强管理创新和文化建设。实施企业管理提升专项行动，鼓励推动组织管理变革，加强全面质量管理、强化资源集约管理和配置、做好风险防控，创新生产经营模式，提升全要素生产率。弘扬企业家精神和工匠精神，加强企业诚信建设。加大企业社会责任建设力度，增强风险防范和价值创造能力。引导企业重视企业文化建设，提高企业员工凝聚力、创造力和社会认同感。（工业和信息化部、国务院国资委按照职责分工负责）

八、提升优质企业开放合作水平。鼓励领航企业、单项冠军企业积极在全球布局研发设计中心，优化生产网络和供应链体系，有效对接和利用全球资源。以共建“一带一路”为重点，构建区域产业链共同体，更好融入全球产业链供应链。支持企业实施“抱团出海”行动，牵头建设境外经贸合作区。鼓励地方有序建设中外合作园区，吸引更多的全球高端要素、高端制造能力，支撑促进企业发展。（商务部、工业和信息化部、科技部、国务院国资委按照职责分工负责）

九、完善金融财政和人才政策措施。发挥各类政府引导基金作用，鼓励社会资本出资组建优质企业培育基金。加强企业融资能力建设和上市培育，支持符合条件的优质企业在资本市场上市融资和发行债券。发挥国家产融合作平台作用，整合企业信用信息，支持投贷联动、投投联动，引导金融机构为优质企业提供精准、有效的金融支持。用好现有资金渠道，支持“专精特新”中小企业高质量发展。支持引进高端人才，联合高等院校、科研机构建设先进制造业实训基地。持续加强企业经营管理人才培训，实施工业和信息化职业技能提升行动计划。鼓励各地研究制定符合国际通行规则的支持政策措施。（财政部、证监会、工业和信息化部、国务院国资委按照职责分工负责）

十、加强对优质企业的精准服务。分级构建优质企业培育库，建立“企业直通车”制度，及时掌握企业诉求，指导用好惠企政策，协调解决土地、用工、用能等问题。组织行业协会、商会等梳理企业需求，提供信息咨询、产品推广、人才培训、知识产权等专业化服务。加大宣传力度，编制发布企业案例集，推广地方典型经验，开展经验交流，组织“万家优质企业行”活动，打造“优质企业”名片。（工业和信息化部牵头、相关部门按照职责分工负责、有关行业协会配合相关工作）

各地工业和信息化主管部门要会同相关部门建立健全横向协同、上下联动的培育发展工作体系和常态化工作推进机制，加强与各类规划衔接，结合实际制定政策措施，形成工作合力，抓好工作落实。

工业和信息化部

科技部

财政部

商务部

国务院国有资产监督管理委员会

中国证券监督管理委员会

2021年6月1日

# 工业和信息化部办公厅关于印发《中小企业数字化赋能专项行动方案》的通知*

工信厅企业〔2020〕10号

各省、自治区、直辖市及计划单列市、新疆生产建设兵团中小企业主管部门，有关单位：

现将《中小企业数字化赋能专项行动方案》印发给你们，请结合实际，抓紧推进落实。

工业和信息化部办公厅

2020年3月18日

## 中小企业数字化赋能专项行动方案

为深入贯彻习近平总书记关于统筹推进新冠肺炎疫情防控和经济社会发展工作的重要指示精神，落实党中央、国务院有关复工复产和提升中小企业专业化能力的决策部署，以数字化网络化智能化赋能中小企业，助力中小企业疫情防控、复工复产和可持续发展，制定本方案。

### 一　行动目标

坚持统筹推进新冠肺炎疫情防控和经济社会发展，以新一代信息技术与应用为支撑，以提升中小企业应对危机能力、夯实可持续发展基础为目标，集聚一批面向中小企业的数字化服务商，培育推广一批符合中小企业需求的数字化平台、系统解决方案、产品和服务，助推中小企业通过数字化网络化智能化赋能实现复工复产，增添发展后劲，提高发展质量。

### 二　重点任务

（一）利用信息技术加强疫情防控。推广“行程卡”“健康码”等新应用，实现人员流动

*　资料来源：中国政府网，http://www.gov.cn/zhengce/zhengceku/2020-03/24/content_5494882.htm.

信息实时监测与共享，在确保疫情防控到位的前提下加快企业员工返岗。运用医疗物资保障、疫情预警、库存及物流配送、资源调配等小程序、工具包，科学精准防控疫情，推动有序复工复产。

（二）利用数字化工具尽快恢复生产运营。支持中小企业运用线上办公、财务管理、智能通讯、远程协作、视频会议、协同开发等产品和解决方案，尽快恢复生产管理，实现运营管理数字化，鼓励数字化服务商在疫情防控期间向中小企业减免使用费。支持数字化服务商打造智能办公平台，推出虚拟云桌面、超高清视频、全息投影视频等解决方案，满足虚拟团队管理、敏感数据防控等远程办公场景升级新需求。

（三）助推中小企业上云用云。引导数字化服务商面向中小企业推出云制造平台和云服务平台，支持中小企业设备上云和业务系统向云端迁移，帮助中小企业从云上获取资源和应用服务，满足中小企业研发设计、生产制造、经营管理、市场营销等业务系统云化需求。加快“云＋智能”融合，帮助中小企业从云上获取更多的生产性服务。鼓励数字化服务商向中小企业和创业团队开放平台接口、数据、计算能力等数字化资源，提升中小企业二次开发能力。

（四）夯实数字化平台功能。搭建技术水平高、集成能力强、行业应用广的数字化平台，应用物联网、大数据、边缘计算、5G、人工智能、增强现实 / 虚拟现实等新兴技术，集成工程设计、电子设计、建模、仿真、产品生命周期管理、制造运营管理、自动化控制等通用操作系统、软件和工具包，灵活部署通用性强、安全可靠、易二次开发的工业 APP，促进中小企业生产要素数字化、生产过程柔性化及系统服务集成化。打造工业 APP 测试评估平台和可信区块链创新协同平台，为中小服务商和中小企业提供测试认证服务。

（五）创新数字化运营解决方案。针对不同行业中小企业的需求场景，开发使用便捷、成本低廉的中小企业数字化解决方案，实现研发、设计、采购、生产、销售、物流、库存等业务在线协同。推广应用集中采购、资源融合、共享生产、协同物流、新零售等解决方案，以及线上采购与销售、线下最优库存与无人配送、智慧物流相结合的供应链体系与分销网络，提升中小企业应对突发危机能力和运营效率。

（六）提升智能制造水平。针对中小企业典型应用场景，鼓励创新工业互联网、5G、人工智能和工业 APP 融合应用模式与技术，引导有基础、有条件的中小企业加快传统制造装备联网、关键工序数控化等数字化改造，应用低成本、模块化、易使用、易维护的先进智能装备和系统，优化工艺流程与装备技术，建设智能生产线、智能车间和智能工厂，实现精益生产、敏捷制造、精细管理和智能决策。

（七）加强数据资源共享和开发利用。支持基于产业集群和供应链上下游企业打通不同系统间的数据联通渠道，实现数据信息畅通、制造资源共享和生产过程协同。支持发展新型数据产品和服务，鼓励探索专业化的数据采集、数据清洗、数据交换、数据标注等新商业模式，发展弹性分布式计算、数据存储等基础数据处理云服务和在线机器学习、自然语言处理、图像理解、语音识别、知识图谱、数据可视化、数字孪生等数据分析服务，帮助中小企业提升数据开发和应用水平。

（八）发展数字经济新模式新业态。扶持疫情防控期间涌现的在线办公、在线教育、远程医疗、无人配送、新零售等新模式新业态加快发展，培育壮大共享制造、个性化定制等服务型制造新业态，深挖工业数据价值，探索企业制造能力交易、工业知识交易等新模式，鼓励发展算法产业和数据产业，培育一批中小数字化服务商。打造开源工业 APP 开发者社区和中小企业开放平台，搭建中小企业资源库和需求池，发展众包、众创、云共享、云租赁等模式。

（九）强化供应链对接平台支撑。建设产业供应链对接平台，打造线上采购、分销流通模式，为中小企业提供原材料匹配、返工人员共享、自动化生产线配置、模具资源互助、防护物资采购、销售和物流资源对接等服务。基于工业互联网平台，促进中小企业深度融入大企业的供应链、创新链。支持大型企业立足中小企业共性需求，搭建资源和能力共享平台，在重点领域实现设备共享、产能对接、生产协同。

（十）促进产业集群数字化发展。支持小型微型企业创业创新基地、创客空间等中小企业产业集聚区加快数字基础设施改造升级，建设中小企业数字化公共技术服务平台，创建中小企业数字化创新示范园。支持产业集群内中小企业以网络化协作弥补单个企业资源和能力不足，通过协同制造平台整合分散的制造能力，实现技术、产能、订单与员工共享。

（十一）提高产融对接平台服务水平。促进中小企业、数字化服务商和金融机构等的合作，构建企业信用监测、智能供需匹配、大数据风控等服务体系，提供基于生产运营实时数据的信用评估、信用贷款、融资租赁、质押担保等金融服务，为企业获得低成本融资增信，提升中小企业融资能力和效率。打造促进中小企业融资增信的公共服务平台，应用新一代信息技术，提供合同多方在线签署、存证服务，传递供应链上下游信用价值，激发中小企业数据资产活力。

（十二）强化网络、计算和安全等数字资源服务支撑。支持电信运营商开展“提速惠企”“云光惠企”“企业上云”等专项行动，提升高速宽带网络能力，强化基础网络安全，进一步提速降费。加快推广 5G 和工业互联网应用，拓展工业互联网标识应用，加强中小企业网络、计算和安全等数字基础设施建设。

（十三）加强网络和数据安全保障。推动中小企业落实《网络安全法》等法律法规和技术标准的要求，强化网络与数据安全保障措施。建设工业互联网安全公共服务平台，面向广大中小企业提供网络和数据安全技术支持服务。鼓励安全服务商创新安全服务模式，提升安全服务供给能力，为中小企业量身定制全天候、全方位、立体化的安全解决方案。

## 三 推进措施

（一）强化组织保障。各地中小企业主管部门要加强中小企业数字化赋能工作的统筹协调，政府、服务机构、企业协同推进和落实好专项行动。发挥中小企业主体作用，主动适应新形势，推进自我变革与数字化赋能，提升企业应对风险能力和可持续发展能力。调动数字化服务商积极性，发挥中小企业公共服务示范平台和平台网络作用，帮助企业精准防控疫情、有序复工复产，加速数字化网络化智能化转型。

（二）完善激励机制。将中小企业数字化改造升级纳入“专精特新”中小企业培育体系和小型微型企业创业创新示范基地建设，予以重点支持。按照“企业出一点、服务商让一点、政府补一点”的思路，鼓励各地将中小企业数字化列入中小企业发展专项资金等资金重点支持范围。对流动性遇到暂时困难、发展前景良好的中小企业，通过数字化改造升级推进复工复产和转型发展的，金融机构在优惠利率贷款中给予优先支持。

（三）组织供需对接。建立中小企业数字化可信服务商、优秀数字化产品与服务评价体系，征集、培育和推广一批技术力量强、服务效果好、深受中小企业欢迎的数字化服务商、优秀数字化产品与服务。通过在线直播、视频展播、线上对接等形式，实现数字化产品和服务展示互动与对接交易，指导企业科学制定部署模式，合理配置资源服务。举办 2020 中小企业信息化服务信息发布会。组织大中小企业融通创新暨数字化产品和解决方案对接、“创新中国行”数字化应用推广等活动。

（四）加强培训推广。加强面向中小企业的数字化网络化智能化培训课程体系和教学师资队伍建设，利用“企业微课”、工业和信息化技术技能人才网上学习平台等线上平台和中小企业经营管理领军人才培训、银河培训工程等渠道，加强数字化网络化智能化技术培训。适时总结推介数字化赋能标杆中小企业和实践案例，加强示范引领。在中国国际中小企业博览会、中国（四川）中小微企业云服务大会、中国数字经济高端峰会等会议期间，举办中小企业数字化赋能高端论坛，促进理论研究与实践交流。在工业和信息化部门户网站开设专栏，提供“一站式”综合服务。加强新闻宣传，营造良好舆论环境。

# 十七部门关于健全支持中小企业发展制度的若干意见*

工业和信息化部 国家发展和改革委员会

科学技术部 财政部 人力资源和社会保障部

生态环境部 农业农村部 商务部 文化和旅游部

中国人民银行 海关总署 国家税务总局

国家市场监督管理总局 国家统计局

中国银行保险监督管理委员会

中国证券监督管理委员会 国家知识产权局

关于健全支持中小企业发展制度的若干意见

工信部联企业〔2020〕108号

各省、自治区、直辖市及计划单列市人民政府，新疆生产建设兵团：

中小企业是国民经济和社会发展的主力军，是建设现代化经济体系、推动经济高质量发展的重要基础，是扩大就业、改善民生的重要支撑，是企业家精神的重要发源地。党中央、国务院高度重视中小企业发展，近年来出台了一系列政策措施，有关工作取得积极成效，但仍存在一些突出问题，特别是一些基础性制度性问题亟待解决。为深入贯彻党的十九届四中全会精神，坚持和完善社会主义基本经济制度，坚持"两个毫不动摇"，形成支持中小企业发展的常态化、长效化机制，促进中小企业高质量发展，经国务院同意，现就健全支持中小企业发展制度，提出如下意见。

## 一 完善支持中小企业发展的基础性制度

（一）健全中小企业法律法规体系。以《中小企业促进法》为基础，加快构建具有中国特

* 资料来源：工业和信息化部网站，https://www.miit.gov.cn/jgsj/qyj/wjfb/art/2020/art_c76858618ac14e2fa31b4e2ce3b1877f.html.

色、支持中小企业发展、保护中小企业合法权益的法律法规体系。鼓励地方依法制定本地促进中小企业发展的地方法规。探索建立中小企业法律法规评估制度和执行情况检查制度，督促法律法规落实到位。

（二）坚持公平竞争制度。全面实施市场准入负面清单制度，公正公平对待中小企业，破除不合理门槛和限制，实现大中小企业和各种所有制经济权利平等、机会平等、规则平等。全面落实公平竞争审查制度，完善审查流程和标准，建立健全公平竞争审查投诉、公示、抽查制度。加强和改进反垄断和反不正当竞争执法，维护市场竞争秩序。

（三）完善中小企业统计监测和发布制度。健全中小企业统计监测制度，定期发布中小企业统计数据。建立中小企业融资状况调查统计制度，编制中小微企业金融条件指数。加强中小企业结构化分析，提高统计监测分析水平。探索利用大数据等手段开展中小企业运行监测分析。完善《中小企业主要统计数据》手册，研究编制中小企业发展指数。适时修订中小企业划型标准。

（四）健全中小企业信用制度。坚持“政府 + 市场”的模式，建立健全中小企业信用信息归集、共享、查询机制，依托全国信用信息共享平台，及时整合共享各类涉企公共服务数据。建立健全中小企业信用评价体系，完善金融信用信息基础数据库，创新小微企业征信产品，高效对接金融服务。研究出台有关法律法规，规范中小企业信用信息采集、公示查询和信用监管等。发挥国家企业信用信息公示系统的基础作用，将涉企信息记于企业名下并依法公示。

（五）完善公正监管制度。减少监管事项，简化办事流程，推广全程网上办、引导帮办，全面推行信用监管和“互联网 + 监管”改革。推进分级分类、跨部门联合监管，加强和规范事中事后监管，落实和完善包容审慎监管，避免对中小企业采取简单粗暴处理措施，对“一刀切”行为严肃查处。

## 二　坚持和完善中小企业财税支持制度

（六）健全精准有效的财政支持制度。中央财政设立中小企业科目，县级以上财政根据实际情况安排中小企业发展专项资金。建立国家中小企业发展基金公司制母基金，健全基金管理制度，完善基金市场化运作机制，引导有条件的地方政府设立中小企业发展基金。完善专项资金管理办法，加强资金绩效评价。

（七）建立减轻小微企业税费负担长效机制。实行有利于小微企业发展的税收政策，依法对符合条件的小微企业按照规定实行缓征、减征、免征企业所得税、增值税等措施，简化税收征管程序；对小微企业行政事业性收费实行减免等优惠政策，减轻小微企业税费负担。落实好涉企收费目录清单制度，加强涉企收费监督检查，清理规范涉企收费。

（八）强化政府采购支持中小企业政策机制。修订《政府采购促进中小企业发展暂行办法》，完善预留采购份额、价格评审优惠等措施，提高中小企业在政府采购中的份额。向中小企业预留采购份额应占本部门年度政府采购项目预算总额的 30% 以上；其中，预留给小微企业的比例不低于 60%。

## 三　坚持和完善中小企业融资促进制度

（九）优化货币信贷传导机制。综合运用支小再贷款、再贴现、差别存款准备金率等货币政策工具，引导商业银行增加小微企业信贷投放。进一步疏通利率传导渠道，确保贷款市场报价利率（LPR）有效传导至贷款利率。建立差异化小微企业利率定价机制，促进信贷利率和费用公开透明，保持小微企业贷款利率定价合理水平。

（十）健全多层次小微企业金融服务体系。推进普惠金融体系建设，深化大中型银行普惠金融事业部改革，推动中小银行、非存款类金融机构和互联网金融有序健康发展。鼓励金融机构创新产品和服务，发展便利续贷业务和信用贷款，增加小微企业首贷、中长期贷款、知识产权质押贷款等，开展供应链金融、应收账款融资，加强银税互动。推动金融科技赋能金融机构服务中小企业。研究出台《非存款类放贷组织条例》。加快推进小额金融纠纷快速解决等机制建设。完善规范银行业涉企服务收费监管法规制度，降低小微企业综合性融资成本。

（十一）强化小微企业金融差异化监管激励机制。健全商业银行小微企业金融服务监管长效机制，出台《商业银行小微企业金融服务监管评价办法》。修订《金融企业绩效评价办法》。将商业银行小微企业服务情况与资本补充、金融债发行、宏观审慎评估（MPA）考核、金融机构总部相关负责人考核及提任挂钩。引导银行业金融机构探索建立授信尽职免责负面清单制度。督促商业银行优化内部信贷资源配置和考核激励机制，单列小微企业信贷计划，改进贷款服务方式。

（十二）完善中小企业直接融资支持制度。大力培育创业投资市场，完善创业投资激励和退出机制，引导天使投资人群体、私募股权、创业投资等扩大中小企业股权融资，更多地投长、投早、投小、投创新。稳步推进以信息披露为核心的注册制改革，支持更多优质中小企业登陆资本市场。鼓励中小企业通过并购重组对接资本市场。稳步推进新三板改革，健全挂牌公司转板上市机制。完善中小企业上市培育机制，鼓励地方加大对小升规、规改股、股上市企业的支持。加大优质中小企业债券融资，通过市场化机制开发更多适合中小企业的债券品种，完善中小企业债券融资增信机制，扩大债券融资规模。

（十三）完善中小企业融资担保体系。健全政府性融资担保体系，发挥国家融资担保基金作用，实施小微企业融资担保降费奖补政策，完善风险补偿机制和绩效考核激励机制，引导各级政府性融资担保机构扩大小微企业融资担保业务规模、降低担保费率水平。鼓励银行业金融机构加大与政府性融资担保机构合作，合理确定风险分担比例和担保贷款风险权重，落实金融机构和融资担保机构尽职免责制度，提高小微企业融资可获得性。推动建立统一的动产和权利担保登记公示系统。

## 四　建立和健全中小企业创新发展制度

（十四）完善创业扶持制度。改善创业环境，广泛培育创业主体。完善创业载体建设，健全扶持与评价机制，为小微企业创业提供低成本、便利化、高质量服务。鼓励大企业发挥技术优势、人才优势和市场优势，为创业活动提供支撑。鼓励服务机构提供创业相关规范化、专业化服务。

（十五）完善中小企业创新支持制度。创新中小企业产学研深度融合机制，促进大中小企业联合参与重大科技项目，推动高校、科研院所和大企业科研仪器、实验设施、中试小试基地等创新资源向中小企业开放。调整完善科技计划立项、任务部署和组织管理方式，大幅提高中小企业承担研发任务比例，加大对中小企业研发活动的直接支持。完善专业化市场化创新服务体系，完善国家技术创新中心、制造业创新中心等支持中小企业创新的机制，提升小微企业创业创新示范基地、科技企业孵化器、专业化众创空间、大学科技园等扶持中小企业创新的能力与水平。完善中小企业创新人才引进和培育制度，优化人才激励和权益保障机制。以包容审慎的态度，鼓励中小企业技术创新、产品创新、模式创新。

（十六）完善支持中小企业“专精特新”发展机制。健全“专精特新”中小企业、专精特新“小巨人”企业和制造业单项冠军企业梯度培育体系、标准体系和评价机制，引导中小企业走“专精特新”之路。完善大中小企业和各类主体协同创新和融通发展制度，发挥大企业引领支撑作用，提高中小企业专业化能力和水平。

（十七）构建以信息技术为主的新技术应用机制。支持中小企业发展应用5G、工业互联网、大数据、云计算、人工智能、区块链等新一代信息技术以及新材料技术、智能绿色服务制造技术、先进高效生物技术等，完善支持中小企业应用新技术的工作机制，提升中小企业数字化、网络化、智能化、绿色化水平。支持产业园区、产业集群提高基础设施支撑能力，建立中小企业新技术公共服务平台，完善新技术推广机制，提高新技术在园区和产业链上的整体应用水平。

## 五　完善和优化中小企业服务体系

（十八）完善中小企业服务体系。健全政府公共服务、市场化服务、社会化公益服务相结合的中小企业服务体系，完善服务机构良性发展机制和公共服务平台梯度培育、协同服务和评价激励机制。探索建立全国中小企业公共服务一体化平台。发展中小企业服务产业，引导服务机构提供规范化、精细化、个性化服务，引导大企业结合产业链、供应链、价值链、创新链为中小企业提供配套服务。鼓励各类社会组织为企业提供公益性服务，探索建立志愿服务机制。

（十九）健全促进中小企业管理提升机制。完善中小企业培训制度，构建具有时代特点的课程、教材、师资和组织体系，建设慕课平台，构建多领域、多层次、线上线下相结合的中小企业培训体系。健全技能人才培养、使用、评价、激励制度，加快培养高素质技能人才，弘扬“工匠精神”。健全中小企业品牌培育机制。实施小微企业质量管理提升行动。完善中小企业管理咨询服务机制。

（二十）夯实中小企业国际交流合作机制。深化双多边中小企业合作机制，促进中小企业国际交流合作。探索建设中小企业海外服务体系，夯实中小企业国际化发展服务机制，在国际商务法务咨询、知识产权保护、技术性贸易措施、质量认证等方面为中小企业提供帮助。支持有条件的地方建设中外中小企业合作区，完善评价激励机制。推进关税保证保险改革。鼓励跨境电商等新业态发展，探索建立 B2B 出口监管制度，支持跨境电商优进优出。

## 六　建立和健全中小企业合法权益保护制度

（二十一）构建保护中小企业及企业家合法财产权制度。坚决保护中小企业及企业家合法财产权，依法惩治侵犯中小企业投资者、管理者和从业人员合法权益的违法犯罪行为。严格按照法定程序采取查封、扣押、冻结等措施，依法严格区分违法所得、其他涉案财产与合法财产，严格区分企业法人财产与股东个人财产，严格区分涉案人员个人财产与家庭成员财产。建立涉政府产权纠纷治理长效机制。出台并落实《保障中小企业款项支付条例》，从源头遏制拖欠问题。

（二十二）健全中小企业知识产权保护制度。完善知识产权保护法律法规和政策，建立健全惩罚性赔偿制度，提高法定赔偿额。实施中小企业知识产权战略推进工程，加强知识产权服务业集聚发展区建设，强化专利导航工作机制，完善支持中小企业开发自主知识产权技术和产品的政策，提升中小企业创造、运用、保护和管理知识产权能力。优化中小企业知识产权维权机制，建设一批知识产权保护中心。构建知识产权纠纷多元化解决机制，强化中小企业知识产权信息公共服务，推进知识产权纠纷仲裁调解工作。提高知识产权审查效率，减轻中小企业申请和维持知识产权的费用负担。

（二十三）完善中小企业维权救济制度。构建统一的政务咨询投诉举报平台，畅通中小企业表达诉求渠道，完善咨询投诉举报处理程序和督办考核机制。探索建立中小企业公益诉讼制度、国际维权服务机制。鼓励法律服务机构开展小微企业法律咨询公益服务。建立健全中小企业应急救援救济机制，帮助中小企业应对自然灾害、事故灾难、公共卫生事件和社会安全事件等不可抗力事件。

## 七 强化促进中小企业发展组织领导制度

（二十四）强化各级促进中小企业发展工作机制。县级以上地方人民政府必须建立健全促进中小企业发展领导小组，由政府领导担任领导小组组长，办公室设在负责中小企业促进工作的综合管理部门，强化促进中小企业发展工作队伍建设。领导小组要定期召开会议研究落实党中央、国务院促进中小企业发展的重大决策部署，及时向上一级领导小组办公室报告有关工作情况。领导小组各成员单位要认真执行领导小组议定事项，建立内部责任制，加强工作落实。

（二十五）完善中小企业决策保障工作机制。完善中小企业政策咨询制度，培育一批聚焦中小企业研究的中国特色新型智库，建立政策出台前征求中小企业与专家意见制度和政策实施效果评估制度。完善中小企业政策发布、解读和舆情引导机制，提高政策知晓率、获得感和满意度。定期开展中小企业发展环境第三方评估，并向社会公布结果。

工业和信息化部 国家发展和改革委员会
科学技术部 财政部 人力资源和社会保障部
生态环境部 农业农村部 商务部 文化和旅游部
中国人民银行 海关总署 国家税务总局
国家市场监督管理总局 国家统计局
中国银行保险监督管理委员会
中国证券监督管理委员会 国家知识产权局
2020 年 7 月 3 日

# 专题论述

# 和谐管理理论及其应用述评

席酉民　熊　畅　刘　鹏

**摘要：**经过三十余年的发展，和谐管理理论已经被我国管理学学者应用到深化管理学理论创新以及引领管理实践变革的各个方面。面对充满了不确定性、模糊性、复杂性以及快变性的商业管理环境，和谐管理理论逐渐体现出了其整合东西方管理智慧、与管理情境紧密结合以创造性地解决复杂问题的基本思想，以及在应用该理论过程中体现出了“动态”与“迭代”特征。本文通过对和谐管理理论相关应用研究进行述评，讨论了相关研究所存在的一系列问题和改进建议，有助于彰显和谐管理理论的应用价值，并加强和谐管理理论的研究和应用。为了使读者对和谐管理理论有更深入及在一定程度上统一的认识，本文以介绍和谐管理理论基本思想与特点为开头，并深入回顾了和谐管理理论在不同领域以及行业中的应用。同时，本文也发现和谐管理理论相关应用研究存在着分布不均、理论联系度较低、理论与实践关联度不足以及和谐耦合机制相关研究不足的问题，并提出从深化和谐管理理论本身、扩大理论影响力以及加强相关应用研究等方面入手的改进建议。

**关键词：**和谐管理理论　复杂问题解决　动态与迭代　文献回顾

## 一　引言

和谐管理理论经过三十余年的发展，已经在不断实践和反思的迭代过程中形成了一套以“和谐主题”“和则”“谐则”“和谐耦合”“和谐心智”“和谐领导力”以及“和谐扩展”等概念为主要内容的理论体系（席酉民等，2006；席酉民、刘鹏，2019；Zhang et al.，2018；Xi et al.，2019）。和谐管理理论的诞生与发展，不仅仅为我国管理学研究者提供了管理学理论上的新思路，也让我国的管理实践者有了新的工具和思维方式来应对商业环境中由各类不确定因素所带来的挑战。

和谐管理理论基于其对西方科学哲学与中国人“整体论”思维优势的结合，逐步体现出了自身“宏观动态视野”和“复杂问题解决学”的应用价值与定位（席酉民等，2003）。和谐管理理论给出的复杂问题解决思路是：企业或组织综合考虑内外部环境、未来趋势以及资源来确立发展的愿景与使命，即企业或组织发展的长期目标。愿景与使命能够在较长的时期内指导企业大的发展方向，因而也较为稳定。但在一个较短的时期内，为了使企业发展更趋近于企业的使命与愿景，考虑到一定时期内企业内外部环境以及自身实际情况，企业或组织需要辨识在这个较短时期内需要完成的核心任务以及需要解决的关键问题，这就是企业发展过程中的“和谐主题”。为了达成发展不同阶段的和谐主题，企业需要在和谐主题的指导下采取不同的手段。

在这些不同的手段与措施当中，“和则”代表为解决具有高度不确定性的管理问题而采取的“能动致变”的措施，通常表现为员工激励机制和构建特定的企业文化等，其核心是利用由“人”的因素所带来的不确定性来应对管理活动中的不确定性。“谐则”代表通过理性设计与优化来提升组织架构的有效性、工作流程与制度，对具有相对确定性的管理问题进行整体优化来应对由“物”的要素所引致的不确定性。“和谐耦合”指的是在实现和谐主题的过程中，和则与谐则之间动态调整以及适配来共同应对复杂管理问题的过程。领导者在和谐管理理论所提出的复杂问题解决过程当中充当着重要的角色，企业使命愿景的确定、和谐主题的确定都离不开领导者的管理才能与知识，并且领导者也是和谐耦合过程的践行者。许多学者已经使用和谐管理理论来对我国商业实践的各个方面以及在管理理论创新的层面上进行了剖析并提出各类改进建议，扩展了和谐管理理论的应用边界。

综观这些应用和谐管理理论的相关研究，也可以发现我国学者在应用该理论时还存在一定的不足以及值得改进之处。本文首先将从和谐管理理论的基本思想和主要特点两个方面，对和谐管理理论的基本思想进行梳理和回顾，并回顾和谐管理理论在我国的应用。利用和谐管理理论的思想来重新思考现有的管理学理论，或者借助其视角对中国情境下的管理现象进行再剖析，可以重塑管理学者和管理实践者对相关管理理论的理解。在此基础上，通过结合此类理论创新的洞见，管理学者又可以为若干不同领域内的复杂管理问题提供新的解决思路。本研究的目标是给有意使用和谐管理理论来深化理论创新以及管理实践变革的学者提供新的洞见与建议，加大和谐管理理论向理论创新以及管理实践推动的力度，从而让和谐管理理论进一步充分发挥自身的应用价值。

## 二　和谐管理理论的基本思想和特点

### （一）和谐管理理论的基本思想

1. 整合东西方管理智慧来促进理论创新

在研究我国大型建设工程的决策制定时，为了更好地理解大型组织内部由“人的因素”所带来的不确定性以及管理决策过程中的巨大内部损耗，席酉民等（2006）提出了和谐管理理论的基本理论内容和初步概念。经过三十余年的发展，和谐管理理论已经成长为一套较为完备的理论体系，并可以用于探索和解决由管理世界的不确定性、模糊性、复杂性以及快变性而引致的管理挑战。为了更好地了解和谐管理理论，本文认为，首先需要对其提出的基本思想进行全面了解，一来可以帮助管理学者在哲学思想层面了解和谐管理理论深层次的思想内涵，二来可以为理解和谐管理理论的方法论和工具性特征以及发展该理论的应用打下坚实的基础。

管理理论的提出和应用，都反映了研究者在理解与剖析管理现象过程当中的价值取向以及其所偏好和认可的基本思想层面的假设（艾尔・巴比，2002）。和谐管理理论也不例外，在使用该理论对商业以及管理现象进行剖析的过程中，研究者也间接表达了自己对和谐管理理论背后基本思想的认可。该理论强调了世界在本质上所具有的不确定性，这种不确定性主要是由人类活动或行为的不确定性和多样性所导致（席西民等，2009）。西方学者将组织与企业发展过程中的不确定性分为 3 类：初级不确定性（Primary Uncertainty）、次级不确定性（Secondary Uncertainty）和第三级不确定性（Tertiary Uncertainty）（Buckley and Carter, 2002）。初级不确定性由组织内外环境的变化所引起，会给企业带来难以确定企业长期战略方向的管理难题；次级不确定性则主要来源于企业内部流程、制度和文化与企业发展目标的不匹配，导致内部协调、合作困难；第三级不确定性是由于领导者的行为难以预测而导致，会影响企业或组织的绩效。这些内外部环境与人的行为所导致的不确定性主要会为组织管理带来因果链太长或不清、组织整体性与发展目标不匹配以及快速应变压力增大的挑战（席西民、张晓军，2010）。

管理学的研究无法摆脱组织中“人”的因素的影响，管理现象以及问题的复杂性也由于组织运行过程中“人”的参与而变得复杂（席西民、刘鹏，2019；席西民等，2013）。由于人的影响广泛存在于管理世界内部，企业、组织所处的商业环境时时刻刻都在发生着变化，而且由于人的行为所带来的不确定性，组织和企业往往在运行过程中存在着难以解决的“内耗”（Internal Friction）。和谐管理理论认为人类行为及其所组成的社会组织活动具有高度不确定性、多样性和多重意义，须用演化的视角来对这些过程进行理解（席西民、刘鹏，2019）。由于科技不断创新及其对人的不断影响、国际关系的不稳定、区域政治动态的复杂变化等因素，当代组织所面临市场环境的不确定性进一步增加。和谐管理研究用 4 个关键词来定位这种蕴含巨大挑战的管理环境，分别是不确定性（Uncertainty）、模糊性（Ambiguity）、复杂性（Complexity）和快变性（Changeability），取其首字母而简称为“UACC”（席西民、张晓军，2012）。

商业管理实践正面临着由新技术、新形势与 UACC 环境所带来的巨大挑战，这些挑战主要表现在管理者无法准确把握管理要素之间的联系，因为这些要素之间通常都呈现出难以把握的非线性复杂关系。在如此复杂多变的组织管理环境下，现有的管理学理论已经无法很好地通过支撑管理者的决策过程来指引组织进行进一步的发展。和谐管理理论的提出与发展为管理学理论在 UACC 环境下进一步发展和深化给出了新的建议，即充分融合西方管理思想在组织设计、流程优化方面的可取之处以及东方思想对“人的因素”的引导。

在理解和解决复杂管理问题的过程中，东西方管理学者与实践者有着截然不同的偏好和习惯。西方管理学者在理解管理现象时会从引致该现象的不同因素入手，从微观的角度去假设、验证与衡量管理现象中不同变量之间的关系。中国学者在面对复杂管理现象时则比较倾向于首先站在宏观的角度对管理现象的整体进行把握，然后再剖析管理现象不同层面以及不同要素之间的关系。这种全局性以及整体性的视野在 UACC 的环境下有着独特的优势，因其能更好地去应对当今世界中日益增强的不确定性。

和谐管理理论有机地将西方严谨的科学哲学思维与东方的传统管理智慧进行了结合，为应对未来的管理挑战提供了新的应对策略。其中，西方严谨的科学哲学思维主要体现于应用“谐则”机制来对组织流程、系统进行优化设计以提高管理效率、应对管理挑战。具有东方文化代表性的管理智慧则体现在和谐管理理论对“人”因素的重视当中。依据东方传统智慧，管理的核心是从根本上提高组织成员的能动性，从组织中“人”的特点出发，构建能够激发成员能动性、积极性的组织文化与激励措施等。东方的整体论思维则引导管理学者与实践者在面对和解决管理问题的过程中，需要同时考察组织中“人”的因素与“物”的因素，通过制定与其适配的和则与谐则并构建恰当的和谐耦合机制来从整体层面上促进管理问题的解决。

2. 扎根于管理情境创造和深化管理知识

和谐管理理论除了通过整合中西方管理智慧以突破管理学研究的理论创新之外，还结合和谐管理的基本思想，寻求采用扎根理论的思维方式进行理论创新，对具有中国特色的管理现象在对应情境中的含义进行提炼和理论化。在此方面，学者们建议管理学研究者应积极学习社会学、人类学等的研究方法（韩巍、席酉民，2009），将民族志、田野研究、深度访谈等方法有机结合，构建出与中国管理情境具有高度匹配性的创新管理理论。目前应用这种方法寻求理论创新的研究还比较匮乏，相关研究者可以尝试利用社会学、人类学等研究方法，对和谐管理理论所涉及的相关概念进行进一步的深化。在利用扎根理论等方式进行研究的过程当中，研究者也许会发现新的与和谐管理理论相关的概念、机制、定义和表达方式。在此基础上，和谐管理理论的内容与表达方式也会得到进一步的发展，为理论与实践的创新打下坚实的基础。

此外，新技术的发展为管理学在中国的进一步发展也带来了新的可能性（席酉民、刘鹏，2019）。近年来人工智能、区块链等技术的飞速发展及其所表现出的强大应用潜质为人类生活和商业运作带来基础性的转变。这些转变不仅仅是人们行为层面的转变，还包含社会生活与商业底层逻辑层面的转变，如区块链技术就会重塑社会与商业信用的定义及其在不同领域中的应用，而人工智能使人与机器之间的界限变得模糊。这些基础性的技术革新为管理学的发展带来了全新的挑战，同时也带来了新的发展机遇。

如果说以人工智能为代表的信息技术革新可以被视为具有底层颠覆性的，那么相对应地，管理学研究与实践也需要在思维与范式层面来进行“改革”以适应数字互联时代新的管理需求。随着技术革新与替代的速度不断加快，不确定性的急剧增强，学者与实践者对管理世界中因果链认知的有效性与时效性也会面临进一步降低的风险。这就要求在进行管理学研究和实践的过程中用更为全面、整体的视角来看待和认识管理现象。和谐管理理论承袭了东方的整体论思维，并通过一系列工具和方法从企业或组织发展长期目标（愿景与使命）、中短期关键问题与核心任务（和谐主题）以及需要采取的措施（和则、谐则以及和谐耦合），为企业在复杂多变环境下发展提供了新的应对之道。

和谐管理理论本身也在与新技术、新环境的互动和对话当中不断深化自身的内涵。席酉民等提出，为了更好地应对 UACC 环境带来的新的管理挑战，企业或组织的领导者和成员需要转换自身的心智模式，这种心智模式被称为“和谐心智”（席酉民、刘鹏，2019；Xi et al., 2019）。当前环境中的 UACC 特征为社会生活以及商业活动带来了根本性的、范式上的转变。国际关系、商业环境的不确定性以及新技术给商业带来的冲击为企业或组织的管理带来了许多难以应对的挑战。由于心智模式扎根于人们对身边事物在不同层面的假设和看法，其对社会个体的行为模式与思维方式有着深刻的影响。根据和谐管理理论，为了应对 UACC 世界的管理挑战，组织成员需要进行一场心智升级，即从适应相对稳定世界的“简单心智”升级到能够在复杂多变环境下生存及发展的“和谐心智”。“和谐心智”的主要内涵如下。①

（1）愿景使命导向的系统观和动态演化。管理者需要系统地、动态地看待事物及其环境和发展，捕捉有意义的变化、有价值的趋势，形成发展定位、基本的商业模式和长期目标，即愿景和使命。

（2）和谐主题思维导向下的方向感。在 UACC 时代，拥有长期稳定的战略已经很奢侈，往往需要通过一系列阶段性核心任务或关键议题或子战略（和谐主题）的引导演化实现愿景和使命。然而，面对 UACC，人们极易被各种杂乱无章、似是而非的信息，眼花缭乱的时尚所左右，失去方向和自我。所以，在这一演化过程中，围绕愿景和使命的和谐主题思维会确保路线和方向正确。

（3）谐则与和则互动式的共生系统构建。网络时代的逻辑是共享和共生，发展途径是营造可以促进共生的生态系统，从而整合资源，刺激创新和创造价值，再通过网络分享价值。在 UACC 世界，片面追求“科学”或“人性”都会沦为幼稚之举甚至陷入死胡同，既见树木又见森林的立体思维习惯以及人文（和则）与科学（谐则）互动的分析能力会帮人们看到

"真谛"，整合西方重制度、逻辑、科学的心智特点和东方擅长艺术及模糊和不确定性应对的优势，并根据未来世界趋势以融合和再造，这种和则与谐则并行互动且螺旋式融合提升的能力有助于构建多元共生的系统，从而会孕育出相对竞争优势和过人的视野和智慧。

（4）支撑和谐耦合的融合力与平衡力。清晰的愿景和使命可以防止迷失，和谐主题可以帮助抓住每个阶段发展的核心任务，和则与谐则体系可以支持共生生态体系的构建，但这个多元共生生态体系的维护和驾驭依赖于上述几个方面的有机融合和适时调整，即和谐耦合。因此我们需要随时保持战略的清晰（愿景使命导向）、工作重心的聚焦（和谐主题思维）、对趋势的洞见和对突变或转向的敏锐（和谐主题的调整和漂移）、共生系统的营造（根据和谐主题对和则与谐则体系的恰当运用），以及上述几个方面有机耦合的共生生态的维护。但因UACC时代知识、资源、需求碎片化的特征，围绕和谐主题利用网络的融合能力，是资源整合、价值创造和分享的必须；背景、文化、目标、行为多元之间的尊重与和谐共处的平衡能力，将成为屹立于这个时代的竞争利器。

（5）"突破现状、升级和谐的边缘创新力"。生态系统的和谐永远是相对的，随环境变化与发展阶段需要不断升级，因此孕育、保护和促进边缘或颠覆性创新（Edge or Disruptive Innovation）的能力，适时促进生态系统不断升级将成为持续发展的最高智慧。

## （二）和谐管理理论在商业实践应用中的特点

和谐管理理论将自身定位为"复杂组织问题解决学"和"复杂管理现象的动态认识途径"，而这种定位也决定了理论在应用过程当中的"动态"与"迭代"特征。前文已提到，和谐管理理论的问题解决过程具有显著的"动态"特点，主要表现在和谐主题的确定、漂移以及和、谐两种规则进行互动耦合来实现和谐主题的过程之中。因此在这一节，本文将进一步阐述和谐管理理论应用范式上的"动态"与"迭代"的特征。

### 1. 和谐管理理论的"动态"特征

正因为承认并深刻认识到管理世界的不确定性，和谐管理理论提出了一系列应对不确定性的方法和手段。由于管理活动中的因果链太长并且难以完全掌握，和谐管理理论提出可以利用制定企业愿景和使命以在复杂多变的商业环境下为企业发展给出大方向上的指导并激发组织成员的积极性。而和谐主题概念的提出和应用，有效地为企业发展战略与实施之间不一致的问题提出了创新性的解决方案。和谐管理理论可以被视为一种强调动态的管理理论，其"动态"特征表现在"和谐耦合"和"和谐主题"等核心概念之中。和谐主题的制定离不开对组织内外部环境的实时分析，对和则与谐则的有机使用也必须是基于对组织内部阻碍和谐主题实施的主要矛盾的清晰认识。

运用这些概念与手段对复杂管理现象进行认知的过程，也体现了和谐管理理论的"动态"特征。和谐管理理论认为，虽然人类社会活动是一种基于高度不确定性与多样性而演化的过程，但通过使用多元范式（如使用跨学科视角以及不同的研究方法）对复杂管理现象的描述、呈现、诠释以及反思，可以帮助管理学者与实践者在演化过程中发现人为干预的可能性和必要性。目前已有的管理学理论都存在不同程度与管理现象不匹配的问题，究其根源，是由于这些管理理论在提出时都蕴含了某种假设，而且大部分此类管理理论都是在某种研究背景下进行演绎性实证研究的过程当中提出的。在此背景下，此类“静态”管理理论在应用过程中会受到这些先决假设条件与背景的制约，往往无法很好地被学者和管理者进一步运用在管理实践当中，无法帮助管理学者以及企业或组织管理者全面地把握管理问题的所在。

为了更好地应对 UACC 环境，和谐管理理论的“动态”特征主要表现在发现问题和解决问题两个维度上。首先，组织发展目标（和谐主题）的探寻有着明显的“动态”特征，这是因为和谐主题的提出与组织此时此刻所处的商业管理环境和当下组织内部可用资源息息相关。而当企业内部资源或者外部竞争环境发生变化时，该企业的和谐主题就应当在组织愿景和使命的指导下进行相应的更新以适应新的发展条件。也正因如此，和谐主题也被描述为带有“涌现”性的组织关键问题（席酉民等，2009）。因此有时已选定的和谐主题还会由于组织内外部环境的变化而发生漂移或者被放弃。而正因为管理问题的“涌现”性特征以及企业内人的因素所引致的不确定性，企业或组织的管理无法完全被科学合理地进行设计，其发展过程也只能被有限地进行人为干预。其次，为了帮助企业或组织顺利实现和谐主题（解决问题），和谐管理理论提出了确定和则、谐则以及将二者有机动态结合（和谐耦合）的问题解决方式。和则与谐则分别对应了管理问题的两个方面：相对确定性与不确定性。

承袭和谐管理理论基本思想所具有的“动态”特征，该理论在问题解决层面上也充分体现了“动态捕捉和分析”的特点以及在理解复杂管理现象时的整体性视角。与西方主流的演绎性实证管理学研究方法不同，在运用和谐管理理论对管理实践进行剖析的过程当中，中国学者多使用归纳性、溯因性方法。具体而言，由于和谐管理理论在管理知识类型划分上具有“启发性”和“弱法则”的特征，传统定量研究所遵循的“理论回顾—假设推理—定量数据收集与分析—假设检验”的研究流程并不适用于所有有关和谐管理理论的研究。这是因为和谐管理理论本体论意义上的“动态”特征具有明显的建构主义色彩，即该理论认为管理知识的生成需要从多方面、多角度对管理现象的特征进行深入挖掘，通过进一步归纳以及比较生成对目前以及未来管理实践具有启发性的管理知识和洞见。相关研究者对研究范式和方法的选择，要充分尊重所提出研究问题的特点，根据研究问题来选择相应的定性或定量研究方法。

2. 和谐管理理论的“迭代”特征

和谐管理理论应用操作模式的“迭代”特征主要表现在利用理论对复杂管理现象进行透视的过程当中，也反映出在此过程中研究者进行深度参与的重要性。深入了解企业的愿景和使命，是准确对企业短中期发展目标（和谐主题）进行定位的基础。企业或组织发展过程当中和谐主题的制定必须与组织的愿景和使命相匹配，并且和谐主题是在对企业或组织内部资源以及外部环境有着准确把握的前提下提出的。当和谐主题确认之后，企业可以制定相应的和则与谐则，从组织管理活动的不确定性和相对确定性两个方面来制定相关规则与激励措施，推动和谐主题的达成。企业必须准确把握和谐耦合机制，使得和则与谐则在不同时期以及不同发展条件下充分发挥自身的价值。在达成某一个具体的和谐主题之后，企业或组织需要在自身愿景和使命的指导下制定新的和谐主题。在此过程中，和则与谐则的内容以及相对重要程度会根据外部环境的不断变化以及和谐主题实现的不同阶段而产生改变（席酉民、张晓军，2012）。

为了实现企业或组织的愿景及使命，从而连续实现多个和谐主题的过程，体现了和谐管理理论问题解决框架的“迭代”特征。研究者在对复杂管理现象进行剖析的过程中并不仅仅是简单的旁观者，因为研究者与管理者之间的交流会促进管理者自身对管理现象认知的改变，也会进一步促成新策略的运用。这些部分与研究过程共同促成了组织现有系统的升级与转变。

举例来说，和谐管理理论在应用操作方面的“迭代”特征在企业或组织创新研究中表现得尤为明显。借助和谐管理理论中和谐主题的概念和含义，研究者对企业创新不同阶段内的“创新主题”作出了新的阐释。和谐主题可以理解为在企业或组织愿景和使命的指导下，结合考虑外部环境以及组织内部资源的种种特征，为企业或组织发展所制定的中、短期目标。正是由于和谐主题的这一内涵，与组织愿景和使命相比，和谐主题具有动态调节以及更易在短期内确定企业或组织的发展方向从而指导组织管理实践的特点。在此内涵的指导下，企业或组织的创新主题可以被理解为在某一较短的特定时间段内企业为了更好地实现自身发展愿景和使命所亟待解决的创新问题。

和谐管理理论可以有效地指导企业或组织进行创新的另一个原因是和谐主题可以进行“漂移”的特征。企业或组织从现有的和谐主题过渡到下一个和谐主题的过程，被定义为和谐主题的“漂移”（王琦等，2004b）。在当今管理环境不断被 UACC 影响的背景下，企业只有通过持续不断创新，才能够在激烈的商业竞争中通过维持自身的竞争力来取得有利地位。正因为企业创新主题的确定与企业营商环境有着密不可分的关系，企业所制定的创新主题也必须通过对环境变化的分析与把握做出有针对性的改变。在企业竞争力持续保持难度越来越大的今天，和谐管理理论应用过程中的“迭代”特征可以有力地指导组织在复杂多变的环境中清晰地辨识和实施相应时间段内的创新主题。

和谐管理理论在应用层面的“迭代”特征充分展现了其将西方科学哲学与东方整体性思维进行整合的特点。在认识和解决复杂管理问题时，以科学哲学为主的西方科学主张将复杂的现象概念化，并且通过一系列可操作化的手段和定量分析工具，来局部性地分析不同变量之间的相关性与因果关系。暂且不谈变量间因果关系的确认需要极其严密的研究设计以及难以获取甚至是在一般意义上无法获取的数据资料，在面对不确定日益增大的管理环境，变量与变量之间关系所组成的因果链往往会随着不确定性的增强而变得更加复杂。在这种情况下，由于此类理论所描述和分析的对象往往是组织运行的某一个局部，单纯使用演绎性的概念化、可操作化技巧以及定量分析可以做到深入了解这一局部现象，却难以对复杂管理问题进行全面把握。

为了避免对管理现象和问题进行局部性解读，和谐管理理论认为组织的发展过程是在和谐主题的指导下和则与谐则的有机耦合过程。这一基础思想会时刻提醒管理学者和实践者在认识管理现象以及寻求解决方案的过程中，既要考虑组织发展中短期内的核心问题和关键任务（和谐主题），又要从不确定性因素与相对确定性因素两个方面入手，来思考达成该组织发展目标的手段和方式（和则与谐则）及其间的关系与整合方法。因此，和谐管理理论为复杂管理问题的认识与解决提供了一套较为完备的全局性和整体性方法。结合和谐管理理论在应用中的动态“迭代”特征，管理学者和实践者可以利用该理论对管理现象进行全局性、整体性和动态性的把握。

在运用和谐管理理论进行应用研究的过程中，除了利用其“迭代”的操作模式对管理问题进行全面、整体的把握与分析，研究者也可以就和谐管理理论的某一个方面进行展开研究，例如深入探讨和谐主题、和则、谐则以及和谐耦合机制在企业或组织发展过程中的实现方式与重要作用，以及和谐领导力内涵的充实和作用方式。和谐管理理论的一系列核心概念的提出与应用可以帮助管理者从不同的角度分析管理问题以及根据管理问题的不同特征选择不同的理论概念来进行深入研究。因此，和谐管理理论及其概念内涵为管理者提供了一套便于运用的管理问题分析与解决工具，未来研究应更加注重深化与理论有关的概念研究，辅以相应的应用研究，最大化提升和谐管理理论的复杂世界生存方法论及其“工具性”的特色。

和谐管理理论在应用层面所展现出的“动态”与“迭代”特征也可以通过和谐管理理论“三重螺旋”模型来进行理解（见图 1）。随着时间的推移，企业或组织发展的和谐主题会随着所处管理情境的变化进行不断迭代与升级；在此过程中，和则、谐则及其互动耦合会不断助力和谐主题的实现，企业或组织也会因为所处生态系统的建立与发展而获得生态红利（席酉民、刘鹏，2019）。在此框架下，管理的使命就在于发现组织或企业发展过程中的演化规律，并发现进行人为干预的必要性与可能性。

## 三　和谐管理理论应用述评

和谐管理理论已经由早期的“两轨两场”模型，发展成为今天的以和谐主题为主导，利用和则与谐则及其动态耦合实现组织或企业发展目标的复杂管理问题解决框架。许多学者已

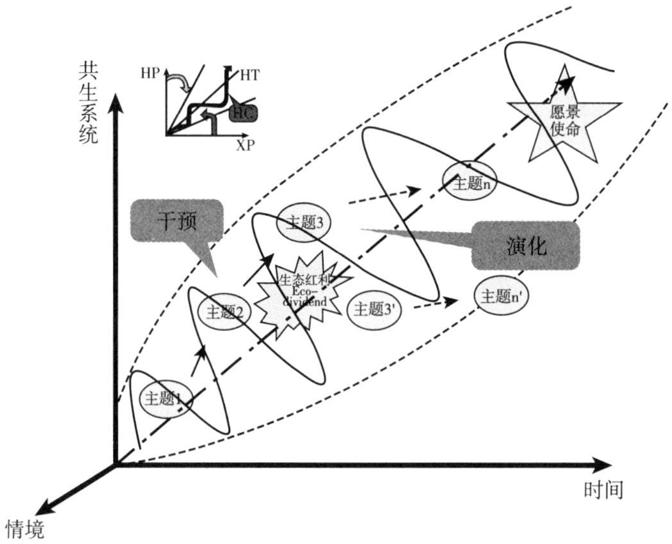


**图 1 基于和谐管理理论构建共生生态的“三重螺旋”模型**

经利用此框架对我国商业实践的诸多方面进行了深入剖析，通过对知网数据库中与和谐管理理论有关研究的查询，我们发现相关研究主要涉及组织与战略管理、人力资源管理、领导力、国家创新体系以及医疗、农村建设、大型工程项目、高校管理等具体领域。和谐管理理论自身研究的深化以及利用和谐管理理论对我国商业现象进行新的阐释的过程，体现了相关研究者借助和谐管理理论框架对中西方文化与管理研究实践进行融合的探索。为了给读者一个有关和谐管理理论相关研究的整体把握，图 2 展示了和谐管理理论研究的主要话题随时间变化的趋势（2001—2017 年）。

### （一）和谐管理理论对组织、战略管理的启发

1. 思考战略形成过程的新视角

在企业或组织运行与发展的决策过程中，“战略”一词可能是管理者最为熟悉又最为陌生的术语。目前在管理学研究当中，战略的定义有很多，但多数定义与内涵由于在同一时间点上只侧重战略形成过程中某一类（计划或者模式）影响因素而无法起到支撑企业或组织管理实践的主要目的。和谐管理理论由于其所具有的整体性思维和动态特征，为企业或组织战略的形成提供了新的视角。由于企业或组织所处环境常被不确定性充斥，组织制定的战略与后续的实施往往存在着较大的差距。基于和谐管理理论的基本框架，从管理内容和手段方式的角度来看，目前已有的战略制定与实施策略可大致分为“主谐派”、“主和派”以及“和谐交替派”（王亚刚、席酉民，2008）。3 种不同类别的战略分别适用于不同的企业内、外部环境：“主谐派”战略因强调组织中系统、流程的设计优化，因而适用于较为简单与稳定的环境；“主和派”战略因强调构建组织文化以激发成员主观能动性来推进企业或组织的演化，比较适

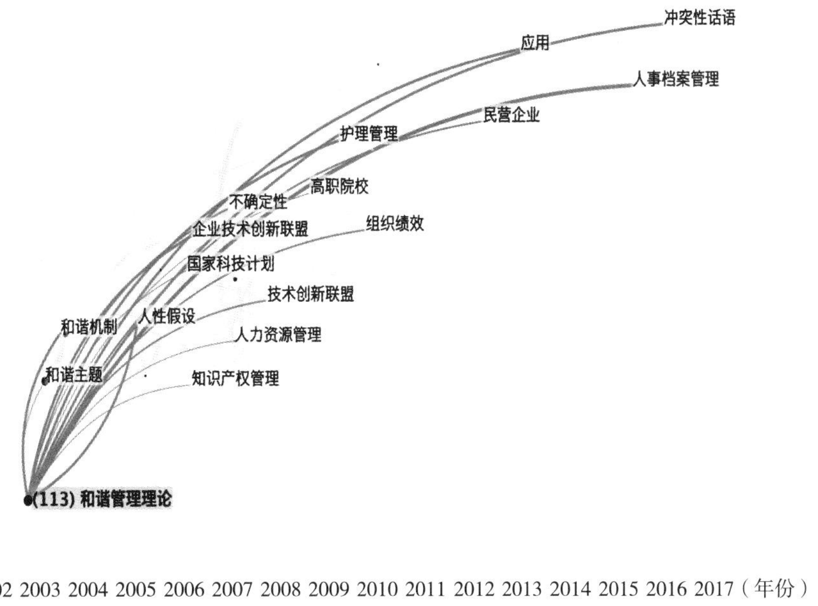


**图 2　和谐管理理论研究话题时间分布（2001—2017 年，数据来源：CNKI）**

用于不确定性较高的环境；由于在组织发展过程中，稳定性环境因素与高度不确定性环境因素不会交替出现，而是会同时存在，因此“和谐交替派”战略也不适用于 UACC 环境。

为此，和谐管理理论创新性地提出了“和谐主题”概念，并将此术语定义为企业或组织发展过程中某一特定时间段内亟待解决的问题与挑战。与传统的战略理论相比，和谐主题的提出倡导了一种对企业发展方向新的思维方式，为相关学者对战略管理进行深入研究提供了新的切入点。从和谐管理理论的视角出发，企业或组织战略的形成过程是在和谐主题的引导下，“和”与“谐”两种机制之间动态互动、转化以及整合的过程，而这一耦合的思维模式是传统战略理论中所不具有的。围绕和谐主题，制定相对应的和则、谐则，并将其进行有机耦合的复杂管理问题解决模式与当下 UACC 环境有较强的适配性。和谐主题的探索和确定离不开企业领导者对组织或企业愿景与使命的把握，也离不开领导者对企业目前所面临的内、外部管理环境做出准确把握的能力。和谐主题概念的提出和应用可以为组织战略行为的制定与选择提供大的方向从而降低战略行为失控的风险，并且为战略行为的实施提供具有可操作性的核心思想。准确把握企业发展的和谐主题是利用和谐管理理论实施“问题导向式”管理问题解决方案的重要前提条件，只有准确定位企业发展的和谐主题，才能制定和实施与其适配的和则以及谐则机制。通过对相关文献的回顾，本文发现研究者已经充分认识到和谐主题概念相较于战略概念的优越性，也通过研究充分地论证了和谐主题对于企业或组织发展的重要性。

和谐主题概念在企业或组织发展过程中所起到的核心作用离不开和谐管理理论在应用中所体现出的动态与迭代的特征，这两项特征分别在和谐主题的辨识与漂移的过程中得到充分展现。首先，和谐主题的辨识离不开领导者对组织所面临环境以及自身现状的动态把握。在有关和谐主题的深化研究当中，王亚刚等（2011）就从和谐主题的内涵出发，认为和谐主题的辨识过程是组织领导者对相关信息进行处理，并内化为有关企业发展方向隐性知识的过程。而在此过程中，领导者所运用的与企业经营环境和资源现状有关的信息会受到 UACC 环境的影响而处于不断变化更新的状态。因此领导者需要用动态的视角来对相关信息进行收集以及处理，并内化为可以指导企业在较短时期内发展方向的有效知识。相应地，当企业内、外部环境或自身现状发生较大变化时，领导者就需要根据这些变化来更新以及迭代相应的和谐主题，这个过程被定义为和谐主题的“漂移”（王琦等，2004b）。

举例来说，企业创新战略研究一直是最近管理学研究中的热点话题，和谐管理理论相关学者也根据理论的内涵，特别是和谐主题在企业创新战略规划中的作用以及理论的实践指导性为企业创新发展提出了见解。在复杂多变的商业环境下，创新能力对于企业未来可持续发展的重要性尤为明显，领导者需要以更为动态的视角来审视组织发展所处环境和现状来适时对创新发展相关的和谐主题进行迭代升级。目前已有的持续创新理论多数对定量等数理方法有较强的依赖性，缺乏思考组织中“人”的因素对组织创新带来的影响。不仅如此，目前有关创新发展的研究还存在本土适配性较差以及可操作性较低的特点。为解决这些在创新发展研究与实践中的问题，一些学者尝试使用和谐管理理论来剖析企业或组织创新发展问题。肖蘅、高庆昆（2003）利用和谐主题的内涵对企业创新主题进行了定义，认为企业创新主题是“企业在特定时期、特定环境下的核心性创新任务和创新议题”。该定义的提出借鉴了和谐管理理论当中和谐主题的内涵，类比和谐主题对企业和谐管理过程中的阶段性指导意义，作者提出企业和谐创新主题对自身可持续发展和竞争力构建的重要性，并为企业创新发展战略的辨识与演化提供了新的见解。

虽然该研究提出了使用模糊综合判定的方法来判定企业的创新主题，但具体操作流程还需进一步研究。与该研究类似，相关学者利用和谐管理理论对企业持续创新实现模式进行了探究（杨栩、周瑜，2011），不仅更为充分地体现出和谐管理理论动态与迭代的特征，也指出将和谐管理理论纳入企业或组织的创新管理当中，有助于解决既有创新理论缺乏人本管理（“人”的因素）、本土化特征（联系管理情境）薄弱以及实际操作性差的问题。

2. 东西方智慧结合赋予战略管理新的解读

企业战略管理一直是管理学研究中的热点话题，早期的相关研究主要集中于利用 Porter 的竞争力模型（Porter，1985）与资源基础理论（Wernerfelt，1984）对企业或组织在某一时间点所面临的内部资源和外部环境进行分析，从而对企业在未来发展中需要采取的战略进行分析。随着企业面临的管理环境日趋复杂和多变，管理学者开始发现组织动态能力（Dynamic Capability）对组织发展的重要性（Teece，2007）。为了解决动态能力相关研究中的不足，张晓军等（2010）创新性地利用了和谐管理理论的框架，从组织学习的角度对动态能力的内涵进行了系统的界定，并对动态能力演化过程的影响因素进行了探究，认为企业动态能力的发展分为构建和演化两个维度，分别可以对应和谐管理理论中的谐则与和则机制，而动态能力形成和演变的过程也可以对应和则与谐则之间的相互耦合。而在分析影响组织动态能力形成和发展的关键要素时，研究者也指出领导力在此过程中的重要性。

该研究的创新性在于有机结合了和谐管理理论的理论框架以及西方管理学理论，与管理学者以往对动态能力的解读相比，结合和谐管理理论有助于在认识动态能力的概念时充分考虑到“人”的因素。通过用和谐管理的语言和认知框架重新对动态能力的概念、形成与发展作出了阐释，该研究成功地利用和谐管理理论对中西方管理研究智慧进行了整合，深化了管理学界对组织动态能力的理解与把握；同时该研究也体现了利用在和谐管理理论基本框架的指导下，结合具体的管理情境对理论的深化作用。除了动态能力以外，还有其他相关研究也借助和谐管理理论所体现的东方整体视角以及对“人”的因素的重视，对既有西方的管理学理论与概念进行了拓展以及新的阐释。在结合中西方管理智慧的基础上，将西方管理理论或概念放在中国管理情境当中，并利用和谐管理理论的基本框架对其进行新的阐释，有助于管理学者与实践者将西方管理理论与概念在中国管理情境下进行深化，并应用于指导管理实践之中。

除了以上提到的创新、战略管理相关研究，其他学者也积极使用了和谐管理理论与和谐主题的概念对企业战略管理和实践的各个方面进行剖析。这些研究包括组织在复杂多变环境下可持续竞争优势的构建（刘鹏、席酉民，2010）、对组织冲突（王琦等，2004a）与企业危机的管理（刘静静等，2008）、企业信息化战略（齐晓梅等，2019）与信息安全管理、复杂产品定制流程（毛景立等，2011）、企业社会责任（杨成名，2010）以及高层管理团队战略执行实践（刘兵等，2009）。这些研究借鉴了和谐管理理论的框架，对企业或组织战略研究的不同角度提出了新的见解。

虽然学者已经发现“和谐主题”相较于传统的战略在概念上具有创新性的优势，能够以动态的全局视角来弥补战略制定与实施之间的差距、整合东西方管理智慧，但是目前与“和谐主题”相关的研究还有所不足，主要表现在缺乏一系列指导如何寻找企业发展“和谐主题”的研究。尽管“和谐主题”的辨识与漂移具有动态与迭代特征，会随着企业或组织内、外部环境的改变而被放弃或更改，但制定错误的“和谐主题”或者没有及时发现“和谐主题”内容中的不合理之处，会给企业的管理带来不小的损失。因此，在未来的相关研究当中，学者可以尝试思考：（1）如何制定合理有效的“和谐主题”来指导企业的发展方向；（2）评价企业发展或创新“和谐主题”合理性与有效性的依据有哪些;(3)在不恰当的“和谐主题”被制定之后，如何快速识别该主题的不合理之处来帮助企业或组织止损;(4)如何根据已经制定的“和谐主题”匹配相对应的和则、谐则机制及其耦合方案。

## （二）对人力资源与领导力开发的启发

### 1. 全面考察人力资源管理中的问题与挑战

由于和谐管理理论强调在组织管理过程中人的因素的重要性，许多在人力资源管理领域内的管理学者也积极利用了和谐管理理论的内涵与框架对该领域内的不同管理问题进行新的阐释，并尝试给出新的见解和解决方案。许成磊等（2014）在研究创新团队和谐管理机制的过程中，不仅有机结合了和谐管理理论的框架与团队管理流程的相关研究，还提出了在和谐管理视角下组织创新团队管理的操作模型并辅以案例研究加以详细说明。该研究团队提出的创新团队管理“四个步骤”，为组织创新团队管理和建设提出了新的思路，结合万涛（2006）对团队冲突管理的深入研究，企业管理人员可以充分感受到和谐管理理论给团队管理带来的新思路、新手段和新方法。考虑到知识密集型组织对当下经济发展的重要性以及知识性人才管理过程中由管理环境不确定性与复杂性引致的挑战，张向前（2009）在研究中也借鉴了和谐管理理论对知识型人才的管理机制进行了新的剖析。

在人力资源管理研究与实践中应用和谐管理理论有助于学者和管理实践者从多个角度、方面、层次对人力资源管理中的问题与挑战进行分析，并且根据和谐管理理论的框架与操作流程对这些问题与挑战提出新的洞见与启发。如上述创新团队管理研究中，研究者就通过分析影响创新团队发展中和谐主题的辨认，将和谐管理理论与人力资源管理实践联系到一起。通过分析和谐管理理论对人力资源管理实践的启发，作者在不断地与实践和理论的对话中提出辨析创新团队管理四步走的措施，以期对人力资源管理实践有所借鉴。而在讨论知识型人才的管理时，学者也充分结合和谐管理理论与知识型人才管理实践，特别是有针对性地提出了知识型人才管理中“设计优化”与“能动致变”两个不同方面的内涵与特征。在此过程当中，和谐管理理论为人力资源学者以及管理者提供了一个系统、全面的问题分析与解决框架。

在和谐管理理论中，和则的主要内涵与机制是通过构建良好的企业工作氛围（如信任关系、和谐的上下级关系以及适当的企业或组织文化等）来充分调动企业员工和管理层的主观能动性，让处于不同岗位的员工都可以同时为企业共同的发展目标（和谐主题）贡献自己的力量。因此，部分学者将研究重点聚焦到如何使用和谐管理理论带来的新思维方式来提高企业员工工作的满意度（李子叶等，2008）、对员工关系进行合理的管理以及协调劳动者与资本之间的关系（徐辉、王忠郴，2008）。考虑到“人”的因素在和谐管理中的重要性，在利用和谐管理理论对人力资源管理理论及实践进行剖析的过程中，可以考虑结合西方相关研究成果，如商业心理学，对和谐管理当中和则的制定、实施以及与谐则的耦合机制进行更为深入的探讨。

2. 重视管理情境对研究与实践的影响

综观和谐管理理论指导下的和谐管理流程，一些学者指出领导力是该理论框架内的核心要素。企业管理者或者领导者在和谐主题的搜寻和辨识、和则与谐则的制定以及二者之间如何进行有机耦合等方面起到了关键作用。这一系列关键决策的制定，离不开组织或企业领导者对管理环境、企业内部资源以及未来发展方向等方面的把握。在研究战略领导力的过程中，李鹏飞等（2013）在研究中指出引入和谐管理理论到领导力研究之中，可以更好地对战略领导力进行定义并梳理其内涵，并指出战略领导力主要包括“提供指导”与“调配资源”两个维度上的功能，分别对应和谐管理理论当中的和谐主题以及和则、谐则的制定与耦合。除此之外，利用和谐管理理论的框架对战略领导力进行研究有利于使相关研究更具有系统性与动态性，并且可以帮助缩小战略领导力相关理论与实践之间的差距。该研究创新性地使用了和谐管理理论的框架与基本思想，对已有的管理学概念进行了重新概念化，使得管理学者和实践者可以用全局性的视角来审视既有的管理学概念和理论，从而在不同的方面与流程层面增强理论或者概念对管理实践的指导性作用。

除了运用和谐管理理论对传统领导力研究中的术语作出新的阐释外，韩巍、席酉民（2009）创新性地利用和谐管理理论的视角，对“领导”的概念作出了新的分析。该研究从“领导”二字的语义分析入手，并且结合了研究者自身的经验，提出领导的概念与不确定性之间存在非常紧密的联系。根据这个逻辑，研究者提出“领导是支配权，支配权是组织管理的核心，其作用是为了不确定性消减，不确定性消减是和谐管理的主要课题”的观点。该研究的另一个主要贡献则在于呼吁中国的管理学者利用社会学视角和人类学方法，从建构主义的角度来归纳和解释具有中国本土特性的管理现象，加强管理研究与中国管理情境之间的关联。利用和谐管理理论对“领导”在中国的内涵进行重新解读便是这样的一种尝试，这样由中国学者在中国情境下，结合研究者自身对管理概念的反思，重新定义管理学关键术语甚至是理论框架，也许是今后中国学者为管理学理论知识作出创新性贡献的主要路径之一。

王大刚等（2009）也在结合和谐管理理论与中国管理情境方面做出了尝试。首先，该研究团队利用和谐管理理论框架对“和谐管理领导力”作出了新的阐释，并指出时间、内部控制点以及管理技能是和谐管理领导力的 3 个维度。在验证和谐管理领导力对企业绩效存在显著性影响的定量研究过程中，他们借鉴了西方有关 CEO 个性等相关研究，设计并开发了用于测量和谐管理领导力的量表。在未来的研究过程当中，研究者可以尝试在理论层面将中西方管理理论进行深度融合与扩展。在开发有关量表时，可以采用 Creswell 等建议的混合研究范式，将定性研究的洞见与量表开发过程相结合（Creswell and Clark，2018），这样开发出的量表能更加充分地反映中国管理实践中的特色，也能使所开发的量表更为准确地对变量进行测量。在回顾本土领导力研究时，张晓军等（2017）就指出，本土领导力研究与西方相关领导力研究有着类似的问题，主要表现在具有较强的片段性，并且由于研究方法带来的局限性，研究者没有做到深入挖掘和理解领导现象。同时，东西方领导力研究都存在与情境脱节的问题。针对这些问题，学者指出，应该通过建构主义层面的描述与诠释、建构或实证主义层面的归纳以及实证研究层面比较研究的“三步走”策略进一步发展本土领导研究。与此相似，管理学者也可以通过类似的三步走策略将和谐管理理论与管理情境紧密结合，充分发挥该理论框架与思想上的全局性与整体性优势，在不断将理论与管理实践结合的过程中，推动理论自身的发展与创新。

从以上研究可以看出，和谐管理理论为解决企业或组织内部由人的不确定性所带来的问题时，显示出了强有力的问题解决能力与实践指导性。虽然和谐管理理论在认识论意义上假设企业或组织发展的演化是人类有限干预下的演化，但和则概念的提出与运用，则从另一方面强调了企业管理当中人的因素所体现出的重要性及其对企业运作带来的不确定性。在处理由人的因素所引致的不确定性时，和谐管理理论的基本思想是企业或组织领导者通过制定合理有效的和则机制，可以建立起良好的企业文化、氛围，增强员工对企业的信任，从而更好地从“能动致变”的角度调动企业或组织成员的能动性与积极性，在提高成员工作满意度的同时，更好地让企业成员发挥自己的能力，提高自身的工作绩效，为企业的发展作出贡献。和谐管理理论不否认人的因素给企业运作带来的不确定性，反而认为人的不确定性可以作为消除企业管理中不确定性因素的工具。和则策略与措施激发组织成员所带来的积极不确定性，而这些积极的不确定性能够应对组织发展过程中一些消极的不确定性。因此在未来的研究当中，管理学者可以从以下方面来进一步推动和则机制在管理实践中的表现与运用：（1）领导者如何制定恰当的和则机制从人力资源和领导力方面促进和谐主题的达成；（2）如何厘清和则与谐则机制之间的复杂关系；（3）为了发展企业的人力资源或者领导者的管理水平，不同的和则与谐则之间应该进行何种耦合，确立此种耦合机制的因素有哪些。

### （三）和谐管理理论对大型工程项目管理的启发

大型工程项目的设计与实施通常会涉及多个不同主体之间的互动，并且随着技术与管理环境的不断发展与变化，大型工程项目的管理模式急需进行更新以适应日益复杂多变的环境带来的挑战（邢会歌等，2008）。随着规模扩大，工程项目流程会更为复杂，从而增加项目管理的难度。一个大型项目通常会有多个项目参与方，并且参与方之间的关系错综复杂，使得大型项目的管理过程中充满了不确定性。曹春辉等（2011）就从大型项目中不确定性的来源入手，利用和谐管理理论的框架，对这些不确定性提出了建议。他们认为，项目本身日趋复杂所导致的以“物”因素为主的不确定可以用以契约机制（谐则）为主的手段来应对；而由于大型项目中不同参与主体所带来的以“人”因素为主的不确定性则需要使用以关系（和则）机制为主的手段来应对；契约机制与关系机制之间的互动耦合可以被共同用来应对由管理人环境变化带来的不确定性，因为这种不确定性通常同时包含“人”与“物”两个方面。

与此前用项目管理中将风险作为切入点的研究方式相比，从不确定性的角度出发，可以帮助相关学者与实践者抓住项目管理的本质。另外，借助和谐管理理论的复杂问题解决框架，为应对大型项目管理过程中不同来源的不确定性，研究者认为项目管理实践者首先需要清楚辨别不确定性的来源，进而根据不同来源选择不同的机制与模式来应对。与传统的项目管理模式相比，利用和谐管理理论对大型工程项目进行管理显示出极大的优越性。和谐管理理论能够为大型工程项目的管理带来新的解决思路，即大型工程项目的管理可以首先分析参与各方的共同利益，并在此基础上设计适合的和则、谐则及其耦合机制来实现项目管理的目标。利用和谐管理理论来设计大型工程项目管理模式可以使该模式具有更高的动态性与整体性，从而更好地适应管理环境的快速变化以及减少不同利益主体之间由于共同利益分配问题所导致的内耗。

利用和谐管理理论来指导大型项目管理的过程体现了该理论能够在 UACC 环境下结合具体管理情境为管理实践带来启发的特点。除了根据不确定性的来源选择合适的应对机制与模式外，在大型工程项目管理的过程中，管理者还需要重视和谐主题所带来的“主题导向”思维的重要性（李子叶等，2009）。在和谐主题的指导下，管理者需要在大型项目的管理过程中有机地将和则与谐则机制进行有机耦合，使以设计优化为主的谐则手段能够与以能动致变为主的和则手段互相协调、转化与协同增效，用动态的视角来对不同管理手段进行合理运用，以达到提高项目管理效率和绩效的目的。

### （四）和谐管理理论在特定行业中的应用

和谐管理理论的基本思想之一就是成为连接管理理论与管理实践的桥梁，运用和谐管理理论来创造管理知识离不开管理学者对具体管理情境或者行业的深入了解与剖析。在回顾相关研究时，本文发现和谐管理理论在众多不同的行业中都有一定程度的应用。从这些在不同行业中应用和谐管理理论的研究中可以发现，和谐管理理论具有较强的应用延展性。

1. 控制医疗风险、提高医疗服务水平

医疗机构在为病人提供医疗服务的过程当中，在每一个环节都充满了各类风险。然而，医疗风险管理却是我国医疗机构发展较弱且亟待提高的一个方面。通过结合和谐管理理论对我国医疗机构风险管理能力不足的成因进行分析，学者表示主要影响因素与医疗机构设置不健全以及医护人员主观能动性没有被充分激发有关（满晶等，2007）。针对这两点，和谐管理理论为医疗机构风险管理能力的提升给出了启示，包括对风险管理制度、流程的优化等谐则措施以及强化医护人员风险意识、引导员工在不确定状况下做出较好判断的和则措施。另一支研究团队通过考察和谐管理理论在提升医疗机构护理团队水平中的有效性，提出该理论的学习与实施可以有效地提高患者满意度、减少投诉量以及降低医护人员在医疗工作流程中的失误率（李德姣等，2011）。和谐管理理论在医疗行业中的运用体现了其可以结合不同环境、为不同行业的管理困境提出创新性解决方案的特征。本文回顾的相关研究就为医疗行业中风险管理能力低以及患者满意度较低的问题带来了新的解决思路。

2. 大力提升农村农业建设水平

提高农业科研水平对我国农村建设现代化具有重要的推动作用，相关学者借鉴和谐管理理论的基本框架，为农业科研人力资源配置带来了新的思路。通过考虑农业科研人力资源配置过程中各个要素不确定性的强度，学者们认为，可以采取适当的激励与法律手段作为和则机制应对由“人”的因素所带来的不确定性，同时可以采取经济、计划以及综合手段作为谐则机制以优化农业科研人力资源配置的流程（白晓明等，2013）。随着我国城镇化进程的加快，农村地区也出现了拆迁土地闲置的状况，该现象大幅降低了土地的利用效率。为此，相关学者结合和谐管理理论为减少农村拆迁土地闲置提出了具体措施。这些措施同样包括和则与谐则两个方面，例如提高村民的维权意识以及完善相关流程与监管（任雁、黄帅，2014）。同样，利用和谐管理理论的框架能够为农业以及乡村建设的发展提供更为全面和整体的视角，使相关政策、规范能够更为有效地提高农村农业发展水平。

3. 和谐管理理论在其他行业中的应用

除了医疗与乡村建设，和谐管理理论还被用于其他不同的行业与领域当中。林钟高、徐虹（2006）基于契约理论分析了企业内部财务冲突的来源，并借鉴和谐管理理论对此类财务冲突的解决提出了建议。李小华、干胜道（2017）则提出了基于和谐管理理论的企业内部利益相关者财务和谐分配的模型。此类研究表达出的一个共同点则是研究重心与和谐管理理论中谐则的高度相似性。以胡耀辉为代表的研究者则积极使用和谐管理理论对技术创新联盟中的不确定性（杨晨、胡耀辉，2007）、机会主义（胡耀辉、刘一宁，2007）以及联盟的可持续发展（胡耀辉，2007）进行了剖析。在高等教育管理领域，学者主要聚焦于高校质量管理（刘丹平，2008）、高校管理创新（陈玉祥，2008）以及高校办学特色的构建（李名梁，2011）。

如果说和谐管理理论在高等教育等领域中的应用扩展了该理论的应用边界，那么和谐管理理论在公共管理领域中的应用则进一步展示了理论的可延展性和广泛的适用性。在公共管理领域，研究者已经尝试将和谐管理理论的思想用于对养老保险（欧阳越秀，2010）、生态环境成本缩减（国凤兰、刘庆志，2014）、政府投资项目管理（陈辉华等，2009）、知识产权管理（杨晨、朱国军，2006）、财政补贴政策的构建与实施（魏晓卓等，2015）以及生态经济发展（杨皓然、郭志仪，2012）等话题。这些研究，都是通过借鉴和谐管理理论对管理实践中有关的流程、系统以及规则提出优化改进的建议，与和谐管理理论框架中的谐则有着密不可分的关系。与和谐管理理论在前面几个方面内的深入应用相比，研究者利用和谐管理理论在解释此类管理现象时分析并没有到达很深的层次。这些研究也常常表现出与和谐管理理论联系不紧密的问题。

## 四　和谐管理理论应用前景

### （一）和谐管理理论应用中存在的问题

1. 研究发展不均衡、与理论结合度较弱

基于上述对和谐管理理论应用研究的回顾，本文首先发现理论应用研究的发展存在不均衡的情况。在分领域对理论应用研究进行总结时，可以发现大多数相关应用研究集中于少数的几个领域，如企业战略研究、人力资源研究和领导力研究。这些应用研究多展现出分析深入、透彻以及具有高度创新性的特点。而将和谐管理理论应用于其他领域的研究则多表现出理论分析不够深入、与中国管理情境联系不紧密以及创新程度不够等特点。部分研究表现出对和谐管理理论认识不够深入的特点，仅仅是在提出问题应对方案时以较为生硬的形式将论述与和谐管理理论相结合。

在利用和谐管理理论对管理实践作出分析和解剖时，研究者需要首先对理论的内涵和框架有较为深刻的理解，还要对理论背后的哲学思维以及逻辑基础进行深入研究和把握。因此我们呼吁，想要在理论应用研究等过程中寻求进一步的理论深化和突破，研究者则必须紧密联系和谐管理理论与中国管理实践，并且在理论深化路径以及方法论创新等方面要有高度的敏感性。不仅仅是在提议管理问题解决方案时利用和谐管理理论的框架，也需要在管理问题剖析的阶段就积极探索和谐管理理论与实际管理问题之间的有机联系。只有当研究者厘清二者之间的复杂关系，才有可能更为充分地利用和谐管理理论的内涵和思维方式对管理实践当中的问题进行具有创新性的剖析，进而提出具有针对性的解决方案。

2. 理论与实践的关联度不足

本文还发现，大部分相关应用研究还停留在初步阶段，仅仅只是为管理实践中的问题提出了解决框架或者初步的想法。而这些问题解决框架在解决实际管理问题的有效性时通常没有得到进一步实证研究的验证。在未来的应用研究当中，研究者应进一步深化目前已有研究，或者在提出问题解决方案之后，辅以相应的案例分析或定量研究来支撑其所提出解决方案的有效性。相关研究处于“初步阶段”的特征还表现在所提出的问题解决方案不够详细，并且存在实际操作性较差的特点。这也可能是研究者对和谐管理理论与管理实践问题之间复杂关系把握程度不够所引致的问题。在进一步的研究当中，研究者应积极探索更为清晰的表达方式，努力提升解决方案的实践可操作性。但这么做却不能以牺牲理论深度为代价，一个好的管理问题解决方案或者框架，须兼具理论性强和可操作性高两个特点。

此外，在回顾学者将和谐管理理论应用到不同行业的过程当中，我们发现了研究者对不同管理情境特色的忽略。如果只是简单地将一些组织发展过程中的措施与和谐管理理论的核心概念进行对应，那么和谐管理理论就很难体现出自身背后的基本思想和特点对不同管理情境或行业的指导意义。因此，在以后的应用研究当中，相关学者应积极思考所选择的管理情境或者行业在本质上有哪些特点；这些特点与和谐管理理论的基本思想有什么关系；为什么和谐管理理论能够在这类管理情境中发挥很大的指导作用。

3. 和谐耦合机制相关研究不足

通过对和谐管理理论应用研究进行回顾，我们发现关于和谐耦合机制探索的研究相对较少，而和谐耦合是和谐管理理论当中的重要概念之一，并且和则与谐则耦合机制的设计与把握是企业或组织合理运用相关机制实现和谐主题的重要过程与前提条件。目前已有文献对和谐耦合概念的定义与阐释还存在比较模糊的问题，导致相关学者对概念把握不准确并影响其将概念运用到相关研究当中的效果。因此在未来的研究当中，学者可以进一步加强对和谐耦合机制的研究与表达，使得和谐耦合的概念可以进一步深化并更加准确地被其他学者所理解。

### （二）和谐管理理论应用未来发展建议

1. 深化和谐管理理论本身

和谐管理理论经过三十余年的发展，已经逐步完善成为一套解释并指导复杂决策过程的理论体系。但为了使其更直观地被学者与管理者用于解释、分析复杂管理问题和指导管理实践，和谐管理理论必须进一步完善理论相关的概念化工作，通过准确界定和表达相关概念使得理论的内涵得到更多的理解和关注。从完善理论本身概念与框架的目的出发，在研究过程中与管理实践紧密结合是重要的研究策略。和谐管理理论不仅可以有效地解释管理问题并提出解决方案，也可以通过在理论框架指导下对管理实践的深度剖析来获得完善自身概念和问题解决机制的洞见。相关学者可以从对管理实践的深入研究入手，尝试对和谐管理理论自身概念进行进一步的深化。在此过程中，可以充分发挥理论对中西方管理智慧整合的能力，有机结合多学科研究范式，加深理论与管理实践之间的联系，力图求得理论创新与发展来拓展新的理论观点和概念。

2. 扩展理论影响力

从和谐管理理论的影响范围上来看，目前该理论主要的讨论群体为国内学者，其在西方世界的关注度还不够高。因此，和谐管理理论相关研究者在未来可以努力将理论以及相关应用研究用西方管理学者熟悉的方式和载体在世界范围内取得影响力。为了做到这一点，首先需要解决的问题是如何在理论表达、研究范式以及与西方现有管理理论相联系等方面取得进展。但这么做，不是简单利用西方管理学研究的表达方式或学术语言来阐释和谐管理理论，而是可以将和谐管理理论与西方已有管理学理论以及方法论相结合，努力尝试从和谐管理的视角构建出有足够理论创新的研究成果，从而进一步推动管理学理论的深化。但在此过程中，管理学者需要进一步思考如何将和谐管埋埋论与西方现有的管理学相结合。本文建议可以从和谐管理理论的基本逻辑思想层面入手，找到和谐管理理论与不同理论的可融合之处，来对管理现象进行创新性阐释。

3. 加强相关应用研究

除了进一步扩大和谐管理理论本身的影响力范围，相关学者还应该结合当下商业环境在不同时期所体现出的特征，利用和谐管理理论对具有高度关注以及研究价值的热点问题和现象进行深入研究，积极探寻和谐管理理论相关研究的下一个“和谐主题”所蕴含的内容。研究者可以在践行“有实践的研究”过程中来进行相应提取与归纳，并积极思考管理情境本质特征与理论之间的联系，将相关发现用于深化和拓展理论研究。根据目前的社会经济环境以及企业或组织所面临的技术更新迭代速度加快、管理问题复杂度不断上升的特点来看，未来和谐管理理论可以在和谐心智、商业模式创新与创新生态构建等领域发挥巨大的推动作用。

## 五　结束语

本文对和谐管理理论及其应用进行了一次回顾。文章首先回顾并总结了和谐管理理论的哲学背景以及应用操作模式上的特点，其次对该理论在管理学理论创新和实践应用两个层面的应用进行了总结与分析。通过回顾我们发现和谐管理理论目前在战略管理、人力资源管理与领导力开发当中的应用较为广泛，在其他管理领域中的应用体现出不够深入、与理论结合度较弱的问题。与此同时，相关应用研究还停留在初级阶段，学者所提出的问题解决框架的有效性还需要进一步通过观察实际管理现象来进行验证。作为和谐管理理论中的核心概念，关于和谐耦合的相关研究还十分不足。

针对这些问题，我们建议在未来的相关研究当中，学者应主动深入了解和谐管理理论的核心思想与逻辑，进一步通过多元范式的运用来加强和完善相关的概念研究，加强理论的影响力，并且可以在研究中通过结合热点管理问题来缩小管理研究与实践之间的差距。我们积极乐观地期待未来会有更多来自不同领域的研究者和管理实践者加入和谐管理研究的群体当中，共同为和谐管理理论及其应用的进一步发展贡献自己的力量！

## 注　释

①《以“和谐心智”赢得未来——执行校长席酉民教授教师节致辞》，https://www.xjtlu.edu.cn/zh/news/2018/09/xiyouminjiaoshijiezhici.

## 参考文献

[1][美]艾尔·巴比:《社会研究方法基础》，邱泽奇译，华夏出版社2002年版。

[2]白晓明、丛林、黄敬前:《和谐管理下我国农业科研人力资源宏观配置研究》,《科技进步与对策》2013年第6期。

[3]曹春辉、席酉民、张晓军、葛京:《工程项目管理中应对不确定性的机制研究》,《科研管理》2011年第11期。

[4]陈辉华、丰静、王孟钧、陈卫东:《政府投资项目和谐管理的探索与实践》,《标准科学》2009年第6期。

[5]陈玉祥:《和谐管理视野中的高校管理创新》,《科技管理研究》2008年第5期。

[6]国凤兰、刘庆志:《山东半岛蓝色经济区环境成本和谐管理研究》,《生态经济(中文版)》2014年第2期。

[7]韩巍、席酉民:《不确定性——支配权——本土化领导理论：和谐管理理论的视角》,《西安交通大学学报(社会科学版)》2009年第5期。

[8]胡耀辉、刘一宁:《和谐视角下技术创新联盟中机会主义的研析》,《经济纵横》2007年第24期。

[9]胡耀辉:《企业技术创新联盟持续发展研究》,《科学学与科学技术管理》2007年第2期。

[10]李德姣、陈萍、姜声琴、王芸、高敏、刘颖、张艳:《运用和谐管理理论 打造优秀护理团队》,《现代医院管理》2011年第2期。

[11]李名梁:《大学办学特色形成机制研究：一个和谐管理模型》,《江淮论坛》2011年第1期。

[12]李鹏飞、席酉民、韩巍:《和谐管理理论视角下战略领导力分析》,《管理学报》2013年第1期。

[13]李小华、干胜道:《利益相关者财务分配博弈分析及财务和谐分配模型构建》,《新疆社会科学(汉文版)》2017年第1期。

[14]李子叶、席酉民、葛京:《流域化水电开发企业管理模式研究——以雅砻江流域水电开发为例》,《科学学与科学技术管理》2009年第5期。

[15]李子叶、席酉民、尚玉钒、杨乐:《提高员工工作满意度机制的系统分析：和谐管理理论的启示与价值》,《南开管理评论》2008年第4期。

[16]林钟高、徐虹:《财务冲突及其纾解：一项基于契约理论的分析》,《会计研究》2006年第6期。

[17]刘兵、焦双喜、杨振辉:《基于和谐管理理论的企业TMT战略执行过程研究》,《华东经

济管理》2009 年第 4 期。
[18] 刘丹平:《基于和谐管理理论的高校质量管理模型》,《江苏高教》2008 年第 4 期。
[19] 刘静静、席酉民、王亚刚:《基于和谐管理理论的企业危机管理研究》,《和谐发展与系统工程——中国系统工程学会第十五届年会论文集》2008 年。
[20] 刘鹏、席酉民:《基于和谐管理理论的多变环境下可持续竞争优势构建机理研究》,《管理学报》2010 年第 12 期。
[21] 满晶、李秋洁、孙宁、刘丽丽:《和谐管理理论应用于医疗风险管理的启示》,《护理研究》2007 年第 22 期。
[22] 毛景立、梁红、李惠成、吕日毅、马明昭:《复杂产品系统订制中的和谐管理机制构建研究》,《科技进步与对策》2011 年第 3 期。
[23] 欧阳越秀:《论中国养老保险体系的改革——基于和谐管理理论的思考》,《河北学刊》2010 年第 3 期。
[24] 齐晓梅、楼润平、成俊会:《IT 能力构建及其对企业和谐信息化的影响研究》,《科研管理》2019 年第 5 期。
[25] 任雁、黄帅:《基于和谐管理理论的农村拆迁土地闲置问题研究》,《陕西农业科学》2014 年第 6 期。
[26] 万涛:《不同类型团队冲突管理研究的构思与展望》,《科技进步与对策》2006 年第 12 期。
[27] 王大刚、席酉民、何方:《基于中国公司情境的和谐管理领导力研究》,《管理学报》2009 年第 4 期。
[28] 王琦、杜永怡、席酉民:《组织冲突研究回顾与展望》,《预测》2004 年 a 第 3 期。
[29] 王琦、席酉民、汪莹:《和谐主题漂移的涵义及其过程描述》,《管理科学》2004 年 b 第 6 期。
[30] 王亚刚、席酉民、尚玉钒、刘鹏:《复杂快变环境下的整体性应变工具:和谐主题》,《管理学报》2011 年第 1 期。
[31] 王亚刚、席酉民:《和谐管理理论视角下的战略形成过程:和谐主题的核心作用》,《管理科学学报》2008 年第 3 期。
[32] 魏晓卓、金丽馥、吴君民:《基于和谐管理的粮食财政直接补贴和谐主题研究》,《系统工程理论与实践》2015 年第 11 期。
[33] 席酉民、韩巍、葛京:《和谐管理理论研究》,西安交通大学出版社 2006 年版。
[34] 席酉民、韩巍、尚玉钒:《面向复杂性:和谐管理理论的概念、原则及框架》,《管理科学学报》2003 年第 4 期。

［35］席酉民、刘鹏、孔芳、葛京:《和谐管理理论：起源、启示与前景》,《管理工程学报》2013 年第 2 期。

［36］席酉民、刘鹏:《管理学在中国突破的可能性和途径——和谐管理的研究探索与担当》,《管理科学学报》2019 年第 9 期。

［37］席酉民、尚玉钒、井辉、韩巍:《和谐管理理论及其应用思考》,《管理学报》2009 年第 1 期。

［38］席酉民、张晓军:《从不确定性看管理研究逻辑及和谐管理理论的启示》,《管理学报》2010 年第 1 期。

［39］席酉民、张晓军:《挑战与出路：东西方管理智慧整合的方法论探索》,《管理学报》2012 年第 1 期。

［40］肖蘅、高庆昆:《基于和谐管理的企业创新主题辨识研究》,《求是学刊》2013 年第 2 期。

［41］邢会歌、宋会民、王卓甫:《基于和谐管理理论的工程项目管理模式分析》,《人民黄河》2008 年第 3 期。

［42］徐辉、王忠郴:《基于和谐理论的劳资关系协调预警机制的构建》,《企业经济》2008 年第 3 期。

［43］许成磊、段万春、孙永河、杜元伟:《创新团队和谐管理机制的主题辨析优化》,《管理学报》2014 年第 3 期。

［44］杨晨、胡耀辉:《和谐视角下技术创新联盟中不确定性的研究》,《科技管理研究》2007 年第 4 期。

［45］杨晨、朱国军:《立项阶段国家科技计划知识产权管理的和谐研究》,《科技进步与对策》2006 年第 1 期。

［46］杨成名:《基于和谐管理视角的企业社会责任研究》,《现代管理科学》2010 年第 2 期。

［47］杨皓然、郭志仪:《基于和谐管理理论的生态经济发展和谐性度量》,《统计与决策》2012 年第 6 期。

［48］杨栩、周瑜:《基于和谐管理的企业持续创新实现模式研究》,《中国科技论坛》2011 年第 7 期。

［49］张向前:《基于和谐管理理论知识型人才管理机理分析》,《科学学与科学技术管理》2009 年第 1 期。

［50］张晓军、韩巍、席酉民、葛京、刘鹏、李磊:《本土领导研究及其路径探讨》,《管理科学学报》2017 年第 11 期。

［51］张晓军、席酉民、谢言、韩巍:《基于和谐管理理论的企业动态能力研究》,《管理科学学报》2010 年第 4 期。

[52] Buckley, P. J. and Carter, M. J., "Process and Structure in Knowledge Management Practices of British and US Multinational Enterprises", *Journal of International Management*, Vol. 8 (1), 2002, pp. 29-48.

[53] Creswell, J. W. and Plano Clark, V. L., *Designing and Conducting Mixed Methods Research*, SAGE, 2018.

[54] Porter Michael E., *Competitive Advantage: Creating and Sustaining Superior Performance*, New York: The Free Press, 1985.

[55] Teece, D. J., "Explicating Dynamic Capabilities: The Nature and Microfoundations of (Sustainable) Enterprise Performance", *Strategic Management Journal*, Vol. 28 (13), 2007, pp. 1319-1350.

[56] Wernerfelt, B., "A Resource-based View of the Firm", *Strategic Management Journal*, Vol. 5 (2), 1984.

[57] Xi, Y., Liu, P. and Zhang, X., "Living in the Present of the Future: In Memory of James G. March (1928-2018)", *Management and Organization Review*, 2019, pp. 1-5.

[58] Zhang, X., Fu, P. and Xi, Y., "Promoting Management Education in China through Developing Practice-based Management Theories: An Interview with Practitioner-Scholar Youmin Xi", *Journal of Management Inquiry*, Vol. 27 (2), 2018, pp. 212-223.

（席酉民，西交利物浦大学和谐管理研究中心、西安交通大学管理学院；
熊畅、刘鹏，西交利物浦大学和谐管理研究中心）

原载《管理世界》2020 年第 2 期

# 追随研究的演进及其在中国情境下的未来发展方向探索

罗文豪 刘 东 章 凯

**摘要：**近年来组织管理研究对追随的关注日趋增多，这一新兴的研究领域在不断发展的同时，也存在着一些亟待厘清的基本问题。本文在追溯现有文献对追随现象四种不同研究取向的基础上，分析了追随研究的价值和边界，并通过系统的文献梳理，总结和归纳出四种不同的追随研究视角，即特质视角、行为视角、认知视角和动机视角。基于文献回顾与理论分析，结合中国情境下的管理实践，本文讨论和提出了未来拓展追随研究的七大方向，包括相关构念开发、前因后果探索、领导—追随双向影响、研究视角的拓展整合、领导—追随的整合性理论构建、有效追随的开发、中国文化与制度背景下的独特追随方式等。本文的分析和探索旨在为未来的追随研究指明更具成长潜力和活力的发展方向与研究路径。

**关键词：**追随 理论演进 未来方向 中国情境

## 引言

追随（Followership）与领导（Leadership）二者是相伴而生的，脱离彼此来分析其中任何一方都不完整。与领导研究数十年的蓬勃发展相比较，对追随现象的研究则要滞后和单薄很多，[1, 2]领导研究与追随研究的分离也长期存在，并成为制约领导研究向纵深发展的一个重要原因。[3, 4]直到近些年，随着当代企业在组织管理变革中愈加强调员工的自主性和能动性，追随研究才开始成为国内外组织管理研究中的一项重要议题。[2, 5]“追随”一词本身具有较为丰富的含义，在不同的研究情境下常常有着不同的理解。在《韦氏大学词典》中，追随（Follow）作为及物动词，可以指“依据（规定、指导等）行动”或者“接受权威（即遵从）”；作为不及物动词，追随则主要指“在时间、地点或者顺序上跟随某人或者某物而行动”。具体到本文所关注和探讨的企业管理情境中，追随与追随者的概念是同领导与领导者的概念相伴出现的，作为领导过程中的重要组成部分，追随是指追随者（下属）在一定程度上愿意听从他人（领导者）的指导，接受他人的影响。[2]

无论是从学科理论发展的角度还是从管理实践的现实需求出发，学者们都越来越认可"理解追随者和理解领导者同等重要"这一观点。[2, 5, 6] 在工商企业组织中开展针对追随者和追随现象的研究，不仅能够拓展和深化现有研究对于领导过程的认识，更重要的是能够揭示追随者在组织成员协作系统中所扮演的角色，为研究新时期的组织发展、演化和变革贡献一个崭新的视角。然而，作为组织管理研究中一个长期被忽视的新兴研究领域，追随研究也面临着一些值得深思的基本问题。如追随研究的意义和价值是什么；追随研究的范围与边界是什么；如何认识和处理追随研究与领导研究二者之间的关系。特别是，当前追随研究在中国情境下已经取得了一些重要的进展，未来还可以基于哪些路径和方向更好地推动中国情境下的追随研究，并由此贡献于追随理论和领导理论的发展。

从当前组织管理研究日益呼唤构建基础理论的发展态势来看，研究者在探讨和考察追随现象时应该首先解决其基本问题，探讨形成追随现象的实体和过程，以期找到一个清晰的逻辑起点。[7] 对于上述基本问题的思考和回答，也能够更好地推动追随研究从源头上进行理论创新。[8] 相反，如果对这些基本问题缺乏深入思考和准确认识，将很可能导致追随研究陷入先前领导研究出现的一系列窠臼中，[4] 从而使得追随研究后续乏力，难以实现真正的理论创新与持续的理论成长。为此，本文从追随研究的历史演进着眼，明确在组织管理领域开展追随研究的科学价值，并基于对追随现象的理解界定追随研究的范围和边界。本文聚焦于中国情境下的追随研究，探讨如何扎根丰富的中国情境和管理实践推进追随研究，并阐述值得进一步探索的方向。

## 一 追随研究的兴起、价值与范畴

### 1. 追随研究发展的历史脉络

虽然在组织管理研究文献中，关于追随现象的科学研究直到近些年才开始兴起，但追随现象的出现和被关注显然有着更为悠久的历史。Burns 从政治学角度分析政治领袖中的领导现象时便指出，追随者是理解领导过程的一个关键视角，追随者的动机、需要和目标构成了领导者影响追随者的基础。[3] Van Vugt 等[9, 10] 在借鉴进化心理学的视角来探讨领导与追随现象时也指出，人们之所以会追随领导者是出于一种自然选择，并且这种自然选择过程与动物族群的追随现象有类似之处，某种意义上也是人类祖先生存能力强弱差别而导致的不同角色配置，即那些身体强壮的个体更可能成为部落和族群的领导者，而其他人则选择成为追随者。这样的角色差异在历史演进过程中不断被强化，并最终发展成为现代组织中通常意义上的领导者和追随者。正因如此，学者们对于追随现象的理解和认识并不是全新的事物，而是嵌入漫长的领导研究进程中。根据追随在领导研究中所起到的作用和角色不同，我们归纳出文献中对追随现象进行研究的四种不同理论取向。

（1）完全忽视。这种取向主要出现在领导研究的早期，学者们聚焦于从领导者来开发领导的早期理论，追随者的作用几乎完全被忽视。如 20 世纪 30 年代以来，领导的特质理论主要关注成功的领导者有哪些共同特质，[11] 领导的行为理论主要关注领导者在组织情境中表现出来的行为，如任务导向和（或）人际导向的行为。[12] 在这两种理论中，领导者几乎是唯一的关注点，其基本假设是：领导只与领导者的某些特质或行为有关，只要领导者表现出这些特质或行为就能够产生积极的结果，在领导过程中不必考虑追随者的作用。

（2）边缘关注。自 20 世纪 60 年代开始，追随者开始得到领导研究者们一定程度的关注，但主要是作为领导研究的结果或情境变量。追随者被视作领导活动的附属角色，是被动的接受者，在领导活动中依照领导者给出的指令展开工作。因此，研究者将追随者的态度和行为等作为领导研究的结果，以追随者的产出作为衡量领导有效性的依据。而在权变领导理论中（如领导生命周期理论、路径—目标理论、费德勒模型等），[13] 追随者的一些个人特征（如下属成熟度等）则成为领导行为风格与结果变量之间的调节因素，即领导行为风格的作用效果在一定程度上受到下属特征的调节。

（3）焦点关注。鉴于领导研究对于追随者的长期忽视或考虑不足，Shamir [14] 呼吁领导研究需要"翻转研究视角"，从"领导者中心"转向"追随者中心"。21 世纪以来，一系列的研究开始给予追随者独立的关注，而并非仅仅作为领导研究中的结果或情境变量。如 Howell 等 [6] 将追随者引入魅力型领导研究中，考察了追随者的自我概念系统在魅力型领导形成中的作用。Carsten 等 [20] 通过定性研究开发了追随者三种不同的角色取向（被动、主动、积极），并在后续的实证研究中进行了相应的检验。此外，Sy [15] 开发了内隐追随理论（包含内隐追随原型和反原型），侧重从个体有关追随的认知图式出发来理解追随行为的出现与作用。

（4）相互影响。追随研究的第四种取向体现为更为整合地考察追随者在领导过程中的作用，尤其是强调追随者和领导者之间的相互影响。在传统的领导研究中，多数学者关注的是领导者对于追随者的单向影响，而追随者往往被假设为被动地接受影响。[16, 17] 对追随者进行"焦点关注"时虽有根本转变，认为追随者会对领导者的影响作出自主选择而不是被动地接受，但依然认为这种影响是单向的，对领导过程中社会互动的复杂性与双向性考虑不足。因此，从更为整合的研究视角来看，除了考察领导者对追随者的影响之外，也应深入探查追随者的态度与行为是否会影响领导者，如追随者是否可以主动去改变其与领导者的关系，影响甚至改变领导者的行为决策等。

值得注意的是，追随研究的上述四种不同取向出现的时间虽有一定的先后顺序，存在一定此消彼长的趋势，但它们出现后是相互交织的。即便在今天的领导与追随研究中，较为早期的"完全忽视"和"边缘关注"取向依然不同程度地存在。当然我们也看到，进入 21 世纪特别是近十年以来，"焦点关注"和"相互影响"的研究取向被越来越多的学者所接受和采纳，这恰恰体现出不同研究取向在新的时代背景下所呈现出的发展趋势。从组织中的领导实践来看，领导者和追随者双方互相依存、互为影响、密不可分，这在有关领导力的经典著作中也得到了学者们的认可。[3] 在该理论演进的过程中，追随者从完全被动转变成积极主动，领导者与追随者的相互作用从单向影响转变成双向影响，使得追随者在领导过程中的地位从被忽视到逐渐得到认可，从边缘角色逐渐走向主体地位，上下级关系从下属完全被动依附的关系逐渐走向双方自主互动，这恰恰是一个回归人性和领导—追随两面一体的过程。

2. 追随研究的意义与价值

作为一个正在兴起和发展中的研究领域，追随研究的意义何在？本文认为，在当前时代情境下，追随研究的意义和价值除了弥补现有领导研究文献对追随现象关注不足之外，还表现在以下三个方面。

第一，从组织内追随者与领导者的关系来看，研究追随有助于更为完整地认识领导与追随过程。在一些早期的领导理论论著中，学者们已经指出组织中的领导活动是一个包含领导者和追随者的整合性过程。[3] 在之后的理论和实证研究中，这种整合性由于对领导者因素的过度关注而没能得到充分重视，从而导致学者对于领导现象和过程的认识往往是片面的、不完整的。近年来，针对领导研究开展的反思也表明，追随者缺位使得领导理论的发展始终难以跳出“理论建构不完整”的困境。[2, 4, 18] 因此，追随研究的意义并不仅在于翻转领导研究视角本身，更重要的是通过采纳一个整合性的理论视角，同时从领导者与追随者出发，重新认识领导过程。换言之，追随研究并不是为了单纯研究追随者而独立出来的一个领域，更不是为了与已有的领导研究“分庭抗礼”，而是人们完整认识领导过程的内在要求。当然，我们也需要认识到，仅仅在领导研究中加入追随者因素或变量，并不意味着就能够促进对领导过程的完整认识。只有同时考察领导者和追随者两方面的因素，并对双方复杂的社会互动进行深入的理论探究，学者们才有可能整合双方因素并构建出更为完整的领导理论。

第二，从员工与组织的关系角度来看，追随研究更加契合当前时代背景下日益自主独立的员工个体。移动互联网和信息技术的迅猛发展不仅引爆技术与商业变革，更在很大程度上改变了当今时代员工个体的心智模式和行为方式。当今，个体最大的变化在于对自我目标和自我价值的追求日益凸显。[19] 在组织中，员工和组织的关系也不再仅仅是传统的雇佣关系，而是期望与组织建立合作关系，在实现组织目标的过程中也能同时实现自身的目标和意义寻求。因此，当今组织中的“员工”在身份界定和行为方式上已经发生了巨大变化，且整体上更为自主和独立。即便他们并不出现在领导岗位上，其影响和作用也依然值得研究。通过开展追随研究，学者们能以更为完整的视角看待组织中的追随者，有助于更好地应对新生代员工个体心智模式和行为方式变化所带来的管理新挑战。

第三，从组织适应外部环境的角度来看，追随研究可为组织发展与变革提供新的解决思路。现代工商组织面临着高度的易变性、不确定性、复杂性和模糊性，以人工智能、区块链、云计算和大数据为代表的新技术也在持续冲击着组织的存续与发展。在此背景下，组织的转型与创新日益重要，追随者正是组织生存与发展需要调动和开发的新力量。考察当前在组织变革中表现突出的国内优秀企业（如海尔、华为、小米、阿里巴巴等），无一例外地都将调动和激发员工的活力视作变革的关键。由此看来，追随研究的开展有助于探索并明确如何激发追随者的活力，从而整合追随者的力量，推动组织的持续变革与创新。

3. 追随研究的范围和边界

从上面的讨论可以看出，追随研究既不从属于领导研究的一个研究领域，也并非完全独立于领导研究而存在，这一研究主题聚焦于追随者及其相关的研究构念。然而，如何准确地识别和界定追随者？广义上看，组织中所有的成员（包括不同层级的领导者）都可能是追随者，只不过不同成员的追随对象有所不同。这一理解虽然包容性很强，但是在学术概念的表达上有些模糊。狭义地看，我们可以在特定的领导者—追随者互动框架下去界定追随者，即与领导者相对而言的下属员工均可以被视作相应的追随者。这一理解主要从上下级关系中去界定领导者和追随者，虽有一定的狭隘性，但在概念清晰性和研究操作上更为可行。

从追随行为的外延来看，追随研究也不应该泛化为研究追随者在组织中的所有行为与活动。正如 Carsten 等[20]给出的界定，追随行为是指追随者个体在与领导者互动时所表现出的行为，并不包括追随者自身的工作活动及与其他同事之间的互动行为。追随者自身的工作行为、创新行为、反生产行为等，追随者与其他组织成员之间的合作或冲突行为都不能包含在追随研究的范畴之中。然而，追随者向领导者的建言行为明确涉及与领导者的社会互动，而且也会对领导者和追随者后续的关系、地位、领导力涌现等产生影响，可以视作一个典型的追随研究示例。[21]由此可见，研究追随的关键在于要将追随者置于和领导者产生社会互动的情境框架中去分析。

从影响对象来看，追随研究能够对追随者的影响进行更为丰富和全面的考察，这主要包括以下四方面的问题（如图 1 所示）。第一，追随者是否及如何对领导者产生自下而上的影响？传统领导研究偏重于考察领导者对追随者自上而下的影响，追随者对领导者施加的影响则几乎被领导研究所忽视。近年来，学者们逐渐认识到追随者个体或者集体可能会对领导者的态度、行为、决策等产生一定的影响。[22]如 Burris 等[23]对建言行为的研究发现，员工建言内容不同和所强调的身份出发点不同，会影响管理者对于建言价值的判断。第二，追随者是否及如何对相同或相近级别的同事和团队成员施加影响？在同一个工作团队中，对领导者有着不同程度和类型追随的员工，在与团队其他成员进行互动时也会产生不同的结果。随着团队自我管理水平的提高和员工自主意识的增强，部分追随者很可能在团队中起到施加横向影响的作用，即对同事产生影响，而这也是对领导者的一种追随。第三，追随者是否及如何连接自身的领导者与更低层级的追随者，从而起到沟通桥梁的作用？对于组织中的中层领导者和团队领导者而言，他们同时扮演着领导者和追随者的角色。他们如何实现高水平地“上传下达”，如何更好地整合自身面对的领导者与追随者群体，如何平衡好自己的双重或多重角色，都有待于进一步的讨论。第四，追随者不同方式和类型的追随是否及如何对追随者自身及非工作领域的相关者（例如，配偶与家人）产生影响？当追随者选择不同的追随方式时，他们在职业发展、工作行为和工作家庭关系等方面也有可能出现不同的结果。如宋继文等[24]的研究发现，员工的积极挑战行为与他们的职业发展呈现正向关系。

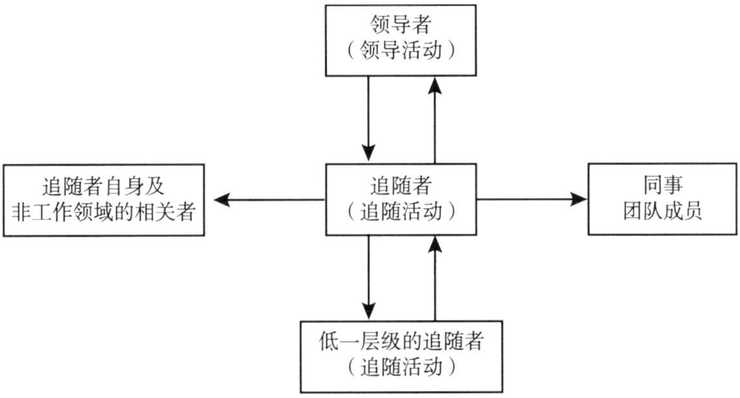


**图 1　追随研究的影响对象与研究范畴**

上述四类问题中的前三类采用组织与管理研究的“人际间”（Interpersonal）视角，即探查追随者的行为对于他人的影响，而最后一类则属于“个体内”（Intrapersonal）视角，即探查追随行为对于自身的影响。可以说，上述四方面研究对象所蕴含的一系列研究问题，能够帮助研究者们更好地识别和聚焦追随研究的边界与范围。追随研究在影响对象上的广泛性也表明，围绕这一主题的学术探索存在较为宽广的发展空间。

## 二　追随研究的多元视角与最新进展

通过梳理近年来有关追随议题的研究文献与发展脉络，我们发现学者们在研究追随现象时有几种不同的基本假设。本文基于研究问题侧重点的不同，将当前有关追随的研究成果归纳为以下四类不同的研究视角。

1. 特质视角，即关注优秀追随者所具备的一些共同的个人特质。正如早期领导研究侧重于关注成功领导者的个人特质，较早期的追随研究同样试图总结出优秀追随者的共同特征。如 Kelley[25]在早期提出的追随者分类模型中，将“批判性思考”和“主动性”视作优秀追随者的两类重要特质。结合中国企业组织的现实情境，曹元坤等[26]通过回顾相关文献，将好的追随者特质归纳为“正直、真诚、主动、灵活”四个方面。在后续研究中，曹元坤等[27]建构了一个五维度的部属追随力内涵结构模型，其中的进取精神和认知悟性都是优秀追随者的重要特质。

除了上述直接关注优秀追随者的共同特质之外，还有一些研究考察了下属的某些人格特征与特定领导风格之间的关系，以此试图揭示追随者在领导过程中的作用。如 Dvir 等[28]研究发现，在群体层面，直接追随者的发展性特质（包括自我实现需要、组织道德价值观的内化水平、集体主义取向、独立批判性、任务中的积极参与、自我效能感）能够正向预测变革型领导，而间接追随者的上述特质则负向预测变革型领导。此后，Howell 等[6]在他们的理论研究中进一步考察了追随者的自我概念系统对于魅力型领导关系感知的影响。可以看出，这类研究的出发点仍然是从领导者中心的角度出发，关注追随者的某些特质对于领导活动、领导效果或者感知到的领导风格的影响，而并非完全聚焦于追随者自身的特质。

2. 行为视角，即关注追随者在追随活动中展现出来的特定行为。由于行为往往易于观察和测量，选择行为视角研究追随现象具有更强的操作性。正如领导研究中不少领导风格体现为特定领导行为的组合，学者们基于对追随行为的考察也提出了一些相关的研究构念。在这方面，中国学者通过开展质性访谈，并遵循量表开发的规范步骤，提出了多种不同的追随行为概念与结构。例如，赵慧军[29]对追随行为的内涵进行了探索性分析，并发现了一个二维四因素的结构，其中绩效导向行为包括了沟通合作与贯彻执行两个因素，而关系导向行为则包含了挑战权威和服从信赖两个因素，这一结构也得到了后续研究的进一步检验。[30]陶厚永等[31]从对偶心理定位的视角来研究领导行为与追随行为的互动，发现员工表现出学习、消极、模范和疏离四种与追随相关的行为。此外，也有学者聚焦于某些独特的追随行为（如积极挑战行为），[24, 32]并进行了相应的构念开发与研究。

此外，部分学者提出和发展了追随力的概念，并同样采取行为视角来阐释追随力的内涵。在曹元坤等[27]提出的五维度追随力结构中，执行技能、关系技能和影响力这三个维度都具有典型的行为属性。周文杰等[33]基于对中国企业中基层员工的质性研究，开发了包括尊敬学习、有效沟通、权威维护、积极执行、意图领会和忠诚奉献六个维度的追随力概念，这六个维度也都表现为追随者的特定行为。与此类似，刘毅等[34]提出的四因素积极追随力结构中，支持力、沟通力、进取心和忠诚度这四个维度也对应着不同的追随者行为。

3. 认知视角，主要基于内隐追随理论和对追随者的认知原型概念开展追随研究。在借鉴内隐领导理论研究的基础上，Sy[15]指出内隐追随理论的本质是个体记忆系统中有关于追随的认知结构和原型，这一原型是在长期的社会化经历和领导—追随活动经验的基础上，经由长时间的认同和内化过程而相对稳定下来的。针对内隐追随理论的结构，Sy[15]进一步提出了包括勤勉、热忱和好公民三个维度的追随原型，以及包括顺从、反抗和不称职三个维度的追随反原型。正如孔茗等[35]发现的那样，领导者积极的内隐追随原型与员工的角色内工作行为和角色外的组织公民行为均正相关。

在中国情境下，学者们也开始对内隐追随理论的结构开展探讨，并试图发现具有中国文化特色的内隐追随理论。孔茗等[35]应用 Sy[15]开发的量表对追随原型进行测量时，也发现该量表在中国员工样本中的信度系数较低。为此，祝振兵等[36]发展了一个 3 因子结构的内隐追随原型，3 个因子分别为“好公民”、“工作能力强”和“工作态度好”，并开发了一个 9 项目的测量量表。此外，郭衍宏等[37]开发了一个包括 5 个因子、15 个题项的本土内隐追随量表，该量表中的 5 个因子分别为勤勉、服从、进取、情商和公民行为。王弘钰等[38]提出的内隐追随原型包括工作能力、真诚拥护及以和为贵的 3 因子结构。整体上看，这些研究成果中虽然已经体现出一些中国文化特色的内涵（如以和为贵等），但尚需进一步在理论和实证检验层面进行细化和拓展。

近年来，中国情境下的内隐追随研究中另一个值得关注的领域是基于匹配视角所开展的领导与追随研究。一方面，领导者和追随者之间追随原型的一致性（或者是相似性匹配程度）会对领导者和追随者的行为与态度产生影响。当领导者和追随者双方对于追随原型的认识保持一致时，双方更可能促使自己的行为表现符合彼此的内心期望，从而能够带来更为积极的工作产出。如彭坚等[39]的研究发现，领导者和追随者双方的追随原型越一致，员工的关系绩效水平（包括人际促进和工作奉献）会越高，但影响因素更为复杂的任务绩效并不会相应提高。彭坚等[40]的研究发现，领导者和追随者在积极追随原型上的匹配程度与领导者授权行为正相关，即二者对于“理想下属”的认知越一致，领导者越可能做出授权行为。

另一方面，当我们考察领导者追随原型和追随者追随特质或行为之间的“互补性匹配”时，二者之间的匹配程度除带来积极效果之外，也可能会对员工的行为与态度产生“双刃剑”作用。显然，追随者符合领导者的内隐追随原型会得到领导者的认可与支持，从而为他们在工作中提供更多的便利性和发展机会。正如祝振兵等[41]发现的那样，领导者追随原型与追随者追随原型之间的匹配同领导者评价的领导—成员交换关系存在正向关系，即更高的匹配会带来与领导者之间更高质量的互动关系。然而，符合领导者的预期在特定条件下也会成为一种工作负担，领导者的高期待会转化为追随者的心理负担，而这会成为追随者工作中的抑制性因素。彭坚等[42]的研究指出，领导者追随原型和下属追随特质匹配既可能会引发“迈向幸福的赋能之路”（自我效能感提高与满意度提升），也可能会带来“远离幸福的负担之路”（更高的情绪耗竭）。

4. 动机视角，重点挖掘追随者不同类型追随方式背后的动机，即“为什么追随”的问题。[43]在现有研究中，针对追随动机的探讨仍以理论分析为主，尚缺乏充分的实证考察。其中，Collinson[44]和 Shamir[45]基于归纳方法，分别提出了几种不同类型的追随动机。综合来看，主要包括以下四类。第一，基于魅力和相似性产生的追随动力。即当员工感知到自身与领导者在人格特征、自我概念、价值观等方面一致性较高时，他们就更倾向于追随这样的领导者。[46]第二，基于满足需要而产生的追随动力。如人们为了寻求满足安全需要和对于清晰秩序的需要，会选择追随领导者。[44] Kellerman[47]从社会学角度所进行的分析指出，领导者能够满足追随者对于安全和有序、归属和群体、工作和意义这三类不同的需要。当领导者更能够满足员工上述心理需要时，员工便可能会选择更高强度的追随。第三，基于对职位权威的服从而产生的追随。当领导者处在更高的组织职位上，且组织中存在正式的职位权威体系时，组织正式化的力量会强化员工对于权威的服从。在这种组织中，较低层级成员追随较高层级的成员被视作一种"合乎理法"的行为，从而会促使低层级员工更多地宣称自身的追随者身份。[48]第四，基于工具理性的价值判断而进行追随，或者将之称为"基于计算"的追随。只有当追随能够给员工带来可能的收益或促进个人目标实现时，或者当不追随可能会给员工带来风险与惩罚时，员工才会在"收益—代价"判断的基础上产生对于领导者的追随。

通过对上述四类研究视角的梳理可以看出，当前有关追随的研究正在沿着多条路径向前推进。其中，特质视角由于仅仅关注追随者的个人特质，且尚未提出与追随现象有着密切联系的独特特质，故而未得到更多学者的采纳；动机视角试图挖掘追随行为背后的心理动力和机制，有很大的潜力推动对追随现象的深层次认识，不过目前仍主要停留在理论探索阶段。相对而言，行为视角和认知视角成为目前中国学者开展追随研究的主导路径，并孕育出一些颇具启发性的研究成果。具体而言，行为视角由于易于观察、易于测量和概念相对清晰而获得学者们更多的关注。在认知视角指导下，特别是基于内隐追随理论，国内外学者在Sy[15]的工作基础上开展了较为丰富的实证研究，为从内隐认知原型角度理解领导者和追随者的互动提供了新的观点和新的证据。

## 三　中国情境下追随研究的未来发展方向

通过回顾追随研究的历史发展脉络和近年来取得的进展，我们发现这一新兴的研究领域孕育着广阔的研究机会与可能空间。特别是在领导研究方面，中国研究者在很大程度上处于"跟随与模仿"西方研究的阶段，而在追随研究方面，国内研究群体不仅有机会可以同步前进，甚至已经取得了一些值得关注的前沿成果。在中国情境下开展追随研究，既需要开发和完善一些与追随现象密切相关的学术构念，并围绕这些构念进行相关的实证研究；也需要基于追随现象和已有的研究成果开展视角的整合和理论的构建，力求推出原创性的理论成果；需要对管理实践中的追随现象提供有意义的指导。更为重要的是，学者们也可以结合中国情境中独特的文化与制度特征开展追随研究，以期基于中国文化土壤创造地贡献对于追随现象的本土化认识。基于上述分析逻辑，本文提出如下方向与思路，以开展和推进追随研究。

1. 开发清晰严谨的追随构念。从管理实践中的追随现象到开展相应的学术研究，其中关键的一步是针对追随现象开发出一套清晰严谨的学术构念。在已有的研究成果中，学者们已经提出了诸如“追随力”“追随角色定向”“内隐追随理论”等相关概念，从不同侧面对追随现象进行了理论上的构建。然而，一方面，现有的追随构念还十分有限，与管理现实中丰富的追随现象相比还有较大差距。如当前的追随研究无一例外地聚焦于员工个体的追随行为或者在领导—员工二元对子层面理解追随现象，而未能在团队（Intra-team）、跨团队（Inter-team）层面发展出追随的相关研究构念。事实上，在中国组织较强的集体主义情境下，除了个体追随领导者之外，团队对领导者的追随既广泛存在，也可能具有其独特的学术价值。同时，企业中的部门和团队也可能对上级团队（如高层管理团队）产生追随，这便需要发展出一些更能够反映现实特点的追随构念。另一方面，部分已有的追随构念在内涵界定上还存在一定的模糊性。以受到较多关注的“追随力”概念为例，有学者将其界定为追随者的一组行为，也有研究认为追随力是追随者特质和行为的组合，还有观点则认为追随力是追随者的某种能力。[1, 49] 由此，“追随力”这一构念在界定上的模糊性就会导致后续实证研究结果出现不一致性，这不利于进一步的学术对话和理论发展。除了深入探索追随的本质与概念内涵外，在未来研究中，学者们也可以通过综合定性和定量的方法，以揭示出员工追随方式的丰富多样性，包括追随形式和追随内容的多样性等。在对追随多样性开展研究时，学者们也可以更多地考虑和关注案例与质性研究方法，发挥这些方法更为丰富和深入地分析管理实践的优势，为更为准确地发展追随构念提供支持。例如，Carsten 等[20] 正是基于质性访谈方法，提出了三种不同形式的追随者角色定向。

2. 明晰追随丰富的前因与后果。在组织管理研究中考察追随者和追随现象，一个重要且必不可少的研究方向便是追随的前因与后果。特别是，员工为何会产生不同类型的追随行为或方式；不同的追随行为或方式又会对追随者自身、他人（包含领导者在内）及整个团队或组织产生哪些不同的影响。

首先，从员工追随的前因来看，员工自身的人格特征、心理动机、认知方式、情绪情感等个体因素都有可能导致追随方式的差异。如主动性人格反映出个体在行动中希望采取主动行为的一种倾向，[50] 拥有较高主动性人格的员工在追随领导者的过程中或许更有可能采取主动积极（而非被动消极）的方式。又如，Sy[15] 提出的内隐追随原型代表了个体对于“优秀追随者”的一种认知原型，这同样可能会进一步影响追随者自身真正表现出的追随方式。

其次，员工在工作场所中面临的情境因素也会影响到他们的追随方式。组织或团队中的管理风格与文化氛围不同对员工表现出的追随行为有不同的塑造效果。[48] 如团队中的管理风格更偏向于控制威权还是更偏向于授权支持，有很大可能会影响员工追随领导者的方式。在 Carsten 等[20] 的质性研究中，领导风格与组织氛围两大类因素都对追随者的三类不同角色取向产生了明显的影响。事实上，将领导风格作为追随方式的前因变量加以研究，与当前领导研究中的主要模式有着密切的联系，即考察领导者对于追随者的影响。沿着这一逻辑，有关追随方式前因的研究可以进一步深化。如企业中担任团队或部门主管的中层领导者，便可能既是领导者也是追随者，他们对高层领导者的追随方式很可能受到高层领导者领导风格的影响，并可能进一步影响其下属的追随方式。

再次，除了从个体差异和社会情境两方面的特定属性出发考察追随方式的前因之外，未来研究也可以考察一系列能够引发、维持、改变员工追随与否及追随方式的关键事件。事件系统理论的提出与发展说明实体（如组织、团队或个人）所经历的动态事件同样能够显著地影响和改变实体。[51-53] 因此，这一理论的显著优势在于超越传统的静态属性观，而以更为动态的过程观点来看待组织中特定现象的出现及其影响。以员工追随现象为例，员工对于特定领导者的追随既有可能是在长期互动过程中形成的，也有很大可能是在一项突发或者重大事件中涌现出来的。借助事件系统理论，通过对事件强度、时间、空间因素的深入探查，未来研究可以挖掘出引发员工追随的一系列关键事件及其共同特征，从而明确识别领导者吸引员工追随的条件和过程。进一步，在激发追随行为产生的过程中，领导者与下属的内在特质也有可能与他们所经历的外部事件产生相互作用，从而共同影响追随行为的涌现。

最后，从员工追随的后果来看，未来研究亟须对追随的影响对象进行更为全面、深入的分析。具体来说，不同追随形式的影响至少包括以下两个方面：第一，对于追随者个人自身的影响（Intrapersonal）；第二，对于组织内外其他人的人际间影响（Interpersonal）。一方面，追随者采取不同的追随行为或方式，可能会对他们在工作场所中的角色内与角色外行为，对于工作的态度与感知、幸福感、家庭工作冲突或增益及职业发展等多种个人结果产生影响。另一方面，追随者对于他人所产生的人际间影响在当前研究中较少被提及。在组织管理实践中，员工的追随除了对自己产生影响之外，也会向上对他们的领导者、横向对其他团队成员和同事、向下对他们的下属等不同对象产生影响。如当追随者更为积极主动地追随领导者时，领导者既可能因此更加信任和对其授权，也有可能感到自己的地位与领导者身份受到威胁。本文认为深化对于追随行为的认识，尤其需要对其结果进行全方位、多角度的审视和考察。

3. 检验领导与追随的双向影响。对于追随者的行动而言，领导者的表现可能既是前因，也是潜在的后果。正是由于领导与追随之间密不可分的关系，我们特别将二者的关系研究作为一个单独的研究方向。正如前文多次强调的那样，过往领导研究中过多地偏重于领导者对于追随者的单向影响，而实际研究发现，考察追随者对于领导者的影响，能够从一个新的视角拓展人们对于领导过程的理解。[5]

具体而言，对领导者与追随者之间双向影响关系的研究可能包含如下三部分内容。第一，探讨领导者对追随者自上而下（Top-down）的影响，即将领导者视作前因变量，这也是当前大多数领导研究中的主要思路。第二，探讨追随者自下而上（Bottom-up）对领导者的影响，即认为一些追随者的行动可能会成为领导风格形成的前因、中介或调节变量，追随方式的差异和追随者的不同也有可能塑造出不同的领导风格。这类研究近年来已经有了一些初步的理论探讨，[22, 54]值得进一步的深入考察和实证检验。第三，同时考察领导者与追随者之间的双向影响关系，尤其是在领导者和追随者因素二者因果指向不明确的条件下。通过开展纵贯的定量研究设计或开展追踪式的案例研究，研究者们可以更系统地思考和探查领导风格与追随风格之间复杂的互动关系。

在上述三部分研究内容中，前两部分仍然主要是对单方向影响关系的考察，但在追随研究发展初期仍有很大的必要性，特别是对于一些新的追随构念的理解离不开领导因素作为前因或后果。第三部分的研究试图同时考察领导与追随现象之间的互动关系，在内容上更为整合，但在实际操作上也有更高的要求。从长期来看，第三部分研究应当是研究者努力追求的方向。

4. 拓展和整合不同的研究视角。通过本文的梳理，当前追随研究的四种主要研究视角既相互补充，也相互竞争，这表明当前学者们对于追随现象的研究还处在初期发展阶段，依旧蕴含着大量的研究机遇。对于目前呈现出的四种研究视角，我们发现行为视角和认知视角的研究占据了大部分。然而，从追随理论建构与发展的角度来看，无论是特质视角还是行为视角都难以支撑起发展追随理论的使命。认知视角下的追随研究除了继续着力于领导者和追随者的内隐追随原型这一关键概念之外，更加需要挖掘追随者认知系统中其他能够预测追随者后续行动的因素及过程。此外，对于目前尚未得到充分重视的动机视角而言，未来研究可深入探索员工追随领导者的动因与激励追随的心理过程，推动对于“为什么追随和如何追随”等基本问题的回答。

在本文概述的四种研究视角之外，我们相信依然会有其他不同的研究视角可用来认识追随现象，这也是学者们在未来推动追随研究走向创新发展的一条重要途径。如从领导者与追随者及追随者之间的人际互动入手，员工追随领导者既是社会互动的过程，也是关系建构的结果。由此，学者们同样可以发展出理解追随的关系视角，或是近年来在领导研究领域中得到关注和重视的社会网络视角。又如，考虑到领导者和追随者之间的关系有可能因为一些关键事件的出现而加速形成，或者因为特定事件而发生性质上的转变，未来研究同样可以借鉴近年来提出并得到快速发展的事件系统理论，[51-53]从新颖的事件研究视角出发来推动追随研究走向深入。

更为重要的是，除了采取单一视角考察追随现象之外，整合多种研究视角并开发出一个完整的追随理论也是未来开展追随研究的必然要求。要实现理论视角上的整合，首先需要解决的理论难点在于认识到追随现象的本质，并且针对企业组织中的追随现象构建起一个较为抽象的理论模型。对于“追随”这样一个仍处在发展早期的研究主题而言，其理论建构的范式和成果很有可能是多样化的。如果学者们构建出的追随理论模型是一个典型的认知加工过程，那么认知视角可能就是这些学者进行理论建构的基础视角。在此过程中，包括行为、关系、动机和情感等视角的理论主张，就会围绕着基础性的认知视角予以整合。然而，如果学者们将追随现象建构为一个动力激发的过程，动机视角则显然是整合性理论开发的基础视角，同时需要考虑的是追随者的认知、情绪情感、与领导者的人际关系等在这一动力过程中扮演什么样的角色。总体而言，当前对于追随现象的理论视角开发仍然处在探索阶段，还需要大量的理论和实证工作去推动不同视角之间的对话、竞争和融合。

5. 开发整合性的领导—追随理论。上述几个研究方向更多地偏重于追随研究本身，在此基础上未来研究更需要加强对于领导和追随的整合性理论建构。如前所述，追随研究的意义和价值并不仅仅是为了“追随者”而研究“追随者”。追随者和领导者都是领导或追随过程中不可或缺的组成，开展追随研究的一个重要目的在于从追随者角度为更为完整地理解领导或追随现象提供支持。[2]事实上，领导研究中对于追随和追随者的长期忽视和不准确认识，恰恰已经成为领导理论进一步发展的瓶颈。因此，在今天的时代背景下开展追随研究，我们同样需要注意避免从一个偏颇（领导者中心）走向另一个相对的偏颇（追随者中心），而势必要考虑和选择对领导与追随研究进行整合性的理论开发。

建构整合性的领导—追随理论，一方面离不开已有的领导力研究成果和前文提及的关于追随的实证研究成果，另一方面更需要学者们超越单个研究成果或者单一研究视角，深入领导—追随现象的本质去进行理论建构。在目前已有的研究中，Derue 等[48]的研究可以视作该方向的一个范例。他们并非从领导或者追随现象的某一个单独理论出发，而是从更为一般性的“身份建构”角度着手，在领导者和追随者互动影响的过程中，界定和分析双方对于自身身份的宣称及对于对方身份的给予。可以看出，“身份建构理论”在其中发挥着元理论的作用，这也与近来在理论建构中倡导的“源头创新”相吻合。[8]当然，领导与追随研究领域中现有的理论还都不够好，理论基础也不够坚实，[4, 55]这要求学者们从其他领域（如心理学、社会学、政治学等）引入更具有解释力的元理论，或者基于对研究对象的深入认识创建出合适的理论原型。以章凯[56]等提出的目标动力学理论为例，该理论以自组织理论为基础，基于“心理目标”这一核心概念，对个体的动机、行为、情绪、认知等进行了新的理论建构，具有显著的元理论属性。从该理论的当前发展来看，已经初步地在领导力有关的领域中得到应用。通过应用该理论，学者或许可以围绕领导者心理目标与追随者心理目标之间的互动关系，发展出领导与追随的动力学理论。最后，毫无疑问的是，理论建构的过程充满未知和挑战，对研究者的理论素养和洞察力要求较高。然而，更加擅长整体思维的中国学者或许可以在领导—追随整合理论的建构与发展中有更好的尝试。

6. 有效追随的开发。管理研究除了贡献知识以外，也承担着引领与造福管理实践的重要使命。在追随研究中，关于有效追随的开发（Followership Development）也因此成为一个极具实践价值的研究方向。正如 Hollander[57] 和 Uhl-Bien 等[2] 指出的那样，“如果没有追随者，那么也就没有领导者和领导力”。在今天这样一个竞争加剧、充满不确定性和模糊性的时代里，开发和调动追随者的力量将具备更加现实的意义。对于正迈入新时代的中国社会和中国企业组织而言，既需要杰出的领导者，也同样需要出色的追随者。从组织中人员的数量对比来看，追随者的数量要远远多于领导者，这同样意味着研究追随者的发展对于组织发展有着重要的现实意义。由此，未来研究除了在学术上考察追随者和追随行为之外，也应当在上述科学研究的基础上探索如何通过培训，在不同的组织情境中激发和培育有效的追随者。

7. 中国情境下独特追随方式的研究。与领导研究相似的是，追随研究既是一个普适性的话题，也具有文化情境性。对于中国学者来说，既可以采取普适性观点来研究追随现象，也可以考察中国文化情境下员工追随的一些特殊属性。前述几个研究方向的讨论主要是从追随研究和理论发展的普适性角度出发，旨在开展能够贡献给全球管理知识的研究；当然，学者也可以在这些方面融入中国文化特征，开展反映中国文化特征的研究。如前文回顾的中国学者针对内隐追随理论所做的研究工作已经表明，西方的内隐追随理论成果与测量工具在中国情境下应用时会出现适切性问题。[35] 由此，国内学者开发出不同维度结构的内隐追随原型，并通过实证研究进行检验。[36-38] 这些研究代表了推动追随研究本土化的一个可能方向，即结合中国情境特征修订或者重新开发西方已有的理论和模型，来指导中国组织中的追随研究。

在此之外，学者也可以通过扎根研究或者定性研究的方式，挖掘中国本土情境下追随现象的独特内涵。从文化价值观的角度来看，中国组织中的文化常常被视作具有较高权力距离取向的典型。[58-60] 在这一文化价值观的驱动下，追随者会有怎样不同的表现？追随者是否会因为高权力距离而对领导者表现出更多的服从，还是会由于高权力距离而与领导者之间保持若即若离的关系？又如，Huang[61] 指出中国社会中的“关系”表现为工具性关系、混合性关系和情感性关系三种，并分别对应了人际交往中不同的准则与规范。通过借鉴这一理论成果，研究者可以考察当追随者与领导者之间形成不同类型的关系时，其追随行为有着怎样的差异。特别是在中国传统文化背景下，一部分追随者尤为强调“情与义”的作用，强调要报答领导者的知遇或关怀之恩。当“报恩”“忠孝”“义气”等这些中国文化内容与文化规范嵌入人们追随领导者的过程中，便很有可能孕育出一些具有本土色彩的追随模式。

除了从文化价值观角度切入，中国组织中所具有的结构性特征也会影响到员工的追随方式。如差序格局常常被视为中国组织的一种典型文化特征，对组织中人们的行为模式有着深远的影响，差序式领导的概念便由此产生。[62, 63] 在呈现出差序格局的团队或组织中，处在该结构不同位置的员工是否会在对领导者的追随上呈现出相应的差异？与领导关系更密切的追随者，又会对与领导关系相对较远的追随者乃至其他非追随者产生怎样的横向影响？上述问题的有效回答，都有赖于针对员工的追随活动与相关的文化价值观进行系统性的思考和研究，从而产生更具本土特色的追随研究成果。

当前的中国社会正处在一个前所未有的转型时期。一方面，中国的传统文化和历史源远流长，对当代社会中人们的行为模式依然有着强烈的传承性影响；另一方面，以移动互联网为代表的新技术蓬勃发展，在很大程度上重新发现与塑造了组织中个体的价值，激活了个体对于自我价值和成长目标的追寻。在中国情境下推动追随研究的发展，毫无疑问，上述两方面的影响和力量都需要予以充分考虑。但需要指出的是，当我们聚焦于企业情境考察追随现象时，需要结合时代要求审慎地对待传统文化中一些来自君臣、父子、人伦关系的内容和要素（如家长式领导与传统性价值观）。[64, 65] 当前中国文化情境中表现出的传统与当代的碰撞和融合，恰恰为中国学者提供了宝贵的研究沃土，促使我们有可能贡献出兼容时代特征和文化传统的理论成果。

## 四　结语

追随并非一个新生事物，但管理学界直到近年才逐渐重视追随研究。这既与管理学科特别是领导研究的发展轨迹密切相关，也得益于当前管理实践呈现出的一系列人性化与个性化的重要变化。通过梳理现有文献，我们发现追随研究在国内学者中得到了更多的关注，相关的研究成果数量也明显多于国外。当然，这并不代表追随现象是中国情境下的独特现象。长期以来的领导研究中，国内学者更多地扮演“学术追随者”的角色；而在新兴的追随研究中，国内同仁的发力或许意味着这可能是一个实现“变道超车”的研究领域。

基于本文的文献梳理和问题探讨，追随者作为组织管理系统的重要成员，开展追随研究为推动领导理论和其他组织管理理论的创新贡献了一个崭新的思考角度，也有可能同其他理论视角（如领导者视角、社会互动视角）整合，重构现有组织研究的理论成果（如一些传统的领导力理论可能会随着追随研究的兴起而逐渐淡出历史舞台），从而可能为发展兼具理论严谨性和实践相关性的组织管理理论提供新的理论源头与路径。在当前员工个体价值与自主性日益增强的管理背景下，追随研究的开展有助于回应管理实践中关于个体变化和组织发展的一系列新难题。正如前文强调的那样，追随研究不仅本身充满着广阔的研究空间，而且也蕴含着中国学者在这一细分领域引领和贡献管理研究的重要机会，中国情境下商业管理实践的巨大进步更是为追随研究提供了难能可贵的研究土壤，值得不同领域对追随现象有研究志趣的中国学者为之努力。

## 参考文献


[1] 原涛、凌文辁:《追随力研究述评与展望》,《心理科学进展》2010年第5期。

[2] Uhl-Bien, M., Riggio, R. E., Lowe, K. B., Carsten, M. K., "Followership Theory: A Review and Research Agenda", *The Leadership Quarterly*, Vol. 25 (1), 2014, pp. 83-104.

[3] Burns, J. M., *Leadership*, New York: Harper Row, 1978.

[4] Van Knippenberg, D., Sitkin, S. B., "A Critical Assessment of Charismatic-Transformational Leadership Research: Back to the Drawing Board?" *The Academy of Management Annals*, Vol. 7 (1), 2013, pp. 1-60.

[5] Wee, E. X., Liao, H., Liu, D., Liu, J., "Moving from Abuse to Reconciliation: A Power-dependence Perspective on When and How a Follower Can Break the Spiral of Abuse", *Academy of Management Journal*, Vol. 60 (6), 2017, pp. 2352-2380.

[6] Howell, J. M., Shamir, B., "The Role of Followers in the Charismatic Leadership Process: Relationships and Their Consequences", *Academy of Management Review*, Vol. 30 (1), 2005, pp. 96-112.

[7] 章凯、罗文豪:《科学理论的使命与本质特征及其对管理理论发展的启示》,《管理学报》2015年第7期。

[8] 罗文豪、章凯:《源头创新与中国管理研究的未来发展取向》,《学术研究》2018年第4期。

[9] Van Vugt, M., "Evolutionary Origins of Leadership and Followership", *Personality and Social Psychology Review*, Vol. 10 (4), 2006, pp. 354-371.

[10] Van Vugt, M., Hogan, R., Kaiser, R. B., "Leadership, Followership, and Evolution: Some Lessons from the Past", *American Psychologist*, Vol. 63 (3), 2008, pp. 182-196.

[11] Zaccaro, S. J., "Trait-based Perspectives of Leadership", *American Psychologist*, Vol. 62 (1), 2007, pp. 6-16.

[12] Derue, D. S., Nahrgang, J. D., Wellman, N. E. D., Humphrey, S. E., "Trait and Behavioral Theories of Leadership: An Integration and Meta-analytic Test of Their Relative Validity", *Personnel Psychology*, Vol. 64 (1), 2011, pp. 7-52.

[13] Graeff, C. L., "The Situational Leadership Theory: A Critical View", *Academy of Management Review*, Vol. 8 (2), 1983, pp. 285-291.

[14] Shamir, B., "From Passive Recipients to Active Co-producers: Followers' Roles in the

Leadership Process", In Shamir, B., Pillai, R., Bligh, M., Uhl-Bien, M. (Eds.). *Follower-centered Perspectives on Leadership: A Tribute to the Memory of James R. Meindl (PP. IX-XXXIX)*, Charlotte, NC: Information Age Publishers, 2007.

[15] Sy, T., "What Do You Think of Followers? Examining the Content, Structure, and Consequences of Implicit Followership Theories", *Organizational Behavior and Human Decision Processes*, Vol. 113 (2), 2010, pp. 73–84.

[16] Fast, N. J., Burris, E. R., Bartel, C. A., "Managing to Stay in the Dark: Managerial Self-efficacy, Ego Defensiveness, and the Aversion to Employee Voice", *Academy of Management Journal*, Vol. 57 (4), 2014, pp. 1013–1034.

[17] Liu, W., Song, Z., Li, X., Liao, Z., "Why and When Leaders' Affective States Influence Employee Upward Voice", *Academy of Management Journal*, Vol. 60 (1), 2017, pp. 238–263.

[18] Hernandez, M., Eberly, M. B., Avolio, B. J., Johnson, M. D., "The Loci and Mechanisms of Leadership: Exploring a More Comprehensive View of Leadership Theory", *The Leadership Quarterly*, Vol. 22 (6), 2011, pp. 1165–1185.

[19] 陈春花:《激活个体》, 机械工业出版社2015年版。

[20] Carsten, M. K., Uhl-Bien, M., West, B. J., Patera, J. L., Mcgregor, R., "Exploring Social Constructs of Followership: A Qualitative Study", *The Leadership Quarterly*, Vol. 21 (3), 2010, pp. 543–562.

[21] McClean, E., Martin, S. R., Emich, K. J., Woodruff, C. T., "The Social Consequences of Voice: An Examination of Voice Type and Gender on Status and Subsequent Leader Emergence", *Academy of Management Journal*, Vol. 61 (5), 2018, pp. 1869–1891.

[22] Oc, B., Bashshur, M. R., "Followership, Leadership, and Social Influence", *The Leadership Quarterly*, Vol. 24 (6), 2013, pp. 919–934.

[23] Burris, E. R., Rockmann, K. W., Kimmons, Y. S., "The Value of Voice to Managers: Employee Identification and the Content of Voice", *Academy of Management Journal*, Vol. 60 (6), 2017, pp. 2099–2125.

[24] 宋继文、郭一蓉、徐大海、罗文豪、王悦:《追随力视角下积极挑战行为的概念与作用机制研究》,《管理学报》2017年第10期。

[25] Kelley, R. E., *The Power of Followership*, New York: Doubleday Business, 1992.

[26] 曹元坤、黄晓波、谭娟:《值得关注的管理学前沿:追随问题研究》,《当代财经》2008

年第 7 期。

[27] 曹元坤、许晟:《部属追随力：概念界定与量表开发》,《当代财经》2013 年第 3 期。

[28] Dvir, T., Shamir, B., "Follower Developmental Characteristics as Predicting Transformational Leadership: A Longitudinal Field Study", *The Leadership Quarterly*, Vol. 14 (3), 2003, pp. 327-344.

[29] 赵慧军:《追随行为的探索性研究》,《经济与管理研究》2013 年第 4 期。

[30] 赵慧军、席燕平:《员工追随行为结构验证及其对工作绩效的影响》,《中国人力资源开发》2015 年第 15 期。

[31] 陶厚永、李薇、陈建安、李玲:《领导—追随行为互动研究：对偶心理定位的视角》,《中国工业经济》2014 年第 12 期。

[32] 王悦、郭一蓉、罗文豪:《追随力视角下的员工挑战行为内涵及其多样性：一项质性探索》,《中国人力资源开发》2017 年第 7 期。

[33] 周文杰、宋继文、李浩澜:《中国情境下追随力的内涵、结构与测量》,《管理学报》2015 年第 3 期。

[34] 刘毅、彭坚、路红:《积极型追随力：概念、结构、量表开发与 Rasch 分析》,《西北师大学报（社会科学版）》2016 年第 1 期。

[35] 孔茗、钱小军:《被领导者"看好"的员工其行为也一定好吗？——内隐追随对员工行为的影响》,《心理学报》2015 年第 9 期。

[36] 祝振兵、罗文豪:《中国组织情境下的内隐追随：内容、结构与测量》,《江西社会科学》2017 年第 3 期。

[37] 郭衍宏、兰玲:《中国情境下内隐追随理论的建构与测量》,《中国人力资源开发》2017 年第 7 期。

[38] 王弘钰、李云剑:《中国本土情境下内隐追随的维度与量表开发——基于形成性指标的维度构建方法》,《厦门大学学报（哲学社会科学版）》2018 年第 1 期。

[39] 彭坚、王霄:《与上司"心有灵犀"会让你的工作更出色吗？——追随原型一致性、工作投入与工作绩效》,《心理学报》2016 年第 9 期。

[40] 彭坚、冉雅璇、康勇军、韩雪亮:《事必躬亲还是权力共享？——内隐追随理论视角下领导者授权行为研究》,《心理科学》2016 年第 5 期。

[41] 祝振兵、罗文豪、曹元坤:《领导会视谁为圈内人？内隐追随与领导—成员交换关系研究》,《科技进步与对策》2017 年第 11 期。

[42] 彭坚、王震:《做上司的"意中人"：负担还是赋能？追随原型—特质匹配的双刃剑效应》,《心理学报》2018 年第 2 期。

［43］Popper，M.，“Why Do People Follow?” In Lapierre，L. M.，Carsten，M. K.（Eds.），*Followership: What Is It and Why Do People Follow?* Emerald Group Publishing Limited，Bingley，United Kingdom，2014，pp. 109–120.

［44］Collinson，D.，“Rethinking Followership：A Post-structuralist Analysis of Follower Identities”，*The Leadership Quarterly*，Vol. 17（2），2006，pp. 179–189.

［45］Shamir，B.，“Motivation of Followers”，In Burns，J. M.，Goethals，G. R.，Sorenson，G. J.（Eds.），*Encyclopedia of Leadership*，Sage Publications，2004，pp. 499–504.

［46］Padilla，A.，Hogan，R.，Kaiser，R. B.，“The Toxic Triangle：Destructive Leaders，Susceptible Followers，and Conducive Environments”，*The Leadership Quarterly*，Vol. 18（3），2007，pp. 176–194.

［47］Kellerman，B.，*Followership: How Followers Are Creating Change and Changing Leaders*，Boston：Harvard Business Press，2008.

［48］Derue，D. S.，Ashford，S. J.，“Who Will Lead and Who Will Follow? A Social Process of Leadership Identity Construction in Organizations”，*Academy of Management Review*，Vol. 35（4），2010，pp. 627–647.

［49］罗文豪:《追随研究的历史溯源、现实驱力与未来展望》,《中国人力资源开发》2015 年第 15 期。

［50］Bateman，T. S.，Crant，J. M.，“The Proactive Component of Organizational Behavior：A Measure and Correlates”，*Journal of Organizational Behavior*，Vol. 14（2），1993，pp. 103–118.

［51］Liu，D.，Fisher，G.，Chen，G.，“CEO Attributes and Firm Performance：A Sequential Mediation Process Model”，*Academy of Management Annals*，Vol. 12（2），2018，pp. 789–816.

［52］Morgeson，F. P.，Mitchell，T. R.，Liu，D.，“Event System Theory：An Event-oriented Approach to the Organizational Sciences”，*Academy of Management Review*，Vol. 40（4），2015，pp. 515–537.

［53］刘东、刘军:《事件系统理论原理及其在管理科研与实践中的应用分析》,《管理学季刊》2017 年第 2 期。

［54］Tee，E. Y.，Paulsen，N.，Ashkanasy，N. M.，“Revisiting Followership through a Social Identity Perspective：The Role of Collective Follower Emotion and Action”，*The Leadership Quarterly*，Vol. 24（6），2013，pp. 902–918.

［55］章凯、罗文豪、袁颖洁:《组织管理学科的理论形态与创新途径》,《管理学报》2012 年

第 10 期。
[56] 章凯:《目标动力学：动机与人格的自组织原理》，社会科学文献出版社 2014 年版。
[57] Hollander, E. P., "Legitimacy, Power, and Influence: A Perspective on Relational Features of Leadership", In Chemers, M. M., Ayman, R. (Eds.), *Leadership Theory and Research: Perspectives and Directions*, San Diego, CA, US: Academic Press, 1993, pp. 29–47.
[58] Daniels, M. A., Greguras, G. J., "Exploring the Nature of Power Distance: Implications for Micro-and Macro-level Theories, Processes, and Outcomes", *Journal of Management*, Vol. 40 (5), 2014, pp. 1202–1229.
[59] Hu, J., Erdogan, B., Jiang, K., Bauer, T. N., Liu, S., "Leader Humility and Team Creativity: The Role of Team Information Sharing, Psychological Safety, and Power Distance", *Journal of Applied Psychology*, Vol. 103 (3), 2018, pp. 313–323.
[60] 刘海洋、刘圣明、王辉、徐敏亚:《领导与下属权力距离一致性对下属工作绩效的影响及其机制》,《南开管理评论》2016 年第 5 期。
[61] Huang, K. K., "Face and Favor: The Chinese Power Game", *American Journal of Sociology*, Vol. 92 (4), 1987, pp. 944–974.
[62] 王磊:《中国家族企业成长中差序式领导对员工及团队创造力的影响：一个跨层次跟踪研究》,《心理科学进展》2015 年第 10 期。
[63] 陶厚永、章娟、李玲:《差序式领导对员工利社会行为的影响》,《中国工业经济》2016 年第 3 期。
[64] 张永军、张鹏程、赵君:《家长式领导对员工亲组织非伦理行为的影响：基于传统性的调节效应》,《南开管理评论》2017 年第 2 期。
[65] 彭坚、王霄、冉雅璇、韩雪亮:《积极追随特质一定能提升工作产出吗——仁慈领导的激活作用》,《南开管理评论》2016 年第 4 期。

（罗文豪，北方工业大学经济管理学院；
刘东，美国佐治亚理工大学 Scheller 商学院；
章凯，中国人民大学商学院）

原载《南开管理评论》2021 年第 2 期

# 中国学者管理学研究的世界贡献：国际合作、前沿热点与贡献路径

## ——基于世界千种管理学英文期刊论文（2013—2019年）的定量分析

何佳讯 葛佳烨 张 凡

**摘要：**本文在"构建中国特色哲学社会科学"战略方向下，基于2013—2019年1000种国际英文管理学期刊483484篇论文（含中国学者32511篇）的纵向文献数据，从世界贡献的角度深入分析中国学者管理学研究的整体发展概况、国际合作以及前沿热点和重要贡献。研究结果显示，在21世纪第二个十年中，中国管理学者在国际学术期刊发表论文数量及其份额迅猛增长，与海外合作发表的成果在稳定数量份额的基础上提高了中国学者的主导地位；中国学者引领10个领域共32个前沿热点，主要分布在工商管理、管理科学与工程、公共管理及管理交叉学科领域，对世界学界的贡献存在多元路径特征，主要通过使用中国数据、基于中国问题和中国情境，但弱于运用中国理论思想。本文的创新在于涵盖管理学学科门类所有领域，采用数据智能和专家咨询意见结合的多阶段研究方法，重在前沿热点领域挖掘而非侧重个人或机构的绩效评价。本文的结论为中国管理学者要在国际上加强中国理论思想研究和运用提供了新的证据和行动指引，也为管理学门类学科发展和科研战略规划提供了若干政策性建议。

**关键词：**管理学 前沿热点 贡献路径 中国学者 LDA主题模型

## 一 问题的提出

自党的十八大以来，党中央一直高度重视中国话语体系建设，中国哲学社会科学是中国话语体系的支撑基础，在提升国际话语权上有着重大担当。对此，2016年5月，习近平总书记在哲学社会科学工作座谈会上的重要讲话中，强调"着力构建中国特色哲学社会科学，在指导思想、学科体系、学术体系、话语体系等方面充分体现中国特色、中国风格、中国气派"。

这些重要思想，成为中国学者把握正确思路、繁荣发展中国哲学社会科学体系的重要纲领和行动指南。学科体系是加快构建中国特色哲学社会科学的根本依托（谢伏瞻，2019），管理学作为哲学社会科学的重要组成部分，对于深入推进哲学社会科学繁荣发展具有重要意义。在当今经济全球化、文化多元化、信息网络化的时代背景下，伴随着40年改革开放进程的纵深发展，中国与世界各国的经济、政治、技术、文化交流渐趋紧密，东西方学术交流也日益频繁且愈加深化，在持续互动与交融的过程中，相关专家和学者在各领域内不断探索和突破，坚持贯彻中国学术“走出去”战略，使中国管理学的知识存量与研究层次不断迈向更高水平（李宝元等，2017；黄群慧，2018；贾良定等，2015）。

然而很多年来，在学界有一种声音，认为在世界范围内中国管理学研究很少为全球管理知识贡献新的构念和理论思想，大多数研究结果并未受到广泛关注（Jia et al.，2012；Liu et al.，2015；Tsui，2009；Zhao and Liu，2020）。学者们普遍认为，中国管理研究是追随西方学术界的领导，关注西方情境的研究问题，验证西方发展出来的理论和构念，借鉴西方研究方法论发展起来的，而旨在解决中国管理实践问题的理论探索性研究却迟滞不前（Tsui，2009；贾良定等，2015）。因此，学者们也呼吁要创新中国本土特色管理理论，走理论自信、理论创新之路（黄群慧，2018；贾良定等，2015）。那么，在管理学学科门类，中国学者贡献于世界的情况究竟如何？只有形成对中国学者国际发文概况的整体解读，了解中国学者在世界范围的哪些前沿热点领域作出了贡献，以及中国管理研究对世界管理知识的具体贡献路径是什么，才能为中国管理学进一步贡献世界提供战略指引。事实上，这不仅攸关中国管理学研究创新的价值取向以及学科发展的战略方向，也对增强中国管理学成果的国际传播，提升中国管理学在国际上的学术话语权，助力中国特色学术体系的形成，都具有十分重要的建设性价值和意义。

在现阶段，国内外学者已在运筹学与管理科学（Laengle et al.，2020；Liao et al.，2019）、旅游（含酒店、休闲、体育）（Mulet-Forteza et al.，2019）、情报科学与图书馆学（Ivanović and Ho，2016）、农业经济（耿献辉等，2020；Chen et al.，2018）等多个管理学领域进行了科学、系统的分析和评价，形成了包括发文量、国家与机构贡献、合作网络等整体概况解读，并试图探讨各领域内的演进轨迹、热点聚焦、研究趋势等。经过多年的演进，这些领域又各自凝结出大量前沿热点与研究主题，充分揭示了当前管理学发展的知识结构和新兴趋势等。在这其中，不乏中国学者的力量（Laengle et al.，2020）。然而，综观现有研究，关于中国学者如何贡献于世界以及在哪些前沿热点领域作出突出贡献的研究却较为鲜见，现有研究更多地聚焦于某一具体分支领域或某一具体期刊，鲜少从管理学整个大学科层面来开展分析；多从全球视角看待世界管理学的发展（Mulet-Forteza et al.，2019；Ivanović and Ho，2016；Laengle et al.，2020），或是从中国视角审视中国管理学学科的发展历程（张玉利、吴刚，

2019；李宝元等，2017），较少关注中国管理学在国际学界的具体贡献；有些研究描述了管理学领域的前沿热点及其演进探析（Zhao and Liu，2020；Liao et al.，2019），但并未对各个前沿热点展开具体阐述，所起到的指导意义较为有限。许多研究关注了中国情境要素下的管理研究和中国管理理论的道路选择问题（Tsui et al.，2004；Jia et al.，2012；Tsui，2009），为发展世界管理学作出新贡献，但鲜有研究系统梳理中国管理学对世界的具体贡献路径。

鉴于上述不足，本文基于 Web of Science（简称 WoS）核心合集数据库 1000 种英文管理学期刊的纵向文献数据（2013—2019 年），依据其学科分类方法，共采集管理学 15 个学科领域的论文数据，涵盖国内管理学所有 5 个一级学科，采用智能化方法和专家智慧相结合的多阶段方法，对中国学者在管理学学科的国际发文概况及年度变化趋势进行全局性的认知和解读，对合作概况进行系统的分析，并对中国学者引领的前沿热点开展具体的分析与评价，试图掌握并判断中国学者管理学研究对世界管理知识体系的贡献，为中国管理学研究的未来发展提供方向性启示和战略性指引。

## 二 文献回顾

通过梳理发现，国内外学者对管理学展开了全方位、多领域的评估，在运筹学与管理科学（Laengle et al.，2020；Liao et al.，2019）、旅游（含酒店、休闲、体育）（Mulet-Forteza et al.，2019）、劳资关系（Casey and Mcmillan，2008）、情报科学与图书馆学（Ivanović and Ho，2016）、农业经济（耿献辉等，2020；Chen et al.，2018）、公共管理（Ni et al.，2017）等多个学科领域形成了系统的分析与评价，提供了各领域内关于高被引论文、国家与机构贡献、作者影响力、合作网络等方面的概览，在此基础上试图探讨各领域内的演进轨迹、主题变化、热点聚焦、研究趋势等。

随着学科跨度不断加大，学科间的界限越来越不明显，跨领域的交叉研究也受到了广泛关注，例如，Bansard 等（2007）运用文献计量方法探讨医学信息与生物信息两个领域间的显在联系与潜在协同，识别出两个研究领域所共享的未来发展趋势。经过多年的演进，这些领域各自凝结出了大量不同的前沿热点与研究主题，学者们聚焦于这些热点主题又衍生出了一系列子领域的评估，例如，在运筹学与管理科学领域，形成了模糊决策（Liu and Liao，2017；Blanco-Mesa et al.，2017）、机器学习（Yu et al.，2020；Dos Santos et al.，2019）等子领域的评估，充分反映出当前管理学学科发展的知识结构、发展态势、新兴趋势等，从而增进我们对管理学学科的理解，并有助于进一步识别潜在的研究机会。

有关研究表明，中国学者在管理学多个领域作出了重要贡献，在国际学界的显示度和话语权不断提升（Zhao and Liu，2020；Laengle et al.，2020）。例如，在运筹学与管理科学领域，1991—2015 年生产力最高和影响力最大的大学主要来自北美洲和亚洲，尤其是美国与中国，与此同时，美国正在失去其在该领域的主导性地位，而中国则在迅速崛起（Laengle et al.，2020）。由此看出，尽管以美国为代表的西方管理学研究得益于起步早且科学化程度高而占据主导地位（贾良定等，2015），但随着中国国力的提升，中国与世界各国的经济、政治、文化交流日趋紧密，中国管理学研究与国际前沿逐渐接轨，中国学者正在成为国际学界的重要力量。中国学者积极追踪国际管理学前沿热点，关注西方情境的研究问题，验证西方理论和构念，并借鉴西方的研究方法论，这使得中国管理学研究的规范性得以增强，越来越多的管理学研究成果发表于世界顶级的英文学术期刊（黄群慧，2018；贾良定等，2015）。

从现有研究来看，中国管理学研究对世界的贡献主要体现在两个层面。一是对中国情境的持续关注。改革开放40年来，中国的国家情境产生了“翻天覆地”的变化，主要体现为快速工业化进程的经济情境变化、改革开放推动的市场化和全球化进程的制度情境变化，以及全球范围内以信息化为核心的技术情境变化。中国传统文化也在不断吸收、融合外来文化元素的过程中得到了丰富与发展，构成了独特的中国社会文化情境（黄群慧，2018）。当前，中国情境日益成为探讨中国管理学、管理理论或者中国管理问题，以及借鉴、移植西方管理学理论和知识的前置条件，中国情境要素下的管理实践日益受到关注（Tsui et al.，2004；Jia et al.，2012；黄群慧，2018）。例如，基于中国特定文化情境的新问题、新现象及背后的理论逻辑持续出现并不断完善，包括基于阴阳哲学的悖论性领导行为（Zhang et al.，2015b）、基于儒家哲学思想的中国企业家亲社会动机（Li and Liang，2015）等。二是对中国理论的开发与探索。随着中国管理理论创新的不断深入，众多专家学者围绕中国管理学研究是走强调理论探索的“羊肠小道”还是重视理论开发的“康庄大道”展开了广泛探讨（曹祖毅等，2017；Tsui，2009；Jia et al.，2012；Barney and Zhang，2009）。一方面，对现有西方理论进行修正、补充和完善，通过将现有理论与本土管理实践的结合以增强其普适性，实现国际主流管理理论的区域延伸（曹祖毅等，2017）。另一方面，中国管理学界开始意识到发展本土管理理论的必要性，许多学者尝试融入中国理论思想，如面子（Chen et al.，2019；Huang and He，2019）、关系（Shou et al.，2011；Gu et al.，2008）、阴阳文化（Gao et al.，2018）等，不仅能解释本土现象，而且追求知识发现能贡献于世界（何佳讯，2016）。

尽管研究表明中国管理学在国际上的显示度和影响力不断提升，然而综观现有研究，仍存在以下几点不足。第一，国内外关于管理学评价的研究更多的是聚焦于管理学下某一具体分支领域，如农业经济（耿献辉等，2020；Chen et al.，2018）、运筹学与管理科学（Liao et al.，2019）等，或某一具体期刊（Casey and McMillan，2008；Ni et al.，2017；Zhao and Liu，2020），未有从管理学整个门类的层面来探讨中国学者对世界的贡献，研究视域存在一定的局限性；第二，现有研究的视角多从世界视角看待管理学的发展，所面向的对象是世界各国，探讨的是国际上的前沿热点（Mulet-Forteza et al.，2019；Ivanović and Ho，2016；Laengle et al.，

2020），或者是从中国视角回顾国内管理学学科的发展历程（张玉利、吴刚，2019；李宝元等，2017），鲜少单独关注中国管理学者在世界学界的影响，并未重点探讨中国学者所作出的具体贡献；第三，已有的管理学学科评价研究主要考虑了被引次数、使用次数等文献计量评价指标，尽管对领域内的前沿热点有所提及（Zhao and Liu，2020；Liao et al.，2019），但并未概括总结这些前沿热点的价值贡献路径，所起到的指引未来的意义较为有限；第四，尽管已有许多研究强调关注中国情境下的管理问题（Jia et al.，2012；Whetten，2009），呼吁发展创新中国理论为世界管理学作出新贡献（颜世富、马喜芳，2018；Barney and Zhang，2009；Tsui，2009），但中国学者对世界管理知识的具体贡献路径是什么，现有研究并未给出相应的解答。

特别值得指出的是，以中文发表、立足中国范围为研究视角探讨和评价中国管理学研究和发展已有较多成果（张玉利、吴刚，2019；李宝元等，2017）。本文是以英文发表、立足世界范围的视角展开研究的，有关结论可以对中文发表带来观照性启发和借鉴，从而更好地建设中国特色管理学。事实上，学者们对中文发表成果存在的问题形成了若干共识。发展管理学术话语体系不等于“造新词”，如今中国学者“攒造新词”以哗众取宠的现象层出不穷（吴晓波，2021），最终难以实现真正的学术创新。究其原因，中国管理学者仍缺乏文化自信（魏江，2021；苏勇、段雅婧，2019），无论从知识系统、研究范式或是从评价发表体系，仍然高度依赖西方学术体系（朱旭峰，2021）。具体而言：第一，在研究内容上，国内研究缺乏对中国现实管理情境和商业实践的足够关注和观察，理论研究与管理实践相互脱节，大多研究单纯为了本土化而本土化（王永贵，2021；王永贵、李霞，2019；张佳良、刘军，2017；李宝元等，2017；田志龙、陈丽玲，2019），而理论的发展不应该仅仅满足研究者的好奇心，更应该为真实管理问题寻找解决方法（陆亚东，2015）。第二，在研究范式方法上，受西方管理学研究范式影响，国内研究有过度追求研究规范化、推崇复杂定量研究与高深模型的倾向，过分强调定量研究而忽视了定性研究，对实际问题的研究不够深入，难以发现管理实践背后的中国逻辑和中国规律（王永贵，2021；王永贵、李霞，2019；张佳良、刘军，2017），且经验定量研究缺乏定性分析逻辑基础，甚至用虚假的经验数据掩盖歪曲学术思想（李宝元等，2017）。第三，在评价发表体系上，服务中国管理实践的评价体系严重缺失。一方面，考评机制驱使学术研究遵循强烈的功利性驱动导向，重欧美顶尖期刊发文数量，轻学术质量和贡献。另一方面，以国际期刊等级评价研究质量的顽疾在职称评审、人才项目评审等过程中根深蒂固（魏江，2021），在一定程度上使中国学者在中国特色管理学研究上缺乏沉淀与耐心。上述这些问题促使本文在研究开展的过程中采用了相应的分析取向和方法，包括调查统计对象不局限于欧美顶级期刊，而是世界范围内的1000种期刊；分析取向侧重于实际贡献，而非简单文献数量。这样可以使得本文的研究结论更好地对中文发表形成相应的参考借鉴和改进启示。

综上，本文拟从以下3个方面弥补现有研究的不足。首先，相比于已有的研究聚焦于管理学下的某一分支或某一期刊，本文基于 Web of Science 的分类原则，涵盖管理学学科下 15 个领域（国内 5 个管理学一级学科）共 1000 种期刊的纵向（2013—2019 年）文献数据，拓宽研究的覆盖面，在此基础上进行相关统计和分析，所得到的结论较为全面和具体。其次，本文揭示中国学者贡献于世界管理学的现状和特征，重点关注中国学者在世界范围所引领的前沿热点，而非侧重个人或机构的绩效评价。最后，本文对中国学者所引领前沿热点的价值贡献路径进行概括总结，区别于一般层面上的文献计量评价研究，特别从中国问题、中国情境、中国数据、中国理论思想这 4 个方面对中国学者的研究贡献于世界的具体路径进行了分析，以期为研究人员和科研管理人员提供全面的认识，有助于指引未来学术方向。

## 三 数据来源与研究方法

### （一）数据来源

本文基于 WoS 核心合集中的社会科学引文索引（SSCI）、艺术和人文引文索引（A&HCI）数据库，采集 WoS 管理学领域 1000 种英文期刊的纵向历史文献数据作为分析样本，并将时间跨度选定为 2013 年 1 月至 2019 年 8 月。原因在于，一方面，WoS 是全球最大、覆盖学科最多的综合性学术信息资源，其核心合集数据库收录了两万多种世界权威的、影响力高的学术期刊[①]，是极为严谨且高效的文献源，因而被广泛运用到文献计量分析之中。另一方面，伴随着中国经济的强劲发展，中国经济管理研究水平在过去几年里有了较大的提升，迫切需要我们在整个学科门类上开展研究，全面把握整体情况。针对这种需求，WoS 管理学领域的 1000 种期刊是较为充足的资源。

具体而言，依据 WoS 的学科分类方法，本文采集了管理学研究中农业经济与政策、商业、金融、土木工程、工业工程、人机工程、旅游（含酒店、休闲、体育）、劳资关系与劳工、情报科学与图书馆学、管理、医学信息、运筹学与管理科学、公共管理、公共环境与职业健康、区域与城市规划等 15 个领域的论文数据，涵盖国内管理学门类下五大一级学科（工商管理、管理科学与工程、公共管理、图书情报与档案管理、农林经济管理）的所有领域。在所统计的 2013 年 1 月至 2019 年 8 月，WoS 核心合集数据库中管理学领域的总体发文量达到 483484 篇。对于中国学者发文量的筛选，本文以作者地址为筛选标准，将作者地址显示为中国的论文均计入中国管理学者的研究成果，最终得到中国学者（含港澳不含台）32511 篇发文量的论文数据，共涉及 1000 种管理学英文期刊，其中包含了 24 种 UTD-24 期刊和 39 种 FT-45 期刊[②]。本文基于此数据源进行相关统计和分析。

### （二）研究方法

本文的研究共分 3 个阶段进行，采用了相应的研究方法。第一阶段，通过与课题的数据方法组和科睿唯安团队的紧密合作，采用文献计量学方法获取了 WoS 数据库中 2013 年 1 月至 2019 年 8 月中国管理学者总研究成果的数据以及年度变化趋势，并使用引文分析方法获取总被引次数、篇均被引和文献使用量等，以形成对中国管理学国际英文期刊发文的整体概况解读。被引频次反映了期刊文献的学术影响力，衡量了知识的影响程度与方向（Bergh et al., 2006；Schulz and Nicolai，2015），而使用次数衡量的是文献的社会影响力（刘智锋等，2020），反映了学者对文献的关注程度（郭凤娇等，2020）[③]。在合作情况方面，结合信息计量、社会网络分析、数据可视化 3 种方法对管理学领域的中外合作特征与趋势进行了概括，并运用信息计量法分析了中国学者的总体合作概况以及在分领域中的合作情况。

第一阶段研究的重点是通过智能化方法挖掘前沿热点与分布。我们首先运用 LDA（Latent Dirichlet Allocation）方法，挖掘得到了中国学者（不含港澳台）贡献的 20 个前沿热点。LDA 方法由 Blei 等（2003）所提出。它是一种贝叶斯层次主题模型，可用于挖掘大规模文档集背后隐含的主题。LDA 方法假设每个文档都是主题的混合，而每个主题又由一组主题词所定义。在这种方法下，某一研究领域的文档更有可能包含该领域特有的单词。课题组通过与科睿唯安团队的合作，由科睿唯安的研究人员将单篇论文的标题、摘要和关键词拼接成一个文档，并将大量文档（剔除缺少标题、摘要和关键词中的任一字段的论文）组成的语料集作为 LDA 分析的数据源，在建模过程中使用蒙特卡洛方法来估计每个文档的主题。考虑到时间成本，在兼顾 LDA 模型速度和质量的考量下，使用了基于论文引用情况和发表时间的筛选规则（只保留满足以下 3 个条件之一的论文：论文发表时间为 2019 年；论文发表时间为 2018 年，且至少获得一次引用；论文发表时间为 2013 年至 2017 年，且近期的引用增长超过所在学科领域的 85% 水平），筛选出最有可能代表前沿热点的论文进行主题分析，最终形成一个共包含 103 个管理学全球前沿热点的主题列表。在此基础上，根据中国学者占比的高低，最终得到了中国学者（不含港澳台）所引领的前 20 个前沿热点（中国学者占比在 16.23%—29.02%）。在通过 LDA 挖掘得到的每个前沿热点的代表性论文集合中，选取中国学者（不含港澳台）发表的 3 篇最高被引论文。例如，在供应链管理与企业绩效领域，由 Liu 等（2013a）、Zhu 等（2013）、Deng 等（2014）贡献了高被引论文。对于未出现在 LDA 主题模型挖掘出的前沿热点中，但本身被引用或被使用量较高的中国学者（不含港澳台）贡献的研究，运用文献计量法分别取被引前十和使用次数前十的文献，归纳总结出了 2 个主要的研究主题，作为有益的补充。在第一阶段研究的基础上，我们写成研究报告初稿。这一阶段开展的时间是在 2020 年 4 月 7 日至 7 月 27 日。

接着进入第二阶段，我们邀请了管理学学科门类中的 33 位资深专家对研究报告初稿进行审读，时间在 2020 年 7 月 28 日至 8 月 15 日。课题组对他们反馈的意见进行综合和提炼，有效克服了 LDA 主题模型方法存在的不足，开展第二阶段的重点工作，即增加数据来源，以补充在智能化方法中可能未能反映出来的前沿热点内容。具体而言，根据专家的意见，本文运用文献计量法专门检索了中国学者（不含港澳台）在 UT Dallas 24 种刊物上的高被引代表性成果。考虑到学科差异，将这 24 种刊物划分为会计、财务、信息系统、营销、管理科学、工商管理 6 个领域，分别检索了中国学者（不含港澳台）于 2013 年 1 月至 2019 年 8 月在上述 6 个领域中所发表的 30 篇最高被引论文，共计 180 篇。与此同时，也根据专家的意见，检索了受教育部哲学社会科学重大课题攻关项目、国家社会科学基金重大项目、国家自然科学基金重点项目、重大项目、重大研究计划、优秀青年科学基金项目、国家杰出青年科学基金等重要项目资助的项目负责人在上述期间发表在 UT Dallas 24 种刊物上的论文，共计 104 篇，归类至 6 个领域中。在此基础上，综合起来对这 6 个领域内的文献进行主题提取，共得到了 10 个被引量较高的前沿热点。例如，在领导力与团队领域，由 Zhang 等（2015b）、Peng 等（2014）、Ou 等（2014）贡献了高被引论文。第二阶段开展的总体时间是在 2020 年 7 月 28 日至 10 月 10 日。以上阶段的代表性研究成果均剔除了文献综述类型的论文。进一步，根据中国教育部公布的管理学一级学科目录，将研究热点划归至管理学门类的 5 个一级学科之中，分别是工商管理，管理科学与工程，公共管理，图书馆、情报与档案管理，农林经济管理，在划分过程中与国际通行的管理学划分标准尽量保持一致。

在第三阶段，为了客观揭示中国学者的研究对世界管理知识的具体贡献路径，我们以 30 所高被引影响的中国高校和科研机构为调查对象[④]，运用文献计量法获取每个机构于 2013 年 1 月至 2019 年 8 月在管理学领域所发表的 30 篇最高被引论文作为分析样本，共计 900 篇。其中，有 102 篇论文涉及机构间的合作，剔除重复论文后，本文最终获取 798 篇论文数据，并收集了每篇文献的被引频次、发表时间、期刊种类等数据。为厘清每篇文献对世界管理学的贡献路径，本文借鉴了曹祖毅等（2017）的编码过程。考虑到所编码的文献样本数据量较大，由 1 名编码组长（第一作者）和 6 名编码成员（管理学博士研究生）负责对 798 篇样本论文进行编码。为了保证编码信度，数据编码过程中遵循以下步骤。第一，编码前培训。为了使编码者较为准确地了解编码原则和维度，对 6 名编码人员进行集中性的编码培训，由编码组长举例并阐释分析框架及编码原则和方式，确保每位编码人员充分理解并吸收。第二，尝试性编码。将 6 名编码成员两两配对，共配对成 3 组，每组的 2 名编码成员以双盲形式对 10 个相同的随机样本进行尝试性编码，由编码组长与成员共同商讨、对比编码结果，具体分析编码人员对每个维度的理解与操作依据，从而完善编码模式。第三，预编码过程。每个编码小组各随机抽取另外 30 个相同的样本进行预编码。经统计，3 个编码小组的预编码结果一致率分别为 77.78%、66.85%、62.96%，对于编码结果的分歧之处，则由编码组长组织编码人员共同讨论以达成共识，每组的编码结果一致性达到 80% 以上则进入正式编码阶段。第四，正式编码阶段。将剩余的样本在 3 组编码小组之间进行平均分配，编码成员进行相互独立编码。编码结束后，编码组长对编码结果进行检验，3 个编码小组的正式编码结果的一致率分别达 85.19%、81.48%、80.74%，对于不一致的编码，则由编码组长进行统一判定。这一阶段开展的时间是在 2021 年 3 月 3 日至 4 月 20 日。

## 四　结果分析

### （一）总体概况与影响力

总体来看，在 2013 年 1 月至 2019 年 8 月，WoS 核心合集数据库中管理学领域的总体发文量为 483484 篇。中国学者（含港澳不含台）共发表 32511 篇英文论文，被引 224071 次，篇均被引次数为 6.89 次 / 篇，总被使用量达 916748 次，平均每篇论文使用 28.20 次。从具体的发文量来看，中国学者（含港澳不含台）的发文量自 2013 年的 2897 篇增长至 2018 年的 6942 篇，总体呈上升态势，表明中国学者（含港澳不含台）对世界管理学的贡献不断加大。在 2019 年前 8 个月，中国学者（含港澳不含台）的发文量已达到 2018 年发文量的 73.96%。2013—2018 年，中国学者（含港澳不含台）发文量的每年增长率均高于全球每年增长率，前者的总增长率是后者的 4.50 倍。中国学者（含港澳不含台）发文量的比例总体上也呈上升态势，由 2013 年的 4.64% 增长至 2018 年的 8.48%。截至 2019 年 8 月 31 日，中国学者（含港澳不含台）2019 年发文量的占比已达 8.82%，超过 2018 年的 8.48%。因此在总体上，本文认为中国管理学研究国际发文增长速度远高于世界水平。具体信息详见表 1。

**表 1　中国学者（含港澳不含台）的管理学 WoS 发文趋势**

| 年份 | 全球的情况 | | 中国学者参与的情况 | | |
|---|---|---|---|---|---|
| | 发文量 | 每年同比增长 | 发文量 | 全球占比 | 每年同比增长 |
| 2013 | 62472 | — | 2897 | 4.64% | — |
| 2014 | 64745 | 3.64% | 3344 | 5.16% | 15.43% |
| 2015 | 67616 | 4.43% | 3990 | 5.90% | 19.32% |
| 2016 | 72967 | 7.91% | 4600 | 6.30% | 15.29% |
| 2017 | 75611 | 3.62% | 5604 | 7.14% | 21.83% |
| 2018 | 81861 | 8.27% | 6942 | 8.48% | 23.88% |
| 2019* | 58212 | — | 5134 | 8.82% | — |
| 平均增长率 | — | 5.58% | — | — | 19.15% |
| 总增长率 | 31.04% | — | 139.63% | — | — |

注：2019 年数据截至 8 月 31 日。

### （二）国际合作研究概况及特征

1. 境外合作的地理特征

在 2013 年 1 月至 2019 年 8 月，管理学领域的中外合作主要集中在北美洲、欧洲和亚洲国家。中国学者（含港澳不含台）与北美洲国家的合作程度最高，共占比 44.51%，其中，与美国的合作关系最为紧密，占 38.80%，与加拿大也存在一定的合作关系，占 5.38%。中国学者（含港澳不含台）与欧洲许多国家之间的合作较为紧密，共占 24.30%，其中与英国在管理学领域的合作相对较多，占 8.66%。与此同时，中国学者（含港澳不含台）与亚洲许多国家或地区也存在合作关系，占 17.57%，并且与中国台湾地区、新加坡的合作程度相对较高，分别为 4.28% 和 3.08%。中国学者（含港澳不含台）与大洋洲的部分国家也存在合作关系，共占 10.43%，其中与澳大利亚的合作程度较高，占 9.33%。此外，中国学者（含港澳不含台）与非洲和南美洲国家也存在合作关系，但合作程度不高，分别占 2.06% 和 1.13%。值得注意的是，中国政府于 2013 年提出了“一带一路”倡议，此后多年来，中国与“一带一路”沿线国家存在着明显的合作关系，共占 11.10%。总的来看，中国学者（含港澳不含台）与美国、英国、澳大利亚等国家或地区合作较多，与加拿大、新加坡等国家或地区也存在较为紧密的合作关系。

2. 国际合作的特征趋势

在 2013 年 1 月至 2019 年 8 月，中国学者（含港澳不含台）在管理学领域的总体发文量为 32511 篇。其中，中国学者（不含港澳台）为通讯作者或第一作者的发文数量为 22847 篇，总体占比 70.27%。所有作者均为中国学者（不含港澳台）的发文数量为 11197 篇，占比 34.44%。中国学者（不含港澳台）与其他国家机构作者的合作发文数量为 17549 篇，占比 53.98%。由此看来，中国学者（不含港澳台）通过国际合作在国际上呈现较大的影响力。具体信息详见表 2。

**表 2　管理学领域中国学者（不含港澳台）的合作概况**

| 年份 | 中国学者（不含港澳台）为通讯作者或第一作者发文数量 | 占比 | 作者均为中国学者（不含港澳台）的发文数量 | 占比 | 中国学者（不含港澳台）与其他国家机构作者合作发文数量 | 占比 | 当年发文量 |
|---|---|---|---|---|---|---|---|
| 2013 | 1632 | 56.33% | 806 | 27.82% | 1576 | 54.40% | 2897 |
| 2014 | 2050 | 61.30% | 949 | 28.38% | 1900 | 56.82% | 3344 |
| 2015 | 2600 | 65.16% | 1256 | 31.48% | 2235 | 56.02% | 3990 |
| 2016 | 3155 | 68.59% | 1481 | 32.20% | 2566 | 55.78% | 4600 |
| 2017 | 4018 | 71.70% | 1978 | 35.30% | 3000 | 53.53% | 5604 |
| 2018 | 5350 | 77.07% | 2654 | 38.23% | 3649 | 52.56% | 6942 |
| 2019* | 4042 | 78.73% | 2073 | 40.38% | 2623 | 51.09% | 5134 |
| 合计 | 22847 | 70.27% | 11197 | 34.44% | 17549 | 53.98% | 32511 |
| 总增长率 | 227.82% | | 229.28% | | 131.54% | | |

注：本表中未统计中国学者（不含港澳台）与港澳台作者的合作情况。截至 2019 年 8 月。

在 2013—2018 年，中国学者（不含港澳台）与其他国家机构作者的合作发文数量不断上升，从 2013 年的 1576 篇上升到 2018 年的 3649 篇，但占比处于稳定状态，无明显上升趋势，从 2013 年的 54.40% 到 2018 年的 52.56%。2019 年前 8 个月，中国学者（不含港澳台）与其他国家机构作者合作发文数量占比 51.09%，接近于 2018 年的 52.56%。总体上表明，中国学者（不含港澳台）与其他国家机构作者的合作程度处于较稳定状态，国际合作处于中高水平。

进一步地，我们发现在 2013—2018 年，中国学者（不含港澳台）为通讯作者或第一作者的发文数量及占比都呈逐年上升的趋势，从 2013 年的 1632 篇增长到 2018 年的 5350 篇，占比从 2013 年的 56.33% 上升到 2018 年的 77.07%，2019 年前 8 个月的发文量占比已达到 78.73%。作者均为中国学者（不含港澳台）的发文数量及占比在 2013—2018 年也都呈逐年上升趋势，从 2013 年的 806 篇增长到 2018 年的 2654 篇，占比从 2013 年的 27.82% 上升到 2018 年的 38.23%，在 2019 年前 8 个月，作者均为中国学者（不含港澳台）的发文数量占比已达到 40.38%。综上看出，中国学者（不含港澳台）在管理学领域发挥国际影响的主导力不断提升。

从 15 个分领域（参见《管理世界》网络发行版附录 A1 附表 1）来看，在 2013—2018 年，中国学者（不含港澳台）为通讯作者或第一作者的发文数量占比均呈现出总体上升的趋势。各领域总体处于 51.74%—84.94%。

相较于其他领域，中国学者（不含港澳台）在农业经济与政策、运筹学与管理科学这两个领域发挥国际影响的主导力相对较高，中国学者（不含港澳台）为通讯作者或第一作者的发文数量占比分别为 84.94%、77.93%。在农业经济与政策领域，中国学者（不含港澳台）为通讯作者或第一作者的发文数量占比呈总体上升趋势，从 2013 年的 79.63% 上升至 2018 年的 82.61%。在运筹学与管理科学领域，中国学者（不含港澳台）为通讯作者或第一作者的发文数量占比呈现出明显的上升趋势，从 2013 年的 68.49% 上升至 2018 年的 81.85%。相比之下，中国学者（不含港澳台）在旅游（含酒店、休闲、体育）这一领域内的国际主导影响力最低，为 51.74%。在该领域，中国学者（不含港澳台）为通讯作者或第一作者的发文数量占比在 2013 年仅为 38.74%，2018 年达到了 55.74%，但总体上国际影响力仍然不高。

在 15 个分领域内（参见《管理世界》网络发行版附录 A1 附表 1），中国学者（不含港澳台）与其他国家机构作者合作发文数量占比处于 46.19%—67.98%，总体国际化水平较高。在农业经济与政策、金融这两个领域，中国学者（不含港澳台）与其他国家机构作者的合作程度相对较高，分别为 67.98%、61.92%。具体到各个年份，农业经济与政策领域的合作程度略呈总体上升趋势，从 2013 年的 61.11% 上升至 2018 年的 63.04%。金融领域的合作程度略呈下降趋势，从 2013 年的 67.89% 下降至 2018 年的 64.17%。中国学者（不含港澳台）与其他国家机构作者在区域与城市规划、公共环境与职业健康这两个领域的合作程度相对较低，分别为 46.48%、46.19%。

### （三）中国学者（不含港澳台）引领的前沿热点及重要贡献

本文综合 LDA 主题模型（共 60 篇论文，20 个前沿热点）、文献计量（高被引和高使用次数，共 20 篇论文，2 个前沿热点）、专家建议（UT Dallas 24 种刊物，共 284 篇论文，10 个前沿热点），总共得到了中国学者（不含港澳台）引领的 32 个前沿热点及代表性成果。我们对每个前沿热点的重要贡献成果进行概括总结。按照 WoS 的分类原则，这 32 个前沿热点涉及管理、金融、商业、旅游（含酒店、休闲、体育）、运筹学与管理科学、工业工程、公共管理、医学信息、公共环境与职业健康、区域与城市规划 10 个领域。根据中国教育部公布的管理学门类的一级学科目录，其中 6 个领域 25 个前沿热点归属于工商管理和管理科学与工程两个一级学科。这里限于篇幅，我们对这 32 个前沿热点按国内的一级学科大类进行概括介绍，提炼它们的重要贡献及蕴含的引领价值。有关 32 个前沿热点的具体内容介绍，请参见《管理世界》网络发行版附录 A1。

1. 工商管理学科

在工商管理学科中，中国学者（不含港澳台）在管理、金融、商业以及旅游（含酒店、休闲、体育）4 个研究领域共计 18 个前沿热点中作出了重要贡献。对照 2021 年国家自然科学基金管理科学部新的代码对应的工商管理学科名称（共 15 个二级代码），这些前沿热点涵盖其 15 个代码中的 11 个，其中 3 个前沿热点属于全部新增的 3 个代码（G0210 公司金融、G0212 公司治理、G0215 旅游管理）。具体而言，管理领域共有 7 个前沿热点，包括供应链管理与企业绩效、工作融入与工作绩效、采纳与接受意向、供应链协调、文化认同与跨文化研究、领导力与团队、消费观念与价值偏好；金融领域共有 5 个前沿热点，包括公司治理结构与董事会、寿命估计与碳价预测、盈余管理、股票收益预测、股票收益异常；商业领域共有 5 个前沿热点，包括数字化创新管理、顾客终身价值、跨国公司直接投资、移动营销、信息传播与社交媒体；旅游（含酒店、休闲、体育）领域仅包含游客态度与行为研究这 1 个前沿热点。

2. 管理科学与工程学科

在管理科学与工程学科中，中国学者（不含港澳台）在运筹学与管理科学和工业工程 2 个研究领域共 7 个主题领域中作出了重要贡献。对照 2021 年国家自然科学基金管理科学部新的代码对应的管理科学学科名称（共 19 个二级代码），这些前沿热点涵盖其 19 个代码中的 7 个，其中 2 个前沿热点属于新增 4 个代码中的 2 个（G0111 数据科学与管理、G0118 智慧管理和人工智能）。具体来看，运筹学与管理科学领域共包含 6 个前沿热点，分别是大数据技术与预测建模、机器学习方法、多目标优化算法、公共交通调度、多准则决策方法、运营效率与绩效分析；工业工程领域仅包含危险作业这1个前沿热点。

3. 公共管理与管理交叉学科

在公共管理与管理交叉学科中，中国学者（不含港澳台）在公共管理、医学信息、公共环境与职业健康、区域与城市规划4个领域共计7个主题领域中作出了重要贡献。对照2021年国家自然科学基金管理科学部新的代码对应的公共管理学科名称（共15个二级代码），这些前沿热点均显示了与公共管理学科相关，但存在交叉学科的特征。具体是：前沿热点交通安全管理属于公共安全与应急管理（G0409）及其交叉；医学信息领域含2个前沿热点，分别是全球疾病负担研究和医疗保健与康复治疗，属于健康管理与政策（G0405）及其交叉；公共环境与职业健康领域共包含3个前沿热点，分别是空气污染与健康、环境污染与化学处理、气候政策与新能源，属于环境与生态管理（G0411）及其交叉；区域与城市规划领域的前沿热点是智慧城市规划与生态发展，属于区域管理与城市治理（G0413）及其交叉。

4. 不同学科贡献优势的差异

通过对上述分属于不同学科的32个前沿热点的代表性论文进行研读，我们发现，中国学者（不含港澳台）引领的这些前沿热点对于构建中国特色管理学体系存在不同的学科贡献优势差异。工商管理学科的优势主要是基于中国问题并结合中国情境引领前沿热点研究；管理科学与工程学科、公共管理与管理交叉学科的优势主要是基于中国数据并创新研究方法，数据和方法的结合构成独特优势引领前沿热点研究。

（1）基于中国问题并结合中国情境

在供应链管理与企业绩效、公司治理结构与董事会、跨国公司直接投资、危险作业等前沿热点中涉及对中国制度背景、政府政策、政治关联等基于政治情境的问题的探讨。例如，基于中国独特的制度背景，Zhu等（2013）探讨了制度压力如何影响中国制造商开展绿色供应链管理实践以及相应的绩效结果，进一步加深了在中国制度背景下实施绿色供应链管理实践的见解。中国制度背景下的企业国际化活动也备受关注，部分学者探讨了母国的制度支持和东道国的制度背景如何影响中国跨国公司的外商直接投资（Lu et al.，2014）、中央和地方国有企业不同的制度特征如何促使它们采取差异化的对外直接投资策略（Li et al.，2014a）。在中国关系主导型社会结构下，中国企业的政治关联广泛存在。对此，有学者研究了董事会政治关联与公司治理有效性的关系，探究银行董事会政治关联如何影响中国银行绩效与资产质量（Liang et al.，2013）。此外，在中国建筑行业场外施工的影响因素研究中，中国政府政策与法规的阻碍作用也受到了关注（Mao et al.，2015）。

也有学者在文化认同与跨文化研究、领导力与团队等前沿热点中探讨了基于中国文化情境的管理问题，如社交关系如何构成中国背包客的旅游动机研究（Chen et al.，2014）、文化价值观如何影响跨文化背景的消费者对有机食品的购买动机（Thøgersen et al.，2015），提供了关于中国文化因素在消费者 / 游客动机中的作用的认识。值得关注的是，Zhang 等（2015b）基于中国文化情境构建了一个本土文化构念“悖论性领导行为”，该构念是基于中国阴阳哲学理论所开发，共包括对下属一视同仁且允许个性化、自我中心与他人中心相结合、允许自主性且保持决策控制、严格执行工作要求且允许灵活性、保持距离感和亲近感这 5 个维度，推动了中国特色领导力研究的发展。

（2）基于中国数据并创新研究方法

从中国学者（不含港澳台）所引领的代表性成果来看，许多中国学者力求结合中国数据，在已有的研究方法上有所更新或实现突破。其贡献主要有两个方面。一方面，基于西方管理学研究方法，结合中国数据作出方法上的改进。例如，在大数据技术与预测建模这一前沿热点中，Yang 等（2015）针对传统网络搜索查询的不足，提出了一个系统的搜索查询选择机制，结合百度和谷歌搜索引擎数据，以更好地预测中国海南地区的游客量。Wang 等（2013）在已有方法的基础上，结合中国黄河区域的真实数据集，发展了基于集合经验模态分解（EEMD）方法的粒子群优化—支持向量机（PSO-SVM）模型，显著提高了黄河流域的降雨径流预测准确度。在运营效率与绩效分析这一前沿热点中，Wang 等（2014）将两阶段 DEA 模型用于中国商业银行效率的评估和测算之中，并证实了该方法比传统的黑盒 DEA 模型具有更好的判别能力。此外，在环境污染与化学处理这一前沿热点中，Li 等（2014b）基于传统的水质指数发展了一种新的熵加权模糊水质指数，用以评估中国西北工业园区与周边地区的地下水质量，该方法不但能为参数分配适当的权重，还可以处理与水质分类相关的不确定性。

另一方面，也有部分学者结合中国数据发展出了全新的研究方法，尽管数量仍在少数，但对发展具有世界意义的中国管理学研究方法有重要的指引与贡献。例如，在多目标优化算法这一前沿热点中，Zheng（2015）受水波理论的启发，构建了一个全新的水波优化元启发式算法应用于中国高速列车的调度问题，并证实了该方法相比于其他先进的进化算法具有很强的竞争力与解释力。在空气污染与健康这一前沿热点中，Ma 等（2016）使用中分辨率成像光谱仪（MODIS）气溶胶光学厚度（AOD）数据、土地利用数据以及来自中国某地面监测网络的 $PM_{2.5}$ 浓度数据开发了一个两阶段空间统计模型，极大地提升了中国月度和季度 $PM_{2.5}$ 浓度预测的准确性。

### （四）中国学者引领前沿热点的贡献路径

在上述基础上，为了更深入地回答中国管理学者如何“着力构建中国特色哲学社会科学”这一重大命题，需要客观揭示中国管理学研究对世界管理知识的具体贡献路径。为此，我们建立分析框架，采用新的样本，以 30 所高被引影响的中国高校和科研机构（不含港澳台）为调查对象⑤，获取每个机构于2013年1月至2019年8月在管理学领域所发表的30篇最高被引论文，共计900篇。去除因机构间合作而重复的102篇论文后，最终以798篇论文为分析对象。

1. 分析框架

建立分析框架是本部分研究的关键所在。我们的研究目标是要探究中国管理学研究对世界管理知识的具体贡献路径，因此，这涉及价值实现目标和科学研究要素两方面的结合。

一方面，价值实现目标的核心是根据习近平总书记讲话精神，即在“着力构建中国特色哲学社会科学，在指导思想、学科体系、学术体系、话语体系等方面充分体现中国特色、中国风格、中国气派”的要求下，建立中国管理学的发展目标，就是构建中国特色管理学。“中国特色”需要“中国元素”，即研究中的“中国性”。只有发现和解释“中国性”的独特之处才是新的知识（徐淑英、刘忠明，2004）。这与追求“中国管理理论”（在中国管理情境中检验西方理论）不同，是要建立“管理的中国理论”（针对中国现象和问题提出自己的理论）（徐淑英，2011）。

另一方面，需要完整地考虑科学研究的基本构成要素。首先，从管理研究方法看，核心的方面包括科学问题、理论构建和研究方法（刘军，2008）；不管是何种研究方式，都包含问题、数据、理论和方法等要素（马庆国，2004）。研究的问题体现研究的目标，也是反映研究成果是否提高实践水平的知识要求（徐淑英，2012）。其次，从约20年前开始国际管理研究对中国管理研究的积极影响和帮助看，主要是研究问题的选择、研究方案的设计、理论基础的整合和分析方法的应用等各个方面（徐淑英、张维迎，2005）。那么反过来，探究中国学者的管理研究如何对世界作出贡献，也应该从分析这些方面着手。最后，从建立中国的本土理论要求看，立足中国深厚的文化根基，情境化是非常重要的，未来研究要充分考虑情境因素（徐淑英，2012），这在研究中通常作为自变量或调节变量。这种“嵌入情境”的本土模型，只要是高质量的研究，就会丰富全球的管理知识（徐淑英、刘忠明，2004）。综上，管理科学研究的基本构成要素包括问题、情境、数据、理论和方法。

那么把价值实现目标的“中国性”（徐淑英、刘忠明，2004）与管理科学研究的基本构成要素结合起来，我们就形成了基于中国问题、基于中国情境、使用中国数据、运用中国理论思想这四类情况的分析框架。理论上把“中国性”与管理科学研究要素的方法相结合，还有“中国研究方法”要素。但之所以没有放入分析框架，是因为“中国研究方法”要素没有出现在以往的文献分析研究中，而且研究方法重在科学普适性，不适合标上“中国性”的身份。研究方法可以从创新发展的角度进行分析，但与“中国性”的其他4个要素并不一致，因此，这里也没有把创新研究方法放入分析框架。分析框架的示意请见图1。

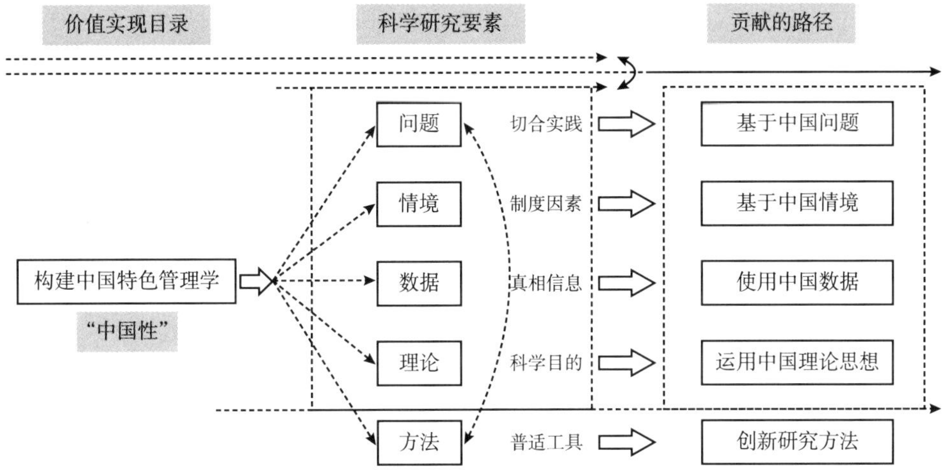


**图 1　中国学者（不含港澳台）引领前沿热点贡献路径的分析框架**

2. 样本总体概况

采用上述分析框架，我们对每篇论文进行具体解读和归类。在 2013 年 1 月至 2019 年 8 月，30 所高被引影响的中国高校和科研机构（不含港澳台）在管理学领域共发表了 798 篇高被引英文论文，涉及 215 本管理学领域的英文期刊，平均被引频次为 48.92 次。从贡献路径来看，30 所中国高校和科研机构（不含港澳台）在国际上发表的基于中国问题的论文共有 249 篇（占比 31.20%），基于中国情境的论文共有 166 篇（占比 20.80%），基于中国数据的论文共有 469 篇（占比 58.77%），基于中国理论思想的论文共有 20 篇（占比 2.51%）。其中，有 250 篇高被引论文涉及两种以上的贡献路径（占比 31.33%）。从学科分布来看，30 所中国高校和科研机构（不含港澳台）在工商管理学科发表的论文最多（占比 51.63%），其次是管理科学与工程学科（占比 23.18%），接着是公共管理与管理交叉学科（占比 20.30%），相比之下，在图书馆、情报与档案管理（4.39%）及农林经济管理（0.50%）两个学科的发文量较少。总体上，中国管理学者在管理学五个一级学科大类及交叉学科中发表的高被引论文均主要使用中国数据作出了贡献，其次是基于中国问题，接着是基于中国情境，而运用中国理论思想的贡献较少，且都集中在工商管理学科之中。具体信息如表 3 所示。

**表 3　样本文献的发表年份、 频数、 被引频次以及贡献路径分布**

| 一级学科 | 篇数 | 基于中国问题 | 基于中国情境 | 使用中国数据 | 运用中国理论思想 |
|---|---|---|---|---|---|
| 工商管理 | 412（51.63%） | 122（49.00%） | 86（51.81%） | 267（56.93%） | 20（100%） |
| 管理科学与工程 | 185（23.18%） | 17（6.83%） | 9（5.42%） | 50（10.66%） | 0（0.00%） |
| 公共管理与管理交叉学科 | 162（20.30%） | 97（38.95%） | 65（39.16%） | 123（26.23%） | 0（0.00%） |

续表

| 一级学科 | 篇数 | 基于中国问题 | 基于中国情境 | 使用中国数据 | 运用中国理论思想 |
|---|---|---|---|---|---|
| 图书馆、情报与档案管理 | 35（4.39%） | 9（3.61%） | 4（2.41%） | 25（5.33%） | 0（0.00%） |
| 农林经济管理 | 4（0.50%） | 4（1.61%） | 2（1.20%） | 4（0.85%） | 0（0.00%） |
| 合计 | 798（100%） | 249（31.20%） | 166（20.80%） | 469（58.77%） | 20（2.51%） |

注：2019 年非全年数据，数据截至 2019 年 8 月 31 日。

3. 具体贡献路径的分析

（1）基于中国问题

在 2013 年 1 月至 2019 年 8 月，共有 249 篇（占全部论文的 31.20%）中国学者（不含港澳台）在国际上发表的高被引论文关注了中国问题。进一步地，我们按照国内一级学科大类对一些代表性的中国问题进行介绍。

共有 122 篇（占比 49.00%）来自工商管理学科的高被引论文关注了中国问题。其中，许多研究关注了中国文化背景下不同类型的领导力，如基于中国阴阳哲学的悖论性领导行为（Zhang et al.，2015b）、植根于中国儒家哲学的道德型领导力（Liu et al.，2013b）等对员工工作结果的影响。随着中国成长为世界最大的经济体之一，中国成为跨国公司投资的重要目的地；与此同时，中国对外直接投资总量也在持续增长，在此背景下，中国的制度背景与政治体系如何影响企业外商直接投资与对外直接投资受到了广泛关注（Lu et al.，2014；Child and Marinova，2014）。在中国的商业环境中，许多公司治理问题在很大程度上是中国所独有的。例如，许多学者探讨了宗教在减轻中国上市公司代理成本（Du，2013）、隧道效应（Du，2014）中的作用。此外，中国背包客的旅游动机（Chen et al.，2014）、中国旅游景点的游客量预测（Yang et al.，2015）等中国背景下的旅游问题也得到了广泛的讨论。

有 17 篇（占比 6.83%）来自管理科学与工程学科的高被引论文探讨了中国问题。例如，中国管理学者运用数据包络方法（DEA）在多个领域进行了运营效率评估，研究的问题包括中国商业银行系统运营效率测算（Wang et al.，2014）、中国民航安全效率测算（Cui and Li，2015）等。也有众多学者聚焦于事故安全分析，如中国地铁施工、建筑工地事故的安全管理与风险分析（Yu et al.，2014；Rowlinson and Jia，2015）等，以期提出有效的预防措施，提升施工安全水平。此外，在管理科学与工程学科中，中国城市建筑与住宅的能耗与碳排放的估算问题也受到了较多的关注（Ma et al.，2017；Lin and Liu，2015）。

有 97 篇（占比 38.95%）来自公共管理与管理交叉学科的高被引论文作出了贡献。其中，8 篇（占比 3.21%）论文探讨交通安全事故引发的中国重大公共安全问题，学者们围绕交通违法行为的风险分析（Zhang et al.，2013）、交通事故伤亡分析（Zhang et al.，2016）等一系列交通安全问题展开了研究；37 篇（占比 14.86%）论文关注了公共环境与职业健康领域的问题，例如，空气质量对中国人民幸福感与心理健康的影响（Zhang et al.，2017）、汶川地震幸存者的心理健康与生活质量（Xu and Ou，2014）等；40 篇（占比 16.06%）论文关注了区域与城市规划领域的中国问题，尤其是中国城市土地扩张（Huang et al.，2015）、城乡均衡发展（Liu et al.，2013c）等。另有 12 篇（占比 4.82%）论文关注了医学信息领域的中国问题，如中国人群高血压等疾病的生存率与发病率（Feng et al.，2014）等。

中国管理学者在图书馆、情报与档案管理和农林经济管理这两个学科中的贡献较少。共有 9 篇（占比 3.61%）高被引论文在图书馆、情报与档案管理学科中探讨了中国问题，如基于文献计量方法探讨中国社会科学研究的全球增长（Liu et al.，2015）、信息技术在中国政府中的运用等（Zheng and Zheng，2014）。有 4 篇（占比 1.61%）高被引论文在农林经济管理学科中作出了贡献，主要探讨的是中国农业能源效率与生产技术异质性（Fei and Lin，2016）、中国农业机械化服务（Yang et al.，2013）等农业技术与效率问题。

（2）基于中国情境

在分析的样本中，有 166 篇（占全部论文的 20.80%）高被引成果是基于特定的中国情境，涉及中国政治情境、经济情境、社会文化情境、技术情境、自然情境与人口情境这 6 个方面。其中，有 37 篇（占比 22.29%）高被引论文至少关注了其中的两种情境（参见《管理世界》网络发行版附录 A2 附表 1）。

政治情境、经济情境、社会文化情境的受关注程度相对较高。30 所中国高校与科研机构（不含港澳台）的学者在政治情境范畴内共发表了 63 篇（占比 37.95%）高被引论文，主要集中在现有体制和制度、政府政策与法规以及政企关系 3 个范畴。例如，在政企关系范畴内，中国管理学者结合了其他情境因素（如中国社会的关系文化），分析了企业的政治关联与企业管理实践之间的相关关系（Cull et al.，2015；Gu et al.，2013）。基于中国经济情境的高被引论文共有 48 篇（占比 28.92%）。根据编码结果可知，在经济情境范畴内的情境因素可以概括为经济转型、经济增长两个主要的范畴。为实现高质量的经济增长，中国不断寻求经济结构转型升级的新方向。在此背景下，中国的经济转型对中国城乡建设（Huang et al.，2015）、企业出口活动（Yi et al.，2013）等各方面的影响受到关注。基于中国社会文化情境的高被引论文共有 40 篇（占比 24.10%）。由编码结果得出的社会文化情境因素可概括为关系、国家文化价值观、儒家哲学思想等范畴，尤其是关系范畴。关系是一种非正式文化，现有研究探讨了关系如何引发企业间“圈子”现象的出现，如关系网络、政企关系等（Zhou et al.，2014；Gu et al.，2013）。

技术情境、自然情境、人口情境受关注程度相对较低，基于中国技术情境的高被引论文仅有 16 篇（占比 9.64%）。通过编码分析结果得出的技术情境因素可概括为技术发展现状、技术创新两个范畴。技术创新是现有研究中受关注程度较多的范畴，尤其是社交媒体技术创新，如新兴社交媒体技术（如微博、微信）在政府公共部门中的推广与应用（Zheng and Zheng，2014；Ma，2013）。基于中国自然情境的高被引论文共有 33 篇（占比 19.88%）。自然情境可概括为空气污染、自然生态环境、气候变化 3 个范畴。例如，在自然生态环境范畴内，水生环境、地形等自然要素可能对城市景观格局（Tan et al.，2014）、区域不平等（Li and Fang，2014）等方面产生影响。另外，有 19 篇（占比 11.45%）高被引论文关注了中国人口情境。人口环境因素可概括为人口健康、人口迁移、人口老龄化等范畴。例如，关于人口迁移的问题更多的是探讨人口从农村向城市的迁移，因此与人口迁移相关的问题大多与城市化、工业化相关（He et al.，2016）。

（3）使用中国数据

在分析的样本中，共有 469 篇（占全部论文的 58.77%）高被引论文运用了中国数据。其中，仅使用中国数据的高被引论文共 399 篇（占比 85.07%），使用中外结合数据的高被引论文共 70 篇（占比 14.93%）。使用的数据类型包括一手数据、二手数据、卫星数据、气象数据、交通系统数据以及医学数据、地理信息等。其中，有 48 篇（10.23%）高被引论文同时使用了两种以上的数据来源（参见《管理世界》网络发行版附录 A2 附表 2）。

在基于中国数据的高被引论文中，共有 223 篇（占比 47.55%）高被引论文采集了一手数据，主要是针对中国不同地区或不同行业的企业中高级管理人员、员工，以及不同背景的消费者、网络用户、居民、游客等个体所进行的访谈、问卷调查数据。也有部分研究的调查对象是政府官员、高校学者等群体。207 篇（占比 44.14%）高被引论文使用了二手数据，主要来源于国家和各省市的统计年鉴、政府机构文件、企业档案与年度报表、网站评论与交易记录、国内外商业研究数据库（Compustat、Datastream、CRSP、CSMAR、Wind 等），以及一些全球或区域调查（如 WTO 在 21 个国家的母婴调查）中的中国数据（参见《管理世界》网络发行版附录 A2 附表 2）。一手数据和二手数据所应用的学科领域均较为广泛，涉及国内五个一级学科大类及相关学科，但均在工商管理学科中应用最多。

除此之外，也有部分研究运用了其他类型的数据，并主要在管理科学与工程学科、公共管理与管理交叉学科中得到了应用。有 28 篇（占比 5.97%）高被引论文运用到了卫星数据。通过 LANDSAT、QUICKBIRD、IKONOS、SPOT、DMSP、TERRA、AQUA 等卫星获取了中国城乡区域的土地利用 / 覆盖、绿地、森林斑块、地表温度、夜间灯光、气溶胶等卫星影像资料。13 篇（占比 2.77%）高被引论文运用了气象数据，例如，由中国气象数据共享服务系统提供的气候和地理数据（包括海拔、温度和降水），从各个城市气象监测站获取的天气数据等。运用交通系统数据的高被引论文共有 25 篇（占比 5.33%），包括各地高速公路的现场采集数据（交通量、车道变更操作次数、车道变更操作时间）、公交线路交通数据（平均到达率、下车率、乘客等待时间）、地铁系统运行数据（旅客到达率、运行时间）等。另有29篇（占比6.18%）高被引论文采集了医学（血液取样、心血管疾病临床病例）、地理信息（地面地形、POI、道路网络）、通信（呼叫记录、语音聊天记录）、土地利用（土地使用规划图）、传感器采集数据（温度、湿度、光照、电压）等不同类型的数据。

（4）运用中国理论思想

从样本的整体情况来看，30所中国高校与科研机构（不含港澳台）的学者目前主要是对现有的西方管理理论或模型进行检验、扩展和完善，实现国际主流管理理论的区域延伸。尽管发展中国新理论是理论自信和理论创新的必要道路，然而在798个数据样本中，仅有20篇（占比2.51%）高被引论文提及或运用了中国理论思想，进行了实证复制与改良，或提出了新的解释逻辑。具体而言，2013年1月至2019年8月，30所中国高校与科研机构（不含港澳台）的学者在国际上发表的高被引论文仅贡献了2个中国理论：关系（Chen et al.，2014；Zhang and Huo，2013；Gu et al.，2013；Xu et al.，2013；Chen et al.，2013；Zhou et al.，2014；Han and Li，2015；Bai et al.，2016；Lin et al.，2016；Liu et al.，2016；Qu et al.，2015；Zhang et al.，2015a；Leung et al.，2014；Yao et al.，2015）和阴阳文化（Zhang et al.，2015b）。除此之外，部分研究探讨了中国儒、道、法、兵家哲学，尤其是儒家哲学思想的作用（Barkema et al.，2015；Du，2014），并在概念间关系的逻辑方面贡献了儒家思想的一些重要概念及解释，如面子（Yan et al.，2016；Leung et al.，2014）、传统（Liu et al.，2013b）、长期导向（Liang et al.，2014）、中庸之道（Zhang et al.，2015a）、和谐（Bai et al.，2016）、整体思维（Zhang et al.，2015b）、集体导向（Bai et al.，2016）等。

中国管理学者主要是基于关系理论对世界管理知识作出了贡献。关系是中国文化中的重要要素，这一文化以集体主义和人际关系主义为特征。在关系文化影响下，个体倾向于与他人发展并维持关系。在样本数据中，共有14篇（占比70.00%）高被引论文运用或提及了关系理论，并主要进行了理论开发工作，许多学者结合资源基础观、社会交换等国际主流理论，在政企关系、人际关系、组织关系等方面发展出了一系列新的解释逻辑，研究的问题包括政治关联如何影响上市公司的投资行为（Xu et al.，2013）、制造商与供应商关系如何影响知识获取（Zhou et al.，2014）等，为关系研究提供了新的视角。另有1篇（占比5%）高被引论文基于中国传统阴阳哲学理论和整体思维，结合领导力理论，开发了悖论性领导行为的新构念（Zhang et al.，2015b）。悖论性领导行为是指领导者采用看似相互矛盾却又紧密相关的行为来同时满足竞争性需求，这一构念突破了权变视角下“非此即彼”的局限性，转向“兼容并蓄”，通过悖论性思维发挥协同作用，为领导力研究作出了新的突出贡献。有2篇（占比10%）高被引论文探讨了儒家、道家、法家和兵家哲学，尤其是儒家哲学思想的作用（Barkema et al.，2015；Du，2014）。有7篇（占比35%）高被引论文关注了长期导向、传统、面子、中庸之道、和谐、集体导向这些儒家哲学思想中的重要概念。例如，Liu 等（2013b）利用传统价值观解释道德型领导力与员工工作绩效和组织公民行为之间的关系，Yan 等（2016）调查了面子意识如何促进个人的知识共享行为等。

## 五　结论和讨论

本文基于 Web of Science 核心合集数据库 1000 种管理学英文期刊 483484 篇论文（含中国学者 32511 篇）的纵向文献数据，采用数据智能和专家意见结合的方法论，深度分析了中国学者管理学研究的整体发展概况、国际合作以及前沿热点和重要贡献，形成了对中国学者在世界管理学坛的影响力、特征和趋势的综合认知与解读，把握了中国学者引领世界范围管理研究的前沿热点领域，梳理了中国管理学贡献于世界的具体路径。下面，笔者在得出主要结论的基础上展开相关讨论。

### （一）主要结论

第一，我们以 2013—2019 年的数据分析表明，在 21 世纪第二个十年中，以中国学者管理学研究成果在国际英文论文发表的数量为指标，表明其世界影响力不断增大。具体是中国学者的发文总量占世界发文总量的比例持续增长（见表 1）；中国学者每年发文的增长速度高于世界平均增长速度，总增长率前者是后者的 4.50 倍。这种持续增长与中国经济 GDP 占世界总量比例的持续上升存在一致的趋势。中国学者管理学研究在国际上的发展水平显著高于世界平均水平。由此我们得出推论：管理学在中国哲学社会科学提升国际话语权上已发挥了重大作用，并预计在未来发展中有更大的作为和影响。

第二，中国学者管理学研究的世界影响力通过广泛的国际合作显现成效。在过去近 7 年时间周期中，中国学者（不含港澳台）与其他国家机构作者合作发文的数量始终占据发文总量的 50% 以上。而且从合作作者分布的国家范围看，与“一带一路”沿线国家存在明显的合作关系。这种特征趋势恰好与中国政府于 2013 年提出的“一带一路”倡议存在一致的关系。更为重要的是，与国际合作成果数量占比每年稳定在略过 50% 水平不同的是，中国学者（不含港澳台）为通讯作者或第一作者的发文数量、作者均为中国学者（不含港澳台）的发文数量以及它们占发文总量的比例持续提升，发文数量总增长率均接近 230%。由此我们得出推论：中国大陆机构作者在保持国际合作中高水平的基础上，其国际影响的主导力在较快地不断提升。这也意味着，中国学者的总体学术水平和能力明显提升。

第三，中国学者管理学研究对世界学界的影响存在多元贡献路径特征。从发表的国际刊物看，在中国学者（不含港澳台）引领的 32 个前沿热点中，有 10 个直接来自在 24 种世界顶级刊物上的发表论文，与此同时，有 20 个并非来自顶级刊物发表的论文；此外，还有 2 个既来自顶级期刊也来自非顶级期刊。从作者队伍看，一半以上的作者（占比 59.70%）来自“双一流”建设高校，其中，仅有 5.83% 的作者主持过国家重大科研或人才项目。但与此同时，也有相当多（占比 40.30%）的作者并非来自“双一流”建设高校，其中，极少的作者（占比 1.23%）有主持国家重大项目的经历。从学科分布看，引领前沿热点的领域主要归属于工商管理和管理科学与工程两大一级学科，但也有 7 个前沿热点来自 4 个公共管理及其交叉领域（交通公共安全、医学信息、公共环境与职业健康、区域与城市规划）；从具体贡献路径分析来看，中国学者（不含港澳台）主要是使用中国数据（占比 58.77%）贡献于世界，其次是基于中国问题（占比 31.20%），再次是基于中国情境（占比 20.80%），而运用中国理论思想（占比 2.51%）的贡献还微乎其微。与 10 年到 20 年前多项有关分析在国际顶级管理期刊发表的中国管理研究的文献相比（徐淑英，2012），运用中国理论思想非常薄弱的情况在近十年没有改变。我们可以得出这样的推论：中国管理学研究学者队伍壮大，这使得中国管理学研究在世界学界的地位更为稳固，也更有可持续性发展优势。但在对世界管理学贡献路径的发展中，基于“四个自信”的理论创新仍然任重而道远。构建中国特色管理学理论贡献于世界，成为学术界最为迫切的使命和追求。

第四，中国管理学研究引领前沿热点存在内部学科分布不均衡的状态。具体而言，32 个前沿热点分属 10 个领域，主要分布在工商管理一级学科（4 个领域 18 个前沿热点），其次是管理科学与工程一级学科（2 个领域 7 个前沿热点），两者共有 6 个领域 25 个前沿热点，但前者明显多于后者。此外，有 4 个领域 7 个前沿热点属于公共管理一级学科及其交叉领域。对照 2021 年国家自然科学基金管理科学部新的代码对应的二级学科名称，工商管理学科引领的前沿热点涵盖其 15 个代码中的 11 个，其中 3 个前沿热点属于全部新增的 3 个代码（G0210 公司金融、G0212 公司治理、G0215 旅游管理）；管理科学与工程学科引领的前沿热点涵盖其 19 个代码中的 7 个，其中 2 个前沿热点属于新增 4 个代码中的 2 个（G0111 数据科学与管理、G0118 智慧管理和人工智能）。由此我们得出这样的推论：中国管理学研究在世界范围的引领贡献有强大的国内发展基础作为保障，与公共管理相关的交叉领域研究值得进一步重视和发展。

### （二）研究贡献

本文在学科研究成果回顾和评价分析领域，作出了新的尝试。与管理学学科领域以往相似主题的研究相比，本文在文献数据范围和数据量、分析方法、研究价值取向方面，都有不同的选择，因而在如下这些方面作出了新的贡献。

第一，本文的研究范围涵盖管理学学科门类的所有领域，且是近 7 年的纵向时间窗口（2013 年 1 月 1 日至 2019 年 8 月 31 日），因而在分析比较学科内部不同学科（包括一级学科和二级学科）之间的发展状态和趋势时，能够基于同样的衡量尺度，有助于我们更全面客观地分析评价管理学学科门类下的所有分支领域。以往的研究大多聚焦于某个一级学科，例如工商管理（张玉利、吴刚，2019）、管理科学与工程（Li et al.，2000；张玲玲等，2006）、农林经济管理（耿献辉等，2020；Chen et al.，2018），它们都聚焦于一级学科内进行研究回顾与评价分析，并无这样的宏大视野和巨量数据输入。我们的研究结果表明，在对世界前沿热点贡献的统一尺度上，内部学科之间存在明显的不平衡性，主要贡献来自工商管理一级学科，其次是管理科学与工程一级学科，再次是公共管理一级学科及其交叉领域，而其他两个一级学科（农林经济管理和图书馆、情报与档案管理）并无明显引领的前沿热点。这种不平衡与同样的一级学科地位存在很大的反差。如果我们的研究仅以一级学科为分析单位，那么并不能产生这样的结果。

第二，本文的研究并非依赖单一方法，而是采用数据智能和专家咨询意见相结合的两阶段研究方法，并建立贡献路径分析框架，避免单一方法带来的局限性。以 LDA 为核心的数据智能算法在核心内容识别（关键词）、内容聚类（主题模型）和知识结构生成方面具有客观概率上的可靠性。主题分析结果使得每篇论文都带有平均主题概率，显示该论文与对应主题的关联程度。对于每个主题，计算了该主题下所有论文的概率分布，只有平均主题概率大于或等于该概率分布的 97 百分位的论文才会被选用。同时，我们又得益于专家审读第一阶段报告的咨询意见，单独补充了世界管理学界公认的 UT Dallas 24 期刊的高被引文献，直接新增 10 个前沿热点；针对会计学的实际情况，我们听取专家意见，以会计学为单独类别计算高被引文献；LDA 方法结果发现，在研究方法方面的一些普通主题及关键词是热点领域，但它们并不是某个特定分支领域，我们在分析中予以去除；此外，综述文献往往拥有高被引量，我们在分析中对综述类论文也做去除处理。两种方法在两阶段中结合使用，使得最终的分析结果具有更大的可靠性和合理性。值得指出的是，本文在研究方法上建立了新的内容分析框架，从贡献于世界的具体路径进行分析，建立了基于中国问题、基于中国情境、使用中国数据、运用中国理论思想的分类，得到了重要结论，对今后的中国管理学研究发展方向提供了重要证据。

第三，本文的研究价值取向重在挖掘前沿热点领域，而非侧重于对个人或单位机构的成果绩效评价。这样的研究定位和目标导向对引领未来重大研究方向具有更好的指引作用，对面向学术和科研的资源投入和公共政策制定具有更大的建设性启示。采用数据智能和专家咨询这两种方法，进行两个阶段的研究，我们得到总共 364 篇论文。本课题组对这些论文逐一进行解读，从而提炼概括出最关键、最重要的前沿热点所在，以及它们的学科贡献优势差异特征。这项工作体现了单纯文献计量方法或智能数据算法所无法做到的地方，而其成果也正是本文的重要价值所在。对于广大研究人员，从中可以把握具体的前沿研究方向，领悟未来研究的很多可能；对于科研基金和科研机构管理人员，从中可以借鉴重要选题方向，作为相关决策的支持和印证。如前所述，国家自然科学基金委管理科学部在工商管理领域全部新增的 3 个代码，全部反映在本研究工商管理学科引领的 3 个前沿热点上，这样的结果是令人欣慰的。

### （三）发展路径与政策建议

本文得到的结论蕴含了对推进中国特色管理学发展的若干重要启示。在学者的层面上，需要从研究贡献路径中得到启发，从基于中国问题、情境和数据，重点转向中国理论思想的运用和发展。在政策的层面上，需要改革学术评价思维和方法、引入新论证手段开展学科发展规划和布局、大力发展“管理 +”“+ 管理”交叉学科、进一步加大对管理学学科门类的整体资源投入和政策支持等。下面展开阐述。

第一，从基于中国问题、情境和数据，迈向运用和发展中国理论思想的新阶段。在如何推进中国特色管理学的发展问题上，一些主流观点得到了学者们的广泛认同。比如，要通过开展“深度情境化”的研究，发展新的含有丰富情境信息的理论（徐淑英，2012）。应立足国情和中国企业管理实践，注重基于实践来开拓和加强中国特色管理学的话语体系（苏宗伟，2021；李新春，2021）。在研究内容上应基于中国管理实践的特定情境或视角，重点关注中国企业管理实践中的特殊元素，突出具有中国现实意义和前沿性的核心问题，探索建构中国特色管理学的概念体系（王永贵、李霞，2019；王永贵，2021）。在研究范式上，要批判性地运用西方范式（徐淑英，2012）。要大力发展扎根中国管理实践的质性研究，形成以问题为导向的多维度研究方法的融合（吴晓波，2021；苏宗伟，2021）。使用“田野作业法”，从企业发展面临的问题中提炼研究选题（戚聿东，2021）。聚焦中国情境，讲好中国故事，并坚持采纳国际通用研究范式（毛基业，2021；张玉利、吴刚，2020）。本文的研究结论呼应了上述观点。本文的分析结果显示，运用中国理论思想的文献仅占全部样本的 2.51%，这表明在世界上建立和完善中国特色管理学的话语体系与学术体系仍然任重而道远。在基于中国问题、情境和数据的基础上，大力运用中国理论思想，进而在世界范围创立和发展新理论和新思想，那么显然推进中国管理学研究进入新的境界，这对中国特色哲学社会科学建设和中国话语体系建设是非常迫切和重要的战略方向。

第二，尝试学术成果贡献于世界的评价思维和方法，在“破五唯”改革方向上引入新评价维度和指标。缘于强大的现状压力及其所对应的激励机制，高校和学术界鼓励在国际性期刊（特别是顶尖期刊）发表论文（徐淑英，2011）。在新的国际形势下，我国的学术评价和相应的科研管理迫切需要改革，引入新理念和新方法。重要方向是要以“破五唯”为基础，引入注重学术贡献的内在评价方法。本研究以 LDA 贝叶斯层次主题模型加上专家意见结合的方法，通过纵向时间周期的数据挖掘出了 32 个前沿热点。根据我们方法的性质，前沿热点的得出是基于论文群的主题集合和影响力分析，因而这种贡献对学科发展和现实影响是重要的。为之作出贡献的作者和单位是值得鼓励和支持的。本文的研究结论的启示呼应了学界的共识，即在评价发表体系上，要加快改革和优化学术评价体系。学术研究中理论脱离实践的现象与学术评价导向密切相关，应着力改革长期以来流弊颇多的论文评价导向制度，鼓励管理学者注重研究的题目和理论与中国企业的相关性，发表货真价实的论文，加强高水平管理科学学术团队和人才培养工作（徐淑英，2011；戚聿东，2021；王永贵，2021）。

第三，开展引领世界范围前沿热点的深度挖掘和分析，在学科发展规划和布局以及国家重大项目选题工作上引入新论证手段。在国内通常的论证工作中，资深专家和学术权威的作用是很明显和突出的。这是一种由内而外、自上而下的思路，即国内立项后开展研究再到国际上发表、高层制定政策发布选题指南后学者们开展相应的研究工作。而本研究成果提供了一个由外而内、自下而上的新思路，即从国际发表和前沿热点引领启发支撑国内科研选题方向、以海量国际发表为基础分析筛选提炼国家立项重大科研方向。这两种思路和工作方式是相互补充、相互印证的。

第四，借助世界范围“大管理”范畴研究主题深度分析，在“管理 +”“+ 管理”交叉学科发展方向上形成重大突破。在国家创新引领发展、加强国际战略科技力量的新常态下，管理学研究和应用实践在为服务国家重大战略需求、推进多学科交叉发挥重大作用。这是管理学学科性质决定的。诚然，我们要强化企业在创新中的主导地位，但管理不仅仅是“企业管理”，而是所有现代社会机构的管理器官（德鲁克，2019）。因此，在技术转移和工程管理、新技术驱动组织和社会发展、产业组织和经济发展、公共管理和政府治理等各个领域，都是提升绩效和产生新价值的必要路径。认识到管理学科是一门真正的“博雅技艺”（liberal art）（德鲁克，2019），我们要大力推进“管理 +”或者“+ 管理”的交叉学科建设。

第五，在大力实施哲学社会科学“走出去”战略进程中，国家要进一步加大对管理学学科门类的整体资源投入和政策支持，特别要加大对贡献于世界的理论创新研究的资助力度。本文的研究发现，中国学者（不含港澳台）的管理学国际成果发表在维持较高（略过 50%）的国际合作水平下，以通讯作者或第一作者的发文数量处于稳步逐年提高的发展趋势中，总体平均占全部发表量的 70.27%（见表 2）。这是一种较为理想的“走出去”战略，即既要通过国际发表路径和国际合作方式切实提升国际影响力，又要在合作中处于研究的主导地位，从而更好地把握话语权，这对构建中国特色的学术体系、学科体系和话语体系是非常必要的。然而，在中国哲学社会科学整体学科领域中，除经济学外，其他文科领域并未具有像管理学这样的国际化程度。因此，在今后的中国哲学社会科学建设工作中，要以更高的国际影响和前沿引领为目标，加大对管理学门类和学科的资源投入和改革力度。进一步地，特别要加强基于“四个自信”、运用中国理论思想的研究资助和投入，改变目前对世界管理研究贡献路径之间的不平衡性。未来，中国管理学研究学者需要努力的方向正是要不断提高中国思想、中国理论对于世界知识体系的贡献程度，从而为人类文明发展作出我们应有的更大贡献。

### （四）不足之处

尽管本研究是基于纵贯近7年的大数据，采用多种科学方法开展的深入研究，但仍存在一些不足之处，因此对本文结论和建议的采用还需要谨慎并注意许可条件。

首先在学科分类上，本文基于Web of Science的学科分类方法采集了划归至管理学的15个领域类别的论文数据，这一学科分类方法与中国教育部公布的管理学学科分类目录并不一致，尽管我们在以国内标准进行归类的过程中与国际划分标准尽量保持主题和内容上的一致性，但主题归属范畴的不同可能会对研究主题的地位造成一定的评价偏差，从而影响特定领域内前沿热点和相关文献影响力评价的准确性。

其次在研究方法上，作为LDA贝叶斯层次主题模型的补充，本文采纳专家意见，运用文献计量法获取了中国学者（不含港澳台）在UT Dallas 24种刊物上的高被引代表性成果，以及受国家重大项目资助的负责人在UT Dallas 24种刊物上所发表的论文，综合起来对它们的研究主题进行总结，尽管确实发现补充了新主题领域，但由于所采用的方法与LDA主题模型并不相同，全部32个前沿热点的来源路径并不相同，因此，它们之间的重要性评估缺少一致性标准。

## 注　释

① 2020年，Web of Science核心合集包含超过21100种全球发行的同行评议、高质量的学术期刊（包括开放存取期刊），并涵盖超过250个自然科学、社会科学、艺术和人文学科，同时还有会议论文集和书籍资料。

② 由美国得克萨斯大学达拉斯分校界定的24种国际商科顶级期刊，简称UTD-24；由英国《金融时报》（*Financial Times*）界定的45种管理类一流学术期刊，简称FT-45。本文收集的数据涵盖FT-45的39种，下面6种不在其中，分别是：*American Economic Review*、*Econometrica*、*Journal of Political Economy*、*Journal of the American Statistical Association*、*Quarterly Journal of Economics*和*RAND Journal of Economics*，它们主要属于经济学科。

③ 根据WoS的定义，使用次数衡量用户对于Web of Science平台上一个特定项目的关注程度。该计数反映了某篇论文满足用户信息需要的次数，具体表现为用户点击了指向出版商处全文的链接（通过直接链接或Open URL），或是对论文进行了保存以便在题录管理工具中使用（通过直接导出或保存为可以之后重新导入的其他格式）。使用次数每天更新一次。本文的使用次数采用的是“2013年至今”的字段。中国学者（含港澳不含台）的发文量、被引频次、使用次数、海外合作的地理特征，以及中国学者（不含港澳台）的合作概况、基于LDA主题模型的20个前沿热点、基于文献计量（高被引和高使用次数）

的2个前沿热点等指标的分析，实际数据采集时间截止到2019年8月8日。中国学者（含港澳不含台）管理学WoS发文趋势、基于专家建议（UT Dallas 24种刊物）的10个前沿热点、30所中国高校和科研机构（不含港澳台）900篇高被引论文的贡献路径等指标的分析，实际数据采集时间截止到2019年8月31日。

④⑤在2013年1月至2019年8月，在管理学领域发表论文被引次数最高的前30所中国高校和科研机构（不含港澳台）依次是北京大学（14579）、中山大学（12682）、清华大学（12526）、浙江大学（11199）、上海交通大学（11133）、中国科学院（10755）、武汉大学（9967）、复旦大学（8415）、同济大学（7692）、华中科技大学（7544）、中国人民大学（7162）、南京大学（7146）、西安交通大学（6103）、中国科学技术大学（6051）、中南大学（5592）、西南财经大学（5005）、哈尔滨工业大学（4907）、东南大学（4907）、北京师范大学（4396）、北京交通大学（4302）、厦门大学（4125）、上海财经大学（4077）、四川大学（3785）、大连理工大学（3503）、中国科学院大学（3499）、南开大学（3477）、天津大学（3430）、北京理工大学（3164）、北京航空航天大学（3026）、重庆大学（2976）。上述结果仅是本研究样本的统计结果，用于本文研究的需要，不作为排名和绩效的评价依据。

## 参考文献

[1][美]彼得·德鲁克:《管理——使命、责任、实践》，陈驯译，机械工业出版社2019年版。

[2]曹祖毅、谭力文、贾慧英、伊真真、赵瑞:《中国管理研究道路选择：康庄大道，羊肠小道，还是求真之道？——基于2009—2014年中文管理学期刊的实证研究与反思》，《管理世界》2017年第3期。

[3]耿献辉、陈蓉蓉、严斌剑、周应恒:《中国农林经济管理研究70年变迁——基于文献计量学的可视化分析》，《农业经济问题》2020年第2期。

[4]郭凤娇、赵蓉英、孙劭敏:《基于科学交流过程的学术论文影响力评价研究——以中国社会科学国际学术论文为例》，《情报学报》2020年第4期。

[5]何佳讯:《青年学者科研论文的常见薄弱点》，载周南主编《登山观海——146位管理学研究者的求索心路》，北京大学出版社2016年版。

[6]黄群慧:《改革开放四十年中国企业管理学的发展——情境、历程、经验与使命》，《管理世界》2018年第10期。

[7]贾良定、尤树洋、刘德鹏、郑祎、李珏兴:《构建中国管理学理论自信之路——从个体、团队到学术社区的跨层次对话过程理论》，《管理世界》2015年第1期。

[8] 李宝元、董青、仇勇:《中国管理学研究：大历史跨越中的逻辑困局——相关文献的一个整合性评论》,《管理世界》2017年第7期。
[9] 李新春:《做具有中国特色的工商管理学研究》,《管理世界》2021年第6期。
[10] 刘军:《管理研究方法：原理与应用》，中国人民大学出版社2008年版。
[11] 刘智锋、马永强、杨金庆:《引文学科多样性与论文影响力的关系研究》,《情报杂志》2020年第7期。
[12] 陆亚东:《中国管理学理论研究的窘境与未来》,《外国经济与管理》2015年第3期。
[13] 马庆国:《管理科学研究方法与研究生学位论文的评判参考标准》,《管理世界》2004年第12期。
[14] 毛基业:《构建有国际影响的中国特色管理理论》,《管理世界》2021年第6期。
[15] 戚聿东:《立足管理实践 开展管理研究》,《管理世界》2021年第6期。
[16] 苏勇、段雅婧:《当西方遇见东方：东方管理理论研究综述》,《外国经济与管理》2019年第12期。
[17] 苏宗伟:《东西方管理文化视域下的中国特色管理学体系的构建》,《管理世界》2021年第6期。
[18] 田志龙、陈丽玲:《中国管理学研究向何处去——“中国管理50人”论坛（2018年秋季）会议述评》,《管理学报》2019年第2期。
[19] 王永贵:《加快构建高质量的中国特色管理学体系——使命、进展与展望》,《管理世界》2021年第6期。
[20] 王永贵、李霞:《旅游本土化研究的探索——现状、困境与展望》,《旅游学刊》2019年第10期。
[21] 魏江:《观察—洞察—涌现：从案例中发现中国管理方案》,《管理世界》2021年第6期。
[22] 吴晓波:《中国管理学体系的国际话语权》,《管理世界》2021年第6期。
[23] 谢伏瞻:《加快构建中国特色哲学社会科学学科体系、学术体系、话语体系》,《中国社会科学》2019年第5期。
[24] 徐淑英:《中国管理研究的现状及发展前景》,《光明日报》2011年7月29日，第11版。
[25] 徐淑英:《求真之道，求美之路：徐淑英研究历程》，北京大学出版社2012年版。
[26] 徐淑英、刘忠明:《中国的企业管理研究：现状和未来》，载徐淑英、刘忠明主编:《中国企业管理的前沿研究》，北京大学出版社2004年版。
[27] 徐淑英、张维迎主编:《〈管理科学季刊〉最佳论文集》，北京大学出版社2005年版。
[28] 颜世富、马喜芳:《中国管理学如何为世界管理学做出新贡献——“第21届世界管理论坛暨东方管理论坛”学术思想述要》,《管理世界》2018年第5期。

[29] 张佳良、刘军:《管理学理论构建、继承与发扬之道——来自西方经典著作和论文的质性考察》,《商业与经济管理》2017 年第 11 期。

[30] 张玲玲、刘作仪、李若筠、房勇、杨涛、张超、杨晓光、汪寿阳:《我国管理科学与工程学科的发展现状与趋势——基于专家调查问卷的分析》,《公共管理学报》2006 年第 1 期。

[31] 张玉利、吴刚:《新中国 70 年工商管理学科科学化历程回顾与展望》,《管理世界》2019 年第 11 期。

[32] 朱旭峰:《以国家品牌建设为指导,提升中国特色话语体系的"内功"和"外功"》,《管理世界》2021 年第 6 期。

[33] Bai, Y. T., Lin, L. and Li, P. P., "How to Enable Employee Creativity in a Team Context: A Cross-level Mediating Process of Transformational Leadership", *Journal of Business Research*, Vol.69 (9), 2016, pp.3240–3250.

[34] Bansard, J. Y., Rebholz-Schuhmann, D., Cameron, G., Clark, D., Van Mulligen, E., Beltrame, F., Del Hoyo Barbolla, E., Martin-Sanchez, F., Milanesi, L., Tollis, I., van der Lei, J. and Coatrieux, J. L., "Medical Informatics and Bioinformatics: A Bibliometric Study", *IEEE Transactions on Information Technology in Biomedicine*, Vol.11 (3), 2007, pp.237–243.

[35] Barkema, H. G., Chen, X. P., George, G., Luo, Y. D. and Tsui, A. S., "West Meets East: New Concepts and Theories", *Academy of Management Journal*, Vol.58 (2), 2015, pp.460–479.

[36] Barney, J. B. and Zhang, S. J., "The Future of Chinese Management Research: A Theory of Chinese Management Versus a Chinese Theory of Management", *Management and Organization Review*, Vol.5 (1), 2009, pp.15–28.

[37] Bergh, D. D., Perry, J. and Hanke, R., "Some Predictors of SMJ Article Impact", *Strategic Management Journal*, Vol.27 (1), 2006, pp.81–100.

[38] Blanco-Mesa, F., Merigó, J. M. and Gil-Lafuente, A. M., "Fuzzy Decision Making: A Bibliometric-based Review", *Journal of Intelligent & Fuzzy Systems*, Vol.32 (3), 2017, pp.2033–2050.

[39] Blei, D. M., Ng, A. Y. and Jordan, M. I., "Latent Dirichlet Allocation", *The Journal of Machine Learning Research*, Vol.3, 2003, pp.993–1022.

[40] Casey, D. L. and McMillan, G. S., "Identifying the 'Invisible Colleges' of the Industrial & Labor Relations Review: A Bibliometric Approach", *Industrial and Labor Relations Review*, Vol.62 (1), 2008, pp.126–132.

[41] Chen, C. C., Chen, X. P. and Huang, S. S., "Chinese Guanxi: An Integrative Review and New Directions for Future Research", *Management and Organization Review*, Vol.9 (1), 2013, pp.167–207.

[42] Chen, G. H., Bao, J. G and Huang, S. S., "Segmenting Chinese Backpackers by Travel Motivations", *International Journal of Tourism Research*, Vol.16 (4), 2014, pp.355–367.

[43] Chen, K., Ren, C. R., Gu, R. and Zhang, P. D., "Exploring Purchase Intentions of New Energy Vehicles: From the Perspective of Frugality and the Concept of 'Mianzi'", *Journal of Cleaner Production*, Vol.230, 2019, pp.700–708.

[44] Chen, Q. H., Geng, N. and Zhu, K., "Review and Bibliometric Analysis of Chinese Agricultural Economics Research: 2006–2015", *China Agricultural Economic Review*, Vol.10 (1), 2018, pp.152–172.

[45] Child, J. and Marinova, S., "The Role of Contextual Combinations in the Globalization of Chinese Firms", *Management and Organization Review*, Vol.10 (3), 2014, pp.347–371.

[46] Cui, Q. and Li, Y., "The Change Trend and Influencing Factors of Civil Aviation Safety Efficiency: The Case of Chinese Airline Companies", *Safety Science*, Vol.75, 2015, pp.56–63.

[47] Cull, R., Li, W., Sun, B. and Xu, L. C., "Government Connections and Financial Constraints: Evidence from a Large Representative Sample of Chinese Firms", *Journal of Corporate Finance*, Vol.32, 2015, pp.271–294.

[48] Deng, X. Y., Hu, Y., Deng, Y. and Mahadevan, S., "Supplier Selection Using AHP Methodology Extended by D Numbers", *Expert Systems with Applications*, Vol.41 (1), 2014, pp.156–167.

[49] Dos Santos, B. S., Steiner, M. T. A., Fenerich, A. T. and Lima, R. H. P., "Data Mining and Machine Learning Techniques Applied to Public Health Problems: A Bibliometric Analysis from 2009 to 2018", *Computers & Industrial Engineering*, Vol.138, 2019, pp.1–11.

[50] Du, X. Q., "Does Religion Matter to Owner-manager Agency Costs? Evidence from China", *Journal of Business Ethics*, Vol.118 (2), 2013, pp.319–347.

[51] Du, X. Q., "Does Religion Mitigate Tunneling? Evidence from Chinese Buddhism", *Journal of Business Ethics*, Vol.125 (2), 2014, pp.299–327.

[52] Fei, R. L. and Lin, B. Q., "Energy Efficiency and Production Technology Heterogeneity in China's Agricultural Sector: A Meta-frontier Approach", *Technological Forecasting and Social Change*, Vol.109, 2016, pp.25-34.

[53] Feng, X. L., Pang, M. F. and Beard, J., "Health System Strengthening and Hypertension Awareness, Treatment and Control: Data from the China Health and Retirement Longitudinal Study", *Bulletin of the World Health Organization*, Vol.92, 2014, pp.29-41.

[54] Gao, H. Z., Ren, M. and Miao, Q., "Toward a Yin-Yang Balancing Perspective of Relational (Guanxi) Gatekeeping in International Exchange Relationships in China", *Journal of International Marketing*, Vol.26 (2), 2018, pp.22-42.

[55] Gu, F. F., Hung, K. and Tse, D. K., "When Does Guanxi Matter? Issues of Capitalization and Its Dark Sides", *Journal of Marketing*, Vol.72 (4), 2008, pp.12-28.

[56] Gu, H. M., Ryan, C., Bin, L. and Wei, G., "Political Connections, Guanxi and Adoption of CSR Policies in the Chinese Hotel Industry: Is There a Link?" *Tourism Management*, Vol.34, 2013, pp.231-235.

[57] Han, Y. Q. and Li, D. Y., "Effects of Intellectual Capital on Innovative Performance: The Role of Knowledge-based Dynamic Capability", *Management Decision*, Vol.53 (1), 2015, pp.40-56.

[58] He, C. F., Chen, T. M., Mao, X. Y. and Zhou, Y., "Economic Transition, Urbanization and Population Redistribution in China", *Habitat International*, Vol.51, 2016, pp.39-47.

[59] Huang, H. Y. and He, J. X., "When Face Meets Globalization: How Face Drives Consumers' Attitudes toward Global Consumer Culture Positioning", *International Marketing Review*, Vol.38 (1), 2019, pp.184-203.

[60] Huang, Z. J., Wei, Y. D., He, C. F. and Li, H., "Urban Land Expansion under Economic Transition in China: A Multi-level Modeling Analysis", *Habitat International*, Vol.47, 2015, pp.69-82.

[61] Ivanović, D. and Ho, Y. S., "Highly Cited Articles in the Information Science and Library Science Category in Social Science Citation Index: A Bibliometric Analysis", *Journal of Librarianship and Information Science*, Vol.48 (1), 2016, pp.36-46.

[62] Jia, L. D., You, S. Y. and Du, Y. Z., "Chinese Context and Theoretical Contributions to Management and Organization Research: A Three-Decade Review", *Management and*

*Organization Review*, Vol.8（1）, 2012, pp.173–209.

[63] Laengle, S., Merigó, J. M., Modak, N. M. and Yang, J. B., "Bibliometrics in Operations Research and Management Science: A University Analysis", *Annals of Operations Research*, Vol.294（1–2）, 2020, pp.769–813.

[64] Leung, K., Chen, Z. J., Zhou, F. and Lim, K., "The Role of Relational Orientation as Measured by Face and Renqing in Innovative Behavior in China: An Indigenous Analysis", *Asia Pacific Journal of Management*, Vol.31（1）, 2014, pp.105–126.

[65] Li, G. D. and Fang, C. L., "Analyzing the Multi-mechanism of Regional Inequality in China", *The Annals of Regional Science*, Vol.52（1）, 2014, pp.155–182.

[66] Li, H. Z., Wang, S. Y. and Xu, L. D., "Management Science and Operations Research in China", *European Journal of Operational Research*, Vol.124（2）, 2000, pp.221–223.

[67] Li, M. H., Cui, L. and Lu, J. Y., "Varieties in State Capitalism: Outward FDI Strategies of Central and Local State-owned Enterprises from Emerging Economy Countries", *Journal of International Business Studies*, Vol.45, 2014a, pp.980–1004.

[68] Li, P. Y., Wu, J. H., Qian, H., Lyu, X. S. and Liu, H. W., "Origin and Assessment of Groundwater Pollution and Associated Health Risk: A Case Study in An Industrial Park, Northwest China", *Environmental Geochemistry and Health*, Vol.36（4）, 2014b, pp.693–712.

[69] Li, X. H. and Liang, X. Y., "A Confucian Social Model of Political Appointments among Chinese Private-firm Entrepreneurs", *Academy of Management Journal*, Vol.58（2）, 2015, pp.592–617.

[70] Liang, Q., Xu, P. S. and Jiraporn, P., "Board Characteristics and Chinese Bank Performance", *Journal of Banking & Finance*, Vol.37（8）, 2013, pp.2953–2968.

[71] Liang, X. Y., Wang, L. H. and Cui, Z. Y., "Chinese Private Firms and Internationalization: Effects of Family Involvement in Management and Family Ownership", *Family Business Review*, Vol.27（2）, 2014, pp.126–141.

[72] Liao, H. C., Tang, M., Li, Z. M. and Lev, B., "Bibliometric Analysis for Highly Cited Papers in Operations Research and Management Science from 2008 to 2017 Based on Essential Science Indicators", *Omega*, Vol.88, 2019, pp.223–236.

[73] Lin, B. Q. and Liu, H. X., "$CO_2$ Emissions of China's Commercial and Residential Buildings: Evidence and Reduction Policy", *Building and Environment*, Vol.92, 2015, pp.418–431.

［74］Lin, H. F., Su, J. Q. and Higgins, A., "How Dynamic Capabilities Affect Adoption of Management Innovations", *Journal of Business Research*, Vol.69（2）, 2016, pp.862-876.

［75］Liu, H. F., Ke, W. K., Wei, K. K. and Hua, Z. S., "The Impact of IT Capabilities on Firm Performance: The Mediating Roles of Absorptive Capacity and Supply Chain Agility", *Decision Support Systems*, Vol.54（3）, 2013a, pp.1452-1462.

［76］Liu, J., Kwan, H. K., Fu, P. P. and Mao, Y., "Ethical Leadership and Job Performance in China: The Roles of Workplace Friendships and Traditionality", *Journal of Occupational and Organizational Psychology*, Vol.86（4）, 2013b, pp.564-584.

［77］Liu, W. S. and Liao, H. C., "A Bibliometric Analysis of Fuzzy Decision Research during 1970-2015", *International Journal of Fuzzy Systems*, Vol.19（1）, 2017, pp.1-14.

［78］Liu, W. S., Hu, G. Y., Tang, L. and Wang, Y. D., "China's Global Growth in Social Science Research: Uncovering Evidence from Bibliometric Analyses of SSCI Publications（1978-2013）", *Journal of Informetrics*, Vol.9（3）, 2015, pp.555-569.

［79］Liu, Y. S., Lu, S. S. and Chen, Y. F., "Spatio-temporal Change of Urban-rural Equalized Development Patterns in China and Its Driving Factors", *Journal of Rural Studies*, Vol.32, 2013c, pp.320-330.

［80］Liu, Z. L., Min, Q. F., Zhai, Q. G. and Smyth, R., "Self-disclosure in Chinese Micro-blogging: A Social Exchange Theory Perspective", *Information & Management*, Vol.53（1）, 2016, pp.53-63.

［81］Lu, J. Y., Liu, X. H., Wright, M. and Filatotchev, I., "International Experience and FDI Location Choices of Chinese Firms: The Moderating Effects of Home Country Government Support and Host Country Institutions", *Journal of International Business Studies*, Vol.45（4）, 2014, pp.428-449.

［82］Ma, H. T., Du, N., Yu, S. J., Lu, W. Q., Zhang, Z. Y., Deng, N. and Li, C., "Analysis of Typical Public Building Energy Consumption in Northern China", *Energy and Buildings*, Vol.136, 2017, pp.139-150.

［83］Ma, L., "The Diffusion of Government Microblogging: Evidence from Chinese Municipal Police Bureaus", *Public Management Review*, Vol.15（2）, 2013, pp.288-309.

［84］Ma, Z. W., Hu, X. F., Sayer, A. M., Levy, R., Zhang, Q., Xue, Y. G., Tong, S. L., Bi, J. and Liu, Y., "Satellite-based Spatiotemporal Trends in PM2.5

Concentrations: China, 2004–2013", *Environmental Health Perspectives*, Vol.124 (2), 2016, pp.184–192.

[85] Mao, C., Shen, Q. P., Pan, W. and Ye, K. H., "Major Barriers to Off-site Construction: The Developer's Perspective in China", *Journal of Management in Engineering*, Vol.31 (3), 2015, 04014043.

[86] Mulet-Forteza, C., Genovart-Balaguer, J., Mauleon-Mendez, E. and Merigó, J. M., "A Bibliometric Research in the Tourism, Leisure and Hospitality Fields", *Journal of Business Research*, Vol.101, 2019, pp.819–827.

[87] Ni, C. Q., Sugimoto, C. R. and Robbin, A., "Examining the Evolution of the Field of Public Administration through A Bibliometric Analysis of Public Administration Review", *Public Administration Review*, Vol.77 (4), 2017, pp.496–509.

[88] Ou, A. Y., Tsui, A. S., Kinicki, A. J., Waldman, D. A., Xiao, Z. X. and Song, L. J., "Humble Chief Executive Officers' Connections to Top Management Team Integration and Middle Managers' Responses", *Administrative Science Quarterly*, Vol.59 (1), 2014, pp.34–72.

[89] Peng, A. C., Schaubroeck, J. M. and Li, Y. H., "Social Exchange Implications of Own and Coworkers' Experiences of Supervisory Abuse", *Academy of Management Journal*, Vol.57 (5), 2014, pp.1385–1405.

[90] Qu, R. J., Janssen, O. and Shi, K., "Transformational Leadership and Follower Creativity: The Mediating Role of Follower Relational Identification and the Moderating Role of Leader Creativity Expectations", *The Leadership Quarterly*, Vol.26 (2), 2015, pp.286–299.

[91] Rowlinson, S. and Jia, Y. A., "Construction Accident Causality: An Institutional Analysis of Heat Illness Incidents on Site", *Safety Science*, Vol.78, 2015, pp.179–189.

[92] Schulz, A. C. and Nicolai, A. T., "The Intellectual Link between Management Research and Popularization Media: A Bibliometric Analysis of the Harvard Business Review", *Academy of Management Learning & Education*, Vol.14 (1), 2015, pp.31–49.

[93] Shou, Z. G., Guo, R., Zhang, Q. Y. and Su, C. T., "The Many Faces of Trust and Guanxi Behavior: Evidence from Marketing Channels in China", *Industrial Marketing Management*, Vol.40 (4), 2011, pp.503–509.

[94] Tan, R. H., Liu, Y. L., Liu, Y. F., He, Q. S., Ming, L. C. and Tang, S. H., "Urban Growth and Its Determinants across the Wuhan Urban Agglomeration, Central

China", *Habitat International*, Vol.44, 2014, pp.268–281.

[95] Thøgersen, J., de Barcellos, M. D., Perin, M. G. and Zhou, Y. F., "Consumer Buying Motives and Attitudes towards Organic Food in Two Emerging Markets: China and Brazil", *International Marketing Review*, Vol.32 (3/4), 2015, pp.389–413.

[96] Tsui, A. S., "Editor's Introduction-Autonomy of Inquiry: Shaping the Future of Emerging Scientific Communities", *Management and Organization Review*, Vol.5 (1), 2009, pp.1–14.

[97] Tsui, A. S., Schoonhoven, C. B., Meyer, M. W., Lau, C. M. and Milkovich, G. T., "Organization and Management in the Midst of Societal Transformation: The People's Republic of China", *Organization Science*, Vol.15 (2), 2004, pp.133–144.

[98] Wang, K., Huang, W., Wu, J. and Liu, Y. N., "Efficiency Measures of the Chinese Commercial Banking System Using an Additive Two-stage DEA", *Omega*, Vol.44, 2014, pp.5–20.

[99] Wang, W. C., Xu, D. M., Chau, K. W. and Chen, S., "Improved Annual Rainfall-runoff Forecasting Using PSO-SVM Model Based on EEMD", *Journal of Hydroinformatics*, Vol.15 (4), 2013, pp.1377–1390.

[100] Whetten, D. A., "An Examination of the Interface between Context and Theory Applied to the Study of Chinese Organizations", *Management and Organization Review*, Vol.5 (1), 2009, pp.29–55.

[101] Xu, J. and Ou, L., "Resilience and Quality of Life among Wenchuan Earthquake Survivors: The Mediating Role of Social Support", *Public Health*, Vol.128 (5), 2014, pp.430–437.

[102] Xu, N. H., Xu, X. Z. and Yuan, Q. B., "Political Connections, Financing Friction, and Corporate Investment: Evidence from Chinese Listed Family Firms", *European Financial Management*, Vol.19 (4), 2013, pp.675–702.

[103] Yan, Z. J., Wang, T. M., Chen, Y. and Zhang, H., "Knowledge Sharing in Online Health Communities: A Social Exchange Theory Perspective", *Information & Management*, Vol.53 (5), 2016, pp.643–653.

[104] Yang, J., Huang, Z. H., Zhang, X. B. and Reardon, T., "The Rapid Rise of Cross-regional Agricultural Mechanization Services in China", *American Journal of Agricultural Economics*, Vol.95 (5), 2013, pp.1245–1251.

[105] Yang, X., Pan, B., Evans, J. A. and Lv, B. F., "Forecasting Chinese Tourist

Volume with Search Engine Data", *Tourism Management*, Vol.46, 2015, pp.386-397.

[106] Yao, T., Zheng, Q. Y. and Fan, X. C., "The Impact of Online Social Support on Patients' Quality of Life and the Moderating Role of Social Exclusion", *Journal of Service Research*, Vol.18 (3), 2015, pp.369-383.

[107] Yi, J. T., Wang, C. Q. and Kafouros, M., "The Effects of Innovative Capabilities on Exporting: Do Institutional Forces Matter?" *International Business Review*, Vol.22 (2), 2013, pp.392-406.

[108] Yu, D. J., Xu, Z. S. and Wang, X. Z., "Bibliometric Analysis of Support Vector Machines Research Trend: A Case Study in China", *International Journal of Machine Learning and Cybernetics*, Vol.11 (3), 2020, pp.715-728.

[109] Yu, Q. Z., Ding, L. Y., Zhou, C. and Luo, H. B., "Analysis of Factors Influencing Safety Management for Metro Construction in China", *Accident Analysis & Prevention*, Vol.68, 2014, pp.131-138.

[110] Zhang, G. N., Yau, K. K. W. and Chen, G. H., "Risk Factors Associated with Traffic Violations and Accident Severity in China", *Accident Analysis & Prevention*, Vol.59, 2013, pp.18-25.

[111] Zhang, G., Yau, K. K. W., Zhang, X. and Li, Y. Y., "Traffic Accidents Involving Fatigue Driving and Their Extent of Casualties", *Accident Analysis & Prevention*, Vol.87, 2016, pp.34-42.

[112] Zhang, M. and Huo, B. F., "The Impact of Dependence and Trust on Supply Chain Integration", *International Journal of Physical Distribution & Logistics Management*, Vol.43 (7), 2013, pp.544-563.

[113] Zhang, S. B., Gao, Y., Feng, Z. and Sun, W. Z., "PPP Application in Infrastructure Development in China: Institutional Analysis and Implications", *International Journal of Project Management*, Vol.33 (3), 2015a, pp.497-509.

[114] Zhang, X., Zhang, X. B. and Chen, X., "Happiness in the Air: How does a Dirty Sky Affect Mental Health and Subjective Well-being?" *Journal of Environmental Economics and Management*, Vol.85, 2017, pp.81-94.

[115] Zhang, Y., Waldman, D. A., Han, Y. L. and Li, X. B., "Paradoxical Leader Behaviors in People Management: Antecedents and Consequences", *Academy of Management Journal*, Vol.58 (2), 2015b, pp.538-566.

[116] Zhao, Y. X. and Liu, Y. B., "A Bibliometrics Data Analysis of Management Science",

*Journal of Data, Information and Management*, Vol.2（3）, 2020, pp.131–147.

［117］Zheng, L. and Zheng, T., "Innovation through Social Media in the Public Sector: Information and Interactions", *Government Information Quarterly*, Vol.31, 2014, pp.106–S117.

［118］Zheng, Y. J., "Water Wave Optimization: A New Nature-inspired Metaheuristic", *Computers & Operations Research*, Vol.55, 2015, pp.1–11.

［119］Zhou, K. Z., Zhang, Q. Y., Sheng, S. B., Xie, E. and Bao, Y. Q., "Are Relational Ties always Good for Knowledge Acquisition? Buyer-supplier Exchanges in China", *Journal of Operations Management*, Vol.32（3）, 2014, pp.88–98.

［120］Zhu, Q. H., Sarkis, J. and Lai, K. H., "Institutional-based Antecedents and Performance Outcomes of Internal and External Green Supply Chain Management Practices", *Journal of Purchasing and Supply Management*, Vol.19（2）, 2013, pp.106–117.

# 附　录

## 附录 A1　中国学者（不含港澳台）引领的管理学前沿热点综述

在《中国学者管理学研究的世界贡献：国际合作、前沿热点与贡献路径——基于世界千种管理学英文期刊论文（2013—2019 年）的定量分析》（作者：何佳讯、葛佳烨、张凡）中，作者对中国学者（不含港澳台）引领的 32 个前沿热点（分属于 WoS10 个领域）及代表性成果进行了概括介绍，提炼了它们的重要贡献及蕴含的引领价值。按照 WoS 的学科类别，共有 15 个领域类别划归至管理学，具体信息见附表 1。进一步地，根据中国教育部公布的管理学一级学科目录，将分属于 WoS 分类中 10 个领域的 32 个研究热点划归至管理学门类的五个一级学科之中，在划分过程中与国际通行的管理学划分标准尽量保持一致。下面，我们按一级学科对每个前沿热点进行具体的内容综述。

**附表 1　划归管理学的 Web of Science 15 个领域类别**

| 序号 | Web of Science 领域类别 |
|---|---|
| 1 | 农业经济与政策（Agricultural Economics & Policy） |
| 2 | 商业（Business） |
| 3 | 金融（Business，Finance） |
| 4 | 土木工程（Engineering，Civil） |
| 5 | 工业工程（Engineering，Industrial） |
| 6 | 人机工程（Ergonomics） |
| 7 | 旅游（含酒店、休闲、体育）（Hospitality，Leisure，Sport & Tourism） |
| 8 | 劳资关系与劳工（Industrial Relations & Labor） |
| 9 | 情报科学与图书馆学（Information Science Library & Science） |
| 10 | 管理（Management） |
| 11 | 医学信息（Medical Informatics） |
| 12 | 运筹学与管理科学（Operations Research & Management Science） |
| 13 | 公共管理（Public Administration） |
| 14 | 公共环境与职业健康（Public，Environmental & Occupational Health） |
| 15 | 区域与城市规划（Regional & Urban Planning） |

注：此分类由合作方科睿唯安中美专家团队确定。15 个领域类别排名无先后顺序。

1. 工商管理学科

在工商管理学科中，中国学者（不含港澳台）在管理、金融、商业以及旅游（含酒店、休闲、体育）4个研究领域共计18个前沿热点中作出了重要贡献。对照2021年国家自然科学基金管理科学部新的代码对应的工商管理学科名称（共15个二级代码），这些前沿热点涵盖其15个代码中的11个，其中3个前沿热点属于全部新增的3个代码（G0210公司金融、G0212公司治理、G0215旅游管理）。具体信息见附表2。

附表2 中国学者（不含港澳台）在工商管理学科引领的前沿领域与热点分布

| 一级学科 | 研究领域（前沿热点数量） | 主题 |
|---|---|---|
| 工商管理 | 管理（7） | 供应链管理与企业绩效 |
| | | 工作融入与工作绩效 |
| | | 采纳与接受意向 |
| | | 供应链协调 |
| | | 文化认同与跨文化研究 |
| | | 领导力与团队 |
| | | 消费观念与价值偏好 |
| | 金融（5） | 公司治理结构与董事会 |
| | | 寿命估计与碳价预测 |
| | | 盈余管理 |
| | | 股票收益预测 |
| | | 股票收益异常 |
| | 商业（5） | 数字化创新管理 |
| | | 顾客终身价值 |
| | | 跨国公司直接投资 |
| | | 移动营销 |
| | | 信息传播与社交媒体 |
| | 旅游（含酒店、休闲、体育）（1） | 游客态度与行为研究 |

（1）管理领域

供应链管理与企业绩效。该主题聚焦于供应链管理实践与企业绩效的关系，包括供应链中IT能力（Liu et al.，2013a）、绿色供应链管理实践（Zhu et al.，2013a）对企业绩效的影响，以及供应商选择问题（Deng et al.，2014）等。它们的贡献在于为IT能力、动态能力如何通过供应链敏捷性影响企业绩效的观点提供了支持，通过探讨制度压力如何影响制造商追求绿色供应链管理实践以及相应绩效结果，进一步加深了关于绿色供应链管理实践的理解，并为将企业环境实践纳入制度理论的研究作出了贡献，提出了一种新的层次分析法解决供应商选择问题，极大地降低了供应商选择的不确定性。这些研究对于管理人员利用IT能力改善组织能力从而提升企业绩效，加强绿色供应链管理实践，以及充分克服人的主观判断的不确定性来解决供应商选择问题等方面，提供了重要的管理启示。

工作融入和工作绩效。该主题聚焦于领导力（特别是变革型领导）对员工绩效的影响，包括创造性角色认同与工作复杂性（Wang et al.，2014a）、情感信任（Zhu et al.，2013b）以及领导力自身（Zhang et al.，2014e）等的中介或调节作用。它们的贡献在于揭示了变革型领导与员工创造力之间的因果链机制，发展了信任的情感和认知维度影响下属对变革型领导反应的研究，以及通过研究压力源与领导力的联合效应如何通过组织公平影响员工工作绩效，发现了一种新的权变观点。这些研究对企业如何培训主管来改善与员工的互惠关系和社会交换关系，增加员工的创新信心，提高下属工作产出，以及通过关注员工的压力源来改善员工压力，促使员工通过领导力培训与发展实践帮助领导者发展技能等方面，具有重要的实践指引。

采纳与接受意向。该主题聚焦于在线用户的认知、使用或购买意愿，包括在线评论感知有用性（Liu and Park，2015）、移动支付业务持续使用意愿（Zhou，2013）以及社交商务参与意愿（Zhang et al.，2014b）等问题。它们的贡献在于揭示了在线评论提供者特征与评论内容特征等多角度的信息属性在解释消费者在线评论感知有用性方面的作用，通过探讨影响移动支付业务持续使用意愿，加深了对移动支付用户行为的理解，并弥补了客户社交商务参与行为的影响因素的研究空白。这些研究对管理人员制定在线营销策略，促进用户移动支付业务的持续使用，以及通过增强社交商务环境的社交性增强客户虚拟体验，加强客户社交商务参与行为等方面，提供了重要的策略方向建议。

供应链协调。该主题聚焦于制造商与零售商的协调问题，包括制造商和零售商的价格竞争与决策（Xu et al.，2014b）、闭环供应链中的渠道领导力（Choi et al.，2013）、动态合作广告模型（Zhang et al.，2013c）等。它们的贡献在于提供了双向渠道系统中风险规避冲突以及制造商与零售商定价策略和预期利润的见解，揭示了不同的渠道领导力如何影响重要决策的见解，强调了零售商主导的闭环供应链的有效性，提出了制造商与零售商之间的动态合作广告模型，弥补了现有合作广告模型未考虑参考价格效应的不足。这些发现对管理人员通过制定双向收益合同，针对不同渠道领导力开发新的渠道协调机制，制定共同分担广告成本的新机制来实现制造商与零售商的合作、协调以及制定最优决策等方面，启发了重要的管理决策思路。

文化认同与跨文化研究。该主题聚焦于文化对企业决策与消费者动机的影响，包括文化如何影响企业风险承担性（Li et al.，2013）、中国背包客旅游动机（Chen et al.，2014）以及消费者有机食品购买动机（Thøgersen et al.，2015）等问题。它们的贡献在于加深了文化如何直接或间接影响企业决策风险性的理解，提供了关于文化因素在背包客旅游动机中的作用的认识，以及填补了跨文化背景下消费者购买“环境和道德强化”产品动机方面的研究空白。这些发现对管理人员运用文化影响企业风险决策的制定，发展促进文化理解和交流的项目以吸引体验者观光体验，以及制定有机食品或其他产品全球销售与管理的价值主张等方面，具有重要的实践指引。

领导力与团队。该主题聚焦于领导特征与团队管理，包括 CEO 谦卑与团队整合和响应（Ou et al.，2014）、悖论式领导与员工管理（Zhang et al.，2015d）、社会交换关系质量与辱虐管理（Peng et al.，2014a）等问题。它们的贡献在于通过考察 CEO 谦卑的积极影响引发了对有效的领导者特质的新思考，提供了关于高管领导力和影响力的更多见解，拓宽了在复杂和动态环境中的领导力模型的看法，为研究组织悖论和有效的领导行为提供了新方向，通过探讨领导员工关系以及同事关系在辱虐管理与个人工作绩效、助人行为间的中介作用，丰富了社会交换关系理论在辱虐管理中的研究视角。这些研究对企业管理人员增强和营造积极的组织氛围，提高员工工作投入、情感投入与工作绩效等方面，具有重要的应用价值。

消费观念与价值偏好。该主题聚焦于消费者的观念与偏好，包括数字信息（Yan，2019）、社会学习网络（Zhang et al.，2015b）、人工智能机器人信息披露（Luo et al.，2019）、产品外观拟人化（Wan et al.，2017）等对消费者判断、决策与偏好的影响。它们的贡献在于加深了精确数字和整数信息如何影响消费者判断的理解，从数值比较判断的新视角弥补了不同数字类型对消费者判断的影响研究，拓展了朋友与陌生人网络中的观察性学习如何影响消费者决策的研究，首次关注了人工智能如何影响消费者购买决策从而扩展了关于机器人与人类关系的讨论，为产品外观拟人化如何影响消费者信息处理和产品偏好的研究作出了新的贡献。这些研究为营销人员利用数字类型来吸引消费者，策略性地利用社交媒体管理消费者的社交网络结构，避免人工智能机器人的信息披露，以及在营销传播过程中采用拟人化设计时确保产品外观的视觉吸引力从而增加消费者偏好等方面，具有重要的策略性启示。

（2）金融领域

公司治理结构与董事会。该主题聚焦于公司治理与董事会问题，包括公司董事会规模、独立性、性别多样性、政治关联等特征在企业温室气体排放信息披露（Liao et al.，2015）、银行绩效（Liang et al.，2013）中的作用，以及公司治理制度背景、环境、内外部治理机制（Jiang and Kim，2015）等问题。它们的贡献在于弥补了董事会特征对温室气体排放信息披露的影响的研究空白，促进了董事会特征影响银行绩效和银行资产质量的认识，并进一步丰富了公司治理方面的研究视角。这些研究对于管理人员进行温室气体排放信息披露，通过改善银行治理实践提升银行治理绩效，以及进一步加深对公司治理的制度和监管环境、内外部治理结构的认识等方面，给出了重要的管理改进方向。

寿命估计与碳价预测。该主题聚焦于决策与模型构建，包括剩余使用寿命估计问题（Si

et al.，2013；Wang et al.，2014d）以及预测碳价的混合方法（Zhu and Wei，2013）。它们的贡献在于提出了基于广义 Wiener 退化过程的剩余寿命估计自适应方法，以及唯一一种利用历史记录获得更加精确和封闭式的剩余寿命分布的方法，改进并发展了剩余寿命估计方法，并结合 ARIMA 以及 LSSVM 的独特优势发展了一种预测非线性碳价的混合方法。这些发现对相关人员估计目标产品的剩余寿命，安排产品的维护策略，通过考虑生命周期成本来优化新产品的老化设置，以及提升非线性碳价的预测有效性等方面，提供了重要的实践性帮助。

盈余管理。该主题聚焦于企业盈余管理，包括 CEO 任职期间的盈余管理动机变化（Ali and Zhang，2015）、年终审计期间盈余调整对盈余质量的影响（Lennox et al.，2016）、盈余调整和企业收购融资之间的关系（Lennox et al.，2018），以及披露信息的语言情感对盈余判断的影响机制（Tan et al.，2014）等。它们的贡献在于提供了 CEO 对盈余进行管理的动机随其任期变化的一个动态观点，回应了现有文献关于平滑收益反映的是高盈余质量还是低盈余质量的争议，进一步弥补了向下盈余管理与股票融资收购的关系的研究，补充了有关金融披露信息的语言情感和可读性的变化对投资者盈余的影响的研究。这些研究对上市公司管理人员进行有效盈余管理，通过向下审计调整改善盈余质量和进行股票融资收购，以及通过信息披露中的语言情感影响投资者判断，从而提高公司盈利前景等方面，具有重要的决策支持作用。

股票收益预测。该主题聚焦于股票市场的收益预测，包括投资者情绪指数（Huang et al.，2015）、经理人情绪指数（Jiang et al.，2019）、空头利息（Rapach et al.，2016）、市场关注度和投资者交易行为（Yuan，2015）等对股票收益的预测能力。它们的贡献在于提出了新的投资者情绪指数、经理人情绪指数用于预测股票市场的总体收益，提升了在股票收益方面的预测能力，证实了空头利息构成股票市场收益的有力预测指标，补充了关于卖空者进行知情交易的研究，分析了市场关注度与投资者交易行为对股票收益的影响，进一步发展了相关研究。这些研究为政府监管者、券商、上市公司和投资者等相关人员判断股票市场上的投资者行为和股市基本特征，有效预测股票风险溢价，提高股票市场效率等方面，提供了重要的管理含义。

股票收益异常。该主题聚焦于股票市场中异常现象的预测，包括基于 q-factor 模型的股票收益异常捕捉（Hou et al.，2015）、投资者情绪对股票收益异常的预测（Stambaugh et al.，2014）等问题。它们的贡献在于开发了一个新的由市场因素、规模因素、投资因素和盈利因素所构成的 q-factor 模型来预测股票收益是否异常，提高了预测准确度，并验证了投资者情绪指标对预测股票收益异常的有效性。这些研究对于相关人员通过对股票收益异常现象的捕捉和甄别，在加强股票市场的风险管理和控制，进而保障股票市场健康、稳定和可持续发展等方面，具有重要的应用价值。

（3）商业领域

数字化创新管理。该主题聚焦于数字化时代的创新管理，包括数字世界创新管理的新逻辑（Nambisan et al.，2017）、基于数字基础设施的初创企业的用户基础扩张（Huang et al.，2017）、基于数字平台的移动数据服务用户创新（Kankanhalli et al.，2015）等问题。它们的贡献在于通过探讨数字化创新颠覆了现有的创新管理理论，对创新的定义边界、创新机构以及创新过程和结果之间的关系等基本假设提出了挑战，通过新的理论逻辑或要素的形式为这类理论提出了建议。这些研究对于新形势和新环境下的企业创新管理、内部组织流程数字化、扩大用户基础以及挖掘用户价值等方面，给出了重要的管理含义。

顾客终身价值。该主题聚焦于顾客终身价值，包括顾客感知价值与顾客终身价值管理（Petersen and Kumar，2015）、企业流失客户的第二次终身价值（Kumar et al.，2015）、细分市场中的顾客终身价值计算（Kumar and Reinartz，2016）等问题。它们的主要贡献在于加深了关于顾客终身价值的见解，进一步强调了顾客终身价值在企业客户关系管理中的重要价值。这些研究对于企业如何衡量顾客当前与未来的盈利能力，对顾客带来的未来利润进行有效预测，锁定高价值顾客，通过了解有关某个顾客或某个细分市场的顾客终身价值而进行精准营销，从而在竞争激烈的市场环境中维持长期竞争优势等方面，提供了重要的战略建议。

跨国公司直接投资。该主题聚焦于跨国公司的国际直接投资，包括外商直接投资的溢出效应（Zhang et al.，2014d）、制度背景对中国企业外商直接投资的影响（Lu et al.，2014a）、中央和地方国有企业对外直接投资战略（Li et al.，2014a）等问题。它们的贡献在于运用跨期研究方法为外商直接投资溢出效应研究增加了重要的新维度，丰富了母国和东道国独特的制度背景如何影响新兴市场企业国际化的理解，将宏观制度变迁的影响映射到了国有企业的企业属性，进一步加深了国有企业制度多样性如何影响对外投资战略的理解。这些研究对企业关注时间在外商直接投资溢出效应中的作用，通过寻求本国和东道国制度支持，从而应对国际化过程中的不确定性，与国外企业建立战略关系的同时注重提高对外投资的合法性等方面，都具有重要的战略启示。

移动营销。该主题聚焦于移动营销对消费者的影响，包括在拥挤环境中消费者对移动广告的响应（Andrews et al.，2016）、移动优惠券的竞争性价格定位（Dubé et al.，2017）、移动促销的竞争性地理位置定位的有效性（Fong et al.，2015）等研究。它们的贡献在于通过探讨拥挤的环境因素对移动广告有效性的影响扩展了移动商务文献，提供了关于竞争市场中目标定价有效性的经验证据，弥合了应用理论和实证工作间的鸿沟，进一步拓展了线上环境中竞争性促销的有效性的研究。这些研究对于营销人员通过限制消费者所处环境的拥挤程度提高移动广告效果，通过定位竞争对手的位置来创造增量利润，以及通过地理位置定位来优化移动广告并提升营销效果等方面，提供了重要的策略建议。

信息传播与社交媒体。该主题聚焦于社交媒体在企业运营中的应用，包括基于社交媒体的在线管理回应（Gu and Ye，2014）、社交媒体平台数据对企业决策的作用（Chan et al.，2016）等问题。它们的贡献在于通过研究如何解决社交媒体上的客户投诉，将服务补救的研究扩展到了社交媒体环境中，首次提出了一种综合的方法来利用消费者生成的定性社交媒体数据帮助企业制定运营管理决策。这些研究对于企业在服务运营过程中有效利用在线管理响应，并针对不同满意度的消费者制定不同的资源分配策略，有效处理消费者生成的内容或数据，利用社交媒体平台数据制定运营管理决策从而维持企业竞争优势等方面，都具有重要的管理指引作用。

（4）旅游（含酒店、休闲、体育）领域

游客态度与行为研究。该主题聚焦于旅游行为，包括旅游忠诚度（Zhang et al.，2014a）、旅游体验（Kim，2014）以及国际游客行为研究（Vu et al.，2015）等。它们的贡献在于通过目的地形象与游客忠诚度的多维度关联促进了关于目的地形象与游客忠诚度的知识体系构建，建立了目的地属性和旅游体验的对应关系，扩展了旅游目的地竞争模型，并利用国际游客在网络上发布的带有地理标记的照片，充分捕捉了国际游客的旅游轨迹和行为。这些研究为旅游行业管理人员着重发展旅游目的地整体形象以提升游客忠诚度，通过旅游目的地属性的独特设计获取竞争优势并提升游客体验，以及通过了解国际游客的旅游偏好来更好地进行旅游目的地开发、交通运输规划、促进可持续旅游业发展等，都具有重要的实践应用价值。

2. 管理科学与工程学科

在管理科学与工程学科中，中国学者（不含港澳台）在运筹学与管理科学和工业工程 2 个研究领域共 7 个主题领域中作出了重要贡献。对照 2021 年国家自然科学基金管理科学部新的代码对应的管理科学学科名称（共 19 个二级代码），这些前沿热点涵盖其 19 个代码中的 7 个，其中 2 个前沿热点属于新增 4 个代码中的 2 个（G0111 数据科学与管理、G0118 智慧管理和人工智能）。具体信息见附表 3。

**附表 3　中国学者（不含港澳台）在管理科学与工程学科引领的前沿领域与热点分布**

| 一级学科 | 研究领域（前沿热点数量） | 主题 |
|---|---|---|
| 管理科学与工程 | 运筹学与管理科学（6） | 大数据技术与预测建模 |
| | | 机器学习方法 |
| | | 多目标优化算法 |
| | | 公共交通调度 |
| | | 多准则决策方法 |
| | | 运营效率与绩效分析 |
| | 工业工程（1） | 危险作业 |

（1）运筹学与管理科学领域

大数据技术与预测建模。该主题聚焦机器学习方法的应用，包括基于搜索引擎预测游客量的方法构建与评估（Yang et al.，2015）、基于贝叶斯的逆高斯过程的退化建模（Peng et al.,2014b）以及基于粒子群优化和支持向量机的流域降雨径流模拟与预测（Wang et al.，2013a）等。它们的贡献在于丰富了运用大数据方法对旅游需求预测和游客行为分析的研究，进一步验证了贝叶斯方法在逆高斯过程模型的退化分析中的适用性，开发了一种新的基于集成经验模式分解的 PSO-SVM 模型，增强了降雨径流预测的有效性。这些发现对于相关人员通过系统的搜索查询选择机制跟踪和监控游客访问量与行为，将基于贝叶斯的逆高斯过程的退化模型应用于产品的可靠性测试、可靠性分析以及故障测试等领域，以及更好地进行流域降雨径流预测并优化水资源管理等方面，提供了重要的科学证据。

机器学习方法。该主题聚焦于运用机器学习进行文本挖掘、疾病诊断，包括基于机器学习方法的用户生成评论情感分析和分类（Wang et al.，2014b；Zhang et al.，2015a），以及模糊 K 近邻法在帕金森病诊断中的作用（Chen et al.，2013）等。它们的贡献在于利用集成学习方法建立了情感分类模型，扩展了该方法在文本挖掘中的运用，提出了 word2vec 和 SVMperf 相结合的新方法，提高了用户在线评论情感分类的有效性，并优化了基于模糊 K 近邻模型的帕金森病诊断系统，使机器学习方法应用更广泛。这些研究对相关人员准确挖掘用户评论中的情感倾向，实现商家精准推荐与服务，吸引消费者并改善消费者购物体验，以及帮助解决帕金森症的医学诊断问题及制定医疗决策等，都具有重要的决策帮助。

多目标优化算法。该主题聚焦于多目标优化算法问题，包括基于花授粉算法的多目标优化问题（Yang et al.，2014）、基于蚁群优化元启发式算法的混合流水车间调度优化问题（Luo et al.，2013）、基于水波优化元启发式算法的中国高速列车调度问题（Zheng，2015）等。它们的贡献在于将创新性的花授粉算法用于求解多目标优化问题，精确获得了高质量的 Pareto 解集，通过开发新的蚁群优化元启发式算法提升了混合流水车间调度效率，基于水波理论开发了新的元启发式算法，提高了算法的整体性能。这些研究对相关从业人员解决工程与工业中的多目标优化问题，在存在分时电价的情况下优化时间与电力成本，以及运用水波优化元启发式算法解决中国高速列车调度问题以及其他工程优化问题等方面，提供了重要的方案帮助。

公共交通调度。该主题聚焦于交通流量预测与交通基础设施部署，包括设计新的深度学习方法在交通流量预测中的应用（Huang et al.，2014；Lv et al.，2015），以及电动汽车交换电设施规划的优化模型（Mak et al.，2013）等。它们的贡献在于设计了一种基于堆栈自编码器模型的交通流量预测的深度学习方法，提出了一种基于多任务学习的深层信任网络来提升交通流预测的准确性，进一步扩展了深度学习、多任务学习等在交通运输研究中的运用，并利用分布鲁棒优化算法设计了电动汽车交换电设施规划的优化模型，进一步探讨了电池标准化和技术进步对电动汽车充电设施部署策略的影响。这些研究对交通部门提升交通流量预测的有效性，以及通过开发强大的优化模型帮助部署电动汽车交换电设施的规划过程等方面，提供了重要的科学依据。

多准则决策方法。该主题聚焦于多准则决策技术方法的应用，包括交互式多准则决策方法（TODIM）（Qin et al.，2017）、基于 VIKOR 的犹豫模糊多准则决策方法（Liao and Xu，2013）、犹豫的模糊语言术语集（HFLTS）在决策问题中的运用（Liao and Xu，2015）等。它们的贡献在于提出了一种基于前景理论的扩展 TODIM 方法解决 2 型模糊集（IT2FS）内的多标准组决策（MCGDM）问题，应用于绿色供应商选择问题，提出了一种基于 VIKOR 的犹豫模糊方法，丰富了以犹豫模糊集（HFS）为评价值的多准则决策（MCDM）问题的研究框架，开发了基于余弦距离的 HFL-TOPSIS 方法和 HFL-VIKOR 方法，进一步发展了使用犹豫的模糊语言信息进行决策的方法。这些研究为管理人员提供了行之有效的行为决策技术方法，在解决带有犹豫偏好信息的决策问题和犹豫的模糊语言多准则决策问题等方面，提供了重要的决策依据。

运营效率与绩效分析。该主题聚焦于数据包络分析方法和稳健效率分析方法在绩效管理中的运用（Wang et al.，2014c；Du et al.，2014；Wei and Wang，2017）。它们的贡献在于首次使用数据包络分析方法的两阶段方法来研究所有权类型在中国银行业研究中的效率效应，进一步发展了稳健性效率分析方法，以测量经营实体在缺乏精确数据下的绩效水平，提出了能够处理多个投入与产出情况的基于交叉效率的迭代方法并进一步扩展到资源分配问题中。这些研究对管理人员了解如何提高银行效率，通过稳健效率分析识别出具有令人满意的绩效的经营实体，以及通过开发基于数据包络分析方法的迭代方法来为企业的成本与资源分配找到全局最优解，实现可用资源在总产出变化中的最大化等方面，提供了重要的决策方案。

（2）工业工程领域

危险作业。该主题聚焦于不同领域的危险作业研究，包括交通事故风险（Zhang et al.，2013b）、场外施工的主要障碍（Mao et al.，2015）以及施工项目中的安全风险分析（Zhang et al.，2014c）等。它们的贡献在于确定了与交通违规和事故严重程度相关的特定风险因素，从开发者的视角探讨了中国建筑市场上采用场外施工的阻碍因素，为现有的研究作出了贡献，开发了一种基于模糊贝叶斯的隧道施工故障分析决策方法，进一步发展了安全风险分析的新方法。这些研究对相关人员通过制定交通政策来减少交通违章、降低事故死亡率与伤害，提升道路安全水平，制定建筑行业场外施工项目的安全分析和管理制度，以及增加在复杂环境下施工项目成功的可能性等方面，具有重要的实践帮助。

3. 公共管理与管理交叉学科

在公共管理与管理交叉学科中，中国学者（不含港澳台）在公共管理、医学信息、公共环境与职业健康、区域与城市规划 4 个领域共计 7 个主题领域中作出了重要贡献。对照 2021 年国家自然科学基金管理科学部新的代码对应的公共管理学科名称（共 15 个二级代码）。这些前沿热点均显示与公共管理学科相关，但存在交叉学科的特征。具体见附表 4。

**附表 4　中国学者（不含港澳台）在公共管理与管理交叉学科引领的前沿领域与热点分布**

| 一级学科 | 研究领域（前沿热点数量） | 主题 |
|---|---|---|
| 公共管理与管理交叉学科 | 公共管理（1） | 交通安全管理 |
| | 医学信息（2） | 全球疾病负担研究 |
| | | 医疗保健与康复治疗 |
| | 公共环境与职业健康（3） | 空气污染与健康 |
| | | 环境污染与化学处理 |
| | | 气候政策与新能源 |
| | 区域与城市规划（1） | 智慧城市规划与生态发展 |

（1）公共管理领域

交通安全管理。该主题聚焦于车辆、地铁与航运系统的管理，包括家庭医疗保健物流中的车辆调度问题（Liu et al.，2013b）、地铁轨道系统的能源效率测算（Li and Lo，2014）以及长江航行风险评估问题（Zhang et al.，2013a）等。它们的贡献在于提出了两种元启发式算法解决家庭医疗保健物流中同时接送和时间窗口的车辆规划问题，提出了一种地铁轨道系统的综合节能运行模型，丰富了地铁轨道系统的运营能效提升方面的研究，通过综合安全评估和贝叶斯网络技术建立了航行风险模型，进一步丰富航行风险评估研究。这些研究为政府部门与从业人员解决家庭医疗保健物流中的车辆调度问题，优化列车调度与运行速度，提升地铁轨道系统的能源使用效率，以及评估航行风险，制定航行安全政策并提高航行安全性等方面，提供了重要的决策建议。

（2）医学信息领域

全球疾病负担研究。该主题聚焦于全球疾病负担概况，包括不同国家与地区的伤害发病率、死亡率、伤残调整的寿命年、死亡率与发病率之比等指标的详细信息（Haagsma et al.，2016；Krishnamurthi et al.，2013）。它们的贡献在于获得了一个庞大且有代表性的全球数据集，使用创新的方法探讨了疾病负担，并提供了疾病负担的全球视角，增进了对全球健康后果和流行病学转变模式的理解。这些研究发现为疾病预防人员制订具有针对性的医疗保健计划、疾病预防策略，推进中低收入国家的疾病预防，以及为各国确定伤害死亡率、发病率和伤残调整寿命年的主要原因提供参考和随时监控进展情况等方面，提供了重要的管理指引。

医疗保健与康复治疗。该主题聚焦于计算机技术在医疗保健和康复治疗中的应用，包括基于计算机的自我监控系统（Or and Tao，2016）、基于触觉的事件相关电位（ERP）P300 的脑机接口技术在慢性病护理和残疾人康复治疗中的作用（Liu et al.，2019），以及物联网技术在急诊医疗服务中的创新使用（Xu et al.，2014a）等问题。它们的贡献在于为消费者健康信息技术的实施、以用户为中心的设计和可用性分析研究提供了支持，提出了一种不同于传统视觉刺激的新型刺激范例，扩展了基于触觉的 ERP 研究，并建立了一种基于物联网的新的紧急医疗服务系统。这些研究对医疗保健人员改善患者健康管理与未来医疗保健和服务质量，通过新开发的脑机接口技术为残疾人康复治疗尤其是为视力受损人群提供指导，以及更有效的收集、集成物联网数据进行分析，以便为紧急医疗服务提供支持等方面，具有重要的实际应用价值。

（3）公共环境与职业健康领域

空气污染与健康。该主题聚焦于空气污染物与健康的关系，包括空气污染物的测算方法（Ma et al.，2016），以及空气污染物对心肺疾病发病率与死亡率（Lu et al.，2015）、儿童过敏性疾病（Deng et al.，2016）等的潜在影响或直接影响等。它们的贡献在于开发了一个基于卫星数据的两阶段空间统计模型，提升了中国 $PM_{2.5}$ 浓度测算准确性，推动了 $PM_{10}$ 和 $PM_{2.5}$ 与心肺疾病死亡率、发病率之间的相关关系的研究，提出了一个包括 $PM_{10}$、$SO_2$、$NO_2$ 等空气污染物在内的回归模型，确定了母亲妊娠期暴露于空气污染物对学龄前儿童过敏性疾病的影响。这些研究对政府部门及相关从业人员推动空气污染物对健康影响的评估，为基于流行病学的健康风险和公共卫生评估提供重要信息，针对空气污染的组成成分和暴露窗口期制定更为有效的儿童过敏性疾病预防措施等方面，提供了重要的管理帮助。

环境污染与化学处理。该主题聚焦于环境污染问题研究，包括粉尘中金属含量对健康的影响（Lu et al.，2014b）、水污染（Li et al.，2014b）与水质评估问题（Wang et al.，2013b）。它们的贡献在于评估了空气中金属污染程度对幼儿园学生健康风险的影响，丰富了空气污染颗粒物与健康风险的关系的研究，发展了一种新的熵加权模糊水质指数用以评估水质对人类健康的风险，评估了哈尔滨地区水质的时空变化并确定了潜在的水污染源，开发出了应用于评估环境影响的实用方法。这些发现为相关从业人员通过评估空气污染颗粒物降低健康风险、加强对水质的管理与保护、制定改善水质的决策等方面，提出了重要的实践指引。

气候政策与新能源。该主题聚焦于能源问题与消费者环境意识研究，包括全球建筑能耗（Cao et al.，2016）、碳限额与交易机制下的多项目生产计划问题（Zhang and Xu，2013）以及消费者环境意识在供应链管理中的作用（Zhang et al.，2015c）等。它们的贡献在于进一步丰富了关于建筑能耗、零能耗建筑技术以及全球气候变化对未来建筑能源使用演变的影响的探讨，分析了生产和碳交易决策的最优策略，提出了具有线性计算复杂度的有效求解方法，探讨了碳价、碳上限的影响，并丰富了消费者环境意识如何影响供应链中订单数量和渠道协调的研究。这些研究对相关人员通过可再生能源的利用优化当前能源结构、解决建筑能耗不断增长的问题、设计有效的碳限额和交易机制，以及通过了解消费者环境意识有效协调制造商和零售商等方面，具有重要的决策支撑。

（4）区域与城市规划领域

智慧城市规划与生态发展。该主题聚焦于城市规划与生态发展问题研究，包括大数据在智慧城市中的作用（Hashem et al.，2016）、中国城市与工业用地扩张模式（Kuang et al.，2016）以及基于城市生态知识和可持续原则的现代城市规划（Long et al.，2014）。它们的贡献在于通过探讨最新通信技术和智能应用程序在智慧城市环境中的运用，通过将物联网与大数据相结合弥补了现有研究的不足，通过对城市化和工业化相互交织过程的轨迹、模式和驱动因素的研究填补了理论研究的空白点，创新性地将土地利用动态模式与生态系统服务价值的评价有效联系了起来。这些研究对政府及相关从业人员提出大数据背景下的未来智慧城市的发展模式，权衡扩大城市与工业用地和生态恢复与控制之间的关系，以及指导生态宜居城市的发展建设等方面，具有重要的政策性帮助。

## 参考文献

［1］Ali，A. and Zhang，W. N.，“CEO Tenure and Earnings Management”，*Journal of Accounting and Economics*，Vol.59（1），2015，pp.60–79.

［2］Andrews，M.，Luo，X. M.，Fang，Z. and Ghose，A.，“Mobile Ad Effectiveness：Hyper-Contextual Targeting with Crowdedness”，*Marketing Science*，Vol.35（2），2016，pp.218–233.

［3］Cao，X. D.，Dai，X. L. and Liu，J. J.，“Building Energy-Consumption Status Worldwide and the State-of-the-Art Technologies for Zero-Energy Buildings during the Past Decade”，*Energy and Buildings*，Vol.128，2016，pp.198–213.

［4］Chan，H. K.，Wang，X. J.，Lacka，E. and Zhang，M.，“A Mixed-Method Approach to Extracting the Value of Social Media Data”，*Production and Operations Management*，Vol.25（3），2016，pp.568–583.

［5］Chen，G. H.，Bao，J. G and Huang，S. S.，“Segmenting Chinese Backpackers by Travel Motivations”，*International Journal of Tourism Research*，Vol.16（4），2014，pp.355–367.

［6］Chen，H. L.，Huang，C. C.，Yu，X. G.，Xu，X.，Sun，X.，Wang，G. and Wang，

S. J., "An Efficient Diagnosis System for Detection of Parkinson's Disease Using Fuzzy K-Nearest Neighbor Approach", *Expert Systems with Applications*, Vol.40 (1), 2013, pp.263–271.

[7] Choi, T. M., Li, Y. J. and Xu, L., "Channel Leadership, Performance and Coordination in Closed Loop Supply Chains", *International Journal of Production Economics*, Vol.146 (1), 2013, pp.371–380.

[8] Deng, Q. H., Lu, C., Li, Y. G., Sundell, J. and Norbäck, D., "Exposure to Outdoor Air Pollution during Trimesters of Pregnancy and Childhood Asthma, Allergic Rhinitis, and Eczema", *Environmental Research*, Vol.150, 2016, pp.119–127.

[9] Deng, X. Y., Hu, Y., Deng, Y. and Mahadevan, S., "Supplier Selection Using AHP Methodology Extended by D Numbers", *Expert Systems with Applications*, Vol.41 (1), 2014, pp.156–167.

[10] Du, J., Cook, W. D., Liang, L. and Zhu, J., "Fixed Cost and Resource Allocation Based on DEA Cross-Efficiency", European *Journal of Operational Research*, Vol.235 (1), 2014, pp.206–214.

[11] Dubé, J. P., Fang, Z., Fong, N. and Luo, X. M., "Competitive Price Targeting with Smartphone Coupons", *Marketing Science*, Vol.36 (6), 2017, pp.944–975.

[12] Fong, N. M., Fang, Z. and Luo, X. M., "Geo-Conquesting: Competitive Locational Targeting of Mobile Promotions", *Journal of Marketing Research*, Vol.52 (5), 2015, pp.726–735.

[13] Gu, B. and Ye, Q., "First Step in Social Media: Measuring the Influence of Online Management Responses on Customer Satisfaction", *Production and Operations Management*, Vol.23 (4), 2014, pp.570–582.

[14] Haagsma, J. A., Graetz, N., Bolliger, I., Naghavi, M., Higashi, H., Mullany, E. C., Abera, S. F., Abraham, J. P., Adofo, K., Alsharif, U., Ameh, E. A., Ammar, W., Antonio, C. A. T., Barrero, L. H., Bekele, T., Bose, D., Brazinova, A., Catalá-López, F., Dandona, L., Dandona, R., Dargan, P. I., Leo, D. D., Degenhardt, L., Derrett, S., Dharmaratne, S. D., Driscoll, T. R., Duan, L. L., Ermakov, S. P., Farzadfar, F., Feigin, V. L., Franklin, R. C., Gabbe, B., Gosselin, R. A., Hafezi-Nejad, N., Hamadeh, R. R., Hijar, M., Hu, G. Q., Jayaraman, S. P., Jiang, G. H., Khader, Y. S., Khan, E. A., Krishnaswami, S., Kulkarni, C., Lecky, F. E., Leung, R., Lunevicius, R., Lyons, R. A., Majdan,

M., Mason-Jones, A. J., Matzopoulos, R., Meaney, P. A., Mekonnen, W., Miller, T. R., Mock, C. N., Norman, R. E., Orozco, R., Polinder, S., Pourmalek, F., Rahimi-Movaghar, V., Refaat, A., Rojas-Rueda, D., Roy, N., Schwebel, D. C., Shaheen, A., Shahraz, S., Skirbekk, V., Søreide, K., Soshnikov, S., Stein, D. J., Sykes, B. L., Tabb, K. M., Temesgen, A. M., Tenkorang, E. Y., Theadom, A. M., Tran, B. X., Vasankari, T. J., Vavilala, M. S., Vlassov, V. V., Woldeyohannes, S. M., Yip, P., Yonemoto, N., Younis, M. Z., Yu, C. H., Murray, C. J. L., Vos, T., Balalla, S., Phillips, M. R., "The Global Burden of Injury: Incidence, Mortality, Disability-Adjusted Life Years and Time Trends from the Global Burden of Disease Study 2013", *Injury prevention*, Vol.22 (1), 2016, pp.3-18.

[15] Hashem, I. A. T., Chang, V., Anuar, N. B., Adewole, K., Yaqoob, I., Gani, A., Ahmed, E. and Chiroma, H., "The Role of Big Data in Smart City", *International Journal of Information Management*, Vol.36 (5), 2016, pp.748-758.

[16] Hou, K. W., Xue, C. and Zhang, L., "Digesting Anomalies: An Investment Approach", *The Review of Financial Studies*, Vol.28 (3), 2015, pp.650-705.

[17] Huang, D. S., Jiang, F. W., Tu, J. and Zhou, G. F., "Investor Sentiment Aligned: A Powerful Predictor of Stock Returns", *The Review of Financial Studies*, Vol.28 (3), 2015, pp.791-837.

[18] Huang, J., Henfridsson, O., Liu, M. J. and Newell, S., "Growing on Steroids: Rapidly Scaling the User Base of Digital Ventures through Digital Innovaton", *MIS Quarterly*, Vol.41 (1), 2017, pp.301-314.

[19] Huang, W. H., Song, G. J., Hong, H. K. and Xie, K. Q., "Deep Architecture for Traffic Flow Prediction: Deep Belief Networks with Multitask Learning", *IEEE Transactions on Intelligent Transportation Systems*, Vol.15 (5), 2014, pp.2191-2201.

[20] Jiang, F. W., Lee, J., Martin, X. M. and Zhou, G. F., "Manager Sentiment and Stock Returns", *Journal of Financial Economics*, Vol.132 (1), 2019, pp.126-149.

[21] Jiang, F. X. and Kim, K. A., "Corporate Governance in China: A Modern Perspective", *Journal of Corporate Finance*, Vol.32, 2015, pp.190-216.

[22] Kankanhalli, A., Ye, H. and Teo, H. H., "Comparing Potential and Actual Innovators: An Empirical Study of Mobile Data Services Innovation", *MIS Quarterly*, Vol.39 (3), 2015, pp.667-682.

[23] Kim, J. H., "The Antecedents of Memorable Tourism Experiences: The Development

of A Scale to Measure the Destination Attributes Associated with Memorable Experiences", *Tourism Management*, Vol.44, 2014, pp.34–45.

[24] Krishnamurthi, R. V., Feigin, V. L., Forouzanfar, M. H., Mensah, G. A., Connor, M., Bennett, D. A., Moran, A. E., Sacco, R. L., Anderson, L. M., Truelsen, T., O'Donnell, M., Venketasubramanian, N., Barker-Collo, S., Lawes, C. M. M., Wang, W. Z., Shinohara, Y., Witt, E., Ezzati, M., Naghavi, M. and Murray, C., "Global and Regional Burden of First-Ever Ischaemic and Haemorrhagic Stroke during 1990–2010: Findings from the Global Burden of Disease Study 2010", *The Lancet Global Health*, Vol.1 (5), 2013, pp.e259–e281.

[25] Kuang, W. H., Liu, J. Y., Dong, J. W., Chi, W. F. and Zhang, C., "The Rapid and Massive Urban and Industrial Land Expansions in China between 1990 and 2010: A CLUD-Based Analysis of Their Trajectories, Patterns, and Drivers", *Landscape and Urban Planning*, Vol.145, 2016, pp.21–33.

[26] Kumar, V. and Reinartz, W., "Creating Enduring Customer Value", *Journal of Marketing*, Vol.80 (6), 2016, pp.36–68.

[27] Kumar, V., Bhagwat, Y. and Zhang, X., "Regaining 'Lost' Customers: The Predictive Power of First-Lifetime Behavior, the Reason for Defection, and the Nature of the Win-Back Offer", *Journal of Marketing*, Vol.79 (4), 2015, pp.34–55.

[28] Lennox, C., Wang, Z. T. and Wu, X., "Earnings Management, Audit Adjustments, and the Financing of Corporate Acquisitions: Evidence from China", *Journal of Accounting and Economics*, Vol.65 (1), 2018, pp.21–40.

[29] Lennox, C., Wu, X. and Zhang, T. Y., "The Effect of Audit Adjustments on Earnings Quality: Evidence from China", *Journal of Accounting and Economics*, Vol.61 (2-3), 2016, pp.545–562.

[30] Li, K., Griffin, D., Yue, H. and Zhao, L. K., "How Does Culture Influence Corporate Risk-Taking? " *Journal of Corporate Finance*, Vol.23, 2013, pp.1–22.

[31] Li, M. H., Cui, L. and Lu, J. Y., "Varieties in State Capitalism: Outward FDI Strategies of Central and Local State-Owned Enterprises from Emerging Economy Countries", *Journal of International Business Studies*, Vol.45 (8), 2014a, pp.980–1004.

[32] Li, P. Y., Wu, J. H., Qian, H., Lyu, X. S. and Liu, H. W., "Origin and Assessment of Groundwater Pollution and Associated Health Risk: A Case Study in An Industrial Park, Northwest China", *Environmental Geochemistry and Health*, Vol.36 (4),

2014b, pp.693–712.

[ 33 ] Li, X. and Lo, H. K., "An Energy-Efficient Scheduling and Speed Control Approach for Metro Rail Operations", *Transportation Research Part B: Methodological*, Vol.64, 2014, pp.73–89.

[ 34 ] Liang, Q., Xu, P. S. and Jiraporn, P., "Board Characteristics and Chinese Bank Performance", *Journal of Banking & Finance*, Vol.37 (8), 2013, pp.2953–2968.

[ 35 ] Liao, H. C. and Xu, Z. S., "A VIKOR-Based Method for Hesitant Fuzzy Multi-Criteria Decision Making", *Fuzzy Optimization and Decision Making*, Vol.12 (4), 2013, pp.373–392.

[ 36 ] Liao, H. C. and Xu, Z. S., "Approaches to Manage Hesitant Fuzzy Linguistic Information Based on the Cosine Distance and Similarity Measures for HFLTSs and Their Application in Qualitative Decision Making", *Expert Systems with Applications*, Vol.42 (12), 2015, pp.5328–5336.

[ 37 ] Liao, L., Luo, L. and Tang, Q. L., "Gender Diversity, Board Independence, Environmental Committee and Greenhouse Gas Disclosure", *The British Accounting Review*, Vol.47 (4), 2015, pp.409–424.

[ 38 ] Liu, H. F., Ke, W. L., Wei, K. K. and Hua, Z. S., "The Impact of IT Capabilities on Firm Performance: The Mediating Roles of Absorptive Capacity and Supply Chain Agility", *Decision Support Systems*, Vol.54 (3), 2013a, pp.1452–1462.

[ 39 ] Liu, R., Xie, X. L., Augusto, V. and Rodriguez, C., "Heuristic Algorithms for a Vehicle Routing Problem with Simultaneous Delivery and Pickup and Time Windows in Home Health Care", *European Journal of Operational Research*, Vol.230 (3), 2013b, pp.475–486.

[ 40 ] Liu, Y. D., Wang, J. J., Yin, E., Yu, Y., Zhou, Z. T. and Hu, D. W., "An Tactile Erp-based Brain-computer Interface for Communication", *International Journal of Human-Computer Interaction*, Vol.35 (7), 2019, pp.559–567.

[ 41 ] Liu, Z. W. and Park, S., "What Makes a Useful Online Review? Implication for Travel Product Websites", *Tourism Management*, Vol.47, 2015, pp.140–151.

[ 42 ] Long, H. L., Liu, Y. Q., Hou, X. G., Li, T. T. and Li, Y. R., "Effects of Land Use Transitions Due to Rapid Urbanization on Ecosystem Services: Implications for Urban Planning in the New Developing Area of China", *Habitat International*, Vol.44, 2014, pp.536–544.

[43] Lu, F., Xu, D. Q., Cheng, Y. B., Dong, S. X., Guo, C., Jiang, X. and Zheng, X. Y., "Systematic Review and Meta-analysis of the Adverse Health Effects of Ambient $PM_{2.5}$ and $PM_{10}$ Pollution in the Chinese Population", *Environmental Research*, Vol.136, 2015, pp.196–204.

[44] Lu, J. Y., Liu, X. H., Wright, M. and Filatotchev, I., "International Experience and FDI Location Choices of Chinese Firms: The Moderating Effects of Home Country Government Support and Host Country Institutions", *Journal of International Business Studies*, Vol.45 (4), 2014a, pp.428–449.

[45] Lu, X. W., Zhang, X. L., Li, L. Y. and Chen, H., "Assessment of Metals Pollution and Health Risk in Dust from Nursery Schools in Xi'an, China", *Environmental Research*, Vol.128, 2014b, pp.27–34.

[46] Luo, H., Du, B., Huang, G. Q., Chen, H. P. and Li, X. L., "Hybrid Flow Shop Scheduling Considering Machine Electricity Consumption Cost", *International Journal of Production Economics*, Vol.146 (2), 2013, pp.423–439.

[47] Luo, X. M., Tong, S. L., Fang, Z. and Qu, Z., "Frontiers: Machines vs. Humans: The Impact of Artificial Intelligence Chatbot Disclosure on Customer Purchases", *Marketing Science*, Vol.38 (6), 2019, pp.937–947.

[48] Lv, Y. S., Duan, Y. J., Kang, W. W., Li, Z. X. and Wang, F. Y., "Traffic Flow Prediction with Big Data: A Deep Learning Approach", *IEEE Transactions on Intelligent Transportation Systems*, Vol.16 (2), 2015, pp.865–873.

[49] Ma, Z. W., Hu, X. F., Sayer, A. M., Levy, R., Zhang, Q., Xue, Y. G., Tong, S. L., Bi, J. and Liu, Y., "Satellite-based Spatiotemporal Trends in PM2.5 Concentrations: China, 2004–2013", *Environmental Health Perspectives*, Vol.124 (2), 2016, pp.184–192.

[50] Mak, H. Y., Rong, Y. and Shen, Z. J. M., "Infrastructure Planning for Electric Vehicles with Battery Swapping", *Management Science*, Vol.59 (7), 2013, pp.1557–1575.

[51] Mao, C., Shen, Q. P., Pan, W. and Ye, K. H., "Major Barriers to Off-Site Construction: The Developer's Perspective in China", *Journal of Management in Engineering*, Vol.31 (3), 2015, 04014043.

[52] Nambisan, S., Lyytinen, K., Majchrzak, A. and Song, M., "Digital Innovation Management: Reinventing Innovation Management Research in a Digital World", *MIS Quarterly*, Vol.41 (1), 2017, pp.223–238.

[53] Or, C. and Tao, D., "A 3-Month Randomized Controlled Pilot Trial of A Patient-Centered, Computer-Based Self-Monitoring System for the Care of Type 2 Diabetes Mellitus and Hypertension", *Journal of Medical Systems*, Vol.40, 2016, p.81.

[54] Ou, A. Y., Tsui, A. S., Kinicki, A. J., Waldman, D. A., Xiao, Z. X. and Song, L. J., "Humble Chief Executive Officers' Connections to Top Management Team Integration and Middle Managers' Responses", *Administrative Science Quarterly*, Vol.59 (1), 2014, pp.34–72.

[55] Peng, A. C., Schaubroeck, J. M. and Li, Y. H., "Social Exchange Implications of Own and Coworkers' Experiences of Supervisory Abuse", *Academy of Management Journal*, Vol.57 (5), 2014a, pp.1385–1405.

[56] Peng, W. W., Li, Y. F., Yang, Y. J., Huang, H. Z. and Zuo, M. J., "Inverse Gaussian Process Models for Degradation Analysis: A Bayesian Perspective", *Reliability Engineering & System Safety*, Vol.130, 2014b, pp.175–189.

[57] Petersen, J. A. and Kumar, V., "Perceived Risk, Product Returns, and Optimal Resource Allocation: Evidence from a Field Experiment", *Journal of Marketing Research*, Vol.52 (2), 2015, pp.268–285.

[58] Qin, J. D., Liu, X. W. and Pedrycz, W., "An Extended TODIM Multi-Criteria Group Decision Making Method for Green Supplier Selection in Interval Type-2 Fuzzy Environment", *European Journal of Operational Research*, Vol.258 (2), 2017, pp.626–638.

[59] Rapach, D. E., Ringgenberg, M. C. and Zhou, G. F., "Short Interest and Aggregate Stock Returns", *Journal of Financial Economics*, Vol.121 (1), 2016, pp.46–65.

[60] Si, X. S., Wang, W. B., Chen, M. Y., Hu, C. H. and Zhou, D. H., "A Degradation Path-Dependent Approach for Remaining Useful Life Estimation with an Exact and Closed-form Solution", *European Journal of Operational Research*, Vol.226 (1), 2013, pp.53–66.

[61] Stambaugh, R. F., Yu, J. F. and Yuan, Y., "The Long of It: Odds That Investor Sentiment Spuriously Predicts Anomaly Returns", *Journal of Financial Economics*, Vol.114 (3), 2014, pp.613–619.

[62] Tan, H. T., Wang, E. Y. and Zhou, B., "When the Use of Positive Language Backfires: The Joint Effect of Tone, Readability, and Investor Sophistication on Earnings Judgments", *Journal of Accounting Research*, Vol.52 (1), 2014, pp.273–302.

[63] Thøgersen, J., de Barcellos, M. D., Perin, M. G. and Zhou, Y. F., "Consumer Buying

Motives and Attitudes towards Organic Food in Two Emerging Markets: China and Brazil", *International Marketing Review*, Vol.32 (3/4), 2015, pp.389-413.

[64] Vu, H. Q., Li, G., Law, R. and Ye, B. H., "Exploring the Travel Behaviors of Inbound Tourists to Hong Kong Using Geotagged Photos", *Tourism Management*, Vol.46, 2015, pp.222-232.

[65] Wan, E. W., Chen, R. P. and Jin, L. Y., "Judging a Book by Its Cover? The Effect of Anthropomorphism on Product Attribute Processing and Consumer Preference", *Journal of Consumer Research*, Vol.43 (6), 2017, pp.1008-1030.

[66] Wang, C. J., Tsai, H. T. and Tsai, M. T., "Linking Transformational Leadership and Employee Creativity in the Hospitality Industry: The Influences of Creative Role Identity, Creative Self-efficacy, and Job Complexity", *Tourism Management*, Vol.40, 2014a, pp.79-89.

[67] Wang, G., Sun, J. S., Ma, J., Xu, K. Q. and Gu, J. B., "Sentiment Classification: The Contribution of Ensemble Learning", *Decision Support Systems*, Vol.57, 2014b, pp.77-93.

[68] Wang, K., Huang, W., Wu, J. and Liu, Y. N., "Efficiency Measures of the Chinese Commercial Banking System Using an Additive Two-stage DEA", *Omega*, Vol.44, 2014c, pp.5-20.

[69] Wang, W. C., Xu, D. M., Chau, K. W. and Chen, S., "Improved Annual Rainfall-Runoff Forecasting Using PSO-SVM Model Based on EEMD", *Journal of Hydroinformatics*, Vol.15 (4), 2013a, pp.1377-1390.

[70] Wang, X. L., Balakrishnan, N. and Guo, B., "Residual Life Estimation Based on a Generalized Wiener Degradation Process", *Reliability Engineering and System Safety*, Vol.124, 2014d, pp.13-23.

[71] Wang, Y., Wang, P., Bai, Y. J., Tian, Z. X., Li, J. W., Shao, X., Mustavich, L. F. and Li, B. L., "Assessment of Surface Water Quality via Multivariate Statistical Techniques: A Case Study of the Songhua River Harbin Region, China", *Journal of Hydro-Environment Research*, Vol.7 (1), 2013b, pp.30-40.

[72] Wei, G. W. and Wang, J. M., "A Comparative Study of Robust Efficiency Analysis and Data Envelopment Analysis with Imprecise Data", *Expert Systems with Applications*, Vol.81, 2017, pp.28-38.

[73] Xu, B. Y., Xu, L. D., Cai, H. M., Xie, C., Hu, J. Y. and Bu, F. L., "Ubiquitous

Data Accessing Method in IoT-based Information System for Emergency Medical Services", *IEEE Transactions on Industrial Informatics*, Vol.10 (2), 2014a, pp.1578-1586.

[74] Xu, G. Y., Dan, B., Zhang, X. M. and Liu, C., "Coordinating a Dual-Channel Supply Chain with Risk-Averse under a Two-Way Revenue Sharing Contract", *International Journal of Production Economics*, Vol.147, 2014b, pp.171-179.

[75] Yan, D. F., "Subtraction or Division: Evaluability Moderates Reliance on Absolute Differences versus Relative Differences in Numerical Comparisons", *Journal of Consumer Research*, Vol.45 (5), 2019, pp.1103-1116.

[76] Yang, X. S., Karamanoglu, M. and He, X. S., "Flower Pollination Algorithm: A Novel Approach for Multiobjective Optimization", *Engineering Optimization*, Vol.46 (9), 2014, pp.1222-1237.

[77] Yang, X., Pan, B., Evans, J. A. and Lv, B. F., "Forecasting Chinese Tourist Volume with Search Engine Data", *Tourism Management*, Vol.46, 2015, pp.386-397.

[78] Yuan, Y., "Market-Wide Attention, Trading, and Stock Returns", *Journal of Financial Economics*, Vol.116 (3), 2015, pp.548-564.

[79] Zhang, B. and Xu, L., "Multi-Item Production Planning with Carbon Cap and Trade Mechanism", *International Journal of Production Economics*, Vol.144 (1), 2013, pp.118-127.

[80] Zhang, D. W., Xu, H., Su, Z. C. and Xu, Y. F., "Chinese Comments Sentiment Classification Based on Word2vec and SVMperf", *Expert Systems with Applications*, Vol.42 (4), 2015a, pp.1857-1863.

[81] Zhang, D., Yan, X. P., Yang, Z. L., Wall, A. and Wang, J., "Incorporation of Formal Safety Assessment and Bayesian Network in Navigational Risk Estimation of the Yangtze River", *Reliability Engineering and System Safety*, Vol.118, 2013a, pp.93-105.

[82] Zhang, G. N., Yau, K. K. W. and Chen, G. H., "Risk Factors Associated with Traffic Violations and Accident Severity in China", *Accident Analysis and Prevention*, Vol.59, 2013b, pp.18-25.

[83] Zhang, H. M., Fu, X. X., Cai, L. A. and Lu, L., "Destination Image and Tourist Loyalty: A Meta-Analysis", *Tourism Management*, Vol.40, 2014a, pp.213-223.

[84] Zhang, H., Lu, Y. B., Gupta, S. and Zhao, L., "What Motivates Customers to Participate in Social Commerce? The Impact of Technological Environments and Virtual Customer Experiences", *Information & Management*, Vol.51 (8), 2014b, pp.1017-1030.

[85] Zhang, J. R., Liu, Y. and Chen, Y. B., "Social Learning in Networks of Friends

versus Strangers", *Marketing Science*, Vol.34 (4), 2015b, pp.573-589.
[86] Zhang, J., Gou, Q. L., Liang, L. and Huang, Z. M., "Supply Chain Coordination through Cooperative Advertising with Reference Price Effect", *Omega*, Vol.41 (2), 2013c, pp.345-353.
[87] Zhang, L. H., Wang, J. G. and You, J. X., "Consumer Environmental Awareness and Channel Coordination with Two Substitutable Products", *European Journal of Operational Research*, Vol.241 (1), 2015c, pp.63-73.
[88] Zhang, L. M., Wu, X. G., Skibniewski, M. J., Zhong, J. B. and Lu, Y. J., "Bayesian-Network-Based Safety Risk Analysis in Construction Projects", *Reliability Engineering & System Safety*, Vol.131, 2014c, pp.29-39.
[89] Zhang, Y. A., Li, Y. and Li, H. Y., "FDI Spillovers Over Time in an Emerging Market: The Roles of Entry Tenure and Barriers to Imitation", *Academy of Management Journal*, Vol.57 (3), 2014d, pp.698-722.
[90] Zhang, Y. W., LePine, J. A., Buckman, B. R. and Wei, F., "It's Not Fair…or Is It? The Role of Justice and Leadership in Explaining Work Stressor-Job Performance Relationships", *Academy of Management Journal*, Vol.57 (3), 2014e, pp.675-697.
[91] Zhang, Y., Waldman, D. A., Han, Y. L. and Li, X. B., "Paradoxical Leader Behaviors in People Management: Antecedents and Consequences", *Academy of Management Journal*, Vol.58 (2), 2015d, pp.538-566.
[92] Zheng, Y. J., "Water Wave Optimization: A New Nature-Inspired Metaheuristic", *Computers & Operations Research*, Vol.55, 2015, pp.1-11.
[93] Zhou, T., "An Empirical Examination of Continuance Intention of Mobile Payment Services", *Decision Support Systems*, Vol.54 (2), 2013, pp.1085-1091.
[94] Zhu, B. Z. and Wei, Y. M., "Carbon Price Forecasting with a Novel Hybrid ARIMA and Least Squares Support Vector Machines Methodology", *Omega*, Vol.41 (3), 2013, pp.517-524.
[95] Zhu, Q. H., Sarkis, J. and Lai, K. H., "Institutional-Based Antecedents and Performance Outcomes of Internal and External Green Supply Chain Management Practices", *Journal of Purchasing and Supply Management*, Vol.19 (2), 2013a, pp.106-117.
[96] Zhu, W. C., Newman, A., Miao, Q. and Hooke, A., "Revisiting the Mediating Role of Trust in Transformational Leadership Effects: Do Different Types of Trust Make a Difference? ", *The Leadership Quarterly*, Vol.24 (1), 2013b, pp.94-105.

附录 A2　在中国学者高被引论文的贡献路径分析部分，对于样本文献分析中涉及的中国情境、中国数据的具体信息分别见附表 1、附表 2。

**附表 1　贡献路径分析样本中涉及的中国情境**

| 中国情境 | 编码范畴 | 篇数 |
|---|---|---|
| 基于中国政治情境 | 体制和制度、政府政策与法规、政企关系 | 63（37.95%） |
| 基于中国经济情境 | 经济转型、经济增长 | 48（28.92%） |
| 基于中国社会文化情境 | 关系、国家文化价值观、儒家哲学思想 | 40（24.10%） |
| 基于中国技术情境 | 技术发展现状、技术创新 | 16（9.64%） |
| 基于中国自然情境 | 空气污染、自然生态环境、气候变化 | 33（19.88%） |
| 基于中国人口情境 | 人口健康、人口迁移、人口老龄化 | 19（11.45%） |
| 同时涉及两种以上情境 | — | 37（22.29%） |
| 合计 | — | 166（100%） |

**附表 2　贡献路径分析样本中涉及的中国数据**

| 中国数据 | 编码范畴 | 篇数 |
|---|---|---|
| 一手数据 | 企业管理人员与员工、消费者、网络用户、居民、游客、政府官员、高校学者等的访谈、问卷调查数据 | 223（47.55%） |
| 二手数据 | 统计年鉴、政府机构文件、企业档案与年度报表、网站评论与交易记录、国内外商业研究数据库、全球或区域调查（如 WTO 在 21 个国家的母婴调查）中的中国数据 | 207（44.14%） |
| 卫星数据 | 土地利用 / 覆盖、绿地、森林斑块、地表温度、夜间灯光、气溶胶等卫星影像资料 | 28（5.97%） |
| 气象数据 | 气候和地理数据（包括海拔、温度和降水）、天气数据等 | 13（2.77%） |
| 交通系统数据 | 高速公路现场采集数据交通量、车道变更操作次数、车道变更操作时间、公交线路交通数据平均到达率、下车率、乘客等待时间、地铁系统运行数据旅客到达率、运行时间等 | 25（5.33%） |
| 其他数据 | 医学血液取样、心血管疾病临床病例、地理信息地面地形、POI、道路网络、通信呼叫记录、语音聊天记录、土地利用土地使用规划图、传感器采集数据温度、湿度、光照、电压等 | 29（6.18%） |
| 同时涉及两种以上数据 | — | 48（10.23%） |
| 合计 | — | 469（100%） |

（何佳讯、葛佳烨、张凡，华东师范大学经济与管理学部、
华东师范大学国家品牌战略研究中心）

原载《管理世界》2021 年第 9 期

## 中国企业创新发展

# 中国制造业企业创新测度

## ——基于微观创新调查的跨期比较

安同良　魏　婕　舒　欣

**摘要：**伴随着改革开放40余年的“增长奇迹”，中国已成为具有全球影响力的大国，但中国制造业企业真正创新行为的“黑箱”依然未打开。一般而言，技术后进国需要完成技术进步的“三级跳”：跟跑、并跑与领跑。通过对创新测度历史演化的回溯和反思，提出创新分级测度理论框架与方法；基于江苏的实践，跨期对比2002年与2014年微观创新调查数据，全面审视中国制造业企业创新行为与能力，系统探究中国企业创新在全球的方位。实证分析发现：目前中国制造业的创新能力呈现出“传统产业领跑、中端产业跟跑并跑、高端产业跟跑为主领跑为辅”的“前高后低的倾斜V型”态势。据此，对处于领跑、并跑和跟跑的企业或行业，应明晰其不同需求和定位，在产业政策上分类指导，因地制宜、因业制宜，实施差异化、异质性的产业政策，提升产业政策的靶向性。

**关键词：**制造业企业　创新　微观创新调查　分级测度　中国创造

## 引言

党的十九大报告强调：“创新是引领发展的第一动力，是建设现代化经济体系的战略支撑。”改革开放40多年以来，中国经济取得了举世瞩目的发展。中国以制造业参与全球分工，成功改变了世界分工格局，并助推中国经济总量跃升为全球第二。诸多微观创新调查表明，多年来中国工业产出持续高速增长大部分源自企业高频率的技术创新。[①] 正是持续的技术进步助推着中国经济实现追赶超越，并成就了“中国奇迹”。近些年中国很多产值和创新指标进入世界前列，2018年国家综合创新能力排名升至第17位。尽管中国发展成绩斐然，但我

① 安同良、王文翌、魏巍：《中国制造业企业的技术创新：模式、动力与障碍——基于江苏省制造业企业问卷调查的实证分析》，《当代财经》2005年第12期。

们对中国制造业企业真正创新行为与创新能力的认知依然模糊，创新“黑箱”仍未打开。我们习惯强调中国制造业企业应该完成技术进步的“三级跳”：即从引进国外技术“跟跑”，到消化、吸收先进技术经验“并跑”，进而在关键领域自主创新“领跑”，走出一条由“中国制造”到“中国创造”的道路。但由于各类企业及行业的异质性问题，学术界对它们在全球创新的方位、技术路径、深层次的创新障碍等问题的探讨十分有限，因而难以精确认知中国各类企业与行业处于技术进步“三级跳”中的哪一级，使创新驱动战略的实施难以有的放矢。

为此，尤有必要精准测度中国制造业企业的创新程度，这也是创新经济学的核心议程。曾有学者问“中国制造业企业有创新吗”，① 而今天我们要讨论的是“中国制造业企业创新程度如何”。鉴于此，通过对创新测度历史演化的回溯与反思，本文采用基于欧盟 CIS 框架自主设计的微观创新调查方法，提出创新分级测度的理论框架与方法。创新分级测度方法区别于已有识别创新行为的方法，具有整体性、分级性、演进性与理论支撑性，可为审视中国整体或某一区域企业或行业的创新行为提供一个新的思路。进一步以江苏为实践，跨期对比 2002 年与 2014 年微观创新调查数据，重新全面审视中国制造业企业创新行为、创新能力以及创新障碍。同时，辅之以各行业实践中的典型事实，识别出中国制造业各行业创新能力在世界上的方位：中国企业或行业目前的创新能力呈现出“传统产业领跑、中端产业跟跑并跑、高端产业跟跑为主领跑为辅”的“前高后低的倾斜 V 型”态势。并且，以此为标准提出精准的产业政策，助推“中国制造”转向“中国创造”。

本文回答了“与世界相比，中国制造业创新程度如何”的问题，最主要的贡献在于基于欧盟 CIS 框架自主设计了符合中国实践特征的微观创新调查问卷，并开展了调查研究，同时在此基础上提出测度创新的新方法——创新分级测度，在最基本的创新问题上进行拓展尝试。

## 一　文献综述：创新测度的历史演变与创新调查的兴起

对于经济增长与发展，尽管人们普遍认为创新极为重要，但由于“创新”概念的复杂性，衡量创新绝非易事。经过多年的学术探索，对于创新的测度也分成宏观、微观两个层面：宏观层面主要关注国家之间、地区之间创新或创新能力的衡量，② 目前形成了基于生产函数（创新资本的识别）③ 和国民经济核算（R&D 纳入 SNA 核算体系）体系的创新测度，以及各

① L. Alcorta, B. Urem and Tongiang An, “Do Manufacturing Firms in China Innovate? ” *Journal of Contemporary Asia*, Vol.38, No.4, 2008, pp.560-590.

② 徐映梅、孙静:《创新测度研究回顾与企业创新测度展望》,《统计与信息论坛》2018 年第 7 期。

③ Z. Griliches, “Issues in Assessing the Contribution of Research and Development to Productivity Growth,” *Bell Journal of Economics*, Vol.10, No.1, 1979, pp.92-116.

类创新指数。相比宏观测度，微观层面更侧重于揭示企业创新行为的特征。迄今为止，对企业创新测度达成共识的有两大类基本指标：一是创新的起点——R&D 数据；二是创新的终点——关于专利申请、授权和引用的数据。

创新是一个多维过程，其内在的许多过程都难以测度。特别是技术学习与能力的提升，从直接角度几乎不可度量，但可以用研究开发中的活动费用或是人员投入进行测度，于是 R&D 数据收集应运而生。OECD 国家通过《弗拉斯卡蒂手册》（*Frascati*）明确了 R&D 数据的意义和收集的原则，使得 R&D 数据成为目前收集最成功的创新数据。创新经济学认为，R&D 数据的优点十分明显，具有很长的收集时间，国家或地区间的一致性能得到保证；考察层次性分明、类别详细，既可以识别微观企业，又可以明确中观产业，同时可以比较宏观国际或地区的研发与创新。但是，Kleinknecht 等认为，R&D 活动只是创新的一种投入，它作为创新指标有局限性。① 虽然与技术变革高度相关，但创新的结果具有不可预知性，与产出之间不一定有必然联系。同时，无法反映创新活动中的非 R&D 活动，难以真实测度企业在技术变革中所作出的全部努力。因此，Smith 在《牛津创新手册》中强调，R&D 指标在国家、行业和公司层面都是有缺陷的，简单地使用会存在问题。② 而后学界认识到，测度创新从起点分析远远不够，创新的核心在于终点，即真正的研发产出。于是，全要素生产率（Total Factor Productivity，TFP）和专利信息作为研发产出的衡量日益成为测度创新的标尺。但 TFP 自身存在估算问题（生产函数法、随机前沿法 ③ 和非参数等方法不断演化，但争议不断），同时易受其他要素投入和价格指数等影响，及其自身存在的顺周期性等问题，至今莫衷一是。相比之下，专利数据由国家或国际专利机构收集，其权威性、完整性、连续性等特性决定了它是描绘国家、产业、企业技术活动与技术实力最为重要的指标。总体来说，专利数据在一定程度上能够描绘技术依赖、渗透和扩散情况，同时有易获得、覆盖广、处理灵活、准确度高、应用范围宽等优点。但 Nagaoka 等强调，专利并非与创新完全对应，使用时应谨慎。④ 专利是直接测度发明，但发明不等同于内涵更为复杂的创新，因为不是所有创新都会以专利形式来呈现。同时，专利并不必然引发创新，许多专利是缺乏技术价值与经济价值的。

为此，传统创新测度的方法虽然在一定程度上可以表征创新活动的某些方面，但创新行

---

① A. Kleinknecht and P. Mohnen，eds.，*Innovation and Firm Performance: Econometric Explorations of Survey Data*，Hampshire and New York：Palgrave，2002.

② Keith Smith，"Measuring Innovation，" in Jan Fagerberg，D. C. Mowery and Richard R. Nelson，eds.，*The Oxford Handbook of Innovation*，Oxford：Oxford University Press，2006.

③ C. R. Hulten，"Total Factor Productivity：A Short Biography"，NBER Working Paper w7471，2000.

④ S. Nagaoka，K. Motohashi and A. Goto，"Patent Statistics as an Innovation Indicator"，in B. H. Hall and Nathan Rosenberg，eds.，*Handbook of the Economics of Innovation*，Vol.2，Oxford：Elsevier，2010，pp. 1083–1127.

为的“黑箱”依然未揭开，类似于“生产函数”存在的问题——只见投入和产出，但未见内部的具体运作和组织方式，即并未识别出创新的行为、具体模式和过程。鉴于此，在创新经济学领域，人们试图创建并设计一些能够直接测度创新的新思路和框架。Dziallas 和 Blind 通过梳理 1980—2015 年的相关文献，强调对于创新的测度应去探索非技术和技术创新的事前与事后评价，即去寻找衡量整个创新过程中的创新指标。① 同时，诸多学者、企业管理者和政策制定者意识到，创新的根本主体是微观企业，所以以微观企业为核心的创新调查应运而生，以此作为学术研究、企业决策与政策制定的依据更为可靠。

创新调查萌芽于 20 世纪 30 年代初，虽起步早，但都是零散的研究，到 20 世纪 80 年代，世界范围内才开始实施真正的创新调查。创新调查可以分成两大类。一是集中于具有重大意义的技术创新方法，被称为“客体法”，核心在于研究创新过程对技术本身的客观产出。最知名的运用客体法的创新调查是由英国苏塞克斯大学开展并创立的 Science Policy Research Unit（SPRU）数据。该方法通过 400 位专家对英国各个经济部门 1945—1983 年的创新确定其主要创新，最终形成包含 4300 项创新的数据库。二是聚焦企业层面的创新活动，探讨一般的创新投入和创新产出的方法，因其研究重点是创新主体，被称为“主体法”。对于运用主体法的创新调查，欧盟共同体创新调查（CIS）最具普遍共识。1992 年，OECD 国家合作编写的《奥斯陆手册》（*OSLO Manual*）在总结过去调查经验的基础上，建立了有关微观创新调查的统一框架，即“欧盟创新调查”（Community Innovation Survey，CIS）。1993 年，欧盟组织了第一次创新调查（CIS Ⅰ），到现在为止已经完成了 8 次调查，第 9 次调查正在进行中。由于完整的体系、高标准的质量控制等优点，CIS 既可以在微观层面识别企业具体的创新行为和能力，也可在宏观层面测度产业或国家层面的创新态势。所以其理念和方式迅速在各国（地区）传播，如加拿大、新西兰、日本、美国和拉丁美洲的一些国家，以及马来西亚、印度、中国台湾等国家或地区均基于这一框架，并针对自身特殊性开始进行自己的创新调查。②

随着创新调查方法在世界范围内广泛开展，中国一些机构和学者也开展了关于创新问卷调查及跨期跟踪研究。20 世纪 80 年代开始至今，③ 中国实施的大型企业创新调查主要有：（1）“宜昌调查”。20 世纪 80 年代末，国家科学技术委员会研究中心最早开展了企业层面的技术创新调查研究工作（1989 年对宜昌市产值在 100 万元以上的 105 家企业技术进行创新调查）。（2）“清华调查”。20 世纪 90 年代，清华大学在 1991—1993 年先后六次对 1051 家企业进行技术创新调查。（3）“产业调查”。1994 年，国家科学技术委员会研究中心对钢铁、集

① M. Dziallas and K. Blind，“Innovation Indicators throughout the Innovation Process：An Extensive Literature Analysis”，*Technovation*，July 2018.

② 甄峰：《欧盟企业创新调查与数据开发的经验和启示》，《科学学研究》2014 年第 7 期。

③ 马驰、徐永昌、张晶、高昌林：《国内技术创新调查述评》，《中国软科学》1997 年第 3 期。

成电路、通信设备等若干产业进行技术创新调查。(4)“二省调查”。1994 年，国务院发展研究中心对福建、甘肃两省及福州、兰州两市企业进行技术创新调查。(5)“六省市企业技术创新调查”。1996 年，国家科学技术委员会和国家统计局联合开展了涉及辽宁省、江苏省、广东省、北京市、上海市及哈尔滨市 6 个地区的 1738 家国家级高新区企业及 3346 家大中型工业企业的创新调查。(6)两次“全国 R&D 资源清查”。为全面了解 R&D 资源的规模、结构及其地区、产业分布，我国分别于 2000 年和 2009 年开展了两次“全国 R&D 资源清查”。(7)两次“全国工业企业创新调查”。① 2006 年，国家统计局组织实施了我国第一次全国范围的工业企业创新调查。2014 年，国家统计局在 2006 年试调查的基础上，开展了我国迄今为止最大规模、问卷设计最全面的企业创新调查。调查主要内容包括企业开展各类创新活动的情况，初步开始探索与欧盟创新调查（CIS）内容的全面对接。(8)其他创新调查。2005 年江苏省发展改革委开展了江苏省制造业自主技术和产业升级调查；② 2008 年国家统计局经济景气监测中心与清华大学科技创新研究中心对中国 42 个城市的规模以上企业自主创新情况进行了为期三年（2005—2007 年）的跟踪调查；③ 后续还有针对中小企业、④ 中低技术企业、⑤ 国家级创新型企业的创新调查。⑥ 日益增多的创新调查对于深刻理解中国企业的创新行为大有裨益，但回溯中国已开展的微观创新调查可以发现以下两个方面的问题。第一，与国际创新调查接轨的中国创新调查框架制定、方案实施十分有限。目前，规模最大的是国家统计局开展的两次“全国工业企业创新调查”，特别是 2014 年已尝试与 CIS 框架接轨，但还未形成具有一致框架的跨期调查，所以企业创新行为的跨期演化和纵向比较还难以实现。第二，已有创新调查只关注了创新动机、创新投入和产出以及创新效果，但在有关创新测度方面缺乏理论突破，诸多创新调查只具统计层面的结果意义，并没有回答目前中国企业或行业是否有创新以及创新状况在全球的方位。

---

① 国家统计局社会和科技统计司编:《2007 年全国工业企业创新调查统计资料》，中国统计出版社 2008 年版；国家统计局社会科技和文化产业统计司编:《全国企业创新调查统计资料 2014》，中国统计出版社 2016 年版。

② 张杰、刘志彪、郑江淮:《中国制造业企业创新活动的关键影响因素研究——基于江苏省制造业企业问卷的分析》,《管理世界》2007 年第 6 期。

③ 李习保:《2008 年 42 城市制造业企业跟踪调查结果——技术创新活动调查》,《技术经济》2010 年第 2 期。

④ 卢东斌、韩靖华:《金融风暴冲击下突破中小企业自主创新瓶颈研究——基于北京市中小企业的研究》,《管理学家》2011 年第 10 期。

⑤ 秦佩恒、赵兰香、万劲波:《中低技术企业创新模式与创新绩效研究——基于中国制造业创新调查的实证分析》,《科研管理》2016 年第 11 期。

⑥ 张赤东:《中国企业技术创新现状调查：特征、倾向与对策》,《科研管理》2013 年第 2 期。

“创新测度”一直是国际上持续研究的热点问题，[①] 但国内对该问题的讨论比较有限，特别在拓展“创新测度”方法论上缺乏突破。针对已有调查存在的问题以及国内对该问题推进的不足，本文致力于基于欧盟 CIS 一致框架的跨期创新调查数据，提出测度创新的新方法——创新分级测度，以期在创新最原始、最核心的问题上做出拓展。

## 二 创新分级测度方法的框架和思路：基于欧盟 CIS 框架的扩展

要真正把握以中国为代表的技术后进国家企业或产业层面创新水平在全球的方位，或是微观主体创新行为与发达国家的实质性差异，就需要对创新测度进行更为细化和深入的探讨，在此我们提出测度创新的新方法——创新分级测度，该方法是衡量技术后进国家追赶技术前沿方位的基本识别。

### （一）创新分级测度的必要性：技术后进国家追赶技术前沿方位的宏观测量

在技术进步过程中，技术后进国家与发达国家呈现出截然不同的规律或轨迹：发达国家的轨迹是始于创新的轨迹；而技术后进国家的轨迹则是基于技术追赶的轨迹。技术后进国家企业技术发展多起源于选择、获取、消化吸收和改进国外技术，基本上可以从宏观上概括为从技术移植走向技术开发（技术自立）。[②] 依据发达国家技术发展的演进模式与技术后进国家企业技术能力发展的行为机理，安同良提出技术追赶国家企业技术能力发展的五阶段模式——技术选择、获取、消化吸收、改进和创造，[③] 与之对应的，这些国家企业的技术学习应依次选择追随战略和领先战略。其中，跟跑战略和并跑战略属于追随战略，这是此类国家企业实现技术起步和追赶最为快捷且“省力”的方式，但以跟跑和并跑为主导的追随战略只具有阶段适宜性。随着企业技术能力（或创新能力）的不断演化和升级，最终技术追赶国家要实现从跟跑、并跑转变为局部领跑甚至于全面领跑，即最终实现新技术的创造并在世界范围内保持领先。技术创造是企业技术能力发展的最高境界，表现为企业技术上的超越与完全自主。作为技术后进国家，有些企业或行业在技术能力逐步高度化以后，有可能在技术发展的早期或下一期主导设计出现之前，闯入其技术的流动阶段或初创点，敏感地把握正在发育或未发育的创新点，解析、研发更先进的技术，从而在全球技术发展中处于领先地位。为此我们构建了技术后发国家技术追赶及技术进步路径的宏观测度图（见图 1）。

---

① F. Gault, ed., *Handbook of Innovation Indicators and Measurement*, Cheltenham, Northampton: Edward Elgar Publishing, 2013; A. Arundel, C. Bloch and B. Ferguson, “Advancing Innovation in the Public Sector: Aligning Innovation Measurement with Policy Goals”, *Research Policy*, Vol. 48, No. 3, 2019, pp. 789-798.

② 参见［日］斋藤优《技术开发论：日本的技术开发机制与政策》，王月辉译，科学技术文献出版社 1996 年版。

③ 安同良：《中国企业技术能力的高度化发展：技术创造》，《科技进步与对策》2006 年第 2 期。

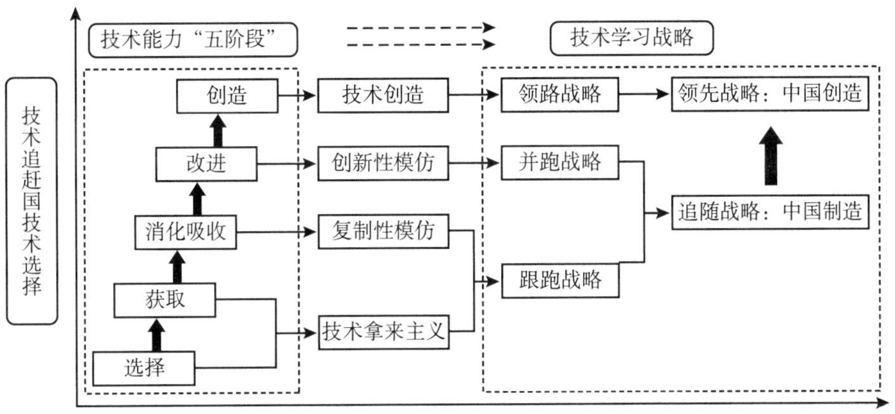


**图 1　技术后发国家技术追赶及技术进步路径的宏观测度**

依据图 1，技术后进国的企业或是行业，可以明晰自身在技术追赶过程中到底处于五阶段模式中的哪个阶段。该宏观识别有利于国家了解各个企业及行业在前沿技术方面的全球定位，精准制定"扶助之手"的产业政策。

## （二）创新分级测度的框架、思路和意义

### 1. 创新分级测度的框架及内容

考虑传统创新测度方法的弊端，本文认为，需要通过对企业进行微观创新调查，以获取有关创新行为的原始数据来进行企业创新能力的刻画与识别。上述有关微观创新调查的综述可以看出，虽然已有研究为本文的进一步探讨提供了丰富的经验，但有别于之前的微观创新调查，安同良基于江苏省制造业的创新调查开始于 2002 年，[①] 该调查是在中国最早真正与欧盟 CIS 创新调查框架进行接轨的研究，早于国家统计局 2006 年的实验性调查。但他们当时的问卷对创新的分类较窄：只包含产品创新和工艺创新两类，而且随着创新发展，当时的许多结论也有些过时。2014 年，他们进行了接续研究，形成了具有统一框架的制造业企业微观创新调查的跨期数据集。

在基于 CIS 框架的中国微观创新调查问卷设计中，从企业创新行为出发，本文认为企业创新行为是企业在一系列外在制度安排和约束下，为了提高竞争力获得超额利润，进行新产品、新工艺、新市场、新原料来源、新组织并投入市场应用的行为集合。企业创新行为具有复杂适应性的特征。[②] 首先，企业创新行为受多因素聚合体的影响。影响创新行为的诸多因

① 安同良、施浩、L. Alcorta:《中国制造业企业 R&D 行为模式的观测与实证——基于江苏省制造业企业问卷调查的实证分析》,《经济研究》2006 年第 2 期；安同良、魏婕、舒欣:《中国创造：任重道远——基于微观调查的制造业企业创新行为的演化研究》，工作论文，2018 年。

② ［美］约翰·H. 霍兰:《隐秩序：适应性造就复杂性》，周晓枚、韩晖译，上海科技教育出版社 2011 年版。

素在内部发生联系与相变，主体性、自组织性、组织结构性都黏合在整个框架中，从而影响着创新机制运行与创新行为模式演化的方式和路径。其次，企业创新行为的演化还需要建立一个适应性支撑环境，通过建立适应性支撑环境，促进和助力创新主体的学习。最后，由于企业创新行为受制于宏、微观多因素聚合影响，决定了其多变性。由于创新的复杂性和创新过程的不确定性、不可预测性，使得创新行为存在非线性和不稳定性，路径依赖的机制普遍存在，以至于创新行为从无序走向有序演化是一个不断试错和探索的过程。鉴于此，我们借鉴 CIS 的调查框架，并充分考虑中国企业本体自身的特性，同时基于中国处于发展中国家并持续转轨的双重特征，运用主客体相统一的整体法，对中国企业微观创新行为进行 360 度的全方位观察。在问卷设计中，本文认为传统 CIS 框架中只考虑产品创新、过程创新、组织创新、市场创新、创新支出、市场信息、合作是不全面的，需要基于创新经济学的框架及综合各国微观创新调查对传统 CIS 框架进行扩展。企业创新行为既与企业内、外部因素相关，又与企业策略、决策主体特征、资金支撑、制度环境、政府行为以及其他随机因素相关，所以我们在问卷设计时，认为企业创新行为与其影响因素的函数关系如下所示：

$$Innovation = f(EC, IC, S, R\&D, IP, OS, TI, CEO, PC, \varepsilon)$$

我们将 Innovation 记为企业创新行为，EC、IC、S、R&D、IP、OS、TI、CEO、PC 分别记为企业个体特征、行业特征、创新策略、研发投入、知识产权保护、组织结构、技术资源及投资、CEO 特征、政府政策，ε 为其他变量及随机因素。据此，构造出微观创新调查问卷的基本框架与组成部分。

进一步，基于中国微观创新调查的方法，将之上升到创新分级测度方法。创新分级测度方法借鉴并扩展 CIS 的框架，采用客体法与主体法相融合的整体法，不仅考察了总体层面企业的研发投入、专利等行为，还关注企业的各类重大创新，特别是对调查微观主体创新层次的结果进行扩展，构造创新分级调查的衡量标准。在问卷中设计如下的问题："对于产品和工艺，一般来说贵企业的创新在以下各级别领域中可称为首创的比例（就最高级别而言）分别是：……"，以刻画中国制造业的分级创新程度。

**表 1 创新分级测度涉及的调查问卷中的问题（首创的比例）**

| | 产品创新（%） | 工艺创新（%） |
|---|---|---|
| 1. 世界市场 | | |
| 2. 国内市场 | | |
| 3. 江苏市场 | | |
| 4. 公司自身 | | |
| 总计 | 100% | 100% |

在整个调查设计中，调查企业创新所处世界、国内、省内和公司的首创程度，表征目前企业技术进步的状态，即以创新的新颖度来对创新能力进行分级测度。具体构造创新分级测度的衡量指标如下：（1）若有世界级首创，就代表企业有引领世界的重大产品创新或工艺创新。若企业世界级创新比例较高，则表明该企业已经进入了技术创造的阶段，在整个行业或领域处于领跑状态，即处于创新能力的最高阶段。（2）若企业在国内和省内有较高的首创比例，则说明其仍处在技术的消化吸收和改进阶段，此时多数企业仍进行的是复制性模仿或创新性模仿，即处于创新能力的次高阶段；若企业只是在公司内部首创比例较高，说明仍是“技术拿来主义”，处于技术选择、获取的阶段，即处于创新能力的较低阶段。总体而言，企业创新在国内、省内和公司首创的比例较高时，说明企业仍采取跟随战略，在世界上处于跟跑（少数并跑）的层次。

相比较广泛使用 R&D 强度和专利数，创新分级测度的指意更明确，它不是简单考虑企业研发投入的增长或是专利申请增多来表征创新程度，而是通过考虑企业或行业四级首创程度的增减，刻画企业创新的先进性以及创新行为的探索性，明确企业技术进步的真实状态。

2. 创新分级测度的特征和意义

创新分级测度的方法，在理论和实践层面的特征突出。第一，创新行为观察的整体性。创新分级测度的方法，对于企业创新行为的观察采取了微观调查方法，实现了主体法和客体法的统一。基于 CIS 框架的中国微观创新调查核心沿袭了 CIS 创新调查的主体法，但在其中融入了对重大意义创新关注的客体法，如对企业重大的产品创新和工艺创新的新颖性考察，从而以主体法与客体法相融合的整体法对中国企业创新行为进行全方位、全景式的识别。第二，创新行为观察的分级性。对企业创新行为的识别，不仅是对企业个体单独的观察，最重要的是把企业置于世界知识范围内以及全球竞争格局下，明晰企业创新行为在世界知识体系中的位置以及与竞争对手比较的优劣。创新分级测度的思路恰是存在程度由高到低的四类层级，为把握企业创新行为的层次差异提供了方法。第三，创新行为观察的演进性。一方面，创新分级测度基于微观创新调查的框架，该框架在调查时一致性较高。问卷框架设计、调查内容、调查重点和调查对象前后都保持了一致性，跨期可比性的特点突出；另一方面，创新分级测度的指标构造方面，也具有纵向数值方面的可比性，可对企业创新行为随着时间演化特征进行清晰的观测。第四，创新行为观察的理论支撑性。本文提出创新分级测度的方法用于识别企业创新的方位，这是基于经济学与管理学有关企业创新理论综合的提炼，既有技术后发国技术赶超的宏观框架又兼容了企业单个创新行为的微观内容，具有坚实的理论支撑性。

在理论层面，创新分级测度方法是基于技术后进国追赶技术前沿的宏观测度框架，以主客体方法相融合的创新调查结果为依据，识别技术后进国企业或行业在全球创新中具体方位的方法，即可以运用这一方法测度技术后进国企业或行业处于技术进步的“三级跳”——跟跑、并跑与领跑的哪一级。该方法丰富了有关揭示创新“黑箱”的研究，特别是克服了 R&D 和专利只关注投入产出的缺陷，以企业本身重大创新的世界方位来衡量企业或行业创新或技术进步的状态，为深刻理解技术后进国的企业创新行为与能力提供了一种新思路。在实践层面，运用创新分级测度的方法，同时辅之以创新调查问卷中企业的研发投入情况、企业创新策略、企业创新动力、障碍、目的等内容，互相印证，能更为清晰地识别出技术后进国与前沿技术之间的关系，为企业制定自身的发展战略和创新策略，以及为国家及地区针对不同行业制定异质性、差异化的产业政策提供依据和参考。

创新分级测度的方法虽在创新最原始的问题上进行了一定程度的延伸尝试，但必须承认这种尝试程度还有待进一步推进。这种方法难以进行国别之间以及产业之间的横向对比，只具有企业或行业自身纵向时间维度的跨期可比性，不具备同类横向间的比较意义。同时用产品创新、工艺创新等各类创新的首创度作为内核，构造创新分级测度的方法略显单薄，且具有一定的主观性。总之，创新分级测度可以帮助我们从一个全新的视角，审视中国整体或是某一个地区的制造业企业和行业的跨期创新行为。

## 三　创新分级测度的实践：基于江苏省微观创新调查数据的中国制造业企业分级创新行为的识别

基于 CIS 框架的微观创新调查的思路和方法，我们分别于 2002 年与 2014 年向江苏省制造业企业发放调查问卷。2002 年调查的企业为江苏省内制造业企业，调查数据始于 2000 年、止于 2002 年。我们共计得到 364 份问卷，其中有效问卷 354 份。2014 年，在总结 2002 年第一次创新调查经验和不足的基础上，我们发现：基于 CIS 框架的创新调查涉及问题较多且细，问卷内容涉及 11 部分共 20 页，诸多规模较小的企业对于问卷的理解以及其创新所涉问卷内容十分有限。以全部规模的企业做纯随机抽样，小企业问卷质量造成整体偏差是存在的。于是，在第二次创新调查时（2014 年），我们重新梳理了《奥斯陆手册》中有关 CIS 创新调查的执行情况。欧盟在进行此类创新调查时，是以国别大小以及企业规模为参考分类执行，即小国均采取普查，大国采取抽样的方式，同时重点调查的是大企业，需要大企业全部入样。鉴于此，2014 年开展的第二次江苏省创新调查，适宜的方式是采取普查的形式，且必须将规模较大的企业全部纳入样本框。同时，为了保证调查结果的可信度，我们与江苏省上市公司协会合作，调查的主体选取江苏制造业上市公司，原因有二：一是上市公司是制造业企业的生力军，且属于规模较大且创新活动频繁的优质企业；二是上市公司运营相对规范，企业数据比较全面可得。调查问卷内容包括创新的主体、模式、策略、R&D、知识产权保护、组织结构、投资与技术、CEO、组织创新、营销创新以及政策 11 大因素，问卷共有 55 个问题，包括 500 多个信息项。调查问卷由江苏省上市公司协会以电子邮件方式发放并收回，于 2015

年 5 月对江苏省内全部制造业上市公司发出问卷 210 份，至 2015 年 7 月共收回有效问卷 110 份。[①] 在问卷收回后，对于异常数据我们会电话询问调查企业，并参考问卷中其他可以相互印证的部分，以剔除异常样本。问卷中行业类别按照证监会行业分类标准（CSRC）共包括 31 个制造业部门，为便于分析数据，我们将其合并至 12 类，其中专用设备及仪器仪表制造业与化学原料和化学制品制造业占比较高，而食品、酒、饮料制造业占比较低，这与江苏省制造业的行业分布特征一致，总体而言，本次调查覆盖行业较为全面。由于本次调查中所涉及公司均为上市公司，规模偏大，因此只划分为大型公司与中型公司，其中大型公司占比 66.4%，中型公司占比 33.6%。我们通过对 2014 年与 2002 年的调查数据进行比对分析，力争对中国制造业企业或行业的创新分级程度的演化变迁进行跨期梳理。

在此，我们通过“以小见大”的方式，即以江苏省的样本来推断中国的总体制造业企业或行业创新行为特征。采取如此方法，原因如下：一是 2014 年江苏省 GDP 总量占全国的 10.23%，工业增加值占比达到了 11.83%，江苏省是仅次于广东省的中国第二制造业大省。[②] 二是相比广东省，江苏省的制造业的行业特征与全国更为相似，在此我们计算了江苏省和全国制造业内部的产业相似系数 $S_{ij}$，具体计算公式如下：

$$S_{ij}=\frac{\sum_{k=1}^{n}X_{ik}X_{jk}}{\left(\sum_{k=1}^{n}X_{ik}^{2}\sum_{k=1}^{n}X_{jk}^{2}\right)^{\frac{1}{2}}}$$

其中，$X_{ik}$、$X_{jk}$ 为 k 部门在江苏（i）和全国（j）的制造业中的占比，计算出 $S_{ij}$ 取值范围为［0，1］，越接近 1 说明产业相似度越高，反之则越低。于是，我们运用 2014 年规模以上制造业内部分行业的数据，采用总资产、主营业务收入和利润总额，分别计算了江苏省和全国整体产业上述三个指标的相似系数，分别为 0.930、0.926 和 0.911，这充分说明江苏省制造业分行业的特征与全国极为相似。三是截至 2014 年底，江苏省主板上市公司为 96 家、中小板 95 家、创业板 56 家和新三板 171 家，分别居于全国的第 4 位、第 3 位、第 3 位和第 2 位，说明以江苏省上市公司为研究对象，观察这类实力雄厚、发展充分的企业创新行为，来推断全国总体的企业或行业创新能力和水平是可行且合适的。

① 对于 2014 年样本容量的问题，基于 CIS 框架的创新调查均有样本容量小的问题。欧盟各国开展的创新调查，有些国家有效样本量仅有调查对象的 3%—4%，一个国家仅有千家左右的样本是合格的和可用的。其中德国 2008 年 CIS 创新调查回答比率仅有 25.7%，法国这一数字也只有 52.3%。本研究的调查问卷对江苏省内全部制造业上市公司发出问卷 210 份，共收回有效问卷 110 份，有效样本量达到了 52.4%。

② 根据《中国统计年鉴 2015》（中国统计出版社 2015 年版）计算而来的数据。

### （一）制造业企业创新的基本特征

在 2014 年被调查的公司中，分别有 84.7%和 88.8%的企业在生产过程中引进了产品创新和工艺创新，相比于 12 年前的 2002 年，引进产品创新和工艺创新的公司比重都有明显提升（分别增加了 6.1 个百分点和 15.6 个百分点）。进一步地，我们计算与新产品、新工艺相关的销售额占比与出口额占比，2014 年的产品创新、工艺创新的销售额分别占总销售额平均比重为 49.8%、55.4%，相比于 2002 年，产品创新销售额占比基本持平，工艺创新销售额占比增加了 2.4 个百分点。从出口方面来看，2014 年产品创新、工艺创新的出口额分别占总出口额的平均比重为 55.4%、60.1% 。在这段时期内，江苏制造业企业更注重对生产方法的改进和创新。更进一步地，我们关注在产品创新和工艺创新中根本性创新与渐进性创新的占比。① 在与产品创新相关的销售额中，根本性创新占 36.3%，渐进性创新占 63.7% ；在工艺创新中，根本性创新占 33.7%，渐进性创新占 66.3%。与产品创新相关的出口额中，根本性创新占 34.3%，渐进性创新占 65.7% ；在工艺创新中，根本性创新占 33.1%，渐进性创新占 66.9%，总体呈现“三七”的态势。

企业总体创新分级测度：图 2 展示了 2002 年与 2014 年被调查企业在各等级首创的比例。2014 年，产品创新在世界为首创的比例仅为 7%，在中国市场为首创的比例为 33.8% ；相应的工艺创新在世界和中国为首创的比例分别为 8.1%和 33.5%。产品创新和工艺创新中世界首创的比例相比 2002 年均大幅下滑，分别下滑了 2 个百分点和 4.7 个百分点。在国内市场上，产品创新和工艺创新首创比例都有较大提高，分别提高了 7.8 个百分点和 8.8 个百分点。

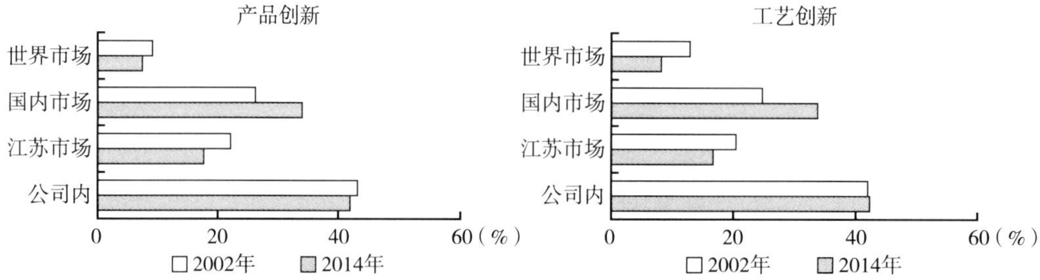


**图 2　四个等级创新分类的首创情况**

① 在此，根本性创新是指某一刚投放市场的产品，如果其用途、性能特征、技术构造、设计、所使用的材料和部件属于全新或经过显著更改，可称其为根本性创新。根本性创新或所涉全新技术，或赋予现有技术以新的用途。渐进性创新是指对现有产品的技术特征进行提高和升级。它有两种基本形式，简单产品的改进力图通过新部件和材料的使用以优化性能或缩减成本，本身包含众多综合性技术子系统的复杂产品改进或是对一个或多个子系统进行的局部变化。

总体而言，江苏制造业上市公司的工艺创新多于产品创新，渐进性创新多于根本性创新。但是从创新分级测度来看，江苏在世界级别上的创新不仅在横向上相比于其他级别创新较少，而且在纵向时间维度上也出现减少，江苏制造业企业在世界市场上的首创水平在这段时期内明显下滑。

企业规模与创新分级测度：不同规模的企业创新能力有着明显差异，部分研究认为大型企业有物质优势和市场优势，有足够的资源投入技术创新且可以更好地承担创新失败带来的风险；[①] 另外，有研究认为企业规模存在一个临界值，在临界值之前创新能力随规模增加而增加，临界值之后创新能力开始下降。[②] 然而这些文献对创新能力的衡量都是专利或者研发投入强度，并没有直接衡量企业创新的分级水平。由于本次问卷调查对象是上市公司，公司规模都偏大，在此只划分为大型公司与中型公司。[③]

图 3 显示，无论是产品创新还是工艺创新，大型公司和中型公司都在中国首创和公司内首创上最为活跃。其中，在体现“世界领跑”的创新最高级的指标世界首创上，大型公司有明显的优势，在产品创新上高出中型公司 3.9 个百分点，在工艺创新上高出 5.8 个百分点。观察中国首创的程度可以发现，中型公司在产品创新程度上与大型公司持平，但在工艺创新上却高出大型公司 9.7 个百分点。因此，考虑到公司规模，大型公司高层次的创新更多，创新能力更强；而中型公司更侧重于国内的领先性。从企业战略上分析，大公司更关注世界前沿创新，中型公司表现得具有防御性，专注于从外部获取已有的产品和工艺创新，通过模仿来竞争。

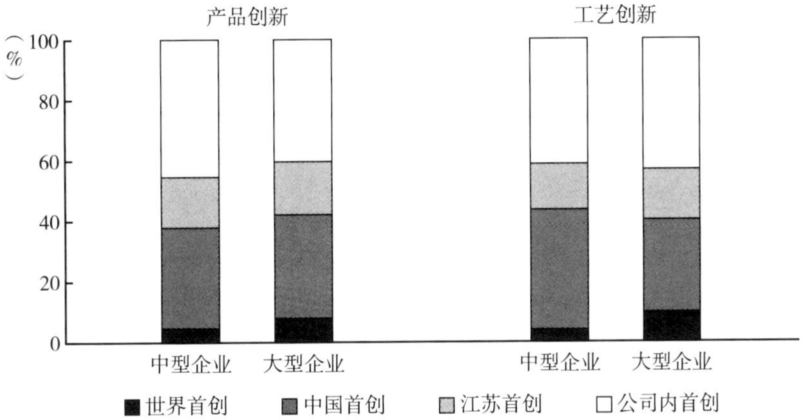


**图 3　创新与企业规模**

① J. A. Schumpeter，*Capitalism*，*Socialism and Democracy*，London：Routledge，2003.

② F. M. Scherer，“Market Structure and the Employment of Scientists and Engineers，” *The American Economic Review*，Vol. 57，No. 3，1967，pp. 524–531.

③ 基于欧盟公司规模划分标准并保持与 2002 年的问卷数据划分标准一致，认为如果公司雇员数在 250 人至 1000 人时公司为中型公司，当雇员数大于 1000 人时认定为大型公司。

与 2002 年相比，不论是产品创新还是工艺创新，大型公司的世界首创占比基本持平，但是中型公司的世界首创占比明显下降（见图 4）。12 年间作为中坚力量的中型企业技术进步的速度放缓，使得企业世界首创比例相比 2002 年出现明显下降。同时，2002 年中型企业两类创新的世界首创率均高于大型企业，经过 12 年的变迁，两者态势发生了逆转，究其原因：考察 2002 年与 2014 年两种规模企业的研发投入强度，中型企业从 1.11%上升到 3.97%，大型企业从 2.35%上升到 3.76%，其中，中型企业的 R&D 投入增长率更快且比大型企业更高，说明制造业中中型企业的创新投入产出效率有限。对于中型企业创新效率不足的考问，我们同样找到了答案：在创新障碍方面（见图 5），大型企业面临的创新障碍比较少，中型企业只有在费用控制和外部合作上面临的障碍低于大型公司。中型企业在获取市场信息、承担创新风险以及获得顾客反馈上有明显劣势，而且面临创新投资回收期长、人才获取难、创新费用高及创新易被复制等障碍难以跨越，中型企业面临的创新环境约束更为严峻。

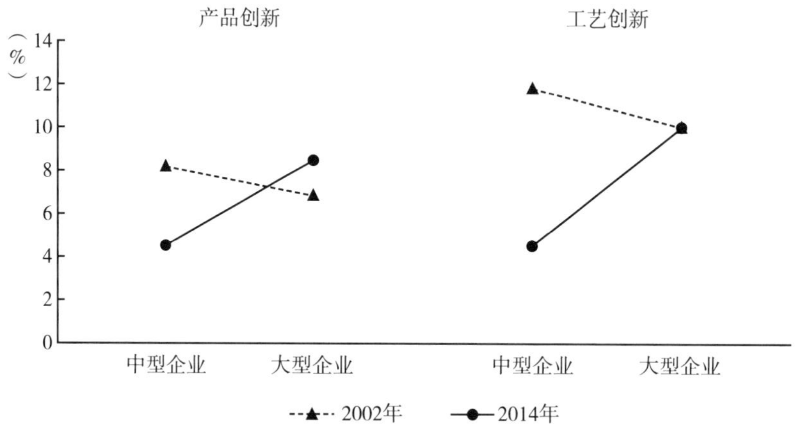


**图 4　12 年间企业规模与技术创新的变化**

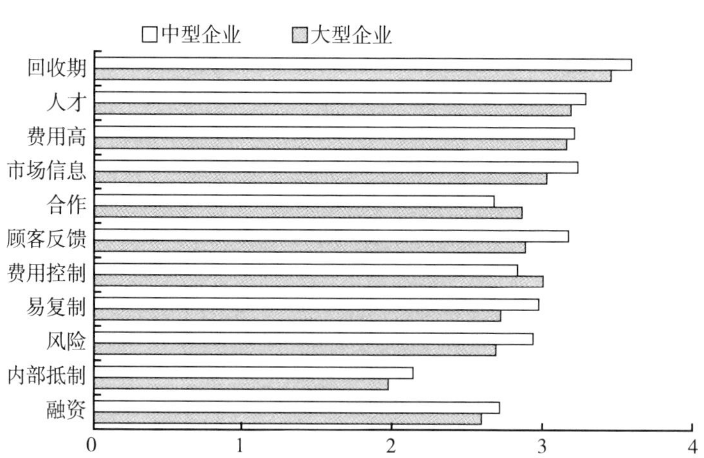


**图 5　创新障碍与企业规模**

企业性质与创新分级测度：公司所有权性质的不同决定着公司治理结构和资源配置方式等一系列重要制度安排，从而对企业创新行为产生影响。① 诸多研究认为，中国国有企业由于所有制缺陷，存在创新效率损失的问题。② 考察不同所有制类型的各个水平首创率（见图6），我们发现：（1）在两类创新中，外资企业的世界首创程度均为最高，处于“领跑”的最高层级。外资企业在研发投入强度低于民营企业的情况下（外资企业R&D强度为3.59%，民营企业为4.06%），却能在世界首创中拔得头筹，再一次证明了外资企业目前仍是各类企业中创新能力最强的，且其技术优势往往来源于海外母公司的管理模式和先进技术，国内企业与之在技术层面还是存在一定差距。（2）国有企业的世界首创中各项占比均为最低，其研发投入强度也是三类所有制中最低的（R&D强度仅有2.9%），这印证了一系列研究指出的“国有企业产权安排的天然缺陷导致其短期化现象严重，改制虽然在一定程度上改善了生产上的剩余索取权和剩余控制权，却不能实现创新中剩余索取权和剩余控制权的匹配”。③ 但信贷所有制优势和软预算约束所提供的“利润保证”可以促使国有企业在国内行业和领域成为龙头，所以在国内首创上国有企业表现突出，明显高于其他两种所有制企业。（3）民营企业R&D投入强度最高（4.06%），这暗示着民营企业最有激励投资于研发活动，但在世界首创与国内首创加总后的占比却在三种所有制中最低，创新层级并未呈现高级化。这说明民营企业目前存在着投入和产出不匹配的创新活动“低效率”现象。虽然民营企业有更清晰的产权结构和充分市场竞争的双重优势，但不可回避的是民营企业面对更为严重的创新环境约束成为其创新能力提升最主要的障碍。各类型企业所面临的创新障碍（见图7）可以予以佐证：民营企业最大的核心阻碍是创新投资回收期长，即长期融资约束和有偏的创新支持政策导致了我国民营企业世界级首创率不高。（4）对于国有企业创新障碍来看，在内部抵制、投资回收期、融资与风险方面均分较高，这再次说明国有企业由于产权安排缺陷缺乏长期创新意愿，企业内部抵制以及对于长期不确定性的担忧，使得国有企业很难发挥领跑技术进步的作用。相比之下，外资公司内生的创新积极性大，但其最大的阻碍因素是创新费用的控制。说明跨国公司投资主要核心目的依然是追求广阔的市场空间以及廉价的生产要素，对于技术溢出和核心研发并无强烈的意愿。随着时间推移，外资对我国本土企业的创新“挤出效应”会日益大于“溢出效应”，中国技术进步方式有必要发生颠覆性的变革。

---

① P. Aghion, J. V. Reenen and L. Zingales,“Innovation and Institutional Ownership”, *American Economic Review*, Vol.103, No.1, 2013, pp. 277–304.

② G. H. Jefferson et al.,“R&D Performance in Chinese Industry”, *Economics of Innovation and New Technology*, Vol.15, Nos.4–5, 2006, pp.345–366.

③ 吴延兵：《国有企业双重效率损失研究》，《经济研究》2012年第3期。

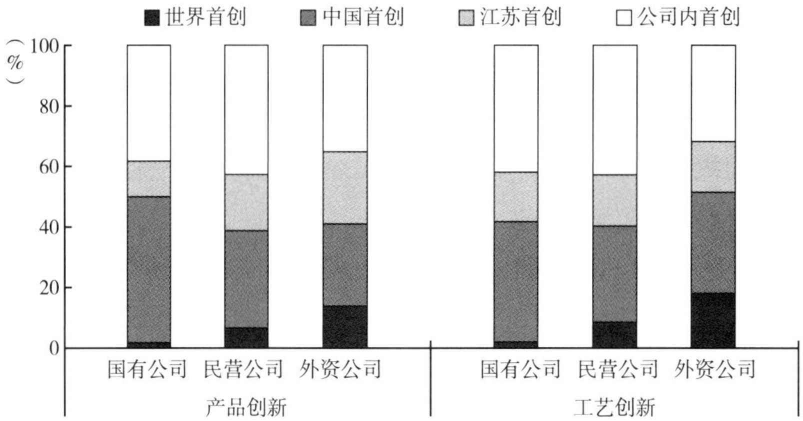


**图 6　技术创新与企业性质**

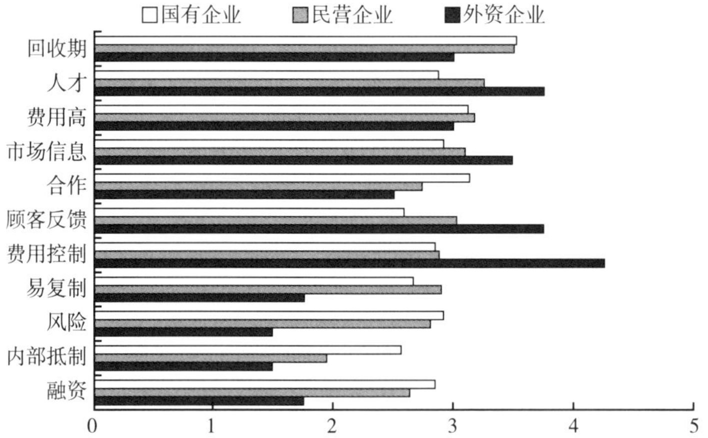


**图 7　创新障碍与企业性质**

## （二）江苏省制造业分行业的创新分级测度

不同行业由于技术机会以及对知识的内在需求不一样，导致其创新来源与创新策略有很大区别。①《牛津创新手册》在“创新测度”中根据 R&D 强度将行业分成四级模式：②（1）高技术行业：R&D 强度标准＞ 5%。（2）中等高技术行业：R&D 强度标准为 3%—5%。（3）中等低技术行业：R&D 强度标准为 1%—3%。（4）低技术行业：R&D 强度标准＜ 1%。同时考

① F. M. Scherer，“Firm Size，Market Structure，Opportunity，and the Output of Patented Inventions”，*The American Economic Review*，Vol. 55，No. 5，1965，pp.1097-1125; W. M. Cohen，“Fifty Years of Empirical Studies of Innovative Activity and Performance”，in B. H. Hall and N. Rosenberg，eds.，*Handbook of the Economics of Innovation*，Vol. 1，Oxford：Elsevier，2010，p.198.

② 参见［挪］詹·法格博格、［美］戴维·莫利、［美］理查德·纳尔逊主编《牛津创新手册》，柳卸林等译，知识产权出版社 2009 年版，第 155—157 页。

虑中国高技术产业的分类标准，[1] 本文依据《中国科技统计年鉴》和《工业企业科技活动统计年鉴》的行业研发投入强度将中国制造业二分位的行业分成低技术行业、中等低技术行业和中等高技术及高技术行业三大类。[2]

计算衡量创新的两个传统指标：R&D 强度和专利授权量（见图 8 和图 9）。在 R&D 强度方面，低技术行业和中等低技术行业 R&D 强度 12 年间均有提高，且与 OECD 国家平均水平相当。但中等高技术及高技术行业 2014 年 R&D 平均强度与 2002 年相比基本持平，并低于 OECD 国家此类技术行业的平均水平（5%）。在专利授权方面，三类不同技术的行业均值均呈现显著的提高。于是印证上文，从传统两个重要的创新指标来观察不同技术水平行业的创新行为演化，只能了解行业平均程度，无从识别行业创新行为更为核心的内容。

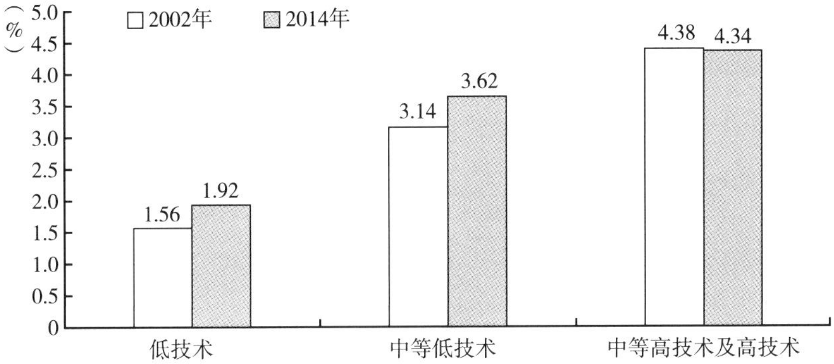


**图 8　2002 年与 2014 年不同技术行业的 R&D 强度**

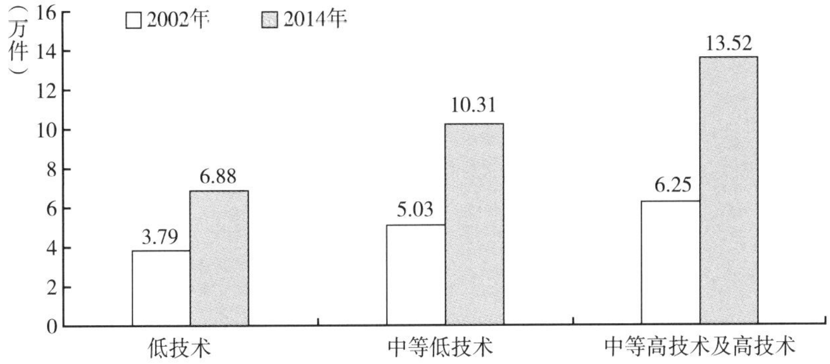


**图 9　2002 年与 2014 年不同技术行业的专利授权量**

① 我国高技术产业主要包括：医药制造业，航空、航天器及设备制造业，电子及通信设备制造业，计算机及办公设备制造业，医疗仪器设备及仪器仪表制造业，信息化学品制造业。

② 由于问卷有些行业企业样本较少，为了便于分析将问卷中行业合并至十二类，并保持与 2002 年问卷调查一致，再将 12 个大行业按照全国标准分成低技术行业、中等低技术行业和中等高技术及高技术行业三大类。

计算江苏省制造业 2002 年、2014 年各行业世界首创率的情况（见图 10，该图呈现前高后低的倾斜 V 型），了解各行业创新分级程度：无论是工艺创新还是产品创新，都是低技术行业的世界首创率更高，中等低技术行业的世界首创率最低；与 2002 年相比，2014 年低技术行业的产品创新世界首创率明显提高了 7.14 个百分点，然而中等低技术行业却降低了 4.17 个百分点，更为震惊的是工艺创新中各类行业的世界首创率相比 2002 年全部下降。因此，我们需要进一步探求该现象背后的原因，结合各细分行业的研发投入情况、创新活动阻碍情况以及创新的标志性成果等典型事实，来明晰十多年间中国行业创新分级状态的演化历程。

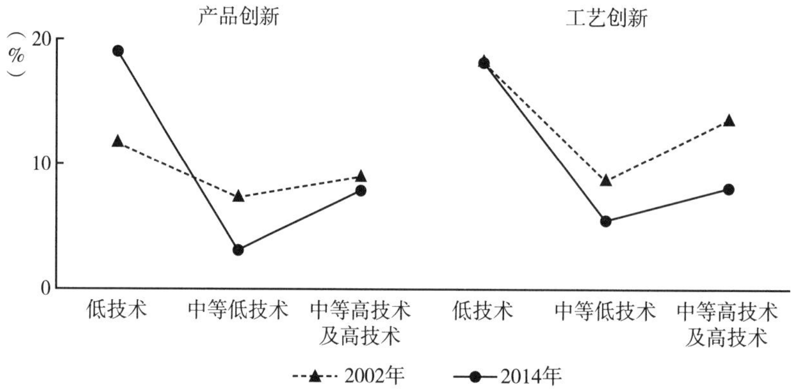


**图 10　2002 年与 2014 年分行业世界首创情况**

1. 低技术行业创新分级测度

参考《牛津创新手册》的低技术行业，在中国二分位行业中：农副食品加工业，食品制造业，饮料制造业，烟草制造业，纺织业，纺织服装、鞋、帽制造业，皮革、毛皮、羽毛绒及其制造业，木材加工及木、藤、棕草制品业，家具制造业，造纸及纸制品业，印刷业和记录媒介的复制，文教体育用品制造业共 12 个行业属于低技术行业。问卷中将农副食品加工业，食品制造业，饮料制造业，烟草制造业合并为食品饮料和烟草制造业；将纺织业，纺织服装、鞋、帽制造业，皮革、毛皮、羽毛绒及其制造业合并为纺织业；将造纸及纸制品业，印刷业和记录媒介的复制，文教体育用品制造业合并为造纸、印刷和文具制造业。①

江苏省低技术行业在创新分级测度方面，低技术行业世界首创率是在三大类行业中最高的。随着中国人民生活水平的不断提高，消费者对“吃”和“穿”的要求越来越高，同时这些行业市场竞争较为充分，所以十多年间这些行业普遍比较注重细分市场，创新出满足不同

① 2014 年问卷不包含“造纸、印刷和文具制造业”；另还有其他制造业，包括木材加工及木、藤、棕草制品业，家具制造业，非金属矿物制品业。在这些行业中与 2014 年相比，2002 年企业数量发生了大幅变化，为防止分析偏误予以舍去。

层次需求的新产品。特别是该分类下的一些行业，诸如纺织服装业凭借经久不衰的比较优势，在世界拥有极高的知名度，领跑世界该行业的发展。

**表 2　低技术行业研发投入以及创新分级测度情况**

| 行业 | 年份 | 研发投入强度（%） | 产品世界首创（%） | 工艺世界首创（%） |
|---|---|---|---|---|
| 食品饮料和烟草制造业 | 2002 | 0.93 | 4.29 | 5.77 |
| | 2014 | 1.14 | 0.00 | 0.00 |
| 纺织业 | 2002 | 1.45 | 22.19 | 31.54 |
| | 2014 | 2.29 | 28.75 | 27.50 |
| 造纸、印刷和文具制造业 | 2002 | 6.99 | 12.02 | 16.70 |

具体来看，纺织行业的世界首创率最高，且产品世界首创率 12 年间呈现上升的态势，在工艺创新中相比 2002 年的首创率虽有下降，但依然很高。以龙头企业罗莱家纺为例，2011 年其研发投入强度仅为 0.62%，但 2014 年研发投入强度增至 3.19%。截至 2018 年 7 月，该企业已拥有专利 164 项，其营业收入也呈现大幅增长，实现良性循环。其背后主要措施在于罗莱家纺在 2012 年引入了供应链流程的创新和信息化管理全面优化改革，随后又启动供应链一体化项目和智能家居项目，大大提高了企业的运营效率。这说明中国传统纺织业在面临不断变化的市场环境时积极寻求应对策略，通过聚焦高技术纺织品、纤维新材料、高端装备、智能制造等方式进行创新，从而引发生产方式和商业模式的变革，不断增强自身在世界层面的领先地位。反观食品饮料和烟草行业，其世界首创率在 2014 年为零，这表明该行业无实质的前沿创新，一直在沿用过去传统的创新工艺和产品。以恒顺醋业为例，食醋行业具有成本低、进入门槛低、消费周期长等特点，在激烈竞争中该企业主要采用的是提高产量、拓宽销售渠道等占有市场的策略而在创新方面关注有限。但同时发现，低技术行业在产品和工艺两个层面的国内首创率均有提高（见图 11）。

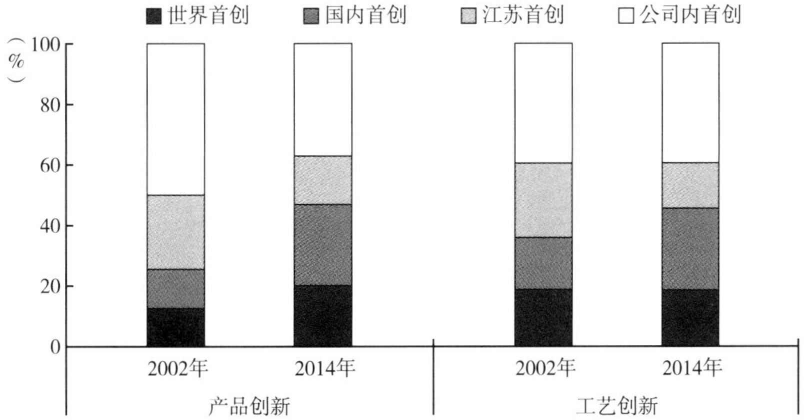


**图 11　低技术行业创新分级测度**

2. 中等低技术行业创新分级测度

在二分位的行业中，石油加工、炼焦及核燃料加工业，橡胶和塑料制品业，化学原料及化学制品制造业，化学纤维制造业，通用设备制造业，非金属矿物制品业，黑色金属冶炼及压延加工业，有色金属冶炼及压延加工业和金属制品业共 9 个行业属于中等低技术行业。根据样本企业情况，① 化学原料及化学制品制造业和化学纤维制造业合并为化工原料及制品制造业；黑色金属冶炼及压延加工业、有色金属冶炼及压延加工业和金属制品业合并为矿物加工和金属制品业；2002 年样本企业未涉及通用设备制造业。

江苏省除化工原料及化学制品制造业外，中等低技术行业不论产品还是工艺世界首创率，2014 年均比 2002 年有较大幅度下降，其绝对值在三类技术行业中最低（见表 3、图 10、图 12）。只有化工原料及制品制造业的工艺世界首创率 2014 年比 2002 年有较大幅度上升。因为技术发达国家在中等低技术行业技术先进的锁定性，决定了中国在该行业只能跟跑、并跑。

**表 3　中等低技术行业研发投入以及创新分级测度情况**

| 行业 | 年份 | 研发投入强度（%） | 产品世界首创（%） | 工艺世界首创（%） |
|---|---|---|---|---|
| 化工原料及制品制造业 | 2002 | 5.17 | 10.63 | 11.43 |
| | 2014 | 1.87 | 5.00 | 15.00 |
| 矿物加工和金属制品业 | 2002 | 1.51 | 12.48 | 10.93 |
| | 2014 | 3.13 | 3.33 | 3.33 |
| 橡胶和塑料制品业 | 2002 | 5.21 | 6.54 | 8.75 |
| | 2014 | 3.59 | 3.75 | 3.75 |
| 通用设备制造业 | 2014 | 4.12 | 0.17 | 0.20 |

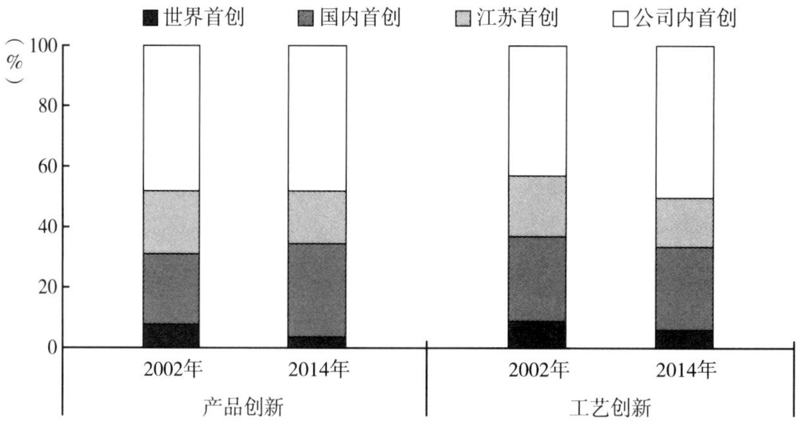


**图 12　中等低技术行业创新分级测度**

① 2014 年样本中不涉及石油加工、炼焦及核燃料加工业，因此不讨论。

以通用设备制造业为例，该行业为装备制造业中的基础性产业。2014 年，通用设备制造业的 R&D 强度基本达到了世界平均水平，但该行业世界首创的产品和工艺均不足 1%。虽然近些年我国通用设备产业的进步速度相对较快，但相较于西欧、美国、日本等先进国家，在技术层面还存在明显差距。西欧、美国和日本在各子行业中市场占有率非常高，如金属加工机械行业中，美国、德国、日本三国仍是在数控机床科研、设计、制造和使用上，技术最先进、经验最丰富的国家。在锅炉及原动机制造行业，泵、阀门、压缩机及类似机械制造行业，轴承、齿轮、传动和驱动部件制造行业等子行业中均是美、德、法、日、瑞士等国占据市场中高端位置。中国通用设备制造业目前的“弱势”地位，主要原因在于除个别子行业外，整个行业的集中度较低，行业内产品差异不大，行业内纵向升级尚显不足，行业的创新资源并没有表现出向优势企业集中的特征（计算 2012—2015 年上市公司研发强度，发现通用设备制造业强创新投入企业比重在减少，反之弱创新投入企业比重却在上升[①]）。因此，该行业在高档数控机床、关键基础零部件等基础装备及配套产品方面，还处在技术追赶发达国家的阶段。

3. 中等高技术及高技术行业创新分级测度

中等高技术及高技术行业包括：仪器仪表及文化、办公用机械制造业，医药制造业，专用设备制造业，电气机械及器材制造业，通信设备、计算机及其他电子设备制造业，交通运输设备制造业共 6 行业。根据问卷样本情况，仪器仪表及文化、办公用机械制造业和电气机械及器材制造业合并为机械制造业；其他行业不变。

江苏省中等高技术及高技术行业在创新分级测度方面，最大的亮点在于交通运输设备制造行业产品的世界首创有了明显提升。高铁已经成为中国制造业一张“新名片”。几十年间，中国铁路装备企业始终坚持引进消化吸收再创新，走出一条特色创新之路：中国铁路机车车辆装备制造领域一批核心关键技术实现了突破，打破了国外技术和产业垄断；形成了较为完善的轨道交通装备创新平台、产品开发平台和生产制造平台；以中国标准研制成功的动车组，成为突破动车组核心技术、掌握自主知识产权的国家战略体现。中国铁路装备制造业构建了以国家重点（工程）实验室、国家工程（技术）研究中心、国家认定企业技术中心等为主体的创新平台。据统计，“十二五”期间，中国中车累计授权专利 13292 件、发明专利 2075 件，另有国际专利 115 件；主导起草行业技术标准 691 项、国家标准 174 项，主持起草国际标准 56 项，实现了国际标准起草“零”的突破。[②] 中国铁路装备制造业成功创造了属于自己的“大国重器”——高铁。

---

① 袁东明、周健奇、马淑萍:《中国制造业横向升级显著纵向升级不足》,《中国中小企业》2017 年第 10 期。

②《中国高铁装备走出特色创新路》, 2016 年 2 月 23 日, http: //www.peopleral.com/rail/show-435-256873-1.html，2019 年 2 月 1 日。

表 4　中等高技术及高技术行业研发投入以及创新分级测度情况

| 行业 | 年份 | 研发投入强度（%） | 产品世界首创（%） | 工艺世界首创（%） |
|---|---|---|---|---|
| 医药制造业 | 2002 | 10.15 | 8.93 | 22.22 |
| | 2014 | 5.20 | 2.50 | 2.50 |
| 机械制造业 | 2002 | 2.13 | 8.40 | 10.33 |
| | 2014 | 4.08 | 2.86 | 2.50 |
| 交通运输设备制造业 | 2002 | 1.95 | 0.30 | 15.00 |
| | 2014 | 3.51 | 1.67 | 2.50 |
| 计算机及其他电子设备制造业 | 2014 | 4.64 | 19.00 | 15.83 |
| 专用设备制造业 | 2014 | 5.50 | 8.71 | 8.57 |

其他中等高技术及高技术行业，特别是医药制造业和机械制造业的世界首创，不论是产品还是工艺相比十多年前都出现了大幅度下滑。特别需要重点分析隶属中国高技术产业分类标准的医药制造业。在调查所涉的各行业中，医药制造业是研发投入强度下降幅度最大的行业。中国医药制造业长期存在企业生产集中度低、盈利能力弱的特征，中国医药企业多数处于创新能力的复制性模仿阶段，“仿制药”是整个行业主流，2002 年医药制造业引进和消化吸收国外技术费用占比为 10.6%，2014 年这一数据也高达 7.8%，如化学原料药中 97%的品种是“仿制”产品。[①]

另外，高新技术产业分类标准中的另一个行业——通信设备、计算机及其他电子设备制造业，产品和工艺的世界首创率是 2014 年所有中等高技术及高技术行业中最高的。对于通信设备、计算机及其他电子设备制造业，国家质检总局、国家统计局联合发布了《2005 年全国制造业质量竞争力指数评价公报》，认为通信设备、计算机及其他电子设备制造业质量竞争力在所有制造业中最高。这说明中国电子通信制造业通过整体产业的创新与转型升级，形成了集研发、设计、制造、销售的全产业链，并进入全球高端。电子通信制造业从低端走向高端，形成了一批以华为为代表的拥有核心技术和自主知识产权的知名企业集团。但除了华为等少数知名企业外，中国电子通信制造业“得势不得利”持续被诟病，2012 年电子通信制造业七成以上出口和五成以上进口均是以加工贸易方式实现，该行业“代工厂”的特征依然典型。数据显示，2016 年中国进口芯片金额高达 2300 亿美元，花费几乎是排在第二名原油进口金额的两倍，可见核心技术受制于人是中国电子通信制造业最大的隐患。[②] 同时，电子通信制造业的新技术层出不穷，在移动互联、可穿戴设备、云计算、人工智能等方面与欧美国家的竞争日益激烈，如何在整个行业新技术竞争中抢占先机，成为行业的标准制定者和领导

① 宋慧勇：《医药制造业技术创新发展态势及路径选择》，《现代商贸工业》2015 年第 12 期。

② 参见《强起来离不开自主创“芯”》，《人民日报》2018 年 4 月 19 日，第 5 版。

者，是中国通信设备、计算机及其他电子设备制造业从“中国制造”转向“中国智造”绕不开的话题。

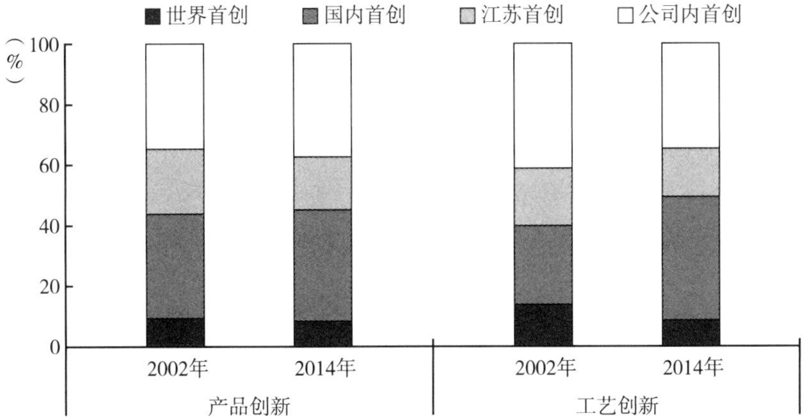


**图 13　中等高技术及高技术行业创新分级测度**

在中等高技术及高技术行业中，12 年间产品创新和工艺创新世界首创率均出现显著下滑，其中工艺创新下降的幅度更大，工艺创新的国内首创则呈现明显提升，可见中国中等高技术及高技术行业还处在 A–U 模型中以产品创新为主导阶段，这也符合高技术行业初始创生的产业特征。虽然中等高技术及高技术行业的企业与发达国家的创新能力仍有明显差距，但是在世界范围内有个别高端产品和技术已然领跑，因此，中等高技术及高技术行业中呈现出多数行业与技术仍处于“跟跑”，但个别高端产品和技术处于领跑的独特格局。

通过扩展运用 CIS 框架的微观创新调查数据与构造创新分级测度指标，我们更清晰地识别出中国制造业企业与行业创新能力在世界的方位：经过 12 年的演化变迁，中国制造业创新能力实现了明显的提升。低技术行业的企业创新能力已基本达到了世界先进水平，“并跑领跑”的态势日益增多；中等低技术行业创新能力还基本处于跟跑并跑战略；而在中等高技术及高技术行业则是技术创造（如高铁、5G）与技术追随并存，即跟跑与领跑并存。整体来说，中国企业或行业目前的创新能力呈现出“传统产业领跑、中端产业跟跑并跑、高端产业跟跑为主领跑为辅”的“前高后低的倾斜 V 型”态势。

## 结论与启示：创新分级测度方法对中国政策制定的意义

创新分级测度的方法，在方法论层面上，既可以帮助我们揭开企业或行业真实创新行为的“黑箱”，又有助于识别一国或地区企业或行业创新能力在全球的方位，其整体性、分级性、演进性和理论支撑性使它在测度和识别企业创新行为方面颇具实用性，更为重要的是，其对产业政策制定与实施具有靶向性指导意义。

创新活动突出的特征是时间长、风险大、不确定性强和失败率高，所以需要有大量的资金支持。[①] 同时，由于创新不同于普通投资的独特特征，大大限制了企业创新活动的融资能力。此外 Manso 提出，除了面临严重的资源约束，企业创新还存在严重的激励不足问题。[②] 鉴于此，各国或地区都会制定产业政策，多措并举缓解企业创新资金约束以及解决激励不足的问题，从而有效促进企业创新。对于像中国这样具有转轨背景的发展中国家来讲，在制定产业政策促进创新方面长期存在一个“难题”：由于中国技术评价体系和信息披露机制存在缺陷，企业和政策制定者存在严重的信息不对称，政府在有限的信息下不可能完全掌握有关企业技术演进和发展的知识，所以有关政府的补贴或是优惠政策都是基于企业释放的创新信号来选择扶持对象，这不仅存在政府补贴企业研发的事后道德风险，而且普遍存在企业在申请补贴时的事前逆向选择问题。[③] 特别是，此种“寻补贴”的逆向选择会使得企业创新的目的不是为了技术进步和产品升级，而是以迎合政府监管与创新战略，发生“低质量”的策略性创新对“高质量”的实质性创新的挤出现象。[④]

于是，要提高系统的产业政策在优化完善企业创新环境与路径，精准助推创造型企业的成长，关键在于甄别并剔除发送虚假创新信号以获取政府补贴的企业。寻找到真正的创造型企业，根本手段在于根据创新行为的难度、深度和潜在价值进行细化和识别。对此，创新分级测度的方法是有效且可行的。创新分级测度的方法是一个相对客观的技术评价标准，可以以企业创新所处世界、国内、省内和公司的首创程度来表征企业目前技术进步的状态。对处于领跑、并跑和跟跑的企业或行业，明晰其不同需求和定位，要在产业政策上分类指导，因地制宜、因业制宜，实施差异化、异质性的产业政策，推进个体精准的创新扶助政策，从而提升产业政策的靶向性。

事实上，基于江苏省微观创新调查数据，通过运用创新分级测度的方法发现：中国在低技术行业已开始领跑世界，某些中等低技术行业处于跟跑并跑阶段，在中等高技术及高技术行业中呈现技术创造与技术追随并存，以技术追赶与追随模仿为主的态势，中等高技术及高技术行业核心技术受制于人的特征依然突出。由此可见，目前中国技术整体仍处在追赶发达国家的后半段征途上。于是，本文研究结论有如下产业政策制定启示。

1. 对于中国领跑的企业与行业，产业政策要重视基础科研对自主研发的支撑，推动合作

① Po-Hsuan Hsu，X. Tian and Y. Xu，“Financial Development and Innovation：Cross-Country Evidence”，*Journal of Financial Economics*，Vol. 112，No. 1，2014，pp. 116-135.

② G. Manso，“Motivating Innovation”，*Journal of Finance*，Vol. 66，No. 5，2011，pp.1823-1860.

③ 安同良、周绍东、皮建才：《R & D补贴对中国企业自主创新的激励效应》，《经济研究》2009年第10期。

④ 黎文靖、郑曼妮：《实质性创新还是策略性创新？——宏观产业政策对微观企业创新的影响》，《经济研究》2016年第4期。

创新，帮助企业制定行业国际标准。中国领先产业要持续保持国际领先地位，自主研发是重要支撑，关键是对科学技术的尊重和对创新的坚持，时刻以更广阔的视域来把握前沿技术创新，引领“无人区”创新的方向。在产业政策方面，对于此类行业更多要在基础科学支持新产品、新技术方面给予“特惠式”的支持，扶助领跑企业全面掌握关键领域的核心技术，自主生产关键核心零部件；进一步鼓励此类企业成立全球化的研发基地，推动与世界级的高校、科研中心的协作，形成合作创新的机制以培育自主品牌，从而拥有大批世界水平的跨国企业、自主知识产权的关键产品和国际知名品牌；进一步以打造自主品牌为引领，推行国际标准、国际认证，使企业具有国际规则和标准制定话语权，对全球供应链拥有较强的控制力。产业政策关键在于有的放矢，真正帮助领跑行业实现“做专利—树品牌—定标准”的三级连跳。

2. 对于中国并跑的企业与行业，产业政策要帮助企业抓住技术变革的机会，实现跳跃式的创新能力提升，谋求领跑世界前沿的机遇。随着新一轮全球科技革命与产业变革，由新技术、新产业、新业态、新模式主导的技术机会大大增加，同时新技术革命几乎会将所有国家“拉回到同一起跑线上”。对于中国处于并跑态势的企业与行业，产业政策的核心在于扶助企业抓住技术机会，构筑新技术体系。同时产业政策要有创新思维与监管方式，以“包容、审慎”的原则促进新经济的发展以及新技术、新业态、新模式的运用，扶助并跑行业在专注于主业的同时，将跨行业的新技术、新业态、新模式融入主业中，形成具有突出特点的自主创新体系，进一步在技术水平层面实现跨越式提高，为领跑世界前沿技术创造机会。

3. 对于中国跟跑的企业与行业，产业政策要重视发挥“竞争效应”，以市场机制充分发挥来倒逼企业通过创新获得竞争优势。对于处于技术模仿阶段的跟跑行业，产业政策重点不在于“挑选赢家”，关键在于营造良好的企业竞争环境，改善创新需要的“软硬”基础条件，放松行业管制、降低行业壁垒、简化行政审批手续等加速企业的进入与在位企业的淘汰。以企业优胜劣汰的动态变化引致行业竞争的加剧，进而倒逼企业提升创新能力以获得竞争优势，争夺市场份额，从而充分发挥产业政策的“竞争效应”。促进“普惠式”产业政策的形成，激发企业创新潜能，使得各类企业“百花齐放”，助推行业追赶超越。

（安同良，南京大学经济学院；魏婕，西北大学经济管理学院；
舒欣，南京大学经济学院）

原载《中国社会科学》2020 年第 3 期

# 非对称创新：中国企业的创新追赶之路

魏 江 王 丁 刘 洋

**摘要**：在核心技术和战略性资源缺失的情境下，后发中国企业是如何一步一步实现创新追赶的？我们在长期研究后提出“非对称创新”理论，来概括创新追赶过程和核心理论逻辑。我们认为后发企业在独特的市场型态、制度型态、技术体制三大情境下，探索了与先发国家不同的中国企业追赶路径，由此形成了后发企业非对称创新追赶的理论逻辑。研究认为，非对称资源本身不能带来竞争优势，中国企业需要构建非对称创新能力，即以特定实践将非对称资源嵌入组织流程，转化为有价值的资源过程和组织惯例。进一步，我们从学习机制设计、组织架构设计、治理制度设计和追赶路径设计几个角度初步探索了中国企业如何构建非对称创新能力的战略，并提出了未来研究方向。

**关键词**：非对称创新 创新追赶路径 中国式创新

## 一 引言

我们在国家自然科学基金重点项目“经济结构转型、研发网络化情境下企业技术创新能力演化规律研究”申请书开篇中写道：“经济与科技的全球化发展，为我国企业整合全球科技资源、开拓全球市场提供了巨大空间，但也为企业参与跨国公司零距离、全方位竞争带来新的风险，特别是后金融危机时期，我国经济结构转型和战略性新兴产业发展加快，迫切需要企业以新的视角研究技术创新能力提升的战略和对策。”由此，我们设计了以“企业技术创新能力演化”为主导逻辑，以“研发网络动态演化”为从属逻辑的研究框架。

该项目是基于我们十多年研究的进一步探索，有幸获得国家自然科学基金重点项目支持后，从 2012 年起，研究团队投入了大量的精力对吉利集团、海尔集团、万向集团等一大批企业进行深入调研，通过案例研究和大样本实证相结合的方法，深入研究了在全球化和经济结构转型背景下，中国企业通过多类型、多层次研发网络嵌入，实现动态组织学习，提升企业技术创新能力，培育自主创新能力的基本规律（见图 1）。[①] 其最重要的成果是基于中国管理实践，初步提出了“非对称创新战略”的理论框架，试图挖掘“中国智慧之美”（Wei et al.，2018；魏江和刘洋，2017；魏江等，2017）。

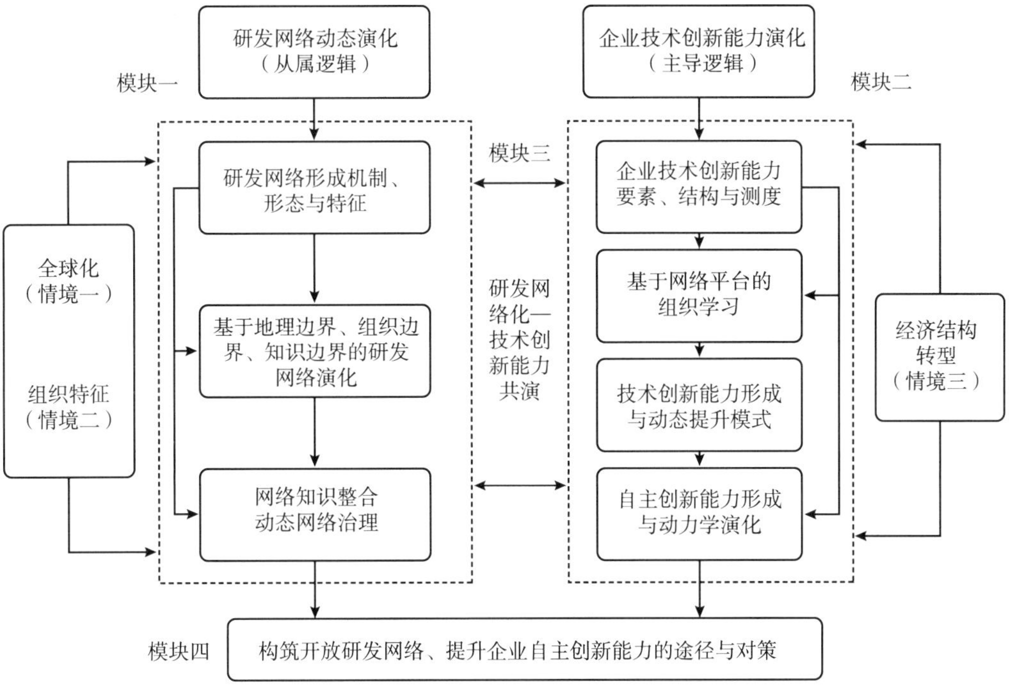


**图 1　经济结构转型、研发网络化情境下企业技术创新能力演化规律研究**

资料来源：国家自然科学基金重点项目（71132007）结题报告。

受《管理学季刊》联席主编要求，本文重点聚焦于“课题凝练的科学问题及凝练过程、在理论和方法上的创新及其对管理理论和实践的贡献、面向未来的研究建议”[②]。本课题团队在国际和国内权威期刊发表了 20 多篇论文，课题验收是优秀，本文对之前取得的成果进行“再审视和再思考”，以期为读者提供借鉴，并吸引更多的学者共同探究中国管理智慧之美。本文第二部分简要阐述我们的科学问题及凝练过程，第三部分审视所构建理论的核心逻辑和研究意义，第四部分提出面向未来研究的建议。

---

① 感兴趣的读者可以参阅我们基于课题成果出版的《创新全球化：中国企业的跨越（案例辑）》和《非对称创新战略：中国企业的跨越（理论辑）》（魏江、应瑛、潘秋玥等，2016；魏江、刘洋、黄学、杨洋，2017）这两本著作。

② 引自邀稿函。

## 二 “非对称创新”理论凝练历程

改革开放以来，中国经济取得了世界瞩目的发展，中国企业的创新在其中扮演了极为重要的角色。在缺失核心技术和战略性资源的前提下，作为后来者的中国企业是如何一步一步实现创新追赶的？本文第一作者从 1995 年开始就持续关注这一中国企业的能力体系构建和创新追赶问题。再审视整个研究历程，“非对称创新”理论的涌现显得顺理成章。

第一阶段：问题起源——初步探索中国企业核心竞争力的来源与构建过程。改革开放初期，中国企业凭借自身成本和劳动力优势，以合资企业或 OEM 代工的形式，将基础制造业务融入国际价值链体系。在这一阶段，中国企业对知识和技术的学习主要表现为技术引进基础上的国际化学习特征，即通过产品出口并伴随产品生产线引进的方式，学习海外先进技术经验。这种“出口导向—技术引进型”学习模式虽然帮助中国的后发企业积累了必要的知识基础，但由于创新动力弱化，暴露出对国外技术依赖和低端锁定、对创新管理内外部条件管控不足等弊端，陷入“引进—落后—再引进—再落后”的恶性循环。针对这一困境，我们开始反思“中国企业究竟如何构建核心竞争力”这一根本问题，并尝试探索中国企业核心竞争力的来源及其构建过程。

当时国际主流研究认为企业核心能力是企业竞争优势的重要来源（Prahalad & Hamel，1990），其中技术能力又是企业核心能力的关键组成部分。基于这一观点，我们开始从知识基础观和能力基础观等视角出发，来探索企业技术能力的提升过程、机制与路径（魏江，2002；魏江，2006）。例如，基于知识观，魏江（2000）从知识学习和积累、知识扩散和激活等方面探究中国企业技术能力增长过程，从内部知识网络的构建、知识的交叉和重构等角度提出企业知识扩展路径。魏江和葛朝阳（2001）提出了基于纵向时间维度的“平台—台阶”型技术创新能力演化过程和模式，并从技术监测能力、消化吸收能力和技术创新能力三个层次提出了中国企业技术能力的提升路径。

第二阶段：情境拓展——深入剖析研发国际化情境下中国企业创新追赶实践。中国企业借助我国加入世界贸易组织的契机，其国际化进程持续深入，开始全面融入全球创新网络，整合全球科技资源。在这一阶段，随着全球产业分工的纵深发展和战略性新兴产业的快速迭代，中国企业只依靠原有的创新战略，通过溢出机制去获取核心技术的难度日益加大。面对全球产业呈现网络国际化、生产体系化、产业集群化、区域经济集团化格局，中国企业必须创新研发组织模式和手段，建立起设计制造与服务协同、组织内和组织间协同、本土与全球协同的动态研发网络。但不可忽视的是，在这一阶段大多数企业仍处于从技术学习到能力追赶过程中，普遍面临着核心技术受制于人、企业全球研发网络布局不合理、研发网络治理缺乏有效机制、研发网络中人才整合困难等方面的挑战。因此，针对中国企业的全球化能力结构如何形成和演进；企业创新能力跃迁与创新组织模式之间如何共演；中国企业作为后来者如何治理高度不确定的全球创新活动……这一系列问题都亟待给出答案。

为了回答上述问题，我们综合网络治理理论、组织学习理论、吸收能力理论和架构理论等视角，聚焦于案例研究，深入剖析了银轮集团、海尔集团、海康威视、吉利汽车、万向集团等企业成功的创新追赶实践，试图归纳出中国企业创新全球化的内在逻辑规律。具体来讲，在全球创新网络布局上，我们探索并提出了中国后发企业如何基于地理边界、组织边界、知识边界进行研发网络构建，并实现创新追赶的过程与机制（刘洋等，2013）。在全球创新能力结构上，我们构建了转型经济背景下，中国企业所面临的环境、企业战略、组织过程和能力追赶的共演模型（江诗松等，2011）。此外，我们揭示了企业研发网络分散化与收敛化过程中，组织学习顺序与研发网络结构的动态匹配关系（魏江等，2014）。在全球创新网络治理上，我们系统解构了组织模块化和技术模块化之间同构与异构的协同方式，建立了基于组织模块化和技术模块化协同的跨边界研发网络架构，并探索了跨边界网络架构协同运作机制和设计规则（魏江等，2014）。综合上述研究，我们系统提出“网络形态—能力结构—组织演化—治理方式”四位一体的创新全球化背后的内在逻辑，为后期总结和提炼中国企业非对称创新理论打下了坚实的基础。

第三阶段：理论凝练——聚焦中国情境特征，探索中国企业非对称创新追赶路径。在关注中国企业创新追赶案例过程中，有一个根本性问题一直困惑我们：缺乏核心技术、知名品牌等战略性资产的中国企业（Luo & Tung，2007），到底凭什么逐步实现创新追赶？按以资源基础观为核心的战略管理逻辑，竞争优势的来源是有价值的、稀缺的、不可模仿的、不可替代的资源（Barney，1991），但这一直是中国企业所欠缺的（Luo，2019；Luo & Child，2015）。韩国、新加坡等国家企业技术追赶过程所提出的理论（Kim，1997），为中国企业创新追赶提供借鉴，但似乎不能完全解释中国企业追赶实践。这是因为中国转型经济体情境与韩国、新加坡等国家所处的新型工业化国家情境存在明显差异（江诗松等，2011），而中国追赶情境的独特性，必然导致中国企业创新追赶起点、过程和路径的独特性。例如，Kim（1997）提出强政府干预下的“引进（implementation）—消化（assimilation）—改进（improvement）”观点在中国追赶早期被广泛采纳，但这一过程中依赖于统一且强有力的产业政策、依赖外资和出口以及带来本国狭窄的知识基础和极端的专业化（Ernst，1998）。而中国快速变革、地区差异的复杂制度环境、巨大的本土市场和逐步形成的多样且专业化的产业基础让中国走出了一条不一样的追赶道路。

带着这个反思，我们重新系统梳理现有研究发现和中国企业实践，提出改革开放以来中国企业全球技术追赶过程，面临着产业基础薄弱、区域创新发展不平衡、多种所有制并存、高度开放与封闭并存等复杂情境。这些情境是中国企业实现创新追赶的关键基础所在。为此，我们将中国企业技术追赶过程所面临的中国情境特殊性系统解构为三个方面，即市场型态（market regime）、制度型态（institutional regime）、技术体制（technological regime）的独特性，进而提出了中国企业创新追赶模式与追赶路径，初步构建了非对称创新理论（Wei et al., 2018；魏江和刘洋，2017；魏江等，2017）。

## 三　“非对称创新”理论核心逻辑

接下来简要介绍“非对称创新”的理论基本逻辑、理论贡献和实践意义。我们首先定义基本概念。非对称资源，指与发达国家行业内领先企业相比，中国企业所拥有的稀缺和差异化的资源，虽然这些资源在发达国家企业看来不是核心竞争优势来源（Miller，2003）。这一概念来自 Miller（2003），其原意是强调企业竞争对手不会或难以用可承受经济成本进行复制的技能、过程或“资产”（Miller，2003）。本文采用这一概念，并突出非对称资源的核心内涵在于独特性（uniqueness）和不可模仿性（inimitable），以及由此带来的潜在优势（Madhok & Keyhani，2012；Miller，2003）。同时，我们认为这些具有独特性但暂时还不是核心竞争优势来源的资源，是根植于中国独特的制度、市场和技术情境中的。例如，西方学者用制度缺位（institutional voids）这一具有一定“歧视意味”（pejorative labeling）的概念来标签化以中国为代表的转型经济体国家制度，并认为其会为企业发展带来很多障碍（Bothello et al., 2019）。许多中国企业通过重组蕴含于所谓“制度缺失”中的非对称资源，形成了自身的核心能力。例如，四川电信逐步形成了供应链双元金融模型（supply chain ambidextrous financing model）来弥补融资制度的不完善进而最终变成了竞争优势（Amankwah-Amoah et al., 2019）。这一过程当然依赖于中国企业以特定实践将非对称资源嵌入组织流程，转化为有价值的资源过程和组织惯例，即非对称创新能力（Wei et al.，2018）。最后，本文用非对称创新——作为一个较为宽泛的概念——来指代中国企业通过识别和重新定义非对称资源进而逐步获取竞争优势实现创新追赶的创新战略。需要指出的是：一方面，“非对称创新”中的“非对称”指代了识别独特但无价值的“非对称资源”并将之转化为独特且有价值“对称”资源的过程；另一方面，“非对称创新”更一般地表征中国企业不是与其国际领先的竞争对手按照它们所主导的范式下进行“对称”的竞争，而是另辟蹊径，从国际领先的竞争对手所不重视的要素出发逐步形成优势的过程。例如，Williamson（2010）总结得出海尔等企业的竞争优势在于成本创新（cost innovation）：以低价格的方式开发高技术、多样化和定制化的产品，并把原本细分市场的产品重新定位于大众市场，进而带来“物超所值”（value-for-money）的革命。这种创新战略跳出了国际市场上的主流“游戏规则”，而这一另辟蹊径得以实现的根本原因：一是本土市场规模足够大，原本所理解的“细分市场”规模可能比某些发达国家的

“大众市场”的规模都大；二是本土市场上高度专业化的制造体系让低成本实现多样化和定制化产品制造成为可能。海尔等中国企业正是通过撬动蕴含于中国独特情境下的非对称资源并将之转化为竞争优势这一“非对称创新”战略逐步实现了赶超。

基于这些定义，我们从情境逻辑和行为逻辑提出“非对称创新”理论的核心内容。外部情境逻辑，即中国市场型态的独特性、制度型态的独特性、技术体制的独特性（MIT 框架），这三者是中国企业非对称资源的重要来源，构成了企业非对称创新追赶的基础。这一部分是我们前期探索的重点（Wei et al.，2018；魏江和刘洋，2017；魏江等，2017），我们详细阐述了中国独特的 MIT 框架如何为中国企业提供非对称资源基础。

### （一）外部情境逻辑

1. 中国市场型态的独特性

中国独特的市场特征，具体包括市场规模宏大且发展不均衡，市场高度动荡性等。首先，在市场规模上，世界经济论坛发布的《全球竞争力报告》① 显示，14 亿人口组成了世界上最大的市场，规模指标持续列世界首位。但同时中国市场的另一个重要特征是市场的不均衡性。市场不均衡具体表现在区域间和区域内部市场成熟度，顾客需求和购买力的巨大差异，例如东西部、城乡之间市场差异。规模宏大且不均衡市场中蕴含的一种重要非对称资源是未被满足的低端利基市场以及从低端到高端的阶梯式全链条的市场的存在。一方面，这种市场不均衡特征将规模宏大的市场天然分隔为多个利基市场，处于低端的利基市场往往被在位企业所忽视（Christensen & Bower，1996）。事实上，到 2018 年中国农村人口仍然占比 40% 左右 ②，这一规模宏大的中低端市场往往不是国际领先企业的重心所在，这就为缺乏核心资源的中国企业提供了生存和试错的空间。另一方面，从低端到高端的阶梯式利基市场的存在，为中国企业逐步通过试错和学习提升能力提供了足够的市场空间（郭斌，2018）。把蕴含于规模宏大且不均衡市场中非对称资源转化为竞争优势的常见路径是以低成本、节约型创新满足低端市场的需求，再通过自下而上的颠覆式创新逐步累积能力实现对其国际领先对手的赶超。例如，华为就利用“农村包围城市”的策略，在主流高端市场上避开与拥有高质量产品的发达国家通信业巨头的直接竞争，转而进入中国广大农村市场，并紧密结合中低端市场需求，开发了一系列质量一般但成本低廉的颠覆式创新（如分布式基站解决方案等）。通过细致的服务逐步占领中国县级和乡镇等中低端市场后，获得了大量资源（例如资金和客户知识等）后不断投入研发并向高端市场延伸，并最终自下而上实现了中国市场上对 Cisco、Ericsson 等在位企业的赶超。

① 参见 https://cn. weforum. org /reports.

② 资料来源：https://data. worldbank. org. cn /indicator /sp. rur. totl. zs.

其次，转型经济下的市场特征还被刻画为高度动荡性，具体表现在市场需求多变、消费行为差异化、市场竞争激烈和市场机制不稳定等方面。市场高度动荡性一直被认为是企业的“负债”而不是“优势”，但换个角度亦为中国企业获取非对称资源提供了可能。多变的市场需求、差异的消费行为、激烈的市场竞争和不稳定的市场机制等特征交织在一起形成了一个中国市场的“天然隔离带”：所有企业要想赢得竞争必须深入理解中国的市场特征。例如，联合利华（中国）总经理提及：“我们必须对中国的任何统计数据进行‘解构’（de-average）。如果我们试图向全国的消费者销售同一个产品，我们注定会失败。”（Chang & Park，2012）而中国企业基于对本土市场天然和深入的理解，能够把蕴含于高度动荡市场中的非对称资源转化为竞争优势。例如，淘宝网能够赢得与 eBay 中国竞争的关键在于其基于对中国消费者需求的深入理解，把动荡的市场环境变成了与 eBay 竞争的有力武器。具体而言，淘宝网首先通过免费模式而不是 eBay 已经在发达国家验证过的收取中介佣金模式，采用中国传统集市模式而不是美国成熟的拍卖模式。进一步，与 eBay 极力阻止卖家和买家交流、采用发达国家成熟的信用卡支付体系不同，淘宝通过支付宝和旺旺软件的推出解决了中国电子商务早期信用问题。

2. 中国制度型态的独特性

中国独特的制度型态包含强政府、制度缺位和复杂制度环境等，这些特征背后蕴含了驱动中国企业构建核心竞争优势的关键非对称资源。第一，强政府通过要素供给驱动企业创新。转型的中国政府掌握着大量的关键资源，例如土地、资金、技术等核心要素资源，并通过控制和分配要素资源引领着创新的方向。直接的制度支持已经被证明对中国企业创新能力提升有重要影响（Liu et al.，2011），我们这里强调的是强政府主导模式下的中国企业非对称资源的获取。例如，我们提出了制度型市场（institution-led market）的概念（魏江等，2016；Wei et al.，2020），用来指代“由政府战略性地、适时创造出的独特市场，并配以政策和资源的支持”（Wei et al.，2020）。这一市场对所有企业（包括本土企业和国际企业）开放，一方面吸引了全球企业进入让本土企业有了技术学习的机会；另一方面基于对中国制度运行逻辑的熟悉，本土企业敏捷地进行反应进而有可能形成自己的竞争优势，最终实现创新追赶（魏江等，2016；Wei et al.，2020）。例如，海康威视、大华技术等民用安防企业就是从“平安中国”“智慧城市”等政策中寻求机会，把政府创造的市场结合自身的能力整合，形成非对称创新能力，逐步成为世界安防领域的领导者。

第二，“制度缺位”促使企业通过制度创业驱动创新。转型经济背景下，一些领域存在制度不完善或执行不完备的状况，这就为企业通过制度创业获取非对称资源并转化为竞争优势提供了可能：中国企业有机会将自身所拥有的能力、属性和特质在规则不完备的条件下进行创造性拼凑组合，一方面逐步形成了自身的优势，另一方面反过来促进制度的建设（Madhok &

Keyhani，2012）。这一过程中把“制度缺位”中蕴含的非对称资源转化为优势的一种重要策略是通过政治战略（political strategy）和结网战略（networking strategy），这是因为在正式制度相对不完善的时候，非正式制度扮演了重要的补充作用（Peng & Luo，2000）。通过政治战略和结网战略，中国企业可以在与利益相关者不断互动的过程中，把“制度缺位”下许多运营障碍转化为优势进而赢过与其直接竞争的国际领先企业。

第三，复杂制度环境包容了企业多种形式创新。转型经济体的制度复杂性主要指场域内多重不一致，甚至相互矛盾的制度逻辑（Luo et al.，2017）。具体来讲，制度转型过程中的中国有着复杂的制度体系，例如政府、行业协会、战略集团、社区等不同主体带来的制度逻辑复杂性；中央政府、地方政府等不同层级制度逻辑复杂性；正式制度与区域文化和规范之间的制度逻辑复杂性；不同所有制组织制度逻辑的复杂性等。例如吉利集团在并购沃尔沃过程中，就通过巧妙借助地方政府之间制度逻辑的不一致，顺利获得了大庆、成都和上海等地方政府的支持。此举不仅为吉利的收购行动筹集了大量资金，还在整合阶段促成了沃尔沃制造基地在中国的成功落地，实现了吉利与沃尔沃双方的共赢。

3. 中国技术体制的独特性

技术体制被定义为技术机会、创新独占性、技术进步累积、知识产权的集合（Lee & Lim，2001）。技术体制通过决定企业研发活动投入与产出的关系，来影响后发企业的创新追赶（Lee & Lim，2001）。事实上，在中国市场的发达国家企业拥有先进的核心技术，并很长一段时间引领着产业技术的变革，而尽管经过多年的发展有些企业的技术水平达到了世界领先水平，但总体而言还是存在巨大的差异（Chang & Park，2012）。尽管如此，中国企业还是在弱技术体制中逐步识别出许多非对称资源，并将其转化为竞争优势。事实上，由于中国及企业技术能力薄弱，早年弱知识产权保护体制和以代工为主要模式的大规模制造帮助中国逐步形成了完善的制造体系。例如，浙江省涌现的多个产业集群，如台州汽摩配集群、桐庐制笔集群等，就是在弱技术体制背景下成长起来的。由于早年知识产权“独占体制”缺位和“隔离机制”失效，加之集群的地理邻近性特征，使先进技术可以在集群内实现快速传播和溢出，培育了大量专业化中介组织和标准化模块生产企业，通用部件的大规模生产使得单个部件的成本大幅下降。在弱技术体制下形成的这一完备、高效率的制造体系，已经逐步成为中国的国家竞争优势（Grant，1991；郭斌，2018），为后期我国制造业的快速发展和转型升级奠定了坚实的基础。中国企业从弱技术体制中实现追赶的一个重要策略就是把高效率制造体系这一国家竞争优势转化为企业的竞争优势。例如，以小米公司为代表的大批以“性价比”为卖点的中国企业所依托的正是逐步形成完善的制造体系。

### （二）企业行为逻辑

进一步，我们提出非对称资源本身并不能直接为企业带来竞争优势，因而中国企业如何把嵌入在市场型态、制度型态和技术体制三类情境中的非对称资源，通过实践行动内化为自身非对称创新能力——以特定实践将非对称资源嵌入组织流程，转化为有价值的资源过程和组织惯例（Wei et al.，2018）——是驱动中国企业创新追赶的核心动力。为此，本部分我们从学习机制设计、组织架构设计、治理制度设计和追赶路径设计四方面，阐述关于中国企业如何构建非对称创新能力的一些发现。

1. 学习机制设计

“非对称创新”的核心逻辑是把传统意义上的并不是竞争优势来源的资源逐步变成核心竞争力，而后逐步掌握国际话语权，这就要求中国企业采取特定的组织学习方式。后发企业向海外技术领先者学习是技术追赶的关键路径，而不同学习方式各有优劣，适当的组合才能够更有效地利用中国市场型态、制度型态和技术体制三类独特情境中的非对称资源。例如，我们在分析制度型市场的内涵与特征的基础上，系统识别了制度型市场与技术不连续交互驱动效应下企业所采用的学习模式，包括“并进式”“内控式”“外植式”“采购式”四种类型（魏江等，2016）。例如，在强制度型市场和高技术不连续性条件下，企业同时进行高内向学习和高外向学习的“并进式”学习更有助于实现技术追赶。该学习模式的特征在于，依托中国的超大规模市场，通过内部学习将国际先进技术导入国内以掌握核心技术，又在外部通过分支机构的设立充分获取前沿技术以持续保持领先。以中国南车为例，在内向学习过程中，中国南车持续高强度地引进“日本大联合”——川崎重工、三菱电机、日立制作所等六家企业的核心技术，在整体研发系统架构内进行再创新。在外向学习过程中，中国南车通过与庞巴迪、通用等机车、轨道制造巨头共同组建海外合资公司，在美国建立海外研发中心等方式，尽可能地获取领域的前沿知识和技术以及先进的管理、运营和项目孵化经验，使其更快实现关键技术的突破，并在核心领域保持竞争优势。

2. 组织架构设计

由于制度和技术的差异，后发企业在构建全球研发网络过程中面临着“外来者劣势”“新兴者劣势”“来源国劣势”等多种挑战（魏江等，2020；魏江和王诗翔，2017）。因此，后发企业如何设计全球创新网络组织形式，对于依托全球化机会进行资源配置，进而提升自身技术创新能力有着重要意义。首先，在全球跨边界研发系统设计规则上，我们分析了在技术差距、制度差距背景下，后发企业在目标选择、系统组建步骤和协调策略三个方面全球研发系统构建的设计规则，归纳了四种不同的技术架构和组织架构的模块性实现路径。并进一步揭示了中国独特制度和技术情境下，中国企业研发系统架构的设计规则，即应当如何综合考虑技术差距和制度差距带来的影响，通过研发系统架构构建过程中目标、步骤和协调机制的设计，实现技术架构和组织架构之间的协同，从而获得研发“走出去”的成功（魏江和黄学，2014）。

其次，在全球研发海外进入模式选择上，我们系统分析了后发企业研发国际化动机和进入模式选择的内在逻辑。具体来讲，在技术和市场的“双元驱动”下，中国后发企业表现出三种研发国际化动机，即新技术探索 + 国内市场竞争力提升、已有技术利用 + 海外市场扩张、新技术探索 + 海外市场扩张。进而中国后发企业根据不同研发国际化动机下内外部合法性需求对海外研发机构进入模式和组织结构进行安排。而在这一过程中，中国后发企业逐步实现从通过自主研发和合作创新积累一定的技术基础“走出去”进行海外市场的扩张，到撬动海外新技术并“拿回来”服务本地市场的飞跃。进而随着技术和市场的积累，中国企业也开始瞄准海外先进技术和广阔市场，实行两手抓，全面实现技术和市场的双重追赶，实现国际市场最终的“走进去”和“走上去”（杨洋等，2017）。

最后，在并购后整合的架构设计上，中国后发企业并不总遵循已有研究中镜像假设的观点来对被并购企业进行整合，而是会综合并购动机、组织身份不对称性、知识差距和技术动荡性等情境的特征对组织模块化程度和技术模块化程度进行设计，从而更好实现对被并购方知识与技术的整合。进而全方位考察在来源国劣势下，在组织身份、并购动机共同构成的组织情境中，后发跨国公司对协调机制的设计和安排如何帮助它们成功撬动自身和被收购方的知识基础和原有经验来推进新知识的创造和转变，最终实现能力提升（Wei et al.，2019）。

3. 治理制度设计

与组织设计直接关联的是制度安排的设计，特别是对撬动全球创新资源的企业内部网络和吸纳全球创新资源的企业外部网络的治理机制设计。中国后发企业在治理全球创新网络过程中，会面临外部合法性赤字、组织身份认同不对称等方面的挑战。对此，后发企业采取与之相匹配的治理制度来进行响应。为应对外部的合法性赤字，我们通过分析后发企业海外子公司合法化战略选择的动态演化过程，发现后发企业海外子公司会在国际化不同阶段动态地将反应型和前摄型两类合法性战略进行切换以有效获取和维持其在东道国的合法性。进一步地，我们还揭示了后发企业克服来源国劣势两类机制，包括直接获取机制和间接维持机制（魏江和王诗翔，2017）。

同时，我们还聚焦于后发企业在发达国家的分支机构（例如，子公司和并购的企业）所面临组织身份不对称的问题，发现后发企业通过隐性协调机制、实时沟通机制、协调人机制和模块化机制等治理机制的设计可以有效缓解外部形象和地位不对称以及内部文化和惯例的不对称，进而成功破解了后发企业所面临的并购后协同与学习的障碍（魏江和杨洋，2018）。例如，万向集团在并购 A123 公司项目中，一方是中国的民营企业，另一方是美国“新能源明星”，两者身份高度不对称引发了如研发人员大规模离职、双方技术协同困难等一系列问题。对此，万向集团创造性地采用了“反向吸收”的治理策略，将其电池业务反向并入 A123 体系，由 A123 团队负责万向集团全球业务的经营管理。此举不仅帮助 A123 最大限度保留了原有的管理团队及研发人员，并在短时间内迅速扭亏为盈，还在启停电池、储能等多项技术上实现新突破。

4. 追赶路径设计

通过学习机制设计、组织架构设计、治理制度设计保障了中国企业通过独特创新追赶路径实现超越。首先，“从市场的边缘到核心”这一创新追赶路径是许多中国制造企业实现赶超的策略选择。例如，华为在开始聚焦于被国际主流电信巨头所忽视的农村市场，在中国市场占据一定地位后逐步进入非洲、亚洲等十几个“第三世界”国家，而后逐步包围发达国家，慢慢打开市场。这一策略的好处是通过进入边缘市场可以获得大量资金以支撑技术的开发，同时边缘市场中独特需求往往蕴含着许多创新的机会，甚至可能颠覆主流市场。其次，“从产业链的环节到完整产业链”是另一条常见的创新追赶路径。例如，万向集团从“万向节”这一特定汽车零部件起家，先通过强大制造基础占据这一零部件领域的世界领先地位，然后通过跨国并购等策略不断扩大生产零部件的范围，形成从零件到部件到系统到整车，并于近期启动“万向创新聚能城”项目，试图构建创新生态系统，引领产业的未来发展。这一从产业链环节到完整的路径的好处是在特定技术领域稳扎稳打，相对快速获取国际话语权，同时基于技术累积进行产业链拓展相对容易。最后，“从互补性技术到核心技术”亦是一条常见的非对称创新赶超路径。例如，吉利汽车从开始就依托广阔的低端市场，专注于降低互补性技术部件的成本，而核心技术通过购买的方式获取，快速累积知识，而后逐步通过跨国并购等策略掌握核心技术，实现赶超。这一路径的优势在于避开技术壁垒，通过特定细分市场获取资金和累积行业相关知识基础。

## 四 讨论与结论

纵观整个理论构建历程，我们总体按照“从差异性事实出发建构管理学的中国理论”的逻辑（蒋东生，2018），尽量通过“情境化知识与普适化理论的有机结合”（李海洋和张燕，2016），通过总结中国企业创新管理智慧进而提出一个“中国式创新”的理论框架（苏敬勤和高昕，2019）。正如 Luo 和 Child（2015）研究提出的结论，提出的非对称创新理论尝试提出一个新的思路来回答现有理论所不能解释的现象：没有所谓核心资源的中国企业，到底凭什么逐步实现创新追赶？

尽管我们已经做了一系列探索，并取得了一定的成果，但仍然存在众多问题值得未来研究深入探讨。第一，未来研究需要进一步识别中国情境下非对称资源。我们提出，中国后发企业非对称创新资源实际上内嵌于市场型态、制度型态和技术体制的独特中国情境中，并尝试做了一些探索。未来研究可以进一步分析如何识别中国特殊情境下，驱动中国企业非对称创新能力构建的关键非对称资源。

第二，未来研究需要进一步解释中国独特的市场型态、制度型态和技术体制在微观组织层面的作用机制。中国独特的制度、市场和技术情境在组织层面对不同企业创新驱动的作用机制是存在差异的。例如，我们曾探究了制度型市场与技术不连续交互驱动下，为不同企业所带来的独特技术机会与市场机会（魏江等，2016）。基于这一逻辑，未来研究可以进一步探索制度、技术和市场等不同维度之间或与组织情境之间的交互效应对驱动企业非对称能力构建的作用机制，以构建起从宏观环境层面到微观组织层面的分析框架。

第三，未来研究需要进一步解构非对称创新能力的内涵并探索其驱动因素。我们提出非对称资源本身并不能直接为企业带来竞争优势，而需要以特定管理实践将这些资源嵌入组织流程，转化为有价值的资源（Wei et al.，2018），即所谓非对称创新能力才是中国企业获得竞争优势的关键所在。我们初步从学习机制设计、组织架构设计、治理制度设计和追赶路径设计等角度探索了中国企业如何构建非对称创新能力，但关于非对称创新能力的内涵与外延，以及其驱动因素仍然需要进一步探究。

第四，未来研究需要进一步探究“中国式创新”的模式与路径。我们尝试提出的“非对称创新战略”试图去解释“中国式创新”的模式与路径（苏敬勤和高昕，2019），未来研究亦可以另辟蹊径，从更多角度出发去探索中国企业创新的模式与路径，为理解和指导中国企业在国际竞争中获得胜利提供新的思路。正如习近平总书记多次强调的，“我们科技总体上与发达国家比有差距，要采取‘非对称’赶超战略，发挥自己的优势……要形成代表国家水平、国际同行认可、在国际上拥有话语权的科技创新实力”① 。我们呼吁更多的学者加入我们，一起“努力在自主创新上大有作为”。

## 参考文献

[1] 郭斌：《独有优势造就中国企业长达 40 年的快速成长》，《经理人》2018 年第 7 期。

[2] 江诗松、龚丽敏、魏江：《转型经济背景下后发企业的能力追赶：一个共演模型——以吉利集团为例》，《管理世界》2011 年第 4 期。

[3] 蒋东生：《从差异性事实出发建构管理学的中国理论》，《管理学季刊》2018 年第 2 期。

[4] 李海洋、张燕：《情境化知识与普适化理论的有机结合——探索中国管理学研究的理论创新之道》，《管理学季刊》2016 年第 4 期。

[5] 刘洋、魏江、江诗松：《后发企业如何进行创新追赶？——研发网络边界拓展的视角》，《管理世界》2013 年第 3 期。

[6] 苏敬勤、高昕：《情境视角下“中国式创新”的进路研究》，《管理学报》2019 年第 1 期。

① 《习近平论科技赶超战略：应该有非对称性“杀手锏”》，中国共产党新闻网，http://theory.people.com.cn/n1/2016/0322/c40555-28216844.html，2016 年 3 月 22 日。

[7] 魏江:《知识特征和企业知识管理》,《科研管理》2000 年第 3 期。
[8] 魏江:《企业技术能力论——技术创新的一个新视角》，科学出版社 2002 年版。
[9] 魏江:《知识学习与企业技术能力增长》，科学出版社 2006 年版。
[10] 魏江、葛朝阳:《组织技术能力增长轨迹研究》,《科学学研究》2001 年第 2 期。
[11] 魏江、黄学、刘洋:《基于组织模块化与技术模块化“同构 / 异构”协同的跨边界研发网络架构》,《中国工业经济》2014 年第 4 期。
[12] 魏江、黄学:《后发企业全球研发系统架构的设计规则——基于多案例比较的研发“走出去”过程研究》,《科学学研究》2014 年第 11 期。
[13] 魏江、刘洋:《中国企业的非对称创新战略》,《清华管理评论》2017 年第 10 期。
[14] 魏江、刘洋、黄学、杨洋:《非对称创新战略：中国企业的跨越（理论辑）》，科学出版社 2017 年版。
[15] 魏江、潘秋玥、王诗翔:《制度型市场与技术追赶》,《中国工业经济》2016 年第 9 期。
[16] 魏江、王丁、刘洋:《来源国劣势与合法化战略——新兴经济企业跨国并购的案例研究》,《管理世界》2020 年第 3 期。
[17] 魏江、王诗翔:《从“反应”到“前摄”：万向在美国的合法性战略演化（1994 ~ 2015）》,《管理世界》2017 年第 8 期。
[18] 魏江、王诗翔、杨洋:《向谁同构？中国跨国企业海外子公司对制度双元的响应》,《管理世界》2016 年第 10 期。
[19] 魏江、杨洋:《跨越身份的鸿沟：组织身份不对称与整合战略选择》,《管理世界》2018 年第 6 期。
[20] 魏江、应瑛、潘秋玥等:《创新全球化：中国企业的跨越（案例辑）》，科学出版社 2016 年版。
[21] 杨洋、魏江、王诗翔:《内外部合法性平衡：全球研发的海外进入模式选择》,《科学学研究》2017 年第 1 期。
[22] Amankwah-Amoah, J., Chen, X., Wang, X., Khan, Z. & Chen, J., “Overcoming Institutional Voids as a Pathway to Becoming Ambidextrous: The Case of China’s Sichuan Telecom”, *Long Range Planning*, Vol.52 (4), 2019, 101871.
[23] Barney, J., “Firm Resources and Sustained Competitive Advantage”, *Journal of Management*, Vol.17, 1991, pp.99-120.
[24] Bothello, J., Nason, R. S. & Schnyder, G., “Institutional Voids and Organization Studies: Towards an Epistemological Rupture”, *Organization Studies*, Vol.40, 2019, pp.1499-1512.

[25] Chang, S. J. & Park, S. H., "Winning Strategies in China: Competitive Dynamics between MNCs and Local Firms", *Long Range Planning*, Vol.45, 2012, pp.1–15.

[26] Christensen, C. M. & Bower, J. L., "Customer Power, Strategic Investment, and the Failure of Leading Firms", *Strategic Management Journal*, Vol.17, 1996, pp.197–218.

[27] Ernst, D., "Catching-up Crisis and Industrial Upgrading: Evolutionary Aspects of Technological Learning in Korea's Electronics Industry", *Asia Pacific Journal of Management*, Vol.15, 1998, pp.247–283.

[28] Grant, R. M., "Porter's 'Competitive Advantage of Nations': An Assessment", *Strategic Management Journal*, Vol.12, 1991, pp.535–548.

[29] Khanna, T. & Palepu, K. G., "Why Focused Strategies May be Wrong for Emerging Markets", *Harvard Business Review*, Vol.75, 1997, pp.41–48.

[30] Kim, L., *Imitation to Innovation: The Dynamics of Korea's Technological Learning*, Boston: Harvard Business School Press, 1997.

[31] Lazzarini, S. G., "Strategizing by the Government: Can Industrial Policy Create Firm-Level Competitive Advantage?" *Strategic Management Journal*, Vol.36, 2015, pp.97–112.

[32] Lee, K. & Lim, C., "Technological Regimes, Catching-Up and Leapfrogging: Findings from the Korean Industries", *Research Policy*, Vol.30, 2001, pp.459–483.

[33] Lee, K. & Malerba, F., "Catch-up Cycles and Changes in Industrial Leadership: Windows of Opportunity and Responses of Firms and Countries in the Evolution of Sectoral Systems", *Research Policy*, Vol.46, 2017, pp.338–351.

[34] Liu, F. C., Simon, D. F., Sun, Y. T. & Cao, C., "China's Innovation Policies: Evolution, Institutional Structure, and Trajectory", *Research Policy*, Vol.40, 2011, pp.917–931.

[35] Luo, X. R., Wang, D. & Zhang, J., "Whose Call to Answer: Institutional Complexity and Firms' CSR Reporting", *Academy of Management Journal*, Vol.60, 2017, pp.321–344.

[36] Luo, Y. & Tung, R. L., "International Expansion of Emerging Market Enterprises: A Springboard Perspective", *Journal of International Business Studies*, Vol.38, 2007, pp.481–498.

[37] Luo, Y., "The Cultural Relevance of the Composition-based View", *Asia Pacific Journal of Management*, 2019, Doi: doi. org /10. 1007 /s10490–019–09690–0.

[38] Luo, Y. & Child, J., "A Composition-based View of Firm Growth", *Management and*

*Organization Review*, Vol.11, 2015, pp.379–411.

[39] Madhok, A. & Keyhani, M., "Acquisitions as Entrepreneurship: Asymmetries, Opportunities, and the Internationalization of Multinationals from Emerging Economies", *Global Strategy Journal*, Vol.2, 2012, pp.26–40.

[40] Miller, D., "An Asymmetry-based View of Advantage: Towards an Attainable Sustainability", *Strategic Management Journal*, Vol.24, 2003, pp.961–976.

[41] Peng, M. W. & Luo, Y., "Managerial Ties and Firm Performance in a Transition Economy: The Nature of a Micro-Macro Link", *Academy of Management Journal*, Vol.43, 2000, pp.486–501.

[42] Prahalad, C. & Hamel, G., "The Core Competence of Corporation", *Harvard Business Review*, Vol.69, 1990, pp.275–292.

[43] Wei, J., Sun, C., Wang, Q. & Pan, Q., "The Critical Role of the Institution-led Market in the Technological Catch-up of Emerging Market Enterprises: Evidence from Chinese Enterprises", *R&D Management*, 2020, Doi: doi. org/10. 1111 /radm. 12399.

[44] Wei, J., Wang, D. & Liu, Y., "Towards an Asymmetry-based View of Chinese Firms'Technological Catch-up", *Frontiers of Business Research in China*, Vol.12, 2018, pp.1–13.

[45] Wei, J., Yang, Y. & Li, S., "Mirror or No Mirror? Architectural Design of Cross-Border Integration of Chinese Multinational Enterprises", *Asia Pacific Journal of Management*, 2019, Doi: doi. org/10. 1007/s10490–019–09699–5.

[46] Williamson, P. J., "Cost Innovation: Preparing for a 'Value-for-Money' Revolution", *Long Range Planning*, Vol.43, 2010, pp.343–353.

（魏江、王丁、刘洋，浙江大学管理学院）

原载《管理学季刊》2020 年第 5 期

# “竞合”如何影响创新绩效：中国制造业企业选择本土竞合与境外竞合的追踪研究

李东红　乌日汗　陈　东

**摘要：**本文区分本土竞合与境外竞合，基于国家统计局2009年10月至2011年8月对全国40个城市制造业企业进行的问卷调查数据，并结合中国工业企业数据库数据和2009年及2018年专利数据构造出的时间断点追踪数据，重点研究了竞合对企业创新绩效提升的影响。实证研究发现：首先，总体来看，中国制造业企业的“竞合”战略有助于其提升创新绩效。具体来说，企业与本土竞争者的合作有助于其提升创新绩效，而与境外竞争者的合作对其创新绩效的提升无显著作用。其次，企业研发强度负向调节竞合战略与企业创新绩效之间的正向关系。研发强度对境外竞合战略与企业创新绩效间关系无显著调节作用，对本土竞合战略与企业创新绩效间关系有显著负向调节作用。再次，市场竞争对企业创新绩效有显著正向影响，但市场竞争程度高时境外竞合战略反而会降低企业创新绩效。最后，企业的境外非竞争性合作会削弱其竞合战略对创新绩效的影响。结合实证研究的基本结论，本文对中国制造业企业如何利用竞合战略促进创新提出了有针对性的政策建议。

**关键词：**竞合战略　创新　研发强度　市场竞争　非竞争性合作

## 一　引言

在高度动态变化和竞争激烈的商业环境中，建立富有价值的外部合作关系对于企业的生存和发展至关重要（Luo，2007；Gnyawali & Park，2009；Renna & Argoneto，2012）。企业既可以与大学、政府部门等社会公共组织建立合作关系（George et al.，2002；Chen & Wu，2011），也可以与供应商、分销商、客户甚至竞争对手建立合作关系（Belderbos et al.，2004；Nieto & Santamaría，2007；Gnyawali & Park，2009；Li et al.，2011；Liu et al.，2014；Wu，2014）。在企业的各类外部合作关系中，“竞合”关系——企业与竞争对手之间建立起的竞争与合作同时并存的关系，是企业合作关系中不可或缺的组成部分，正受到越来越多的关注

（Nalebuff & Brandenburger，1996；Afuah，2000；Bengtsson & Kock，2000；Tether，2002；Tsai，2002；Gnyawali & Park，2009；Gnyawali & Park，2011；Bengtsson & Kock，2014；Nemeh & Yami，2016；Ritala et al.，2016）。

卓有成效的竞合关系能够从多个方面促进企业的发展，提升企业创新绩效，也因此常常成为竞合战略选择的重要出发点和归宿。企业可以借助竞合获得多种技术和互补性资源（Qintana-Garcia & Benavides-Velasco，2004），与竞合伙伴共同承担研发成本和风险（Gnyawali & Park，2009），将在竞合中获得的外部知识在企业内部传播并与内部其他知识融合（Huang & Yu，2011），提高企业技术和产品线的多样性（Qintana-Garcia & Benavides-Velasco，2004），由此提升创新绩效。对于知识密集型行业而言，如高科技行业，竞合对提升创新绩效显得尤为重要（Carayannis & Alexander，1999）。这些行业具有高度不确定、复杂、变化迅速、研发成本高等特性（Gnyawali & Park，2009，2011），单个企业往往没有足够的知识和资源来推进创新（Lin，2003；Chesbrough，2003），借助与竞争者的合作实现创新是明智之举（Gnyawali & Park，2009，2011）。

当然，竞争与合作两种对立逻辑的同时存在，使得竞合成为一种复杂且紧张的关系（Bengtsson & Raza-Ullah，2016）。实施竞合战略的企业需要面对竞合带来的独特挑战和成本（Park et al.，2014a；Park et al，2014b）。竞合中天然存在着竞争因素，不可避免地会存在机会主义风险和知识泄露风险（Ritala & Hurmelinna-Laukkanen，2009）。竞合还会引发一些不确定性行为，导致更多的研发失败和延期，并带来较高的管理压力（Kang & Kang，2010）。一些研究甚至认为，竞合中存在的套牢风险和知识泄露风险，会负向影响企业创新绩效，对于新颖性程度较高的创新更是如此（Nieto & Santamaría，2007；Mention，2011）。由此可见，竞合对企业创新绩效提升的重要性是显而易见的，但竞合中天然存在的风险与挑战使得竞合与企业创新绩效间的关系变得异常复杂，学术界对此尚未有一致定论，需要做更为深入的探究（Ritala et al.，2016）。

对于竞合战略与企业创新之间关系的解构性研究，是探究二者复杂关系的有效路径。在竞合伙伴选择层面，企业可以选择本土的竞合伙伴，也可以选择境外的竞合伙伴[①]。本土竞合伙伴拥有“土生土长”的优势，了解本土顾客、市场、制度环境，拥有本土经营管理理念与组织文化，在合作中更容易沟通。境外竞合伙伴拥有本土企业所不具备的一些资源，拥有国际化的经营模式和理念，且不少境外竞合伙伴拥有先进的技术与管理经验。中国在 2001 年加入 WTO 之后，巨大的市场潜力吸引了大量来自其他国家和地区的企业，这也使得中国企业获得了越来越多的与境外竞争者建立竞合关系的机会。对于中国等发展中国家来说，开放市场吸引境外企业，通过直接合作或技术溢出效应进行学习，是创新绩效提升的重要路径。本土竞合伙伴与境外竞合伙伴特质不同，采取竞合战略的企业在处理与两类竞合伙伴的关系时所面对的情势也不完全一致。区分竞合伙伴的类型以进行解构性研究，有助于深入了解竞合战略是如何影响企业创新绩效的。一些已有研究区分了竞合伙伴的国别特征，但其研究所关注的焦点对象是发达国家企业（Zhang et al.，2010；Le Roy et al.，2016）。发展中国家企业的技术能力、创新水平、发展所处阶段与发达国家企业有所不同，所采取的竞合战略与从中获益的能力会不同，其与境外竞争者进行合作时往往也不具备与境外合作伙伴同等的话语权。不过，针对发展中国家企业竞合的已有研究，普遍属于比较广义的竞合研究，并没有从区分竞合伙伴的具体组织类型角度进行深入探讨。例如，陈菲琼和范良聪（2007）研究了联盟内竞争与合作的力量差异如何影响联盟的稳定性，万幼清和王云云（2014）研究了协同创新系统中的各类组织间的竞合，王凤彬等（2015）研究了企业内部不同部门之间合作与竞争的动态演化。为了弥补以上理论研究的缺口，本文致力于完成一个解构性研究，具体探究中国企业的竞合战略选择对其创新绩效的影响，尤其是区分本土竞合战略与境外竞合战略对其创新绩效的影响差异。

参与竞合的企业面临追求自身利益与各方共同利益的内在冲突（Bengtsson & Kock，2000；Gnyawali & Park，2009；Bengtsson et al.，2010），这使竞合关系充满了张力和矛盾（Bengtsson & Raza-Ullah，2016），也使得竞合具有了自身的独特优势并需面对特别的挑战（Wu，2014；Bengtsson & Raza-Ullah，2016）。就企业自身而言，研发强度高的企业可能对知识泄露风险更为敏感，与竞争对手开展合作的意愿不强，从而会降低其对借助竞合推进创新的依赖（Wu，2014；Maroofi，2015）。就外部市场环境来说，竞争是竞合中一个不可忽视的重要因素（Harrigan，1988；Wu，2012），激烈的市场竞争会带来竞合各方之间的学习竞赛，也会导致因各方更难于建立信任和更高的机会主义风险而加剧竞合中的矛盾（Hamel，1991；Das & Teng，2000；Park et al.，2014b）。同时，除了竞合伙伴外，拥有优质的非竞争性合作伙伴、特别是境外非竞争性合作伙伴，可以为企业提供某些创新中所需的知识、技术和资源（Jiang et al.，2010；Phelps，2010；Cui & O’Connor，2012；Lin，2012），且合作过程中的冲突、知识泄露风险等明显低于与竞争对手的合作，从而使企业降低对张力较大的竞合关系的依赖。总体而言，企业自身的研发强度、外部市场竞争以及所拥有的境外非竞争性合作关系②，形成竞合中对风险与张力较为敏感的内外部因素，会影响到竞合对企业创新绩效的作用效果。为了更为深入地揭示竞合与企业创新绩效间的关系，本文选择探究以上 3 个内外部因素的调节作用。

简言之，本文致力于探究本土竞合和境外竞合两大战略对企业创新绩效的影响。研究采用国家统计局 2009 年 10 月至 2011 年 8 月对中国 40 个城市制造业企业进行的创新调查结果数据，同时结合中国工业企业数据库数据与 2009 年及 2018 年的专利数据构建时间断点追踪数据，使用 Tobit 回归模型与零膨胀负二项回归模型，探究中国企业竞合战略对其创新绩效的影响机制，尤其是发掘企业与本土竞争者的合作同其与境外竞争者的合作相比对创新绩效影响的差异。为了深入探索竞合战略的作用机制，本文将进一步探究企业研发强度、市场竞争以及境外非竞争性合作 3 种情境对竞合战略作用机制的调节作用，努力给出贴近真实情境的竞合关系研究结论。

本文希望通过对中国制造业企业竞合战略与创新绩效影响的探究在以下 4 个方面有所贡献。第一，基于中国企业的具体实践，探究竞合战略对企业创新绩效提升的影响，区分中国企业所采取的不同竞合战略——本土竞合战略与境外竞合战略，为理解目前尚无一致定论的竞合战略与企业创新绩效间关系作出贡献。第二，通过理论构建与实证分析探究企业研发强度、市场竞争、境外非竞争性合作等因素的调节作用，拓展竞合战略的作用情境，丰富竞合战略的权变观。第三，运用发展中国家跨行业制造业企业追踪数据拓展竞合领域研究。Bouncken 等（2015）强调有必要拓展竞合研究的情境，以提高其效度和普适性。已有研究大多是针对发达国家企业竞合战略的研究（Nieto & Santamaria，2007；Mention，2011），对于发展中国家企业的竞合战略关注不足。发展中国家企业的技术能力、创新水平及发展阶段与发达国家企业有所不同，所采取的竞合战略与从中获益的能力也会有所不同，因此深度研究发展中国家企业竞合战略很有必要。此外，大多数竞合领域研究是关于高科技、知识密集型行业的研究（Quintana-Garcia & Benavides-Velasco，2004；Park et al.，2014a），这导致了研究结论在一定程度上是不全面的（Bouncken et al.，2015）。本文的研究重点是多行业制造业企业的竞合战略及其对创新的影响，拓展了竞合战略研究的行业情境。同时，作为一个国家的经济支柱，制造业是立国之本。中国是一个制造大国，研究制造业企业的竞合战略有助于为中国制造业的转型升级和创新绩效的提高提供建议。第四，目前竞合战略领域运用定量分析的研究不多（Ritala et al.，2016），本研究运用定量分析的方法推进竞合领域的研究，以提高竞合理论的普适性。

本文后续结构安排如下：第二部分构建本文的理论基础并提出研究假设，第三部分为实证研究设计，第四部分为实证结果及分析，第五部分为结论与讨论。

## 二 理论基础与研究假设

### （一）竞合与企业创新绩效

Chesbrough（2003）提出了“开放式创新”的概念，用来描述企业与外部组织的合作创新。没有一家企业在资源、技术和知识等方面拥有绝对优势（Teece，1986；Von Hippel，1988），也没有一家企业可以独自完成企业发展中所需要的全部创新。技术密集型企业尤其如此。例如，生物技术行业的企业通常需要做很多研发活动，产品开发周期长，对资源投入和企业技术能力的要求均很高（Qintana-Garcia & Benavides-Velasco，2004）。开放地建立起外部合作关系以实现企业创新，已经成为企业创新的必然要求（Powell et al.，1996；Dhanaraj & Parkhe，2006）。

企业可以借助与各类组织构建外部合作关系以推进开放式创新，如企业与高等院校（George et al.，2002）、政府部门（Chen & Wu，2011）、供应商（Nieto & Santamaria，2007；Liu et al.，2014）、分销商（Li et al.，2011）、客户（Belderbos et al.，2004）等合作，甚至与同行业的竞争者合作（Gnyawali & Park，2009，2011；Wu，2014）。企业与竞争者建立的合作关系，由于合作伙伴之间所具有的竞争性，因而被称为“竞合关系”（Bengtsson & Kock，2000）。建立竞合关系的企业可以在离客户较远端的价值活动中进行合作，以共同创造更大的市场或利润，同时在与客户关系密切的活动中为了最大化自身利益而展开竞争（Bengtsson & Kock，2000）。例如，在开发液晶面板时，三星公司与索尼公司建立了竞合关系，以共同应对新的技术挑战（Gnyawali & Park，2011）。再如，雷诺、标致和沃尔沃曾在相互竞争的同时合作开发高档乘用车发动机（杜尚哲等，2006）。因此，竞争与合作并不是完全互斥的，它们可能同时存在，且可相互影响（Bengtsson & Kock，2000；Gnyawali & Park，2009；Ritala et al.，2016）。企业为建立和延续竞合关系而采取的战略行动，可以被称为“竞合战略”。

竞合关系因为竞争与合作对立关系的同时存在而在促进企业创新中具有独特的价值（Gnyawali & Park，2011；Fernandez et al.，2014）。竞争者之间往往有较高的资源相似性、市场重合度、共同目标以及拥有相近的行业专有知识，且一般面临相似的挑战（Chen，1996；Gnyawali & Park，2009）。借助竞合，企业可以与伙伴分享研发成本、分担风险（Gnyawali & Park，2009），更灵活地攻克技术难题，甚至推动整个行业的技术进步（Gnyawali & Park，2011），提高知识分享与转移的效率（Huang & Yu，2011），更有效地获取知识（Ingram & Roberts，2000；Gnyawali & Park，2009；Wu，2014），提高现有知识的利用率和帮助企业提高技术和产品线的多样性（Qintana-Garcia & Benavides-Velasco，2004）。同时，合作中相互竞争又有助于企业保持创造性，避免过于自满（Qintana-Garcia & Benavides-Velasco，2004）。所有这些，都有助于提升企业的创新绩效。本文据此提出如下假设。

H1：竞合正向影响企业创新绩效，即采取竞合战略的企业，其创新绩效会更高。

企业既可以与本土竞争者建立竞合关系，也可以与境外竞争者建立竞合关系。国家统计局的问卷调查将竞合伙伴的来源国家和地区分布划分为四大类，本研究立足该分类来分析竞合伙伴的国家和地区来源，它们分别为：第一，中国内地；第二，中国香港特别行政区、中国台湾地区、新加坡或韩国；第三，欧洲、美国或日本；第四，其他国家和地区。本研究将中国内地企业与内地地区的竞争者之间的合作称为“本土竞合”；将中国内地企业与中国港台地区及与新加坡、韩国、欧美日以及其他国家和地区的竞争者的合作称为“境外竞合”。

对于大多数企业而言，本土竞合伙伴是最容易接触到的合作者。企业可以从本土竞合伙伴的“土生土长”优势中获益。本土竞合伙伴与焦点企业在制度、文化、市场认知等方面拥有更多的共性。认知相似性可以更有效地促进企业间的相互学习，从而带来更高的创新绩效（Boschma，2005）。制度与文化方面的共性有助于企业更好地协调管理竞合这一复杂又充满不确定性的关系（Boschma，2005）。此外，与本土竞争伙伴合作显然有地理位置上的优势，从而在沟通、隐性知识交换方面更有效率（Boschma，2005；刘志迎、单洁含，2013）。简而言之，与本土竞争伙伴进行合作，可以基于本土顾客、市场、制度环境、文化等共性，更好地相互学习，从而促进创新。除了本土竞合，企业还可以与来自境外的竞争者建立合作关系。2001 年中国加入 WTO 之后，跨国公司对华投资持续增长。跨国公司通过设立在华子公司或研发机构，陆续进入中国的汽车、家电、通信、化工、制药等技术与资金密集型行业（王钦、张隺，2018）。中国企业也因此获得了越来越多的与境外竞争者进行合作的机会。与本土竞合伙伴相比，境外竞合伙伴技术水平相对较高，拥有本土企业所不具备的一些资源，拥有国际化的经营模式和理念，可以与焦点企业实现更多的优势互补。此外，焦点企业通过与技术水平更先进的境外竞争者合作可以获得更多的学习机会，并受益于技术溢出效应（Mansfield，1985），从而使自身的技术水平得到提升。同时，企业不论是与本土还是境外竞争伙伴进行合作，都有助于拓宽其研发网络的组织边界、地理边界和知识边界，从而提高创新绩效（刘洋等，2013）。本文据此提出如下假设。

H1a：与本土竞争者建立本土竞合关系会正向影响企业创新绩效。

H1b：与境外竞争者建立境外竞合关系会正向影响企业创新绩效。

### （二）研发强度的调节作用

纵然外部合作对企业创新有非常大的益处，企业内部自主研发创新的重要性始终都不容忽视。有学者认为，企业自身的研发能力会影响外部合作带来的创新效果，因为企业自身的研发创新增强了企业的吸收能力，这有助于企业更好地识别、吸收、学习和利用外部知识，提升自身创新绩效（Cohen & Levinthal，1990）。Gnyawali 和 Park（2009）提出，那些致力于成为行业技术领先者的企业更有动力建立竞合关系。更高的研发强度代表着企业拥有更强的意愿与能力从外部合作伙伴处学习（Cohen & Levinthal，1990）。具有强烈学习意愿的企业会把这种思维方式融入其工作惯例中，并引导其员工在合作过程中加大学习力度（Hamel，1991）。这有助于更好地利用竞合中的知识共享和整合过程，从而更好地进行创新。除了更强的学习意愿，更高的研发强度也意味着更强的学习能力。更高的研发强度表示企业投入大量资金、资源等在创新研发活动中，并提高其吸收能力（Cohen & Levinthal，1990），这不仅提高了企业识别所需知识的能力，而且还有助于企业在与竞合伙伴的学习竞赛中获胜（Khanna et al.，1998）。

然而，研发强度高的企业不仅仅是吸收能力更强（Cohen & Levinthal，1990），有潜力更好地从竞合战略中获益，还可能由于产生替代作用，减少企业对外部合作知识的依赖，造成对竞合创新结果的负面影响。一方面，技术能力较强的企业对知识泄露风险更敏感，因此与竞争对手合作的动机较弱（Wu，2014；Maroofi，2015）。企业在研发创新方面的投入越高，越有可能是在追求更新颖的创新，或正在努力攻克更重大的技术瓶颈。一些学者认为，对于新颖性程度较高的创新活动而言，竞合可能并不是非常合适的一个战略（Nieto & Santamaría，2007；Tsai，2009）。这是因为，由于新颖性越高的创新成果对于企业获取和保持竞争优势尤为重要，企业会更加害怕竞合伙伴采取机会主义行为，从而损害到自身的核心竞争优势（Nieto & Santamaría，2007）。较高的研发创新投入使得企业更珍视可能实现的潜在巨大商业利益，从而在与竞争者合作进行知识整合过程中对知识泄露风险和竞合伙伴的机会主义行为更加敏感。另一方面，研发创新强度高的企业可能拥有更强的技术能力，对企业自身有更多的依赖，从而对外部知识的依赖会减少。强大的技术能力使企业在创新方面更加独立、自立，削弱了接受来自外部竞合伙伴的新知识的意愿（Wu，2014；Maroofi，2015）。此外，技术能力强的企业容易对外部来源的知识敏感并持怀疑态度，引发"NIH 综合征"（Not Invented Here Syndrome）（Katz & Allen，1982）[③]，还容易陷入"能力陷阱"，从而在竞合关系中获益较少（Srivastava & Gnyawali，2011）。一些研究还表明，具有较强吸收能力的企业更容易感知到竞争与合作所带来的冲突，难以同时进行竞合（Bengtsson et al.，2016）。总体而言，强大的技术能力可能会削弱竞合所带来的创新益处（Wu，2014；Maroofi，2015），因而阻碍竞合战略对创新绩效的影响。因此本文提出如下假设。

H2：企业研发强度负向调节竞合与企业创新绩效之间的关系，即企业研发强度高时，竞合对企业创新绩效的影响比研发强度低时更弱，反之亦然。

H2a：企业研发强度负向调节本土竞合与企业创新绩效之间的关系，即企业研发强度高时，与本土竞争者建立竞合关系对企业创新绩效的影响比研发强度低时更弱，反之亦然。

H2b：企业研发强度负向调节境外竞合与企业创新绩效之间的关系，即企业研发强度高时，与境外竞争者建立竞合关系对企业创新绩效的影响比研发强度低时更弱，反之亦然。

### （三）市场竞争的调节作用

在竞合中，竞争始终是一个不可忽视的重要因素（Harrigan，1988；Wu，2012）。市场竞争会影响合作过程，并与合作相互作用，从而影响合作结果（Wu，2012）。合作有助于企业在竞争环境下降低竞争不确定性，获取知识并提高组织能力（Uzzi，1997；Ang，2008）。然而，同非竞争者之间的合作相比，企业与竞争者的合作对于市场竞争的影响更为敏感，尤其是对于制度和技术处于发展初期阶段的新兴经济体的企业更是如此。

激烈的市场竞争会导致合作企业之间的学习竞赛（Hamel，1991）。企业希望通过与合作伙伴的合作来分享和学习知识。然而，学习竞赛使得企业变得更加注重从对方学习而不是分享知识，并努力通过快速学习获得比合作伙伴更有利的地位（Hamel，1991）。在新兴经济体中，知识或技术仍处于早期发展阶段，易于学习和模仿。因此，新兴经济体的企业采取竞合战略将可能面临更严重的知识泄露风险。此外，竞争会使得竞合伙伴间更难建立信任关系（Park et al.，2014b）。信任对于维持良好的关系并促进合作产生积极成果非常重要（McEvily & Marcus，2005），缺乏信任将使竞合关系更难维持，合作伙伴更倾向于采取机会主义行为（Das & Teng，2000）。技术研发初期阶段的知识和技术更难以保护。因此，竞争导致的信任降低会加剧竞合伙伴的机会主义行为，加大知识泄露风险。

在市场竞争程度较为激烈的情况下，企业更有可能试图获取或利用竞合伙伴的知识，从而损害竞合伙伴的利益。而研发领域的合作往往会涉及公司的核心竞争力（Hamel，1991）。竞争导致的学习竞赛和信任度的降低会增加企业对失去核心竞争力的恐惧，从而影响合作效果（Hamel，1991；Khanna et al.，1998；Das & Teng，2000）。此外，竞合关系中本身就存在着知识分享与保护的矛盾，过高的竞争程度会加剧这种矛盾（Ritala et al.，2017）。此时，企业会试图最大限度地利用竞合伙伴的知识流入，同时尽量减少知识流出。而知识合作是一个相互的过程（Ritala et al.，2015）。企业不能期望在完全没有知识分享的情况下从竞合伙伴那里获得知识。过度的知识分享与知识保护矛盾会导致无效的知识合作，负面地影响合作创新效果（Belderbos et al.，2004）。这些因素共同加剧了竞合关系中固有的知识风险与知识保护矛盾，从而减少企业从竞合中获得的创新收益。因此本文提出如下假设。

H3：市场竞争负向调节竞合与企业创新绩效之间的关系，即市场竞争程度激烈时，竞合对企业创新绩效的影响比竞争程度低时更弱，反之亦然。

H3a：市场竞争负向调节本土竞合与企业创新绩效之间的关系，即市场竞争程度激烈时，与本土竞争者建立竞合关系对企业创新绩效的影响比竞争程度低时更弱，反之亦然。

H3b：市场竞争负向调节境外竞合与企业创新绩效之间的关系，即市场竞争程度激烈时，与境外竞争者建立竞合关系对企业创新绩效的影响比竞争程度低时更弱，反之亦然。

### （四）境外非竞争性合作的调节作用

企业除了与竞争者建立竞合关系外，还会与其他类型的非竞争性合作伙伴建立合作关系。这些不同类型的外部合作关系之间并不完全独立，而是相互作用，从而影响到企业的合作结果（Shipilov et al.，2014）。非竞争性合作伙伴包括高校等研究机构（George et al.，2002）、政府（Chen & Wu，2011）、供应商（Nieto & Santamaría，2007；Liu et al.，2014）、分销商（Li et al.，2011）、客户（Belderbos et al.，2004）等。与高校等研究机构进行产学研合作可以帮助企业获得最前沿的知识，了解技术发展趋势，获得技术指导，从而更好地进行创新（Tether，2002；Faems et al.，2005）。与客户的合作有助于企业准确把握市场需求，了解技术发展趋势，从而开发出更容易被市场所接受的产品（Von Hippel，1988；Von Hippel，2005）。与供应商的合作可以帮助企业降低成本、提高零部件质量、获得技术市场等方面信息，从而提升创新绩效（Clark & Fujimoto，1991；Chung & Kim，2003）。

企业与各类非竞争性组织的合作会影响到企业从竞合关系中所获得的创新收益（Wu，2014）。与竞合关系中包含强有力的竞争性因素相比，企业与非竞争者的合作不存在竞争性或竞争性相对较弱。广大非竞争性合作伙伴可以为焦点企业提供所需的知识、技术以及互补性资产，以此增强企业的创新基础（Rigby & Zook，2002）。同时，企业与非竞争性伙伴合作时面临的知识泄露风险、合作伙伴的机会主义行为也要低于竞合伙伴（Tether，2002；Belderbos et al.，2004），非竞争性合作伙伴对焦点企业所造成的威胁也更低（Pangarkar & Wu，2013）。对于广大中国制造业企业来说，高等院校、科研机构、政府部门、上下游企业、跨产业企业等各类非竞争性合作伙伴的广泛存在，使得各个企业普遍拥有众多境内非竞争性合作伙伴。不过，只有少部分中国制造业企业拥有境外非竞争性合作伙伴。更进一步，境外非竞争性合作伙伴在拥有先进的技术、丰富的资源和领先的管理知识以及互补性能力等方面有其自身优势（Phelps，2010；Jiang et al.，2010；Lin，2012；Cui & O'Connor，2012）。借此，企业与境外非竞争者的合作使得焦点企业有机会借助向境外非竞争者的学习来提高自身的创新绩效。这种学习无疑会降低焦点企业对借助与竞争者的合作来提高自身创新绩效的依赖程度，且焦点企业能够借此获得的管理知识、技术知识等的替代性越强，其在减弱焦点企业对竞合依赖方面的作用越明显。因此本文提出如下假设。

H4：境外非竞争性合作负向调节竞合与企业创新绩效之间的关系，即企业有境外非竞争性合作伙伴时，竞合对企业创新绩效的影响比没有境外非竞争性合作伙伴时更弱，反之亦然。

H4a：境外非竞争性合作负向调节本土竞合与企业创新绩效之间的关系，即企业有境外非竞争性合作伙伴时，与本土竞争者建立竞合关系对企业创新绩效的影响比没有境外非竞争性合作伙伴时更弱，反之亦然。

H4b：境外非竞争性合作负向调节境外竞合与企业创新绩效之间的关系，即企业有境外非竞争性合作伙伴时，与境外竞争者建立竞合关系对企业创新绩效的影响比没有境外非竞争性合作伙伴时更弱，反之亦然。

综合上述理论假设，我们可以得到如下理论模型（见图 1）。

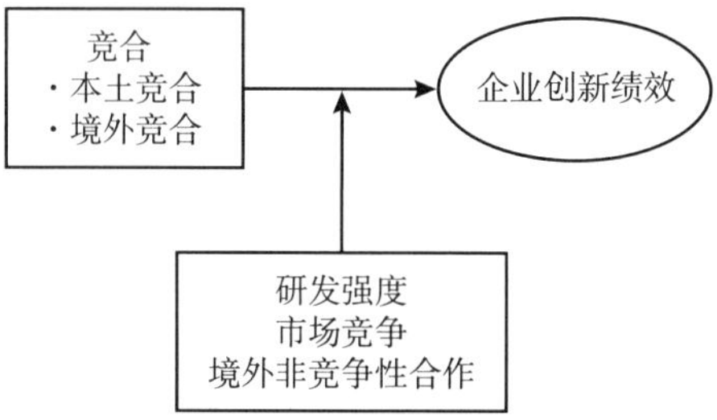


图 1　竞合与企业创新绩效：研发强度、市场竞争、境外非竞争性合作的调节作用

## 三　研究设计

### （一）样本选择与数据来源

本文的企业样本来自国家统计局 2009 年 10 月至 2011 年 8 月实施的“40 城市制造业企业跟踪调查问卷”收集的数据。该问卷主要调查了我国制造业企业 2005 年 1 月 1 日至 2007 年 12 月 31 日从事的各项创新的基本情况，共收集了 1409 家制造业企业的创新数据，旨在了解我国企业的创新环境、创新活动、创新能力，为企业创新管理提供依据，为政府制定创新政策提供支持。相关企业的创新绩效，以及其他基本信息，如企业年龄、规模、研发强度等数据，来自中国工业企业数据库。另外，我们通过样本数据匹配了 2009 年与 2018 年的企业专利数据，形成了一套跨 11 年期的企业创新时间断点追踪数据。2009 年企业专利申请数据来自中国专利数据库（He et al.，2018），2018 年企业专利申请数据来自国家知识产权局专利检索数据库。分析过程中，我们通过配对企业法人代码来匹配问卷调查数据与中国工业企业数据库和两个专利数据库的数据。研究中去掉无效和数据缺失的样本，本研究的有效样本为 1141 家制造业企业。

本研究采用的焦点企业的本土竞合和境外竞合信息，均来自其 2005—2007 年的状态数据。该时期为中国刚刚加入 WTO 不久后的一个发展阶段，样本具有良好的代表性。第一，在 2001 年中国加入 WTO 之后，跨国公司对华投资持续增长，尤其是对制造业的投资持续快速增长（李敏、曾国军，2004）。跨国公司在这一时期大举进入中国的汽车、家电、通信、化工、制药等技术与资金密集型行业（王钦、张隺，2018）。中国企业也因此在这一时期获得了更多的在本土开展国际合作的机会，包括与来自发达国家的国际竞争者的合作。第二，中国刚刚加入 WTO，企业发展面临新的机遇和挑战，创新的重要性日益显著。第三，问卷调查所覆盖的这段时间，中国经济持续高速增长。

### （二）变量说明

1. 被解释变量

本文的被解释变量为企业的创新绩效（*Innovation*）。根据 Fosfuri 和 Tribó（2008）以及

He 和 Wong（2004）的研究，本文用企业新产品销售额在总销售额的占比来衡量企业创新绩效。考虑到企业的本土竞合和境外竞合信息均来自其 2005—2007 年的状态数据，因而本文选用 2007 年的企业新产品销售额占比来衡量其在这 3 年创新活动的创新绩效。对于企业创新绩效的研究，除了用新产品销售占比衡量以外，很多研究用专利数来衡量（Ahuja，2000；Sampson，2007；Park et al.，2014b）。然而，不同行业的技术特性不同，申请专利保护的倾向性也不同，使用专利数来衡量企业创新绩效的方法多用于单一行业的研究中（Park et al.，2014b）。本研究选择跨行业样本，更适用于以企业新产品销售额占比衡量创新绩效。当然，在稳健性检验部分，作为辅助验证，本文选择以专利数衡量创新绩效，采用 2009 年和 2018 年的企业专利数据，建立追踪数据进行稳健性检验和追踪分析。

2. 解释变量

竞合战略（*Coopetition*）。该变量衡量企业是否采取了竞合战略。在问卷调查中，受访者需要回答在 2005—2007 年该企业与竞争者间是否存在创新活动上的合作。狭义的竞合战略定义为直接竞争的企业间的合作（Bengtsson & Kock，1999，2000；Gnyawali & Madhavan，2001；Padula & Dagnino，2007）。基于这些信息，本研究创建了一个二元变量来衡量企业是否采取了竞合战略。当受访者表示企业有与竞争对手的创新合作时，此变量的值为 1；不存在此类合作时，该变量的值为 0。

本土竞合战略（*CoHome*）。该变量衡量企业是否采取了本土竞合战略。在问卷调查中受访者需要回答在 2005—2007 年该企业与本土竞争者间是否存在创新活动上的合作。我们同样创建一个二元变量，当受访者表示企业有与本土竞争对手的创新合作时，此变量的值为 1；不存在此类合作时，该变量的值为 0。

境外竞合战略（*CoAbroad*）。该变量衡量企业是否采取了境外竞合战略。在问卷调查中受访者需要回答在 2005—2007 年该企业与境外竞争者间是否存在创新活动上的合作。类似地，我们创建一个二元变量，企业有与境外竞争对手的创新合作时，此变量的值为 1；不存在此类合作时，该变量的值为 0。

3. 调节变量

企业的研发强度（*R&DIntensity*）。研发强度大的企业会大力开发技术，在研究与开发活动上投入大量资金。根据 Levitas 和 McFadyen（2009）以及 Miller（2006）的研究，本文用研发费用占销售额的比重来衡量企业研发强度，并选取滞后因变量一年的企业研发强度。

市场竞争（*Competition*）。Chen（1996）用竞争者之间的资源相似性与市场重合度来衡量竞争。延续这一思路，以往的研究有通过生物制药行业联盟组合伙伴的技术市场共同度来衡量联盟组合内竞争程度的（Asgari et al.，2018），也有借助企业与竞合伙伴的 SIC 行业代码的重合程度来测量联盟内竞争程度的（Wang & Zajac，2007；Park et al.，2014b）。以上测量方式常用于衡量一个焦点企业所在的联盟组合内部的竞争程度，而本文的研究重点是市场竞争程度。关于市场竞争程度，一般用赫芬达尔—赫希曼指数来衡量④。然而，处于相同行业的企业对市场竞争程度的感知不完全相同。企业管理者在进行决策时，是根据自身所感知到的外部环境情况进行决策的（Pfeffer & Salancik，1978）。因此本文在控制行业变量的基础上，采用企业管理者所汇报的数据衡量其感知到的市场竞争程度。在问卷调查中，受访者需要评估 2005—2007 年企业所处行业的企业间竞争激烈程度，1 代表市场竞争程度非常低，5 代表市场竞争程度非常激烈。

境外非竞争性合作（*CooperateAb*）。该变量衡量企业是否有与竞争者以外的境外其他类组织合作。在问卷调查中，受访者需要回答在 2005—2007 年该企业与非竞争性境外组织（供应商、客户、高校等公立研究机构、私立研发机构）是否存在创新活动上的合作。基于这些信息，我们创建了一个二元变量。当受访者表示企业有与非竞争性境外组织的创新合作时，此变量的值为 1；不存在此类合作时，该变量的值为 0。

4. 控制变量

影响企业创新绩效的因素有很多。为了排除其他因素的影响，本文控制了企业所属行业、年龄、规模、研发强度、国有股权占比、是否隶属于集团公司等变量。企业年龄用 2008 年减去企业成立时的年份来衡量；企业规模用企业总资产来衡量；企业研发强度用研发费用占销售额比重衡量；是否隶属于集团公司是指被调查企业是否属于某集团公司的子公司（隶属于某集团则取值为 1；否则为 0）；企业国有股权占比用国有资本占总实收资本的比重衡量；企业所属行业是根据企业在问卷中选择的所属行业构建的哑变量衡量。表 1 给出了对实证模型变量选择和测量的概括性说明。

**表 1　变量定义表**

| 变量 | 变量名 | 定义 |
|---|---|---|
| 因变量 | *Innovation* | 企业创新绩效 |
| 主变量 | *Coopetition* | 竞合战略 |
| | *CoHome* | 本土竞合战略 |
| | *CoAbroad* | 境外竞合战略 |
| 调节变量 | *R&DIntensity* | 企业研发强度 |
| | *Competition* | 市场竞争 |
| | *CooperateAb* | 境外非竞争性合作 |
| 控制变量 | Ln*Age* | 取对数后的企业年龄 |
| | Ln*Asset* | 取对数后的企业规模 |
| | *R&DIntensity** | 企业研发强度 |
| | *Subsidiary* | 企业是否隶属于集团公司 |
| | *State* | 国有股权占比 |
| | *Industry* | 行业哑变量 |

注：* 在一些模型中 *R&DIntensity* 是控制变量，在另外一些模型中是调节变量。

## 四　实证结果及分析

鉴于研究的因变量“企业创新绩效”为处于0—1的数据，具有截尾特征，本研究采用Tobit回归模型来进行分析。在回归分析时，第一步，将解释变量与调节变量均进行中心化处理（每个变量的值减去该变量的均值），以缓解多重共线性问题；第二步，基于中心化处理的解释变量与调节变量构造乘积项；第三步，进行回归分析，将控制变量、解释变量、调节变量，以及乘积项按顺序依次加入回归模型中进行主效应和调节效应检验。如果乘积项的回归系数显著且与假设预测方向一致，则可以证明调节效应。

### （一）描述性统计与单变量分析

表2为本文主要变量的描述性统计结果，企业创新绩效 *Innovation* 呈现右偏特征，表明整体来看新产品销售额占总销售额比重相对较低，该形态合乎一般的市场规律。竞合战略 *Coopetition* 均值为0.230，标准差为0.421，呈现右偏特征，表明大部分企业没有采取竞合战略。本土竞合战略 *CoHome* 与境外竞合战略 *CoAbroad* 的均值分别为0.190和0.083，表明相对于与本土竞争者建立竞合关系，与境外竞争者建立竞合关系的企业更少，与普遍的社会规律相符。企业研发强度 *R&DIntensity* 的均值为0.007，标准差为0.020，最小值为0，最大值为0.179，呈现右偏分布，该形态合乎一般的市场规律。竞争程度 *Competition* 的均值为4.145，标准差为0.806，最小值为1，最大值为5，表明整体上行业竞争程度较高。

**表2　变量描述性统计**

| 变量 | 样本数量 | Mean | Std.Dev. | Min | Max |
|---|---|---|---|---|---|
| *Innovation* | 1141 | 0.133 | 0.263 | 0 | 1 |
| Ln*Age* | 1141 | 3.130 | 0.397 | 2.485 | 5.037 |
| Ln*Asset* | 1141 | 12.295 | 1.606 | 7.090 | 17.867 |
| *R&DIntensity* | 1141 | 0.007 | 0.020 | 0 | 0.179 |
| *Subsidiary* | 1141 | 0.389 | 0.488 | 0 | 1 |
| *State* | 1141 | 0.090 | 0.260 | 0 | 1 |
| *Coopetition* | 1141 | 0.230 | 0.421 | 0 | 1 |
| *CoHome* | 1141 | 0.190 | 0.393 | 0 | 1 |
| *CoAbroad* | 1141 | 0.083 | 0.276 | 0 | 1 |
| *Competition* | 1141 | 4.145 | 0.806 | 1 | 5 |
| *CooperateAb* | 1141 | 0.221 | 0.415 | 0 | 1 |

表3为相关系数矩阵。从表中可以发现，创新与竞合、本土竞合、境外竞合，表现出了显著的正相关关系，初步支持了本文理论推导的判断，但因果关系的推断仍然有赖于对其他

诸多影响因素的控制，以及排除其他可能的理论解释。本文将在控制这些因素之后，检验竞合战略在中国企业创新绩效提升中所发挥的作用。

**表 3 相关系数表**

| | *Innovation* | *LnAge* | *LnAsset* | *R&D Intensity* | *Subsidiary* | *State* | *Coopetition* | *Co-Home* | *Co-Abroad* | *Competition* | *CooperateAb* |
|---|---|---|---|---|---|---|---|---|---|---|---|
| *Innovation* | 1.000 | | | | | | | | | | |
| Ln*Age* | 0.108$^{***}$ | 1.000 | | | | | | | | | |
| Ln*Asset* | 0.286$^{***}$ | 0.296$^{***}$ | 1.000 | | | | | | | | |
| *R&DIntensity* | 0.360$^{***}$ | 0.101$^{***}$ | 0.219$^{***}$ | 1.000 | | | | | | | |
| *Subsidiary* | 0.108$^{***}$ | 0.011 | 0.331$^{***}$ | 0.047 | 1.000 | | | | | | |
| *State* | 0.095$^{***}$ | 0.324$^{***}$ | 0.185$^{***}$ | 0.069$^{**}$ | 0.088$^{***}$ | 1.000 | | | | | |
| *Coopetition* | 0.174$^{***}$ | 0.122$^{***}$ | 0.166$^{***}$ | 0.194$^{***}$ | 0.071$^{**}$ | 0.064$^{**}$ | 1.000 | | | | |
| *CoHome* | 0.118$^{***}$ | 0.089$^{***}$ | 0.109$^{***}$ | 0.172$^{***}$ | 0.062$^{**}$ | 0.074$^{**}$ | 0.885$^{***}$ | 1.000 | | | |
| *CoAbroad* | 0.120$^{***}$ | 0.048 | 0.181$^{***}$ | 0.103$^{***}$ | 0.065$^{**}$ | −0.009 | 0.551$^{***}$ | 0.250$^{***}$ | 1.000 | | |
| *Competition* | 0.143$^{***}$ | 0.133$^{***}$ | 0.202$^{***}$ | 0.059$^{**}$ | 0.044 | 0.067$^{**}$ | 0.088$^{***}$ | 0.068$^{**}$ | 0.084$^{***}$ | 1.000 | |
| *CooperateAb* | 0.154$^{***}$ | −0.026 | 0.212$^{***}$ | 0.107$^{***}$ | 0.151$^{***}$ | −0.017 | 0.471$^{***}$ | 0.399$^{***}$ | 0.436$^{***}$ | 0.114$^{***}$ | 1.000 |

### （二）回归分析与假设检验结果

表 4 列示了 Tobit 模型回归结果。表 4 第（1）列检验了控制变量对企业创新绩效的影响，可以发现企业规模（*LnAsset*）与研发强度（*R&DIntensity*）的影响显著为正。表 4 第（2）列模型将自变量竞合战略（*Coopetition*）引入基准模型，从表中看出竞合战略显著地正向影响企业创新绩效，估计系数为 0.152，在 1% 的水平下显著，说明采取竞合战略是有助于提升企业创新绩效的。由此假设 1 得到了验证。表 4 第（3）列检验了本土竞合战略对企业创新绩效的影响，从表中可以看出本土竞合战略（*CoHome*）显著地正向影响企业创新绩效，估计系数为 0.103，在 10% 的水平下显著，说明采取本土竞合战略有助于提升企业创新绩效，由此假设 1a 得到了验证。表 4 第（4）列检验了境外竞合战略对企业创新绩效的影响，从表中可以看出境外竞合战略（*CoAbroad*）对企业创新绩效无显著影响，假设 1b 未得到验证。

表 5 第（1）列和第（2）列检验了研发强度（*R&DIntensity*）对竞合战略与企业创新绩效关系的调节作用，从表中可以看出研发强度显著地正向影响企业创新绩效。在第（2）列中 *Coopetition* × *R&DIntensity* 显著地负向影响企业创新绩效，估计系数为 −4.202，在 5% 的水平上显著，这说明竞合战略帮助企业提升了创新绩效，但是这一机制在企业自身研发强度较高时受到了削弱，假设 2 得到验证。表 5 第（1）列和第（2）列结果共同验证了假设 2。表 5 第（3）列和第（4）列检验了研发强度（*R&DIntensity*）对本土竞合战略与企业创新绩效关系的调节作用，从表中可以看出研发强度显著地正向影响企业创新绩效。在第（4）列中 *CoHome* × *R&DIntensity* 显著地负向影响企业创新绩效，估计系数为 −3.236，在 10% 的

水平上显著，这说明本土竞合战略帮助企业提升了创新绩效，但是这一机制在企业自身研发强度较高时受到了削弱。表 5 第（3）列和第（4）列结果共同验证了假设 2a。表 5 第（5）列和第（6）列检验了研发强度（*R&DIntensity*）对境外竞合战略与企业创新绩效关系的调节作用，从表中可以看出企业研发强度显著地正向影响企业创新绩效。在第（6）列中 *CoAbroad* × *R&DIntensity* 估计系数不显著，假设 2b 未得到验证。

**表 4　基准模型**

| | (1) | (2) | (3) | (4) |
|---|---|---|---|---|
| | ***Innovation*** | ***Innovation*** | ***Innovation*** | ***Innovation*** |
| *Industry* | *Controlled* | *Controlled* | *Controlled* | *Controlled* |
| Ln*Age* | 0.070 (0.057) | 0.059 (0.057) | 0.067 (0.057) | 0.070 (0.057) |
| Ln*Asset* | 0.128*** (0.017) | 0.123*** (0.017) | 0.126*** (0.017) | 0.124*** (0.017) |
| *R&DIntensity* | 8.581*** (1.010) | 8.065*** (1.012) | 8.277*** (1.017) | 8.485*** (1.009) |
| *Subsidiary* | 0.075 (0.047) | 0.075 (0.047) | 0.074 (0.047) | 0.075 (0.047) |
| *State* | 0.122 (0.084) | 0.120 (0.084) | 0.115 (0.084) | 0.129 (0.084) |
| *Coopetition* | | 0.152*** (0.051) | | |
| *CoHome* | | | 0.103* (0.054) | |
| *CoAbroad* | | | | 0.110 (0.072) |
| Constant | −2.185*** (0.286) | −2.132*** (0.285) | −2.180*** (0.286) | −2.156*** (0.286) |
| Obs. | 1141 | 1141 | 1141 | 1141 |
| Pseudo R-squared | 0.180 | 0.186 | 0.183 | 0.182 |
| Chi-square | 279.708 | 288.674 | 283.364 | 282.008 |
| P | 0.000 | 0.000 | 0.000 | 0.000 |

注：*、**、*** 分别表示在 10%、5% 和 1% 的水平下显著。

**表 5　研发强度的调节作用**

| | (1) | (2) | (3) | (4) | (5) | (6) |
|---|---|---|---|---|---|---|
| | ***Innovation*** | ***Innovation*** | ***Innovation*** | ***Innovation*** | ***Innovation*** | ***Innovation*** |
| *Industry* | *Controlled* | *Controlled* | *Controlled* | *Controlled* | *Controlled* | *Controlled* |
| Ln*Age* | 0.059<br>(0.057) | 0.063<br>(0.057) | 0.067<br>(0.057) | 0.066<br>(0.057) | 0.070<br>(0.057) | 0.070<br>(0.057) |
| Ln*Asset* | 0.123***<br>(0.017) | 0.120***<br>(0.017) | 0.126***<br>(0.017) | 0.123***<br>(0.017) | 0.124***<br>(0.017) | 0.124***<br>(0.017) |
| *Subsidiary* | 0.075<br>(0.047) | 0.077<br>(0.047) | 0.074<br>(0.047) | 0.077<br>(0.047) | 0.075<br>(0.047) | 0.072<br>(0.047) |
| *State* | 0.120<br>(0.084) | 0.120<br>(0.084) | 0.115<br>(0.084) | 0.116<br>(0.084) | 0.129<br>(0.084) | 0.127<br>(0.084) |

续表

| | (1) | (2) | (3) | (4) | (5) | (6) |
|---|---|---|---|---|---|---|
| | ***Innovation*** | ***Innovation*** | ***Innovation*** | ***Innovation*** | ***Innovation*** | ***Innovation*** |
| *R&DIntensity* | 8.065***<br>(1.012) | 10.411***<br>(1.508) | 8.277***<br>(1.017) | 9.859***<br>(1.407) | 8.485***<br>(1.009) | 9.032***<br>(1.087) |
| *Coopetition* | 0.152***<br>(0.051) | 0.173***<br>(0.051) | | | | |
| *Coopetition*×<br>*R&DIntensity* | | -4.202**<br>(1.943) | | | | |
| *CoHome* | | | 0.103*<br>(0.054) | 0.124**<br>(0.055) | | |
| *CoHome*×<br>*R&DIntensity* | | | | -3.236*<br>(1.938) | | |
| *CoAbroad* | | | | | 0.110<br>(0.072) | 0.139*<br>(0.075) |
| *CoAbroad*×<br>*R&DIntensity* | | | | | | -3.694<br>(2.609) |
| Constant | -2.132***<br>(0.285) | -2.049***<br>(0.285) | -2.180***<br>(0.286) | -2.081***<br>(0.286) | -2.156***<br>(0.286) | -2.098***<br>(0.287) |
| Obs. | 1141 | 1141 | 1141 | 1141 | 1141 | 1141 |
| Pseudo<br>R-squared | 0.186 | 0.189 | 0.183 | 0.185 | 0.182 | 0.183 |
| Chi-square | 288.674 | 293.400 | 283.364 | 286.166 | 282.008 | 284.016 |
| P | 0.000 | 0.000 | 0.000 | 0.000 | 0.000 | 0.000 |

注：*、**、*** 分别表示在 10%、5% 和 1% 的水平下显著。

表 6 第（1）列和第（2）列检验了市场竞争（*Competition*）对竞合战略与企业创新绩效关系的调节作用，从表中可以看出市场竞争显著地正向影响企业创新绩效。在第（2）列中 *Coopetition*×*Competition* 的估计系数不显著，假设 3 未得到验证。表 6 第（3）列和第（4）列检验了市场竞争（*Competition*）对本土竞合战略与企业创新绩效关系的调节作用，从表中可以看出市场竞争显著地正向影响企业创新绩效。在第（4）列中 *CoHome*×*Competition* 的估计系数不显著，假设 3a 未得到验证。表 6 第（5）列和第（6）列检验了市场竞争（*Competition*）对境外竞合战略与企业创新绩效关系的调节作用，从表中可以看出市场竞争显著地正向影响企业创新绩效。在第（6）列中 *CoAbroad*×*Competition* 显著地负向影响企业创新绩效，估计系数为 -0.261，在 5% 的水平下显著，与假设 3b 所假设的方向一致。考虑到表 4 第（4）列与表 6 第（5）列境外竞合（*CoAbroad*）的估计系数不显著，该结果共同说明境外竞合战略对企业创新绩效提升无显著作用，反而在市场竞争激烈时会削弱企业创新绩效。

表 6　市场竞争的调节作用

| | (1) | (2) | (3) | (4) | (5) | (6) |
|---|---|---|---|---|---|---|
| | ***Innovation*** | ***Innovation*** | ***Innovation*** | ***Innovation*** | ***Innovation*** | ***Innovation*** |
| *Industry* | *Controlled* | *Controlled* | *Controlled* | *Controlled* | *Controlled* | *Controlled* |
| Ln*Age* | 0.047<br>(0.057) | 0.052<br>(0.057) | 0.054<br>(0.057) | 0.055<br>(0.057) | 0.056<br>(0.057) | 0.060<br>(0.057) |
| Ln*Asset* | 0.114***<br>(0.017) | 0.113***<br>(0.017) | 0.117***<br>(0.017) | 0.117***<br>(0.017) | 0.115***<br>(0.017) | 0.111***<br>(0.017) |
| *R&DIntensity* | 8.044***<br>(1.007) | 7.966***<br>(1.006) | 8.251***<br>(1.012) | 8.192***<br>(1.014) | 8.454***<br>(1.004) | 8.602***<br>(1.004) |
| *Subsidiary* | 0.076<br>(0.047) | 0.077*<br>(0.047) | 0.075<br>(0.047) | 0.075<br>(0.047) | 0.076<br>(0.047) | 0.085*<br>(0.047) |
| *State* | 0.116<br>(0.083) | 0.117<br>(0.083) | 0.112<br>(0.084) | 0.112<br>(0.084) | 0.124<br>(0.084) | 0.129<br>(0.083) |
| *Competition* | 0.097***<br>(0.030) | 0.123***<br>(0.034) | 0.099***<br>(0.030) | 0.111***<br>(0.034) | 0.099***<br>(0.030) | 0.115***<br>(0.031) |
| *Coopetition* | 0.145***<br>(0.050) | 0.161***<br>(0.051) | | | | |
| *Coopetition*×<br>*Competition* | | −0.101<br>(0.066) | | | | |
| *CoHome* | | | 0.097*<br>(0.054) | 0.106*<br>(0.055) | | |
| *CoHome*×<br>*Competition* | | | | −0.056<br>(0.070) | | |
| *CoAbroad* | | | | | 0.099<br>(0.072) | 0.165**<br>(0.077) |
| *CoAbroad*×<br>*Competition* | | | | | | −0.261**<br>(0.122) |
| Constant | −1.977***<br>(0.285) | −1.998***<br>(0.285) | −2.020***<br>(0.286) | −2.030***<br>(0.287) | −2.000***<br>(0.286) | −1.974***<br>(0.285) |
| Obs. | 1141 | 1141 | 1141 | 1141 | 1141 | 1141 |
| Pseudo<br>R-squared | 0.193 | 0.195 | 0.190 | 0.190 | 0.189 | 0.192 |
| Chi-square | 299.546 | 301.886 | 294.548 | 295.178 | 293.185 | 297.768 |
| P | 0.000 | 0.000 | 0.000 | 0.000 | 0.000 | 0.000 |

注：*、**、*** 分别表示在 10%、5% 和 1% 的水平下显著。

表 7 第（1）列和第（2）列检验了境外非竞争性合作（*CooperateAb*）对竞合战略与企业创新绩效关系的调节作用，从表中可以看出境外非竞争性合作显著地正向影响企业创新绩效。在第（2）列中 *Coopetition*×*CooperateAb* 显著地负向影响企业创新绩效，估计系数为 −0.239，在 5% 的水平下显著，这说明竞合战略帮助企业提升了创新绩效，但是这一机制在企业有境

外非竞争性合作伙伴时受到了削弱。表 7 第（1）列和第（2）列结果共同验证了假设 4。表 7 第（3）列和第（4）列检验了境外非竞争性合作（*CooperateAb*）对本土竞合战略与企业创新绩效关系的调节作用，从表中可以看出境外非竞争性合作显著地正向影响企业创新绩效。在第（4）列中 *CoHome* × *CooperateAb* 显著地负向影响企业创新绩效，估计系数为 -0.217，在 10% 的水平上显著，与假设 4a 所预测的方向一致。该结果说明本土竞合战略帮助企业提升了创新绩效，但是这一机制在企业有境外非竞争性合作伙伴时受到了削弱，假设 4a 得到验证。表 7 第（5）列和第（6）列检验了境外非竞争性合作（*CooperateAb*）对境外竞合战略与企业创新绩效关系的调节作用，从表中可以看出与境外非竞争者合作显著地正向影响企业创新绩效。在第（6）列中 *CoAbroad* × *CooperateAb* 显著地负向影响企业创新绩效，估计系数为 -0.452，在 5% 的水平下显著，与假设 4b 所预测的方向一致。考虑到表 4 第（4）列与表 7 第（5）列境外竞合（*CoAbroad*）估计系数不显著，说明境外竞合战略对企业创新绩效提升无显著作用，反而在企业拥有境外非竞争性合作时会削弱企业创新绩效。

**表 7　境外非竞争性合作的调节作用**

| | （1） | （2） | （3） | （4） | （5） | （6） |
|---|---|---|---|---|---|---|
| | ***Innovation*** | ***Innovation*** | ***Innovation*** | ***Innovation*** | ***Innovation*** | ***Innovation*** |
| *Industry* | *Controlled* | *Controlled* | *Controlled* | *Controlled* | *Controlled* | *Controlled* |
| Ln*Age* | 0.073<br>（0.058） | 0.058<br>（0.058） | 0.081<br>（0.058） | 0.069<br>（0.058） | 0.084<br>（0.057） | 0.071<br>（0.057） |
| Ln*Asset* | 0.117***<br>（0.017） | 0.118***<br>（0.017） | 0.118***<br>（0.017） | 0.118***<br>（0.017） | 0.117***<br>（0.017） | 0.118***<br>（0.017） |
| *R&DIntensity* | 8.104***<br>（1.011） | 7.866***<br>（1.012） | 8.278***<br>（1.013） | 8.058***<br>（1.016） | 8.401***<br>（1.005） | 8.272***<br>（0.999） |
| *Subsidiary* | 0.069<br>（0.047） | 0.063<br>（0.047） | 0.067<br>（0.047） | 0.064<br>（0.047） | 0.067<br>（0.047） | 0.062<br>（0.047） |
| *State* | 0.131<br>（0.084） | 0.133<br>（0.084） | 0.132<br>（0.084） | 0.136<br>（0.084） | 0.137<br>（0.084） | 0.139*<br>（0.084） |
| *CooperateAb* | 0.111*<br>（0.056） | 0.212***<br>（0.073） | 0.138**<br>（0.055） | 0.209***<br>（0.066） | 0.148***<br>（0.056） | 0.194***<br>（0.059） |
| *Coopetition* | 0.106*<br>（0.055） | 0.204***<br>（0.071） | | | | |
| *Coopetition* ×<br>*CooperateAb* | | −0.239**<br>（0.111） | | | | |
| *CoHome* | | | 0.053<br>（0.057） | 0.151**<br>（0.077） | | |
| *CoHome* ×<br>*CooperateAb* | | | | −0.217*<br>（0.115） | | |

续表

| | (1) | (2) | (3) | (4) | (5) | (6) |
|---|---|---|---|---|---|---|
| | *Innovation* | *Innovation* | *Innovation* | *Innovation* | *Innovation* | *Innovation* |
| *CoAbroad* | | | | | 0.027<br>(0.078) | 0.364**<br>(0.153) |
| *CoAbroad*×<br>*CooperateAb* | | | | | | −0.452**<br>(0.177) |
| Constant | −2.107***<br>(0.284) | −2.086***<br>(0.284) | −2.132***<br>(0.285) | −2.102***<br>(0.284) | −2.123***<br>(0.285) | −2.097***<br>(0.284) |
| Obs. | 1141 | 1141 | 1141 | 1141 | 1141 | 1141 |
| Pseudo<br>R-squared | 0.189 | 0.192 | 0.187 | 0.189 | 0.186 | 0.191 |
| Chi-square | 292.509 | 297.128 | 289.706 | 293.272 | 288.946 | 295.418 |
| P | 0.000 | 0.000 | 0.000 | 0.000 | 0.000 | 0.000 |

注：*、**、*** 分别表示在 10%、5% 和 1% 的水平下显著。

### （三）稳健性检验

如前文所述，出于对研究样本跨行业的考虑，本文首选以新产品销售额占比衡量创新绩效。不过，已有很多研究选择用专利数来衡量创新（Ahuja，2000；Sampson，2007；Park et al.，2014b），特别是以单一行业的企业为样本的研究。为了更好地验证研究假设，在稳健性检验部分，本文选择以专利数衡量创新绩效。

稳健回归模型中，本文选取了企业在 2009 年和 2018 年所申请的发明专利数量分别作为因变量。之所以选取 2009 年和 2018 年的数据，是因为创新活动所带来的创新结果有一定的时滞性。因此在前文用 2007 年的数据作为因变量的基础上，稳健性回归部分选取多滞后 2 年和 11 年的发明专利申请数据作为追踪分析。其中，2009 年企业专利申请数据来自中国专利数据库（He et al.，2018），2018 年企业专利申请数据来自国家知识产权局专利检索数据库。本研究通过匹配企业法人代码，将国家统计局问卷调查中的企业信息与中国专利数据库（He et al.，2018）和国家知识产权局专利检索数据库进行整合，由此获得每个企业在 2009 年和 2018 年的发明专利申请数量。

鉴于因变量是企业发明专利申请数据，均为大于等于 0 的整数，且数据中 0 相对较多，稳健性回归采用零膨胀负二项回归来进行分析。在回归分析时，第一步，将解释变量与调节变量均进行中心化处理（每个变量的观测值减去该变量的均值），以缓解多重共线性问题；第二步，基于中心化处理的解释变量与调节变量构造乘积项；第三步，进行回归分析，将控制变量、解释变量、调节变量，以及乘积项按顺序依次加入回归模型中进行主效应和调节效应检验。如乘积项的回归系数显著且与假设预测方向一致，则可以证明调节效应。以 2009 年专利数据作为稳健性检验的因变量，表 8 至表 11 展示了数据追踪的研究结果。

表 8 列示了零膨胀负二项回归分析结果。控制变量 *Hightech* 用来衡量一个企业所属行业是否属于高科技行业，是为 1，否为 0。参考杨震宁等（2016）的研究，本研究将属于以下 8 个行业的企业归属为高科技行业：仪器仪表及文化、办公用机械制造业，化学原料及化学制品制造业，通用设备制造业，医药制造业，专用设备制造业，电气机械及器材制造业，交通运输设备制造业，通信设备、计算机及其他电子设备制造业。表 8 第（1）列检验了控制变量对企业创新绩效的影响，表 8 第（2）列模型将自变量竞合战略（*Coopetition*）引入基准模型，从表中看出竞合战略显著地正向影响企业创新绩效，估计系数为 1.293，在 1% 的水平下显著，说明采取竞合战略是有助于提升企业创新绩效的。表 8 第（3）列检验了本土竞合战略对企业创新绩效的影响，从表中可以看出本土竞合战略（*CoHome*）显著地正向影响企业创新绩效，估计系数为 1.322，在 1% 的水平下显著，说明采取本土竞合战略有助于提升企业创新绩效。表 8 第（4）列检验了境外竞合战略对企业创新绩效的影响，从表中可以看出境外竞合战略（*CoAbroad*）对企业创新绩效无显著影响。

**表 8　追踪数据稳健性检验的基准模型**

| | （1） | （2） | （3） | （4） |
|---|---|---|---|---|
| | ***Patents*** | ***Patents*** | ***Patents*** | ***Patents*** |
| *Hightech* | 0.789** <br>（0.287） | 0.826** <br>（0.276） | 0.771** <br>（0.275） | 0.763** <br>（0.290） |
| Ln*Age* | −1.246*** <br>（0.293） | −1.227*** <br>（0.268） | −1.179*** <br>（0.276） | −1.242*** <br>（0.294） |
| Ln*Asset* | 0.655*** <br>（0.0570） | 0.636*** <br>（0.0532） | 0.660*** <br>（0.0534） | 0.662*** <br>（0.0586） |
| *R&DIntensity* | 7.268 <br>（4.797） | 3.131 <br>（4.696） | 9.686* <br>（4.823） | 8.420 <br>（5.252） |
| *Subsidiary* | −0.296 <br>（0.281） | −0.295 <br>（0.261） | −0.317 <br>（0.261） | −0.301 <br>（0.281） |
| *State* | 0.528 <br>（0.478） | 0.410 <br>（0.415） | 0.375 <br>（0.414） | 0.493 <br>（0.481） |
| *Coopetition* | | 1.293*** <br>（0.249） | | |
| *CoHome* | | | 1.322*** <br>（0.264） | |
| *CoAbroad* | | | | −0.218 <br>（0.412） |
| Constant | −3.681*** <br>（1.057） | −4.052*** <br>（0.996） | −4.496*** <br>（1.016） | −3.754*** <br>（1.071） |

续表

| | (1) | (2) | (3) | (4) |
|---|---|---|---|---|
| | ***Patents*** | ***Patents*** | ***Patents*** | ***Patents*** |
| *Inflation Model* | | | | |
| *Hightech* | −0.701<br>(0.371) | −0.665<br>(0.385) | −0.701<br>(0.397) | −0.712<br>(0.372) |
| Ln*Age* | −1.730*<br>(0.699) | −1.879*<br>(0.743) | −1.916*<br>(0.780) | −1.729*<br>(0.700) |
| Ln*Asset* | −0.157<br>(0.113) | −0.136<br>(0.116) | −0.123<br>(0.119) | −0.156<br>(0.113) |
| *R&DIntensity* | −1115.9<br>(630.4) | −1111.0<br>(700.9) | −1266.4<br>(834.1) | −1118.6<br>(632.8) |
| *Subsidiary* | 0.326<br>(0.385) | 0.343<br>(0.397) | 0.321<br>(0.408) | 0.321<br>(0.385) |
| *State* | 0.692<br>(0.885) | 0.669<br>(0.920) | 0.715<br>(0.942) | 0.679<br>(0.887) |
| Constant | 8.068***<br>(2.397) | 8.135**<br>(2.507) | 8.066**<br>(2.611) | 8.055***<br>(2.401) |
| ln*alpha* | 1.991***<br>(0.106) | 1.920***<br>(0.108) | 1.940***<br>(0.106) | 1.990***<br>(0.106) |
| N | 1141 | 1141 | 1141 | 1141 |

注：*、**、*** 分别表示在 10%、5% 和 1% 的水平下显著。

表 9 第（1）列和第（2）列检验了研发强度（*R&DIntensity*）对竞合战略与企业创新绩效关系的调节作用。在第（2）列中 *Coopetition* × *R&Dintensity* 的估计系数不显著，假设 2 未得到验证。表 9 第（3）列和第（4）列检验了研发强度（*R&DIntensity*）对本土竞合战略与企业创新绩效关系的调节作用，在第（4）列中 *CoHome* × *R&DIntensity* 显著地负向影响企业创新绩效，估计系数为 −20.670，在 10% 的水平下显著，假设 2a 得到验证。表 9 第（5）列和第（6）列检验了研发强度（*R&DIntensity*）对境外竞合战略与企业创新绩效关系的调节作用，在第（6）列中 *CoAbroad* × *R&DIntensity* 估计系数显著为正，估计系数为 27.400，在 10% 的水平下显著，这与假设 2b 所假设的方向相反。这可能由于境外竞争者更加重视专利申请，对专利更为敏感，因此在研发强度较高时与境外竞争者的合作会更倾向于申请专利保护。

表 10 第（1）列和第（2）列检验了市场竞争（*Competition*）对竞合战略与企业创新绩效关系的调节作用。在第（2）列中 *Coopetition* × *Competition* 的估计系数为 −0.800，在 10% 的水平下显著，假设 3 得到验证。表 10 第（3）列和第（4）列检验了市场竞争（*Competition*）对本土竞合战略与企业创新绩效关系的调节作用。在第（4）列中 *CoHome* × *Competition* 的估计系数为 −0.747，在 10% 的水平下显著，假设 3a 得到验证。表 10 第（5）列和第（6）列检

验了市场竞争（*Competition*）对境外竞合战略与企业创新绩效关系的调节作用。在第（6）列中 *CoAbroad*×*Competition* 的估计系数不显著，假设 3b 未得到验证。

**表 9　追踪数据稳健性检验的研发强度调节作用**

| | （1）*Patents* | （2）*Patents* | （3）*Patents* | （4）*Patents* | （5）*Patents* | （6）*Patents* |
|---|---|---|---|---|---|---|
| *Hightech* | 0.826**<br>（0.276） | 0.829**<br>（0.275） | 0.771**<br>（0.275） | 0.811**<br>（0.275） | 0.763**<br>（0.290） | 0.809**<br>（0.281） |
| Ln*Age* | −1.227***<br>（0.268） | −1.223***<br>（0.267） | −1.179***<br>（0.276） | −1.262***<br>（0.275） | −1.242***<br>（0.294） | −1.248***<br>（0.279） |
| Ln*Asset* | 0.636***<br>（0.053） | 0.635***<br>（0.053） | 0.660***<br>（0.053） | 0.637***<br>（0.054） | 0.662***<br>（0.059） | 0.639***<br>（0.059） |
| *Subsidiary* | −0.295<br>（0.261） | −0.283<br>（0.265） | −0.317<br>（0.261） | −0.360<br>（0.259） | −0.301<br>（0.281） | −0.293<br>（0.269） |
| *State* | 0.410<br>（0.415） | 0.412<br>（0.416） | 0.375<br>（0.414） | 0.374<br>（0.407） | 0.493<br>（0.481） | 0.444<br>（0.463） |
| *R&DIntensity* | 3.131<br>（4.696） | 1.473<br>（7.603） | 9.686*<br>（4.823） | 16.670**<br>（6.295） | 8.420<br>（5.252） | −4.508<br>（5.738） |
| *Coopetition* | 1.293***<br>（0.249） | 1.273***<br>（0.259） | | | | |
| *Coopetition*×<br>*R&DIntensity* | | 2.544<br>（9.448） | | | | |
| *CoHome* | | | 1.322***<br>（0.264） | 1.466***<br>（0.273） | | |
| *CoHome*×<br>*R&DIntensity* | | | | −20.670*<br>（8.516） | | |
| *CoAbroad* | | | | | −0.218<br>（0.412） | −0.617<br>（0.382） |
| *CoAbroad*×<br>*R&DIntensity* | | | | | | 27.400*<br>（10.730） |
| Constant | −4.052***<br>（0.996） | −4.027***<br>（0.998） | −4.496***<br>（1.016） | −3.911***<br>（1.044） | −3.754***<br>（1.071） | −3.302**<br>（1.057） |
| *Inflation Model* | | | | | | |
| *Hightech* | −0.665<br>（0.385） | −0.661<br>（0.383） | −0.701<br>（0.397） | −0.680<br>（0.397） | −0.712<br>（0.372） | −0.662<br>（0.347） |
| Ln*Age* | −1.879*<br>（0.743） | −1.864*<br>（0.740） | −1.916*<br>（0.780） | −1.994*<br>（0.784） | −1.729*<br>（0.700） | −1.595*<br>（0.638） |
| Ln*Asset* | −0.136<br>（0.116） | −0.137<br>（0.115） | −0.123<br>（0.119） | −0.129<br>（0.119） | −0.156<br>（0.113） | −0.174<br>（0.108） |
| *R&DIntensity* | −1111.0<br>（700.9） | −1100.9<br>（690.0） | −1266.4<br>（834.1） | −1244.2<br>（820.5） | −1118.6<br>（632.8） | −977.8<br>（508.9） |

续表

| | (1) Patents | (2) Patents | (3) Patents | (4) Patents | (5) Patents | (6) Patents |
|---|---|---|---|---|---|---|
| *Subsidiary* | 0.343<br>(0.397) | 0.349<br>(0.396) | 0.321<br>(0.408) | 0.297<br>(0.409) | 0.321<br>(0.385) | 0.320<br>(0.362) |
| *State* | 0.669<br>(0.920) | 0.665<br>(0.916) | 0.715<br>(0.942) | 0.710<br>(0.943) | 0.679<br>(0.887) | 0.597<br>(0.834) |
| Constant | 8.135**<br>(2.507) | 8.110**<br>(2.494) | 8.066**<br>(2.611) | 8.372**<br>(2.617) | 8.055***<br>(2.401) | 7.983***<br>(2.220) |
| ln*alpha* | 1.920***<br>(0.108) | 1.916***<br>(0.109) | 1.940***<br>(0.106) | 1.922***<br>(0.106) | 1.990***<br>(0.106) | 1.918***<br>(0.110) |
| N | 1141 | 1141 | 1141 | 1141 | 1141 | 1141 |

注：*、**、*** 分别表示在 10%、5% 和 1% 的水平下显著。

**表 10　追踪数据稳健性检验的市场竞争调节作用**

| | (1) | (2) | (3) | (4) | (5) | (6) |
|---|---|---|---|---|---|---|
| | Patents | Patents | Patents | Patents | Patents | Patents |
| *Hightech* | 0.791**<br>(0.277) | 0.560<br>(0.296) | 0.743**<br>(0.278) | 0.496<br>(0.299) | 0.761**<br>(0.290) | 0.762**<br>(0.291) |
| Ln*Age* | −1.274***<br>(0.270) | −1.258***<br>(0.266) | −1.206***<br>(0.279) | −1.196***<br>(0.271) | −1.217***<br>(0.300) | −1.217***<br>(0.300) |
| Ln*Asset* | 0.616***<br>(0.056) | 0.596***<br>(0.057) | 0.650***<br>(0.055) | 0.639***<br>(0.055) | 0.667***<br>(0.060) | 0.667***<br>(0.060) |
| *R&DIntensity* | 2.119<br>(4.705) | 5.154<br>(4.980) | 9.395<br>(4.813) | 9.793*<br>(4.905) | 8.957<br>(5.441) | 9.022<br>(5.961) |
| *Subsidiary* | −0.275<br>(0.261) | −0.515<br>(0.270) | −0.302<br>(0.262) | −0.456<br>(0.262) | −0.322<br>(0.284) | −0.323<br>(0.285) |
| *State* | 0.394<br>(0.416) | 0.440<br>(0.419) | 0.357<br>(0.416) | 0.333<br>(0.415) | 0.484<br>(0.478) | 0.485<br>(0.480) |
| *Competition* | 0.182<br>(0.156) | 0.598**<br>(0.216) | 0.105<br>(0.150) | 0.434*<br>(0.190) | −0.060<br>(0.147) | −0.059<br>(0.149) |
| *Coopetition* | 1.378***<br>(0.262) | 1.471***<br>(0.256) | | | | |
| *Coopetition* × *Competition* | | −0.800*<br>(0.318) | | | | |
| *CoHome* | | | 1.361***<br>(0.271) | 1.438***<br>(0.265) | | |
| *CoHome* × *Competition* | | | | −0.747*<br>(0.313) | | |
| *CoAbroad* | | | | | −0.249<br>(0.417) | −0.248<br>(0.419) |
| *CoAbroad* × *Competition* | | | | | | −0.0143<br>(0.543) |
| Constant | −3.669***<br>(1.054) | −3.343**<br>(1.054) | −4.298***<br>(1.059) | −4.021***<br>(1.043) | −3.890***<br>(1.118) | −3.891***<br>(1.119) |

续表

| | (1) | (2) | (3) | (4) | (5) | (6) |
|---|---|---|---|---|---|---|
| | **Patents** | **Patents** | **Patents** | **Patents** | **Patents** | **Patents** |
| *Inflation Model* | | | | | | |
| *Hightech* | −0.685<br>(0.386) | −0.839*<br>(0.405) | −0.717<br>(0.399) | −0.865*<br>(0.409) | −0.712<br>(0.372) | −0.712<br>(0.372) |
| Ln*Age* | −1.921*<br>(0.750) | −1.994*<br>(0.777) | −1.945*<br>(0.787) | −1.974*<br>(0.790) | −1.715*<br>(0.699) | −1.716*<br>(0.700) |
| Ln*Asset* | −0.136<br>(0.116) | −0.134<br>(0.117) | −0.122<br>(0.119) | −0.122<br>(0.119) | −0.156<br>(0.113) | −0.156<br>(0.113) |
| *R&DIntensity* | −1078.2<br>(685.9) | −1133.0<br>(747.5) | −1250.4<br>(825.7) | −1282.0<br>(864.6) | −1129.5<br>(639.7) | −1130.0<br>(640.7) |
| *Subsidiary* | 0.352<br>(0.398) | 0.210<br>(0.416) | 0.328<br>(0.409) | 0.234<br>(0.415) | 0.311<br>(0.386) | 0.311<br>(0.386) |
| *State* | 0.647<br>(0.923) | 0.738<br>(0.943) | 0.699<br>(0.945) | 0.715<br>(0.950) | 0.684<br>(0.886) | 0.685<br>(0.887) |
| Constant | 8.269**<br>(2.520) | 8.549***<br>(2.596) | 8.149**<br>(2.625) | 8.334**<br>(2.634) | 8.017***<br>(2.399) | 8.018***<br>(2.400) |
| ln*alpha* | 1.914***<br>(0.108) | 1.906***<br>(0.108) | 1.938***<br>(0.106) | 1.919***<br>(0.107) | 1.990***<br>(0.106) | 1.990***<br>(0.107) |
| N | 1141 | 1141 | 1141 | 1141 | 1141 | 1141 |

注：*、**、*** 分别表示在 10%、5% 和 1% 的水平下显著。

表 11 第（1）列和第（2）列检验了境外非竞争性合作（*CooperateAb*）对竞合战略与企业创新绩效关系的调节作用。表 11 第（3）列和第（4）列检验了境外非竞争性合作（*CooperateAb*）对本土竞合战略与企业创新绩效关系的调节作用。表 11 第（5）列和第（6）列检验了境外非竞争性合作（*CooperateAb*）对境外竞合战略与企业创新绩效关系的调节作用。第（2）、（4）、（6）列中的回归结果显示境外非竞争性合作（*CooperateAb*）与竞合战略、本土竞合、境外竞合的乘积项均不显著。

**表 11 追踪数据稳健性检验的境外非竞争性合作的调节作用**

| | (1) | (2) | (3) | (4) | (5) | (6) |
|---|---|---|---|---|---|---|
| | ***Patents*** | ***Patents*** | ***Patents*** | ***Patents*** | ***Patents*** | ***Patents*** |
| *Hightech* | 0.821**<br>(0.274) | 0.832**<br>(0.272) | 0.772**<br>(0.274) | 0.783**<br>(0.274) | 0.763**<br>(0.293) | 0.752*<br>(0.293) |
| Ln*Age* | −1.239***<br>(0.270) | −1.228***<br>(0.271) | −1.187***<br>(0.278) | −1.175***<br>(0.280) | −1.178***<br>(0.290) | −1.201***<br>(0.289) |
| Ln*Asset* | 0.649***<br>(0.055) | 0.643***<br>(0.055) | 0.671***<br>(0.055) | 0.667***<br>(0.056) | 0.630***<br>(0.060) | 0.629***<br>(0.060) |
| *R&DIntensity* | 3.224<br>(4.604) | 3.548<br>(4.799) | 10.370*<br>(4.875) | 12.670*<br>(5.288) | 9.756<br>(5.558) | 10.710*<br>(5.413) |

续表

| | (1) | (2) | (3) | (4) | (5) | (6) |
|---|---|---|---|---|---|---|
| | ***Patents*** | ***Patents*** | ***Patents*** | ***Patents*** | ***Patents*** | ***Patents*** |
| *Subsidiary* | −0.288<br>(0.260) | −0.242<br>(0.260) | −0.318<br>(0.260) | −0.308<br>(0.260) | −0.316<br>(0.277) | −0.366<br>(0.279) |
| *State* | 0.430<br>(0.418) | 0.322<br>(0.419) | 0.384<br>(0.416) | 0.286<br>(0.418) | 0.356<br>(0.455) | 0.298<br>(0.449) |
| *CooperateAb* | 0.295<br>(0.308) | −0.683<br>(0.391) | −0.235<br>(0.303) | −0.544<br>(0.373) | 0.596*<br>(0.285) | 0.764*<br>(0.322) |
| *Coopetition* | 1.435***<br>(0.292) | 1.125**<br>(0.346) | | | | |
| *Coopetition*×<br>*CooperateAb* | | 0.811<br>(0.571) | | | | |
| *CoHome* | | | 1.435***<br>(0.304) | 1.111**<br>(0.376) | | |
| *CoHome*×<br>*CooperateAb* | | | | 0.787<br>(0.616) | | |
| *CoAbroad* | | | | | −0.461<br>(0.421) | 0.191<br>(0.738) |
| *CoAbroad*×<br>*CooperateAb* | | | | | | −1.082<br>(0.870) |
| Constant | −4.150***<br>(1.002) | −4.063***<br>(1.009) | −4.596***<br>(1.027) | −4.564***<br>(1.032) | −3.721***<br>(1.058) | −3.646***<br>(1.052) |
| *Inflation Model* | | | | | | |
| *Hightech* | −0.670<br>(0.385) | −0.666<br>(0.380) | −0.703<br>(0.398) | −0.705<br>(0.399) | −0.706<br>(0.378) | −0.713<br>(0.380) |
| Ln*Age* | −1.867*<br>(0.740) | −1.861*<br>(0.732) | −1.911*<br>(0.781) | −1.932*<br>(0.787) | −1.776*<br>(0.723) | −1.810*<br>(0.731) |
| Ln*Asset* | −0.133<br>(0.116) | −0.137<br>(0.115) | −0.120<br>(0.119) | −0.120<br>(0.120) | −0.155<br>(0.114) | −0.154<br>(0.114) |
| *R&DIntensity* | −1127.4<br>(708.7) | −1111.6<br>(687.1) | −1295.0<br>(859.5) | −1341.9<br>(892.4) | −1103.1<br>(649.0) | −1101.9<br>(652.0) |
| *Subsidiary* | 0.336<br>(0.397) | 0.355<br>(0.392) | 0.312<br>(0.409) | 0.311<br>(0.410) | 0.332<br>(0.390) | 0.310<br>(0.393) |
| *State* | 0.701<br>(0.914) | 0.622<br>(0.915) | 0.742<br>(0.940) | 0.682<br>(0.953) | 0.597<br>(0.914) | 0.560<br>(0.926) |
| Constant | 8.076**<br>(2.502) | 8.118**<br>(2.474) | 8.018**<br>(2.618) | 8.079**<br>(2.634) | 8.157***<br>(2.454) | 8.246***<br>(2.474) |
| lnalpha | 1.916***<br>(0.108) | 1.903***<br>(0.108) | 1.939***<br>(0.106) | 1.936***<br>(0.106) | 1.986***<br>(0.107) | 1.983***<br>(0.106) |
| N | 1141 | 1141 | 1141 | 1141 | 1141 | 1141 |

注：*、**、*** 分别表示在 10%、5% 和 1% 的水平下显著。

在以 2009 年专利数据作为因变量的稳健性分析中，竞合战略对企业创新绩效的提升作用与前文分析结果一致，在调节作用检验部分结果略有不同。具体而言，企业研发强度对竞合战略与企业创新绩效间关系无显著调节作用，企业研发强度削弱本土竞合对企业创新绩效的影响，而企业研发强度与境外竞合乘积项（$CoAbroad \times R\&DIntensity$）系数显著为正，说明研发强度高的企业与境外竞争者进行合作时更注重专利保护。市场竞争负向调节竞合战略与企业创新绩效间关系，市场竞争削弱本土竞合对企业创新绩效的影响，而对境外竞合无显著调节作用。境外非竞争性合作对两类竞合的调节作用均不显著。稳健性检验结果与主回归分析结果略有不同，整体上与研究假设方向一致。这可能是由于以发明专利申请数量来衡量发展中国家创新绩效所存在的局限性导致，一般发达国家企业的创新研究更多用专利申请数量衡量创新绩效（Stuart & Podolny，1996；Miller et al.，2007）。本研究对象为发展中国家企业，专利未必能很好地反映企业的创新绩效。这是因为，第一，发展中国家企业的创新活动在一段时间内更偏向于模仿创新（李平、刘志勇，2001），专利可能无法很全面地反映企业创新绩效。第二，由于发展中国家的专利保护等制度处于不断完善之中（Peng，2003），一段时间内企业申请专利的意愿不是很强。第三，不同行业由于技术特性的不同，申请专利保护的倾向性也不同。使用专利来衡量企业创新绩效的方式更适合针对单个行业的研究（Park et al.，2014b）。而本文研究对象是跨行业企业样本，在此情境下以专利数来衡量企业创新绩效未必能真实地反映不同行业企业的创新绩效。以上几点可能是造成以专利为因变量的稳健性分析结果与前文主回归结果略有不同的原因。

此外，本文还以 2018 年专利数据为因变量进行了零膨胀负二项回归分析，以追踪企业的竞合战略对其创新绩效的长期影响。结果表明，竞合战略对企业 10 年后的创新绩效无显著影响，竞合战略只在一段时间内对企业创新绩效产生影响。由此可以看出，竞合是企业实现创新等战略目标的重要战略路径，企业会根据不同战略期的战略目标及相应的任务要求对竞合战略的具体选择做出调整，企业的竞合战略在长期来看是不断动态演化，甚至会发生转变的。

## 五　结论与讨论

本文基于国家统计局 2009 年 10 月至 2011 年 8 月对全国 40 个城市制造业企业进行的问卷调查数据，结合中国工业企业数据库数据与企业 2009 年及 2018 年的专利数据构造的时间断点追踪数据，区分本土竞合与境外竞合，重点研究了竞合对企业提升创新绩效的影响作用。研究发现：

第一，竞合战略正向影响企业创新绩效，即企业采取竞合战略是可以提高其创新绩效的。区分竞争者来源国家和地区发现，中国内地企业与内地本土竞争者进行合作有助于其创新绩效的提升，而与中国内地以外的境外竞争者进行合作对创新绩效无明显作用。这可能是多方面因素造成的。首先，由于境外竞争者在技术上具备优势，话语权更大，常常以多种方式阻隔中国内地竞争者在合作中接触和学习其先进技术，因此“市场换技术”等政策未必能非常有效地使得企业从境外竞合伙伴处习得先进的技术（路风、封凯栋，2005）。其次，境外竞争者更多地把中国内地的合作者作为其接近中国市场的生产基地，不少境外合作者在合作过程中仅提供成熟的，甚至在发达国家已经过时的技术用于规模化生产，并不肯提供先进技术用于合作和共享。在这种情况下，中国内地企业借助竞合能够获得的技术提升是非常有限的（曲建，2003）。最后，中国内地企业自身的学习与吸收能力也是重要因素。在学习与吸收能力欠缺的情况下，即使合作伙伴提供了一些共享机会，企业也未必能够有效习得所需的先进技术（Cohen & Levinthal，1990）。因此，中国企业不能想当然地认为只要和技术领先的境外竞争者建立起合作关系就一定能够促进自身的技术进步，而是需要寻找适当的境外合作伙伴，建立起合作共赢的学习机制，并形成自身的学习能力。同时，在本土寻找意愿强烈、能够创新能力优势互补或强强联合的竞争者，对于提升焦点企业的创新绩效是有帮助的。此外，研究还发现竞合战略只在近期对企业创新绩效产生一定的影响，长期来看整个竞合战略是动态演化、发生转变的一个过程。

第二，企业研发强度会负向调节竞合战略与企业创新绩效之间的正向关系。进一步分析企业研发强度对本土竞合与境外竞合的影响发现，企业研发强度会负向调节本土竞合与企业创新绩效之间的正向关系，而对境外竞合与企业创新绩效之间没有显著调节作用。负向调节作用可能是因为研发强度高的企业对自身创新能力的依赖较高，在创新方面也更自信，从而对以竞合战略提升创新绩效的依赖会较小。另外，对于新颖性程度较高的创新活动而言，竞合可能并不是非常合适的一个战略（Nieto & Santamaría，2007；Tsai，2009）。研发强度高的企业可能是在追求更为新颖的创新，攻克重大的技术瓶颈，因而对知识泄露风险更敏感，因此与竞争对手合作的动机较弱（Wu，2014；Maroofi，2015）。这可以看成是一种企业自身研发能力高导致的对外部竞合创新的替代作用。有趣的是，企业自身的研发强度并不会削弱境外竞合对创新绩效的影响，这种替代效应仅存在于本土竞合与创新绩效之间的关系中。可能的原因在于：一是，相较于本土竞合伙伴，境外竞合伙伴技术水平相对较高、拥有本土企业所不具备的一些资源、拥有国际化的经营模式和理念，值得中国企业学习（Mansfield，1985；伊彤，2007）。企业在自身研发强度高的情况下，与境外领先竞争者进行合作的意愿仍然非常强烈。二是，研发强度高会提高企业的学习与吸收能力，从而有助于本土企业更好地与境外竞争者进行合作。三是，境外竞合并未像本土竞合一样对企业创新绩效有非常显著的提升作用，因此企业自身研发强度高时不会出现类似市场竞争激烈时的情形，即出现反而削弱有境外竞合企业的创新绩效的情况。

第三，市场竞争激烈时境外竞合反而会削弱企业的创新绩效。然而，市场竞争对本土竞合与创新绩效之间的关系无显著调节作用，整体上对竞合战略与企业创新绩效之间的关系也无显著调节作用。该研究结果表明，与境外竞争者的创新合作关系对竞争程度更为敏感，在市场竞争激烈时境外竞合反而会削弱企业的创新绩效。这可能是由于本土企业之间具有更多的相似性、相互更为了解（Boschma，2005），所以处理竞合这一充满挑战的关系时更为得心应手。因此，无论市场竞争激烈程度如何，企业都会考虑择机选择适宜的本土竞争者合作以提升其创新绩效。但是，对于企业同来自境外竞争者的合作，情况则有所不同。在市场竞争激烈之时，即使中国本土企业仍然有意愿同拥有技术、管理、资源等优势的境外竞争者开展合作，但得到的回应未必是积极的。一方面，境外企业进入中国的主要目标在于中国市场，因而并不愿意与已经或者未来可能对其市场地位构成实质性挑战的中国本土竞争者开展深度合作，更愿意选择与那些无法构成威胁的中国本土竞争者合作。在动态合作中，一旦某个中国本土竞合伙伴显现出对其构成强有力的挑战，则跨国公司可能收缩其合作，尤其是在提供领先技术方面的合作。另一方面，中国本土企业和境外竞争者之间由于文化、制度、技术等各方面的差异，导致其相互了解不多，相处经验不足，且缺乏信任。而信任对于维持良好的关系并促进合作产生积极成果非常重要（McEvily & Marcus，2005），缺乏信任将使竞合关系更难维持，合作伙伴更倾向于采取机会主义行为（Das & Teng，2000）。在市场竞争程度较激烈的情况下，境外竞争者可能对中国企业有更多的不信任，甚至是偏见，担心合作会损害其核心竞争力（Hamel，1991），由此导致双方的合作停滞或出现倒退。由此可见，一旦中外双方之间的市场竞争关系走向激烈，则外方很有可能会关闭合作创新的大门，中国企业希望借助与境外竞争者的合作共赢来提升创新绩效会变得非常艰难。

第四，境外非竞争性合作负向调节竞合战略与企业创新绩效之间的正向关系。境外非竞争性合作负向调节本土竞合与企业创新绩效之间的正向关系，同时在企业拥有境外非竞争性合作时采取境外竞合战略反而会削弱企业创新绩效。这说明，与境外竞争者相比，境外非竞争者在技术方面同样具有优势，如进行国际科研合作有助于企业提高创新能力（Frame & Carpenter，1979）。由于境外非竞争者具备技术优势的同时与焦点企业竞争性更低，会使得中国本土企业把与境外非竞争者之间的合作作为提升创新绩效的重要路径，由此导致拥有境外非竞争者合作的企业降低对竞合战略的依赖。这表明企业创新绩效的提升，可以借助与多种不同伙伴的合作来提升，并不仅仅局限于与竞争者的合作。在寻求与境外竞争者合作以提升创新绩效的同时，中国企业更需要广开合作通路，大力寻求借助与境外的非竞争者之间的合作，在与上下游企业、跨行业企业、高等院校、科研机构等的合作中提升创新绩效。

总体而言，与竞争者合作有助于企业创新绩效的提升。具体而言，本土竞合对企业创新绩效有显著提升作用，而境外竞合无显著作用。企业自身的研发强度虽然会对本土竞合与创新间正向关系产生替代作用，但是却不会削弱境外竞合对创新的影响。但值得注意的是境外竞合对竞争程度更加敏感，而本土竞合却不会。这表明，境外竞合本身就不是中国制造业企业的优势，市场竞争越激烈，越能说明这个问题。以上结果同时说明，企业应该与本土和境外竞争者均进行合作。如果企业有境外非竞争性合作则会对竞合、本土竞合，以及境外竞合造成一定程度的替代作用，出现负向调节的情况。

本文的理论贡献为：第一，基于中国企业的具体实践，本文探究了竞合战略对企业创新绩效提升的影响，并基于中国企业实践经验区分了中国企业所采取的不同竞合战略——本土竞合战略与境外竞合战略，为理解目前尚无一致定论的竞合战略与企业创新绩效间关系作出贡献。以往关于竞合战略的研究对于竞合伙伴国别关注不多，而对于中国等发展中国家而言，开放市场吸引境外企业，通过直接合作或技术溢出效应进行技术学习是创新力提升的一条重要途径（Mansfield，1985；伊彤，2007；刘洋等，2013）。着眼于发达国家企业与不同国别伙伴建立竞合关系的研究发现，企业与本国竞争者的合作会对创新产生负面影响，而与国际竞争者的合作由于地理距离带来的多样性减少了竞争，从而对创新有正向影响（Le Roy et al.，2016）。Zhang 等（2010）研究了德国企业，发现国际合作间知识—创新间关系强于本土合作。然而发展中国家企业在与境外技术领先的竞争者构建合作关系时所面临的情境与发达国家有所不同。境外竞争者处于技术领先地位，在竞合关系中拥有更高的话语权，且并不情愿与发展中国家的本土竞争者在合作中共享领先技术。因此，在探究中国本土企业的竞合战略时，有必要区分与本土竞争者的竞合和与境外竞争者的竞合对企业创新绩效带来的不同影响。而已有关于中国企业竞合的成果，普遍属于比较广义的竞合研究，没有从区分竞合伙伴的具体组织类型角度进行深入探讨（陈菲琼、范良聪，2007；万幼清、王云云，2014；王凤彬等，2015）。本文完成了一个解构性研究，分析了中国企业与本土或境外竞争者的合作对其创新的影响，发现了与发达国家企业竞合不同的结论：发展中国家企业的竞合战略研究发现本土竞合对创新有促进作用，而境外竞合对企业创新无显著效果。本研究为更全面深入地了解竞合战略对企业创新绩效的影响做出贡献。

第二，本文深入探索了竞合战略对企业创新绩效的作用机制，丰富了竞合战略的权变观。竞合关系中合作与竞争两种对立逻辑的同时存在，使得竞合关系中充满了张力和矛盾（Bengtsson & Raza-Ullah，2016）。为了自身利益最大化，竞合中的企业可能会牺牲竞合伙伴的利益。张力和矛盾是竞合的显著特点，也是竞合中存在的一个主要问题和挑战（Wu，2014；Bengtsson & Raza-Ullah，2016）。由于本研究关注的是竞合战略对企业创新绩效的影响，因此本文探索了企业在研发创新活动上与竞争者合作的影响。在研发创新领域的竞合中，知识保护与知识分享的矛盾尤为明显（Ritala et al.，2017）。竞合中的合作—竞争张力可能会使得参与竞合的企业由于恐惧机会主义风险和知识泄露风险，从而不能很好地进行合作并得益于竞合战略（Park & Ungson，2001；Ritala & Hurmelinna-Laukkanen，2009）。以往研究探究了企业技术能力（Huang & Yu，2011；Srivastava & Gnyawali，2011）、行业技术强度（Wu，2012）、网络外部性（Ritala，2012）、市场动荡程度（Ritala，2012）、竞争强度（Ritala，2012）等因素的调节作用。延续这一领域的研究，本文综合考虑了对研发创新竞合中较为敏感的内外部因素，通过理论构建与实证分析探究了企业研发强度、市场竞争、境外非竞争性合作三方面因素对本土竞合战略与境外竞合战略的调节作用（Harrigan，1988；Hamel，1991；Das & Teng，2000；Phelps，2010；Jiang et al.，2010；Cui & O'Connor，2012；Lin，2012；Wu，2012；Park et al.，2014b；Wu，2014；Maroofi，2015）。本研究发现：总体而言，企业研发强度、市场竞争、境外非竞争性合作对竞合—企业创新绩效间关系均存在一定程度的削弱作用。此外，针对本土竞合与境外竞合，其削弱作用又显示出些许差别：企业自身研发强度只会削弱本土竞合的作用，市场竞争只会削弱境外竞合的作用，而境外非竞争性合作对两类竞合均有削弱作用。

第三，本文运用发展中国家跨行业制造业企业数据拓展了竞合领域研究。Bouncken 等（2015）强调有必要拓展竞合研究的情境，以提高其效度和普适性。首先，目前大多数竞合领域研究是关于高科技、知识密集型行业的研究（Quintana-Garcia & Benavides-Velasco，2004；Park et al.，2014a），这导致了研究结论在一定程度上是不全面的（Bouncken et al.，2015）。本研究的重点是多行业制造业企业的竞合战略及其对创新的影响，拓展了竞合战略研究行业情境。制造业是一个国家的经济支柱。制造业的发展水平直接影响中国经济的发展与中国企业的国际地位。中国是一个制造大国，研究制造业企业的竞合战略有助于为中国制造业转型升级和创新力提升提供建议。本文的研究发现，不仅仅是高科技行业企业有与竞争者进行合作的必要，制造业企业也可以得益于卓有成效的竞合战略。其次，目前已有研究大多是针对发达国家企业竞合战略的研究（Nieto & Santamaría，2007；Mention，2011），对于发展中国家企业的竞合战略关注不足。发展中国家企业的技术能力、创新水平、发展所处阶段与发达国家企业有所不同，从而其采取的竞合战略与从中获益的能力会有所不同。本文研究了不同国别的竞合伙伴对企业创新绩效的影响，发现相比于本土竞合伙伴，境外竞合伙伴对企业创新绩效没有显著影响。这可能是由于在技术发展阶段上，境外企业处于领先地位，在竞合关系中拥有更高的话语权，从而在一定程度上限制了发展中国家企业从竞合战略中获益的能力。

第四，本研究运用定量分析的方法推进了竞合领域的研究，提高了竞合理论的普适性。目前竞合战略领域的研究运用定量分析的不多，大多是理论文章或者是用定性方法研究的文章（Ritala et al.，2016）。关于中国企业竞合战略、创新活动的大规模调查并不普遍，本研究利用国家统计局针对中国 40 个城市进行的创新调查数据，用定量模型探究竞合战略是否有助于提升企业创新绩效。

本文也为企业管理者提供了诸多管理启示。第一，本文借助实证研究验证了竞合对企业创新的积极促进作用。毋庸置疑，竞争者之间的合作存在着“围墙困境”，企业需要出于竞争的考虑而建起用以阻挡竞争者获取技术与商业秘密等的“围墙”，同时又因合作的要求不得不亲手拆除甚至推倒“围墙”（Levy et al.，2003）。尽管如此，总体来说，采取竞合战略是有利于焦点企业的创新绩效提升的。因此，管理者要以开放的心态积极拥抱竞合，树立竞合理念，不断提高竞合能力，在接纳与管理这样一个充满张力与挑战的关系中促进企业创新。第二，本文区分本土竞合伙伴关系和境外竞合伙伴关系后的研究结论说明，虽然通常情况下本土焦点企业和境外竞争者之间存在着技术上的差距，但二者竞合未必一定能够显著提升本土企业的创新绩效。这会受到合作的性质、境外伙伴提供先进技术或共同推动创新的意愿与投入以及本土企业在竞合中的地位、学习与吸收能力等的影响。中国企业不能想当然地认为和技术领先的竞争者建立起合作关系就一定能够促进自身的技术进步。在本土寻找意愿强烈、能够创新能力优势互补或强强联合的竞争者，对于提升焦点企业的创新绩效是有帮助的。第三，本文关于企业自身研发强度仅对本土竞合影响创新存在替代效应，却不会削弱境外竞合影响的研究启示，伴随着自身研发能力的显著提升，企业对借助与本土竞争者的合作来提升创新能力的依赖程度会下降。第四，本文关于竞争程度的调节作用发现，在创新绩效方面中国本土企业与境外竞争者的竞合对竞争程度更为敏感一些。这清晰地告诉我们，在中国企业与境外竞争者之间的技术差距较大时，外方有意愿在创新中与中国本土企业紧密合作，这一进程中也会显著提升中国企业的创新绩效。然而，一旦中外双方之间的市场竞争关系走向激烈，则外方很有可能会关闭合作创新的大门，中国企业希望借助与境外竞争者的合作共赢来提升创新绩效会变得非常艰难。因此，本土企业与差距较大的境外竞争者更容易通过竞合提升创新绩效，与势均力敌的境外竞争者更难通过竞合提升创新绩效。中国企业有必要在动态中调整自身的全球竞合伙伴和创新战略。第五，本文关于境外非竞争性合作对竞合关系有一定替代作用的发现启示，企业创新绩效的提升，可以借助与多种不同伙伴的合作，并不仅仅局限于与竞争者的合作。在寻求与境外竞争者合作以提升创新绩效的同时，中国企业更需要广开合作通路，大力寻求借助与境外的非竞争者之间的合作，在与上下游企业、跨行业企业、高等院校等的合作中提升创新。

本文探讨了企业竞合战略（本土竞合与境外竞合）如何影响其创新绩效，继而探究了不同情境下竞合战略对企业创新绩效作用机制的差异，为现有研究提供了理论与实践启示。但本文也有一定的局限性，同时也为未来的研究提供了方向。第一，由于数据特征，本研究仅探讨了采取竞合战略对企业创新绩效的影响，并未探讨不同程度的竞合对企业创新绩效的影响。未来研究可以在此方面进行拓展，例如研究竞合关系数量对企业创新绩效的影响，探究每个竞合关系的合作—竞争强度对企业创新绩效的影响，探究整个竞合组合中竞争—合作强度的分布对企业创新绩效的影响（Park et al., 2014a, 2014b; Chen et al., 2019）。第二，本研究探究了竞合战略对企业整体创新绩效的影响，但并没有区分创新类型。未来研究可以进一步探讨本土竞合与境外竞合是否对不同类型的创新，如渐进式创新或激进式创新，有不同的影响。第三，本研究只是关注了发展中国家的制造业企业的竞合战略。随着经济发展，服务业在我国经济中地位日益增强。未来研究可以进一步探究服务业企业竞合与制造业企业竞合的共同与不同之处，以及在服务业竞合过程中不同国家和地区的合作伙伴是如何影响服务业创新绩效的。

## 注释

① 本研究中对"本土竞合"与"境外竞合"的划分是基于商务部、国家统计局、国家外汇管理局于2016年发布的《对外直接投资统计制度》中对国别（地区）的划分，以及对境外企业与内地企业的划分。《对外直接投资统计制度》中将国外企业、港澳台企业（中国香港、中国澳门、中国台湾地区的企业）划分为境外企业。本研究实证分析样本来自国家统计局于2009年10月至2011年8月实施的"40城市制造业企业跟踪调查问卷"收集的数据。这一调查将竞合伙伴的国家和地区分布分为四大类，分别为：第一，中国内地；第二，中国香港特别行政区、中国台湾地区、新加坡或韩国；第三，欧洲、美国或日本；第四，其他国家和地区。结合《对外直接投资统计制度》与国家统计局问卷调查给出的分类，在本项研究中，我们立足国家部委权威分类和所获取的实际数据，将中国内地企业与内地地区竞争者的合作称为"本土竞合"，将中国内地企业与中国香港特别行政区企业及台湾地区企业（国家统计局的问卷调查数据没有涉及与澳门地区企业的相关情况）以及与新加坡、韩国、欧洲、美国、日本以及其他国家和地区的竞争者的合作称为"境外竞合"。

② 受调查企业普遍与本土诸多非竞争者建立了合作关系，而与境外非竞争者之间建立了合作关系的企业则相对有限，因此本文选择专门研究企业与境外非竞争者之间的合作。正文的后续论述中对此专门给出说明。

③ NIH综合征（Not Invented Here Syndrome）是指在社会、公司或组织中人们对源自外部研究成果或知识的排斥。这一排斥不是由于技术或法律等因素造成的，仅仅是因为这些研究成果或知识并非来自组织内部。

④ 赫芬达尔—赫希曼指数（简称HHI指数）是一种测量产业集中度的综合指数。越高的市场集中度，表明越高的垄断程度和越低的市场竞争程度。

## 参考文献

[1] 陈菲琼、范良聪:《基于合作与竞争的战略联盟稳定性分析》,《管理世界》2007年第7期。

[2] 李敏、曾国军:《跨国公司在华投资策略及中国企业的应对措施研究进展——“跨国公司在中国:竞争与合作”国际研讨会综述》,《管理世界》2004年第8期。

[3] 李平、刘志勇:《发展中国家技术创新的特点及其对策》,《南开经济研究》2001年第6期。

[4] 刘洋、魏江、江诗松:《后发企业如何进行创新追赶?——研发网络边界拓展的视角》,《管理世界》2013年第3期。

[5] 刘志迎、单洁含:《技术距离、地理距离与大学—企业协同创新效应——基于联合专利数据的研究》,《科学学研究》2013年第9期。

[6] 路风、封凯栋:《发展我国自主知识产权汽车工业的政策选择》,北京大学出版社2005年版。

[7] [法]皮埃尔·杜尚哲、[法]贝尔纳·加雷特、李东红:《战略联盟》,中国人民大学出版社2006年版。

[8] 曲建:《跨国公司对华投资与中国积极拓展“世界工厂”功能》,《特区经济》2003年第4期。

[9] 万幼清、王云云:《产业集群协同创新的企业竞合关系研究》,《管理世界》2014年第8期。

[10] 王凤彬、李东红、刘月宁、王璁:《“竞争”还是“合作”:组织中局部功能替代性部门间冲突的动态演进——基于研华大陆区线上业务的纵向案例研究》,《管理世界》2015年第12期。

[11] 王钦、张萑:《中国工业企业技术创新40年:制度环境与企业行为的共同演进》,《经济管理》2018年第11期。

[12] 杨震宁、吴剑峰、乔璐:《企业研发伙伴的多样性、政治嵌入与技术创新绩效的关系研究》,《经济管理》2016年第1期。

[13] 伊彤:《我国国际科技合作中的技术转移》,《中国科技论坛》2007年第7期。

[14] Afuah, A., “How Much Do Your Co-opetitors’Capabilities Matter in the Face of Technological Change?” *Strategic Management Journal*, Vol. 21(3), 2000, pp.397-404.

[15] Ahuja, G., “Collaboration Networks, Structural Holes and Innovation: A Longitudinal Study”, *Administrative Science Quarterly*, Vol. 45(3), 2000, pp.425-455.

[16] Ang, S. H., "Competitive Intensity and Collaboration: Impact on Firm Growth across Technological Environments", *Strategic Management Journal*, Vol. 29, 2008, pp.1057–1075.

[17] Asgari, N., Tandon, V., Singh, K. & Mitchell, W., "Creating and Taming Discord: How Firms Manage Embedded Competition in Alliance Portfolios to Limit Alliance Termination", *Strategic Management Journal*, Vol. 39 (12), 2018, pp.3273–3299.

[18] Belderbos, R., Carree, M. & Lokshin, B., "Cooperative R&D and Firm Performance", *Research Policy*, Vol. 33 (10), 2004, pp.1477–1492.

[19] Bengtsson, M. & Kock, S., "Cooperation and Competition in Relationships between Competitors in Business Networks", *Journal of Business and Industrial Marketing*, Vol. 14 (3), 1999, pp.178–190.

[20] Bengtsson, M. & Kock, S., "'Coopetition' in Business Networks–To Cooperate and Compete Simultaneously", *Industrial Marketing Management*, Vol. 29 (5), 2000, pp.411–426.

[21] Bengtsson, M. & Kock, S., "Coopetition-Quo Vadis? Past Accomplishments and Future Challenges", *Industrial Marketing Management*, Vol. 43 (2), 2014, pp.180–188.

[22] Bengtsson, M. & Raza–Ullah, T., "A Systematic Review of Research on Coopetition: Toward A Multilevel Understanding", *Industrial Marketing Management*, Vol. 57, 2016, pp.23–39.

[23] Bengtsson, M., Raza–Ullah, T. & Vanyushyn, V., "The Coopetition Paradox and Tension: The Moderating Role of Coopetition Capability", *Industrial Marketing Management*, Vol. 53, 2016, pp.19–30.

[24] Bengtsson, M., Wilson, T., Kock, S., Nisuls, J. & Söderqvist, A., "Co-opetition: A Source of International Opportunities in Finnish SMEs", *Competitiveness Review: An International Business Journal*, Vol. 20 (2), 2010, pp.111–125.

[25] Boschma, R., "Proximity and Innovation: A Critical Assessment", *Regional Studies*, Vol. 39 (1), 2005, pp.61–74.

[26] Bouncken, R. B., Gast, J., Kraus, S. & Bogers, M., "Coopetition: A Systematic Review, Synthesis and Future Research Directions", *Review of Managerial Science*, Vol. 9 (3), 2015, pp.577–601.

[27] Carayannis, E. G., Alexander, J., "Winning by Co-opeting in Strategic Government-University-Industry R&D Partnerships: The Power of Complex, Dynamic Knowledge

Networks", *Journal of Technology Transfer*, Vol. 24 (2-3), 1999, pp.197-210.

[28] Chen, D., Dai, L. & Li, D., "A Delicate Balance for Innovation: Competition and Collaboration in R&D Consortia", *Management and Organization Review*, Vol. 15 (1), 2019, pp.145-176.

[29] Chen, M. J., "Competitor Analysis and Interfirm Rivalry: Toward a Theoretical Integration", *Academy of Management Review*, Vol. 21 (1), 1996, pp.100-134.

[30] Chen, X. & Wu, J., "Do Different Guanxi Types Affect Capability Building Differently? A Contingency View", *Industrial Marketing Management*, Vol. 40 (4), 2011, pp.581-592.

[31] Chesbrough, H. W., *Open Innovation: The New Imperative for Creating and Profiting from Technology*, Harvard Business Press, 2003.

[32] Chung, S. A. & Kim, G. M., "Performance Effects of Partnership between Manufacturers and Suppliers for New Product Development: The Supplier's Standpoint", *Research Policy*, Vol. 32 (4), 2003, pp.587-603.

[33] Clark, K. B. & Fujimoto, T., *Product Development Performance: Strategy, Organization and Management in the World Auto Industry*, Boston: Harvard Business School Press, 1991.

[34] Cohen, W. M. & Levinthal, D. A., "Absorptive Capacity: A New Perspective on Learning and Innovation", *Administrative Science Quarterly*, Vol. 35 (1), 1990, pp.128-152.

[35] Cui, A. S. & O'Connor, G., "Alliance Portfolio Resource Diversity and Firm Innovation", *Journal of Marketing*, Vol. 76 (4), 2012, pp.24-43.

[36] Das, T. K. & Teng, B. S., "Instabilities of Strategic Alliances: An Internal Tensions Perspective", *Organization Science*, Vol. 11 (1), 2000, pp.77-101.

[37] Dhanaraj, C. & Parkhe, A., "Orchestrating Innovation Networks", *Academy of Management Review*, Vol. 31 (3), 2006, pp.659-669.

[38] Faems, D., Van Looy, B. & Debackere, K., "Interorganizational Collaboration and Innovation: Toward a Portfolio Approach", *Journal of Product Innovation Management*, Vol. 22 (3), 2005, pp.238-250.

[39] Fernandez, A. S., Le Roy, F. & Gnyawali, D. R., "Sources and Management of Tension in Co-opetition Case Evidence from Telecommunications Satellites Manufacturing in Europe", *Industrial Marketing Management*, Vol. 43 (2), 2014, pp.222-235.

[40] Fosfuri, A. & Tribó, J. A., "Exploring the Antecedents of Potential Absorptive Capacity and Its Impact on Innovation Performance", *Omega*, Vol. 36 (2), 2008, pp.173–187.

[41] Frame, J. D. & Carpenter, M. P., "International Research Collaboration", *Social Studies of Science*, Vol. 9, 1979, pp.481–497.

[42] George, G., Zahra, S. A. & Wood Jr, D. R., "The Effects of Business-University Alliances on Innovative Output and Financial Performance: A Study of Publicly Traded Biotechnology Companies", *Journal of Business Venturing*, Vol. 17 (6), 2002, pp.577–609.

[43] Gnyawali, D. R. & Madhavan, R., "Cooperative Networks and Competitive Dynamics: A Structural Embeddeness Perspective", *Academy of Management Review*, Vol. 26 (3), 2001, pp.431–445.

[44] Gnyawali, D. R. & Park, B. J., "Co-opetition and Technological Innovation in Small and Medium-sized Enterprises: A Multilevel Conceptual Model", *Journal of Small Business Management*, Vol. 47 (3), 2009, pp.308–330.

[45] Gnyawali, D. R. & Park, B. J., "Co-opetition between Giants: Collaboration with Competitors for Technological Innovation", *Research Policy*, Vol. 40 (5), 2011, pp.650–663.

[46] Hamel, G., "Competition for Competence and Interpartner Learning within International Strategic Alliances", *Strategic Management Journal*, Vol. 12 (S1), 1991, pp.83–103.

[47] Harrigan, K. R., "Joint Ventures and Competitive Strategy", *Strategic Management Journal*, Vol. 9 (2), 1988, pp.141–158.

[48] He, Z. L., Tong, T. W., Zhang, Y. & He, W., "A Database Linking Chinese Patents to China's Census Firms", *Scientific Data*, Vol. 5, 2018, p.180042.

[49] He, Z. L. & Wong, P. K., "Exploration vs. Exploitation: An Empirical Test of the Ambidexterity Hypothesis", *Organization Science*, Vol. 15 (4), 2004, pp.481–494.

[50] Huang, K. F. & Yu, C. M. J., "The Effect of Competitive and Non-Competitive R&D Collaboration on Firm Innovation", *The Journal of Technology Transfer*, Vol. 36 (4), 2011, pp.383–403.

[51] Ingram, P. & Roberts, P. W., "Friendships among Competitors in the Sydney Hotel Industry", *American Journal of Sociology*, Vol. 106 (2), 2000, pp.387–423.

[52] Jiang, R. J., Tao, Q. T. & Santoro, M. D., "Alliance Portfolio Diversity and Firm

Performance", *Strategic Management Journal*, Vol. 31 (10), 2010, pp.1136-1144.

[53] Kang, K. H. & Kang, J., "Does Partner Type Matter in R&D Collaboration for Product Innovation?" *Technology Analysis & Strategic Management*, Vol. 22 (8), 2010, pp.945-959.

[54] Katz, R. & Allen, T. J., "Investigating the Not Invented Here (NIH) Syndrome: A Look at the Performance, Tenure and Communication Patterns of 50 R&D Project Groups", *R&D Management*, Vol. 12 (1), 1982, pp.7-20.

[55] Khanna, T., Gulati, R. & Nohria, N., "The Dynamics of Learning Alliances: Competition, Cooperation, and Relative Scope", *Strategic Management Journal*, Vol. 19 (3), 1998, pp.193-210.

[56] Le Roy, F., Robert, M. & Lasch, F., "Choosing the Best Partner for Product Innovation: Talking to the Enemy or to a Friend?" *International Studies of Management & Organization*, Vol. 46 (2-3), 2016, pp.136-158.

[57] Levitas, E. & McFadyen, M. A., "Managing Liquidity in Research-Intensive Firms: Signaling and Cash Flow Effects of Patents and Alliance Activities", *Strategic Management Journal*, Vol. 30 (6), 2009, pp.659-678.

[58] Levy, M., Loebbecke, C. & Powell, P., "Smes, Co-opetition and Knowledge Sharing: The Role of Information Systems", *European Journal of Information Systems*, Vol. 12 (1), 2003, pp.3-17.

[59] Li, Y. A., Liu, Y. & Liu, H., "Co-opetition, Distributor's Entrepreneurial Orientation and Manufacturer's Knowledge Acquisition: Evidence from China", *Journal of Operations Management*, Vol. 29 (1-2), 2011, pp.128-142.

[60] Lin, B. W., "Technology Transfer as Technological Learning: A Source of Competitive Advantage for Firms with Limited R&D Resources", *R&D Management*, Vol. 33 (3), 2003, pp.327-341.

[61] Lin, H., "Cross-Sector Alliances for Corporate Social Responsibility Partner Heterogeneity Moderates Environmental Strategy Outcomes", *Journal of Business Ethics*, Vol. 110 (2), 2012, pp.219-229.

[62] Liu, Y., Luo, Y. D., Yang, P. P. & Maksimov, V., "Typology and Effects of Co-opetition in Buyer-supplier Relationships: Evidence from the Chinese Home Appliance Industry", *Management and Organization Review*, Vol. 10 (3), 2014, pp.439-465.

[63] Luo, Y., "A Coopetition Perspective of Global Competition", *Journal of World

*Business*, Vol. 42 ( 2 ), 2007, pp.129–144.

[ 64 ] Mansfield, E., "How Rapidly Does New Industrial Technology Leak Out?" *The Journal of Industrial Economics*, Vol. 34, 1985, pp.217–223.

[ 65 ] Maroofi, F., "Examining the Dynamics of Cooperation between Competing Firms in Their R&D Activities ( R&D Co-opetition )", *The South East Asian Journal of Management*, Vol. 9 ( 2 ), 2015, p.87.

[ 66 ] McEvily, B. & Marcus, A., "Embedded Ties and the Acquisition of Competitive Capabilities", *Strategic Management Journal*, Vol. 26 ( 11 ), 2005, pp.1033–1055.

[ 67 ] Mention, A. L., "Co-operation and Co-opetition as Open Innovation Practices in the Service Sector: Which Influence on Innovation Novelty?" *Technovation*, Vol. 31 ( 1 ), 2011, pp.44–53.

[ 68 ] Miller, D. J. "Technological Diversity, Related Diversification, and Firm Performance", *Strategic Management Journal*, Vol.27 ( 7 ), 2006, pp.601–619.

[ 69 ] Miller, D. J., Fern, M. J. & Cardinal, L. B., "The Use of Knowledge for Technological Innovation within Diversified Firms", *Academy of Management Journal*, Vol. 50 ( 2 ), 2007, pp.307–325.

[ 70 ] Nalebuff, B. J. & Brandenburger, A. M., *Coopetition*, New York: Crown Business, 1996.

[ 71 ] Nemeh, A. & Yami, S., "The Determinants of the Emergence of Coopetition Strategy in R&D", *International Studies of Management & Organization*, Vol. 46 ( 2–3 ), 2016, pp.159–178.

[ 72 ] Nieto, M. J. & Santamaría, L., "The Importance of Diverse Collaborative Networks for the Novelty of Product Innovation", *Technovation*, Vol. 6 ( 27 ), 2007, pp.367–377.

[ 73 ] Padula, G. & Dagnino, G. B., "Untangling the Rise of Coopetition: The Intrusion of Competition in a Cooperative Game Structure", *International Studies of Management & Organization*, Vol. 37 ( 2 ), 2007, pp.32–52.

[ 74 ] Pangarkar, N. & Wu, J., "Alliance Formation, Partner Diversity and Performance of Singapore Startups", *Asia Pacific Journal of Management*, Vol. 30 ( 3 ), 2013, pp.791–807.

[ 75 ] Park, B. J., Srivastava, M. K. & Gnyawali, D. R., "Impact of Coopetition in the Alliance Portfolio and Coopetition Experience on Firm Innovation", *Technology Analysis & Strategic Management*, Vol. 26 ( 8 ), 2014a, pp.893–907.

[76] Park, B. J., Srivastava, M. K. & Gnyawali, D. R., "Walking the Tight Rope of Coopetition: Impact of Competition and Cooperation Intensities and Balance on Firm Innovation Performance", *Industrial Marketing Management*, Vol. 43 (2), 2014b, pp.210–221.

[77] Park, S. H. & Ungson, G. R., "Interfirm Rivalry and Managerial Complexity: A Conceptual Framework of Alliance Failure", *Organization Science*, Vol. 12 (1), 2001, pp.37–53.

[78] Peng, M. W., "Institutional Transitions and Strategic Choices", *Academy of Management Review*, Vol. 28 (2), 2003, pp.275–296.

[79] Pfeffer, J. & Salancik, G. R., *The External Control of Organizations: A Resource Dependence Perspective*, Stanford University Press, 1978.

[80] Phelps, C. C., "A Longitudinal Study of the Influence of Alliance Network Structure and Composition on Firm Exploratory Innovation", *Academy of Management Journal*, Vol. 53 (4), 2010, pp.890–913.

[81] Powell, W. W., Koput, K. W. and Smith-Doerr, L., "Interorganizational Collaboration and the Locus of Innovation: Networks of Learning in Biotechnology", *Administrative Science Quarterly*, Vol. 41 (1), 1996, pp.116–145.

[82] Quintana-Garcia, C. & Benavides-Velasco, C. A., "Cooperation, Competition and Innovative Capability: A Panel Data of European Dedicated Biotechnology Firms", *Technovation*, Vol. 24 (12), 2004, pp.927–938.

[83] Renna, P. & Argoneto, P., "Capacity Investment Decision in Co-opetitive Network by Information Sharing", *Computers & Industrial Engineering*, Vol. 62 (1), 2012, pp.359–367.

[84] Rigby, D. & Zook, C., "Open-Market Innovation", *Harvard Business Review*, Vol. 80 (10), 2002, pp.80–93.

[85] Ritala, P. & Hurmelinna-Laukkanen, P., "What's in It for Me? Creating and Appropriating Value in Innovation-related Coopetition", *Technovation*, Vol. 29 (12), 2009, pp.819–828.

[86] Ritala, P., "Coopetition Strategy-When Is It Successful? Empirical Evidence on Innovation and Market Performance", *British Journal of Management*, Vol. 23 (3), 2012, pp.307–324.

[87] Ritala, P., Huizingh, E., Almpanopoulou, A. & Wijbenga, P., "Tensions in

R&D Networks: Implications for Knowledge Search and Integration", *Technological Forecasting and Social Change*, Vol. 120, 2017, pp.311-322.

[88] Ritala, P., Kraus, S. & Bouncken, R. B., "Introduction to Coopetition and Innovation: Contemporary Topics and Future Research Opportunities", *International Journal of Technology Management*, Vol. 71 (1-2), 2016, pp.1-9.

[89] Ritala, P., Olander, H., Michailova, S. & Husted, K., "Knowledge Sharing, Knowledge Leaking and Relative Innovation Performance: An Empirical Study", *Technovation*, Vol. 35, 2015, pp.22-31.

[90] Sampson, R. C., "R&D Alliances and Firm Performance: The Impact of Technological Diversity and Alliance Organization on Innovation", *Academy of Management Journal*, Vol. 50 (2), 2007, pp.364-386.

[91] Shipilov, A., Gulati, R., Kilduff, M., Li, S. & Tsai, W., "Relational Pluralism within and between Organizations", *Academy of Management Journal*, Vol. 57 (2), 2014, pp.449-459.

[92] Srivastava, M. K. & Gnyawali, D. R., "When Do Relational Resources Matter? Leveraging Portfolio Technological Resources for Breakthrough Innovation", *Academy of Management Journal*, Vol. 54 (4), 2011, pp.797-810.

[93] Stuart, T. E. & Podolny, J. M., "Local Search and the Evolution of Technological Capabilities", *Strategic Management Journal*, Vol. 17 (S1), 1996, pp.21-38.

[94] Teece, D. J., "Profiting from Technological Innovation: Implications for Integration, Collaboration, Licensing and Public Policy", *Research Policy*, Vol. 15 (6), 1986, pp.285-305.

[95] Tether, B. S., "Who Co-operates for Innovation, and Why: An Empirical Analysis", *Research Policy*, Vol. 31 (6), 2002, pp.947-967.

[96] Tsai, K. H., "Collaborative Networks and Product Innovation Performance: Toward a Contingency Perspective", *Research Policy*, Vol. 38 (5), 2009, pp.765-778.

[97] Tsai, W., "Social Structure of 'Coopetition' within a Multiunit Organization: Coordination, Competition and Intraorganizational Knowledge Sharing", *Organization Science*, Vol. 13 (2), 2002, pp.179-190.

[98] Uzzi, B., "Social Structure and Competition in Interfirm Networks: The Paradox of Embeddedness", *Administrative Science Quarterly*, Vol. 42 (1), 1997, pp.35-67.

[99] Von Hippel, E., *Sources of Innovation*, New York: Oxford University Press, 1988.

[100] Von Hippel, E., *Democratizing Innovation*, Cambridge: MIT Press, 2005.

[101] Wang, L. & Zajac, E. J., "Alliance or Acquisition? A Dyadic Perspective on Interfirm Resource Combinations", *Strategic Management Journal*, Vol. 28 (13), 2007, pp.1291–1317.

[102] Wu, J., "Technological Collaboration in Product Innovation: The Role of Market Competition and Sectoral Technological Intensity", *Research Policy*, Vol. 41 (2), 2012, pp.489–496.

[103] Wu, J., "Cooperation with Competitors and Product Innovation: Moderating Effects of Technological Capability and Alliances with Universities", *Industrial Marketing Management*, Vol. 43 (2), 2014, pp.199–209.

[104] Zhang, H. S., Shu, C. L., Jiang, X. & Malter, A. J., "Managing Knowledge for Innovation: The Role of Cooperation, Competition and Alliance Nationality", *Journal of International Marketing*, Vol. 18 (4), 2010, pp.74–94.

（李东红、乌日汗，清华大学经济管理学院；
陈东，Department of Management，Loyola Marymount University）

原载《管理世界》2020 年第 2 期

# 究竟哪些因素决定了中国企业的技术创新

## ——基于九大中文经济学权威期刊和A股上市公司数据的再实证

冯根福　郑明波　温　军　张存炳

**摘要：**大量的经济学实证文献从不同视角对中国企业技术创新的主要影响因素进行了探讨，然而得出的结论却是众说纷纭。本文通过引入统计显著性因素拓展了现有的经济重要性衡量指标，首次提出和重新设计了一种分析和评价经济变量重要性的贡献度指标；然后，运用本文重新设计的贡献度指标，基于九大中文经济学权威期刊2008—2018年发表的172篇有关中国企业技术创新影响因素分析的实证文献，使用1457家中国A股上市公司的数据，对从上述文献中分析提炼出来的影响中国企业技术创新的主要因素的相对重要性进行了再实证分析，从中发现了决定中国企业技术创新的关键因素及其在不同产权性质和不同行业企业中的差异性。结果显示，企业规模是决定中国企业技术创新的关键内部因素，而地区金融发展水平、产业结构和产权保护水平是决定中国企业技术创新的关键外部因素；相比于国有企业和非高新技术行业企业，金融发展水平对民营企业和高新技术行业企业技术创新的影响表现得更为重要；而在国有企业和非高新技术行业企业技术创新中，地区产业结构则更为关键。因此，中国未来促进企业技术创新能力提高的政策着力点应放在做强做优做大企业、继续深化金融供给侧结构性改革、加快发展现代产业体系以及不断完善产权保护制度等方面。

**关键词：**企业技术创新　影响因素　经济重要性　统计显著性　专利申请

## 一　引言

改革开放以来，中国科技发展和企业技术创新取得了举世瞩目的成就。但是也应清醒地认识到，与建设世界科技强国的目标和要求相比，中国仍然存在技术创新能力还不够强的矛盾和问题，创新能力还不能适应高质量发展的要求。面对当今世界正经历的百年未有之大变局、新一轮科技革命和产业变革深入推进的新形势，以习近平同志为核心的党中央对中国科技创新和企业技术创新能力提出了新的要求。党的十九届五中全会明确提出，“坚持创新在我国现代化建设全局中的核心地位，把科技自立自强作为国家发展的战略支撑”“要强化国家战略科技力量，提升企业技术创新能力”。企业是技术创新决策、研发投入、科研组织、成果转化的核心主体，因此，快速提升企业技术创新能力，对于加快建设科技强国，实现党的十九届五中全会提出的“十四五”规划和二〇三五年远景目标至关重要。

如何提高企业技术创新能力一直是中国经济学界关注的一个焦点和热点话题。罗润东和李超（2016）通过分析2015年中国经济学的研究现状和研究热点发现，创新是多个热点研究领域的关键词。延续该文视野，本文通过统计2008—2018年《经济研究》《管理世界》《中国工业经济》《经济学（季刊）》《金融研究》《世界经济》《数量经济技术经济研究》《财贸经济》《经济管理》九大中文经济学权威期刊有关企业技术创新文献发现，中文权威期刊刊发的企业技术创新实证文献总体呈现出不断增长的趋势。[①] 从这些文献可以看出，中国众多学者从不同角度探究了中国企业技术创新的主要影响因素，包括企业规模（周黎安和罗凯，2005）、公司治理（冯根福和温军，2008）、市场竞争（张杰等，2014）、政府补贴（郭玥，2018）、金融发展（钟腾和汪昌云，2017），等等。这些研究为理解和把握中国企业技术创新的影响因素提供了有益视角和良好基础。

尽管国内学者发表了大量关于中国企业技术创新影响因素的文献，但是这些研究得出的结论却是众说纷纭，莫衷一是，而基于不同结论提出的政策建议更可谓五花八门。从逻辑上讲，虽然影响中国企业技术创新的因素有很多，但是各种影响因素的相对重要性各不相同。本文认为这些影响因素绝不可能都是主要影响因素，其间必然有主次之分。于是这就提出一个问题：既然已有研究发现了许许多多影响中国企业技术创新的因素，那么，究竟哪些因素是影响中国企业技术创新的关键因素呢？令人遗憾的是，截至目前，还没有任何文献对这个问题进行探讨和解答。然而，科学解答这个问题，对于正确理解和把握中国企业技术创新的关键影响因素以及制定科学可行的企业技术创新能力提升政策等有着重大的意义。

迄今，学术界尚未发现和建立一种科学合理的评价变量相对重要性的方法。正如Sterck（2018）所指出的，已有评价变量经济显著性（也称经济重要性）的方法（如标准化系数、夏普值）大多存在明显的估计偏误，不能科学有效地评估解释变量对于被解释变量的相对重要性。尽管学术界在评价变量相对重要性的方法上做出了一定努力，但尚未形成公认合理的评价指标。就目前的文献看，Sterck（2019）通过公理化方法分解计量模型的拟合优度，基于单个变量的拟合优度提出了评价变量经济重要性的指标，为评价变量相对重要性的方法论提供了新的发展方向。但Sterck（2019）提出的指标与已有评价变量经济重要性的方法依然面临着一个矛盾，即变量的经济重要性与统计显著性常常出现不匹配的情形。具体讲，变量可能

① 具体数据见《中国工业经济》网站（http：//ciejournal.ajcass.org）附件。

具有经济重要性，但无法通过传统的统计检验，不具有统计显著性，从而违背了计量经济学中统计显著即影响明显的常理，导致不能合理准确评价变量的相对重要性。出现这一矛盾的根源在于，既有评价变量相对重要性的方法论文献仅从经济含义出发构建评价指标，没有考虑变量的统计显著性，导致已有方法不能同时兼具经济重要性和统计显著性。可见，单从经济重要性或统计显著性判断变量的相对重要性可能存在二极化取舍的问题，科学评估中国企业技术创新的关键影响因素还需要综合考虑变量的经济重要性与统计显著性。因此，如果要科学评估中国企业技术创新的关键影响因素，首先需要从评价解释变量相对重要性的方法上实现突破。

基于上述认识，本文改进了评价变量相对重要性的方法，重新设计了贡献度指标，并运用改进和重新设计的贡献度指标，基于中国九大经济学权威期刊 2008—2018 年发表的 172 篇有关中国企业技术创新影响因素分析的实证文献，使用 1457 家中国 A 股上市公司的数据，再实证和重新评估了决定中国企业技术创新的关键因素。研究结果显示：①企业规模是决定中国企业技术创新的关键内部因素，这一结果不随企业产权性质或行业特征发生改变；②金融发展水平、产业结构和产权保护是决定中国企业技术创新最为关键的三个外部因素，而其余外部因素的作用则相对较弱；③相较于国有企业和非高新技术行业企业，金融发展水平对民营企业和高新技术行业企业技术创新的影响更为突出；④对国有企业和非高新技术行业企业而言，地区产业结构对其技术创新的决定作用表现得更加明显。

与已有文献相比，本文的边际贡献主要体现在以下三个方面。①研究方法上，通过引入统计显著性因素，改进和重新设计了评价变量相对重要性的指标。现有文献在评估变量的经济重要性时大多使用标准化系数或夏普值方法（Sterck，2018），其结果可能与传统的统计显著性相矛盾。本文通过引入统计显著性因素，拓展了 Sterck（2019）的经济重要性指标，提出和重新设计了评价变量重要性的贡献度指标，从而为分析经济变量的主要影响因素和评价解释变量的相对重要性提供了一种新的方法。②研究视角上，本文探寻了中国企业技术创新的关键影响因素，拓展了企业技术创新的相关文献。既有文献大多从个别因素入手，考察其对中国企业技术创新的影响，而本文则对现有文献所发现的众多影响因素进行了综合再实证。③研究发现上，本文基于手工整理的 27 个不同层面企业技术创新的影响因素，利用新设计的贡献度指标对影响中国企业技术创新的关键因素进行了再实证检验，最终发现了决定中国企业技术创新的关键影响因素及其在不同产权性质和不同行业企业中的差异性。本文的发现不仅是对现有文献涉及的全部影响因素集合分析之后得出的新子集，而且是对现有文献涉及的所有影响因素集合的一次再提炼和新升华。本文的发现为制定切实可行的新时代背景下中国企业技术创新能力提升政策提供了具有重要参考价值的理论依据。

本文余下部分结构安排如下：第二部分基于现有的中国企业技术创新相关实证文献选取

主要的影响因素；第三部分在分析现有评价变量经济重要性指标的优点与不足的基础上，提出并重新设计了贡献度指标，并介绍了再实证检验的数据来源与变量；第四部分报告中国企业技术创新决定因素再实证检验的结果，主要讨论中国企业技术创新的关键影响因素以及结果是否因产权性质与行业特征存在差异；第五部分为主要结论与政策启示。

## 二　中国企业技术创新影响因素的选取

改革开放以来，尤其是2008年后，围绕中国企业技术创新的影响因素，中国经济学界进行了大量探索和研究，取得了丰硕的研究成果。为了直观地了解现有文献中企业技术创新的主要影响因素，本文手工收集了2008—2018年九大中文经济学权威期刊上有关企业技术创新的实证文献，并整理了影响中国企业技术创新的相关因素。本文选取的九大中文经济学期刊是《经济研究》《管理世界》《中国工业经济》《经济学（季刊）》《金融研究》《世界经济》《数量经济技术经济研究》《财贸经济》《经济管理》。[①] 在选取企业技术创新实证文献过程中，本文删除了部分不合适的文献，如企业技术创新的纯理论研究文献；再如题目涉及企业技术创新，但实际使用行业或地区数据进行分析的文献；还有使用了企业数据分析企业技术创新问题，但没有使用计量方法分析企业技术创新影响因素的文献。通过手工整理，最终获得172篇有关中国企业技术创新的文献。在此基础上，本文收集整理了上述172篇文献计量模型中涉及中国企业技术创新的所有影响因素，并按照企业、行业和地区三个层面进行归类，最终得到中国企业技术创新的影响因素达424个，其中，企业层面329个、行业层面28个、地区层面67个。企业层面的变量总计被使用1443次，行业层面变量总计被使用78次，地区层面变量被使用149次。考虑到后文分析中不可能将所有的影响因素放入计量模型，本文对上述影响因素进行了初步筛选，确定文献中10次及以上使用为企业层面影响因素的标准，5次及以上使用为地区层面影响因素的标准。行业层面由于文献使用较少，仅选择行业市场竞争程度及其二次项。通过筛选，最终得到中国企业技术创新的影响因素有27个，其中，企业层面变量19个、行业层面变量1个、地区层面变量7个。

依据研究层面的不同，本文把影响企业技术创新的因素分为企业层面因素、行业层面因素和地区层面因素三类。[②] 统计发现，企业规模是中国企业技术创新研究中被使用最多的变量，占比达到94.1860%。这说明，绝大部分文献认为企业规模是影响企业技术创新的主要因素。安同良等（2006）利用江苏省制造业调查的微观数据发现，大企业比小企业更多地开展

---

① 之所以选取上述九大中文经济学期刊作为文献整理的来源，主要是因为这些期刊是中国学术界公认的国内经济学权威期刊，一般而言，这些期刊发表的论文的科学性和得出的结论的可靠性更强。

② 选择的变量详见《中国工业经济》网站（http：//ciejournal.ajcass.org）附件。

持续性研发活动。高管激励、产权性质、政府补贴、出口等变量也被文献广泛使用，表明现有研究还注意到高管激励、产权性质、政府补贴、贸易等因素在企业技术创新过程中的作用。行业层面上，部分文献注意到行业竞争对企业技术创新的重要作用。张杰等（2014）发现，中国情景下市场竞争是影响企业技术创新的重要变量。还有部分文献关注市场化转型、外部制度环境、地区要素禀赋等因素在企业技术创新中的角色。例如，魏浩和巫俊（2018）的实证研究显示，知识产权保护水平提高有利于促进创新型领军企业的创新能力。接下来，本文在选取 27 个企业技术创新的影响因素后，将使用合适方法寻找决定中国企业技术创新的关键因素。

## 三　贡献度指标设计与计量设定

### 1. 贡献度指标设计

（1）现有文献中经济重要性指标存在的问题分析。从现有的变量经济重要性指标看，所有的方法都是基于回归结果计算相关指标。目前文献中常用的变量经济重要性指标包括标准化系数（Grömping，2015）、夏普值（Huettner and Sunder，2012）、均值分解（Holgersson et al.，2014）和 $Q$ 指标（Sterck，2019）。以下将针对上述指标进行简要介绍和评价。标准化系数使用解释变量和被解释变量的标准差消除回归系数的单位差异，判断不同解释变量对被解释变量的重要程度（Satyanath et al.，2017）。然而，由于标准化系数的结果受制于变量间的相关性，无法进行可加性的经济解释，且没有考虑变量的统计显著性（Bring，1994；Sterck，2019），因而可能造成结果偏误。夏普值方法认为模型的拟合优度代表了因变量被所有自变量解释的比例，因而自变量的相对重要性等于自变量对回归模型拟合优度的贡献。然而，夏普值计算依赖于变量间的相关性和模型的多重性，也会产生不可靠的结果（Grömping，2015）。Sterck（2019）从方差分解的思路出发，提出了度量变量经济重要性的 $Q$ 指标，认为自变量变化所引起的因变量方差变动大小代表了变量的重要性。然而，$Q$ 指标在分析时遗漏了变量的统计显著性。例如，Sterck（2019）在分析长期经济增长的驱动因素时，年度平均降雨量变量不显著但经济重要性为 2.90%，大于某些统计显著的解释变量。Holgersson 等（2014）提出均值分解法，将因变量的均值分解到各个自变量，并将各个自变量在因变量均值中所占的比例作为变量的经济重要性。但这一方法不仅受变量单位、因变量均值、自变量均值的影响（Sterck，2018），而且也没有考虑统计显著性对结果的影响。

（2）本文改进和重新设计的贡献度指标。尽管已有的经济重要性指标从不同角度衡量了变量的经济重要性，但这些指标均存在一个突出问题，即经济重要性与统计显著性两者的结果可能互相矛盾。一方面，变量具有经济重要性，但从统计显著性角度来说变量并不重要；另一方面，变量在统计上显著，但在经济意义上影响较弱。为此，本文同时考虑经济重要性和统计显著性因素，构建了一个衡量变量重要程度的新指标。本文改进和重新设计的贡献度指标与已有指标主要有两点不同：一是统计不显著的解释变量对被解释变量没有实质贡献，只有达到了一定统计显著性的解释变量才拥有经济意义上的重要性，对被解释变量具有实质贡献。对于统计不显著的变量，其贡献度被定义为零，表示该变量对被解释变量无影响或无贡献。对于其他统计显著的变量，其贡献度由经济重要性衡量。二是本文的贡献度指标同时考虑了变量的水平值贡献和方差值贡献。Sterck（2019）提出的经济重要性指标能够刻画变量对被解释变量离散程度的贡献程度，而 Holgersson 等（2014）提出的经济重要性指标根据变量的水平值贡献分解了被解释变量。这两种方法分别从变量的一阶矩（水平值贡献）和二阶矩（方差值贡献）视角度量了解释变量的重要性。解释变量对被解释变量的贡献不仅体现在解释变量水平值变化会带动被解释变量水平值的变化，还意味着解释变量的波动会传导至被解释变量的波动中。相比于单独考虑水平值贡献或方差值贡献，同时考虑水平值和方差值贡献更能够全面和准确地衡量解释变量对被解释变量的影响。本文修正了前人做法，综合考虑变量的水平值和方差值贡献，试图更加精确地刻画解释变量的重要性。考虑如下回归模型：

$$y=\beta_0+\beta_1 x_1+\cdots+\beta_k x_k+\varepsilon \tag{1}$$

其中，$y$ 表示被解释变量，$x_i$ 表示解释变量，$\varepsilon$ 表示误差项。$\beta_i$ 为变量 $x_i$ 的回归系数。假定误差项与所有的解释变量不相关，那么，使用最小二乘法可以得到一致估计。下面给出贡献度指标 $MQ$ 需要满足的要求，然后构建具体的指标。

可解释性。所有变量的贡献度之和为 1，即有：

$$\sum_i MQ_i=1 \tag{2}$$

其中，$MQ_i$ 表示第 $i$ 个指标的贡献度。这一要求保证了提出的贡献度指标能够用于刻画被解释变量的变化，即被解释变量本身能够被所有的变量解释。需要指出的是，由于模型不可避免地存在遗漏变量，被解释变量的一部分将被误差项所解释。

贡献无关性。变量 $x_i$ 对被解释变量的贡献度只取决于其回归系数和变量本身。即有：

$$\partial MQ_i/\partial x_j=0,\partial MQ_i/\partial\beta_j=0,i\neq j \tag{3}$$

式（3）说明，变量 $x_i$ 的贡献度与其他变量及其回归系数无关。根据这一要求，贡献度指标主要考虑了解释变量本身对被解释变量的直接影响，不考虑其可能存在的间接影响。

排除性。如果变量的回归系数等于零或者统计不显著，那么，变量的贡献度为零。变量的回归系数等于零，意味着该解释变量对被解释变量不存在影响。类似地，变量在统计上不显著，即在一定的显著性水平下系数与零之间的差异不大，那么，也可以认为该变量对被解释变量的影响可以忽略。这一要求是本文与 Sterck（2019）以及其他文献的不同之处。Sterck（2019）在构建指标时主要考虑了变量的经济含义。本文在分析统计显著性含义的基础上，认为刻画变量的贡献时应考虑统计显著性。需要注意的是，由于现有文献在讨论统计显著性时存在不同的标准且 5% 在经济学文献中较为常用，本文选取 5% 作为统计显著性的临界值。

包含性。如果解释变量的系数大于零且具有统计显著性，那么，解释变量的贡献度应大于零。这一要求与排除性假设相对应。当统计不显著变量的贡献度被归于零时，所有统计显著的解释变量被赋予正的贡献度。

根据上述要求，参照 Sterck（2019）构建的经济重要性指标，本文构建方差贡献度视角下变量重要性的指标 $QV$，其表达式为：

$$QV(x_i)=\begin{cases}\mathrm{Var}(\beta_i x_i)/(\mathrm{Var}(\varepsilon)+\sum\limits_{i\in\Omega}\mathrm{Var}(\beta_i x_i)) & \text{if} \quad p_i \leqslant p_0 \\ 0 & \text{if} \quad p_i > p_0\end{cases} \tag{4}$$

其中，$\Omega$ 表示所有统计显著变量的集合，$p_i$ 为变量 $x_i$ 的 $p$ 值，$p_0$ 为统计显著的临界值。式（4）中，若统计显著，则变量 $x_i$ 的贡献度 $QV$ 等于变量 $x_i$ 所引起的被解释变量变化 Var（$\beta_i x_i$）在总变化中所占的比例。变量 $x_i$ 的贡献度可以被解释为变量 $x_i$ 对被解释变量 $y$ 的重要性程度，且所有变量的贡献度之和等于 1。同时，变量 $x_i$ 的贡献度仅与变量自身有关，不受其他变量的影响，因而排除了 $x_i$ 对被解释变量可能产生的间接影响。另外，总变化中考虑了残差项的方差变化 Var（$\varepsilon$），一定程度上避免了解释变量越多时变量贡献度减小的问题。当模型中解释变量增加时，由于 $QV$ 指标中包含残差项，解释变量方差和的增加部分被残差项方差下降部分抵消，意味着总变化基本不变，使得原有解释变量的贡献度不会出现大幅波动。

进一步地，参照 Holgersson 等（2014）从水平贡献角度构建的经济重要性指标，本文构建了水平贡献度视角下的重要性指标 $QS$，其表达式为：

$$QS(x_i)=\begin{cases}\left|\beta_i \overline{x_i}\right| / \sum\limits_{i\in\Omega}\left|\beta_i \overline{x_i}\right| & \text{if} \quad p_i \leqslant p_0 \\ 0 & \text{if} \quad p_i > p_0\end{cases} \tag{5}$$

其中，$\overline{x_i}$ 表示第 $i$ 个变量的均值。式（5）中，变量 $x_i$ 的经济重要性等于其回归系数与均值乘积的绝对值在所有具有统计显著性变量中的比重。类似地，统计不显著的变量不具有经济重要性。需要指出的是，本文在计算时使用了变量回归系数与均值乘积的绝对值，而不是原始值。原因在于，如果某一个变量产生的影响为负，其效应可能抵消部分变量的正向效应，使得单个变量重要性超过 100%。*QS* 指标与 Holgersson 等（2014）的经济重要性指标主要存在两点差别：① *QS* 指标仅考虑了统计显著的变量，避免了变量统计不显著而具有较高经济重要性的情况出现；② *QS* 指标使用绝对值贡献计算经济重要性，消除了经济重要性为负值以及计算过程中变量贡献相抵消现象出现的可能性。

综合考虑变量的水平值贡献和方差值贡献，本文最终得到变量的贡献度指标 *MQ*（Modified Q），其表达式为：

$$MQ(x_i)=\begin{cases}0.5QV(x_i)+0.5QS(x_i) & \text{if } p_i \leqslant p_0\\ 0 & \text{if } p_i > p_0\end{cases} \tag{6}$$

此时，残差项的贡献为 $MQ(\varepsilon)=\mathrm{Var}(\varepsilon)/2(\mathrm{Var}(\varepsilon)+\sum_{i\in\Omega}\mathrm{Var}(\beta_i x_i))$，常数项的贡献为 $MQ(\beta_0)=|\beta_0|/2\sum_{i\in\Omega}|\beta_i\overline{x_i}|$。这里水平值贡献和方差值贡献的权数均设定为 0.5，是基于两者对称性的考虑。*MQ* 指标通过 *QV* 指标纳入残差项的方差，规避了变量贡献度大小与解释变量个数相关的问题。由于水平值贡献中残差项的均值为零和方差值贡献中常数项的方差为零，常数项和残差项的最终贡献均取计算值的一半。从计算形式看，所有变量的 *MQ* 指标相加之和等于 100%，可解释性条件满足。变量的计算过程中主要受到自身回归系数、均值和方差的影响，贡献无关性条件得到满足。*MQ* 指标考虑了统计显著性，排除性与无关性条件也得到满足。

2. 数据来源、计量模型构建与变量定义

（1）数据来源。本文使用的企业数据主要来自国泰安上市公司数据库，包括 2008—2016 年全部 A 股上市公司的财务数据。其中，研发投入数据来自上市公司研发创新数据库，专利申请总量、发明专利申请总量、最终授权的申请专利三种类型专利申请量数据来自上市公司及子公司专利数据库，企业海外收入数据来自 WIND 数据库。市场化指数来自王小鲁等（2017）构建的分省份市场化指数，存贷款余额数据来自 WIND 数据库，人均 GDP、产权保护、GDP 增速、人力资本和产业结构等数据来自历年《中国统计年鉴》。基于数据可靠度的考虑，本文对企业原始数据做了如下处理：①去掉全部金融行业的企业；②去掉全部 ST 类和 PT 类上市公司。最终样本为 1457 家企业 7442 个企业—年度观测值的非平衡面板数据。

（2）模型构建与变量定义。为了探寻企业技术创新的关键影响因素，本文在设定计量模型后运用上文提出的贡献度指标进行计算。本文选择基于 Driscoll-Kraay 标准误的面板固定效应模型作为基准模型。具体设定如下：

$$innovation_{it} = \beta_0 + \beta_1 x_{1it} + \cdots + \beta_k x_{kit} + Firm_i + Year_t + \varepsilon_{it} \tag{7}$$

其中，$innovation_{it}$ 为被解释变量，代表第 $i$ 个企业 $t$ 年的技术创新。企业技术创新可以从创新投入和创新产出两个角度衡量。由于本文更加关注企业技术创新的成果，因此，从创新产出角度考察企业技术创新的产出绩效。具体地，本文使用企业当年所有申请专利数量作为创新产出的指标。参照现有文献的做法，考虑大量企业没有申请专利和专利数据呈现右偏分布，本文对企业专利数量做了对数化处理。为了保证结果稳健性，本文还使用了企业当年所有申请发明专利数量作为技术创新的替代指标进行稳健性检验。解释变量为前文选取的2008—2018 年中国企业技术创新影响因素 $x_{1it}$，…，$x_{kit}$，具体变量名称和定义见后文介绍。前文选取的影响因素主要来自 2008—2018 年九大中文经济学权威期刊上所有关于企业技术创新实证分析的论文。选取的思路在于，2008—2018 年已有发表的研究中国企业技术创新影响因素的文献，基本能够囊括绝大多数潜在的影响企业技术创新的主要因素且同行认同度高，即影响中国企业技术创新的主要因素大致不会脱离既有实证文献的范围。基于上述考虑，本文手工整理了相关实证文献和收集了实证模型中的影响因素，并结合实际可操作性最终确定了 27 个不同层面的影响因素。*Firm* 和 *Year* 分别代表企业个体效应和年份效应，用于控制企业自身特征的影响和不可观测的宏观经济冲击。$\varepsilon_{i,t}$ 表示误差项。需要说明的是，为了尽可能处理模型设定上的不足，本文的回归分析选择了基于 Driscoll-Kraay 标准误的固定效应模型，用于缓解异方差和自相关问题对估计结果的影响。

根据确定的中国企业技术创新的解释变量，本文参照既有文献采用合适的指标衡量相关变量。企业规模，使用企业总资产的自然对数衡量。企业年龄，使用企业成立年限衡量，分析发展阶段对企业技术创新的影响。负债率，使用企业的资产负债率衡量，考察资本结构对企业技术创新的影响。产权性质，不同产权性质企业拥有的资源和面临的约束条件不同，引入产权性质虚拟变量探究产权性质对技术创新的影响，当企业最终控制人属性为国有时，定义该变量取值为 1，否则为 0。现金流，使用企业现金占总资产的比重度量。股权结构，使用前十大股东持股比例衡量。公司成长性，使用企业销售额增长率衡量。利润率，使用利润与销售额之比衡量。固定资产，使用固定资产总额与总资产之比衡量。企业价值，使用市值与总资产之比衡量。机构持股，使用机构投资者持股比例衡量。出口密度，使用企业海外收入占营业收入比重衡量。[①] 董事会治理，使用董事会人数的自然对数衡量。生产率，参照

① WIND 数据库报告了企业营业收入的地区来源。本文手工整理了企业营业收入的地区分类，将企业在中国港澳台地区、境外国家的收入定义为海外收入，并计算海外收入占营业收入的比重。

Giannetti 等（2015）的文章，使用最小二乘方法估计企业的全要素生产率。① 高管激励，使用前三大高管薪酬的对数衡量。政府补贴，使用政府对企业补贴占销售额的比例衡量，并区分研发补贴和非研发补贴。② 研发投入，使用研发投入占营业收入比重衡量。经济增长，使用各省 GDP 的增长率衡量。产权保护，考虑到技术市场交易额反映了产权保护的成果，使用技术市场交易额与 GDP 的比值进行衡量。人力资本，使用省际平均受教育年限反映。金融发展水平，使用各省存贷款余额与 GDP 之比衡量。市场化指数，使用《中国分省份市场化指数报告》中的市场化指数衡量。经济发展，使用各省人均实际 GDP 衡量。产业结构，使用第三产业产值与 GDP 之比反映。

表 1 报告了主要变量的定义与描述性统计。企业技术创新的均值为 2.8540，说明研究期间中国上市企业的平均专利申请数量为 16.3571 个。这一结果与余明桂等（2016）、潘越等（2017）的较为接近。企业技术创新的标准差为 1.5809，说明企业技术创新的产出之间存在较大差异。企业研发投入变量均值为 0.0349，意味着样本企业的平均研发投入强度为 3.49%，接近于顾夏铭等（2018）的 3.46%。其他控制变量方面，企业总资产自然对数的均值为 21.9907，样本企业平均年龄为 14.3553，平均资产负债率为 40.47%，资产收益率平均为 4.54%，现金资产比率平均为 20.98%，与虞义华等（2018）的研究较为一致。本文主要变量的均值与现有文献基本一致，表明数据处理过程是合理的，不存在显著的偏差。

**表 1　变量定义与描述性统计**

| 主要变量 | 变量定义 | 观测值 | 均值 | 标准差 |
|---|---|---|---|---|
| 企业技术创新 | 专利申请总数的自然对数 | 7442 | 2.8540 | 1.5809 |
| 企业规模 | 企业总资产的自然对数 | 7442 | 21.9907 | 1.2975 |
| 企业年龄 | 企业成立年限 | 7442 | 14.3553 | 5.2071 |
| 负债率 | 资产负债率 | 7442 | 0.4047 | 0.2042 |

① 全要素生产率计算时基于行业一年份进行最小二乘法回归。在计算过程中，企业产出使用主营业务收入的自然对数衡量，劳动投入为公司当年员工数量的自然对数，资本投入是购入商品和劳务支付现金的自然对数。行业分类采用中国证券监督管理委员会 2012 年的行业分类方法。

② 政府补贴数据主要来自上市公司营业收入附注中的政府补助明细。李万福等（2017）指出，创新类政府补助和非创新类补助对企业技术创新的影响截然不同，考察政府补助对企业技术创新影响时需要剔除创新补助噪音。借鉴郭玥（2018）的做法，本文通过关键词判定的方法区分政府补贴金额的来源，分类加总创新类政府补助和非创新类政府补助，最终得到研发补贴金额和非研发补贴金额。创新类政府补贴项目的定义标准如下：政府补助项目名称中直接包含技术创新相关的关键词；政府补助项目名称中直接包含科技促进项目的关键词；政府补助项目名称中直接包含技术创新成果的关键词；政府补助项目名称中直接包含企业人才项目的关键词；政府补助项目名称中直接包含特定科学领域前沿成果的关键词。

续表

| 主要变量 | 变量定义 | 观测值 | 均值 | 标准差 |
|---|---|---|---|---|
| 产权性质 | 最终控制人属性 | 7442 | 0.3713 | 0.4832 |
| 现金流 | 现金 / 总资产 | 7442 | 0.2098 | 0.1515 |
| 资产收益率 | 净利润 / 总资产 | 7442 | 0.0454 | 0.0491 |
| 股权结构 | 前十大股东持股比例 | 7442 | 0.5914 | 0.1529 |
| 高管激励 | 前三大高管薪酬的自然对数 | 7442 | 14.1468 | 0.6902 |
| 董事会治理 | 董事会人数的自然对数 | 7442 | 2.2649 | 0.1736 |
| 公司成长性 | 企业营业收入增长率 | 7442 | 0.3016 | 3.7917 |
| 出口密度 | 海外收入占比 | 7442 | 0.2086 | 0.2304 |
| 研发补贴 | 研发补贴 / 销售额 | 7442 | 0.0011 | 0.0025 |
| 非研发补贴 | 非研发补贴 / 销售额 | 7442 | 0.0053 | 0.0086 |
| 利润率 | 利润 / 销售额 | 7442 | 0.0896 | 0.1958 |
| 研发投入 | 研发投入 / 销售额 | 7442 | 0.0349 | 0.0515 |
| 固定资产 | 固定资产总额 / 总资产 | 7442 | 0.2273 | 0.1433 |
| 企业价值 | 市值 / 总资产 | 7442 | 2.7731 | 1.9733 |
| 独董比例 | 独立董事人数 / 董事会人数 | 7442 | 0.3724 | 0.0568 |
| 机构持股 | 机构投资者持股比例 | 7442 | 0.0621 | 0.0926 |
| 生产率 | 使用最小二乘方法估计 | 7442 | −0.0123 | 0.2622 |
| 市场竞争 | 行业赫芬达尔指数 | 7442 | 0.1570 | 0.1888 |
| 市场竞争的平方项 | 行业赫芬达尔指数的平方 | 7442 | 0.0603 | 0.1705 |
| 经济增长 | GDP 的增长率 | 7442 | 0.0938 | 0.0229 |
| 产权保护 | 技术市场交易额 /GDP | 7442 | 0.0177 | 0.0363 |
| 人力资本 | 省份人口受教育年限 | 7442 | 9.2840 | 1.0125 |
| 金融发展 | 省份存贷款余额 /GDP | 7442 | 1.9821 | 1.0429 |
| 市场化指数 | 省份市场化综合指标 | 7442 | 7.9328 | 1.6447 |
| 经济发展 | 人均实际 GDP | 7442 | 6.0194 | 5.1512 |
| 产业结构 | 第三产业产值 /GDP | 7442 | 0.4699 | 0.1148 |

## 四 中国企业技术创新决定因素的再检验

1. 中国企业技术创新主要决定因素的考察

表 2 报告了使用 *MQ* 指标分析企业技术创新主要决定因素的结果。表 2 第 2、3、4 列分

别为面板固定效应模型的估计结果、运用 Sterck（2019）方法计算的 $Q$ 指标、本文构建的贡献度 $MQ$ 指标。回归结果显示，企业规模、企业年龄、资产收益率、地区产权保护等变量与企业技术创新显著正相关，表示更大规模的企业、成立更久的企业、资产收益率较高的企业专利申请更多，产权保护有利于提升企业技术创新能力。利润率、企业价值、金融发展水平、市场化指数、经济发展与企业技术创新显著负相关，意味着利润率和企业价值对企业技术创新造成了负向影响，地区金融发展水平、市场化进程和经济发展水平对企业技术创新存在抑制作用。尽管面板固定效应模型通过统计显著性表明了变量的重要性，但并未给出变量之间的相对重要性。接着，本文通过 Sterck（2019）提出的 $Q$ 指标探讨影响中国企业技术创新的主要因素。从表 2 $Q$ 指标的结果可以看到，影响企业技术创新最重要的变量为企业规模，其重要性占 17.4164%。这一结果与固定效应模型的结果保持一致，说明企业规模是影响企业技术创新的关键因素。从地区层面变量看，市场化和产业结构 $Q$ 指标均超过 1%，且产业结构的 $Q$ 指标更大，说明地区产业结构和市场化程度对企业技术创新有着重要影响。然而，正如指标设计部分所描述的，$Q$ 指标的结果存在统计显著性与经济重要性相矛盾的情况。从统计显著性角度看，金融发展变量在 1% 的水平下统计显著为负，经济增长变量不存在统计显著性，说明金融发展是企业技术创新的重要影响因素，而地区经济增长对企业技术创新不重要。但从 $Q$ 指标的结果看，金融发展变量的重要性为 0.0042%，经济增长变量的重要性为 0.1331%，意味着经济增长变量对企业技术创新的重要性反而高于金融发展。可见，$Q$ 指标无法解决统计显著性和经济重要性之间的矛盾，这也是本文试图弥补既往研究的不足之处。

**表 2　企业技术创新主要决定因素的再检验结果**

单位：%

| 变量 | 回归结果 | $Q$ 指标 | $MQ$ 指标 |
|---|---|---|---|
| 企业规模 | 0.4813***<br>（0.0507） | 17.4164 | 30.2718 |
| 企业年龄 | 0.1358***<br>（0.0142） | 0.4240 | 27.3133 |
| 资产收益率 | 1.6264***<br>（0.4172） | 1.3467 | 0.0732 |
| 利润率 | −0.4616***<br>（0.0756） | 1.7261 | 0.0947 |
| 企业价值 | −0.0294***<br>（0.0076） | 0.2039 | 0.0661 |
| 市场竞争的平方项 | 0.9078**<br>（0.3783） | 0.0551 | 0.2756 |
| 产权保护 | 5.1620***<br>（1.2544） | 0.5029 | 0.3988 |

续表

| 变量 | 回归结果 | *Q* 指标 | *MQ* 指标 |
|---|---|---|---|
| 金融发展 | −0.2966***<br>（0.0434） | 0.0042 | 1.6552 |
| 市场化 | −0.0591***<br>（0.0140） | 1.5645 | 0.3333 |
| 经济发展 | −0.0280***<br>（0.0032） | 0.0257 | 0.6134 |
| 产业结构 | −3.0892***<br>（0.6184） | 1.7039 | 1.6016 |
| 残差项 | | 69.8988 | 35.9114 |
| 常数项 | −8.2185***<br>（1.4152） | | 1.0942 |
| 年份 | 控制 | | 0.2973 |
| 样本数 | 7442 | | |
| $R^2$ | 0.1900 | | |

注：*、** 和 *** 分别代表 10%、5% 和 1% 的显著性水平，括号内为标准误；企业和年份固定效应均已控制；年份变量的贡献度等于其虚拟变量贡献度之和。表中仅显示统计显著的变量，其他变量结果详见《中国工业经济》网站（http：//ciejournal.ajcass.org）附件。以下各表同。

本文进一步根据 *MQ* 指标评价企业技术创新的主要决定因素。① 从地区层面看，金融发展和产业结构是影响企业技术创新最重要的外部决定因素，*MQ* 指标分别达 1.6552% 和 1.6016%。诸多的研究表明，外部融资环境是影响企业技术创新的重要因素。研发活动的长期性和高不确定性要求企业必须通过外部融资分担技术创新的风险。然而，受研发创新活动保密性和专业性的限制，金融机构难以掌握企业研发的具体信息，导致企业与金融机构之间存在明显的信息不对称问题。信息不对称可能引发的道德风险和逆向选择风险使得企业通过外源融资支持技术创新活动的难度较大。这意味着，高效运行的金融市场通过分摊研发风险、有效配置金融资源以及减少信息不对称，帮助企业降低外源融资难度，能够有效推动企业技术创新（Hsu et al.，2014）。产业结构向第三产业转型也是驱动企业技术创新能力提高的重要方式。原因在于，第三产业在经济中占比增大意味着其市场范围进一步细化（吴丰华和刘瑞明，2013），带动以知识产权、研究设计、科技服务、信息服务等为代表的现代生产性服务业蓬勃发展，为技术创新活动的开展提供了优质的外部环境，推动了企业技术创新。此外，表 2 的结果显示，经济发展程度与产权保护也是影响企业技术创新的重要宏观因素。通过比较 *MQ* 指标与 *Q* 指标结果可

① 由于 *MQ* 指标计算过程涉及均值分解，可能导致均值分解本身的缺陷影响 *MQ* 指标的可靠性。但具体到本文主题，均值分解本身的缺陷并不会影响结果。其原因在于，本文的解释变量不存在多个单位的情况，也不存在理论上均值为零的情形。同时，本文的因变量为技术创新，均值远高于零。

以发现，使用 *MQ* 指标的结果得出金融发展是影响技术创新最重要的宏观因素的结论，但这一结果并未体现在 *Q* 指标中，意味着使用 *Q* 指标会错误判断中国企业技术创新的关键因素。

从企业层面看，企业规模和企业年龄是影响企业技术创新最重要的变量，贡献度分别达30.2718% 和 27.3133%。这一结果与著名的“熊彼特假说”相契合。“熊彼特假说”认为，由于大企业在规模经济、风险分担以及创新投入支持方面享有巨大优势，因而其创新表现要明显优于中小企业（Schumpeter，1942）。刘诗源等（2020）也指出，不同生命周期中企业的自主创新意愿明显不同，只有成熟期的企业才有能力、资源和动力实施技术创新项目。年份固定效应的 *MQ* 指标不超过 1%，说明宏观经济周期性因素冲击对企业技术创新不重要。残差项的 *MQ* 指标为 35.9114%，说明还有其他影响企业技术创新的因素没有被纳入本文的模型中。

本文关于企业技术创新主要影响因素再实证检验的结果同时反映出，以往企业技术创新研究文献中所指出的一些重要影响因素其实并不是真正的重要因素。从表 2 的回归结果可以看到，资产收益率、利润率、企业价值、市场竞争、市场化等变量均具有 5% 的统计显著性，意味着这些变量对企业技术创新具有重要影响。然而，从 *MQ* 指标结果看，上述变量对企业技术创新的贡献度均未超过 0.5%，这意味着这些变量对企业技术创新影响并不大。本文的实证结果还显示，股权结构、董事会治理、企业出口等变量对企业技术创新的影响不仅未显示出统计显著性，且影响程度非常有限。鲁桐和党印（2014）、李兵等（2016）指出公司治理、企业出口是影响企业技术创新的重要因素，但是本文的结果表明这些变量对企业技术创新的影响较小，并不是影响中国企业技术创新的关键因素。

2. 国有企业与民营企业

中国一个最为鲜明的特征就是国有企业和民营企业在经济体系中共存且互相依赖。较多文献指出，国有企业和民营企业在资源基础、激励机制和经营目标等方面显著不同，致使产权属性会显著影响企业的技术创新活动。从资源基础看，国有企业和民营企业对外部创新资源具有不同的敏感度。现有国有企业大多集中于自然垄断或具有行政垄断壁垒的行业，如电信、交通运输等行业，资金实力雄厚，且得到政府在信贷配置、补贴等方面的支持，较少遇到创新资源不足的难题。而民营企业不论是外部融资还是政策扶持等都会面临潜在的不同程度的“歧视”，创新活动受到资源不足的约束，因而外部资源可获得性增强有利于民营企业技术创新活动的开展。同时，国有企业和民营企业对于技术创新具有不同的激励机制。国有企业的高管往往受到政府严格的薪酬限制，且市场业绩在管理者考核中激励不足，导致国有企业高管缺乏足够的动力实施技术创新项目。而民营企业普遍有着良好的管理者激励约束机制，民营企业高管更愿意通过研发创新推动技术突破获取市场利润，进而实现自身利益与企业利益的最大化。此外，国有企业和民营企业经营的目标导向完全不同。国有企业的主要高管大多由政府任命，这意味着高管不仅要考虑企业经营绩效，还需要对社会效益等目标负责。

多重目标考核在一定程度上降低了国有企业高管投入高风险、长周期、高投入技术创新活动的动力。而民营企业一般不存在直接的社会效益目标考核约束，因而更加关注企业利润和企业价值最大化，目标导向也与研发创新活动基本一致（李春涛和宋敏，2010）。从上述分析可以看出，产权性质差异可能会致使国有企业和民营企业技术创新的关键影响因素发生变化。

下面进一步划分企业产权性质类型，分别探讨国有企业与民营企业中技术创新的主要决定因素。产权性质类型根据企业最终控制人类型确定。表 3 列示了不同产权性质类型企业中技术创新关键影响因素再实证的检验结果。不难发现，从企业层面看，企业规模和企业年龄在国有企业和民营企业中均为重要的影响因素，与基准分析结果一致。值得注意的是，市场竞争对国有企业技术创新有着重要的影响，*MQ* 指标合计 3.0475%，而对民营企业影响不大。这表明市场竞争水平提高有利于国有企业实施创新项目，而激烈的市场竞争可能减弱了民营企业开展技术创新活动的资源基础和能力。从地区层面看，产业结构和经济发展水平是影响国有企业技术创新最重要的地区因素，而金融发展是影响民营企业创新活动最重要的地区因素。

**表 3　企业技术创新主要决定因素的再检验结果：国有企业与民营企业**

单位：%

| | 国有企业 | | 民营企业 | |
|---|---|---|---|---|
| | 回归结果 | *MQ* 指标 | 回归结果 | *MQ* 指标 |
| 企业规模 | 0.4983*** （0.0894） | 32.0522 | 0.5034*** （0.0501） | 34.2742 |
| 企业年龄 | 0.1522*** （0.0273） | 25.5040 | 0.0886*** （0.0200） | 19.9724 |
| 资产收益率 | 1.1832** （0.4407） | 0.0281 | 1.6254 （0.7244） | 0.0000 |
| 股权结构 | −0.1925 （0.1740） | 0.0000 | −0.3937*** （0.0723） | 0.0641 |
| 公司成长性 | 0.0009** （0.0004） | 0.0002 | 0.0040 （0.0048） | 0.0000 |
| 研发补贴 | 17.3080*** （4.1166） | 0.0182 | 2.1785 （7.2726） | 0.0000 |
| 非研发补贴 | 0.8268 （1.5962） | 0.0000 | 5.0004** （1.5889） | 0.0179 |
| 利润率 | −0.5784*** （0.0572） | 0.1236 | −0.3248*** （0.0823） | 0.0643 |
| 研发投入 | 0.1587** （0.0673） | 0.0007 | −0.2720 （0.1999） | 0.0000 |
| 生产率 | 0.2062*** （0.0588） | 0.0271 | −0.2250 （0.1356） | 0.0000 |

续表

| | 国有企业 | | 民营企业 | |
|---|---|---|---|---|
| | 回归结果 | *MQ* 指标 | 回归结果 | *MQ* 指标 |
| 市场竞争 | −2.8165***<br>（0.3112） | 1.6429 | −0.3143<br>（0.8072） | 0.0000 |
| 市场竞争的平方项 | 3.4028***<br>（0.7319） | 1.4046 | 0.2609<br>（0.5037） | 0.0000 |
| 产权保护 | 4.9295**<br>（1.8959） | 0.3659 | 4.4765<br>（2.0803） | 0.0000 |
| 金融发展 | −0.2217<br>（0.1137） | 0.0000 | −0.2977***<br>（0.0410） | 2.1974 |
| 市场化指数 | −0.0998**<br>（0.0310） | 0.7164 | −0.0342<br>（0.0371） | 0.0000 |
| 经济发展 | −0.0316***<br>（0.0037） | 1.0961 | −0.0266<br>（0.0200） | 0.0000 |
| 产业结构 | −5.1901***<br>（0.7047） | 4.8192 | 0.2901<br>（0.5453） | 0.0000 |
| 残差项 | | 31.0307 | | 41.1102 |
| 常数项 | −8.0032***<br>（2.2062） | 0.9667 | −9.4198***<br>（1.4367） | 1.7876 |
| 年份 | 控制 | 0.2034 | 控制 | 0.5119 |
| 样本数 | 2763 | | 4679 | |
| $R^2$ | 0.2583 | | 0.1581 | |

3. 高新技术行业与非高新技术行业

企业技术创新的主要决定因素也可能因行业特征差异而不同。安同良等（2006）发现，行业间的研发活动差异非常明显，其原因在于，不同的行业在劳动、资本、技术以及产业技术发展前景方面的差别会内生引发企业研发创新活动的差异。顾夏铭等（2018）也认为，高科技行业具有高知识密度、高竞争和高收益的特点，迫使该行业中的企业必须具备较强的技术创新能力。因此，企业技术创新的关键影响因素可能在高新技术行业和非高新技术行业出现差异。本文进一步使用 *MQ* 指标考察高新技术行业和非高新技术行业中企业技术创新的主要影响因素。高新技术行业的分类依据为《高技术产业（制造业）分类（2017）》。表 4 报告了高新技术行业和非高新技术行业企业技术创新关键影响因素再实证检验的结果。从企业层面看，企业规模和企业年龄均为影响企业技术创新最重要的因素，说明企业层面的主要决定因素不因行业特征而发生变化。从地区层面看，金融发展水平是影响高新技术行业企业技术创新唯一重要的地区因素。由于高新技术行业更加依赖创新产出，且技术创新的难度更大，更加需要外部金融资金的投入。这也意味着，良好运行的金融体系对高新技术行业发展至关重要。而从非高新技术行业看，地区产业结构是影响企业技术创新最重要的因素，说明产业结构所带来的市场需求扩大和产业集聚能够有效促进非高新技术行业中企业的技术创新。

**表 4 企业技术创新主要决定因素的再检验结果：高新行业与非高新行业**

单位：%

| 变量 | 高新行业 | | 非高新行业 | |
|---|---|---|---|---|
| | 回归结果 | *MQ* 指标 | 回归结果 | *MQ* 指标 |
| 企业规模 | 0.6267***<br>（0.0432） | 35.8257 | 0.4598***<br>（0.0677） | 29.3487 |
| 企业年龄 | 0.1116***<br>（0.0228） | 19.0067 | 0.1414***<br>（0.0117） | 28.9291 |
| 资产收益率 | 2.8526***<br>（0.6905） | 0.2237 | 1.2520**<br>（0.3993） | 0.0417 |
| 股权结构 | −0.0949<br>（0.2557） | 0.0000 | −0.2135***<br>（0.0341） | 0.0142 |
| 董事会治理 | −0.0191***<br>（0.0017） | 0.0135 | 0.0033<br>（0.0023） | 0.0000 |
| 利润率 | −0.4352***<br>（0.0661） | 0.0832 | −0.5079***<br>（0.1243） | 0.1106 |
| 研发投入 | 3.5359***<br>（0.5421） | 0.2245 | −0.2642<br>（0.2315） | 0.0000 |
| 企业价值 | −0.0238<br>（0.0199） | 0.0000 | −0.0268**<br>（0.0104） | 0.0515 |
| 经济增长 | −0.8672<br>（3.1544） | 0.0000 | −3.4955**<br>（1.4215） | 0.0732 |
| 产权保护 | −1.4690<br>（3.3823） | 0.0000 | 5.7578***<br>（1.4486） | 0.5554 |
| 金融发展 | −0.5841***<br>（0.0802） | 4.2165 | −0.1836**<br>（0.0790） | 0.6983 |
| 经济发展 | −0.0216<br>（0.0176） | 0.0000 | −0.0312***<br>（0.0051） | 0.8826 |
| 产业结构 | −1.8895<br>（1.4328） | 0.0000 | −3.8190***<br>（1.1312） | 2.6853 |
| 残差项 | | 38.5065 | | 35.2607 |
| 常数项 | −9.6511***<br>（2.1430） | 1.5521 | −8.2924***<br>（1.2669） | 1.0692 |
| 年份 | 控制 | 0.3475 | 控制 | 0.2793 |
| 样本数 | 2096 | | 5346 | |
| $R^2$ | 0.2173 | | 0.1899 | |

4. 稳健性检验

在稳健性检验部分，本文使用了不同的技术创新指标、不同统计临界值标准、不同变量组合，还调整了研究样本以及考虑可能的内生性问题，检验实证结果是否可靠。[①]

（1）替换技术创新指标。除了提高产品质量和增强市场竞争能力外，中国企业还存在为了满足高新企业认证、招投标、宣传、资本市场迎合等专利申请动机（毛昊等，2018）。黎文靖和郑曼妮（2016）发现，出于获取更多产业政策优惠的目的，许多上市企业放弃攻关高质量专利，转向申请低质量专利。因此，仅使用专利申请总数可能难以准确地衡量企业的技术创新能力。企业申请专利中最终获得授权的专利通过了专利审查部门的严格检验，能够体现出企业真实的技术创新能力。另外，中国的专利体制下存在发明专利、实用新型专利和外观专利三种类型。发明专利由于其严格的申请标准和要求，技术含量最高，更能体现企业的技术创新能力。本文进一步使用这两个指标衡量企业技术创新，考察中国企业技术创新的关键影响因素。结果显示，从企业层面看，不论使用申请专利最终授权数还是发明专利申请数衡量技术创新，企业规模和企业年龄都是排在前两位的主要因素。从地区层面看，金融发展水平和产业结构仍是影响企业技术创新最为重要的两个因素，但顺序略有不同。当使用发明专利申请数衡量技术创新时，金融发展水平是最重要的外部因素。这说明对于发明专利等高质量创新活动，外部的融资环境对创新产出的影响更为重要。出现这种现象的原因在于，发明专利申请体现了更高知识含量和复杂度的技术创新活动，研发创新的失败率更高且研发过程更长，企业必须增加外源融资以保持研发活动稳定性和提高创新成功概率，才能够推动高质量技术创新活动的突破。这一结果也进一步说明外部金融发展在企业技术创新尤其是关键核心技术创新上的推动作用。整体看，本文的主要结果在更换技术创新的衡量方式后依然成立。

（2）改变统计显著临界值。本文在构建贡献度指标时考虑了统计显著性且选择 5% 作为统计显著的临界值。这一做法存在主观性，使得本文关于企业技术创新关键影响因素的结果可能受到统计显著临界值的影响。因此，有必要进一步使用其他显著性水平作为统计显著判断的临界值标准，观察主要结果是否改变。本文具体使用不同统计显著标准考察企业技术创新的主要影响因素，即对比 2.5%、5% 和 7.5% 的统计显著临界值标准的结果。从企业层面看，企业规模和企业年龄依然是影响企业技术创新最为重要的企业层面因素。从行业层面看，当统计显著标准为 2.5% 时，行业竞争程度平方的 *MQ* 指标为零，但对各变量的 *MQ* 指标影响不大。从地区层面看，金融发展和产业结构仍是影响企业技术创新最重要的外部因素。以上结果说明，在调整统计显著的临界值标准后，本文关于企业技术创新关键影响因素的结果

① 稳健性检验结果详见《中国工业经济》网站（http：//ciejournal.ajcass.org）附件。

并未发生较大变动。

（3）组合不同的影响因素。现有文献在实证分析中国企业技术创新影响因素时大多仅考虑企业层面的影响因素，或考虑企业和行业的影响因素（虞义华等，2018），较少有文献纳入影响中国企业技术创新地区层面的因素。根据技术创新的生态系统理论，企业技术创新是一种社会活动或行为，其实现路径和动力机制需要特定社会生态的支持，受到金融发展、产权保护等外部环境因素的影响，即忽略企业技术创新地区层面的影响因素可能导致结果不稳健。借鉴这一思路，本文进而讨论计量模型中忽略某个层面的企业技术创新影响因素是否会对结果产生影响。本文将企业技术创新影响因素分类组合，按照“企业 + 行业”、“企业 + 地区”以及“行业 + 地区”三类组合观察中国企业技术创新关键影响因素的改变。从“企业 + 行业”组合看，企业规模的系数变化不大，但贡献度指标达到了 45.9403%，相比于基准回归结果增加了 15.6685%。这意味着不考虑地区层面影响因素时，企业规模在企业技术创新中的重要性提升幅度超过 50%。出现这种现象的原因可能是，在仅考虑企业和行业层面变量时，企业规模的贡献度来自企业层面解释变量的相互比较，而加入行业和地区后，企业规模需要与地区变量相比较，其贡献度一部分被地区层面的因素所解释。实际上，“企业 + 地区”组合的结果也证实了这一点。根据“企业 + 地区”组合的结果，企业规模的贡献度为 29.8168%，与基准回归中的 30.2718% 相差不大。此时，金融发展水平、产业结构等变量的贡献度也和基准回归基本相似，意味着“企业 + 地区”组合已经能够较好地识别中国企业技术创新的关键影响因素。而从“行业 + 地区”结果看，贡献度最高的是人力资本，金融发展、产业结构等变量的贡献反而较小。以上结果说明，分析中国企业技术创新关键影响因素需要将地区层面影响因素纳入计量模型，这样才能较为准确地识别出影响企业技术创新的决定因素。

（4）调整研究样本。本文通过两种方式调整研究样本，观察主要结果是否因研究样本改变而发生变化。①剔除专利为零的观测值。现有企业技术创新的相关研究在使用专利数据衡量创新产出时大多对专利做自然对数处理。这种做法的好处在于，不仅可以避免专利数据自身右偏分布对结果造成的偏误，还能够最大可能地增加样本容量。然而，由于行业技术特征、创新研发周期、专利审查周期等因素的影响，部分企业在某些特定时段并没有形成专利的创新产出，可能导致结果存在偏差。事实上，既有使用研发投入衡量技术创新的研究在处理研发金额为零时会删减相关样本，避免零值对结果的不利影响。由于专利为零代表着技术创新活动没有形成创新产出，因而上述观测值不能反映出影响因素的作用，据此本文删去专利为零的观测值，观察结果是否因专利数据调整而发生改变。②剔除企业规模两端各 5% 的观测值。本文的基准回归结果显示企业规模在所有内部因素中贡献度最大，即对企业技术创新最重要。这一结果可能是样本中超大企业或规模较小企业观测值导致的。对于这种可能性，文献中采用去除两端观测值的方法进行排除。例如，Wang 等（2019）在分析国家技术创新的影响因素时就删除了两端各 10% 的样本。为此，本文将样本中企业规模处于末端 5% 的观测值删掉，重新进行再实证分析。结果显示，从内部影响因素贡献度排序看，企业规模仍是影响企业技术创新的关键因素，企业年龄次之。从外部影响因素看，当剔除专利为零的观测值后，产业结构是影响企业技术创新的重要因素，金融发展水平与产业结构的贡献度相差不大；当剔除企业规模两端各 5% 的观测值后，金融发展水平和产业结构分别是影响企业技术创新最重要的两个因素。可见，在对样本进行调整后，本文的关键结果仍然成立。

（5）处理内生性问题。本文在基准的计量模型中使用了 27 个解释变量。由于潜在的反向因果关系、遗漏变量以及测量偏误等多方面原因，本文使用的部分解释变量不可避免地存在内生性，进而导致结果存在偏差。以企业规模为例，企业规模扩大有利于企业技术创新能力的提高，企业技术创新能力提高反过来也会影响企业规模的变化，即企业规模和企业技术创新之间存在互为因果的关系，由此导致内生性问题并影响到估计结果。为了尽可能缓解内生性问题对结果的干扰，本文选择工具变量法处理模型的内生性问题，然后，使用工具变量法估计出的结果计算贡献度指标。借鉴孙晓华和王昀（2014）的做法，本文使用企业员工数作为企业资产规模的工具变量。这一选择的原因在于，资产规模更大的企业其员工数也更多，但员工数不会通过除资产规模以外的渠道影响企业技术创新。对于企业层面的其他内生变量，参考张杰等（2015）的思路，本文使用变量的行业均值作为其工具变量。一般而言，解释变量的行业均值与解释变量本身之间有着密切关联，但与企业的技术创新之间没有直接联系，满足工具变量的相关性要求和内生性要求。从实证结果看，工具变量不可识别检验的 Anderson Canon LM 统计量均在 1% 的水平上显著，且弱工具变量稳健检验 Anderson-Rubin Wald 统计量也拒绝原假设，说明工具变量回归的结果是可靠的。从总样本的结果看，企业规模仍是影响企业技术创新最重要的内部因素，金融发展和产业结构依然是影响企业技术创新的主要外部变量。从分样本的结果看，企业规模扩张均能有效促进国有企业和民营企业的技术创新。另外，地区产业结构是影响国有企业技术创新的关键外部变量，但产业结构对民营企业技术创新没有影响。对民营企业而言，金融发展水平是影响企业技术创新最为重要的外部因素。产权保护能够推动企业技术创新能力提高，但这一效应仅体现在国有企业，产权保护尚未在民营企业的技术创新中发挥重要作用。可以看出，在使用工具变量处理过模型的内生性问题后，模型的关键结果没有发生改变，前述发现仍获得充分支持。

## 五　主要结论与政策启示

从已有文献提出的众说纷纭、莫衷一是的中国企业技术创新影响因素集合中寻找出其关键影响因素，对于科学理解和正确把握中国企业技术创新的关键影响因素以及识别企业技术创新的驱动机制，制定科学可行的企业技术创新能力提升政策等至关重要。基于上述认识，本文拓展 Sterck（2019）的经济重要性指标，通过引入统计显著性因素和综合考虑变量的方差贡献与水平贡献，提出和重新设计了评价变量重要性的贡献度指标，从而为分析和评价经济变量的相对重要性提供了一种新的方法。在此基础上，本文运用改进和重新设计的贡献度指标，基于九大中文经济学权威期刊 2008—2018 年发表的 172 篇有关中国企业技术创新影响因素分析的实证文献，并使用 1457 家中国 A 股上市公司的数据，对从上述文献中分析提炼出来的影响中国企业技术创新的主要因素的相对重要性进行了再实证分析，从中发现了决定中国企业技术创新的关键因素及其在不同产权性质和不同行业企业中的差异性。研究发现：①企业规模是决定中国企业技术创新的关键内部因素，而地区金融发展水平、产业结构和产权保护水平是决定中国企业技术创新的关键外部因素；②较之于国有企业和非高新技术行业企业，金融发展水平对民营企业和高新技术行业企业技术创新的影响表现得更为重要；③而在国有企业和非高新技术行业企业技术创新中，地区产业结构则扮演了更为关键的角色。在替换创新衡量方式、改变统计显著标准、使用不同因素组合、调整研究样本以及处理内生性问题后，本文的主要结果均未发生大的改变。

本文的研究结论对中国未来加快提升企业技术创新能力、深入实施创新驱动发展战略和加快建设世界科技强国具有重要的政策启示：①各级政府应继续营造和优化公平竞争的市场环境，积极鼓励和推动优势企业做强做优做大，不断提升优势企业和大企业集团的技术创新能力。本文研究表明，企业规模是中国企业技术创新的重要影响因素，这意味着如果中国规模较大的优势企业越多，企业的技术创新能力可能会越强。日本、韩国以及中国台湾地区的发展经验表明，大企业集团在推动后发国家和地区技术创新追赶方面扮演着重要角色。因此，中国在未来要快速提升企业技术创新能力，需要进一步营造和优化公平竞争的市场环境，减少或消除竞争性领域的市场准入条件和障碍，通过市场竞争优化产业内部资源配置，以公平的市场环境支持优势企业扩大规模和提升技术创新能力。同时，要进一步强化企业在国家创新体系中的主体地位，支持企业牵头组建创新联合体，引导各类创新要素向企业尤其是优势企业集聚，积极发挥大企业在推动国家科技进步中的引领支撑作用。②进一步深化金融供给侧结构性改革，提升金融体系效率，完善金融支持科技创新体系，加快推进新技术产业化和规模化应用。受转轨经济体制的约束，中国目前的金融资源配置仍以间接融资模式为主导，各地区金融发展水平不平衡，难以缓解企业高质量技术创新所面临的融资约束。因此，中国应继续深化金融供给侧结构性改革和资本市场改革，不断提升各地区的金融发展水平，积极打造有利于企业技术创新的多层次资本市场体系，充分发挥科创板和创业板对企业突破性技术创新的激励和引领作用。进一步加大企业直接融资的比重，不断降低企业技术创新的融资成本，努力通过提高金融服务实体经济的能力推动企业技术创新能力的快速提升。③继续加快建立和发展现代产业体系，提升制造业与服务业融合发展水平，推进产业基础高级化、产业链现代化。近年来，随着要素成本逐渐攀升以及政府各部门的大力推动，中国的产业结构逐步向第三产业升级转型，但也存在着“过早去工业化”的现象（黄群慧，2017；魏后凯和王颂吉，2019）。因此，政府在未来应立足产业规模优势、配套优势和部分领域先发优势，加快发展知识产权、研发设计、信息服务、投融资服务等现代生产性服务业，鼓励现代生产性服务业向价值链高端拓展，同时推动传统产业高端化、智能化、信息化，促进制造业与服务业产业间深度融合，实现企业技术创新能力的提升。④不断完善知识产权保护的体制机制，加强知识产权的司法保护，为各类企业提高技术创新能力提供制度保障。创新是引领发展的第一动力，保护知识产权就是保护创新。因此，各级政府应高度重视知识产权保护环境建设，提高知识产权保护工作法治化水平，强化知识产权全链条保护，统筹做好知识产权保护、反垄断、公平竞争审查等工作，促进创新要素自主有序流动、高效配置。此外，深化知识产权审判领域改革创新，健全知识产权诉讼制度，完善技术类知识产权审判，优化知识产权惩罚性赔偿制度，加强知识产权案件的执法力度，构建有利于企业知识创造的社会环境，通过完善知识产权制度保障企业技术创新能力不断提升。

需要说明的是，受回归模型的限制，本文基于近十余年的研究文献自主设定了中国企业技术创新影响因素的筛选标准，但此标准仍难以完全避免主观偏好的影响。因此，如何更为客观地选择和科学设定中国企业技术创新影响因素的筛选标准，仍是一个未来值得深入研究的问题。

## 参考文献

[1] 安同良、施浩、Alcorta Ludovico:《中国制造业企业 R&D 行为模式的观测与实证——基于江苏省制造业企业问卷调查的实证分析》,《经济研究》2006 年第 2 期。

[2] 冯根福、温军:《中国上市公司治理与企业技术创新关系的实证分析》,《中国工业经济》2008 年第 7 期。

[3] 顾夏铭、陈勇民、潘士远:《经济政策不确定性与创新——基于我国上市公司的实证分析》,《经济研究》2018 年第 2 期。

[4] 郭玥:《政府创新补助的信号传递机制与企业创新》,《中国工业经济》2018 年第 9 期。

[5] 黄群慧:《论新时期中国实体经济的发展》,《中国工业经济》2017 年第 9 期。

[6] 黎文靖、郑曼妮:《实质性创新还是策略性创新？——宏观产业政策对微观企业创新的影响》,《经济研究》2016 年第 4 期。

[7] 李兵、岳云嵩、陈婷:《出口与企业自主技术创新：来自企业专利数据的经验研究》,《世界经济》2016 年第 12 期。

[8] 李春涛、宋敏:《中国制造业企业的创新活动：所有制和 CEO 激励的作用》,《经济研究》

2010 年第 5 期。
[ 9 ] 李万福、杜静、张怀:《创新补助究竟有没有激励企业创新自主投资——来自中国上市公司的新证据》,《金融研究》2017 年第 10 期。
[ 10 ] 刘诗源、林志帆、冷志鹏:《税收激励提高企业创新水平了吗?——基于企业生命周期理论的检验》,《经济研究》2020 年第 6 期。
[ 11 ] 鲁桐、党印:《公司治理与技术创新:分行业比较》,《经济研究》2014 年第 6 期。
[ 12 ] 罗润东、李超:《2015 年中国经济学研究热点分析》,《经济学动态》2016 年第 4 期。
[ 13 ] 毛昊、尹志锋、张锦:《中国创新能够摆脱"实用新型专利制度使用陷阱"吗》,《中国工业经济》2018 年第 3 期。
[ 14 ] 潘越、肖金利、戴亦一:《文化多样性与企业创新:基于方言视角的研究》,《金融研究》2017 年第 10 期。
[ 15 ] 孙晓华、王昀:《企业规模对生产率及其差异的影响——来自工业企业微观数据的实证研究》,《中国工业经济》2014 年第 5 期。
[ 16 ] 王小鲁、樊纲、余静文:《中国分省份市场化指数报告(2016)》,社会科学文献出版社 2017 年版。
[ 17 ] 魏浩、巫俊:《知识产权保护、进口贸易与创新型领军企业创新》,《金融研究》2018 年第 9 期。
[ 18 ] 魏后凯、王颂吉:《中国"过度去工业化"现象剖析与理论反思》,《中国工业经济》2019 年第 1 期。
[ 19 ] 吴丰华、刘瑞明:《产业升级与自主创新能力构建——基于中国省际面板数据的实证研究》,《中国工业经济》2013 年第 5 期。
[ 20 ] 余明桂、范蕊、钟慧洁:《中国产业政策与企业技术创新》,《中国工业经济》2016 年第 12 期。
[ 21 ] 虞义华、赵奇锋、鞠晓生:《发明家高管与企业创新》,《中国工业经济》2018 年第 3 期。
[ 22 ] 张杰、陈志远、杨连星、新夫:《中国创新补贴政策的绩效评估:理论与证据》,《经济研究》2015 年第 10 期。
[ 23 ] 张杰、郑文平、翟福昕:《竞争如何影响创新:中国情景的新检验》,《中国工业经济》2014 年第 11 期。
[ 24 ] 钟腾、汪昌云:《金融发展与企业创新产出——基于不同融资模式对比视角》,《金融研究》2017 年第 12 期。
[ 25 ] 周黎安、罗凯:《企业规模与创新:来自中国省级水平的经验证据》,《经济学(季刊)》2005 年第 3 期。

[26] Bring, J.,"How to Standardize Regression Coefficients", *American Statistician*, Vol.48 (3), 1994, pp.209-213.

[27] Giannetti, M., G. Liao, and X. Yu, "The Brain Gain of Corporate Boards: Evidence from China", *Journal of Finance*, Vol.70 (4), 2015, pp.1629-1682.

[28] Grömping U., "Variable Importance in Regression Models", *Wiley Interdisciplinary Reviews: Computational Statistics*, Vol.7 (2), 2015, pp.137-152.

[29] Holgersson, H., T. Norman, and S. Tavassoli, "In the Quest for Economic Significance: Assessing Variable Importance through Mean Value Decomposition", *Applied Economics Letters*, Vol.21 (8), 2014, pp.545-549.

[30] Hsu, P., X. Tian, and Y. Xu, "Financial Development and Innovation: Cross-Country Evidence", *Journal of Financial Economics*, Vol.112 (1), 2014, pp.116-135.

[31] Huettner, F., and M. Sunder, "Axiomatic Arguments for Decomposing Goodness of Fit According to Shapley and Owen Values", *Electronic Journal of Statistics*, Vol.6, 2012, pp.1239-1250.

[32] Satyanath, S., N. Voigtlnder, and H. Voth, "Bowling for Fascism: Social Capital and the Rise of the Nazi Party", *Journal of Political Economy*, Vol.125 (2), 2017, pp.478-526.

[33] Schumpeter, J., *Capitalism, Socialism and Democracy*, NewYork: Harper & Brother Press, 1942.

[34] Sterck, O., *On the Economic Importance of the Determinants of Long-term Growth*, Centre for the Study of African Economies Working Paper, 2018.

[35] Sterck, O., *Stars, Wars, and Development*, SSRN Working Paper, 2019.

[36] Wang, Q. J., G. F. Feng, Y. E. Chen, J. Wen, and C. P. Chang, "The Impacts of Government Ideology on Innovation: What Are the Main Implications", *Research Policy*, Vol.48 (5), 2019, pp.1232-1247.

（冯根福、郑明波、温军，西安交通大学经济与金融学院；张存炳，郑州大学商学院）

原载《中国工业经济》2021 年第 1 期

国有企业改革

# 我国企业发展政策的历史逻辑与未来取向

张文魁

**摘要：**从经济增长原理和经济发展历史来看，企业发展政策重于宏观政策和产业政策，当今时代尤其如此。新中国成立后很长时期里实行路线性区分与战略性倾斜的企业发展政策，这是由历史逻辑决定的。改革开放以来，搞活国有企业一度是企业发展政策的主题，但随着时间推移，促进非国有企业发展政策的重要性日益凸显。从时代趋势来看，我国企业发展政策的未来取向将是如何维护企业之间，主要是不同所有制企业之间，以及内外资企业之间的公平竞争。不过，要真正实现公平竞争并不容易，未来还面临至少四大政策难点，“竞争中性”也不能根本解决这些问题。赋予反垄断、反不公平竞争有关规定以可诉性，加强法庭建设，提高接诉和审理能力，非常有助于新的企业发展政策的实施。

**关键词：**企业发展　所有制　公平竞争

改革开放以来，并上溯到新中国成立以来，我国经济增长所取得的巨大成就，学术界已经有了许多分析和解释。不过，从企业群体的发展、从企业发展政策的角度来认识这个成就的文献较少。其实，直观地看，一国经济增长有良好表现，一定是这国有一个“争气”的企业群体，才使得产业体系得以建立并日具竞争力，才使得国内生产总值不断增加。毫无疑问，经济增长的微观基础是企业，而缺乏对微观基础的分析，就难以对经济成就有到位的认识。本文将说明，我国即使在计划经济时期和受到“左倾”思维影响的一些时段，政策上也大体重视企业群体的建设，不过那时的企业一般叫做厂、矿、店、社等，当然也不是市场经济意义的真正企业；而改革开放以来，正是因为企业发展政策的巨大转折，才促进了百业兴旺和经济起飞。未来，我国要顺利实现第二个百年奋斗目标，主要着眼点还是应该放在企业发展政策的深入调整上，而不是放在宏观政策频繁操作和产业政策制定实施上。

## 一　引言：企业发展政策重于宏观政策和产业政策

企业发展政策，是指对企业群体的整体发展有重要影响的那些政策，包括企业设立与消亡、资本与股份、责权利配置方面的政策，以及准入、税费、融资、雇佣方面的政策，还有企业与政府之间关系、企业与企业之间关系等方面的政策。尽管由于企业发展政策常常以登记注册、财税金融、人力资源、社会保障、产业组织、科技创新等政策的面目出现，许多人可能并不能感受到独立的、系统化的企业发展政策的存在，但这并不影响企业发展政策在经济政策体系中的地位。当然，这里所谓的企业，并不仅仅限于公司制企业、其他经营性法人组织、合伙制企业等，也可以包括我国的个体工商户。这样定义，符合学者的研究范畴和社会大众对企业的理解。

遗憾的是，在经济政策领域，货币、财政等宏观层面政策一般而言是关注的焦点，产业政策被当成中观层面政策也很受青睐，而微观层面的企业发展政策往往被视为微不足道的，较少得到讨论。或者，企业发展政策往往被产业政策及其他政策所包罗、所掩盖，从而其独立性和基础性地位被忽视。

不过，从经济增长的原理来看，从经济发展的历史来看，企业发展政策重于宏观政策和产业政策。工业革命以来，虽然是科技革命导致的创新浪潮促进了现代经济增长，但毫无疑问，大量涌现的企业才是创新主体和增长主体，而宏观政策和产业政策不过是对这些主体进行调节和引导的杠杆。事实上，有不少国家，宏观和中观杠杆摆在那里，但由于缺乏庞大的、活跃的企业主体群，杠杆成了摆设，经济增长自然乏力。美国经济学家罗德里克（2009）、日本经济学家大野健一（2015）等人论述了在企业部门羸弱的情况下，宏观政策和产业政策将会沦为“空调”政策。他们认为，即使货币和财政政策得当、产业和贸易政策就位，但如果没有通过有力措施促进大量企业的形成和发展，所期望的经济增长仍然不会出现。欧盟的一份智库研究报告（Altomonte and Ottaviano，2011）更是强调，国家竞争力从根本上来说取决于这个国家是否有一个强劲的企业部门，而宏观政策、产业政策等只是起到辅助作用。在实际当中，很容易看到，一个地方的企业数量多、实力强、经营活跃，其经济就会繁荣，民众的就业机会和经营机会就多，政府也更容易增加财政收入并因此而改善基础设施和公共服务。因此，对于抱有繁荣当地经济的愿望的政府而言，如何促使当地有数量更多、实力更强、经营更活跃的企业群体，以及促使企业群体更多地发展生产并创造价值，可以说是一项基础性政策。

尤其在当今时代，企业发展政策比宏观政策和产业政策更具重要性。由于新一轮科技革命正在快速推进，创新正在成为最重要的增长引擎，企业的创新能力、企业家的创新精神越来越成为经济增长的决定性因素，企业群体的行为越来越具有主动性。由于经济全球化趋势总体上仍然难以逆转，不仅企业之间的国内竞争，而且其全球竞争，都需要更清晰、更一致的规则来引导，二十国集团（G20）、经济合作与发展组织（OECD）、世界贸易组织（WTO）等国际组织，和全面进步的跨太平洋协定（CPTTT）等国际协定，必定会更多介入企业政策的讨论和制定。完全可以说，企业发展政策应该也必将回到聚光灯下。

## 二 新中国成立后长时期的路线性区分与战略性倾斜政策

分析新中国成立后一段时期里的企业发展政策，无疑具有挑战性，也可能具有争议性。虽然存在思想认识局限，但那时的政府对如何提高厂矿、店铺的生产经营积极性，对如何兴办更多的厂矿、店铺，是高度重视的。这未必谈得上是系统化的企业发展政策，更多的是出于一种常识和直觉。即便是新中国成立后不久就推行的对农业、手工业和资本主义工商业进行社会主义改造的政策，本意当然是促使各生产经营单位焕发出积极性，而不是相反。中央文献研究室（2013）编纂的文献显示，毛泽东1953年在讨论《关于利用、限制和改造资本主义工商业若干问题》报告时就说，社会主义、半社会主义经济的劳动生产率大大提高，这一点已经清清楚楚地给人民看到了；为什么社会主义经济比较好？就是劳动生产率比较高，技术提高得快，生产发展得快，又快又好。当然，在实际当中，"又快又好"是不是那么地泾渭分明，是另外一回事。基于这样的判断，毛泽东明确指出，对企业的政策就是"有所不同，一视同仁"。首先就是有所不同，公有制企业是社会主义的，是经济中的领导者，私营企业是资本主义的，是经济中的被领导者，对它们的政策就应该有所不同；其次是一视同仁，就是在劳动生产率提高、经济核算、工资待遇、劳动条件等方面，对公私企业的要求是一样的。

自然而然地，国家确立了路线性区分的企业发展政策。即公有制经济单位，包括国有经济单位和集体经济单位，应该大力发展；私有制经济单位，主要是私营企业，即使可以在一定时期内存在，也对它们施行了很多限制性政策，例如，在原材料供应、销售渠道和销售价格等方面对它们进行限制。而外资企业，当时几乎不存在。此后实行社会主义改造，则通过分红、定息等赎买政策，将私有制企业改造为公私合营企业和公有制企业。资料显示（中央工商行政管理局，1962），1956年初，全国原有资本主义工业企业8.8万户，到年底，99%实现了所有制改造，其中极少数转为地方国营企业，大部分组成了3.3万户公私合营企业，此后又对公私合营企业进行了改革、改组和调整公私关系。同时，国家兴办了大量的公有制企业。不但中央和各级地方政府兴办了很多国营企业，更值得一提的是，国家也鼓励基层的区政府和街道、公社、大队积极兴办工厂，从而涌现了大量的农具厂、纺织厂、服装厂、陶瓷厂、食品厂等集体所有制企业。例如，山西省沁县长治区于1958年发起了一个声势浩大的全党全民办工业运动，截至当年5月，该区兴建、扩建并已投产的各种小型工厂有4739个，中小肥料厂1094个，小型农具修造厂525个，榨油、酿酒等副食品加工厂435个（崔玉华、张天才，1958）。这就是那个时期的"大办工业"。不过在"大跃进"时期，各种各样的"大办"搞成了不切实际的运动，出现了大量的过火和虚假、荒唐的现象，许多"大办"出来的企业，特别是社队企业，后来因经营无方、管理不善而停产关闭。

与此同时，国家对一些重要行业和重点企业，实行战略性倾斜政策，即对它们的发展，在资金提供、能源和原材料供给、交通运输保障、建设项目审批等方面，大开绿灯，优先办理。在20世纪50、60年代，国家将重工业视为战略性行业，所以将有限的国家资金，重点向重工业领域进行倾斜，大力扶持一些重工业行业的发展，重工业国有企业自然集各种支持政策于一身。国家在1953年开始实施第一个五年计划，具体任务就是，建立社会主义工业化的初步基础，进行以重工业为主的工业建设。文献显示（孙健，1992），当时苏联和东欧国家援建的156个重点工业项目，主要是能源、金属、化工、机器设备、汽车、拖拉机等重工业项目；在工业基本建设投资中，制造生产资料的投资占比为88.8%，制造生活资料的投资占比为11.2%。显然，重工业获得了战略性倾斜政策的对待。这种战略性倾斜政策并没有随着"一五计划"的结束而终止，而是持续了很长时间，特别是在1958年前后，国家还把钢铁工业作为重中之重进行扶持，当时有"钢铁元帅升帐"的说法，就是希望我国钢铁等重要产品的产量，在十几年甚至几年之内超过英国、追赶美国，所以一时兴起了全民"大炼钢铁"的热潮。当然，全民炼钢是特定时代的产物，造成了巨大的浪费、损失。除了钢铁、能源，其他重工业，包括机械、造船等行业，以及军工行业，都曾经是战略性倾斜政策的受惠者，这些行业的企业自然近水楼台先得月。

新中国成立后很长一段时间里，我国大型企业绝大多数是重工业企业，而且以中央兴办和管理的国有企业为主；而轻工业企业，大多数是中小型企业，以地方兴办和管理的国有企业为多，一些还是集体企业。那些大型重工业企业，往往也是工资高、福利待遇好的企业，而中小型轻工业企业，工资福利就差一些。所以，当时很多人愿意到重工业企业去工作。当然，轻工业企业的职工待遇，即使比不上重工业企业，但也比农民好得多，所以农民如果能到轻工业企业当工人，哪怕是到街道集体企业当工人，那也是"鲤鱼跳龙门"的天大好事。因此，产业倾斜其实也是待遇倾斜、福利倾斜，当时讲"三大差别"，即城乡差别、工农差别、脑体差别，实际上并不完整，因为轻重工业之间也存在巨大差别。由于过度的倾斜性政策，一度造成了严重的行业比例失调，轻工行业，特别是与老百姓日常生活密切相关的那些轻工行业，被战略性倾斜政策所挤压，一些轻工产品的市场供给出现了严重短缺。

即使到了改革开放时期，尽管国有企业和非国有企业之间的路线性区分逐步弱化，但政策支持和资源获得的差别性待遇，在这两类企业之间仍然存在。更重要的是，战略性倾斜政策，借助于国家规划和产业政策的新形式，仍然得到维持，并在客观上对国有企业起到支持性作用。自20世纪80年代以来，因为指令性计划不断弱化，企业的自主经营和自主竞争机制不断强化，导致50、60年代那样通过资金笼子等方式实现的倾斜政策越来越难以为继，国家便转而通过指导性计划和五年规划，以及对投资项目审批和对金融资源、重要物资的掌握，来实行倾斜性支持。此后，又通过产业政策来实行倾斜性支持。1985年，党的全国代表会议通过的《中共中央关于国民经济和社会发展第七个五年计划的建议》，首次把产业政策推上了台面，该建议指出，“要把汽车制造业作为重要的支柱产业，争取有一个较大的发展”。1989年，国务院颁布的《国务院关于当前产业政策要点的决定》，是我国第一部系统性的产业政策，列出了需要重点支持和需要严格限制的产业乃至产品，并提出要通过计划、财政、税收、信贷、外贸和外汇等手段来实施产业政策。

在所有获得产业政策的倾斜性支持的行业中，汽车行业很具代表性。如果说第七个五年计划仅仅把汽车行业作为一个整体进行倾斜性扶持的话，那么到了1994年，国务院颁布的《90年代国家产业政策纲要》，就开始有选择地扶持汽车行业中的某些重点企业了，这就是典型的“挑选赢家”的政策。该政策纲要明确提出，“汽车工业要尽快形成少厂点、大批量的生产体制和有序竞争的市场结构，提高其国内市场占有率和国际竞争力”。同年，国家有关部门发布实施了《汽车工业产业政策》，更加明确地提出，要支持2—3家汽车生产企业迅速成长为具有相当实力的大型企业，6—7家汽车生产企业成为国内的骨干企业。这个文件还列出了倾斜性支持的具体政策，例如，固定资产投资方向调节税为零税率，优先安排股票和债券的发行与上市，银行在贷款上给予积极支持，在利用外资计划中优先安排利用境外资金等。根据汽车产业政策有关文件的精神，政府部门选择了“三大三小”汽车企业进行重点扶持，“三大”是国有企业，“三小”是国有企业兴办的外资项目。此时的产业政策显然对民营企业缺乏眷顾。即使到了21世纪，汽车行业还在实行倾斜性支持的产业政策。2004年，国务院又颁布了新世纪的《汽车产业发展政策》，虽然强调要坚持发挥市场配置资源的基础性作用与政府宏观调控相结合的原则，但也继续提出，要提高产业集中度，避免散、乱、低和重复建设，通过市场竞争形成几家具有国际竞争力的大型汽车企业集团。

类似的倾斜性支持政策，也存在于另外一些被政府认为具有战略重要性的行业当中。钢铁行业即使在改革开放之后，仍然受到国家的高度重视。除了在20世纪80、90年代制定的有关计划和规划外，2005年，国家还专门颁布了《钢铁产业发展政策》，把钢铁产业定位为国民经济的重要基础产业和国家实现工业化的支撑产业，提出要提高产业集中度，企业数量要实现较大幅度减少。这份产业政策的具体措施是，对重点项目给予税收、贴息、科研经费等政策支持，鼓励有条件的大型企业集团进行跨地区的联合重组等。不难看出，这样的产业政策有利于在位的国有大型企业，不利于新挤入的民营企业。

汽车产业和钢铁产业只是缩影。其他一些重要的重工业行业，在改革开放以来很长时期里，也享受了倾斜政策的支持。例如，2010年在全球金融危机后，我国制定了十大产业调整与振兴规划，这十大产业分别为钢铁、汽车、船舶、石化、纺织、轻工、有色金属、装备制造、电子信息以及物流业，其中绝大部分是重工业行业。纺织、轻工、物流虽然也列入其中，但受到重视的程度远远不如重工业行业和电子信息行业。文献显示（陈士华，2009），1978—2009年，我国政府部门颁发的政策法规共有1300多个，平均每年40多个，这些政策法规大多数都涉及产业政策和倾斜性支持措施，其中关于汽车工业的重要政策法规有 20 多个。

在战略性倾斜政策的支持下，汽车、钢铁、船舶、石化、装备制造、电子信息等行业的企业，特别是其中的大型企业、重点企业，尤其是其中的国有企业，容易在项目核准、土地征用、贷款获取等方面获得政府支持，并能享受到一些税收优惠。也就是说，不同行业的企业，甚至同一行业内不同规模、不同所有制的企业，受到了不同的政策待遇，企业之间难言平等竞争、优胜劣汰。

不过，对这些战略性倾斜政策的是非功过，存在很大争议。特别是以产业政策等方式来实施战略性倾斜政策，并不是我国的独创。我国的产业政策以及相关举措，有很大一部分是学习借鉴日本、韩国等国家的结果。随着时间的推移，支持实行战略性倾斜产业政策的学者和官员都少了。越来越多的人认识到，市场机制在产业发展和经济增长方面发挥了更好的作用，而倾斜性政策，即使以产业政策的面目出现，也往往事与愿违，而且会引起一些严重的副作用和后遗症。有学者的研究表明（吴敬琏，2016），20 世纪 70 年代之后，更多人支持“横向的”，或者称为“功能性的”产业政策，这类政策的主要特点就是最大限度地发挥市场机制的作用，政府应该通过向社会提供信息等方式来诱导产业发展，而不是选择一些重点企业进行差别化扶持。

## 三　改革开放以来搞活国有企业和发展非国有企业的政策

在 20 世纪 70 年代末，改革开放刚启动的时候，国有经济在我国经济中所占比重大约在 80%，其余约 20% 为集体经济，非公有制经济几乎可以忽略不计。因此，在那个时期，国民经济是否可以搞活，主要取决于国有企业是否可以搞活。很自然，搞活国有企业是当时企业发展政策的主旋律。

搞活国有企业的政策最开始是放权让利，即政府部分地将决定企业生产品种、产量、价格等权力放给企业，允许企业在完成政府计划的前提下根据市场需求扩大生产和确定价格，相应增加的利润主要留在企业用于资本再投入和给职工发奖金。1979 年的《关于扩大国营工业企业经营管理自主权的若干规定》，1981 年的《关于实行工业生产经济责任制若干问题的意见》，1984 年的《关于进一步扩大国营工业企业自主权的暂行规定》，1986 年的《关于深化企业改革增强企业活力的若干规定》，1988 年的《全民所有制工业企业承包经营责任制暂行条例》，构成了放权让利的政策脉络。1992 年，国务院颁布了《全民所有制工业企业转换经营机制条例》，规定国有企业拥有 14 项自主权，标志着放权让利政策走上顶峰。

由于放权让利政策存在一些副作用，并且难以从根本上解决国有企业活力不足的问题，所以到 20 世纪 80 年代后半期，国有企业的股份制改革试点逐步扩大。到了 1992 年党的十四大之后，特别是1993年的党的十四届三中全会之后，国有企业股份制改革政策可以说是当时最重要的企业发展政策。那个时期推行现代企业制度试点，核心内容就是实行股份制，以及由此引申出来的国有资产代表机构的建立、董事会制度的确立等政策。

在20世纪80、90年代，尤其是90年代，我国的企业发展政策也发生了一些微妙但又十分重要的变化，就是在实施搞活国有企业政策的同时，也开始考虑如何发展非国有企业。一方面，许多国有企业，特别是中小国有企业，并没有被政策所搞活；另一方面，日渐崛起的乡镇集体企业，不断发展壮大，展现了较强活力，并对国有企业形成一定的挤压之势，而且外资企业在国民经济中的比重有较大幅度提高。更令人关注的是，私营企业也在基层土壤中萌芽并顽强生存，一些私营企业为了回避社会争议和政策扼制而戴上了集体企业的"红帽子"，甚至有不少乡镇集体企业本来就是私营企业。由于那时国有经济总体上比较困难，而非国有企业自发兴起、自主发展，在客观上又促进了生产、就业，活跃了市场、民生，所以国家开始调整企业发展政策，一方面注重推行国有经济布局和结构调整、推进国有企业的股份制改革，另一方面又注重允许、鼓励私营企业等非国有企业发展。

1997年党的十五大是政策转变的里程碑。党的十五大提出，要从战略上调整国有经济布局，采取包括股份合作制和出售在内的多种形式加快放开国有小企业的步伐。党的十五大还提出，公有制为主体、多种所有制经济共同发展，是我国社会主义初级阶段的一项基本经济制度；对个体、私营等非公有制经济要继续鼓励、引导，使之健康发展。在世纪之交的大约十年时间里，我国出台的企业发展政策的大部分内容，都围绕这两个方面做文章。

国有经济布局与结构调整、国有企业股份制改革的有关政策，在21世纪初的几年里，非常密集地出台，也非常迅速地推行。在轻纺工业领域，许多国有企业，特别是中小国有企业，进行了改制、重组，或者进行了破产、关闭。即使在重化工业领域，也有不少国有企业，包括大中型国有企业，推行了混合所有制改造和上市、重组等方面的改革。经过这样的改革和调整，不但国有企业户数大幅度减少、国有企业机制显著市场化，而且几乎所有行业的国有资本与非国有资本比重发生巨大变化，非国有资本大踏步进入了许多从前难以进入的行业。到了21世纪第一个十年结束时，钢铁、有色、汽车、造船、石化、重要装备等行业都有了一些规模较大的民营企业，尽管它们还不能与国有企业平等地进行竞争。显然，国有经济改革与重组政策的推行，与重要行业对非国有资本开放政策的推行，是联系在一起的。

不过，随着大量中小国有企业改革的完成，以及客观情势的变化，国有企业改革逐渐不再成为政策重点。相反，国有经济出现了重新扩张的现象。根据一些研究（张春霖，2019）2008年前后似乎是一个转折性时段。首先是国企数量由降转升，国有企业的户数改变了自1990年以来一直减少的趋势，从2008年开始持续增加，到2017年恢复到了2000年前的数量；其次是国有企业的资产总额增速突然加快。之所以出现这种情况，主要是因为经过十几年的“抓大放小”改革，大量困难国有企业已经重组、关闭、转制，国有资产质量和赢利水平有了明显提高，国有部门在卸下包袱后有了重新扩张的愿望和能力，而且国有企业改革过程中是否存在严重的资产流失也引发了广泛关注和争论。同时，宏观经济步入周期性上升通道，给各种所有制企业都提供了大发展、大扩张的历史性机遇。在这样的情形下，国有企业改革不再是企业发展政策的重点，而发展速度十分迅速、所涉行业日益宽泛的民营企业，在推动经济增长、促进产业发展、提供就业机会、增加财税收入等各方面都发挥着越来越重要的作用，因此，要不要以及如何促进民营企业发展壮大，就成为了企业发展政策的重头戏。

2005 年，国家出台的《关于鼓励支持和引导个体私营等非公有制经济发展的若干意见》（老 36 条）是促进民营企业发展的标志性政策。2010 年，国家又出台了《关于鼓励和引导民间投资健康发展的若干意见》（新 36 条）。两个“36 条”政策的具体内容包括：放宽市场准入，例如允许非公有资本进入垄断行业和公用事业、基础设施、社会事业、金融、军工等领域；鼓励非公有制经济参与国有企业重组；加大对非公有制企业的财税、信贷、上市融资支持，提高对非公有制企业的贷款比重；清理和修改不利于民间投资的法规政策，切实保护民间投资者的合法权益；培育和维护平等竞争的投资环境，简化政府审批，提高行政服务效率等。许多地方政府也制定了不少促进民企发展的政策。

促进民营企业发展壮大的诸多政策，主要包括 4 个方面的内容。第一，放松政府管制、放宽行业准入，绝大多数行业都允许民营资本进入，并且要努力打破隐形的“玻璃门”、反复无常的“旋转门”。第二，在进一步完善市场机制、深化政府职能改革的基础上，促进民营企业在资源、要素的获得方面，在政府监管方面，享有与国有企业一样的待遇。第三，保护民营企业及其经营者的产权和各项合法权利。第四，针对量大面广的中小民营企业，给予一些扶持。

到了 21 世纪第二个十年，我国民营企业在经济增长、就业、税收、出口方面的贡献，乃至在科技创新方面的贡献，渐次超越了国有企业。文献显示（陈永杰，2018），1978 年，全国没有一家私营企业，个体工商户也只有 15 万家；而到了 2016 年，全国私营控股法人达到 1254 万家，国有控股法人只有 31 万家，个体工商户则超过 6000 万家。此时，尽管国有企业仍然被定位为“国民经济的主导”，但在某些方面民营企业发挥着更大的作用。

在这一时期，国家也逐渐调整了外资企业发展政策。改革开放伊始，我国开始允许境外资本在境内设立企业进行经营，总的政策思路是“税收优惠，行业限制”，即普遍给予税收优惠政策，但可以进入的行业有许多限制，国家比较鼓励外资进入那些可以出口创汇的行业。此外在进出口、外汇使用以及基础设施配套等方面享有一些“超国民待遇”。21 世纪以来，随着我国加入 WTO，内外资企业在税收方面的政策实现并轨，内资企业自主权提高也导致外资企业在其他方面的“超国民待遇”逐步消失，但对外资开放的行业却越来越多，国家通过发布《外商投资产业指导目录》来规范和引导外资流向。尽管由于“十三五”时期我国利用外资的增速显著下滑，国家在“十四五”期间连续颁发了《关于扩大对外开放积极利用外资若干措施的通知》等4个稳外资文件，但总的来看，政策还是朝着“国民待遇”的方向前进。2017年党的十九大还提出“全面实行准入前国民待遇加负面清单管理制度，大幅度放宽市场准入”。值得注意的是，随着国际形势的变化，我国对发展和安全进行统筹考虑的意识空前强化，国家于2021年起开始施行《外商投资安全审查办法》，此外我国的反垄断执法也越来越严厉，所以未来对外资企业的安全审查、反垄断调查应该会增多。

## 四 保障企业在绝大多数行业的公平竞争是未来政策取向

不过，即使政府日益将企业发展政策的重点放在非国有企业身上，但相关政策在实际当中的推行，仍然遭遇到严重障碍。这就是，虽然被认可为国民经济的“重要组成部分”，但并不意味着非公有制企业可以获得与国有企业完全一样的平等待遇。一方面，国有企业与政府之间存在天生的纽带，政企关系如何理顺，怎样才算理顺，一直是一个令人困惑的难题；另一方面，公有制经济带有正宗的社会主义性质，在基本经济制度中居于“主体”地位。因此在现实当中，如果国有企业在市场准入、权益保护、要素获得、监管对待等各个方面比非国有企业获得更优越的待遇，并不奇怪。在国家安全得到日益重视的情况下，政府更加信任和依靠国有企业，并对外资投资进行一些审查，也是自然的结果。

但是，由于我国在战略上已决定要建立更加完善的社会主义市场经济体制，并要实行更高水平的对外开放，那么总体而言，除了极少数特殊情况之外，不管是什么样的所有制，企业之间原则上应实行平等竞争、优胜劣汰，而不是对各种所有制进行不同的定位并分别制定不同的政策，才是完善的市场经济体制和高水平的对外开放的题中应有之义。

学术研究成果也显示，在一个市场化不断推进、全球化不断深入的环境中，公平的市场竞争，而不是各式各样的差别化扶持政策，更加有利于促进创新，更加能够促进高质量和可持续的经济增长。阿吉翁等（2016）经济学家利用我国工业企业数据进行的研究表明，市场竞争是促进我国企业部门发展壮大的关键性因素，即使政府要实行一些支持性政策，也应该面向竞争程度更高的部门，而且政策的重点应该是引导企业之间进行更多的竞争和更多的创新，这样才能促进资源向生产率更高的企业集中，从而提高经济增速和全球竞争力。Brandt等（2012）针对中国的研究也表明，不应有的限制竞争的政策会导致明显的竞争扭曲，从而产生资源错配，特别是资源在国有企业和非国有企业之间的错配，从而抑制了生产率上升，拉低了经济增速；如果能够消除这些竞争扭曲，中国经济增长可以有更好的表现。国务院发展研究中心与世界银行（2013）的联合研究报告，则阐述了增长阶段变化所导致的政策挑战，认为中国经济必将从追赶式增长转向内生式增长，而在新的增长阶段，不仅潜在经济增速会逐步下滑，而且增长的驱动因素会发生重大变化，过去所积累的产品市场和要素市场的重大扭曲，将成为经济增长的重大阻碍因素，因此企业部门的改革尤其重要，改革的核心应该是扩大非国有企业和国有企业之间的竞争，改善竞争环境的公平性。一些国际机构，譬如经济合作与发展组织（OECD，2012），更是从企业发展政策的全球趋势角度，阐述了不同所有制企业进行平等竞争的重要性，揭示了“竞争中性”（competitive neutrality）原则将在全球流行这样一种时代潮流。

我国大量的事实也表明，国有企业优先占用了很多资源和机会。在金融资源、土地资源、创新资源获取方面，在应对经营困难和经济波动风险方面，国有企业的确比非国有企业享有很大的政策优势。此外，民营企业在获得法律保护和监管待遇方面，也明显不如国有企业。当然，也有一种声音，认为真正受到不平等待遇的，实际上是国有企业，而不是非国有企业。譬如说，国有企业的税负比民营企业更重，所承担的社会责任比民营企业更多。这种声音也有一定理由，但总的来说，国有企业导致的竞争扭曲仍然是我国经济发展中的主要问题。幸运的是，政府对解决这个主要问题的重视程度也越来越高。而且随着我国内资企业的不断发展壮大，国内绝大部分产业都不太需要借助国家的产业和贸易政策来进行保护，都不惧怕外资企业的进入与正面竞争，所以政府对开放外资也持越来越积极的态度。因此，21 世纪以来，特别是 21 世纪第二个十年以来，我国企业发展政策的主题，从以前基于所有制量身定制各类企业发展政策，悄然转变为不太注重严格根据所有制制定政策，而把重点放在构建企业之间，尤其是不同所有制企业之间能够平等竞争的市场环境上，同时致力于放松和改善管制、优化营商环境、激发各类市场主体的活力和创造力。

2002 年，党的十六大报告就比较具体地指出，要“放宽国内民间资本的市场准入领域，在投融资、税收、土地使用和对外贸易等方面采取措施，实现公平竞争”“创造各类市场主体平等使用生产要素的环境”。2003 年，党的十六届三中全会通过的《中共中央关于完善社会主义市场经济体制若干问题的决定》强调，“非公有制企业在投融资、税收、土地使用和对外贸易等方面，与其他企业享受同等待遇”“保障所有市场主体的平等法律地位和发展权利”。2007 年，党的十七大提纲挈领地指出，要“形成各种所有制经济平等竞争、相互促进新格局”。在这些大政方针的指引下，企业之间，当然也包括各类所有制企业之间实行公平竞争的精神，也开始嵌入法治进程当中。2007 年，经过近 20 年的漫长立法历程，我国颁布了《反垄断法》。该法明确指出，要预防和制止垄断行为，以保护市场公平竞争，提高经济运行效率，维护消费者利益和社会公共利益，促进社会主义市场经济健康发展。这部法律还明确规定，国家设立反垄断委员会，该委员会的职责之一就是研究拟订有关竞争的政策。这是我国首次将“竞争政策”纳入法律视野。

进入 21 世纪第二个十年，构建各类所有制企业公平竞争的发展环境，成为了企业发展政策的最强音。2012 年，党的十八大指出，“保证各种所有制经济依法平等使用生产要素、公平参与市场竞争、同等受到法律保护”。2013 年，党的十八届三中全会通过的《中共中央关于全面深化改革若干重大问题的决定》，首次完整地提出了“国家保护各种所有制经济产权和合法利益，保证各种所有制经济依法平等使用生产要素、公开公平公正参与市场竞争、同等受到法律保护”的政策愿景。这是一个比较完整的“三公一平一同”政策方针论述，不但涉及产权保护和公平竞争，也涉及生产要素的平等使用。2019 年，党的十九届四中全会只是将党的十八届三中全会“各种所有制经济”“平等使用生产要素”更改为“各种所有制主体”“平等使用资源要素”。2020 年，党中央和国务院颁发了《关于新时代加快完善社会主义市场经济体制的意见》，继续沿用“三公一平一同”论述。从此，“三公一平一同”的企业发展政策基调已经完全定型。

构建各类所有制企业公平竞争的发展环境，特别是让生生不息、源源不断的民间企业家精神和民间资本以及其他民间要素，在这个环境中组合成创新力和生产力，就成为这一时期我国企业发展政策的主旋律。在 21 世纪第二个十年，国家围绕放松和改善管制、优化营商环境、培育和壮大市场主体，出台了一系列政策，并取得了巨大效果。从 2013 年开始，国家颁发《注册资本登记制度改革方案》并修改《公司法》，开始实行商事制度改革；出台《关于促进市场公平竞争维护市场正常秩序的若干意见》，简化和取消涉企生产经营的审批，强化事中事后合理监管，大力推进“放管服”改革；出台《关于大力推进大众创业万众创新若干政策措施的意见》，持续推进“双创”；颁布《优化营商环境条例》推进市场化、法治化、国际化营商环境建设，打造公平竞争的营商环境“高地”。在这一系列政策的加持下，到 2020 年底，我国有 1.4 亿户市场主体，其中企业达到 4000 万户，绝大多数是民营中小微企业；高新技术企业和科技型中小企业近 40 万户，其中民营企业占多数；个体户也有近 1 亿户。而在 2012 年，我国市场主体的数量还不到 6000 万户。我国企业数量的爆发性增长，绝大多数企业的规模和实力的明显增强，由此带来的许多产业的全球竞争力的提升，在路线性区分和战略性倾斜政策下是难以想象的。

可以预计，保障企业之间，主要是各种所有制企业之间，在绝大多数行业实行公平竞争，使得这种公平竞争环境有利于激发企业家精神和创新活力、有利于促进市场主体的不断涌现与壮大，在未来将是我国企业发展政策的基本取向。之所以说是绝大多数行业而不是说所有行业，是因为，可能还有极少数行业不可能实行各种所有制企业之间的完全公平竞争。这是可以理解也可以接受的。

实行公平竞争的企业发展政策，意味着竞争政策在整个经济政策体系中的地位空前提升。事实上，党中央、国务院于 2015 年颁发《关于推进价格机制改革的若干意见》，首次提出了“逐步确立竞争政策的基础性地位”。2019 年，党的十九届四中全会又强调，“强化竞争政策基础地位，落实公平竞争审查制度，加强和改进反垄断和反不正当竞争执法。”很显然，国家已经明确，企业之间，特别是各类所有制企业之间，公平竞争关系是基础性关系，所有的政策和措施都应该维护和强化，而不应该破坏和扭曲这种基础性关系。

至此，我国企业发展政策的历史逻辑是清晰的，未来取向是明确的。在新中国建立后较长时期里，我国实行了路线性区分和战略性倾斜的企业发展政策，这样的政策基调一直延续到改革开放之后。之所以实行这样的政策，是因为国家认为这种政策有利于快速实现工业化、有利于促进经济发展、有利于避免两极分化和国家变质，而不是相反。即使受到路线性区分的束缚和战略性倾斜的制约，国家也鼓励地方政府、基层组织“大办”国有和集体企业，以增加企业群体的数量。这也恰好反映了国家对企业发展政策的重视，而不是轻视和忽视，尽管“大办”运动被证明是不可行的。路线性区分的束缚和战略性倾斜的政策所带来的长期结果，并不令人满意。见证了改革开放以来非国有企业的不凡表现，通过了一次又一次的思想解放和理论反思，也顺应了国际经贸规则的演变趋势，国家逐步实行了调整性和包容性的企业发展政策，就是在调整国有经济布局和结构、推进国有企业改革的同时，容纳了民营企业、外资企业的生长和壮大，从而带来了当初未曾料想的积极效果。与此同时，随着政府理性监管意识的形成与优化，随着政府监管能力的提升与改进，国家不再过于依赖国家所有权，而是可以通过实施合理监管，来保障经济和社会方面的公平性、安全性以及其他战略性目标的实现。顺理成章，国家选择了公平竞争取向的企业发展政策，决定要确立竞争政策的基础地位。无疑，这意味着我国企业发展政策的根本性转折。

这个根本性转折是发生于向完善市场经济体制迈进的过程中，是发展于我国产业体系的完整性和全球竞争力已实现全面提升、创新日益成为经济增长新引擎的背景下，是建立在对企业发展政策历史逻辑的深刻反思和未来趋势的正确把握上。路线性区分与战略性倾斜，在效仿苏联模式的计划经济时代，充满了诱惑力，不但因为传统的政治经济学认为，计划体制加公有制企业，可以更好地利用资源、避免浪费，可以更好地顺应经济规律、实现国家发展战略，可以更好地消灭剥削和消除两极分化、调动人民生产积极性和满足他们的需要；而且传统的发展经济学也认为，作为后发国家，要尽快实现工业化和现代化，要对发达资本主义国家进行追赶和超越，必须要借助国家的规划和政策，借鉴和拷贝先行工业化国家的产业结构演变规律，优先发展一些战略性的重点行业，主要是重化工业，特别是装备工业，并防止外资挤垮国内弱小的工业、控制国家的国计民生领域，同时应该实行强制性积累的政策而不是消费挤压投资的政策。即使到了实行改革开放、向市场经济体制转轨的时期，从日本等国传进来的产业政策理论框架与实践经验，也引导着政策制定者以新的术语、新的形式、新的手段，继续实行某些战略性倾斜政策，以保护一些国内幼稚产业、确立一些支柱产业、发展一些新兴产业，并达到技术进步、生产率提升方面的一些目标。而改革开放前后的鲜明对比，以及改革开放以来数十年的试错经验，自然引发了各级政策制定者的反思。学术界大量的理论研究和实证分析，包括一些前沿性理论的引入和传播，也促进了这种反思。随着时间推移，经济增长越来越依赖创新驱动，下一步的产业结构不再是可以拷贝先行国家经验的已知事实，也使得战略性倾斜的产业政策失去了着力点。因此，对我国企业发展政策的历史逻辑进行更深刻、更细致的审视，是历史的必然。加快完善社会主义市场经济体制，也与高水平的、制度型的对外开放有机联系在一起。尽管全球化进程在近年来遭遇了一些反复，但是我国清醒地认识到，全球化仍然是不可阻挡的大趋势，只不过全球化将会更多地涉及规则、规范、标准等制度层面的内容，其中一个至关重要的规则就是企业之间如何实现公平竞争。完全可以说，公平竞争不但符合国内体制改革、阶段转变的内在要求，也符合全球规则调整、机制变革的总体趋势。公平竞争取向的企业发展政策，就是一种面向未来的企业发展政策。

在这个面向未来的企业发展政策的指引下，可以预计，我国将会有更多的维护和强化公平竞争关系的政策出台。例如，细化公平竞争审查政策，建立公平竞争抽查、考核、公示制度；修订《反垄断法》《反不正当竞争法》等法律，完善垄断、不正当竞争的认定标准，提高可实施性；制定反不当补贴、反隐性补贴等政策，并使之具有可操作性；推出深化要素市场化改革的具体政策，使各种所有制企业可以从市场上获得要素；推行更多的监管改革政策，使各种所有制企业都处于同等的监管环境之中等。

## 五　未来企业发展政策的难点和法治解决方案

不过应该清醒认识到，企业之间的公平竞争并不容易真正实现，即使在完全由同类所有制企业构成的市场环境中亦是如此，更何况在不同所有制企业之间。严格地说，市场中并不存在完全公平的竞争，甚至对公平的界定也不容易达成共识，所以国际上才有如何界定不公平补贴的谈判。我国之所以需要推动企业发展政策实行根本性转折，是因为我们必须纠正和防止不同所有制企业之间的系统性不公平竞争。我国实际上在 20 世纪 90 年代初，就开始形成了不同所有制企业之间平等竞争的意识，例如，1993 年党的十四届三中全会通过的《中共中央关于建立社会主义市场经济体制若干问题的决定》就明确提出，“国家要为各种所有制经济平等参与市场经济创造条件，对各类企业一视同仁”；2002 年党的十六大报告也指出，要“形成各种所有制经济平等竞争、相互促进新格局”。但过了二三十年，公平竞争仍然道阻且长。西方国家也不同程度地面临同样问题。即使在那些市场机制比较成熟、法治体系比较完善的国家，也很难对国有企业与非国有企业之间的非公平竞争进行确认和纠正。学者们比较熟知的“竞争中性”，从发源国澳大利亚，传到了 OECD 等国际组织，并被吸纳到了 CPTPP 等高标准经贸协定，但如何确认国有企业承担各类功能的成本和合理商业回报、如何确保债务中性和补贴中性，在实践中很少能够落地。即使抛开所有制，对巨型企业的排斥竞争行为如何认定，对中小企业的弱势地位如何看待，公平竞争政策到底应该保护具体的竞争者还是应该保护竞争机制，不但存在技术上的困窘，也存在思维上的分歧。

更需要意识到，在我国，假定技术性的公平竞争政策完全可以落地实现，也不能解决如何实现国有企业的激励结构合理化、经营者选择机制和监督机制合理化、决策权力配置合理化等根本问题。这意味着，国有企业的政企关系、公司治理几乎难有圆满的解决方案。到头来，如果既要保证国有资本广泛地分布于许多竞争性行业，并在一些行业保持控制力，又要真正实现国有企业与非国有企业之间的公平竞争，就会有逻辑上的不自洽。因此，国有企业特殊的政企关系和公司治理，与公平竞争取向的企业发展政策之间，的确存在不容忽视的张力。这就意味着，公平竞争取向的企业发展政策，不可能与国有经济改革政策割裂开来。而后者必将是一个曲折而漫长的过程。

综合来看，未来我国仍然会推行公平竞争取向的企业发展政策，但将面临如下方面的难点。

第一，国有经济布局应该如何继续调整和优化，国有企业应该如何深化改革。这是从 20 世纪 90 年代以来一直在思考和推进的议题。21 世纪以来，对这个议题又有一些新的论述。2013 年党的十八届三中全会通过的《中共中央关于全面深化改革若干重大问题的决定》提出，“国有资本投资运营要服务于国家战略目标，更多投向关系国家安全、国民经济命脉的重要行业和关键领域，重点提供公共服务、发展重要前瞻性战略性产业、保护生态环境、支持科技进步、保障国家安全。”2020 年颁布的《中共中央 国务院关于新时代加快完善社会主义市场经济体制的意见》强调，“推动国有资本更多投向关系国计民生的重要领域和关系国家经济命脉、科技、国防、安全等领域，服务国家战略目标，增强国有经济竞争力、创新力、控制力、影响力、抗风险能力，做强做优做大国有资本，有效防止国有资产流失。对处于充分竞争领域的国有经济，通过资本化、证券化等方式优化国有资本配置，提高国有资本收益”。这些重要文件还强调，国有企业要完善中国特色现代企业制度，要积极稳妥推进混合所有制改革。但是在实际当中，所谓关系国家安全和国民经济命脉及国计民生，所谓重要前瞻性、战略性产业等，到底应该如何认识、如何界定，并不是一件容易的事情；而国有企业的混合所有制改革怎样才算既积极又稳妥，也不容易把握。

第二，对外资企业的负面清单应该缩减到什么程度，对外资的安全审查如何把握分寸。近年来，我国负面清单连续缩减，制造业、农业、金融业及能源、基础设施等领域对外资的开放程度都有很大提高，并颁布实施了《外商投资安全审查办法》，将外资安全审查纳入了法治轨道。的确，对外资进行适当限制是国际普遍现象和通行做法，即使我国绝大部分产业都具有较强的全球竞争力，都不太需要借助国家对外资的限制进入和限制竞争政策来保护内资企业，也不可能对外资开放所有行业，并让其与内资企业进行平等竞争。不过问题在于，对国家安全的概念并不容易准确掌握，特别是，涉及产业链、供应链、创新链的安全性、稳定性、完整性的领域和环节到底应该如何认定，更不是一件容易的事情。因此，如何既要保障国家安全，保证国内资本特别是国有资本对一些领域的主导和控制，又要避免走向关门主义，避免妨害更高水平开放型经济新体制的建设，避免阻碍规则、规制、管理、标准等制度型开放的推进，将是一个不小的挑战。

第三，反垄断和反不正当竞争如何具体执法。我国的《反垄断法》和《反不正当竞争法》已经颁布实施多年，近年来还制定了互联网等领域的相关条例和规定。有关文件也强调，要完善竞争政策框架，建立健全竞争政策实施机制，强化公平竞争审查的刚性约束。不过在理论上，产业组织学说对垄断、对不正当竞争的认定就存在不少争议，在实践中，相关市场、不当行为的分析也不易开展，从而给执法带来较大困扰，要么因执法太软而不能阻止垄断和不正当竞争，要么因执法太硬而伤害企业的进取和创新。此外，对于我国很受关注的行政性垄断，主要是政府部门对国有企业的显性和隐性保护，到底应该如何判定和如何处理，一直是一个困难的问题。

第四，政府产业政策和招商引资优惠政策如何避免与公平竞争政策相冲突。我国有多层级政府，几乎每层地方政府都有一些产业政策和招商引资政策，涉及税费优惠、土地供给和价格优惠、财政和金融支持、国资注入、政府采购、贸易关税等方面。这些政策往往对少数企业，特别是大型国有企业，进行倾斜性支持，因而引发是否背离公平竞争原则的质疑。2014 年，国务院颁发的《关于清理规范税收等优惠政策的通知》指出，应通过清理规范优惠政策，反对地方保护和不正当竞争；2015 年，国务院颁发的《关于税收等优惠政策相关事项的通知》又提出，各地区各部门已经出台的优惠政策，可继续执行或有条件地继续执行。从一些重要的国际经贸规则来看，产业政策和招商引资优惠政策的确可能触发不当补贴、不公平竞争等方面的争执。但是，我国政府又担负着发展产业、发展经济的重大责任，设置一些支持和优惠政策恰恰体现了一种积极进取精神。而且，从全球范围内来看，其他国家，包括美国，或多或少也有一些类似政策举措，可以说，企业之间绝对公平的竞争只是一种理想状态。因此，下一步，如何既要正确发挥政府作用、合理保护地方的发展积极性，又要防止这些政策严重伤害公平竞争导向的企业发展政策，且要满足一些国际协定在补贴、公平竞争规则方面的要求，也是一个难点问题。

尽管存在难点，在绝大多数行业，推行公平竞争导向的企业发展政策，仍然应该继续下去。这就需要寻找可以有效推进这项战略性政策的可能方案。许多学者都寄希望于“竞争中性”。但是应该清醒地认识到，“竞争中性”本身并不触及国有企业的机制问题，所以它不可能理顺政企关系，当然就不可能真正解决政府对国有企业的不中立问题。另外，“竞争中性”的八项标准太过复杂，不太可能成为一套可以大范围、普遍性实施的具体政策。事实上，“竞争中性”没有能够在哪个国家转化为可以得到具体实施的条例。当然，也不是说“竞争中性”毫无用处。我国可以通过中欧投资协定（CAI）等高标准经贸协定，以开放促改革、促公平竞争，因为这些协定包含了一些“竞争中性”精神。

一个更加现实的解决方案，是大力推行反垄断、反不公平竞争的法治体系建设，持续不懈地厉行法治。要赋予反垄断、反不公平竞争有关规定以可诉性。要加强这个领域的法庭建设，充实审判力量，提高接诉和审理能力。特别要重视反行政性垄断、反行政性不公平竞争。也许，随着民营市场主体数量的继续迅速扩张，随着其中一些企业不断发展壮大并逐步成为许多行业的头部和腰部企业，在法治的引导下，10 年或 20 年之后，公平竞争取向的企业发展政策将呈现一个较好局面。

## 参考文献


[1] 陈士华:《汽车工业》，载国家统计局编《新中国 60 年》，中国统计出版社 2009 年版。

[2] 陈永杰:《民营经济改变中国》，载大成企业研究院编著《民营经济改变中国》，社会科学文献出版社 2018 年版。

[3] 崔玉华、张天才:《长治区大办地方工业的几点经验》，《山西政报》1958 年第 17 期。

[4] [日] 大野健一:《学会工业化：从给予式增长到价值创造》，陈经伟译，中信出版社 2015 年版。

[5] 丹尼·罗德里克:《相同的经济学，不同的政策处方：全球化、制度建设和经济增长》，张军扩、侯永志等译，中信出版社 2009 年版。

[6] 菲利普·阿吉翁、蔡靖、马赛厄斯·德瓦特里庞、杜罗莎、安·哈里森、帕特里克·勒格罗:《产业政策和竞争》，载吴敬琏主编《比较》第 82 辑，中信出版社 2016 年版。

[7] 世界银行、国务院发展研究中心联合课题组:《2030 年的中国：建设现代、和谐、有创造力的社会》，中国财政经济出版社 2013 年版。

[8] 孙健:《中华人民共和国经济史（1949—90 年代初）》，中国人民大学出版社 1992 年版。

[9] 吴敬琏:《产业政策的研讨需要深化》，载吴敬琏主编《比较》第 87 辑，中信出版社 2016 年版。

[10] 张春霖:《国企对中国 GDP 和就业的贡献有多大》，《中国改革》2019 年第 5 期。

[11] 中央工商行政管理局、中国科学院经济研究所资本主义经济改造研究室:《中国资本主义工商业的社会主义改造》，人民出版社 1962 年版。

[12] 中共中央文献研究室编:《毛泽东年谱（一九四九—一九七六）》第 2 卷，中央文献出版社 2013 年版。

[13] Altomonte, C. and Ottaviano, G.,“The Triggers of Competitiveness”, www.bruegel.org，2011.

[14] Brandt, L. and Zhu, X. D.,“Accounting for China's Growth”, IZA Discussion Paper 4764, Institute for the Study of Labour, 2012.

[15] OECD,“Competitive Neutrality：Maintaining a Level Playing Field between Public and Private Business”, http：//dx.doi.org/10.1787/9789264178953-en, 2012.

（张文魁，国务院发展研究中心）

原载《管理世界》2021 年第 12 期

# 中国国资改革：困惑、误区与创新模式

刘纪鹏　刘　彪　胡历芳

**摘要**：2020 年是实现国企与国资改革“三年行动方案”的开局之年，关键是要解决当前国资改革中的困惑，走出误区并探索创新模式。传统中国国有资产管理主要是为了解决国有资产保值、增值的微观问题。进入中国特色社会主义新时代，国资改革应从中国道路、中国模式的角度，全面、系统地进行管理方案设计，这既是构建竞争中性营商环境的客观需要，也是“三年行动方案”目标指引下国资改革引向深入的必然选择。总结国资改革 30 年来的困惑和误区可知，中国国资改革关键在于把宏观运行机制和微观运行载体实现创新性结合，构建三层次国资管理体系，让国资委作为营利性国资的统一监管者，让国有资本投资运营公司作为企业的直接出资人，将国家战略运用于国有企业中，实现做强、做优、做大国有资本的重大变革。

**关键词**：国资改革　中国模式　统一监管　法人制度　战略布局

## 一　引言

1988 年 5 月，国务院批准设立国家国有资产管理局，代表国家行使国有资产的监督管理权；1998 年 7 月，国有资产管理局撤并，国资监管职能分散至各个部门；2003 年 3 月，国务院国有资产监督管理委员会（以下简称“国资委”）成立，作为专门的国有资产监管部门。从真正提出“国资改革”代替“国企调整”算起，探索已逾三十载，至今仍是新时代中国特色经济体制改革的重要内容。党的十九大报告指出“要完善各类国有资产管理体制，改革国有资本授权经营体制，加快国有企业经济布局优化、结构调整、战略性重组，促进国有资产保值增值，推动国有资本做强做优做大，有效防止国有资产流失。”在党的十九届四中全会精神指引下，2019 年 11 月召开的国务院国有企业改革领导小组第三次会议提出：“未来三年是关键的历史阶段，要落实好国有企业改革顶层设计，抓紧研究制定国有企业改革三年行动方案，明确提出改革的目标、时间表、路线图。”2019 年 12 月，中央经济工作会议要求：“要制定实施国企改革三年行动方案，提升国资国企改革综合成效”。2020—2022 年是国务院国资委制定并推动“三年行动方案”落地的战略节点，是国企改革坚持市场化方向、抓落实提成效的重大攻坚克难时期，亟待解决国资改革中的困惑并探索出新的模式。

站在新的历史起点上，面对错综复杂的国内外经济环境，探索国资改革创新模式的意义在于，一是构建竞争中性营商环境，让国资企业公平参与市场竞争；二是在国资国企改革“三年行动方案”的目标指引下把中国的国资改革引向深入。

### （一）构建竞争中性营商环境

全球市场经济从自由竞争转向公平竞争，在此背景下，如何通过完善国有资产管理的体制机制，从而规避国际社会对中国国有企业“扭曲竞争”的质疑，是中国在“一带一路”倡议和打造人类命运共同体目标指引下，进一步扩大对外开放、加深国际经济交流合作所要解决的一个核心难题。目前，经济合作与发展组织（简称“OECD”）所提出的竞争中性原则已成为国际多边经贸协定的重要内容，全球已有 40 多个国家适用竞争中性原则①。因此，中国在与其他国家或地区签订贸易协定时，应主动就竞争中性规则达成共识。

然而，长期以来，中国国有企业在参与国际竞争时因与“竞争中性”原则不一致而备受质疑。实际上，这些问题由来已久，原因之一就在于国资委作为既当国有资产的监管者又当国有资产的出资人，既当“裁判员”又当“运动员”，使得国有企业无法在国际经贸活动中作为被认可市场竞争主体。

第一，国资委直接担任国有企业的出资人使国资委不得不陷入民商法纠纷中，负有财产连带责任，难以在国际民商事纠纷中维护国家利益。2009 年，厦门船舶重工股份有限公司和福建省马尾造船股份有限公司双双被希腊船方诉至美国地方法院，并均将中华人民共和国列为被告（刘纪鹏、曾斌，2012）。尽管在美国法院的判决里中方获得胜诉，但不得不引发学界和政策界对中国企业在国际竞争中如何遵守国际规范的深层次思考。上述纠纷的产生与国有企业的股权结构密不可分，两家公司均隶属于福建省船舶工业集团，而福建省船舶工业集团则由福建省国资委 100% 持股，因此福建省国资委这一政府序列的特设机构是 3 家涉诉企业的实际出资人。希腊方根据《美国外国主权豁免法》②主张将涉诉的 3 家公司认定为政府的“代理机构或工具”。希腊船方诉讼案的警示是，在“国资委—国有企业”两层次结构中的国有企业时刻面临着被国际社会认定为政府的“代理机构或工具”的隐患，因此，在两者之间搭建国有资本出资人的代理主体成为一个必然选择。

第二，中国国有企业被国际社会普遍质疑是否公平参与市场竞争，主要表现在政府财政补贴、政府信用支持、行政垄断、市场准入等方面。在 2018 年举办的 B20 阿根廷会议上，就曾有国家提出“列入国企扭曲竞争”议题③。据测算，从政府补贴来看，在中国境内上市公司中，2018 年中央国有企业和地方国有企业所获政府补贴金额的均值分别为 4.3 亿元和 1.53 亿元，远高于民营企业获得政府补贴的均值（0.73 亿元）；从政府信用支持来看，在 A 股上市公司中，2018 年国有企业平均融资额为 11.1 亿元，而民营企业平均融资额则不足 1 亿元；从行政垄断来看，国有企业在石油、天然气等能源产业开采环节占有绝大多数的市场份额（巴曙松，2019）。

通过上述可见，完善国有资产管理体系迫在眉睫，传统的国有企业和市场经济兼容度不高，但是国有资本这种形式却可以和市场经济规则实现对接（刘纪鹏，2014；平新乔，2015）。需要通过构建国有资本投资公司和国有资本运营公司以规避政府部门补贴、国家垄断等不公平竞争的问题，让国有企业摘掉政府“代理机构或工具”、“竞争扭曲”的帽子，成为公平参与市场竞争的现代股份公司。

**（二）“三年行动方案”目标指引下把国资改革引向深入**

2015 年，国务院国资委、财政部、国家发展改革委联合发布《关于国有企业功能界定与分类的指导意见》提出“将国有企业界定为商业类和公益类”。2017 年《国务院国资委以管资本为主推进职能转变方案》提出“建立健全国有资本运作机制，组织、指导和监督国有资本运作平台开展资本运营，鼓励国有企业追求长远收益”。上一阶段的“国企改革”已取得了一些阶段性的成果，一系列改革政策对内带来了国企内部治理的完善和代理成本的下降（孔东民等，2014；李文贵等，2017）；对外则通过优化要素配置、溢出效应提高了经济增长速度（许召元、张文魁，2015）。现阶段，只有坚持市场在混合所有制经济中的主导地位，才能发挥经济绩效（李建标等，2016）。深化国资改革的关键在于从理论方向到实践行动上深入落实从管企业到管资本的改革。近年来，政策制定者和学术界从国资改革的宏观目标、国资委的职能定位、国有资本的运营机制、国企混合所有制改革等多方面探讨了国资改革的方法论。然而，国资改革仍然缺乏将宏观整体把控和实现中微观运行机制相结合的指导性办法。

从国有资产监管体制来看，为了有效解决国资委在市场中既是“裁判员”又是“运动员”的矛盾，化解“政企不分”“政资不分”的问题，一些学者指出应架构三层国有资本管理模式，即“国资委—国有资本投资公司—国有企业”的形式，也就是从政府与企业的直接对接，改为在中间再设立一层国有资产产权经营机构，这个机构面对政府进行授权经营，面对下面的企业则是作为控股公司（刘纪鹏，2014；肖亚庆，2016）；这些国有控股公司一般不进行自身的业务经营，而是主要通过对子公司的产权管理，最终实现资产保值增值（李炳堃，2017）。这种框架模式从职能上明确了国有资本授权经营体系的各部分具体职能，上层是国有资本的监管机构，作为中间层的国有资本投资公司则以最下层的企业股东的身份出现，并通过股权投资等方式进行国有资本的布局，实现国有资本的“有进有退、合理流动”。在三层次架构设计中，国资委、国资投资公司和国企三者相互形成制约又彼此在各自领域进行更加合理的资源配置，同时应进一步完善市场制度和现代企业制度（戴秦等，2018）。但是，也有部分学者认为，应该以国有企业为核心进行国有资本改革，而不是先从国资委的宏观治理结构出发（宋方敏，2018）。这种以管企业为核心的改革是片面的，当前国资改革的核心应牢牢把握出资人职责定位，进一步明确国资监管边界，以管资本为主改革国有资本授权经营体制。

反观国际经验，除了上述提及的“三层次模式”，国资监管主要还是采用简单的“两层次模式”，即政府按不同方式直接管理国有企业，并没有设中间层进行产权经营，目前比较有代表性的国家包括美国、加拿大、法国、德国、巴西等。但就上述提到的采用“两层次模式”的西方国家而言，其国有资本在社会资本所占比重远不及我国，其立法规制或管理的重点多数在于对国有资产的保护以及国有资本的售卖等产权变动内容，其资产也偏向于“国有资源”的定义，而不是我们所认为的资本的定义。国际上采用“三层次模式”的国家，包括新加坡、意大利、奥地利、英国、西班牙等。其中，最为著名是新加坡的淡马锡模式，其核心经验是建立由董事会进行决策的淡马锡控股公司，较好地理顺了政府和市场的关系，这种模式一方面能够完成国资的市场对接，使市场在资源配置中起决定性作用，同时又不丧失政府的服务与引导作用（潘泽清，2017）。值得注意的是，中国以管资本为主的国资管理改革不可与淡马锡模式简单画等号（焦欢，2016）。中国的国有资本投资既要注重投资收益，又要体现国家战略，必须牢固树立国资监管机构对国有资产特别是营利性国资的统一监管地位（刘纪鹏，2014），国有资本投资公司的投资方向应该充分体现国家意志（闫妍等，2015），国有资本应该引领经济发展、实现国有资产保值增值（刘纪鹏，2014）。实证研究也表明，自 2003 年国资委设立以来，国资委作为外部监管者，发挥了改善国有企业经营绩效和改制成效的作用（盛丹、刘灿雷，2016）。

从国有资产的分类管理体系来看，在现代市场经济中，各国公认的国有企业通常是纳入政府公共预算的公法人，一般只存在于较少的特殊公益领域或者仅靠市场行为解决不了、政府必须干预的领域。国有企业通常由各国财政部监管，其管理人员则可以是公务员身份，薪酬不进行市场化。例如美国的“两房”（即房地美、房利美）和中国“两储”（中储棉、中储粮）都是典型的国有公益性独资企业。因此，以保障功能为主要职能的国有企业概念是国际通行标准，结合我国国情，中国的特色发展方向应在商业领域拥有强大的国有资本和混合所有制下包容外资和私人资本建立的现代股份公司，从而与市场经济制度相适应。

中国在竞争领域保持强大的国有资本，需在两点同步推进：一是遵循民商法背景下的一般准则，在国资背景下构造的现代公司和传统国企截然不同，在竞争领域由国有资本投资、控股和参股的现代股份公司能够有效实现与市场经济的对接，平等地和国际上其他类型的现代股份公司竞争；二是在一些公益领域保持国有独资和全资形态的国有企业，由财政部管理。中国国资改革的道路探索进程中应尊重国情，借鉴国际经验，走自己独特的发展之路。西方国家往往只是在公益领域有国企，中国则应在竞争领域有强大的国有资本，让竞争领域强大的国资企业成为参与现代市场经济中的“运动员”，而国资监管机构则发挥“裁判员”的作用，中间层的国有资本运营和投资公司则起到“教练员”的作用。

## 二　中国国资改革的困惑与误区

2015 年《中共中央 国务院关于深化国有企业改革的指导意见》（中发〔2015〕22 号）（以下简称“22 号文”）虽然在理论上明确了深化国企改革的方向，提出“经营性国有资产实现集中统一监管”“分类推进国有企业改革”，即推进处于充分竞争行业和领域的商业类国有企业，处于关系国家安全、国民经济命脉的重要行业和关键领域、主要承担重大专项任务的商业类国有企业和公益类国有企业分类改革。

深入落实国资改革工作，化解实践和认识脱节的现象，必须走出国企改革始终改企业的行动误区，将改革目标向国有资本转变，把对所有者的改革作为抓手。现阶段中国的国有资本所有者由不同的部门分别代表，例如，《企业国有资产法》中规定，“国务院和地方人民政府根据需要，可以授权其他部门、机构代表本级人民政府对国家出资企业履行出资人职责”，国家出资企业应当“接受人民政府及其有关部门、机构依法实施的管理和监督”，导致了九龙治水的局面。特别是财政部和国资委都在管理经营性国资，不同层级的行政区划管辖内都是“兵分两路”，甚至地方政府还有文化国资委、卫生国资委的提法。因此，现阶段国资改革首先要解决代表国家履行出资人职责、拥有企业所有权的政府部门不能担任国有资本的出资人和所有者问题，也就是必须引导改革者对自身开展改革。

虽然“22 号文”明确了国资改革的方向，但是却在现实中遇到了巨大的阻力，政策无法落地。国资改革的诸多实践中的误区需要在理论上加以解构，化解不同部委之间、中央和地方各级部门之间分工不清、方向不明的症结，在此基础上提出深化国资改革的对策。当前误区主要体现在以下 5 个方面。

### （一）把国资改革与国企改革混同的误区

党的十九大报告和 2017 年全国经济工作会议创新性地提出了“做强、做优、做大国有资本”，替代了单一“做大国有企业”的传统提法，这是在借鉴市场经济普遍遵循的现代公司制度和法律基础上，结合中国国有资本为主的现实国情，与社会主义宏观运行机制相适应的国有资产治理机制的一次重要创新。从“管企业”到“管资产”的转变，再到党的十八届三中全会以后进入“管资本”时期，整体方向是脱离直接的行政干涉，加强自主经营，强化市场属性（戚聿东、肖旭，2019）。

中国拥有数量庞大的国有企业和规模庞大的国有资本。新中国成立至今 70 年，国有企业经历了从统筹发展到制度探索、创新直至完善的阶段。根据国家统计局公布的第四次全国经济普查工作数据，2018 年末，全国企业法人单位 1857.0 万个，国有企业 7.2 万个，占全部企业法人单位的 0.4%。2019 年进入《财富》世界 500 强的中国企业为 129 家（含中国香港 7 家、中国台湾地区 10 家），全球排名第一，其中中国大陆地区的企业 112 家，国资委监管的中央企业有 48 家。根据财政部资产管理司数据统计显示，截至 2019 年 6 月末，中国国有企业④总资产为 195 万亿元，净资产高达 69 万亿元⑤。2018 年全年国企收入 59 万亿元，利润总额 3.4 万亿元。

《中华人民共和国企业国有资产法》中规定："企业国有资产（以下称国有资产），是指国家对企业各种形式的出资所形成的权益。"可见，国有资产保值增值的关键在于管住资本；管住资本就管住了企业，但管住企业不一定管得住资本。新时代深化国资改革的核心在于"以管资本为主"和"以董事会为核心"两条主线构建中国国资监管和治理创新模式。公益性的国有企业世界皆有，中国特色社会主义市场经济的微观运行主体，并不是在公益领域做大、做多传统的国有独资企业，而是在竞争领域中培养强大的国有资本，以及其在国有资本参股、控股并包容其他资本基础上形成混合所有制的现代大公司。

**（二）回归审批经济和国企私有化的误区**

在国资改革的整体思路设计上，国家发改委和国资委难以"强势兼得"，审批经济与国有资本不可能同时占据主导地位，中国国资改革既要反对行政垄断，也要反对经济部门"一刀切"式的国有企业私有化。国资委作为世界首创，应当发挥公有制和市场经济对接的桥梁作用，推动国企进行股份公司改革，并在股份公司的所有者、董事会层面体现国家意志。国有企业股份制改革实现了从"国营"（国家统管经营）转变为"国有"（国家统筹所有权），党的十八大以来一系列的战略考量，又成功实现了从管人管事管资产到以管资本为主的转变，从做大国有企业到做大、做强、做优国有资本的变革。相对于具有行政管理色彩的国有独资企业，注入了国有资本的现代公司是和市场经济对接的更好载体。

**（三）金融国资和产业国资不统一监管的误区**

我国在自 2009 年施行的《中华人民共和国企业国有资产法》中规定"国务院和地方人民政府依照法律、行政法规的规定，分别代表国家对国家出资企业履行出资人职责，享有出资人权益"，并没有明确国资委在法律上的属性和定位。中央编办的"三定"⑥方案中，国资委只是国务院任命非政府序列的特设机构，并没有明确国资委是国有资本的监管者。

如图 1 所示，中国国资目前没有实行统一监管，而是按照金融国资和产业国资分类监管，形成了财政部管金融、国资委管实业的格局。但是从资本内在属性看，以所属行业为标准对国资进行分类缺乏依据且不利于对国资整体情况的掌控。从未来经济发展方向看，产融结合已是大势所趋，在过去几年里，国家电网、宝钢参股中国建设银行、首钢入股华夏银行等成功案例比比皆是，可以说，金融国资和产业国资分开监管已经难以适应经济大趋势，与市场经济发展规律背道而驰。如果各个监管部门继续“画地为牢”，特别是把卫生、医药等国资企业再度分开，以后又会形成九龙治水的局面，这也是目前部门改革不到位的表现。

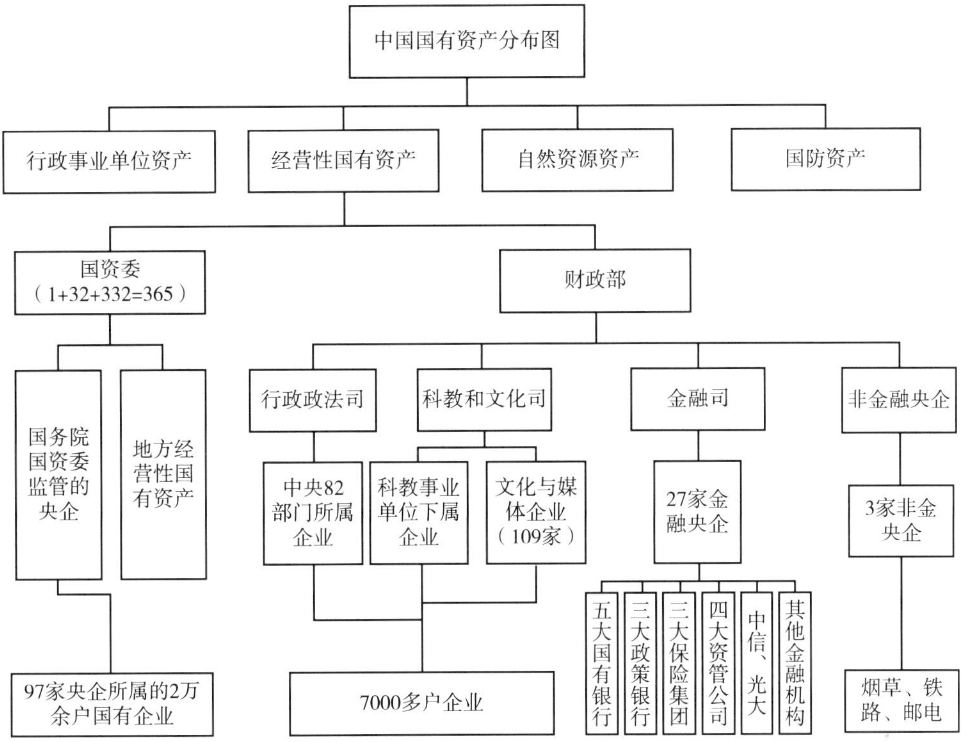


**图 1　中国国有资产管理现状**

### （四）国资委不负责国有资本经营预算的误区

目前整个国资经营预算由财政部负责，国资委只强调当出资人，忽视了资本经营预算。该制度设计弊端有 3 点：第一，限制了国资委对于资金的使用，国有资本战略布局规划无法顺利实现；第二，其他国家通常将这种行为视作政府对国企的补贴，不利于国际竞争；第三，在实际工作中，由于国资委直接对接企业的运营和监管，目前清产核资和资产统计等大量基础性工作实际上由国资委负责，财政部的大量公共数据也是从国资委获得，财政部编制国有资本经营预算无法脱离国资委。

如表 1 所示，从法理基础、预算目标、收入来源、支出方向 4 个维度上看，国资预算与公共预算有本质区别，因此，负责编制公共预算的财政部不应作为国资预算的编制者。只有国资委在履行监管职责的同时拥有国有资本经营预算的编制权，才能实现国资委的两权合一，同时实现政府国有资本出资人职能与政府公共管理职能的分离，这也有利于政企分开、政资分开，推动国有企业完善现代企业制度。

表 1 国资预算与公共预算的区别

| | 国资预算 | 公共预算 |
|---|---|---|
| 法理基础 | 国有资产的所有权及其派生出来的收益索取和支配权（私权利） | 国家公共权力及其派生出来的对国民经济收入的分配权（公权力） |
| 预算目标 | 实现国资战略布局，国有资本保值增值，解决国企改革发展过程中的体制机制性问题（偏重效率） | 满足社会公共需要，追求社会的福利目标（偏重公平） |
| 收入来源 | 国有资本收益为主 | 税收为主 |
| 支出方向 | 向国家出资企业注入资本金 | 各类公共物品的提供 |

### （五）把出资人公司治理与国资监管混同的误区

国务院国资委的定位到底是出资人还是监管者，目前一个误区是把出资人的公司治理和公司监管之间进行了混同，没有区分开国资监管的 3 种不同概念：一是所有者监管，实质是公司治理，是指出资人或股东对所属公司的监督和管理；二是政府监管，是政府及其特设部门作为公共管理者，对所有公司进行的监管，目的是保障公平竞争；三是国有资本监督管理，必须跳出单个股东出资人对其所属公司监管范畴，依托国家所有者身份对国有资本的战略规划布局、国资预算统计、人事委派等全局性问题进行统一的系统内管理，这种监管属中国特色。

有了这个监管区分，才能清楚地明白所谓将整个国资委按照新加坡模式改造成“淡马锡”式的“一家投资控股公司”也是一个选择误区，中国国资委定位不能单一化地只做“监管者”或者只做“出资人”，而是必须系统考虑，重视两种身份，发挥两大作用。

## 三 中国国资改革的创新模式

中国国资改革的关键，一是找准国有资产的定位和发展方向；二是厘清国资委、财政部、国家发改委三者的关系；三是明确国有资产监管机构和运营机构分设不同主体；四是要从公益性国有企业和营利性国有资本两个维度，切实把分类监管制度落地。中国国资改革的创新路径是要让国资委作为国有资本的统一监管者，同时逐渐“隐居幕后”，把国有资本投资公司作为国有资本的直接出资人，成为与外资、民企处于平等地位且无法律差异的并对股份公司进行控股和参股的股东主体。在国家出资和控股的企业总体股份中，国有资本只是其中一类，因此无论是国资委履行应有的监管者职能，还是国有资本投资公司履行对实体企业的出资人职责，都只针对国有或国控企业中的国有资本，而不是简单地将国有或国控企业整体都纳入监管统计口径，未来的国资委改革必须真正实现从国企监管向国资监管的跨越。

### （一）构造统一的营利性国资监管者

首先，国资委需要从央企出资人向营利性国资监管者转型，实现对营利性国资的统一监管。国资监管与政府监管、所有者治理不同，依据国资委作为国家特设机构与所有者职能结合的属性，国资委的监管对象是国有资本，目标是国家所有者权益最大化（详见表 2）。目前国资委既承担着国有资产监管者的职责，又担任 97 家实业类中央企业的出资人，现实中，作为国有资产的监管者，国资委却种着其他部门的“自留地”，客观上无法履行对金融、教育、卫生、科技类国资的统一监管。由于国资委履行出资人职责，部分央企在参与国际竞争时，被认为与其他央企之间存在共同股东和关联交易，并受国家行政干预，不利于参与国际竞争。国资委面临着作为监管者无法实现统一监管，作为出资人又管得过细的两难境地，因此第一要务就是确立国资委作为营利性国资统一监管者的定位（详见图 2）。

**表 2　3 种监管概念比较**

| 类别 | 政府监管 Regulation | 所有者治理 Governance | 国资监管 Supervision and Administration |
|---|---|---|---|
| 对象 | 全行业 | 被控股企业 | 国有资本 |
| 依据 | 公共管理职能 | 股东（法人）治理管控 | 国家特设与所有者职能结合 |
| 目标 | 维护市场秩序 | 股东利益最大化 | 国家所有者权益最大化 |

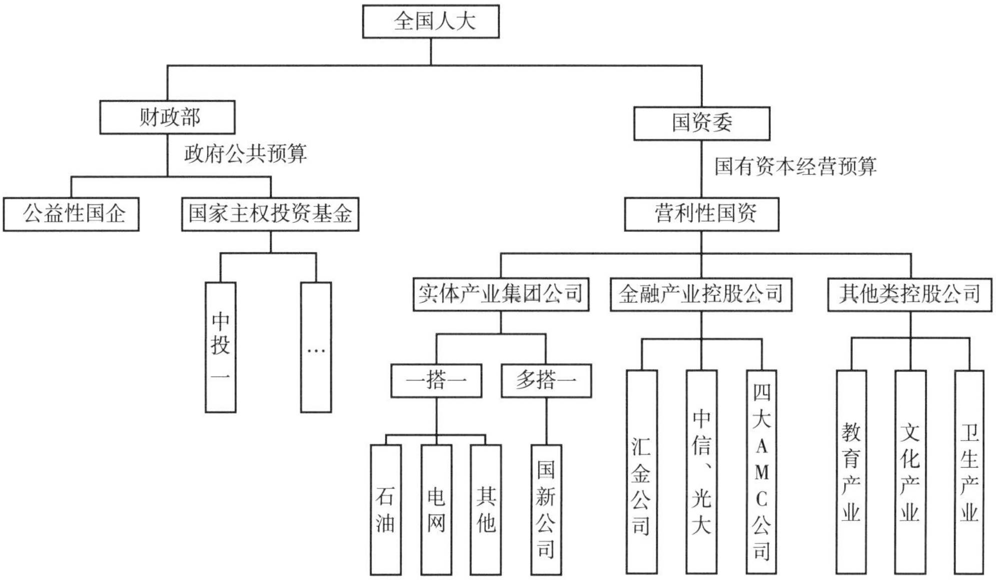


**图 2　国资委统一监管营利性国资框架图**

其次，对应不同性质的国家财产，应分别分配到不同部门进行管理。事业单位资产如果以营利为目标就该纳入国资委管理，对非经营性的国家财产和不追求营利目标的国有企业单位应纳入财政部管理。同时，对于不同性质的国有资产，在管理过程中随着性质的变化，也应同步完成监管部门的转换，比如自然资源完成了开发进入市场，成立了国有资本介入的公司，则其监管部门就应该从自然资源部转移到经营性国资委（详见图 3）。

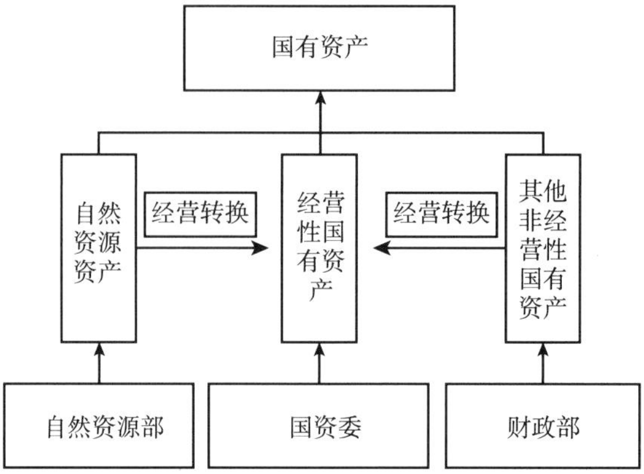


图 3　自然资源资产与其他非经营性国有资产的管理

最后，建立统一的国家财产法为国资改革保驾护航。日前，中共中央印发《关于建立国务院向全国人大常委会报告国有资产管理情况制度的意见》，要求加强人大国有资产监督职能。但是责任人、管理人还是没有明确，要真正实现国有资产监督，必须先做到科学分工、明确责任，实现权责一致，才能实现国有资产的统筹监测。中国在经营领域有庞大的国有资本，应当建立统一的国家财产法。

### （二）建设三层次国资管理体系

国资管理体制必须从国资委目前一个部门双重职能出发，将国资委“一身两任”转变为通过组建国有资本投资公司，实现国资委系统内的“两身两任”。利用两类机构、两种身份、履行两种职能，将履行统一监管者职能的国资委和行使直接出资人权利的国有资本投资公司进行彻底区分，实现监管统一与出资人多元化的并行不悖，构成国有资产管理的 3 个层次（详见图 4），且监管层、出资层和经营层的职责分工应予以明确（详见表 3）。

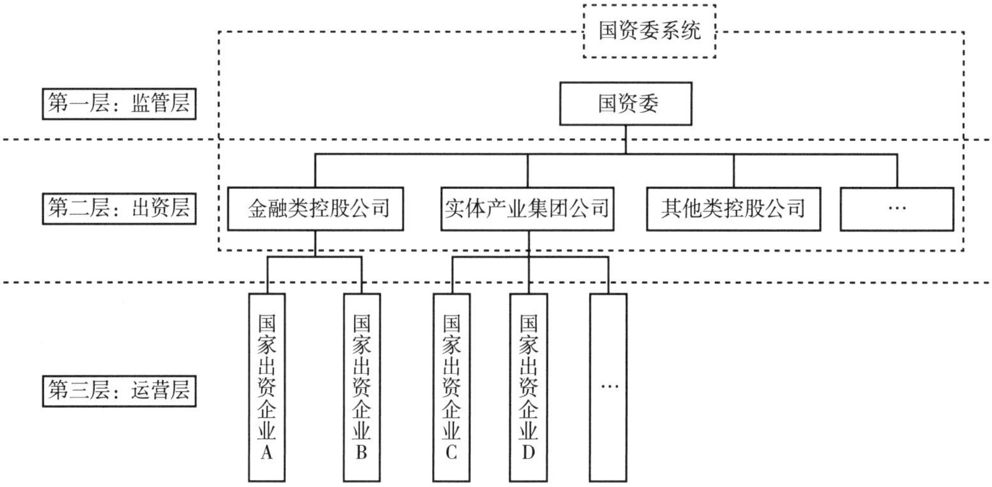


图 4　三层次国有资产管理体系

表 3　三层次国资管理体系中的职责分工

| 层次 | 机构\类型 | 国资规划统计与监管 | 股权管理与资本运作 | 投资中心 | 利润中心 | 成本中心 |
|---|---|---|---|---|---|---|
| 监管层 | 国资委 | √ | | | | |
| 出资层 | 国有资本经营公司 | | √ | | | |
| 经营层 | 国家出资实体企业 | | | √ | √ | √ |

第一层是代表中央的国务院国资委和两级地方国资委。作为各级政府授权的国资监管者，制定国家或地区国有资本战略布局规划，编制国有资本经营预算，同时任命国有资本投资公司的董事。

第二层是国有资本投资运营公司。作为国有资本的资本运营机构，直接履行出资人（股东）的职责，主要负责国有资本的投资经营和存量资本的流动与重组，这类公司应保持国有独资形态，仅以股东身份从事国有资本的经营管理。

国有资本投资公司有两种组建模式，一是由存量的集团公司改组而成，二是把国有企业进行科学合理地分类、规划，把行业接近、规模相对较小的多家国企进行梳理与整合，通过“二合一”“三合一”，在其上层重新构造国有资产投资公司。这一层的公司要以纯粹控股公司（pure holding）为主，直接作为第三层实体企业的股东。

第三层是享有独立企业法人财产权，国家参与出资的实体企业（包括国有控股、参股企业），这类企业从事具体的生产经营活动。

需要指出的是，随着国资改革的逐渐深入和混合所有制经济的不断发展，对第三层国家出资的实体企业应该有更宽泛的理解。事实上，在一个公司集团里面，不仅有集团公司、母公司、子公司的区分，还有子集团的概念，即位于第三层的国家出资实体企业依然可以通过股权连结实现对第四层、第五层子公司的管理和控制，从而形成在法人股份连接纽带基础上的集团控股公司的资本管理。

**（三）明确国资委的主要职责**

在国资委对营利性国资统一监管的模式下，构建国资委系统，并将国资委的出资人职能让渡给国有资本投资公司行使，国资委作为国资监管者的职能定位将主要体现在以下 4 个方面。

1. 国有资本战略布局与规划的主导者

国资改革的趋势是逐步厘清政府和市场的关系，国资委虽然要从对国企具体经营事务中脱离出来，但仍应该作为国有资本宏观战略布局和规划的主导者。合理布局关系国家经济、政治发展和稳定的战略性产业，逐步主动布局战略性新兴产业领域，把握国家发展的大方向不偏移。国资委在进行国资布局和规划的过程中，并不直接干预企业的经营决策，而是要以促进国民经济发展为出发点和落脚点，主要运用市场机制，由企业自主决定投资方向，让投资效益成为引导资源流向的决定性因素。

2. 国有资本经营预算权的编制者

就国资管理而言，预算和规划是国资布局的“两条腿”，国资规划必然需要资金的匹配。政府作为国有资本所有者，应建立起独立于公共预算之外的国有资本经营预算。国资委需要授权以全面掌握经营性国有资本的收支及资产负债情况，建立这个独立账本是确保国有资本保值增值的制度性基础。

3. 国有资本投资公司的管理者

在新型国资管理体制下，国资委需要向国有资本投资公司派驻董事行使股东权利，以实现对国有资本投资公司的管理。一方面，国资委对国有资本投资公司赋予较大的经营决策自主权。另一方面，国资委保留对国有资本投资公司的部分人事任命权、重大事项决策权及财务审核权。

4. 国有资本安全的维护者

中央始终保持对国有资产监督和维护的重视，除了企业内部需要有一个完整的监督体系，而国资委则要做监督体系是否搭建、是否有效的评价者。具体来讲，国资委应重点做好以下5个方面的工作：一是明晰产权关系，强化产权登记检查和日常管理；二是加强资产核对，尤其是企业净资产核定和资产损失认定，规范资产评估；三是通过推动国有资产进场（产权交易所）交易和竞价交易制度，使国有资产转让在公平竞争中展开；四是规范工作流程，推动监管工作法治化、标准化、常态化；五是做好国有资产收益收缴工作，严格规范资产处置和担保行为，保障国有资产的安全与完整。

**（四）组建国有资本投资公司和运营公司**

近年来，国家已经在开展组建若干国有资本运营公司和改组有条件的国有企业为国有资本投资公司（以下简称“两类公司”）的探索，主要就是推动资源依据市场规则和效率最优进行配置，由国资监管机构对其进行出资、监管、授权，通过“两类公司”构建政府和企业的“一臂之距”（楚序平等，2017）。国有资本投资运营公司是在国资委和实体企业之间组建的国有独资的、专门从事国有资本经营的特殊形态的法人，是连接国有资产管理部门和国家出资企业的纽带。国有资本投资运营公司具体可分为3类：国有资本投资公司、国有资本运营公司和大型企业的集团公司，这些公司主要有以下3个特点。

第一，原则上保持国有独资形态。公司与股权多元化的实体企业相区别，其处于“三层次”结构的中间层，发挥承上启下的作用，既接受国资委的监督和管理，又发挥国有资产出资人的作用，例如通过向控股、参股企业派驻董事行使重大人事任命权。

第二，从运营模式上是纯粹型控股企业，以股东身份从事国有资本的经营管理和运作，而不从事具体的产品经营。类似中国的汇金公司、新加坡的淡马锡公司。

第三，追求营利作为主要目标，把具有公共事业职能不进行利润考核的企业交由其他监管部门。

国有资本投资运营公司有改组和新建两种方式，现实中应以改组为主，新建为辅，节省组建成本，避免叠床架屋。

**（五）推动现代公司法人制度改革**

现代规范科学的公司法人制度，包括企业的股权结构和公司治理结构两个层面。前者将随着混合所有制的推进逐步完善，后者则是目前国家出资企业在现代公司制度建设中始终没有得到解决的难点，党的组织系统和国资委对监管企业的人事任免体制和机制有待完善。

现实中，许多国家出资实体企业没有通过董事会而由组织部门和国资委直接为央企统一招聘高管职位，这种模式脱离了一般现代股份公司的做法，也容易在国际经济竞争中招致诟病。此外，许多企业已经公开上市，如果在人事任免程序上不经董事会的程序，由党的组织部门和国资管理部门直接任免，容易引发资本市场上对央企信息披露不规范的质疑。如何在企业负责人的任免中既遵循的市场程序，又落实党管干部、党管人才的原则，党组织的工作应该是确定标准、规范程序、参与考察、推荐人选（彭华岗，2018）。

国家出资实体企业的人事聘任制度，党的组织部门和国资监管部门，可通过国有资本投资公司这一出资人代表，按照现代股份公司的规范程序，向企业推荐董事和其他高管人选，通过国有资本投资公司这一大股东来控制实体企业董事会，进而以大股东提名的方式，实现公司的人事任免。国资监管部门进一步放权扩大央企董事会的职权，国务院办公厅 2017 年印发的《关于进一步完善国有企业法人治理结构的指导意见》提出，到 2020 年国有独资、全资公司全面建立外部董事占多数的董事会。该意见也体现出国资改革中完善董事会建设的决心。国家出资实体企业对职业经理人进行市场化选聘也势在必行，对于营利性国家出资企业的高管一是要改委派模式为选聘模式，二是应采取市场化的薪酬激励制度，以使他们能够按照市场化准则与外资、私企的高管开展公平竞争。

## 四　国资改革创新模式的实施步骤

未来 3 年是国企改革关键的历史阶段，国企改革将迎来“重大拐点”，要以落实国企改革“三年行动方案”为契机，着力提升国企改革综合成效。在不同发展阶段，应分步实施国资国企改革。

第一阶段，推进国有企业分类改革，将公益性国企和营利性国资分开，其标志是公益性国企归财政部管，营利性国资归国资委管。这一步计划要落实到具体操作上，也就是金融行业的国资应该划归给国资委，公益领域履行社会职责、保障民生的特殊行业的国资应该划归给财政部，在公益性国企和营利性国资分类的基础上实现管理。

第二阶段，在国资委管营利性国有资本的背景下，把三层次理论落到实处，核心在于把国资委和国资委系统分开，国资委代表国家履行国有资产监管职能，集团公司改组或新设而来的国有资本投资运营公司要以纯粹控股公司为主，纳入国资委系统。这类纯粹控股公司的人事可由国资委任命，控股公司和第三层次的实体企业之间要界面明确。实现国资委从监管者、出资人一身两任向国资委做监管者、国有资本投资运营公司做出资人两身两任的跨越。在此基础上，第三层次实体企业要真正推进职业经理人选聘和薪酬制度，激发企业内部活力。

第三阶段，真正把国资委系统下的竞争领域的企业推向市场，完善现代股份公司制度，参与市场公平竞争；而财政部的国企在一些特殊公益领域将长期存在，可以成立企业司、资产司，形成配套协同的行政管理体制。在实践基础上，还应修订《企业国有资产法》，要把两类国资、国企加以明确。随着改革的深入，很多主要依靠政府补贴的事业单位也会实行产业化和市场化改革，例如教育和医疗产业，市场化的改革完成，就应该以竞争领域资本的形态将其划归国资委。“三年行动方案”是一个动态过程，需要总体设计，但也需要在总体设计下推动，走出国有资本与现代市场经济相对接、相融合的新模式。

## 注 释

① OECD 以政府和企业的关系入手明确了竞争中性原则的 8 个方面，包括精简政府企业的运作形式、确定特殊职责的直接成本、获得商业回报率、履行公共服务义务、税收中性、监管中性、债务中性和直接补贴、公共采购。

② 参见 United States：Foreign Sovereign Immunities Act of 1976，90 Stat. 2891，Public Law 94~583，94th Congress。

③ 参见澎湃新闻《国务院国资委详解“竞争中性”原则：也提倡“所有制中立”》，2018 年 10 月 15 日，http：//baijiahao.baidu.com/s?id=1614359384305585688 & wfr=spider & for=pc，最后访问时间：2019 年 12 月 30 日。

④ 财政部《全国国有及国有控股企业经济运行情况》月报所称全国国有及国有控股企业（简称国有企业），包括国资委、财政部履行出资人职责的中央企业、中央部门和单位所属企业以及 36 个省（自治区、直辖市、计划单列市）的地方国有及国有控股企业，不含国有一级金融企业。

⑤ 所谓国有资产，是指国有企业资产负债表中的所有者权益，也就是净资产或者资本的概念。

⑥ “三定”方案是中央编办为深化行政管理体制改革而对国务院所属各部门的主要职责、内设机构和人员编制等所做方案简称。

## 参考文献

[1] 巴曙松:《竞争中性原则的形成及其在中国的实施》,《当代金融研究》2019年第4期。
[2] 楚序平、俞立峰、张佳慧:《中国国有资本投资运营公司改革模式探析》,《清华金融评论》2017年第7期。
[3] 戴秦、赵康丽、丁会凯、王森波:《上海深化国资国企改革立法问题的探索》,《经济问题》2018年第2期。
[4] 焦欢:《淡马锡模式对我国国企改革的启示与局限研究》,《时代金融》2016年第24期。
[5] 孔东民、代昀昊、李阳:《政策冲击、市场环境与国企生产效率:现状、趋势与发展》,《管理世界》2014年第8期。
[6] 李炳堃:《国资改革与混合所有制——基于委托代理理论视角》,《经济问题》2017年第12期。
[7] 李建标、王高阳、李帅琦、殷西乐:《混合所有制改革中国有和非国有资本的行为博弈——实验室实验的证据》,《中国工业经济》2016年第6期。
[8] 李文贵、余明桂、钟慧洁:《央企董事会试点、国有上市公司代理成本与企业绩效》,《管理世界》2017年第8期。
[9] 刘纪鹏:《中国国资改革创新模式探索》,《经济导刊》2014年第5期。
[10] 刘纪鹏、曾斌:《从“希腊船方诉中国案”看国资改革的基本模式》,《中国政法大学学报》2012年第4期。
[11] 潘泽清:《以新加坡淡马锡公司为例谈国有资本投资公司投资策略选择》,《财政科学》2017年第6期。
[12] 彭华岗:《持续推进国有企业与市场经济的深度融合》,《经济导刊》2018年第3期。
[13] 平新乔:《新一轮国企改革的特点、基本原则和目标模式》,《经济纵横》2015年第2期。
[14] 戚聿东、肖旭:《新中国70年国有企业制度建设的历史进程、基本经验与未竟使命》,《经济与管理研究》2019年第10期。
[15] 盛丹、刘灿雷:《外部监管能够改善国企经营绩效与改制成效吗?》,《经济研究》2016年第10期。
[16] 宋方敏:《坚持“国有企业做强做优做大”和“国有资本做强做优做大”的统一》,《红旗文稿》2018年第2期。

[17] 肖亚庆:《国务院关于国有资产管理与体制改革情况的报告》,《时事报告(党委中心组学习)》2016年第4期。
[18] 许召元、张文魁:《国企改革对经济增速的提振效应研究》,《经济研究》2015年第4期。
[19] 闫妍、尹力、李晓腾、陈晓松:《华尔街控制下的美国经济——对我国发展国有资本投资公司的启示》,《管理世界》2015年第6期。

(刘纪鹏,中国政法大学商学院;刘彪,中国政法大学民商经济法学院;
胡历芳,中国政法大学资本金融研究院)

原载《管理世界》2020年第1期

# 国有资本投资运营公司改革试点效果评估

## ——基于企业绩效的视角

肖土盛　孙瑞琦

**摘要：** 有效推进国有企业改革对于全面深化改革具有非常重要的意义，本文以国有资本投资运营公司改革试点为背景，从企业绩效的视角对改革试点的运行效果进行评估。本文研究发现，母公司进行国有资本投资运营公司试点将显著提升其所属上市公司的会计绩效和市场绩效，该结论在进行一系列稳健性检验后仍然成立。进一步机制检验发现，国有资本投资运营公司改革试点主要通过放权机制（降低政府干预）、监督机制（降低代理成本）和激励机制（增加外部薪酬差距）影响企业绩效。本文研究为新时代背景下继续扩大和完善国有资本投资运营公司试点工作提供理论支撑和政策指引，也为进一步深化国企改革，打造世界一流企业，进而实现国有经济乃至国民经济高质量发展提供参考。

**关键词：** 国有资本投资运营公司　企业绩效　影响机制　公司治理

## 一　引言

国有企业改革处在全面深化改革新阶段。为进一步加强国有资产监管，国资管理部门采取了诸多措施以改革国资监管体制，其中一项非常重要的措施就是改组组建国有资本投资运营公司。这一改革是否发挥了实质性作用、实现了政策制定的初衷，理论界与实务界都迫切想得到答案。遗憾的是，对改革试点成效的研究尚处于理论探讨阶段（黄明明和周海晨，2019[1]；辛宇，2019[2]），仍缺乏从科学的角度对其进行全面系统评价的大样本实证研究。有鉴于此，本文试图抛砖引玉，从企业绩效的角度评估国有资本投资运营公司改革试点的成效，以期为下一步继续扩大和完善国有资本投资运营公司试点运行以及国有资本监管改革提供理论支持和政策参考。

党的十八届三中全会进一步明确以“管资本为主”加强国有资产监管，并提出通过改组、组建国有资本投资运营公司改革国有资本授权经营体制。改革不仅仅是名称上的变化，而是对企业战略定位、管理模式、内部机制等进行颠覆性的改革。综合来看，企业集团转变为国有资本投资运营公司将实现从“管企业”向“管资本”的转变，不再对企业的具体经营管理进行直接干预，而是从资本的角度注重企业的价值增长，充分发挥企业的自主权。

在新时代全面深化改革的大背景下，如何科学全面地评估国有资本投资运营公司改革试点的成效，在学术和实践两方面都具有重要意义。本文以 2012—2019 年 A 股国有上市公司为样本，采用双重差分法（Difference-in-Differences），考察国有企业集团试点国有资本投资运营公司后其所属上市公司的绩效变化，并进一步探究导致绩效变化的影响机制。实证研究发现，国有资本投资运营公司改革试点显著提升了其所属上市公司的会计绩效和市场绩效，该结论在进行一系列稳健性检验后仍然成立。机制检验发现，国有资本投资运营公司改革试点主要通过放权机制（降低政府干预）、监督机制（降低代理成本）和激励机制（增加外部薪酬差距）影响企业绩效。对机制的探究有助于深化理解国有资本投资运营公司改革试点对企业绩效的作用机理。政府干预降低，体现了国有资本投资运营公司进一步加大对国有上市公司的放权；代理成本降低，体现了国有资本投资运营公司进一步发挥了股东积极主义的作用；而外部薪酬差距增加，则体现了国有资本投资运营公司能够提升国有企业的激励水平，缓解国有企业激励不足的问题。

本文可能存在以下三方面的贡献。第一，定量评估社会经济政策对政策的进一步执行具有非常重要的意义，通过检验政策的效果和效率，增强资源配置效率和科学决策水平（洪永淼，2015）[3]。本文从企业绩效的角度对国有资本投资运营公司改革试点的实际运行效果进行评估，为继续扩大和完善国有资本投资运营公司试点工作提供理论支撑和政策参考。第二，本文对影响机制进行了研究，发现国有资本投资运营公司试点主要通过放权机制（降低政府干预）、监督机制（降低代理成本）和激励机制（增加外部薪酬差距）影响企业绩效，这一发现是对国资监管改革和国有企业改革相关研究的重要补充，也进一步丰富了政府干预、股东积极主义以及薪酬差距相关文献。第三，本文研究成果为国有企业改革中政府应该发挥什么样的作用、如何让国有资本投资运营公司发挥更大的作用提供政策启示。本文研究不仅为下一步继续扩大和完善改革试点工作提供证据支撑，还为继续深化国企改革提供政策参考。

## 二　制度背景、理论分析与研究假说

### 1. 制度背景

长期以来，国有企业存在的“政企不分”等缺陷妨碍了国有企业现代公司治理制度的实质建立和高效运行，降低了国有企业参与社会主义市场经济建设的效率和能力（蔡贵龙等，2018）[4]。国资管理部门对于国有企业的行政干预限制了企业自主发展的动力与活力。因此，必须实现政企分开，通过改革授权机制、监管机制，重视市场的作用，充分激发国有企业的活力。在不同时期，国有资本授权经营的内涵和重点有所不同。具体可划分为四个阶段：改革开放初期主要是授予企业经营自主权；1992—2002 年，主要是建立现代企业制度；2003—2013 年，国资委成立后将国有资产进行统一集中监管；党的十八届三中全会以来，国有资本监管开始从“管人管事管资产”转向以“管资本”为主。

国有资本投资运营公司的提出也是伴随着以“管资本”为主转变国有资本监管体制开始的。在新时代全面深化改革背景下，一系列文件都提及了通过改组组建国有资本投资运营公司改革国有资本授权经营体制，包括《中共中央关于全面深化改革若干重大问题的决定》[①]、《关于深化国有企业改革的指导意见》[②]、《关于改革和完善国有资产管理体制的若干意见》[③]以及《关于推进国有资本投资、运营公司改革试点的实施意见》[④]等。深化国有资本投资运营公司改革，是培育具有全球竞争力的世界一流企业的重要举措。

伴随着相关政策文件的出台，国有资本投资运营公司逐步在中央和地方展开试点。在中央层面开始分批试点，现已进行了三批。第一批试点于 2014 年 7 月在中粮集团和国家开发投资集团展开，并于 2016 年和 2018 年开始了国有资本投资运营公司的第二批和第三批试点工作，国新和诚通改组为国有资本运营公司，中交建、宝武钢铁、招商局、中国五矿、神华、航空工业、中建材、中国通用、华润集团、国电集团、保利集团、机械工业、中国铝业、远洋海运、新兴际华、中广核、南光集团等企业改组为国有资本投资公司。在地方层面，各省份也开始展开试点工作。例如，北京市分别于 2017 年和 2018 年批复首旅集团和首农食品集团作为国有资本投资运营公司试点单位。截至 2019 年年底，全国已有 30 个省份的 122 家地方国有企业（拟）开展此项试点工作。

---

① 党的十八届三中全会《中共中央关于全面深化改革若干重大问题的决定》明确提出以“管资本为主”加强国有资产监管，改革国有资本授权经营体制，组建若干国有资本运营公司，支持有条件的国有企业改组为国有资本投资公司。

② 2015 年 9 月 13 日，中共中央、国务院正式对外公布的《关于深化国有企业改革的指导意见》指出，以“管资本为主”改革国有资本授权经营体制，改组组建国有资本投资运营公司，探索有效的运营模式。

③ 2015 年 10 月 25 日，国务院印发《关于改革和完善国有资产管理体制的若干意见》指出，选择具备一定条件的国有独资企业集团改组设立国有资本投资、运营公司，以服务国家战略、提升产业竞争力为主要目标，在关系国家安全、国民经济命脉的重要行业和关键领域，通过开展投资融资、产业培育和资本整合等，推动产业集聚和转型升级，优化国有资本布局结构。

④ 2018 年 7 月 30 日，国务院发布《关于推进国有资本投资、运营公司改革试点的实施意见》指出，国有资产监管机构根据国有资本投资运营公司具体定位和实际情况，按照“一企一策”原则，授权国有资本投资、运营公司履行出资人职责，制定监管清单和责任清单，明确对国有资本投资运营公司的监管内容和方式，依法落实国有资本投资运营公司董事会职权；有序推进对国有资本投资、运营公司的放权，将包括国有产权流转等决策事项的审批权、经营班子业绩考核和薪酬管理权等授予国有资本投资运营公司。

2. 文献综述

已有研究认为，经过长期的国有企业改革，其治理结构与机制已经基本建立，但是仍然存在较为严重的治理行政化问题，许多应由内部治理机制完成的事项却由外部完成，而许多应由外部治理完成的事项却由内部完成（李维安，2014）[5]。戚聿东和张任之（2019）[6]基于系统化改革的理念，构建了以“逻辑起点、核心问题、特殊难题、内部机制、外部保障”为内在联系的国有企业改革框架，提出进一步优化国有经济布局，坚持国有企业去“六化”，不断放松规制。在国有企业全面深化改革的新阶段，以“管资本为主”加强国有资产监管和混合所有制改革成为主攻方向。现有文献侧重于对混合所有制改革的研究，而对国有资产监管改革的关注不足，尤其是对国有资本投资运营公司改革试点的实证研究更为匮乏。

目前，关于混合所有制改革的相关文献主要关注实施混合所有制改革的经济后果。相关研究主要着眼于从产权的角度探讨不同的产权安排对国有企业的公司治理行为的影响，例如，已有文献发现混合所有制改革能够影响企业的内部控制水平（刘运国等，2016）[7]、薪酬契约有效性（蔡贵龙等，2018）[8]、负债水平（吴秋生和独正元，2019）[9]、现金持有水平（杨兴全和尹兴强，2018）[10]、投资效率（向东和余玉苗，2020）[11]、违规行为（梁上坤等，2020）[12]以及企业创新（朱磊等，2019）[13]等。而国资监管改革主要从国有资本授权经营出发，改革目前国有资本监管过程中存在的政企不分问题。由于政府掌握较多的资源，政府可能对企业的融资、投资、并购、创新、税收、公司治理等行为进行干预。毫无疑问，政府干预会对企业行为产生重要的影响（Shleifer 和 Vishny，1994）[14]。现有文献主要通过企业的相关治理指标构建政府干预的衡量指标，比如国有股份占总股份的比重（Xu 和 Wang，1999）[15]、金字塔层级结构（江轩宇，2016）[16]、政治关联（Fan 等，2007）[17]等，也有研究直接将产权性质作为政府干预的度量（Bai 等，2004[18]；曾庆生和陈信元，2006[19]）。然而这些指标都相对内生，且与企业自身特征关联性较强，很难有效解决内生性问题。尽管也有文献从地区制度环境（夏立军和方铁强，2005[20]；余明桂和潘红波，2008[21]）和产业政策（王克敏等，2017[22]；陈冬华和姚振晔，2018[23]）等角度研究政府干预问题，但是这些指标也非常间接，很难清晰界定政府干预的影响。对于政府干预如何影响企业行为，部分学者认为政府伸出的是“扶持之手”（Che 和 Qian，1998[24]；Fisman，2001[25]；邓超等，2019[26]；李政等，2019[27]），这些研究大多从政府补贴的视角进行研究。另一部分学者则认为政府干预会对企业产生负向影响（Faccio，2006[28]；陈信元和黄俊，2007[29]；余明桂等，2010[30]），扮演着“掠夺之手”的角色，比如承担过多的政策性负担（Lin 等，1998）[31]、过度投资（黄俊和李增泉，2014）[32]、资金侵占（高雷等，2006）[33]、薪酬激励有效性降低（刘凤委等，2007）[34]等。

综上所述，当前对国有企业改革相关研究的重点仍以混合所有制改革为背景，而对国资监管改革尤其是国有资本投资运营公司改革试点的实证研究还较为缺乏；而且对国有企业改革的研究主要基于政府干预的视角，对国企改革的机制探讨仍有待深化。

3. 国有资本投资运营公司试点评估

对于经济后果评价，企业绩效无疑是最为直观的检验指标之一，受到已有文献的广泛采用（陈信元和黄俊，2007[29]；罗宏和黄文华，2008[35]；吴联生等，2010[36]；王克敏等，2015[37]；李文贵等，2017[38]；郝阳和龚六堂，2017[39]）。因而本文主要采用企业的会计绩效和市场绩效作为关键指标，对国有资本投资运营公司改革试点的效果进行评价。

国有资本投资运营公司改革试点能否对企业绩效产生影响，总体来看，改革试点对国有企业管理体制产生了三方面的深刻变化：一是管理体系的变化，由原先的两级架构变为三级架构，进一步降低政府直接的行政干预；二是管理内容的变化，由原先的"管企业"变为"管资本"，进一步激发国有企业的自主经营权；三是管理主体的变化，国有资本投资运营公司通过构造"人格化"股东进一步发挥股东积极主义。因此，本文认为国有资本投资运营公司改革试点主要存在如下机制影响企业绩效。

第一，通过放权机制，降低政府干预。Lin 等（1998）[31]认为，政府干预使得国有企业承担了较多政策性负担，这将产生预算软约束并加剧代理成本，从而影响国有企业的发展。已有大量研究发现，政府干预会降低国有企业的效率（Faccio，2006[28]；陈信元和黄俊，2007[29]；余明桂等，2010[30]；张国胜等，2018[40]）。例如，陈信元和黄俊（2007）[29]发现，由于政府干预的影响而进行的多元化不是市场行为，而是出于政治和社会目的，这将降低企业的绩效水平。国有资本投资运营公司改革试点，一方面使得原先的两级结构转变为三级结构，"隔离层"的形成能够降低政府对国有企业的直接干预；另一方面，改革试点要求采取更加市场化的方式进行企业经营管理。同时，改革试点还通过授权清单的方式将一些审批权、薪酬业绩考核权等授予试点公司，进一步加强了对国有企业的放权。因此，国有资本投资运营公司试点引起的政府干预降低能够提升企业绩效，本文称之为放权机制。

第二，通过监督机制，降低第一类代理成本。自 Berl 和 Means（1932）[41]提出股权分散与企业价值负相关以来，股权结构作为企业价值的重要影响因素引起学者的广泛关注。已有研究发现，大股东可以对上市公司实施有效的控制，从而缓解代理问题（Jensen 和 Meckling，1976[42]；Friedman 等，2003[43]），如大股东可以通过市场交易（Edmans 和 Manso，2011）[44]、委派执行董事（孙光国和孙瑞琦，2018）[45]、高管纵向兼任（潘洪波和韩芳芳，2016）[46]等加强监督。而且，大股东积极主义的发挥能够缓解危机冲击（连燕玲等，2012）[47]、抑制过度投资（窦欢等，2014）[48]、提高研发与创新投入（唐跃军和左晶晶，2014[49]；张峰和杨建君，2016[50]）、降低股价崩盘风险（王化成等，2015）[51]、缓解融资约束（姜付秀等，2017）[52]等。国有资本投资运营公司改革试点通过构造“人格化”股东，进一步发挥股东积极主义，承担股东职责，缓解“所有者缺位”现象，从而提升企业绩效，本文称之为监督机制。

第三，通过激励机制，进一步激发国有企业活力。国有资本投资运营公司突出了政府对于国有企业的放权，通过授权清单将决策审批权、薪酬业绩考核权等下放，并积极稳妥推进试点企业的市场化改革。这一国有企业管理模式的变化更能够激发企业的自主经营权，其中非常重要的内容就是激励机制的变化。国有企业激励模式相关研究得到了学术界的广泛关注，由于国有企业承担了较多的政策性负担，且通常采用行政级别工资制度，这弱化了国有企业的薪酬激励机制，并诱使国有企业高管通过在职消费、权力寻租等获取其他补偿（陈冬华等，2005[53]；王曾等，2014[54]）。而且，国有企业高管的晋升激励机制对高管薪酬激励存在替代作用（郑志刚等，2012[55]；陈仕华等，2015[56]；张霖琳等，2015[57]）。国有资本投资运营公司改革试点能够进一步促使国有企业采用更加市场化的薪酬激励机制，从而激发国有企业管理层认真管好企业的动力和压力，这也有助于企业绩效的进一步提升，本文称之为激励机制。基于上述放权机制、监督机制和激励机制，本文提出如下研究假说：

$H_1$：在其他条件不变的情况下，与其他国有企业相比，母公司进行国有资本投资运营公司改革试点的国有企业在试点后的绩效显著提升。

## 三　研究设计

### 1. 样本选取与数据来源

国有资本投资运营公司改革试点始于 2014 年，为避免前期样本对研究结论的影响，本文选取 2012—2019 年 A 股国有上市公司为初始样本，并剔除了金融业、ST 以及变量缺失样本，最终得到 976 家国有上市公司的 7129 个样本。其中，553 个样本（包含 189 家公司）属于国有资本投资运营公司改革试点下属上市公司，本研究将其作为实验组，其分年度分布情况如表 1 所示。为缓解极端值影响，本文对连续变量进行上下 1% 的缩尾处理。本文所需国有资本投资运营公司改革试点的数据通过对公司主页、财务报告以及新闻报道等进行手工整理获得。其余的公司财务、公司治理等数据来源于 CSMAR 数据库。

**表 1　分年度样本统计**

| 年度 | 2014 年 | 2015 年 | 2016 年 | 2017 年 | 2018 年 | 2019 年 |
|---|---|---|---|---|---|---|
| 实验组 | 16 | 30 | 62 | 87 | 176 | 182 |
| 对照组 | 840 | 820 | 825 | 806 | 783 | 777 |
| 合计 | 856 | 850 | 887 | 893 | 959 | 959 |

资料来源：作者整理。

2. 模型与变量定义

由于样本期间跨越了国有资本投资运营公司改革试点前后两个阶段，借鉴 Bertrand 和 Mullainathan（2003）[58]、Gormley 和 Matsa（2016）[59] 以及靳庆鲁等（2015）[60] 的研究设计，本文采用了控制公司及年度固定效应的双重差分模型①。具体地，本文利用如下模型（1）来检验国有资本投资运营公司改革试点对企业绩效的影响。

$$\begin{aligned} Perf_{i,t} = {} & \alpha_0 + \alpha_i + \alpha_t + \alpha_1 Reform \times Post_{i,t} + \alpha_2 Perf_{i,t-1} + \alpha_3 Size_{i,t} + \alpha_4 Lev_{i,t} \\ & + \alpha_5 Top1_{i,t} + \alpha_6 Growth_{i,t} + \alpha_7 InBoard_{i,t} + \alpha_8 Dual_{i,t} + \alpha_9 Big4_{i,t} + \varepsilon_{i,t} \end{aligned} \tag{1}$$

其中，被解释变量 *Perf* 衡量企业绩效，分别采用会计绩效和市场绩效度量。总资产收益率（*ROA*）等于净利润除以总资产；净资产收益率（*ROE*）等于净利润除以净资产；股票市场收益率（*RET*）等于经市场调整的个股年收益率，即采用考虑现金红利再投资的个股年收益率减去考虑现金红利再投资的综合市场年收益率衡量。

核心解释变量 $Reform \times Post$ 刻画了国有上市公司母公司试点国有资本投资运营公司的影响。其中，*Post* 是时间虚拟变量，当样本期间位于试点国有资本投资运营公司之后时取值为 1，否则为 0。*Reform* 表示国有上市公司母公司试点国有资本投资运营公司，设置为虚拟变量。本文手工搜集了国资委以及各省份国资管理部门进行国有资本投资运营公司改革试点情况，并查找其控制的上市公司，如果该上市公司母公司试点国有资本投资运营公司，则 *Reform* 取值为 1，否则为 0。

模型中 $\alpha_i$ 和 $\alpha_t$ 分别表示公司层面和年度层面的固定效应。根据以往文献，本文还控制了公司规模（*Size*）、资产负债率（*Lev*）、股权集中度（*Top1*）、成长性（*Growth*）、独立董事比例（*InBoard*）、是否两职合一（*Dual*）以及是否四大审计（*Big4*）②。

根据前文研究假说，若假说 $H_1$ 成立，则预期 $Reform \times Post$ 的回归系数 $\alpha_1$ 显著为正。

## 四 实证结果分析

1. 描述性统计

表 2 为描述性统计结果。*ROA* 的均值和标准差分别为 0.0314 和 0.0494；*ROE* 的均值和

① 由于控制公司及年度固定效应，经典 DID 模型中的 *Treat* 项和 *Post* 项分别被公司固定效应和年度固定效应吸收，因而 DID 模型中仅剩 $Treat \times Post$ 交乘项，对应到本研究中即为 $Reform \times Post$ 交乘项。

② 其中，公司规模（*Size*）等于公司期末总资产的自然对数；资产负债率（*Lev*）等于期末总负债除以总资产；股权集中度（*Top1*）用上市公司第一大股东持股比例度量；公司成长性（*Growth*）采用营业收入增长率来衡量；独立董事比例（*InBoard*）等于独立董事人数除以董事人数；是否两职合一（*Dual*），若董事长与总经理为同一人，则取值为 1，否则为 0；是否四大审计（*Big4*），若审计师为国际四大会计师事务所，则取值为 1，否则为 0。

标准差分别为 0.0538 和 0.1353；*RET* 的均值和标准差分别为 -0.0291 和 0.3584，表明企业间的绩效差异较大。而 *Reform* 的均值为 0.1934，这意味着有 19.34% 的样本公司进行了国有资本投资运营公司改革试点。其余变量的分布特征与以往研究文献非常类似。

**表 2 描述性统计**

| 变量 | 均值 | 标准差 | 最小值 | 25% 分位 | 中位数 | 75% 分位 | 最大值 |
|---|---|---|---|---|---|---|---|
| *ROA* | 0.0314 | 0.0494 | -0.3884 | 0.0107 | 0.0277 | 0.0522 | 0.2043 |
| *ROE* | 0.0538 | 0.1353 | -1.1579 | 0.0247 | 0.0624 | 0.1050 | 0.3536 |
| *RET* | -0.0291 | 0.3584 | -1.0373 | -0.2248 | -0.0689 | 0.1123 | 1.6745 |
| *Reform* | 0.1934 | 0.3950 | 0.0000 | 0.0000 | 0.0000 | 0.0000 | 1.0000 |
| *Post* | 0.0776 | 0.2675 | 0.0000 | 0.0000 | 0.0000 | 0.0000 | 1.0000 |
| *Size* | 22.849 | 1.4364 | 18.370 | 21.845 | 22.684 | 23.725 | 28.637 |
| *Lev* | 0.5013 | 0.2026 | 0.0539 | 0.3468 | 0.5087 | 0.6584 | 0.9952 |
| *Top*1 | 0.3963 | 0.1507 | 0.0876 | 0.2762 | 0.3863 | 0.5100 | 0.7498 |
| *Growth* | 0.1432 | 0.4844 | -0.7220 | -0.0399 | 0.0681 | 0.1948 | 3.8774 |
| *lnBoard* | 2.1937 | 0.1993 | 1.0986 | 2.0794 | 2.1972 | 2.1972 | 2.9957 |
| *Dual* | 0.0995 | 0.2993 | 0.0000 | 0.0000 | 0.0000 | 0.0000 | 1.0000 |
| *Big*4 | 0.1016 | 0.3021 | 0.0000 | 0.0000 | 0.0000 | 0.0000 | 1.0000 |

资料来源：作者整理。

2. 基准回归结果

表 3 是国有资本投资运营公司改革试点对企业绩效影响的检验结果。其中，第（1）列列示了采用 *ROA* 衡量企业绩效的回归结果，*Reform* × *Post* 的系数为 0.0091（对应的 *t* 统计量为 2.83），且在 1% 水平上显著为正，表明母公司进行国有资本投资运营公司改革试点能够显著提升企业的总资产收益率。从经济意义上看，较之于未试点的国有企业，进行国有资本投资运营公司改革试点将使得所属企业的 *ROA* 提升 30% 左右（=0.0091/0.0314 × 100%），这在经济意义上亦显著。第（2）列为采用 *ROE* 衡量企业绩效的结果，与第（1）列类似，*Reform* × *Post* 的系数为 0.0405（对应的 *t* 统计量为 3.40），且在 1% 水平上显著为正。上述结果支持了母公司进行国有资本投资运营公司改革试点能够显著提升企业的会计绩效。第（3）列则列示了采用股票市场收益率（*RET*）衡量企业绩效的回归结果。不难发现，*Reform* × *Post* 的系数为 0.0483（对应的 *t* 统计量为 2.09），且在 5% 水平上显著为正，表明母公司进行国有资本投资运营公司改革试点能够显著提升企业的股票市场收益率。

总体而言，表 3 的结果表明，母公司进行国有资本投资运营公司改革试点能够显著提升上市公司的会计绩效和市场绩效，从而支持了本文的研究假说。

**表 3　基准回归结果**

| 因变量：*Perf* | （1） | （2） | （3） |
|---|---|---|---|
| | *ROA* | *ROE* | *RET* |
| *Reform* × *Post* | 0.0091***（2.83） | 0.0405***（3.40） | 0.0483**（2.09） |
| $Perf_{t-1}$ | 0.0809***（3.51） | −0.0351（−0.89） | −0.2177***（−15.41） |
| *Size* | 0.0062***（2.63） | 0.0330***（4.07） | −0.0891***（−4.86） |
| *Lev* | −0.1330***（−12.48） | −0.3862***（−8.66） | 0.1320*（1.91） |
| *Top*1 | 0.0197*（1.65） | 0.0993**（2.57） | 0.1372（1.53） |
| *Growth* | 0.0140***（11.51） | 0.0354***（7.25） | 0.0873***（6.79） |
| *InBoard* | 0.0101*（1.83） | 0.0223（1.16） | 0.0060（0.14） |
| *Dual* | 0.0029（1.34） | 0.0064（0.95） | 0.0274（1.32） |
| *Big*4 | 0.0018（0.31） | 0.0129（0.89） | 0.0144（0.29） |
| 常数项 | −0.0716（−1.40） | −0.5721***（−3.33） | 1.8251***（4.59） |
| 公司 / 年度固定效应 | 控制 | 控制 | 控制 |
| N | 7129 | 7129 | 7129 |
| 调整 $R^2$ | 0.144 | 0.106 | 0.125 |

注：括号内为经公司层面聚类调整的 *t* 统计量；*、** 和 *** 分别表示在 10%、5% 和 1% 水平上显著，下同。

资料来源：作者整理。

3. 改革试点力度的影响

前文采用虚拟变量 *Reform* 表示是否进行国有资本投资运营公司改革试点，相应地，交互项 *Reform* × *Post* 捕捉了改革试点对企业绩效的影响。进一步，为了体现国有资本投资运营公司改革试点的力度，本文考虑母公司对国有上市公司的控制权（通常控制权比例越大，受到试点改革的影响越大）。具体地，本文重新构造 $Reform^{Share}$ 变量：当国有上市公司母公司进行了改革试点时，$Reform^{Share}$ 等于母公司对国有上市公司的持股比例，否则为 0①。此时，交互项 $Reform^{Share}$ × *Post* 刻画了国有上市公司母公司改革试点力度对企业绩效的影响。

表 4 列示了国有上市公司母公司改革试点力度对企业绩效影响的结果。从第（1）列采用 *ROA* 衡量企业绩效的结果来看，$Reform^{share}$ × *Post* 的系数为 0.0197（对应的 *t* 统计量为 2.99），且在 1% 水平上显著为正，表明母公司改革试点力度更大，对企业总资产收益率的提升作用更大。第（2）列为采用 *ROE* 衡量企业绩效的检验结果，与第（1）列结果类似，

① 这里的 $Reform^{Share}$ 等价于国有资本投资运营公司改革试点变量（*Reform*）与母公司对国有上市公司持股比例（*Share*）的乘积。

$Reform^{share} \times Post$ 的系数为 0.0924（对应的 $t$ 统计量为 3.52），在 1% 水平上显著为正，表明母公司改革试点力度更大，对企业净资产收益率的提升作用更大。第（3）列则是采用 *RET* 衡量企业市场绩效的结果。不难发现，$Reform^{share} \times Post$ 的系数为 0.1343（对应的 $t$ 统计量为 2.58），且在 1% 水平上显著为正，表明母公司改革试点力度更大，对企业的股票市场收益率提升作用更大。总体而言，表 4 的结果表明，随着母公司对国有上市公司的持股比例增加，受到改革试点的影响越大，对企业绩效的促进作用越大。

**表 4　试点改革力度的影响**

| 因变量：*Perf* | （1） | （2） | （3） |
|---|---|---|---|
| | ***ROA*** | ***ROE*** | ***RET*** |
| $Reform^{share} \times Post$ | 0.0197***（2.99） | 0.0924***（3.52） | 0.1343***（2.58） |
| $Reform \times Share$ | 0.0106（0.40） | 0.0691（0.72） | 0.1909（1.01） |
| $Perf_{t-1}$ | 0.0809***（3.51） | −0.0360（−0.91） | −0.2220***（−14.87） |
| *Size* | 0.0063***（2.67） | 0.0335***（4.12） | −0.0900***（−4.43） |
| *Lev* | −0.1330***（−12.41） | −0.3860***（−8.65） | 0.1536**（2.03） |
| *Share* | 0.0152（1.10） | 0.0735*（1.76） | 0.0813（0.73） |
| *Growth* | 0.0140***（11.50） | 0.0354***（7.24） | 0.0889***（6.70） |
| *InBoard* | 0.0099*（1.79） | 0.0211（1.09） | 0.0023（0.05） |
| *Dual* | 0.0029（1.29） | 0.0061（0.90） | 0.0263（1.16） |
| *Big4* | 0.0016（0.28） | 0.0122（0.83） | 0.0144（0.28） |
| 常数项 | −0.0723（−1.41） | −0.5763***（−3.34） | 1.9000***（4.37） |
| 公司 / 年度固定效应 | 控制 | 控制 | 控制 |
| N | 7129 | 7129 | 7129 |
| 调整 $R^2$ | 0.144 | 0.107 | 0.408 |

资料来源：作者整理。

4. 稳健性检验

本文分别采用 PSM 配对方法、采用 Heckman 两阶段方法、采用税前绩效指标、剔除试点当年样本、采用 $t$+1 期绩效指标以及剔除 2014 年之前的样本进行稳健性检验①。具体如下。

（1）PSM 配对样本。本文采用倾向得分匹配（PSM）的方法，以 *Size*、*Lev*、*Top*1、*Growth*、*InBoard*、*Dual* 以及 *Big*4 作为匹配变量，并按照无放回 1∶1 最近邻匹配的方法选择

① 稳健性检验部分主要呈现了以 *ROA* 衡量企业绩效的回归结果，采用 *ROE* 和 *RET* 衡量企业绩效的结果类似。因篇幅限制，结果未列示。

配对样本，匹配效率如表5所示。与匹配前相比，匹配后实验组与控制组之间的偏差下降，且偏差率均小于10%。在PSM配对之前，实验组和控制组的 *Size*、*Lev*、*Top*1 以及 *Dual* 均存在显著差异。而在PSM配对之后，两组样本之间所有特征均无显著差异，且 $p>Chi^2$ 值由0.0000变为0.8620，进一步表明匹配的合理性。

**表5　PSM匹配效率分析**

| 变量 | | 均值 | | T检验 | |
|---|---|---|---|---|---|
| | | 实验组 | 控制组 | *t*-stat. | *p*-value |
| *Size* | 匹配前 | 23.3480 | 22.8010 | 9.1300 | 0.0000 |
| | 匹配后 | 23.3640 | 23.3090 | 0.6400 | 0.5210 |
| *Lev* | 匹配前 | 0.5253 | 0.4991 | 3.0800 | 0.0020 |
| | 匹配后 | 0.5248 | 0.5133 | 0.9400 | 0.3490 |
| *Top*1 | 匹配前 | 0.4295 | 0.3928 | 5.8000 | 0.0000 |
| | 匹配后 | 0.4330 | 0.4305 | 0.2700 | 0.7860 |
| *Growth* | 匹配前 | 0.1510 | 0.1422 | 0.4300 | 0.6640 |
| | 匹配后 | 0.1536 | 0.1888 | −1.1600 | 0.2470 |
| *InBoard* | 匹配前 | 2.1908 | 2.1943 | −0.4200 | 0.6760 |
| | 匹配后 | 2.1867 | 2.1842 | 0.2000 | 0.8380 |
| *Dual* | 匹配前 | 0.0676 | 0.1024 | −2.7700 | 0.0060 |
| | 匹配后 | 0.0685 | 0.0751 | −0.4200 | 0.6750 |
| *Big*4 | 匹配前 | 0.0870 | 0.1030 | −1.2600 | 0.2070 |
| | 匹配后 | 0.0865 | 0.0730 | 0.8200 | 0.4150 |
| $p>Chi^2$ | 匹配前 | 0.0000 | | | |
| | 匹配后 | 0.8620 | | | |

资料来源：作者整理。

表6列示了PSM检验结果。其中，第（1）列和第（2）列显示了分别采用 *ROA* 和 *ROE* 衡量企业会计绩效的结果，不难发现，*Reform*×*Post* 的系数均在5%水平上显著为正（对应的 *t* 统计量分别为2.23和2.40），表明母公司进行国有资本投资运营公司改革试点能够显著提升企业的会计绩效。第（3）列为采用 *RET* 衡量企业市场绩效的结果，*Reform*×*Post* 的系数为0.1331（对应的 *t* 统计量为2.05），在5%水平上显著为正，意味着母公司进行国有资本投资运营公司改革试点能够显著提升企业的市场绩效。上述结果表明，采用PSM配对样本检验，不影响本文结论的有效性。

表 6 PSM 回归结果

| 因变量：*Perf* | (1) | (2) | (3) |
|---|---|---|---|
| | *ROA* | *ROE* | *RET* |
| *Reform* × *Post* | 0.0170** (2.23) | 0.0777** (2.40) | 0.1331** (2.05) |
| $Perf_{t-1}$ | −0.0215 (−0.26) | −0.0540 (−0.50) | −0.1654*** (−4.15) |
| *Size* | 0.0068 (0.65) | 0.0113 (0.31) | −0.1363 (−1.46) |
| *Lev* | −0.2276*** (−5.12) | −0.4957*** (−3.05) | 0.4128 (1.56) |
| *Top*1 | 0.0586* (1.67) | 0.2701** (2.38) | 0.2274 (0.63) |
| *Growth* | 0.0093*** (3.15) | 0.0334*** (2.85) | 0.1066*** (2.80) |
| *InBoard* | 0.0200 (1.39) | 0.0718 (1.33) | −0.1677 (−0.89) |
| *Dual* | −0.0029 (−0.32) | 0.0015 (0.07) | 0.0045 (0.07) |
| *Big*4 | 0.0115 (1.29) | 0.0633 (1.58) | −0.0560 (−0.59) |
| 常数项 | −0.0898 (−0.40) | −0.2930 (−0.38) | 3.1812 (1.45) |
| 公司 / 年度固定效应 | 控制 | 控制 | 控制 |
| N | 1106 | 1106 | 1106 |
| 调整 $R^2$ | 0.211 | 0.162 | 0.224 |

资料来源：作者整理。

（2）采用 Heckman 两阶段方法。国有上市公司的母公司是否进行了国有资本投资运营公司改革试点可能存在自选择问题，遗漏变量可能同时与母公司进行改革试点和企业业绩水平有关。为此，本文采用 Heckman 两阶段法来进行进一步检验。具体地，本文首先采用 Probit 模型对上市公司母公司是否进行了改革试点进行回归，并得到逆米尔斯比（*IMR*）；然后，将 *IMR* 加入模型（1）重新回归。检验结果如表 7 所示，*Reform* × *Post* 的系数仍在 1% 水平上显著为正，主要结论依然成立。

表 7 Heckman 两阶段回归结果

| 变量 | (1) | (2) |
|---|---|---|
| | 第一阶段 | 第二阶段 |
| *Reform* × *Post* | | 0.0091*** (2.85) |
| $Perf_{t-1}$ | | 0.0806*** (3.51) |
| *Size* | 0.0830*** (5.16) | 0.0088*** (3.32) |
| *Lev* | 0.4831*** (4.85) | −0.1168*** (−9.14) |
| *Top*1 | 1.0852*** (8.90) | 0.0540*** (2.85) |
| *Growth* | −0.0291 (−0.81) | 0.0130*** (10.19) |

续表

| 变量 | （1） | （2） |
|---|---|---|
| | 第一阶段 | 第二阶段 |
| *InBoard* | −0.0212（−0.24） | 0.0098*（1.79） |
| *Dual* | −0.0291（−0.49） | 0.0020（0.91） |
| *Big*4 | −0.4376***（−6.57） | −0.0128（−1.55） |
| *IMR* | | 0.0424**（2.31） |
| 常数项 | 3.8369（0.24） | −0.2126***（−2.62） |
| 公司固定效应 | / | 控制 |
| 行业固定效应 | 控制 | / |
| 年度固定效应 | 控制 | 控制 |
| N | 7129 | 7129 |
| 调整 $R^2$ | 0.0413 | 0.1449 |

资料来源：作者整理。

（3）采用税前绩效指标度量。为了排除国有资本投资运营公司改革试点是通过税收优惠而提升公司绩效水平的替代性解释，本文采用税前 *ROA* 衡量企业绩效，等于税前利润除以总资产。表 8 的第（1）列结果显示，*Reform*×*Post* 的系数在 1% 水平上显著为正（对应的 *t* 统计量为 2.80），表明母公司进行改革试点能够显著提升企业的税前总资产收益率。这意味着，国有资本投资运营公司改革试点提升企业绩效水平并非是通过税收优惠实现的。

（4）剔除改革试点当年样本。为了避免可能存在的测量误差，本文将改革试点当年的样本剔除，重新进行检验。表 8 的第（2）列结果显示，*Reform*×*Post* 的系数为 0.0106（对应的 *t* 统计量为 2.76），在 1% 水平上显著为正。这支持了母公司进行国有资本投资运营公司改革试点能够对企业绩效产生持续性的重大影响，剔除改革试点当年样本不影响本文主要结论。

（5）采用 *t*+1 期绩效指标。考虑到试点企业的转型改革需要一个过程，对企业绩效的影响可能存在一定滞后，本文亦采用 *t*+1 期企业绩效指标作为因变量重新进行检验。表 8 的第（3）列结果显示，*Reform*×*Post* 的系数为 0.0105（对应的 *t* 统计量为 2.90），在 1% 水平上显著为正，支持了母公司进行改革试点能够显著提升企业未来的绩效。上述结果表明，采用 *t*+1 期企业绩效指标，不影响本文结论的有效性。

（6）剔除 2014 年之前样本。由于国有资本投资运营公司改革试点始于 2014 年，为了缓解 2014 年以前样本期间的影响，本文还将 2014 年之前样本剔除后重新进行检验。表 8 的第（4）列结果显示，*Reform*×*Post* 的系数为 0.0073（对应的 *t* 统计量为 2.00），在 5% 水平上显著为正，这表明本文主要研究结论不受 2014 年之前样本期间的影响。

**表 8 其他稳健性检验结果**

| 因变量：***ROA*** | （1）采用税前业绩指标 | （2）剔除试点当年样本 | （3）采用 t+1 期绩效指标 | （4）剔除 2014 年之前样本 |
|---|---|---|---|---|
| *Reform* × *Post* | 0.0097*** （2.80） | 0.0106*** （2.76） | 0.0105*** （2.90） | 0.0073** （2.00） |
| $Perf_{t-1}$ | 0.1166*** （4.83） | 0.0807*** （3.44） | 0.1174*** （4.35） | 0.0174 （0.67） |
| *Size* | 0.0054** （2.13） | 0.0064*** （2.66） | −0.0157*** （−5.07） | 0.0107*** （3.16） |
| *Lev* | −0.1436*** （−12.31） | −0.1345*** （−12.46） | 0.0153 （1.38） | −0.1661*** （−10.84） |
| *Top*1 | 0.0204 （1.54） | 0.0194 （1.59） | 0.0032 （0.22） | 0.0253* （1.70） |
| *Growth* | 0.0162*** （11.69） | 0.0138*** （11.20） | 0.0088*** （6.47） | 0.0134*** （9.35） |
| *InBoard* | 0.0094 （1.60） | 0.0101* （1.79） | 0.0038 （0.57） | 0.0183*** （2.75） |
| *Dual* | 0.0035 （1.44） | 0.0028 （1.27） | 0.0049* （1.89） | 0.0038 （1.56） |
| *Big*4 | 0.0020 （0.28） | 0.0025 （0.43） | 0.0003 （0.06） | 0.0065 （0.93） |
| 常数项 | −0.0420 （−0.76） | −0.0762 （−1.45） | 0.3616*** （5.46） | −0.1804** （−2.45） |
| 公司 / 年度固定效应 | 控制 | 控制 | 控制 | 控制 |
| N | 7129 | 6952 | 6003 | 5404 |
| 调整 $R^2$ | 0.155 | 0.144 | 0.056 | 0.148 |

资料来源：作者整理。

## 五 机制检验

前文研究表明，母公司进行国有资本投资运营公司改革试点能够显著促进国有上市公司的绩效。结合前文理论分析，为深入探究国有资本投资运营公司改革试点对上市公司绩效的影响机理，本文拟从政府干预、代理成本和外部薪酬差距三个角度进行分析和机制检验。具体地，本文借鉴温忠麟等（2004）[61] 的方法，构建如下模型（2）和模型（3）进行检验：

$$Channel_{i,t}=\alpha_0+\alpha_i+\alpha_t+\alpha_1 Reform\times Post_{i,t}+\alpha_2 Size_{i,t}+\alpha_3 Lev_{i,t}+\alpha_4 Top1_{i,t}+\alpha_5 Growth_{i,t}+\alpha_6 InBoard_{i,t}+\alpha_7 Dual_{i,t}+\alpha_8 Big4_{i,t}+\varepsilon_{i,t} \quad (2)$$

$$Perf_{i,t}=\beta_0+\beta_i+\beta_t+\beta_1 Reform\times Post_{i,t}+\beta_2 Channel_{i,t}+\beta_3 Perf_{i,t-1}+\beta_4 Size_{i,t}+\beta_5 Lev_{i,t}+\beta_6 Top1_{i,t}+\beta_7 TobinQ_{i,t}+\beta_8 InBoard_{i,t}+\beta_9 Dual_{i,t}+\beta_{10} Big4_{i,t}+\varepsilon_{i,t} \quad (3)$$

其中，*Channel* 为本文所要检验的影响机制，即政府干预、代理成本和外部薪酬差距，其余变量与模型（1）的变量定义一致。

具体检验步骤如下：第一步，对模型（1）进行回归。这一回归结果已在表2中列示，结果表明，国有资本投资运营公司改革试点能够显著提升企业绩效。第二步，对模型（2）即被解释变量 *Channel* 与解释变量 *Reform* × *Post* 进行回归。第三步，对模型（3）即被解释变量 *Perf* 与解释变量 *Reform* × *Post* 和 *Channel* 进行回归。若模型（2）中的 $\alpha_1$ 以及模型（3）中的 $\beta_2$ 同时显著，则表明中介效应存在。若模型（3）中的 $\beta_1$ 不显著，则为完全中介效应，否则为部分中介效应。

1. 基于政府干预的放权机制检验

进行国有资本投资运营公司改革试点的要求是从“管企业”到“管资本”转变，降低政府干预水平，通过资本运作进行资源整合。对于政府干预，大量研究从政策性负担的角度进行研究（Lin 等，1998[31]；林毅夫等，2004[62]）。因此，参照林毅夫等（2004）[62]、白俊和连立帅（2014）[63]等的研究，本文采用资本密集程度偏离进行度量。具体方法如下：

首先，建立模型（4）估计最优资本密集程度。

$$CI_{i,t}=\alpha_0+\alpha_1 Size_{i,t-1}+\alpha_2 Lev_{i,t-1}+\alpha_3 ROA_{i,t-1}+\sum Prov+\sum Ind+\sum Year+\varepsilon_{i,t} \quad (4)$$

其中，*CI* 为资本密集程度，采用资本除以劳动力的自然对数衡量，其中资本用公司所有者权益表示，劳动力用员工总人数表示；*Prov*、*Ind*、*Year* 分别表示地区、行业和年度虚拟变量。其余变量与前文定义一致。

其次，上述模型的残差反映了公司资本密集程度与最优资本密集程度的偏离，将残差取绝对值作为政策性负担（*OverCI*）的度量，进而检验母公司进行国有资本投资运营公司改革试点是否通过放权机制来影响企业绩效。

表9的第（1）列显示了改革试点对国有企业政策性负担（*OverCI*）的影响。结果显示，*Reform* × *Post* 的系数为 −0.0550（对应的 *t* 统计量为 −2.43），在5%水平上显著为负，表明国有资本投资运营公司改革试点能够显著降低政策性负担。第（2）列为改革试点和政策性负担对企业绩效的影响。*OverCI* 的系数为 −0.0039（对应的 *t* 统计量为 −3.00），在1%水平上显著为负；而 *Reform* × *Post* 的系数为 0.0089（对应的 *t* 统计量为 3.89），在1%水平上显著为正，意味着政策性负担发挥了部分中介作用。即母公司进行国有资本投资运营公司改革试点能够显著降低政策性负担而提升企业绩效，支持了放权机制的存在。

表 9 放权机制检验结果

| 变量 | (1) | (2) |
|---|---|---|
| | ***OverCI*** | ***ROA*** |
| *Reform* × *Post* | −0.0550** (−2.43) | 0.0089*** (3.89) |
| *OverCI* | | −0.0039*** (−3.00) |
| $Perf_{t-1}$ | | 0.0770*** (6.59) |
| *Size* | 0.0297** (2.12) | 0.0063*** (4.41) |
| *Lev* | 0.1598*** (2.86) | −0.1328*** (−22.90) |
| *Top*1 | −0.1626* (−1.93) | 0.0191** (2.26) |
| *Growth* | 0.0438*** (4.55) | 0.0141*** (14.46) |
| *InBoard* | 0.0710 (1.56) | 0.0106** (2.31) |
| *Dual* | 0.0396** (2.01) | 0.0031 (1.57) |
| *Big*4 | −0.0287 (−0.69) | 0.0017 (0.40) |
| 常数项 | −0.1075 (−0.34) | −0.0719** (−2.27) |
| 公司 / 年度固定效应 | 控制 | 控制 |
| N | 7111 | 7111 |
| 调整 $R^2$ | 0.020 | 0.145 |

资料来源：作者整理。

2. 基于代理成本的监督机制检验

母公司进行国有资本投资运营公司改革试点可能通过监督机制来提升企业绩效，即通过构造“人格化”股东以更好地发挥股东积极主义的作用，降低企业代理成本。因此，本文从代理成本的角度来捕捉改革试点的监督机制。具体地，借鉴已有文献（Ang 等，2000[64]；刘孟晖和高友才，2015[65]；罗进辉，2012[66]；罗进辉等，2017[67]），本文采用两种经营费用率指标作为代理成本的度量，即（营业费用 + 管理费用）/ 营业收入（$Agency_1$）和（销售费用 + 管理费用）/ 营业收入（$Agency_2$）。

表 10 的 Panel A 列示了采用 $Agency_1$ 衡量企业代理成本的检验结果。其中，第（1）列中 *Reform* × *Post* 的系数为 −0.0202（对应的 *t* 统计量为 −3.82），且在 1% 水平上显著为负，说明母公司进行国有资本投资运营公司改革试点能够显著降低代理成本。第（2）列中 $Agency_1$ 的系数为 −0.1870，在 1% 水平上显著为负；而 *Reform* × *Post* 的系数虽然比表 3 的基准回归结果有所减小，但仍在 1% 水平上显著为正，意味着代理成本发挥了部分中介作用。Panel B 则列示了采用 $Agency_2$ 衡量企业代理成本的检验结果，结果与 Panel A 非常类似。总体而言，上述结果表明，代理成本发挥了部分中介作用，即母公司进行国有资本投资运营公司改革试点能够显著降低代理成本而提升企业绩效，支持了监督机制的存在。

表 10　监督机制检验结果

| 变量 | Panel A：*Agency*=$Agency_1$ | | Panel B：*Agency*=$Agency_2$ | |
|---|---|---|---|---|
| | （1） | （2） | （3） | （4） |
| | ***Agency*** | ***ROA*** | ***Agency*** | ***ROA*** |
| *Reform*×*Post* | −0.0202***（−3.82） | 0.0055***（2.69） | −0.0135***（−3.28） | 0.0060***（2.90） |
| *Agency* | | −0.1870***（−36.78） | | −0.2419***（−37.60） |
| $Perf_{t-1}$ | | 0.0027（0.25） | | 0.0230**（2.18） |
| *Size* | −0.0321***（−9.81） | 0.0014（1.08） | −0.0114***（−4.47） | 0.0044***（3.39） |
| *Lev* | 0.1891***（14.54） | −0.1070***（−20.26） | 0.1661***（16.35） | −0.0997***（−18.86） |
| *Top*1 | −0.0022（−0.11） | 0.0189**（2.46） | −0.0217（−1.42） | 0.0136*（1.78） |
| *Growth* | −0.0242***（−10.76） | 0.0088***（9.91） | −0.0059***（−3.36） | 0.0121***（13.73） |
| *InBoard* | 0.0030（0.28） | 0.0111***（2.68） | 0.0088（1.06） | 0.0125***（3.05） |
| *Dual* | −0.0062（−1.36） | 0.0020（1.10） | −0.0046（−1.30） | 0.0020（1.11） |
| *Big*4 | −0.0220**（−2.27） | −0.0022（−0.57） | 0.0023（0.30） | 0.0023（0.61） |
| 常数项 | 1.4709***（20.14） | 0.1834***（6.22） | 0.9746***（17.07） | 0.1484***（5.09） |
| 公司 / 年度固定效应 | 控制 | 控制 | 控制 | 控制 |
| N | 7129 | 7129 | 7118 | 7118 |
| 调整 $R^2$ | 0.073 | 0.298 | 0.052 | 0.304 |

资料来源：作者整理。

3. 基于外部薪酬差距的激励机制检验

母公司进行国有资本投资运营公司改革试点还可能通过增加外部薪酬差距的激励机制提升企业绩效。外部薪酬差距体现了管理层的外部薪酬激励，外部薪酬差距越大，越能够发挥薪酬契约对管理层的激励作用（黎文靖等，2014）[68]。国有资本投资运营公司改革试点能够进一步促使国有企业采用更加市场化的薪酬激励机制，从而激发国有企业管理层认真管好企业的动力和压力，因而能够增加企业的外部薪酬差距。因此，本文从外部薪酬差距的角度来刻画改革试点的激励机制。借鉴吴联生等（2010）[36]和黎文靖等（2014）[68]的方法，将企业高管与同行业高管的平均薪酬比值作为外部薪酬差距（*Paygap*）的度量。

表 11 的第（1）列显示了改革试点对外部薪酬差距（*Paygap*）的影响。回归结果显示，*Reform*×*Post* 的系数为 0.0422（对应的 *t* 统计量为 1.86），且在 10% 水平上显著为正，表明母公司进行国有资本投资运营公司改革试点能够显著提升外部薪酬差距。第（2）列显示了改革试点和外部薪酬差距对企业绩效的影响。*Paygap* 的系数为 0.0102（对应的 *t* 统计量为 7.95），在 1% 水平上显著为正；而 *Reform*×*Post* 的系数为 0.0086（对应的 *t* 统计量为 3.81），在 1% 水平上显著为正，这表明外部薪酬差距发挥了部分中介作用。即母公司进行国有资本投资运营公司改革试点能够显著增加外部薪酬差距，进而提升企业绩效，支持了激励机制的存在。

表 11　激励机制检验结果

| 变量 | (1) | (2) |
|---|---|---|
| | ***Paygap*** | ***ROA*** |
| *Reform*×*Post* | 0.0422* (1.86) | 0.0086*** (3.81) |
| *Paygap* | | 0.0102*** (7.95) |
| $Perf_{t-1}$ | | 0.0691*** (5.94) |
| *Size* | 0.2329*** (16.46) | 0.0042*** (2.93) |
| *Lev* | −0.3185*** (−5.67) | −0.1306*** (−22.65) |
| *Top*1 | −0.3148*** (−3.67) | 0.0259*** (3.03) |
| *Growth* | −0.0001 (−0.01) | 0.0140*** (14.38) |
| *InBoard* | −0.2167*** (−4.74) | 0.0122*** (2.66) |
| *Dual* | −0.0532*** (−2.69) | 0.0035* (1.78) |
| *Big*4 | 0.2436*** (5.75) | 0.0006 (0.15) |
| 常数项 | −3.3307*** (−10.55) | −0.0478 (−1.50) |
| 公司 / 年度固定效应 | 控制 | 控制 |
| N | 7120 | 7120 |
| 调整 $R^2$ | 0.055 | 0.152 |

资料来源：作者整理。

值得注意的是，虽然前文结果表明国有资本投资运营公司改革试点将通过放权机制、监督机制和激励机制影响企业绩效，但是这三种影响机制并非完全相互独立，三种影响机制之间可能存在相互影响。例如，放权机制可能使国有企业以更加市场化的方式进行经营管理，激发企业的自主经营，进而采用更加市场化的薪酬激励机制，即放权机制与激励机制可能相互影响。进一步，本文将上述三种影响机制同时纳入回归模型中，以更为准确地评估这些机制的综合影响。表 12 列示了相应的检验结果。以第（2）列结果为例，*OverCI*、$Agency_1$ 和 *Paygap* 的系数均至少在 5% 水平上显著，而 *Reform*×*Post* 的系数则从表 3 基准回归中的 0.0091 下降至 0.0051，但仍在 5% 水平上显著为正（对应的 *t* 统计量为 2.47）。上述结果表明，母公司进行国有资本投资运营公司改革试点能够同时通过放权机制、监督机制和激励机制影响企业绩效水平，且这三种机制发挥了部分中介作用。

表 12　机制检验结果

| 因变量：***ROA*** | (1) | (2) |
|---|---|---|
| *Reform*×*Post* | 0.0062*** (2.88) | 0.0051** (2.47) |
| *OverCI* | −0.0022* (−1.83) | −0.0024** (−2.02) |
| $Agency_1$ | −0.2041*** (−39.56) | −0.1850*** (−36.43) |
| *Paygap* | 0.0077*** (6.48) | 0.0083*** (7.08) |
| $Perf_{t-1}$ | 0.0224** (2.05) | −0.0079 (−0.73) |

续表

| 因变量：***ROA*** | （1） | （2） |
|---|---|---|
| *Size* | | −0.0005（−0.37） |
| *Lev* | | −0.1045***（−19.73） |
| *Top*1 | | 0.0246***（3.17） |
| *Growth* | | 0.0091***（10.09） |
| *InBoard* | | 0.0129***（3.11） |
| *Dual* | | 0.0026（1.43） |
| *Big*4 | | −0.0027（−0.69） |
| 常数项 | 0.2002***（40.16） | 0.2095***（6.94） |
| 公司 / 年度固定效应 | 控制 | 控制 |
| N | 7101 | 7101 |
| 调整 $R^2$ | 0.244 | 0.304 |

资料来源：作者整理。

图 1 为国有资本投资运营公司改革试点对企业绩效影响的路径分析，图 1 中数值为变量间的标准化路径系数。从图 1 中可以发现，国有资本投资运营公司改革试点对企业绩效的直接效应为 0.028，通过放权机制、监督机制和激励机制路径的间接效应分别为 0.0007（=0.024 × 0.029）、0.020（=0.034 × 0.588）和 0.0019（=0.016 × 0.120），三种影响机制的间接效应占总效应的 44.7%（=（0.0007+0.020+0.0019）/（0.028+0.0007+0.020+0.0019））。其中，监督机制路径的间接效应占总效应的 39.5%，意味着国有资本投资运营公司改革试点最主要是通过监督机制这条路径影响企业绩效的。

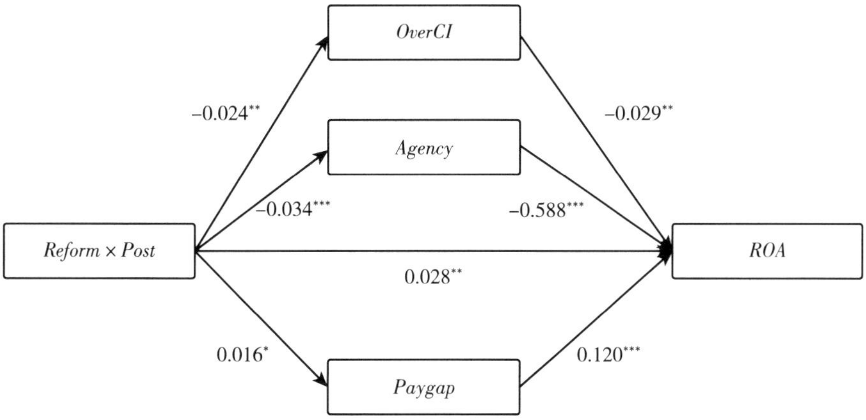


**图 1　国有资本投资运营公司改革试点对企业绩效影响的路径分析**

资料来源：作者整理。

## 六　结论与启示

国有资本监管改革是国有企业改革的重要内容，国有资本投资运营公司改革试点工作也如火如荼进行，但是学术界对于这一改革试点的政策效果尚缺乏大样本实证研究角度的评估。本文以 2012—2019 年 A 股国有上市公司为研究样本，利用双重差分的研究设计，从企业绩效的视角对国有资本投资运营公司改革试点的政策效果进行评估检验。本文研究发现，国有资本投资运营公司改革试点显著提升了其所属上市公司的会计绩效和市场绩效；机制检验发现，国有资本投资运营公司改革试点主要通过放权机制、监督机制和激励机制影响企业绩效。

本文立足于新时代国有企业改革的背景之下，着眼于国有资产管理体制改革中的授权经营体制改革，并从放权机制、监督机制和激励机制三个方面探究改革试点的影响路径，研究结论不仅具有重要的理论贡献，对于当前我国的国有资本监管改革和国有企业改革也具有重要的现实意义。

第一，本文的研究结论是对国有资本投资运营公司改革试点的充分肯定，为下一步继续扩大和完善国有资本投资运营公司改革试点工作提供理论支撑和经验证据。国有企业是中国特色社会主义的重要物质基础和政治基础，党的十九届五中全会也指出，要继续深化国资国企改革，做强做优做大国有资本和国有企业。因此，为了实现经济的高质量发展，需要毫不动摇地继续推进国有资本监管体制改革，进一步发挥国有资本投资运营公司的积极作用，提高国有企业的运营效率和绩效水平。

第二，本文为国有企业改革中政府应该发挥什么样的作用、如何让国有资本投资运营公司发挥更大的作用提供政策启示。从国有企业的发展阶段来看，现阶段深化国有企业改革的重点仍是政府需要继续对企业简政放权，在“去行政化”的基础上使国企真正成为自主经营、自负盈亏的法人实体，通过构造“人格化”股东以更好地发挥股东积极主义的作用，缓解“所有者缺位”带来的代理问题。通过授权清单等进一步发挥国有资本投资运营公司的市场化运作机制，通过市场的力量激发国有企业的活力，实现国有资本保值增值。

第三，本文的研究为国有企业如何提升自身绩效水平提供指导，国有企业应该重点从扩大企业自主经营权、加强公司治理水平以及增强薪酬激励等方面努力突破，实现管理提升，着力打造世界一流企业。国有资本投资运营公司所持股国有控股企业中，符合条件的可优先支持同时开展混合所有制改革、员工持股、职业经理人制度、薪酬分配差异化等其他改革试点，以更好地发挥国有资本投资运营公司的作用。

## 参考文献

[1] 黄明明、周海晨：《国有资本投资、运营公司试点成效概述》，《国有资产管理》2019 年第

9 期。
[2] 辛宇:《国有资本投资、运营公司与国有经济的高质量发展——基于国企系族的视角》,《财会月刊》2019 年第 11 期。
[3] 洪永淼:《提倡定量评估社会经济政策,建设中国特色新型经济学智库》,《经济研究》2015 年第 12 期。
[4] 蔡贵龙、郑国坚、马新啸、卢锐:《国有企业的政府放权意愿与混合所有制改革》,《经济研究》2018 年第 9 期。
[5] 李维安:《深化国企改革与发展混合所有制》,《南开管理评论》2014 年第 3 期。
[6] 戚聿东、张任之:《新时代国有企业改革如何再出发?——基于整体设计与路径协调的视角》,《管理世界》2019 年第 3 期。
[7] 刘运国、郑巧、蔡贵龙:《非国有股东提高了国有企业的内部控制质量吗?——来自国有上市公司的经验证据》,《会计研究》2016 年第 11 期。
[8] 蔡贵龙、柳建华、马新啸:《非国有股东治理与国企高管薪酬激励》,《管理世界》2018 年第 5 期。
[9] 吴秋生、独正元:《混合所有制改革程度、政府隐性担保与国企过度负债》,《经济管理》2019 年第 8 期。
[10] 杨兴全、尹兴强:《国企混改如何影响公司现金持有?》,《管理世界》2018 年第 11 期。
[11] 向东、余玉苗:《国有企业引入非国有资本对投资效率的影响》,《经济管理》2020 年第 1 期。
[12] 梁上坤、徐灿宇、司映雪:《混合所有制程度与公司违规行为》,《经济管理》2020 年第 8 期。
[13] 朱磊、陈曦、王春燕:《国有企业混合所有制改革对企业创新的影响》,《经济管理》2019 年第 11 期。
[14] Shleifer, A., and R. W. Vishny, "Politicians and Firms", *Quarterly Journal of Economics*, Vol.109 (4), 1994, pp.995-1025.
[15] Xu, X., and Y. Wang, "Ownership Structure and Corporate Governance in Chinese Stock Companies", *China Economic Review*, Vol.10 (1), 1999, pp.75-98.
[16] 江轩宇:《政府放权与国有企业创新——基于地方国企金字塔结构视角的研究》,《管理世界》2016 年第 9 期。
[17] Fan, J. P. H., T. J. Wong, and T. Zhang, "Politically Connected CEOs, Corporate Governance, and Post-IPO Performance of China's Newly Partially Privatized Firms", *Journal of Financial Economics*, Vol.84 (2), 2007, pp.330-357.

［18］Bai, C. E., Q. Liu, J. Lu, F. M. Song, and J. Zhang, "Corporate Governance and Market Valuation in China", *Journal of Comparative Economics*, Vol.32（4）, 2004, pp.599-616.

［19］曾庆生、陈信元:《国家控股、超额雇员与劳动力成本》,《经济研究》2006 年第 5 期。

［20］夏立军、方轶强:《政府控制、治理环境与公司价值——来自中国证券市场的经验证据》,《经济研究》2005 年第 5 期。

［21］余明桂、潘红波:《政府干预、法治、金融发展与国有企业银行贷款》,《金融研究》2008 年第 9 期。

［22］王克敏、刘静、李晓溪:《产业政策、政府支持与公司投资效率研究》,《管理世界》2017 年第 3 期。

［23］陈冬华、姚振晔:《政府行为必然会提高股价同步性吗?——基于我国产业政策的实证研究》,《经济研究》2018 年第 12 期。

［24］Che, J., and Y. Qian, "Insecure Property Rights and Government Ownership of Firms", *Quarterly Journal of Economics*, Vol.113（2）, 1998, pp.467-496.

［25］Fisman, R, "Estimating the Value of Political Connections", *American Economic Review*, Vol.91（4）, 2001, pp.1095-1102.

［26］邓超、张恩道、樊步青、许志勇:《政府补贴、股权结构与中小创新型企业经营绩效研究——基于企业异质性特征的实证检验》,《中国软科学》2019 年第 7 期。

［27］李政、杨思莹、路京京:《政府补贴对制造企业全要素生产率的异质性影响》,《经济管理》2019 年第 3 期。

［28］Faccio, M, "Politically Connected Firms", *American Economic Review*, Vol.96（1）, 2006, pp.369-386.

［29］陈信元、黄俊:《政府干预、多元化经营与公司业绩》,《管理世界》2007 年第 1 期。

［30］余明桂、回雅甫、潘红波:《政治联系、寻租与地方政府财政补贴有效性》,《经济研究》2010 年第 3 期。

［31］Lin, J. Y., C. Fang, and L. Zhou, "Competition, Policy Burdens, and State-owned Enterprise Reform", *American Economic Review*, Vol.88（2）, 1998, pp.422-427.

［32］黄俊、李增泉:《政府干预、企业雇员与过度投资》,《金融研究》2014 年第 8 期。

［33］高雷、何少华、仪垂林:《国家控制、政府干预、银行债务与资金侵占》,《金融研究》2006 年第 6 期。

［34］刘凤委、孙铮、李增泉:《政府干预、行业竞争与薪酬契约——来自国有上市公司的经验证据》,《管理世界》2007 年第 9 期。

[35] 罗宏、黄文华:《国企分红、在职消费与公司业绩》,《管理世界》2008 年第 9 期。
[36] 吴联生、林景艺、王亚平:《薪酬外部公平性、股权性质与公司业绩》,《管理世界》2010 年第 3 期。
[37] 王克敏、杨国超、刘静、李晓溪:《IPO 资源争夺、政府补助与公司业绩研究》,《管理世界》2015 年第 9 期。
[38] 李文贵、余明桂、钟慧洁:《央企董事会试点、国有上市公司代理成本与企业绩效》,《管理世界》2017 年第 8 期。
[39] 郝阳、龚六堂:《国有、民营混合参股与公司绩效改进》,《经济研究》2017 年第 3 期。
[40] 张国胜、匡慧姝、刘政:《政府采购如何影响产能利用率?——来自中国制造企业的经验发现》,《经济管理》2018 年第 9 期。
[41] Berl, A. A., and G. C. Means, *The Modern Corporation and Private Property*, New York: The Macmillan Company, 1932.
[42] Jensen, M. C., and W. Meckling, "Theory of the Firm: Managerial Behavior, Agency Costs and Ownership Structure", *Journal of Financial Economics*, Vol.3 (4), 1976, pp.305-360.
[43] Friedman, E., S. Johnson, and T. Mitton, "Propping and Tunneling", *Journal of Comparative Economics*, Vol.31 (4), 2003, pp.732-750.
[44] Edmans, A., and G. Manso, "Governance through Trading and Intervention: A Theory of Multiple Blockholders", *Review of Financial Studies*, Vol.24 (7), 2011, pp.2395-2428.
[45] 孙光国、孙瑞琦:《控股股东委派执行董事能否提升公司治理水平》,《南开管理评论》2018 年第 1 期。
[46] 潘洪波、韩芳芳:《纵向兼任高管、产权性质与会计信息质量》,《会计研究》2016 年第 7 期。
[47] 连燕玲、贺小刚、张远飞、周兵:《危机冲击、大股东"管家角色"与企业绩效——基于中国上市公司的实证分析》,《管理世界》2012 年第 9 期。
[48] 窦欢、张会丽、陆正飞:《企业集团、大股东监督与过度投资》,《管理世界》2014 年第 7 期。
[49] 唐跃军、左晶晶:《所有权性质、大股东治理与公司创新》,《金融研究》2014 年第 6 期。
[50] 张峰、杨建君:《股东积极主义视角下大股东参与行为对企业创新绩效的影响——风险承担的中介作用》,《南开管理评论》2016 年第 4 期。
[51] 王化成、曹丰、叶康涛:《监督还是掏空:大股东持股比例与股价崩盘风险》,《管理世

界》2015 年第 2 期。

[52] 姜付秀、王运通、田园、吴恺:《多个大股东与企业融资约束——基于文本分析的经验证据》,《管理世界》2017 年第 12 期。

[53] 陈冬华、陈信元、万华林:《国有企业中的薪酬管制与在职消费》,《经济研究》2005 年第 2 期。

[54] 王曾、符国群、黄丹阳、汪剑锋:《国有企业 CEO"政治晋升"与"在职消费"关系研究》,《管理世界》2014 年第 5 期。

[55] 郑志刚、李东旭、许荣、林仁韬、赵锡军:《国企高管的政治晋升与形象工程——基于 N 省 A 公司的案例研究》,《管理世界》2012 年第 10 期。

[56] 陈仕华、卢昌崇、姜广省、王雅茹:《国企高管政治晋升对企业并购行为的影响——基于企业成长压力理论的实证研究》,《管理世界》2015 年第 9 期。

[57] 张霖琳、刘峰、蔡贵龙:《监管独立性、市场化进程与国企高管晋升机制的执行效果——基于 2003—2012 年国企高管职位变更的数据》,《管理世界》2015 年第 10 期。

[58] Bertrand, M., and S. Mullainathan, "Enjoying the Quiet Life? Corporate Governance and Managerial Preferences", *Journal of Political Economy*, Vol.111 (5), 2003, pp.1043-1075.

[59] Gormley, T. A., and D. A. Matsa, "Playing It Safe? Managerial Preferences, Risk, and Agency Conflicts", *Journal of Financial Economics*, Vol.122 (3), 2016, pp.431-455.

[60] 靳庆鲁、侯青川、李刚、谢亚茜:《放松卖空管制、公司投资决策与期权价值》,《经济研究》2015 年第 10 期。

[61] 温忠麟、张雷、侯杰泰、刘红云:《中介效应检验程序及其应用》,《心理学报》2004 年第 5 期。

[62] 林毅夫、刘明兴、章奇:《政策性负担与企业的预算软约束:来自中国的实证研究》,《管理世界》2004 年第 8 期。

[63] 白俊、连立帅:《国企过度投资溯因:政府干预抑或管理层自利?》,《会计研究》2014 年第 2 期。

[64] Ang, J. S., R. A. Cole, and J. W. Lin, "Agency Costs and Ownership Structure", *Journal of Finance*, Vol.55 (1), 2000, pp.81-106.

[65] 刘孟晖、高友才:《现金股利的异常派现、代理成本与公司价值——来自中国上市公司的经验证据》,《南开管理评论》2015 年第 1 期。

[66] 罗进辉:《媒体报道的公司治理作用——双重代理成本视角》,《金融研究》2012 年第 10 期。

[67] 罗进辉、黄泽悦、朱军:《独立董事地理距离对公司代理成本的影响》,《中国工业经济》2017 年第 8 期。
[68] 黎文靖、岑永嗣、胡玉明:《外部薪酬差距激励了高管吗——基于中国上市公司经理人市场与产权性质的经验研究》,《南开管理评论》2014 年第 4 期。

(肖土盛,中央财经大学会计学院、中央财经大学中国管理会计研究与发展中心;
孙瑞琦,首都经济贸易大学会计学院)

原载《经济管理》2021 年第 8 期

# 学科综述

# 企业管理学科研究进展：组织、战略与文化

张　霜　陈　楠　刘湘丽

近三年来，伴随人工智能、大数据、物联网等新一代信息技术向企业管理领域的渗透，聚焦企业发展的新发现、新观点、新研究层出不穷。为系统梳理企业管理研究领域的最新进展，以下从组织管理、战略管理和企业文化三个方面进行文献述评与展望。具体内容包括：（1）新型组织模式的作用、组织韧性的形成机制、组织模式转型变革及影响因素；（2）企业战略类型及作用、企业战略变革过程、企业数字化转型战略；（3）企业文化的作用效应、企业家精神的突出作用。

## 一　组织管理研究

组织管理是企业管理研究长期关注的重点对象。从组织管理过去三年的研究进展来看，其研究重点集中在四个方面。一是新型组织模式的作用。关于共益共生型组织、协同创新型组织、灵活精益型组织的研究有所增加。它们分析了新组织模式对组织价值创造、组织创新发展、员工价值开发的多重作用，以及对企业绩效提升和长远发展的时序效应。二是组织韧性的形成机制。越来越多的研究从组织管理的微观情境视角，探讨了如何增强组织韧性以应对社会危机和市场不确定性，如从组织层面、个体层面研究了组织韧性的形成过程与机制。三是组织模式的转型变革。具体内容包括平台型组织转型路径、智能制造业平台化转型路径、企业数字化转型路径等。四是组织模式转型变革的影响因素。

### （一）新型组织模式的作用

组织模式是指企业为实现经营目标有效配置资源、实施经营生产活动而采取的组织架构和管理方式，是组织管理中十分重要的组成部分。人工智能、大数据、物联网等新一代信息技术打破了传统经济模式下的组织模式形态，催生了多种新型的组织模式。

一是共益共生型组织。其最终目的在于实现多个组织管理主体价值创造的合作共赢。李海舰、李燕（2019）提出，智慧型组织和共生型组织成为数字经济时代下的重要组织形态，个体价值创造对个体与组织关系的维系起到关键作用，个体价值创造突破组织边界促进了共生型组织的形成。肖红军等（2021）提出，共益企业作为一种新型组织模式，通过整合传统商业组织市场利润导向与社会企业公共利益导向，来达到为全部利益相关者共创价值的目的。

二是协同创新型组织。其目的是通过资源要素的重新整合来实现组织创新发展。Molasy等（2019）提出了全面创新管理（Total Innovation Management，TIM）概念，这是一种以提高创新要素（技术、市场、战略等）各种组合与全面协同创新为手段并提升企业效率的组织管理模式。陈武、李晓园（2022）指出，众创空间组织可以通过精准定位，快速集聚资源并进行全方位整合，从品牌、文化、资源、服务等层面提升服务质量、构建竞争力，由此促进创新能力提升并推动创新发展。

三是灵活精益型组织。其特点是重视员工的作用以最大化发挥员工的专业价值。何江等（2021）指出，四叶草组织通过对工作岗位、劳动者技能的分解与整合，将组织管理细分为专业核心劳动力、灵活用工劳动力、产消者劳动力和智能机器劳动力四部分，实现劳动分工精细化，由此降低企业运作成本。张康之（2020）指出，合作制组织强调组织成员积极和主动地运用专业知识和技能，不以专业知识和技能在自己与其他组织成员之间划定界限，共同承担任务。

组织模式创新对组织当下目标与未来发展具有重要影响。首先，短期内会直接影响到组织绩效。李飞、陆凤彬（2021）分析了金风科技的组织管理模式变革对公司股价的影响，指出科学的组织管理模式变革可以在中长期发展中提升企业价值和提振股价。公司组织管理模式优化后所带来的企业综合经营管理水平的提高、长效机制的建立，能够提高企业成本控制和营收能力，从而在中长期降低经营成本、提升产品竞争力，进而有助于提高企业市场份额和市场价值。江诗松等（2022）探讨了跨组织过程中经验对绩效的影响，认为中外合资经验与跨国并购绩效之间存在U型关系。中外合资经验是国内企业引进学习国外资本和先进的技术、管理方法的集合，当该经验较少时，企业不能合理地识别中外合资与跨国并购之间的差异化经验，造成负面经验转移，降低了跨国并购绩效，中外合资经验超过一定水平后，能够正确地应用跨组织过程的中外合资经验，带来正向经验转移，最终提高跨国并购绩效。

其次，从长期来看，组织模式变革会影响组织成长。李飞、陆凤彬等（2021）认为，组织模式有助于企业成长。他们以管理演进模式之一的公司治理作为代理变量，从股权结构、董事会结构、高管激励三个维度进行探究，指出过高的股权集中度会损害企业成长，但是董事会规模较大、独立董事所占比例较多可以形成强有力的监督约束，使公司管理目标与股东利益一致，保证企业的发展与成长，同时，高管薪酬激励及高管持股能调动企业工作积极性，带领企业更好的发展。因此，组织模式向公司治理结构的演进有利于企业成长。卢艳秋等（2021）通过案例研究了战略导向与组织结构促进企业动态能力形成的过程。他们指出战略导向是一种企业内部的资源配置方式，战略导向变化会导致旧组织结构不适，产生组织结构滞后的矛盾，进而催生组织结构变革，同时战略导向与组织结构之间产生交互作用，能够重构组织资源，引起组织学习方向的变化，从而促进动态能力不断演化。

## （二）组织韧性的形成机制

在全球新冠疫情流行的市场环境下，企业如何提高组织韧性、灵活重塑资源配置以应对危机，变得十分重要。这方面的研究认为，组织韧性是组织应对一系列负面环境事件的组织自我调整能力，它可以帮助企业灵活应对外界环境变化，提升市场竞争优势。组织韧性的形成机制可以从组织和个体两个层面分别考察。

从组织层面看，对组织韧性形成机制的探讨多数集中在组织关键要素、风险识别能力、创新活动等方面。研究认为激活、适应性重构和转化是危机情境下组织韧性形成过程中的关键要素。单宇等（2021）指出，在危机变化的主动响应阶段，组织的行动聚焦于激活，通过调动组织成员应对危机的积极性与主动性，激发组织活力，快速响应危机变化；在危机破坏效应的修复阶段，组织聚焦于适应性重构，不断调整组织的资源配置与制度安排，由此缓冲不利事件的负面影响；在危机中反弹的实现阶段，组织通过盘活核心客群和开发新客群聚焦于转化，抓住在逆境中恢复的机会。

宋耘等（2021）认为组织韧性高度依赖于风险萌芽阶段的风险识别能力，只有在风险萌芽阶段识别出风险，才可能为后续的战略调整争取到足够的时间，从而表现出高组织韧性。杨修、赵楚龙（2020）指出在组织识别出不确定性冲击后，会调动组织保护性资源，避免组织资源受到破坏，组织领导自动识别风险性质，制定应急策略，落实战略；同时鼓励成员积极学习，发挥社会网络的作用，携手合作伙伴共同应对突发事件，实现新的动态平衡。

赵剑波（2020）指出通过构建免疫能力可以提升组织韧性，抵抗外部环境变化，但是员工素质、管理层以及企业文化共同影响企业免疫力作用的发挥和免疫力的强弱。因此，为了提高组织韧性企业应该构建以稳定、安全为导向的免疫系统。崔淼等（2020）指出组织韧性形成包括从路径突破、路径创造到路径强化的过程。组织路径调整塑造组织韧性能力，包括从战略变革能力、知识更新能力到市场适应能力。冯文娜、陈晗（2022）指出长期从事二元创新活动（利用式创新和探索式创新）可帮助企业构建组织韧性。利用式创新是对现有产品和服务加以改进的渐进式创新，长期从事利用式创新活动可使企业保持对现有市场环境变化的敏锐感知，提高组织预期能力，为企业应对外部突发事件提供稳定性，并且帮助企业以积极的心态看待负面冲击，提升组织的适应能力；探索式创新是企业创造和开发新产品、新服务的激进式创新，有助于企业发展新的技术，提供更加广阔的解决方案，减少企业对突发事件进行响应的时间，并且面向企业未来成长，推进企业长期学习、提升组织适应能力。因此，二元创新活动有利于提升组织韧性。路江涌、相佩蓉（2021）认为提升组织韧性要做好四个方面的工作：在危机之前，建立和维持一个高可靠性组织，提升组织抵御外部危机冲击的能力；在危机早期，组织通过危机指挥系统，运用事先准备好的各种解决方案应对可预测的危机；在危机中期，提倡危机领导力，提升组织运转效率和优化组织管理模式；在危机后期，提倡对危机的学习反思，并通过一系列变革行为，提升组织韧性以更好地应对未来可能发生的不利情况。

从个体层面看，现有研究主要从工匠精神、积极领导力等个体的精神特质方面对组织韧性的形成进行了探讨。段升森等（2021）认为工匠精神对组织韧性具有积极的促进作用。工匠精神作为一种工作价值观，是员工在追求内在心理满足与自我实现过程中所展现的理想信念及相应的工作行为准则。具有工匠精神的员工更容易达成战略共识，而战略共识度越高，越激励员工增加对组织目标的投入，就越能够提升危机情境下组织准确识别自身漏洞的能力，使有效的应对战略对组织韧性产生积极影响。王勇、蔡娟（2021）认为管理者的积极领导力能够提升组织韧性。积极领导力越强，组织协调能力就越强，越有能力在员工和其他利益相关者之间建立信任、授权、激励和承诺关系，就越能够有效地培育和提升组织韧性。王钦（2020）根据海尔的经验提出数字化时代需要打造“高韧性”组织，要重视人单合一，即在组织管理过程中聚焦用户价值（单），聚焦员工价值（人），并将二者有机统一起来。赵思嘉等（2021）指出组织韧性在创业型领导与新创企业绩效的关系中发挥了积极作用。新创企业的创业型领导借助组织构建、资源配置与机会开发，可以不断优化企业结构，增强企业的组织韧性，从而提升企业绩效和实现可持续发展。

### （三）组织模式的转型变革

组织模式的转型变革与组织韧性之间具有密切关系。组织模式转型变革是形成组织韧性的有效途径之一。因为它不仅推动组织模式与当前环境快速匹配，而且还能够提高组织内部的应急能力，从而更好地促进组织韧性形成。近年来研究者对组织模式转型变革的研究重点关注如何深化组织内部各要素的转型与变革，包括组织模式的转型路径和组织模式的变革路径。

首先是组织模式的转型路径。企业组织模式的转型与变革伴随着技术进步。研究者从平台型组织转型路径、智能制造业平台化转型路径、企业数字化转型路径等方面对组织模式转型路径进行了探讨。

有研究认为平台型组织转型注重利用技术手段整合平台资源。许晖等（2021）指出平台型组织在客户需求驱动和资源需求驱动两种模式下呈现出不同的转型路径。客户需求驱动下平台为了迎合不断变化的个性化定制需求，会不断创新其模块及模块组合，并利用适当的技术来优化平台管理；资源需求驱动下平台为了对不断变化的市场条件作出敏锐的反应，会不断配置其模块及模块组合，并利用标准化手段来整合平台资源。朴庆秀等（2020）指出智能制造企业的平台化转型，注重融合互联网平台技术和智能制造技术进而搭建平台，利用战略联盟形式整合政、产、学、研的优势以推进智能制造平台终端的布局，整合外部资源和能力优势，推进平台生态系统的构建及完善，最终实现制造企业的平台化转型。

还有研究认为制造业内部存在着不同的数字化转型过程。陈国权等（2021）认为组织数字化转型的过程包括决策、组织、数字化动员、数字化培训、实施、考评、取效和反馈八个阶段，每个阶段具有不同的数字化转型任务重点。决策阶段需要领导者根据内外环境作出数字化转型的决策；组织阶段需要领导者具体评估数字化转型方案，确保数字化转型的顺利进行；数字化动员阶段要鼓动全员积极参与；数字化培训阶段要重视对企业员工数字化转型的思想和技术方面的培训。实施阶段要开展具体实施工作。考评阶段要对组织数字化转型中的个人和集体进行考核和奖惩。取效阶段要取得数字化转型的相关成效。反馈阶段则要根据取得的成效对有关过程进行改进。安家骥等（2022）指出制造业企业数字化转型应从战略、结构、流程、人力要素出发，在战略端搭建以优势企业为核心的产业链生态协同平台；在结构端培育行业创新生态，强化对制造业企业创新的财税保障；在流程端大力推广以数字驱动的柔性生产新模式；在人才端一体推进研究导向型与应用实践型人才培养，实现质量更高、覆盖更广、效能更好的制造业数字化转型。

郑湛等（2019）认为传统企业组织在价值观、价值体系、思维方式和管理方式四个方面的转变，意味着以协同为核心的资源观打破了传统的封闭的资源观，以及企业资源转变为移动的动态资源，这将促使资源的创新，避免资源的闲置；大组织的组织 / 环境价值体系打破了传统组织 / 个体价值体系，促进人与组织及组织外部的环境互动，共同创造价值；非线性思维方式打破了传统的线性思维方式，组织内容、组织方式、组织目的、组织资源及其资源运作机制、组织与个体关系等的网络化组合使得组织价值更大化；关系管理模式转变为互联网时代的关系管理，在这种管理方式中，参与者根据自身的能力在大组织中寻找需要的信息，调整其任务、角色和职能，同时采取多个目标并进，使资源得到最大限度的利用。

其次是组织模式的变革路径。组织模式变革的目的在于通过数字技术来推动组织模式转变。这方面的研究主要包括物联网、大数据等数字技术在组织模式变革中的应用、合作共赢理念下的资源合作与实现路径。

胡斌、王莉丽（2020）指出物联网环境下企业组织结构的变革呈现点 / 线延伸结构和点 / 网辐射结构两类过程机理。点 / 线延伸结构的形成，是物联网环境下企业组织架构发展的早期形态。在这种演化下，供应链组织呈现以模块化为特征的链条状形态，在各个模块和链条下实现以智能物流物料管理为核心的智能生产、调度、研发和制造，在重资产的高科技制造行业表现突出。企业组织的点 / 网辐射结构，是物联网环境下企业组织架构发展的后期形态，供应链组织或联盟组织通常会涌现出无标度网络结构形态，即核心企业高度互联，边缘企业之间没有直接交互，但是几乎全部与核心集群相连接，经由平台发生各种信息流的交互，在轻资产型的互联网行业及其供应链组织中表现突出。

### （四）组织模式转型变革的影响因素

组织模式转型变革的影响因素分为个体层面和组织层面两方面。

就个体层面而言，有研究认为，个人价值观、管理者认知、组织身份等个体因素会在一定程度上影响组织变革。当个人与组织价值观存在较高的一致性时，员工会倾向于采取积极的工作态度，这有利于组织实施积极应对策略，促进组织变革；反之，当个人与组织价值观存在较低一致性时，员工倾向于采取消极的态度和懈怠的工作行为，这会阻碍组织变革的实施（Tang 等，2020）。邓新明等（2021）认为管理者认知会影响组织战略变革。管理认知的复杂性能够使管理者在复杂多变的环境中制定更多的应对策略，避免认知惯性，不断培养多元化的认知视角，增强对环境变化的敏感性，更好地促进组织战略变革。冯海龙等（2021）认为组织身份会促进组织战略变革。组织身份在一定程度上能够影响组织进行战略变革，提高组织的环境适应能力，确保组织战略变革的顺利实施。

就组织层面而言，企业战略、人力资源管理等组织因素一定程度上对组织转型与变革产生影响。刘军等（2021）指出组织平台化转型准备度从个体、团队、组织准备度三个层面影响平台化转型。个体准备度主要涉及个体的平台技术认知、平台素质能力、平台压力感知和平台参与行为；团队准备度重视团队沟通协作、团队领导力、团队认同与弹性适应这三项因素的影响；组织准备度注重在组织文化、高管角色、人力资源管理实践三方面的提升。林菁菁等（2021）认为政策和市场两个层面的制度情境形成了战略认知，该战略认知结合对应的资源存量形成企业战略选择影响组织资源行动演化机制，进而影响组织的资源行动模式。

## 二　战略管理研究

战略决定着企业发展的方向，战略管理对于企业可持续发展的重要性不言而喻。在处于百年未有之大变局的当下，如何通过有效的战略管理帮助企业突出重围、打破僵局显得尤为重要。从研究对象来看，组织管理主要立足于组织本身，而战略管理更加侧重从宏观上把握组织与环境的关系。近年来的研究重点集中在企业战略类型及作用、企业战略变革过程、企业数字化转型战略三个方面。与既有研究相比，企业战略类型更加多元化，主要包括两种战略类型，即环境战略和经济发展战略，致力于企业在长期更好地适应环境变化，引导经济发展趋势。企业战略变革过程主要研究企业管理变革的逻辑、路径、过程，尤其以混合所有制改革为主，而企业数字化转型战略重点剖析了转型过程及其内在作用机理。

### （一）企业战略类型及作用

企业战略是企业为达到长远目标与配置资源的一系列有组织的行动，是企业获取、维持或提高业绩的一种决策方式。当下的企业战略研究主要聚焦在环境战略与经济发展战略两方面。

第一，企业环境战略。企业环境战略主要包括碳中和与绿色战略。此类战略强调与企业环境相适应，实现环境与企业二者共同发展，帮助企业做出对环境有积极影响的决策。贾明等（2022）认为，碳中和战略主张企业采取有效的碳减排措施以实现绿色低碳发展，碳中和战略的实现需要构建确碳、减碳、抵碳、披碳、激碳（Commitment、Reduction、Offsets 、Communication 、Stimulation of carbon neutrality，CROCS）实践模型，意在推进企业节能减排降耗，走高质量发展之路。“确碳”作为一切工作的出发点，确定企业碳中和责任的范围和边界；“减碳”强调激励企业尽最大努力去减少碳排放；“抵碳”是通过碳排放权交易或者基于自然的解决方案的方式来抵消企业不能减排的碳排放而实现碳中和；“披碳”强调企业通过披露碳中和相关信息而实现与利益相关者有效沟通；“激碳”强调显现企业碳中和的价值，包括短期以及长期的价值、经济和社会的价值。吕斐斐等（2020）认为，绿色战略的目的是使企业与外部环境相适应，以及内外环境的协调发展。其研究表明，企业是否实施绿色战略跟其所处行业地位有一定关系。企业如果处于行业领先地位，它为了满足利益相关者，如政府、消费者、媒体等对其绿色生产的高期待，就会更加有动机采取绿色战略，从而在制定绿色战略的决策过程中发挥“领头羊”的效应。

吴建祖、袁海春（2020）认为企业面临不同的绩效期望落差，存在“穷则思变”和“人穷志短”两种不同的效应作用。“穷则思变”是企业面对绩效期望落差，出于回应质疑、寻求支持等需要，增加环保投入以实现绿色转型的现象，绩效期望落差越大，企业投入环境实践的精力与资源越多；“人穷志短”是迫于资源约束、生存威胁等压力，企业倾向于减少环保投入以降低经营成本的现象，导致绩效期望落差越大，企业环境投入越少。

第二，企业经济发展战略。企业经济发展战略包括制造业服务化战略、国际化战略、研发时序双元转换战略。

张睿君等（2020）认为，制造业服务化战略与运维商业模式创新之间存在着不同的匹配关系。运维商业模式作为制造业企业对客户设备运维管理过程中的业务逻辑和业务方式，实施支持客户运维的服务化战略的制造企业，通过提供围绕客户活动的系统服务等支持客户运作活动的运维服务，来优化客户运作流程、帮助客户完成使命，从而形成竞争优势。实施接管客户运维的服务化战略的制造企业，通过提供围绕客户活动的完整解决方案、产品功能等高级运维服务，优化客户运营流程、完成客户企业使命，从而获取可持续竞争优势。

方红星、楚有为（2019）指出，公司战略是确定公司长远目标、为达成目标而配置资源的一系列有组织的行动。不同的公司战略对商业信用融资产生的影响不同，这是由于不同公司战略对商业信用的需求存在差异。从商业信用的需求角度，采取进攻型战略的公司致力于开发新产品和拓展新市场，要求企业必须有足够的资金进行研发投资和市场推广，对融资需求更高；从商业信用供给角度，供应商可能面临较高的风险，但供应商向进攻型公司提供商业信用也可以获得较大的收益。因此，进攻型公司更可能从供应商处争取到商业信用，企业越表现为进攻型战略，其商业信用融资水平越高。

国际化战略是企业国际化经营中采取的方针政策，集中表现在企业在某一特定海外市场中的资源投入程度、海外市场的拓展范围。郝晨等（2022）认为，企业实施国际化深度发展战略能够对企业的创新绩效产生显著的提升效应，且风险投资介入能够有效增强国际化战略的创新增值作用，进而提高国际化战略对企业创新绩效的积极影响。

研发时序双元转换战略是指组织采取间断式平衡的创新战略，在长期稳定时期以利用现有能力为主要策略，在动荡期以探索新能力为主要策略。马海燕、朱韵（2020）认为，研发时序双元转换战略对组织绩效产生一定影响并呈倒“U”型关系。该战略对企业稳定期和动荡期带来的组织绩效收益呈减速递增趋势，随着转换幅度的变大，该战略所带来的风险会抵消并超过双元性正收益，组织绩效呈增速递减。朱蓉等（2022）认为，企业面临不同环境时会作出不同的合法化战略选择。企业家在创业过程中应对制度压力时需要被动和能动策略相结合，不仅要被动服从制度约束，也要发挥战略主动性，即企业会同时采取依从型和操纵型合法化战略。当人们的价值观和认知等无法改变时，依从型战略为企业提供了较好的实现产品市场化的手段，并获取相应的利润回报，促进企业绩效；面临制度压力，操纵型战略为企业提供广阔的市场空间和更高的合法性水平，促进企业绩效。

### （二）企业战略变革过程

第一，企业战略管理变革的逻辑与路径。近年来，通过重视信息技术的应用带动智能化发展，进而推动企业管理变革成为企业战略管理的研究焦点。吴小龙等（2022）认为，信息技术驱动双跨越的战略变革，主要经历两个关键阶段：第一个阶段主要通过数字化加速学习机制即重视信息技术对组织学习效率的促进，实现从粗放式管理到数字化管理的能力跨越；第二个阶段主要通过数字化重构学习机制即利用智能系统重构传统的组织创新流程，实现从工业化到智能化的体系跨越。

戚聿东、肖旭（2020）指出了数字经济推动了企业内部管理模式的一系列变化，呈现以下特征：变革组织结构趋于网络化、扁平化；营销模式趋于精准化、精细化；生产模式趋于模块化、柔性化；产品设计趋于版本化、迭代化；研发模式趋于开放化、开源化；用工模式趋于多元化、弹性化。徐鹏、徐向艺（2020）指出人工智能时代企业管理变革的逻辑：人工智能时代，被管理者将出现越来越多的“人工智能员工”，如何管理“人工智能员工”以及协调人类员工与智能机器人的关系将对管理者提出挑战，就这个挑战，管理者应该重视管理过程的技术性，即将管理理论应用于管理实践过程中所运用的管理手段、方法和技巧。

此外，在企业战略变革过程中强调创新共享，提升组织能力，形成企业战略变革优势着力点。葛明磊、武亚军（2021）研究发现产能过剩行业的国有企业在战略转型过程中，以创新共享主导逻辑为主，该逻辑是基于创新赋能提升组织能力，通过多元利益相关者之间协同共享发展，实现企业范围经济，进而形成企业的竞争优势。杨林、陆亮亮（2022）指出制造企业智能化战略的转型机理，实质是基于环境变化不断调整、构建“资源要素—核心能力—系统创新”的一般路径。在资源要素方面，改变组织架构使企业适应环境；在核心能力方面，充分利用环境优势弥补先天短板；在系统创新方面，实施智能化战略形成智能制造产业集群。

第二，企业混合所有制改革的实施方式。混合所有制改革是新时期全面深化国有企业改革的重点内容，这部分主要研究内容包括两点：混合所有制改革对企业产生的作用；促进混合所有制改革的实施举措。

现有研究发现，混合所有制改革可以有效提升企业治理水平，促进企业创新能力提升。冯璐等（2021）认为在控制了国有企业股权结构的前提下，非国有股东参与公司治理主要通过缓解大股东和小股东之间的代理冲突问题、提高管理层对创新失败的容忍度、增加企业与高校和科研机构的研发投入并缩减跨行业的非关联性多元化并购业务等途径，增强了企业治理水平，促进了企业创新。李井林（2021）认为国有企业混合所有制改革有效提升企业投资效率。在混合所有制改革程度方面，混合所有制改革产生的股权主体多样性和股权主体融合度能够实现异质股东之间的相互制衡，有效提升国有企业投资效率；在混合所有制改革作用机制方面，混合所有制改革通过提升公司治理水平来实现国有企业投资效率的提升。马新啸等（2021）认为混合所有制改革能显著化解国有企业产能过剩。混合所有制改革中非国有股东参与国有企业高层治理可以缓解国有企业面临的双重委托代理问题，降低过度投资水平和提高经营资产运转效率，进而对国有企业产能过剩产生化解作用。

此外，公司治理结构、央企市营、联合重组等方式成为推动混合所有制改革重要举措。黄群慧等（2020）指出“十四五”时期推进混合所有制改革宏观层面进入稳定发展期，微观层面呈现出加速融合的趋势，需要更加重视公司治理结构的完善，在治理结构中能够充分发挥国有股权和非国有股权的独特优势。胡亚飞、苏勇（2020）指出央企市营、联合重组、同心模式企业文化为国企混改探索了一条有效路径。央企市营管理实践有效解决国企混改中最核心的产权问题，联合重组管理实践提高企业运营效率，同心模式企业文化有助于解决来自企业内外部的文化冲突问题，三种实践有效促进了混合所有制改革。

**（三）企业数字化转型战略**

企业数字化转型是以数字化技术、数字化产品和数字化平台的基础设施为支撑起点，进而引起个人、组织、产业等多个层面变革的过程。相关学者对数字化转型的过程和内在机理进行了探索性分析，主要观点集中在：数字化转型的作用机理，旨在通过组织、产业层面分析数字化转型的路径；数字化转型的影响作用，强调企业数字化转型带来的多重影响。

第一，数字化转型的作用机理。从组织层面看，数字化转型是一个自上而下的转型过程。

王冰、毛基业（2021）指出传统企业通过内部创业的方式可以实现数字化转型，即从内部创业，到组织内的数字化创新，再到跨组织的外部协同。环境的剧变冲击了传统企业的商业模式，高管通过不断学习，及时提出内部创业战略，探索可能的数字化转型方向，并将数字化技术应用到业务中，最终实现了组织内的流程创新和产品服务创新，同时，企业设计跨组织的外部协同战略，最终形成了新的商业模式，实现了数字化转型。卢宝周等（2022）认为传统企业的数字化转型是一个自上而下包含转型发起、达成共识与转型实现的过程。每个阶段数字化战略发挥作用不同，在发起阶段发起者感知到数字化技术带来的战略转型可能性，在达成共识阶段，生成数字化战略，在实现阶段，业务部门战略与数字化技术相融合。

从产业层面看，从商业模式变革的视角对数字化转型的变革路径进行了深入分析。王子阳等（2020）基于商业模式视角，提出了企业数字化转型“三阶段”的路径框架，即首先从单业务的垂直突破着手，进而寻求多业务数据资源的相互打通驱动，最终实现企业业务与生态主体业务的打通。研究指出企业数字化过程会带来商业模式的变革，而各阶段的商业模式变革、战略变革及组织变革行为是相互推进的关系。陈剑等（2020）认为企业数字化转型过程中，不仅依靠自身能力获取更有价值的资源，更需要从需求预测、产品设计、定价与库存管理、供应链管理等环节整合各方面资源，实现数字化环境下企业运营管理的价值创新。

第二，数字化转型的影响作用。数字化转型从个体层面影响就业者就业结构的调整。Balsmeier、Woerter（2019）指出数字化技术的应用导致员工替代率增加，员工产生抵触心理，进而对员工就业产生影响。

数字化转型战略引起了组织对发展战略的调整。企业在数字化发展过程中不断调整发展战略，以增强对新环境的适应。王永贵、汪淋淋（2021）将数字化转型战略划分为四种转型战略，分别是变革依赖型、生态导向型、业务主导型、技术主导型数字化转型战略。变革依赖型战略下企业多选择客户体验驱动的数字化转型模式；生态导向型战略下企业多选择商业模式创新驱动的数字化转型模式；业务主导型战略下企业多选择业务变革驱动的数字化转型模式；技术主导型战略下企业宜选择效率提升驱动的数字化转型模式。乌力吉图、王佳晖（2021）分析了西门子集团数字化转型升级中所采取的平台战略。文章指出在业务归核化方面，内外扩张构筑公司核心能力；在制定标准方面，工业通讯协议占据主导地位；在平台生态系统方面，打破原有的产业界限，不断扩大企业能力边界；在商业模式方面，形成产品与数字化服务相融合的商业模式。通过四个方面的变化，西门子成为利用网络效应的平台企业。

数字化转型从产业层面影响投入产出的效率，改变了原有商业模式和价值链。刘淑春等（2021）指出，企业数字化投入影响企业投入产出效率，二者存在非线性关系。企业管理数字化变革初期，数字化投入增多，但产出效率却呈下降趋势，随着企业数字化投入的持续增加，投入产出效率逐步上升，随之呈现倒“U”型关系。谷方杰、张文锋（2020）指出数字化转型的价值链模型，是一个以价值链为核心，包含员工、消费者、供应商以及管理者等多层次主体在内的一个创新过程，需要企业对经营模式、组织活动、人员管理以及业务流程等诸多方面进行重塑。

## 三　企业文化研究

近年来，企业文化受到企业经营管理者的高度重视，企业文化软实力作用研究日益增多，企业家精神成为企业文化领域的研究重点。研究主要集中在两点：第一，企业文化的作用效应，集中表现在企业文化这一精神力量在当今时代背景下对企业的影响；第二，企业家精神的突出作用，重点研究在不同社会环境和制度环境下呈现出的不同表现形态、功能与作用。

### （一）企业文化的作用效应

企业文化是一种精神力量，它约束员工的日常行为，激发员工的凝聚力，对企业管理实践起到引领渗透作用。在当今的时代背景下，企业文化兼具塑造组织行为、引领创新氛围的重要作用。Peeters 等（2020）验证了公司内部合规意图的行为与道德文化的关系，指出组织道德文化将有效减少企业违规行为。李善民等（2019）认为文化环境对企业 CEO 的成长和企业的决策具有关键性作用，如南北文化的不同会导致企业 CEO 并购决策的差异。企业文化还可以有效形成良好的创新氛围，提升企业绩效。李慧等（2022）认为良好的环境文化有利于提升企业的财务绩效。因为环境文化可以提高管理者和员工的环保认知，减少企业的环境治理成本，从而提高企业的财务绩效。环境文化还有助于提高企业获取稀缺资源的能力，为企业创造更多的超额利润。熊名宁、汪涛（2020）认为文化多样性可以塑造跨国企业的动态能力，提升其经营绩效。唐玮等（2020）指出强调"诚信"文化的企业，创新能力更强。因为"诚信"文化可以对企业行为进行指引与约束，并且有效增强企业研发的主观意愿，塑造积极情感氛围，推动企业创新。

但有研究指出企业文化在一定程度上也可能加剧企业的潜在风险，影响企业可持续发展。如谢陈昕等（2022）指出，企业竞争文化会加剧企业股价崩盘风险，行业竞争越激烈、员工裁员压力越大、代理问题越严重的企业，企业竞争文化的消极作用越大。

### （二）企业家精神的突出作用

近年国内研究者结合中国情景，从不同视角研究了企业家精神在不同社会环境和制度情境下呈现出的不同表现形态、功能与作用。张怀英等（2021）认为企业家精神包括三个维度：创新精神、冒险精神和积极主动性。它们对企业绩效都有积极的促进作用。创新精神作为企业家精神的核心和本质体现，创新能力可以使企业获得核心竞争力从而提升企业绩效；冒险精神促使企业主动迎接外部市场挑战，打破原有的经营模式，为企业带来新的发展机遇；积极主动性表现在企业家精神比较明显的企业，可以在外部市场竞争中识别机会并迅速采取行动。李兰等（2019）认为从当下的管理实践来看企业家精神表现在从敢于冒险到重视创新和精益求精的各个层面，可以归纳为五个特点：更加重视诚信、尊重他人；更有责任意识，更愿意回馈社会；更加重视创新，更追求可持续发展模式；敬业精神更加显著，热爱事业并坚韧执着；更加善于思考、终身学习，不断提升自身素质和能力。现有研究将企业家精神的影响作用归纳为以下四个方面。

一是企业家精神是企业发挥竞争优势的重要驱动力，对企业实现高质量发展具有促进作用。企业家是经济活动的重要主体，是财富积累和价值创造过程中最具生产力、最为积极的因素，而企业家精神则是促进经济发展和社会进步的重要驱动力，是企业获取竞争优势、取得长期业务成功的重要因素。程锐（2019）认为企业家精神越活跃，企业家数量越多，会对缩小收入差距产生积极影响，当企业内部收入差距较小时，企业家精神可以更大程度缩小这种差距，发挥自身作用最大化；相反，当收入差距大时，企业家精神发挥作用较小。王飞绒、陈亚明（2022）指出充满企业家精神的领导者会将建设卓越企业视为自身目标，会追求个体与企业的共同发展，从而在卓越企业目标的持续激励下不断向企业高水平与高层次发展目标靠近，通过优化各种资源配置效率，使企业实现高效率运作，有助于企业的高质量发展。

二是企业家精神有助于形成良好的内外环境，为企业高效率运行创造条件。马忠新、陶一桃（2019）认为企业家精神对经济绩效有显著影响力，在全面深化改革和经济高质量发展的背景下，激发、传承、保护企业家精神是政府和社会各界的共识，应该营造公平、有序的市场环境，完善创新创业的制度支撑体系，为企业家精神的繁荣创造基础条件。彭花等（2022）指出企业家精神和工匠精神均能促进创新绩效的提升。在企业家精神和工匠精神较为浓厚的企业中，企业家和员工会更加积极地学习和获取知识，通过有效吸收消化进行组织间的知识分享，最终实现知识共同利用，促进企业自身创新能力的提升。

李倩等（2019）认为转型经济背景下企业家精神可以显著提高企业绩效。从企业外部而言，高质量的制度环境为企业从事创新活动提供良好的软环境，因此企业家精神可以对企业财务绩效、新产品绩效发挥更积极的作用。从企业内部来看，技术型高管的占比较高，因此，企业家精神可以对企业财务绩效、新产品绩效发挥更积极的作用。何文剑等（2019）指出不同制度环境所激发的企业家精神对公司绩效带来差异化影响。“好”的制度环境为企业家进行大胆的技术创新创造条件，激励企业家开拓新产品、增强竞争优势、提升企业市场价值；但是“坏”的制度环境激励企业家实施内部型非生产性活动，反而增加企业运行的代理成本，降低企业绩效。

三是企业家精神有效促进企业创新和提升企业价值。企业家精神主要通过产出效应、集聚效应、竞争效应等影响企业技术创新效率。李元旭、曾铖（2019）指出，一个地区企业家精神越丰富，其在空间情景上的集聚效应就越好；社会网络效应、人才流动机制形成的知识溢出渠道越通畅，就越能够提高创新的产出效应。宛群超、袁凌（2019）也认为企业家精神越富有的地区，研发效率越高。因为企业对外能够迅速发现市场变化带来的机会，促进新技术和新产品的出现，对内能够加大要素投入，革新组织结构，优化业务流程。张怀英等（2021）认为企业家关系网络与企业家精神通过激发资源拼凑行为，进而提升企业绩效的作用路径。宋玉禄、陈欣（2020）认为企业家精神可以有效促进企业市场价值，并且企业家精神在企业不同生命周期所呈现的功能与作用不同。处于成长期的企业，企业家经营精神和创新创业精神对企业价值影响较大；处于成熟期的企业，企业家战略决策精神、创新创业精神、经营精神对企业价值的影响更大；而处于衰退期的企业，则由于公司内部治理问题以及外部环境的竞争压力，企业家精神不能得到充分发挥。

四是企业家精神对于产业效率乃至产业升级具有显著提升作用。企业家精神一直被经济学家视作一种重要的生产要素，是推进产业升级的有生力量，在理论上，企业家精神是推动经济增长、技术创新和生产率提升的主导力量；实践中，企业家精神发挥着引领作用，带动技术的发展进步，是推动经济增长的重要驱动力。徐远华（2019）使用35个细分行业面板数据分析得出企业家精神提升了中国工业的全要素生产率，具体体现在：企业家在识别市场机会后，能够利用自己独特的人力资本吸引和整合区域内、行业内甚至跨区域、跨行业的各类生产要素，产生知识溢出效应，促进生产率提高和经济增长。王柏杰等（2020）以军工企业为对象的研究指出，企业家精神越丰富，企业的技术创新效率就越高。他们还认为，政府支持对提高企业技术创新效率具有负面影响，但在企业家精神富有的地区，政府支持的负面影响有所减弱。冯伟、李嘉佳（2019）认为企业家精神在总体上对产业升级具有积极的促进作用。该促进作用在东中部地区，尤其是地区发展差异相对较小的中部地区表现显著；从产业自我演化的视角来看，伴随着产业升级的不断推进，企业家精神对产业升级的促进作用会呈现出递减的态势。

## 四　研究述评与展望

以上对组织管理、战略管理、企业文化领域的最新研究进展进行了系统梳理，总结得到以下重点。首先是组织模式转型变革及发展路径的研究。这类研究通过区分新型组织模式的具体差异，剖析了不同组织模式进行转型变革的作用机理，提出针对性的发展策略与实现路径，解决了组织在转型变革进程中“为何转型”以及“如何转型”的实际问题。该类研究还重视组织韧性的形成机制与影响因素，有助于深刻把握组织发展与环境变化的动态关系。其次是企业家精神的作用机制研究。研究者在完善其内涵、外延之余，借助多案例、单案例研究方法概括提炼了企业家精神的多重作用特征，使企业家精神作为企业软实力的作用效应得以明晰，有助于在组织层次与战略层次更好地落实企业文化的精神引领作用。最后是组织管理与战略管理的影响因素研究。研究者认为，组织中的个体层次因素与组织层次因素共同发挥影响作用，而个体与组织往往相互嵌套，究竟是个体驱动组织抑或是组织驱动个体仍有待厘清。

在百年未有之大变局的发展局势下，以上研究兼具重要的理论意义与实践意义。其理论意义概括为以下两点。第一，深化了组织与战略管理领域的研究方向，完善了宏观与微观层次的理论研究框架。伴随新一代信息技术革命对组织发展的影响，现有研究指出，智慧型、共生型组织管理模式将成为最新组织形态。与此同时，现有研究结合组织应对环境变化与经济发展的需要，剖析平台型组织、智能制造类企业、数字化企业等的发展战略及转型路径，明确提出组织转型变革的环境战略与经济发展战略。这些研究推进了既有研究的宏观层次研究范围，使研究朝着更加系统、具体、深入的方向发展。并且还通过大量质性研究凸显微观层次的特征事实，使得现有理论研究框架更加完整、细致。第二，丰富了组织管理、战略管理与企业文化的交叉研究，拓展了理论的应用边界。过去的研究将组织、战略和企业文化视为企业发展的不同方面。但是上述研究通过分析企业文化的作用机理，借助文化渗透性使组织管理与战略管理实现协同发展，不仅与企业管理实践相契合，同时也丰富了三个领域的交叉研究，延伸了现有理论的应用边界。

以上研究也具有重要的实践意义。一是有助于企业在短期内制订合理的转型变革目标，为企业现阶段转型变革提供了发展路径指导。受新冠肺炎疫情的持续冲击，当前经济局势发展存在着较大不确定性，对企业的战略判断造成了较大干扰。通过剖析不同类型组织的战略制定与发展路径，有助于企业明晰转型变革的战略路径，提高企业在现阶段实施转型变革的判断能力与执行能力。二是有助于企业明确转型变革的长期发展方向，提高企业应对环境变化的前瞻性与灵活性。数字化转型对企业的转型能力提出了较高要求，企业应该正确判断形势，明确长期转型目标，制定阶段性任务。以上研究可以为企业确定转型方向、采取灵活机动的应对措施提供理论指导。

总体来看，以上研究具有如下创新之处。首先在研究方法上有所创新。它们不再局限于单一的实证研究方法，而是采用质性研究方法与案例研究方法对大量的管理实践进行要素提炼，细化企业组织模式变化、战略转型变革和企业文化作用的微观内容，深入剖析其中的作用机理与机制。其次，在研究情境上有所创新。它们不再局限于既有外国的情境分析，而是突出中国情境下企业管理的复杂性与动态性特征，“接地气”地分析了企业应对复杂情境的管理问题。

尽管上述研究在方法和情境方面体现了一定的创新性，但也存在一些不足。首先，对影响组织转型变革的个体因素与组织因素的分析不够清晰，从而无法提出更为具体、有效的对策建议。现有研究分析了包括个体价值观、管理者认知、组织身份在内的个体因素，但没有指出以上个体因素的共有特征，缺乏分析个体因素反映到行为响应层面的路径机制。由于个体认知具有较大主观差异，因此有必要进一步总结个体从感知认知到行为响应的完整链条。

其次，学者们进行了大量理论探讨与实证检验，但是对于同一问题的不同研究结果缺少深层次讨论，仍缺乏将理论成果与实证成果进行系统比较的研究，难以避免理论研究与实证研究“各自为政”或是“两张皮”的情况出现。鉴于此，以下就组织管理、战略管理和企业文化研究提出若干建议。

第一，拓宽不同组织转型变革路径的检验范围，通过大量的实证研究对比来验证组织管理和战略管理理论的科学性。采取适合组织发展的管理模式对于企业绩效和企业成长具有重要意义。然而，组织采取何种管理模式不仅取决于组织战略，在一定程度上也受到区域经济发展水平的制约，从而导致组织转型变革路径表现出地域性、多元性的发展特征。以平台型组织的资源运转机制为例，有必要进一步研究平台型组织在不同区域、不同行业实施资源运转路径的具体差异，分析产生路径差异的多重原因，得到平台型组织开展跨区域、跨行业的多元化转型变革路径。未来应继续采取量化研究方法，实证检验不同组织转型变革路径的区域差异，通过多元化组织转型变革路径研究推进对组织、战略管理理论的检验与建构。

第二，进一步提炼最新的特征事实，加强质性研究与量化研究的比较。现有研究中多数采用案例分析的质性研究方法。该方法不仅还原了真实的管理情境，而且还刻画了多种特定组织情境的共有特征，为后续组织管理和战略管理工作提供了针对性的指导路径。但是不容忽视的是，量化研究仍然能够起到有效的理论检验作用。通过比较质性研究与量化研究结果之间的联系与差异，不仅能够呈现更加全面的特征事实，也有助于从多条路径中筛选出最为有效的实施路径。从两类研究的差异中获取有价值的研究信息就有可能发现新的实施路径。因此，未来的研究应该加大使用质性与量化相结合的方式。

第三，提炼企业文化层次的影响元素，准确把握影响组织转型变革的关键因素。企业文化的深入发展越来越受到学术界和企业界的关注，企业文化蕴含的精神力量为组织管理注入了新的内核。现如今，中国情境下的企业文化研究日益呈现多样化发展特点。尤其是，数字化经济时代下影响企业家精神的因素是否出现变化？企业文化是否会影响员工价值观塑造过程？种种因素都指向了企业文化对于重塑个体认知方式及组织管理模式的重要意义。如何实现企业文化的作用效应不仅取决于文化类型，更加取决于企业文化与个体层次因素和组织层次因素的良性互动，有必要进一步探讨企业文化、个体与组织之间的影响机制。未来可通过质性研究深入剖析企业文化与个体组织因素的关系，从而为组织转型变革提供更具针对性的指导建议。

第四，深入剖析组织管理与战略管理的先动机制。大量的既有研究成果表明，组织管理是组织需要根据环境变化加以调整的一种管理方式。大量的企业战略管理研究主要集中于环境型战略与经济发展型战略两个方面（贾明等，2022；张睿君等，2020）。不难发现，这两种企业战略类型更加倾向于企业着眼未来发展方向而作出的长远考虑，带有较强的被动适应性特点，尤其以企业数字化转型战略最为突出。长期来看，深入剖析企业战略转型变革的先动机制将成为企业需要长期关注的重点领域。未来的研究可根据特定的组织情境探讨组织管理与战略管理的先动机制。

## 参考文献


[1] Molasy，M.，Cholewa，M.，Rosienkiewicz，M.，et al.，"Total Innovation Management—Applocation in Large and Medium-sized Manufacturing Enterprises in China"，*Advances in Manufacturing II*，Vol.3，2019，pp.101-113.

[2] Tang，J.，Mo，L.，Liu，W. B.，"The Attributes of Organizational Change：How Person-organization Value Congruence Influences Employees' Coping"，*Journal of Organizational Change Management*，2020.

[3] Balsmeier，B.，Woerter，M.，"Is this Time Different? How Digitalization Influences Job Creation and Destruction"，*Research policy*，Vol.48（8），2019，pp.1-10.

[4] Peeters，M.，Denkers，A.，Huisman，W.，"Rule Violations by SMEs：The Influence of Conduct within the Industry，Company Culture and Personal Motives"，*European Journal of Criminology*，Vol.17（1），2020，pp.50-69.

[5] 李海舰、李燕:《企业组织形态演进研究——从工业经济时代到智能经济时代》,《经济管理》2019年第10期。

[6] 肖红军、阳镇、刘美玉:《企业数字化的社会责任促进效应：内外双重路径的检验》,《经济管理》2021年第11期。

[7] 陈武、李晓园:《众创空间平台组织竞争力的结构、测量及对创业者参与度的影响研究》,《管理评论》2022年第2期。

[8] 何江、闫淑敏、关娇:《四叶草组织：一种新型混合劳动力组织形态》,《外国经济与管理》2021年第2期。

[9] 张康之:《走向合作制组织：组织模式的重构》,《中国社会科学》2020年第1期。

[10] 李飞、陆凤彬:《组织管理模式变革的影响与传导路径分析：以金风科技为例》,《管理评论》2021年第4期。

[11] 江诗松、游文利、杨帅、陈潇澜:《中外合资经验对跨国并购绩效的非线性影响：跨组织过程的学习模式》,《南开管理评论》2022年第3期。

[12] 卢艳秋、宋昶、王向阳:《战略导向与组织结构交互的动态能力演化——基于海尔集团的案例研究》,《管理评论》2021年第9期。

[13] 单宇、许晖、周连喜、周琪:《数智赋能：危机情境下组织韧性如何形成？——基于林清

轩转危为机的探索性案例研究》,《管理世界》2021 年第 3 期。
[14] 宋耘、王婕、陈浩泽:《逆全球化情境下企业的组织韧性形成机制——基于华为公司的案例研究》,《外国经济与管理》2021 年第 5 期。
[15] 杨修、赵楚龙:《应急管理背景下中小企业组织韧性建设探究》,《北京科技大学学报(社会科学版)》2020 年第 3 期。
[16] 赵剑波:《组织免疫:如何从脆弱走向韧性》,《清华管理评论》2020 年第 6 期。
[17] 崔淼、周晓雪、蔡地:《新兴市场企业如何塑造组织韧性——基于路径构造理论的案例研究》,《管理案例研究与评论》2020 年第 6 期。
[18] 冯文娜、陈晗:《二元式创新对高技术企业组织韧性的影响——知识范围与知识平衡的调节作用》,《科学学与科学技术管理》2022 年第 4 期。
[19] 路江涌、相佩蓉:《危机过程管理:如何提升组织韧性?》,《外国经济与管理》2021 年第 3 期。
[20] 段升森、迟冬梅、张玉明:《信念的力量:工匠精神对组织韧性的影响研究》,《外国经济与管理》2021 年第 3 期。
[21] 王勇、蔡娟:《企业管理者积极领导力对组织韧性的影响机制研究》,《首都经济贸易大学学报》2021 年第 2 期。
[22] 王钦:《数字时代的"高韧性"组织:人单合一》,《清华管理评论》2020 年第 6 期。
[23] 赵思嘉、易凌峰、连燕玲:《创业型领导、组织韧性与新创企业绩效》,《外国经济与管理》2021 年第 3 期。
[24] 许晖、于超、王亚君:《模块化与开放性双重视角下的平台型组织价值创造机制研究——以浪潮和东软为例》,《科学学与科学技术管理》2021 年第 2 期。
[25] 朴庆秀、孙新波、苏钟海、董凌云、张金隆:《制造企业智能制造平台化转型过程机理研究》,《管理学报》2020 年第 6 期。
[26] 陈国权、王婧懿、林燕玲:《组织数字化转型的过程模型及企业案例研究》,《管理评论》2021 年第 11 期。
[27] 安家骥、狄鹤、刘国亮:《组织变革视角下制造业企业数字化转型的典型模式及路径》,《经济纵横》2022 年第 2 期。
[28] 郑湛、徐绪松、赵伟、马海超、陈达:《面向互联网时代的组织架构、运行机制、运作模式研究》,《管理学报》2019 年第 1 期。
[29] 胡斌、王莉丽:《物联网环境下的企业组织结构变革》,《管理世界》2020 年第 8 期。
[30] 邓新明、刘禹、龙贤义、林晓真、杨赛凡、Munkhbayar Khishigdelger:《管理者认知视角的环境动态性与组织战略变革关系研究》,《南开管理评论》2021 年第 1 期。

[31] 冯海龙、王灿昊、刘俊英:《组织身份差异及其战略变革测量构念生成分析》,《南开管理评论》2021 年第 6 期。

[32] 刘军、崔琦、袁艺玮、高中华、李朋波:《内部准备度视角下的组织平台化转型研究述评》,《中国人力资源开发》2021 年第 10 期。

[33] 林菁菁、张雁鸣、苏敬勤:《从资源拼凑到资源协奏——一个制度情境视角的解释》,《管理评论》2021 年第 10 期。

[34] 贾明、向翼、刘慧、杨倩、邵婧、张莹、黄珍:《中国企业的碳中和战略: 理论与实践》,《外国经济与管理》2022 年第 2 期。

[35] 吕斐斐、朱丽娜、高皓、贺小刚:《“领头羊”效应? 家族企业行业地位与绿色战略的关系研究》,《管理评论》2020 年第 3 期。

[36] 吴建祖、袁海春:《绩效期望落差与企业环境战略的倒 U 形关系研究》,《管理学报》2020 年第 10 期。

[37] 张睿君、陈菊红、吴迪:《制造企业服务化战略与运维商业模式创新的匹配——基于多案例的研究》,《管理评论》2020 年第 2 期。

[38] 方红星、楚有为:《公司战略与商业信用融资》,《南开管理评论》2019 年第 5 期。

[39] 郝晨、张卫国、李梦雅:《风险投资、国际化战略与企业创新绩效——基于中国创业板上市公司的研究》,《科研管理》2022 年第 4 期。

[40] 马海燕、朱韵:《研发时序双元转换与组织绩效的关系研究》,《管理学报》2020 年第 12 期。

[41] 朱蓉、曹丽卿、赵佳鑫:《中国上市互联网金融企业合法化战略研究——基于组织印记和制度创业视角》,《管理评论》2022 年第 10 期。

[42] 吴小龙、肖静华、吴记:《人与 AI 协同的新型组织学习: 基于场景视角的多案例研究》,《中国工业经济》2022 年第 2 期。

[43] 戚聿东、肖旭:《数字经济时代的企业管理变革》,《管理世界》2020 年第 6 期。

[44] 徐鹏、徐向艺:《人工智能时代企业管理变革的逻辑与分析框架》,《管理世界》2020 年第 1 期。

[45] 葛明磊、武亚军:《产能过剩背景下国有企业战略变革过程中的主导逻辑研究——以山东青州中联“水泥 +”一体化转型为例》,《科学学与科学技术管理》2021 年第 1 期。

[46] 杨林、陆亮亮:《“互联网 +”背景下制造企业智能化战略转型路径: 多案例比较研究》,《科技进步与对策》2022 年第 12 期。

[47] 冯璐、张泠然、段志明:《混合所有制改革下的非国有股东治理与国企创新》,《中国软科学》2021 年第 3 期。

[48] 李井林:《混合所有制改革有助于提升国有企业投资效率吗?》,《经济管理》2021 年第

2 期。
[49] 马新啸、汤泰劼、郑国坚:《混合所有制改革能化解国有企业产能过剩吗?》,《经济管理》2021 年第 2 期。
[50] 中国社会科学院经济研究所课题组:《“十四五”时期我国所有制结构的变化趋势及优化政策研究》,《经济学动态》2020 年第 3 期。
[51] 胡亚飞、苏勇:《中国情境下的国有企业混合所有制改革研究:以宋志平的管理实践之道为例》,《管理学报》2020 年第 3 期。
[52] 王冰、毛基业:《传统企业如何通过内部创业实现数字化转型?——基于资源匹配的战略演化视角》,《管理评论》2021 年第 11 期。
[53] 卢宝周、尹振涛、张妍:《传统企业数字化转型过程与机制探索性研究》,《科研管理》2022 年第 4 期。
[54] 王子阳、魏炜、朱武祥、廖静秋:《商业模式视角下的天虹数字化转型路径探索》,《管理学报》2020 年第 12 期。
[55] 陈剑、黄朔、刘运辉:《从赋能到使能——数字化环境下的企业运营管理》,《管理世界》2020 年第 2 期。
[56] 王永贵、汪淋淋:《传统企业数字化转型战略的类型识别与转型模式选择研究》,《管理评论》2021 年第 11 期。
[57] 乌力吉图、王佳晖:《工业物联网发展路径:西门子的平台战略》,《南开管理评论》2021 年第 5 期。
[58] 刘淑春、闫津臣、张思雪、林汉川:《企业管理数字化变革能提升投入产出效率吗》,《管理世界》2021 年第 5 期。
[59] 谷方杰、张文锋:《基于价值链视角下企业数字化转型策略探究——以西贝餐饮集团为例》,《中国软科学》2020 年第 11 期。
[60] 李善民、公淑玉、庄明明:《文化差异影响 CEO 的并购决策吗?》,《管理评论》2019 年第 6 期。
[61] 李慧、温素彬、焦然:《企业环境文化、环境管理与财务绩效:言而行,行有报吗?》,《管理评论》2022 年第 9 期。
[62] 熊名宁、汪涛:《文化多样性会影响跨国企业的经营绩效吗?——基于动态能力理论的视角》,《经济管理》2020 年第 6 期。
[63] 唐玮、蔡文婧、崔也光:《“诚信”文化与企业创新》,《科研管理》2020 年第 4 期。
[64] 谢陈昕、叶德珠、叶显:《企业竞争文化与股价崩盘风险》,《管理工程学报》2022 年第 1 期。
[65] 高中华、赵晨、付悦:《工匠精神的概念、边界及研究展望》,《经济管理》2020 年第

6 期。

[66] 张怀英、李璐、蒋辉:《正式关系网络、企业家精神对中小企业绩效的影响机制研究》,《管理学报》2021 年第 3 期。

[67] 李兰、仲为国、彭泗清、郝大海、王云峰:《当代企业家精神:特征、影响因素与对策建议—— 2019 中国企业家成长与发展专题调查报告》,《南开管理评论》2019 年第 5 期。

[68] 程锐:《企业家精神与区域内收入差距:效应与影响机制分析》,《经济管理》2019 年第 6 期。

[69] 王飞绒、陈亚明:《企业家精神影响企业高质量发展的路径研究——一个有调节的中介模型》,《科技与经济》2022 年第 2 期。

[70] 马忠新、陶一桃:《企业家精神对经济增长的影响》,《经济学动态》2019 年第 8 期。

[71] 彭花、贺正楚、张雪琳:《企业家精神和工匠精神对企业创新绩效的影响》,《中国软科学》2022 年第 3 期。

[72] 李倩、邹国庆、郭杰:《转型经济下的公司企业家精神与企业绩效——制度环境与技术型高管的调节作用》,《山东社会科学》2019 年第 5 期。

[73] 何文剑、苗妙、张红霄:《制度环境、企业家精神配置与企业绩效——来自中国制造业上市公司的经验证据》,《山东大学学报(哲学社会科学版)》2019 年第 4 期。

[74] 李元旭、曾铖:《政府规模、技术创新与高质量发展——基于企业家精神的中介作用研究》,《复旦学报(社会科学版)》2019 年第 3 期。

[75] 宛群超、袁凌:《空间集聚、企业家精神与区域创新效率》,《软科学》2019 年第 8 期。

[76] 宋玉禄、陈欣:《新时代企业家精神与企业价值——基于战略决策和创新效率提升视角》,《华东经济管理》2020 年第 4 期。

[77] 徐远华:《企业家精神、行业异质性与中国工业的全要素生产率》,《南开管理评论》2019 年第 5 期。

[78] 王柏杰、孟晓晓、席建成:《企业家精神、政府支持与军工企业技术创新效率》,《统计学报》2020 年第 6 期。

[79] 冯伟、李嘉佳:《企业家精神与产业升级:基于经济增长原动力的视角》,《外国经济与管理》2019 年第 6 期。

(张霜、陈楠、刘湘丽,中国社会科学院工业经济研究所)

# 创新平台的竞争策略：前沿进展与拓展方向

贺 俊

## 一 引言

根据 Cusumano 等（2019）[1] 的研究，在通用目的技术突破和信息基础设施建设的共同推动下，平台经济的发展已经走过了相互关联的三个阶段，一是 20 世纪六七十年代以英特尔（1968）、微软（1975）、苹果（1976）为代表的个人电脑平台生态的发展；二是 20 世纪 90 年代以后以亚马逊（1994）、网景（1994）、eBay（1995）、雅虎（1995）和谷歌（1998）等为代表的互联网平台生态的爆发；三是近几年伴随着 4G 移动网络的成熟，以脸书（2004）、Twitter（2006）、Airbnb（2008）、Uber（2009）等为代表的移动互联网平台生态的勃兴。平台生态凭借网络经济和共享经济不断颠覆传统的主要基于规模经济的“管道”生态（Parker 等，2016）[2]，平台和平台企业快速涌现和扩张，不断冲击汽车、化工、家电、能源、零售、金融等传统行业的企业巨头而成为商业世界中成长最快、市值最高、盈利能力最强的企业类型，成为过去几十年技术革命和产业变革浪潮中最为亮丽的商业景象（Cusumano 等，2019）[1]，以至于有学者将其称为商业史上的“平台革命”（Parker 等，2016）[2]。

在商业实践快速发展和变革的同时，平台现象也对既有的战略管理理论、技术创新理论和产业组织理论的基本假设和命题构成挑战：平台成为市场、企业和供应链之外一种新的治理模式，既不同于完全基于价格信号的市场交易机制，也不同于将剩余控制权明确配置给资本一方、从而依靠内部行政权力配置资源的企业组织，平台生态是基于模块化架构、通过非层级制的方式协调多边市场的各方共同进行专用性投资的组织形态（Jacobides 等，2019）[3]；平台战略与传统产品战略的构件和逻辑发生了根本性的变化（Cusumano 等，2019）[1]：传统的价格竞争中企业最重要的决策是价格水平，而在平台竞争中，定价的结构比价格水平对竞争绩效的影响更加重要（Rochet 和 Tirole，2006）[15]，平台定价更多的是一种价值创造机制（强化网络效应）、而不是价值分配机制（Cennamo，2019）[4]；传统产业的竞争发生在同一市场，而平台企业间的竞争形态多为跨产业的生态间竞争，甚至不同产业的平台可以通过包络战略开展跨产业的竞争（Cennamo，2019）[4]；平台企业价值创造和传递的方式与传统企业截然不同，传统企业像“管道”一样从供应商向客户线性地创造和传递价值，而在平台生态中，所有的供应者、互补品和最终用户都直接交互并创造价值，供应者和用户之间基于信息和数字工具形成了高频的社区反馈回路（community feedback loop）（Parker 等，2016）[2]，用户不仅可以选择互补品，甚至可以选择这些互补品如何组合（Jacobides 等，2019）[3]；平台企业保护和从自己的创新中获利的方式较传统企业进行了重大调整，投资能力和营销能力等互补性资产对于传统企业从创新中获利至关重要，而能否准确预测并控制瓶颈性资产，如连接市场（Gawer 和 Henderson，2007）[5]，成为平台企业获得最大份额创新租金的关键（Teece，2018）[6]；平台企业具有更加特定的动态能力，传统高技术企业的动态能力主要包括感知新机会和威胁、商业模式构建和战略性投资、转化和重构既有的商业模式和战略三种能力（Teece，2007）[7]，而平台企业的动态能力则表现为创新、环境监测和感知、集成三种更加特定的能力（Helfat 和 Raubitschek，2018）[8]。

鉴于平台实践的重要性和平台问题的新颖性，创新平台的竞争策略问题已经成为近年来国外技术创新和战略管理学科最受关注的领域之一。有关平台竞争策略的研究成果不断出现在 *Strategic Management Journal*、*Academy of Management Journal*、*Organization Science*、*Research Policy* 等战略管理和技术创新管理领域顶尖的学术期刊，作为战略管理领域顶级期刊的 *Strategic Management Journal* 甚至于 2018 年组织征集平台战略的专刊文章。根据 Xiao 等（2019）[9] 的文献梳理，1991—2018 年，世界科学网上检索到的同行评议学术期刊上发表的有关平台问题的论文共计 578 篇，其中管理学领域以平台问题为主题的论文 267 篇，经济学 209 篇，学术界对平台问题的关注与日俱增。为了客观反映国内学术界关于产业平台战略研究的总体情况，本文选择了《管理世界》、《中国工业经济》、《南开管理评论》、《经济管理》和《管理学报》五个国内顶级管理学期刊以及《外国经济与管理》一个经济学和管理学综述类期刊，以标题或关键词包含“平台”为条件对 2000 年以来发表在这六个期刊的正刊论文（不含在《管理世界》短评栏目发表的文章）进行了检索，然后将搜索结果剔除掉“产品平台”或“政策平台”（如政府融资平台或公共服务平台）等使用了平台一词但实际上跟管理学研究中的产业平台无关的研究成果，共检索到 63 篇跟平台竞争策略相关的文献，其中，《中国工业经济》21 篇，《管理学报》14 篇，《经济管理》11 篇，《管理世界》7 篇，《外国经济与管理》5 篇，《南开管理评论》5 篇。总体上看，2000 年以来我国顶级管理学期刊发表的产业平台类学术论文数量并不多。且进一步的分析发现，这些文献多偏向于对电子商务等交易平台的研究，63 篇文献中直接以创新平台为研究对象的论文仅 12 篇①，其中，《中国工业经济》8 篇，《管理世界》和《经济管理》各 2 篇。而这 12 篇文献的理论基础多为产业组织经济学，分析问题也几乎都基于定价或垂直一体化等典型的产业组织经济学视角，对技术标准开放、技术

① 关于交易平台和创新平台的区别详见后文。

界面管理、平台架构设计、平台商业生态治理等近年来国外管理学领域重点关注的创新平台竞争议题鲜有涉及。综合考虑顶级期刊的论文发表数量和研究主题的前沿性，可以看出，国内管理学界对创新平台竞争问题的关注还不够，推进该领域高水平研究的空间还很大。从相关的中文综述文献发表情况看，国内有关平台战略或平台竞争策略较为系统、规范的文献综述最早出现于2006年前后，如张晓明和夏大慰（2006）[10]、徐晋和张祥建（2006）[11]等。这些文献由于发表时间较早，都未反映2006年以后国外关于平台竞争分析框架、平台竞争动态性（开放平台和私有平台的相互转换）、多种平台竞争因素的互动、平台所有者层面的竞争等重要议题的最新进展。一些相对近期的文献综述，如张小宁（2014）[12]、龚丽敏和江诗松（2016）[13]等，虽然对平台竞争的较近期研究成果有所涉及，但并未针对创新平台竞争策略相关研究发现进行系统的引介和梳理，更主要地，这些综述文章不同程度地存在误用供应链平台和创新平台、混淆平台供给层面战略和平台所有者层面战略等概念不清、理论不明的问题。基于此，本文试图对近年来国外有关创新平台竞争政策的主要研究成果和前沿研究进展进行系统的梳理和评述，以期引起国内学术界对创新平台竞争问题的关注，并通过廓清相关概念、介绍重要分析框架、归纳重要理论命题、指出未来拓展方向来推动国内该领域的发展。

## 二　相关概念界定

在战略管理和技术创新领域，本综述所涉及的两个关键词——平台和竞争策略——都是具有多重管理学含义因而需要加以明确界定的概念。Gawer（2009）[14]认为平台可以分为产品平台、产业链平台和产业平台，Cusumano等（2019）[1]进一步将其中的产业平台区分为创新平台（Innovation platform）和交易平台（transaction platform）两种类型①。其中，创新平台指的是平台企业与供给端用户基于共同的技术构建来提供新产品和服务的平台（如德国的企业管理解决方案软件供应商SAP、谷歌的安卓系统、微软的Windows），创新平台生态的价值主要来源于平台和互补品的互动共同促进了最终产品功能的多样化和产品性能的提升；而交易平台指的是平台企业作为中介或在线市场促进企业或组织分享信息、交易产品或服务的平台（如谷歌搜索或淘宝），交易平台的生态价值主要是降低供应者和最终用户间的信息不对称导致的搜索成本、匹配成本等交易费用。创新平台面临的技术不确定性更大，技术复杂度更高，创新生态更加复杂——创新平台常常呈现更加多层、多平台的产业组织结构，如英特尔和微软都是个人电脑市场的平台企业；而交易平台的技术复杂度相对低，其平台生

---

① Cennamo（2019）[4]将产业平台分为多边交易平台（如亚马逊）、信息平台（如谷歌搜索和社交媒体推特）和互补品创新平台（如SAP）三类，即他将Cusumano等提出的交易平台进一步分为多边交易平台和信息平台。

态通常都是单层的，也不需要像创新平台那样需要进行大规模的固定资产投资——事实上，交易平台战胜传统产业的一个重要优势正是避免了大量的固定资产投资和存货（Parker 等，2016）[2]。此外，创新平台往往是中间品，而交易平台多为面向最终消费者的最终产品，这也使得创新平台更难以设计有效的商业模式使其从创造的价值中获利（Teece，2018）[6]。出于以上两方面的原因，创新平台往往较交易平台更难以成功——创新平台主要出现在手机、计算机、云计算等少数领域，而交易平台则出现在几乎所有的行业。但与此同时，由于创新平台市场具有更高的进入壁垒和流动性壁垒，因此总体上看，创新平台企业的人员规模、研发投入、销售收入和市场价值较交易平台企业也更高（Cusumano 等，2019）[1]。

目前国内有关平台战略的研究基本上都是围绕交易平台展开的。造成国内对创新平台关注度不高的一个可能的原因是，中国具有优势的领先平台多为交易平台，如被称为“中国互联网三巨头”的百度、阿里和腾讯整体上都属于交易平台类型，而中国在手机和个人电脑操作系统、工业互联网等领域都缺乏具有全球竞争优势的创新平台企业①，因此国内学者很自然地将研究目标集中到了交易平台问题上。交易平台研究主要围绕双边平台 / 市场或多边平台 / 市场问题在产业组织经济学领域展开②，一个重要的原因是，通常产业组织经济学的分析工具在分析价格性竞争方面较管理学更加简洁且强有力。而以类型化分析见长的管理学（主要是战略管理和技术创新领域）则既关注交易平台问题也关注创新平台的竞争问题，而且，近年来越来越关注两类平台竞争问题的特定性以及相应的理论框架和分析工具的差异性（Cusumano 等，2019[1]；Teece，2018[6]）。为了弥补国内重交易平台研究而轻创新平台研究的不足，本综述将文献范围锁定于创新平台竞争策略的研究成果。

开放策略问题是创新平台竞争策略研究的核心问题。学术界普遍认为，平台的开放性和封闭性总是相对的，纯粹的开放平台和纯粹的私有平台都是不存在的（Gawer 和 Cusumano，2002[17]；Schilling，2009[18]；Eisenmann 等，2009[19]），但不同的学者对开放平台和私有平台的定义并不相同。Schilling（2009）[18]从技术和经济两个层面定义私有平台和开放平台，她认为纯粹的私有平台满足两个规定性：一是在技术上与其他的系统不兼容，其他厂商（既包括竞争者也包括互补品提供者）在技术上不能生产与之兼容的产品和互补品；二是在经济上，平台企业通过严格的专利、商业秘密或其他机制进行保护。相应地，纯粹开放平台指的是在技术上基于完全开放标准、在经济上没有任何知识产权保护和技术许可费用壁垒的平台。

① 这也是造成中国数字经济产业链安全和信息安全风险的主要问题所在。而中国多交易平台、少创新平台的原因，除了创新平台本身的技术复杂度和市场不确定性更高外，另外一个可能的原因是，电子商务、搜索引擎、社交媒体等交易平台的竞争市场相对本地化，而产业创新平台则面临更加开放和国际化的竞争环境。

② 有关交易平台竞争策略的文献综述可以参考 Rochet 和 Tirole（2006）[15]、Roson（2009）[16]。

现实中的开放平台总是处于纯粹开放平台和纯粹私有平台之间。Eisenmann 等（2009）[19] 则将纯粹开放平台定义为：对外部企业基于其平台技术的开发、商业化或使用，在兼容或技术许可方面施加的限制是合理的且非歧视性的，即技术性约束规则和经济性约束规则对所有互补品提供者一视同仁。可见，与 Schilling 不同，Eisenmann 等学者不强调技术性控制和经济性控制的差别，而是强调平台企业的控制对其他企业是否具有“歧视性”。总体上看，这两类文献对开放平台和私有平台的界定不是相互冲突，而是相互补充的，因此，本文根据研究需要综合技术控制、经济控制和控制的歧视性三个维度来综述和分析创新平台的开放竞争策略问题。同时，受制于文章篇幅，本文聚焦于开放视角的竞争策略问题，以平台企业组织结构和治理 ① 以及企业如何在新兴市场建立平台 ② 等为主题的文献未被纳入本综述范围。

## 三　创新平台竞争策略分析框架

平台技术、平台架构和平台治理的复杂性决定了平台竞争策略的多样性。为了获得平台竞争优势，每一个平台企业都具有独特的、基于多样竞争策略组合的技术架构和市场架构（Cennamo，2019）[4]。然而，迄今为止，管理学界并没有针对纷繁复杂的平台竞争策略形成一个广为接受的、具有一般性的分析框架。不同的研究者分别从竞争策略的类型、竞争策略的效应和竞争策略的主体三个角度提出了相互启发但又有差别的平台竞争策略分析框架。

首先，从创新平台竞争策略的外延或类型出发，研究者提出了创新平台竞争策略的不同分析框架。Schilling（2009）[18] 认为，平台企业的竞争策略主要围绕获得以下三方面的竞争优势而展开：提高平台本身的功能性和技术绩效 ③ 、扩大用户基础、增加互补品的规模和多样性。与 Schilling 不同，Gawer 和 Cusumano（2002）[17] 认为平台竞争策略包括平台范围（哪些技术或产品由平台自己提供，哪些由外部主体提供）、产品技术（技术架构、模块化程度、界面开放程度等）、与互补品的关系（竞争与合作关系管理）和内部组织（组织结构和文化）四个方面。他们的分析框架的特点在于将平台企业的内部组织结构和文化纳入了竞争策略分析框架中，例如，英特尔设立了一个管理上高度自治的组织机构（英特尔架构实验室），其使命就是通过技术界面设计和提供专业的技术服务而促进互补品提供者的进入，这对互补品提供者形成了一种特殊的“承诺”机制（Gawer 和 Henderson，2007）[5]。Cusumano 等（2019）[1] 在 Gawer 和 Cusumano（2002）[17] 的基础上进一步吸收最新的研究成果，提出了一个新的平台企

① 该主题可参考 Saadatmand 等（2019）[20]。

② 该主题可参考 Hannah 和 Eisenhardt（2018）[21]。

③ 虽然一些研究者认为平台竞争中常常并不是技术最优的企业胜出（Anderson 和 Tushman，1991）[22]，但如果企业想要在竞争中保持优势，也必须提供足够有竞争力的功能和性能（Schilling，2002）[23]。McIntyre（2011）[24] 的实证研究表明，平台的技术绩效对平台竞争结果有重要且显著的影响。

业竞争战略分析框架，包括：扩大网络效应（扩大需求端用户基础和吸引互补品）、防止用户多平台归属、防止市场被碎片化（fragmentation，如出现多版本的平台技术）和提高进入壁垒四个方面。Cusumano、Gawer 和 Schilling 等学者有关平台战略分析框架的共同缺陷在于，各个战略要素之间存在较为严重的重叠和复杂的交互关系，如平台企业的范围、产品架构设计与互补品的关系三个要素的政策工具存在比较严重的重叠，这使得他们的分析框架都不够简洁和清晰。Tura 等（2018）[25] 从“设计”的视角提出了一个更加综合的平台战略分析框架，该框架包括：平台设计、价值创造逻辑、平台生态治理和平台竞争四个维度。其中，平台设计是确定平台生态的参与者，即平台生态作为多边市场包括哪些“边”的参与者，在每一个“边”上允许具有什么特征的参与者加入平台；价值创造逻辑指的是平台企业需要明确各类参与者的价值主张和收入来源（重点是网络效应驱动的价值形成和收入）；平台生态治理指的是平台生态中各类决策权的配置，包括平台的所有权结构（是独占还是多个主体共同所有）以及谁承担平台生态的主导者角色；平台竞争包括平台生态构建、平台生态在市场需求中的定位以及平台的创新和升级。Cennamo（2019）[4] 提出了从平台规模和平台身份（platform identity）两个维度来分析竞争策略的理论框架。其中，平台规模指的是由于显著的直接网络效应和间接网络效应，平台企业须尽快扩大最终用户和互补品的数量，以造成竞争对手的规模不经济；平台身份指的是平台通过设计独特的技术架构和市场架构，来过滤特定的最终用户和互补品以提供特定的产品和服务、形成差异化的市场定位，或者构建核心技术能力。平台规模（共同用户的数量）和平台架构相似性两个维度可以组合形成四种不同的平台身份。平台身份不仅决定平台竞争绩效，而且会影响平台市场结构。平台间的平台身份越相似，出现“赢家通吃”竞争结果的可能性越小。Cennamo 的分析框架强调平台竞争策略差异性（特定的平台规模和平台身份）的思想是非常重要的，这使得平台战略研究与战略管理定位观、资源观和能力观强调企业独特性的思想衔接了起来，改变了既有的平台战略研究与主流战略管理理论分析框架分割的状态，有利于推动平台竞争理论与既有战略管理理论的对话和拓展。Cennamo（2019）[4] 和 Tura 等（2018）[25] 的框架较之前的平台战略分析框架都更加综合，但这两个框架仍然没有很好地解决各个战略维度之间的交叉问题，例如，平台技术界面的开放性既属于平台架构设计维度的用户类型选择问题，也属于平台竞争维度的生态构建问题；平台身份中的技术架构要素同时会影响平台规模中的互补品数量等因素。

其次，从创新平台竞争策略的竞争效应看，无论竞争策略的具体形式或类型如何，最优的平台竞争策略本质上都是平台企业对竞争策略形成的价值创造效应和价值分配效应的综合和权衡（Boudreau，2010[26]；Visnjic 和 Cennamo，2013[27]）。从价值创造的角度看，如果平台企业的竞争策略相对开放，如采取更加开放的技术标准、更低的技术许可费用，则有利于吸引更多的互补品进入该平台生态，从而提高平台技术改进的专业经济（specialization economy）和聚集经济（agglomeration economy）（Boudreau，2010）[26]。平台企业如果采取相对封闭的竞争策略，即更强的架构控制和知识产权保护，则有利于选择更高质量的互补品提供者、提高平台和特定类型互补品的耦合性，甚至自己直接来提供高质量的互补品，来提高平台生态的技术绩效。或者可以说，通常情况下，开放竞争策略有利于提供更丰富的产品功能，而封闭策略有利于提升最终产品或服务的性能。从价值分配的角度看，相对封闭的竞争政策有利于平台企业从创造的价值中获得更高比例的垄断利润，相对开放的竞争策略则由于技术扩散而导致更高强度的竞争，从而降低平台企业的可获利性（appropriability），但更大范围的技术扩散也能够提高平台的最终用户和互补品数量，从而更好地发挥平台的网络效应。平台企业采取的几乎所有竞争策略都必须面对价值创造和价值分配之间的权衡（Visnjic 和 Cennamo，2013）[27]。Boudreau（2010）[26]区分了对互补品开放和对竞争性平台开放。他认为，对互补品开放的权衡发生在“采用”（adoption）和“可获利性”之间，而对竞争性平台开放的战略权衡发生在“多样性”（diversity）和“控制”之间，后者指的是如果平台本身的控制权开放，使得其他主体可以对平台技术进行修改和完善（如开发者对开源软件进行改进以形成更完善的版本），则平台技术会更加多样，但平台企业可能丧失对平台的控制权；平台在这个层面的开放同时也可能培育了更多的竞争对手，从而降低了平台的垄断性和获利能力。综合以上研究，本文认为，在最一般的意义上，开放平台面临的最基本的战略决策是平台价值创造和价值分配（可获利性）之间的权衡，具体表现为面向互补品的“采用”和“可获利性”间的权衡，以及面向竞争性平台的“多样性”和“控制”间的权衡。随着平台竞争问题的日益复杂化，近年来学术界试图提出能够容纳更多竞争要素及其复杂作用机制的、更加一般化的分析框架。Parker 和 Marshall（2018）[28]的最新研究将 Schilling 和 Boudreau 等学者的分析框架拓展为更具一般性的数理模型，大大推进了开放平台竞争策略分析框架的正式化。

最后，从构成创新平台生态的不同参与主体出发，Eisenmann 等学者（Eisenmann 等，2009[19]；Eisenmann，2008[29]）提出了一个更加综合的平台战略分析框架，特别地，他们对平台提供者和平台所有者的区分对准确理解平台竞争策略至关重要。他们提出，一个平台生态包含了需求端用户（demand-side user，或最终用户）、供给端用户（supply-side user，多数学者称之为互补品提供者）、平台提供者（platform provider）和平台所有者（platform sponsor）① 四类主体。其中，平台提供者是为需求端用户和供给端用户提供产品和服务的技术载体，而平台所有者是掌握平台的经济所有权从而能够决定谁可以参与该平台生态的主体。例如，谷歌（或谷歌的母公司 Alphabet）是安卓系统的平台所有者，而基于安卓系统

① 有些英文文献直接使用 platform owner 一词，如 Garcia-Swartz 等（2019）[30]。本文据此将 platform sponsor 意译为“平台所有者”。

的手机制造商华为、小米等是安卓平台的提供者。一个平台可能有多个平台所有者，如诺基亚、摩托罗拉都曾是塞班系统的所有者；一个平台所有者也可能有多个平台，如微软公司有Windows 操作系统和 IE 浏览器等多个平台。Eisenmann 等学者的贡献在于，其他研究者仅强调了平台的开放性和封闭性是一个连续变量，但多数学者都忽略了平台的开放抑或封闭都是相对于特定主体的，而 Eisenmann 等人强调了针对每个主体的竞争策略都可能是开放或封闭的，因而平台竞争策略是多个维度的不同开放程度竞争策略的组合。

总体上看，基于创新平台竞争策略类型和创新平台参与主体提炼的分析框架更加追求分析的完整性，而基于竞争策略效应提出的分析框架则更加关注理论的一般性。

## 四　创新平台竞争政策研究的主要议题与发展

本文受 Eisenmann 等学者的启发，将创新平台的竞争策略分为针对最终用户的竞争策略、针对互补品的竞争策略、平台提供者层面的竞争策略和平台所有者层面的竞争策略。这样的分析框架不仅全面容纳了创新平台竞争策略的所有重要议题，而且最大限度地避免了各个维度的交叉和战略要素之间的交互影响问题。但考虑到创新平台针对最终用户的竞争策略与交易平台并无本质差异，且该领域的研究发现也相对清晰，因此本文仅对互补品、平台提供者和平台所有者三个维度的竞争策略进行梳理和述评。每个维度的竞争策略研究所聚焦的核心问题和策略逻辑可以用以下分析框架图概括（如图 1 所示）。

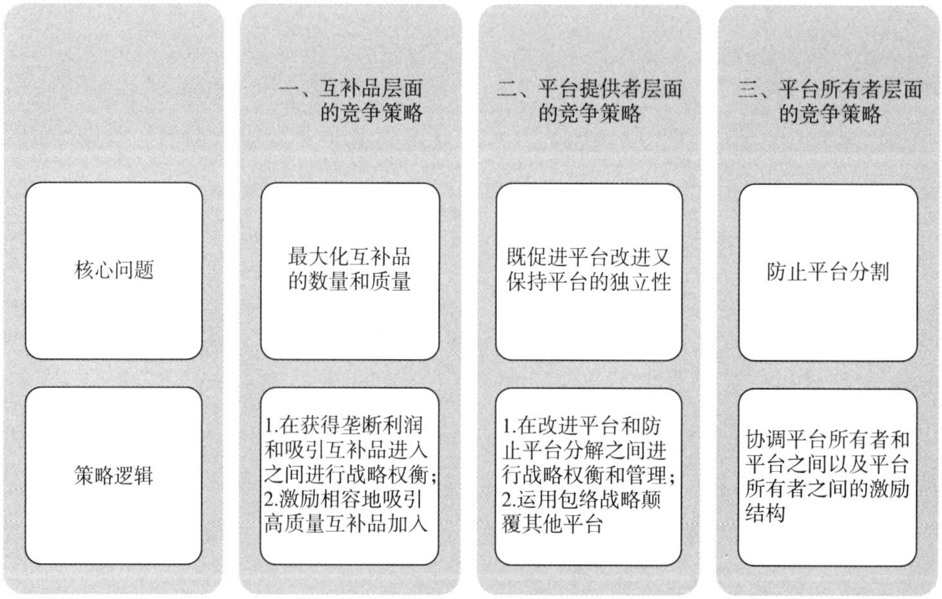


图 1　创新平台竞争策略的分析框架

## （一）互补品层面的竞争策略

互补品和最终用户一起与平台企业共同构成一个创新网络。创新网络的规模、多样性和网络结构对创新能力具有影响，其中，网络规模（Gallagher 和 Park，2002）[31]和网络多样性（Soh，2010）[32]都有利于提升平台生态的竞争力，而“中心—外围”网络结构——即创新生态中有一个高密度连接的核心，且处于核心层的少数参与者具有低密度连接的外围，处于核心层的多数参与者仅与一个核心连接——有利于平台创新（Capaldo，2007）[33]。因此，平台企业总是试图通过有效的竞争策略来扩大互补品的数量和多样性，并与互补品建立特定的交易关系，从而形成有利于平台生态发展的网络结构。例如，英特尔会派技术人员对有潜力的互补企业提供专门的技术支援（Gawer 和 Henderson，2007）[5]，2007 年以后脸书公司开始通过开放用户数据激励第三方企业和程序开发企业基于自己的平台开发游戏和其他应用，又如在电子游戏厂商开发下一代产品时通过与游戏软件开发商共享开发工具来降低其在新一代平台的学习成本，以提高互补品的黏性（Ozalp 等，2018）[34]。

Jacobides 等（2019）[3]为分析平台企业针对互补品的竞争策略提供了一个高度抽象的分析框架。平台企业的竞争行为决策目标是最大化其从与互补品共同创造的价值中获得的价值，即平台企业要综合权衡竞争策略对价值创造和价值分配的影响：（1）提高与互补品的超模互补性（supermodular complementarity），即互补品的数量和质量增长能够提高平台的价值，反之，平台的质量提高能够带来互补品的价值增长，即平台企业通过扩大互补品的数量和多样性为最终用户创造更大的价值；（2）平台企业在吸引互补品（激励互补品提供者进行专用性投资）和剥削互补品之间巧妙地取得平衡，从而最大化自己从总价值中分配到的价值。由于竞争策略的价值创造效应和价值分配效应之间存在矛盾①，因此平台企业可能会动态调整对互补品的竞争策略。如在平台构建的初期，平台企业可能通过激进的互补品补贴政策以扩大平台规模、强化价值创造（互补品端的直接网络效应和最终用户端的间接网络效应），但随着互补品提供者扩大针对平台的专用性投资，平台企业可能采取有利于自己分配到更高比例价值的敲竹杠行为，如取消补贴或进入利润率高的互补品市场，从而对互补品的利润形成挤出。Jacobides 等学者提出的价值创造和价值分配理论，为分析平台企业的互补品竞争策略问

① 在非常特定的情况下，平台企业进入互补品领域也可能形成价值创造效应和价值效应一致的情况。例如谷歌进入作为互补品市场的照片应用市场后，吸引了最终用户对该应用的关注，并带动了其他互补品提供者的创新，反而促进了这个市场的繁荣（Foerderer 等，2018）[35]；又如，谷歌通过策略性地进入安卓系统下游应用，挤出了低效率的互补品提供者，促进了互补品的创新强度和多样性（Wen 和 Zhu，2019）[36]。一些案例研究发现，平台策略性进入互补品市场反而促进了互补品多样性的必要条件是：该互补品市场的盈利贡献对平台企业微乎其微；该互补性市场不属于连接市场，也不是潜在的瓶颈性平台。

题提供了一个一般性的分析框架，平台企业面向互补品的多数开放策略问题都可以视为该分析框架在具体情境下的应用。

总体上看，平台企业的互补品竞争策略主要涉及以下问题。首先也是最重要的，是平台企业的垂直一体化问题，即哪些互补品由平台企业自己提供，哪些互补品留给外部主体提供。平台企业通过内部一体化进入互补品市场的必要条件是，平台企业具备进入相应互补品市场的技术能力和资源（Gawer 和 Henderson，2007[5]；Schilling，2009[18]）。平台企业的一体化决策是一个战略权衡：自己提供某些高收益或战略性的互补品可以提高自己的利润，但一体化同时也降低了自己对互补品提供者的开放承诺，从而抑制了互补品对该平台生态进行专用性投资的积极性，不利于提高网络的规模和多样性。因此，在平台企业具备进入互补品市场的资源和能力的前提下，最优的平台企业一体化策略总是结构性的，如微软在控制了个人电脑操作系统的同时，又通过捆绑浏览器和办公软件等进入了这些互补品领域，但微软同时又通过为应用开发企业免费提供软件开发工具（SDK）等手段鼓励其他互补品提供者进入 Windows 生态。平台企业进入互补品市场有两个动机。一是同传统产业的一体化决策类似，将已有产品的垄断势力拓展到互补品市场，从而扩大自己的垄断利润。对电子游戏平台的实证研究表明，一体化或排他性的游戏软件供应大大提高了电子游戏控制平台企业的利润（Lee，2013）[37]；对办公软件市场的研究显示，如果消费者同时消费多个产品具有正的相关效应，操作系统和办公软件的捆绑能够提高平台企业的利润（Gandal 等，2018）[38]。二是出于对平台生态的战略性控制而进入某些关键的互补品市场。Gawer 和 Henderson（2007）[5] 将这类互补品市场称为“连接市场”（connector market）。根据他们的统计，在英特尔进入的 17 个互补品市场中，有 12 个可以被划分为连接市场。连接市场具有以下特征，该产品在技术上包含了平台和最终用户之间的一个或多个界面；这些连接产品的推出在经济上能够打开市场需求空间；平台企业可以通过控制连接市场防止竞争对手控制潜在的平台产品，使平台企业避免失去平台架构控制能力的风险。正因如此，连接市场相对于其他互补品更具战略性。平台企业并不会进入所有的连接市场，例如与英特尔有界面关系的 20 个连接市场中，英特尔只选择性地进入了其中的芯片组、主板和网络连接产品等 12 个市场。遗憾的是，Gawer 和 Henderson（2007）[5] 在该文中并没有给出英特尔进入某些特定的连接市场、而不仅进入其他连接市场的管理学逻辑到底是什么。由于创新平台生态的复杂性，平台生态中的连接市场是动态变化的，平台企业事前并不能准确地识别什么是连接市场，因此平台企业常常动态地进入和退出某些连接市场。Hannah 和 Eisenhardt（2018）[21] 识别了平台企业试图控制的另外一类战略性互补品——瓶颈性平台（Bottleneck）。瓶颈性平台能够显著改善整个生态的功能和质量，从而大幅提升最终产品的用户价值。例如苹果的 iTunes 音乐商店解决了数字音乐的支付问题，从而促进了整个 iPod 生态的需求爆发。由于瓶颈性平台的技术重要性和稀缺性，瓶颈性平台的所有者常常是商业生态中获利能力最强的主体（Teece，2018）[6]。随着商业生态技术架构和产业架构的变化，瓶颈性平台有可能在商业生态或商业生态的子系统等不同的层面之间发生迁移（Pon 等，2014）[39]。因此，平台企业试图战略性控制的连接市场或瓶颈性产品，都具有高度的不确定性和动态性，这也大大增加了平台企业互补品管理的难度。

Eisenmann 等（2009）[19] 提出了平台企业对互补品开放问题的另外两个维度。一是平台排他性问题，即平台可以通过设定条款使互补品只能栖息在自己的平台上，也可以不设定排他性条款而允许互补品多平台归属；如谷歌通过捆绑安卓系统和应用商店来锁定手机厂商，防止手机厂商多平台归属。二是类型排他性（category exclusivity）问题，即平台企业通过策略性的手段诱使特定的企业为特定的用户提供特定的服务，例如火狐浏览器允许谷歌在其菜单栏提供独占性的搜索服务，又如苹果向 Macintosh 应用开发者收取数百美元不等的许可费，以确保高质量的互补品才能进入苹果的个人电脑生态。平台的排他性受到平台自身技术架构的影响，平台的架构越复杂，平台的排他性越强，平台的互补品数量也越少，但这时互补品的专用性会更强，因此平台生态的技术质量也会更高（Cemano 等，2018）[40]。

平台企业针对互补品的竞争策略可能是动态有效的。平台构建阶段平台企业通过直接提供特定的互补品可以促进生态的快速发展，通过策略性机制吸引大量的互补品加入自己的平台生态可以创造更大的平台价值；但是当平台进入高速增长阶段时，由于互补品对平台选择决策的关注点由价值创造转向价值分配，平台企业一体化互补品或互补品数量过多都会降低互补品提供者的专用性投资积极性，如果平台企业的竞争策略不及时调整的话，则互补品的多样性和质量会下降，即平台企业在构建阶段采取的策略可能使其在其成熟阶段处于竞争劣势。因此，在竞争的不同阶段，平台企业的互补品竞争策略必须进行动态调整（Cemano，2018）[41]。

平台企业对互补品的开放主要基于以下三方面的策略性机制。一是技术性机制，即控制技术界面的开放性和标准化程度。创新平台能够打造一个平台生态的技术条件是其能够开发一个有效的技术架构，该架构使得平台企业和互补品提供者都能够进行模块化的创新（Baldwin 和 Woodard，2000）[42]。二是交易性机制，即让互补品提供者得到足够高的收益，比较直接的交易性机制如降低平台技术的使用许可费用，甚至为互补品提供补贴。平台企业也可能采取更加复杂的交易性机制，如安卓系统通过互补品间竞赛来选择特定的互补品（Boudreau 等，2011）[43]，SAP 公司通过认证程序保证互补品的质量（Ceccagnoli 等，2012）[44]，而苹果公司通过制定一对多标准形成互补品的自选择机制（Wareham 等，2014）[45]。三是承诺机制，即平台企业特定的组织结构设计（Gawer 和 Henderson，2007）[5]、大规模的沉没成本投资和雄厚的资金实力，都会成为吸引互补品提供者加入自己平台生态的重要因素。在特定的情景下，平台企业的开放声誉和文化（如 Unix 等开源软件的草根文化）对互补品提供者形成的承诺效应，甚至比平台企业的策略性开放手段更加有效（Perrons，2009）[46]。像英特尔这样的领先平台企业非常善于灵活地综合运用技术性机制、交易性机制和声誉机制来维持和发展自己的平台生态（Gawer 和 Henderson，2007[5]；Perrons，2009[46]）。

纵览有关创新平台的互补品竞争策略，平台企业主要通过特定的技术性手段、交易条款和承诺机制确保进入平台生态的互补品数量更多、质量更高。在互补品竞争策略层面，平台企业面临的首要问题是内部提供互补品的范围。如果互补品市场具有一定的垄断性，特别地，如果互补品市场具有“连接市场”的特征，则平台企业具有进入该互补品市场的强烈动机，但进入互补品市场同时会降低其他互补品企业加入其平台生态并进行专用性投资的积极性，因此平台企业必须在一体化和开放之间进行战略权衡。创新平台同时还需要通过运用排他性机制限制互补品企业多平台归属，从而扩大互补品的相对规模。而为了提高互补品的质量，平台还通过设计激励相容的条款吸引符合特定质量标准的互补品才能加入自己的生态，以提高平台的竞争力。

**（二）平台提供者层面的竞争策略**

如果网络效应足够强、最终用户多平台归属的成本足够高且最终用户对差异化的需求并不高，则平台企业很容易实现“赢家通吃”并在市场中占据主导性的地位（Eisenmann，2008）[29]。只要以上一个或多个条件不具备，市场就可能被多个平台企业分割，或者存在足够多的潜在竞争者，这时平台企业就必须采用有效的竞争策略，以确保自己的市场份额。

对其他平台的开放性是平台企业在平台供给层面首要考虑的战略。通常三种因素会促使平台企业向其他企业开放自己的平台（Eisenmann，2008）[29]。一是平台所有者并不具备满足最终用户特定需求（如对多样性的需求）的资源和能力时，它不得不将技术许可给其他企业。如 Palm 公司将其掌上电脑操作系统许可给索尼、三星等公司，以促进平台的技术改进和功能多样性，从而最终扩大用户基础（Eisenmann，2008）[29]。二是通过与下游用户企业共享平台技术，并结为市场联盟以扩大用户基础（Cusumano 等，1992）[47]。三是市场结构的影响，如果最终用户的市场势力足够强（如电信运营商），可能迫使平台企业向其他竞争性企业开放（Farrell 和 Gallini，1988）[48]。

虽然多数产业创新平台都会在很大程度上向互补品开放，但绝大多数的产业创新平台都不会向竞争性平台完全开放。像 Unix 和 Linux 这样向竞争对手几乎完全开放的创新平台在商业实践中是少数和例外。进一步地，虽然纯粹开放的平台会对相对封闭的平台构成挑战，但多数这样的开放平台并不能在市场中占据主导优势（Economides 和 Katsamakas，2006[49]；Garcia-Swartz 等，2019[30]）。之所以平台企业向其他平台开放是一种谨慎的策略选择，原因是平台企业的过度开放有可能导致平台分解，或者在开源软件平台研究中被特指为平台分岔（forking），即在原平台技术的基础上出现不同版本的平台技术，从而使原平台企业失去对生态的控制（Simcoe 和 Watson，2019）[51]①。例如，美国太阳微公司通过采用自由许可政策使其 SPARC 架构（业界第一款有可扩展性功能的微处理器）成为工作站市场的主导设计（Khazam 和 Mowery，1994）[50]，然而开放政策也使得太阳微公司对 Java 生态几乎失去控制。Java 的开放策略是，开发者可以自由下载并改进 Java，只要开发者免费与 Java 和其他被授权的开发者分享这些修改。Java 希望以此提高 Java 生态的创新性和动态性。然而，这样的政策使得 Java 出现了众多不兼容的版本，更主要地，微软不仅策略性地对 Java 进行私有技术改进，从而增加 Java 版本间的不兼容性，而且将这些技术整合为微软众多技术组合中的一个子系统（太阳微公司则把 Java 定位于整个互联网的操作系统）②，导致 Java 平台生态被分解。同样的道理，AT&T 曾试图运用开放策略推动 Unix 操作系统进入个人电脑市场，但最终由于个人电脑生产商在 Unix 基础上开发出各种不同的版本而导致平台分解（Garud 和 Kamaraswamy，2002）[52]。当然，存在平台分解现象的管理含义并不是平台技术一定不能像竞争性平台开放，而是要求平台企业在开放平台技术时必须寻求有效的法律保护或辅以有效的竞争策略，或确保不同技术改进间的有效协调、累积和整合（Boudreau，2010）[26]或确保其他开发者对平台进行的技术修改能够被吸收整合到自己的平台，而不是形成众多不兼容的版本导致平台地位被侵蚀，例如，面对亚马逊的 Fire 操作系统、小米的 MIUI 操作系统、诺基亚的 X 平台、CyanogenMOD（一个安卓系统第三方编译公司）以及 Jolla 公司的旗鱼系统等发起的挑战，谷歌公司结构性封闭、排他性的应用开发工具等防卫策略有效阻止了竞争性平台的分解（Karhu 等，2018）[53]。

平台企业是否向竞争性平台开放也取决于平台的竞争位势。通常情况下，弱势平台会主动通过促进与优势平台间的互联互通（如开发转换软件）来扩大用户基础。当弱势平台的市场份额达到一定水平，即用户增速开始下降时，其互联互通的积极性会下降，甚至会关闭互联互通。弱势平台更有积极性推动互联互通，而优势企业则会策略性地阻止弱势企业与其互联互通（Eisenmann 等，2009）[19]。例如，微软在中国市场就通过运用不充分披露信息、格式不兼容等方式增加中国本土办公软件企业与其 office 办公软件互联互通的难度。对互补品的开放策略也会影响平台之间的开放。当平台企业的利润同时来自平台自身（硬件）和互补品

① Simcoe 和 Watson（2019）[51]进一步区分了软件平台分岔、分解和碎片化（splintering）的区别，其中平台分岔指的是形成了新的与原标准不可逆向兼容的技术标准版本，平台分解指的是竞争性企业愿意形成共同的标准但无法就标准内容达成一致的现象，而平台碎片化指的是平台技术在被采用的过程中出现了过度的产品多样化。以上三种情形都是由于多主体的协调失败导致的。本文采取多数文献的表述习惯，未对平台分解和平台分岔进行区分。

② 类似于“降维打击”。

（软件）的许可收入时，如果弱势平台自身的独立价值远远低于强势平台的独立价值，则弱势平台向强势平台的内容供应商采取单向兼容策略，会促使弱势平台和强势平台企业的利润焦点分别向内容和硬件转移，从而同时增加两个竞争性平台的利润（Adner 等，2019）[54]。

除了开放策略，平台企业还常常采用以下竞争策略来颠覆优势平台或者强化自己的平台竞争优势，其中最为有效的是包络（envelopment）战略。由于平台市场存在显著的网络效应，后发平台如果想挑战主导平台，通常都需要开发出革命性的产品功能。但如果后发平台策略性地使用包络战略，可能仅需要进行微小的技术创新就能颠覆在位优势企业（Eisenmann 等，2011）[55]：后发平台（包络平台）可以通过将在位平台（被包络平台）的功能整合到自己的平台功能中，圈定（forclose）被包络企业的最终用户和互补品通道，并抑制被包络企业的网络效应。如微软基于自己的操作系统优势利用包络策略成功地颠覆了 Real 公司在流媒体、网景在网络浏览器和 Adobe 公司在二维动画显示等市场的先发优势，这种策略也被谷歌、苹果等公司广为采用。包络功能和被包络功能之间的范围经济越显著，包络战略越有效。包络战略的实施可能导致“平行包络”现象，即平台 A 对平台 B 的包络招致平台 B 对平台 A 的反包络，并使得平台间的竞争超越双方的平台边界而形成“超平台市场”（supra-platform market），包络战略使得商业模式完全不同的平台企业间也可能产生复杂的竞争和合作关系（Visnjic 和 Cennamo，2013）[27]。除了包络战略，企业还采用以下战略参与平台竞争：传统的平台理论都强调用户的数量，而忽略了用户的差异性。当最终用户的需求表现出高度差异性时，后发平台可以通过定位细分市场或者更好地满足在位企业没有很好满足的潜在需求来进入平台市场，甚至确立平台优势（Suarez，2012）[56]。例如，iPhone 通过定位大众消费者，打败了将智能手机定位于商业用户的黑莓以及诺基亚等基于塞班系统的智能手机制造商，谷歌利用自己的服务器优势通过向用户提供超大容量的邮箱而在电子邮箱市场打败了先行者雅虎和 Hotmail，又如脸书公司通过允许用户在其博客或游戏上自由添加应用而扩大用户接入其他应用的便捷度，并借此实现对 Myspace、Hi5 等先发社交媒体的赶超（McIntyre 和 Chintakananda，2014）[57]。

综上，在平台提供者层面，如果平台本身需要借助外部创新不断对平台技术进行优化，或者迫于用户的市场势力而不得不对其他平台开放，则平台企业将选择向其他平台开放。但由于完全开放可能导致平台被分解，因此绝大多数情况下平台并不会向其他平台完全开放，也就是说，完全开放是一种极端且罕见的商业策略。处于竞争劣势的平台或后进入者通常更愿意向强势平台和在位平台开放。包络战略是处于竞争劣势的平台或后进入平台颠覆强势平台或在位平台的一种有效策略。

### （三）平台所有者层面的竞争策略

当多个主体拥有平台的所有权并共同控制平台时，就出现了共享平台（shared platform）

现象①。共享平台有利于在平台所有者之间分担平台投资，如果平台所有者本身就是平台的用户，该平台就成为平台所有者的基础设施，有利于避免平台所有者的重复投资和恶性竞争。因此，平台共享本身并不是一个问题，由利益相关者组成国际标准组织为行业制定标准（如国际电信标准组织 3GPP 制定 5G 标准），银行联合体成立 Visa 或中国银联等，本质上都是共享平台。在平台生态形成的过程中，平台治理结构到底是一个主体独占私有平台还是由多个所有者共享平台，通常取决于两个因素：一是投资规模越小搭便车问题越不严重，越有利于共享平台的形成；二是赢家通吃效应越不显著，越可能形成共享平台的结构（Eisenmann，2008）[29]。

如果共享平台不能很好地协调平台所有者之间的激励和竞争行为，就可能导致平台分割（divided platform）问题（West 和 Wood，2013[58]；West，2014[59]）。平台分割的典型案例是塞班智能手机操作系统的失败。1998 年，塞班从英国一家名为 Psion 的公司分立出来，成为 Psion 以及诺基亚、爱立信、摩托罗拉（当时最大的三家手机企业）四家公司合资的公司。塞班设立的初衷是为智能手机提供操作系统，以阻止微软控制手机操作系统。2004 年诺基亚取代 Psion 成为塞班的控股股东。塞班在 2004—2007 年大获成功，成为全球最大的智能手机操作系统提供者。然而，2007 年以后塞班开始被苹果 iPhone 的 IOS 系统和谷歌的安卓系统击败。塞班拥有平台理论所描述的开放平台的所有特征和优势（Gawer 和 Cusumano，2008）[60]：模块化的架构设计、与互补品（诺基亚等手机生产商）的积极互动、巨大的潜在用户（一度最大的五家手机厂商都是塞班的股东和用户，五家厂商的手机市场份额合计高达 80%）、先发优势（1999 年塞班系统就首次应用于爱立信手机，2005 年就建立了应用商店，比苹果早三年）。如果不考虑平台所有者的治理结构，塞班系统看上去是一个完美的开放创新平台。但为何一个具有所有开放平台特征的先发创新平台很快被后发者颠覆并最终退出市场？首先，虽然平台生态的模式看似简单清晰，但如何构建起一个有效平台生态却需要企业独特的能力，并面临极大的技术和市场不确定性（West，2014）[59]。不像苹果和微软等平台领先者，诺基亚、爱立信、摩托罗拉等塞班系统的所有者缺乏平台构建和运营的经验，而创新平台的技术和商业模式复杂性常常导致创新平台的失败（Cusumano 等，2019）[1]。其次，更重要的是，塞班系统的治理结构决定了塞班生态最终会出现平台分割问题（West 和

① Eisenmann（2008）[29]将平台所有者结构分为四种类型：（1）私有平台（proprietary platform），一个企业作为唯一的所有者开发一个平台；（2）共享平台（shared platform），多个所有者开发一个平台，并基于该平台开发差异化的产品进行竞争，如塞班；（3）合资或共担风险平台（joint venture platform），即多个所有者共同开发一个平台，并共用该平台，如美国运通卡；（4）许可平台（licensing platform），即一个企业开发一个平台，并许可给其他竞争对手使用该平台，如 Palm。本文认为，将平台许可纳入平台供给层面战略问题更加合理。

Wood，2013[58]；West，2014[59]）。（1）作为平台提供者的塞班与诺基亚、爱立信、摩托罗拉等平台所有者之间存在非对称的依赖关系，即诺基亚等塞班用户试图最大化塞班对它们作为用户的价值，而不是最大化塞班本身的平台价值，这使得塞班平台缺乏足够的独立性。塞班的成败高度依赖于诺基亚，而当时诺基亚的收入和利润主要依赖传统手机，塞班对诺基亚的成败并不是决定性的。因此，塞班虽然一度主导了智能手机市场，但在整个手机市场的渗透率并不高。另外，诺基亚又并不愿意削弱对塞班的控制权。塞班的管理团队曾试图寻求上市，但遭到诺基亚的抵制，因而塞班的融资高度依赖诺基亚等大股东。此外，由于最终的手机用户界面是诺基亚等手机制造商基于塞班的优化，塞班无法通过直接的市场营销活动掌握品牌主导权，塞班在需求端用户那里缺乏独立的品牌认知。（2）平台所有者之间的利益冲突。塞班的用户同时也是塞班平台所有者的手机制造商之间存在激烈的市场竞争关系，这使得平台所有者缺乏构建统一平台的积极性，即平台所有者的搭便车问题制约了平台所有者发展共同平台的积极性（Eisenmann，2008）[29]。事实上，诺基亚、爱立信等都在塞班之外发展了自己的子平台。2007年以后，苹果很快构建了一个类似于个人电脑的智能手机生态，而谷歌推出的安卓系统跟随苹果构建了更加开放的智能手机操作系统生态，塞班虽然是智能手机操作系统的先行者，但由于被分割的平台生态积重难返而被苹果和谷歌击败（West和Wood，2013[58]；West，2014[59]）。

因此，当一个平台存在多个所有者即出现平台共享现象时，有竞争力的平台不仅要在最终用户、互补品和竞争性平台等各个层面采取有效的竞争策略，而且要在平台和所有者之间以及平台所有者之间建立起协调的激励结构，确保平台决策的独立性和共同投资的可持续性（West，2014[59]；Eisenmann，2008[29]；Cusumano等，2019[1]）。如果平台所有者最大化自身价值的目标严重偏离平台价值最大化，或者平台所有者之间存在严重的目标冲突和搭便车行为，则会出现平台分割现象，并最终导致平台失败。

## 五　进一步拓展创新平台竞争策略研究的方向

未来，中国学者推动创新平台竞争策略研究发展的两个基本方向：一是接续国外创新平台竞争研究的演进脉络，进一步深化前沿问题研究；二是引入平台竞争的中国情境因素，在丰富创新平台竞争策略研究问题的基础上探寻新的理论发现。

### （一）前沿问题拓展

一是既有的研究主要关注技术界面开放性、定价等单一竞争策略问题，而未来的研究需要将各种竞争策略间的复杂互动关系纳入研究视野。平台企业在竞争中往往组合运用并动态调整各种竞争策略（Cennamo，2019）[4]。然而既有的研究或者仅研究单个竞争策略对平台竞争绩效的影响，或者研究多个因素之间的战略权衡，例如（Zhu和Iansiti，2012）[61]利用电子游戏平台企业的数据实证研究了平台质量、间接网络效应和消费者预期对初创平台竞争绩效的影响。但是平台企业竞争策略之间的交互影响如何，平台企业竞争策略组合的理论逻辑到底是什么，仍然是创新平台竞争研究的黑箱。这不仅使得当前的平台竞争策略研究看上去存在严重的碎片化问题，而且大大制约了学术研究对平台竞争实践的指导意义。

二是既有的研究主要围绕静态情境下的竞争问题展开，而未来的研究可能将技术演进和产业周期等因素引入并在更加动态的竞争情境下展开研究。由于技术突破的加速，特别是通用目的技术和使能技术的加速发展，行业层面的底层技术架构进行调整的可能性不断加大，产业架构变得越来越多层，这种多层的“堆积市场”（stacked market）大大增加了平台竞争的动态性（Gawer 和 Henderson，2007）[5]。然而，无论是战略管理还是技术创新传统下的平台竞争策略研究，对平台竞争动态性的理解都非常有限（McIntyre 和 Srinivasan，2017）[62]。Teece（2018）[6]认为，平台竞争可以发生在平台之间、平台和互补品之间以及互补品之间三个层次。从平台之间的竞争看，决定平台企业从平台生态价值中获利能力的关键是平台企业能否识别潜在的具有瓶颈性质的平台技术和市场，并通过内部构建或外部收购关键资源来控制该瓶颈性平台。进一步地，平台企业会根据竞争环境的变化而动态进入或退出特定的瓶颈性平台（Hannah 和 Eisenhardt，2018）[21]。但是，平台生态中的潜在瓶颈性平台具有哪些技术和经济特征，平台企业如何识别潜在的瓶颈性平台，潜在瓶颈性平台如何演化为事实上的主导平台，既有平台如何控制关键资源并形成相应的能力以进入瓶颈性平台市场，对于这些问题的研究目前仍处于空白状态。

三是既有的研究主要关注单一平台间的竞争问题，而随着多平台企业的涌现，如何利用多平台间的范围经济和网络经济构建竞争优势将成为未来研究的热点。随着平台企业掌握越来越多的资源，随着技术创新加速带来的新兴平台涌现，越来越多的在位平台企业将通过进入更多的平台市场而成为多平台企业，包括创新平台进入新的创新平台成为多创新平台企业，也包括传统的交易平台进入创新平台而成为混合多平台企业。多平台战略是否对传统的企业多元化战略构成挑战，或者说多平台企业的多平台范围经济和跨平台互补性的来源与传统企业的多元化有何差别，平台间的“相关性”和传统多元化企业的业务相关性有何差异，多平台企业获取、构建关键资源和核心能力的逻辑是否有别于传统的多元化企业，进一步地，由于多平台现象的涌现，多平台企业必然在单个平台市场、甚至同时在多个平台市场协调自己的竞争策略，从而使平台竞争策略问题变得更加复杂。这些新的商业现象，必将对既有的平台竞争理论和战略管理理论形成挑战，同时也为拓展和修正这些理论提供丰富的研究机会。

四是既有的研究主要基于质性研究方法，未来基于大样本的定量研究方法有望越来越多地出现，从而推动创新平台竞争策略研究方法的多样化。由于创新平台竞争问题研究总体上仍然处于理论构建的阶段，也由于结构良好的平台数据获得的困难，目前的创新竞争策略研究多为基于案例分析或历史分析的定性研究，基于大样本的定量研究还非常缺乏。既有的少数定量研究成果几乎都是利用电子游戏行业的数据开展研究，如 Cennamo 和 Santalo（2013）[63]，一个重要的原因是该行业存在多个平台企业，同时产业发展的历史较长，因而积累了足够的样本数据。可以预期，随着更多数字经济行业市场结构的分散化和历史数据的积累，平台竞争研究领域将涌现出越来越多的定量研究成果。而致力于推动平台竞争问题定量化研究的学者，一方面要基于实证研究进一步丰富和拓展理论假说，另一方面要创造性地推进有关网络效应、互补性、互补品多样性、平台技术绩效、平台分解、平台分割等概念的构念化和测度工作。

### （二）中国情境下的理论发展

如果说 4G 促进了 BAT 等中国交易平台的大发展，那么使能万物互联的 5G 信息基础设施的成熟以及人工智能、大数据等新兴技术的蓬勃发展，必将催生一大批创新平台的孕育和成长。为了推动中国在数字经济、特别是底层信息技术平台的跨越发展，为中国信息安全、产业链安全和网络强国建设提供更加有力的保障，为了提升中国平台竞争学术研究成果的实践价值，中国的管理学研究者有责任将更多的精力、更大的智慧聚焦到创新平台问题的研究上来。既有的平台研究所显示的基本事实是，美国企业既擅长构建交易平台也长于构建交易平台，而中国互联网企业的竞争优势则几乎都集中在交易平台领域。根据 Cusumano 等（2019）[1] 的分析，在 2015 年发布的“福布斯 2000”中被识别为平台企业的 18 个创新平台企业和 23 个交易平台企业中，中国企业有 6 家在列，但其中的阿里巴巴、百度、京东、腾讯、网易五家企业都主要属于交易平台，仅奇虎 360 一家中国企业属于典型的创新平台企业；相比之下，美国上榜的平台企业中交易平台企业有 15 家，创新平台企业的数量也多达 12 家。可能受限于创新平台案例资料获得的困难，国内的创新平台研究总体上处于数量少、质量低的状态。正如前文所述，2000 年以来，发表在《管理世界》《中国工业经济》《南开管理评论》《经济管理》和《管理学报》五个国内顶级管理学期刊的以平台竞争为研究主题的 63 篇论文中，仅有 12 篇是专门研究创新平台竞争问题的，其他全部以交易平台为研究主题。虽然近年来国内管理学界围绕创新平台问题开展的研究成果陆续出现，如一些学者围绕创新平台治理（马蔷等，2018）[64]、平台开放的创新绩效（刘人怀和张镒，2019）[65] 和动态能力（朱晓红等，2019）[66] 等问题进行了探索性的研究，但总体上看，这些研究成果更多是国外平台竞争理论在中国平台问题上的应用，其对于推动平台竞争一般理论的发展、对于深化本土情境下的知识创造的作用还比较有限，中国学者进一步推动中国情境下的创新平台理论发展的空间还很大。

首先，应进一步提炼有关中国创新平台的特征事实。积极开发可靠的数据以准确揭示中国创新平台分布的结构和竞争行为特征，发掘中国在哪些领域具有创新平台竞争优势，这些创新平台孕育和成长的技术机会窗口以及经济和政策环境具有什么特征，这些平台企业如何获得资源和能力，并采取了哪些关键且有效的战略在竞争中胜出。在此基础上，在对相关创新平台发展过程中的重要决策者和主要当事人开展深度调研的基础上，从实证的角度分析那些成功的创新平台为什么会成功，失败的创新平台为什么会失败，发掘中国的需求特征、技术能力、产业组织和政策环境如何支持了那些成功的创新平台，或者如何抑制了那些失败的创新平台发展。可以预期，在提炼中国创新平台特征事实的工作中，跨案例的比较分析和纵向分析将发挥重要的作用。

其次，通过引入赶超和制度变迁等中国情境，推动创新平台理论的发展。从最一般的意义上讲，创新平台面临的基本竞争问题是价值创造和价值分配的权衡：随着技术向互补品提供者和竞争性平台开放，会有更多的互补品和最终用户采用、改进其平台，因而扩大平台创造的价值；但开放同时也使得更多的互补品企业和竞争性平台分享生态创造的价值，从而减少平台从生态中可以分享的价值。但是当引入赶超和制度变迁情境时，创新平台战略决策面临的关键变量和基本理论问题可能需要进行重新提炼，相关的理论命题会随之被拓展，甚至可能得到必要的修正。按照这样的思路，未来以下问题可能是中国管理学研究者取得突破的领域。

（1）能力约束下的创新平台生态构建问题。平台经验对企业能够成功地构建一个新的平台至关重要（Cusumano 等，2019）[1]。然而中国多数企业都缺乏创新平台构建和管理的经验，因而缺乏相应的平台战略管理能力和运营管理能力。这种能力约束对中国平台企业后发赶超的战略管理含义可能体现在两个方面：一是平台企业自身的能力约束可能使中国企业面临更强的“颠覆者困境”（Ansari 等，2016）[67]，后发企业必须在动态竞争过程中不断调试自己的竞争战略，从而很好地平衡与在位优势企业的竞争和合作关系；二是互补品的能力约束增加了中国企业平台生态构建的困难。目前已有的英文文献几乎都将互补品提供者视为外生给定，即已经存在或潜在存在大量能够提供达到特定质量水平的互补品，平台企业仅需要通过运用特定的竞争策略来“吸引”这些互补品加入自己的生态。这种假设对于存在大量具备较强技术能力的开发者或企业的美国市场更为适用，其有效性在作为后发国家的中国市场会大打折扣。由于互补品供给的数量和质量受到技术能力的约束，平台企业如何“培育”、而不仅仅是“吸引”足够的互补品加入生态就成为中国企业家和学术界必须考虑、观察和回应的问题。此外，面对能力约束，中国企业如何通过综合运用各种竞争性策略，如引入平台型人力资本（Ge 等，2020）[68]、提升吸收能力、逆向并购等，不断突破平台竞争的能力瓶颈，是中国管理学研究者需要关注的问题。

（2）中国的多平台企业竞争问题。随着 BAT 等中国互联网巨头不断积聚优质的人力资本、财务资本、技术资源和政策资源，更主要地，随着这些传统交易平台企业的平台战略管理能力和运营管理能力的积累和提升，可以预期，BAT 将不断进入具有广阔发展前景的创新平台领域。例如，阿里巴巴除了电子商务，还在物流、互联网金融、移动支付等众多领域打造了相互嵌入（如支付宝和淘宝）和关联（如支付宝和蚂蚁金融）的平台序列，并且在不断培育和提升其在人工智能、大数据等使能技术领域的优势①，因而实际上已经成为一个兼具交易平台和创新平台的“多平台帝国”（江鸿等，2015）[69]。而随着华为、海尔等传统企业不断受到来自数字经济的挑战，这些具备卓越技术能力和管理能力的制造业企业也将把握新技术机会窗口而不断进入手机操作系统、工业互联网、智能家居等创新平台领域，从而成为未来中国创新平台的另一个重要来源②。作为后发平台的中国企业如何撬动其既有的资源和能力并成功将其导入新的创新平台（Suarez，2004）[70]，不同来源的企业构建创新平台的路径和能力结构有何差异，等等，对这些问题的探索和回答都可能诞生出高水平的学术研究成果。

（3）国外开放创新平台与中国私有平台的竞争问题。总体上看，中国过去的交易平台都是在相对封闭的竞争环境下发展起来的。但未来中国创新平台的发展注定要面临更加激烈的外部竞争：一是中美贸易摩擦驱动全球多边贸易和投资秩序深度调整，加之中国更高水平对外开放战略的深入实施，都将推动中国制造业和服务业市场的更大开放；二是由于创新平台多为中间品，而不是最终产品，因此通常情况下创新平台市场本身较交易市场也更加开放。经过过去几十年的市场竞争荡涤和能力积累，华为、中兴、大疆等一批中国制造业企业已经在各自领域形成了核心技术能力。但总体上看，这些企业的技术平台都是私有平台，其基本的商业模式仍然是“管道”式，而不是平台式的。在开放竞争条件下，美国企业很可能基于其信息技术优势、特别是软件定义的能力，通过开辟新的技术路线构建开放的产业平台和产业生态，以控制产业生态中的瓶颈性技术和平台，从而对我国企业具有优势的私有技术和私有平台形成根本性的挑战和冲击。例如，针对华为、中兴等企业在5G通信设备形成的领先优势，美国国防部和微软、英特尔、思科等企业就在积极推动以“开放、开源、白盒”为特征的ORAN技术路线的发展，其目的就是要打破中国企业的一体化优势，推动5G产业生态平台化，使美国企业具有优势的基础软件、芯片、底层架构等IT技术成为通信产业链的制高点。面对更加开放的竞争环境和内生的技术路线调整，中国基于封闭系统优势的企业如何应对来自开放创新平台的挑战，如何通过更加灵活的开放战略保持和提升自己的竞争能力，是中国企业家正在谋划的事业，也是中国管理学研究者应当关注和研究的战略性问题。

总之，中国庞大的国内市场和5G基础设施先行优势，为未来中国企业在物联网领域形

① 使能技术（enabling technology）是指具有丰富的技术创新机会，因而能够持续实现技术突破，并且与其他技术的组合能够实现广泛应用的技术，是最可能孕育平台技术和平台企业的技术（Teece，2018）[6]。

② 本文认为，第二类企业恰恰是未来中国最可能解决平台生态的瓶颈性技术并控制瓶颈性平台（Hannah和Eisenhardt，2018）的主要探索者和最有希望的胜出者。

成一批产业创新平台创造了巨大的优势和广阔前景。中国数字经济的蓬勃发展必将为中国创新平台研究者提供最鲜活的案例和富有挑战性的议题。中国管理学研究者要敢于在中国情境下推动一般性理论的发展，积极参与创新平台竞争研究的前沿对话。

## 参考文献


[1] Cusumano，M. A.，A. Gawer，D. B. Yoffie，“The Business of Platforms：Strategy in the Age of Digital Competition，Innovation，and Power”，*Harper Business*，2019.

[2] Parker，G.，M. Van Alstyne，S. P. Choudary，*Platform Revolution*，Norton & Company，2016.

[3] Jacobides，M. G.，C. Cennamo，Annabelle Gawer，“Towards a Theory of Ecosystems”，*Strategic Management Journal*，Vol.39（8），2019，pp. 2255–2276.

[4] Cennamo，C.，“Competing in Digital Markets：A Platform–Based Perspective”，*Academy of Management Perspectives*，2019，pp. 325–346.

[5] Gawer，A.，R. Henderson，“Platform Owner Entry and Innovation in Complementary Markets：Evidence from Intel”，*Journal of Economics and Management Strategy*，Vol.16（1），2007，pp. 1–34.

[6] Teece，D. J.，“Profiting from Innovation in the Digital Economy：Enabling Technologies，Standards，and Licensing Models in the Wireless World”，*Research Policy*，Vol.47（8），2018，pp. 1367–1387.

[7] Teece，D. J.，“Explicating Dynamic Capabilities：The Nature and Microfoundations of（Sustainable）Enterprise Performance”，*Strategic Management Journal*，Vol.28（13），2007，pp. 1319–1350.

[8] Helfat，C. E.，R. S. Raubitschek，“Dynamic and Integrative Capabilities for Profiting from Innovation in Digital Platform–based Ecosystems”，*Research Policy*，Vol.47（8），2018，pp. 1391–1399.

[9] Xiao，J.，M. A.，Cusumano，Jin Chen，“An Analysis of Multi–sided Platform Research over the Past Three Decades：Framework and Discussion”，BU Conference On Platform Research Working Paper，2019，http：//questromworld.bu.edu/platformstrategy/files/2019/07/Platform–Review–Article–and–supplemental–material–2019–07–15–BU–Conference.pdf.

[10] 张晓明、夏大慰:《开放平台与所有权平台的竞争：网络效应与策略选择》,《中国工业经济》2006 年第 12 期。

[11] 徐晋、张祥建:《平台经济学初探》,《中国工业经济》2006 年第 5 期。

[ 12 ] 张小宁:《平台战略研究评述及展望》,《经济管理》2014 年第 3 期。

[ 13 ] 龚丽敏、江诗松:《平台型商业生态系统战略管理研究前沿：视角和对象》,《外国经济与管理》2016 年第 6 期。

[ 14 ] Gawer, A., "Platform Dynamics and Strategies: From Products to Services", Chapters, in: Annabelle Gawer ( ed. ), *Platforms*, *Markets and Innovation*, chapter 6, Edward Elgar Publishing, 2009.

[ 15 ] Rochet, J., J. Tirole, "Two-sided Markets: A Progress Report", *RAND Journal of Economics*, Vol.37, 2006, pp. 645-667.

[ 16 ] Roson, R., "Two-sided Markets: A Tentative Survey", *Review of Network Economics*, Vol.4 ( 2 ), 2009, pp. 4-16.

[ 17 ] Gawer, A., M. A. Cusumano, *Platform Leadership*, Boston: Harvard Business School Press, 2002.

[ 18 ] Schilling, M. A., "Protecting or Diffusing a Technology Platform: Tradeoffs in Appropriability, Network Externalities, Architectural Control", Chapters, in: Annabelle Gawer ( ed. ), *Platforms*, *Markets and Innovation*, chapter 6, Edward Elgar Publishing, 2009.

[ 19 ] Eisenmann, T., G. Parker, M. Van Alstyne, "Opening Platforms: How, When and Why?" Chapters, in: Annabelle Gawer ( ed. ), *Platforms*, *Markets and Innovation*, chapter 6, Edward Elgar Publishing, 2009.

[ 20 ] Saadatmand, F., R. Lindgren, U. Schultze, "Configurations of Platform Organizations: Implications for Complementor Engagement", *Research Policy*, Vol.48 ( 8 ), 2019, pp. 561-587.

[ 21 ] Hannah, D., K. Eisenhardt, "How Firms Navigate Cooperation and Competition in Nascent Ecosystems", *Strategic Management Journal*, Vol.39 ( 12 ), 2018, pp. 3163-3192.

[ 22 ] Anderson, P., M. Tushman, "Managing through Cycles of Technological Change", *Research-Technology Management*, Vol.34 ( 3 ), 1991, pp. 26-31.

[ 23 ] Schilling, M. A., "Technology Success and Failure in Winner-Take-All Markets: The Impact of Learning Orientation, Timing, and Network Externalities", *Academy of Management Journal*, Vol.45 ( 2 ), 2002, pp. 387-398.

[ 24 ] McIntyre, D. P., "In a Network Industry, Does Product Quality Matter?" *Journal of Product Innovation Management*, Vol.28 ( 1 ), 2011, pp. 99-108.

[ 25 ] Tura, N., A. Kutvonen, P. Ritala, "Platform Design Framework: Conceptualisation

and Application", *Technology Analysis and Strategic Management*, Vol.30 (8), 2018, pp. 881-894.

[26] Boudreau, K. J., "Open Platform Strategies and Innovation: Granting Access Versus Devolving Control", *Management Science*, Vol.56 (1), 2010, pp. 1849-1872.

[27] Visnjic, I., C. Cennamo, "The Gang of Four: Acquaintances, Friends or Foes? Towards an Integrated Perspective on Platform Competition", *Academy of Management*, Vol.5, 2013, pp. 1362-1367.

[28] Parker, Geoffrey, Marshall Van Alstyne, "Innovation, Openness, and Platform Control", *Management Science*, Vol.64 (7), 2018, pp. 3015-3032.

[29] Eisenmann, T. R., "Managing Proprietary and Shared Platforms", *California Management Review*, Vol.50 (4), 2008, pp. 31-53.

[30] Garcia-Swartz, D. D., M. Campbell-Kelly, "Openness as a Business Strategy: Historical Perspectives on Openness in Computing and Mobile Phones", *Information Economics and Policy*, Vol.48, 2019.

[31] Gallagher, Sc, S. H. Park, "Innovation and Competition in Standard-based Industries: A Historical Analysis of the U.S. Home Video Game Market", *IEEE Transactions on Engineering Management*, Vol.49 (1), 2002, pp. 67-82.

[32] Soh, P., "Network Patterns and Competitive Advantage before the Emergence of a Dominant Design", *Strategic Management Journal*, Vol.31, 2007, pp. 438-461.

[33] Capaldo, A., "Network Structure and Innovation: The Leveraging of a Dual Network as a Distinctive Relational Capability", *Strategic Management Journal*, Vol.28 (6), 2007, pp. 585-608.

[34] Ozalp, H., C. Carmelo, A. Gawer, "Disruption in Platform-based Ecosystems", *Journal of Management Studies*, Vol.55 (7), 2018, pp. 1203-1241.

[35] Foerderer, J. et al., "Does Platform Owner's Entry Crowd out Innovation? Evidence from Google Photos", *Information Systems Research*, Vol.29 (2), 2018, pp. 444-460.

[36] Wen, W., F. Zhu., "Threat of Platform-Owner Entry and Complementor Responses: Evidence from the Mobile App Market", *Strategic Management Journal*, Vol.40 (9), 2019, pp. 1336-1367.

[37] Lee, R. S., "Vertical Integration and Exclusivity in Platform and Two-sided Markets", *American Economic Review*, Vol.103 (7), 2013, pp. 2960-3000.

[38] Gandal, N., S. Markovich, M. H. Riordan, "Ain't It 'Suite'? Bundling in the PC

Office Software Market", *Strategic Management Journal*, Vol.39 (8), 2018, pp. 2120-2151.

[39] Pon, B., T. Seppälä, M. Kenney, "Android and the Demise of Operating System-based Power: Firm Strategy and Platform Control in the Post-PC World", *Telecommunications Policy*, Vol.38 (11), 2014, pp. 979-991.

[40] Cennamo, C., H. Ozalp, T. Kretschmer, "Platform Architecture and Quality Trade-offs of Multihoming Complements", *Information Systems Research*, Vol.29 (2), 2018, pp. 461-478.

[41] Cennamo, C., "Building the Value of Next-Generation Platforms: The Paradox of Diminishing Returns", *Journal of Management*, Vol.44 (8), 2018, pp. 3038-3069.

[42] Baldwin, C. Y., C. J. Woodard, "The Architecture of Platforms: A Unified View", Chapters, in: Annabelle Gawer (ed.), *Platforms*, *Markets and Innovation*, chapter 6, Edward Elgar Publishing, 2009.

[43] Boudreau, K. J., N. Lacetera, K. R. Lakhani, "Incentives and Problem Uncertainty in Innovation Contests: An Empirical Analysis", *Management Science*, Vol.57 (5), 2011, pp. 843-863.

[44] Ceccagnoli, M., C. Forman, P. Huang, DJ Wu, "Co-creation of Value in a Platform Ecosystem: The Case of Enterprise Software", *MIS Quarterly*, Vol.36 (1), 2012, pp. 263-290.

[45] Wareham, J., P. Fox, J. Giner, "Technology Ecosystem Governance", *Organization Science*, Vol.25 (4), 2014, pp. 1195-1215.

[46] Perrons, R., "The Open Kimono: How Intel Balances Trust and Power to Maintain Platform Leadership", *Research Policy*, Vol.38 (8), 2009, pp. 1300-1312.

[47] Cusumano, M. A., N. Rosenbloom, "Strategic Maneuvering and Mass-market Dynamics: The Triumph of VHS over Beta", *Business History Review*, Vol.66 (1), 1992, pp. 51-94.

[48] Farrell, J., N. T. Gallini, "Second-Sourcing as a Commitment: Monopoly Incentives to Attract Competition", *The Quarterly Journal of Economics*, Vol.103 (4), 1988, p. 673.

[49] Economides, N., E. Katsamakas, "Two-sided Competition of Proprietary vs. Open Source Technology Platforms and the Implications for the Software Industry", *Management Science*, Vol.52 (7), 2006, pp. 1057-1071.

[50] Khazam, J., D. Mowery, "The Commercialization of Risk: Strategies for the Creation of Dominant Designs", *Research Policy*, Vol.23, 1994, pp. 89-102.

[51] Simcoe, T. J. Watson, "Forking, Fragmentation, and Splintering", *Strategy Science*, Vol.4 (4), 2019, pp. 283-297.

[52] Garud, R., J. S. Kamaraswamy, A., "Institutional Entrepreneurship in The Sponsorship of Common Technological Standards: The Case of Sun Microsystems and Java", *Academy of Management Journal*, Vol.45, 2002, pp. 196-214.

[53] Karhu, K., R. Gustafsson, and K. Lyytinen, "Exploiting and Defending Open Digital Platforms with Boundary Resources: Android's Five Platform Forks", *Information Systems Research*, Vol.29 (2), 2018, pp. 479-497.

[54] Adner, R., J. Chen, F. Zhu, "Frenemies in Platform Markets: Heterogeneous Profit Foci as Drivers of Compatibility Decisions", *Management Science*, 2019, pp. 78-91.

[55] Eisenman, T. R., G. Parker, M. Van Alstyne, "Platform Envelopment", *Strategic Management Journal*, Vol.32 (12), 2011, pp. 1270-1285.

[56] Suarez, F., J. Kirtley, "Dethroning an Established Platform", *MIT Sloan Management Review*, Vol.53 (4), 2012, pp. 35-41.

[57] McIntyre, D. P., A. Chintakananda, "Competing in Network Markets: Can the Winner Take All?" *Business Horizons*, Vol.57 (1), 2014, pp. 117-125.

[58] West, J., D. Wood, "Evolving an Open Ecosystem: The Rise and Fall of the Symbian Platform", *Advances in Strategic Management*, Vol.30, 2013, pp. 27-67.

[59] West, J., "Challenges of Funding Open Innovation Platforms", *New Frontiers in Open Innovation*, Oxford University Press, 2014, pp. 71-93.

[60] Gawer, A., M. A. Cusumano, "How Companies Become Platform Leaders", *MIT Sloan Management Review*, Vol.49 (2), 2008, pp. 28-35.

[61] Zhu, F., M. Iansiti, "Entry into Platform-based Markets", *Strategic Management Journal*, Vol.33 (1), 2012, pp. 88-106.

[62] McIntyre, D. P., A. Srinivasan, "Networks, Platforms, and Strategy: Emerging Views and next Steps", *Strategic Management Journal*, Vol.38, 2017, pp. 141-160.

[63] Cennamo, C., J. Santalo, "Platform Competition: Strategic Trade-offs in Platform Markets", *Strategic Management Journal*, Vol.34 (11), 2013, pp. 1331-1350.

[64] 马蔷、李雪灵、刘京、景涛:《数据资源对企业竞合战略选择的影响机理研究——基于平台理论的多案例研究》,《经济管理》2018 年第 2 期。

［65］刘人怀、张镒:《互补性资产对双元创新的影响及平台开放度的调节作用》,《管理学报》2019 年第 7 期。

［66］朱晓红、陈寒松、张腾:《知识经济背景下平台型企业构建过程中的迭代创新模式——基于动态能力视角的双案例研究》,《管理世界》2019 年第 3 期。

［67］Ansari，S. S.，R. Garud，Arun Kumaraswamy，“The Disruptor’s Dilemma：TiVo and the U.S. Television Ecosystem”，*Strategic Management Journal*，Vol.37（9），2016，pp. 1829–1853.

［68］Ge，C.，K. W. Huang，A. Kankanhalli，“Platform Skills and the Value of New Hires in the Software Industry”，*Research Policy*，Vol.49（1），2020，pp. 37–56.

［69］江鸿、刘湘丽、黄阳华、贺俊:《阿里巴巴：平台帝国之道》，日本:《一桥商业评论》（日文）2015 年第 4 期。

［70］Suarez，F.，“Battles for Technological Dominance：An Integrative Framework”，*Research Policy*，Vol.33，2004，pp. 271–286.

（贺俊，中国社会科学院工业经济研究所、中国社会科学院中小企业研究中心）

原载《经济管理》2020 年第 8 期

# 平台企业社会责任：逻辑起点与实践范式

肖红军　阳　镇

## 一　引言

21世纪以来，新一轮工业革命下的新兴技术范式如移动互联网、物联网、大数据、区块链、云计算与人工智能等加速应用，互联网平台被大量嵌入产品、项目、企业和市场运行中（Gawer和Cusumano，2002）[1]，平台企业成为驱动平台经济、共享经济以及新经济的新型链接系统。平台企业不同于传统企业的一个根本特征在于，平台企业基于自身搭建的互联网平台界面有效链接市场中的供给侧与需求侧，实现传统企业未曾实现的同边网络效应和跨边网络效应。虽然平台企业可以依据竞争属性、开放程度、所有权性质、参与者互动模式与链接市场的特征等方式（Armstrong，2006[2]；Roson，2005[3]）区分为多种类型，但本文所指的平台企业主要是基于互联网的具有开放性、双边性特征的互联网平台企业。

在平台企业引领新经济变革的过程中，出现了一系列平台企业社会责任缺失现象与异化行为。归纳来看，主要表现为平台企业个体的社会责任缺失与异化、平台内双边用户的社会责任缺失与异化、平台个体与平台内用户混合的社会责任缺失与异化三个层次（肖红军和李平，2019[4]；阳镇和许英杰，2018[5]），但均与平台企业密切相关。平台企业层出不穷的社会责任缺失与异化问题加速了学界与业界对平台企业社会责任问题的反思，引发一系列有待进一步深入研究的学术话题，即相较于传统企业，平台企业社会责任到底是什么？平台企业社会责任实践呈现哪些新的范式特征？平台企业社会责任缺失与异化问题为何层出不穷？平台企业社会责任应该如何有效治理？

近年来，学界围绕平台情境下的社会责任变革以及平台企业社会责任治理等话题开展了探索性研究，包括平台情境下的新型社会责任行为模式、平台企业社会责任治理范式与治理机制等（肖红军和阳镇，2020[6]；阳镇，2018[7]；李广乾和陶涛，2018[8]）。然而，从企业社会责任三大基本问题的研究视角来看（周祖城，2017）[9]，已有研究尚未从本源层面系统澄清与解剖平台企业作为新经济形态下的新型组织载体，其社会责任的底层逻辑，即平台企业为何需要承担社会责任？平台企业需要承担哪些社会责任？与传统企业相比，平台企业承担社会责任的内容边界特殊性在哪里？平台企业应该如何开展社会责任实践？实际上，平台企业社会责任的底层逻辑认知模糊，难以有效回答平台企业承担社会责任的合法性、正当性与内容边界等问题。在未厘清平台企业社会责任的主体定位、内容维度、功能属性与实践角色等前置性理论的情况下，转而从平台企业社会责任行为实践层面探讨平台企业社会责任的治理之策，就会显得如无本之木，终究难以廓清平台企业社会责任的内容边界和相应的治理边界。这一定程度上会加剧各类治理主体在平台企业社会责任缺失与异化行为的治理过程中出现认知与行为困惑，引发平台企业社会责任治理失效。

鉴于此，本文通过逻辑演绎法与文献归纳法，全面审视平台企业社会责任的底层逻辑问题，按照“企业本质—平台属性—平台系统—平台企业角色”的逻辑链条，对平台企业承担社会责任的逻辑起点进行深入分析。在此基础上，本文进一步探讨了平台企业社会责任实践范式的合意性问题，按照“情境选择—战略导向—平台基础”的三维框架，将纷繁多样的社会责任实践范式归结为“平台嵌入式”、“平台撬动式”、“平台嫁接式”与“平台新创式”四种类型。最后，本文针对平台企业社会责任已有研究的不足，从平台企业社会责任的基础理论、驱动因素、价值效应和评价体系等方面提出未来的研究方向。本文的边际贡献在于：一方面，在理论层面对平台企业社会责任的底层逻辑开展研究，推演出的四个学术命题系统地澄清平台企业社会责任的情境特殊性、内容维度与边界界定的复杂性、实践角色的双元性等多重理论困惑，有助于破解学界对平台企业社会责任认知不一的问题。另一方面，在实践层面开展平台企业社会责任实践范式研究，所提出的合意的平台企业社会责任实践范式有助于推动平台商业生态系统向平台企业社会责任生态系统的转换与升级。

## 二　平台企业社会责任的逻辑起点

平台企业社会责任的核心问题主要包括平台企业社会责任的正当性、内容边界、治理方式和绩效评价，而要科学地回答这些问题，必然要求对每一个问题背后的逻辑起点进行追溯。

### 1. 平台企业社会责任正当性的逻辑起点：经济属性 VS 社会属性？

平台企业为什么要承担社会责任即平台企业社会责任的正当性，追根溯源仍然是一般性企业社会责任的正当性逻辑。从已有研究来看，大致存在四种理论视角下的企业社会责任逻辑起点，包括新古典经济学理论、社会学理论、制度主义理论以及经济社会学理论，四种理论区别的背后是企业经济属性与社会属性的主次性差异。

（1）经济属性或社会属性主导下的企业社会责任正当性。新古典经济学是经济属性主导的企业社会责任观代表。新古典经济学理论认为企业本身是一个生产函数，在一定的资源要素与技术约束条件下追求经济产出，并且这种经济产出要满足利润最大化。因此在这一理论之下，企业社会责任行为天然地被赋予市场私人属性，企业追求利润最大化是企业的根本责任，而承担利润之外的社会责任行为则被视为一种危险行为。制度主义理论、社会学对新古典经济学的企业经济属性观进行了扩展，认为企业组织的运营管理与实践处于一定的制度环境中，会形成相应的组织运行场域（DiMaggio 和 Powell，1983）[10]，而组织场域中的某一主导制度逻辑直接决定组织形态和组织行为。在市场（竞争）逻辑主导下，企业以经济价值创造为主导目标，企业社会责任行为本质上需要服务于经济价值的增加，甚至企业社会责任被认为就是一种市场盈利行为。在社会（影响）逻辑主导下，企业社会责任的权责对称观、企业社会公民观得以产生，即企业的运营行为需要承担相应的社会职能，为社会提供公共价值。如此，企业社会责任就成为企业组织的天然使命。市场（竞争）逻辑主导和社会（影响）逻辑主导在社会责任实践载体上，分别依托商业组织和社会企业予以实现。

（2）经济属性与社会属性融合下的企业社会责任正当性。经济社会学理论认为企业本质上是一种兼具经济属性与社会属性的融合体，企业的任何行为都是经济属性与社会属性的同时反映，这与最新的制度逻辑共生融合理论不谋而合，后者强调组织的市场逻辑与社会逻辑呈现双元动态交替、竞合与耦合的过程（Thornton 等，2012）[11]。因此，企业社会责任的逻辑起点在于企业的经济属性与社会属性融合，表现为多种企业社会责任观，如基于四层次的社会期望观（Carroll，1979）[12]、基于利益相关方的责任平衡观（Wood，1997）[13]、基于经济契约与社会契约的综合契约观（Donaldson 和 Dunfee，1994）[14]。对经济属性与社会属性融合的强调，在组织形态层面上催生出一种新型企业社会责任实践组织，即共益企业（肖红军和阳镇，2018）[15]。显然，经济社会学的企业社会责任观为平台企业社会责任的正当性提供了坚实支撑，经济属性与社会属性的融合决定承担社会责任是平台企业的应有之义。基于此，本文推演出如下命题：

命题 1：平台企业社会责任正当性的逻辑起点在于对企业本质属性的认知。平台企业具有一般企业的本质属性，是经济属性与社会属性密不可分且相互融合的组织，双重制度逻辑的共生共融使得平台企业社会责任具有内生的正当性。

2. 平台企业社会责任内容的逻辑起点：私人 VS 公共？

平台企业社会责任内容界定的逻辑起点在于对平台性质与平台企业性质的认知，因为平台性质与平台企业性质决定平台企业社会责任的一般性与特殊性。目前来看，对平台性质与平台企业性质存在私人属性与公共属性的认知分歧，相应的企业社会责任内容范畴也就出现不同的界定。

（1）平台私人属性下的平台企业社会责任范畴。平台企业往往是基于双边网络平台独立运营的个体私有组织，与一般性私有商业组织具有共通性，都具有获取竞争优势与创造经济价值的追求。从资源基础观来看，传统企业的资源基础来自企业的人力资源、财务资源与创新资源等，基于传统资源的异质性与特殊性形成企业独特的竞争优势（Barney，1991）[16]。对于平台企业来说，平台企业基于私有属性参与市场竞争，但其核心竞争力不在于传统的人力资源、财务资源与物质资源等，基于平台底层的数字化技术创新能力以及平台用户资源成为平台企业构建可持续竞争能力的关键。因此，平台企业在运营过程中首要获取的是用户资源，主要方式则是通过包络战略将经济社会中的多元主体纳入平台价值交互与价值创造界面。平台包络战略可以分为纵向性质的包络与横向性质的包络（蔡宁等，2017）[17]，纵向性质的包络与横向性质的包络将生成多样化与异质性的平台商业生态系统，并吸引多元社会主体的经济性与社会性资源，平台企业最终依托独特的用户资源创造平台经济价值。

但是，不同于传统企业基于私人属性的经济价值创造逻辑，平台企业基于互联网平台链接双边用户，向双边市场提供基于私有网络链接平台的“服务”，即基于服务主导逻辑对进入平台的双边用户提供可信任、安全、高效的交易与互动平台（Prahalad 和 Ramaswamy，2000）[18]，获取市场中供需双方的链接价值。与此同时，双边市场独特的同边网络效应与跨边网络效应使得平台企业所链接的任意一边用户都能产生网络外部性，这意味着争夺市场中双边用户的“注意力”成为私人属性下平台企业参与市场竞争的焦点。在私人属性主导下，平台企业通常会采用“赢者通吃”的竞争逻辑，容易引发“排他性交易”“数据垄断”与恶性竞争等一系列平台企业社会责任缺失行为（陈永伟，2018）[19]，由此导致消费者整体福利的损失。从这个意义上来说，基于平台私有属性的逻辑起点，平台企业社会责任的核心在于规范平台企业参与双边市场中用户资源竞争的商业行为，避免平台企业由于经济价值创造导向膨胀而过度利用跨边网络效应与技术锁定效应，产生以平台企业个体为主体的恶性竞争行为。一个典型的情形是平台企业通过不当的定价策略争取用户的行为。在双边市场定价过程中，平台企业的价格结构成为影响用户机会主义倾向并引发社会责任缺失或异化行为的重要因素。Roger 和 Vasconcelos（2014）[20]认为如果平台可以收取注册费用，就能很容易地克服这个问题，注册费用用于阻止低估值的卖家，机会主义行为可以在相当程度上被克服。

基于以上分析，平台企业基于私有属性逻辑，其承担社会责任的基础是保证平台所提供的产品与服务（搭建的链接“平台”）符合法律底线、社会期望与道德伦理规范，具体方式则是通过其私人属性下的定价结构、交叉网络效应，保证平台企业获得参与市场竞争（用户资源竞争）的私有性经济价值与衍生性社会价值。在私有性经济价值方面，平台企业承担社会责任的范围就天然地涵盖了基于“平台”服务的经济价值创造符合法律底线与社会公众期望，即满足“法律底线”与“社会期望”。平台企业针对更多利益相关方承担责任的衍生性社会价值，其范围取决于利益相关方主体边界，而这也可以由平台的私有属性推演而来。在这个意义上，平台企业更多的利益相关方主体涵盖支持平台运营的股东、员工、政府与社区等（肖红军和阳镇，2020[6]；阳镇，2018[7]），平台企业对这些支撑平台运营的一般性利益相关方承担的责任与传统企业具有类似性，包括基本的底线责任、经济责任与道德伦理责任。

（2）平台公共属性下的平台企业社会责任范畴。平台企业的价值创造依赖于平台公共场域中所链接的双边用户群体的互动与交易，并基于特殊的同边网络效应与跨边网络效应形成价值的放大与增值。因此，平台企业与传统企业的关键区别在于，平台企业依赖于平台公共场域实现双边用户之间的资源与要素链接、耦合，从而创造平台综合价值与共享价值。这意味着在平台公共场域中，平台企业不仅仅是市场逻辑主导下的“经济人”角色，而且具有“社会人”角色（李广乾和陶涛，2018）[8]。平台企业的社会公共性主要体现在平台开放标准的公共性，即基于统一透明的准入规则将外部双边市场中的社会主体吸纳入平台组织场域，平台企业对任一愿意进入平台场域的社会公共主体的交易行为拥有管理与治理的基本权利，这一社会公共属性的本质目的在于构建一个开放透明、安全高效、资源共享的公共型公平交易市场。因此，从平台的社会公共属性出发，平台企业社会责任的特殊性在于平台企业拥有对平台公共场域进行公共监管与公共治理的社会责任（阳镇，2018）[7]。

平台的社会公共属性意味着平台的可持续竞争优势获取方式应当突破传统的资源基础观与利益相关方视角。近年来，传统的资源基础观逐步扩展到企业的动态能力观、自然资源基础观与社会资源基础观（Tate 和 Bals，2018）[21]。基于自然资源基础观和社会资源基础观，平台企业的资源获取来源应当扩展至社会公共属性的平台场域，形成具有特殊性的资源基础。平台企业不仅依靠私有属性下的经济性利益相关方资源创造经济价值，而且将进入平台公共场域的多元利益相关方的经济性、社会性与环境性资源作为平台企业综合价值创造的来源。由此，平台企业的社会责任就需要从单纯的经济价值创造拓展到为更多主体创造综合价值与共享价值。

基于以上分析，在平台公共属性下，平台企业具有解决市场信息不对称和减少平台场域内双边市场失灵的基本能力，成为具有公共信息优势的“类政府”主体。因此，平台企业日常管理的利益相关方主体涵盖进入平台场域的公共性社会主体，这使得平台企业社会责任的范畴超越了私有属性下的传统企业，即平台企业需要对进入平台价值创造界面的社会主体（双边用户）行为承担管理责任，包括促进双边用户的交易互动行为符合“法律底线”与“社会期望”，对进入平台公共场域内的公共社会主体（双边用户）与公共性利益相关方的行为进行规范。而且，平台企业一定程度上具有平台场域的自由裁量权，通过制定适用于平台公共规则与交易制度规范的平台“类法律制度”（陈永伟，2018）[19]，平台企业可以承担起平台公共场域的公共治理责任。

（3）私人属性与公共属性耦合体下的平台企业社会责任范畴。平台的双重属性使得平台企业成为私人属性与公共属性的耦合体，平台企业社会责任也融合了平台双重属性下的社会责任内容，即包括平台企业作为一般性的独立生产服务组织所承担的社会责任和作为平台场域公共治理者承担的平台用户行为治理责任。对于前者，平台企业通过“平台个体—社会”的社会嵌入路径，基于服务主导逻辑为双边用户与社会提供或开发安全、可靠、信任与高效的“平台”，并保障基于双边用户链接功能的经济价值创造符合法律底线与社会期望。对于后者，平台企业通过“平台企业—平台场域—社会”的社会嵌入路径，确保平台场域内各主体的负责任行为和保证平台场域的公共秩序。基于此，本文推演出如下命题：

命题 2：平台企业社会责任内容的逻辑起点在于对平台性质与平台企业性质的认知。平台兼具私人市场属性与公共价值属性，平台企业是私人属性与公共属性的耦合体，其社会责任范畴应当融合“类政府”组织的“社会理性”边界和私人产品服务的“市场理性”边界。

3. 平台企业社会责任治理的逻辑起点：商业生态系统 VS 社会生态系统？

任何管理实践行为都必须置于一定的情境框架中，方能清晰地分析行为的情境嵌入性与合理性（蓝海林等，2009）[22]。平台企业社会责任的治理行为也不例外，对其的清晰认知必然要求置于平台企业所处的平台系统情境。目前对平台系统的认知存在商业生态系统与社会生态系统的分歧，进而呈现出不同的平台企业社会责任治理方式。

（1）商业生态系统情境下的平台企业社会责任治理。通常来说，平台系统是由平台创建者、平台提供者、供给侧用户、需求侧用户、支持型用户（Choudary 等，2016）[23] 构成的商业生态系统。平台企业是平台商业生态系统中主要生态位的核心型成员，集生态领导者、界面搭建者、关系协调者、市场中介者、规则制定者和监督者等多重角色于一身（罗珉和杜华勇，2018）[24]，是拥有实质选择权的平台领导。平台企业拥有的平台领导力，意味着平台企业社会责任的治理需要将商业性的平台领导转化为责任型平台领导。一方面，责任型平台领导能够基于可持续发展理念有效协调平台内不同参与主体之间的竞合关系与共生互利关系，并通过负责任的平台技术创新、生态系统服务构架和责任型平台制度文化实现平台领导权的迭代升级，进而满足平台商业生态系统中不同参与主体的异质性价值诉求，最终维持平台商业生态系统内多元参与主体之间综合价值与共享价值创造的“长期与动态均衡”（肖红军，2015[25]；Kramer 和 Pfitzer，2016[26]）。另一方面，责任型平台领导意味着平台企业是整个商业生态系统实施社会责任行为的主引擎（辛杰，2015）[27]，理应承担对平台商业生态系统内主要生态位成员的社会责任认知宣贯、社会责任战略制定、社会责任实践资源协调、社会责任行为治理等多重社会责任功能，确保主要生态位成员可持续地开展负责任的行为，最终创造基于平台商业生态系统的综合价值与共享价值（Porter 和 Kramer，2011）[28]。这两个方面说明，在平台商业生态系统情境下，责任型平台领导应当成为平台企业社会责任治理的核心方式。

由于平台商业生态系统的运行高度依赖于不同生态位成员之间的资源流动与整合、知识创造与共享、价值共创与共享，因此平台企业社会责任治理必然要求重点关注这三个方面的可持续性。对于第一个方面，平台企业社会责任治理要求平台企业基于公平、透明和适当性原则，推动平台内的资源要素有序流动与共享互惠，有效平衡多元参与主体之间的互补性资源与多样性资源，保证平台商业生态系统内资源要素的优化配置。对于第二个方面，平台企业社会责任治理要求推动负责任的平台创新，实现有效的知识捕获、吸收、整合、共享与创造（Nonaka 等，2000）[29]。这意味着平台企业需要对平台商业生态系统中个体的社会责任知识和系统的社会责任知识进行有效整合，促进平台内各参与主体之间的社会责任显性与隐性知识共享，增进多元参与主体的社会责任创新行为，推动平台商业生态系统以更加创新与高阶的方式解决经济、社会与环境问题。对于第三个方面，由于平台商业生态系统的价值创造是由平台企业主导各类生态位成员之间的价值捕获、价值交互、价值创造与价值分配的过程（冯华和陈亚琦，2016）[30]，因此平台企业社会责任治理要求基于综合价值与共享价值创造导向形成可持续性的价值主张，培育公平、安全与高效的平台信任环境和交易互动环境，增强平台内各参与者形成综合价值与共享价值创造的意愿与动力，最大限度规避机会主义倾向导致的价值创造行为异化，避免平台价值共毁（Value Co-destruction）发生。

（2）社会生态系统情境下的平台企业社会责任治理。平台所链接的海量双边用户和其他参与主体广泛分布于社会系统中，他们与平台、他们之间的互动不仅仅局限于商业要素流动，而且往往负载各种社会性元素，同时这些互动也是社会系统的重要构成。这意味着平台系统与社会系统以某种方式相互嵌套，平台系统不再是纯粹的商业生态系统，而是经过社会建构的社会生态系统。虽然社会生态系统概念通常指广义层面的社会大系统，由资源、资源单位、治理系统、用户四个子系统及其相互作用构成（Ostrom，2009）[31]，但社会生态系统亦可在不同情境下应用，形成相对狭义和有限范围的社会系统。平台社会生态系统即是如此，它本质上是平台系统通过广泛链接社会大系统中的社会主体和社会元素，形成依托平台运行的社会系统，由此平台系统成为具有社会构造要素和社会运转功能的社会生态系统。在平台社会生态系统中，平台企业成为超越传统时空范围内社会资源配置的主要载体，平台也由商业平台转换为履责平台，平台企业托于履责平台将不同社会主体通过社会性元素联结起来，在更高阶层和更大范围开展社会责任行为，推动不同社会主体共同为解决共性社会环境问题提供更为有效的解决方案。这意味着社会价值导向已经取代平台商业生态系统中的经济价值导向，平台企业社会责任的治理转向社会资源的优化配置，为平台社会生态系统及社会大系统中的社会环境问题提供可持续的解决方案。

在平台社会生态系统情境下，平台企业社会责任治理的方式也悄然发生变化，因为更大范围的社会资源配置要求平台企业突破自身的资源能力与心智模式，社会责任实施方式从传统的独立自履、合作自履、价值链履责推动转向平台化履责（肖红军，2017）[32]。这时的平台企业社会责任治理主要依托于平台化履责范式，打造具有广泛性、网络性、生态性和可持续性的社会责任共同体，即社会责任共同体成为平台企业社会责任治理的核心方式。一方面，社会责任共同体要求平台企业在配置平台社会生态系统资源的过程中，需要有效对广泛的多元社会主体的社会责任认知意愿、多主体之间的互动结构予以有效整合与治理，最大限度地激发多元社会主体的爱心资源、道德资源以及社会资源，使这些资源通过履责平台动态嵌入平台社会生态系统，实现多元社会主体以多种形式共同参与社会解决问题。另一方面，由于平台社会生态系统往往会经历不同的演化阶段，而不同阶段的主体参数、结构参数、资源参数、联结参数都具有不同的状态，这使得社会责任共同体的生成难度、作用方式和价值功能具有动态性。平台企业社会责任治理需要基于平台社会生态系统的动态演化，适应性地构建和创新最能发挥功效的社会责任共同体。

（3）商业生态系统与社会生态系统耦合下的平台企业社会责任治理。随着平台商业模式的日益普遍化和平台链接日益深入社会的每个触角，平台系统不再仅仅是商业利益的实现载体，而是会受到社会建构并正推动社会重构，平台系统成为商业生态系统与社会生态系统的耦合系统。基于此，平台企业社会责任治理就耦合了平台商业生态系统下的责任型平台领导方式和平台社会生态系统下的社会责任共同体模式。商业生态系统与社会生态系统的耦合，还要求平台企业对平台系统中的界面规则进行重新审视，按照责任型平台领导和社会责任共同体的要求，将更多的社会资源配置和社会价值创造元素嵌入界面规则，将平台系统打造成负责任的商业生态系统和高效的社会生态系统，并显性化为可持续性的平台与社会共生共益。由此，本文推演出如下命题：

命题 3：平台企业社会责任治理的逻辑起点在于对平台系统的认知。平台系统是商业生态系统与社会生态系统的耦合，平台企业社会责任治理要求融合商业生态系统下的责任型平台领导方式和社会生态系统下的社会责任共同体模式，最大限度实现可持续性价值共创和社会资源优化配置。

4. 平台企业社会责任评价的逻辑起点：独立个体 VS 耦合体？

企业社会责任评价是微观层面企业社会责任管理与实践的终端环节，也是宏观层面推进企业社会责任管理与实践的重要机制（肖红军和许英杰，2014）[33]。平台企业社会责任评价既具有企业社会责任评价的一般性特征，又呈现出明显的特殊性，究其原因在于平台企业社会责任评价的逻辑起点是对评价对象即平台企业的角色认知，因为平台企业作为企业个体和作为生态系统的社会责任评价完全不同。

（1）个体组织视角下的平台企业社会责任评价。平台企业所扮演的角色首先是独立的个体组织，拥有一般企业个体的基本特征。相应地，平台企业社会责任评价被认为遵循一般个体企业社会责任评价的基本方法，可以采用已有的企业社会责任评价模式，因为现有的企业社会责任评价均前置性地假设企业是独立的个体组织。虽然目前对于企业社会责任评价的内容与方法远远没有达成共识，但基于利益相关方的企业社会责任评价模式在现实中得到更多应用。按照利益相关方理论，企业不仅要对股东承担责任，而且应当对顾客、员工、供应商、政府、社区等其他利益相关方承担责任。如此，企业社会责任的内容就是对所有利益相关方分别承担相应的责任议题，而企业社会责任评价也就以利益相关方为评价维度，分别评价企业对各利益相关方承担责任议题的表现（Clarkson，1995）[34]。从平台企业作为独立个体企业来看，其组织功能是类似于传统企业向利益相关方提供产品或服务，并且“平台”就是平台企业的产品与服务。正如平台私有属性下的平台企业社会责任内容，平台企业社会责任的核心内容是为双边用户提供安全、可靠、信任与高效的“平台”产品与服务，并在提供过程中对支撑平台运营的其他利益相关方承担相应的责任。由此可见，基于利益相关方的企业社会责任评价模式适用于平台企业作为个体企业的社会责任评价。

（2）生态系统视角下的平台企业社会责任评价。平台系统的双重生态属性说明，平台企业不仅是通过利用双边用户和其他生态位成员的经济资源来创造商业价值的商业生态系统，而且是通过整合广泛社会主体的社会资源来破解社会难题的社会生态系统。无论是商业生态系统还是社会生态系统，平台企业作为生态系统的社会责任更加关注生态系统的健康性和可持续性，更加强调生态系统整体对社会的贡献水平。对于前者，生态系统的健康性和可持续性高度依赖于生态系统的规则治理和生态位成员的行为表现，而这些与平台企业承担的平台领导和平台治理角色密切相关。因此，平台企业社会责任评价需要考察生态系统中的生态位成员履行社会责任表现，如双边用户是否有社会责任缺失行为，以及生态系统中的社会责任规则有效性，如交易模块、交易规则是否公平合理、透明和是否融入了社会责任元素，二者评价结果集中体现出平台企业对生态系统的治理责任表现。在实际操作中，通常比较关注平台企业和生态位成员的社会责任声誉，它们之间的强关联性使得容易形成社会责任声誉评价耦合体（汪旭晖和张其林，2017）[35]。对于后者，生态系统整体对社会的贡献更多地依赖于生态系统的社会价值共创水平和社会资源整合与优化配置表现，这些与平台企业构建社会责任共同体的程度高度关联。因此，平台企业社会责任评价要求对平台企业和生态位成员依托平台创造的经济价值、社会价值和环境价值进行集体性评价，并对生态系统的社会参与贡献和社会溢出效应进行测度，从而形成生态系统整体对社会进步的贡献评价。

（3）个体组织与生态系统耦合体下的平台企业社会责任评价。现实中的平台企业既拥有独立个体组织的基本属性，又表现出显著的生态系统特点和功能，是个体组织、商业生态系统和社会生态系统的多重耦合体。平台企业作为多重耦合体，其具有明显的混合组织和混合系统特征，内部运行呈现出多重制度逻辑。耦合体意味着对平台企业社会责任的评价，必然要求超越简单个体组织或纯粹生态系统视角的企业社会责任评价模式，由传统的“单层”模式转向更加全面的“三层”模式，即个体层、结构层和社会层。个体层面主要利用利益相关方评价模式，对平台企业为双边用户提供的“平台”产品与服务表现、平台企业对支撑平台运营的其他利益相关方承担责任的表现。结构层面主要评价平台企业对生态系统的结构性治理表现，涵盖生态系统的规则治理和生态位成员的行为表现，以及平台企业对生态位成员负责任行为的治理行动。社会层面主要评价生态系统整体对社会的贡献，包括生态系统整体创造的综合价值和社会溢出效应。基于此，本文推演出如下命题：

命题 4：平台企业社会责任评价的逻辑起点是对平台企业角色的认知。现实中的平台企业可以看作是个体组织、商业生态系统和社会生态系统的多重耦合体，具有明显的混合组织和混合系统特征，相应的平台企业社会责任评价应当由传统的“单层”模式转向个体、结构和社会的“三层”模式，评价的焦点分别是个体履责表现、内部责任治理和系统整体贡献。

## 三 平台企业社会责任的实践范式

企业社会责任实践是基于企业社会责任理念认知，在企业所处的运营管理情境中开展对社会负责任的企业行为（肖红军，2017）[32]。对平台企业社会责任的逻辑起点正本清源，目的在于识别出平台企业社会责任与传统企业社会责任的关键区别，从而探寻出更加适合平台企业的社会责任实践进路和范式。

1. 平台企业社会责任实践范式的划分

鉴于平台企业社会责任的特殊性，平台企业社会责任的实践范式有其固有的内在规律，并表现出与传统企业社会责任实践范式的差异。这意味着企业社会责任实践范式的传统划分对于平台企业可能并不完全适用，平台企业社会责任实践范式的划分与选择应当更多考虑平台情境的独特性。尽管如此，企业社会责任实践范式的传统划分方法仍能为平台企业提供启迪和借鉴。

（1）企业社会责任实践范式的两类传统划分方法。企业社会责任实践通常包括对企业利益相关方的社会回应行为、满足利益相关方的价值诉求行为以及搭建渔场为利益相关方创造共享价值的行为（Porter 和 Kramer，2011）[28]。这意味着企业社会责任实践中蕴含了履行社会责任的目的、主体、情境、内容等多个元素，而依据不同元素的组合则形成了对企业社会责任实践范式的传统划分方法，即“目的属性—内容嵌入”方法和“组织情境—主体选择”视角。从“目的属性—内容嵌入”方法来看，企业履行社会责任的目的通常可以区分为纯粹道德驱动、社会压力回应、社会风险防范、战略竞争需要和综合价值创造（李伟阳和肖红军，2010）[36]，由此企业社会责任实践区分为纯粹道德式、社会回应式、风险防范式、战略竞争式和综合价值式等五类企业社会责任实践范式。与此同时，企业社会责任实践的核心是选择和实施具体或综合的社会责任内容议题，涵盖基于企业个体经济属性的经济性议题、社会属性下的社会环境议题和涵盖经济、社会与环境的综合性议题。从实施方式来看，企业将特定社会责任议题付诸行动通常可以采取“外挂式”和“内嵌式”模式，结合目的属性和嵌入方式两个维度，企业社会责任实践理论上可以进一步细分为十种类型，但现实中“内嵌式”往往只出现于战略竞争式和综合价值式的企业社会责任实践中，“外挂式”经常出现于纯粹道德式、社会回应式的企业社会责任实践中。

从“组织情境—主体选择”视角来看，企业社会责任实践都发生于特定的组织情境中，不同的组织情境通常蕴含着不同的履责主体，二者结合即可区分出对应性的企业社会责任实践范式。企业社会责任实践的组织情境包括四种类型，即企业个体组织情境、基于企业所处的供应链情境、基于企业所处的产业集群或联盟网络情境、基于企业所处的平台生态系统情境。对于企业个体组织情境，企业社会责任实践的主体是企业自身，它立足于组织内资源，通过实施相关社会议题而落实社会责任要求（阳镇和许英杰，2017）[37]，因此可以认为是独立自履式的社会责任实践范式。对于供应链情境，企业社会责任实践的主体涵盖企业和供应链上下游成员，企业被动接受式或主动传导式地选择供应链上下游成员开展合作，推动整个供应链履行社会责任，因此可以看作是供应链合作式的社会责任实践范式。对于产业集群或联盟网络情境，企业社会责任实践的主体涵盖企业和集群或联盟成员，企业选择集群或联盟网络内的节点成员开展网络互动，推动形成集体性地履行社会责任，即泛组织化的产业集群网络化社会责任实践。对于平台生态系统情境，企业社会责任实践的主体涵盖平台企业和生态位成员，平台企业依托平台与生态位成员开展社会责任互治与共治，并将社会资源整合进来打造社会责任共同体，通过一致行动共同解决社会问题，由此形成平台化与生态型的社会责任实践范式。

（2）基于“情境选择—战略导向—平台基础”的平台企业社会责任实践范式划分。企业社会责任实践范式划分的“目的属性—内容嵌入”和“组织情境—主体选择”方法，一方面对平台企业社会责任实践范式的划分和选择具有启示意义，另一方面也因其固有的局限性而不能适用于平台企业社会责任实践。从可借鉴性来看，“目的属性—内容嵌入”的划分方法强调企业社会责任实践的目的区分性，纯粹道德驱动、社会压力回应、社会风险防范、战略竞争需要和综合价值创造的社会责任目的具有普适性，平台企业社会责任实践的目的也不例外。然而，从企业社会责任发展演变的基本取向和总体趋势来看，基于战略性目的的企业社会责任实践范式越来越多地被企业所接受，也往往被认为具有现实的合意性。因此，推动企业社会责任与战略导向相融合是企业社会责任实践的重要方向，平台企业社会责任实践应当与平台的战略导向相关联，即平台的战略导向是平台企业社会责任实践范式划分的重要考虑因素。“组织情境—主体选择”的划分方法强调企业社会责任实践具有情境性，不同情境下的企业社会责任实践范式差别显著。现有的划分方法是以组织情境为依据，但对于特定组织情境如平台生态系统情境下，其企业社会责任实践范式仍然可以进一步区分，而区分的依据依然需要考虑企业社会责任实践所面对的其他情境，如平台生态系统内与平台生态系统外的情境区分。从局限性来看，基于“目的属性—内容嵌入”方法划分的企业社会责任实践范式属于抽象意义上的，往往只有指导性，缺乏操作性。而且，“目的属性—内容嵌入”的划分方法属于一般性框架，很难回答平台生态系统情境下的社会责任内容维度与实践行为的特殊性问题，如基于平台公共属性下的平台企业社会责任治理维度与相应的平台治理实践问题。“组织情境—主体选择”的划分方法虽然将平台生态系统情境区分出来，识别出相应的平台化与生态型社会责任实践范式，但这一范式仍然属于概念层面，缺乏从操作层面对平台企业社会责任实践的实现方式进行深入解构。因此，有必要从操作层面和实现方式角度对平台企业社会责任的实践范式进一步细化和深化。

基于以上分析，对于平台生态系统的特定情境，平台企业社会责任实践范式的划分应当考虑细化的情境选择和平台的战略导向。从情境选择来看，平台企业社会责任实践的情境可以区分为平台生态系统内和平台生态系统外，因为平台企业在平台生态系统内和平台生态系统外的社会责任实践重点完全不同，前者主要是平台企业发挥平台领导和“类政府”功能，对生态位成员的负责任行为进行治理，后者主要是对更大范围的社会资源进行整合和优化配置。从平台的战略导向来看，平台进入战略、平台建构战略、平台包络战略、平台演化战略、平台嵌入战略、平台新创战略、平台转换战略等多种类型（张小宁，2014[38]；蔡宁等，2017[17]）都是平台企业可能的战略选择，这些战略在平台企业社会责任实践中可以作为可供选择的“战略库”，并依据情境差异选择甚至创新相应的平台战略。除了情境选择和平台的战略导向外，由于平台企业社会责任实践的实现均依托于平台，平台的发展水平和成熟程度会影响平台企业社会责任实践的方式，因此平台基础应当是划分平台企业社会责任实践范式的考虑维度。由此，就形成“情境选择—战略导向—平台基础”的平台企业社会责任实践范式划分方法（肖红军，2017[32]；蔡宁等，2017[17]）。

按照这一方法，首先，对于平台生态系统内情境，平台的战略导向可以是平台演化战略或平台包络战略；对于平台生态系统外情境，平台的战略导向可以是平台嫁接（嵌入）战略或平台新创战略。其次，结合平台基础来看，当平台基础一般时，平台生态系统内情境下应选择平台演化战略，对应的是“平台嵌入式”社会责任实践范式，即将社会责任管理要求与社会责任议题嵌入平台企业；平台生态系统外情境下应选择平台嫁接战略，对应的是“平台嫁接式”社会责任实践范式，即将外部的公共平台与社会创新平台嫁接到平台企业自身搭建的商业平台上。当平台基础较好时，平台生态系统内情境下应选择平台包络战略，对应的是“平台撬动式”社会责任实践范式，即撬动平台内双边用户的资源共同参与解决特定社会问题；平台生态系统外情境下应选择平台新创战略，对应的是“平台新创式”社会责任实践范式，即搭建全新的社会履责平台来整合更多社会资源共同解决特定社会问题。至此，平台企业社会责任的实践范式就可以划分为四种类型：“平台嵌入式”“平台嫁接式”“平台撬动式”和“平台新创式”。

2. 平台企业社会责任实践范式的解构

"平台嵌入式""平台嫁接式""平台撬动式"和"平台新创式"的平台企业社会责任实践范式都有各自的核心特征、运作原理、实现方式和适用情境，对它们的深度解构有助于更加合理地选择平台企业社会责任实践范式。

（1）平台嵌入式。平台嵌入式本质上是立足于平台企业个体组织，推动社会责任嵌入平台企业，使平台企业的运营和管理符合社会责任要求。正如一般企业的社会责任嵌入包括社会责任管理嵌入和社会责任议题嵌入（肖红军和阳镇，2018）[15]，平台企业的社会责任嵌入也可以分为平台企业的社会责任管理嵌入和平台企业的社会责任议题嵌入。平台企业的社会责任管理嵌入一方面是平台企业在认知到自身的社会责任内容与层次之后，将社会责任要求融入日常运营，并开展自我社会责任管理，确保自身的运营和管理对社会负责任；另一方面是平台企业将社会责任要求融入对平台生态系统内双边用户的治理中，保证双边用户的行为合乎社会期望，真正做到对社会负责任。平台企业的社会责任管理嵌入主要通过构建平台企业自身的社会责任管理体系和面向平台生态系统的社会责任治理体系予以实现。前者的重点是将社会责任要求全面融入运营流程和管理制度，如在平台企业自身的运营管理中嵌入互联网背景下的社会风险评估管理体系；后者的重点是将社会责任要求融入平台界面规则和交易互动中，如淘宝平台对卖家建立产品抽检与责任审核制度、声誉评价制度和责任惩戒制度等，从而实现对卖方的社会责任治理（阳镇，2018）[7]。

平台企业的社会责任议题嵌入是平台企业识别、选择特定社会责任议题并予以落实，既可以是平台企业自身实施社会责任议题，也包括平台企业推动平台生态系统成员落实社会责任议题。按照社会责任议题与业务的关联性不同，平台企业的社会责任议题嵌入有两类。第一类是平台企业基于平台的业务运营范围，在保持业务模块不变的情况下，通过选择与平台运营的商业领域具有关联性的社会环境议题，并投入资源对这些议题予以实施。比如，支付宝平台的"蚂蚁森林"将环境保护议题嵌入互联网金融业务，推出"碳账户"公益环保产品；京东平台利用在物流配送领域的优势，将社会公益议题嵌入物流业务，开发出与京东物流业务相关联的、以"物爱相连"为主题的京东公益物资募捐平台。第二类是嵌入与平台企业业务不相关的纯社会性与公共性议题，如微信平台利用巨大的社交用户群体，开发"水滴筹"微信捐款与慈善页面，落实社会救助的社会责任议题。需要指出的是，无论是社会责任管理嵌入还是社会责任议题嵌入，"平台嵌入式"的社会责任实践范式本质上仍然是平台的商业属性居于主导地位，平台企业的社会责任嵌入往往具有鲜明的工具理性特征，容易出现平台企业自身和平台生态系统的"社会脱嵌"（刘德鹏等，2017）[39]，难以真正形成可持续的社会责任实践。

（2）平台嫁接式。"嫁接"是源于生物学中的概念，指的是将一植物的枝或芽嫁接到另一植物的根茎上，从而形成优势互补，获取抗风险能力更强的植物。后来“嫁接”概念被应用到社会科学领域，管理学中则主要在市场营销战略中得到应用，指的是企业通过嫁接其他优势企业的营销资源，在自身营销资源不变的情况下，将其他企业的营销资源为己所用，包括产品嫁接、品牌嫁接、渠道嫁接以及促销嫁接等（刘德良，2008）[40]，从而实现市场效益的最大化。典型的例子是蒙牛集团在早期通过嫁接“神五”“奥运”“超女”等实现企业的做大做强。基于嫁接战略的嫁接营销中，嫁接的目的是实现不同企业主体之间的资源共享，企业将嫁接对象的产品、渠道、品牌作为自己产品的销售、广告、品牌平台。嫁接战略意味着企业在保持自身资源能力的前提下，将外部一系列产品、品牌与渠道组合而成的营销平台接入企业自身的营销平台，从而实现资源共享与优势互补，打造企业间的联合竞争战略。平台嫁接式社会责任实践借鉴了“嫁接”概念在市场营销战略中的成功应用经验，指的是平台企业将外部的公共平台、社会创新平台、社会履责平台等接入自身所搭建的商业平台，形成“平台 + 平台”模式，前一个平台是平台企业自身的商业平台，后一个平台是外部与平台企业不存在产权关系的社会履责平台或社会创新平台。典型的例子是手机淘宝、腾讯QQ、百度 App、易到、饿了么等多个互联网平台接入国家公安部儿童失踪信息紧急发布平台，增加与拓展儿童失踪信息的社会发布平台，实现平台企业与外部公共性社会议题平台的嫁接。

平台嫁接式社会责任实践范式出发点是平台生态系统内的社会环境议题知识存量较低，同时平台企业又具有开展这些议题实践的意愿。在这种情况下，平台企业就可以充分利用平台生态系统中的社会网络资源，将外部社会的履责平台嫁接到自身商业平台，推动平台内的双边社会主体贡献社会责任资源要素，打造更大范围的社会责任实践平台。显然，平台嫁接式社会责任实践范式结合了平台生态系统内部与外部的双重情境，尤其是更多地考虑可能性的外部资源和平台，但具体实施过程中往往主要还是立足于平台生态系统自身的社会资源。这一范式的优点是平台企业不需要额外投入更多的资源要素选择社会责任议题，而是通过外部租借与外部获取的方式将外部社会履责平台整体接入，可以快速实现跨平台之间的社会责任实践合作，提高平台企业社会责任实践的效率，创造基于平台生态系统的社会价值合作效应（肖红军，2017）[32]。平台嫁接式社会责任实践范式也可能出现失败的风险，主要是嫁接属于跨平台的社会网络关系嵌入，平台企业选择的外部履责平台未必适合平台生态系统内部情境，可能出现“水土不服”的现象。结果可能是即使接入了某一外部社会责任实践平台，但平台的原有双边用户不愿意参与到嫁接的外部履责平台开展社会责任实践，如此不但无法发挥“平台 + 平台”的“1+1>2”功效，而且可能会带来平台用户损失，影响平台生态系统的稳定性和健康性。

（3）平台撬动式。“撬动”是对原有资源或网络联结状态的重新挖掘与再组合（肖红军，

2017）[32]。平台撬动式社会责任实践是平台企业立足于平台生态系统内双边用户资源，通过挖掘和重组双边用户资源来开展社会责任实践。比如，淘宝平台立足已有的商业交易平台界面，面向卖家用户推出“公益宝贝计划”，撬动平台双边用户参与社会公益议题的实施，即平台双边用户按照交易数额的一定比例参与到慈善、捐助、救灾、社会医疗等公共性社会议题，推动“平台企业—平台内卖家—平台内买家—其他支持型用户”的多方参与社会价值共创，扩大平台企业内外资源的整合效应。外卖平台推出“无需餐具”为主题的社会责任议题，利用平台的力量撬动订餐用户参与绿色环保议题，从而使得平台生态系统创造更多的环境价值。平台撬动式社会责任实践范式内隐了一个假设，即平台生态系统内的履责要素与履责资源相对丰富，但缺乏有效整合、深度挖掘和充分利用，平台双边用户的社会责任动力偏低，主观能动性不高。在这种情况下，平台企业作为平台生态系统中处于最高位的主要生态位成员，拥有对平台内资源的领导战略弹性（罗珉和杜华勇，2018）[24]，需要承担起平台生态系统中社会责任领导者角色和发挥平台生态系统社会责任的主引擎作用，依托平台撬动双边用户的履责资源并投入于公共性社会议题实践。

平台撬动式社会责任实践范式本质上是平台企业对平台双边用户的社会责任实践意愿、实践动力与资源要素共享进行撬动，实现平台生态系统内资源集合的社会化建构。平台企业通过撬动平台内的冗余资源而参与解决社会问题，或者发现解决社会问题的新机会与新潜能，进而推动平台生态系统内的社会责任资源重构（挖掘、整合潜在资源或使用现有资源）和社会责任实践主体重构（由平台个体组织转变为平台双边用户耦合体）。这意味着平台撬动式社会责任实践范式的选择和应用应当具备两个方面的现实基础：一方面是平台内拥有冗余性的经济社会资源，这些资源对于平台企业希望参与的社会问题或提供创新解决方案具有潜在的效用；另一方面是平台企业在生态系统中具备充分的“影响力”，即平台企业在平台生态系统的领导权能够充分施展，可以有效地对平台内的主宰型双边用户与缝隙型双边用户施加影响。基于这两个方面的基础条件，平台企业就可以将社会责任理念认知融入到平台双边用户理念认知中，重新整合平台生态系统内的冗余性和潜在性资源，形成系统的社会责任履责动力与资源，推动平台生态系统通过共同参与而落实更多有价值的社会责任议题。

（4）平台新创式。“新创”是一种创新行为，平台新创式社会责任实践也是社会责任实践平台的创新行为。平台新创式社会责任实践是平台企业立足平台生态系统的资源存量、用户基础、开发能力和社会影响，在现有平台之外搭建全新的社会责任实践平台。或者说，平台企业通过自主开发全新的社会责任实践平台而实现与现有商业平台相剥离，但依靠现有平台良好的社会网络基础和履责知识经验，吸引更大范围的社会主体进入新建的社会责任实践平台，共同参与解决更多的社会问题。典型的例子是腾讯基于平台商业生态系统所拥有的庞大用户基础、社会资源存量和个体的充分社会责任实践意愿与知识，开发并推出“腾讯乐捐”这一全新社会责任实践平台。在“腾讯乐捐”平台中，不管是腾讯平台原来拥有的商业用户还是新进入这个平台的社会主体，都可以参与到这一平台发起的社会责任实践项目，从而实现这一新平台对全社会参与救灾、扶贫、疾病救助、教育等社会实践力量的聚合。平台新创式社会责任实践范式内隐的前置性条件是平台企业拥有巨大的生态系统内影响和社会影响力，具备较强的资源基础和创新能力，同时有强烈的社会参与和贡献意愿。这一范式的优点和缺点都来自新创社会责任实践平台与现有商业平台的分离运行。一方面，二者相互分离能够最大限度减少新创社会责任实践平台对现有商业平台的干扰，并可以实现风险隔离；另一方面，二者相互分离也意味着平台企业实施的是“外挂式”的社会责任议题落地模式，容易形成再次“社会脱嵌”风险。

从实现方式来看，创新可以区分为开发式创新和探索式创新，前者是侧重于对现有产品或服务的改进提升，从而挖掘潜在的市场需求与社会需求（He 和 Wong，2004）[41]，后者是打破现有产品与服务范式的颠覆性创新，关注于组织的未来市场需求与社会需求，是一种长期导向的创新行为（Raisch 等，2009）[42]。基于平台新创式社会责任实践的特点，它本质上可以看作一种探索式创新范式，需要平台企业具有可持续的社会责任实践意愿、动力与能力（肖红军，2017）[32]。这意味着平台新创式社会责任实践需要平台企业进行战略性投入，既包括新创平台研发的资源投入，还包括新创平台维护升级的持续运营投入，同时也包括对新创平台运营模式的创新投入。探索式创新的高投入往往意味着相伴随的高风险，而高风险可能会对平台企业的商业平台带来冲击。因此，平台新创式社会责任实践范式的选择和应用对于平台企业的资源实力和风险承担能力有较高要求，平台企业的社会责任知识与实践经验也是选择和应用的重要影响因素。进一步来看，探索式创新的特点意味着平台新创式社会责任实践需要平台企业的领导拥有强烈的企业家精神，包括可持续的创新精神和推动社会进步的责任感与使命感。

（5）四类平台企业社会责任实践范式的比较。“平台嵌入式”、“平台嫁接式”、“平台撬动式”和“平台新创式”的平台企业社会责任实践范式之间既存在差异也具有联系（如表 1 所示）。从立足的情境来看，“平台嵌入式”和“平台撬动式”都是基于平台生态系统内情境，推动平台的商业运行与社会责任议题实施相结合。二者的区别在于“平台嵌入式”主要是基于平台运营的产品或服务与社会责任议题结合，以及将社会责任管理要求嵌入平台运行，而“平台撬动式”则基于平台企业在平台生态系统中的领导力，挖掘与撬动双边用户的资源要素，推动他们共同参与社会责任议题实施。“平台嫁接式”和“平台新创式”都是以平台生态系统外为主要情境，更多地考虑将更大范围的社会主体和社会资源整合参与解决社会问题。二者的区别在于“平台嫁接式”主要是通过租借或协议实现外部履责实践平台的接入，是对既有平台功能的丰富和拓展，而“平台新创式”则主要依赖平台企业自身的用户基础与社会影响力，搭建全新的面向社会的社会责任实践平台。由此可见，四类平台企业社会责任实践范式都有特定的适用情境，也各有特点和前置性条件，因此现实中平台企业对它们的选择和应用需要综合多重因素加以考量，包括平台企业的社会责任战略导向、社会责任认知、平台内资源基础、平台企业影响力和风险承担能力。

需要指出的是，平台企业社会责任实践范式具有动态性特征，平台演化生命周期的不同阶段适用的平台企业社会责任实践范式不尽相同（如表 1 所示）。在平台初创期，平台内的双边用户数量较少，网络节点个数较为单一，网络成员密度稀疏，平台生态系统的资源基础和平台企业在其中的影响力都相对有限，因此更适合于风险较低的平台嵌入式社会责任实践范式。在平台的成长扩张期，平台生态系统内的双边用户群体急剧增加，平台生态系统的资源基础和平台企业在其中的影响力都有较大提升，因此更适合平台嫁接式社会责任实践范式和平台撬动式社会责任实践范式。在平台进入成熟稳定期后，由于所构建的履责生态界面内双边成员数量、资源容量与网络节点密度都进入稳态，平台生态系统内的履责知识、履责经验与履责机制都进入相对稳定的状态，因此更适合于平台新创式社会责任实践范式。这样能够依托所搭建的面向社会的全新社会责任实践平台，实现更高阶的平台企业社会责任实践。

**表 1　四类平台企业社会责任实践范式的比较**

| 实践范式<br>比较维度 | 平台嵌入式 | 平台嫁接式 | 平台撬动式 | 平台新创式 |
|---|---|---|---|---|
| 立足的情境 | 平台生态系统内 | 平台生态系统外为主 | 平台生态系统内 | 平台生态系统外为主 |
| 战略导向 | 演化战略 | 嫁接（嵌入）战略 | 包络战略 | 新创战略 |
| 资源基础要求 | 低 | 中 | 较高 | 高 |
| 影响力要求 | 低 | 中 | 较高 | 高 |
| 实现方式 | 嵌入符合平台企业经济、社会与环境偏好的社会责任实践议题 | 外部租借与外部获取的方式将外部社会履责平台整体接入 | 撬动平台双边用户的社会责任实践意愿、动力与资源要素 | 搭建全新的企业社会责任实践平台 |
| 产权关系 | 平台企业拥有嵌入社会责任议题实践界面的所有权 | 平台企业不拥有外部履责平台的所有权 | 平台企业不拥有社会责任实践外部界面的所有权 | 平台企业拥有履责平台的所有权 |
| 与平台企业业务领域相关性 | 高度相关 | 相关性低 | 相关性弹性较大 | 相关性低 |
| 潜在风险 | 较低 | 偏中性 | 较高 | 高 |
| 适用的平台演化生命周期阶段 | 初创期 | 成长扩张期 | 成长扩张期 | 成熟稳定期 |

资料来源：作者整理。

## 四 研究结论与未来展望

1. 主要的研究结论

企业社会责任概念自诞生以来就充满争议和具有模糊性，学界对企业社会责任内容维度的理解也不尽相同，在实践中表现为是否因为企业社会责任的动力和能力无法检验而成为一个“伪命题”（肖红军等，2015）[43]。这种争议也延续到企业社会责任在不同场景的应用，平台情境下的企业社会责任问题就出现多重认知分歧，严重影响到平台企业社会责任的实践。破解和弥合这些分歧，需要从逻辑起点审视和分析平台企业社会责任的正当性、内容边界、治理方式和评价模式。本文对此进行了探索性研究，并获得四个有价值的核心结论。第一，平台企业具有一般企业的本质属性，是经济属性与社会属性密不可分且相互融合的组织，双重制度逻辑的共融共生使得平台企业社会责任具有内生的正当性。第二，平台企业是私人属性与公共属性的耦合体，其社会责任范畴应当融合“类政府”组织的“社会理性”边界和私人产品服务的“市场理性”边界。第三，平台系统是商业生态系统与社会生态系统的耦合，平台企业社会责任治理要求融合商业生态系统下的责任型平台领导方式和社会生态系统下的社会责任共同体模式，最大限度实现可持续性价值共创和社会资源优化配置。第四，平台企业可以看作是个体组织、商业生态系统和社会生态系统的多重耦合体，具有明显的混合组织和混合系统特征，相应的平台企业社会责任评价应当由传统的“单层”模式转向个体、结构和社会的“三层”模式，评价的焦点分别是个体履责表现、内部责任治理和系统整体贡献。

企业社会责任是一个强实践性概念，企业社会责任实践范式问题一直是企业社会责任研究领域的焦点问题。企业社会责任实践范式的传统划分可以归结为“目的属性—内容嵌入”和“组织情境—主体选择”两种方法，它们对平台企业社会责任实践范式划分的借鉴主要是识别出情境选择和战略导向两个考虑因素，而局限性主要在于难以完全适用于动态复杂与主体互嵌的平台情境。本文在对一般性企业社会责任实践范式的划分方法进行借鉴性和批判性研究的基础上，构建了平台企业社会责任实践范式划分的“情境选择—战略导向—平台基础”的三维框架。据此平台企业社会责任实践范式可以划分为“平台内情境—社会议题嵌入”下的“平台嵌入式”、“平台外情境—社会履责平台接入”下的“平台嫁接式”、“平台内用户资源—社会资源整合”下的“平台撬动式”和“平台生态系统——搭建履责平台”下的“平台新创式”四种类型。四类平台企业社会责任实践范式之间既存在差异也具有联系，平台企业在选择和应用时需要综合考量平台演化生命周期阶段、平台企业的社会责任战略导向、社会责任认知、平台内资源基础、平台企业影响力和风险承担能力等多重因素。

2. 可能存在的局限性

尽管本文从企业本质、平台属性、平台系统和平台企业角色等多个维度，全方位透视与解构了平台企业社会责任正当性、内容边界、治理方式与评价模式的逻辑起点，审视与澄清了平台企业社会责任与传统企业社会责任的异质性，但这些分析都基于静态视角的平台企业，没有考虑平台动态演化对平台企业社会责任认知的影响，尤其是缺乏平台企业区别于传统企业的成长边界动态性问题考量。从平台企业的组织边界来看，由于平台企业基于链接的双边市场在网络情境下同时具有跨边传导效应与同边传导效应，因此平台企业在成长过程中的组织边界扩展与平台所链接的双边用户的网络效应紧密相关。平台企业的成长实质上是平台生态系统内网络效应迭代、扩展与收缩的过程，其组织边界必然具有动态扩展与收缩的特点。平台企业动态扩展与收缩形成的社会影响力变化，可能导致平台企业承担的社会责任角色、内容边界和应然程度发生变化。本文在研究平台企业社会责任的逻辑起点过程中，一定程度上忽视了平台企业成长和平台企业社会责任的动态性问题。

本文对平台企业社会责任实践范式的研究中，采用的是演绎法，没有对现实中相应的平台企业社会责任实践案例进行系统与深度剖解，得到的平台企业社会责任实践范式划分理论是否完全适用于现实中的企业实践，这仍有待未来的进一步验证。此外，虽然本文按照“情境选择—战略导向—平台基础”三维框架将平台企业社会责任实践范式区分出“平台嵌入式”“平台嫁接式”“平台撬动式”“平台新创式”四类，并通过理论推导分析出平台企业对这四类范式选择与应用时需要综合考虑的因素，但对这些因素缺乏进一步的扎根案例研究。另外，本文对平台企业社会责任实践范式研究中，没有对不同类型的平台企业进行区分，但不同类型平台企业可能具有行业异质性、双边用户异质性、跨边影响异质性，它们在实施“平台嵌入式”“平台嫁接式”“平台撬动式”“平台新创式”社会责任实践时也可能表现出不同的特点，这也需要未来开展深化研究。

3. 未来研究展望

鉴于本文研究可能存在的局限性，结合平台企业社会责任实践发展呈现的问题，未来研究可以在以下四个方面继续深化。第一，进一步探索平台企业社会责任的基础理论问题，力求真正把握平台企业和平台企业社会责任的特殊性，更加有效回答平台企业社会责任的基本问题：平台企业社会责任面对的利益相关方主体边界是什么？平台企业对利益相关方需要承担何种程度的社会责任？平台企业与社会的关系如何界定？平台企业以何种方式嵌入社会？平台企业社会责任治理的边界在哪里？平台的商业性与社会性融合的范围是什么？第二，扎根探索平台企业社会责任实践差异背后的驱动因素与驱动机制，研究平台类型、平台规模、平台结构、平台定价方式、平台规则、平台股权性质、平台领导力等因素是否形成关键性影响，哪些因素更重要，它们对平台企业社会责任实践的影响机制是什么等。第三，进一步开展平台企业社会责任的价值效应研究，重点回答以下问题：平台企业社会责任价值效应与传统企业的价值效应有何区别？平台企业社会责任对平台自身的价值创造有何影响？对卖方和买方具有何种价值创造效应？平台企业社会责任对整个社会生态具有何种价值创造效应？第四，探索构建平台企业社会责任的评价体系，基于平台企业与平台情境的特殊性，重新建构与探索平台企业社会责任评价主体、评价模式与评价指标体系。

## 参考文献

[1] Gawer, A., and M. A. Cusumano, *Platform Leadership: How Intel, Microsoft, and Cisco Drive Industry Innovation*, Boston, MA: Harvard Business School Press, 2002.

[2] Armstrong, M., "Competition in Two-sided Markets", *The RAND Journal of Economics*, Vol.37 (3), 2006, pp. 668-691.

[3] Roson, R., "Auctions in a Two-sided Network: The Market for Meal Voucher Services", *Networks and Spatial Economics*, Vol.51 (4), 2005, pp. 339-350.

[4] 肖红军、李平:《平台型企业社会责任的生态化治理》,《管理世界》2019 年第 4 期。

[5] 阳镇、许英杰:《平台经济背景下企业社会责任的治理》,《企业经济》2018 年第 5 期。

[6] 肖红军、阳镇:《平台型企业社会责任治理：理论分野与研究展望》,《西安交通大学学报（社会科学版）》2020 年第 1 期。

[7] 阳镇:《平台型企业社会责任：边界、治理与评价》,《经济学家》2018 年第 5 期。

[8] 李广乾、陶涛:《电子商务平台生态化与平台治理政策》,《管理世界》2018 年第 6 期。

[9] 周祖城:《企业社会责任的关键问题辨析与研究建议》,《管理学报》2017 年第 5 期。

[10] Dimaggio, P. J., and W. W. Powell, "The Iron Cage Revisited: Institutional Isomorphism and Collective Rationality in Organizational Fields", *American Sociological Review*, Vol.48 (2), 1983, pp.147-160.

[11] Thornton, P., Ocasio, W., and M.Lounsbury, "The Institutional Logics Perspective: A New Approach to Culture, Structure, and Process", *Leadership & Organization Development Journal*, Vol.15 (6), 2012, p.583.

[12] Carroll, A. B., "A Three-Dimensional Conceptual Model of Corporate Performance", *Academy of Management Review*, Vol.4 (4), 1979, pp.497-505.

[13] Wood, D. J., "Toward a Theory of Stakeholder Identification and Salience: Defining the Principle of Who and What Really Counts", *Academy of Management Review*, Vol.22 (4), 1997, pp.853-886.

[14] Donaldson, T., and T. W. Dunfee, "Toward a Unified Conception of Business Ethics: Integrative Social Contracts Theory", *Academy of Management Review*, Vol.19 (2),

1994, pp.252-284.
[15] 肖红军、阳镇:《共益企业：社会责任实践的合意性组织范式》,《中国工业经济》2018年第7期。
[16] Barney, J. B., "Firm Resource and Sustained Competitive Advantage", *Journal of Management*, Vol.17 (1), 1991, pp.99-120.
[17] 蔡宁、贺锦江、王节祥:《"互联网+"背景下的制度压力与企业创业战略选择——基于滴滴出行平台的案例研究》,《中国工业经济》2017年第3期。
[18] Prahalad, C. K., and V. Ramaswamy, "Co-opting Customer Competence", *Harvard Business Review*, Vol.78 (1), 2000, pp.79-87.
[19] 陈永伟:《"二重性"视角下的平台竞争和平台治理》,《政府管制评论》2018年第2期。
[20] Roger, G., and L. Vasconcelos, "Platform Pricing Structure and Moral Hazard", *Journal of Economics & Management Strategy*, Vol.23 (3), 2014, pp.527-547.
[21] Tate, W. L., and L. Bals, "Achieving Shared Triple Bottom Line (TBL) Value Creation: Toward a Social Resource-based View (SRBV) of the Firm", *Journal of Business Ethics*, Vol.152 (3), 2018, pp.803-826.
[22] 蓝海林、李铁瑛、王成:《中国企业战略管理行为的情景嵌入式研究》,《管理学报》2009年第1期。
[23] Choudary, S. P., Van Alstyne, M. W., and G. G. Parker, *Platform Revolution: How Networked Markets Are Transforming the Economy and How to Make Them Work for You*, New York, NY: W.W.Norton, 2016.
[24] 罗珉、杜华勇:《平台领导的实质选择权》,《中国工业经济》2018年第2期。
[25] 肖红军:《共享价值、商业生态圈与企业竞争范式转变》,《改革》2015年第7期。
[26] Kramer, M. R., and M. W. Pfitzer, "The Ecosystem of Shared Value", *Harvard Business Review*, Vol.94 (10), 2016, pp.80-89.
[27] 辛杰:《企业生态系统社会责任互动：内涵、治理、内化与实现》,《经济管理》2015年第8期。
[28] Porter, M. E., and M. R. Kramer, "The Big Idea: Creating Shared Value", *Harvard Business Review*, Vol.89 (1/2), 2011, pp.62-77.
[29] Nonaka, I., Toyama, R., and N. Konno, "SECI, Ba and Leadership: A Unified Model of Dynamic Knowledge Creation", *Long Range Planning*, Vol.33 (1), 2000, pp.5-34.
[30] 冯华、陈亚琦:《平台商业模式创新研究——基于互联网环境下的时空契合分析》,《中国工业经济》2016年第3期。

[31] Ostrom, E., "A General Framework for Analyzing Sustainability of Social-Ecological Systems", *Science*, Vol.325 (5939), 2009, pp.419-422.

[32] 肖红军:《平台化履责:企业社会责任实践新范式》,《经济管理》2017 年第 3 期。

[33] 肖红军、许英杰:《企业社会责任评价模式的反思与重构》,《经济管理》2014 年第 9 期。

[34] Clarkson, M. E., "A Stakeholder Framework for Analyzing and Evaluating Corporate Social Performance", *Academy of Management Review*, Vol.20 (1), 1995, pp.92-117.

[35] 汪旭晖、张其林:《平台型电商声誉的构建:平台企业和平台卖家价值共创视角》,《中国工业经济》2017 年第 11 期。

[36] 李伟阳、肖红军:《基于管理视角的企业社会责任演进与发展》,《首都经济贸易大学学报》2010 年第 5 期。

[37] 阳镇、许英杰:《企业社会责任治理:成因、模式与机制》,《南大商学评论》2017 年第 4 期。

[38] 张小宁:《平台战略研究评述及展望》,《经济管理》2014 年第 3 期。

[39] 刘德鹏、贾良定、刘畅唱、蔡亚华、郑雅琴:《从自利到德行:商业组织的制度逻辑变革研究》,《管理世界》2017 年第 11 期。

[40] 刘德良:《嫁接营销:创造超常营销效果》,机械工业出版社 2008 年版。

[41] He, Z. L., and P. K. Wong, "Exploration vs.Exploitation: An Empirical Test of the Ambidexterity Hypothesis", *Organization Science*, Vol.15 (4), 2004, pp.481-494.

[42] Raisch, S., Birkinshaw, J., and G. Probst, "Organizational Ambidexterity: Balancing Exploitation and Exploration for Sustained Performance", *Organization Science*, Vol.20 (4), 2009, pp.685-695.

[43] 肖红军、李伟阳、胡叶琳:《真命题还是伪命题:企业社会责任检验的新思路》,《中国工业经济》2015 年第 2 期。

(肖红军,中国社会科学院工业经济研究所;
阳镇,清华大学经济管理学院、清华大学技术创新研究中心)

原载《经济管理》2020 年第 4 期

# 企业技术创新的收益机制：研究脉络与最新进展

江　鸿

技术的可收益性（appropriability），指的是给定创新者已经在科学或技术层面解决了技术创新问题的情况下，创新者从创新中获益的能力，或者说，是创新者将创新实现的经济收益内部化的能力。与可收益性概念相关的重要概念，是技术创新的收益机制（appropriation mechanism），指的是能够提高创新者收益能力的公共制度安排或创新者自己的策略选择。本文在将创新收益机制划分为制度性收益机制和企业策略性收益机制的基础上，对有关可收益性和收益机制的经典和前沿研究成果进行全面引介和比较性评述并指出未来在该领域进行理论拓展和本土化问题研究可能的发展方向。

## 一　可收益性问题的来源和内涵

可收益性问题是在技术创新激励和研发强度的研究传统中被逐渐认识和提出的，目前已经成为研究创新激励问题最重要的视角之一。可收益性问题产生的根源是技术的非竞争性、非排他性以及与此相关的信息披露困境。

熊彼特是最早将技术创新问题置于经济学理论核心并给予系统研究的经济学家。他关于企业创新激励问题的基本观点是“垄断”有利于创新。他认为，大企业不仅有能力支付大规模的研发费用，而且可以通过多元化承担内生于研发特征的、通过“保险”机制无法消除的风险。进一步，大企业拥有恰当的生产结构，能够更有效地应用新的技术知识；由于垄断企业可以避免技术模仿，因此可以从创新成果中获得足够高的收益和激励（Schumpeter，1943）。熊彼特提出的从市场结构角度理解企业技术创新激励的思想是重要的，但由于没有严格区分事前垄断和事后垄断两种机制，他关于市场结构和创新激励的表述实际上涉及了两个并不相同的命题：“熊彼特假说Ⅰ”和“熊彼特假说Ⅱ”。“熊彼特假说Ⅰ”的基本含义是，垄断的市场结构更有利于创新，这一命题可以等价地表述为“事前的”市场力量有利于创新；“熊彼特假说Ⅱ”的基本含义是，激励企业从事技术创新的必要条件是未来垄断的形成，即企业创新的激励来自企业对未来独占性地享有创新收益的预期，这一命题可以等价地表述为“事后的”市场力量有利于创新（Cohen 和 Levin，1989；Tirole，1988）。

熊彼特经典假说中存在的缺陷对古典产业组织研究形成了严重的误导。20 世纪 50 年代以后，以哈佛学派为代表的古典产业组织对技术创新问题的研究主要是在 Bain 开创的 SCP 范式下推进的，直到 70 年代末新产业组织理论兴起之前，产业组织研究基本上都沿袭着熊彼特假说 I 的思路围绕“什么样的市场结构更有利于创新”的问题展开（Arrow，1962；Kamien 和 Schwartz，1982）。然而随着理论的深入，这一研究的缺陷逐渐暴露。一方面，这类研究将市场结构视为外生给定的条件，而忽视了技术对企业规模和市场集中度的影响，因而具有所有的 SCP 范式指导下的产业组织研究共同的不足——市场结构的内生性问题（Sutton，1998）。另一方面，更主要的是，20 世纪 70 年代和 80 年代积累起来的大量经验研究成果并没有对熊彼特假说 I 形成强有力的支持：首先，市场集中度对企业研发强度的直接影响是微小的，而且这种影响反映的可能是影响技术过程的更为基本的因素，特别是可收益性条件和技术机会的作用（Cohen，1995）；其次，虽然经验研究的结论是企业规模对企业创新的影响是重要的，但即使企业规模和研发强度之间的正相关性成立，大企业的研发优势也不是来自企业规模本身，而是由于技术市场的不完全性使得大企业更容易通过产品市场实现技术创新的经济收益，并因而获得了分摊作为固定成本的研发费用的优势；相反，如果技术市场是完全的，则小企业也完全可以通过直接出售技术获得同样的创新租金（Cohen，1995；Cohen 和 Klepper，1996）。如果将熊彼特的“事后垄断”在更一般的意义上理解为技术创新的“可收益性”问题，则既有的研究表明，熊彼特假说Ⅱ提出的问题较熊彼特假说 I 更为深刻。20 世纪 80 年代以后，经济学关于技术创新的研究开始逐渐放弃熊彼特假说 I 的路径，转而“去关注那些影响技术过程的更为根本性的因素”，如可收益性条件、企业的技术能力、技术机会等（Cohen，1995）。

技术或知识的经济学属性决定了技术创新可收益性问题的内涵。技术研发作为企业的一种投资行为与企业其他类型的投资存在共性，如与实物投资（如产能投资）一样，技术投资具有风险性，但由于技术创新包含技术成功和市场成功两方面的内容，因此研发投资的风险问题要较一般的实物投资更加复杂；此外，与广告等无形资产投资一样，研发投资具有沉没性、不可分性。技术投资区别于实物投资和其他无形资产投资的根本规定性，在于技术投资的不完全可收益性。技术创新的可收益性，即创新者保障新技术不被模仿的能力，是技术创新者将创新实现的经济收益内部化的能力。技术创新的私人收益和社会总收益的差距越小，可收益性越强。假设创新者 i 通过收益机制 j 实现的新技术的社会总收益为 $V_{ij}$，创新者从 $V_{ij}$ 可获得的私人收益为 $s_{ij}V_{ij}$，则系数 $s_{ij}$ 反映了创新者通过收益机制 j 从该新技术中可收益的程度，当 $s_{ij}=1$，达到完全可收益性。技术投资的不完全可收益性从根本上源于技术作为一种信息或知识产品的特殊经济学属性——公共产品性，即一旦新技术被供给，就具有了非竞争性和非排他性，结果技术供给者不能完全获取技术创新带来的收益，因而存在激励不足的问题（Arrow，1962）。从社会福利最大化的角度看，由于技术创新的私人收益低于社会收益，因此存在技术供给不足的问题，可收益性问题就是技术市场失败导致的技术创新的私人收益与社会收益的差异。需要说明的是，技术知识作为一种信息产品所具有的非排他性，并不是一种纯粹的非排他性，原因是技术创新者具有天然的、通过保密的形式排斥其他人使用创新知识的能力，技术知识的非排他性只是在技术交易的过程中才会体现出来。Arrow 对技术知识交易的特殊性给出了一个很好的抽象，即所谓的“披露困境”（dilemma of disclosure）：当创新者准备将新技术出售时，潜在购买者对技术的估价依赖于他对技术知识的了解，因为潜在购买者如果不了解新技术，相当于他甚至不知道自己将要购买的是何物；然而，一旦创新者将技术知识告诉购买者，则获得了技术知识的购买者实际上已经无需支付（Arrow，1962）。“披露困境”之所以影响创新者的可收益能力是因为创新者与其他主体对新技术的价值评价往往存在差异（一个可能的重要原因是不同主体将新技术商业化的能力不同），因此需要通过技术交易实现创新者的最大收益，而“披露困境”却导致了技术市场失败，技术市场失败进一步带来创新的可收益性问题。举例来说，如果创新者将新技术商业化可实现的收益为 $V_L$，存在其他主体 i 将该技术商业化可实现的收益为 $V_i$，其中最大可能实现收益为 $V_H$ 且 $V_H>V_L$；若不存在“披露困境”，则创新者完全可以通过拍卖机制（如荷兰式拍卖）实现最大经济收益 $V_H$ 而不是 $V_L$。因此，可以说，技术创新可收益性问题的根源在于技术知识所具有的两个属性，即非竞争性以及“披露困境”意义上的非排他性。

对于可收益性与企业创新激励的关系，学术界存在两种不同的观点。一种观点是传统的且至今仍占据主流地位的“单调递增关系”说，即可收益性越强，企业的创新激励越强。如 Nordhaus 在 1969 年提出的经典研究假设，反映创新者可收益程度的专利保护期 T 与反映企业创新激励的研发投入 C 呈单调递增关系。再如，郭晓玲等（2021）从市场竞争强度和市场动态性两个角度实证检验了不同市场竞争环境下买方市场势力对企业创新研发投入的影响，发现市场竞争程度越激烈，买方市场势力对创新研发投入产生的“促进激励效应”越明显；企业所处行业的市场动态性越高，买方市场势力对创新研发投入产生的“促进激励效应”越显著。另一种观点是以 Winter 和 Dosi 等演化经济学家为代表的“门槛效应”说（Winter，2006；Dosi 等，2006b；于建忠、陈燕红，2021）。他们认为，存在一个保证企业存在创新激励的最小可收益程度，一旦超过这个程度，进一步加强可收益程度并不能提高企业的创新激励。这一类观点的基本思想可以简单表述如下，假设创新者的研发成本为 $C_{ij}$，则创新利润为 $s_{ij}V_{ij}-C_{ij}$，对于一个给定的技术创新 $V_{ij}$ 是一个常数，因此只要存在收益机制 j 保证可收益程度 $s_{ij}$ 满足 $s_{ij}V_{ij}-C_{ij}>0$，企业就愿意支付技术投资 $C_{ij}$；但是从动态、连续的技术进步过程看，技术收益 $V_{ij}$ 则是由技术范式[①]特定的技术机会和企业的技术能力决定的（Winter，2006；Dosi

① 关于技术范式的详细讨论见（Dosi，1982）。

等，2006a）。虽然双方观点都没有得到强有力的经验支持，但目前关于技术创新的产业组织和最优专利设计研究基本上都接受“单调递增关系”的假设。

与可收益性和创新激励强度相关的一类研究是可收益性和企业创新绩效的研究，目前这方面的研究成果还很少见。Laursen 和 Salter（2005）的一项研究显示，企业对技术的保护与企业的绩效呈倒 U 型关系，即适度的技术保护提升企业的创新绩效，但过度提高技术创新的可收益性反而会损害企业的创新绩效。创新的开放性可能是解释这种关系的一个因素，即过度技术保护的企业采取封闭式的创新战略，因而无法从与其他创新主体的知识互换中获益；而适度技术保护的企业可以通过开放式创新获得更好的技术创新绩效（Laursen 和 Salter，2006）。另外的一种可能的解释是，可收益性并不是决定创新绩效的唯一因素，只有当企业的可收益能力与技术创新能力和技术开发应用能力协调互补时，收益能力才有意义（Reitzig 和 Puranam，2009；谭劲松和赵晓阳，2019）。

既然可收益性问题是抑制创新者技术投资激励的一个重要因素，为什么经济系统中又会普遍地存在企业的研发行为，而且技术竞争越来越成为企业最主要的竞争手段呢？原因是经济系统中存在某些机制可以在不同程度上解决技术投资的可收益性问题。技术创新的收益机制就是指那些能够提高创新者可收益性的各种制度安排和经济活动。本文在总结和吸收既有研究成果的基础上，将企业技术创新收益机制分为制度性收益机制（institutional appropriation mechanism）和策略性收益机制（strategic appropriation mechanism）。①

## 二　制度性收益机制

制度性收益机制主要指补贴、公共基金、奖金、政府采购和专利等能够提高技术创新者可收益性的公共制度安排②。对这些可能存在歧义的概念从理论上给出如下定义：补贴（subsidy）是政策实施者针对研发成本事前承诺向创新者提供补偿的机制，由于和创新成本挂钩，因此只要发生了研发投入的企业都可以获得补贴，补贴的一种常见形式是税收优惠。公共基金（public fund）或资助（grant）是政策实施者根据研发成本和未来创新可能创造的经济价值向创新者提供事前补偿的机制，政策实施者通常根据申请者发出的“信号”（如创新者历史的研发绩效、研发项目计划等）确定被补偿对象。奖金（prize）是政策实施者主要依据创新价值向创新者提供的事后补偿机制，奖金的规模通常与技术创新创造的、未被创新者内部化的社会价值相关。政府采购（government procurement）是指政策实施者事后向创新者提

① 本文中使用的收益机制概念也被称为“保护性机制”（protective mechanisms）（Liebeskind，1997），制度性收益机制在相关文献（如 Teece，1986）中也被称为“收益制度”。

② 当然，制度性收益机制的机理也完全适用于企业内部和其他组织中。

供的一个买卖合约，创新的价值和成本都会影响采购的价格，取决于合约规定的交易机制。专利是发明者事后获得的在有限期内排他性地利用技术进行生产、出售或使用（进行进一步的技术创新）的产权（Kitch，1998）。

以上定义中使用的“事前”和“事后”既指支付与创新在时间上的先后关系，但更本质上，指的是支付存在不确定性的强弱。例如，虽然补贴也可以在创新之后（现实中的补贴往往是在创新出现之后实施，如税收减免）实施，但由于存在有效的承诺机制，因此补贴可被视为一种事前的制度性收益机制。支付发生在事前还是事后，或者说支付是否存在不确定性，决定了是创新者还是政策实施者存在道德风险问题。如果支付发生在事后且政府没有提供相应的承诺机制，则政府存在道德风险问题，创新者可能承担道德风险。

**表 1　主要的制度性收益机制及其经济学特征**

| 制度性收益机制 | 特征维度 | | | |
|---|---|---|---|---|
| | 补偿指向 | 支付不确定性 | 补偿对象 | 补偿后的技术的所有权性质 |
| 补贴 | 成本 | 事前 | 研发投入者 | 私有 |
| 公共基金 | 可能发生的成本和可能创造的价值 | 事前 | 符合特定标准的可能的创新者 | 私有或公有 |
| 奖金 | 非内部化的社会价值 | 事后 | 符合特定标准的创新者 | 私有或公有 |
| 政府采购 | 成本和价值 | 事后 | 最有效的创新者 | 公有 |
| 专利 | 价值 | 事后 | 最早的创新者 | 私有 |

资料来源：作者整理。

### （一）事前支付的制度性收益机制

事前支付的制度性收益机制主要指补贴和资助制度。其中，补贴制度的合理性的理论基础在于，由于技术溢出意味着创新者对竞争者具有了正外部性，因此按照庇古经典的外部性思想，社会应该向竞争者进行补贴或提供基金资助。Spence（1984）认为，用庇古税的方法解决可收益性问题的好处在于可以降低进入壁垒、促进竞争、降低企业的利润率以及提高静态的配置效率。理论上，最优的补贴数量应该根据创新的私人收益和社会收益的差额确定，但由于收益测度的困难，实践中补贴往往以税收优惠的形式出现。补贴的一个重要特征是，补贴的数量通常与企业会计意义上的研发支出而不是技术的社会价值挂钩，然而除了那些会计师可测度的研发支出（如实验室建设费用等）外，技术创新所需的其他投入（如人力资本投资等）是很难观测和测度的（Cohen 和 Levin，1989；李文健、翁翕、龚六堂，2022），因此这也很自然地引出补贴制度的缺陷，即补贴会激励企业将资源更多地投向可测度的支出方面，从而扭曲企业的研发投资结构。不过，应千伟和何思怡（2021）也从补贴的验收扭曲机制与寻租扭曲机制两方面，验证了研发补贴影响企业创新策略选择的微观机理，论证了2013年开始的“研发后补助”政策有效地缓解了研发补贴对企业创新行为的扭曲。更主要的是，可收益性问题产生的根源是缺乏一个有效的技术市场，因此是需求而不是成本阻碍了创新。正因此，通常来说，相对于针对研发成本的补贴机制，促进技术市场形成的政府采购、专利等制度性收益机制更为有效。

与补贴主要依据研发成本确定补偿规模不同，从理论上讲，在公共基金或资助机制下，政府既可以根据技术项目可能发生的成本，也可以根据技术项目可能产生的社会价值确定资助规模。公共基金的政策实施者既可以是政府，也可以是其他主体。Stoneman（1991）就提出了一种更加有趣的公共基金方式——“征收 / 给予制度”（levy/grant system），该制度的基本内容是竞争者之间设立一个俱乐部基金，然后根据知识溢出产生的外部性的程度对受益者和创新者进行征收或补贴，这种补贴机制的一个好处在于可以避免资源配置的二次扭曲。相对于专利，公共基金的一个好处在于它并没有抑制技术的扩散（Geroski，1995）。由于补贴是一种事前支付机制，因此政府需要事前对受资助者进行筛选。在公共基金制度中，政策实施者通常根据申请者发出的“信号”（如历史的研发绩效等）确定被补偿对象。当信号博弈的均衡结果是分离均衡时，政策实施者可以有效地筛选可能的技术创新者；而当均衡结果是混同均衡时，公共基金制度不能甄别技术能力较低的企业，因此必须支付更高的成本。为了弥补信息不对称带来的成本，除了直接的监督以外，公共基金通常采用专家评议或同行评议的方式提高实施者对潜在的有效创新者的甄别能力，此外，政策实施者也可以采取事后惩罚机制，如一旦委托人出现机会主义行为，就将其永久性或在一段时间内禁止其基金申请的权力。公共基金的特点决定了，这种收益机制更多地适用于科研机构的基础研究项目，这是因为：首先，作为一种事前支付机制，公共基金可以解决研究者的融资问题，而基础研究人员和机构基本上没有能力通过内部融资解决研发的资金需求；其次，基础研究者通过策略性收益机制对基础研究实现创新收益的机会少、成本高，因而提高了公共基金作为一种事前支付机制的有效性；最后，虽然事前支付产生了创新者道德风险的可能性，但学术评价机制（一种声誉机制）可能降低道德风险的成本。当然，资助制度也可能存在一些严重的缺陷：首先，同补贴一样，公共基金也要求实施方对技术创新的私人收益和社会收益具有充分的信息和足够的计算能力；其次，公共基金虽然可以解决创新者的融资问题，但如果用于企业，则一旦资金被提供，被资助方很可能产生严重的道德风险；最后，公共基金这种制度安排最严重的问题在于，即便不考虑专家的寻租行为，仅仅通过专家或同行评议等选择机制和信号等事前的筛选机制，也并不能保证能够遴选出最有效（价值更大或成本更低）的创新者，相比之下，专利和结合了“竞赛机制”的奖金制度可以比较有效地解决这个问题（Scotchmer，2004）。

### （二）专利制度

非竞争性一方面意味着技术知识的共享（技术扩散）对于社会福利的提高是重要的；但另一方面，知识披露悖论及其导致的技术市场失败又会抑制创新者的信息披露动机，从而不利于技术扩散。因此，从全社会福利的角度看，制度性收益机制所需要解决的两个根本性问题是：一方面要能够提供足够的创新激励，鼓励原始创新；另一方面还要尽可能促进技术知识的扩散和采用。理论上讲，能够实现两种机制加总福利最大化的制度安排就是最好的制度性收益机制。专利的基本逻辑是通过界定创新者对知识的产权，提高创新者的创新激励，同时通过技术市场的形成促进知识的流动（Arora 等，2004）。

专利的本质和功能必须在考虑到其他收益机制的替代性和互补性的前提下才可能得以正确的理解。例如，寇宗来（2005）对最优专利设计的研究虽然考虑到了商业秘密是一种企业可选择的替代性收益机制，但由于其默认商业秘密是专利的唯一可选择机制，因而错误地得出“专利制度的本质是政府（社会计划者）向潜在创新者提供的一种‘机密交换契约’”的结论。“机密交换契约”并不能揭示专利制度区别于其他制度性收益机制的质的规定性，资助、奖励制度甚至政府采购制度都可以成为政府与创新者的“机密交换契约”。事实上，各类补偿制度的优势就在于它们能将创新知识引入公共领域。而以资助和奖励为主要收益机制的大学制度的合理性的理论基础，也是这些制度安排有利于基础科学知识的披露和扩散（Shavell 和 Ypersele，2001）。机密交换是专利制度的一个结果，专利的本质是界定了创新者对创新知识的私人产权（Kitch，1998），这种私人产权的外延包括自由交易权和排他性的使用权（Boldrin 和 Levine，2008）。这种产权相对于有形财产权的特征在于其有限的保护期（专利长度）和有限的保护范围（专利宽度），同时，无论是从“长度”还是“深度”的角度看，这种权利的范围都不能被清晰界定，产权的边界是模糊的（Teece，2003）。

专利作为一种制度性收益机制的独特优势有如下方面。（1）在该制度下，创新成本仅仅由那些购买创新技术的主体和消费了基于创新技术的产品的消费者承担，而在其他几乎所有的制度性收益机制下，补偿资金都由所有的纳税人承担，一些并未消费某些技术的纳税人至少部分地承担了这些技术的成本，也就是说，其他制度性收益机制都不是严格意义上的帕累托改进。（2）相比较事后支付的非专利制度性收益机制存在政府支付补偿的道德风险，在专利制度下，创新者可以更加明确地预期到创新收益，因此创新收益对企业的创新投入和创新效率的激励作用更强。（3）最主要的，在专利制度下，创新者的披露行为是激励相容的，因而这种制度更有效地利用了分散在市场中的技术信息。Gallini 和 Scotchmer 给出了一个专利优于其他策略性收益机制的必要条件。当技术项目的成本和收益都可观测时，奖金制度严格优于专利制度，因为按照项目价值支付补偿的奖金制度不仅为创新者提供了与专利同样的激励，而且避免了专利情况下垄断导致的福利损失。因此，专利制度有效的一个必要条件是，政府和企业存在关于技术项目的成本和收益至少某一方面的信息不对称。在专利制度下，企业可以充分利用它们的信息优势对技术项目进行更加有效的筛选。同时，即便企业作出错误的判断，也不需要所有的纳税人承担失败的成本，创新主体将承担错误决策的全部成本（Wright，1983；Gallini 和 Scotchmer，2002）。可以进一步证明，专利制度占优其他制度性收益机制的一个充分条件是，技术项目的成本和收益都不可观测（Scotchmer，1999a；Cornelli 和 Schankerman，1999；李文健、翁翕、龚六堂，2022）。（4）由于专利制度在信息方面的优势，这种制度也避免了在其他制度安排下企业与政府之间高昂的讨价还价成本。

当然，专利也不是一种绝对占优的制度性收益机制。从实证的角度看，专利作为一种制度性收益机制的局限性主要表现如下。（1）专利只能保护可解码的技术知识，即专利权客体的有限性[①]。专利给予发明者知识产权的原因和目的在于换取他对技术知识的披露：即发明者必须对发明进行足够细致的描述，使得该领域内的专业人员可以对技术知识得以理解和应用。对于那些不可解码的知识，发明者一方面没有能力将知识申请为专利，因为他无法对技术知识进行充分的描述，另一方面，他也没有动力将发明申请为专利，因为不可解码的知识隐含于发明者或组织中，这种知识具有天然的“排他性”，发明者没有必要为取得专利而支付额外的成本。（2）由于专利是一种事后的补偿机制，因此它无法解决技术创新的融资问题，对于那些需要正式的研发组织和大规模研发投入而又缺乏事前资金支持的创新而言，单纯的专利制度是无效的，需要资助等收益机制或者风险投资等融资机制的配合和补充。（3）由于专利只赋予创新者对技术的私人产权，因此获得专利的创新者还面临如何将技术转化为产品的问题，如果市场交易（如特许或战略合作）的成本太高，创新者就必须通过互补性资产的一体化来兑现创新的效益。（4）专利赋予创新者排他性的知识产权，意味着创新者有可能通过知识产权获得市场垄断力量[②]，从而导致静态的社会福利净损失。（5）由于竞争者之间关于对手创新效率的不完全信息，因此专利可能导致“浪费性的模仿”（wasteful imitation）（Gallini，1992），即便不存在浪费性的模仿，但由于信息不对称，专利制度下的投资企业数量和投资规模一般也不是最优的（Maurer 和 Scotchmer，2004）。（6）当技术具有累积性时，如果上游的科学发现（基础科学）过度地受到专利保护，则这种“限制性的使

① 法学领域关于专利权客体的讨论主要是从技术类型的角度展开的，如传统的专利客体主要包括机械、工业过程、物质组成等，而对于自然规律、自然现象和抽象想法等的发现则不在传统的专利权客体的范畴内。当然，随着计算机软件、信息技术和生物技术对既有的专利权客体外延的挑战，法学家也在重新定义恰当的专利权客体的范围。从经济学的角度看，每一类客体都可能包含可解码和不可解码的技术知识。

② Kitch 认为，专利的本质是界定了私人产权而不是赋予垄断权，他特别强调，专利只是有可能、而不是必然导致产品市场的垄断（Kitch，1986）。

用”会阻碍技术的进步（Merges 和 Nelson，1990；Nelson，2004）。（7）企业的策略性行为带来的福利损失可能大大抵消专利的创新激励作用，例如在生物科技和半导体等复杂技术产业，一个产品往往包含多项被不同所有者拥有专利权的技术元素，这种“专利丛林”现象（Shapiro，2001）使得产品开发和技术项目的推进常常因为多个专利所有者的谈判失败而告终，即出现所谓的“反对公共物品的悲剧”（Heller 和 Eisenberg，1998）。不仅如此，当在位者通过“交叉许可”进行技术交易时，专利实际上为企业提供了阻止新企业进入的垄断性寡占租金，而不是创新租金。正因为专利作为一种收益机制存在诸多缺陷，一些学者认为，无论是对企业还是对社会来说，专利的有效性都是有边界的。Bessen 和 Maskin 的研究发现，计算机和半导体行业虽然是过去 40 年里最有创新活力的行业，然而这两个行业却并没有强的专利保护（Bessen 和 Maskin，2009）。Mansfield 的研究表明，专利保护对于至少 3/4 的专利技术而言是不重要的，缺乏专利保护对于大多数部门的大多数企业的影响微乎其微（Mansfield，1981；1986）。Boldrin 和 Levine 的观点更为激进，他们认为，从历史上看，大多数的技术创新都是在没有专利和版权等知识产权保护的情况下产生的，专利在大多数产业的初创期和新产品层出不穷的时候都没有起到作用（Boldrin 和 Levine，2008）。

### （三）非专利的事后支付制度性收益机制

事后的非专利制度性收益机制主要是奖金制度和政府采购制度。Scotchmer 进一步将奖金制度分为“目标奖金”（targeted prizes）和“蓝天奖金”（blue-sky prizes）两类，前者是指政府可以在事前明确设定技术标准并在事后根据设定的技术标准支付奖金的制度，后者是指事前只能描述需求而不能具体设定标准、只能在事后根据观测的价值确定奖金规模的制度（Scotchmer，2004）。可见，二者的区别在于政策实施者获得价值信息的时点，当然，行动顺序和信息结构的差异会影响参与人的激励。与其他制度性收益机制相比，奖金制度的优点在于：（1）与专利相比，如果政府在契约条款中规定在获得奖金后创新者并不享有对技术的类似于专利的排他性产权，即技术知识必须置于公共领域，则奖金制度可以有效地避免专利面临的福利净损失问题；（2）相对于资助制度，奖金制度可以有效地解决“授权”问题（Scotchmer，1999b），即政府可以设定标准只选择那些最有效的创新者进行补偿，而一旦预期到政府的补偿标准，只有最有效的研究者才会投资该技术项目，从而有效避免了专利具有的“浪费性模仿”问题；（3）当一项技术发明很容易被竞争者以“擦边球式的发明”（invent around）来规避专利侵权诉讼时，专利制度实际上是失效的，即专利制度并不能有效地界定私人产权，这时奖金制度是一种更优的安排。可见，理论上讲，奖金制度相对于其他的制度性收益机制具有独特的优势，然而奖金制度的有效性严重依赖于两个因素：一是奖金支付的可置信性；二是政策实施者如何获得技术项目的价值信息。如果产出和支付不能同时实现，就可能产生道德风险问题。在资助情形下，由于资助的补偿支付发生在创新之前，因此道德风险存在于创新者一方；而对于奖金制度，由于补偿支付发生在创新之后，因此道德风险存在于补偿支付者一方。因此，为了提高奖金制度的有效性，政府必须通过制度性安排保证奖金支付的可置信程度。

在政策实施者可以获得技术的社会价值的情况下，奖金制度占优专利制度（Wright，1983；Shavell 和 Ypersle，2001）。政策实施者获得技术的社会价值的机制主要包括：（1）最简单的，直接根据特定的技术标准对技术项目进行价值评估；（2）奖金规模可以根据事后获得的销售数据或其他可以反映创新价值的指标来确定（Shavell 和 Ypersle，2001）；（3）Kremer 提出了一种专利支持的奖金制度，在这种机制下，政策实施者将技术的事后拍卖价值作为企业的社会价值，并据此对创新者进行奖励（Kremer，1998）。这些机制面临的共同问题是，在现实的经济系统中，大量的技术创新社会价值的发现过程是一个持续的、具有不确定性的变化过程，相应地，价值评估机制必须具有可调整性。然而即便不考虑反复评估的成本，仅仅考虑到支付方和创新者的道德风险问题，则奖金机制也很难实现动态调整。也正因此，现实中，奖金制度并不是相对于专利制度绝对占优的。

与奖金制度类似的一种制度性收益机制是政府采购制度。为了说明两种机制在经济学内涵上的差异，需要首先说明创新效率概念所包含的两个相互影响的维度：创新成本和创新速度。高的创新效率意味着更低的创新成本和更快的创新速度，但是，由于为了获得更快的创新速度通常需要支付更高的研发成本，因此最优的创新效率通常是两个维度的权衡。由于专利权和奖金制度是将技术创新收益赋予最先实现创新的企业，因此这两种制度获得的创新效率实际上仅仅是创新速度意义上的，而不是实现了社会福利最大化的最优创新成本和创新速度的均衡水平。这个问题在专利制度下更严重，特别的是，如果市场只能容纳一个厂商，则实际投资的是创新速度最快的而不是成本最低的厂商。采购制度既可以将补偿支付给最先实现创新的企业，也可以赋予以最低成本实现了创新的企业。如果政府采购的对象是前者，则政府采购与奖金制度就没有本质的区别；如果采购的对象是以最低成本实现达到事先设定的技术标准的创新企业，则创新收益由最低成本投资者获得。理论上，如果政府具有足够的能力计算出最优的创新成本和收益，则可以通过采购机制将投资权拍卖给最有效率的企业。虽然在政府具有足够计算能力的条件下，奖金制度也可以实现最优效率，但如果不通过拍卖机制显示竞争者的真实效率水平，则奖金制度会导致像专利一样的浪费性模仿问题。此外，由于奖金、政府采购和专利都是事后支付机制，因此这些制度性收益机制面临的一个共同的问题是，创新者都必须（至少部分地）解决研发投入的融资问题。

**（四）衍生性的制度性收益机制**

前面介绍的各种收益机制是理论上存在的纯粹的收益机制，现实中还大量存在基于纯粹收益机制的衍生性收益机制。衍生性的制度性收益机制，也称为“混合激励”（hybrid incentive）（Maurer 和 Scotchmer，2004）。近年来机制设计理论的发展大大推进了衍生性的制度性收益机制的研究。Kremer（1998）提出一种结合了奖金制度和专利制度的所谓“专利买断”（patent buy-out）制度。专利买断的基本安排是，政府以奖金的形式购买创新者技术的同时还获得对技术的专利权，然后由政府对技术专利进行拍卖，但政府只以某个较小的概率真正将专利权出售给出价最高的投标者，在多数情况下，政府会将技术投入公共领域。Kremer 进一步证明，即便只有很小的概率竞得专利权，但投标者也会给出对技术的真实估价，而这种竞争性的拍卖可以比较好地反映技术的社会价值。专利买断在理论上很好地克服了奖金制度和专利制度的两个严重缺陷，同时又保留了奖金和专利这两种机制的优势，即一方面，通过事后的拍卖，政府可以获得技术的价值信息，从而将奖金规模与创新技术的价值挂钩；另一方面，通过买断，政府实际上成为新技术的专利所有者，通过将技术投入公共领域，也就是将技术免费公开化，可以解决专利制度的净损失问题。虽然专利买断机制理论上接近完美，但这种制度可能遇到操作中的严重困难，即既然政府按照竞标价格作为奖金支付给创新者而竞标者又只有很小的概率真正竞得专利权，则创新企业自己可能（或通过关联企业的形式间接）参与或者和竞标企业合谋竞标，并给出高于实际价值的投标价格，如果政府不能有效地控制这两种机会主义行为，则这种制度实际上是低效的。特别的是，如果技术创新的数量越多，这种制度的操作性越差。也正因此，专利买断可能更适用于个别的大型技术项目。

Maurer 和 Scotchmer 提出一种复合了专利和补贴制度的所谓“匹配基金”（matching fund）制度（Maurer 和 Scotchmer，2004），这种收益机制可以矫正单纯专利制度下私人部门的创新投资不足的问题。在专利制度下，假设创新技术的社会价值为 V，如果企业付出投资成本 c 且实现创新则能够在获得专利权后从社会价值中获得的利润为 $\pi V$，$0<\pi<1$，专利制度的一个缺陷在于如果 $\pi V<c$，即便 $V>c$，企业也不会对这个可以改进社会福利的技术项目进行投资。针对这种情况，Maurer 和 Scotchmer（2004）提出，如果在赋予创新者专利的同时，政府能够对创新者额外提供一个补贴 s，由于创新收益的增加，更多的具有正的社会福利的技术项目会被私人部门投资，同时又避免了单纯的补贴制度所带来的问题。匹配基金是私人部门和公共部门共同参与的一种混合激励机制，对于需要巨额研发投入的大型科技项目尤为适用。

匹配基金和专利买断制度都是从简单的制度性收益机制复合衍生得出的，Boldrin 和 Levine（2008）一项关于专利制度的研究对于衍生收益制度设计则极具启发性。该研究认为，专利制度实际上赋予创新者两种不同的权利：技术交易权和排他性使用权——其称第二种权利为“知识垄断权”。虽然技术交易权促进了技术知识的扩散，但排他性使用权导致静态的效率损失，因此专利权应当只包含交易权而不包含垄断权。

笔者认为，Kremer（1998）与 Boldrin 和 Levine（2008）的研究实际上揭示出了两种完全不同的衍生性的制度性收益机制的设计思路：Kremer 提出的专利买断是将奖金制度、专利制度和拍卖制度进行了“复合”，这种复合的好处在于，它在充分利用奖金和专利制度的优势的同时也避免了这两种制度的缺陷；而 Boldrin 和 Levine 提出的改进的专利制度的思路实际上是对专利包含的权利束进行了“分离”，如果权利束包含的各项权利是可以独立运行的，则那些降低社会福利的权利应该从该制度中剔除。

**（五）各种制度性收益机制的比较**

本质上，各种制度性收益机制是政府与创新者（或潜在创新者）签订的不同形式的契约。各种机制的区别在于契约中规定的交易标的和交易条款的差异。专利制度下，政府在事后以有限范围和有限期限的垄断权交换创新者关于新技术的信息披露，在其他制度安排下，政府交换的筹码可能分别是事前的一笔资助、事后的奖金或一个采购合同。此外，政府还可以在契约中对交易者的资格施加约束性条款，以提高资金和智力资本的使用效率。Scotchmer 提出了评价某种制度性收益机制的三个标准:（1）“决策标准”，即技术创新的社会价值是否高于创新成本;（2）“授权标准”，即是否选择最有效率的主体从事创新;（3）“基金标准”，即是否存在由于私人垄断定价导致的福利净损失（Scotchmer，1999b）。从一般的意义上讲，评价制度性收益机制的最主要的标准是这种机制能否充分地激励和利用分散在企业和个人等主体中的知识和创造性（Maurer 和 Scotchmer，2004），这意味着决策标准是评价制度性收益机制的最主要考虑。Gallini 等学者证明，纯粹的制度性收益机制都不能解决“汇总信息”（aggregating information）的问题，同时也根本不存在某种绝对占优的纯粹制度性收益机制。衍生性的制度性收益机制虽然部分地克服了某些纯粹收益机制的缺陷，但也不能在所有的环境下同时满足 Scotchmer 提出的三个标准，最优的制度性收益机制一定是环境特定的。另外，前面的介绍都假设了存在一个理想的、以社会福利最大化为目标函数的政府。当考虑到政府的自利动机时，就引入了制度性收益机制的政治经济学问题，由于政府在各种制度安排中的权力大小和范围的不同，可能导致的机会主义行为的形式也存在差异：在资助制度下，政府的资金配置可能受到私人部门寻租行为的扭曲；而在专利制度下，专利审批部门的机会主义行为可能导致“过度专利”。例如，即使在法制建设最为完善的美国，在专利局进行自负盈亏改革后，其专利批准的数量也出现了异常的快速增长（Jaffe 和 Lerner，2004）。

## 三 策略性收益机制

知识产权的基本逻辑是通过赋予具有非排他性的技术知识以私人产权从而起到创新激励的作用，但知识本身以及知识产权的性质决定了，首先，知识产权必然不可能成为像有形资产产权那样完整的私人产权（Teece，2006）；其次，由于存在 Nordhaus 意义上的创新激励与垄断福利损失的权衡，因此专利保护的长度是有限的。然而，大量的经验研究表明，知识产权的不完整性并没有扼杀经济系统的创新活力。在制度性收益机制很弱的情况下，某些特定层次的经济系统仍然表现出旺盛的创新活力①。显然，仅仅用制度性收益机制无法解释在制度性收益机制出现以前那些重大科学技术发明为什么会出现，以及制度性收益机制出现以后那些最具创新活力的产业和企业为什么并没有完全依赖制度性收益机制获得创新收益，甚至有相当数量的创新者根本就没有将专利等制度性收益机制作为最主要的获取创新收益的手段等问题。答案是，制度性收益机制并不是经济系统中唯一的甚至是主要的收益机制。按照“科斯定理”的逻辑，当政府作为第三方提供的制度安排不能很好地解决技术创新的外部性和创新投资不足问题而市场又确实在引导资源持续、大量地配置到技术创新活动中时，必然存在某些非政府的市场力量可以解决或部分地解决技术创新的可收益性问题。在创新研究文献中影响广泛的“耶鲁调研”（Yale survey）和“卡耐基－梅隆调研”（Carnegie Mellon survey）对这个推论给出了最直接的经验支持：基于美国的调查显示，专利保护并不总是技术创新最主要的收益机制，保密、先动优势和互补性资产等企业活动常常是更为有效的收益机制（Levin 等，1987；Cohen 等，2000）。②

企业将创新收益内部化的策略性行为早已有之，然而在经济学理论高度对这一问题进行抽象和分析的工作却远远落后于企业的实践。最早对策略性收益机制问题进行系统分析的经济学成果是 Teece 于 1986 年发表的一篇经典文章，其在文章中开宗明义：该文试图回答的问题是，给定弱的“收益制度”和技术创新，其创新者的企业如何从技术创新中获取利润（Teece，1986）。这篇开创性的研究成果将过去看似逻辑无关的技术创新问题统一到收益机制的标题下，从而大大拓展了技术创新研究者的视野。

① 关于相关的经验研究的详细综述可以参见 Cohen（1989；1995）、Dosi 等（2006a）、Boldrin 和 Levine（2008）等。

② 由于各国技术创新环境的差异，事实上，针对不同国家技术创新可收益性的经验研究并未就各种收益机制重要性的优序给出一致的结论，例如：Arundel 对欧洲 7 个国家的研究显示，先动优势被企业认为是最重要的收益机制（Arundel，2001）；Cohen 等学者对日本的研究显示，对于产品创新而言，先动优势、专利和制造能力被认为同等重要，商业秘密被认为是最不重要的，对于过程创新而言，互补性的制造能力被认为是最重要的（Cohen 等，2002）；Laursen 和 Salter 对英国制造业的研究结果表示，先动优势是最重要的，专利基本上也具有同等的有效性（Laursen 和 Salter，2005）；Hurmelinna-Laukkanen 和 Puumalainen 对芬兰企业的研究显示，先动优势和技术性保护措施最有效，知识产权和人力资源管理策略是相对低效的（Hurmelinna-Laukkanen 和 Puumalainen，2007）。即便对同一国家的经验研究也常常得出不同的结论，例如在对德国的经验研究中，Hipp 和 Herstatt 的研究显示长期的雇佣关系是最重要的（Hipp 和 Herstatt，2006），而 Blind 等的研究则显示先动优势是最重要的（Blind 等，2006）。

### （一）先动优势和承诺机制

SCP 范式下的古典产业组织研究中，研发投入本身就是进入壁垒，这种外生的市场结构可以保证企业从技术创新中获益。但显然，这种收益机制理论无法回应市场结构内生性的批评。新产业组织理论对可收益性问题给出的基于市场解决机制的解决方案依赖于“先动优势”和“承诺机制”两个概念。与技术创新的可收益性相关的先动优势主要涉及四个方面的内容，即学习效应、研发竞赛、网络效应和消费者转换成本。学习效应理论的要点在于其平均成本函数的结构为 $AC=f\left(\sum_{j=0}^{t}Q_j,t\right)$，且 $f$（·）对两个自变量的偏导数都是负的（Spence，1981），因此技术创新者可以通过增加产出（相对于短期决策）来获得最大的净现值。典型的“研发竞赛”理论假设技术领先程度是研发支出的增函数，更主要的是，假设技术竞争是在同一技术路径上的竞争，则创新领先者可以通过“专利先占”遏制竞争者的模仿和赶超（Gilbert 和 Newbery，1982）。当存在显著的正的网络外部性，即消费者的效用 U 和商品的使用量 N 存在函数关系 U=U（N）且 U'（N）>0 时，即便竞争者可以模仿创新者的技术，创新者也可以凭借其在产品市场的先动优势获得更高的市场份额和利润（Katz 和 Shapiro，1985）。虽然网络外部性本身并不是一种策略性的收益机制，但当存在网络外部性时，技术标准化战略可以提高技术的可收益性。Farrell 系统论述了网络外部性与可收益性的关系。他认为，技术标准实际上提供了一种类似于知识产权的保护机制，赋予了企业市场力量（Farrell，1995）。与网络外部性机理类似，正的消费者转换成本也可以使得企业获得未来期的折现利润。正的转换成本可能来自消费者为适应新产品而发生的交易成本和投资、供应商特定的学习成本、消费者对产品质量的不确定性（如对于经验物品）以及人为的或合约性的转换成本（Klemperer，1995）。先动优势作为一种收益机制通常面临来自以下几个方面的理论质疑：首先，先动者除了具有先动优势外，也具有先动劣势；其次，行动顺序是企业内生选择的结果，“企业并不能选择是否先行；先行机会是内生的……在这个内生的过程中，先行者的利润根本地来自企业的效率或运气，而不是‘先行’本身”（Lieberman 和 Montgomery，1988）；再次，先动优势理论基本上都已经预设了某些收益机制的有效性，例如，Spence 的理论要求学习是“排他性”的，而研发竞赛理论也假设了存在完全可以实现创新收益内部化的专利机制；最后，在考虑到互补性资产、资源和能力的作用时，先动并不能保证创新技术的可收益性（Teece，1986；Lieberman 和 Montgomery，1998）。综合这些观点可以判断，先动优势作为一种收益机制的有效性严重依赖于制度性收益机制或其他策略性收益机制有效性的条件。

“承诺”作为一种收益机制的思想在经典的 Stackelberg 模型已经有所体现，在这个简单的模型中，先动企业一旦拥有新技术并进行投资，则沉没性的投资可以保证，理性决策的后动企业即便完全模仿了新技术（具有与创新者完全的成本结构），也只能获得更小的市场份额和利润。Stiglitz 的一项研究提出，技术投资的沉没性质可以保证创新者的可收益性，他的模型将沉没的技术投资作为影响第二阶段 Bertrand 价格竞争的状态变量，只要沉没成本 $\varepsilon$ 和垄断利润 $\pi$ 满足 $0<\varepsilon<\pi$，就存在创新者获得利润 $\pi-\varepsilon$ 的子博弈精炼均衡结果（Stiglitz 等，1987）。笔者认为，承诺作为一种技术收益机制存在两方面的逻辑缺陷：（1）在 Stackelberg 模型中，沉没性投资发生在生产阶段，而创新者是否需要进行沉没性的市场性投资与其说是一种解决机制，不如说它本身就是一个需要解决的问题，当市场需求具有高度的不确定性时，如在主导产品出现以前，企业更倾向于减少沉没性的投资（Dixit 和 Pindyck，1994）；（2）在 Stiglitz 的模型中，承诺来源于技术投资本身的沉没性，但创新技术转化为市场价值还需要互补性资产的作用，而技术在各种资产的交易过程中能够获得多少收益还取决于由各类资产的属性所决定的议价能力（Teece，1986；2003）。

**（二）互补性资产**

Teece（1986）提出了一个重要的问题，即创新租金在技术商业化过程中如何在创新和商业化所需要的各类资产所有者之间进行分配，或者说，在考虑到互补性资产的情况下，给定技术创新和互补性资产的性质，创新者如何通过选择“一体化”或“非一体化”互补性资产的策略来实现利润最大化。其中互补性资产指的是“技术创新成功商业化所必需的能力或资产”，如制造能力、营销、服务等。当市场竞争进入主导设计出现以后的阶段，互补性资产、特别是专用性的互补性资产成为重要的竞争因素。按照资产的经济学属性，Teece 将互补性资产分为三类，即通用性资产、专用性资产和互为专用性资产，后两类资产的区别在于它们与技术的关系分别是单边依赖和双边依赖的。由于 Teece 关注的对象是独立的技术创新，因此他的研究结论是，“一体化是一种审慎的选择”。原因是创新者通过一体化互补性资产提高可收益性必须同时满足比较苛刻的条件：（1）政策性收益机制提供的保护作用是弱的；（2）互补性资产是专用性的；（3）互补性资产是重要的（Teece，1986；2006）。Teece 最早正式地提出技术创新的可收益性问题，从而开辟了经济学研究技术创新问题的一个重要领域，同时他所采用的互补性资产和基于交易费用经济学的分析工具也是强有力的。当然，也可以说 Teece 的思想实际上是 Penrose 的“企业是资产的集合”的思想和 Williamson 的“资产专用性”思想的综合和应用，从这个角度看，他所提出的问题甚至比他提供的解决方法更具启发性。

近年来，针对层出不穷的现实问题，学者们继续从不同的角度对互补性资产研究进行拓展。Pisano 研究了一种多技术投入的情况，企业不仅可以通过互补性资产实现技术的可收益性，而且可以通过互补性技术以及基于互补性技术的产品实现创新的可收益性，而这种收益机制的一个极端情形是——企业甚至人为地弱化创新技术的（直接的）收益机制而通过互补性技术间接实现创新收益[①]（Pisano，2006）。Jacobides 等人则将互为专用性进一步细分为“互补性”（complementarity）和“流动性”（mobility），其中，互补性影响新创造价值的规模，流动性影响各类资产的议价能力，企业选择非一体化的一个充分条件是企业可以同时加强互补性资产的互补性和流动性，同时，他们的分析层次也从 Teece 的互补性资产（企业内的分工）拓展到“产业架构”（产业内的分工和价值链）的层次（Jacobides 等，2006）。在考虑到产业架构和多种中间投入的因素后，如果知识产权保护强度给定，则在模块化产业架构下，技术的稀缺性而不是创新的层次决定了创新的可收益性；在一体化架构下，系统层次的创新可以获得更高的可收益性，技术的稀缺性只是必要条件（Pisano 和 Teece，2007）。Chesbrough 针对中间技术市场兴起的现象，放松了 Teece 的“知识产权保护总是弱的”的假设，研究技术、知识产权和互补性资产分别为不同主体所有时的收益性问题，并提出了交叉许可、生产性资产剥离等非一体化的收益策略（Chesbrough，2008）。同样遵循 Teece 的交易费用思想，Geroski 关注问题的重点不是资产之间的议价和利润分配的问题，而是传统意义上的创新知识的溢出以及相关的竞争导致的租值耗散问题。他的研究认为，为了防止知识向上下游和竞争者外溢导致的收益外部化，创新者将采取垂直一体化和水平一体化（如合并、战略合作等）的组织安排（Geroski，1995）。他与 Teece 的区别在于，按照 Geroski 的逻辑，只要外部性问题是重要的，一体化就应该是一个合理的选择，而在 Teece 那里，可收益性问题总是严重的，但这并不必然导致一体化，只有在满足一系列附加条件的情况下一体化才是合理的。

### （三）保密

隐藏技术知识是最直接也是企业最常使用的策略性收益机制之一。特别是对于中小企业来说，由于专利等制度性收益机制的成本，它们常常更愿意通过商业秘密将创新收益内部化（Leiponen 和 Byma，2009）。企业对策略性收益机制的选择高度依赖于创新技术本身的性质，如在 Teece 的分析中，给定不同的创新技术性质，如隐含技术或可解码技术、独立技术或系统性技术，企业的最优收益机制反应是不同的。对于某些属性的技术（最典型的是软件技术），创新者可以通过单纯的技术性处理，如加密和密码认证，来降低技术产品（主要是在消费者中）的免费扩散。加密的本质是将可破译的技术转化为不可破译的技术，转化的方法是将可破译技术与不可破译技术捆绑，因此加密作为一种策略性收益机制的关键在于两个方面：一是原技术与加密技术对于其他主体而言是不可分离的；二是加密技术对于其他主体而言是很难破译的。加密有效性的这两个条件意味着加密很难应用于制造业产品，因为很难设

---

① Pisano 的思想实际上是具有战略互补性的“多市场竞争”在可收益性问题上的一个应用（Bulow 等，1985）。

计出能够与实体物品有效捆绑的加密技术。此外，当创新技术作为不可解码的隐含知识存在时，创新技术可以而且只能以商业秘密的形式存在于组织中。由于技术的可收益性受到知识隐含性的影响，因此当知识的隐含性随着产业发展呈现动态性时，企业的最优收益机制也会相应进行动态调整。比如，当处于产业发展初期技术成熟度较低时，商业秘密对于技术保护更加有效；但当技术发展进入成熟阶段，技术知识更易于解码表达时，专利则被更多地采用（Saviotti，1998）。需要进一步说明的是，虽然隐含性本身解决了知识的非排他性问题，但相应地，技术知识此时由于不可定价也失去了可交易性（Arrow，1962），这时技术创新者不能通过直接的技术交易获益，而必须将保密技术嵌入其他技术或将保密技术转化为产品来创造收益，因此，技术的隐含性和商业秘密策略并不能保证解决 Teece 提出的要素间的讨价还价问题。当企业的隐含知识同时也是一种集体性的知识（组织中某个人掌握的知识的价值同时依赖于组织中其他人掌握的知识）时，企业对技术创新的保护会更加容易。正因如此，有些企业会在组织结构设计中通过“结构性的分离”（structural isolation）使组织知识“片段化”，如企业故意将不同的研发单元在空间布局上远离分割，使每个单元的技术知识相对于其他单元成为商业秘密，以此提高技术外泄的成本（Liebeskind，1997）。

### （四）逆向套牢和人力资源策略

以上关于策略性收益机制的分析都没有区分发明者与企业，因而发明者的可收益性问题就是其所在的企业的可收益性问题，然而创新知识作为一种人力资本往往与发明者（或团队）不可分割，这时企业和发明者作为不同的主体都面临可收益性问题，笔者将这种情况下的可收益性问题进一步分解为两个问题：一是从发明者的角度看，发明者和其他要素所有者在联盟博弈的情况下创新利润如何分配的问题；二是从企业的角度看，由于联盟博弈的参与约束并不能保证总是满足的，如发明者可能携带创新知识通过再就业或创业导致创新知识从原企业的“漏出”，因此企业必须通过可能的恰当的策略性行为将自己对创新技术的法律所有权转化为经济上的所有权，从而保证创新收益内化于企业。目前经济学对这两个问题的讨论主要集中在“逆向套牢”（Reverse-holdup）和人力资源策略两个方面。逆向套牢讲的是企业可以向发明者发出威胁：一旦发明者离开企业并导致创新知识的溢出，则原企业将利用掌握的该创新技术与发明者进行竞争，逆向套牢有效的一个关键假设是企业已经掌握了技术知识，即存在正的概率发生技术的内部溢出，内部溢出的原因可能是发明者在技术创新过程中与其他的员工存在知识交流，也可能是因为部分技术知识已经以论文或试验报告等编码形式存在于企业中（Anton 和 Yao，1994）。对人力资源的控制是企业保护智力资本的重要方式（Baughn 等，1997），这些提高技术可收益性的人力资源管理手段包括控制性机制和激励性机制两大类。控制性机制包括劳动合同中的非竞争条款、长期雇员合同以及降低关键技术人员流动性的报酬机制（Rousseau 和 Wade-Benzoni，1994）、将关键技术装备和某些特定研发人员进行分隔、对研发人员的对外交流活动进行监督和控制（Liebeskind，1997），等等。激励性机制包括赋予研发人员更多的研发自由度从而使其获得更大的自我价值和“内在激励”、对关键技术人员给予强的报酬机制（包括给核心研发人员产权，其极端形式是让核心研发人员对企业进行收购）（Liebeskind，1997）、授权以激励核心研发人员更多地显示私人信息（Gambardella 等，2009），等等。当信息严重不对称时，激励性机制相对更加有效。

以上介绍的企业策略性收益机制并没有包含现实和理论中所有的策略性收益机制。例如，在制度性收益机制和以上策略性收益机制的可收益性都较弱的时候，如果技术创新是可以连续的且市场结构是寡占的，则企业还可以通过“有计划的淘汰”（planned obolescence）策略，即故意降低创新产品的耐用性，来最大化自己的创新收益（Rangnekar，2002）。与制度性收益机制类似，企业的策略性收益机制之间也存在替代性。Jensen 等人的研究就表明，重视内部研发的企业更倾向于使用商业秘密或专利的方式从技术创新中获利，而那些更重视开放式创新的企业则更倾向于通过先动优势和互补性资产从技术创新中获利（Jensen 和 Webster，2009）。另外，制度性收益机制和策略性收益机制之间也存在战略替代或战略互补关系。Gelabert 等学者的研究表明，技术创新的可收益性越强，政府的研发补贴对企业内部研发支出的激励作用就越弱，政府给企业技术创新提供的公共支持对于那些策略性收益机制并不有效的企业而言是最有效的（Gelabert 等，2009）；当专利保护有效时，企业更倾向于非一体化和专业化；当专利保护相对无效时，企业更倾向于将互补性资产进行一体化和多元化（Arora 和 Merges，2004）；又如，考虑到策略性收益机制因创新个体和技术环境而异，最优专利制度的设计应该更有“弹性”，比如引入“专利展期”制度，既将专利保护期缩短，每次保护期结束后原专利持有人都需要重新提出申请以获得下一个时期的专利保护（Cornelli 和 Schankerman，1999）。

## 四　未来研究方向

开放源和中间技术市场等更加复杂的知识分工形式的不断涌现，使得可收益性和收益机制问题迄今仍是技术创新研究中最具挑战性、最活跃的领域之一。近年来学术界将各种收益机制置于更一般的框架下进行全面分析和理解技术创新问题的趋势越来越明显。在这种背景下，未来该领域在以下两个方向的突破尤为重要：一是考虑到企业策略性收益机制的最优制度性收益机制设计问题，如最优研发补贴（李世奇、朱平芳、廖辉，2022；蔡建湖、贾利爽、吴昶、寿涌毅，2022；赖烽辉、李善民、王大中，2021；王光，2021）和最优专利设计（陈资灿，2021；韩成芳，2021；邓雨亭、李黎明；2021；毛昊，2020）；二是基于实践的变化，从理论上进一步探索更加合理的衍生性制度性收益机制（林志帆、杜金岷、龙晓旋，2021；尹志锋、叶静怡、黄阳华、秦雪征，2013）。目前学术界关于第一个问题的讨论才刚刚开始，关于第二个问题的研究也方兴未艾，两个领域的研究都提供了丰富的理论拓展机会。

从第一个方向看，由于策略性收益机制的存在，专利作为一种正式的制度性机制很可能给创新者提供了过度的激励（Maurer 和 Scotchmer，2004），因此，对最优专利的研究必须考虑到企业在技术创新中的策略性行为。近年来基因体和开放源软件领域的经验就显示，企业在决策过程中常常是将互补性资产视为给定，并尽可能通过策略性行为影响制度性收益机制以最大化技术资产和互补性资产的价值（Pisano，2006）。

关于第二个方向的研究，笔者认为，前面介绍的 Kremer 提出的“权利复合”的设计思路以及 Boldrin 和 Levine 提出的“权利分离”的设计思路是进一步拓展衍生性制度收益机制设计的重要方向。收益性视角对于进一步推进我国的技术创新研究也具有重要的意义。由于我国的政策环境以及企业的技术创新行为和创新能力的差异性，最优知识产权设计、最优科技政策和企业创新战略都需要纳入新“发展性”和“制度性”的因素。

## 参考文献


[1] Aghion, P., Howitt, P., “A Model of Growth through Creative Destruction”, *Econometrica*, Vol.60 (2), 1992, pp.323-351.

[2] Anton, J. J., Yao, D. A., “Expropriation and Inventions: Appropriable Rents in the Absence of Property Rights”, *American Economic Review*, Vol.84 (1), 1994, pp.190-209.

[3] Arora, A., Merges, R. P., “Specialized Supply Firms, Property Rights and Firm Boundaries”, *Industrial and Corporate Change*, Vol.13 (3), 2004, pp.451-475.

[4] Arrow, K., “Economic Welfare and the Allocation of Resources for Invention”, In Nelson, R., (ed.), *The Rate and Direction of Economic Activity*, Princeton University Press, 1962.

[5] Arundel, A., “The Relative Effectiveness of Patents and Secrecy for Appropriation”, *Research Policy*, Vol.30 (4), 2001, pp.611-624.

[6] Baughn, Johannes G., Christopher, C., “Protecting Intellectual Capital in International Alliances”, *Journal of World Business*, Vol.32 (2), 1997, pp.103-117.

[7] Bessen, J., Maskin, E., “Sequential Innovation, Patents, and Imitation”, *RAND Journal of Economics*, Vol.40 (4), 2009, pp.611-635.

[8] Blind, K., Edler, J., Frietsch, R., Schmoch, U., “Motives to Patent: Empirical Evidence from Germany”, *Research Policy*, Vol.35 (5), 2006, pp.655-672.

[9] Boldrin, M., Levine, D. K., *Against Intellectual Monopoly*, Cambridge University Press, 2008.

[10] Brouwer, E., Kleinknecht, A., "Innovative Output, and a Firm's Propensity to Patent: An Exploration of CIS Micro Data", *Research Policy*, Vol.28 (6), 1999, pp.615-624.

[11] Bulow, J. I., Geanakoplos, J. D., Klemperer, P. D., "Multimarket Oligopoly: Strategic Substitutes and Complements", *Journal of Political Economy*, Vol.93 (3), 1985, pp.488-511.

[12] Chesbrough, H., "Orchestrating Appropriation", in Shane, S., (ed.) *Handbook of Technology and Innovation Management*, Wiley Press, 2008.

[13] Cohen, W. M., *Empirical Studies of Innovative Activity*, Basil Blackwell, 1995.

[14] Cohen, W. M., "Patents and Appropriation: Concerns and Evidence", *Journal of Technology Transfer*, Vol.30 (1), 2004, pp.57-71.

[15] Cohen, W. M., Goto, A., Nagata, A., Nelson, R. R., Walsh, J. P., "R&D Spillovers, Patents and the Incentives to Innovate in Japan and the United States", *Research Policy*, Vol.31 (8-9), 2002, pp.1349-1367.

[16] Cohen, W. M., Klepper, S., "A Reprise of Size and R&D", *Economic Journal*, Vol.106 (437), 1996, pp.925-951.

[17] Cohen, W. M., Levin, R. C., "Empirical Studies of Innovation and Market Structure", in Schmalensee R. and Willig R. (ed.), *Handbook of Industrial Organization*, North Holland, 1989.

[18] Cohen, W. M., Nelson, R. R., Walsh, J. P., "Protecting their Intellectual Assets: Appropriability Conditions and Why U.S. Manufacturing Firms Patent (or not)", NBER working paper, 2000.

[19] Cornelli, F., Schankerman, M., "Patent Renewals and R&D Incentives", *RAND Journal of Economics*, Vol.30 (2), 1999, pp.197-213.

[20] De Faria, P., Sofka, W., "Knowledge Protection Strategies of Multinational Firms", *Research Policy*, Vol.39 (7), 2010, pp.956-968.

[21] Dixit, A. K., Pindyck, R. S., *Investment under Uncertainty*, Princeton University Press, 1994.

[22] Dosi, G., "Technological Paradigms and Technological Trajectories", *Research Policy*, Vol.11 (3), 1982, pp.147-162.

[23] Dosi, G., Malerba, F., Ramello, G. B., Silva, F., "Information, Appropriability,

and the Generation of Innovative Knowledge: Four Decades after Arrow and Nelson", *Industrial and Corporate Change*, Vol.15 (6), 2006a, pp.891-901.

[24] Dosi, G., Marengo, L., Pasquali, C., "How Much should Society Fuel the Greed of Innovators?" *Research Policy*, Vol.35 (8), 2006b, pp.1110-1121.

[25] Farrell, J., "Arguments for Weaker Intellectual Property Protection in Network Industries", *Standard View*, Vol.3 (2), 1995, pp.46-49.

[26] Gallini, N. T., "Patent Policy and Costly Imitation", *RAND Journal of Economics*, Vol.23 (1), 1992, pp.52-63.

[27] Gallini, N., Scotchmer, S., "Intellectual Property: When is it the Best Incentive Mechanism?" *Innovation Policy and The Economy*, Vol.2, 2002, pp.51-78.

[28] Gambardella, A., Fosfuri, A., Arora, A., *Markets for Technology*, MIT Press, 2002.

[29] Gambardella, A., Giarratana, M. S., Panico, C., "How and When should Companies Retain their Human Capital Contracts", *Industrial and Corporate Change*, Vol.19 (1), 2009, pp.1-24.

[30] Gelabert, L., Fosfuri, A., Tribó, J. A., "Does the Effect of Public Support for R&D Depend on the Degree of Appropriability?" *Journal of Industrial Economics*, Vol.57 (4), 2009, pp.736-767.

[31] Geroski, P. A., "Do Spillovers Undermine the Incentive to Innovate", In S. Dowrick (ed.), *Economic Approaches to Innovation*, Elgar, 1995.

[32] Gilbert, R. J., Newbery, D. M. G., "Preemptive Patenting and the Persistence of Monopoly", *American Economic Review*, Vol.72 (3), 1982, pp.514-526.

[33] Heller, M. A., Eisenberg, R. S., "Can Patents Deter Innovation? The Anticommons in Biomedical Research", *Science*, Vol.280 (5364), 1998, p.698.

[34] Hipp, C. B., Herstatt, C., "Patterns of Innovation and Protection Activities within Service Companies", Working Paper No.45, Technische Universitat Hamburg-Harburg, 2006.

[35] Hurmelinna-Laukkanen, P., Puumalainen, K., "Nature and Dynamics of Appropriability", *R&D Management*, Vol.37 (2), 2007, pp.95-112.

[36] Jacobides, M. G., Knudsen, T., Augier, M., "Benefiting from Innovation", *Research Policy*, Vol.35 (8), 2006, pp.1200-1221.

[37] Jaffe, A. B., Lerner, J., *Innovation and its Discontents*, Princeton University Press, 2004.

[38] Jensen, P. H., Webster, E., "Knowledge Management: Does Capture Impede

Creation?" *Industrial and Corporate Change*, Vol.18（4）, 2009, pp.701-727.

[39] Katz, M. L., Shapiro, C., "Network Externalities, Competition, and Compatibility", *American Economic Review*, Vol.75（3）, 1985, pp.424-440.

[40] Kitch, E. W., "Patents: Monopolies or Property Rights?" *Research in Law and Economics: The Economics of Patents and Copyrights*, Vol.8, 1986, pp.31-49.

[41] Kitch, E. Patents, *Macmillan Reference*, 1998, p.3.

[42] Klemperer, P., "Markets with Consumer Switching Costs", *Quarterly Journal of Economics*, Vol.102（2）, 1987, pp.375-394.

[43] Klemperer, P., "Competition When Consumers Have Switching Costs", *Review of Economic Studies*, Vol.62（4）, 1995, pp.515-539.

[44] Kremer, M., "Patent Buyouts: A Mechanism for Encouraging Innovation", *Quarterly Journal of Economics*, Vol.113（4）, 1998, pp.1137-1167.

[45] Laursen, K., Salter, A., "My Precious: The Role of Appropriability Strategies in Shaping Innovative Performance", Danish Research Unit for Industrial Dynamics, Working Paper, 2005.

[46] Laursen, K., Salter, A., "Open for Innovation: The Role of Openness in Explaining Innovation Performance among UK Manufacturing Firms", *Strategic Management Journal*, Vol.27（2）, 2006, pp.131-150.

[47] Leiponen, A., Byma, J., "If You Cannot Block, You Better Run: Small Firms, Cooperative Innovation, and Appropriation Strategies", *Research Policy*, Vol.38（9）, 2009, pp.1478-1488.

[48] Levin, R. C., Klevorick, A. K., Nelson, R. R., Winter, S. G., Gilbert, R., Griliches, Z., "Appropriating the Returns from Industrial Research and Development", *Brookings Papers on Economic Activity*, Vol.3, 1987, pp.783-831.

[49] Levine, D. K., Boldrin, M., *Against Intellectual Monopoly*, Cambridge University Press, 2008.

[50] Lieberman, M. B., Montgomery, D. B., "First Mover Advantages", *Strategic Management Journal*, Vol.9（S1）, 1988, pp.41-58.

[51] Lieberman, M. B., Montgomery, D. B., "First Mover（dis）Advantages: Retrospective and Link with the Resource-based View", *Strategic Management Journal*, Vol.19（12）, 1998, pp.1111-1125.

[52] Liebeskind, J. P., "Keeping Organizational Secrets: Protective Institutional Mechanisms

and their Costs", *Industrial and Corporate Change*, Vol.6 (3), 1997, p.623.

[53] Mansfield, E., "Composition of R&D Expenditures: Relationship to Size of Firm, Concentration, and Innovative Output", *Review of Economics and Statistics*, Vol.63 (4), 1981, pp.610–615.

[54] Mansfield, E., "Patents and Innovation: An Empirical Study", *Management Science*, Vol.32 (2), 1986, pp.173–181.

[55] Maurer, S. M., Scotchmer, S., "Procuring Knowledge", in G. Libecap (ed.), *Advances in the Study of Entrepreneurship*, *Innovation and Growth*, Vol.15, Elsevier JAI, 2004.

[56] Merges, R. P., Menell, P. S., Lemley, M. A., *Intellectual Property in the New Technological Age*, Aspen Law & Business, 2003.

[57] Merges, R. P., Nelson, R. R., "On the Complex Economics of Patent Scope", *Columbia Law Review*, Vol.90 (4), 1990, pp.839–916.

[58] Nelson, R. R., "The Simple Economics of Basic Scientific Research", *Journal of Political Economy*, Vol.67 (3), 1959, pp.297–306.

[59] Nelson, R. R., "The Market Economy and the Scientific Commons", *Research Policy*, Vol.33 (3), 2004, pp.455–471.

[60] Nordhaus, W. D., *Invention Growth*, *and Welfare*, MIT Press, 1969.

[61] Pisano, G., "Profiting from Innovation and the Intellectual Property Revolution", *Research Policy*, Vol.35 (8), 2006, pp.1122–1130.

[62] Pisano, G., Teece, D., "How to Capture Value from Innovation: Shaping Intellectual Property and Industry Architecture", *California Management Review*, Vol.50 (1), 2007, pp.278–296.

[63] Rangnekar, D., "R&D Appropriability and Planned Obsolescence", *Industrial and Corporate Change*, Vol.11 (5), 2002, pp.1011–1029.

[64] Reitzig, M., Puranam, P., "Value Appropriation as an Organizational Capability: The Case of IP Protection through Patents", *Strategic Management Journal*, Vol.30 (7), 2009, pp.765–789.

[65] Rousseau, D. M., Wade-Benzoni, K. A., "Linking Strategy and Human Resource Practices", *Human Resource Management*, Vol.33 (3), 1994, pp.463–489.

[66] Saviotti, P. P., "On the Dynamics of Appropriability, of Tacit and of Codified Knowledge", *Research Policy*, Vol.26 (7), 1998, pp.843–856.

[67] Schumpeter, J. A., *Capitalism*, *Socialism and Democracy*, London: Allen and Unwin,

1943. 中译本见吴良健译，《资本主义、社会主义与民主》，商务印书馆 1999 年版。

[68] Scotchmer, S., "On the Optimality of the Patent Renewal System", *RAND Journal of Economics*, Vol.30 (2), 1999a, pp.181-196.

[69] Scotchmer, S., "Delegating Effort in a Common Value Project", IBER Working Paper, 1999b.

[70] Scotchmer, S., *Innovation and Incentives*, MIT Press, 2004.

[71] Shapiro, C., "Navigating the Patent Thicket: Cross Licenses, Patent Pools and Standard Setting", in. A. Jaffe, J. Lerner, and S. Stern. (ed.), *Innovation Policy and the Economy*, Vol.1, MIT Press, 2001.

[72] Shavell, S., Van Ypersele, T., "Rewards versus Intellectual Property Rights", *Journal of Law and Economics*, Vol.44 (2), 2001, pp.525-547.

[73] Spence, M., "The Learning Curve and Competition", *Bell Journal of Economics*, Vol.12 (1), 1981, pp.49-70.

[74] Spence, M., "Cost Reduction, Competition, and Industry Performance", *Econometrica*, Vol.52 (1), 1984, pp.101-121.

[75] Stiglitz, J. E., McFadden, D., Peltzman, S., "Technological Change, Sunk Costs, and Competition", *Brookings Papers on Economic Activity*, Vol.3, 1987, pp.883-947.

[76] Stoneman, P., "The Use of a Levy/grant System as an Alternative to Tax Based Incentives to R&D", *Research Policy*, Vol.20 (3), 1991, pp.195-201.

[77] Sutton, J., *Technology and Market Structure*, MIT Press, 1998.

[78] Teece, D. J., "Profiting from Technological Innovation: Implications for Integration, Collaboration, Licensing and Public Policy", *Research Policy*, Vol.15 (6), 1986, pp.285-305.

[79] Teece, D. J., "Reflections on Profiting from Innovation", *Research Policy*, Vol.35 (8), 2006, pp.1131-1146.

[80] Teece, D., "The Strategic Management of Technological and Intellectual Property", in D. Faulkner and A. Campbell (ed.), *Oxford Handbook of Strategy*, Oxford University Press, 2003.

[81] Tirole, J., *The Theory of Industrial Organization*, MIT Press, 1988.

[82] Winter, S. G., "The Logic of Appropriability: From Schumpeter to Arrow to Teece", *Research Policy*, Vol.35 (8), 2006, pp.1100-1106.

[83] Wright, B. D., "The Economics of Invention Incentives: Patents, Prizes, and Research

Contracts", *The American Economic Review*, Vol.73 (4), 1983, pp.691-707.
[84] 蔡建湖、贾利爽、吴昶、寿涌毅:《新能源汽车企业研发资金投入：财务冗余与政府补贴的不同调节作用》,《管理工程学报》2022 年第 5 期。
[85] 陈资灿:《对诺思关于专利制度推动英国工业革命的观点的质疑》,《自然辩证法通讯》2021 年第 9 期。
[86] 邓雨亭、李黎明:《面向国家创新体系的专利保护强度影响因素研究》,《科学学研究》2021 年第 7 期。
[87] 郭晓玲、李凯、石俊国:《买方市场势力、市场竞争环境与研发投入——基于高新技术上市公司的经验证据》,《科研管理》2021 年第 11 期。
[88] 韩成芳:《药品专利制度的现实困境及反思》,《科技进步与对策》2021 年第 15 期。
[89] 寇宗来:《专利制度的功能和绩效》，上海人民出版社 2005 年版。
[90] 赖烽辉、李善民、王大中:《企业融资约束下的政府研发补贴机制设计》,《经济研究》2021 年第 11 期。
[91] 李世奇、朱平芳、廖辉:《政府研发补贴能否带动企业研发投入？——基于企业规模和属性的双视角异质性分析》,《系统工程理论与实践》2022 年第 6 期。
[92] 李文健、翁翕、龚六堂:《政府如何激励创新？——基于委托—代理理论的研究》,《经济学（季刊)》2022 年第 2 期。
[93] 林志帆、杜金岷、龙晓旋:《股票流动性与中国企业创新策略：流水不腐还是洪水猛兽？》,《金融研究》2021 年第 3 期。
[94] 毛昊:《中国专利制度经济学：从学科融合到科学决策》,《科学学研究》2020 年第 11 期。
[95] 谭劲松、赵晓阳:《企业专利战略与环境匹配：前沿述评与展望》,《外国经济与管理》2019 年第 1 期。
[96] 王光:《补贴政策的经济分析——基于文献评述的视角》,《财政科学》2021 年第 8 期。
[97] 尹志锋、叶静怡、黄阳华、秦雪征:《知识产权保护与企业创新：传导机制及其检验》,《世界经济》2013 年第 12 期。
[98] 应千伟、何思怡:《政府研发补贴下的企业创新策略："滥竽充数"还是"精益求精"》,《南开管理评论》2022 年第 2 期。
[99] 于建忠、陈燕红:《政府补贴对企业研发投入的门槛效应——基于融资约束差异的视角》,《浙江社会科学》2021 年第 10 期。

（江鸿，中国社会科学院工业经济研究所）

# 数字创新管理：理论框架与未来研究

刘 洋 董久钰 魏 江

## 一 引言

随着诸如大数据、云计算、人工智能等数字技术逐步改变工业经济的根本，现代社会已经进入了数字化经济时代（Yoo et al.，2010）。在这一时代，数字技术改变了原有产品的基本型态、新产品生产过程的方式、商业模式和组织型态，甚至颠覆了许多创新理论的基本假设（Nambisan et al.，2017）。基于此，创新管理和信息系统领域的学者开始特别关注数字创新——定义为企业或者组织以数字技术为组成部分或支撑部分，对原有产品、流程或商业模式进行改变的过程（Yoo et al.，2012），并在顶级期刊诸如《组织科学》（*Organizational Science*）、《研究政策》（*Research Policy*）、《信息系统管理季刊》（*MIS Quarterly*）等多个特刊进行深入讨论。例如 Yoo 等（2012）强调要关注"数字经济时代的组织过程"这一主题，Nambisan 等（2019a）则就"创新和创业的数字化转型过程"组织了一个特刊，Nambisan 等（2017）组织了以"数字创新管理：在数字经济时代重塑创新管理研究"为主题的特刊。

作为全世界拥有最多互联网用户的国家，中国的数字市场和数字技术发展迅猛。2018 年中国数字经济规模超过 30 万亿元[①]，并涌现出阿里巴巴、华为等在数字应用市场和数字基础技术方面有着重大突破的企业。然而令人惊讶的是，除余江等（2017）首次对数字创新的内涵与特征进行了阐述外，国内学术期刊中有关数字创新的文献寥寥。相较而言，在国际期刊上以数字创新为主题的论文从 2010 年开始，特别是 2015 年开始激增，引发了广泛关注（参见图 1）。因此，十分有必要针对数字创新这一领域的文献进行系统梳理，推动国内创新管理研究者了解数字创新管理的核心研究主题、理论基础和未来研究方向。基于此，本文总结了 20 年来有关数字创新相关的文献，梳理现有数字创新相关研究进展，提出数字创新研究的理论框架，并阐述了未来可能的研究方向，以期引起更多中国学者关注和开展数字创新相关研究，为中国数字经济的发展贡献知识。

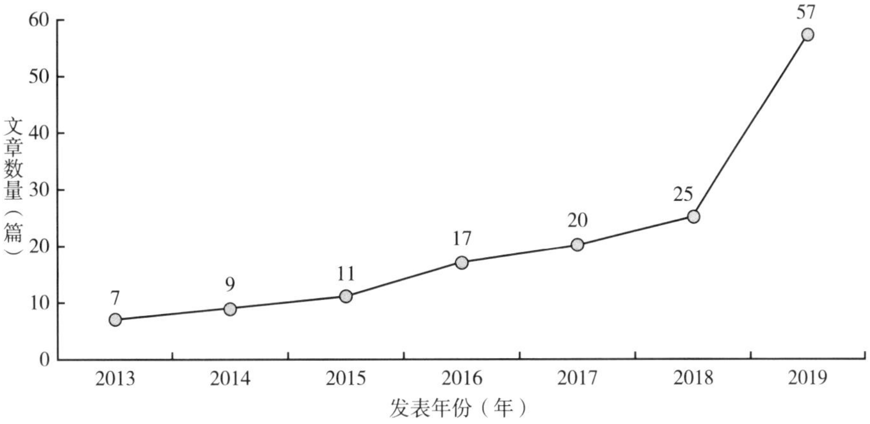


**图 1　2013—2019 年数字创新研究论文的发表趋势**

## 二　研究方法

根据本文的研究问题，本文选择标准抽样方法来确定文献范围。具体方法分为 5 个步骤。

第一，本文以 Web of Science 数据库为依据，着重于检索包括一般管理、创新管理和信息系统管理等领域的学术刊物。以“digital innovation”“digital platform”“digital architecture”“digital technology”“digital transformation”“disruptive technology”“digital ecosystem”等为关键词，分别以题目、摘要和关键词为依据在目标刊物中检索相关文章。

第二，分别阅读每篇文章摘要和全文，删除研究主题不符的文献，增加文献中被遗漏的参考文献，最终将符合条件的 1999—2019 年 188 篇文献作为分析对象。

第三，对 188 篇文献采用 VOS Viewer 软件进行了初步的计量分析。共词分析结果（参见附录图 1）显示 8 小类边界相对清晰的关键词聚类得以涌现：数字基础设施（包括信息系统、基础设施、技术架构等）、组织能力（包括吸收能力、敏捷性、知识管理等）、创新过程（包括采纳、实施等）、创新产品（包括数字转型、服务创新、自生长性、破坏式创新等）、商业模式（包括兼容性、数字生态系统、数字平台等）、数字技术（包括 AI、区块链、破坏性技术等）、合作创新（包括合作、搜索、开放式创新等）、组织双元（包括探索和利用、组织双元、战略管理等）等。

共引分析的结果（参见附录图 2）显示 4 大相对清晰的流派得以涌现：（1）组织过程视角下的数字创新研究，以 Yoo 等（2010，2012）以及 Tilson 等（2010）等为核心共引文献；（2）管理过程视角下的数字创新研究，以 Nambisan 等（2017）为核心共引文献；（3）平台视角下的数字创新研究，以 Tiwana 等（2010）以及 Gawer（2014）等为核心共引文献；（4）技术视角下，把数字创新看作一种破坏性创新的研究，以 Christensen 和 Bower（1996）以及

Christensen 和 Raynor（2003）为核心共引文献。

第四，在通过文献计量分析对数字创新管理领域的研究有一个全景图之后，我们对188篇文献进行内容编码。除了发表刊物、年份等基本信息外，我们根据 Webster 和 Watso（2002）的建议，在编码过程中主要侧重于文献类型、研究方法、理论基础、研究主题和核心研究发现等。在附录表1中我们展示了一些代表性论文的编码结果。

第五，根据计量分析的结果和编码结果，我们初步形成了研究流派，并深入阅读对应研究流派的所有文章，总结每个流派的核心观点，最后基于系统性综述的方法形成了数字创新管理的理论框架，并提出未来研究展望。当然，在整个以上5个步骤过程中，我们多次进行了迭代，例如，在深入阅读文献过程中发现有些参考文献被遗漏，我们会把这些遗漏文献重新加入进来回到第三步等。

## 三　数字创新的内涵及外延

### （一）数字创新的定义及特征

在开始阐述数字创新管理的理论框架之前，我们先对数字创新进行一个明确的界定。文献综述发现，学界对数字创新的定义有较多不同表述且各有侧重（见表1）。本文采用一个较为宽泛的定义，认为数字创新即在创新过程中采用信息（Information）、计算（Computing）、沟通（Communication）和连接（Connectivity）技术的组合，包括带来新的产品、生产过程改进、组织模式变革以及商业模式的创建和改变等（Yoo et al.，2010；Fichman et al.，2014；Nambisan et al.，2017；Bharadwaj et al.，2013）。这一定义包含3个核心要素：第一，数字技术。本文采用 Bharadwaj 等（2013）对数字技术的定义，认为其是信息、计算、沟通和连接技术的组合，例如包括大数据、云计算、区块链、物联网、人工智能、虚拟现实技术等（Vial，2019）②。第二，创新产出。为了更全面地进行综述，本文的定义把创新管理常用的创新产出，例如产品创新、过程创新、组织创新和商业模式创新均包含了进来。第三，创新过程。本文定义和一般创新过程定义的关键区别在于强调创新过程中对数字技术的应用。

基于本文定义，要厘清数字创新的特征需要回到数字技术本身的特征上来。数字技术本质上包含信息数字化和处理数据两个部分，其具有两个本质特征：数据同质化（Data homogenization）和可重新编程性（Reprogrammable functionality）（Ciriello et al.，2018；Yoo et al.，2010）。数据同质化特性是指数字技术把所有声音、图片等信息均操作为二进制数字0和1进行处理，在这个操作化的过程中，具有二进制特征的数据被同质化处理；而可重新编程性是指数字技术使得对数据进行处理的程序同样作为数据进行存储和处理，这一性质使得对程序的编辑或重新编程变得更加容易（Yoo et al.，2012）。而这两个本质属性使得数字技术具有可供性（Affordance），即不同的组织和个体可以利用同样的数字技术来实现不同的目的

（Yoo et al.，2010）。例如企业对用户在手机上使用社交媒体收集的大数据进行分析可以实现降低成本或者个性化定制等不同目的（Newell and Marabelli，2015；Yoo et al.，2012）。

**表 1　数字创新的代表性定义**

| 侧重点 | 定义 | 代表文献 |
|---|---|---|
| 聚焦于数字产品创新 | 数字创新指组合数字与物理成分以生产新产品的过程 | Yoo et al.（2010）；Lee and Berente（2012） |
| 强调创新的结果 | 数字创新指通过数字技术的使用创造出新的产品、商业流程以及商业模式 | Yoo et al.（2012） |
| 强调创新的结果和 IT 技术 | 数字创新指做出重大改变的产品、过程或者商业模式，是包含 IT 技术或被 IT 技术所支持的 | Fichman et al.（2014） |
| 强调创新的过程 | 数字创新指在创新的过程中运用数字技术 | Nambisan et al.（2017） |
| 强调数字技术、创新过程和创新结果 | 在创新过程中采用信息（information）、计算（computing）、交流（communication）和连接（connectivity）技术的组合，包括带来的新的产品、生产过程改进、组织模式变革以及商业模式的创建和改变等 | 本文定义 |

由于数字技术的数据同质性、可重新编程性和可供性，现有文献基本达成共识并认为数字创新有如下两个特性。第一，数字创新具有收敛性（Convergence）：数字创新使得产业边界、组织边界、部门边界甚至产品边界等变得模糊且重要性降低（Nambisan et al.，2017）。如，整合了数字技术和传统物理实体产品的智能产品突破了原有产品使用范围，新的数字化产品边界不再明确（Porter and Heppelmann，2014）。第二，数字创新具有自生长性（Generativity）：自生长性指由于数字技术是动态的、可自我参照的、可延展的、可编辑的，数字创新可以持续地不断改进、变化（Yoo et al.，2012；Ciriello et al.，2018）。最典型的例子是诸如 App 等数字产品可以根据用户的反馈及运营过程中出现的各种问题进行实时迭代创新。

### （二）数字创新的分类

基于我们的定义，根据创新产出的类型可以把数字创新进一步分为数字产品创新、数字过程创新、数字组织创新和数字商业模式创新。

（1）数字产品创新。数字产品创新指对特定市场来说非常新的产品或服务是包含数字技术，即信息、计算、沟通和连接技术的组合，或者被数字技术所支持。数字产品创新主要包含两大类：纯数字产品（例如 App）以及数字技术与物理部件相结合的产品（例如智能家居产品）（Boudreau，2012；Nylén and Holmström，2015）。纯数字产品的创新有如下 3 个主要特征：第一，纯数字产品的创新往往具有虚拟无限产品空间（Virtually infinite product space），也就是说数字技术的自生长性使得纯数字产品理论上在虚拟空间里可以进行无限次更新迭代（Boudreau，2012）。第二，由于数字技术的可重新编程性，纯数字产品可以针对不同的客户需求进行轻易地重新整合（Recombination）和重新使用（Reuse）（Yoo et al.，2010）。第三，纯数字产品的创新极大依赖于数字基础设施（例如网络、数字创新平台等）的发展和支持。

而另一类数字创新是通过将物理部件与数字部件相结合进而改变了产品的体系架构，使其具有数字实体特性（Digital materiality）（Lyytinen et al.，2016）。例如，智能产品一般包含3个部分：物理部件（例如传统机械部件）、数字部件（例如软件应用）和互联部件（例如无线连接协议）。数字部件和物理部件的结合让物理部件本身的价值得以强化，互联部件则让产品有可能连接到互联网上所有相关信息和基础设施进而提升智能产品的价值（Porter and Heppelmann，2014）。基于此，智能产品创新有如下4个方面的特征：第一，智能产品的创新需要组织建立一整套全新的技术基础设施，这一基础设施包括产品硬件、软件应用、通讯系统以及产品云等（Porter and Heppelmann，2014）。第二，智能产品的创新模糊了不同类别产品的边界，呈现出数字创新的收敛性（Yoo et al.，2010）。第三，智能产品的创新过程需要拥有不同知识主体的人员共同参与（Nambisan et al.，2017）。第四，企业在生产智能产品的过程中强调组织现有战略与数字战略的协同（Alignment）（Dremel et al.，2017；Yeow et al.，2018；Forman and van Zeebroeck，2018）。

（2）数字过程创新。数字过程创新指数字技术（即信息、计算、沟通和连接技术的组合）的应用改善甚至重构了原有创新的流程框架。在数字经济时代，创意产生、产品开发、产品试制与制造以及物流和销售等环节都可能被数字技术所颠覆（Austin et al.，2012；Franke and Hippel，2003；Huang et al.，2017；Lyytinen et al.，2016；Nylén and Holmström，2019）。例如，在产品研发阶段，数字仿真以及数字孪生技术的支持使得企业研发成本大大降低（Lyytinen et al.，2016）；物联网技术的支持使得企业生产流程各环节变得十分透明；客户能够通过虚拟客户环境（VCEs）参与包括产品构思、产品设计和开发、产品测试、产品营销和传播以及产品支持等价值创造活动（Nambisan et al.，2017）。数字过程创新总体上有如下3个方面的特征：第一，数字过程创新的时间和空间边界变得模糊（Nambisan et al.，2017），例如，Boland等（2007）发现3D技术的使用让不同的参与者在不同时间和地点可以参与创新过程。第二，数字技术让过程创新和产品创新之间的边界变得模糊（Nambisan et al.，2017）。第三，数字技术的可重新编程性使得在数字过程创新中出现许多衍生创新（Derivative Innovation）（Nylén and Holmström，2019）。

（3）数字组织创新。数字组织创新指数字技术（信息、计算、沟通和连接技术的组合）改变了组织的形式或者治理结构。实际上，数字技术能够影响诸如交易处理、决策制定、办公工作等企业治理的方式甚至改变企业的形态，比如阿里巴巴在2015年为适应数字经济而启动了中台战略，重构了组织模式和运行机制（钟华，2017）。企业在数字组织创新过程中可以设立首席数字办公室 CDO（Chief Digital Office）（Sia et al.，2016；Weill and Woerner，2018）。此外，数字创新中数字化转型（Digital transformation）流派认为组织流程（Organizing）、组织文化、组织变革等均受到数字技术的显著影响（Franke and Hippel，2003；Kane et al.，2015）。例如，Hinings 等（2018）从制度视角出发，认为数字化转型过程是数字技术对组织参与者（Actors）、组织结构、组织实践以及组织文化等综合变革的过程。

（4）数字商业模式创新。数字商业模式创新指数字技术（即信息、计算、沟通和连接技术的组合）的嵌入改变了商业模式（Ciriello et al.，2018）。商业模式指描述价值主张、价值创造和价值获取等活动连接的架构（魏江等，2012），数字技术的嵌入可以通过改变企业价值创造以及价值获取的方式进而改变企业的商业模式（Yoo et al.，2010，2012）。Henfridsson 等（2018）提出了一个开放价值空间框架模型（Open-Ended Value Land-scape），认为价值空间（Value space）是一个不断发展的数字资源网络，企业在其中获取和创造价值，并寻求其价值主张。在这一价值空间中，数字资源是数字创新组成模块，通过组合创新，某个资源有潜力可以同时成为多个价值路径的组成部分（Henfridsson et al.，2018）。基于这一逻辑，数字技术可以使能多种价值创造路径，进而创新商业模式。

如何实现数字商业模式创新？ Li（2017）系统总结了数字技术改变商业模式的 3 条路径：自动化和数字增强（Automation and digital enhancement）、数字化扩展（Digital extension of traditional business models）以及数字转型（Digital transformation of business models）。其中，自动化和数字增强指使用数字技术增强现有商业模式；数字化扩展指企业使用数字技术支持新的业务流程进而改变原有商业模式，这些新的业务流程补充了现有的活动和流程；数字转型指企业利用数字技术开发出新的商业模式以替代传统的商业模式。

至此，我们厘清了数字创新的定义、基本特征和分类。最后强调一点，许多文献都强调数字技术的破坏性（Distruption）属性，也就是把数字创新作为一种破坏性创新（Disruptive innovation），这是因为数字技术可以根本性改变消费者的行为和预期、颠覆在位者的竞争格局等（Vial，2019）。基于这一逻辑，Kumaraswamy 等（2017）在《管理研究学报》（*Journal of Management Studies*）上组织了一期专刊讨论破坏式创新，并在总结关系视角（Relational pespecitve）、时间视角（Temporal pespective）、框架视角（Framing perspective）下破坏式创新的研究基础上，提出了述行视角（Performative approach）。这些观点亦为我们理解数字创新的本质提供了一些思路。

## 四　数字创新管理：理论框架

结合共词分析和共引分析的结果以及编码的结果，更为重要的是基于我们对这个领域内文献深入阅读后的理解和把握，我们提出了一个数字创新管理的理论框架（见图 2）。这一框架以“创新支撑—创新流程—创新产出”为主线，以“创新机制—创新产出—创新绩效”为支线。其中，创新产出为上节总结的数字产品创新、数字过程创新、数字组织创新和数字商业模式创新。主线部分，如前所述，这 4 类数字创新均需要组织构建数字基础设施或者依托现有数字创新平台与生态系统，因此我们的理论框架以数字创新的支撑作为起点。进一步，数字创新是如何产生的？本文将进一步从创新流程的角度阐述数字创新产生的过程。支线部分，我们将重点从探究数字创新的创新机制和数字创新的绩效这两个方面进行阐述。总体而言，这个理论框架有助于我们比较清晰地总结现有数字创新管理的研究进展，同时为我们未来开展数字创新管理的研究提供启发。

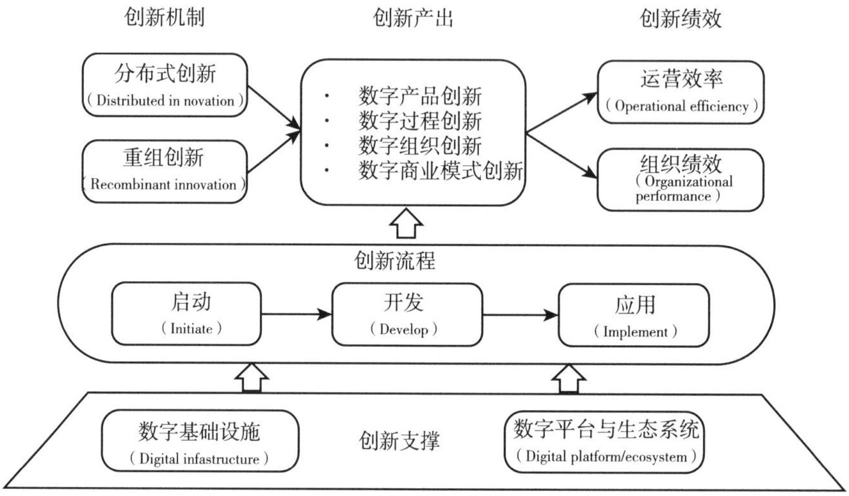


**图 2　数字创新管理理论框架**

## （一）主线：创新支撑与创新流程

1. 创新支撑：数字基础设施和数字平台及生态系统

在本文第三部分中我们界定数字创新为数字技术在创新过程中的运用，考虑到数字技术的分层架构（Layered architecture），即设备层（Devices，例如硬件和操作系统等）、网络层（Network，例如网络传输设施及其标准等）、服务层（Service，例如功能应用软件等）和内容层（Content，例如用户产生的信息等）（Yoo et al.，2010），数字创新过程离不开组织自身乃至所在生态系统的数字基础设施。

数字基础设施（Digital infrastucture）指“支持一个企业或者产业运行的基本的数字技术与组织结构以及相关的服务和设施”，从形式上是指“共享的、无界的、异质的、开放的以及演进的社会技术系统，包含多样性数字技术能力和用户的安装基、运行和设计社区”。（Tilson et al.，

2010）。基于这一定义，数字基础设施不仅包括计算机、移动设备和应用平台等硬件，还包括云计算、物联网、3D 打印等数字技术及其相关的软件，以及数字社区相关组织和治理，例如开放标准等，可以是企业层面、产业层面、国家层面甚至全球层面（Tilson et al.，2010；Constantinides et al.，2018）。

数字基础设施的研究自 Tilson 等（2010）呼吁以来逐步增多，着重关注两方面内容。第一，数字基础设施的架构及其如何构建和演化（Henfridsson and Bygstad, 2013；Constantinides et al., 2018）。数字基础设施的分层模块化架构（Yoo et al., 2010）使得其构建和演化变得异常复杂，现有文献大概分为复杂性理论视角（Complexity theory）（Grisot et al., 2014）、行动者网络视角（Actor-network theory）（Aanestad and Jensen, 2011）、学习视角（Learning theory）（Henfridsson and Bygstad, 2013）、战略选择视角（Strategic choice theory）（Constantinides et al., 2018）等。

第二，数字基础设施治理以驱动数字创新的产生（Augustsson et al.，2019）。数字技术架构往往具有可编辑性（Editable）、可重新编程（Re-programmable）、功能延迟性等特征（Yoo et al.，2010）。基于此，组织能够快速地改进或者迭代数字基础设施响应变化以应对灵活型和敏捷性的外在需求（Henfridsson and Bygstad，2013）。因此，数字基础设施对数字过程创新具有使能作用（Srivardhana and Pawlowsk，2007）。首先，数字基础设施能够使得数字产品在不断的试验和实施中快速形成、修改和重构（Srivardhana and Pawlowski，2007），促进数字产品创新的实施。此外，由于数字基础设施的边际成本较低，它使得数字创新产品能够快速的迭代扩展，创新的流动速率因此被提升（Tee and Gawer，2009）。例如，用户在首次购买智能手机时，智能手机可能的应用功能并未被完全展现出来，用户需要安装应用以将新的情景应用进已有的产品中进行二次产品创新（Kallimkos et al.，2013），在这个过程中，创新的起始点与终止点变得模糊。其次，基于数字基础设施的可供性和可重新编辑性为企业带来的快速迭代的创新模式相比传统集约管理的创新模式往往更有效率和动态性，这也使得数字创新往往难以控制和预测（Henfndsson et al.，2014）。再次，当数字基础设施被很好地感知和理解后，企业能够创造出各种机会进行数字组织创新，形成新的组织形式（诸如虚拟小组）（Raghuram et al.，2010；Zammuto et al.，2007）。例如，Bailey 等（2012）的研究认为虚拟技术的逼真性改变了工人对同事和物理对象之间的依赖，使工作人员远离模型的物理参考，更有效地进行生产与制造。最后，数字基础设施能够促使企业管理者建立新的网络和价值链进而构建新的商业模式并改变客户体验，在这个过程中，数字基础设施对数字商业模式创新具有使能作用（Nylén and Holmström，2015；Zaki，2019）。

在数字技术设施之上催生的数字平台及生态系统因其灵活性、开放性、可供性已逐渐成为许多公司创新活动的中心（de Reuver et al.，2018；Rai et al.，2019），并渗透进汽车、航空航天、媒体、电子与信息技术多类行业。数字平台（Digital platform）指“能够使能外部生产者和消费者进行价值创造交互的，包含服务和内容的一系列数字资源组合”（Constantinides et al.，2018）。典型的数字平台及生态系统有交易平台、知识共享平台、众包平台、众筹平台、虚拟空间、数字创客空间和社交媒体等（Parker et al.，2017；Storz，2008）。这些数字平台与生态系统中的特征很大程度决定了企业数字创新的方向（Gawer and Cusumano，2014）。因此，本文亦把数字平台及生态系统作为支撑数字创新的一个重要方面。此处需要说明的是，数字平台及生态系统的定义现在文献中还未统一（de Reuver et al.，2018），有许多文献把数字平台/生态系统视作一种商业模式创新（Täuscher and Laudien，2018）或者数字创新战略（Bharadwaj et al.，2013）等。

现有数字平台及生态系统的研究主要包括技术管理视角（Gawer，2014）、产业组织视角（Helfat and Raubitschek，2018）、战略管理视角（Boudreau and Jeppesen，2019）等。这些研究尽管采用不同的研究视角，但总体上仍然和数字基础设施的研究类似，包含数字平台/生态系统的构建与演化以及数字平台及生态系统的治理这两大类研究。de Reuver 等（2018）对数字平台的文献作了较为全面的批判性综述，本文在其基础上着重强调以下三点。

首先，由于数字平台及生态系统对数字创新方向的前瞻导向性作用，组织如何设计与构建数字平台与生态系统已成为企业数字创新过程中的关键任务。随着数字技术的日益普及，企业或组织能够利用相同的数字工具来设计和控制多个产品或子系统。因此，在设计过程中，企业需要考虑随着数字技术的不断迭代，数字平台与生态系统对企业的影响以及设计数字平台过程中员工创造力如何发挥作用等问题（Helfat and Raubitschek，2018）。

其次，由于数字平台与生态系统中数字技术的嵌入，参与数字创新的主体的价值创造路径与传统创新不同。Parker 等（2017）证明了在数字平台与生态系统中，企业选择使用开放的外部合同而不是封闭的垂直整合来进行创新，因此价值创造的轨迹已从企业内部转移到外部。随着公司拥有更多标准化的数字基础设施来设计、生产甚至支持整个组织及其价值链中的产品和服务，数字平台及生态系统能够跨越组织边界来共享更多数据和程序。这种横向创新活动意味着组织必须越来越多地创建使知识、技术、能力以及创新思想自生成的平台。因此，企业内与企业间的边界概念变得越来越模糊，任何跨企业、职能或生态系统的边界都会限制创新和增长（Marion et al.，2015；Faraj et al.，2016；Nambisan et al.，2019a）。

最后，在数字平台与生态系统中，数字技术不仅能够改变平台与生态系统中企业的创新方向、价值获取以及创造的路径，也使得数字平台及生态系统中企业间的竞合关系发生改变（Gawer，2014；Kumar et al.，2018）。因此，一些学者开始对数字平台及生态系统的治理结构进行研究（Constantinides，2018）。Brunswicker 和 Schecter（2019）从如何解决数字平台中创新者的一致性和灵活性的冲突问题出发强调了个体开发人员的创新搜索（自选择）策略的作用。Teece（2018）从价值获取的视角出发强调了使能技术以及瓶颈资产的作用。Helfat

和 Raubitschek（2018）则聚焦平台领导者，强调了创新能力、环境扫描以及环境感知能力、协调整合能力对于平台领导者构建动态能力的重要性。Li 等（2018）聚焦平台中的中小企业，认为在数字平台服务提供商的支持下，中小企业能够通过升级自身的管理能力并借鉴平台中焦点企业的组织能力来完成数字化转型。基于如上综述，本文得出如下命题[③]。

命题 1：数字基础设施及其使能的数字平台、生态系统是数字创新的支撑，数字基础设施和数字平台及生态系统的构建、演化及其治理是数字产品创新、过程创新、组织创新和商业模式创新的基础。

2. 创新流程：启动、开发与应用

数字创新是如何产生的？本部分将借鉴 Desouza 等（2009）以及 Kohli 和 Mehille（2019）的框架，尝试通过数字创新启动、数字创新开发、数字创新应用 3 个阶段进行阐述。需要说明的是，Nambisan 等（2017）的引领性文献总结到传统创新管理理论的基本假设（Assumption）在数字经济时代被挑战：数字技术使得创新结果的边界不甚清晰，创新主体很难被预界定，创新过程和创新产出之间的过程不再清晰。换句话说，数字创新管理的过程不再如传统创新管理的基本流程（Desouza et al.，2009）所示的从创意产生、研究开发到商业化等各个边界清晰的子环节，而是各个参与主体之间动态交互过程。

数字创新启动过程（Initiating digital innovation）指企业通过识别数字创新机会并为数字创新做准备的过程（Wang and Ramiller，2009）。即使越来越多的组织和管理者认识到数字创新的重要性，但组织领导以及组织内制度、文化的阻碍以及创新执行的阻碍使得数字创新启动变得困难（Fitzgerald，2014）。这是因为，数字创新的过程涉及组织过程、制度基础设施等的重大变化（Hinings et al.，2018）。纵观现有文献，本文认为以下 4 个要素在这个过程中至关重要。

一是制定数字战略。数字战略定义为利用数字资源进行差异化价值创造的组织战略（Bharadwaj et al.，2013）。组织需要通过根据外部数字化发展趋势和自身的资源优势来决定价值创造的范围（如推出哪些数字产品，如何改进创新流程，是否进行数字组织创新和商业模式创新等）以及价值获取的方式（如是否需要构建平台或者生态系统，如何与潜在的网络伙伴进行价值分配等）（Bharadwaj et al.，2013；Grover and Kohli，2013；Pagani，2013）。在启动数字创新的过程中，制定数字战略至关重要，这是因为战略制定提供了组织关于进行数字创新的未来愿景、行动纲领和策略的具体知识，这些知识在制定数字战略的过程中在组织内部进行了充分交流、形成了共同理解。

二是架构数字资源。本文的数字资源是一个广义的概念，包括数字创新过程中需要的各类资源。组织在进行数字创新之前首先要确定组织层面的数字基础设施是自建还是依托于组织外部的设施（Mithas et al.，2013）。而后，组织需要对组织内外潜在的可以数字化的信息有一个全面的理解。更为重要的是配备灵活的人力资本（Lokuge et al.，2019），这是因为数字创新一方面需要有懂得数字技术的相关人力资本，另一方面需要建立动态创新团队以整合具有不同技能的员工，并持续学习以更新数字创新技能（Nylén and Holmström，2019）。

三是提升数字创新能力。第一，由于数字技术的自生长性，数字环境的变化日新月异，组织需要持续扫描和更新数字环境以识别新的创新机会（Nylén and Holmström，2019）。数字环境扫描能力，即识别公司内外部数字环境中与创新相关机会的能力（Nylén and Holmström，2019；Kohli and Melville，2019），是组织进行数字创新之前应该需要构建的能力。第二，吸收能力，即企业识别、吸收和使用外部知识的能力，在启动数字创新阶段至关重要。例如，Srivardhana 和 Pawlowski（2007）发现吸收能力在企业启动数字创新过程中的限制和使能作用；Abrell 等（2016）发现获取（Acquiring）、分布（Distributing）和使用（Using）客户知识的能力对于数字创新的重要作用。第三，双元能力（Ambidextrous capability），即重构、整合和变革现有资源和新资源以实现新的复杂资源组合的能力（O'Reilly and Tushman，2013），对于进行数字化转型的在位企业至关重要，同时对于启动数字创新亦非常关键。例如，Svahn 等（2017）总结认为企业在创新启动阶段需要解决现有能力（Exsiting capabilities）与必需能力（Requisite capabilities）之间的平衡、创新焦点是产品创新还是过程创新的平衡、内部还是外部合作的平衡以及控制还是柔性治理之间的平衡。

四是构建数字创新导向的文化。在启动数字创新的阶段，组织还需构建数字创新导向的文化。具体而言，承担风险的文化（Vial，2019），允许试验（Experiment）、组织即兴（Improvisation）和学习的文化（Nylén and Holmström，2019），以及组织内分享观点和分权决策的文化（Lokuge et al.，2019）。

命题 2：制定数字战略、架构数字资源、提升数字创新能力以及构建数字创新导向的文化是组织启动数字创新的重要环节。

数字创新开发（Developing digital innovation）指企业将启动阶段产生的创新想法发展成为一个可以应用的数字创新的过程（Kohli and Melville，2019）。创新开发阶段的重点为创新主体对于期望创新产出的设计以及创新想法如何与企业内原有知识基础进行融合（Kohli and Melville，2019）。与传统创新过程不同，数字创新开发阶段的设计是一个持续迭代的过程，没有一个清晰的开始点和结束点（Franke and Hippel，2003）。换句话说，数字创新的过程是一个动态交互过程（Nambisan et al.，2017）。结合数字创新的本质特征和现有文献，本文强调数字创新的开发过程需要着重注意以下 4 个方面。

第一，设计逻辑。数字创新的开发过程需要“关注问题—解决方案”的动态设计过程。由于数字创新的开发过程不再有清晰界限，现有文献多基于设计科学的理论探讨数字创新开发的过程。事实上，考虑到前文提及的数字技术的分层模块化特性（Yoo et al.，2010），数字创新开发的起点在于元需求（Meta-requirements），即“关于需求的需求”，在此基础上建立元设计（Meta-desgin）规则，之后与各个创新主体共同试验形成最终的数字创新（Siponen et al., 2006）。例如，最小可行产品（Minimum viable product）就是基于这一思路（Blank，2013）。

第二，开放式创新。数字创新过程是一个开放的过程，创新者是事先未清晰定义好的。事实上，数字技术使得创新过程中创新主体（谁参与创新）、创新投入（参与者可以贡献什么）、参与过程（如何参与）以及参与结果（有何产出）等都发生了变化（Nambisan et al., 2019a），因此组织在进行数字创新开发的过程中需要基于开放式创新的思路进行组织。例如，Faraj 等（2016）组织的一个特刊就专门讨论在线社区作为知识流动的一个空间的问题，在线社区的许多匿名用户都可以为数字创新的开发提供许多知识。

第三，情境交融。数字创新的开发过程需要把数字技术与特定使用情境相结合。数字技术的可供应意味着同一个数字技术可以根据不同的需求产生不同的数字创新。这就要求组织在数字创新开发过程中不断将数字技术和企业的情境以及社会文化背景相结合。现在业界流行的“场景化”其本质就是类似的逻辑。事实上，在数字开发过程中，数字技术与自身组织的价值主张、组织文化、行业背景、用户的社会—认知背景相结合可以创造新的意义和价值（Melville，2010）。例如，短视频 App 所使用的数字技术几乎一致，但与组织和用户的相关情境以及与用户的不断互动过程形成了中国市场上 100 余个较为活跃的不同短视频 App。更进一步，有文献（Nambisan et al.，2017）认为数字创新的过程本身就是一个社会建构的过程，例如 Fischer 和 Reuber（2011）展示了创业者和创新者在社交媒体上的互动如何构建出新的机会。

第四，持续迭代。数字创新的开发过程是一个持续迭代的过程。数字创新的自生长性就要求数字创新的开发过程是一个是动态的、可自我参照的、可延展的、可持续改进的过程（Yoo et al.，2012；Ciriello et al.，2018）。在这一过程中，数据挖掘算法（Data-mining algorithms）、数据发现（Data discovery）、叙述分析（Narrative analysis）是帮助持续更新常见的工具（Marshall et al.，2004）。进一步，持续迭代的过程中组织学习扮演了重要角色：持续更新对情境的认知以及对自身知识的不断探索是帮助数字创新持续迭代的重要基础（Nambisan et al.，1999）。

命题 3：数字创新开发过程是一个强调设计逻辑、开放式创新、情境交融和持续迭代的动态交互过程。

数字创新应用（Implementing digital innovation）指开发出数字创新的应用过程，这涉及系列复杂的组织变革（Kohli and Melville，2019）。首先，数字创新的应用过程要求组织持续变革价值创造过程。数字技术的使用（例如社交媒体等）可以让客户深入参与组织的对话和交流，产生更多的数据（包括客户使用习惯数据、组织内部各价值链环节的数据等）（Günther et al.，2017），这就为组织改变价值创造过程提供了基础。组织需要成立专门的部门进行数据分析，这些分析可以一方面快速提升运营效率（Bharadwaj et al.，2013），另一方面寻找出为客户创新新价值的机会（Yeow et al.，2018）。

其次，数字创新的应用过程要求组织重新定义价值网络。数字技术通过减小交流成本而增加了创新网络的连接性，增加了网络中知识的异质性和整合异质性知识的需求。同时，创新网络连接性的提升可以使得更多的利益相关者（例如客户）成为价值共创者（Yeow et al.，2018）。例如，Lyytinen 等（2016）提出了项目创新网络（Project innovation network）、小团体创新网络（Clan innovation network）、联盟创新网络（Federated innovation network）和无政府创新网络（Anarchic innovation network）这 4 种分类，并认为每种网络所提供的资源和对其协调控制的方式不同，进而对组织的数字产品创新有着不同的影响。

最后，数字创新的应用过程要求组织架构进行变革。除了数字组织创新本身就涉及组织架构的变革之外，其他数字创新亦需要组织架构的持续变革。前文提及数字创新的开发需要把数字技术与特定使用情境相结合，数字创新的应用亦需要把数字创新和特定组织情境相结合，这就要求跨部门的协同（Sia et al.，2016）。

命题 4：数字创新应用过程要求组织持续变革价值创造过程、重新定义价值网络以及进行组织架构变革。

### （二）支线：数字创新的前因与后果

#### 1. 数字创新机制：分布式创新与重组创新

前文阐述了数字创新的支撑条件和产生过程，本部分聚焦于数字创新的前因和后果。从前因角度，前文已经论述了数字创新的具体流程，可以发现驱动数字创新的影响因素有很多，本部分将重点放在驱动数字创新的最直接机制：分布式创新（Distributed innovation）和重组创新（Recombinant innovation）（Yoo et al.，2012；Nambisan et al.，2017；Ciriello et al.，2018）。这是因为如前文所述，数字创新开发的过程是开放式创新、情境交融和持续迭代的动态交互过程，这就意味着数字创新的参与者是分布式的，数字创新需要对不同来源的知识进行重新组合。

首先，分布式创新是指“分布式问题解决、自选择参与、自组织协调和合作、免费知识披露以及混合组织模式以实现社区的商业成功”（Lakhani and Panetta，2007）。数字技术的快速发展使得信息和知识的存储、传播速度大幅增加，交流和搜寻成本大幅降低，进而使得创新的焦点（Locus of innovation）从组织内部逐渐外移到分布式的、不可提前界定的主体上（Sawhney and Prandelli，2000；Kornberger，2017）。而数字创新正具有这一典型特征，因此分布式创新成为数字创新的一个驱动因素。本文基于分布式创新的文献，着重讨论以下两个重点。第一，分布式创新驱动数字创新机会的涌现。在分布式创新机制中，数字资源为基础，这些数字信息或者知识通常是跨组织边界并且高度异质性的，这就为数字创新提供了新的创意来源（Franke and Hippel，2003）。例如，用户生成内容平台就是典型的激发用户提供异质性知识。第二，数字创新的开发过程可以采用分布式创新的机制。搜寻和内化知识是创新开发过程中的关键流程，而通过分布式创新系统的设计［例如界面、参与者架构和评估工具的设计（Kornberger，2017）］，可以让这个过程加速促进数字创新的开发（Bogers and West，2012）。

其次，重组创新是指“整合现有技术模块（Components）、组件（Assembiles）、方法（Methods）”以解决新问题和开发新应用（Svahn et al.，2017）。重组创新不是一个新概念，Schumpeter（1939）就定义创新为现有生产要素的新组合。只是，如果把焦点放在数字资源（Digital resources），其可重新编程性、可供性（Yoo et al.，2012），以及长时间内可以被重新诠释（Nylén and Holmström，2015）等特性使得其不同组合可以产生完全不同的价值实现路径（Henfridsson et al.，2018；Mangematin et al.，2014）。需要说明的是，Mangematin 等（2014）组织的一期特刊中采用了拆装（Disassembly）和重组（Reassembly）这一隐喻来说明数字技术对创意产业的影响，其核心逻辑与本文阐述的重组创新稍有差异。

通过对数字资源的重组以实现数字创新有两种常见观点。第一种是 Henfridsson 等（2018）区分了设计重组（Design recombination）和使用重组（Use recombination），前者是从资源端出发，强调通过连接数字资源为使用者创造出产品以提供价值，例如 Onedrive 就是利用微软整合了在线存储系统和 Office 应用等数字资源，为客户提供了云合作工作服务这一新的价值（Henfridsson et al.，2018）。而使用重组则强调从需求端出发，通过从使用角度连接数字资源以产生独特的价值路径，例如，使用者通过把 Onedrive 和 Facebook 等数字资源相结合可以实现文件保存、传输、共享、找回等功能进而为客户创造了价值（Henfndsson et al.，2018）。

第二种是回到更一般的重组创新文献中来，Carnabuci 和 Operti（2013）提出了重组使用（Recombinant reuse）和重组创造（Recombinant creation），前者是指重新定义现有技术组合以解决新问题和开发新应用，后者则强调通过组合新技术与现有资源进而创造出新组合的过程。这种观点对理解数字创新的产生亦有帮助。一方面，如前所述，数字资源可重新编程性、可供性以及可重新诠释性均要求组织在进行数字创新过程中要强调“场景化”，即把数字资源和自身组织的价值主张、组织文化、行业背景、用户的社会—认知背景等结合起来。Nambisan 等（2017）甚至在强调社会认知意义构建（Socio-cognitive sensemaking）的重要性，也就是说通过共享认知和联合意义构建以发现数字技术及其使用场景和可供性的新的意义进而催生数字创新。另一方面，数字资源的自生长性要求组织持续关注现有资源（数字与非数字）与新的数字资源（新技术、新数据等）之间的重组可能性，以通过重组创造产生数字创新。

命题 5：分布式创新与重组创新是数字创新产生的两种重要机制。

2. 数字创新的后果：运营效率与组织绩效

有意思的是，现有文献大部分认为数字创新是组织在数字经济时代构建持续竞争力的关键所在（Svahn et al.，2017），但却少有文献直接检验数字创新如何帮助企业提升核心竞争力（Kohli and Melville，2019）。参考 Vial（2019）的研究，本部分将尝试从运营效率和组织绩效这两个大的方面阐述数字创新的直接影响。

首先，产品、过程、组织和商业模式设计中使用数字技术均可大幅提升运营效率，这归功于数字技术本身的优势。第一，数字产品的能力有监测、控制、优化和自动四大类，其中控制、优化和自动这3类功能可以显著提升企业的运营效率（Porter and Heppelmann，2014）。例如，Porter 和 Heppelmann（2014）认为，实时掌握产品性能和使用数据可以大幅提升营销、售后服务等运营活动的效率。第二，数字过程创新和数字组织创新的核心就在于信息、计算、沟通和连接技术的组合改变了创新流程和组织形式，进而提升组织运营效率（Nambisan，2002）。例如，数字仿真与数字孪生技术、物联网技术等会大幅降低组织运营成本（Lyytinen et al.，2016）。第三，数字商业模式创新亦可提升组织运营效率，因为数字技术催生的效率型商业模式创新是为客户创造价值的主要方式之一（Amit and Zott，2001）。

其次，数字创新能够帮助企业提升组织绩效。第一，数字产品创新能够提升组织绩效是因为数字产品创新为客户创造了新的价值（Yoo et al.，2010）。进一步，数字产品创新的自生长性意味着随着时间的累积可以催生新的创新出现（Wakes of innovation），进而为组织长远绩效带来正向影响（Boland et al.，2007）。第二，数字过程创新和数字组织创新可以提升企业的动态能力进而帮助企业增加新产品的数量和绩效（Karimi and Walter，2015）。第三，数字商业模式创新改变了原有企业价值获取以及价值创造的方式，使得企业在价值空间中获取和创造价值，企业因而能够灵活地应对环境变化进而实现卓越的绩效（Li et al.，2018；Teece，2018；Henfridsson et al.，2018）。

但是需要说明的，正如 Teece（2018）所强调的，由于数字经济时代，一些所谓一般目的技术或者使能技术（General-purpose/enabling technologies）的外部性非常高，使得从数字创新中获益面临极大的挑战。这就意味着关于数字创新如何影响组织绩效的机制会更加复杂。

命题6：数字创新能够提升组织的运营效率和组织绩效。

## 五 未来研究展望

至此，本文基于文献综述构建了一个初步的数字创新管理理论框架。基于这一框架，本文接下来将重点从创新支撑、创新流程、创新机制、创新产出和创新结果这5个角度提出未来研究的方向。

第一，创新支撑方面，深化数字基础设施和数字平台及生态系统的研究。首先，现有数字基础设施的研究多从技术角度关注数字基础设施的建立和演化（Tilson et al.，2010；Constantinides et al.，2018），考虑到数字技术设施是一个"社会技术系统"（Tilson et al.，2010），我们呼吁：（1）更多的管理学、社会学等学者加入进来，探究数字基础设施的治理问题（Augustsson et al.，2019）。（2）从技术角度考量，新技术的出现如何催生数字基础设施的建立与演化亦是未来重要的研究方向。例如，区块链技术会使能一个以共识机制为核心的分布式基础设施架构得以实现（Beck et al.，2017）。那么在此背景下，基于区块链技术的数字基础设施如何构建和治理值得深入探究（Constantinides et al.，2018）。（3）现有数字基础设施的研究关注于企业层面、产业层面、国家层面甚至全球层面（Tilson et al.，2010；Constantinides et al.，2018），未来研究可以尝试讨论跨层影响。其次，更多经济学、管理学领域的学者加入数字平台 / 生态系统的研究领域中来（de Reuver et al.，2018）。就数字创新管理的这一领域，本文呼吁未来研究可以关注如下问题。（1）数字平台及生态系统中的治理机制对于互补者 / 参与者创新的影响。例如，数字平台及生态系统中知识产权保护机制如何设计以及如何影响互补者创新（魏江等，2019）。（2）从互补者角度探究如何选择数字平台及生态系统、如何利用数字平台进行创新等问题。（3）制度、产业等因素对数字平台及生态系统的构建和演化的影响也值得进一步探索。此外，就更广意义上而言，数字平台及生态系统如何改变产业和我们的日常生活亦是一个重要研究方向（de Reuver et al.，2018）。

第二，创新流程方面，尝试拓展现有创新管理的基本理论甚至构建新的理论。首先，如前文所述，数字创新开发过程强调设计逻辑、开放式创新、情境交融和持续迭代的动态交互过程，这意味着数字创新边界不甚清晰、创新主体无法提前界定等，这些特征挑战了传统创新开发过程的相关理论假设（Nambisan et al.，2017）。基于此，未来研究可以重点关注：（1）数字产品创新、数字商业模式创新、数字产品创新和数字组织创新的开发过程如何改变现有相关创新管理的基本理论？例如，数字驱动的开放式创新过程如何发展开放式创新 / 用户创新等理论？（2）基于数字创新具备的收敛性和自生长性特征，未来研究可以尝试构建解释这些现象的核心理论。其次，数字创新的启动和应用过程的文献强调了动态能力的作用，未来研究可以进一步探究动态能力如何影响数字创新的启动和应用，同时，通过探究数字创新流程来发展动态能力理论（Vial，2019）。

第三，数字创新前因方面，进一步探究驱动数字创新的核心机制。本文识别了分布式创新和重组创新这两个核心的驱动数字创新机制，但关于分布式创新和重组创新影响不同数字创新（比如数字产品创新、数字过程创新、数字商业模式创新、数字组织创新等）的机制仍需进一步探索（Kornberger，2017；Henfridsson et al.，2018）。进一步，数字创新的其他驱动因素值得进一步探索。例如，数字经济时代，动态能力的作用愈发重要，不仅体现在组织启动和应用数字创新，亦体现在驱动数字创新本身（Pavlou and El Sawy，2010；Roberts et al.，2016）。未来研究可以从动态能力理论的角度来探究驱动数字创新的因素。

第四，数字创新产出方面，在划定数字产品创新、数字过程创新、数字商业模式创新、数字组织创新的概念边界基础上，进一步探究其核心特征和前因后果。首先，就数字产品创新领域而言，未来研究可以进一步细化纯数字产品和智能产品的创新的区别和联系，从架构创新的角度探究数字产品创新的本质逻辑等。其次，数字过程创新和数字产品创新之间的边界愈加模糊，未来研究可以探究数字产品创新和过程创新如何改变现有产品创新和过程创新的相关理论等。再次，现有文献对数字组织创新的关注总体较少，未来研究需要深入探究数字技术对于组织形式或者治理结构的深入影响。最后，商业模式的研究本身就是随着互联网的兴起而快速发展，那么在新一轮数字科技革命过程中，价值创造和价值获取的模式如何发生改变将值得未来研究持续探索。

第五，数字创新的结果方面，进一步探索如何从数字创新中获益的问题。Teece（2018）指出，在数字经济时代，从创新中获益变得异常困难，这是由于数字技术的特性所造成的（例如，数字技术的模仿非常容易），那么探索企业如何从数字创新中获益成为未来的一个重要议题。例如，Miric 等（2019）发现 App 开发者进行价值独占机制（例如正式与非正式独占机制）的选择与传统企业差异较大。未来研究需要进一步探索各类数字创新（数字产品创新、数字过程创新、数字组织创新和数字商业模式创新）对组织绩效的影响机制和情境条件。最后，需要提及的是，考虑到文章的聚焦性，本文并未过多讨论数字创新更广义上的后果影响，但数字创新为整个社会的发展提供动力的同时也带来众多挑战（Majchrzak et al.，2016）。未来研究需要从更广义上去探究数字创新带来正面影响的机制（例如，增进人类福祉），更为重要的是，可能的负面影响（例如，隐私权保护、众包、数字情境下的道德问题等）和应对措施。

此外，数字创新与相关创业、国际化等领域相交叉的主题值得未来研究进一步关注。首先，就新创企业而言，采用数字创新产品 / 商业模式等进行创业，或者更广意义上的数字创业（Digital entrepreneurship），其关键特征在于创业过程和结果中风险的本质，以及应对不确定性的方式发生根本性变化（Nambisan，2017），这就导致传统创业理论对其解释力存在一定局限，需要未来研究进一步探索（余江等，2018）。其次，数字创新产品的国际化亦值得未来关注，这是因为纯数字产品的特征不仅“改变了现有（国际化理论）的预测”，甚至“有现有（国际化理论）文献不能解释的新现象”，进而可以贡献于国际化理论（Mahnke and Venzin，2003）。进一步，Nambisan 等（2019b）详细讨论了数字平台和生态系统如何对 OLI 理论、国际化过程理论、内部化理论、知识基础观视角的跨国公司、动态能力理论、国际整合—本地响应理论、国际创业视角、国际联盟视角等国际化理论进行拓展。未来研究可以通过探究数字创新与国际化领域相交叉的主题进而为国际化理论作出贡献。

## 六　讨论与结论

通过对 1999—2019 年发表于国际顶级期刊的 188 篇与数字创新相关的文献进行系统归纳，本文构建了数字创新管理的一个理论框架，并提出：数字基础设施以及其使能的数字平台及生态系统是数字创新的重要支撑；组织启动数字创新需要考虑制定数字战略、架构数字资源、提升数字创新能力以及构建数字创新导向的文化等要素；而数字创新开发过程是一个强调设计逻辑、开放式创新、情境交融和持续迭代的动态交互过程；数字创新应用过程要求组织持续变革价值创造过程、重新定义价值网络以及进行组织架构变革；分布式创新与重组创新是数字创新产生的两种重要机制；数字创新总体而言可以提升组织的运营效率和组织绩效。基于此，本文提出了以上 5 个方面的未来研究展望。

进一步，本文初衷在于引起更多中国学者关注和开展数字创新相关研究。为此，除了上一节提出的具体研究方向外，本文将尝试从中选择与情境特别相关的议题为例，讨论潜在的研究方向作为本文的结语。

第一，本文呼吁未来研究从国家、地区、产业和企业层面探究中国情境下数字基础设施构建和治理的议题。如前所述，数字基础设施是一个“社会技术系统”（Tilson et al.，2010；Constantinides et al.，2018），除了技术部分，更重要的是要嵌入社会情境中。探究中国独特的制度、市场、技术体制（魏江、刘洋，2017）下数字基础设施的构建和演化问题，不仅能够贡献于相关理论，亦为中国管理实践发展提供思路。例如，未来研究可以探究在“强政府、大市场和弱技术体制”的背景下（魏江、刘洋，2017），中国第五代移动通信技术（5G）构建和演化过程。

第二，中国情境下数字平台 / 生态系统构建和治理亦值得深入研究。首先，如果把数字平台 / 生态系统看成复杂环境中的适应系统（Boisot and Child，1999），那么中国情境为这个视角下探究数字平台 / 生态系统构建和治理相关理论的肥沃土壤：一方面，中国的制度环境、市场环境极具复杂且特殊（Teece，2020），另一方面中国数字平台 / 生态系统快速出现、成长与消亡。通过探究中国情境下数字平台 / 生态系统构建和治理，有助于贡献于现有理论的同时，指导中国管理实践。例如，在“摸着石头过河”的逻辑之下，中国许多新生数字平台 / 生态系统都是在制度缺失（Institutional void）的情境下“野蛮生长”，这就为探索数字平台 / 生态系统的构建和治理理论提供了丰富的研究素材。其次，政府、数字平台 / 生态系统所有者、参与者在数字平台 / 生态系统的治理中应该扮演什么角色亦值得深入探究。这是因为数字平台 / 生态系统往往是涉及众多参与者的交易网络，仅仅靠数字平台 / 生态系统所有者或者政府单方面的治理可能不足以合理规范交易进行，这就要求设计所有利益相关者参与的治理机制（Gorwa，2019；Schmeiss et al.，2019）。而中国由于正处于“全面深化改革”的阶段，意味着中国的正式制度可能快速变化，进而提供了一个非常好的准实验情境来探索数字平台 / 生态系统的治理机制。例如，短短几年之内，P2P（互联网金融点对点借贷平台）行业几经波折，各方利益相关者均在摸索合适的治理机制，对其探究有助于产生新理论洞察的同时为中国管理实践提供实践指导。

第三，中国企业的数字化转型过程值得深入讨论。首先，未来研究值得深入探究“机器换人”“互联网 +”理论述评等系列相关政策的出台如何影响中国企业的数字化转型，一方面可以通过识别环境影响数字化转型过程的机制进而贡献于数字商业战略的研究（Mithas et al.，2013），亦可以更一般地贡献于制度视角下的战略研究（Peng et al.，2009）。其次，中国大量制造企业是从低端产品开始起步，逐步通过转型升级发展壮大。在数字经济时代，这些传统制造企业的数字化转型如何进行；过程中面临的核心障碍有哪些，如何克服；现有的数字基础设施 / 数字平台如何帮助克服这些障碍。探究这些问题可能可以同时贡献于数字化转型过程的研究（Li et al.，2018）以及后发企业追赶的研究（刘洋等，2013）。特别地，中国情境下的后发企业追赶研究近期在关注如何从追赶到前沿，而数字创新作为新技术机会窗口为超越追赶提供了很好的情境（彭新敏等，2017；吴晓波等，2019）。因此，探究后发企业如何利用数字技术变革带来的机会窗口，通过数字化转型实现超越将有着重要的理论和实践意义。最后，中国的“超大规模性”优势为数字创新提供了丰富的情境（国务院发展研究中心课题组，2020）。事实上，中国市场规模巨大、市场分层明显、市场极具动荡（魏江、刘洋，2017），这就为数字创新提供了非常丰富的适用情境，进而为研究数字创新提供了肥沃的土壤。

第四，独特的中国市场、技术、制度、组织情境如何驱动数字创新以及如何影响从数字创新中获益值得进一步探究。首先，数字产品创新、过程创新、商业模式创新和组织创新的内涵和微观产生机制（例如分布式创新与重组创新等）应该是跨国家情境亦适用的，但制度、产业、组织层面驱动数字创新的要素可能是情境依赖的。未来研究可以通过探究一些中国情境下相对独特的特征（例如文化）对不同类型的数字创新的直接影响或者权变效应进而深化数字创新的相关研究。其次，如前文所述考虑到数字创新的收敛性和自生长性，现有文献强调了数字创新过程中双元能力、重组能力、动态能力等能力的重要性（Vial，2019），而这些能力一直被认为是中国企业的优势（Luo and Rui，2009；Zhou et al.，2019；Luo and Child，2015 ；陆亚东、孙金云，2013）。未来研究可以进一步以中国企业的数字创新实践为基础，深化和拓展这一方向上的研究。最后，前文已经讨论到数字创新的易被模仿性，这就使得从数字创新中获益变得十分具有挑战性（Teece，2018），这在中国知识产权保护制度相对不够完善的情境下更为凸显，未来研究可以通过持续探索这一议题同时贡献于从创新中获益的文献和数字创新的结果的文献。

总之，西方情境下数字创新管理的研究迅猛增长，中国数字创新的实践蓬勃发展，但基于中国情境的数字创新研究却相对沉寂。本文在梳理了近 20 年国际期刊上数字创新管理的研究进展基础上，初步提出了以“创新支撑—创新流程—创新产出”为主线，以“创新机制—创新产出—创新结果”为支线的数字创新管理框架。尽管存在许多不足，但本文更重要的意义在于期望引发中国创新管理学者对于数字创新这一议题的关注，一方面讲好中国数字创新管理的故事贡献全球知识，另一方面指导为中国数字经济的发展提供智力支持。

## 注　释

① 来源：中国信息通信研究院《中国数字经济发展与就业白皮书（2019年）》，http://www.caict.ac.cn/kxyj/qwfb/bps/201904/ P020190417344468720243.pdf.

② Sebastian等（2017）采用SMACIT缩写来指代整个已经成熟的数字技术集合，即社交（social）、手机（mobile）、分析（analytics）、云（cloud）以及物联网（Internet of things [IoT]）。本文采用Bharadwaj等（2013）更为广泛的定义，包含了这些具体的技术。这里需要指出的是，传统信息系统领域的研究关注IT（Information technology）或者ICT（Information and communication technology）（Majchrzak et al.，2016），而数字技术定义为信息（information）、计算（computing）、沟通（communication）和连接（connectivity）技术的组合（Bharadwaj et al.，2013），这一定义是在IT技术以及ICT技术本身的发展基础上的进一步拓展。与传统信息系统的研究相比，数字创新的研究有如下两个差异：第一，数字技术是ICT（信息和交流）以及计算和连接技术的集合，由于ICT本身的发展以及计算和连接技术的快速发展，数字技术的本质发生了很大的变化。本文专门就数字技术的特征进行了展开讨论。第二，由于IT或者ICT技术的本身属性，传统IT或者ICT的研究往往聚焦于职能层面，正如Bharadwaj等（2013）所言，过去3个世纪，IT战略被认为是商业战略的下属，例如商业过程重新设计、企业内和企业间系统设计、IT的商业价值、IT外包等主流信息系统的研究领域。但随着信息、交流和连接等技术的快速发展释放出了许多新的功能，这些功能根本上改变了企业的运行，包括公司战略、客户与企业间的关系、产品和服务等等。这就需要"超越传统视角"（Bharadwaj et al.，2013）。感谢评审建议让我们这一点更为清晰。

③ 感谢评审建议以提出命题的形式进行总结，让我们的综述发现更为清晰地展现给读者。

## 参考文献

[1] 刘洋、魏江、江诗松:《后发企业如何进行创新追赶？——研发网络边界拓展的视角》，《管理世界》2013年第3期。

[2] 陆亚东、孙金云:《中国企业成长战略新视角：复合基础观的概念、内涵与方法》，《管理世界》2013年第10期。

[3] 彭新敏、郑素丽、吴晓波、吴东:《后发企业如何从追赶到前沿？——双元性学习的视角》，《管理世界》2017年第2期。

[4] 魏江、刘洋、应瑛:《商业模式内涵与研究框架建构》,《科研管理》2012 年第 5 期。

[5] 魏江、刘洋:《中国企业的非对称创新战略》,《清华管理评论》2017 年第 10 期。

[6] 魏江、张莉、白鸥:《双边市场平台知识资产治理制度建构》,《浙江大学学报(人文社会科学版)》2019 年第 2 期。

[7] 吴晓波、付亚男、吴东、雷李楠:《后发企业如何从追赶到超越?——基于机会窗口视角的双案例纵向对比分析》,《管理世界》2019 年第 2 期。

[8] 余江、孟庆时、张越、张兮、陈凤:《数字创新:创新研究新视角的探索及启示》,《科学学研究》2017 年第 7 期。

[9] 余江、孟庆时、张越、靳景:《数字创业:数字化时代创业理论和实践的新趋势》,《科学学研究》2018 年第 10 期。

[10] 国务院发展研究中心课题组:《充分发挥“超大规模性”优势 推动我国经济实现从“超大”到“超强”的转变》,《管理世界》2020 年第 1 期。

[11] 钟华编著:《企业 IT 架构转型之道——阿里巴巴中台战略思想与架构实战》,机械工业出版社 2017 年版。

[12] Aanestad, M. and Jensen, T. B., “Building Nation-wide Information Infrastructures in Healthcare through Modular Implementation Strategies”, *The Journal of Strategic Information Systems*, Vol.20 (2), 2011, pp.161-176.

[13] Abrell, T., Pihlajamaa, M., Kanto, L., Vom Brocke, J. and Uebernickel, F., “The Role of Users and Customers in Digital Innovation: Insights from B2B Manufacturing Firms”, *Information & Management*, Vol.53 (3), 2016, pp.324-335.

[14] Adner, R., “Ecosystem as Structure: An Actionable Construct for Strategy”, *Journal of Management*, Vol.43 (1), 2017, pp. 39-58.

[15] Adner, R. and Kapoor, R., “Value Creation in Innovation Ecosystems: How the Structure of Technological Interdependence Affects Firm Performance in New Technology Generations”, *Strategic Management Journal*, Vol.31 (3), 2010, pp. 306-333.

[16] Amit, R. and Zott, C., “Value Creation in E-business”, *Strategic Management Journal*, Vol.22 (6-7), 2001, pp.493-520.

[17] Augustsson, N. P., Nilsson, A., Holmstrom, J. and Mathiassen, L., “Managing Digital Infrastructures: Negotiating Control and Drift in Service Provisioning”, *International Journal of Business Information Systems*, Vol.30 (1), 2019, pp.51-78.

[18] Austin, R., Devin, L. and Sullivan, E. E., “Accidental Innovation: Supporting Valuable Unpredictability in the Creative Process”, *Organization Science*, Vol.23 (5),

2012, pp.1505–1522.

[19] Bailey, D. E., Leonardi, P. M. and Barley, S. R., "The Lure of the Virtual", *Organization Science*, Vol.23 (5), 2012, pp. 1485–1504.

[20] Barrett, M., Davidson, E., Prabhu, J. and Vargo, S. L., "Service Innovation in the Digital Age: Key Contributions and Future Directions", *MIS Quarterly*, Vol.39 (1), 2015, pp. 135–154.

[21] Beck, R., Avital, M., Rossi, M. and Thatcher, J. B., "Blockchain Technology in Business and Information Systems Research", *Business & Information Systems Engineering*, Vol.59 (6), 2017, pp.381–384.

[22] Bharadwaj, A., El Sawy, O. A., Pavlou, P. A. and Venkatraman, N., "Digital Business Strategy: Toward a Next Generation of Insights", *MIS Quarterly*, Vol.37 (2), 2013, pp.471–482.

[23] Blank, S., "Why the Lean Start-Up Changes Everything", *Harvard Business Review*, Vol.91 (5), 2013, pp.63–72.

[24] Boudreau, K. J., "Let a Thousand Flowers Bloom? An Early Look at Large Numbers of Software App Developers and Patterns of Innovation", *Organization Science*, Vol.23 (5), 2012, pp.1409–1427.

[25] Boudreau, K. J. and Jeppesen, L. B., "Protecting Their Digital Assets: The Use of Formal & Informal Appropriability Strategies by App Developers", *Research Policy*, Vol.48 (8), 2019, pp.1–13.

[26] Bogers, M. and West, J., "Managing Distributed Innovation: Strategic Utilization of Open and User Innovation", *Creativity and Innovation Management*, Vol.21 (1), 2012, pp.61–75.

[27] Boland, R. J., Lyytinen, Jr. K. and Yoo, Y., "Wakes of Innovation in Project Networks: The Case of Digital 3-D Representations in Architecture, Engineering, and Construction", *Organization Science*, Vol.18 (4), 2007, pp.631–647.

[28] Boisot, M. and Child, J., "Organizations as Adaptive Systems in Complex Environments: The Case of China", *Organization Science*, Vol.10 (3), 1999, pp.237–252.

[29] Brunswicker, S. and Schecter, A., "Coherence or Flexibility? The Paradox of Change for Developers' Digital Innovation Trajectory on Open Platforms", *Research Policy*, Vol.48 (8), 2019, pp.1–16.

[30] Candi, M. and Beltagui, A., "Effective Use of 3D Printing in the Innovation

Process", *Technovation*, Vol.80（1）, 2018, pp.63-73.

［31］Carnabuci, G. and Operti, E., "Where Do Firms' Recombinant Capabilities Come from? Intraorganizational Networks, Knowledge and Firms' Ability to Innovate through Technological Recombination", *Strategic Management Journal*, Vol.34（13）, 2013, pp.1591-1603.

［32］Constantinides, P., Henfridsson, O. and Parker, G. G., "Platforms and Infrastructures in the Digital Age", *Information Systems Research*, Vol.29（2）, 2018, pp. 381-400.

［33］Ciriello, R. F., Richter, A. and Schwabe, G., "Digital Innovation", *Business & Information Systems Engineering*, Vol.60（6）, 2018, pp.563-569.

［34］Christensen, C. M. and Bower, J. L., "Customer Power, Strategic Investment, and the Failure of Leading Firms", *Strategic Management Journal*, Vol.17（3）, 1996, pp. 197-218.

［35］Christensen, C. M. and Raynor, M. E., *The Innovator's Solution: Creating and Sustaining Successful Growth*, Boston, MA: Harvard Business School Press, 2003.

［36］Cohen, W. M. and Levinthal, D. A., "Innovation and Learning: The Two Faces of R & D", *The Economic Journal*, Vol.99（397）, 1989, pp. 569-596.

［37］Chesbrough, H. W., *Open Innovation: The New Imperative for Creating and Profiting from Technology*, Harvard: Harvard Business Press, 2003.

［38］Danneels, E., "Disruptive Technology Reconsidered: A Critique and Research Agenda", *Journal of Product Innovation Management*, 21（4）, 2004, pp. 246-258.

［39］de Reuver, M., Sørensen, C. and Basole, R. C., "The Digital Platform: A Research Agenda", *Journal of Information Technology*, Vol.33（2）, 2018, pp.124-135.

［40］Desouza, K. C., Dombrowski, C., Awazu, Y., Baloh, P., Papagari, S., Jha, S. and Kim, J. Y., "Crafting Organizational Innovation Processes", *Innovation*, Vol.11（1）, 2009, pp.6-33.

［41］Dremel, C., Herterich, M. M., Wulf, J., Waizmann, J. C. and Brenner, W., "How AUDI AG Established Big Data Analytics in Its Digital Transformation", *Mis Quarterly Executive*, Vol.16（2）, 2017, pp.81-100.

［42］Eaton, B., Elaluf-Calderwood, S., Sorensen, C. and Yoo, Y., "Distributed Tuning of Boundary Resources: The Case of Apple's iOS Service System", *MIS Quarterly*, Vol.39（1）, 2015, pp.217-243.

［43］Eisenhardt, K. M., "Making Fast Strategic Decisions in High-velocity Environments", *Academy of Management Journal*, Vol.32（3）, 1989, pp. 543-576.

[ 44 ] Faraj, S., von Krogh, G., Monteiro, E. and Lakhani, K. R., "Special Section Introduction—online Community as Space for Knowledge Flows", *Information Systems Research*, Vol.27 ( 4 ), 2016, pp.668-684.

[ 45 ] Ferreira, J. J., Fernandes, C. I. and Ferreira, F. A., "To Be or Not to Be Digital, That is the Question: Firm Innovation and Performance", *Journal of Business Research*, Vol.101 ( 1 ), 2019, pp.583-590.

[ 46 ] Fichman, R. G., Dos Santos, B. L. and Zheng, Z. E., "Digital Innovation as a Fundamental and Powerful Concept in the Information Systems Curriculum", *MIS Quarterly*, Vol.38 ( 2 ), 2014, pp.329-353.

[ 47 ] Fischer, E. and Reuber, A. R., "Social Interaction Via New Social Media: ( How ) Can Interactions on Twitter Affect Effectual Thinking and Behavior? " *Journal of Business Venturing*, Vol.26 ( 1 ), 2011, pp.1-18.

[ 48 ] Fitzgerald, M., "Embracing Digital Technology: A New Strategic Imperative", *MIT Sloan Management Review*, Vol.55 ( 2 ), 2014, pp.1-4.

[ 49 ] Forman, C. and van Zeebroeck, N., "Digital Technology Adoption and Knowledge Flows within Firms: Can the Internet Overcome Geographic and Technological Distance?" *Research Policy*, Vol.48 ( 8 ), 2018, pp.1-16.

[ 50 ] Franke, N. and Von Hippel, E., "Satisfying Heterogeneous User Needs Via Innovation Toolkits: The Case of Apache Security Software", *Research Policy*, Vol.32 ( 7 ), 2003, pp.1199-1215.

[ 51 ] Gawer, A., "Bridging Differing Perspectives on Technological Platforms: Toward an Integrative Framework", *Research Policy*, Vol.43 ( 7 ), 2014, pp.1239-1249.

[ 52 ] Gawer, A. and Cusumano, M. A., "Industry Platforms and Ecosystem Innovation", *Journal of Product Innovation Management*, Vol.31 ( 3 ), 2014, 417-433.

[ 53 ] Gorwa, R., "What is Platform Governance? " *Information, Communication & Society*, Vol.22 ( 6 ), 2019, pp.854-871.

[ 54 ] Grisot, M., Hanseth, O. and Torseng, A. A., "Innovation of, in, on Infrastructures: Articulating the Role of Architecture in Information Infrastructure Evolution", *Journal of the Association for Information Systems*, Vol.15 ( 4 ), 2014, pp.2-18.

[ 55 ] Grover, V. and Kohli, R., "Revealing Your Hand: Caveats in Implementing Digital Business Strategy", *Mis Quarterly*, Vol.37 ( 2 ), 2013, pp.655-662.

[ 56 ] Günther, W. A., Mehrizi, M. H. R., Huysman, M. and Feldberg, F., "Debating Big

Data: A Literature Review on Realizing Value from Big Data", *The Journal of Strategic Information Systems*, Vol.26 (3), 2017, pp.191–209.

[57] Haveman, H. A., "Follow the Leader: Mimetic Isomorphism and Entry into New Markets", *Administrative Science Quarterly*, Vol.38 (4), 1993, pp.593–627.

[58] Helfat, C. E. and Raubitschek, R. S., "Dynamic and Integrative Capabilities for Profiting from Innovation in Digital Platform-based Ecosystems", *Research Policy*, Vol.47 (8), 2018, pp.1391–1399.

[59] Henfridsson, O. and Bygstad, B., "The Generative Mechanisms of Digital Infrastructure Evolution", *Mis Quarterly*, Vol.37 (3), 2013, pp.907–931.

[60] Henfridsson, O., Mathiassen, L. and Svahn, F., "Managing Technological Change in the Digital Age: The Role of Architectural Frames", *Journal of Information Technology*, Vol.29 (1), 2014, pp.27–43.

[61] Henfridsson, O., Nandhakumar, J., Scarbrough, H. and Panourgias, N., "Recombination in the Open-ended Value Landscape of Digital Innovation", *Information and Organization*, Vol.28 (2), 2018, pp.89–100.

[62] Hinings, B., Gegenhuber, T. and Greenwood, R., "Digital Innovation and Transformation: An Institutional Perspective", *Information and Organization*, Vol.28 (1), 2018, pp.52–61.

[63] Huang, J., Henfridsson, O., Liu, M. J. and Newell, S., "Growing on Steroids: Rapidly Scaling the User Base of Digital Ventures through Digital Innovation", *MIS Quarterly*, Vol.41 (1), 2017, pp.301–314.

[64] Kallinikos, J., Aaltonen, A. and Marton, A., "The Ambivalent Ontology of Digital Artifacts", *Mis Quarterly*, Vol.37 (2), 2013, pp.357–371.

[65] Kane, G. C., Palmer, D., Phillips, A. N., Kiron, D., and Buckley, N., "Strategy, not Technology, Drives Digital Transformation", *MIT Sloan Management Review*, Vol.14 (1), 2015, pp.1–25.

[66] Karimi, J. and Walter, Z., "The Role of Dynamic Capabilities in Responding to Digital Disruption: A Factor-based Study of the Newspaper Industry", *Journal of Management Information Systems*, Vol.32 (1), 2015, pp.39–81.

[67] Kohli, R. and Melville, N. P., "Digital Innovation: A Review and Synthesis", *Information Systems Journal*, Vol.21 (5), 2019, pp.200–223.

[68] Kornberger, M., "The Visible Hand and the Crowd: Analyzing Organization Design in Distributed Innovation Systems", *Strategic Organization*, Vol.15 (2), 2017, pp.174–193.

[69] Kumar, N., Qiu, L. and Kumar, S., "Exit, Voice, and Response on Digital Platforms: An Empirical Investigation of Online Management Response Strategies", *Information Systems Research*, Vol.29 (4), 2018, pp. 849-870.

[70] Kumaraswamy, A., Garud, R. and Ansari, S., "Perspectives on Disruptive Innovations", *Journal of Management Studies*, Vol.55 (7), 2017, pp.1025-1042.

[71] Kyriakou, H., Nickerson, J. Y. and Sabnis, G., "Knowledge Reuse for Customization: Metamodels in an Open Design Community for 3D Printing", *Mis Quarterly*, Vol.41 (1), 2017, pp.315-332.

[72] Lee, J. and Berente, N, "Digital Innovation and the Division of Innovative Labor: Digital Controls in the Automotive Industry", *Organization Science*, Vol.23 (5), 2012, pp.1428-1447.

[73] Li, F., "The Digital Transformation of Business Models in the Creative Industries: A Holistic Framework and Emerging Trends", *Technovation*, Vol.12 (4), 2017, pp.1-10.

[74] Li, L., Su, F., Zhang, W. and Mao, J. Y., "Digital Transformation by SME Entrepreneurs: A Capability Perspective", *Information Systems Journal*, Vol.28 (6), 2018, pp.1129-1157.

[75] Lokuge, S., Sedera, D., Grover, V. and Dongming, X., "Organizational Readiness for Digital Innovation: Development and Empirical Calibration of a Construct", *Information & Management*, Vol.56 (3), 2019, pp.445-461.

[76] Lakhani, K. R. and Panetta, J. A., "The Principles of Distributed Innovation", *Innovations: Technology, Governance, Globalization*, Vol.2 (3), 2007, pp.97-112.

[77] Luo, Y. and Rui, H., "An Ambidexterity Perspective toward Multinational Enterprises from Emerging Economies", *Academy of Management Perspectives*, Vol.23 (4), 2009, pp.49-70.

[78] Luo, Y. and Child, J., "A Composition-based View of Firm Growth", *Management and Organization Review*, Vol.11 (3), 2015, pp.379-411.

[79] Lyytinen, K., Yoo, Y. and Boland Jr, R. J., "Digital Product Innovation within Four Classes of Innovation Networks", *Information Systems Journal*, Vol.26 (1), 2016, pp.47-75.

[80] Majchrzak, A., Markus, M. L. and Wareham, J., "Designing for Digital Transformation: Lessons for Information Systems Research from the Study of ICT and Societal Challenges", *MIS Quarterly*, Vol.40 (2), 2016, pp.267-277.

[81] Mahnke, V. and Venzin, M., "The Internationalization Process of Digital Information Good Providers", *Management International Review*, Vol.43 (1), 2003, pp.115–142.

[82] Mangematin, V., Sapsed, J. and Schubler, E., "Disassembly and Reassembly: An Introduction to the Special Issue on Digital Technology and Creative Industries", *Technological Forecasting & Social Change*, Vol.83 (1), 2014, pp.1–9.

[83] Marion, T. J., Meyer, M. H., and Barczak, G., "The Influence of Digital Design and It on Modular Product Architecture", *Journal of Product Innovation Management*, Vol.32 (1), 2015, pp.98–110.

[84] Marshall, B., McDonald, D., Chen, H. and Chung, W., "EBizPort: Collecting and Analyzing Business Intelligence Information", *Journal of the American Society for Information Science and Technology*, Vol.55 (10), 2004, pp.873–891.

[85] Melville, N. P., "Information Systems Innovation for Environmental Sustainability", *MIS Quarterly*, Vol.34 (1), 2010, pp.1–21.

[86] Miric, M., Boudreau, K. J. and Jeppesen, L. B., "Protecting Their Digital Assets: The Use of Formal & Informal Appropriability Strategies by App Developers", *Research Policy*, Vol.48 (8), 2019, pp.1–13.

[87] Mithas, S., Tafti, A., and Mitchell, W., "How a Firm's Competitive Environment and Digital Strategic Posture Influence Digital Business Strategy", *MIS Quarterly*, Vol.37 (2), 2013, pp.511–536.

[88] Nambisan, S., "Designing Virtual Customer Environments for New Product Development: Toward a Theory", *Academy of Management Review*, Vol.27 (3), 2002, pp.392–413.

[89] Nambisan, S., "Digital Entrepreneurship: Toward a Digital Technology Perspective of Entrepreneurship", *Entrepreneurship Theory and Practice*, Vol.41 (6), 2017, pp.1029–1055.

[90] Nambisan, S., Agarwal, R. and Tanniru, M., "Organizational Mechanisms for Enhancing User Innovation in Information Technology", *MIS Quarterly*, Vol.23 (3), 1999, pp.295–365.

[91] Nambisan, S., Lyytinen, K., Majchrzak, A. and Song, M., "Digital Innovation Management: Reinventing Innovation Management Research in a Digital World", *Mis Quarterly*, Vol.41 (1), 2017, pp.223–238.

[92] Nambisan, S., Wright, M., and Feldman, M., "The Digital Transformation of Innovation and Entrepreneurship: Progress, Challenges and Key Themes", *Research Policy*, Vol.48 (8), 2019a.

[ 93 ] Nambisan, S., Zahra, S. A., and Luo, Y., "Global Platforms and Ecosystems: Implications for International Business Theories", *Journal of International Business Studies*, Vol.50 (9), 2019b, pp.1464–1486.

[ 94 ] Newell, S. and Marabelli, M., "Strategic Opportunities (and Challenges) of Algorithmic Decision-making: A Call for Action on the Long-term Societal Effects of 'Datification'", *The Journal of Strategic Information Systems*, Vol.24 (1), 2015, pp.3–14.

[ 95 ] Nylén, D. and Holmström, J., "Digital Innovation Strategy: A Framework for Diagnosing and Improving Digital Product and Service Innovation", *Business Horizons*, Vol.58 (1), 2015, pp.57–67.

[ 96 ] Nylén, D. and Holmström, J., "Digital Innovation in Context: Exploring Serendipitous and Unbounded Digital Innovation at the Church of Sweden", *Information Technology and People*, Vol.32 (3), 2019, pp.696–714.

[ 97 ] O'Reilly III, C. A. and Tushman, M. L., "Organizational Ambidexterity: Past, Present, and Future", *Academy of Management Perspectives*, Vol.27 (4), 2013, pp.324–338.

[ 98 ] Ozalp, H., Cennamo, C. and Gawer, A., "Disruption in Platform-based Ecosystems", *Journal of Management Studies*, Vol.55 (7), 2018, pp.1203–1241.

[ 99 ] Pagani, M., "Digital Business Strategy and Value Creation: Framing the Dynamic Cycle of Control Points", *Mis Quarterly*, Vol.37 (2), 2013, pp.617–632.

[ 100 ] Parker, G., Alstyne, M. V. and Jiang, X., "Platform Ecosystems: How Developers Invert the Firm", *MIS Quarterly*, Vol.41 (1), 2017, pp.255–266.

[ 101 ] Pavlou, P. A. and El Sawy, O. A., "The 'Third Hand': It-enabled Competitive Advantage in Turbulence through Improvisational Capabilities", *Information Systems Research*, Vol.21 (3), 2010, pp.443–471.

[ 102 ] Peng, M. W., Sun, S. L., Pinkham, B. and Chen, H., "The Institution-based View as a Third Leg for a Strategy Tripod", *Academy of Management Perspectives*, Vol.23 (3), 2009, pp.63–81.

[ 103 ] Porter, M. E. and Heppelmann, J. E., "How Smart, Connected Products are Transforming Competition", *Harvard Business Review*, Vol.92 (11), 2014, pp.64–88.

[ 104 ] Raghuram, S., Tuertscher, P. and Garud, R., "Research Note-mapping the Field of Virtual Work: A Cocitation Analysis", *Information System Research*, Vol.21 (4), 2010, pp.983–999.

[ 105 ] Rai, A., Constantinides, P. and Saonee, S., "Next-Generation Digital Platforms:

Toward Human-AI Hybrids", *MIS Quarterly*, Vol.43 (1), 2019, pp.3-9.

[106] Roberts, N., Campbell, D. E. and Vijayasarathy, L. R., "Using Information Systems to Sense Opportunities for Innovation: Integrating Postadoptive Use Behaviors with the Dynamic Managerial Capability Perspective", *Journal of Management Information Systems*, Vol.33 (1), 2016, pp.45-69.

[107] Saldanha, T., Mithas, S. and Krishnan, M. S., "Digital Innovation, Customer Involvement, Information Technology, Relational Information Processing Capability, Analytical Information Processing Capability, Business Value of IT", *Mis Quarterly*, Vol.41 (1), 2017, pp.367-396.

[108] Sawhney, M. and Prandelli, E., "Communities of Creation: Managing Distributed Innovation in Turbulent Markets", *California Management Review*, Vol.42 (4), 2000, pp.24-54.

[109] Schmeiss, J., Hoelzle, K. and Tech, R. P., "Designing Governance Mechanisms in Platform Ecosystems: Addressing the Paradox of Openness through Blockchain Technology", *California Management Review*, Vol.62 (1), 2019, pp.121-143.

[110] Schumpeter, J., *Business Cycles*, New York, NY: McGraw-Hill, 1939.

[111] Sebastian, I. M., Ross, J. W., Beath, C., Mocker, M., Moloney, K. G. & Fonstad, N. O., "How Big Old Companies Navigate Digital Transformation", *MIS Quarterly Executive*, Vol.16 (3), 2017, pp.197-213.

[112] Sia, S. K., Soh, C. and Weill, P., "How DBS Bank Pursued a Digital Business Strategy", *MIS Quarterly*, Vol.15 (2), 2016, pp.105-121.

[113] Siponen, M., Baskerville, R. and Heikka, J., "A Design Theory for Secure Information Systems Design Methods", *Journal of the Association for Information Systems*, Vol.7 (1), 2006, pp.31-59.

[114] Snihur, Y., Thomas, L. D. W. and Burgelman, R. A., "An Ecosystem-Level Process Model of Business Model Disruption: The Disruptor's Gambit", *Journal of Management Studies*, Vol.55 (7), 2018, pp.1278-1316.

[115] Srivardhana, T. and Pawlowski, S. D., "ERP Systems as an Enabler of Sustained Business Process Innovation: A Knowledge-based View", *The Journal of Strategic Information Systems*, Vol.16 (1), 2007, pp.51-69.

[116] Storz, C., "Dynamics in Innovation Systems: Evidence from Japan's Game Software Industry", *Research Policy*, Vol.37 (9), 2008, pp.1480-1491.

[117] Svahn, F., Mathiassen, L. and Lindgren, R., "Embracing Digital Innovation in Incumbent Firms: How Volvo Cars Managed Competing Concerns", *Mis Quarterly*, Vol.41 (7), 2017, pp.239–253.

[118] Täuscher, K. and Laudien, S. M., "Understanding Platform Business Models: A Mixed Methods Study of Marketplaces", *European Management Journal*, Vol.36 (3), 2018, pp.319–329.

[119] Tee, R. and Gawer, A., "Industry Architecture as a Determinant of Successful Platform Strategies: A Case Study of the Imode Mobile Internet Service", *European Management Review*, Vol.6 (4), 2009, pp.217–232.

[120] Teece, D. J., "Profiting from Innovation in the Digital Economy: Enabling Technologies, Standards, and Licensing Models in the Wireless World", *Research Policy*, Vol.47 (8), 2018, pp.1367–1387.

[121] Teece, D. J., "Fundamental Issues in Strategy: Time to Reassess? " *Strategic Management Review*, Vol.1 (1), 2020, forthcoming.

[122] Tilson, D., Lyytinen, K. and Sørensen, C., "Digital Infrastructures: The Missing Is Research Agenda", *Information Systems Research*, Vol.21 (5), 2010, pp.1–12.

[123] Tiwana, A., Konsynski, B. and Bush, A. A., "Research Commentary—platform Evolution: Coevolution of Platform Architecture, Governance, and Environmental Dynamics", *Information Systems Research*, Vol.21 (4), 2010, pp.675–687.

[124] Tushman, M. L. and Anderson, P., "Technological Discontinuities and Organizational Environments", *Administrative Science Quarterly*, Vol.31 (3), 1986, pp.439–465.

[125] Vial, G., "Understanding Digital Transformation: A Review and a Research Agenda", *The Journal of Strategic Information Systems*, Vol.28 (2), 2019, pp.118–144.

[126] Von Hippel, E. V. and Krogh, G. V., "Open Source Software and The 'Private-collective' Innovation Model: Issues for Organization Science", *Organization Science*, Vol.14 (2), 2003, pp.209–223.

[127] Wang, P. and Ramiller, N. C., "Community Learning in Information Technology Innovation", *MIS Quarterly*, Vol.33 (4), 2009, pp.375–709.

[128] Weill, P. and Woerner, S., "Is Your Business Ready for a Digital Future? " *MIT Sloan Management Review*, Vol.59 (2), 2018, pp.21–24.

[129] Webster, J. and Watson, R. T., "Analyzing the Past to Prepare for the Future: Writing a Literature Review", *MIS Quarterly*, Vol.26 (2), 2002, pp.9–20.

[ 130 ] Yeow, A., Soh, C. and Hansen, R., "Aligning with New Digital Strategy: A Dynamic Capabilities Approach", *The Journal of Strategic Information Systems*, Vol.27 (1), 2018, pp.43-58.

[ 131 ] Yoo, Y., Henfridsson, O. and Lyytinen, K., "Research Commentary—The New Organizing Logic of Digital Innovation: An Agenda for Information Systems Research", *Information Systems Research*, Vol.21 (4), 2010, pp.724-735.

[ 132 ] Yoo, Y., Boland Jr, R. J., Lyytinen, K. and Majchrzak, A., "Organizing for Innovation in the Digitized World", *Organization Science*, Vol.23 (5), 2012, pp.1398-1408.

[ 133 ] Zammuto, R. F., Griffith, T. L., Majchrzak, A., Dougherty, D. J. and Faraj, S., "Information Technology and the Changing Fabric of Organization", *Organization Science*, Vol.18 (5), 2007, pp.749-762.

[ 134 ] Zaki, M., "Digital Transformation: Harnessing Digital Technologies for the Next Generation of Services", *Journal of Services Marketing*, Vol.33 (4), 2019, pp.429-435.

[ 135 ] Zahra, S. A. and George, G., "Absorptive Capacity: A Review, Reconceptualization, and Extension", *Academy of Management Review*, Vol.27 (2), 2002, pp.185-203.

[ 136 ] Zhou, S. S., Li, P. P., Zhou, A. J. and Prashantham, S., "The Cultural Roots of Compositional Capability in China: Balanced Moderation", *Asia Pacific Journal of Management*, 2019, Doi: doi.org/10.1007/s10490-018-9637-1.

[ 137 ] Zhu, F. and Iansiti, M., "Entry into Platform-based Markets", *Strategic Management Journal*, 33 (1), 2012, pp.88-106.

[ 138 ] Zittrain, J., "The Generative Internet", *Harvard Law Review*, Vol.119, 2006, pp.1974-2040.

## 附录表 1　数字创新代表文献综述

| 研究主题 | | 核心议题与观点 | 代表性文献 | | | | | |
|---|---|---|---|---|---|---|---|---|
| | | | 作者（年份） | 来源期刊 | 研究问题 | 研究方法 | 理论视角 | 研究发现 |
| 创新支撑 | 数字基础设施 | 数字基础设施的架构及其构建、演化、治理等 | Tilson et al.（2010） | *Information Systems Research* | 数字基础设施的研究有何进展？未来研究方向是什么？ | 理论综述 | N/A | 数字基础设施的研究关注较少，应该作为信息系统研究中的一个重要研究领域进行探索。 |
| | | | Henfridsson and Bygstad（2013） | *MIS Quarterly* | 数字基础设施是如何演化的？ | 案例调研 | 组态理论（Configurational perspective） | 识别了 3 种数字基础设施的生成机制，并探究了这些机制作为基础如何组合以实现数字基础设施的成功演化。 |
| | | | Teece（2018） | *Research Policy* | 在数字经济时代什么决定了公司可以从创新中获利？ | 理论文章 | PFI 框架 | 探究了数字经济时代使能技术对于价值独占的影响，特别关注于对互补资产、商业模式、平台及生态系统、模块化、标准等在数字经济时代对价值独占的影响。 |
| | 数字平台与生态系统 | 如何设计与构建数字平台与生态系统；价值创造路径；数字平台和生态系统的治理 | Ozalp et al.,（2018） | *Journal of Management Studies* | 跨代技术转型如何影响平台生态系统的破坏式行为？现有平台如何操控破坏式创新的过程？ | 多案例研究 | 破坏式创新理论 | 当现有企业通过先进技术引进下一代平台（next-generation platform）时，为平台技术增添互补者的挑战增加。 |
| | | | Parker et al.（2017） | *MIS Quarterly* | 当企业通过平台进行分布式创新时：企业创新的焦点如何转移？ | 多案例分析 | 平台理论 | 企业在平台中进行创新时选择使用开放的外部合同进行创新，而不是封闭的垂直整合。此时，价值创造的轨迹已经从企业内部转移到外部。同时，数字产品为企业提供了优化溢出效应的机会。 |
| | | | Helfat and Raubitschek（2018） | *Research Policy* | 生态系统中平台领导者的动态能力对其在生态系统中的价值创造以及价值获取有何作用？ | 理论文章 | 动态能力视角 | 对于生态系统中的平台领导者来说：创新能力、环境扫描以及环境感知能力、协调生态系统的整合能力是重要的。 |

续表

| 研究主题 | | 核心议题与观点 | 代表性文献 | | | | | |
|---|---|---|---|---|---|---|---|---|
| | | | 作者（年份） | 来源期刊 | 研究问题 | 研究方法 | 理论视角 | 研究发现 |
| 创新产出 | 数字产品创新 | 数字创新具有收敛性（Convergence）和自生长性（Generativity） | Lyytinen et al.（2016） | *Information Systems Journal* | 数字技术如何影响组织与组织间能力以促进产品创新？ | 理论文章 | 创新网络理论 | 文章阐述了数字技术对于创新网络的影响，并识别了数字化支持的四类创新网络如何影响数字产品创新。 |
| | | | Boudreau（2012） | *Organization Science* | 如何应对复杂性数字化创造出的新的知识形式？ | 单案例研究 | 复杂创新理论 | 数字创新能够创造与创新活动有关的新知识边界。这些界限凸显了数字科学能够帮助解决的复杂创新挑战，使数字科学和治疗科学能够整合互补的知识。 |
| | 数字过程创新 | | Svahn et al.（2017） | *MIS Quarterly* | 成熟企业如何拥抱数字创新？ | 单案例研究 | 组织双元理论 | 在位企业进行数字创新过程中要注意创新焦点（innovation focus）、能力开发（capability development）、资源配置（resource deployment）和创新治理（innovation governance）等方面的平衡。 |
| | | | Candi and Beltagui（2018） | *Technovation* | 如何在创新过程中有效使用3D打印技术？ | 定性研究 | 资源编排理论 | IT与制造功能的有效协调可以强化使用3D打印技术的好处、在创新中使用3D打印技术对于那些在运营环境中面临更大动荡的企业更有效。 |
| | 数字组织创新 | | Pagani（2013） | *MIS Quarterly* | 数字化网络中价值创造和价值获取如何转变？ | 田野研究 | 创新网络理论 | 数字创新将价值网络从静态的、垂直整合的转变为松散耦合的价值空间。 |
| | | | Lee and Berente（2012） | *Organization Science* | 多个职业群体的工作围绕数字创新进行重组的过程对组织边界有怎样的影响？ | 单案例研究 | 社会物质性理论（Sociomateriality） | 通过对制药行业药剂师、技师和助理医生的关系研究发现：随着时间的推移，机器人的混合和动态物质性重新配置了3个职业群体之间的边界关系。 |
| | 数字商业模式创新 | | Snihur et al.（2018） | *Journal of Management Studies* | 颠覆性商业模式创新者如何在颠覆的过程中使构建框架（Framing）和商业模式的适应性保持一致？ | 单案例研究 | 商业模式理论 | 生态系统中的商业模式破坏者与生态系统中的客户、合作伙伴等企业相互作用促使生态系统的战略演变。 |

续表

| 研究主题 | | 核心议题与观点 | 代表性文献 | | | | | |
|---|---|---|---|---|---|---|---|---|
| | | | 作者（年份） | 来源期刊 | 研究问题 | 研究方法 | 理论视角 | 研究发现 |
| 创新过程 | 创新启动 | 数字创新开发过程是一个强调设计逻辑、开放式创新、情境交融和持续迭代的动态交互过程 | Lokuge et al.（2019） | *Information & Management* | 何时企业做好启动数字创新的准备？ | 定性与定量相结合 | 组织准备充分性理论（Readiness theory） | 提出了组织对于数字创新的准备充分性（Organizational Readiness）这一构念，并认为这一概念包含资源充分性、IT 充分性、认知充分性、伙伴充分性、创新态度（Innovation Valance）、文化充分性和战略充分性 7 个维度。 |
| | | | Ferreira et al.（2019） | *Journal of Business Research* | 影响企业采用数字创新的因素有哪些？ | 问卷调研 | 高阶梯队理论 | 创业者 / 管理者的个人特征会影响他们是否采纳新的数字创新过程。 |
| | 创新开发 | | Saldanha et al.（2017） | *MIS Quarterly* | IT 支持能力如何影响企业利用客户参与和塑造企业创新的能力？ | 定性研究 | 吸收能力理论 | 数字基础设施以及相关功能能够通过对分布式创新机制相关的实践进行补充（complement）而推动数字创新。 |
| | | | Kyriakou et al.（2017） | *MIS Quarterly* | 数字创新如何改变设计过程以及制造过程？ | 定性研究 | 知识管理理论 | 设计知识的数字化有助于定制化（customization）的重用（reuse），这个过程意味着数字创新过程和结果之间的复杂交互。 |
| | 创新应用 | | Vial（2019） | *The Journal of Strategic Information Systems* | 数字化转型有何研究进展与未来研究方向如何？ | 文献综述 | N/A | 文章综述了数字化转型的相关文献，并指明了未来的研究方向。 |

续表

| 研究主题 | | 核心议题与观点 | 代表性文献 | | | | | |
|---|---|---|---|---|---|---|---|---|
| | | | 作者（年份） | 来源期刊 | 研究问题 | 研究方法 | 理论视角 | 研究发现 |
| 创新机制 | 分布式创新 | 分布式创新与重组创新是数字创新产生的两种重要机制 | Boudreau（2012） | *Organization Science* | 平台上的生产者数量和生成的软件品种数量之间存在怎样的联系？ | 多案例研究 | 平台理论 | 在基于数字技术的平台的创新过程中，平台上的第三方开发人员的增加导致平台上提供的应用程序多样性的增加。同时，产品多样性的增加会刺激平台内的创新。因此，构建数字平台的主要目标不是通过让多个供应商制造相同的成分来达成规模经济，而是通过吸引大量构建不同产品的异质性开发人员来增加平台上的异质性。 |
| | 重组创新 | | Henfridsson et al.（2018） | *Information and Organization* | 数字创新中的价值创造与价值获取是如何发生的？ | 理论文章 | 价值创造和价值获取 | 文章提出价值空间框架模型，将其定义为一个不断发展的数字资源网络，并认为重组在价值创造和获取过程中扮演了重要角色。 |
| 创新结果 | 运营效率 | 数字创新总体而言可以提升组织的运营效率和组织绩效 | Porter and Heppelmann（2014） | *Harvard Business Review* | 智能产品如何影响竞争？ | 理论文章 | 产业竞争理论 | 数字产品往往有监测、控制、优化和自动四大功能，其中控制、优化和自动这三类功能可以显著提升企业的运营绩效。 |
| | 组织绩效 | | Karimi and Walter（2015） | *The Journal of Management Information Systems* | 动态能力在应对数字破坏性创新方面有何作用？ | 问卷调查 | 破坏性创新理论 | 动态能力正向影响报纸企业的数字产品数量和在线渠道数字销售。 |

注：篇幅所限，我们通过综合考虑文章核心议题相关度、期刊影响、文章引用率等指标选取了代表性文献。

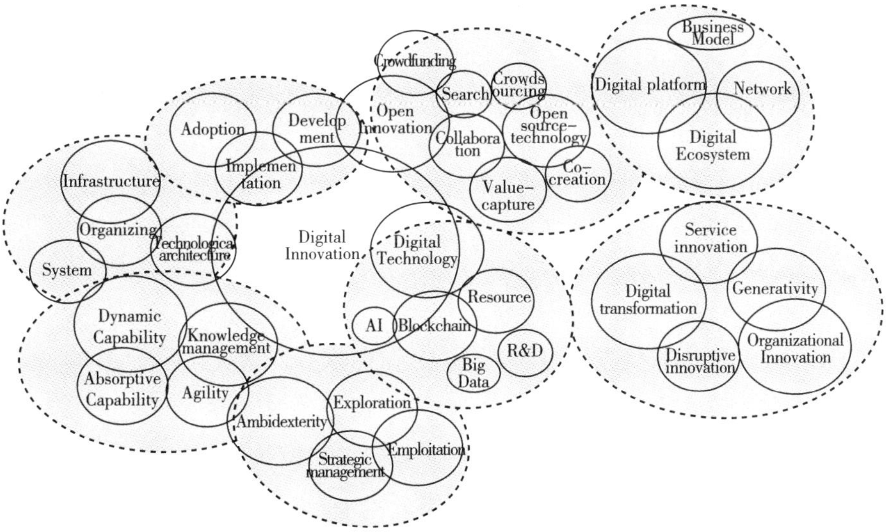


## 附录图 1　共词分析结果

注：为了图像清晰，本图只保留了共词较多的关键词，并删除共词连接线，圆圈大小表示关键词共词出现的相对多少，仅作象征展示。

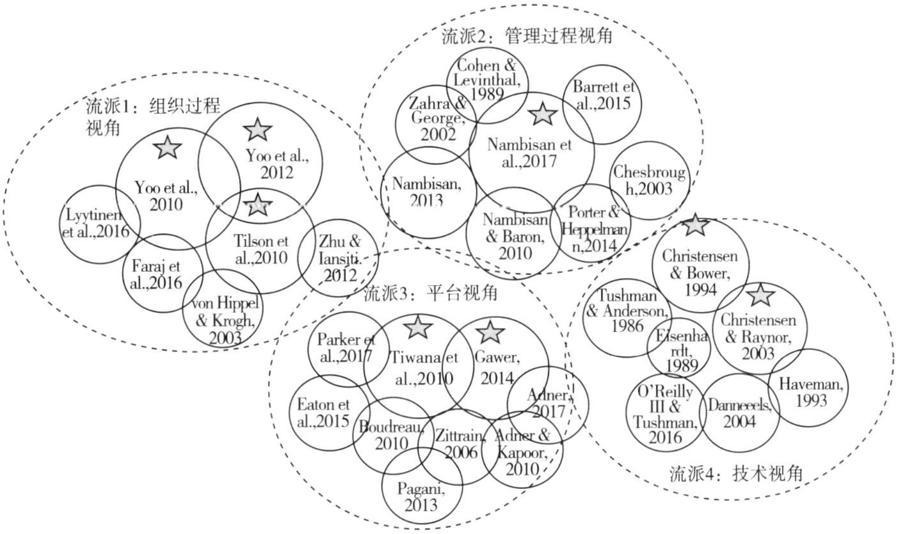


## 附录图 2　共引分析结果

注：为了保证图像清晰，本图只保留了被共引次数较多的文献，圆圈大小表示文章被引次数的相对多少，仅作象征展示。五角星表示强调文献的重要性。

（刘洋、董久钰、魏江，浙江大学管理学院）

原载《管理世界》2020 年第 7 期

# 人才国际化研究：发展脉络与未来展望

高中华 周锦来

2021年9月底，习近平总书记在中央人才工作会议上明确提出我国2035年进入创新型国家前列、建成人才强国的战略目标。要实现这一目标，就必须坚持面向世界科技前沿、面向经济主战场、面向国家重大需求、面向人民生命健康，深入实施新时代人才强国战略，全方位培养、引进、用好人才，加快建设世界重要人才中心和创新高地。近年来，国际局势云谲波诡，我国人才国际化的道路受到很多外部因素的干扰。在这种情况下，既要加强国际化人才的自主培养以应对外部挑战，但同时自主培养绝不意味着自我隔离，应该实行更加积极、更加开放、更加有效的人才引进政策，用好全球创新资源，精准引进急需紧缺人才，形成具有吸引力和国际竞争力的人才制度体系。

人才是实现民族振兴、赢得国际竞争主动性的战略资源。2021年国务院政府工作报告指出，要坚持创新驱动发展，完善国家创新体系，激发人才创新活力。习近平总书记强调："国际经济合作和竞争局面正在发生深刻变化，全球经济治理体系和规则正在面临重大调整。经济全球化表面上看是商品、资本、信息等在全球广泛流动，但本质上主导这种流动的力量是人才、是科技创新能力"[①]。在未来以中国为代表的新兴市场国家推动的新型全球化进程中，如何在全球范围内配置人才资源，通过人才驱动我国的发展与创新，打造具有国际视野和国际竞争力的人才队伍，同时使我国成为国际人才高地，聚天下英才而用之，是我国人才国际化研究者面临的重大现实问题。

立足于这一时代命题，学界对于人才国际化的研究给予了足够的关注。自20世纪90年代以来，人才国际化主题研究经过近三十年的发展，已经成为一个相对完善的研究领域，在人才国际化政策、人才国际化培养与国际化人才引进等方面均积累了较多的研究成果。但在研究总量不断增长的同时，学界与实践中的新形势也对这一领域的发展方向提出了新要求。整体而言，学者们对于人才国际化的有效性已经达成了共识，但对于如何有效开展

① 新华社北京2016年5月31日电，《为建设世界科技强国而奋斗——在全国科技创新大会、两院院士大会、中国科协第九次全国代表大会上的讲话》，http://www.xinhuanet.com/politics/2016-05/31/c_1118965169.htm。

人才国际化这一关键问题的回答尚不够深入。出现这一局面兼有理论与实践两方面的原因：从理论方面来看，国内外在人才国际化的研究议题上形成了相对独立的发展脉络，彼此缺乏深入的对话与交流。同时，人才国际化研究领域的学者来自多个学科，虽然多学科视角的差异能够增加人才国际化研究的多样性，但同样也使得不同的研究之间出现了一定程度的割裂，不利于后续研究的进一步发展。从实践层面来看，自中美经贸摩擦以来，国际局势出现了较大变化，国际孤立主义、COVID-19 全球大流行等因素成为人才国际化发展过程中的新挑战，亟待思路与工具上的创新加以应对。在这种背景下，有必要全面回顾人才国际化的相关文献，重新审视已有研究已经解决了什么、尚没有解决什么及未来应该如何开展研究的问题。

基于此，本研究将采用基于知识图谱的可视化文献计量分析法，开展如下研究。第一，系统梳理中文及英文期刊中人才国际化研究领域的关键文献、发表期刊及其主要知识来源，归纳该领域的主要学者、学者间合作网络以及主要关注的研究主题。第二，在对现有中英文文献进行全面回顾的基础上，描绘人才国际化研究主题的演进历程、发展脉络与亟待解决的科学问题。第三，通过横纵两个方向的比较来厘清国内外学者在人才国际化研究方面的成果与不足，进而推动人才国际化研究持续深入。

## 一 数据来源与总体趋势

### （一）数据来源

本研究选择的时间窗口为从 1991 年到 2021 年。更早的文献中也曾零星提及人才国际化，但是直到 20 世纪 90 年代才真正开始对其进行专门研究。本研究的英文文献来自 Web of Science 中的 SSCI 数据库，以“Talent Internationalization”、“International Talent”和“Talent globalization”为关键词进行精确检索，共获得文献 210 篇，去除无关文献后剩余 196 篇。中文文献来源为中国知网中的北大核心期刊数据库，以“国际化人才”“人才国际化”或“国际人才”为检索项进行精确检索，得到文献 623 篇，剔除其中的招聘启事、书评短论及其他无关文献后剩余 572 篇。

### （二）中英文期刊文献发表趋势

从中英文期刊文献发表数量的变化趋势来看（见图 1），人才国际化研究与经济全球化的发展趋势密切相关。20 世纪 90 年代，随着跨国公司大力开展全球化经营，人才的跨国流动也日益频繁，人力资源管理领域学者率先涉足人才国际化议题，开始探讨跨国公司如何通过全球化人才招聘措施来获得更多高层次的国际人才[1-4]。进入 21 世纪，全球化程度不断加深，人才国际化研究数量也呈现出增长态势。2001 年我国加入世界贸易组织这一标志性事件使人才国际化研究成为热点，众多国内学者对此展开探讨。2008 年金融危机之后，人们更加深刻地认识到在经济全球化趋势下，国际人才培养、国际人才决策与国际人才管理是企业跨国经营亟待解决的现实挑战，国内外期刊发表的文献数量增长趋势显著。随着金融危机后，西方经济长期陷入停滞，加之西方民粹思潮不断蔓延，贸易保护主义愈发抬头，西方各国普遍开始限制人员国际流动，这在一定程度上对人才国际化研究造成了负面影响。此后，我国积极推动的“一带一路”建设成为引领全球化的重要战略支点和全新动力，中文研究数量再次爆发并达到历史最高水平。而从 COVID-19 全球大流行开始，人才国际化出现了新的问题与挑战，由于研究窗口期较短，对于这一背景下的相关研究尚未在已有文献中充分体现。

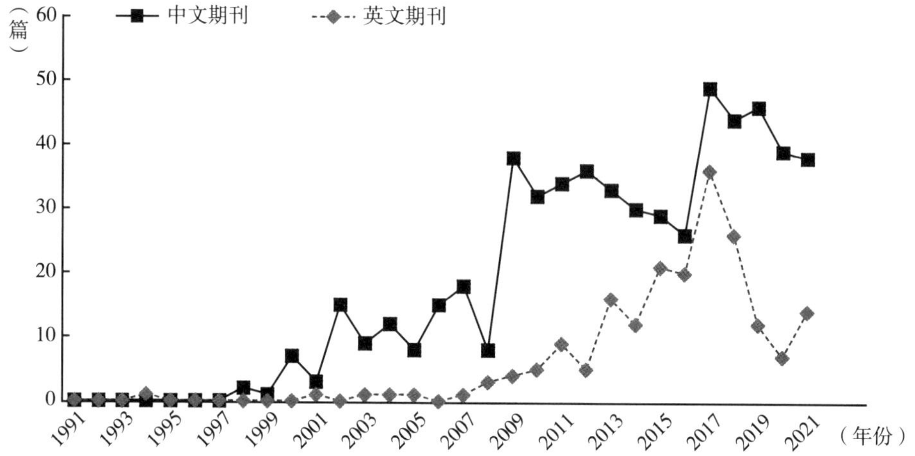


图 1　中英文文献发表数量的变化趋势

## 二　人才国际化英文期刊文献的可视化分析

### （一）代表性国外学者与研究合作网络

海外学者通常倾向于围绕某个具体的话题展开深入研究，通过文献分析能够看到这些学者组成的团队在人才国际化领域作出的贡献。为了清晰地展示人才国际化领域代表性国外学者的研究偏好，我们将代表性学者、他们的研究主题以及论文发表的期刊进行了对应分析。

本文综合人才国际化研究议题中学者的 H 指数、总引用量、发文数量，探究人才国际化领域学者们作出的贡献。其中，排在前两位是 Collings DG 与 Scullion H，虽然 Collings DG（H 指数 =9）在 H 指数得分高于 Scullion H（H 指数 =8），但 Scullion H（总被引量 =678）在总被引量上高于 Collings DG（总被引量 =585）。从研究主题来看，Collings DG 主要着眼于跨国企业情境中的人才管理，他基于人力资本、社会资本等理论探究了国际人才流动性与人员配置，并提出了跨国公司在全球范围内的绩效考核机制[5-7]。Scullion H 与 Collings DG 研究视角基本一致，略有不同的是他对全球范围内文化背景造成的企业人才国际化路径差异进行了延伸研究[8-10]。从研究主题来看，除了全球性人才管理（global talent management）和人才管理（talent management）这两个相对宽泛的研究主题之外，这些学者还关注国际外派与返回、移民就业、国际人力资本与职业资本、区域人才国际化（比如日本、印度等）等话题。从期刊来源看，人才国际化研究发表最多的两本期刊分别是《世界商业学刊》（*Journal of World Business*）和《国际人力资源管理杂志》（*International Journal of Human Resource Management*）。

团队协作能够整合不同学者的知识资本，实现研究主题的聚合。本文通过对人才国际化领域学者间的合作网络进行分析，展现了在人才国际化研究中取得突出成果的7个代表性研究合作团队，如表1所示。

**表1　英文文献的代表性合作团队及研究话题**

| 序号 | 规模 | 团队成员 | 研究话题 |
|---|---|---|---|
| 1 | 7 | Vlad Vaiman; Irene Hau Siu Chow; Charles M. Vance; David Collings; Arno Haslbergar; Yongsun Paik; Kwang-Yong Shin | 欧洲人才管理；国际化人才的识别与招聘；国际化人才管理决策 |
| 2 | 6 | David G. Collings; Paula Caligiuri; Michael Isichei; Kamel Mellahi; Dana Minbaeva; Randall Schuler | 企业人才国际化；跨国企业人力资源管理 |
| 3 | 6 | Shad S. Morris; Jaap Paauwe; Guenter K. Stahl; Philip Stiles; Jonathan Trevor; Patrick Wright | 企业人才国际化的研究框架与实践原则 |
| 4 | 6 | Hugh Scullion; Elaine Farndale; Paul Sparrow; Chung Hee Kim; Avinash Pai; Judy Pate | 国际人才管理 |
| 5 | 5 | Akram Al Ariss; Wayne F. Cascio; John W. Bounderu; Marian Crowley-Henry; Yusuf Sidani | 国际人才流动 |
| 6 | 5 | Anthony Mcdonnell; Parrick Gunnigle; Ryan Lamare; Catriona Hickey; Jonathan Lavelle | 国际人才流动 |
| 7 | 4 | Ingmar Bjorkman; Shad Morris; Adam Smale; Scott Snell | 企业人才国际化 |

从团队规模来看，每个团队大致在4—7人，且均有1—2名核心成员作为团队中心。从研究主题来看，大多数团队集中在企业层面的人才国际化研究上。例如，以Vlad Vaiman为代表的研究团队主要关注欧洲本土的国际人才管理与决策，并提出企业应该关注国际人才的识别、招聘等具体实践[11]。以David G. Collings和Paula Caligiuri为代表的研究团队关注了跨国公司全球化经营过程中员工队伍的国际化过程，从人力资源管理的视角探讨了国际员工的管理[12]。以Shad S. Morris为首的研究团队则指出没有最佳的人才国际化实践，企业应该根据当前的实际情况进行权变管理，并归纳了企业应当施行战略一致、内部一致、文化嵌入等6条基本原则[13]。以Hugh Scullion为代表的研究团队和以Ingmar Bjorkman为代表的研究团队都聚焦于企业微观层面的国际人力资源管理实践，对人才国际化带来的企业竞争优势等方面的

议题进行了探究[9, 14]。以 Akram Al Ariss 为代表的研究团队聚焦于国际视野中的人才流动问题[15]。此外，我们发现不同团队之间也存在着一定的合作关系。总体来看，合作网络呈现半开放式的结构，各个研究团队在相对独立开展研究的同时与外界也保持了接触。

### （二）研究主题及其演进历程

现有文献中的高频词能够清晰地反映一个领域的研究主题。本文对人才国际化研究领域英文期刊所发表文献关键词中的高频词进行了排序，排在前三名的高频词为全球性人才管理（global talent management）、人才管理（talent management）和国际人才（international talents）。虽然关键词中的高频词能够在一定程度上反映该领域的研究主题，但从这些关键词的频次得到的信息相对零散，无法从发展的角度来展示不同阶段研究主题的演进模式。为了更深入地展示不同阶段的研究热点，我们分阶段对文献中的关键词进行分析。

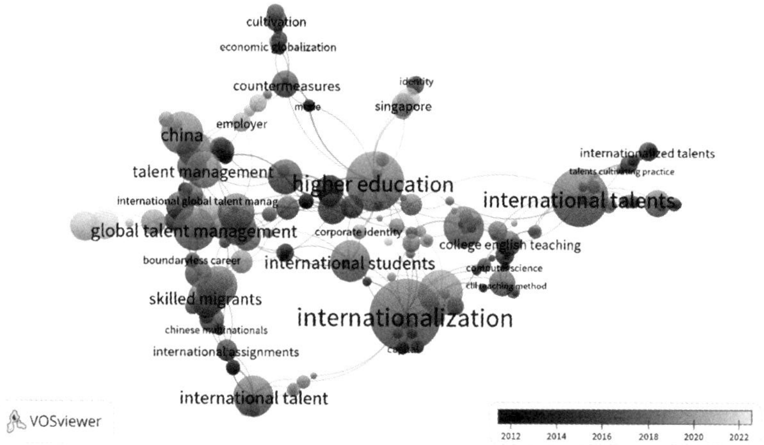


图 2 英文期刊人才国际化研究主题

在初始阶段（1990—2007），随着国与国之间的合作日益频繁，不少企业开始走出国门进行跨国经营，尤其是从发达国家到发展中国家，在这种背景下“人才流失趋势”（brain drain trends）、“发展中国家”（developing countries）、“外国专业人员教育”（foreign professional personnel education）、“跨文化”（cross culture）等话题得到了较多的关注。此外，在经济全球化和信息技术革命的推动下，“合作网络”（collaborative network）、“信息技术”（information technology）等主题也得到了关注。这一时期的文献开始关注到人才国际化的重要性，且逐渐形成一些基础概念与理论。但其不足之处在于较多文献还是停留在对于现象的描述上，对于现象背后的原因与机制关注普遍不足。

在成型阶段（2008—2011），随着全球一体化进程的推进，原先对“发展中国家”的关注逐渐演进为“全球化”（globalization）、“跨国公司”（multinational enterprise）、“全球性人才管理”（global talent management）、“全球性人才”（global talent）以及“人力资本”（human capital）等新主题，而原先“跨文化”和“外国专业人员教育”逐渐演进为“人才管理”（talent management）等研究主题。此外，这个阶段的英文期刊更加关注跨国公司在全球化过程中的实际问题，比如“人才流失趋势”转变为“人才识别”（talent identification）和“人才池”（talent pools）这两个微观的企业人才管理话题。这一时期逐渐形成对于人才国际化的理论研究范式，人力资本理论、跨文化心理及国际人力资源管理等理论开始在这一议题被运用并得到发展。其不足之处在于，大多数文献依旧以其他学科为本位，只是将人才国际化当作一个具体的情境。换言之，在这一时期人才国际化研究并没有形成本领域独有的研究问题与理论积累。

在提升阶段（2012—2015），学者们继续在“全球性人才管理”“人力资本”“全球性人才”“人才管理”等研究主题上深入探索。此外，这个阶段的人才国际化研究呈现出不断细化的趋势，从原先“全球性人才管理”中细化出“中国”（China）这个表示区域性的话题，从“人才管理”中细化出“职业资本”（career capital）。“人才池”演进为“外派人员”（expatriates）和“全球流动”（global mobility）这两个更为精细的话题。“人才识别”演变为“社会资本”（social capital）。至此，人力资本、职业资本、社会资本成为人才国际化研究领域重要的研究话题。在这一时期，人才国际化领域自身的许多问题得到挖掘，尤其是在中国学者的加入后，使得很多议题与管理实践的结合更加紧密。

在发展阶段（2016—2018），除了“国际人力资源管理”（international human resource management）成为新的研究热点之外，学者们依旧关注上个阶段形成的研究热点。一个有趣的现象是这些研究热点之间呈现出交叉融合的趋势。例如，“human capital”和“career capital”、“expatriates”这两个话题出现了交叉，这从一个侧面说明职业资本与外派经历的积累很可能是提升国际人才人力资本的重要途径。相比上一个阶段，这一时期领域间融合的趋势更加明显，不仅逐渐形成了人才国际化议题的研究本位，而且理论积淀进一步提高。

在重塑阶段（2019— ），跨国数字化平台对于人才国际化产生了直接影响。不同于上一阶段由跨国公司主导的人才国际化进程，这一阶段跨国数字化平台成为了人才国际化驱动的新动力。无论是脸书等一般化的社交媒体，还是领英等专业的求职网站，都成为全球人才了解人才市场信息、开展交流及投入职业生涯的重要端口。这种由中心化转向平台化的发展趋势，将会重塑人才国际化的格局。但遗憾的是，在英文期刊中对于这一新趋势尚没有做出足够的理论回应，寥寥无几的文献集中在电子化人力资源管理等传统话题上，尚且没有深刻认知到跨国数字化平台带来的颠覆性作用。

### （三）亟待解决的关键问题

从英文领域的人才国际化研究来看，整体更加注重从国际热点中提取一般性规律进行理论升华。结合已有文献积累与演进路线，英文文献中主要还有以下几个方面的关键问题亟待解决。

1. 跨国公司的全球人力资源配置

英文期刊主要以跨国公司为研究对象，如何在全球范围内进行人力资源配置一直是英文期刊中人才国际化领域主要关注的话题。跨国公司全球化布局的特点为它们在国际范围内进行人才配置提供了基础，已有研究表明跨国公司进行全球人力资源配置不仅能够提高团队的知识能力与动态能力，更能够提高组织的盈利能力与适应能力，使得企业在国际化竞争中获得优势。但遗憾的是，已有文献普遍将全球人力资源配置视为一种同质化的实践类型，不仅缺乏深入的理论建构与检验，更没有认识到不同企业之间人力资源配置模式的差异。这不仅使得很多研究停留在经验阐述的层面，很多讨论往往浅尝辄止，更导致许多研究结果彼此冲突。在后续研究中，有必要从人力资本、企业能力等根本性的组织逻辑出发，通过对谷歌、华为等最佳实践的总结归纳出一个系统的全球人力资源配置模式，并对其中的主要影响机制完成构建。更进一步的，后续研究应该在理论构建的基础上进一步探究全球人力资源实践模式的结构、路径及边界条件，从多样化的理论视角对全球人力资源配置的有效性进行探究。只有通过这种系统性的研究工作才能有效揭示全球人力资源有效性的路径，开发出有效的全球人力资源配置工具以解决这一过程中的问题。

2. 国际人口流动与企业人力资本

国际人口流动一贯是引起国际社会广泛关注的话题，这一点在人才国际化领域中同样有所体现。国际人口流动使得人才市场出现了种族、文化等方面的多样性，这既是企业发展过程中的挑战，同时也是潜在的机遇。从挑战方面来看，多样化的人才结构意味着组织内部不可避免地会出现任务冲突与关系冲突，这种冲突使得组织内部政治氛围浓厚、领地行为滋生而不利于集中组织力量完成组织目标与应对外部挑战；而从机遇方面来看，多样的人才来源使得组织能够建立多元思维、复合知识结构与多样化教育背景的工作团队，进而促进组织内的知识交流、团队创新与战略变革。遗憾的是，这方面的研究目前还聚焦在团队人才多样性结构对团队绩效的影响，希望通过寻找最佳的人才结构来破解国际人口流动带来的员工多元化困境。事实上，沿着这一思路开展的诸多研究还停留在探究人才多样性“是否”会对组织绩效产生影响的问题上，还没能有力回答在人才多样性既成事实的情况下，如何将这种多样性转化为企业的竞争优势。在未来的研究中，有必要从团队管理、人才激励与团队干预等具体的管理实践入手，剖析企业应该采取何种措施才能有效地提高多元化人才队伍的能力与动机，以跳脱出既有研究路线的桎梏。

3. 全球人才市场与无边界职业生涯

区别于企业管理视角的研究，职业生涯领域的学者更加关注员工在国际范围内的职业生涯规划与发展。在人才全球性流动的情境下，员工应该着力在全球性人才市场中提高自己的生涯适应力，进而胜任国际范围内的无边界职业生涯。这一议题与传统职业生涯话题相区别的地方在于，国际人才市场在信息层面是一个贯通的整体，但地理空间又使得其存在明确的市场分割。因此，员工能够在全球范围内获取资源，提高自己的职业素养与职业技能，并依据自身的职业规划实现职业发展。而这种市场结构带来的另一个潜在含义是，员工能够比较被分割的不同人才市场中的具体情况，进而根据自己的比较优势选择恰当的人才市场。因此，在全球视野下的无边界职业生涯发展是一个行动者的多目标决策过程，更加具有复杂性。在这个过程中，有两个关键性的问题亟待解决：一方面，员工应该如何提高自身在跨文化背景下的职业能力，这不仅要求员工能够胜任传统意义上的职场挑战，更意味着员工要磨炼自己在复杂环境中的元认知能力；另一方面，员工如何利用国际范围内分割人才市场的特点创造自身的比较优势，同样有待后续研究能够进行有效回应。更进一步的，跨国数字化平台在其中起到的作用也有待进一步明晰。

## 三 人才国际化中文期刊文献的可视化分析

### （一）代表性国内学者、研究主题与发表期刊

本研究同时梳理了人才国际化领域在国内的代表性学者、他们的研究主题以及论文发表的期刊。本文综合人才国际化研究议题中学者的 H 指数、总引用量、发文数量，同样关注到了贡献比较突出的学者。其中，伊继东（H 指数 =5）、曹国永（H 指数 =3）等学者的综合影响力在该议题下最为突出，两位学者涉及的研究主题均包括高校国际化人才培养、“一带一路”背景、国际人才培养模式等[16-17]。这表明他们的研究主要聚焦于对外政策形势下的国际化人才培养模式，具有一定的政策性导向。而从主要的研究主题来看，除了上文提到的国际人才培养外，还包括国际人才流动、区域人才国际化、海外人才国际化的经验总结等[16-22]。由此可以看出，国内的研究更加关注宏观背景下的选才、育才、用才，与英文期刊上以企业人才管理为导向的研究存在明显的差异。中文文献的主要期刊来源既包括《中国高等教育》《高等工程教育研究》《中国高教研究》等典型的教育类期刊，还包括《管理世界》《科技管理研究》等管理类期刊。从学者间的合作关系来看，以伊继东为核心的团队主要聚焦于不同时期政策背景下高校人才国际化模式的研究，而以魏浩为核心的团队则主要关注国际人才流动的驱动因素及其经济后果[23-24]。

### （二）研究主题及其演进历程

我们同样对人才国际化中文文献中的研究主题进行了分析。与英文文献显著不同的地方在于，国内人才国际化研究并非以企业作为人才国际化的载体，而是聚焦在对人才国际化背景、人才培养模式与路径、人才引进方式、高等教育等话题的探讨上。

图 3　中文期刊人才国际化研究主题

与英文文献类似，中文期刊同样形成了比较清晰的研究演进路径。为此，我们同样从人才国际化研究中文文献主题演变的角度，梳理国内人才国际化的研究主题以及演进历程。

在初始阶段（1990—2007），一些学者开始关注"人才国际化""国际化人才"等比较宽泛的话题。这些研究背后的驱动力来自我国当时发展所面临的实际问题，20 世纪 90 年代初，随着"引进来"战略的实施，越来越多的外资企业落户东部沿海城市，先进的企业管理经验，尤其是人力资源理念成为我国企业学习的对象，"上海""企业管理""人力资源""国际人才市场"等关键词频繁地出现在这个阶段的中文文献中。随着我国国际化进程的推进，越来越多的人开始赴国外学习，"留学人员"成为学者们探讨的热点话题。此外，从 90 年代的入世之前的谈判准备时期到入世之后的适应与接轨时期，WTO 成为贯穿整个阶段的重要话题。这一时期相关文献以现象描述为主，在对相关现象进行描述与分析后，提出比较粗略的解决对策。这一研究范式使得这一时期虽然积累了较多的成果，但整体比较零散、缺乏文献间的交流与对话。

在成型阶段（2008—2011），随着我国"走出去"战略的推进，越来越多的中国企业开始进行海外经营，"走出去"和"国际化"成为人才国际化研究领域关注的热点。随后，一部分关注"国际化人才""人才国际化"的学者开始聚焦于更加精细的实践需求，比如"外语人才""人才培养"。此外，随着我国教育逐渐被国际认可，"高等教育国际化""人才管理"代替"留学人员"成为新的研究话题。原先宽泛的"企业管理"也演进为了更为具体的"注册会计师"，体现出了企业在走向国际过程中对国际财会人员的实际需求。这一时期的研究范式逐渐成熟，更加重视理论的演绎与归纳。受"走出去"这一国家政策方向影响，人才国际化的研究开始向这一大方向靠拢。同时对于人才国际化的理解不再局限于传统意义上的留学教育，本土国际化人才培养、海外员工派遣等话题同样被纳入这一范畴中。

在提升阶段（2012—2015），"国际化人才"和"国际化"依然是这个阶段的研究热点，而原先的"高等教育国际化"从高等教育领域扩展到整个教育领域，"教育国际化"成为这个阶段的高频关键词，在国际人才教育中还有一些学者开始关注“校企合作”。此外，值得注意的是，上个阶段对“外语人才”的关注逐渐演变为“双语教学”，来进一步提升人才培养的国际化程度。此外，“创新”在这个阶段也成为了关键词，从一定程度上体现了人才国际化研究在推动创新驱动发展战略中发挥的作用。与上一阶段相比，这一时期的研究主体开始由范式导向转变为问题导向，各方面的学者更加关注人才国际化相关的问题。如学者们认识到人才国际化本身只是提高人才素质的路径，其自身的效果需要与创新成效等话题关联才能得到检验。

在发展阶段（2016—2018），除了“国际化”和“创新”依旧备受关注之外，原先的“双语教学”和“国际化人才”合并演进成为“中外合作办学”，关注“校企合作”“教育国际化”“国际化”“人才培养”等研究主题的学者开始关注“一带一路”倡议在人才国际化中发挥的作用。此外，有趣的是“高等教育国际化”在这个阶段再次得到了学者们的重视。这一时期随着开放水平提高与教育理念发展，人才国际化的路径明显由人才派遣转向平台建设。无论是学界还是实践界的专家，都希望能够在国内建设高水平的国际化人才培养平台，以源源不断地培养大批具有国际视野的杰出人才。更进一步的，这一时期受中美经贸摩擦、COVID-19 全球大流行等因素的影响，人才国际化遭遇了新形势的挑战，无论是整体思路还是工具方法都亟待创新。

在重塑阶段（2019— ），中国的人才国际化道路受到外部压力的影响，同样进入了重塑的局面。中美经贸摩擦、COVID-19 全球大流行等事件的出现使得常规性的国际化人才培养路径受到影响，目前正处于制约与驱动两股势力对抗的阶段。从制约方面来看，海外政策遏制、地理空间隔离等不利因素使得我国需要加强人才国际化自主性，原有的人才国际化快车道被迫放缓；从驱动方面来看，我国的制度部署、新的技术力量萌发等因素使得这一时期的困境反而有可能成为人才国际化发展的契机。在两股力量的交织演进下，我国的人才国际化道路与具体模式必将在新时代重塑。已有中文文献目前虽然有理念上的触及，但尚未真正深入到如何重塑人才国际化道路的核心问题上。

### （三）亟待解决的关键问题

中文期刊的研究与国家政策方向紧密相关，最新的管理问题中涌现出许多亟待解决的问题。对这些关键难题的破解，同样也是中文期刊未来发展的主流方向。

1.“一带一路”建设过程中的国际化人才队伍建设

在“一带一路”倡议下，我国的政府与企业开始在“一带一路”沿线区域进行大规模的投资建设，这个过程中国际化人才队伍的建设成为“一带一路”倡议落实的关键性问题。具体而言，其中的挑战表现在以下几个方面。首先，“一带一路”建设需要一支高素质海外人才队伍胜任复杂的国际建设环境；“一带一路”沿线国家及地区不仅发展水平参差不齐，还有复杂的民族、宗教等问题。这意味着海外人才队伍不仅要胜任工程建设、技术开发等专业性难题，更要适应复杂的异国文化与生活习惯，能够克服复杂环境下的突发问题，这无疑是一个具有挑战性的队伍建设问题。其次，长期的海外派遣成为了海外人才队伍必须要克服的困境；作为落实“一带一路”倡议的工作团队，需要长期驻守在异国的工作岗位上。这不仅意味着个人的工作负荷较高，更有可能诱发潜在的工作家庭冲突。平衡海外派遣员工的工作家庭冲突，也是一个极为现实的问题。最后，“一带一路”人才队伍建设面临着从走出去到本地化的转变过程。从长期发展来看，“一带一路”建设人才队伍必然要转变发展思路，通过吸纳本地的优秀人才储备，并逐步提高本土人才比例，实现从人才队伍走出去向人才队伍本地化的队伍建设革新。这个过程中，如何有效吸纳本地人才、如何平稳实现人才队伍改革等问题同样值得关注。总而言之，“一带一路”倡议作为我国的重大战略方向，在落实与发展过程中与人才国际化这一研究议题紧密相连。面对这些现实问题，已有研究还停留在浅层次的口号式讨论上，而没有深入具体问题机制的探究与解决。在未来的研究中，有必要整合人才学、人力资源管理乃至社会心理学的相关研究，破解“一带一路”沿线建设中的人才队伍建设难题。

2. 高精尖技术领域人才国际化引进与培养

在以美国为首的海外技术封锁下，我国在高精尖技术领域的突破与发展成为关键性问题。而其中，高精尖技术领域人才的队伍建设愈发成为人才国际化领域着重关注的话题。尽管已有文献对于国际人才招募、遴选与培养等议题的研究有一定积累，但如何将这些成果应用在高精尖技术领域人才国际化建设上还有待进一步研究。区别于一般性的人才国际化问题，高精尖技术领域的人才引进与人才培养具有情境的独特性。一方面，高精尖技术领域人才作为稀缺的人力资源，无论是引进还是培养都决定了其往往是长期导向、非结构化的，运用一般的人才国际化建设思路往往难以取得较好的成效；另一方面，高精尖技术领域的人才往往需要有相应的产业基础与之配套，这便形成了到底是“以事择人”还是“以人择事”的悖论问题，在这种行动悖论下如何建设高精尖领域的国际人才库、如何提高高精尖领域人才的国际视野都有待后续研究深入探究。但同时应该注意的是，伴随着西方技术封锁而出现的是西方孤立主义抬头，大量华人科学家的工作环境与学术前途受到影响。这同时也为我国大规模引进高精尖技术领域人才提供了重要契机，如何利用政策工具与管理手段抓住这一契机在已有文献中同样没有得到充分回应。总而言之，高精尖领域的人才国际化建设为传统人才国际化领域提供了新的研究情境，有必要革新人才国际化理念、开发人才国际化工具，在突破技术“卡脖子”的同时更要突破关键科技人才的“卡脖子”。

3.COVID-19 全球大流行背景下的人才国际化培养机制创新

2019 年 COVID-19 全球大流行的暴发使得我国人才国际化进程受到了直接影响，如何在全球大流行的背景下继续推动人才国际化培养成为一个最直接的问题。从直观上来看，由全球大流行带来的物理隔离直接影响了国际范围内的人才流动，海外留学、国际交流等形式的国际化培养路径受到了直接影响。从短期来看，如何利用技术手段与教育干预降低物理隔离带来的人才国际化培养消极效应成为最现实的挑战；而从长期来看，固有路径的偏离使得培养路径创新成为必然趋势，因此全球大流行同样可以视为人才国际化路径变革的契机。尤其是在当前我国教育力量与科技实力快速发展的情况下，国内高校与企业必须迅速提高自身的人才国际化培养能力，构建长期、稳固且有效的国际化人才培养平台。后续研究应该从国际化人才知识结构、人才培养机制等角度剖析国际化人才培养平台建设过程中的关键问题，进而对整个机制的演进提出建设性的建议。因此，全球大流行给人才国际化带来的影响是长期的，在大流行期间的有益探索与尝试经过论证后需要进行沉淀进而成为惯例性做法。

4. 新时代党政干部队伍的国际化思维培养与提升

党的十八大以来国内外形势与党的主要任务都发生了重要变化，在新的组织路线下，党组织希望能够建设一支政治过硬、本领高强的高素质专业化干部队伍。而这其中的关键在于党政干部国际化思维的培养，党组织领导下的下一个百年征程绝非组织内部孤立事件，它既关乎国际政治格局，也会对世界形势起到关键性作用。因此，党政干部有必要提高国际化视野与国际化思维，能够站在更高的视野上审视我国的发展方向与自身的工作思路。然而比较遗憾的是，这一方面的研究还停留在理念层面，尚没有研究能够从学理的角度对于新时代党政干部的国际化思维培养与提升迈出重要一步。在后续研究中，有必要整合政治学、认知心理、领导力与教育学等领域的研究成果，深入探究新时代党政干部队伍国际化思维培养提升的路径与机制，进而回应这一方面的不足。更进一步的，由于这一方向是对人才国际化领域固有议题的拓展，这不仅能够扩大这一领域的话语权，更能够有效促进该领域的理论积淀。

## 四　研究发现与未来展望

在对人才国际化中英文文献进行计量分析的基础上，本文发现国内外人才国际化研究在发展方向上呈现逐渐融合的趋势，但在驱动因素和学者定位上存在一定的差异。本文将在对差异原因进行分析的基础上指出未来研究方向。

### （一）中英文文献人才国际化研究演进差异、融合及其挑战

1. 中英文文献人才国际化研究演进差异及其原因分析

国内外人才国际化研究的驱动因素可以从各自文献中的高频关键词进行分析。英文文献高频词反映出国外期刊所青睐的人才国际化研究更加关注企业发展尤其是全球化经营的微观需求。例如，从 20 世纪 90 年代到 21 世纪初，企业的跨国经营越来越普遍，发展中国家、人才外流等反映时代背景的高频词成为驱动因素。之后随着全球一体化趋势的不断加深，越来越多的跨国公司认识到了人才在价值创造中的作用，尤其是 2008 年金融危机更加剧了这一趋势，国际人才识别、人才池建设等高频词成为这个时期人才国际化研究的驱动因素[25]。相比较而

言，中文期刊偏好的人才国际化研究更多是为了满足国家或地区发展的宏观需求。例如，贯穿于20世纪90年代和21世纪初的一个主题是加入WTO，在人才培育方面如何与国际接轨成为这个时期关注的重点，此外，随着我国“引进来”战略的实施，来华外资企业的不断增加，本土企业与外资企业间的人才国际竞争随之成为这个时期探讨的热点。最近十年，“走出去”战略、“一带一路”倡议、国内国外双循环等宏观因素成为了促进我国学者开展相关研究的驱动因素。

国内外人才国际化学者的角色定位可以从他们研究成果的呈现形式上反映出来。在大多数英文期刊中，人才国际化研究的成果往往以长篇研究报告的形式呈现，而且探讨的话题也比较微观，聚焦于企业全球化经营过程中国际人才的识别、激励、流动等一般规律性的研究问题。学者在回应这些研究问题时，他们扮演的角色定位更多是理论贡献者。在此定位驱使下，他们在研究过程中采取的做法往往是遵循逻辑实证主义，通过严谨的研究设计来解答感兴趣的研究问题[26]。在人才国际化议题上，中文期刊所青睐的研究成果更多是能够提供较多政策启示的文章，由此可以看出学者所扮演的更多是智库角色。相比较而言，国内学者虽然能够更加正面地回应来自人才国际化实践的现实需求，但主要以定性分析讨论为主，未来应加强定量探讨，同时还应该将实践总结上升为理论贡献。

2. 中英文献人才国际化研究已解决的问题及其融合方向

整合中英文期刊来看，二者在各自的研究路线上均取得了一定的研究成果，这主要体现在人才国际化的成效上。英文期刊已经充分证明人才国际化对于个人成长与企业绩效都会产生积极作用，并澄清了其中的作用机制与边界条件；而中文期刊通过对人才国际化政策与成效的勾勒，强调了人才国际化对于人才储备与产业发展的积极作用。尽管二者的研究视角存在一定差异，但这些研究均表明人才国际化不仅会给施行对象产生积极作用，而且还会对施行对象之外的主体产生正向溢出影响。遗憾的是，这些研究很好地解决了人才国际化“有用”及“为何有用”的问题，却没能有效解决“如何”开展人才国际化的问题。在英文期刊中，往往将人才国际化视为一种既定战略或者组织实践，似乎默认只要组织采取了这种措施就能产生积极效应，却忽视了人才国际化过程的重要障碍。同样的，在中文期刊中通常将人才国际化视为一个整体的政策或实践，忽视其中的具体结构与内涵，这同样使得学者们难以回答如何开展人才国际化的问题。

面对中英文文献共同面临的困境，将二者的研究取向与研究方式相融合是破解这一难题的有效方式，具体而言如下。首先，把英文期刊的已有知识迁移到中国人才国际化的具体情境中。英文期刊的人才国际化议题下已经形成了一定的知识积累，跨国公司的人才国际化战略体现得尤为突出。这些既有知识在厘清边界后，均能够有效迁移到我国企业的人才国际化道路中。因此，中文领域的相关研究可以探究英文期刊学术发现的普适性与情境性，阐明知识迁移的先决条件与理论边界，进而实现对已有知识的迁移，以指导我国人才国际化发展。其次，中国人才国际化实践成为英文期刊理论工具发展的驱动力。中国是世界范围内人才国际化取得良好成效的代表性国家，不仅积累了许多人才国际化的成功经验，同时也存在一些亟待解决的问题。这些素材的积累不仅能对英文期刊中的既有理论工具起到检验与完善作用，更能推动人才国际化理论往更深层次发展。因此，我国学者有必要利用英文期刊的既有理论工具关注我国人才国际化过程中的具体问题，在突破发展困境的同时助推理论发展。最后，将英文期刊构念、路径与模式研究的思维与中国人才国际化现实问题相融合，发展中国本土人才国际化理论。英文期刊中从实践到理论的跃迁过程已经形成了一套完备的范式，国内学者有必要学习这套思维模式，将目前国内零散的经验研究聚合为系统的理论研究。对政策、企业及高校人才国际化实践经验进行归纳总结，并提炼为一般性的科学研究范式。

3. 中英文文献人才国际化研究融合的挑战与应对

需要注意的是，尽管本研究认为中英文期刊两个发表阵地的人才国际化文献展开深入对话并相互融合是整个领域发展的必然趋势，但这个过程中两部分文献之间的一些冲突依旧亟待解决。首先需要解决的便是人才国际化研究本位的冲突，中文期刊中的人才国际化关注的是中国人才队伍建设的国际化道路，而英文期刊中的人才国际化关注的是本国人才跨文化背景的培养与完善；前者的研究取向中暗含着提高、发展等方面的积极意义，而后者更倾向于表达多元化的意思。这种研究本位的冲突最直接的影响是中英文期刊对于人才国际化预期结果的差异，中文文献希望通过宏大叙事勾勒人才国际化对于国家发展的积极效应，而英文文献着力于证明人才国际化对于企业绩效的正向作用。因此二者的研究方向存在一定程度上的偏离，这种偏离会使得二者的融合缺乏直观的交叉点。其次，中英文文献对于人才的定义存在差别。具体而言，英文语境下的人才更加强调企业内部具有独特技能、能够给组织创造价值的高能力员工，而中文语境下的人才更加强调能够给整个组织乃至国家带来积极影响的高潜力群体。前者是对于员工素质的评价，而后者更加强调潜在效用的评估。中文语境下对于人才的定义无疑具有更高的站位与政治内涵。因此，在将两个方面的文献进行融合时，应该考虑到具体研究的概念内涵与适用范围，才能有效实现研究发现的迁移与深度融合。最后，中英文人才国际化需要调和中英文期刊在研究哲学上的差异。英文期刊以科学实在论为哲学基础，着力探究从实践中抽象出来的学术构念之间的因果关系，并将其视为科学研究的终点；而中文期刊以科学工具主义为基础，并不热衷于发展构念，无论是提出构念还是机制检验都希望进行政策评估或提出新的管理工具。这种研究底层哲学的差异，同样使得两个阵地的文献要深度融合存在挑战。

**（二）研究展望**

针对人才国际化议题的已有文献、发展路线及中英文融合的发展趋势，本研究对于未来发展主要提出以下几点展望。

1. 构建并完善人才国际化理论体系

诸多实践经验表明，人才国际化能够增强人才储备、推动科技交流，对于国家与组织的发展具有重要意义。然而人才国际化研究目前存在两方面的不足。一方面，缺乏独特的理论逻辑体系。在人力资本、创新发展、社会网络等不同的视角下，人才国际化究竟通过何种独特机制作用于国家或组织发展，均有待后续研究进一步探索[27-28]。另一方面，诸多文献在指出人才国际化的积极作用的同时，却没有提出它的边界条件。因此，如何最大化发挥人才国际化的积极作用有待深入探究。此外，人才国际化是一个涉及多方面因素的复杂动态实践过程，因此必然需要相应的制度与资源保障。已有研究指出，企业人才管理政策、产教融合、社区治理等均是推进人才国际化的有效手段[29-31]。然而人才国际化动态发展的特点便决定了人才国际化在各个阶段所需要的保障或资源是存在差异甚至是完全不同的。但现有文献并没有细致地剖析人才国际化过程各个阶段所需的制度与资源保障。因此后续研究应该厘清人才国际化的阶段性发展特点，开展人才国际化制度和资源保障体系的有效性研究。

2. 开展负责任研究，加强理论与实践的协同演进发展

通过文献计量分析发现，中外学者在人才国际化研究中均有着较强的需求导向。这也启示我们未来人才国际化研究更要回归实践，开展负责任的务实研究，做能够对实践产生启示的研究。从中文文献来看，来自国家层面或者区域发展方面的宏观需求推动了国内人才国际化研究的发展，我们认为这种需求在未来研究中将继续发挥作用。人才治理现代化包括现代国际人才治理体系的建设成为一项重点工作。国际人才识别的智能化、国际人才服务的数字化、国际人才社区与创新生态环境的建设等将成为人才国际化研究中的新热点[25]。这些热点可以从最近的研究中看到一些趋势，例如高子平以职业社交平台 LinkedIn 为基础，指出建设国际人才大数据平台与云服务系统等国际人才识别智能化途径的重要性[32]。此外，随着越来越多的中国企业走出国门，解决中国企业全球化经营中的微观人才需求问题也是未来研究值得关注的地方。近年来，诸多国内顶级期刊向学者发出开展负责任的研究倡议，也就是在开展研究时需要思考能够对管理实践产生什么样的价值[33]。我们认为人才国际化研究同样应该响应这个倡议，创造有利于中国企业全球化经营的人才管理知识。

3. 积极开展国际学术对话，向世界讲好中国故事

来自英文文献的可视化分析结果显示，“China”（中国）已成为人才国际化领域重要的关键词。更进一步分析发现，现有以中国为主题的人才国际化研究主要聚焦在四个方向上。一是分析中国如何吸引和激励国际人才，例如部分研究回顾了我国吸引全球人才的举措，并探讨其在国家软实力塑造中的作用[34]。二是比较中国和其他国家在吸引和激励国际人才方面的差异，例如对比中国和其他国家在满足国际人才预期方面的做法，以及在吸引全球技能人才方面的困

境[35-36]。三是分析中国高层次人才的国际流动所带来的影响，例如研究海归人员和海外侨民对中国科学进步的主要贡献[37]。四是探讨来华跨国公司外派人员的适应问题与作用角色，例如如何使外派人员能够在中国生活和工作更长的时间，以及何种人力资源管理实践能够有助于提高来华外派人员的社会资本进而对企业跨界功能产生积极影响[38-39]。国际学术界对中国情境下人才国际化现象的重视与中国近些年来在人才国际化发展方面的成就密切相关。在此背景下，中国学者应该通过严谨、规范的学术语言总结实践经验，在世界学术舞台上讲好中国故事。

4. 积极拓宽学者合作网络，推动人才国际化研究在不同学科间的深度融合

英文文献作者及其合作关系可视化分析结果显示，英文文献作者之间有着多重复杂的合作关系。而国内学者还需要进一步融入人才国际化研究的国际主流学术社区之中。我们发现中文文献中的学者合作网络，彼此之间缺乏联系，无法形成关系紧密的网络结构。这表明国内对人才国际化的研究尚未有效融合，存在明显的学术孤岛现象。后续研究应该积极打破学术壁垒，加强不同领域学者之间的交流合作。通过对特定研究主题进行长期而又深入的跟踪研究，促进人才国际化议题在不同学科间的深度融合。更进一步的，基于多视野、多层次、多方法的研究体系，充分揭示人才国际化推进过程中的影响因素以及作用机制，通过理论创新推动人才国际化研究的发展。

5. 新格局下人才国际化的战略及有效性的研究

新旧力量交织使得我国人才国际化道路出现新格局，在这种新形势下，调整我国的人才国际化战略成为必然要求。然而需要指出的是，我国目前面临的处境不仅在我国历史上缺乏足够的经验，而且在世界范围内同样具有特殊性。因此，新格局下的人才国际化战略实际上是一个不断探索的发展过程，要求学术界及时关注业界动态，总结政府、企业及高效人才国际化战略及其实践过程中的经验与教训，对其有效性做出评估并厘清其中的关键机制。通过归纳演绎再归纳的循环机制，将最新的知识进行迁移，以提高我国人才国际化战略的有效性。

**（三）政策实践启示**

第一，面向“十四五”发展需求，发挥国际人才创新优势和活力，引进和培养更多科技领军人才和创新团队。一方面要吸引全球资源要素，充分利用国内国际两个市场两种资源；另一方面则要激发人才创新活力，全方位培养、引进、用好人才，构筑集聚国内外优秀人才的科研创新高地。在这一背景下，我国在科研攻关、技术创新、高校与企业发展等各方面的人才需求结构都发生了变化。在新发展格局下，我国人才国际化道路如何紧跟时代、深化发展已经成为关键性问题。发达国家的成功经验已经证明，国际人才聚集能够有效推动国家的科技创新、产业创新与文化发展。后续研究应该结合发达国家的实践经验，进一步明确我国目前在人才国际化过程中所处的阶段，剖析“十四五”建设期间的国际人才需求，从国际人才吸引、国际人才遴选、国际人才培养等角度全面构建人才引进系统。

第二，加强宏观政策与企业措施的联动，推动人才国际化各层次的协同发展。国内外差异化的研究取向表明，人才国际化既是国家发展的重大举措，也是企业变革的重要途径。因此，人才国际化的实践过程应该充分重视二者的融合，发挥国家政策与企业行动之间的协同作用。当前企业在国际环境中的竞争日益激烈，因此跨国人才流动、国际人力资源管理等成为企业必须要面临的困境与挑战。在这种背景下，人才政策的制定应该关注企业的实际需要，切实做到政策为企业发展赋能，而不是成为企业人才国际化发展的制度约束。同样的，企业的人才国际化进程也应该契合政策环境，抓住“十四五”建设等政策的窗口期，推动企业的国际化人才队伍建设，在日趋激烈的国际市场中获得竞争优势。

第三，培育良好的创新生态环境，既要关注对国际人才的引进，又要关注对现有国际人才的管理与活力激发。对已有研究回顾发现，我国学者偏好对国际人才引进政策与机制的研究，但对于引进之后的国际人才管理关注度不高。近年来，随着我国综合实力的提高与各项政策的有效实施，我国在国际人才市场的吸引力已经明显提高。与之相对的，付出较高成本引进的部分国际人才出现了文化不适应、被用人单位闲置等问题，没有能够完全实现最初的设想。因此，在引进人才后如何进行有效管理，从而将人力资源转化为发展动能反而成为了最迫切的问题。因此，后续研究应该更多地关注高校、企业等单位的管理实践。通过多样的研究视角与方法，探究国际人才在工作过程中的文化融合、工作激励、事业发展等现实性问题，进而为激发国际人才创新激情与创造活力提供有益的理论指导。

第四，创新人才国际化发展思路与管理工具，迎接潜在的挑战。当前国际形势云谲波诡，人才国际化发展过程中出现了许多意料之外的外部因素。在这种背景下，政策、企业与高校应该着力提高人才国际化机制韧性，以胜任外部风险的挑战。一方面，应该健全人才国际化思路，完善海外引进、跨国交流与自主培养等多样化的国际化人才培养路径，进而提高人才国际化机制抵御风险的能力；另一方面，应该抓住外部契机深入推动国内的国际化人才教育与培养平台建设，为源源不断地培养国际化人才建立长效机制。总而言之，在人才培养问题上既要保持足够的开放性，也要掌握自主话语权，使得国际化人才转化为社会主义建设的动力，真正做到聚天下英才而用之。

## 参考文献

[1] Laabs, J. J., “The Global Talent Search”, *Personnel Journal*, Vol.70 (8), 1991, pp.38-44.

[2] Laabs, J. J., “How Gillette Grooms Global Talent”, *Personnel Journal*, Vol.72 (8), 1993, p.64.

[ 3 ] Solomon, C. M., "How does Your Global Talent Measure up", *Personnel Journal*, Vol.73 ( 10 ), 1994, p.96.

[ 4 ] Solomon, C. M., "Navigating Your Search for Global Talent", *Personnel Journal*, Vol.74 ( 5 ), 1995, p.94.

[ 5 ] Collings, D. G., "Integrating Global Mobility and Global Talent Management: Exploring the Challenges and Strategic Opportunities", *Journal of World Business*, Vol.49 ( 2 ), 2014, pp.253–261.

[ 6 ] Collings, D. G., Mellahi, K., Cascio, W. F., "Global Talent Management and Performance in Multinational Enterprises: A Multilevel Perspective", *Journal of Management*, Vol.45 ( 2 ), 2019, pp.540–566.

[ 7 ] Collings, D. G., Isichei, M., "The Shifting Boundaries of Global Staffing: Integrating Global Talent Management, Alternative Forms of International Assignments and Non-employees into the Discussion", *International Journal of Human Resource Management*, Vol.29 ( 1 ), 2018, pp.165–187.

[ 8 ] Kim, C. H., Scullion, H., "Exploring the Links between Corporate Social Responsibility and Global Talent Management: A Comparative Study of the UK and Korea, European", *Journal of International Management*, Vol.5 ( 5 ), 2011, pp.501–523.

[ 9 ] Pate, J., Scullion, H., "The Flexpatriate Psychological Contract: A Literature Review and Future Research Agenda", *International Journal of Human Resource Management*, Vol.29 ( 8 ), 2018, pp.1402–1425.

[ 10 ] Scullion, H., Collings, D. G., Caligiuri, P., "Global Talent Management Introduction", *Journal of World Business*, Vol.45 ( 2 ), 2010, pp.105–108.

[ 11 ] Vaiman, V., Scullion, H., Collings, D., "Talent Management Decision Making", *Management Decision*, Vol.50 ( 5 ), 2012, pp.925–941.

[ 12 ] Joshi, A., Labianca, G., Caligiuri, P. M., "Getting along Long Distance: Understanding Conflict in a Multinational Team through Network Analysis", *Journal of World Business*, Vol.37 ( 4 ), 2002, pp.277–284.

[ 13 ] Morris, S., Snell, S., Bjorkman, I., "An Architectural Framework for Global Talent Management", *Journal of International Business Studies*, Vol.47 ( 6 ), 2016, pp.723–747.

[ 14 ] Bjorkman, I., Smale, A., "Global Talent Management: Challenges and Solutions", *Universia Business Review*, Vol.27 ( 2 ), 2010, pp.30–43.

[ 15 ] Al Ariss, A., Cascio, W. F., Paauwe, J., "Talent Management: Current Theories and

Future Research Directions", *Journal of World Business*, Vol.49 (2), 2014, pp.173-179.

［16］伊继东、王昆来、段从宇:《"一带一路"战略下云南国门大学建设发展的思考》,《云南师范大学学报(哲学社会科学版)》2017 年第 2 期。

［17］曹国永:《提高创新型人才培养的适应度、复合度、结合度、合作度、达成度、忠诚度》,《中国高等教育》2018 年第 21 期。

［18］牛雄鹰、李春浩、张芮:《国际人才流入、人力资本对创新效率的影响——基于随机前沿模型的研究》,《人口与经济》2018 年第 6 期。

［19］杜静、李丽君:《国际人才差异化保留策略探析——以滨海新区为例》,《科技管理研究》2013 年第 9 期。

［20］李成明、张磊、王晓阳:《对国际化人才培养过程中若干问题的思考》,《中国高等教育》2013 年第 6 期。

［21］薛卫洋:《质量建设进程中的高等教育中外合作办学——基于〈高等教育第三方评估报告〉的思考》,《中国高教研究》2016 年第 2 期。

［22］李平、徐登峰:《独资还是合资——我国企业跨国直接投资进入模式的影响因素研究》,《经济管理》2010 年第 5 期。

［23］魏浩、袁然:《国际人才流入与中国企业的研发投入》,《世界经济》2018 年第 12 期。

［24］魏浩、陈开军:《国际人才流入对中国出口贸易影响的实证分析》,《中国人口科学》2015 年第 4 期。

［25］徐芳、陈小平:《国际引智与国际人才社区治理研究》,首都经济贸易大学出版社 2017 年版。

［26］徐淑英:《商学院的价值观和伦理：做负责任的科学》,《管理学季刊》2016 年第 1 期。

［27］魏浩、王宸、毛日昇:《国际间人才流动及其影响因素的实证分析》,《管理世界》2012 年第 1 期。

［28］Mcnulty, Y., Hutchings, K., "Looking for Global Talent in all the Right Places: A Critical Literature Review of Non-traditional Expatriates Introduction", *International Journal of Human Resource Management*, Vol.27 (7), 2016, pp.699-728.

［29］Stahl, G. K., Björkman, I., Farndale, E., et al., "Six Principles of Effective Global Talent Management", *Sloan Management Review*, Vol.53 (3), 2012, pp.25-42.

［30］Collings, D. G., Mellahi, K., "Strategic Talent Management: A Review and Research Agenda", *Human Resource Management Review*, Vol.19 (4), 2009, pp.304-313.

［31］赵聚军、齐媛:《我国国际社区治理中的外籍居民参与——基于京津三个国际社区的观察》,《南开学报(哲学社会科学版)》2020 年第 3 期。

［32］高子平:《大数据时代的国际人才柔性集聚：机理与模型》,《中国人事科学》2018 年第

4 期。

[33] 李志军、尚增健:《亟需纠正学术研究和论文写作中的“数学化”“模型化”等不良倾向》,《管理世界》2020 年第 4 期。

[34] Ding, S., Koslowski, R., “Chinese Soft Power and Immigration Reform: Can Beijing's Approach to Pursuing Global Talent and Maintaining Domestic Stability Succeed?” *Journal of Chinese Political Science*, Vol.22 (1), 2017, pp.97-116.

[35] Gordon, E. E., “The Global Talent Chase: China, India, and U.S. Vise for Skilled Workers”, *Futurist*, Vol.46 (6), 2010, pp.43-47.

[36] Marlene, W., Heike, S., Femida, H., “What Do Talents Want? Work Expectations in India, China, and Germany”, *German Journal of Human Resource Management: Zeitschrift für Personalforschung*, Vol.27 (3), 2013, pp.251-278.

[37] Tian, F., “Brain Circulation, Diaspora and Scientific Progress: A Study of the International Migration of Chinese Scientists”, *Asian and Pacific Migration Journal*, Vol.25 (3), 2016, pp.296-319.

[38] Furusawa, M., Brewster, C., “The Determinants of the Boundary-spanning Functions of Japanese Self-initiated Expatriates in Japanese Subsidiaries in China: Individual Skills and Human Resource Management”, *Journal of International Management*, Vol.25 (4), 2019, pp.1-17.

[39] Charles, M. V., Irene, H. S. C., Yongsun, P. et al., “Analysis of Korean Expatriate Congruence with Chinese Labor Perceptions on Training Method Importance: Implications for Global Talent Management”, *The International Journal of Human Resource Management*, Vol.24 (5), 2013, pp.985-1005.

（高中华，中国社会科学院工业经济研究所；周锦来，北京邮电大学经济管理学院）

原载《中国软科学》2021 年第 5 期，本文在原文基础上，对近两年研究最新趋势以及亟待解决的问题进行了深入探讨，并且增加了对新格局下人才国际化研究问题的展望

# 战略领导力研究：最近 20 年的进展与未来研究方向

张 燕

## 一 战略领导力：一直以来都很重要的研究领域

翻开任何一本主流商业杂志，我们很有可能看到有关战略领导力的描述与讨论。例如，《彭博商业周刊》于 2019 年 3 月 18 日刊登的封面文章题目为：《五个月内、两架客机失事、346 人遇难——波音公司深陷危机》（*2 Planes, 5 Months, 346 dead, Boeing in Crisis*）。这篇文章报道了波音 737MAX 系列飞机的两起致命空难。文中写道："波音 737MAX 系列飞机声誉受损，波音公司的长期产品战略亟待调整，首席执行官（CEO）对此责任重大。毕竟在 2018 年，波音公司 CEO 的年薪高达 1850 万美元……"

坦率地讲，CEO 固然难辞其咎，但仅靠 CEO 无法解决波音公司的问题。不过对大多数人而言，1850 万美元可能是一辈子都赚不到的天文数字，而波音公司 CEO 一年便能领到这么高的薪水。正因为如此，当企业面临危机之时，CEO 难免首当其冲。CEO 的薪水既然如此丰厚，人们对他们的期望自然也高。当公司经营良好时，他们会获得赞赏；而当公司出现问题的时候，他们便是"出气筒"。尽管解决问题需要全企业上下以及诸多利益相关者的共同努力，人们还是会要求 CEO 去找出解决问题的办法。这是因为在认知和情感上，人们需要指出具体的责任方，让其承担责任并解决问题。

因此，"公司高管是否真的重要"与"人们是否认为公司高管重要"是两个不同的问题。"公司高管是否重要"即便没有定论，但在人们的认知中，公司高管是很重要的。在这个意义上，战略领导力不仅现在是，而且将一直是一个重要、热门的研究领域。

## 二 战略领导力：近 20 年的研究概述

《美国管理学会学报》（*Academy of Management Journal*，AMJ）和《战略管理杂志》（*Strategic Management Journal*，SMJ）是发表战略实证研究的两个旗舰学刊。为了提供一个过去 20 年来战略领导力领域的演化全貌，本文选取这两本学刊上发表于 2000 年至 2019 年的相关文献，作为本文分析的文献来源。[①] 只要一篇论文中有一个主要变量与

---

① 本文作者感谢 Sung H.（Brian）Chung、Yoon Jung（Jenny）Kwon 和 Yiying Zhu 在收集分析战略领导力相关文献上的协助。

CEO、高管团队或董事会有关，这篇论文即被视为有关战略领导力的研究。主要变量包括解释变量、被解释变量和调节变量，但是不包括控制变量。也就是说，纳入本文分析的论文至少有一个研究假设与 CEO、高管团队或董事会相关。经筛选，本文最终得到 407 篇论文。

**（一）文献纵览**

如图 1 所示，发表在 AMJ 和 SMJ 上的战略领导力论文数量总体呈上升趋势。在 2000—2008 年，相关论文在两大期刊的发表数量无明显差异；但是在 2009 年之后，发表在 SMJ 上的相关论文比 AMJ 更多，其中缘由尚不清楚。

| 年份 | AMJ（篇） | SMJ（篇） | 合计（篇） |
|---|---|---|---|
| 2000 | 3 | 3 | 6 |
| 2001 | 7 | 7 | 14 |
| 2002 | 7 | 5 | 12 |
| 2003 | 10 | 5 | 15 |
| 2004 | 4 | 6 | 10 |
| 2005 | 2 | 6 | 8 |
| 2006 | 6 | 9 | 15 |
| 2007 | 5 | 10 | 15 |
| 2008 | 11 | 10 | 21 |
| 2009 | 2 | 7 | 9 |
| 2010 | 10 | 13 | 23 |
| 2011 | 10 | 14 | 24 |
| 2012 | 3 | 16 | 19 |
| 2013 | 8 | 18 | 26 |
| 2014 | 14 | 20 | 34 |
| 2015 | 11 | 24 | 35 |
| 2016 | 6 | 27 | 33 |
| 2017 | 9 | 22 | 31 |
| 2018 | 6 | 20 | 26 |
| 2019 | 13 | 18 | 31 |
| 总计（篇） | 147 | 260 | 407 |

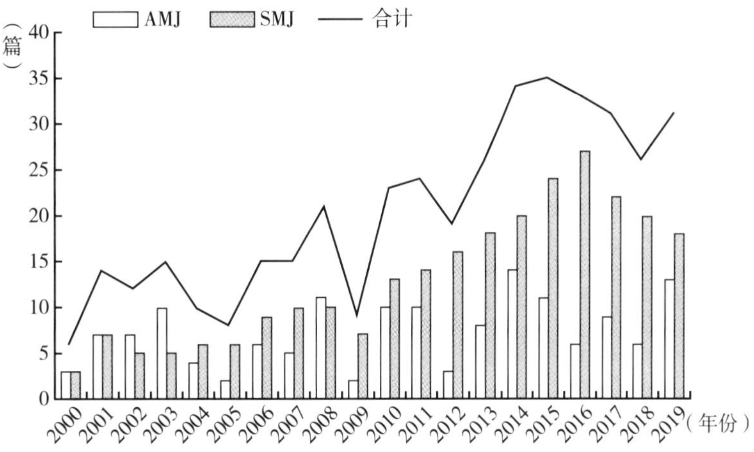


**图 1　战略领导力研究在 AMJ 和 SMJ 上的发表情况（2000—2019 年）**

注：①横轴：年份；②纵轴：AMJ、SMJ 及合计文章数量。

图 2 总结了这些文献的研究主题。如果一篇论文中有一个主要变量与 CEO（或高管团队 / 董事会）相关，这篇文章的研究主题即被定为 CEO（或高管团队 / 董事会）。因为一些文章同时涉及两个或者三个主题，所以三大主题的文献数目占比的总和超过了 100%。在这 407 篇论文中，有一半的论文关注 CEO，36% 的论文关注高管团队，30% 的论文关注董事会。三大研究主题的分布在 AMJ 和 SMJ 之间无明显的横向差异，但似乎随着时间的推移而发生了些许变化。如图 3 所示，关注 CEO 的论文数量呈震荡上升态势。因为关注 CEO 的论文通常也会关注董事会发挥的作用，因此关注董事会的论文数量也呈现总体上升态势。相比之下，关注高管团队的论文数量在近些年稳中有降。

| 研究主题 | AMJ（篇） | SMJ（篇） | 合计（篇） |
|---|---|---|---|
| CEO | 69（47%） | 133（51%） | 202（50%） |
| TMT | 48（33%） | 100（38%） | 148（36%） |
| BOD | 46（31%） | 77（30%） | 123（30%） |
| Entrepreneur | 13（9%） | 8（3%） | 21（5%） |

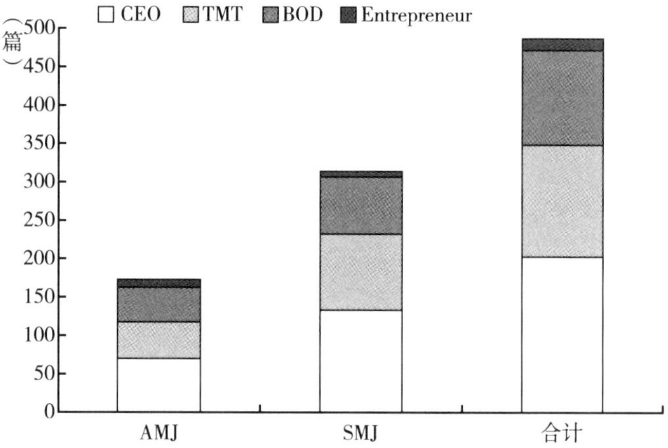


**图 2　研究主题在 AMJ 和 SMJ 上的总体分布（2000—2019 年）**

注：①横轴：AMJ、SMJ、合计；②纵轴：有关 CEO、高管团队（TMT）、董事会（BOD）及企业家（Entrepreneur）的文章数量。

| 年份 | CEO（篇） | TMT（篇） | BOD（篇） |
|---|---|---|---|
| 2000 | 3 | 3 | 0 |
| 2001 | 7 | 6 | 5 |
| 2002 | 8 | 4 | 3 |
| 2003 | 8 | 6 | 3 |
| 2004 | 5 | 4 | 2 |
| 2005 | 4 | 5 | 0 |
| 2006 | 5 | 10 | 3 |
| 2007 | 5 | 9 | 2 |
| 2008 | 8 | 10 | 8 |
| 2009 | 4 | 2 | 0 |
| 2010 | 15 | 10 | 7 |
| 2011 | 16 | 6 | 9 |
| 2012 | 5 | 14 | 6 |
| 2013 | 12 | 9 | 11 |
| 2014 | 19 | 9 | 12 |
| 2015 | 19 | 10 | 9 |
| 2016 | 16 | 8 | 16 |
| 2017 | 11 | 12 | 10 |
| 2018 | 21 | 3 | 7 |
| 2019 | 11 | 8 | 10 |
| 合计 | 202 | 148 | 123 |

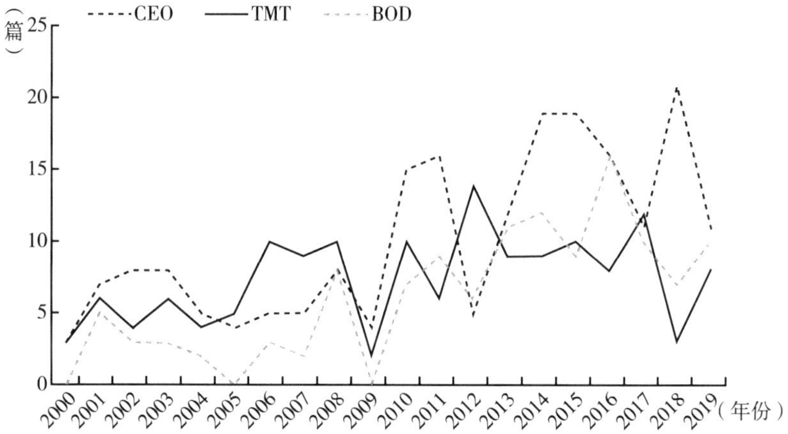


**图 3　研究主题的逐年分布（2000—2019 年）**

注：①横轴：年份；②纵轴：有关 CEO、高管团队（TMT）及董事会（BOD）的文章数量。

一篇论文的标题能够起到提纲挈领的作用。这 407 篇论文的标题中使用最频繁的前十个词语依次是：绩效（performance）、战略层面的（strategic）、薪酬（compensation）、继任（succession）、所有权（ownership）、组织层面的（organizational）、结构（structure）、环境层面的（environmental）、网络（network）和行为层面的（behavioral）。有些人认为 AMJ 和 SMJ 对学术论文的侧重点有不同的偏好。本文针对 AMJ 和 SMJ 的论文标题用词的统计结果证实了这一猜想。① 在AMJ的147篇论文的标题中使用最频繁的前十个词语依次是：绩效（performance）、社会层面的（social）、组织层面的（organizational）、行为层面的（behavioral）、战略层面的（strategic）、结构（structure）、企业家（entrepreneur）、代理（agency）、继任（succession）和权力（power）。在SMJ的260篇论文的标题中使用最频繁的十个词语则依次是：经历（experience）、收购（acquisition）、薪酬（compensation）、职业生涯（career）、战略层面的（strategic）、绩效（performance）、认知（cognition）、信息（information）、警觉（vigilance）和网络（network）。相比之下，AMJ似乎更关注战略领导力的社会/组织/行为特征等方面的问题，而SMJ则更关注具体的企业战略问题，例如并购（acquisition）以及某些特定的职业生涯（career）和（管理）经历（experience）。

**（二）对于关键变量的总结**

图4总结了上述文献中最常研究的解释变量。不出意料，战略领导力的人口统计特征受到最广泛的关注，407篇论文中有105篇将其作为解释变量。另外，根据委托代理理论，管理层的薪酬会影响管理层的行为动机，继而影响管理层的战略行为。并且，高管的薪酬有时确实高得令人咋舌，这些现象在引发公众关注的同时，也吸引了学者们的注意力。出于这些原因，有41篇论文将高管薪酬作为解释变量。此外，董事会对公司股东负有受托责任，它们有责任对管理层进行监督。因此，董事会结构以及董事会与高管（尤其是CEO）之间的权力

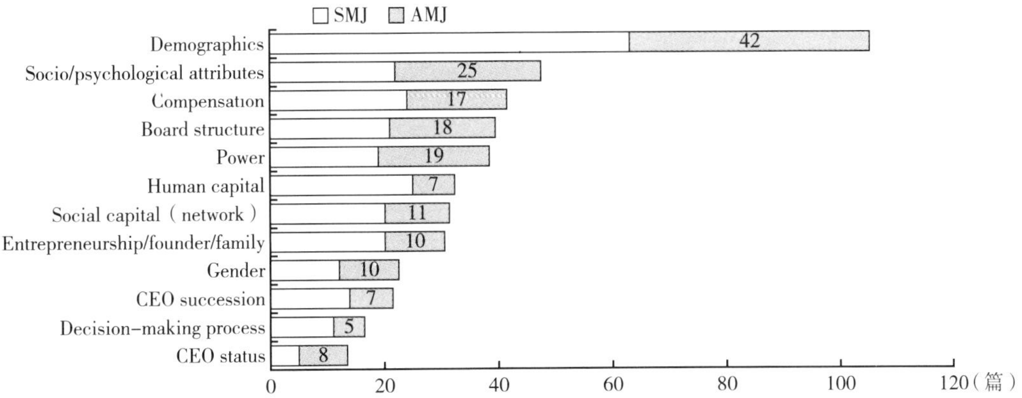


图4　解释变量的分布（2000—2019年）

注：纵轴从上往下依次是：人口统计特征、社会/心理特征、薪酬、董事会结构、权力、人力资本、社会资本（社会网络）、创业/创始人/家族、性别、CEO继任、决策过程及CEO地位。

① 因为战略领导力的相关文章标题一般都会包含“CEO”、“高管团队”（top management team）、“董事会”（board of directors）、“高阶”（upper echelon）、“高管”（top managers）等词语，本文没有将这些词语列入标题中使用最频繁的前十个词语。

分配也是非常重要的解释变量。有 39 篇论文将董事会结构作为解释变量，有 38 篇论文将权力作为解释变量。学者们还致力于打开高管及高管团队决策过程的“黑箱”，有 47 篇论文将高管（团队）的社会 / 心理特征作为解释变量。此外，高管的经历和专业技能也会对其战略选择和企业绩效产生影响，因此高管的社会资本（社会网络）和人力资本也吸引了学者们的关注，分别有 31 篇和 32 篇。

对比早期论文和近期论文所使用的解释变量可以获得丰富的信息。图 5 分别列出了在 2000—2009 年和 2010—2019 年这两段时间内，上述文献最常使用的解释变量。在这两个时间段里，研究频次最高的解释变量都是人口统计特征：2000—2009 年的 125 篇论文中有 37 篇，2010—2019 年的 282 篇论文中有 68 篇。然而，两个时间段内发表的论文之间仍存在些许差异。上文提到，高管薪酬受到学者们的极大关注。但比较而言，2000—2009 年对高管薪酬的关注度更高，高管薪酬作为解释变量的频次位列第二；而在 2010—2019 年，其频次仅位列第八。高管薪酬研究频次下降的其中一个重要原因是，有关高管薪酬的研究通常依赖同样的数据来源，使用那些成熟的、已被广泛使用的测量指标，包括薪酬总额、业绩提成比例，以及股票期权价值或股票期权比例等。随着越来越多相关的论文被发表出来，此类研究趋于饱和，后来的研究者在这类研究问题上比较难以产生新意。

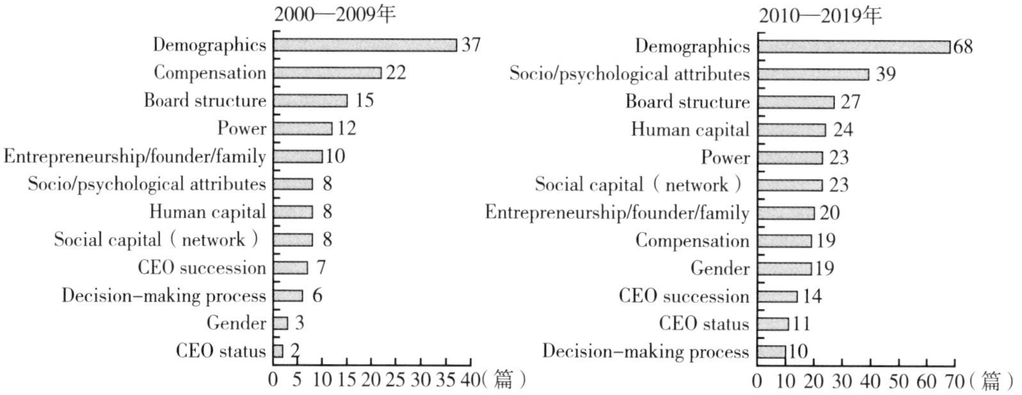


**图 5　2000—2009 年和 2010—2019 年的解释变量分布**

注：① 2000—2009 年（从上至下）：人口统计特征、薪酬、董事会结构、权力、创业 / 创始人 / 家族、社会 / 心理特征、人力资本、社会资本（社会网络）、CEO 继任、决策过程、性别及 CEO 地位；② 2010—2019 年（从上至下）：人口统计特征、社会 / 心理特征、董事会结构、人力资本、权力、社会资本（社会网络）、创业 / 创始人 / 家族、薪酬、性别、CEO 继任、CEO 地位及决策过程。

与高管薪酬不同，战略领导力的社会 / 心理特征在 2010—2019 年的研究关注度比 2000—2009 年要高。在 2010—2019 年，社会 / 心理特征的频次位列第二，282 篇论文中占

39 篇；而在 2000—2009 年其频次仅位列第六，125 篇论文中仅占 8 篇。战略领导力的社会 / 心理特征越来越受到关注，反映了学者们正努力打开战略领导者们的互动及决策的“黑箱”。与此相关，战略领导力研究开始运用多种社会心理学理论，并且开始使用人口统计特征以外的数据。

图 6 总结了上述文献最常研究的被解释变量。不出所料，有关企业绩效的研究频次位居第一，407 篇论文中有多达 155 篇将企业绩效作为被解释变量。企业绩效之所以被作为战略领导力研究的重中之重，是因为管理学者非常注重“那又如何”（so what）的问题。战略管理研究的核心就是要解释为什么有些企业的绩效优于其他企业。如果战略领导力与企业绩效无关，我们为何要关注战略领导力呢？为了避免这个“so what”问题，就有必要探明战略领导力对企业绩效的影响，因此企业绩效的研究频次位居第一也就不足为奇了。

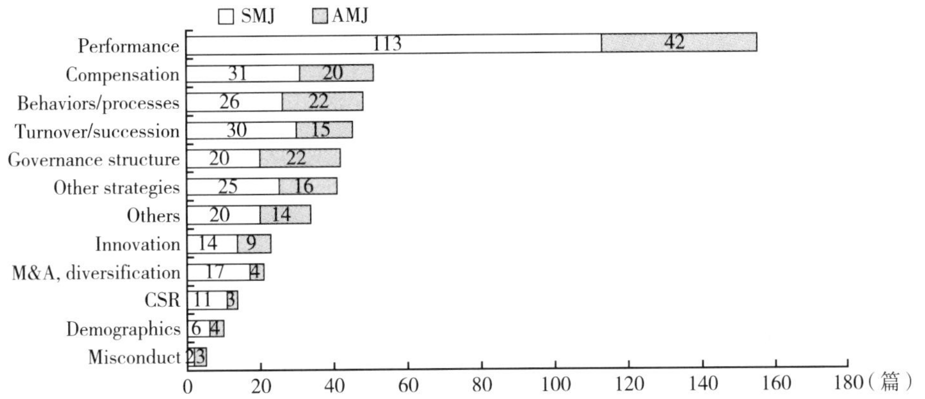


**图 6　被解释变量的分布（2000—2019 年）**

注：纵轴从上往下依次是：绩效、薪酬、行为 / 过程、变更 / 继任、治理结构、其他战略、其他、创新、并购和多元化、企业社会责任、人口统计特征、行为不当。

其他的主要被解释变量包括高管薪酬、战略领导力的行为及决策过程、CEO/ 高管的变更 / 继任、公司治理结构等。看来，除了企业绩效，学者们还非常关注高管薪酬如何设定、高管如何作决策、在哪些情况下高管会发生变更，以及公司的治理结构等。除此之外，各种战略决策的内容，例如并购、多元化和创新也是被高频率使用的被解释变量。

图 7 分别列示了在 2000—2009 年和 2010—2019 年这两段时间内发表的论文所使用的被解释变量。在这两段时间内，企业绩效都是研究频次最高的被解释变量；高管变更 / 继任的研究频次一直位居第四（2000—2009 年，125 篇论文中占 12 篇；2010—2019 年，282 篇论文中占 33 篇）。类似于图 5，作为被解释变量的高管薪酬同样在 2000—2009 年更受关注：高管薪酬在 2000—2009 年频次位列第二，而在 2010—2019 年仅位列第五。相比之下，

2010—2019 年更倾向于把高管行为及决策过程（2010—2019 年：38 篇；2000—2009 年：10 篇）和公司治理结构（2010—2019 年：34 篇；2000—2009 年：8 篇）作为被解释变量。这样的转变是因为并非我们关注的所有因素都会对企业绩效产生直接影响。事实上，很多因素与企业绩效之间的因果关系链条可能过长或是过于模糊，很难进行严格的实证检验。战略领导者的行为及决策过程以及公司治理结构等问题本身就非常重要，值得深入研究。它们也是非常重要的中介机制，有助于解释为什么有些企业的行为与众不同、有些企业表现得卓尔不群。

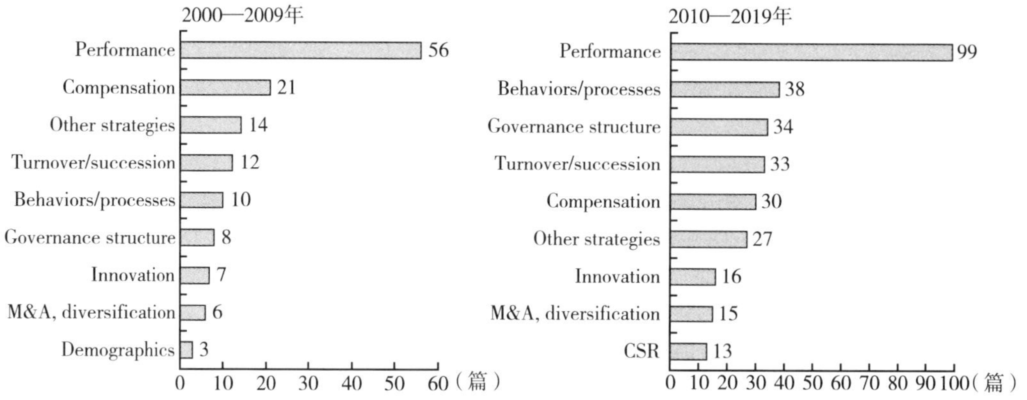


**图 7　2000—2009 年和 2010—2019 年的被解释变量分布**

注：① 2000—2009 年（从上至下）：绩效、薪酬、其他战略、变更 / 继任、行为 / 过程、治理结构、创新、并购和多元化及人口统计特征；② 2010—2019 年（从上至下）：绩效、行为 / 过程、治理结构、变更 / 继任、薪酬、其他战略、创新、并购和多元化及企业社会责任。

## 三　对未来研究方向的建议

本部分将讨论潜在的研究方向。由于战略领导力研究覆盖 CEO、高管团队和董事会三大主题，同时为三大主题指出未来的研究方向会有一定难度。因此，本文将聚焦于笔者最为熟悉的 CEO 主题，这些建议都可延伸至高管团队主题，一定程度上也可应用于董事会主题。

### （一）另类高管薪酬："奖励"失败？

如上文所述，高管薪酬在战略领导力领域已获得广泛研究。学者们已对高管薪酬的前因后果作了深入探讨，后来者在这个研究问题上往往觉得翻新无力。事实上，有关高管薪酬有些新的问题值得学者们探讨。例如，如何解释"奖励失败"这一现象？当解雇前 CEO 史蒂夫·伊斯特布鲁克（Steve Easterbrook）时，麦当劳为其支付了一笔高达 5700 万美元的遣散费（其后，麦当劳以其掩盖与员工的不正当关系为由起诉这位前 CEO，要求其退还数千万美元的遣散费)。2019 年 10 月，共享办公场所 WeWork 的创始人兼 CEO 亚当·诺依曼(Adam Neumann)离职时，获得一笔超过 10 亿美元的巨款(2020 年 10 月，WeWork 方面称其与亚当·诺依曼签署的 1.85 亿美元咨询协议因其违反了某些条款已失效)。

CEO 因为企业绩效不佳、组织行为不端或者个人行为不当被解职，却能获得高额遣散费。此类事件通常会闹得沸沸扬扬并引发公众的反感。媒体把这类遣散费称作“离职报酬”和“对失败的奖励”。遣散费虽然备受争议，却是 CEO 薪酬契约常见的组成部分。尽管遣散费仅在“无理由”解雇高管的时候支付(Schwab & Thomas，2006)，但几乎所有被解雇的 CEO 都能领到遣散费。高管被公司“有理由”解聘的情形非常罕见。如麦当劳和 WeWork 的例子所示，即便 CEO 因业绩问题或者行为不端问题被解聘通常也被视作“无理由”解聘，这是因为公司要指证 CEO 的过错有难度，容易引起法律纠纷，不如付钱让其走人了事。

遣散费争议如此之大，为什么许多企业的 CEO 薪酬契约却会包含此项内容？遣散费实质上为 CEO 的工作风险“上了保险”(Klein et al.，2021)。上市公司的 CEO 看起来位高显赫，其实是个高风险职位。尤其在接任初期，公司内外对新任 CEO 的期待很高，董事会对新任 CEO 还不放心，新任 CEO 的威望和权力基础还没有建立起来，新任 CEO 面临着很高的职业风险。Zhang(2008)的研究发现，将近 1/3 的新任 CEO 会在任期的前三年被解职。如果没有遣散费做保底，CEO 则倾向于小心翼翼、不愿做出高风险的战略行动。这是因为这样的战略行动注定失败率比较高，如果没有遣散费，CEO 的战略一旦失败就只能两手空空地走人。然而，很多时候公司需要其高管采取风险高的战略，因为高风险可能带来高回报。因此，提供遣散费，就相当于给 CEO“上保险”，鼓励他们采取必要的有风险的战略。

未来的研究可以检验遣散费对 CEO 变更的影响。例如，高额遣散费是否使企业更容易在需要的时候解雇在任 CEO? 已有的研究发现，在任 CEO 有强烈的动机留在位置上——所谓的“恋栈”心理；只有当董事会比 CEO 拥有更大的权力时，才能顺利促使在任 CEO 离职(Fredrickson et al.，1988)。而遣散费则有可能降低促使在任 CEO 离职的困难程度。那么，董事会在作决定时，应该如何权衡遣散费成本与更换 CEO 的潜在收益呢？此外，股东与公众常常对 CEO 遣散费感到不满(Bebchuk & Fried，2004)，那么企业在更换 CEO、付其遣散费的时候，如何应对股东的不满和安抚公众的意见？这些都是非常有现实意义的问题。

### (二)领导权过渡：从战略委托到战略主动

2021 年 1 月 20 日，特朗普拒绝出席继任总统拜登的就任典礼，打破了美国的历史传统。美国前总统里根在首任就职演讲时说：“在世界上许多人看来，我们习以为常的这个四年一度的仪式，不啻于一个奇迹。”政治权力过渡不啻于一个奇迹，企业领导权过渡亦是如此。2021 年 2 月，亚马逊的创始人及 CEO 杰夫·贝索斯(Jeff Bezos)宣布离开 CEO 职位，由多年的工作伙伴安迪·贾西(Andy Jassy)继任。亚马逊创立于 1994 年，安迪·贾西 1997 年就加入了亚马逊，虽非创业元老，但他为亚马逊的成长与成功立下了汗马功劳。贝索斯在离职公开信中说，“Andy Jassy 在亚马逊的时间几乎和我一样长，他教会了我很多东西”。并且，安迪·贾西一手创办及掌帅的 AWS 云业务是亚马逊的主要利润来源及重要的股价支撑点。即便是安迪·贾西这样的任期长、业绩累累的老将接任 CEO 职位，也需要一番铺垫与准备。为了给安迪·贾西的继任扫清道路，亚马逊内部的另一位劳苦功高的候选人（Jeff Wilke）提前退休。

继任 CEO 在过渡时期比较煎熬，因为他们需要一定的时间来树立威信和组建高效的辅助团队。继任 CEO 如何管理这个过渡过程有待研究。Ma 和 Seidl（2018）发现，继任 CEO 会通过团结一群亲密的合作者来帮助自己争取领导主动权。Lam 等（2018）认为，如果继任 CEO 及其团队具备积极主动的特质，那么这些特质将有助于新领导者在团队和组织中建立权威。继任 CEO 还会采取一系列举措来缓解各方压力，增加顺利继任的概率，例如公开赞扬前任的贡献和积极推销自己的能力等（Yi et al.，2020）。

未来的研究可以进一步探讨领导权过渡时期的有关问题。例如，继任者如何组建自己的合作团队？谁更有可能成为继任 CEO 的合作团队成员？外部“空降”的 CEO 是否应该带着以前的同事进入新公司？如果他们真的这样做，这又会分别给继任 CEO、带来的新高管和原来的公司高管带来什么影响？继任 CEO 走马上任时往往身有所托，但他们仍然需要争取自身的战略主动权，那么他们如何完成从战略委托到战略主动的转变呢？这些问题十分重要，但因为缺乏数据，学者们难以对此进行研究。不过，如今数据的可得性越来越高，高管们与证券分析师的电话会议记录和 CEO 公开演讲等信息为学者们提供了丰富的材料，这些材料均有助于研究继任 CEO 所言、所为及所想，也有利于了解证券分析师、股东和雇员对此相应的看法。

### （三）CEO 离任后的职业机会

美国上市公司的 CEO 任期在过去几十年里变得越来越短。根据一项最近的研究，标普 500 公司 CEO 任期的中位数在 2017 年底是 5 年，在 2013 年底是 6 年；因为受一些超长任期 CEO 的影响，CEO 任期的均值变化不大，从 2013 年的 7.5 年微降到 2017 年的 7.2 年。① 与此相比，在 2000 年，CEO 任期的均值大约是 10 年。② 许多 CEO 在退休年龄之前自愿或非自愿地离开了公司。Lee 等（2020）发现许多创始人兼 CEO 在公司成功上市后离任，其中相

① Dan Marcec，Equilar，Inc.，2018，CEO Tenure Rates，https://corpgov.law.harvard.edu/2018/02/12/ceo-tenure-rates/#：~：text=According%20to%20a%20recent%20Equilar，at%20the%20end%20of%202017.

② The Conference Board，2012，Average Tenure of CEOs Declined to 8.4 Years，The Conference Board Reports，https://www.prnewswire.com/news-releases/average-tenure-of-ceos-declined-to-84-years-the-conference-board-reports-147152135.html.

当一部分人还非常年轻。这就产生了一个有意思的问题：这些 CEO 离任之后去往何方？许多离任高管会选择进入其他公司（上市或者非上市公司）的董事会。对于他们来说，担任董事（尤其是担任上市公司的董事）是延长其职业生涯、继续发挥余热的良机。还有许多已经积累巨额财富的离职 CEO 活跃在慈善活动中。除此之外，当然还有其他的职业选择。例如，惠普公司的前董事会主席兼 CEO 卡莉·菲奥莉娜（Carly Fiorina）在 2005 年离职后选择从政。但她仕途多舛，2010 年竞选参议员失败，2016 年参加总统大选也以提前退出而告终。

众所周知，如果 CEO 在任期内公司绩效差，那么他们的个人能力会遭到质疑，从而降低他们在职业经理人市场上的“市场价值”，影响他们到其他上市公司担任董事或同层级高管的机会（Wiesenfeld et al.，2008）。但是，如果经营失败的情形不同，那么 CEO 离职后的职业前景是否也会有所差异？ Connelly 等（2016）认为，组织性失败（organizational failures）可以分为两类：能力失败（competence failures）和正直失败（integrity failures）。当企业的业绩不尽如人意时，所示的是 CEO 的能力失败；当企业不诚实、欺骗消费者、违法违纪或者打监管的“擦边球”时，便存在正直失败（Connelly et al.，2016）。未来的研究可以检验能力失败和正直失败是否对 CEO 离任后的职业前景有不同的影响。

此外，高管的能力并非越高越好。Sliwka（2007）的模型表明，有的时候企业为了推动战略变革，需要解雇一些能力卓越的经理人，反而会留下那些能力过得去但绝非卓越的经理人。这是因为能力卓越的经理人常常有自己的战略主张，不一定认同企业试图推动的战略变革。倒是那些能力过得去但绝非卓越的经理人更可能妥协与合作，认真执行董事会的战略变革计划。有意思的是，Sliwka（2007）的模型进一步表明，因战略主张不同被解职并不会严重损害这些管理者在职业经理人市场上的声誉和“市场价值”。相反，他们因为能力出众，并且有鲜明的战略主张标签，很容易找到下家。例如，宝马前 CEO 毕睿德（Bernd Pischetsrieder）1999 年因拒绝改革或出售亏损的罗孚汽车公司被解雇，但随后在 2002 年被大众汽车公司聘任为 CEO（Sliwka，2007）。高管被解雇，却仍然能在职业经理人市场上维持其“市场价值”，到底是什么因素释放了这些经理人的能力的信号？这值得未来的研究关注。

除了公司业绩差或管理不善，个人行为不当也可能导致 CEO 被解雇。例如，2019 年 11 月，麦当劳解雇时任 CEO 史蒂夫·伊斯特布鲁克的理由是：“他与雇员存在双方自愿的亲密关系，这违反了公司规定。”因个人行为不当被解雇的 CEO 的职业前景非常值得研究。相比个人行为不当，公司经营失败或管理不善有更多的解读空间和归因方法。因此，因个人行为不当被解雇的 CEO 是否会在职业经理人市场遭受更大的冷遇？

CEO 卸任后从政和从事慈善事业的相关研究尚处空白。为什么有些 CEO 在卸任后从事慈善事业？除了从个人财富的角度去解释，还有许多值得探讨之处。因为公司上市或者行使股票期权而一夜暴富的 CEO 在离任后是否会更多地从事慈善事业？既然他们的钱来得如此容易，他们是否会变得更加慷慨？从事带有“原罪”的行业（如烟酒行业、武器行业等）是否会促使 CEO 在离任后投身慈善活动来赎罪？此外，像卡莉·菲奥莉娜那样在离任后选择从政的 CEO，他们的胜算有多大？在多大程度上，他们经营公司的经验能够迁移到政治领域？这些都是非常有趣而且重要的问题。

### （四）小心微观基础观可能存在的误区

过去 20 年，战略领导力文献采用的研究方法从人口统计学方法向微观基础方法转变。微观基础方法运用社会心理学理论去解释战略领导者的互动过程和战略决策过程，这种方法被称为战略领导力研究的微观基础观（micro foundation）。不可否认，微观基础观对战略领导力的研究起到了很大的促进作用，帮助我们更深刻地理解高管们的战略决策过程和他们之间的社会互动过程。但是，我们也需要避开微观基础观可能存在的误区。

具体地说，我们需要避免引进太多看起来不同、实际上很接近的社会心理学概念到战略领导力研究中来。这与我们使用的数据类型有关。大样本的战略领导力研究即便是用社会心理学理论，使用的数据大多数还是二手数据（案例研究和问卷调研研究不在此列）。这就限制了多大程度上我们能够在实证上分开那些很接近的社会心理学概念。比如，文献中常用的三个战略领导者的心理特征：过度自信（over-confidence）、傲慢（hubris）和自恋（narcissism），在概念上它们固然各有侧重点，但在实证中却互相重叠或者与其他常用概论重叠。

Hayward 和 Hambrick（1997）的文章是研究 CEO 傲慢的一篇早期文章，引用率非常高。此文研究 CEO 傲慢对企业并购溢价的影响。CEO 傲慢通过企业的近期业绩、媒体对 CEO 的夸赞、CEO 相对于其他高管成员的薪酬来体现。试问，如果不用“CEO 傲慢”这个概念，是否可以直接推导出这三个因素对企业并购溢价的影响？如果可以，为什么要引进这个概念？

Chen 等（2015）研究 CEO 过度自信对公司业绩预期准确性的影响。CEO 过度自信用以下的指标来测量：媒体对 CEO 的报道、CEO 是否推迟兑现期权，以及 Hayward 和 Hambrick（1997）用来测量 CEO 傲慢的三个指标。把这两篇文章放在一起，不禁要问：CEO 过度自信和 CEO 傲慢到底有多大的区别？

Chatterjee 和 Hambrick（2007）是研究 CEO 自恋的一篇早期文章，在实证方面非常有创造性，使用五个指标来测量 CEO 自恋：公司年度报告中 CEO 照片的尺寸、公司新闻稿中 CEO 的重要性、CEO 在访谈中使用第一人称的频率、CEO 相对于其他高管成员的现金薪酬、CEO 相对于其他高管成员的非现金薪酬。试问，这些指标用来衡量 CEO 过度自信和 CEO 傲慢行不行？似乎也不是不行。事实上，这三个概论的测量都用到了 CEO 相对于其他高管成员的薪酬（现金与非现金薪酬）。

社会心理学是一个非常成熟而丰富的学科，研究战略领导力的学者需要从中汲取营养，但是不宜引进太多看起来不同而实际上又很接近的社会心理学概念。否则的话，文章单独看很有新意——引进了一个新概念，放在一起看却可能是重复造车，对总体文献的发展贡献有限。

### （五）公司高管对社会问题的关注与参与

公司高管不仅要对股东负责，而且要为其他利益相关者负责，这包括公司的员工、客户及消费者、供应商，甚至社会和自然环境。2019 年 8 月，商业圆桌（Business Roundtable）重新定义公司存在的目的，181 位 CEO 签署了相关的声明，承诺将领导他们的公司对所有的利益相关者负责而非只是对股东负责。这些高管只是说说而已还是认认真真地去实施，还要拭目以待。不管怎么说，学者们已经开始关注高管的特质如何影响他们所领导的公司的社会责任行为。比如，Tang 等（2015）发现 CEO 的傲慢与公司的社会责任行为存在负相关关系，但是与公司的社会不负责任行为存在正相关关系。Zhang 和 Luo（2013）检验了在华跨国公司对 2008 年汶川地震的捐赠行为。他们发现自身地位比较脆弱的跨国公司更倾向于捐赠，以此获取东道国社会的认可。同时，如果母国的社会环境重视公司慈善行为，跨国公司也更倾向于捐赠，因为这与其价值观相吻合。

慈善捐赠和广泛的社会责任行为总体上是利他的、受社会欢迎的（好）行为。是否要实施这样的行为，CEO 所面临的是财务目标和社会目标之间以及股东利益与其他利益相关者利益之间的选择。可是，有一些社会问题是很敏感的，公众对其不仅没有共识反而持有不同的甚至是互相对立的意见。对这样的问题，为什么有些 CEO 公开表示立场，而其他的 CEO 却选择沉默？比如，美国快餐连锁店 Chick-fil-A 的创始人及 CEO 对同性恋问题曾公开发表了极其保守的意见。结果，反对者号召大家罢买他们家的食品，支持者涌向他们的餐厅以示支持。相反，百事可乐的前 CEO 英德拉·诺伊（Indra Nooyi）曾公开表示，任何与百事可乐的业务无直接关系的问题，她都不发表评论。是什么因素影响了 CEO 对社会敏感问题是否发声，以及发出什么声音？

Chatteri 和 Toffel（2018）对此问题做了开创性的研究。他们发现 CEO 对社会问题发声出于不同的目的。有些是因为内在的因素：要大声说出自己相信的价值观；有些是因为外在的因素：对社会问题表态对年轻一代的员工及消费者非常重要。那么 CEO 是如何发声的呢？有的是直接发表声明，以期引起公众的关注；有的出钱捐赠给相关机构，支持其活动；有些动用公司的资源和平台来直接参与有关的活动。Chatteri 和 Toffel 发现，CEO 这样做，有收益更有风险。正是因为某些社会问题是很敏感的，既有强烈支持者，也有强烈反对者，所以不发声固然不合适，发声也很容易“引火烧身”。在企业被期待承担越来越多的社会功能，企业与社会之间的界限变得模糊时，人们对 CEO 的预期也不再仅仅是财务回报。CEO 对社会敏感问题是否发声、如何发声，需要进行更多的研究。

### （六）战略领导力研究的内生性问题

有关 CEO 继任研究——更广泛而言，有关战略领导力更迭、新领导者任命的研究——面临着内生性问题的挑战。例如，企业绩效不佳本身增加了 CEO 变更的可能性，前期企业绩效和 CEO 继任都会影响继任后的企业绩效。因此，CEO 变更内生于继任前的企业绩效和其他的企业背景因素。内生性问题不解决，CEO 继任与企业业绩之间的因果关系便难以证明。

近来关于初创企业高管的研究为解决内生性问题提供了一些思路。Kulchina（2017）探究外籍创业者自己管理初创企业是否比雇用本土职业经理人可以做得更好。从理论上讲，正反方都说得通。外籍创业者自己管理自然是尽心尽力，避免了委托代理的问题。但是，外籍创业者可能不懂东道国的经营环境，雇用当地职业经理人可以解决这个问题。这篇文章用俄罗斯的签证政策变化作为工具变量，这个政策变化会影响外籍创业者在俄罗斯是自己管理还是雇用当地职业经理人这个选择（如果拿不到工作签证，外籍创业者就必须雇用当地职业经理人），但是不会直接影响这些初创外企的业绩。通过使用这个工具变量，Kulchina（2017）证明了外籍创业者自己管理确实是优于雇用当地职业经理人，这个优势具体体现在节约成本上而非增加营业收入上。单看这个结论似乎是显而易见的，但是，如前文所说，反方也不无道理。正因为正反方都有道理，严谨的研究设计及从中得出的因果关系就非常重要。

举另一个例子，Chahine 和 Zhang（2020）研究风险投资者在所投的创业公司上市之前替换 CEO 这一现象。他们分析了美国 1995—2013 年 1156 家受风险投资支持的创业公司的 IPO 数据。在该样本中，他们发现有 472 家创业公司（占比 40.8%）在第一轮风险融资和 IPO 之间更换了 CEO。他们研究上市之前替换 CEO 如何影响公司的上市业绩。从理论上讲，正反方都说得通。中途换帅很混乱，甚至打击士气，所以替换 CEO 可能会损害公司的上市业绩。但是，当一家公司从初创阶段进入上市阶段往往要经历一条巨大的学习曲线，公司管理层必须精心考虑来自人力资源、运营效率、政府监管、公共关系等方面的挑战。这些挑战即便是对最成功的创业者来说也都很难应对。创业公司 CEO 在这些方面的短板极有可能会损害公司 IPO 的成功以及 IPO 之后的股价。从这个角度来说，中途换帅也是不得已的做法。Chahine 和 Zhang（2020）用初创企业与领投的风险资本之间的地理距离作为工具变量，预测初创企业是否会在 IPO 前更换 CEO。解决了这个内生性之后，他们的研究结果说明，在 IPO 前更换 CEO 可以提高企业的 IPO 估值。如此一来，CEO 变更对 IPO 估值的影响便能够进行因果推断。

不过，大部分有关 CEO 继任和战略领导力的研究聚焦于上市公司。上市公司与初创企业不同，也比后者更大、更复杂。因此，有关上市公司的研究很难给 CEO 继任这个事件的发生找到一个好的工具变量。为了解决此类研究的内生性问题，我们可以研究某些具体的继任实践（如企业是否有正式的 CEO 继任流程）和某些具体类别的继任者（如女性继任者）。

### （七）新的数据来源意味着新的研究机会

过去 20 年，战略领导力文献的进步，是因为有学界的集体努力，也是因为有了新的数据来源。例如，“得克萨斯州比加利福尼亚州保守”这个结论在州的层面上基本成立，但一旦将之推至个人层面便过于泛化了。Hambrick 及其合作者们（Chin et al.，2013）用高管个人的政治捐款历史去衡量他们的政治意识形态。用高管的政治献金数据来衡量他们的政治意识形态，显然比根据他们出生成长在哪里来推断更为准确。这个测量方法已经被用于研究高管的政治意识形态如何影响公司的社会责任行为、公司业绩欠佳时是否解聘 CEO 等问题。

举另一个例子，高管与证券分析师的电话会议记录为学者们提供了很好的资料，能帮助学者们去了解高管的想法和他们之间的关系。Yi 等（2020）使用新任 CEO 与证券分析师的电话会议记录资料，来研究新任 CEO 如何完成领导权的过渡。如果继任 CEO 在电话会议里公开称赞前任 CEO（如“他在领导企业方面作出了卓越的贡献，我会继续跟随他的战略方向……”），那新任 CEO 在试图讨好前任。如果继任 CEO 在电话会议里强调自己的背景及战略计划，那么他在试图树立自己的威望。虽然 CEO 说的和想的以及实际做的之间还是有差别，用新任 CEO 在公开场合说的话来推测两任 CEO 之间的关系，总是要比以前文献（例如依赖两者的共事经历来推测两者之间的关系）丰富准确多了。

通过回顾近 20 年发表在 AMJ 和 SMJ 上的文章，我们可以说管理学者在战略领导力方面做了相当多的研究并提出了许多真知灼见。战略领导力领域正在从使用人口统计学、结构化的方法逐步转向使用社会心理学方法。学者们正在努力读懂高管的心中所想、喜好、决策过程及相处的法则。当我们在这些微观层面上钻之弥深，也更需要从中跳出来看看世界的变化，思考战略领导者在这个风云变幻的世界里扮演着怎样的角色、产生着怎样的影响。

## 参考文献

[1] Bebchuk, L. A. & Fried, J. M., *Pay without Performance: The Unfulfilled Promise of Executive Compensation*, Cambridge: Harvard University Press, 2004.

[2] Chahine, S. & Zhang, Y. A., “Changing Gears before Speeding up: The Roles of CEO Human Capital and VC Monitoring in CEO Change before IPO”, *Strategic Management Journal*, Vol.41, 2020, pp.1653-1681.

[3] Chatterjee, A. & Hambrick, D. C., “It’s All about me: Narcissistic Chief Executive Officers and Their Effects on Company Strategy and Performance”, *Administrative Science Quarterly*, Vol.52, 2007, pp.351-386.

[4] Chatterji, A. K. & Toffel, M. W., “The New CEO Activists”, *Harvard Business Review*, https://hbr.org/2018/01/the-new-ceo-activists (visited on February17, 2021).

[5] Chen, G., Crossland, G. & Luo, S., “Making the Same Mistake all over again: CEO Overconfidence and Corporate Resistance to Corrective Feedback”, *Strategic Management*

*Journal*, Vol.36, 2015, pp.1513-1535.

[ 6 ] Chin, M. K., Hambrick, D. C. & Trevino, L. K., "Political Ideologies of CEOs: The Influence of Executives' Values on Corporate Social Responsibility", *Administrative Science Quarterly*, Vol.58, 2013, pp.197-232.

[ 7 ] Connelly, B. L., Ketchen Jr, D. J., Gangloff, K. A. & Shook, C. L., "Investor Perceptions of CEO Successor Selection in the Wake of Integrity and Competence Failures: A Policy Capturing Study", *Strategic Management Journal*, Vol.37, 2016, pp.2135-2151.

[ 8 ] Fredrickson, J. W., Hambrick, D. C. & Baumrin, S., "A model of CEO Dismissal", *Academy of Management Review*, Vol.13, 1988, pp.255-270.

[ 9 ] Hayward, M. L. A. & Hambrick, D. C., "Explaining the Premium Paid for Large Acquisitions: Evience of CEO Hubris", *Administrative Science Quarterly*, Vol.42, 1997, pp.103-127.

[ 10 ] Klein, F. B., Chaigneau, P. & Devers, C. E., "CEO Gender-based Termination Concerns: Evidence from Initial Severance Agreements", *Journal of Management*, Vol.47, 2021, pp.567-569.

[ 11 ] Kulchina, E., "Do Foreign Entrepreneurs Benefit Their Firms as Managers?" *Strategic Management Journal*, Vol.38, 2017, pp.1588-1607.

[ 12 ] Lam, W., Lee, C., Taylor, M. S. & Zhao, H. H., "Does Proactive Personality Matter in Leadership Transitions? Effects of Proactive Personality on New Leader Identification and Responses to New Leaders and their Change Agendas", *Academy of Management Journal*, Vol.61, 2018, pp.245-263.

[ 13 ] Lee, J. M., Yoon, D. & Boivie, S., "Founder CEO Succession: The Role of CEO Organizational Identification", *Academy of Management Journal*, Vol.63, 2020, pp.224-245.

[ 14 ] Ma, S. & Seidl, D., "New CEOs and Their Collaborators: Divergence and Convergence between the Strategic Leadership Constellation and the Top Management Team", *Strategic Management Journal*, Vol.39, 2018, pp.606-638.

[ 15 ] Schwab, S. J. & Thomas, R. S., "Empirical Analysis of CEO Employment Contracts: What do Top Executives Bargain for?" *Washington & Lee Law Review*, Vol.63, 2006, pp.231-270.

[ 16 ] Sliwka, D., "Managerial Turnover and Strategic Change", *Management Science*,

Vol.53, 2007, pp.1675–1687.

[17] Tang, Y., Qian, C., Chen, G. & Shen, R., "How CEO Huris Affects Corporate Social (ir) Responsibility", *Strategic Management Journal*, Vol.36, 2015, pp.1338–1357.

[18] Wiesenfeld, B. A., Wurthmann, K. A. & Hambrick, D. C., "The Stigmatization and Devaluation of Elites Associated with Corporate Failures: A Process Model", *Academy of Management Review*, Vol.33, 2008, pp.231–251.

[19] Yi, X., Zhang, Y. A. & Windsor, D., "You are Great and I am Great (too): Examining New CEOs' Social Influence Behaviors during Leadership Transition", *Academy of Management Journal*, Vol.63, 2020, pp.1508–1534.

[20] Zhang, J. & Luo, X. R., "Dared to Care: Organizational Vulnerability, Institutional Logics, and MNCs' Social Responsiveness in Emerging Markets", *Organization Science*, Vol.24, 2013, pp.1601–1869.

[21] Zhang, Y., "Information Asymmetry and the Dismissal of Newly Appointed CEOs: An Empirical Investigation", *Strategic Management Journal*, Vol.29, 2008, pp.859–872.

（张燕，美国莱斯大学琼斯商学院）

原载《管理学季刊》2021 年第 1 期

# 会计与财务学科前沿研究进展：对六大主题的述评

胡文龙

由于会计学与财务管理学科包含内容较为庞杂，本报告将从财务与资本市场专题、资本结构与财务风险专题、会计信息披露专题、会计监管专题、企业并购重组专题、企业财务绩效专题六个方面展开阐述，以较为全面系统地归集梳理近三年来会计与财务领域的最新研究成果。

## 一 财务与资本市场专题

### （一）证券分析与资本市场相关研究

证券分析师在资本市场上的行为长期以来是一项值得研究的焦点与热点议题（孔东民、刘莎莎、谭伟强，2019；马黎珺、伊志宏、张澈，2019；张宗新、吴钊颖，2021；伊志宏、杨圣之、陈钦源，2019；杨楠、洪剑峭，2019；刘璐、洪剑峭、张新，2020）。杨楠等（2019）探讨了分析师团队与分析师个人在盈余预测表现是否存在差异，以及这种差异的影响因素。研究发现，分析师团队的盈余预测准确性高于分析师个人，但团队所发布的研究报告的及时性要弱于个人分析师。刘璐等（2020）探究了分析师估值模型的选择是否会对其投资意见的信息含量产生影响。研究发现，分析师采用绝对估值模型能够提高评级调整的市场反应，具有一定的增量价值。进一步分组检验发现，在公司成长性较高、不确定性较大、券商实力较弱、分析师之间的竞争程度较高的情况下，使用绝对估值模型对于提高分析师评级调整的信息含量作用更大。证券分析师评级如何影响个人和机构投资者的交易行为，以及公司特征是否影响不同类型投资者的交易。孔东民等（2019）基于独特的账户交易数据发现：当证券分析师发布“强买”或“买入”评级时，机构投资者显著买入该股票；对于“持有”或“卖出”评级时，机构投资者均表现为显著的净卖出。在交易中个人投资者仅仅起到为机构投资者提供流动性的作用。而公司大股东的利益攫取程度及公司信息环境的不确定性都会削弱机构投资者对分析师评级的反应。

马黎珺等（2019）分析检验了证券分析师报告的文字内容是否传递增量信息。研究发现，在控制了定量信息的影响之后，分析师报告中前瞻性语句的情感与报告发布后的累积超额收益显著正相关，说明前瞻性语句向市场传递了增量信息。同时，当文字信息与定量信息能够相互佐证时，市场对分析师报告中各类信息的反应会显著强化。分析师报告中前瞻性语句成功预测了企业未来的基本面变化，说明分析师在改善我国资本市场效率、引导价值投资等方面发挥了一定积极作用。伊志宏等（2019）研究了证券分析师报告内容对股价同步性的影响。研究发现，分析师报告中公司特质信息含量越高，所关注公司的股价同步性越低；当公司所面临的信息不对称问题更加严重、分析师报告影响力更大时，这一负向关系更加显著；进一步研究发现，分析师的能力越强，研究报告中公司特质信息含量越丰富，其盈余预测准确性也更高；分析师降低股价同步性的机制是因为公司特质信息含量高的报告更受投资者关注，能引起更强烈的市场反应，使得股价更多地吸收公司特质信息。媒体情绪是否影响证券分析师预测行为？且其影响及传染机制与风险后果到底如何？张宗新、吴钊颖（2021）研究发现，媒体乐观情绪会显著正向影响分析师盈利预测的乐观偏差度；媒体情绪通过“分析师有限关注”与“投资者情绪”两条路径来影响分析师预测的乐观倾向；分析师乐观情绪和媒体乐观情绪均会加剧股价波动及尾部风险，且分析师乐观情绪是媒体情绪影响股价波动的传导路径；明星分析师与非明星分析师均会受到媒体情绪的感染，前者理性程度相对更高但其行为对股价波动冲击更为明显。这对于规范媒体行为，矫正分析师过度乐观偏差，合理引导理性投资具有重要意义。

### （二）股市崩盘与资本市场相关研究

自 2008 年全球股市崩盘乃至 2015 年下半年中国发生股灾以来，股价崩盘已是资本市场上的常见现象，股价崩盘机制及其防范已经成为学术界研究的热点（杨威、冯璐、宋敏、李春涛，2020；吴晓晖、郭晓冬、乔政，2019；梁上坤、徐灿宇、王瑞华，2020；夏常源、王靖懿、傅代国，2020；朱孟楠、梁裕珩、吴增明，2020；赵璨、陈仕华、曹伟，2020）。有研究表明，股价高估指的是公司市场价值超出其内在价值的现象，资本市场定价机制不完善下的股价高估，是股价频繁崩盘的重要原因，但如何衡量公司内在价值一直存在争议。杨威等（2020）借鉴行为金融文献中锚定效应的概念，结合中国资本市场的特殊性，提出了锚定比率（简称“RPR”）这一新的股价高估指标。研究结果表明：锚定比率与股价崩盘风险正相关；更少的分析师跟踪、更多的散户持股以及更高的股票流动性均会强化锚定比率对股价崩盘风险的影响。利用崩盘事件，杨威等（2020）证实了锚定比率会加剧股价下跌的程度，且长期来看股价会保持“惯性”而非“反转”。因此，投资者作决策时对股价高点存在明显的锚定效应，丰富了锚定效应在中国资本市场中的运用。吴晓晖等（2019）从社会网络算法出发研究了网络中机构投资者抱团行为如何影响股价崩盘风险。其研究发现：机构投资者抱团持股比例及持股比重与股价崩盘风险呈显著正相关关系。相对于其他企业，在非国有、代理成本较高以及处在投资者保护水平较高地区的企业中，机构投资者抱团对公司股价崩盘风险的加剧作用更为显著。有研究发现，董事会断裂带（董事会内部合作—冲突视角）也是股价崩盘风险的微观治理影响因素。梁上坤等（2020）发现，公司中董事会断裂带的存在加剧了股价崩盘风险；作用机制检验显示，董事会断裂带通过管理层隐藏坏消息发布以及增加公司的避税程度加剧了股价崩盘风险；区分董事会断裂带的类型后发现，由深层特征形成的董事会断裂带对于股价崩盘风险的影响高于由表层特征形成的断裂带；结合公司的外部治理机制进行考察，行业竞争对董事会断裂带与股价崩盘风险的上述关系起到了抑制作用。理论上，保险资金持股与资本市场稳定具有一定关系。保险资金持股上市公司，一方面可以抑制经理人负面信息隐藏，作为市场“稳定器”降低股价暴跌风险；另一方面，也能引发投资者跟风炒作，导致市场情绪高涨和股价高估，成为股价崩盘风险的“加速器”。夏常源等（2020）发现，保险资金持股加剧了股价崩盘风险，是公司股价崩盘的“加速器”。不过，当保险资金作为前十大股东参与公司治理时则能够降低股价崩盘风险。中国股市的特点之一就是散户占比较大，这些“草根”散户通过互联网新兴媒体形成的庞大互联网信息交互网络是加强了上市公司的有效监督，还是加剧了非理性情绪的扩散？朱孟楠等（2020）发现，网络中心度越高，处于网络中心位置的上市公司，股价崩盘风险越低，验证了中小投资者的网络舆论监督效应。当上市公司处于网络舆论“聚光灯”下，管理层难以掩盖负面信息，这样有助于缓解股东与管理层之间的信息不对称性，进而有助于降低风险累积的可能性，因此，互联网信息交互网络的信息传播及其监督效应是对现行上市公司监管措施的有效补充。关于股价崩盘的成因，信息操纵理论通常认为企业对负面消息的隐藏是导致股价崩盘的重要原因。赵璨、陈仕华、曹伟（2020）研究发现，企业披露的“互联网 +”信息越多，股价崩盘风险越高，夸大正面消息同样会导致股价崩盘。同时，企业的资源获取动机、市值管理动机及宏观层面的炒作环境强化了“互联网 +”信息披露的股价崩盘效应。

**（三）融资融券与资本市场相关研究**

2010 年开始实施的融资融券制度，是我国资本市场重要的制度创新。近年来，融资融券制度对资本市场及市场主体的影响及机制后果等专题，成为会计与财务管理领域的研究热点（褚剑、秦璇、方军雄，2019；黄俊威、龚光明，2019；谭小芬、钱佳琪，2020）。关于融资融券制度对分析师盈利预测行为的影响，褚剑等（2019）认为，融资融券制度的实施不仅没有改善分析师的预测准确度，反而导致分析师发布乐观性的盈利预测，而分析师盈利预测的这种乐观偏差正是来源于火热的融资交易。融资融券制度下非对称性的融资交易促使分析师为了提高交易佣金和自身职业发展发布带有乐观偏差的盈利预测，最终反而损害了资本市场的定价效率。融资融券制度对公司资本结构动态调整也有一定影响，黄俊威、龚光明（2019）发现，融资融券制度的实施显著加快了公司资本结构调整的速度，其动力来源于融券机制发挥的“卖空压力”效应。在进一步区分调整方向后，发现当资本结构高于目标水平，即向下调整资本结构时，卖空压力对资本结构调整速度的促进作用会更大。谭小芬、钱佳琪（2020）

采用中国融资融券制度作为准自然实验，考察卖空机制对企业创新的影响效应和作用机理。研究发现，企业面临卖空压力时会更加积极地申请专利，但专利的申请质量有所下降，表现为专利授权率降低；专利结构有所恶化，最终授权数增加的主要是容易研发、授权快的实用新型专利和外观设计专利；专利得到授权后，企业放弃缴纳维持费用以终止专利权。这些策略性专利行为在短期内可以减少企业的卖空交易量，推高企业市值，但长期看对企业的业绩没有积极影响，是一种“创新假象”。为促进企业创新向高质量发展，需要进一步完善融资融券制度和专利评价体系。

**（四）资本市场与企业行为相关研究**

资本市场资源配置效率及其对企业行为的影响，以及企业特定财务行为及其动因或影响因素分析，一直是财务与资本市场研究的热点与焦点议题（连立帅、朱松、陈关亭，2019；方先明、张若璇，2020；褚剑、胡诗阳，2020；赖黎、唐芸茜、夏晓兰、马永强，2019）。连立帅等（2019）利用沪深港通交易制度实施的外生事件，考察了中国资本市场开放对非财务信息定价与企业投资关系的影响，结果发现沪深港通交易制度实施会提高企业投资与非财务信息定价的敏感性，表明该交易制度能够增强非财务信息定价并影响企业投资。该研究表明，通过资本市场开放引入发达资本市场投资者有利于优化投资者结构，增强股价对实体经济的引导作用，提高资本市场效率。方先明、张若璇（2020）研究发现，不败新股的长期弱势表现严重制约了资本市场的融资效率，已成为中国股票市场的顽疾。中国股票市场存在明显的“赢者诅咒”现象，具体表现为新股一级市场发行抑价、二级市场上市未打开涨停板期间累积收益与开板后短期累积收益均对其长期弱势表现有显著贡献。且“赢者诅咒”现象存在着由一级市场向二级市场传导、强化的机制：高抑价发行形成的收益强化了新股上市初期的连续涨停现象，当新股打开涨停板开始大量交易后，过度乐观投资者的交易行为引致股价进一步上涨，使得新股成色褪去时其“弱势”表现更为凸显。褚剑、胡诗阳（2020）研究银企间双向互动影响对企业购买银行理财产品这一财务行为的影响发现，相较于非关系银行，上市公司向关系银行购买的理财金额更高，而理财收益率更低。银企关系与理财收益率的负向关系程度在银行类型分别为大型国有商业银行、全国性股份制商业银行、地方性商业银行时依次递减，在企业持股银行情况分别为未持股银行、持股非关系银行、持股关系银行时依次递减，而在企业产权性质为民营企业时比国有企业时更强。企业向关系银行购买理财产品短期性地挤占了实体投资，而随着银企关系的深入，信贷资源的保障自然地化解了投资不足问题。这为理解实体经济“脱实向虚”现象提供了新视角，揭示了银企间双向互动的动态过程。公司购买董事高管责任保险后，是否进行了更多的短贷长投？公司的信贷获取发生了怎样的变化？对企业风险产生了怎样影响？赖黎、唐芸茜、夏晓兰、马永强（2019）实证考察了董事高管责任保险对企业的短贷长投、信贷获取和经营风险的影响。研究发现：公司购买董事高管责任保险后，进行了更多的短贷长投，银行短期借款更少，公司经营风险更高；购买董责险公司信用贷款更少，担保贷款没有显著变化。该文研究发现，我国的董责险没有起到风险治理的作用，反而诱发了管理者更多的风险行为，增加了企业经营风险。

企业内部资本市场运作及其现金持有水平，一直是会计与财务管理领域关注度较高的研究主题（黎文靖、严嘉怡，2021；底璐璐、罗勇根、江伟、陈灿，2020；熊凌云、蒋尧明、连立帅、杨李娟，2020）。黎文靖、严嘉怡（2021）考察了集团化程度对集团现金持有水平的影响，并揭示了不同产权属性企业集团下两者关系的差异。研究发现，随着集团化程度的提高，集团现金持有水平将出现显著下降；按产权属性分组发现，仅在国有企业集团样本中，集团化程度的提高才会显著降低集团现金持有，而在民营企业集团样本中，集团化程度却对现金持有无显著影响。相比民营企业，国有企业往往拥有更大的资金池，从而拓宽了国有企业集团利用内部资本市场实现资源配置的范围，并有利于内部资本市场发挥有效的“多钱效应”和“活钱效应”。底璐璐等（2020）考察了跨企业关系情形下客户年报语调对供应商企业现金持有决策的影响。研究发现，客户的年报语调越消极，供应商企业则会持有更多的现金，表明客户年报净负面语调在供应链上存在传染效应。非国有性质、相对议价能力较低的供应商企业现金持有与客户年报净负面语调的正相关关系分别显著强于国有性质、相对议价能力较高的供应商企业。熊凌云等（2020）考察了控股股东采用杠杆方式增持股份对企业现金持有水平的影响。研究发现：控股股东杠杆增持与企业现金持有水平显著负相关，控股股东杠杆增持主要通过缓解融资约束和代理成本，降低企业持现的预防性动机和代理动机，实现现金持有水平的下降，说明杠杆增持促使控股股东在公司治理中更多地表现为“利益协同效应”；控股股东杠杆增持在降低现金持有水平的同时提升了企业价值、降低了公司股价崩盘风险，但控股股东自身高杠杆会抑制杠杆增持对企业现金持有水平的“利益协同效应”，说明杠杆增持也并非越高越好。

## 二　资本结构与财务风险专题

自 2015 年中央经济工作会议明确提出去杠杆要求以来，“去杠杆”被列为我国现阶段重要的经济工作之一。宏观债务率、地方政府债务率或企业债务率等资本结构问题，逐渐成为全社会的热点与焦点议题。理论界与学术界围绕债务杠杆、债务风险等核心议题，涌现了诸多研究成果。

### （一）企业债务杠杆相关研究

关于企业债务杠杆率的度量，以及我国企业债务杠杆率的实际水平，重点区域及其分布行业，近年来逐渐成为会计与财务管理研究领域的热点专题（王竹泉、谭云霞、宋晓缤，2019；王竹泉、宋晓缤、王苑琢，2020）。“结构性去杠杆”要在准确测度杠杆率的基础上，分部门（政府、居民、非金融企业）界定与地区经济发展相适应的杠杆率阈值标准。王竹泉、谭云霞、宋晓缤（2019）首次构建与不同地区经济发展水平相适应的杠杆率阈值标准的研究方法，对不同地区实体经济的真实杠杆水平以及传统杠杆指标的错估程度进行了分析，研究发现如下三种情况。（1）2017 年我国上市公司资本负债率在整体上呈现“东南低—西北高”的地区分布。（2）结合地区资本价值创造能力以及实体企业对去杠杆的耐受程度，确定各地区杠杆率结构性优化方向和力度。其中，青海、云南、黑龙江、海南、新疆、天津、宁夏、河北、辽宁、福建要“逐步降杠杆”；吉林、北京、湖北、湖南、山西、重庆、甘肃要做到“稳杠杆”；西藏、浙江、陕西、安徽、江西、四川、内蒙古、上海、山东、江苏、河南、广东、广西可以适度“加杠杆”。（3）近 10 年来，我国上市公司的总体财务风险和短期财务风险呈现为明显的“东南降—西北升”的趋势，部分地区风险快速升高，主要由于所在地区高风险企业“杠杆率进一步升高”的风险拉动作用。王竹泉、宋晓缤、王苑琢（2020）在重构存量流量兼顾的短期财务风险综合评估体系研究发现，我国实体经济上市公司短期财务风险较低且呈下降趋势，更多公司风险向低位集聚，但短期偿债能力主要依靠存量保障，即需以降低流动性为代价，保障质量有待提高。行业分析显示，电力、热力、燃气及水生产和供应业的存量风险值得关注，而房地产业的流量风险值得关注；地区分析显示，大部分地区短期风险控制成效明显，东部地区短期风险整体上低于中西部地区，京津冀区域短期风险有所上升；疫情影响分析显示，疫情对实体经济短期风险的影响总体可控，对不同行业的影响呈两极分化状态，对东部地区和京津冀区域的影响较为明显。

2008 年国际金融危机以来中国经济增速逐渐放缓，然而企业杠杆率却呈现“逆周期”上升，同时国有企业与民营企业的杠杆率呈现“所有制分化”。企业杠杆率的产生机制、基本特征及其经济后果，也逐渐成为我国会计与财务管理研究领域的热点议题（王擎、孟世超，2020；孟宪春、张屹山、张鹤、冯叶，2020；吴秋生、独正元，2019）。关于中国企业杠杆率特有的周期演变机制，王擎、孟世超（2020）探究了企业杠杆率在不同经济基本面下的变化规律。研究发现，在优质资产相对缺乏和政府影响力较为强大的背景下，预算软约束和政府隐性担保对企业杠杆率的周期变化具有深刻的影响。给定隐性担保水平，企业杠杆率的周期性取决于预算软约束的周期性，随着经济形势由差转好，预算软约束先增强后减弱，企业杠杆率逐渐从“周期性不定”转为“逆周期”变化。通过分析政府隐性担保的内生选择路径，发现其周期性变化对企业杠杆率周期演变过程中的所有制结构分化具有解释力，在其“递减型”或倒“U”型路径下，民营企业杠杆率周期性不定，国有企业杠杆率则在较长区间内呈“逆周期性”。孟宪春等（2020）研究也发现，预算软约束下的抵押约束机制会在异质性企业间产生非对称“金融加速器”效应，造成信贷资源和生产要素错配、宏观杠杆率高企和全要素生产率下降，但预算软约束企业吸纳了经济体闲散劳动力，降低就业波动；逐渐消除预算软约束问题，能够实现显著降低宏观杠杆率和提升全要素生产率的政策目标，并产生福利增益，但在企业改革过程中须做好人才结构的转型与匹配，避免劳动力市场出现失业率大幅上升的现象。吴秋生、独正元（2019）研究发现，国有企业混合所有制改革程度越高国企过度负债水平越低，并且相较于股权结构维度，高层治理结构维度的混合所有制改革更有助于缓解国企过度负债；政府隐性担保程度的提高抑制了混合所有制改革程度对国企过度负债的缓解作用。

随着企业资本结构与债务杠杆率研究的深入，关于企业杠杆率的影响因素及去杠杆的经济后果，如何去杠杆，去杠杆的方式等涌现出了众多研究文献（谭小芬、李源、王可心，2019；何德旭、张斌彬，2021；赵宇，2019；林晚发、刘颖斐，2019；周茜、许晓芳、陆正飞，2020；王玉泽、罗能生、刘文彬，2019；戴雨晴、李心合，2021）。关于金融结构与企业杠杆率之间的关系，谭小芬、李源、王可心（2019）研究发现，金融结构与企业杠杆率之间呈现显著的负相关关系。平均而言，金融结构市场化程度每上升 1 个百分点，将使企业杠杆率下降 0.44 个百分点。金融结构市场化程度增加在降低企业整体杠杆率的同时会增加企业债务期限。这一关系会在不同国家（地区）、不同行业和不同企业间呈现显著异质性。一国（地区）经济增长对投资依赖程度越低、金融发展程度越高、监管质量越好、信息披露程度越高，金融结构市场化程度增加对企业降杠杆的作用越显著；金融结构市场化程度增加对企业杠杆率的负向影响在创新型行业中表现得更为明显，在那些高杠杆、大规摸、低盈利、股权集中度较低以及政企关联较弱的企业，金融结构市场化程度的增强对企业降杠杆的作用更显著。关于居民杠杆与企业债务风险的关系，何德旭、张斌彬（2021）研究发现：居民部门加杠杆不仅不能为企业去杠杆创造更有利的宏观经济环境，反而会通过企业债务期限变短、偿债能力减弱、金融化趋势增强、“僵尸化”程度加深等渠道机制致使企业的债务风险恶化。而且，居民部门加杠杆对企业债务风险的影响在不同的企业经营模式下呈现显著的异质性，在直接融资占比高的企业、融资约束低的企业、民营企业和高新技术企业中，居民部门加杠杆对企业债务风险的增加呈现出更为强烈的正向驱动效应。赵宇（2019）研究官员晋升激励与企业负债率的关系发现，官员晋升激励显著影响了企业负债率。从静态负债率来看，官员晋升激励越强，企业负债率水平越高；从负债率动态的调整过程来看，官员晋升激励阻碍了企业负债率的调整速度，并使企业资产负债率偏离目标水平的程度增大。由此形成了企业静态负债率长期偏高的结果，并且上述现象在国有企业和市场化程度较低的地区更加显著。进一步的分析显示，官员晋升激励主要是通过增加企业短期债务比重而影响企业负债率的，且在后果上加大了企业财务风险，使企业更可能陷入财务困境。林晚发、刘颖斐（2019）研究企业信用评级调整对企业杠杆率的影响发现，信用评级调整对企业资本结构有着显著影响。具体而言，当信用评级下调时，企业杠杆率将降低，信用评级下调的企业资本结构的调整速度会提高5%，且相比于原来的增速提高25%。另外，在区分管理层主动与被动降杠杆的机制下，信用评级调整影响资本结构的机制主要是信用评级下调增大了企业的融资约束，降低了企业的外部负债融资比例，从而导致企业的杠杆率降低，表现为管理层被动地降杠杆。关于企业去杠杆方式的选择及其影响因素，周茜等（2020）研究发现，过度负债程度越高和成长性越好的企业，均会越多地选择更为“积极”的“增权”方式，而非更为“不积极”的“减债”方式去杠杆；公司治理水平越低的公司，则会越多地选择更为“不稳妥”的“其他增权”和“减短债”方式，而非更为“稳妥”的“增本+留利”与“减长债”方式去杠杆。如何处理“降杠杆”与“促创新”的关系，企业杠杆率对企业创新的影响机理，王玉泽、罗能生、刘文彬（2019）研究发现，企业杠杆率与创新投入、创新产出之间存在倒“U”型关系，对创新风险的影响则呈“U”型；一般而言，杠杆率小于43.01%时能够促进创新投入与创新产出，同时降低创新风险，但是当杠杆率超过43.01%，随着杠杆率的继续提升，创新风险增加。与短期杠杆相比，长期杠杆在控制风险的前提下能够更有效地促进创新产出；与银行借贷杠杆相比，商业信用杠杆无法有效支持企业的创新产出，同时创新风险效应显著。戴雨晴、李心合（2021）实证分析管理层权力制衡强度对资本结构调整速度的影响，并考察了债务约束视角下产权性质、成长机会对两者关系的调节作用。研究结果表明：管理层权力制衡强度对资本结构调整速度存在显著的正向影响，不同维度的管理层权力制衡强度和综合权力制衡强度对资本结构调整速度有一致的治理作用。进一步研究发现，国有企业的债务软约束弱化了管理层权力制衡强度对资本结构调整速度的促进作用；高成长性公司较强的债务约束，也使得管理层权力制衡强度对资本结构调整速度的积极影响被弱化。

### （二）政府债务杠杆相关研究

地方政府债务问题一直是社会各界的关注焦点，地方债的形成机制、经济后果、金融风险与应对措施，也是当前会计与财务管理关注度较高的研究热点议题（周世愚，2021；宋傅天、姚东旻，2021；徐军伟、毛捷、管星华，2020；张路，2020；刘蓉、李娜，2021；梅冬州、宋佳馨，2021；李建强、朱军、张淑翠，2020）。周世愚（2021）围绕现有债务治理权责框架，提炼出隐性担保和隐性金融分权作为分析视角，从表内和表外两个角度考察当前地方政府债务风险的主要特征。其中，表内债务风险特征主要体现为专项债风险隐患的集聚，表外债务风险特征主要体现为风险载体的多元化和风险来源的分散化。宋傅天、姚东旻（2021）探讨了“城投部门”的自身激励、自发行为，以及其在债务扩张过程中发挥的特殊作用。在国资增值的规模导向、隐性担保导致债务成本低等制度背景之下，“城投部门”存在过量举债的自发倾向。并且由于其在城市建设及土地出让过程中发挥了重要作用，在债务扩张问题中，“城投部门”对于面临救助压力、债务风险的地方政府能够产生议价能力。徐军伟、毛捷、管星华（2020）在重新界定融资平台公司和城投债的基础上，发现城投债融资平台公司存在资产与风险存在不对称性这一重要事实，其根源是地方政府对融资平台公司的资产延伸和风险联保。金融势能是融资平台公司大力举债的微观动力机制，也是导致地方政府隐性债务持续增长的市场驱动因素。为有效防范化解地方政府隐性债务风险，应采取有针对性的政策措施抑制地方政府对融资平台公司的资产延伸和风险联保，消除融资平台公司不合理的金融势能。张路（2020）针对地方政府在“城投债”发行前后对融资平台的多种（显性）“财务支持”行为进行研究后发现，在提供“隐性担保”之外，中国地方政府还会采取更加“主动”的措施来通过融资平台扩张债务。在融资平台首次发行债券前，地方政府会显著增加对融资平台的注资（增资），以达到快速扩大其规模的目的；融资平台获得的土地资产规模显著增加，其中，可能包括地方政府的土地注入；地方政府会增加政府补贴数量，帮助融资平台达到债券发行的“门槛”要求；部分“财务支持”行为有助于“城投债”获得更高的外部信用评级，但对其发行利差没有显著影响。刘蓉、李娜（2021）从地方债务的新增和存量两个视角研究了地方债务密集度（地方新增债务增量对产出增量的比值）攀升的内在逻辑，剖析其对经济增长的影响机制和经济效应。研究发现：地方债务密集度攀升是地方新增债务拉动产出的传导路径受到不断累积叠加的地方债务存量的负向调节。地方债务存量每增加 1 个单位，地方新增债务的拉动作用将下降 0.007 个单位。地方新增债务通过公共投资和流动性渠道对短期经济增长产生乘数效应和第一重挤出效应；地方存量债务通过流动性渠道对短期经济增长产生第二重挤出效应，而且其还本付息压力会削弱地方新增债务的乘数效应并加重第一重挤出效应。梅冬州、宋佳馨（2021）研究发现，国内的去杠杆冲击与外部冲击都会引起资本流出。这一方面会带来国内融资成本的上升；另一方面会影响金融中介的资产负债表，造成金融中介存贷溢价的上升，并通过金融加速器效应进一步放大，导致企业投资和国内产出剧烈下滑，造成整体经济宏观杠杆率的上升。并且金融业开放水平越高，引起的经济衰退程度越大，宏观杠杆率上升越多。李建强、朱军、张淑翠（2020）在 G-K 框架中引入内生财政压力和财政整顿规则，揭示我国财政刺激背后金融高杠杆的逻辑，并通过“反事实”方法模拟不同财政整顿方案的经济效果。研究发现：（1）政府债务过度膨胀并非孤立和偶然的现象，其背后是“肆意扩张型财政政策”造成的广义信贷过度扩张。（2）设定债务规则和债务上限，明示政府对债务的容忍度，能够降低外部冲击造成金融环境突然收紧的流动性风险，也可以增强经济韧性。（3）债务置换可以缓解政府的短期流动性风险，但其不是财政整顿的归宿，只能是权宜之计。财政紧缩固然可以建立财政缓冲机制、腾挪财政空间，但却以牺牲社会福利为代价。（4）除政府主导财政整顿之外，建立与完善打破刚性兑付的市场化机制也必不可少。

### （三）财务风险防控相关研究

财务金融风险的防范与管控，也是近年来会计与财务管理研究领域的热点议题（李苍舒、沈艳，2019；宫晓莉、熊熊、张维，2020；王艳艳、王成龙、于李胜、郑天宇，2020；吴德胜、曹渊、汤灿、郝希阳，2021；周世愚，2021；李健、张金林，2019；谢富胜、匡晓璐，2020）。李苍舒、沈艳（2019）研究了数字经济时代下新金融业态风险的识别、测度及防控。研究发现，出险前网贷平台普遍面临较大的资金流压力，而规模较大、利率异常的平台出险会加大网贷系统风险；网贷行业出险对银行业系统性金融风险、金融不确定性存在溢出效应，而舆情不是网贷平台出险的决定因素。研究表明，应重视新业态风险对正规金融市场系统性风险和金融不确定性的溢出效应。宫晓莉、熊熊、张维（2020）研究了我国金融机构系统性风险度量与外溢效应，结果显示：股份制商业银行在金融风险传染中的影响力要大于国有商业银行，大型国有商业银行在系统性风险上升时期反而会起到稳定器的作用。我国银行业和非银行业与整体金融系统的违约风险相关性较高，非银行机构对其他金融机构的风险溢出效应强于银行业，系统性风险具有明显的周期性。对系统性风险驱动因素进行分析发现，通货膨胀水平和债务杠杆水平会明显地助长系统性风险的外溢。银行同业拆借成本和金融机构盈利能力负作用于系统性风险外溢指标。金融机构间信息溢出网络紧密度增加会推高整体系统性风险水平。谢富胜、匡晓璐（2020）研究发现，我国制造业企业扩大金融活动显著抑制了企业经营利润率，但对总体利润率的抑制作用尚不明显。这一抑制效应随着企业利润率的提高而减弱、下降而增强，表明金融活动与企业利润率之间存在两种动态平衡机制：当利润率较低时，扩大金融活动将进一步抑制利润率，形成恶性循环；反之则能促进利润率，形成良性循环。

银行延付高管薪酬是国际金融稳定委员会致力于风险防范的一项重大薪酬激励改革。王艳艳、王成龙、于李胜、郑天宇（2020）研究了此项改革是否有助于遏制影子银行的扩张。研究发现：延付薪酬的实施产生了事与愿违的后果，潜藏巨大风险的影子银行非但没有受到限制，反而愈发增长。延付薪酬以后，虽然表内来看银行减少了高风险的房地产贷款，从而使得基于表内信息的风险评价指标得到改善，却通过影子银行的方式将此部分高风险贷款转移至表外以规避监管。防范化解重大风险，守住不发生系统性金融风险的底线是我国经济工作的重心之一。吴德胜、曹渊、汤灿、郝希阳（2021）针对部门债务，从债务口径、债务结构和偿付风险 3 个层次深入研究了实体经济债务风险的关键问题，发现非金融企业债务在实体经济债务中具有极高的系统重要性，非金融企业部门内的债务间存在较强关联性，是潜在的区域系统性风险源。我国当前的宏观债务问题存在国情特殊性，应尽快建立符合中国国情的债务风险和压力分析评估体系，为防范金融风险提供分类施策工具。周世愚（2021）主张以债务风险评估预警的深化为基础，针对表内和表外不同的债务风险特征，差异化地进行制度设计和政策安排，促进地方债务权责框架的完善，切断地方举债行为转化为财政金融冲击的可能渠道，提出了地方政府债务风险的防范化解路径。李健、张金林（2019）研究供应链金融的信用风险识别及预警模型发现，信息不对称会导致融资企业信用风险的产生。供应链具有链上传导作用，使企业信用风险更容易传递到整条供应链，从而冲击宏观经济。借助供应链金融的信用风险引发机制，深入探究影响融资企业发生信用风险的关键因素，可以构建行之有效的 PSO-SVM 供应链金融预警模型，以降低信用风险发生的概率。

企业（尤其是中小企业、民营企业）融资难、融资贵是我国金融市场的普遍现象，近年来也是会计与财务管理领域的传统议题（申广军、姚洋、钟宁桦，2020；赵宇亮，2020；周泽将、罗进辉、李雪，2019；张启望、黄速建，2019）。申广军、姚洋、钟宁桦（2020）研究民营企业融资难与我国劳动力市场的结构性问题发现，国有企业的融资成本低于民营企业，因而使用更加资本密集的生产方式；根据“资本技能互补”假说，国有企业也需要更多的高技能劳动。民营企业与此相反。民营企业主导着劳动力市场，压低了对高技能劳动的需求，而扩张了对低技能劳动的需求，从而导致“中小企业招工难”与“大学生就业难”并存。实证分析表明，融资约束通过企业投资影响其高技能工人比重；反事实分析表明，如果民营企业的融资成本能降低到国有企业的水平，市场将需求更多的高技能劳动和更少的低技能劳动，从而同时缓解“中小企业招工难”和“大学生就业难”的问题。信息不对称使得企业融资困难，融资成本不断上升。赵宇亮（2020）研究发现，年报净语调会增加企业的债权融资规模，降低企业融资成本。非国有企业、公司规模较大且所处金融环境良好地区的企业，年报净语调会显著增加企业的债权融资。年报净语调通过影响分析师跟踪和企业内部控制质量，进而增加企业债权融资。以上结论证明，年报净语调是缓解企业融资压力的一个重要方式。周泽将、罗进辉、李雪（2019）考察企业身份认同问题是否以及如何影响民营企业的风险承担水平发现，由于企业合法身份认同不足问题容易引致企业产权和个人财富面临潜在的法律安全风险，身份认同问题显著降低了民营企业的风险承担水平，而且这一负向影响关系在《国有资产法》颁布之后显著减弱。进一步的分析发现，身份认同问题促进了以慈善捐赠活动衡量的民营企业非生产性活动。此外，具有严重身份认同问题的国有转制型民营企业市场价值更低。张启望、黄速建（2019）研究发现，企业为降低融资成本、缓解融资约束而保有的资金无法用于经营活动，限制了资产流动性，但相同融资约束强度对资产流动性的限制程度，由企业隐性软实力的强弱决定。同时，企业隐性软实力可以维持股东与管理者利益的稳定，降低货币资金被股东和管理者用来获取私人收益而造成的流动性限制。研究结论为流动性受限企业解决资产流动性限制问题提供了一个新的策略维度。

## 三　会计信息披露专题

### （一）会计信息披露指标研究

如何克服财务会计信息指标的缺陷与不足，科学有效衡量上市公司财务状况质量，逐渐成为近年来会计与财务管理领域的研究议题（张新民、钱爱民、陈德球，2019；王竹泉、王苑琢、王舒慧，2019；王竹泉、宋晓缤、王苑琢，2020；孙文章，2021）。可读性是理论界评判会计文本信息质量的重要标尺，而从公司治理的视角探究如何提高年度报告的可读性，则是现阶段国际学术界关注的前沿问题。孙文章（2021）紧密结合可读性“本体说”理论有关会计背景的最新论断开展后续深入研究，发现有会计背景的董秘有助于信息发布者披露更可读的年度报告。该文还发现，信息发布者对可读性的贡献不仅可以提升自身薪酬水平，降低离职的可能性，而且还可以有效减弱信息不对称程度，最终提高公司价值。

来源于美国的传统上市公司财务状况质量评价方法，没有也不可能考虑中国情境下的上市公司在制度背景、经营环境以及管理特征等诸多方面存在的差异性，其会计信息已经表现出越来越差的适用性，并在相当程度上误导了人们在整体上对上市公司财务状况质量的评价与判断。如何科学有效衡量上市公司财务状况质量，张新民、钱爱民、陈德球（2019）鉴于此构建了基于中国情境的上市公司财务状况质量分析的理论框架和评价体系，以“股权结构、经营战略选择、战略实施后果、管理质量”为分析路径，从资本结构质量、资产质量、利润质量和现金流量质量 4 个维度，解读上市公司的资本引入战略、资源配置战略、战略实施效果和战略支撑能力，透视公司的管理质量和治理效率，为评价上市公司质量提供更为有效的分析工具。由于传统财务分析体系存在的资金（资本）与资产概念相混淆、营业性负债与金融性负债不加区分以及经济活动分类不当等理论缺陷，导致传统财务分析体系提供的资金效率与财务风险信息被严重扭曲，资金效率被严重低估，财务风险则被严重高估。王竹泉、王苑琢、王舒慧（2019）研究发现，传统财务分析体系使资金效率被低估 30% 以上，而财务风险则被高估 40% 以上，让本来处于转型升级艰难时期的实体经济“雪上加霜”。严重的信息扭曲导致资本市场上实体经济被极度唱衰、投资价值被严重低估，从而误导趋利避险的金融资本远离“低回报”“高风险”的实体经济。宏观层面短期风险指标的缺位和微观层面短期风险指标的落后，阻碍了对实体经济短期金融风险的客观评价与理性研判，严重影响了我国结构性去杠杆的精准定位和及时应对。王竹泉、宋晓缤、王苑琢（2020）在对传统短期财务风险分析指标缺陷分析的基础上，重构了存量流量兼顾的短期财务风险综合评估体系，研究发现我国实体经济上市公司短期财务风险较低且呈下降趋势，更多公司风险向低位集聚，但短期偿债能力主要依靠存量保障，即需以降低流动性为代价，保障质量有待提高；传统短期财务风险分析指标不仅高估了实体经济短期金融风险，而且弱化了风险的动态波动性，降低了其对短期金融风险的敏感性。

### （二）信息披露影响及经济后果研究

信息披露对决策主体行为的影响及经济后果，也是 2019—2021 年会计与财务研究领域的热点议题（方红星、楚有为，2019；杨广青、杜亚飞、刘韵哲，2020；马梦迪、王玉涛、王菊仙，2020；杨志强、唐松、李增泉，2020；薛健、汝毅，2020；王嘉鑫、汪芸倩、张龙平，2020；程小可、孙乾，2020；彭情、唐雪松，2019）。关于信息披露制度对资本市场定价效率的影响，有研究表明自愿信息披露能够提高资本市场定价效率，且自愿信息披露与强制信息披露对资本市场定价效率作用效果存在差异。方红星、楚有为（2019）用股价同步性来表征资本市场定价效率研究发现，在两种披露制度并存期间，自愿披露内部控制审计报告有助于公司特质信息融入股票价格，从而提升资本市场定价效率；强制披露内部控制审计报告并没有增加股价所反映的特质信息。为研究环境信息披露的“含金量”，杨广青、杜亚飞、刘韵哲（2020）通过将环境信息分为“财务类环境信息”和“非财务类环境信息”两类，分析其披露倾向，并讨论媒体关注对上述披露行为的治理作用。研究发现：企业在经营绩效不佳时提升了环境信息披露水平，媒体关注对此起到正向调节作用。值得注意的是，企业原本倾向于披露非财务类环境信息，但在媒体关注的治理作用下，企业更侧重于披露财务类环境信息。相比于非国有企业，国有企业更乐于在经营不善时披露环境信息，特别是非财务类环境信息；媒体关注能强化非国有企业经营不善时披露环境信息的动机，促使其增加财务类环境信息的披露，而对国有企业不存在显著影响。杨志强、唐松、李增泉（2020）研究了客户公司信息披露对供应商生产行为的影响，以及资本市场公共信息环境和私有信息沟通的调节效应。研究发现：客户信息披露质量越高，供应商与其供需波动偏离度的长鞭效应越低，表明客户信息披露具有明显的治理效应；所在行业证券化率越大，或者上下游存在战略采购协议时，客户公司信息披露的治理效应弱化，说明行业层面信息搜寻或交易双方关系型缔结提供了替代性的信息渠道；进一步研究发现，客户采购比例越大，其信息披露的治理效应越强，同行信息搜寻与私有信息沟通的替代效应越弱。上市公司违规处罚这一负面信息披露到底对投资者产生了正向影响还是负向影响？马梦迪、王玉涛、王菊仙（2020）研究发现，当分析师对公司未来一年盈余预测准确度较高和公司未来经营业绩较好（信息决策假说）的情况下，证券分析师对违规处罚公司会出具乐观预测，此时披露负面信息对投资者反而产生正向影响。中国资本市场中的指定信息披露媒体制度存续已久。近年来，有关该制度存在合理性的争论以及变革的呼声不绝于耳。薛健、汝毅（2020）探讨了媒体与上市公司之间的信息披露业务关系对新闻报道质量的影响。发现信息披露业务关系会影响媒体独立性、进而损害新闻报道质量。具体而言，与非关联的情形相比，指定信息披露媒体会发布更多关联公司的新闻报道，这些报道内容更加详尽、情感上更加正面、信息含量更低；当公司承受负增长业绩压力时，关联媒体更倾向于保持沉默，但一旦报道，其内容的乐观程度更高。公司信息环境越差或者双方业务关系越紧密，关联媒体的报道内容也越乐观。

### （三）信息披露影响因素相关研究

信息披露的影响因素、信息披露科学性与有效性，长期以来都是会计与财务研究领域的热点议题（李晓溪、饶品贵、岳衡，2019；王嘉鑫、汪芸倩、张龙平，2020；程小可、孙乾，2020；彭情、唐雪松，2019）。作为政府监管理念转变的重要举措，年报问询函制度的监管效果受到政策制定者和学术界的广泛关注。李晓溪、饶品贵、岳衡（2019）基于业绩预告这一重要的前瞻性信息研究年报问询函的经济后果，研究的主要发现是：相比未被问询公司，被问询公司收到年报问询函后业绩预告积极性提高，预测精确度增加，且预告文本信息质量改善；当问询函越为严重、回函越为详细时，上述效果越为明显。当法律风险较高或外部监督较强时，年报问询函的作用更为明显。2013 年央行全面放开利率管制，王嘉鑫、汪芸倩、张龙平（2020）研究了利率管制松绑对企业财务信息披露的影响。研究发现：央行全面放开利率管制不仅有助于促进企业披露高质量的会计信息，还能够缓解企业的融资约束，且企业信息披露质量的提升是导致利率管制松绑降低融资约束的重要渠道。对于市场化程度较低地区、R&D 投入较高以及短期贷款占比较大的公司，上述信息溢出效应更加显著；另外，利率管制松绑后企业披露高质量的会计信息能够增进投资者的信任，提高信息披露的价值相关性。董秘任职期限是否对信息披露质量产生影响？程小可、孙乾（2020）研究发现：董秘在其任职初期显著提升了所在公司信息披露质量；董秘在其离职前期对所在公司信息披露质量并无显著影响；董秘预期任期对所在公司信息披露质量同样具有显著的正向影响。进一步检验结果表明，当董秘个人声誉较高时，董秘任职初期、离职前期以及预期任期对于所在公司信息披露质量的影响更为显著。此外，董秘任期能够进一步影响企业债务融资成本与权益资本成本。随着新的媒体形式不断发展，股市传闻问题日益凸显。现有文献指出了传闻的危害性，却较少探讨传闻产生危害的内在逻辑。彭情、唐雪松（2019）研究发现，传闻显著降低了会计盈余的价值相关性；相比于正面传闻，负面传闻的影响更明显；并且传闻对信息披露质量低或者机构投资者持股比例低的公司影响更大。传闻扰乱了资本市场信息环境，不利于资源的有效配置；由于负向偏差效应的存在，负面传闻更容易获得投资者的关注和信任，因而对市场的危害更大；信息披露质量高的公司，其会计信息受到投资者的重视程度较高，故而受传闻的影响较小；相比于散户投资者，机构投资者在有限注意力方面受到的制约较轻，因此机构投资者持股比例高的公司受传闻的影响较小。

## 四　会计监管专题

### （一）盈余管理现象及特征相关研究

盈余管理是财务管理研究的核心议题之一，是否存在盈余管理以及盈余管理的表现与特征，是当前会计与财务管理研究的热点议题（谢德仁、张新一、崔宸瑜，2019；甄红线、王玺、史永东，2021；潘星宇、沈艺峰，2021）。在我国上市公司业绩型股权激励实践中，公司是否对经常性与非经常性损益进行分类操纵？谢德仁等（2019）发现，股权激励“踩线”

达标公司通过将经常性费用藏匿于营业外支出（尤其是识别难度更大的其他营业外支出）的方式对经常性与非经常性损益进行了分类操纵。具体来看，近 20% 的观测公司在待权期内年度业绩考核时“踩线”达到行权业绩条件标准；而这些“踩线”达标公司的异常扣除非经常性损益后的净利润与营业外支出正相关性更强；当审计师专业能力较弱或独立性更低时，抑或管理层现金报酬更低时，分类操纵行为更为明显。公司更可能在首个业绩考核年度中使用损益分类操纵，而在后续的业绩考核年度中进行真实盈余管理，这意味着管理层在股权激励多期考核情境下对 3 种盈余管理方式的成本收益做出了综合考量。甄红线、王玺、史永东（2021）研究了上市公司实际报告业绩在股权激励计划预定的业绩目标处聚集的现象。研究发现，实施股权激励计划的上市公司存在明显的业绩条件“踩线”达标现象，即实际报告业绩刚刚达到股权激励方案要求的业绩条件，并且基于目标棘轮效应和管理者参考点偏好效应两方面对其产生的原因进行了分析。潘星宇、沈艺峰（2021）探讨了上市公司在股权激励计划实施期间及计划实施完成后的业绩表现，发现公司业绩在激励计划实施期间表现优异，但是之后，业绩出现大幅度下滑。在股权激励计划实施期间，并没有找到公司使用四种传统盈余管理方法——对应计利润、销售额、生产成本与酌情费用操纵的证据。深入研究后发现，在股权激励计划实施期间，公司高管会通过频繁的并购活动来操纵公司当期利润，然而股权激励计划实施完成后，高管不再专注于并购活动对公司当期利润的影响。

**（二）盈余管理影响因素及监管效率效果研究**

导致盈余管理的动机及其内外部影响因素，以及政府监管其效率或效果，是当前会计与财务管理研究的另一热点议题（柳光强、王迪，2021；陈骏、徐捍军，2019；陈运森、邓祎璐、李哲，2019；古朴、翟士运，2020；张新民、陈德球，2020；杜勇、孙帆、邓旭，2021；陈汉文、廖方楠、韩洪灵，2019；石昕、陈文瑞、刘峰，2021；何慧华、方军雄，2021）。关于政府会计监督对上市公司盈余管理的影响，柳光强、王迪（2021）基于财政部会计信息质量随机检查制度“双随机、一公开”的准自然试验，发现财政部会计信息质量随机检查对上市公司应计盈余管理与真实盈余管理均有显著缓解作用；对于检查公告中披露具体数据的公司和整改态度积极的公司，其盈余管理程度改善更多。陈骏、徐捍军（2019）从微观层面实证研究了企业寻租对盈余管理的影响逻辑。研究发现，寻租企业有动机操纵会计信息，降低财务报告质量，增加企业的信息不对称程度；同时，企业的盈余管理行为也表现出非对称性，为降低政治成本，寻租企业更可能进行向下的盈余管理，以隐藏其寻租行为。进一步的研究发现，中央反腐政策显著弱化了高寻租企业的盈余管理，改善了财务报告质量。与以往研究主要集中于证监会监管不同，陈运森、邓祎璐、李哲（2019）研究发现，公司收到问询函监管后盈余管理行为得到抑制，且针对前一年年报或当年季报 / 半年报的收函总数越多或同一财务报告被问询次数越多，则当年的盈余管理降低幅度越大，同时问询函细分特征及问题分类也会显著影响盈余管理程度的降低；交易所通过问询函监管促进了资本市场健康发展，监管机构应加强以问询函为代表的一线监管，突出交易所作为一线监管的主体，证明了证券交易所一线监管的有效性。关于证券交易所问询监管对会计稳健性的影响，石昕、陈文瑞、刘峰（2021）发现，证券交易所问询监管显著提升了被问询公司会计稳健性，并且被问询公司面临的问询力度越大，其会计稳健性越高；公司融资约束和风险增加是问询监管制度影响会计稳健性的主要渠道。问询监管对会计稳健性的提高作用，在非国有企业以及投资者关注度高的公司中更强。

2014 年，证监会设立中证中小投资者服务中心，这是中国资本市场保护中小投资者合法权益的重要制度创新。何慧华、方军雄（2021）研究了投服中心设立对公司会计信息披露的监管治理效应以检验这项制度创新的投资者保护效果。研究发现，相对于非试点地区的上市公司，投服中心试点地区的上市公司在试点之后发生财务重述的可能性显著下降。该治理效应在外部治理环境较差——审计质量较低、机构投资者持股比例较低、分析师跟踪人数较少的上市公司中更显著。杜勇、孙帆、邓旭（2021）实证检验了共同机构所有权对企业盈余管理的协同治理效应和合谋舞弊效应。研究发现：共同机构所有权发挥了协同治理效应，改善了上市公司盈余信息质量。同行业势力和行业内竞争加强了机构协同效应，退出威胁和规模效应使得共同机构所有权的监督治理更加有效；具体途径探寻发现，共同机构所有权的协同和治理通过委派管理层实现。为明确独立董事联结和内部控制在治理盈余管理中的角色定位，陈汉文、廖方楠、韩洪灵（2019）研究发现：在应计盈余管理方面，独立董事联结和内部控制均能显著地发挥治理效应，且它们之间存在明显的替代关系；在真实盈余管理方面，内部控制能显著地发挥治理效应，而独立董事联结则不能对真实盈余管理产生影响，且在此场景中它们之间也不存在显著的替代关系。进一步考虑二者对应计盈余管理和真实盈余管理发挥作用的具体方式以及企业整体战略后发现，与独立董事联结相比，内部控制的治理效应总体上更全面且更稳定。古朴、翟士运（2020）探讨了监管不确定性对企业盈余质量的影响。监管不确定性较高时，企业的应计盈余管理和真实盈余管理都显著增加，盈余质量随之下降。监管不确定性较高时，企业的融资成本（主要是债务资本成本）显著上升，导致企业进行了更多的盈余管理，降低了盈余质量。此外，相较于其他企业，监管不确定性对媒体监督较弱、监管距离较远和非双重监管企业盈余质量的影响更为突出。证监会换届产生的监管政策不确定性和监管力度下降是影响企业盈余质量的主要原因。瑞幸咖啡财务造假事件给我们思考移动互联网时代企业商业模式、价值共创与治理风险提供了一个难得的案例样本。张新民、陈德球（2020）从用户数据化与资产结构盈利性、资源聚合与价值共创、产品资本双轮驱动与治理风险管控 3 个层面，通过瑞幸咖啡财务造假事件，分析移动互联网时代企业商业模式创新的内在驱动力、盈利模式以及潜在的财务风险与治理风险；透视瑞幸咖啡财务造假的内在动因，力图给现代企业在追逐竞争优势和提升企业价值实践中以更多“共创”理念上的启示，从而更好地推进实体经济与数字经济的深度融合。

### （三）资本市场监管相关研究

资本市场价格监管是会计监管的重要内容，为了遏制新股炒作，沪深交易所于 2013 年底出台了相关规定将新股上市首日申报价格限制为不超过新股发行价的 144%。我国资本市场首日价格管制抑制还是助长了新股投机，一直是我国资本市场的热点议题（宋顺林、唐斯圆，2019；魏志华、曾爱民、吴育辉、李常青，2019）。新股首日涨停板制度（首日价格管制）类似于向上熔断机制，目的是抑制投资者“炒新”。但理论上，涨停板制度可能抑制新股投机，也可能反向助长投机。宋顺林、唐斯圆（2019）以 2006—2017 年的 2109 家 IPO 公司为样本研究发现：首日价格管制导致 IPO 溢价更高；新股价值不确定性越大，首日价格管制对 IPO 溢价的影响越大；首日价格管制期间，投资者情绪对 IPO 溢价的影响更大。此外，首日价格管制还放大了新股上市后的股票换手率和股价波动率，导致新股上市后的股价短期内进一步非理性攀升。魏志华等（2019）研究发现：IPO 首日限价政策加剧了新股上市初期的炒作，它使新股表现出显著更高的实际首日收益率、连续涨停次数以及实际换手率；IPO 首日限价政策也助推了次新股炒作，它显著增加了新股上市后的股价波动率、换手率以及股票定价，导致次新股股价长期居高不下，进而削弱了新股实际首日收益率与未来市场表现之间的负相关关系。更进一步，在 IPO 首日限价政策实施后，具有炒作概念的新股其炒作现象反而更严重；2014 年推出的 IPO 发行定价管制与 IPO 首日限价政策产生了政策叠加效应，强化了后者的负面影响；此外，IPO 首日限价政策还显著增加了新股上市后的股价同步性。综合来看，IPO 首日限价政策的实施效果事与愿违，它不仅未能抑制新股炒作，反而对投资者“炒新”产生了“刺激效应”，不利于新股价格发现，并降低股票市场定价效率。

## 五　企业并购重组专题

### （一）并购模式策略及其经济后果相关研究

跨国并购模式、策略及其经济后果一直是并购重组领域的热门专题（谢洪明、章俨、刘洋、程聪，2019；魏江、王丁、刘洋，2020；陈小梅、吴小节、汪秀琼、蓝海林，2021；窦炜等，2019）。

新兴经济体企业如何从连续跨国并购中获益？谢洪明、章俨、刘洋、程聪（2019）基于均胜集团的纵向案例分析发现：缺乏资源的新兴经济体企业在连续跨国并购过程中会经历“双向资源结构化—纵向资源结构化—横向 + 纵向资源结构化循环”的演进过程；新兴经济体企业连续跨国并购过程中随着资源的积累，重组策略逐渐从稳定式重组过渡到丰富化重组最后转变为开拓式重组；新兴经济体企业连续跨国并购创造价值的方式主要依托于环境撬动、业务撬动和平台撬动3种资源撬动方式。新兴经济体企业在跨国并购中如何根据不同类型来源国劣势来做出合法化战略选择？魏江、王丁、刘洋（2020）通过对吉利和万向六次跨国并购的多案例分析发现，对于产品维的来源国劣势，新兴经济体企业倾向于通过组织制度设计、资源协同和声誉重构等合法性修复战略进行应对。对于制度维的来源国劣势，新兴经济体企业倾向于采用制度遵从、组织制度设计、资源协同等合法性获取战略来应对。当面临产品维和制度维双重劣势时，新兴经济体企业综合运用制度遵从、组织制度设计、资源协同、声誉重构等合法性获取和合法性修复战略，重点强调沟通协调这一合法性维持战略来应对。陈小梅、吴小节、汪秀琼、蓝海林（2021）基于中国企业逆向跨国并购的25篇初始案例研究，系统地分析了“制度—资源”二元交互驱动的战略决策情境与中国企业逆向并购整合过程的匹配关系，构建了一个整合的C-B-D（Context-Behavior-Decision）分析框架。研究发现，中国企业逆向并购整合模式有4种，分别是“无为而治”型、“轻触”型、“支持性合作伙伴”型和“重触”型。不同利益相关者通过四类不同的组织身份管理、资源整合、社会网络、制度/文化应对机制决定了不同的并购整合模式选择。窦炜等（2019）实证检验了并购重组交易中业绩承诺的可靠性，以及不同交易对价支付方式对业绩承诺可靠性的影响。结果发现：相比于现金支付方式，以股权形式支付交易对价的上市公司不仅获得了更多市场支持、更高的会计利润和经营业绩，而且业绩承诺可靠性也更高。

### （二）企业并购影响因素相关研究

企业混合所有制改革以及企业并购的影响因素一直是会计与财务管理研究的重点选题（沈红波、张金清、张广婷，2019；宋贺、段军山，2019；陈林、万攀兵、许莹盈，2019；徐莉萍、关月琴、辛宇，2021；逯东、黄丹、杨丹，2019；彭聪、申宇、张宗益，2020；李善民、杨继彬、钟君煜，2019）。

国企混合所有制改革的关键在于引入非公有制经济的同时，进行治理结构以及人才机制和管理体制的变革，完善现代企业制度，从而提高国企的资产效率。沈红波、张金清、张广婷（2019）从研究云南白药的混合所有制改革历程入手，探究国企混合所有制改革中为何要混改、和谁混改、是否转让控制权、如何定价、改革后的绩效等核心问题。云南白药的混改结果是云南省国资委和民企新华都共同控制上市公司，云南白药变更为无实际控制人，不再保留国有企业的级别和待遇，其经营活动无需政府行政审批，可建立更市场化的决策和治理机制，公司的管理效率得到了较大的提高，最终实现政府、社会资本和管理层三方利益统一。财务顾问能否有效提升企业并购绩效？宋贺、段军山（2019）研究结果表明：财务顾问与并购方之间存在利益冲突，聘请财务顾问将降低并购方并购绩效。得益于关系型财务顾问的“关系租金”和高声誉财务顾问的“声誉鉴证”功能，该类型财务顾问可以缓解其与并购方的利益冲突，发挥专业服务功能，进而提升并购绩效。陈林、万攀兵、许莹盈（2019）检验了混合所有制企业的终极控制权性质及控制地位突变对创新的动态影响。结果表明：对于全体混合所有制企业，国有资本的终极控制权在平均意义上对企业创新不具有显著影响。一旦区分企业规模，国有资本的终极控制权更有利于推动大型企业创新。对于规模小的混合所有制企业，非国有资本取得终极控制权反而更有利于创新。对于国有控股的混合所有制企业，国有资本终极控制地位的强化并不能进一步激励企业的创新行为。徐莉萍、关月琴、辛宇（2021）考察控股股东股权质押对并购业绩承诺的影响研究发现，在控股股东股权质押期（或者控股股东股权质押比例较高时），上市公司签订并购业绩承诺的可能性更大、签订的业绩承诺额更高、承诺期更长。业绩承诺能够提升股票价格、支撑并购溢价，起到市值管理的作用；股价下跌的上市公司利用业绩承诺进行市值管理的动机更强。控股股东股权质押期间签订业绩承诺后，会在业绩承诺期通过正向盈余管理努力实现业绩承诺，以避免股价下跌。然而，控股股东质押期利用业绩承诺进行市值管理未能实现“价值创造”目标。逯东、黄丹、杨丹（2019）考察了非实际控制人的董事会权力对国有企业并购效率的影响。研究发现，当非实际控制人具有董事会权力时，国有企业的并购活动“做得更少但做得更好”，即发起并购的可能性较低但所选项目的并购绩效较高，呈现出较高的并购效率。进一步研究表明，当非实际控制人为国有性质或者国有企业实际控制人为地方政府时，非实际控制人董事会权力的治理效应会更加显著；且具有董事会权力的非实际控制人主要是通过减少无效并购（源头控制）和提高并购整合能力（过程控制）这两条路径来为国有企业并购效率的提升提供保障的。彭聪、申宇、张宗益（2020）从高管校友圈这一社会资本入手研究上市公司发起并完成的并购交易。研究发现，高管校友圈显著降低了市场分割对资源流动的阻碍作用，校友关系网络越强的企业，参与跨省、跨市并购的概率越高，并且这种效应在市场分割程度严重的地区更为明显。李善民、杨继彬、钟君煜（2019）以风险投资支持的A股上市公司的异地并购事件为研究对象，考察了风险投资的咨询功能。研究发现，当主并公司具有来自目标公司所在地的异地风投股东时，这类企业异地并购绩效更好，且这种作用在主并公司为民营企业的情况下更明显，证明了风险投资具有咨询功能。研究还发现，当异地风投为国有背景、经验更为丰富、持股比例较低、为独立风投时，这种咨询功能作用更明显。

## 六 企业财务绩效专题

关于企业绩效的影响因素及其作用机制，是近年来会计与财务管理研究的热点议题（肖土盛、孙瑞琦，2021；袁靖波、周志民、周南、周晨，2019；仲理峰、孟杰、高蕾，2019；肖延高、冉华庆、童文锋、康凯悦，2021；王雅琦、卢冰、洪圣杰，2021；杨胜刚、李海彤、成程，2021；宋林、张丹、谢伟，2019；张国清、陈晓艳、肖华，2020；魏志华、朱彩云，2019；巩娜，2021；余传鹏、林春培、张振刚、叶宝升，2020；邓新明、郭雅楠，

2020）。

## （一）企业绩效的影响因素及其作用机制相关研究

关于企业竞争行动与销售绩效之间的关系，袁靖波、周志民、周南、周晨（2019）研究发现，企业竞争行动密集性、异质性与销售绩效正相关，企业竞争行动简单性与销售绩效负相关；市场竞争（包括组内竞争与组间竞争）对企业竞争行动密集性、异质性与销售绩效之间的关系存在负向调节，对企业竞争行动简单性与销售绩效之间关系存在正向调节。仲理峰、孟杰、高蕾（2019）研究道德领导对员工创新绩效的影响及其传导机制后发现，道德领导对员工创新绩效和社会交换有正向影响作用，社会交换在道德领导与员工创新绩效之间起中介作用。而权力距离取向不仅调节了社会交换与员工创新绩效之间的关系，还进一步调节了社会交换在道德领导与员工创新绩效之间关系中的中介效应，即员工的权力距离取向水平越高，道德领导通过社会交换对员工创新绩效的间接影响作用越强。肖土盛、孙瑞琦（2021）研究发现，母公司进行国有资本投资运营公司试点将显著提升其所属上市公司的会计绩效和市场绩效。国有资本投资运营公司改革试点主要通过放权机制（降低政府干预）、监督机制（降低代理成本）和激励机制（增加外部薪酬差距）影响企业绩效。肖延高、冉华庆、童文锋、康凯悦（2021）分析不同商标组合对企业绩效的影响发现，企业的商标防卫行为和商标囤积行为对企业绩效的影响存在显著差异。代表商标防卫行为的联合型商标组合的注册申请和维持具有稳健合理性，防御型商标组合对企业绩效的影响还有待观察；而累积型商标组合对企业绩效的负向影响明显，表明商标囤积行为正当性缺乏证据支持。王雅琦、卢冰、洪圣杰（2021）从要素市场扭曲角度研究汇率变动对不同地区企业绩效的差异化影响。研究发现，对于进口企业而言，人民币升值对企业绩效提升的作用在高要素市场扭曲地区更加明显。杨胜刚、李海彤、成程（2021）考察了外汇风险对冲对企业绩效的影响效应和作用机制。研究结果表明，企业进行外汇风险对冲促进了企业绩效的提升，该作用对于海外业务收入占比高和具有外币债务的企业更为明显。外汇风险对冲有利于企业提高营运效率与商业信用融资能力，进而改善企业绩效，同时有利于降低企业绩效的波动程度，有效减轻企业承担的整体风险。宋林、张丹、谢伟（2019）研究了对外直接投资对企业绩效的影响。研究发现：对外直接投资总体上能够促进企业绩效提升，具体表现为促进了企业全要素生产率的提升和产能利用率的优化，但是对于企业盈利能力的影响并不显著；对外直接投资对企业绩效的影响存在滞后性和动态性，对全要素生产率的促进作用先增强后减弱，对产能利用率的影响存在一年的滞后，对企业盈利能力的影响在前两年为负，之后逐步转变为正。张国清、陈晓艳、肖华（2020）检验了环境治理过程和结果与企业财务绩效之间的非线性关系。结果发现：环境治理过程正向影响环境治理结果，而环境治理过程和结果两个维度都与企业财务绩效呈“U”型关系，较差的环境治理过程和结果均负向影响财务绩效，而较好的环境治理过程和结果均正向影响财务绩效，并且环境治理结果在环境治理过程和企业财务绩效之间发挥非线性中介作用。进一步检验发现，过程维度的环境治理仅通过成本效应路径影响财务绩效，而结果维度的环境治理同时通过成本效应路径和差异化效应路径影响财务绩效。

关于超额商誉对企业经营业绩的影响，魏志华、朱彩云（2019）研究发现，超额商誉确实成为企业经营负担，其对企业未来三年的经营业绩都具有显著负面影响。超额商誉削弱企业产品市场竞争能力的作用机制在于：超额商誉未能给企业带来应有的并购协同效应，对企业未来成长性产生一定的负面影响；超额商誉也耗费了企业宝贵的资源，使企业面临更严峻的融资约束问题；超额商誉还引发利益相关方，例如银行对企业经营的负面评价，提高了企业债务融资成本。巩娜（2021）分析了企业金融化对于公司绩效的影响，以及股权激励对于企业金融化负向经济后果的影响及其作用机理。研究发现:（1）企业短期金融资产对于公司绩效会产生正向影响，发挥“促进作用”，而企业长期金融资产对于公司绩效会产生负向影响，表现出“挤出效应”，而在总体上，企业金融化对于公司绩效具有负向影响;（2）股权激励的实施会促进短期金融资产的正向作用，并且会抑制企业长期金融资产对于公司绩效的负向影响，在总体上能够抑制企业金融化的负向经济后果;（3）区分企业性质的研究发现股权激励对于企业金融化的作用更多体现在民营企业当中。余传鹏、林春培、张振刚、叶宝升（2020）考察了双元管理创新（利用式管理创新和探索式管理创新）的采纳过程及其实施对企业绩效的影响。研究结果表明:（1）科学型知识搜寻主要促进探索式管理创新；市场型知识搜寻对利用式和探索式管理创新均有正向影响；供应链型知识搜寻主要促进利用式管理创新。（2）科学型知识搜寻与探索式管理创新间的关系同时受到风险性认知（负向）、匹配性认知（正向）和复杂性认知（负向）的调节效应影响；市场型知识搜寻与利用式管理创新间的关系仅受到复杂性认知的负向调节效应影响；供应链型知识搜寻与利用式管理创新间的关系同时受到风险性认知（负向）、匹配性认知（正向）和复杂性认知（正向）的调节效应影响，但其与探索式管理创新间的关系仅受到匹配性认知的负向调节效应影响。（3）利用式管理创新与企业绩效呈倒“U”型关系；探索式管理创新与企业绩效呈“U”型关系。邓新明、郭雅楠（2020）研究了多市场接触竞争格局战略选择是否影响企业与竞争对手之间的竞争强度并进而对企业绩效产生影响。研究发现：竞争经验与企业的多市场接触之间正相关，拥有更丰富竞争经验的企业更有可能进入新市场；多市场接触与企业绩效之间负相关；多市场接触是竞争经验影响企业绩效的中介机制；组织冗余会削弱竞争经验对多市场接触的促进作用；资源相似性会削弱企业多市场接触与绩效之间的负向关系，企业之间资源相似程度越高，多市场接触对绩效的不利影响会受到抑制。

### （二）企业创新方式模式与创新绩效相关研究

关于企业创新方式、模式与创新绩效的关系，也是近年来会计与财务管理研究的重点领域（杨震宁、赵红，2020；李东红、乌日汗、陈东，2020；杨俊、张玉利、韩炜、叶文平，2020）。杨震宁、赵红（2020）考察了开放式创新（广度和深度）对创新绩效的影响，以及“竞合”关系和制度环境在其中所起到的调节作用。研究结果显示：开放式创新的广度对创新绩效的影响存在倒“U”型关系；开放式创新的深度与创新绩效之间也存在倒“U”型关系；合作关系有利于企业广泛利用外部知识资源，但要防范开放式深度的过度加深，形成路径依赖，有损于创新绩效；竞争关系有损于企业有效广泛利用的外部知识来源，但有助于警醒企业不要过度加深与外部知识网络的合作；竞争关系扭曲了合作关系对开放式创新深度与创新绩效间的影响；正式制度激励企业扩大利用开放式创新的广度，但限制企业利用开放式创新的深度；非正式制度激励企业加深开放式创新深度，但是对开放式创新广度没有影响。李东红、乌日汗、陈东（2020）区分本土竞合与境外竞合，重点研究了竞合对企业创新绩效提升的影响。总体研究发现中国制造业企业的“竞合”战略有助于其提升创新绩效。具体来说，企业与本土竞争者的合作有助于其提升创新绩效，而与境外竞争者的合作对其创新绩效的提升无显著作用。企业研发强度负向调节竞合战略与企业创新绩效之间的正向关系。市场竞争对企业创新绩效有显著正向影响，但市场竞争程度高时境外竞合战略反而会降低企业创新绩效。杨俊、张玉利、韩炜、叶文平（2020）研究了新企业高管团队能否通过商业模式创新来塑造竞争优势，以及该优势是否有助于改善绩效。结果表明：基于商业模式创新的效率优势和新颖优势的形成逻辑不同导致其存在非对称性互动强化关系，这一事实诱发了高管团队异质性影响新企业通过商业模式创新来获取竞争优势的双重机制，一旦获取竞争优势，在位企业报复性竞争所诱发的竞争损失导致这一优势并不必然会改善财务绩效，甚至可能诱发利润亏损，互补性资产可能会提升这一优势改善财务绩效的可能性。

## 参考文献

[1] 宋顺林、唐斯圆:《首日价格管制与新股投机：抑制还是助长？》,《管理世界》2019年第1期。

[2] 魏志华、曾爱民、吴育辉、李常青:《IPO首日限价政策能否抑制投资者“炒新”？》,《管理世界》2019年第1期。

[3] 孔东民、刘莎莎、谭伟强:《分析师评级与投资者交易行为》,《管理世界》2019年第1期。

[4] 褚剑、秦璇、方军雄:《中国式融资融券制度安排与分析师盈利预测乐观偏差》,《管理世界》2019年第1期。

[5] 王竹泉、王苑琢、王舒慧:《中国实体经济资金效率与财务风险真实水平透析——金融服

务实体经济效率和水平不高的症结何在？》，《管理世界》2019 年第 2 期。

[6] 彭情、唐雪松：《流言招来的“是非”：股市传闻与盈余价值相关性》，《管理世界》2019 年第 3 期。

[7] 陈运森、邓祎璐、李哲：《证券交易所一线监管的有效性研究：基于财务报告问询函的证据》，《管理世界》2019 年第 3 期。

[8] 谢洪明、章俨、刘洋、程聪：《新兴经济体企业连续跨国并购中的价值创造：均胜集团的案例》，《管理世界》2019 年第 5 期。

[9] 逯东、黄丹、杨丹：《国有企业非实际控制人的董事会权力与并购效率》，《管理世界》2019 年第 6 期。

[10] 袁靖波、周志民、周南、周晨：《管制放松后的企业竞争行动、竞争对手分类与销售绩效》，《管理世界》2019 年第 6 期。

[11] 仲理峰、孟杰、高蕾：《道德领导对员工创新绩效的影响：社会交换的中介作用和权力距离取向的调节作用》，《管理世界》2019 年第 5 期。

[12] 张新民、钱爱民、陈德球：《上市公司财务状况质量：理论框架与评价体系》，《管理世界》2019 年第 7 期。

[13] 谢德仁、张新一、崔宸瑜：《经常性与非经常性损益分类操纵——来自业绩型股权激励“踩线”达标的证据》，《管理世界》2019 年第 7 期。

[14] 马黎珺、伊志宏、张澈：《廉价交谈还是言之有据？——分析师报告文本的信息含量研究》，《管理世界》2019 年第 7 期。

[15] 连立帅、朱松、陈关亭：《资本市场开放、非财务信息定价与企业投资——基于沪深港通交易制度的经验证据》，《管理世界》2019 年第 8 期。

[16] 李晓溪、饶品贵、岳衡：《年报问询函与管理层业绩预告》，《管理世界》2019 年第 8 期。

[17] 黄俊威、龚光明：《融资融券制度与公司资本结构动态调整——基于“准自然实验”的经验证据》，《管理世界》2019 年第 10 期。

[18] 赖黎、唐芸茜、夏晓兰、马永强：《董事高管责任保险降低了企业风险吗？——基于短贷长投和信贷获取的视角》，《管理世界》2019 年第 10 期。

[19] 沈红波、张金清、张广婷：《国有企业混合所有制改革中的控制权安排——基于云南白药混改的案例研究》，《管理世界》2019 年第 10 期。

[20] 陈林、万攀兵、许莹盈：《混合所有制企业的股权结构与创新行为——基于自然实验与断点回归的实证检验》，《管理世界》2019 年第 10 期。

[21] 周泽将、罗进辉、李雪：《民营企业身份认同与风险承担水平》，《管理世界》2019 年第 11 期。

[22] 张启望、黄速建:《企业隐性软实力能够改善流动性限制吗?》,《管理世界》2019年第11期。
[23] 王竹泉、谭云霞、宋晓缤:《“降杠杆”、“稳杠杆”和“加杠杆”的区域定位——传统杠杆率指标修正和基于“双重”杠杆率测度体系确立结构性杠杆率阈值》,《管理世界》2019年第12期。
[24] 李善民、杨继彬、钟君煜:《风险投资具有咨询功能吗?——异地风投在异地并购中的功能研究》,《管理世界》2019年第12期。
[25] 李苍舒、沈艳:《数字经济时代下新金融业态风险的识别、测度及防控》,《管理世界》2019年第12期。
[26] 余传鹏、林春培、张振刚、叶宝升:《专业化知识搜寻、管理创新与企业绩效:认知评价的调节作用》,《管理世界》2020年第1期。
[27] 杨威、冯璐、宋敏、李春涛:《锚定比率可以衡量股价高估吗?——基于崩盘风险视角的经验证据》,《管理世界》2020年第1期。
[28] 申广军、姚洋、钟宁桦:《民营企业融资难与我国劳动力市场的结构性问题》,《管理世界》2020年第2期。
[29] 杨震宁、赵红:《中国企业的开放式创新:制度环境、“竞合”关系与创新绩效》,《管理世界》2020年第2期。
[30] 李东红、乌日汗、陈东:《“竞合”如何影响创新绩效:中国制造业企业选择本土竞合与境外竞合的追踪研究》,《管理世界》2020年第2期。
[31] 魏江、王丁、刘洋:《来源国劣势与合法化战略——新兴经济企业跨国并购的案例研究》,《管理世界》2020年第3期。
[32] 张新民、陈德球:《移动互联网时代企业商业模式、价值共创与治理风险——基于瑞幸咖啡财务造假的案例分析》,《管理世界》2020年第5期。
[33] 彭聪、申宇、张宗益:《高管校友圈降低了市场分割程度吗?——基于异地并购的视角》,《管理世界》2020年第5期。
[34] 李建强、朱军、张淑翠:《政府债务何去何从:中国财政整顿的逻辑与出路》,《管理世界》2020年第7期。
[35] 杨俊、张玉利、韩炜、叶文平:《高管团队能通过商业模式创新塑造新企业竞争优势吗?——基于CPSED Ⅱ数据库的实证研究》,《管理世界》2020年第7期。
[36] 杨志强、唐松、李增泉:《资本市场信息披露、关系型合约与供需长鞭效应——基于供应链信息外溢的经验证据》,《管理世界》2020年第7期。
[37] 孟宪春、张屹山、张鹤、冯叶:《预算软约束、宏观杠杆率与全要素生产率》,《管理世

界》2020 年第 8 期。
[38] 宫晓莉、熊熊、张维:《我国金融机构系统性风险度量与外溢效应研究》,《管理世界》2020 年第 8 期。
[39] 周茜、许晓芳、陆正飞:《去杠杆,究竟谁更积极与稳妥?》,《管理世界》2020 年第 8 期。
[40] 底璐璐、罗勇根、江伟、陈灿:《客户年报语调具有供应链传染效应吗?——企业现金持有的视角》,《管理世界》2020 年第 8 期。
[41] 徐军伟、毛捷、管星华:《地方政府隐性债务再认识——基于融资平台公司的精准界定和金融势能的视角》,《管理世界》2020 年第 9 期。
[42] 薛健、汝毅:《信息披露业务关系与新闻报道质量》,《管理世界》2020 年第 10 期。
[43] 王竹泉、宋晓缤、王苑琢:《我国实体经济短期金融风险的评价与研判——存量与流量兼顾的短期财务风险综合评估与预警》,《管理世界》2020 年第 10 期。
[44] 邓新明、郭雅楠:《竞争经验、多市场接触与企业绩效——基于红皇后竞争视角》,《管理世界》2020 年第 11 期。
[45] 王艳艳、王成龙、于李胜、郑天宇:《银行高管薪酬延付政策能抑制影子银行扩张吗?》,《管理世界》2020 年第 12 期。
[46] 古朴、翟士运:《监管不确定性与企业盈余质量——基于证监会换届的准自然实验》,《管理世界》2020 年第 12 期。
[47] 谢富胜、匡晓璐:《制造业企业扩大金融活动能够提升利润率吗?——以中国 A 股上市制造业企业为例》,《管理世界》2020 年第 12 期。
[48] 张宗新、吴钊颖:《媒体情绪传染与分析师乐观偏差——基于机器学习文本分析方法的经验证据》,《管理世界》2021 年第 1 期。
[49] 刘蓉、李娜:《地方债务密集度攀升的乘数和双重挤出效应研究》,《管理世界》2021 年第 3 期。
[50] 吴德胜、曹渊、汤灿、郝希阳:《分类管控下的债务风险与风险传染网络研究》,《管理世界》2021 年第 4 期。
[51] 柳光强、王迪:《政府会计监督如何影响盈余管理——基于财政部会计信息质量随机检查的准自然实验》,《管理世界》2021 年第 5 期。
[52] 甄红线、王玺、史永东:《公司业绩聚集现象研究——基于中国 A 股上市公司股权激励计划的断点回归分析》,《管理世界》2021 年第 6 期。
[53] 肖延高、冉华庆、童文锋、康凯悦:《防卫还是囤积?商标组合对企业绩效的影响及启示》,《管理世界》2021 年第 10 期。

[54] 周世愚:《地方政府债务风险：理论分析与经验事实》,《管理世界》2021 年第 10 期。
[55] 陈小梅、吴小节、汪秀琼、蓝海林:《中国企业逆向跨国并购整合过程的质性元分析研究》,《管理世界》2021 年第 11 期。
[56] 宋傅天、姚东旻:《“城投部门”议价能力与地方政府债务扩张》,《管理世界》2021 年第 12 期。
[57] 何慧华、方军雄:《监管型小股东的治理效应：基于财务重述的证据》,《管理世界》2021 年第 12 期。
[58] 伊志宏、杨圣之、陈钦源:《分析师能降低股价同步性吗——基于研究报告文本分析的实证研究》,《中国工业经济》2019 年第 1 期。
[59] 吴晓晖、郭晓冬、乔政:《机构投资者抱团与股价崩盘风险》,《中国工业经济》2019 年第 2 期。
[60] 谭小芬、李源、王可心:《金融结构与非金融企业“去杠杆”》,《中国工业经济》2019 年第 2 期。
[61] 王玉泽、罗能生、刘文彬:《什么样的杠杆率有利于企业创新》,《中国工业经济》2019 年第 3 期。
[62] 宋贺、段军山:《财务顾问与企业并购绩效》,《中国工业经济》2019 年第 5 期。
[63] 魏志华、朱彩云:《超额商誉是否成为企业经营负担——基于产品市场竞争能力视角的解释》,《中国工业经济》2019 年第 11 期。
[64] 陈骏、徐捍军:《企业寻租如何影响盈余管理》,《中国工业经济》2019 年第 12 期。
[65] 王擎、孟世超:《中国企业杠杆率周期演变机制探析》,《中国工业经济》2020 年第 1 期。
[66] 沈永建、梁方志、蒋德权、王亮亮:《社会保险征缴机构转换改革、企业养老支出与企业价值》,《中国工业经济》2020 年第 2 期。
[67] 张路:《地方债务扩张的政府策略——来自融资平台“城投债”发行的证据》,《中国工业经济》2020 年第 2 期。
[68] 梁上坤、徐灿宇、王瑞华:《董事会断裂带与公司股价崩盘风险》,《中国工业经济》2020 年第 3 期。
[69] 朱孟楠、梁裕珩、吴增明:《互联网信息交互网络与股价崩盘风险：舆论监督还是非理性传染》,《中国工业经济》2020 年第 10 期。
[70] 赵璨、陈仕华、曹伟:《“互联网 +”信息披露：实质性陈述还是策略性炒作——基于股价崩盘风险的证据》,《中国工业经济》2020 年第 3 期。
[71] 谭小芬、钱佳琪:《资本市场压力与企业策略性专利行为：卖空机制的视角》,《中国工业经济》2020 年第 5 期。

［72］褚剑、胡诗阳:《利率市场化进程中的银企互动——上市公司购买银行理财产品的视角》,《中国工业经济》2020 年第 6 期。
［73］熊凌云、蒋尧明、连立帅、杨李娟:《控股股东杠杆增持与企业现金持有》,《中国工业经济》2020 年第 8 期。
［74］方先明、张若璇:《新股收益、长期表现与股票市场质量:不败新股的长期弱势现象研究》,《中国工业经济》2020 年第 12 期。
［75］徐莉萍、关月琴、辛宇:《控股股东股权质押与并购业绩承诺——基于市值管理视角的经验证据》,《中国工业经济》2021 年第 1 期。
［76］何德旭、张斌彬:《居民杠杆与企业债务风险》,《中国工业经济》2021 年第 2 期。
［77］黎文靖、严嘉怡:《谁利用了内部资本市场:企业集团化程度与现金持有》,《中国工业经济》2021 年第 6 期。
［78］杜勇、孙帆、邓旭:《共同机构所有权与企业盈余管理》,《中国工业经济》2021 年第 6 期。
［79］梅冬州、宋佳馨:《金融业开放与宏观经济去杠杆》,《中国工业经济》2021 年第 10 期。
［80］王雅琦、卢冰、洪圣杰:《汇率变动、要素市场扭曲与企业绩效》,《中国工业经济》2021 年第 12 期。
［81］方红星、楚有为:《自愿披露、强制披露与资本市场定价效率》,《经济管理》2019 年第 1 期。
［82］窦炜、Sun Hua、郝颖:《“高溢价”还是“高质量”?——我国上市公司并购重组业绩承诺可靠性研究》,《经济管理》2019 年第 2 期。
［83］赵宇:《官员晋升激励与企业负债——地级市层面的经验分析》,《经济管理》2019 年第 4 期。
［84］陈汉文、廖方楠、韩洪灵:《独立董事联结与内部控制对盈余管理的治理效应》,《经济管理》2019 年第 5 期。
［85］杨楠、洪剑峭:《分析师团队能提高盈余预测准确性吗?》,《经济管理》2019 年第 6 期。
［86］林晚发、刘颖斐:《信用评级调整与企业杠杆——基于融资约束的视角》,《经济管理》2019 年第 6 期。
［87］吴秋生、独正元:《混合所有制改革程度、政府隐性担保与国企过度负债》,《经济管理》2019 年第 8 期。
［88］李健、张金林:《供应链金融的信用风险识别及预警模型研究》,《经济管理》2019 年第 8 期。
［89］宋林、张丹、谢伟:《对外直接投资与企业绩效提升》,《经济管理》2019 年第 9 期。

[90] 杨广青、杜亚飞、刘韵哲:《企业经营绩效、媒体关注与环境信息披露》,《经济管理》2020年第3期。
[91] 王嘉鑫、汪芸倩、张龙平:《利率管制松绑、企业会计信息披露质量与融资约束》,《经济管理》2020年第4期。
[92] 夏常源、王靖懿、傅代国:《保险资金持股与股价崩盘风险——市场“稳定器”还是崩盘“加速器”?》,《经济管理》2020年第4期。
[93] 张国清、陈晓艳、肖华:《过程、结果维度的环境治理与企业财务绩效》,《经济管理》2020年第5期。
[94] 刘璐、洪剑峭、张新:《分析师的估值模型会影响评级的信息含量吗?》,《经济管理》2020年第5期。
[95] 赵宇亮:《年报净语调对企业债权融资的影响研究》,《经济管理》2020年第7期。
[96] 马梦迪、王玉涛、王菊仙:《负面信息披露与分析师乐观预测之谜:信息决策还是经济利益?》,《经济管理》2020年第9期。
[97] 程小可、孙乾:《董秘任期与信息披露质量》,《经济管理》2020年第12期。
[98] 石昕、陈文瑞、刘峰:《证券交易所问询监管与会计稳健性》,《经济管理》2021年第12期。
[99] 潘星宇、沈艺峰:《股权激励、企业并购与利润管理》,《经济管理》2021年第10期。
[100] 孙文章:《信息发布者会计背景有助于提高信息可读性吗?——基于董秘个人特征的证据》,《经济管理》2021年第9期。
[101] 肖土盛、孙瑞琦:《国有资本投资运营公司改革试点效果评估——基于企业绩效的视角》,《经济管理》2021年第8期。
[102] 戴雨晴、李心合:《管理层权力制衡强度与资本结构调整速度——基于债务约束效应视角》,《经济管理》2021年第4期。
[103] 杨胜刚、李海彤、成程:《外汇风险对冲影响企业绩效吗?》,《经济管理》2021年第4期。
[104] 巩娜:《企业金融化、股权激励与公司绩效》,《经济管理》2021年第1期。

(胡文龙,中国社会科学院工业经济研究所)

# 论文荟萃

# 工商管理·企业管理

**【我国多种所有制企业共同发展的时代内涵与“十四五”政策措施】**

中国社会科学院工业经济研究所课题组（组长：史丹，成员：肖红军、郭朝先、刘建丽）

《经济管理》2020 年第 6 期

30.2 千字

所有制结构是我国基本经济制度的核心内容，是中国特色社会主义制度的重要支柱。改革开放 40 多年来，在多种所有制经济共同发展的推动下，我国经济社会发展取得巨大进步。在当前环境和形势下，如何理解多种所有制企业共同发展，如何充分发挥各种所有制企业优势、更好地促进多种所有制企业共同发展，关乎下一步中国经济发展质量以及社会主义根本目标的最终实现。该文立足于制度分析和历史分析，在对相关理论认识进行梳理的基础上，归纳出多种所有制企业共同发展的多维判断标准，并基于时代情境和高质量发展目标反观既有判断标准的不足，阐释多种所有制企业共同发展的时代内涵。

文章指出，多种所有制企业高质量共同发展是经济高质量发展对多种所有制企业发展的新要求和新定位，是多种所有制企业共同发展的高级形态和高阶范式。“高质量共同发展”更加强调不同所有制企业的发展质量和“共同发展”的质量，体现为各类所有制企业自身实现高质量发展，以及它们之间实现高水平和高层次的协同共生、互利合作和生态共建。“高质量共同发展”意味着不同所有制企业具有更加平等的角色定位、更高质量的营商环境、更为协调的竞合关系和更可持续的发展贡献。在此基础上，分析多种所有制企业共同发展面临的现实问题和制度约束。最后，针对多种所有制企业共同发展面临的现实问题，基于经济高质量发展目标，从完善法律制度、优化营商环境、深化国有资产国有企业改革、完善要素市场化配置等方面，提出了“十四五”时期促进多种所有制企业共同发展的政策重点和措施。（闫梅）

**【全球价值链重构与跨国公司战略分化——基于全球化转向的探讨】**

史　丹　余　菁（中国社会科学院工业经济研究所）

《经济管理》2021 年第 2 期

24.6 千字

全球化转向是左右当前全球价值链重构和跨国公司战略选择的深层次因素。准确认识全球化转向的形势走向，需要跳出各种被当前全球化逆转、衰退的表象所困扰的悲观情绪，历史地、客观地考察经济全球化、跨国公司发展与国际生产体系演化的历史进程，从中发现全球化转向的未来远景，进而识别出隐藏在诸多不确定性与风险因素中的可积极作为的发展机遇。

该文首先探讨了全球化的最新变化，将其变化的主要特征概括为全球化转向，具体呈现为经济局部区域化与经济无形化的交织。在此基础上探讨置身于全球化及全球价值链变化中的跨国公司的潜在的战略选择，全球化转向需要跨国公司通过差异化的战略加以应对。最后，结合中国情境下跨国公司战略分化的实践，考察了跨国公司实施聚焦收缩战略、组合迁移战略和集成编排战略三种不同战略选择的情况，揭示在当前形势下跨国公司战略呈现出来的分化态势。研究指出，全球化转向给全球市场运行与全球价值链重构带来更多不确定性，跨国公司的全球战略失败的风险将上升，在应对全球市场环境变化的过程中，跨国公司战略分化意味着，领先者和滞后者在适应全球化转向上的绩效差距，难免进一步扩大。而一流的跨国公司有以下方面战略共同点：一是不遗余力确保对所处行业的全球价值链的掌控力；二是对前沿技术创新活动和产业发展前景有举足轻重影响的技术因素保持必要的敏感；三是重视数字化转型给企业组织方式和业务形态带来的新变革。上述战略共识值得我国企业学习借鉴。（闫梅）

**【高管团队经验、动态能力与企业战略突变：管理自主权的调节效应】**

杨　林（南京财经大学工商管理学院）　和　欣（南京大学商学院）　顾红芳（南京财经大学工商管理学院）

《管理世界》2020 年第 6 期
25.8 千字

战略突变在企业持续成长过程中的发生日益具有客观性和必然性，但现有文献大多聚焦于一般意义上的战略决策问题，而缺乏直接针对战略突变决策过程的理论和实证探讨。因此，该文基于高层梯队观和动态能力理论，选择 2012—2016 年在 A 股制造业、软件和信息技术服务业上市公司作为研究对象，通过 Wind 数据库获取上市公司完整名单，并参照《上市公司行业分类指引（2012 年修订）》筛选企业的行业分类，在剔除无关样本后总共有 3814 家企业被纳入研究样本。

研究结论：该研究从高管团队层面出发构建企业战略突变决策过程模型，引入动态能力作为中介变量来解释高管团队经验对战略突变的具体影响路径，构造了一种非均衡面板数据对模型进行实证检验，并剖析管理自主权对这一因果关系链的调节作用机理。

理论贡献：（1）基于环境动荡情境的突变视角，从组织内部层面研究了企业战略突变行为发生的动力学机制，将组织变革理论从渐进演化逻辑扩展到了间断突变式逻辑。（2）将动态能力的动力学机制引入高阶理论的研究框架，探索了动态能力在高管团队经验与企业战略突变关系之间的作用路径，揭示了这一因果关系链的机制黑箱和理论边界。（3）研究结论验证了管理团队经验构成组织动态能力的微观起源，扩展了组织动态能力的前因研究，为不确定性环境下企业动态核心能力建设提供理论依据。（颜康康）

**【信息技术驱动中国制造转型升级——美的智能制造跨越式战略变革纵向案例研究】**

肖静华　吴小龙　谢　康　吴　瑶（中山大学管理学院）

《管理世界》2021 年第 3 期
22.7 千字

通过对以往的研究回顾发现总体而言，现有研究存在两个盲点。首先，从工业化到智能化的技术范式变革，需要进行能力和体系的双跨越，企业如何利用技术范式的转变实现跨越式战略变革问题。其次，在企业跨越式战略变革的情境下，信息技术如何作用于组织学习，助力企业实现跨越的机制问题。针对上述两个理论缺口，该文从技术变革背景下信息技术作用于组织学习的视角，通过美的纵向案例研究，提出通过数字化加速和重构学习机制实现智能制造跨越式战略变革的理论模型，深化智能制造推动中国制造转型升级这一面向国家战略需求的研究。

该文的理论贡献主要体现在两方面。首先，研究提出在信息技术与管理能力不平衡的情境下中国制造企业实现智能制造跨越式战略变革的理论模型。这一研究发现推进了对企业跨越式战略变革的理解，形成了基于中国情境的理论深化。其次，该文从信息技术作用组织学习的视角，归纳出数字化加速学习和重构学习机制，前者推动能力跨越，后者推动体系跨越，共同构成中国制造企业跨越式战略变革的实现机制。揭示了跨越式战略变革的底层逻辑，形成对组织学习分析框架的情境延伸和理论拓展。（颜康康）

**【国有企业数字化战略变革：使命嵌入与模式选择——基于 3 家中央企业数字化典型实践的案例研究】**

戚聿东　杜　博（北京师范大学经济与工商管理学院）温　馨（北京师范大学政府管理学院）

《管理世界》2021 年第 11 期
31.4 千字

数字化战略变革是国有企业加快建设世界一流企业的重要战略路径，为国有企业服务国家战略、践行国家使命构筑了新的战略模式。梳理已有的文献发现，国有企业数字化变革的理论研究尚不充分，部分文献重点聚焦技术和商业范式的转变，对战略牵引关注不足，国有企业数字化变革的战略路径尚未明晰，变革模式的整合与选择存在理论缺口等问题。因此，该文基于 3 家中央企业的数字化变革实践，以案例研究的方法系统探索国家使命嵌入国有企业数字化变革的机制与路径，以及在不同使命导向下国有企业数字化变革的模式选择。

该文的理论贡献主要体现在以下 3 个方面。

第一，进一步揭示了国家使命和国有资本战略定位的新时代内涵和多元价值属性，明晰现阶段国有企业的 3 类核心功能使命，为研究国有企业分类改革及分类发展提供了可借鉴的目标逻辑与价值导向。

第二，基于典型实践识别出国有企业数字化战略变革的 5 大关键战略要素，并以 3 类功能使命为导向构建了更具包容性的国有企业数字化战略变革整合模型。最终初步构建了以“使命导向—变革模式—作用机制”为逻辑主线的国有企业数字化变革理论框架。

第三，揭示了国有企业数字化战略变革对功能使命履行的作用机制。通过解构国有企业数字化变革模式，进一步抽取出数字化变革对国有企业的敏捷强化机制、韧性强化机制和适应性强化机制，不仅对数字化变革影响组织绩效的中间机制形成理论补充，同时也进一步拓展了数字化变革与国有经济高质量发展的理论研究边界。（颜康康）

**【匹配观视角下的战略人力资源管理模式——碧桂园集团人力资源管理之道解析】**

朱　斌（武汉大学经济与管理学院）张佳良（碧桂园集团）范雪灵（南京大学商学院）
刘　军（中国人民大学商学院）

《管理学报》2020 年第 6 期
14.1 千字

“匹配”提供了实现人力资源管理成功服务于企业目标的途径，因而成为战略人力资源管理研究的一个重要观点。但对以往的研究梳理发现，现有匹配观下的人力资源管理研究仍多关注匹配本身（如类型、对象）以及匹配带来的影响，却鲜少探讨企业如何实现匹配。

因此，该文基于碧桂园的人力资源管理实践，采用扎根主义的质性分析方法，以该企业 2007—2008 年发展过程中所面临的管理难题、需要重点突破的瓶颈、人力资源管理实践举措等为分析点，以期通过对这些问题进行深入分析，来提炼出对战略人力资源管理理论发展有益的关键机制。

研究发现，人力资源的各项举措需要建立在“组织敏捷”的外部匹配关系之上。这种匹配实现的途径在于灵活变动组织管控层级、裂变孵化实体单位、革新授权模式和变动制度流程。同时人力资源管理的各项职能分工明确，在横向之间“柔性匹配”。再者人力资源管理的各项专业职能内部也需承接战略，在顺应组织管理模式调整后自我修正，并表现出“高效适配”特征，实现“纵向匹配”。最后人力资源政策和制度，适用于特定的背景、空间和人群，具有内在局限性。

理论贡献如下：（1）该文系统地归纳了不确定性外部环境下，规模型企业战略人力资源管理的匹配的主要实现途径。（2）该文的研究结论有效弥补了战略人力资源管理理论在理论构建和案例关注上的不足，从“实践界”视角对战略人力资源管理理论作出有效补充。（3）该文所发现的一些关键人力资源举措，也可以与人力资源管理的相关议题进行结合以实现新的理论突破。（颜康康）

**【中国互联网企业的成长路径、公司战略及管理策略研究】**

楼润平　李　贝　齐晓梅（海南大学管理学院）

《管理评论》2021 年第 1 期
14.1 千字

现有文献对于中国已经成长起来的互联网巨头的成长模式和规律的研究尚比较缺乏。有鉴于此，该文基于我国互联网企业的丰富实践提出成长路径模型，提出各个成长期的公司战略和管理策略选择框架模型，并运用数据和案例对上述问题进行实证研究。

该文基于我国互联网企业实践提出的成长路径模型和各个时期公司战略及管理策略框架模型，为认识我国互联网企业的成长路径和战略形成及管理策略提供了不同的视角。通过选取QQ和微信、支付宝、360手机卫士、聚美优品、当当网的用户数据，运用该文提出的成长路径模型进行实证检验，数据拟合度均超过96%，具备很强的解释力。文章的实证结果在模型建构及解释能力上有着突出的表现。同时基于框架模型对滴滴出行开展的深度案例研究，为人们全面深入认识滴滴出行的巨大成功提供了案例积累；从中提炼总结的滴滴出行管理实践启示，对创业者和企业家具有一定的参考价值。

此外，该文提出的成长路径模型、公司战略和管理策略选择框架，为学术界提供了一种理论视角，为商业实践者提供了模型参考。文中提出的成长路径模型及战略选择框架虽然基于互联网行业，但是其适用范围可以扩展到人工智能行业、分享经济行业（比如单车分享、住宿分享）以及其他行业（若以月度数据拟合则共享单车品牌摩拜和ofo的成长路径也很符合文中的模型）。（颜康康）

**【公司战略与盈余管理路径选择——兼论审计治理效应】**

闫焕民　魏珊珊　张　亮（南昌大学经济管理学院）

《管理评论》2020年第6期
10.1千字

公司战略作为全局性的长远规划，是公司经营决策的基础和起点，自然会影响公司财务决策。已有研究表明，盈余管理是公司实务中普遍存在的现象，公司战略定位会影响盈余管理程度。但在实务操作中，作为公司外部治理机制的独立审计能否发挥治理效应、审计治理效应的约束机制又是怎样的等一系列问题，基于此，该文采用2009—2015年我国上市公司作为样本，利用我国上市公司披露的签字审计师信息，系统考察公司战略定位如何影响盈余管理的路径选择，以及审计专家在这一行为过程中发挥的外部治理效应，进行深入实证分析，作出一定的理论和政策指引贡献。

研究结果表明:（1）公司战略越激进，越“偏好”应计项目盈余管理；公司战略越保守，越“偏好”真实活动盈余管理；进一步划分公司战略为进攻型、分析型和防御型三类，结论一致。（2）审计具有外部治理效应，主要表现为审计专家能够显著抑制激进战略公司的应计盈余管理行为，但对保守战略公司的真实盈余管理行为的抑制效应较弱。因此，激进战略的公司，尤其是进攻型战略的公司，更不愿聘请审计专家。（3）审计专家治理效应的发挥受到事务所类型、审计任期及公司产权性质等因素的不同程度约束。在考虑战略稳定性、内生性等问题之后，研究结论依然稳健。（颜康康）

**【名人CEO与企业战略风险承担】**

吕文栋　林　琳（对外经济贸易大学国际商

学院） 赵 杨（中央财经大学中国互联网经济研究院）

《中国软科学》2020 年第 1 期
13.7 千字

在管理学领域，有关名人效应的研究还处于兴起阶段，有限的关于名人身份经济后果的研究主要从个体层面和组织层面两个维度展开。经过文献梳理发现，有关管理层个人经历对企业风险承担影响的研究主要关注客观性、独立性、灾难型经历，鲜有文献考察主观性、互动性、甜蜜型经历的影响。因此，该文尝试从战略风险承担视角并以 2006—2013 年 CCTV、福布斯中国、第一财经频道、财富中国、华夏时报五大权威媒体评选出的各类最佳商业领袖为样本，实证检验名人 CEO 对企业战略风险承担的动态影响。

研究发现，CEO 的名人称号会持续抑制企业的战略风险承担，支持了“身份控制效应”假说。这一效应在控制内生性偏差和样本自选择偏误后依然成立。同时，进一步分析发现，“身份控制效应”仅在媒体曝光度高、CEO 自信程度低、企业绩效较好的样本组成立，从而界定了“身份控制效应”发挥作用的边界条件。

该文的研究贡献如下。第一，探讨了名人 CEO 对企业战略风险承担的影响，进一步丰富了有关名人身份经济后果的相关文献。文章首次提供了来自新兴市场的证据。第二，该文从 CEO 个人经历视角，进一步丰富了有关企业风险承担影响因素的研究。既有研究往往考察的是 CEO 的“苦难经历”，而获得名人称号则是某种形式上的“甜蜜经历”，两者的激励机理不同，对 CEO 心理和行为的影响也会存在差异。另外，名人身份是一种主观价值判断，更加容易受到利益相关方认知的影响。因此有助于从个人经历视角对风险承担影响因素的文献提供有益补充。（颜康康）

**【流通业助推制造业转型升级战略与作用机制：一个多案例研究】**

汪旭晖 陈佳琪（东北财经大学工商管理学院）

《中国软科学》2021 年第 2 期
14.4 千字

流通成为价值创造的主体，产品则演变为价值创造的载体。该研究以流通业与制造业产业融合的视角为着力点，选取福田雷沃国际重工、美的集团与郑州煤矿机械集团股份有限公司三家制造企业作为案例研究对象，以产业经济学、产业组织理论为研究基础，采用理论分析及探索性多案例相结合的研究方法，以期完善制造业转型升级相关研究的理论框架，为制造企业未来转型发展给予一定的指导与借鉴。

该文的理论贡献如下。第一，该文较为系统地归纳了流通业助推制造业转型升级战略。补充了现有的研究普遍缺乏流通业助推制造业转型升级的视角，较为独立地研究制造业如何通过互联网技术等进行转型升级，研究停留在“点”上，没有进一步关注制造业价值链升级与产业布局优化的问题。第二，该文归纳总结了流通业助推制造业转型升级战略生成机理。该文探讨了流通业助推制造业转型升级战略的影响因素，并对其间关系进行了梳理。以福田雷沃、美的与郑煤机三家制造企业为研究对象，通过对上述条件进行考量与分析，总结出流通业助推制造业转型升级战略生成机理，对制造企业管理实践提供指导。第三，该文厘清了流通业助推制造业转型升级对消费结构与品质升级的作用机制。（颜康康）

**【企业数字化战略导向、市场竞争力与组织韧性】**

胡媛媛　陈守明　仇方君（同济大学经济与管理学院）

《中国软科学》2021 年第 S1 期
12.3 千字

在新背景下，研究企业数字化转型如何影响组织应对危机变化并缓冲危机破坏效应具有重要的理论和现实意义。基于此，该文以 2010—2020 年沪深 A 股上市公司为研究样本，分析了 2020 年全球新冠肺炎疫情危机前后的企业竞争力和组织韧性，探讨了企业数字化如何影响企业竞争力，以及进一步又如何影响企业对系统性冲击（以 2020 年的新冠肺炎疫情作为一个典型例子）的抵御能力。

研究结果表明，在危机前（2010—2019 年），企业数字化战略导向与企业竞争力正相关，当环境不确定性更高时，这种正相关关系会被放大。此外，虽然结果并没有发现市场竞争力在冲击后与更短的恢复时间有关，但研究结果也确实表明，企业数字化战略导向和企业竞争力在冲击后都与受到更小的波动有关，同时企业数字化战略导向有助于企业更快地从危机中恢复。

与已有研究相比，该文研究主要贡献如下。

首先，将数字化引入组织韧性的理论研究框架，提出了数字化战略作用于组织韧性的机理，有助于进一步认识影响组织韧性的关键因素。

其次，已有文献有关企业数字化的研究大部分都是聚焦于数字化转型的驱动因素，而对数字化对企业绩效的研究相对不足，该文研究揭示了数字化转型对企业竞争力和组织韧性的影响，有助于理解企业数字化战略在危机中的决策逻辑。

最后，该研究也在实证上丰富了企业数字化和组织韧性的相关研究。（颜康康）

**【身份差异化：垂直互联网平台企业成长战略研究】**

王节祥　杨　洋　邱　毅　龚奕潼（浙江工商大学工商管理学院）

《中国工业经济》2021 年第 9 期
16.7 千字

产业数字化背景下，垂直互联网平台发展方兴未艾。综合互联网平台惯常采用的“快速做大”战略难以适用于垂直互联网平台企业发展。该文在已有研究基础上尝试引入组织身份的理论视角，围绕“垂直互联网平台企业如何构建差异化身份”这一过程机制问题，以杭州弧途科技有限公司作为研究样本，发展平台企业“身份差异化”成长模型。

研究发现：（1）在身份探索阶段，垂直互联网平台通过“意义提炼”明确平台对需方用户的独特价值属性，获得需方用户的价值认同。（2）在身份聚焦阶段，通过“意义丰富”明确平台对需方用户和供方用户的共同价值属性，获得需方用户和供方用户的价值认同。（3）在身份强化阶段，通过“意义重申”挖掘平台的底层价值属性，获得双边用户和生态合作方的价值认同，最终实现差异化身份与规模化成长的平衡。

研究的创新点如下。（1）提出平台企业“身份差异化”新成长战略。在现有平台差异化的研究基础上引入组织身份理论，提炼出平台企业“身份差异化”成长模型，即平台企业需要通过“探索市场缝隙”“聚焦独立运营”和“强化功能模块”的螺旋演进过程，来构建平台差异化身份标签，实现业务增长。（2）将组织身份理论繁衍至平台情境。该文在组织身份理论社会建构观的基础上整合组织生态观，用于解释平台情境下组织身份构建的过程机制。在该文的模型中，两大流派通过“意义互动”勾连在一起。同时深化了对内部意义涌现的认识，并发展了外部意义认同机制。（颜康康）

**【传统企业如何通过内部创业实现数字化转型？——基于资源匹配的战略演化视角】**

王　冰（重庆大学经济与工商管理学院）　毛基业（中国人民大学商学院）

《管理评论》2021年第11期
12.8千字

数字化技术正在重塑竞争格局，实施数字化转型已经成为业界共识。实践中有企业成功地通过内部创业的方式逐渐实现了数字化转型，然而现有的研究却不能够解释上述过程是如何展开和演化的。为了回答该问题，该研究采用案例研究方法，从基于资源匹配的战略演化视角，对两家成功实现数字化转型的服务型企业进行深入的调研和分析，分别为企业Alpha一家专业从事美容服务的连锁企业、企业Beta一家国有的大型出租车公司。

研究深入探讨了传统企业如何通过内部创业实现数字化转型，发现通过采用“内部创业战略、组织内的数字化业务战略、跨组织的外部协同战略”的战略路径，企业最终在组织结构、业务流程、产品以及商业模式上陆续实现了转变，在行业内重新构建了优势地位。在这个过程中，通过高管学习和组织资源的不断更新行为，实现了资源和环境的动态匹配，以及和阶段性战略的匹配。进一步细化了组织与环境的匹配关系，指出企业与环境的不匹配也包含两个维度，表现为企业的资源更新方向和更新幅度与环境不匹配。最终成功构建了传统企业通过内部创业实现数字化转型的过程模型。（颜康康）

**【传统企业数字化转型战略的类型识别与转型模式选择研究】**

王永贵（首都经济贸易大学中国ESG研究院）　汪淋淋（对外经济贸易大学国际商学院）

《管理评论》2021 年第 11 期
12.3 千字

数字化转型战略和转型模式的选择，是企业数字化转型研究的核心问题。但传统企业的数字化转型实践却不容乐观，如何选择数字化转型战略和数字化转型模式仍然是传统企业数字化转型实践和理论研究中悬而未决的重要难题。为弥补上述研究缺口和解决传统企业的数字化转型实践难题，该文从战略与模式匹配的视角探究传统企业数字化转型的战略类型及模式选择问题。

主要结论如下。（1）将传统企业的数字化转型战略划分为变革依赖型、生态导向型、业务主导型和技术主导型四种战略类型，克服了单一划分视角的片面性局限，抓住了传统企业数字化转型成败的关键要素，界定清晰全面且实践指导性强。（2）分别对四种不同类型的数字化转型战略进行了转型模式选择上的匹配，提出了传统企业数字化转型战略—模式匹配过程模型。

其理论创新主要体现在三个方面。（1）研究丰富了企业数字化转型战略类型的研究，更加具有深度和广度。（2）突破了以往多数研究都停留在传统企业对数字技术应用与创新层面的局限，从大量企业数字化转型实践出发，识别出四种数字化转型模式，并通过企业数字化转型实践的一般规律匹配出与之对应的数字化转型战略，丰富了数字化转型模式选择的研究内容。（3）从战略与模式匹配的视角，基于驱动因素—转型目标—转型战略—转型模式—转型结果的逻辑，提出了传统企业数字化转型战略—模式匹配过程模型，对企业数字化转型过程的研究具有重要理论启示。（颜康康）

**【战略规划、战略地图与管理控制系统实施——基于华润集团的案例研究】**

安　娜（中央财经大学会计学院） 李鹤尊（北京邮电大学经济管理学院） 刘俊勇（中央财经大学会计学院）

《南开管理评论》2020 年第 3 期
12.8 千字

平衡计分卡、战略地图、战略规划流程等都是管理系统工具包中的重要因素，但在以往的研究中，闭环战略管理系统包含的战略规划流程与战略地图和平衡计分卡之间的关系尚未被充分讨论。因此，该文采用案例研究和扎根理论的方法，将华润集团作为典型企业，聚焦于该集团管理体系的变革过程，基于管理控制系统工具包的视角，梳理并分析了该集团引入 6S 管理体系、战略地图和平衡计分卡、5C 财务管理体系等控制机制的管理会计变革过程，以推论的方式对控制机制之间的关系及产生的管控成效提供了解释。

该文的理论创新体现在以下几个方面。

首先，研究以管理控制系统工具包为视角，从华润集团管理体系的变革过程入手，考察了管理控制系统中各元素之间的关系，以及这些元素对管理控制系统实施效果的影响。

其次，自正式战略规划被作为学术概念提出以来，学者们对其产生的影响进行了若干讨论，但鲜有研究考察正式战略规划流程对战略绩效评价体系应用产生的影响。同时发现案例企业构建的正式战略规划流程为战略地图和平衡计分卡的应用提供了重要基础，为该流程对企业组织的影响提供了新线索，也为实施战略地图和平衡计分卡的关键成功因素补充了新证据。

最后，研究拓展了关于平衡计分卡的研究。以往研究考察了平衡计分卡对管理者判断和决策绩效的影响，但尚未充分讨论其在真实企业中的应用范围，该研究基于案例证据考察了平衡计分卡在多元化企业内部不同层级的应用情况，丰富了研究者对平衡计分卡适用性的理解。（颜康康）

**【管理者认知视角的环境动态性与组织战略变革关系研究】**

邓新明　刘　禹　龙贤义　林晓真　杨赛凡　Munkhbayar Khishigdelger（武汉大学经济与管理学院）

《南开管理评论》2021 年第 1 期
15.3 千字

对于战略变革发生机制的研究一直以来是战略管理领域的核心问题。对于组织战略变革的研究一直以来存在两种观点，分别为产业结构观和管理者认知观。该文试图将这两种观点结合起来，形成一个对组织战略变革更完整的解释。文章选取的样本为中国装备制造业 2012—2015 年的上市公司。

研究结论如下。第一，环境动态性会影响管理者认知。在高速变化的环境中，管理者会主动地拒绝新概念嵌入管理者认知知识结构中，更多地依赖原有的知识结构，从而使得管理者认知集中性增强、管理者认知复杂性减弱。第二，管理者认知会影响战略变革。其中，管理者认知复杂性会显著地正向影响战略变革，管理者认知集中性会显著地负向影响战略变革。第三，管理者认知在环境动态性与战略变革之间起到中介作用，即环境动态性通过影响管理者认知进而影响战略变革。第四，组织惯性会弱化管理者认知复杂性对战略变革的促进作用，但对管理者认知集中性与战略变革之间的关系没有显著的调节作用。

理论贡献主要体现在以下两个方面。第一，深入探索了环境动态性影响战略的作用机理，更深层地研究了环境动态性影响战略变革的机制。同时引入管理者认知的概念，研究了环境动态性如何通过影响管理者认知进而影响战略变革。第二，深入研究了组织惯性在管理者认知与战略变革之间的调节作用。突破了在以往研究中大多数学者直接研究管理者认知对战略变革的影响，而忽略组织惯性的作用的局限。（颜康康）

**【金融发展、企业多元化战略与高质量发展】**

李佳霖　张倩肖　董嘉昌（西安交通大学经济与金融学院）

《经济管理》2021 年第 2 期
15.4 千字

作为国家重要核心竞争力之一，金融发展引发的企业资源获取和配置的变化，以及内生于这一过程中企业经营战略的改变和选择偏好的差异，对企业高质量发展产生重要影响。基于上述背景，该文选取 2008—2018 年中国非金融行业 A 股上市公司作为考察对象，结合地级市层面金融发展情况，研究了金融发展对企业高质量发展的影响。

该文的边际贡献主要有如下几个方面。第一，基于中国独特的制度背景和金融发展特点，分析金融发展对企业高质量发展起到的非线性作用，对金融发展从金融扩张转向结构调整的必要性从微观层面提供理论支持。第二，拓展了企业多元化战略的研究，检验了金融发展影响企业高质量发展过程中企业多元化战略作为中介渠道的影响机制，具有理论创新性。为理解当前构建双循环新发展格局背景下企业应关注主业发展，将重心放在核心能力培育，避免短期诱因干扰企业高质量发展提供了管理启示。第三，该文还对影响这一效应的调节因素和中介效应的异质性进行了进一步分析，为金融发展背景下企业优化战略管理思路、提高发展质量提供了借鉴，也为更好实现中国宏观经济转型和高质量发展提供了政策启示，具有理论价值和实践意义。（颜康康）

**【科技向善：基于竞争战略导向的企业创新行为研究】**

杨　森（北京工商大学商学院）　雷家骕（清华大学经济管理学院）

《科研管理》2021 年第 8 期

8.7 千字

在 2019 年 11 月腾讯公司成立 21 周年之际，科技向善正式成为企业的使命愿景，即“用户为本，科技向善”，强调科技以人为本、践行社会责任的企业产品能力。而科技向善的具体内涵则有待学者对其从不同研究视角提供合理的理论化解释。该文将科技向善定位为基于竞争性战略导向的企业创新行为选择。

通过回顾相关理论，对腾讯公司提出的科技向善概念从经济学和管理学角度提出具体的研究内容。首先对科技向善概念从理念、行为、内容和制度四个维度进行解析，进而尝试构建企业科技向善量表，提出可能的问卷题项，最终提出建立企业科技向善行为的过程模型，从质性和量化质性两个角度对企业科技向善行为对企业绩效水平的影响开展研究。

主要研究结论如下。

（1）将科技向善定义为企业把道德规范理念嵌入设计生产的技术产品和技术服务等科技应用中，主动利用负责任的创新技术解决改善健康状况、提高教育质量、推动社会公平、促进环境保护等社会问题，该概念可以从理念、行为、内容和制度四个维度进行解释。

（2）企业科技向善量表的开发为构建企业科技向善行为的过程模型奠定测度基础，企业科技向善行为的过程模型则对于了解科技向善行为动态演变规律、与案例研究结论的相互验证以及提高基于案例研究方法提出理论模型的普适性具有指导意义。（颜康康）

**【竞争战略、企业生命周期和企业价值】**

翟胜宝（安徽财经大学会计学院）　聂小娟（中建七局第二建筑有限公司）　童丽静（北京交通大学经济管理学院）　程妍婷（安徽财经大学会计学院）

《系统工程理论与实践》2021 年第 4 期
12.5 千字

不同的企业竞争战略究竟如何影响企业价值，学术界尚未得出统一结论。已有研究较少有从企业生命周期这一重要视角，深入考察竞争战略如何影响企业价值。因此，该文以 2008—2017 年沪深 A 股上市公司为样本，将企业生命周期理论引入竞争战略对企业价值的影响研究中，在考察企业竞争战略对企业价值影响的基础上，深入探究这种影响在处于不同生命周期阶段的企业中是否存在显著差异。

该文的创新贡献如下所示。

首先，将竞争战略、企业生命周期和企业价值纳入统一框架中进行研究，有利于基于企业生命周期这一动态视角深入理解竞争战略对企业价值的影响。发现差异化战略对企业价值的积极影响在成熟期企业最为显著，而成本领先战略对企业价值的负面影响在衰退期企业表现更强，丰富了竞争战略与企业价值相关领域的文献，有助于深化对竞争战略与企业价值两者关系的理解。

其次，该研究为企业如何克服成本领先战略对企业价值的负面影响提供了新的视角。研究发现，当外部经济政策不确定性较强时，成本领先战略对企业价值的负面影响会弱化，说明成本领先战略在经济政策不确定性较高时的积极意义更大；此外，研究表明企业较高的内部控制水平能够弱化成本领先战略对企业价值的负面影响，表明企业可以通过提升内部控制水平来降低成本领先战略的负面价值效应。（颜康康）

## 【组织管理模式对企业成长性的影响实证研究】

李　飞（中国科学院大学经济与管理学院）胡　毅（中国科学院大学经济与管理学院、中国科学院大数据挖掘与知识管理重点实验室）张　奇（中国科学院大学经济与管理学院）
《管理评论》2021 年第 12 期
8.7 千字

该文创新性地从定量角度研究组织管理模式对企业成长性的影响，将公司治理作为组织管理模式的代理变量，以沪深 A 股 2000—2019 年上市公司为研究对象，从股权结构、董事会结构、高管激励三个维度进行探究。

结果表明，过高的股权集中度会损害企业成长，但是董事会规模、独立董事所占比例、高管薪酬激励及高管持股均能显著促进企业成长。进一步，因能源企业在国民经济中的重要地位及企业组织管理模式的特殊性，文章将沪深 A 股上市的 121 家能源企业作为研究对象进行深入研究。发现股权集中度与高管薪酬激励的结论与整体一致。与其他企业不同的是，对于能源企业而言，董事会规模、独立董事所占比例及高管持股激励与企业成长性的关系并不显著。（张苏玉）

## 【企业逆向跨国并购后的组织身份管理模式研究】

杨　勃（天津财经大学经济学院、南开大学商学院）许　晖（南开大学商学院）
《中国工业经济》2020 年第 1 期

19.6 千字

该文综合采用探索性案例研究方法与大样本统计方法，在已有研究的基础上，进一步归纳身份落差与并购后身份管理模式之间的匹配关系，探究不同身份管理模式的特征及其具体实现机制，进而丰富和扩展逆向跨国并购后的组织身份管理研究。

其理论贡献包括三方面。（1）聚焦逆向跨国并购后的“组织身份管理”，归纳出“单一隔离型”“双元联邦型”“统一吸收型”三种具体身份管理模式，并系统识别不同管理模式背后的特征、采纳原因及其实现机制。（2）从“权变视角”揭示身份落差与身份管理模式之间的“匹配关系”，并对匹配关系进行统计检验。该文遵循“权变管理”思想，探究不同身份落差与身份管理模式的匹配关系，并进一步通过大样本统计方法对上述匹配关系进行检验。（3）基于新兴经济体企业的逆向跨国并购情境，构建逆向跨国并购后的组织身份管理理论。因此，逆向跨国并购情境为构建新的组织身份管理理论提供了机遇，有助于扩展已有组织身份管理理论。（张苏玉）

**【危机过程管理：如何提升组织韧性？】**

路江涌　相佩蓉（北京大学光华管理学院）

《外国经济与管理》2021 年第 3 期

23.1 千字

该文基于过程观的视角，将危机管理视为提升组织韧性的过程。首先，通过梳理分析危机管理的代表性文献，识别出危机过程管理提升组织韧性的四个方面内容，包括高可靠性组织、危机指挥系统、危机领导力和危机学习。其次，结合华为公司的具体实践，分析危机过程管理对于打造韧性组织的作用机制。最后，发展出一套有助于企业提升危机管理能力与组织韧性的理论体系和实践框架。还结合高可靠性组织、危机指挥系统、危机领导力、危机学习的研究进展，提出危机管理研究未来可能的方向。

该文的研究贡献体现在三个方面。第一，该文采用过程视角，通过整合危机管理和组织韧性以往研究中相对零散的概念，结合对优秀公司实践的具体分析，为企业提升危机管理能力和组织韧性提供了一套系统化的、可行的实践工具。第二，该文为危机管理与组织韧性的后续研究提供了相对清晰的概念体系和研究框架，为整合、深化危机管理与组织韧性的研究指明了方向。第三，该文探讨了高可靠性组织、危机指挥系统、危机领导力、危机学习相关研究的进展，对推进这些领域的研究具有一定的指导意义。（张苏玉）

**【价值共创行为、网络嵌入与创新绩效——组织距离的调节效应】**

张宝建（山西财经大学创新生态研究中心、清华大学经济管理学院）裴梦丹（山西财经大学工商管理学院）陈　劲（清华大学经济管理学院）薄香芳（山西财经大学工商管理学院）

《经济管理》2021 年第 5 期

16.9 千字

该文正视了价值共创行为的制度逻辑，分析了商业生态系统竞争背景下的网络嵌入与组织距离的作用机制，进而构建起价值共创行为与创新绩效间的因果关系。

该文边际贡献有：基于商业生态系统下企业价值共创行为的考察，丰富了价值共创理论；基于网络嵌入理论，为企业通过价值共创行为提升创新绩效提供了一个比较完整的理论分析框架，为商业生态系统的治理提供思路，并从实证的角度验证价值共创行为对创新绩效的影响机理，进而提高价值共创理论的普适性；同时，该文将组织距离作为情境因素，探究其对价值共创行为的作用效果，为研究企业间的深度协作提供新的视角。该文的研究对于商业生态系统中企业竞争优势培育以及生态化战略制定具有重要指导价值。（张苏玉）

**【组织管理模式变革的影响与传导路径分析：以金风科技为例】**

李　飞（中国科学院大学经济与管理学院、新疆金风科技股份有限公司）陆凤彬（中国科学院数学与系统科学研究院）

《管理评论》2021 年第 4 期
13.7 千字

该研究采取事件分析方法实证分析 2012 年组织管理模式变革对金风科技公司股价的影响，并进一步采取 M 估计稳健回归和向量自回归模型，研究了公司微观数据指标对异常收益的影响和传导，揭示公司微观经营数据对其股价异常收益的可能影响和传导路径。

该文的实证结论一方面揭示科学的组织管理模式变革确实可以在中长期提升企业价值和提振股价，这对企业组织管理改进的持续性提出了要求；另一方面也揭示出控制营业支出成本和增加（或稳定）营业收入是实现公司价值提升的两个重要途径，而这两个途径反映的也是企业的市场竞争能力和产业链控制能力的改善。这可以给其他企业的组织管理模式变革提供有益借鉴。（张苏玉）

**【一切为了底线？组织管理中底线心智研究述评与展望】**

占小军（江西财经大学产业集群与企业发展研究中心）杨　维（江西财经大学工商管理学院）卢　娜（山东大学管理学院）

《管理评论》2021 年第 8 期
12.9 千字

首先，该文回顾组织管理中的底线心智的概念内涵与测量；其次，基于对底线心智文献的全面和深入分析，结合高层管理者底线心智、主管底线心智、员工底线心智和团队底线心智四种类型的底线心智，总结了底线心智的前因、后果及作用机制，构建了一个整合分析框架；最后，该文总结了现有研究的不足，并从中国本土情境下的底线心智概念内涵的完善、底线心智结构维度和测量工具的优化、底线心智前因后果及机制的整合、底线心智多层次结果的拓展等方面对未来研究方向进行展望。

该文主要贡献在于：通过系统回顾底线心智研究的现状和脉络，找出现有研究存在的不足及提出未来可能的研究方向，以期引起管理研究者和实践界对底线心智的关注，帮助研究者全面快速地了解底线心智的研究现状，为后续深化底线心智相关的研究和实践提供参考。（张苏玉）

**【新工业革命背景下的世界一流管理：特征与展望】**

中国社会科学院工业经济研究所课题组　张其仔（中国社会科学院工业经济研究所）

《经济管理》2021 年第 6 期
22.4 千字

当前加速拓展的以智能化、数字化、网络化等为核心特征的新一轮工业革命，为中国世界一流企业的培育、世界一流管理实践的涌现以及产业赶超和民族复兴提供了前所未有的技术经济机会窗口。面对技术经济范式发生深刻变化的新一轮工业革命，为实现培育与建设具有全球竞争力的世界一流中国企业的宏伟愿景，很有必要研究世界一流管理的变化趋势，为中国企业进行一流的管理创新提供借鉴。

该文对战略管理、创新管理、组织管理、风险管理、运营管理、财务管理、人力资源管理和信息化管理等不同领域的管理学理论进行了阶段划分，并对当前阶段的管理学前沿理论进行了类型化分析。类型化的依据是不同理论的问题焦点差异及其理论有效边界条件。对每一个管理理论的引介主要基于对近年来管理学理论前沿文献以及《哈佛商业评论》《斯隆管理评论》等权威商业实践分析性期刊的文献梳理和提炼。（张苏玉）

**【柔性人力资源管理对组织技术创新的影响及作用机制研究】**

叶一娇　何燕珍（厦门大学管理学院）朱　宏（中山大学旅游学院）邓昕才（贵州师范大学经济与管理学院）吕逸婧（厦门大学管理学院）

《南开管理评论》2020 年第 2 期
15.7 千字

该文基于动态能力理论，探索了柔性人力资源管理对组织技术创新的影响，进一步分析了动态能力在其中所起到的中介作用和市场技术变动性在其中所起到的调节作用。该研究以我国 357 个企业为样本，基于动态能力理论，实证检验了柔性人力资源管理对组织技术创新的影响及作用机制研究。

该研究具有重要的理论意义。第一，该研究对企业创新类型进行了更细致的探索，检验柔性人力资源管理对组织技术创新的影响。同时，该研究在一定程度上丰富了战略人力资源管理领域的研究，拓展了战略人力资源管理系统的理论框架。第二，该研究以动态能力理论为依据，验证了动态能力在柔性人力资源管理与组织技术创新之间所发挥的中介效应。这一研究成果直接回应了 Chang 等提出的未来研究建议，也为柔性人力资源管理作用机制的研究提供了全新的理论视角。该研究对动态能力在两种柔性人力资源管理与组织技术创新关系中所发挥的不同中介机制进行了详细的探索与分析。第三，该研究发现，外部环境的技术变动性扩大了动态能力对组织技术创新的积极作

用。该研究结论既是对国内外的研究成果的响应，也是对当前研究的拓展与深入。（张苏玉）

**【组织职业生涯管理、内部人身份认知与回任知识转移——个体—组织一致性匹配的调节效应】**

叶晓倩　王泽群（武汉大学经济与管理学院）李　玲（海尔集团）

《南开管理评论》2020 年第 4 期

14 千字

该研究基于诱引—贡献理论，通过对 171 份有效问卷的统计分析，探究了组织职业生涯管理对回任人员知识转移意愿的影响及作用机理，进一步分析了个体、组织一致性匹配在前述关系中被中介的调节效应。

该研究的理论价值体现在以下方面。第一，该研究证明了 OCM 对 RKTI 有显著正向影响，这意味着公司提供的关于晋升制度和信息、职业发展信息、发展性培训及促进职业自我认知的管理等措施正向影响回任人员的知识转移意愿。也实证检验了 Nery-Kjerfve 等及 Crowne 等学者的观点。

第二，该研究首次在更为特殊的企业情境—— MNCs 的回任知识转移背景下证实了内部人身份认知的提升有助于增强回任员工的知识转移行为意向。并且，在组织支持行为和内部人身份认知的关系模型中引入了新的变量 POSF，探讨了更为复杂的多变量因素间的影响关系，即在 POSF 因素的影响下，考察了 OCM 对回任人员 PIS 的影响。

第三，验证了 POSF 在 OCM 与 RKTI 之间的关系中起被中介的调节作用。既丰富了与回任知识管理有关的理论，也拓展了关于 POSF 在具体情境中的应用性。该研究更为明确地指出，尽管组织支持行为，如 MNCs 提供的公平晋升机会、职业发展信息和发展性培训等，对回任人员的知识转移意愿有正向影响作用，但这种影响关系会受到回任人员 POSF 水平高低的影响。（张苏玉）

**【新权力范式对组织行为管理的影响及对策研究】**

包　艳（西安交通大学管理学院）廖建桥　刘智强（华中科技大学管理学院）

《管理学报》2021 年第 5 期

11.1 千字

该文通过从权力的定义入手，基于对东西方古典政治哲学中权力概念的梳理，从不同维度对新旧权力范式进行了对比，分析总结了新型权力范式对组织行为管理在宏观和微观层面的影响，并针对具体情况提出了相应的管理对策与建议。

该文还提出新权力范式下组织行为管理对策，认为在微观上，组织行为管理要从新型权力范式的特征入手，转变权力意识；在宏观上，则要注重在新型组织关系的发展中通过自身实力的提升获取网络权力。具体意见阐述如下：（1）转变权力认知，建立上下级复合依赖关系；（2）注重信息管理与人文关怀的双管齐下；（3）拓展权力网络，建立全方位的多向联盟；（4）注重参与协同，成为更有效的管理者；（5）注重新型组织关系发展，占据关系网络中的有利地位。（张苏玉）

**【包容型领导对员工主动性行为的影响：组织自尊与差错管理氛围的中介作用】**

孔　靓（湖北科技职业学院终身教育研究院） 李锡元（武汉大学经济与管理学院） 章发旺（湖南师范大学商学院）

《管理评论》2020年第2期
11.7千字

该研究的目的在于探讨包容型领导对员工主动性行为的影响机制，重点分析组织自尊和差错管理氛围的中介作用。该文具有以下理论意义。首先，通过该研究结论，一方面拓展了包容型领导的结果变量，充实了包容型领导积极效应的研究文献；另一方面丰富了主动性行为的前因变量研究，对以往的主动性行为研究做出了回应。另外，该研究基于自我决定理论探讨包容型领导的积极效应，对于理解领导包容如何激发员工的主动行为提供了新的视角。

其次，该研究揭示了员工组织自尊和团队差错管理氛围在包容型领导与员工主动性行为之间所起的中介作用，从而揭示了包容型领导作用于员工主动性行为的“黑箱”。该研究从个体层面的组织自尊和团队层面的差错管理氛围这两种相对独立、又存在联系的作用路径来探讨包容型领导对员工主动行为的影响。该研究从自我决定视角出发，证实了包容型领导通过员工组织自尊影响其主动性行为。此外，该研究的结论从实证角度验证了包容型领导与差错管理氛围之间的正相关关系。（张苏玉）

**【中国企业“双循环”中开放式创新网络的平衡效应——基于数字赋能与组织柔性的考察】**

杨震宁　侯一凡（对外经济贸易大学国际商学院） 李德辉（四川大学商学院） 吴　晨（清华大学经济管理学院）

《管理世界》2021年第11期
23.1千字

随着全球经济的快速发展和创新环境的变化，企业所依赖的创新资源和创新形式都呈现出指数型增长，开放式创新逐渐成为创新的主流范式。企业如何在国内创新网络与全球创新网络的“双循环”中实现平衡，并充分利用数字赋能和组织柔性的作用以促进企业创新能力的提升，是当前企业面临的重要问题。该文讨论了国内创新网络和全球创新网络对企业创新能力的影响，以及数字赋能和组织柔性在其中所起到的作用机制。

该文的创新之处有以下几个方面。第一，该文构建的研究框架有益于解构“双循环”创新网络的作用机制。第二，该文率先从数字赋能和组织柔性的维度来研究我国企业“双循环”创新网络嵌入的平衡问题。第三，该文以传统的“结构—能力”为实证框架，加入了开放式创新和数字化转型的研究情境，其中对全球创新网络的探讨，更是回答了中国企业与国际领先企业合作时可能产生的“与狼共舞”的问题。第四，在“供给侧改革”和“双循环”大背景下，在研究当中亟须回顾、梳理、精炼和总结该情境下企业创新实践的经验或教训，这不仅在短期为我国经济的突破寻得契机，同时从长期来看也利于全球经济的稳定与发展。该文的研究内容和讨论能够对回答以上问题有所增益。（张苏玉）

**【分享型领导对员工感知组织和谐的影响与机制研究】**

龙立荣　陈琇霖（华中科技大学管理学院）

《管理学报》2021年第2期
13.4千字

该文根据社会分层理论，界定了分享型领导的概念，构建了分享型领导的初始维度，并通过多样本的问卷调研，开发分享型领导量表，探讨了分享型领导对员工感知组织和谐的影响机制，经过探索性因子分析和验证性因子分析后，得到一个共10题项，包含名利分享和权力分享两个维度，信效度良好的分享型领导量表。研究结果表明，分享型领导通过员工内部人身份认知正向影响员工感知的组织和谐，即内部人身份认知部分中介了分享型领导与员工类亲情交换、抑制性建言和工作幸福感的关系。

该研究的理论贡献主要如下。①明确提出分享型领导是领导主动将个人的资源、发展成果与员工互惠分享，包括利益、名望和权力，并开发了相应的测量工具。②弥补过往领导研究对组织和谐的忽视，提出的分享型领导概念是领导心智模型进阶的表现，为未来组织构建和谐，实现和谐社会贡献新思维。③为分享型领导的效用研究提供了定量支持，研究结果可有助于从个体层面深化理解分享型领导的作用效果，为未来分享型领导效用研究奠定理论基础。（张苏玉）

**【全面质量管理与创新的中介变量研究——基于组织文化智力视角】**

张　颖　刘梦晓（云南财经大学国际工商学院）胡　蕊（云南财经大学国际语言文化学院）张立莉（云南财经大学国际工商学院）周　伟（云南财经大学金融学院）

《管理评论》2021年第8期
12.5千字

该文以中资跨国公司为研究对象，引入组织文化智力概念作为链接全面质量管理与创新之间的中介变量，探索组织文化智力对促进全面质量管理与创新的内在机理，厘清组织文化智力的功能作用。

该文具有以下理论贡献。首先，该研究丰富和扩展了全面质量管理与创新的关系研究。该研究考察了全面质量管理与创新的非线性关系，明确了全面质量管理和渐进创新的倒U型关系，补充了现有针对全面质量管理和创新的研究，完善了二者的理论体系和框架。

其次，该研究聚焦于跨文化环境，引入组织文化智力变量，探究了其在全面质量管理与创新之间的中介作用。该文为组织文化智力的研究提供了新的研究方向，明确了组织文化智力是提升企业创新的一种重要方式。另外，该文还验证了组织文化智力对于跨国企业的重要性，质量管理对渐进创新和激进创新的促进作用离不开组织文化智力的影响，它可以帮助企业或管理者根据不同的创新战略有效地分配资源。

最后，该研究基于动态能力理论，阐释了在组织文化智力的中介作用下，全面质量管理对创新的作用机制。跨文化环境具有特殊的组织文化特征，而组织文化智力是特定于跨文化背景和环境的，这为未来跨文化研

究提供了新的视角。（张苏玉）

**【积极组织行为学视角下辱虐管理与员工乐观解释风格对离职倾向的影响研究】**

王鉴忠　李　琦（辽宁大学商学院）宋君卿　刘建华（辽宁大学经济学院）

《管理学报》2020 年第 5 期

10.8 千字

该文基于情感事件理论和情绪认知评价理论，通过对 56 家企业 332 位员工的有效问卷调研，考察了辱虐管理对离职倾向的影响，以及消极情绪的中介作用和乐观解释风格的调节作用。研究结果发现：辱虐管理对消极情绪、离职倾向具有显著正向影响；消极情绪中介了辱虐管理和离职倾向的关系；乐观解释风格调节了辱虐管理通过消极情绪影响离职倾向的作用。

该研究的理论贡献主要如下。（1）发现辱虐管理对员工离职倾向的影响具有更为复杂的逆向心理机制。即辱虐管理对员工离职倾向的影响同员工个体是否具有积极情绪或消极情绪的人格特质密切相关，员工个人的主观心理机制对离职倾向也具有重要影响。（2）拓展了辱虐管理研究的积极组织行为学新视角。该研究提出了积极组织行为学新范式的理论“前提假设”，即应关注到员工的人格特质具有“积极能动”的一面，能够抗击辱虐管理所带来的不良心理刺激，并能够在“应激中成长”。未来辱虐管理的研究可进一步沿着这一研究方向，采用“创伤性成长”“职业灵性”“工作重塑”等理论作为分析框架，探索具有积极人格特质的员工，在遇到辱虐管理时依然具有的积极心理反应机制以及积极组织行为。（张苏玉）

**【跨国复杂情境下基于目标的整合性制度化——以中亚天然气管道工程为例】**

王利平　呼睿颖（中国人民大学商学院）

《管理学报》2021 年第 9 期

15.5 千字

该文聚焦组织的整合性制度化问题，探究组织在跨国复杂情境下，如何通过制度创业、合法性策略、制度逻辑调适以及跨层次制度安排来实现其目标。通过对中亚天然气管道工程项目的案例研究，发现组织的整合性制度化包含并行的两个相关过程：（1）通过制度创业获得合法性的制度过程，即逐层次构建组织行动的必要制度环境；（2）调适和整合多种制度要素，实现主导逻辑跨层次贯通的制度化。

该研究揭示了关于整合性制度化的认知。（1）整合性制度化的提出。即围绕同一目标控制逻辑，把跨国层次上的制度创业、谋求合法性的制度化，以及整合不同制度逻辑、实现跨层次制度安排意义上的制度化这两种过程统一于一体的制度化。（2）制度创业和合法性构建意义上的制度化深度。组织面临跨多国复杂情境时，可依托更高层级有利的国际关系，借助政府赋权和制度支撑，依靠身份优势，采用跨层次的制度创业和合法化策略，构建跨国性质的制度条件，建立场域秩序，实现跨层次的制度化。（3）目标控制逻辑。组织的制度创业、获取合法性所依据的逻辑，以及逐层制度安排、制度逻辑调适所围绕的中心，都是目标控制逻辑。（4）组织身份及制度背景。该案例中，政府赋予的特定目标，中石油天然气管道公司的特定身份、资源优势和背后依托的政府、环境背景，是案例成就的关键。（张苏玉）

**【不作为的代价：领导奖励缺失与员工非伦理行为】**

彭秋萍（华南理工大学工商管理学院） 钟 熙（广东工业大学管理学院） 刘善仕 周怀康（华南理工大学工商管理学院）

《管理评论》2021 年第 12 期
10.0 千字

领导在员工实施非伦理行为的过程中扮演着关键角色，但已有研究大多聚焦于领导“作为”下的领导行为对员工非伦理行为的促进或抑制作用，却忽视了领导“不作为”在其间的潜在影响。基于此，该研究重新审视了员工非伦理行为，在 245 份有效调查问卷数据基础上结合压力源—情绪理论，以领导奖励缺失这种领导“不作为”最典型的表现形式为切入点探索领导奖励缺失与员工非伦理行为之间的联系。

该研究理论创新价值表现如下。（1）丰富并深化了领导者与员工非伦理行为关系方面的研究成果。以领导奖励缺失作为表征，补充了领导“不作为”行为能否影响员工伦理行为的知识，有助于更加全面地认识到领导者在员工非伦理行为形成中所扮演的角色，同时对仅关注到领导“不作为”对员工非伦理行为的前期研究构成一个有益补充。（2）拓展了领导作用于员工非伦理行为的理论视角。从压力源—情绪视角挖掘出领导奖励缺失与非伦理行为间的情绪耗竭机制，较好地突破了以往研究的局限，这也有助于更深入地从领导视角理解员工非伦理行为的产生。（3）明晰了领导奖励缺失作用于员工工作态度与行为的情境边界。不仅有助于更深入地了解哪一种类型的追随者能够有效缓解领导奖励缺失的消极效应，建立一定的边界条件，将组织不作为领导风格的负面效应降到最低，也回应了继续探索追随者的个体差异如何影响个体领导感知的呼吁。（颜康康）

**【企业文化生态位测度系统：量表开发与基模构建】**

程 艳 赵国浩（山西财经大学工商管理学院）

《科研管理》2021 年第 3 期
7.5 千字

该研究基于生态位“态”“势”理论，借鉴 DenisonOCQ 企业文化测度模型的相关指标与其他本土研究成果，建立包括“态”（企业文化特征）、“势”（企业文化价值）两个子系统的企业文化生态位系统，将企业文化测度模型由强调内在禀赋的考量拓展到对经营绩效作用强度的评价。

该文依据生态学相关理论构建出新的企业文化测度系统——企业文化生态位系统基模，并得出以下结论。

（1）该文运用生态位理论构建出兼顾特征摹状与价值确定的企业文化生态位系统基模，扩充了企业文化测度的理论边界，形成了综合内外反馈信息、动态的、具有成长性特征的分析系统。

（2）该文在实地调研的基础上，经过SSIP过程聚焦出更为适用、全面的指标体系：考核企业文化自身特征应包括团队意识、发展意识、变革意识，考核外部要素则需要考量供应商价值、顾客价值、员工价值、社会价值。这一指标体系更符合中国的独特文化背景及当前动态复杂的现实情境，提高了企业文化测度的适用性、有效性及准确性。

研究的创新贡献：在中国当前经济转型的特殊背景下，服务于中国企业文化建设的独特性，该文依据生态位的相关理论以及已有的企业文化测度指标，建立起特征与价值相结合的、完整的企业文化建设与评估体系，能够系统地对企业文化特征与效能进行测度，解决了中国企业经营管理过程中企业文化建设难于量化和考核的现实问题。（颜康康）

**【家族企业如何兼顾长期导向和短期目标——基于企业家精神配置视角】**

马　骏（江南大学商学院）黄志霖（广东外语外贸大学经贸学院）何　轩（广东外语外贸大学非公经济发展研究中心、广东外语外贸大学经贸学院）

《南开管理评论》2020 年第 6 期
12.8 千字

家族企业是典型的多时域性组织，有效平衡短期生存和长期存续是其独特的竞争优势所在，但如何在追求长期目标的过程中兼顾短期财务绩效增长？对处于不同生命周期的家族企业，兼顾长短期目标的战略选择是否也会存在差异性？为了研究这些问题，该文基于 2010 年和 2014 年全国私营企业抽样调查数据，结合双元理论、企业生命周期理论和制度理论，考察家族企业主如何通过企业家精神配置来兼顾企业的短期财务绩效和长期导向目标，同时检验了处于不同生命周期的家族企业如何通过不同的配置组合来兼顾长短期目标。

研究的理论创新贡献如下。第一，探讨并给出了家族企业在追求长期目标过程中兼顾短期绩效增长的具体路径。第二，拓展了家族企业生命周期理论方面的文献。进一步探索了处于不同生命周期内的家族企业，如何根据自身的资源、目标和治理结构调整企业家精神配置，以达到兼顾短期财务增长和长期导向的目的，也为将来家族企业生命周期理论的进一步延伸和拓展奠定了基础。第三，该文拓展了企业家精神配置理论。对于家族企业而言，其视野是最为重要的要素之一，涉及目标设定和时域选择，这是决定企业行为决策的基础。该文认为，在转型背景下，生产性活动和非生产性活动对于家族企业均具有积极意义：非生产性活动保证企业的短期财务增长，而生产性活动则能够促进企业的长期投资行为，两种活动的合理配置才是家族企业兼顾长短期目标的关键所在，这一过程尤其体现在企业的不同发展阶段。（颜康康）

**【儒家文化能促进企业社会责任信息披露吗？】**

邹　萍（华中农业大学经济管理学院）

《经济管理》2020 年第 12 期

13.0 千字

儒家文化作为一种非正式制度，潜移默化地对中国人的思想和行为起到了指导作用，对中国社会、经济、政治各个方面都产生了重要影响。中国企业家的价值观普遍受到儒家文化的影响，并反映在具体的经营管理上。该文以 2009—2018 年中国沪深 A 股上市公司为样本，实证分析儒家文化对企业社会责任信息披露的影响机制。

研究发现：儒家文化对企业社会责任信息披露有重要的促进作用，具体表现为企业受到的儒家文化影响越强，其披露社会责任信息的意愿和披露质量都会显著提升；随着行业竞争程度提高，儒家文化对企业社会责任信息披露意愿和披露质量的促进作用会降低；提高高管团队中人文社科教育背景高管的比例，有助于削弱行业竞争对儒家文化与企业社会责任信息披露之关系的负面影响。

该文的理论贡献如下。一是丰富了企业非财务信息披露研究。不同于以往基于正式制度视角的文献，该文从非正式制度角度研究传统儒家文化对企业社会责任信息披露的促进作用。二是对儒家文化进行实证研究的挑战在于其衡量的科学性，采用明清时期各地区进士分布来衡量儒家文化，能对此领域的未来研究有一定启发。三是借由研究儒家文化能否促进企业社会责任信息披露，为中国传统文化在推动经济高质量发展过程中扮演何种角色提供部分微观证据。（颜康康）

**【“制度”与“人”是互补还是替代？高绩效人力资源管理系统和领导支持对员工关系型心理契约的影响】**

张宏宇（中央财经大学商学院） 郎　艺（北京外国语大学国际商学院） 王　震（中央财经大学商学院）

《管理评论》2021 年第 12 期

19.5 千字

根据心理契约理论，除了劳动合同，员工还会在心理层面形成一种对雇佣双方彼此相互责任和义务的认知。这种认知既可能是交易型心理契约，也可能是关系型心理契约。该研究选取广东省 141 家企业的 1985 名一线员工作为研究对象，从意义建构的视角来探索不同理论视角产生分歧的原因，进而确定不同理论应用的边界条件。

该文的研究贡献如下。

第一，该文对理解组织中的“互补”和“替代”关系有启发。研究试图通过引入员工个人特质来理解现有理论的不一致。实证研究的结果表明，对于低成长型工作价值观的员工来说，其感知到的高绩效人力资源管理系统和领导支持相互替代影响关系型心理契约的建立；但是对于高成长型工作价值观的员工来说，其感知到的高绩效人力资源管理系统和领导支持相互互补影响关系型心理契约建立的假设并没有得到支持。

第二，该文基于意义建构的视角，从员工感知到的制度（高绩效人力资源管理系统）、员工感知到的领导和员工自身特征三个方面来探讨心理契约的建立，丰富了心理契约领域的研究。跳出了以往大多单独研究人力资源管理实践或领导对员工心理契约建立的影响，较少有研究探讨两者对心理契约

的共同作用，以及员工自身特点的影响的局限。（颜康康）

**【传统文化践履型企业的领导—员工伦理互动机制研究】**

晁　罡　邹安欣（华南理工大学工商管理学院）张树旺（华南理工大学公共管理学院）黄智强（华南理工大学工商管理学院）

《管理学报》2021 年第 3 期
15.6 千字

管理是一种社会职能，隐藏在价值观、习俗、信念的传统里。而如何解释其领导与员工的互动机制，成为当前中国本土管理实践研究中一个很有意义的话题。因此，该研究基于三元交互理论和中国传统哲学思想，以传统文化践履型企业（Z 公司）为案例企业，运用程序化扎根理论剖析传统文化践履型企业典型案例中领导和员工行为与品质的特征，分析两者伦理互动的机制，构建其领导—员工伦理互动模型。

理论创新贡献如下。（1）建立了一个解释德性领导有效性方案的连贯性理论框架，解释了德性领导信仰层和认识层的利他动机的形成，从“道德的人”向“道德的管理者”的行为层转变过程。其中，“内求自省”发挥着连接德性领导道德管理认知与行为的功能，它使案例企业德性领导成为具有中国特色的伦理型领导。（2）将员工的组织主人翁行为放到它与领导、组织伦理环境构成的三元交互关系中进行考察，指出其形成源于领导的德行垂范和企业“家文化”的浸润，其形成的方式是在“内求自省”品质的引领下，与德性领导相感相应，进行德性塑造的过程。弥补了以往研究较少将其放入具体的经营情境中进行发生学刻画的缺陷。（3）以三元交互理论作为视角，揭示了领导与员工这两大主体、德性领导行为和员工组织主人翁行为两大行为与“家文化”环境的交互关系。弥补了以往研究局限于单一时点、单向探讨伦理型领导与员工道德行为关系的缺陷。（颜康康）

**【一致性文化和成就动机对自我导向型工作重塑行为的双核驱动——基于自我调节理论的实证研究】**

陈建安（武汉大学经济与管理学院、武汉大学中国产学研合作问题研究中心）程　爽　陈　瑞（武汉大学经济与管理学院）

《管理评论》2020 年第 11 期
13.8 千字

进入互联网时代，海尔集团、万科集团、韩都衣舍电商集团等公司纷纷实施互联网转型战略，旨在打造员工创新创业的平台型组织。该研究关注于如何更好地构建平台型组织的问题。通过回顾以往的研究成果，发现大多集中在自我导向型工作重塑的结果变量，然而对其前因的关注较少。此外，忽视前因之间交互效应的研究结论可能降低对管理实践的指导价值。因此，该文以来自 31 家企业 283 名员工的配对调查数据，考察一致性文化、成就动机对自我导向型工作重塑多维多向行为的驱动机制。

研究结论如下。

（1）成就动机能够驱动促进型重塑行为，

但并不能抑制防御型重塑行为。成就动机是激发个体自发实施更多促进型工作重塑行为的重要无形之手，发挥“自强则思良变”效应。同时，该研究并没有发现高成就动机者不会从事防御型重塑行为。

（2）一致性文化能够诱发促进型重塑行为，但并不能约束防御型重塑行为。“心往一处想，劲往一处使”的一致性文化（作为强文化）发挥“无形之手”作用，能够牵引个体的促进型重塑行为，呈现“文化强则驱良变”效应。

（3）一致性文化与成就动机在激发自我导向型工作重塑行为的过程中存在指向性的替代效应。一致性文化作为关系导向型文化，仅能稀释成就动机对增加关系性资源的积极影响，但并不能调节成就动机对其他类型重塑行为的影响。（颜康康）

**【“勤劳节俭”何以能推进中国传统企业的健康发展？——以中华老字号“杏花村”汾酒集团为例】**

潘安成　刘　皓　常玉凡（大连理工大学经济管理学院）

《管理评论》2020 年第 11 期

19.5 千字

中国传统企业是基于“家文化”所形成的熟人社会组织。现有研究缺失了从中国传统社会的本土治理逻辑出发，揭示勤俭行为内涵及其对中国传统企业发展的积极作用。该研究采用多渠道收集了大量的一手和二手数据资料，并在此基础上通过对中华老字号“杏花村”汾酒集团的案例分析，在“发乎情、止乎礼”的行为视角下给出了勤劳节俭的逻辑关系，提出了中国传统企业组织治愈的勤俭行为机理模型。

该研究的结论如下。第一，在道统传承的中国企业日常组织实践中，勤劳和节俭的日常行为驱动力和约束力遵循了“发乎情、止乎礼”，在维持熟人社会的人情关系前提下解决企业日常性问题。第二，从熟人社会强调组织是有机生命体的现实状况出发，发现了勤劳和节俭无论是在行为内容上的人财物创造与节约，还是在行为规则的关系维持中共同推进与互相约束，都有利于企业组织从危急状态恢复到自然状态。这一发现潜在地支撑了把熟人社会实践中的中国传统企业组织看作是命运共同体。第三，在中国传统企业的熟人社会实践中，一旦遭遇危急状态，组织情态会发生整体性异样，集中表现为在部分人员身上出现激烈的情绪反应，这势必危及组织整体性顺利推进；于是，由关系维持的勤劳和节俭在互补性作用之下，组织治愈过程不仅解除了危急状态，而且从关系情态恢复到自然常态中顺利地推进企业整体性向前发展。（颜康康）

**【政府创新补贴、企业文化与创新绩效】**

储德银　刘文龙（安徽财经大学财政与公共管理学院）

《经济管理》2021 年第 2 期

13.7 千字

科技创新不仅是引领经济高质量发展的第一动力，更是我国突破国际竞争掣肘与全面建立创新型国家的核心要素。该文理论阐释了政府创新补贴与企业文化对企业创新绩效的作用机制，使用2010—2017年1766家上市制造业企业数据，实证考察与多维比较企业文化对政府创新补贴与创新绩效关系的调节作用。

该文创新性地从企业内部环境（企业文化）角度出发，深入剖析企业文化对政府创新补贴与企业创新绩效关系的调节作用，为政府创新补贴与创新效应关系的不确定性提供新的解释路径，同时也为企业如何实现政府创新资源的高效配置与提升企业创新绩效提供可行性建议。对比已有文献，该文的创新体现在以下两个方面：一是尝试将政府创新补贴、企业文化与企业创新绩效纳入同一理论分析框架，系统诠释企业文化对政府创新补贴与创新绩效关系的调节作用以及提出相关研究假设；二是针对现有企业文化有效度量存在的分歧，多维选择组织制度、内部构建和社会关系等企业文化的二级指标以及刻画企业异质性特征的产权性质、要素密集度和生命周期等多个维度实证考察企业文化对政府创新补贴与创新绩效关系的调节作用，并对相关研究假设进行检验。（张苏玉）

**【中国情境下的国有企业混合所有制改革研究：以宋志平的管理实践之道为例】**

胡亚飞　苏　勇（复旦大学管理学院）

《管理学报》2020年第3期

14.8千字

该文采用同一案例对象的多案例研究方法，以解决实际管理问题为导向，通过一手资料和相关二手资料，梳理总结宋志平进行国有企业混合所有制改革的管理实践，在此基础上提炼出以“合”为特色的管理思想。研究结果发现，该管理思想解决了国有企业混合制改革的资本混合、资源复合与文化融合3个子问题。在理论层面，联合（“聚势”）、复合（“优术”）、结合（“谋法”）契合于“合”理论；在实践层面，与企业管理实践深度融合，帮助中国建材集团有限公司（北新建材集团）与中国医药集团有限公司不断转“危”为“机”，双双成长为世界500强企业，并能为处于后金融危机时代的国有企业混合所有制改革所借鉴，更好地促进混合所有制经济的发展。

该文的理论贡献如下。宋志平的管理实践和管理思想体现了东方管理的“和”“合”精髓，即在中国情境下以人为本、以德为先、人为为人，通过央企市营、联合重组、同心模式的企业文化解决了资本混合、资源复合和文化融合的管理问题，从流程的视角拓展了“合”理论的联合（“聚势”）、复合（“优术”）、结合（“谋法”）。（张苏玉）

**【双元文化、创新战略与科技企业创业绩效：一个知识流的视角】**

熊　立（江西财经大学产业集群与企业发展研究中心、江西财经大学工商管理学院）　曹元坤　占小军（江西财经大学产业集群与企业发展研究中心）　刘彪文（江西财经大学工商管理学院）

《管理工程学报》2020年第2期

15.1千字

该文运用组织双元理论、战略管理理论和认知学习理论来观察双元性三种前因机制的共同作用过程。对长江三角洲科技园区的283家小微创业型科技企业进行了实证调查，结果表明：双元文化通过改善企业创新战略的均衡实施来提高其创业绩效，其对突破及利润导向的战略行为均有正向影响；网络关系强度和权力距离在双元文化与创新战略之间产生调节作用，网络关系强度对利润导向行为产生正向调节，权力距离对利润导向行为的影响不显著，它们对突破导向行为均呈负向调节。

该研究具有以下的理论贡献。第一，该文检验了基于组织多样性和共同愿景两维度开发的双元文化结构内涵，将其实证成果扩展至企业层面，丰富了双元文化在战略领域应用的理论成果。第二，该文引入双元视角，深入探讨双重竞争优势的交互均衡及强化可能。探索双元组织对战略实施的影响有助于在网络时代下构建战略管理的新思想体系。第三，实证结果表明了双元文化（情境机制）对相应的双元绩效产生显著的促进作用，论证了它作为知识创造环节的基础地位。该文还基于情境来探讨领导和结构是如何对它与行为及绩效的关系产生作用的。第四，该文诠释了企业从资源到绩效的增值过程，一定程度上揭示了多重知识载体互动的机理。第五，该文阐释了不同双元实现机制的共同本质：知识学习。（张苏玉）

**【“诚信”文化与企业创新】**

唐　玮（安徽财经大学会计学院、中国人民大学商学院）蔡文婧（对外经济贸易大学国际商学院）崔也光（首都经济贸易大学会计学院）

《科研管理》2020年第4期
9.4千字

该文采用文本分析有效识别“诚信”导向的企业文化数据，以2007—2015年沪深A股上市公司为样本实证分析“诚信”文化与企业创新的关系，并进一步从微观的公司特征层面与宏观的制度环境层面检验了此影响的差异性。

实证结果表明，视“诚信”为首要文化的企业，专利申请数量更多，创新能力更强；进一步的研究发现，“诚信”文化对于企业创新的“驱动”影响在国有企业、两职合一的企业以及制度环境较差地区的企业作用更显著。该文从普适性的企业文化视角对影响企业创新的作用情境进行了解释，为企业文化影响企业绩效领域的研究提供了新的经验证据。

该文的研究贡献在于：（1）通过检验“诚信”文化对于企业创新能力的影响，丰富了企业研发与创新前因领域的文献，拓展了对于企业文化经济后果的认识；（2）通过检验宏观环境因素与微观企业特征在其中的调节作用，对于企业文化影响企业绩效的作用情境有了更为深入的了解；（3）在当前中国实体经济内生动力发展不足之困境下，从普适性的文化视角对于中国企业创新能力的提升路径进行了解释，具有重要的实践价值。（张苏玉）

**【信任文化、薪酬差距与公司创新】**

程　博　熊　婷（浙江农林大学暨阳学

院） 潘 飞（上海财经大学会计与财务研究院）

《科研管理》2020 年第 2 期
8.3 千字

该文以 2007—2014 年沪深 A 股上市公司为样本，考察了信任文化对公司创新的影响以及信任文化与薪酬差距对公司创新的交互影响。实证研究发现：信任文化对公司创新水平有显著的促进作用，即与不存在信任导向企业文化的公司相比，存在信任导向企业文化的公司创新会有 8.56% 的提高；扩大高管团队员工内部薪酬差距对公司创新水平有正向激励作用，且增强了信任文化与公司创新之间的正相关关系。

该文的研究意义主要体现如下。第一，丰富和拓展了公司创新研究领域的文献。该文考察了同一国家不同企业文化异质性如何影响公司创新，有助于进一步揭示文化影响公司创新的机理，为现有文献作出有意义的补充。第二，该文采用文本分析法度量信任文化，这不仅在文化指标度量上有所贡献，而且扩展了“法与金融”中强调正式制度对经济运行的研究框架，将信任文化这一非正式制度嵌入公司创新行为的决策模型，丰富了企业文化方面的研究，也为文化的治理作用提供经验证据。第三，该研究为公司治理机制设计提供了理论依据，也为深入理解文化在经济活动中的作用提供了可参照的分析框架和技术路径，不仅为学术界从更广阔的视野考察公司创新行为的影响因素提供了研究路径，而且对处在经济增速换挡、产业结构调整和供给侧改革时期的中国经济转型升级以及微观企业提高竞争力以及可持续发展具有重要的现实意义。（张苏玉）

**【企业慈善捐赠与税收规避——基于企业社会责任文化统一性视角】**

沈 弋 徐光华（南京理工大学经济管理学院、南京理工大学财务与会计研究中心） 吕明晗（南京理工大学经济管理学院） 钱 明（南京航空航天大学经济与管理学院）

《管理评论》2020 年第 2 期
11.1 千字

该研究基于企业社会责任文化的统一性视角，考察了企业在履行不同类型社会责任时所表现出的一致性。研究发现，由于存在一个统一的社会责任文化，更多承担捐赠责任的企业同时也会承担更多的税收责任；政治导向中所包含的社会责任文化因素也会通过制度和个人两个渠道影响企业决策。

该文可能的贡献主要如下。（1）该文的研究结论不仅能够加深对企业社会责任行为特征成因的理解，更重要的是，通过对国有产权性质、政治关联的调节效应分析，探索了外部社会环境的文化因素对企业内部文化的影响机理和传导路径，为整体理解“社会—企业—行为”三者互动机理提供了一个基于文化统一性的视角。（2）企业慈善捐赠与履行税收义务正好处于企业社会责任框架的两端，慈善捐赠被认为是企业社会责任的“最高表现”，处于社会责任结构的顶端；而缴纳税款则是一个企业公民应尽的义务，有一定的强制性，属于基础性的企业社会责任。该文的研究结论将社会责任的两端联系在一起，验证了两者背后的文化逻辑一致性，这佐证了企业社会责任文化的客观存在，同时也进一步打开了企业社会责任的黑箱，为理解企业履行不同种类社会责任背后的动机与机理提供了有益的参考。（张苏玉）

**【真实型领导对雇佣关系氛围及员工敬业度的影响——组织文化的调节作用】**

马　苓（南京大学商学院、河北工业大学经济管理学院）赵曙明（南京大学商学院）陈　昕（河北工业大学经济管理学院）

《管理评论》2020 年第 2 期
11.9 千字

该文基于对 146 家企业高层管理者、人力资源部门负责人和员工的调查，检验了 CEO 的真实型领导风格对员工敬业度的正向影响，并验证了雇佣关系氛围在二者之间的中介作用，以及组织文化的调节效应。

研究结果表明：具有真实型领导风格的 CEO 可以通过在组织中营造和谐的雇佣关系氛围来提升员工的敬业度；同时，增强组织文化的内部整合性和外部适应性，也有利于良好雇佣关系氛围的形成。通过跨层次研究高层领导对于员工个人的影响，揭示了 CEO 的真实型领导风格对员工敬业度的影响机制，能够为企业的人力资源管理实践提供启示和借鉴。（张苏玉）

**【平台型领导：多维度结构、测量与创新行为影响验证】**

郝旭光（对外经济贸易大学国际商学院）张嘉祺（中国工商银行总行董事会办公室）雷卓群［华特迪士尼（中国）有限公司］刘文琦（对外经济贸易大学国际商学院）

《管理世界》2021 年第 1 期
19.4 千字

平台型领导是以组织环境动态化和知识型员工崛起为特征的知识经济时代背景下的新领导模式之一，其特色在于领导者通过构建共同的事业平台以促进下属、领导者以及组织共同成长。针对平台型领导，目前研究尚停留在概念讨论阶段，欠缺具有一定信、效度的工具来测量这一概念，而在将管理经验上升为管理科学以进一步指导实践的过程中，量化测量是必不可少的环节。该文的研究旨在构造平台型领导的测量体系，基于扎根理论方法开发出以“包容”“个人魅力”“变革规划”“平台搭建”“平台优化”“共同成长”为中心范畴的平台型领导构思模型，以探索性因素分析验证了这 6 个维度的内容效度，开发出包含 25 个题项的平台型领导专用行为量表；通过验证性因素分析对效度做了进一步验证，最终确立二阶六因素的平台型领导最优测量模型。利用平台型领导专用行为量表，该文的研究进一步证实了平台型领导对于员工创新工作行为的正向影响作用，以及基本心理需要在其中扮演的部分中介作用。

该文的理论贡献主要体现在以下几个方面。

第一，基于扎根理论方法开发平台型领导的构思，初步建构平台型领导的理论框架，丰富和拓展平台型领导的概念内涵。

第二，开发了平台型领导的专用行为量

表。专用行为量表的开发很好地弥补了以往关于平台型领导研究的不足，促进了平台型领导由概念讨论向实证分析的转变，为进一步研究知识经济时代背景下平台型领导的效能机制提供了有效工具。同时，专用行为量表的开发还有利于受知识经济时代影响较为深刻的企业选择或培养更适合组织发展的领导者，对于开发相应领导能力具有重要的实践应用价值。

第三，基于平台型领导的维度构思与行为量表，该文进一步拓展了平台型领导的理论研究，揭示了平台型领导对于创新的影响。实证结果表明，平台型领导对于员工创新工作行为有着积极的影响作用，同时基于自我决定理论的原理，提出并系统地验证了员工基本心理需要在平台型领导和员工创新工作行为之间的中介作用。（丁佳琦）

**【数字化时代的人力资源管理：基于人与技术交互的视角】**

谢小云　左玉涵　胡琼晶（浙江大学管理学院）

《管理世界》2021 年第 1 期

19.2 千字

浩浩荡荡的数字化浪潮为人力资源管理实践和研究注入了新的演化动力，但与此同时管理者和学者也面临着如何将数字化技术与员工融合并发挥其积极作用的挑战。为了回应这一关键问题，该文基于人与技术交互的视角系统梳理了人力资源管理领域的数字化技术研究。首先，该文依据人与技术关系的结构化理论，总结了数字化技术在组织中引发的新实践、塑造的新环境，以及员工对数字化人力资源管理实践的认知、情感体验、适应和反抗。接着，该文介绍了一批基于行动者网络理论的、正在兴起的数字化技术研究，指出了人机协同的混合型组织中人力资源管理者面临的 3 个重要议题。最后，该文提出实践界和学术界未来需要通力合作，解决数字化时代人力资源管理实践中的 5 对张力，从而实现组织与员工的长期发展、共同繁荣。

该文的理论贡献主要体现在以下几个方面。

第一，该文基于人与技术交互，分别依据结构化理论和行动者网络理论系统回顾了人力资源管理领域关于数字化技术的研究。在结构化理论下，关注了人力资源实践的知识技能、激励与努力、员工参与和员工关系三大领域的 4 类具体实践，指出了数字化技术应用带来的实践新趋势和组织新环境，并进一步梳理了员工对此的认知、情感体验、适应和反抗。

第二，在行动者网络理论下，该文梳理了机器智能和人类智能在信任与排异、协作与适应以及合作模式 3 个方面的研究进展。基于对现有研究进展的梳理，该文指出了已有研究的不足：结构化理论指导下的研究缺少对技术带来的结构性改变以及员工反应之间张力的关注，未能从整合的视角探索两者如何得以融合。而行动者网络理论指导下的研究侧重机器智能与人类智能之间的合作与适应，对其潜在的竞争关系的理论与实证关注不足。

第三，该文采用的人与技术交互的视角，关注技术的社会属性，从人与技术构成的关系中解析技术在组织人力资源实践中带来的影响，并尊重包括管理者和员工在内的多方参与者在这些组织实践中的态度和行为。其分析视角是对以往人力资源数字化研究中单向视角的一种补充，也能帮助学者和实践者更加系统全面地理解数字化技术。（丁佳琦）

**【团队情境下忧患型领导对角色绩效的多层链式影响机制研究】**

高中华（首都经济贸易大学工商管理学院） 赵　晨（北京邮电大学经济管理学院） 付　悦（厦门大学管理学院） 刘永虹（北卡罗来纳大学格林波若分校布莱恩商业经济学院）

《管理世界》2020 年第 9 期
22.1 千字

近年来，忧患型领导风格在以华为 CEO 任正非为代表的中国企业家身上得到集中体现，并引发了管理实践界的热议。然而此领导风格在学术研究领域尚未获得足够重视，忧患型领导对绩效水平的影响机制尚不明确。该研究采用问卷调查法获得两个独立的团队领导成员嵌套样本来检验研究假设，旨在基于团队有效性过程模型揭示忧患型领导对团队角色绩效的多层链式影响机制。研究结果表明，团队防御聚焦和团队自省会连续中介传导忧患型领导对团队整体角色绩效及成员个体角色绩效的影响。这意味着忧患型领导能够通过塑造团队防御聚焦这种团队涌现状态，激发团队自省这一团队转化过程，从不同层次提升团队角色绩效，从而改善团队有效性。

该文的理论贡献主要体现在以下几个方面。

第一，该研究发现忧患型领导能够提升团队防御聚焦。在以往研究中，领导者的交易型、威权型风格、定规等领导行为在员工防御聚焦塑造中发挥的作用得到了关注，然而这些领导行为大多关注发现并解决当下面临的问题，从本质上而言缺乏未来导向。而该研究发现，忧患型领导这种强调前瞻思维的领导行为风格同样有助于塑造下属的防御聚焦，扩展了领导力在员工防御聚焦塑造中作用的研究。此外，该发现为忧患型领导和现有其他领导风格（例如魅力 / 变革型领导）之间的差异提供了实证证据。

第二，该研究发现忧患型领导可以通过团队防御聚焦的中介对团队自省产生促进作用，这为忧患型领导的独特作用机制提供了进一步的实证证据。在以往研究中，尽管员工个体调节聚焦在领导风格和员工个体行为及态度之间的中介传导作用得到了广泛支持，但是很少有研究探讨群体共享的调节聚焦在领导风格和群体活动之间的中介作用。该研究所发现的团队防御聚焦在忧患型领导和团队自省之间的中介作用弥补了这一理论不足，这一发现能够帮助学者们更为深入地理解群体共享调节聚焦这种动机类团队涌现状态在领导风格影响过程中的中介传导作用。此外，在忧患型领导通过团队防御聚焦到团队自省的间接路径中，第二阶段所展示的团队防御聚焦与团队自省的正向关系还扩展了现有研究对团队自省前因的探究。

第三，该研究还发现忧患型领导所塑造的团队防御聚焦会进一步地通过团队自省的中介传递到团队整体和成员个体的角色绩效之上。前人的研究发现意味着，团队防御聚焦对于团队有效性的提升可能是一把双刃剑。在该研究中，团队防御聚焦的积极影响能够被团队自省所中介，在排除了通过团队自省所产生的积极影响之后，呈现出了消极影响趋势，尽管这种消极影响并不显著。该发现不仅为团队防御聚焦的双刃剑效应提供了间接的实证依据，而且还能进一步表明团队自省是团队防御聚焦发挥积极作用的关键。（丁佳琦）

**【授权型领导—下属自我领导匹配对下属情绪衰竭和工作绩效的影响】**

陈　晨　秦　昕　周汉森　宋博迪（中山大学管理学院）谭　玲（广东工业大学管理学院）卢海陵（南京理工大学经济管理学院）

《管理世界》2020 年第 12 期
17.8 千字

为应对外部环境发展和组织结构变革，越来越多研究者和实践者呼吁领导授权给下属，以更大限度发挥下属的作用。现有研究大多关注授权型领导的积极影响，却忽视了其潜在的消极影响。基于角色理论，该文通过引入领导—下属匹配的视角，探索了授权型领导与下属自我领导的匹配对下属角色冲突、情绪衰竭和工作绩效的影响。应用多项式回归和响应面分析技术，通过对 217 份领导—下属配对数据分析发现：授权型领导与下属自我领导越不匹配，下属角色冲突越高；相比在“高授权型领导—高下属自我领导”情形下，在“低授权型领导—低下属自我领导”情形下，下属角色冲突更高；授权型领导与下属自我领导的匹配通过角色冲突和情绪衰竭的链式中介影响工作绩效。该研究从匹配视角发现了授权型领导的潜在阴暗面，揭示了其作用机制，为授权型领导相关研究提供了更加全面和辩证的视角。

该文的理论贡献主要体现在以下几个方面。

第一，从领导—下属匹配视角探索授权型领导的潜在消极影响，挑战了现有研究中“授权对下属总是好的”这一主流假设。综观已有研究，目前关于授权型领导影响的研究发展是极其不均衡的。对于授权型领导积极效应的广泛探索，可能导致研究者与管理实践者都过度推崇其积极的一面，而忽视其潜在的“阴暗面”。因此，该研究基于角色理论，通过引入领导—下属匹配的视角，探索了授权型领导对下属角色冲突、情绪衰竭以及工作绩效的影响，为理解授权型领导提供了更加全面且辩证的研究视角。进一步，与以往研究仅仅探讨单一的匹配效应相比，该研究还区分了领导—下属匹配中更为复杂的情况。

第二，对授权型领导—下属自我领导匹配影响下属情绪衰竭和工作绩效的内在作用机制进行了深入挖掘。进一步，该研究构建了授权型领导—下属自我领导（不）匹配通过影响下属角色冲突、情绪衰竭，并进一步影响其工作绩效的作用链。通过上述链式中介效应的构建与检验，该研究从角色理论视角，为打开授权型领导—下属自我领导匹配与下属工作绩效之间的“黑箱”提供了重要的理论解释和实证证据。

第三，帮助拓展了角色理论。该研究发现，通过匹配视角，在同时考虑作为角色接受者的下属的特征与领导行为的匹配程度时，在某些情境下，积极的领导行为（例如授权型领导）也可能引发下属的消极反应（增强角色冲突）。通过引入领导—下属匹配的视角，该研究进一步拓展了角色理论，并为下属角色冲突前因的探讨提供了新的实证证据。

第四，拓展了情绪衰竭的前因研究。该研究表明，即使是积极的领导行为（例如授权型领导），如果无法与下属自身特征（例如下属自我领导）相匹配，也可能给下属带来更大的资源损耗，导致其情绪衰竭。因此，该研究拓展了影响员工情绪衰竭的领导行为因素，并且引入了引发下属情绪衰竭的边界条件，为后续研究提供了重要的理论与实证参考。（丁佳琦）

**【正面反馈的盛名综合症效应：正向激励何以加剧绩效报酬对创造力的抑制？】**

马　君　闫嘉妮（上海大学管理学院）

《管理世界》2020 年第 1 期

19.5 千字

正面反馈通常被认为是一种低成本且行之有效的正向激励手段，但结果如何不甚明了。根植于本土“面子”文化，基于反馈加工过程模型，从反馈效价、反馈情境以及反馈接收者特质三方面出发，构建了一个嵌套被中介调节效应的三项交互模型，通过设计 3 项研究，旨在探讨绩效激励下的正面反馈反应机制。研究 1 结果显示，正面反馈调节绩效报酬对创造力的倒“U”型影响，且调节效应因员工胜任感知不同而存在差异，即在高激励强度下提供高的正面反馈反而加剧绩效报酬对个体尤其是低胜任感知个体创造力的抑制。研究 2 探索了上述负效应的成因，揭示了盛名综合症的中介作用。研究 3 进一步揭示，由于低胜任感知诱发的盛名综合症，强化了正面反馈对表现目标导向的引导作用，从而加剧绩效报酬对创造力的抑制。

该文的理论贡献主要体现在以下几个方面。

第一，揭示了正面反馈在绩效激励中的副作用及其产生机理，有机整合前景理论和感知控制理论。正面反馈作为工作场所中常见的外部信息，传达了领导的认可和期望，当其发生在绩效报酬体系下时，个体对这一外部信息的反应就不再是“受到领导表扬员工就会做得更好”这种简单的线性关系，而是基于损失规避原则，结合绩效报酬的双重属性（信息性 Vs. 控制性）中何者能够给个体带来最大的确定性收益，决定是否选择创造。

第二，揭示了正面反馈的适用条件，拓展了前景理论在协同激励领域的应用。在绩效报酬强度相对低（低→中）时，绩效报酬的信息性发挥主导作用，有助于提升员工创造力，支持了行为学派的观点。此时引入正面反馈，无疑强化了绩效报酬的信息价值。

这一结果也符合积极心理学关于正面因素有助于激活积极特质的共识。

第三，揭示绩效激励的三重控制效应，丰富了反馈加工过程模型研究。三项交互检验结果显示，在低胜任感知和高正面反馈的情形下，绩效报酬对创造力的抑制最明显，意味着以往赖以形成的“为新手多提供鼓励性反馈”的做法，只能带来适得其反的效果。

第四，揭示了绩效激励中的盛名综合症效应，印证其与本土“面子文化”具有逻辑一致性。嵌套的有中介调节效应检验结果印证了 Schroeder 和 Fishbach 的观点——正面反馈确实起到激励个体追求目标的作用，而这一追求目标的行为又被低胜任感知个体的盛名综合症所强化。（丁佳琦）

**【家族角色日常互动对家长式领导发展的溢出机制研究——基于家族企业高管团队日志追踪的经验证据】**

汪　林　储小平（中山大学岭南学院）　彭草蝶（华南师范大学文学院）　岳　磊（华南理工大学工商管理学院）

《管理世界》2020 年第 8 期

14.5 千字

领导力发展是近些年国内外领导力研究和实践的中心话题。虽然家长式领导已成为四十多年来中国本土领导力研究的焦点，但学界对家长式领导的前因及其形成机制还缺乏系统研究。通过对本土家族企业高管及其直接下属连续 10 个工作日且每日追踪 2 次的日志调研，该研究结合家族主义的研究文献，从社会认知传递理论的视角系统探讨了家族角色日常互动对家长式领导发展的溢出机制。多层次被调节的间接作用模型结果显示，家族角色日常互动与领导长辈心态显著正相关；长辈心态与家长式领导显著正相关；长辈心态在家族角色日常互动与家长式领导间起间接作用；领导关系自我显著地正向调节了家族角色日常互动通过长辈心态对家长式领导的间接影响。该研究不仅为本土企业中家长式领导的普遍存在提供独特的理论解释，也为未来中国本土企业如何发展或强化家长式领导提供实践指引。

该文的理论贡献主要体现在以下几个方面。

第一，大部分家长式领导的研究都聚焦于个体间差异所带来的影响，该领导行为个体内的日常变化还没有得到足够关注。以往研究都充分表明，由于每日的情绪体验、工作事件等个体与情境因素的不同，个体的领导行为也存在显著的日常变化。该文将这一领导力发展的前沿思路和研究设计应用于家长式领导的研究中，从每日变化及日志追踪的微观视角探究并验证了家长式领导的日常动态效应，既拓展了家长式领导的研究文献，又为家长式领导的未来研究提供了新的切入点和研究方向。

第二，近些年来，学者们越来越强调要注意平衡领导力结果变量及前因变量的研究，并呼吁要加强领导力的前因探讨。家长式领导的相关研究学者也提出了类似的呼吁。基于此，与家长式领导的研究脉络以及学者的呼吁相一致，该文不仅探讨了家长式领导的前因变量，并在此基础上深入探究了前因变量与家长式领导的间接作用机制以及调节机制，进一步完善了家长式领导理论的研究框架。这不仅为学界更全面地理解家长式领导提供了重要的文献基础和实证证据，也为企业管理者如何有效培养家长式领导提供了微观理论依据。

第三，遵循领导力个体内动态变化的理论逻辑，该研究引入社会认知传递理论作为理论框架，在结合家族主义研究文献的基础上，选择了家族成员日常互动作为研究的理论切入点，进一步发展并验证了家长式领导前因机制的理论模型，由此拓展了社会认知传递理论的应用范围及其在组织行为领域的解释力。（丁佳琦）

**【国企员工组织政治知觉下的行为选择——基于中国政治文化—人情社会内洽情境的整合性解释】**

瞿皎姣（华侨大学工商管理学院、南京大学商学院） 赵宜萱 赵曙明（南京大学商学院）

《管理世界》2021 年第 8 期

20.9 千字

根植中国政治文化—人情社会内洽情境，立足国有企业，基于功能主义和交互主义的行为解释传统，该文整合印象管理、社会分析、特质激活理论，以印象管理动机为中介、自我监控为调节，考察了组织政治知觉与工作行为的关系。研究发现，不同印象管理动机对不同维度组织政治知觉—工作行为关系起着不同中介作用，自我监控对不同中介路径的调节作用也不尽相同，揭示出组织政治的双刃剑效应机理及情境特性。研究结果不仅为组织政治知觉与工作行为关系的研究提供了新视角，还为国企管理变革、中国式管理理论和实践的发展带来启示。

该文的理论贡献主要体现在以下几个方面。

第一，该研究发现政治性行为知觉会激发示弱动机，从而降低角色内、外行为表现；而政治性政策知觉会激发示范动机，从而增加角色内、外行为表现。呼应了以往学者提出的在维度层次上对组织政治知觉展开区辨性研究的建议。

第二，该研究结果不仅支持了不同维度的组织政治知觉对工作行为具有不同的影响逻辑，也证实了不同维度行为具有不同的工具性价值，为后续基于功能主义视角展开行为研究带来启示。

第三，该研究表明在对动机的影响过程中，自我监控不仅影响着动机的产生（一阶段），还影响着动机的实现（二阶段）。对后续的动机调节研究带来启示：建立两阶段调节中介模型，同时考察调节变量对动机的产生和动机的实现有助于细化动机中介效应的权变性。

第四，该研究发现，在儒家人伦思想黏合下，基于小农经济发展而至的根深蒂固的政治文化和人情社会形成内洽机制，成为中国情境的显著特征，形塑着中国人对政治更为乐观的认知、心理及行动上的反应。而且，该研究还发现，自我监控不仅强化了政治性行为知觉与示弱动机的正向关系，还减弱了政治性政策知觉与示范动机的正向关系。该发现不仅回应了关注组织政治积极面的号召，还支持了组织政治研究需考虑文化情境性的倡议。此外，该研究所提炼的政治文化—人情社会的内洽性也为后续根植中国情境开展管理和行为研究提供了一个分析框架。（丁佳琦）

**【资质过剩感对个体绩效的作用效果及机制：基于情绪—认知加工系统与文化情境的元分析】**

杨伟文［中国人民大学公共管理学院组织与人力资源研究所、福建省轻纺（控股）有限责任公司］　李超平（中国人民大学公共管理学院组织与人力资源研究所）

《心理学报》2021 年第 5 期
31.7 千字

近年来，资质过剩作为一种特殊的个人—环境不匹配现象，引发了较多学者的关注，但相关研究结论尚有争议。对包含 383 项独立研究、945 个效应值及 575061 个研究样本的 321 篇文献开展元分析：（1）直接效应检验表明，资质过剩感与消极情绪（愤怒、无聊）显著正相关，与积极自我概念（自尊、自我效能感）的相关性不显著；在个体绩效方面，资质过剩感与消极角色外行为（反生产行为、离职）显著正相关，与积极角色外行为（创新、组织公民行为等）和任务绩效的相关性不显著。（2）结构方程模型元分析表明，资质过剩感能够通过增强消极情绪，进而增加消极角色外行为、减少积极角色外行为和任务绩效；能够通过增强积极自我概念，进而增加积极角色外行为和任务绩效、减少消极角色外行为。（3）集体主义文化倾向在资质过剩感通过情绪—认知加工系统影响个体绩效的过程中发挥调节作用，在高集体主义文化情境中，资质过剩感对消极情绪的负向影响较弱，且能对积极自我概念产生正向影响；在低集体主义文化情境中，资质过剩感对消极情绪的负向影响较强，且能对积极自我概念产生负向影响。（4）资质过剩感与个人—工作匹配相关性较强，与个人—组织匹配相关性较弱；与二者相比，资质过剩感对压力感、离职的预测效果最强。研究结果有助于理解资质过剩感对个体绩效的复杂作用机制和边界条件，并为组织如何管理资质过剩员工提供参考。

该文的理论贡献主要体现在以下几个方面。

第一，在充分收集国内外文献的基础上，通过元分析方法比较了资质过剩感对消极情绪（愤怒和无聊）、积极自我概念（自尊和自我效能感）、绩效表现（消极角色外行为、积极角色外行为、任务绩效）等重要的个体心理与行为变量的影响效果，有利于整合不同研究样本间的异质性，得出更加稳定可靠的结论。

第二，该文重点考察了资质过剩感对绩效结果产生影响的内在机理，深入比较了情绪与认知因素在资质过剩感与消极和积极角色外行为、任务绩效之间的传导作用。结果发现，资质过剩感可以使个体同时产生消极和积极的行为反应。这凸显了资质过剩感对个体影响的复杂性，回应了 van Dijk 等学者关于从全方位、多角度（尤其是积极角度）

审视资质过剩感影响效应的呼吁。同时也说明，个体可能兼具“红与黑”“善与恶”的特质，在压力情境下可能同时采取消极、积极的行为反应，在组织中的思维模式和行为倾向并不是简单二分的。

第三，该文进一步推测，资质过剩感通过情绪和认知影响行为的过程可能受到一定调节效应的影响，并着重考察了集体主义文化倾向的作用。对于情绪—认知加工系统及文化情境调节作用的研究发现，不仅响应了学者有关资质过剩感作用机制研究的呼吁，也为深入理解资质过剩感对个体影响的边界条件提供了参考框架。

第四，该文在已有数据的基础上，分析了资质过剩感与个人—工作匹配、个人—组织匹配对工作满意度、组织承诺、压力感、反生产行为、离职、创新、组织公民行为、任务绩效等变量的影响差异。研究认为资质过剩感对个体态度和行为倾向有独特的作用，并非是个人—工作匹配或个人—组织匹配变量的反面。（丁佳琦）

**【需求和接受的授权型领导匹配对下属工作结果的影响：情绪耗竭的中介作用】**

宋　琪　陈　扬（西南财经大学工商管理学院）

《心理学报》2021 年第 8 期

14.8 千字

在当前 VUCA 时代，组织愈加注重扁平化组织结构和实施员工自我管理。在此情况下，授权型领导因能提升员工的自我管理和自我领导能力，颇受学者关注。该文基于人—环境匹配理论和压力认知交互作用理论，探讨了下属需求和接受的授权型领导匹配性对下属态度、行为和绩效的影响及情绪耗竭的中介作用。该文分别通过对 150 位领导与 150 位下属（研究 1）、50 位领导与 243 位下属（研究 2）的配对样本开展两项多时点、多来源的问卷数据收集，并采用跨层次多项式回归和响应面分析方法得出以下结论：（1）下属需求和接受的授权型领导失配会导致下属情绪耗竭；（2）相对于授权不足，领导的过度授权更会导致下属情绪耗竭；（3）下属需求和接受的授权型领导匹配性通过作用于下属情绪耗竭进而影响下属对领导的满意度、组织公民行为和工作绩效。

该文的理论贡献主要体现在以下几个方面。

第一，该文基于人—环境匹配理论，采取领导—下属双边视角，将下属需求和接受的授权型领导同时纳入研究范畴，通过分析两因素的不同组合对下属情绪耗竭的差异化影响，揭示了下属对授权型领导的需求是授权型领导积极效应的边界，这不仅回应了现有学者强调领导力有效性的研究需采取“领导—下属”双边视角以更好地勾画出领导力作用过程全貌的呼吁，同时也印证了 Follett 关于领导哲学的经典思想，即领导过程是以领导者与下属的相互影响为基础，而不单单是领导者对下属自上而下的影响过程。启发后续领导力研究，领导方式有效性的探讨可采用领导—下属双边视角，以更全面地洞悉领导方式对下属的影响。

第二，该文证实了授权过度相对于授权

不足更易引起下属情绪耗竭，这打破了现有研究大多认为授权型领导是万能药，在任何情况下都多多益善的论断，也和前述研究指出授权型领导存在“过犹不及”效应相呼应。

第三，该文通过整合压力认知交互作用理论到人—环境匹配理论中，探讨了情绪耗竭在传导授权型领导匹配性对下属工作结果影响的中介作用。有利于深入理解感知授权型领导供需失配这一压力源是“如何”以及“为何”对下属工作结果产生影响的。同时证实了授权型领导供需失配会引致个体情绪耗竭，这也利于完善情绪耗竭的因果关系网。（丁佳琦）

**【“激将法”会激发还是打击员工？感知能力不被领导信任的“双刃剑”效应】**

卢海陵（南京理工大学经济管理学院）
杨　洋　王永丽（中山大学管理学院）
张　昕（香港中文大学管理学系）谭　玲（广东工业大学管理学院）

《心理学报》2021 年第 12 期
17.1 千字

感知能力不被领导信任是信任研究的重要内容。已有研究普遍认为感知不被领导信任会对员工的自我产生不利影响。相反，传统领导方式“激将法”则认为领导的不信任可以刺激员工展现更好的自我。为了解释上述矛盾，该研究基于自我评价理论和心理逆反理论，采用实验研究和多源多时间点问卷调查研究方法，探讨了感知能力不被领导信任对员工自我的“双刃剑”效应及边界条件。研究结果表明，当员工感知领导能力较强时，感知能力不被领导信任会通过降低员工的工作效能感削弱员工的工作努力和绩效表现；当员工感知领导能力较弱时，感知能力不被领导信任会通过增强员工证明自我能力动机提升员工的工作努力和绩效表现。

该文的理论贡献主要体现在以下几个方面。

第一，发现了感知不被领导信任对自我概念的“双刃剑”效应，帮助研究者更为全面而平衡地理解感知不被领导信任与员工自我概念间的关系。

第二，丰富了自我评价理论和心理逆反理论的内容。首先，通过阐明个体回应消极评价信息的方式及边界条件，丰富了自我评价理论的内容。其次，扩展了心理逆反理论在组织管理研究中的应用。该文对心理逆反的激发路径有重要的新的理论启示，为未来的研究进一步厘清心理逆反产生过程的多种路径和机制奠定了基础。

第三，通过验证感知能力不被领导信任与工作努力间的关系及作用机制，更加全面地解释了消极领导因素如何引发员工工作努力，丰富了工作努力的前因文献，为后续相关研究提供了实证依据和理论参考。（丁佳琦）

**【个性化工作协议对员工主动性职业行为和创造力的影响】**

罗　萍　施俊琦［中山大学岭南（大学）学院］朱燕妮（澳门科技大学酒店与旅游管理学院）房俨然（University of Florida，Warrington College of Business）

《心理学报》2020 年第 1 期

15 千字

个性化工作协议是员工和组织通过谈判协商，自愿达成的非标准化工作协议。基于自我决定理论，该文探讨了个性化工作协议对员工主动性职业行为和创造力的影响机制及其边界条件。通过分析 230 对“员工—主管”匹配数据，该研究发现：个性化工作协议增强了员工基本心理需求满足（能力需求、自主需求和关系需求），促进了主动性职业行为和创造力，其中能力需求满足中介了个性化工作协议对主动性职业行为和创造力的影响；此外，较高水平的工作负荷不仅增强了个性化工作协议对员工能力需求 / 自主需求满足的促进作用，也增强了个性化工作协议通过提升能力需求满足，进而提升员工主动性职业行为和创造力的中介效应。

该文的理论贡献主要体现在以下几个方面。

第一，从自我决定理论视角对个性化工作协议的效应进行拓展，探讨了个性化工作协议对员工心理需求满足及其通过心理需求满足进而提升员工主动性职业行为和创造力的间接影响，回应了 Liao 等学者提出的“探究个性化工作协议接受者基于社会交换之外的其他动机”的呼吁，为有关个性化工作协议的理论研究提供了新的视角。

第二，进一步丰富了对个性化工作协议结果变量的探讨。该文的研究结果不仅拓展了对个性化工作协议结果变量的研究，也丰富了主动性职业行为和创造力的前因及边界条件研究。具体而言，区别于以往主要基于社会交换的理论框架对组织更为关注的以个体对组织目标的遵循和需要个体进行调整适应为主的回馈行为的探讨，该文着重于从自我决定理论视角将员工与组织协商达成的个性化工作安排与员工的主动性职业行为和创造力联系起来，研究结果进一步丰富和拓展了个性化工作协议领域的相关理论知识。

第三，更深入地挖掘和探讨了个体所处工作环境中不同环境特征的交互作用对个体心理需求满足及其行为表现的影响。通过关注员工所面临的外部环境中所包含的工作资源与工作压力两方面的特征，该文也进一步拓展了自我决定理论的内涵，为自我决定理论中针对外部环境的探讨提供了更细腻深入的理论思路，为 Deci 提出的挑战性工作环境进一步强化个体心理需求满足感的理论假说提供了实证支持。（丁佳琦）

**【新员工工作重塑会带来积极的结果吗？领导成员交换与个体传统性的作用】**

胡巧婷　王海江　龙立荣（华中科技大学管理学院）

《心理学报》2020 年第 5 期

12.4 千字

每年都有大量的高校毕业生进入职场。在企业竞争日趋激烈的今天，如何将这些大学毕业生快速地转变成高绩效的企业员工，是一个重要的研究议题。基于自我表达的理论视角，该文探讨工作重塑能否促进新员工的任务绩效和创造力，以及领导成员交换和个体传统性如何影响新员工的工作重塑。对 256 名新员工进行 4 轮的问卷调查，最终得到125份有效的匹配问卷。数据分析结果显示:（1）工作重塑会正向影响新员工的工作投入，进而影响他们的任务绩效和创造力;（2）对于传统性比较高的新员工，领导成员交换可以促进他们的工作重塑;（3）个体传统性正向调节领导成员交换对任务绩效、创造力的间接作用，当个体传统性高时，领导成员交换通过工作重塑和工作投入对任务绩效、创造力的积极影响更为显著。该文从新员工自我表达的视角为组织提升新员工的任务绩效和创造力提供了新的思路。

该文的理论贡献主要体现在以下几个方面。

第一，采用新员工自我表达的视角，丰富了组织社会化的研究。同时，该文也拓展了新员工自我表达的理论视角。通过结合工作重塑的理论和实证研究，该文将工作重塑作为新员工自我表达的一种方式。该文考虑了新员工的绩效指标（创造力和任务绩效），研究结果为自我表达的理论视角提供了实证的支撑。

第二，从人际关系的角度，探讨了领导成员交换对新员工工作重塑的影响及其边界条件。此外，个体传统性也正向调节了领导成员交换对新员工的任务绩效、创造力的间接作用，这从理论上澄清了领导成员交换在什么情境下可以通过工作重塑影响新员工的任务绩效和创造力，在一定程度上充实了领导成员交换对员工工作绩效的影响机制方面的研究。

第三，揭示了进入新组织环境给新员工带来的积极工作体验。虽然研究者呼吁在新员工社会化的结果变量上多关注新员工的工作投入和创造力，但目前仍缺少相关的实证研究。该文发现新员工的工作重塑能够提高他们的工作投入，这不仅有助于产生更高水平的任务绩效，还会释放新员工的创造力。（丁佳琦）

**【领导—下属情绪评价能力一致与员工建言：内部人身份感知与性别相似性的作用】**

李树文　罗瑾琏（同济大学经济与管理学院）

《心理学报》2020年第9期

13.7千字

基于人—环境匹配和资源保存理论，研究构建了一个调节—中介模型，从二元视角分析了领导情绪评价能力与下属情绪评价能力一致对员工建言的影响路径与边界。通过对43位领导与182位下属的配对问卷调研，结果表明:（1）相较“低领导—低下属”情绪评价能力一致，在“高领导—高下属”情绪评价能力一致情境下，员工的内部人身份感知更高;（2）相较“高领导—低下属”情绪评价能力不一致，在“低领导—高下属”情绪评价能力不一致情境下，员工的内部人身份感知更高;（3）内部人身份感知在情绪评价能力一致与促进性建言、抑制性建言间起部分中介作用;（4）相较领导—下属性别相同，当领导—下属性别不同时，员工内部人身份感知的中介作用更强。研究从情绪评价能力、性别的二元匹配视角揭示了员工建言的前因，为领导与下属间交互影响提供了更多解释路径。

该文的理论贡献主要体现在以下几个

方面。

第一，成功地将情绪纳入建言的发生机制，揭示了领导与下属情绪评价能力一致对员工建言影响的心理过程。不仅从员工认知视角连接了情绪与建言间关系，为建言的发生提供了更多解释路径；而且整合了人—环境匹配理论与资源保存理论，为人—环境匹配的理论延伸与融合提供了思路。

第二，在领导—下属二元关系中明确了下属情绪评价能力是实现内部人身份感知与员工建言的必要条件。不仅在 Grant 的情绪调节能力（自我情绪评价）研究基础上，将建言发生的情绪前因拓展至员工情绪评价能力（他人情绪评价），从领导—下属匹配关系中厘清了建言的发生条件，而且为未来建言的情绪机制的实体化研究提供了思路。

第三，另一重要理论贡献是将性别纳入领导—下属二元匹配关系中，从人—环境匹配的补偿性视角提出并检验了领导—下属性别相似性对内部人身份感知在情绪评价能力一致与员工建言间中介效应的调节作用。不仅在建言发生机制中找到了人口统计学的性别解释，实现了性别与领导—下属二元关系的融合；而且从实证上支持了 Cable 和 Edwards 提出的人—环境匹配理论的雇佣关系模型，即性别间补偿性匹配能够强化附助性匹配（领导—下属情绪评价能力一致）对建言的影响。（丁佳琦）

**【建言采纳如何促进员工建言：基于目标自组织视角的整合机制】**

章　凯　时金京（中国人民大学商学院）罗文豪（北方工业大学经济管理学院）

《心理学报》2020 年第 2 期
14.1 千字

在快速变化和创新驱动的生存环境中，员工主动建言献策对组织的健康发展意义重大。文章探讨了领导者建言采纳促进员工建言的理论基础、作用机制及其对发展建言研究的意义。通过引入个体心理的自组织目标系统理论，整合了员工建言研究的动机视角和认知视角，构建了建言的目标自组织观点。在此基础上，分析和检验了工作意义感和建言效能感在领导者建言采纳促进员工建言的关系中所起的中介作用。通过问卷调查收集了来自 73 位领导者与 236 位员工的纵向数据，结果显示：（1）领导者的建言采纳对员工的促进性 / 抑制性建言均具有显著的促进作用；（2）工作意义感和建言效能感在领导者建言采纳与员工建言行为的关系中起到完全中介作用。研究结果发展了对建言行为形成机制的认识，促进了建言研究的理论发展，并对管理实践有着积极的启示。

该文的理论贡献主要体现在以下几个方面。

第一，通过引入人类心理的自组织目标系统理论，对以往建言研究中的认知与动机视角进行了理论整合，提出了建言的目标自组织观点，从而为建言研究提供了新的理论基础。在建言的目标自组织观点中，该文借助于心理目标的自组织与自驱动这一基础性的心理动力机制及其功能，整合建言发生的动机与认知过程，从而为建言研究提供了新的理论基础。

第二，从理论和实证两方面分析和考察了领导者的建言采纳对员工建言行为的影响效果及其作用机制，从而完善了对员工建言形成机制的理论认识。在前人研究的基础上，该文为分析领导者建言采纳的激励作用提供了崭新的理论逻辑和实证证据，从而为建言行为形成机制的研究贡献了新的知识。

第三，为认识和管理员工的极端建言行为提供新的理论基础。例如，无论是社会交换理论还是资源保存理论，都无法很好地解释员工“以死相谏”的建言行为。通过引入自组织目标系统理论这一新的理论逻辑，可以对一些原本难以理解和预测的建言行为和现象构建出新的理论认识，从而推动人们更完整地认识和管理员工建言。（丁佳琦）

**【不同社交媒体使用目的对员工工作绩效的影响机制】**

李巧灵　赵君哲　乔诗绮　郭腾飞　王明辉　赵国祥（河南大学心理与行为研究所、河南大学心理学院）

《心理学报》2021 年第 11 期

13.7 千字

随着企业使用社交媒体逐渐成为一种全球现象，理论研究者和管理实践者也越来越关注工作场所中的社交媒体如何改变组织和员工的工作。该文基于工作要求—资源理论，探讨了两种社交媒体使用目的对员工工作绩效影响的内部作用机制，进而分析两种社交媒体使用目的对员工工作绩效的影响效果。通过 369 份“领导者—下属”匹配数据，研究发现：（1）基于工作、社交的社交媒体使用均促进员工工作绩效；（2）基于工作、社交的社交媒体使用均通过工作投入影响工作绩效，基于社交的社交媒体使用还通过关系冲突影响工作绩效；（3）社交媒体的工作使用和社交使用对员工工作绩效的影响存在相互替代关系。该研究结果不仅从理论上拓展了社交媒体使用的研究视角，为后续研究提供新的理论框架，同时通过比较分析为组织管理社交媒体使用提供了新思路。

该文的理论贡献主要体现在以下几个方面。

第一，为了揭示社交媒体使用作为一种工作资源的影响效果，将工作要求—资源理论引入社交媒体使用的研究中，从增益和缓冲路径探究了不同特性社交媒体使用所产生的影响，为有关社交媒体使用的理论研究提供了新的视角。

第二，基于以往学者的观点，整合了工作状态和人际关系两个视角对社交媒体使用行为和员工绩效间的机理进行了深入挖掘，打开了社交媒体使用与员工产出间的内部黑箱。

第三，挖掘和探讨了基于工作的社交媒体使用和基于社交的社交媒体使用之间的相互作用，进一步完善了社交媒体领域的相关研究。（丁佳琦）

**【如何激发员工绿色行为？绿色变革型领导与绿色人力资源管理实践的作用】**

彭　坚（广州大学管理学院）　尹　奎（北京科技大学经济管理学院）　侯　楠（北京大学光华管理学院）　邹艳春（广州大学管理学院）　聂　琦（南京航空航天大学经济管理

学院）
《心理学报》2020 年第 9 期
21.4 千字

鉴于当今环境问题的严峻性，如何激发绿色行为逐渐成为社会各界关注的一个话题。该文从绿色变革型领导和绿色人力资源管理实践两大绿色管理利器入手，探究两者能否共同激发员工绿色行为。基于以往文献，该文提出两组竞争性假设：基于线索一致理论，认为绿色变革型领导与绿色人力资源管理实践正向交互影响员工绿色行为；基于领导替代理论，认为绿色变革型领导与绿色人力资源管理实践负向交互影响员工绿色行为。研究 1a 和研究 1b 采用实验法，发现绿色变革型领导与绿色人力资源管理实践发挥协同作用，正向交互预测员工绿色行为。研究 2 采用问卷法，搜集了三时点上下级配对数据，不仅再次支持了研究 1 的发现，还进一步揭示环保目标清晰度的中介作用。以上结果支持了线索一致性理论在绿色管理领域的适用性，并启示企业在绿色管理过程中可以软硬兼施，联合运用绿色变革型领导和绿色人力资源管理实践两大策略。

该文的理论贡献主要体现在以下几个方面。

第一，揭示了绿色变革型领导与绿色人力资源管理实践对员工绿色行为的正向交互效应，这能够帮助学界更好地理解两种绿色相关情境因素（一硬一软）以何种形式共同影响员工绿色行为，推动学界认清绿色行为的形成机理。在探索绿色行为的诱发机制时，首次整合绿色变革型领导与绿色人力资源管理实践。通过揭示两大绿色管理线索对员工绿色行为的联合作用形式，丰富学界对员工绿色行为诱发机理的全面认识。

第二，有助于理解“领导行为 × 人力资源管理实践”这个范式，解决该研究领域的争论。虽然“领导行为 × 人力资源管理实践”研究范式得到一定的探讨与检验，但两者的具体作用形式尚存争议。激发绿色行为依赖多种且一致的情境线索。研究结果为解决领导行为与人力资源管理实践研究领域的分歧提供了新的视角。

第三，通过揭示绿色变革型领导与绿色人力资源管理实践对员工绿色行为的协同作用机制，能够弥补绿色变革型领导、绿色人力资源管理两个领域的不足，促进两个领域的融合与增益。将两个研究领域融合，既能解决绿色变革型领导研究领域中的权变机制问题，又关注了领导者在执行绿色人力资源管理中的作用，能够促进两个领域的彼此增益，最终为学界理解“如何有效激发员工绿色行为”提供更全面的答案。（丁佳琦）

**【工匠精神的概念、边界及研究展望】**

高中华（首都经济贸易大学工商管理学院）
赵　晨（北京邮电大学经济管理学院）　付　悦（厦门大学管理学院）
《经济管理》2020 年第 6 期
19.3 千字

工匠精神在近年来受到社会各界的广泛关注，但现有研究对工匠精神的界定相对模糊，囊括了诸多工作场所的优秀品质与行为表现，其独有的概念边界并不清晰。该文基于价值观理论体系，首先明确了工匠精神的概念本质，回答工匠精神究竟是什么、不是什么、为什么是、为什么不是等基础问题；其次，厘清工匠精神的概念边界，将工匠精神与相关成熟概念进行辨析，明确工匠精神与这些概念之间的区别与联系；最后，将价值观理论引入工匠精神研究，明确工匠精神在工作价值观理论体系中的定位，探讨工匠精神对工作价值观体系的继承与发展。该文有利于全面深入地理解工匠精神，并为今后系统研究工匠精神的培育途径和作用成效创造条件。

该文的理论贡献主要体现在以下几个方面。

第一，在社会各界热议工匠精神的时代背景下，该文从价值观的理论视角对工匠精神进行了界定，提出工匠精神本质上是一种个体在当前工作中所持有的特定工作价值观，其反映了人们内心所坚信的那些值得为之奋斗的多种工作目标，这些工作目标决定了人们对工作场所行为的偏好，同时也为人们选择和行动提供内在准则。与一般工作价值观关注工作中的各个方面不同，工匠精神是一种专注特定方面的工作价值观，聚焦于认知和威望两方面，具有典型的成长导向，其作用集中在工作 / 组织层面。

第二，该文将工匠精神与工作投入、任务精通、主动担责、利用式学习、渐进式创新、工作场所精神性等相近概念进行辨析。结果表明，虽然工匠精神与其中个别概念有所重叠，但是任何一个概念均无法涵盖工匠精神的全部含义，或者其核心含义并未包含在工匠精神概念之中。因此，工匠精神具有独特的概念内涵，能够与其他相似概念进行有效区别。

第三，工匠精神建立在一种特定价值观的基础上。该文从工匠精神的内涵与测量、前因、结果三方面建立了工匠精神的未来研究框架，提出一系列有待回答的研究问题。（丁佳琦）

**【企业导师指导如何激发徒弟创新——基于认知和情感的双路径机制研究】**

魏翔宇　于广涛（中央财经大学商学院）

《经济管理》2021 年第 2 期
13.9 千字

面对复杂多变的商业环境，创新对于企业的重要性不言而喻，员工创新是推动企业创新的根本动力。企业导师制作为流行的人才培养制度，能否促进员工的创新行为，又是如何推动员工创新的？基于认知—情感个性系统理论，该文探讨了导师指导对徒弟创新行为的影响以及创造力自我效能感和积极情感在其中的作用。通过对两阶段收集的 261 份有效数据进行统计分析发现：导师指导能显著影响徒弟的创新行为；徒弟被激发的创造力自我效能感和积极情感在导师指导与创新行为之间起双中介作用；创造力自我效能感和积极情感具有相互替代效应，创造力自我效能感负向调节了情感路径中积极情感的间接效应，积极情感负向调节了认知路径中创造力自我效能感的间接效应。该文揭示的导师指导对徒弟创新行为的双路径影响机制，能够增进人们对导师与徒弟的复杂互动过程的理解，并为企业激发员工创新提供了理论指导。

该文的理论贡献主要体现在以下几个方面。

第一，该文的理论基础是认知—情感个性系统理论（CAPS），CAPS作为人格理论被提出，采用CAPS探讨外界情境对个体行为的影响的研究较少，该文以认知—情感个性系统理论为基础，探讨导师制情境下导师指导对徒弟创新行为的影响机制，不仅扩展了CAPS的运用，也为导师指导与徒弟行为的相关研究提供了崭新视角。

第二，该文认为，个体的认知和情感过程均对行为产生重要影响，因此建立了导师指导影响徒弟创新行为的认知和情感路径，有助于明确员工创新行为产生的实际路径。另外，该文并不是简单地将认知单元和情感单元并列，而是通过研究认知和情感单元的交互作用如何共同影响员工创新行为，以期为动态情境下员工的创新行为提供整合性解释。（丁佳琦）

**【双元性HRM系统、人力资本榫卯与制造业企业突破式创新】**

田立法（天津商业大学经济学院） 苏中兴（中国人民大学劳动人事学院）

《经济管理》2021年第7期
12千字

当前，中国制造业企业亟待从低端制造向高端智造转型，但已有研究对于驱动制造业企业突破式创新的人力资源要素属性特征并不明确。该文提出了人力资本榫卯的概念，基于219家制造业企业的问卷调查数据，采用结构方程模型检验了双元性HRM系统、人力资本榫卯属性与制造业企业突破式创新的关系。结果显示：资源导向型人力资源管理可开发人力资本“卯头”，协作导向型人力资源管理可开发人力资本“榫眼”，人力资本“卯头”对制造业企业突破式创新的直接作用显著，人力资本“榫眼”对制造业企业突破式创新的直接作用不显著；由资源导向型人力资源管理实践与协作导向型人力资源管理实践组成的双元性人力资源管理系统可通过促进人力资本榫卯突现进而驱动制造业企业突破式创新。

该文的理论贡献主要体现在以下几个方面。

第一，该文借助“人力资本榫卯”概念，在战略HRM领域深化了对组织学习理论的“重叠性知识”、技术创新理论的“技术桥”、社会网络理论的“边缘位嵌入”的认识。组织学习、技术创新与社会网络研究领域的学者研究企业知识与技术的向外扩张模式及渠道问题，以期弥补战略HRM领域对人力资本“静态性”研究的弊端。该文创造性提出了“人力资本榫卯”概念，既有对“人力资本卯头”和“人力资本榫眼”的静态描述，也有对“人力资本榫卯”突现这一动态过程的研究，有助于解决人力资本研究中的“静态”与“动态”相脱节的问题。

第二，该文将为战略HRM领域的学者深化人力资本研究提供新的视角。战略HRM学者基于“行为观”和“资源基础观”对人力资本进行研究虽已30多个年头，但人力资本研究的很多问题并不清晰。该文认为，低阶员工个体 KSAOs 在向单元层面阶跃突现为高阶人力资本时，总有一种发挥“桥连性”作用的特殊类型 KSAOs 衔接着不同类型的多样性 KSAOs，这种特殊类型的 KSAOs 也会经突现发生过程升级为榫卯型人力资本（简称人力资本榫卯）。对“人力资本榫卯”这一概念的更多探讨及其测量与作用机制等方面的研究，将有望为战略人力资源管理研究领域带来新的理论贡献。

第三，该文部分揭示了人力资本与企业突破式创新之间的复杂关系机理，对以往的研究结果提供了有益的补充。该文发现，资源导向型 HRM 实践有助于人力资本“卯头”开发，协作导向型 HRM 实践有助于人力资本“榫眼”开发。更重要的是，该文证实只有人力资本榫卯突现才能在双元性 HRM 系统与制造业企业突破式创新之间发挥中介作用。这些研究结论说明，中国的制造业企业若进行突破式创新，须在企业内实施双元性 HRM 系统，并注重人力资本榫卯突现管理，会有助于企业突破式创新的实现。制造业企业单独实施资源导向型 HRM 实践或单独实施协作导向型 HRM 实践，均无法促进企业突破式创新成功。（丁佳琦）

**【谦逊领导如何影响员工创造力？——员工归因和心理安全的双重视角】**

刘美玉　王　季（辽宁大学商学院）

《经济管理》2020 年第 3 期

17.7 千字

谦逊领导作为一种“自下而上”的领导风格，因其迎合了人们价值观由服从、自控逐渐向自由、竞争等观念转变的趋势，成为近年来的研究热点。尽管谦逊领导通常被认为会为组织的员工行为带来积极正面的影响，但却很少有研究揭示何种情境因素会影响谦逊领导对员工行为带来的影响。为此，该文整合领导“特质论”和“情境论”，在探讨谦逊领导特质对员工心理安全和员工创造力影响效应的同时，以员工为中心，探讨了员工对领导谦逊动机的归因类型存在“真实型谦逊”和“人设型谦逊”时，是否会对谦逊领导与员工创造力关系带来不同的影响。文章基于 52 家企业的 497 对领导和员工的匹配问卷数据进行了实证分析，研究结果表明：（1）谦逊领导与员工创造力显著正相关；（2）员工的心理安全在谦逊领导与员工创造力的关系之间起着中介作用；（3）当员工对领导谦逊动机的归因为“人设型谦逊”时，其会对谦逊领导与员工心理安全之间具有调节作用，并且存在有调节的中介效应。

该文的理论贡献主要体现在以下几个方面。

第一，从理论层面扩展了谦逊领导的理论内涵，深化了对谦逊领导的进一步研究，强化了对谦逊领导的进一步认识。在中国情境下，领导者表现出谦逊可能存在多种动机，有时候完全是为了提高个人印象并不是为了提高公司绩效，故在理论界对这种“自下而上”的谦逊领导方式提出一片赞美时，要更多地关注谦逊可以分为“真实型谦逊”和“人设型谦逊”，避免学术界与实践界将谦逊领导简单作为有效领导的代名词给组织带来的潜在风险。

第二，丰富了中国本土情境下有关谦逊领导影响效应的研究。该文首先从心理安全的视角揭开谦逊领导对员工创造力起作用的“黑箱”，同时整合了人际关系中的领导“特质论”和“情境论”，以员工为中心从员工对领导谦逊动机归因的视角揭示了谦逊领导对员工创造力有效性的边界条件。该文揭示了谦逊领导对员工创造力的作用机制及这种机制产生效应的边界条件，回应了以往学者关于加强谦逊领导作用机制及作用效果实证研究的呼吁，进一步拓展了有关谦逊领导对组织及其员工行为影响效应的“理论版图”。

第三，丰富了员工创造力影响因素的研究，员工创造力不仅与领导特质和行为有关，还与员工对领导特质和行为的解读有关。在中国的企业中，当员工对领导谦逊动机归因为人设型谦逊时，人设型谦逊会削弱谦逊领导对员工心理安全的影响，并进一步削弱谦逊领导通过心理安全对员工创造力的间接影响。（丁佳琦）

**【领地性对员工创新行为的影响机制——以知识隐藏和不信任为连续中介】**

郭梦瑶　张丽华　朱嫣婷（中国人民大学劳动人事学院）

《经济管理》2020 年第 5 期
16.4 千字

该文以知识隐藏与同事不信任为连续中介，从个体层面探究了领地性对员工创新行为的消极影响机制。通过对 221 份员工与员工、员工与直接管理者配对的样本数据进行分析，结果表明：（1）领地性正向影响知识隐藏和同事不信任感，负向影响员工创新行为；（2）知识隐藏中介领地性对同事不信任的影响；（3）同事不信任中介知识隐藏对创新行为的影响；（4）知识隐藏与不信任连续中介领地性与员工创新行为之间的关系。

该文的理论贡献主要体现在以下几个方面。

第一，该文结合自我延伸理论与社会交换理论，以知识隐藏和不信任为连续中介揭示了领地性对员工创新行为的影响，这为解释领地性与创新行为的影响机制提供了一个新的理论框架，回答了创新为什么未在组织中取得相应成效这一问题。该文从个人层面出发，提出并验证了以知识隐藏和不信任为连续中介的领地性作用机制。这一新的解释机制考虑了更复杂的情况，更综合全面地揭示了领地性影响创新行为的具体过程。为理解领地性对员工创新行为的影响过程提供了理论支撑；同时也为有关领地性通过其他中介变量影响创新行为的研究提供理论借鉴。

第二，通过引入领地性，探讨了领地性对员工创新行为的负面影响。该文对领地性与员工创新行为关系的探讨，丰富了关于领地性与创新行为的相关研究，并为后续展开相关的研究奠定了基础。

第三，探讨了领地性与知识隐藏、员工不信任之间的关系，增强了对领地性相关问题的理解。以往的研究多关注信任关系对领地性与影响结果之间的调节作用，但信任关系是容易被破坏的，因此，该文探讨了领地性与不信任的关系。研究结果表明个人的领地性会引起同事的不信任，因为同事会认为高领地性的人会不顾团队或组织的利益而只关心自身的利益，从而会认为与高领地性的人价值观不相符，最终产生不信任感。这一研究结果在领地性与不信任的关系研究上建立了有效的连接，为未来进一步探讨二者之间的关系提供了理论依据。（丁佳琦）

**【人工智能应用对人力资源从业者就业质量的影响】**

毛宇飞（首都经济贸易大学劳动经济学院） 胡文馨（北京石油化工学院经济管理学院）

《经济管理》2020 年第 11 期

18.4 千字

随着企业数字化转型和机器学习算法的完善，人工智能（AI）在人力资源管理中的应用逐渐兴起。该文回顾了 AI 对人力资源管理及其从业者影响的相关文献，利用 2018 年中国 HR 从业者调查数据，实证检验了 AI 应用对 HR 从业者就业质量的影响。研究表明：企业在人力资源管理中使用 AI 技术，能够提高 HR 从业者的就业质量，并且在新经济行业中影响效应更大；招聘甄选和培训开发类的 AI 应用对新经济和传统行业中 HR 从业者的就业质量均有显著正向影响，但员工服务类的 AI 应用仅在新经济行业中作用显著；AI 应用对 HR 从业者就业质量的各维度均有显著影响，能够提高收入水平、降低工作时间，并且促进职业发展和工作满意度提升；AI 应用在不同组织情境下的影响效果存在异质性，对于设立共享服务中心、使用人力资源管理系统和有明确职业发展通道的企业，其正向效应更为明显；企业引入 AI 技术之后，能够通过增加 HR 从业者的综合能力、工作挑战性以及促进组织绩效等渠道，对就业质量产生间接影响。该文建议，为适应这种数字化、智能化的发展潮流，无论是组织管理者还是 HR 从业者个人都应当正确面对、积极适应转型，在变革的情境中打造核心竞争优势。企业要结合发展阶段和行业特点，加强数据积累，构建智能决策系统；HR 从业者要形成终身学习的观念，优化知识结构，掌握智能化技术和转变管理新思维。

该文的理论贡献主要体现在以下几个方面。

第一，有别于现有研究较多从宏观视角分析 AI 对职业和工作、就业数量和结构的影响，该文聚焦于特定领域的 AI 应用，在研究中结合客观及主观指标构造了多维就业质量指数，从微观视角探讨 AI 应用对 HR 从业者就业质量的影响。

第二，不同于多数文献从定性角度论述 AI 对人力资源管理及其从业者的影响，该文结合 2018 年中国 HR 从业者调查数据，定量分析了 AI 应用对 HR 从业者综合就业质量及各维度的影响，并利用替换变量、工具变量、倾向得分匹配等方法对研究结论进行了稳健性检验。

第三，考虑到在不同企业中 AI 技术的使用程度及效果可能会有差异，该文分析了不同行业、不同组织情境下 AI 应用影响的异质性，并对其影响机制进行了探讨。（丁佳琦）

**【非正规就业人员工作自主性与体面劳动感知——情绪耗竭和超时劳动的视角】**

邓彤博（华南理工大学公共管理学院）
李　敏（华南理工大学工商管理学院）

《经济管理》2021 年第 11 期
14.2 千字

与正规就业相比较，劳动者选择非正规就业的重要理由是其工作自主性。对于非正规就业人员来说，工作自主性是否能带来体面劳动感知，工作自主性对体面劳动感知影响过程中存在哪些关键变量，学术界尚未有明确的实证结论。基于工作—需求资源模型，该文利用中国劳动力动态调查数据库对上述猜想进行实证检验，结果发现：工作自主性对体面劳动感知有显著正向作用；工作自主性显著负向影响情绪耗竭；在工作自主性与体面劳动感知之间，情绪耗竭起着部分中介作用；超时劳动负向调节工作自主性与体面劳动感知之间的关系，即超时劳动越严重，工作自主性对体面劳动感知的正向影响越弱；超时劳动在工作自主性和情绪耗竭之间不存在调节作用。通过对正规就业人员与非正规就业人员的对比分析发现，与非正规就业人员相比，正规就业人员工作自主性对情绪耗竭起着显著正向作用，超时劳动正向调节工作自主性与体面劳动感知之间的关系。

该文的理论贡献主要体现在以下几个方面。

第一，丰富了非正规就业人员体面劳动感知的研究，验证分析了中国情境下工作自主性到体面劳动感知的效应和路径。以往关于工作场所行为和劳动者福祉的研究大部分基于正规就业人员，而非正规就业人员的工作特征与正规人员有显著差异，尤其是中国非正规就业群体数量的快速增长，他们的体面劳动感知是否受工作自主性影响，以及影响路径有待进一步深化。该文也回应了 Bellace 等所倡导的未来劳动关系研究重点——转向以身份为识别的研究对象，强调劳动者与其工作的联系。

第二，发现了非正规就业人员和正规就业人员工作自主性对情绪耗竭的差异性。学术争论焦点在于工作自主性对情绪耗竭有正向或负向的影响。该文发现，不同身份的就业人员在工作自主性和情绪耗竭这两个变量关系中出现了不同的效用，即非正规就业人员的效应为负，而正规就业人员的效应为正。

第三，从工作特征情境要素角度拓展了工作需求—资源框架的内容。非正规就业人员和正规就业人员的超时劳动在调节工作自主性和体面劳动感知两者之间关系时呈现相反的显著影响，该发现有助于解释超时劳动这一工作特征情境因素对不同群体体面劳动实现机制的影响效应，这一研究结果也回应了已有的研究文献。（丁佳琦）

**【工会实践对员工组织公民行为的影响机制——心理契约和高绩效人力资源实践的作用】**

赵琛徽　翟欣婷（中南财经政法大学工商管理学院）　蔡　婷（长江航道工程局有限责任公司）

《经济管理》2021 年第 3 期
15.7 千字

中国企业工会通过工会实践不仅能够发挥维护员工合法权益的效用，还能引导员工以组织公民行为回馈组织，从而起到促进组织发展的作用。然而，目前二者之间的关系及其内在影响机制尚未得到实证检验。该文构建了以心理契约为中介变量和高绩效人力资源实践为调节变量的工会实践对员工组织公民行为的影响机制模型，并收集国内 26 家企业共 342 份员工数据，运用多层次线性模型分析方法进行实证检验。研究结果表明：（1）工会实践显著正向影响员工组织公民行为；（2）员工心理契约在工会实践和员工组织公民行为的关系中起到显著中介作用；（3）高绩效人力资源实践正向调节工会实践和心理契约之间的关系；（4）高绩效人力资源实践正向调节心理契约在工会实践与员工组织公民行为之间的中介效应。

该文的理论贡献主要体现在以下几个方面。

第一，丰富了企业工会实践与组织公民行为之间的关系研究，也为组织公民行为的影响因素研究提供一个新的视角。目前有关企业工会实践与员工积极工作行为之间的关系研究较少，尚未有学者基于社会交换视角详细探讨二者之间的关系研究。该文选取组织公民行为作为结果变量，基于社会交换理论分析工会实践对其的影响，既发现了中国企业工会对员工组织公民行为的促进作用，同时证实社会交换理论对于解释工会实践对组织积极效应的适用性，还能从组织层面拓宽组织公民行为的影响因素研究。

第二，从认知角度基于社会交换理论详细解释了工会实践影响组织公民行为的关键心理路径。目前有关工会实践与员工积极工作行为的关系研究基本是从情感视角来展开分析的，它们虽然揭示了工会实践发挥效用的内在路径，但并未基于社会交换机制有效挖掘出能够持续提升员工积极工作行为的根本心理因素。该文以心理契约这一充分反映社会交换关系中互惠平等原则的心理变量作为中介变量，并证实了在工会实践影响组织公民行为的关系中心理契约确实发挥重要中介作用，丰富了工会实践对组织公民行为的影响机制研究。

第三，拓展了工会实践的情境研究。目前国内外有关工会实践发生效用的边界条件研究较少，仅有的几篇也是围绕员工个体层面变量，如公平敏感性、传统性来进行探讨的，缺乏基于组织情境等中观层面因素的深入研究。该文以高绩效人力资源实践作为情境变量，证实高绩效人力资源实践能够显著正向调节工会实践对员工心理契约的积极影响，还能正向调节心理契约在工会实践与组织公民行为间的中介效应，丰富工会实践情境研究的同时，也为整合劳动关系、人力资源管理和组织行为等理论提供了思路。（丁佳琦）

**【职场孤独感如何影响员工绩效？——基于工作要求和资源理论的视角】**

徐洋洋（中国人民大学劳动人事学院、延安大学经济与管理学院） 林新奇（中国人民大学劳动人事学院）

《经济管理》2021 年第 6 期

15 千字

职场孤独感已成为组织成员普遍面临的问题，而关于职场孤独感如何对员工和组织产生损害作用却未得到足够且广泛的关注。该文从工作要求和资源理论视角出发，将职场孤独感视为一种组织存在价值和关系资源匮乏的状态，探讨它对员工任务绩效的资源损耗机制及边界条件。基于 616 份两阶段调研数据的分析发现，职场孤独感不仅直接对员工绩效产生消极作用，而且通过工作倦怠间接损害员工绩效。工作复杂性能够缓解职场孤独感对工作倦怠的正向作用，而角色模糊则会强化职场孤独感对工作倦怠的激发作用；工作倦怠在职场孤独感与任务绩效间的中介作用受到角色模糊的调节。这些结论为进一步理解组织中不同类型工作特征要素的交互如何对员工和组织产生差异化影响提供了新的认知路径；也为从理论上揭示职场孤独感与工作绩效间关系机制提供了新的思路；更为企业管理者重视并缓解员工的职场孤独感提供重要的管理启示。

该文的理论贡献主要体现在以下几个方面。

第一，从资源视角揭示了职场孤独感对任务绩效产生损害作用的新机制。在职场孤独感影响任务绩效的作用机制方面，揭示二者关系黑箱的文献不是很多，且主要聚焦于关系视角，其结论为进一步挖掘职场孤独感影响后果的作用过程提供了新思路。

第二，进一步丰富了工作要求和资源理论的内容。首先，以往对工作要求的研究，更多探讨工作任务和角色方面的要求，很少关注资源不足方面的工作要求，尤其是员工在组织支持和人际关系方面的资源不足。引入工作要求和资源理论，该文将组织存在价值和关系资源匮乏的职场孤独感作为一种工作要求。其次，该文拓展了工作要求和资源理论中关于不同工作要求的交互如何影响后果的内容。现有工作要求和资源理论只强调了未解释不同工作要求的交互如何产生影响。该文揭示了不同类型工作要求的交互对工作倦怠的差异化影响，即两种阻碍性工作要求会加剧工作倦怠，而挑战性工作要求能够缓解阻碍性工作要求对工作倦怠的激发作用。这在一定程度上弥合了不同工作要求同时存在时效用如何累积这个缝隙。此外，工作复杂性和角色模糊发挥不同的作用，也支持了压力的影响取决于对压力评价的观点。该文将职场孤独感作为一种组织存在价值和社交资源不足的工作要求，研究结果进一步证实它是一种阻碍性工作要求。

第三，揭示了职场孤独感对工作绩效产生影响的工作特征权变要素。现有研究大多探讨了组织情境因素对职场孤独感损害后果的影响，忽视了工作特征要素的权变影响。该文引入工作复杂性和角色模糊两种不同的工作特征，发现它们对职场孤独感与工作倦怠的关系产生不同的影响；角色模糊更是在职场孤独感通过工作倦怠对任务绩效的间接影响过程中发挥调节作用。（丁佳琦）

**【主动性人格会影响组织越轨行为吗——基于社会交换理论的研究】**

王 琼（中国人民大学劳动人事学院） 蔡子

君　钱　婧（北京师范大学经济与工商管理学院）

《经济管理》2021 年第 8 期
14.3 千字

现有关于主动性人格的研究大多在探讨其和积极结果的关系，却忽略了它对越轨行为可能会产生的影响。考虑到越轨行为对组织的损害，这个影响是否、何时以及为什么存在值得深入探讨。基于社会交换理论，该文提出授权型领导和辱虐型领导会通过改变主动性人格与回报动机的关系来影响越轨行为。即基于互惠原则，高主动性的员工会更想回报授权型领导，从而减少做出越轨行为的可能性；但是他们并不想回报辱虐型领导，从而增加做出越轨行为的可能性。基于对在三个时间点收集到的匹配数据的分析，该文发现调节中介关系成立：只有当授权型领导高或者辱虐型领导低的时候，主动性人格才对越轨行为有负的间接效应。该文丰富了有关主动性人格后果的研究，并且对管理高主动性员工以及减少越轨行为的实践也有所启示。

该文的理论贡献主要体现在以下几个方面。

第一，拓展了有关主动性人格后果的研究。该文从关系视角出发研究社会交换在主动性人格与越轨行为关系中的作用，即高主动性的员工是否会因为回报动机而减少（或者增加）越轨行为。结果并没有发现主动性人格会通过回报动机对越轨行为产生正效应。但是，当授权型领导低或者辱虐型领导高的时候，主动性人格通过回报动机对越轨行为产生的影响会变得不显著。这个结果直接挑战了 Wang 等的研究结论，揭示主动性人格并不总能阻止越轨行为的发生。此外，这个结果还提醒管理者如果想要利用主动性人格来降低越轨行为，在这两种领导类型方面下功夫至关重要。

第二，拓展了有关主动性人格与领导力关系的理解。以往研究少有从人际交往的视角来探讨高主动性的员工和不同类型领导的互动，该文不仅填补了这个空缺，还丰富了从关系视角来看待主动性人格与领导力关系的研究，揭示出高主动性的员工会根据领导对待他们的方式决定是否做出越轨行为。这些结果有助于启发学者们在之后的研究中更加仔细地考虑领导力与主动性人格的复杂关系。

第三，拓展了对于越轨行为前因的理解。研究发现，主动性人格对越轨行为的影响会随着领导类型改变。也就是说，就主动性人格而言，可以从关系视角来看待它与越轨行为的关系：当授权型领导特质强或者辱虐型领导弱的时候，这个关系显著为负，反之则不显著。这些结果有助于进一步理解谁会在什么情况下做出更多的越轨行为。（丁佳琦）

**【领导容错行为能否提高员工的积极性？——一项跨层次研究】**

周　星　程　坦（厦门大学管理学院）

《经济管理》2020 年第 1 期
17.9 千字

面对复杂多变的服务环境，一线服务员工不免出现工作差错，这时领导的容错行为将对员工产生什么影响？能否促使员工采取更为积极主动的工作行为？对群体（部门或团队）层面有何影响？以往很少有研究关注领导容错对群体和个体层面的共同影响，该文基于社会信息加工理论，探究领导的容错行为对员工顾客服务主动性行为的影响，并分别从群体层面和个体层面探讨主动性氛围、心理安全感在前两者间所起的跨层次中介作用，以及主动性氛围和心理安全感对顾客服务主动性行为产生的跨层次交互影响。在对351名员工样本进行高层面汇聚后，运用多层线性模型分析得出：（1）领导容错能够促进员工的顾客服务主动性行为；（2）领导容错在群体层面和个体层面分别通过主动性氛围和心理安全感影响顾客服务主动性行为；（3）主动性氛围和心理安全感能够跨层次交互作用于顾客服务主动性行为。

该文的理论贡献主要体现在以下几个方面。

第一，厘清并深化了对领导容错这一概念的研究。领导容错行为其实是对领导行为模式的特定细化，这一行为常见于实际的管理工作中，会对部门或团队情境、员工态度和行为产生重要的影响。该文是对领导容错研究的进一步拓展和丰富。

第二，分析了领导容错对员工顾客服务主动性行为的积极影响，扩展了以往文献中被忽视的顾客服务主动性行为这一重要行为结果。

第三，证实了领导容错通过个体层面的心理安全感显著正向影响员工的顾客服务主动性行为。在个体层面，该文考察了领导容错通过心理安全感这一内在“可以做”的动机影响员工顾客服务主动性行为的心理机制过程，部分证实了Parker等提出的主动动机模型。

第四，考察了群体层面主动性氛围的中介作用，以及其与心理安全感对员工顾客服务主动性行为的交互影响。在群体层面，该文考察了领导容错通过主动性氛围这一“有理由做”的外部动机影响顾客服务主动性行为的作用机制，从实证方面部分验证了主动动机模型中的情境条件。该文考察了主动性氛围作为重要的边界条件在员工动机—行为过程中的影响，深化了主动性理论研究。

第五，从社会信息加工这一新的视角出发，运用具有突破性的多层线性模型分析方法，通过构建多层次研究模型，对领导者容错行为的有效性进行了实证分析。以往的研究并未深入考察领导容错这一在组织中普遍存在的领导行为对群体情境和员工行为产生的综合影响，该文研究结果证实了领导容错在群体层面和个体层面产生的影响力，并从实证角度解释了领导容错在中国文化情境下对组织内部发展所产生的积极作用。（丁佳琦）

**【雇佣关系、工作压力对组织犬儒主义的影响——基于企业文化视角的研究】**

李正东（上海应用技术大学组织行为与创意管理研究中心） 贾利军（华东师范大学经济与管理学部）

《经济管理》2021年第4期

16.5千字

随着组织内外部环境的变化，企业的雇

佣关系出现了某些不同于以往用工形态的新现象和新变化，如何从源头来弱化和转移员工的工作压力就成了企业界和学界关注的重点问题。基于社会交换理论、自我决定理论，该文以国内高新技术园区 86 家企业 157 名中层管理者以及 1039 名配对员工的调研数据为基础，对雇佣关系与组织犬儒主义之间的作用机制进行了实证分析，考察了工作压力的中介作用以及企业文化的调节作用。研究发现：第一，相互投资型与投资过度型雇佣模式与员工的工作压力感知和组织犬儒主义倾向存在显著的负相关关系，投资不足型与交易契约型雇佣关系与员工的工作压力感知和组织犬儒主义倾向存在显著的正相关关系；第二，工作压力在相互投资型、投资过度型以及交易契约型雇佣模式与组织犬儒主义之间发挥部分中介作用，而在投资不足型雇佣模式与组织犬儒主义之间发挥完全中介作用；第三，内部整合和外部适应企业文化对于工作压力与组织犬儒主义的关系均起到负向调节的作用。

该文的理论贡献主要体现在以下几个方面。

第一，厘清了雇佣关系与组织犬儒主义之间的“黑箱”机制。组织犬儒主义作为雇佣关系实践催生的一种消极情绪，其内在的作用机制是如何形成的，雇佣关系模式对其的影响是否也如以往积极变量一样，目前文献尚未给出一个合理的解释。因此，该文通过实证检验雇佣关系与组织犬儒主义之间的逻辑关系，有助于完善现有雇佣关系领域的研究结论。

第二，阐明了企业文化对于工作压力以及组织犬儒主义等负面因素的调节影响。以往关于企业文化的文献鲜有将关注的焦点集中于工作压力、犬儒主义等消极层面因素。因此该文通过聚焦企业文化这一特殊的作用形态，对其与工作压力、组织犬儒主义的内在机理进行探索，既拓展了企业文化的研究方向，也为后续开展企业文化效用的分析提供了一个新的思路和突破口。

第三，对职场中工作压力感知的个体差异表现提供了一个可行的情境因素解释，丰富了现有工作压力领域的研究。一方面，现有关于工作压力的文献主要侧重于压力源及其后续衍生结果之间的探讨，对其前因变量的研究虽然有所涉及，但是从雇佣关系这一整体视角切入进而分析二者之间因果关系的文献并不多见；另一方面，雇佣关系作为重要的情境因素，对于个人情绪表达的影响效果与其提供的资源多寡以及期望贡献的高低有关，这意味着员工会因雇佣模式的差异化而呈现出不同的压力反应。因此，该文通过构建雇佣关系—工作压力—组织犬儒主义的作用机制，对于工作压力及其后续行为态度的差异表现给出了组织层面的理论诠释。（丁佳琦）

**【灵活工作计划对员工心理和行为的影响——元分析的检验】**

吴梦迪（中山大学岭南学院） 阳义南（华南理工大学公共管理学院） 王晓晖（中山大学岭南学院）

《经济管理》2020 年第 7 期

16.4 千字

面对女性就业和双职工家庭增多、抚育“二孩”和照料老人负担加重、员工更追求个人兴趣发展等新形势、新变化，越来越多的组织开始实行灵活工作计划来帮助员工更好地平衡工作和生活。该文采用元分析方法，基于 1983—2020 年 99 项实证研究的 112 个独立样本，定量综述灵活工作计划对员工心理和行为的影响，并探讨家庭责任和员工类型对这些关系的调节作用。结果发现，灵活工作计划显著降低员工的工作—家庭冲突和离职倾向，提高感知工作自主性、工作满意度、组织承诺感和工作绩效。调节效应的元分析结果则显示，对于家庭责任较大的员工，灵活工作计划与工作—家庭冲突、感知工作自主性和工作满意度的关系更加显著；相比于经理和专业人士，灵活工作计划对一般员工的感知工作自主性、工作满意度、组织承诺感、离职倾向和工作绩效的影响要更大。该文得到了关于灵活工作计划与员工多种心理和行为之间关系的更可靠、更稳健、更具普适性的结论，解决了关于灵活工作计划对员工正向或负向影响的持久争辩，并为我国组织实施灵活工作计划提供了理论借鉴和实践启示。

该文的理论贡献主要体现在以下几个方面。

第一，采用国际流行的元分析定量综述法，探讨了灵活工作计划与员工多种心理和行为的关系。尽管已有很多研究发现灵活工作计划对员工的积极影响，但持相反意见的研究也不在少数。该文的一个重要贡献在于采用元分析技术，得到关于灵活工作计划与员工多种心理和行为变量之间关系的更可靠、更稳健、更具普适性的结论，解决了关于灵活工作计划对员工正向或负向影响的持久争辩。在灵活工作计划与员工心理和行为的相关性研究得出定论后，关于灵活工作计划理论的研究重点可以开始转向灵活工作计划的影响机制研究。

第二，基于多维理论视角探讨灵活工作计划对员工的影响，丰富了该领域的理论研究。以往关于灵活工作计划的研究多缺乏理论基础或只是基于单一理论视角，该文采用多个理论视角详细解释灵活工作计划如何影响员工的心理和行为，所采用的研究视角包括人与环境匹配理论、控制理论、工作特征理论、信号理论、社会交换理论、社会比较理论、工作适应理论等，该文为日后灵活工作计划的影响机制研究提供更多理论视角参考。

第三，元分析的作用不仅仅在于统计变量间关系的平均效应值，对变量间相关关系的方向和强度做出更加准确的评估，它还可以探究情景因素对于研究变量之间关系的调节作用。该文根据文献编码结果，选取了家庭责任和员工类型作为调节因素，检验结果表明，它们对灵活工作计划与员工多种心理和行为的关系均有显著的调节作用。这一结果丰富了灵活工作计划领域的研究理论，拓展了研究视野，启示后续的研究应该特别注意家庭责任、员工类型所起的作用。（丁佳琦）

**【人力资源管理计划、实施与感知的差异研究——一个整合模型】**

王　震　姜福斌（中央财经大学商学院）

《经济管理》2021 年第 10 期
14.5 千字

组织的人力资源管理计划能否取得预期效果，在很大程度上取决于人力资源部门与直线经理的实施程度以及一线员工的实际感知程度。为此，新近研究开始通过计划—实施—感知这一过程机制来解读人力资源管理对个体和组织绩效的复杂影响。然而，当前研究对人力资源管理计划、实施和感知之间的差异及其成因还缺乏系统认识。该文在梳理相关文献的基础上，首先界定了人力资源管理计划、实施与感知，接着论证了三者间差异的存在，进而提出了一个整合模型呈现差异的影响因素。该模型通过两个视角、四类主体、五个方面和九条路径，系统阐释了人力资源管理计划、实施与感知为何存在差异。文章最后还提出了一系列未来研究方向。该文有助于系统理解人力资源管理计划（HRM 计划）、实施与感知，从理论上推动对三者差异的研究，在实践中帮助企业更好地开展人力资源管理活动。

该文的理论贡献主要体现在以下几个方面。

第一，当前学术界对 HRM 计划、实施与感知的概念界定并不清晰。有研究认为 HRM 的实施主体是企业高层，有研究认为实施仅仅是 HR 部门的任务，还有研究认为实施就是员工的主观感受。基于对现有研究的梳理，该文提炼了三者在定义、参与主体和影响结果方面的区别，为实证研究提供概念基础。

第二，该文分别界定了 HRM 计划、实施与感知，并指出了它们的差异，但这种差异仅仅是概念上的还是在组织中真实存在的？学者们对这一问题看法不一，有的认为差异普遍存在，有的则认为差异是特殊现象。为了解答这一问题，该文对现有文献进行了梳理和整合，发现受资源和主体影响，三者间差异无法避免，会出现在计划—实施和实施—感知的传递过程中。

第三，既然 HRM 计划、实施与感知确实存在差异，哪些因素会影响差异大小？以往对差异影响因素的研究比较分散，学者们基于不同理论视角，关注不同主体，分别研究了计划—实施和实施—感知过程。该文在梳理以往研究的基础上提出了一个整合模型，提炼出理解差异为何存在的两个视角、四类主体、五个方面和九条路径。（丁佳琦）

**【中国战略人力资源管理研究的困境及突破——基于文献计量的批判性反思】**

张紫滕（南京大学商学院）　李进生（南京大学商学院、桂林理工大学商学院）　陈万思（华东理工大学商学院）　赵曙明（南京大学商学院）

《经济管理》2021 年第 12 期
15.2 千字

近几年，战略人力资源管理（SHRM）研究受到概念模糊、脱离实践和方法论缺陷等问题的批判，但国内缺少对此类困境的针对性研究。该文收集 CSSCI 期刊发表的 SHRM 研究论文，通过 Citespace 从引证文献和主题演进两方面进行可视化回顾。研究发现，中国 SHRM 研究整体的确存在与实践脱节的困境，但具体演进过程与不同阶段中国发展战略相适应。因此，如今中国 SHRM 研究困境的突破点或许就在于顺应新时代中国创新发展战略。具体需要：改善科研评价机制，推动 SHRM 学者扎根实践；提高人力资源管理学科的实践性，培养政产学研用一体化的 SHRM 人才；建设专业化、规模化、体系化、国际化的中国人力资源管理学术期刊集群，构建 SHRM 国际学术话语权；鼓励 SHRM 学者探索多元化研究方法和跨学科理论，并考虑利益相关者的多重复杂视角。

该文的理论贡献主要体现在以下几个方面。

第一，SHRM 的研究困境不是某个时间点突然出现的，对其进行客观分析和总结，需要对其历史发展和现实因素进行梳理。更重要的是，在对 SHRM 研究的批判中，越来越多学者提出要回到 SHRM 的起点与初衷进行回顾与反思。回顾历史，不同时代、不同学科的学者赋予了 SHRM 不同的定义解读和方法论视角，使得 SHRM 研究不断丰富和扩展的同时，促使了研究焦点的离散化，甚至逐渐偏离 SHRM 初衷，脱离实践。鉴于此，该文从学科视角分析 SHRM 研究，反映不同学科对 SHRM 概念、方法和应用的影响，从中展现研究困境的表现形式和演变过程。

第二，该文通过文献计量工具 Citespace 对研究主题及其施引文献和高被引文献进行可视化分析，分析中借鉴 Cooke 等的方法，通过 SHRM 是否情境化说明研究与实践结合的程度，以研究水平（机构、组织、单位、个人或多个层次）、数据来源（单一或多个来源）和时间点（单一时间点或多个时间点）来衡量研究设计的复杂性和多样化，进而揭示中国 SHRM 研究发展与困境。

第三，深入管理实践才能发现中国组织管理领域的真问题，认识实际问题的复杂性，设计合适的研究方法，提炼反映真实情况的、具有社会影响力的概念。为更有效突破困境，首先要分析困境形成的原因，该文基于此提出突破困境的建议。（丁佳琦）

**【透过员工聆听顾客：顾客参与对员工建言影响】**

高维和　刘德文（上海财经大学商学院）

《经济管理》2021 年第 3 期

15.4 千字

建言对员工的工作绩效、自我实现乃至组织和谐、变革与创新具有重要价值，但其培育机制主要集中在领导、同事和员工特质等组织内部层面，组织外部层面的培育机制实证研究较为匮乏，尤其是忽略了外部顾客参与对员工建言的重要影响。来自顾客的意见、信息和行为涉入是否能促进员工对组织的建言还尚未有研究涉及。为了探索顾客参与对员工建言的影响关系和内在机理，基于社会认知理论，该文探索构建了以建言效能感为中介变量和责任型领导为调节变量的顾客参与对建言的影响过程模型，并通过某企业176份工作周报（二手数据）和271份调研样本（一手数据）进行实证检验。该文的结果显示：(1)顾客参与积极显著地影响员工建言；(2)建言效能感是顾客参与影响员工建言的中介变量；(3)责任型领导调节了顾客参与对建言效能感的正向影响，责任型领导水平越高，顾客参与对建言效能感的积极作用也越强；(4)责任型领导还调节了建言效能感在顾客参与和员工建言之间的中介效应，责任型领导风格越强时，顾客参与通过员工建言效能感的中介作用进而对员工建言的间接影响也随之增强，反之减弱。

该文的理论贡献主要体现在以下几个方面。

第一，从顾客方提出了员工建言的诱发机制，丰富了员工建言的顾客层面驱动因素研究，为后续员工和顾客关系的研究提供了新视角。

第二，将责任型领导方式纳入顾客参与驱动员工建言的研究，阐述了员工的认知机制可以桥接顾客参与和建言的关系，并解释了责任型领导发挥的调节作用，有助于揭开顾客参与对员工建言的理论“黑箱”，拓展了责任型领导的研究框架。（丁佳琦）

**【策略性网络社交回避形成机制：在线工作—生活打断的作用】**

赵　晨　周锦来　冯宏宇（北京邮电大学经济管理学院）　高中华（首都经济贸易大学工商管理学院）　谢荣艳（河南财经政法大学MBA学院）

《中国人力资源开发》2021年第5期
12.7千字

新冠肺炎疫情背景下，社交媒体中的工作—生活打断问题愈加凸显，员工往往会采取主动措施应对网络社交的侵扰。该文将员工主动采取社交媒体上可用的措施以实现网络社交选择性规避的行为定义为策略性网络社交回避。基于资源保存理论，该文提出社交媒体中的工作—生活打断会导致社交媒体倦怠，进而引起员工的策略性网络社交回避。而社交媒体嵌入不仅强化了社交媒体倦怠对策略性网络社交回避的正向影响，而且强化了社交媒体倦怠的中介机制。通过对326名员工样本进行分析，该文提出的理论假设获得了数据支持。研究结果有助于厘清员工主动回避行为的形成机理，对管理者引导员工的社交媒体使用具有指导作用。

该文的理论贡献主要体现在以下几个方面。

第一，将策略性网络社交回避这一现象概念化，提出了员工应对社交媒体负面影响的主动策略。已有研究关注到了社交媒体使用会给员工带来压力，但这些概念没能够很好地涵盖员工在使用社交媒体过程中的有预见性的主动行为。基于这一不足与管理实践，该文提出了策略性网络社交回避这一新概念。策略性网络社交回避是员工应对压力的主动性策略，它不是毫无条件地少用或者弃用社交媒体，而是有针对性地对潜在的干扰信息进行事先规避，以保持自身良好的状态。该文提出了网络社交回避的概念并开发测量，有效回应了已有研究中员工对社交媒体使用主动策略研究的不足，对后续更加多样化的社交媒体倦怠应对策略研究有一定的启示作用。

第二，基于工作场所情境揭示了策略性网络社交回避的形成机制。在确定策略性网络社交回避这一概念的基础上，该文基于资源保存理论进一步揭示了它的形成机制。

第三，指出了策略性网络社交回避的形成边界。应该指出的是，策略性网络社交回避并非员工面对社交媒体倦怠的万能良药，这也意味着并非所有员工都需要采取这种方式应对社交媒体的负面效应。随着社交媒体使用的强度在工作场所不断提高，策略性网络社交回避将越来越成为员工的重要行动策略。（丁佳琦）

**【内部准备度视角下的组织平台化转型研究述评】**

刘　军　崔　琦　袁艺玮（中国人民大学商学院）高中华（首都经济贸易大学工商管理学院）李朋波（北京第二外国语学院旅游科学学院）

《中国人力资源开发》2021 年第 10 期
14.8 千字

组织平台化转型不可避免地改变了组织结构、工作流程和关系模式，给员工、团队和整个组织都带来了新的挑战和机遇。在宏观层面，平台技术和平台模式的应用要求组织进行相应的经营管理模式转型，制定配套的组织管理措施，以适应平台化的新要求、提升组织的竞争优势；在微观层面，作为组织平台化转型战略的落地实施者，组织内各角色对平台化转型的认知、态度，以及其所具备的平台能力等都显著影响着组织转型的进程与效果。因此，该文聚焦平台化转型中组织内部准备度问题，通过回顾现有组织平台化和组织内部准备度等相关文献，梳理组织平台化转型对内部人力资源的多层次要求，整合影响平台化转型各层面准备度的多重因素，为未来研究者探究组织内部角色的平台准备与适应提供因素框架和逻辑思路。

该文的理论贡献主要体现在以下几个方面。

第一，该文聚焦于组织内部中的人在平台化转型中的准备与适应问题，力求通过回顾现有组织平台化和组织内部准备度等相关文献，梳理组织平台化转型中促进内部适应的多重影响因素，为未来研究探究组织内部角色的平台准备与适应提供了研究思路和借鉴。

第二，该文补充搜索了平台化转型研究中与组织行为相关的较高被引研究和出版物的参考文献列表，对原始信息展开“滚雪球”式的引文跟踪。采取这种检索策略是为了确保能够更广泛地了解平台化转型的组织微观研究，以更好地把握现有研究方向和未来研究趋势。

第三，该文在评估研究内容和期刊质量的基础上，努力突出当前的核心研究和发展趋势。基于以上检索方法，通过对国外 267 篇平台化转型文章和国内 52 篇相关研究文章进行分析整理，将组织平台化转型中内部角色的准备与适应研究整合到个体、团队、组织多层次研究范畴中，以识别影响组织平台化转型有效性的内部关键要素。（丁佳琦）

**【基于人格特质视角的员工建言行为研究：回顾与展望】**

周琰喆（中国人民大学劳动人事学院） 李　原（中国社会科学院社会学研究所）

《中国人力资源开发》2020 年第 10 期
20.1 千字

员工的建言行为对组织的生存发展具有重要作用，在影响建言行为的各种因素中，员工的人格特质广受研究者关注。该文综合分析了国内外员工人格特质与建言行为研究，发现大五人格因素中，除开放性和宜人性仍存在较大争议，尽责性、外倾性正向预测而神经质负向预测建言行为；非大五人格特质中，主动性人格、追求与回避取向、核心自我评价等能正向预测员工的建言行为，权力距离倾向、羞怯等负向预测建言行为。同时，人格特质对建言行为的影响主要通过动机、人际关系和情绪机制起作用，而领导者的个人特征、群体氛围等因素也会调节这些关系。基于已有研究，该文最终提出了员工人格特质与建言行为关系的研究框架以及未来的研究方向，为今后研究提供了相对系统的研究思路和建议，同时，有助于实践中的管理者从人格特质角度更好地引导、激发和促进员工的建言行为。

该文的理论贡献主要体现在以下几个方面。

第一，通过对现有零散的研究结果进行系统梳理，该文由此建构了员工人格特质与建言的关系研究框架，以展现员工的不同人格特质作为影响因素对建言的直接或间接（通过动机、人际关系和情绪机制）作用，以及情境因素在其中扮演的重要角色。

第二，基于人格特质视角的建言研究揭示了组织中员工建言行为存在的个体差异，发掘了人格因素作用于建言行为的机制与情境条件，这不仅有助于管理者认识人格对建言行为的决定性作用，以便将相关理解应用在诸如招聘、选拔等管理实践中，还有助于管理者从人格特质角度，结合组织群体以及领导者个体因素等情境因素，对实践内容加以改进，从而达成对员工建言行为的引导。（丁佳琦）

**【新冠肺炎疫情背景下企业社会责任对员工韧性的影响研究】**

何　洁（湖南科技大学湖南创新发展研究院） 毛　焱　梁　滨（湖北经济学院旅游与酒店管理学院） 王苗苗（南京航空航天大学经济与管理学院）

《中国人力资源开发》2020 年第 8 期
12.9 千字

新冠肺炎疫情背景下，面对疫情的威胁、收入的不确定性和工作方式的改变，提升员工韧性是组织应对重大疫情且后续顺利复工复产的精神支撑。基于工作资源模型，该文旨在探讨企业社会责任对员工韧性的影响效果与机制。在新冠肺炎疫情暴发高峰期，通过对 895 名员工的问卷调查，研究发现企业社会责任通过疫情回应满意度能有效提升员工韧性，个体反思水平越高，则疫情回应满意度对韧性的影响效果越强，员工的反思取向也加强了企业社会责任通过疫情回应满意度影响员工韧性的影响效果。该文丰富了危机情境下员工韧性的组织前因研究，有利于引导企业通过承担社会责任从而增强员工韧性。

该文的理论贡献主要体现在以下几个方面。

第一，拓展了重大危机情境下企业社会责任对于微观个体层次的影响效应研究。在疫情灾难下，企业社会责任可以为员工提供资源支持，帮助员工保持良好状态以应对困难与逆境。该文基于工作资源理论，探讨了重大疫情背景下企业社会责任影响员工韧性的效果与机制，不仅探索了员工韧性的组织前因，也进一步拓展了危机情境下企业社会责任的微观影响研究。

第二，深化了组织资源转化为个体资源的作用机制研究。基于工作资源理论，企业社会责任是员工可获得的工作资源，通过员工对企业社会责任的判断与评价最终影响员工韧性。这一过程中，组织资源得以转化为个体资源，也进一步丰富了员工韧性的前因研究。

第三，探索了组织资源转化为个体韧性的边界。将个体反思纳入分析框架，有利于结合组织和个体两方面的资源因素，探索企业社会责任通过员工感知的组织疫情回应满意度影响员工韧性的边界，提供更符合现实的解释。（丁佳琦）

**【助人行为与职业成长的倒U型关系：角色压力的中介作用和工作自主性的调节作用】**

陈晓暾　陈　欢　罗文春（陕西科技大学经济与管理学院）

《中国人力资源开发》2020年第4期
22.2千字

虽然助人行为对团队和组织的积极影响已经得到普遍认可，但其对施助者的影响究竟是积极的还是消极的，学术界目前还未能形成一致意见。该文基于资源保存理论，考察员工助人行为对其自身职业成长所产生的“过犹不及”影响效应，认为员工助人行为与职业成长呈倒“U”型关系，角色压力在上述关系中起中介传导作用，而且工作自主性能调节员工助人行为与职业成长的关系。通过对312名员工数据进行层次回归分析，上述假设得到了支持。该文丰富了员工助人行为对施助者工作结果的影响效应研究，对组织辩证看待员工助人行为，实现个人与组织互利共赢具有一定启示作用。

该文的理论贡献主要体现在以下几个方面。

第一，揭示了员工助人行为与职业成长的倒“U”型曲线关系。该文基于资源增益性和资源损耗性的双重属性，揭示了适度的助人行为对施助者的职业成长能够起到正向促进作用，超过了临界点，过度的助人行为则主要起消极作用。这一研究结果为员工助人行为与职业成长关系存在的分歧给出了新的解释思路，增强了资源保存理论和“过犹不及”效益的解释力，丰富了员工助人行为领域的研究。

第二，发现了角色压力在员工助人行为与职业成长之间倒“U”型关系中起到中介传导作用。该文运用压力二元性的观点，分析了角色压力与职业成长的倒“U”型关系，进而证实了角色压力在助人行为和职业成长之间的中介传导作用，拓展了 Bergeron 等以及 Eissa 和 Lester 等学者关于员工助人行为与工作结果线性关系的结论。

第三，验证了工作自主性在员工助人行为与职业成长之间倒“U”型关系中具有调节作用。该文以工作自主性作为调节变量，从工作本身出发，深入解析了员工助人行为对职业成长边界条件，支持了工作特征是缓冲助人行为对个体资源损耗的因素这一观点，是解读施助者助人行为对资源变化和调整的新视角，丰富了员工助人行为与职业成长的研究成果。（丁佳琦）

**【员工—主管边界分割偏好匹配对员工创新行为的影响】**

付竞瑶　张兰霞　赵建浩（东北大学工商管理学院）钱金花（东北大学理学院）

《管理学报》2021 年第 4 期

13.9 千字

依据个体—环境匹配理论，基于两个时点的配对问卷调查数据，采用多项式回归、响应面分析和块变量分析方法，探讨了员工—主管边界分割偏好匹配对员工创新行为的影响。研究结果表明：员工—主管边界分割偏好的一致性匹配有利于提高员工的工作自主性并激发创新行为，员工—主管边界分割偏好的差异性匹配会减弱员工的工作自主性及创新行为。具体而言，当员工—主管边界分割偏好为一致性匹配时，员工偏好低—主管偏好低匹配对员工工作自主性和创新行为的正向影响更强；当员工—主管边界分割偏好为差异性匹配时，员工偏好高—主管偏好低匹配对员工工作自主性和创新行为的负向影响更强；员工工作自主性在员工—主管边界分割偏好匹配对员工创新行为的影响中起部分中介作用。

该文基于个体—环境匹配理论，以工作自主性作为中介，探究员工—主管边界分割偏好匹配与创新行为的关系及作用机制，以期丰富员工与主管之间认知匹配影响员工创新行为的研究，并为企业激发员工的创新行为提供指导与借鉴。该文的实践启示主要体现在以下几个方面。

第一，指导企业应在了解员工的边界分割偏好的基础上主动采取措施来实现一致性匹配，如可在团队组建阶段通过测评等方式了解员工和主管的边界分割偏好，并将偏好一致的员工和主管组建在同一团队中，亦可通过沟通、培训等方式增强员工与主管边界分割偏好的匹配程度。

第二，在制定人力资源策略时，企业应考虑到有利于工作家庭边界整合的措施（如弹性工作制、家庭帮助计划等），帮助边界分割偏好低的主管和员工灵活地整合工作家庭，也可引导边界分割偏好高的主管和员工调整工作家庭边界偏好，以最大限度地促进员工创新行为的提升。还可以通过制定提高员工工作自主性的人力资源政策来提高其工作自主性，从工作设计的角度考虑赋予员工更多的工作自主权，使员工在工作流程、工作进度甚至工作伙伴方面拥有更多的决定权等。（丁佳琦）

**【克扣型领导影响员工创意领地行为的条件过程研究】**

黄　杰　唐春勇（西南交通大学经济管理学院）

《管理学报》2020 年第 10 期
12.9 千字

现代组织在实现规模经济的同时也存在“血汗工厂”模式的问题。克扣型领导作为一种消极刺激比其他基于欺凌的破坏性领导（如辱虐管理等）对员工工作产出的危害更大。该文基于公平启发理论，通过收集 403 名员工的纵向数据，探讨了克扣型领导影响员工创意领地行为的条件过程。研究结果表明，克扣型领导显著正向影响员工创意领地行为；心理契约违背中介了克扣型领导与员工创意领地行为的关系；同事异质性协议正向调节克扣型领导和心理契约违背，以及心理契约违背和员工创意领地行为的关系，即同事异质性协议程度越高，相应关系越强；同事异质性协议正向调节克扣型领导影响员工创意领地行为的间接过程，同事异质性协议程度越高，心理契约违背的中介效应越强。

该文的理论贡献主要体现在以下几个方面。

第一，弥补了克扣型领导实证研究的不足。以往关于破坏性领导的研究较少同时关注领导者的利己和克扣他人行为，较少将克扣型领导作为一种独立的领导类型，从而使克扣型领导的研究大都只关注于量表开发，缺乏相关的实证检验。该文响应有关学者的呼吁，验证了克扣型领导可以通过使员工产生心理契约违背，进而导致员工创意领地行为的发生，丰富了对破坏性领导的相关研究。

第二，弥补了创意领地行为及其前因、边界研究的不足。以往相关研究大多涉及员工领地行为的影响效果，且出现一些相反结论。这主要是因为没有考虑到导致领地行为效果不同的前因机制和边界条件。此外，以往对领地行为的研究大多集中于知识管理领域，较少涉及对创意领地行为的探讨。鉴于此，该文深入分析领导行为（克扣型领导）对员工创意领地行为的影响机制及边界条件，扩大了领地行为研究的诺莫网络，也丰富了以往关于创意领地行为的相关文献。

第三，弥补了异质性协议消极影响研究的不足。以往学者大多关注异质性协议对员工自身工作产出的积极影响，而较少探讨其对员工心理认知和工作产出的消极效果，这可能导致人们对该类协议过于积极的评价。由此，该文关注员工对同事异质性协议的心理及行为反应，即同事异质性协议加剧了克扣型领导通过心理契约违背影响员工创意领地行为的间接过程。这挑战了以往关于同事异质性协议对组织和员工具有积极影响的研究结论，增进了对同事异质性协议更深层次的理解。（丁佳琦）

**【电子化人力资源管理变革感知对员工变革行为的影响研究】**

李　晋（南京师范大学商学院）　秦伟平（南京财经大学工商管理学院）　周路路（东南大学经济管理学院）

《管理学报》2020 年第 6 期
13.3 千字

移动终端、物联网以及云计算等信息技术的飞速发展，正在重塑着企业的组织结构以及员工的工作方式，人力资源管理不可避免地经历着一场向电子化人力资源管理变革的过程。该文基于意义构建的事件关注、发现意义、指导行为的3个阶段活动，从员工的感知活动出发，通过对728名员工及其主管进行配对问卷调查，探析电子化人力资源管理变革对员工变革行为的影响，进而说明电子化人力资源管理变革的战略功能在员工思维及行为中的体现过程。研究结果发现：员工对电子化人力资源管理变革的感知活动，可以激发其做出相应的变革行为；结合意义构建的过程，员工感知活动对其变革行为形成的积极作用，部分通过对电子化人力资源管理变革做出的重要性评价所传递；信息技术自我效能感对员工意义构建过程起着积极的调节作用。

该文的理论贡献主要体现在以下几个方面。

第一，将电子化人力资源管理与组织变革管理相结合，对以往基于技术因素的研究视角进行了补充。电子化人力资源管理兼具技术性和组织性两大特征，现有研究几乎都默认信息技术的引入会直接产生积极的效果，这虽然肯定了信息技术对人力资源管理发展作出的贡献，但却忽视了其所引发的组织因素方面的管理变革。该文分析了电子化人力资源管理变革以及这一变革对员工行为形成的积极影响，从组织因素的视角对原有的技术视角进行了补充。

第二，从微观层面分析了电子化人力资源管理变革对员工行为的影响，拓宽了电子化人力资源管理变革的影响范围。现有关于电子化人力资源管理影响结果的研究，都过于重视人力资源部门自身的角色地位，但这一观点可能会阻碍对电子化人力资源管理变革战略功能的正确认识。鉴于此，该文基于意义构建理论，证实了电子化人力资源管理变革意义向员工层面渗透，激发员工变革行为的过程，为分析如何有效发挥员工主体功能，推进自下而上变革路径的相关研究提供了一定的理论支撑。

第三，结合具体情境引入信息技术自我效能感，对意义构建过程的个体差异研究进行了补充。以往相关研究大多认为意义构建是一种社会性群体活动，忽视了个体差异性的意义构建过程。鉴于此，该文引入信息技术自我效能感，将一般自我效能感在特定情境中进行了延伸，把个体差异性与具体情境进行了较好结合，对个体差异研究进行了适当补充。（丁佳琦）

# 工商管理·会计学

## 【媒体情绪传染与分析师乐观偏差——基于机器学习文本分析方法的经验证据】

张宗新等（复旦大学经济学院）

《管理世界》2021 年第 1 期
23.5 千字

在资本市场上，新闻媒体在信息发布、聚集与传播的过程中发挥着重要的媒介功能。关于媒体报道功能的既有文献大多将媒体视为客观中性的信息中介角色，并集中地考察了媒体对投资者行为、资产定价、公司治理与市场监督等维度的影响，然而，媒体的角色事实上存在着“信息供给”与“情绪干预”两种可能性。一方面，媒体发挥着信息挖掘的重要职能，从而影响投资者行为以及上市公司的决策行为与治理效率。但另一方面，部分媒体为了追求受众的关注度，在报道时更倾向于选择具有冲击性的语言表述，或是于行文中传达其情绪和观点，从而引导公众对事件的看法与态度倾向。随着越来越多的学者关注到新闻媒体存在的报道偏差与特有情绪等异象，媒体报道的客观性与媒体功能的有效性引发了广泛质疑，新闻媒体在提升资本市场信息效率与上市公司治理水平等方面所发挥的作用面临严峻考问。

该文以 2013—2017 年沪深两市 A 股上市公司为研究样本，通过编写爬虫程序获取公司百度新闻报道，运用基于机器学习方法的自然语言处理技术对文本情绪进行分析测算，从行为金融学视角考察了媒体情绪对分析师盈利预测乐观倾向的影响，同时挖掘了媒体情绪传染效应的作用机制，及其对股票市场波动的影响。研究结果表明。

（1）分析师盈利预测的乐观偏差会受到媒体情绪的显著正向影响，即存在媒体情绪传染效应。当媒体报道情绪越乐观，分析师的盈利预测行为也会呈现出更为显著的系统性乐观情绪；而当媒体情绪较为悲观时，分析师预测的乐观偏差程度也较低。

（2）媒体情绪会通过“分析师有限关注”以及“投资者情绪”两条路径传染至分析师情绪。具体而言，媒体乐观情绪会吸引更多乐观分析师的关注，同时激发更为高涨的投资者情绪，进而促使分析师发布更为乐观的盈利预测。

（3）媒体情绪传染效应会给资本市场带来波动风险冲击。一方面，分析师盈利预测时的乐观倾向会显著加剧资本市场股票收益的波动率和尾部风险；另一方面，分析师的乐观情绪也在媒体情绪助推股价波动的过程中发挥了部分中介效应的作用，构成媒体情绪影响股价波动的传导路径及共振机制。

（4）进一步研究发现，相比非明星分析师，明星分析师的预测行为受到媒体情绪影响的程度更低但仍然显著，意味着明星分析师理性程度相对更高但也是有限理性。此外，明星分析师在资本市场上具有更高的影响力，容易受到非明星分析师等“非理性羊群”的追随和趋同，因此明星分析师的乐观预测会引起更大幅度的市场波动，同时明星分析师的媒体情绪传染效应会更大程度地影响资本市场稳定运行。

基于研究结论，该文提出以下三方面建议。

（1）强化媒体社会责任，规范媒体理性预期与行业秩序。通过有效机制设计来抑制报道偏差与媒体非理性情绪等市场异象，提高证券市场的信息效率，助力新闻媒体行业在中国资本市场平稳发展的过程中发挥更为积极的作用。

（2）以审慎监管为准则，着力加强新闻媒体和证券分析师的有效信息供给功能。监管部门应不断完善媒体行业和分析师行业的法制建设，形成监管合力，进而引导新闻媒体和分析师更好地履行信息披露职责，增进资本市场信息效率。

（3）合理引导媒体理性与分析师理性，优化证券市场投资环境。证券研究行业应完善分析师考核评价体系，引导分析师通过提高自身专业分析能力来克服有限理性，并鼓励分析师群体培养客观严谨的职业态度来减少外部市场情绪对自身分析预测行为的干扰，进而推动健康、有序的证券投资环境与资本市场秩序建设。（胡文龙）

**【分类管控下的债务风险与风险传染网络研究】**

吴德胜　曹　渊　汤　灿　郝希阳（中国科学院大学）

《管理世界》2021年第4期
22.8千字

防范化解重大风险，守住不发生系统性金融风险的底线是我国经济工作的重心之一。当前，我国宏观杠杆率处于较高水平，从国际比较看，我国政府部门和居民部门的债务水平均低于主要发达国家，但非金融企业部门的债务率水平则在世界范围内处于高位。进一步从债权人结构、所有制结构、债务期限结构等角度剖析，可以观察到许多符合我国国情的特点。该文针对部门债务，从债务口径、债务结构和偿付风险3个层次深入研究了实体经济债务风险的关键问题，提出了分类管控我国债务风险的理论模型。

该文通过分类管控的理论方法和风险传染网络的实证分析，发现在债务风险化解防范中应重点关注以下几点。

（1）由于对地方融资平台等部分国有企业隐含债务兜底，PPP模式泛化异化增加潜在财政支出等原因，政府部门存在一定程度的隐性债务。对此，应进一步明确政府性债务口径，完善地方政府债发行机制，在存量隐性债务处置中完成偿付责任切割。

（2）近年来个人房贷增速过快，不仅增加未来居民偿付压力，也对消费市场提振形成挤出效应。对此应建立房地产长效机制，引导市场形成房价下行预期，使每季度新增住房贷款在合理水平，与居民可支配收入增长相匹配。

（3）非金融企业部门中企业债务风险关联性较强，易成为潜在区域系统性风险源。对此，应加强监管部门间数据和信息流的对接整合，从股权、债券和银行信贷等多个市场维度构建实体经济企业和金融机构间的风险传染网络，并审慎监管债券发行和银行信贷中的无序担保行为。

（4）国有企业负债率偏高，僵尸企业浪费社会资源。对此，应考虑市场化的改革机制，建立国有企业资产负债长效约束，并建立完善的国企债务数据监测系统，提升国企的资产运营效率，盘活存量资产。

（5）分类管控理论的分析和风险传染网络的实证表明，民营企业通过互保和联保为融资增信的比例高于同类国有企业，反映出民营企业仍存在融资难困境。对此，应继续引导金融机构在资金配置上向中小民营企业倾斜，通过完善多层次资本市场，拓宽民企融资途径。（胡文龙）

**【政府会计监督如何影响盈余管理——基于财政部会计信息质量随机检查的准自然实验】**

柳光强　王　迪（中南财经政法大学会计学院／会计信息研究中心）

《管理世界》2021 年第 5 期

23.1 千字

会计信息作为企业管理和市场经济健康发展的基础，服务于内部决策者、外部投资者等利益相关者，是控制和监督经济运行的必要依据和手段。高质量的会计信息能够降低企业融资成本、提高投资效率、提高资源配置效率等。但会计造假行为在不同发展阶段、不同国家中都一直存在，如 2019 年以来，我国资本市场相继曝光的康得新和康美药业等一系列会计造假案件对社会各界造成了极其恶劣的影响。会计造假行为成为了经济社会发展中的顽疾，如何进行有效的政府监督一直是学界和实务界共同关注的焦点问题。

该文手工提取 1999—2017 年财政部会计信息质量随机检查公告披露出的问题企业数据，基于财政部会计信息质量随机检查制度“双随机、一公开”的准自然试验，实证分析了政府会计监督对上市公司盈余管理的影响。研究发现：（1）财政部会计信息质量随机检查对上市公司应计盈余管理与真实盈余管理均有显著缓解作用；（2）对于检查公告中披露具体数据的公司和整改态度积极的公司，其盈余管理程度改善更多；（3）监管效果在产权性质不同的公司、处于市场化程度不同地区的公司、股权集中度不同的公司具有差异。该文的结论为完善政府会计监督制度提供了经验证据。（胡文龙）

**【地方政府债务风险：理论分析与经验事实】**

周世愚（中央财经大学中国财政发展协同创新中心）

《管理世界》2021 年第 10 期

22.5 千字

在新发展理念的指导下，中国政府高度关注包括地方政府债务风险在内的系统性金融风险。基于这一背景，该文首先回顾了分税制改革后我国地方政府债务风险的发展阶段，随后围绕现有债务治理权责框架，提炼出隐性担保和隐性金融分权作为分析视角，从表内和表外两个角度考察当前地方政府债务风险的主要特征。其中，表内债务风险特征主要体现为专项债风险隐患的集聚，表外债务风险特征主要体现为风险载体的多元化和风险来源的分散化。

回顾分税制改革后我国地方政府债务风险的发展阶段可以看到，债务风险的演变历程既是债务治理权责匹配深化的过程，也是行政约束逐步转向市场约束的过程。基于财政金融风险处置机制展望地方债务风险的防范化解路径，该文认为，核心是深化债务风险的评估预警，将应对债务风险的方式从事后管控扩展至事前引导，促进地方债务权责归属的明晰化，平抑财政金融冲击的叠加共振效应。在此基础上，依据表内和表外不同的债务风险特征，可以差异化地进行制度设计和政策安排，进一步以市场化、法治化的方式切断地方举债行为向财政风险和金融风险转化的潜在路径。（胡文龙）

**【“城投部门”议价能力与地方政府债务扩张】**

宋傅天（清华大学经济管理学院） 姚东旻（中央财经大学中国财政发展协同创新中心）

《管理世界》2021 年第 12 期
21.4 千字

地方政府债务问题一直是社会各界的关注焦点。在地方政府面临财政、金融及土地等制度因素之外，该文创新性地探讨了“城投部门”的自身激励、自发行为，及其在债务扩张过程中发挥的特殊作用。在国资增值的规模导向、隐性担保导致债务成本低等制度背景之下，“城投部门”存在过量举债的自发倾向。并且由于其在城市建设及土地出让过程中发挥了重要作用，在债务扩张问题中，“城投部门”对于面临救助压力、债务风险的地方政府能够产生议价能力。在新《预算法》所代表的“防范债务风险”政策冲击中，“城投部门”能够通过更强的议价能力，持续获得地方政府的支持，从而相对提高了债务扩张速度。该文通过双重差分法识别了这一因果效应，并从显性债务角度进行验证。债务限额能够对这一过程产生调节。控制内生性后，土地使用权在该过程中具有中介效应。

该文进一步提出以下政策建议。（1）推动“城投部门”市场化转型，剥离政府融资职能。禁止城投类企业以政府信用或政府救助预期进行融资，其融资需签署相关借款合同，划定责任；禁止“城投部门”以书面或口头形式使用政府担保进行融资。限制“城投部门”与地方政府之间的“信用绑定”关系，弱化“城投部门”议价能力的作用效果。（2）剥离“城投部门”公益类资产及储备土地。弱化“城投部门”抵押物等与地方政府之间的联系，“城投部门”不得将债务风险通过公益性抵押物而转嫁至外界。（3）规范处理“城投部门”存量债务。对“城投部门”债务进行清点，核实债务规模及风险，落实、界定债务责任，严格按照规范、合法途径化解存量债务。（4）加强对“城投部门”及地方政府的监督，落实《关于加强地方人大对政府债务审查监督的意见》；监督政府建立完善债务风险评估预警和应急处置机制；推动政府债务信息公开透明。（胡文龙）

**【中国企业杠杆率周期演变机制探析】**

王　擎　孟世超（西南财经大学中国金融研

究中心）
《中国工业经济》2020年第1期
23.5千字

2008年国际金融危机以来中国经济增速逐渐放缓，然而企业杠杆率却呈现“逆周期”上升，同时国有企业与民营企业的杠杆率呈现“所有制分化”。上述中国企业杠杆率特有的周期演变机制有待探索。在优质资产相对缺乏和政府影响力较为强大的背景下，预算软约束和政府隐性担保对企业杠杆率的周期变化具有深刻的影响。该文基于Dewatripont and Maskin（1995）关于预算软约束的建模思想，引入经济基本面和政府隐性担保，考察了企业与银行间借贷博弈的均衡性质，进而探究了企业杠杆率在不同经济基本面下的变化规律。该文的理论模型证明，给定隐性担保水平，企业杠杆率的周期性取决于预算软约束的周期性，随着经济形势由差转好，预算软约束先增强后减弱，企业杠杆率逐渐从“周期性不定”转为“逆周期”变化。该文进一步分析了政府隐性担保的内生选择路径，发现其周期性变化对企业杠杆率周期演变过程中的所有制结构分化具有解释力，在其“递减型”或倒“U”型路径下，民营企业杠杆率周期性不定，国有企业杠杆率则在较长区间内呈“逆周期性”。

该文还将现实中的有关政策措施纳入模型，讨论了机制优化的思路及其对企业杠杆率周期性的影响。研究发现，现有机制的最佳优化方案依赖于政策的评价标准。稳定短期经济宜加强政府对企业（包括国有企业和民营企业）的支持且政府隐性担保在经济低迷时更为重要，实现两类所有制企业的均衡发展则应促进二者在政策上的统一；而要推动长期经济繁荣，还需准确判断新兴经济增长点的位置与特性，进而选择是否鼓励“创造性破坏”，以及对哪一类企业加大支持力度。不同最优政策下企业杠杆率的周期演变特征也存在较大差异。事实上，深化金融改革、培育高质量投资项目或是最佳选择，因为就短期而言，借贷市场关闭的情况可以避免，经济运行相对稳定；就长期而言，较高的投资效率也有利于激发经济复苏的活力。（胡文龙）

**【地方债务扩张的政府策略——来自融资平台“城投债”发行的证据】**

张　路（首都经济贸易大学金融学院）
《中国工业经济》2020年第2期
23.4千字

“城投债”作为地方政府债务的重要形式，在近年来受到学术界的广泛关注，然而大多数研究都集中于从“政府隐性担保”的角度进行分析，忽视了地方政府在发行过程中对融资平台的各类（显性）“财务支持”。该文基于融资平台财务数据和债券发行数据，考察了“城投债”发行前后，地方政府对融资平台进行三类典型的“财务支持”行为。研究发现：地方政府在首次债券发行前会显著增加对融资平台的土地资产注入和国有股权划转，以达到快速扩大融资平台资本规模的目的；地方政府会调整政府补贴数量，帮助融资平台达到债券发行的“门槛”要求；

虽然某些“财政支持”措施确实有助于“城投债”获得更高的初始外部信用评级，但无助于降低“城投债”的融资成本。

该文认为，解决上述地方债务问题，仍然需要遵循中央提出的“堵后门”与“开前门”的原则。一方面，逐步明晰地方政府和融资平台之间的关系，逐步剥离融资平台的政府债务融资功能，破除“刚性兑付”动机，硬化“预算软约束”，在限制隐性担保行为的同时，规范政府（显性）“财务支持”。另一方面，增加地方政府财政信息透明度，逐步扩大地方政府一般债和专项债发行范围和发行规模，积极探索具有中国特色的“市政债”发行道路，使得债券的评级、定价能够真实反映其风险状况，促进地方政府通过正规金融途径满足城市建设和发展的融资需求，将地方负债行为纳入规范化轨道。（胡文龙）

**【董事会断裂带与公司股价崩盘风险】**

梁上坤　徐灿宇（中央财经大学会计学院）王瑞华（中央财经大学商学院）

《中国工业经济》2020 年第 3 期
23.1 千字

防范与应对金融风险是当前中国资本市场建设中的重要任务。该文借助 Lau and Murnighan（1998）提出的断裂带理论，以 2007—2016 年中国 A 股上市公司为样本，初步构建了董事会断裂带影响股价崩盘风险的理论框架，考察了董事会断裂带对股价崩盘风险的影响。该文进一步打开了董事会治理结构对管理层行为影响的黑箱，对上市公司构建、完善治理结构，以及监管部门、投资者认识并防范系统性金融风险具有重要现实意义。

该文研究发现：（1）公司中董事会断裂带的存在加剧了股价崩盘风险；（2）作用机制检验发现，董事会断裂带通过管理层隐藏坏消息发布以及增加公司避税程度加剧了股价崩盘风险；（3）分解董事会断裂带类型后，由深层特征形成的断裂带对于股价崩盘风险的影响高于由表层特征形成的断裂带；（4）行业竞争程度的降低会强化董事会断裂带对股价崩盘风险的影响。

该文结果显示，断裂带的存在会减弱董事会的监督职能，加剧管理层的机会主义或自利行为，提高股价崩盘风险，并且进一步的研究发现这一影响主要源于深层特征形成的断裂带。该文发现董事会断裂带的存在会增加公司股价崩盘风险，这为断裂带是否会影响董事会治理效力提供了直接证据。（胡文龙）

**【经济政策不确定性与银行贷款损失准备计提】**

申　宇　任美旭　赵静梅（西南财经大学金融学院）

《中国工业经济》2020 年第 4 期
22.7 千字

银行贷款损失准备计提的顺周期特征加剧金融系统的不稳定，受到学界和业界的广泛关注，监管机构逐步要求银行采取前瞻性的计提策略以应对贷款损失准备的顺周期特征，经济发展越来越受到宏观经济政策不确定性的影响，银行是否考虑当前经济政策不确定性，对贷款损失准备进行前瞻性计提？该文选取2004—2017年中国126家商业银行数据，研究经济政策不确定性对银行贷款损失准备计提的影响。该文立足经济政策不确定性视角，为中国银行贷款损失准备计提的理论和实践提供了新的解释。

该文实证分析发现，经济政策不确定性与贷款损失准备计提显著正相关，经济政策不确定性越大，贷款损失准备计提越多，在考虑地级市领导人更替、银行高管更替、宏观经济层面遗漏变量，以及使用工具变量的内生性分析后，结果保持稳健。异质性分析发现，这一效应在上市银行、外资持股比例较高、中小银行中表现更为明显。从银行风险管理角度的机制分析发现，不良贷款越多、风险储备越少的银行，经济政策不确定性增加时，计提的贷款损失准备越多，说明风险预防动机是其主要目的。进一步分析发现，银行在经济政策不确定性较高时增加计提，有助于稳定银行收益、降低银行破产风险。（胡文龙）

**【利率市场化进程中的银企互动——上市公司购买银行理财产品的视角】**

褚　剑（南京大学商学院）　胡诗阳（重庆大学经济与工商管理学院）

《中国工业经济》2020年第6期
24.1千字

银企关系在信贷资源配置中发挥着重要作用，然而现有研究大多仅着眼于单方面的企业对银行贷款的需要，而忽视了银企双向互动关系中银行对企业存款的诉求。该文基于中国利率市场化的制度背景，首次从上市公司购买银行理财产品的独特视角考察银企关系对银行获取企业（类）存款资金的影响。该文研究揭示了银企间双向互动的动态过程，为理解实体经济“脱实向虚”现象提供了崭新的视角，对于决策部门深化改革、促进生产要素市场化配置也具有重要启示。

该文研究发现如下。（1）相较于非关系银行，上市公司向关系银行购买的理财金额更高，而理财收益率更低。（2）基于银企相对地位的横截面检验表明，银企关系与理财收益率的负向关系程度在银行类型分别为大型国有商业银行、全国性股份制商业银行、地方性商业银行时依次递减，在企业持股银行情况分别为未持股银行、持股非关系银行、持股关系银行时依次递减，而在企业产权性质为民营企业时比国有企业时更强。（3）进一步研究发现，基于银企关系签订的委托理财契约有利于企业维系与关系银行的信贷关系，持续地获取信贷资源的支持。（4）结合实体经济金融化的研究表明，企业向关系银行购买理财产品短期性地挤占了实体投资，而随着银企关系的深入，信贷资源的保障自然地化解了投资不足问题。（胡文龙）

**【社会保险缴费负担、财务压力与企业避税】**

魏志华　夏太彪（厦门大学经济学院）

《中国工业经济》2020年第7期
22.1千字

社会保险缴费构成了中国企业的一项重要劳动力成本，成为进一步推进减税降费的改革方向。该文试图从企业避税的角度探讨社会保险缴费负担对企业财务行为产生的影响，旨在为理解减税降费政策的内在逻辑提供来自微观企业层面的经验证据。该文研究在理论上丰富了社会保险缴费负担的经济后果和企业避税影响因素的相关文献，在实践上对于完善社会保险制度具有启示意义，也为降低社会保险费率的改革政策提供了支持性证据。

该文以 2007—2017 年中国沪深 A 股上市公司为研究对象，深入考察了社会保险缴费负担对企业避税的影响及其作用机制，并揭示了不同内外部社保压力下两者关系的差异。研究发现：

（1）社会保险缴费负担增加了企业避税程度，原因在于社会保险缴费负担降低了企业的自由现金流水平，迫使企业选择避税来“中和”社会保险缴费负担对企业造成的财务压力。同时，社会保险缴费负担对企业避税的正向影响在内外部社保压力较高时尤为明显。

（2）社会保险缴费负担提高了企业的劳动力成本，可能导致企业自由现金流的下降；社会保险缴费负担与企业避税的正相关关系在融资约束程度较高、金融市场化程度较低地区的企业中尤为显著。

（3）社会保险缴费负担压力下的企业避税是一种“扬汤止沸”的短视行为，最终有损于企业价值及市场表现；管理层持股和高质量外部审计等有效的内外部公司治理机制能够缓解社会保险缴费负担对企业避税的正向影响。（胡文龙）

**【基础货币投放渠道变迁、资金来源竞争与银行理财产品的崛起】**

邵新建　王兴春（对外经济贸易大学国际经济贸易学院） 肖立晟（中国社会科学院世界经济与政治研究所） 覃家琦（南开大学商学院）

《中国工业经济》2020 年第 7 期
22.7 千字

商业银行理财产品在 2008 年后迅速崛起，构成了中国式影子银行系统的重要基石。该文基于 171 家商业银行在 2004—2018 年的面板数据，系统研究了理财产品崛起背后的驱动机制。该文不仅为探索银行理财产品的扩张机制提供了新的理论视角，也能为改进影子银行、理财产品的监管政策提供新的启示。

该文理论分析和实证检验表明：

（1）从资产配置的角度看，银行通过打造理财产品的表外投资通道替换传统信贷通道，可以应对日趋严格的资本金监管要求；银行实际的资本充足率相对监管层强制要求的目标充足率差距越大，其创造的理财产品数量越多。

（2）中国的基础货币投放渠道逐渐由外汇占款主导转向各类央行再贷款，后者的结构性偏向导致小银行吸纳基础货币的能力相对以公开市场操作一级交易商为代表的大银行显著下降，进而推动小银行通过发行定价市场化的理财产品竞争资金。

（3）在利率市场化的大背景下，各类非银行金融机构发行的资管产品基本实现了定价市场化，而银行存款利率依然受到管制或窗口指导，这迫使银行通过发行理财产品与非银行机构竞争资金来源；针对非银行金融机构牌照的管制越松，其对银行形成的外部资金竞争压力越大，这将进一步强化银行理财产品与市场价差之间的正向关系。（胡文龙）

## 【控股股东杠杆增持与企业现金持有】

熊凌云（江西财经大学会计学院） 蒋尧明（江西财经大学会计发展研究中心） 连立帅（华东师范大学经济与管理学部） 杨李娟（江西财经大学会计学院）

《中国工业经济》2020 年第 8 期
23.2 千字

2015 年以来控股股东杠杆增持现象对资本市场和企业经营产生了重要影响。该文考察了控股股东采用杠杆方式增持股份对企业现金持有水平的影响，丰富了控股股东杠杆增持的经济后果及影响机制的研究，拓展了企业现金持有动机理论的应用范围，也为决策部门出台鼓励控股股东杠杆增持政策提供了经验证据，并为监管部门防范金融风险提供了重要的政策启示。

该文研究发现：①控股股东杠杆增持与企业现金持有水平显著负相关；②控股股东杠杆增持主要通过缓解融资约束和代理成本，降低企业持现的预防性动机和代理动机，实现现金持有水平的下降，说明杠杆增持促使控股股东在公司治理中更多地表现为“利益协同效应”；③控股股东杠杆增持在降低现金持有水平的同时提升了企业价值、降低了公司股价崩盘风险，但控股股东自身高杠杆会抑制杠杆增持对企业现金持有水平的“利益协同效应”，说明杠杆增持也并非越高越好。

该文有如下启示与建议：继续鼓励控股股东借助杠杆增持本公司股票；加强对控股股东杠杆增持行为的信息披露监管；加强对控股股东杠杆增持行为的交易监控；适当延长杠杆增持锁定期；营造良好的外部市场环境。（胡文龙）

## 【城市商业银行设立与僵尸企业的形成】

蔡宏波（北京师范大学经济与工商管理学院） 宋研霏（北京大学汇丰商学院） 马红旗（中国农业大学经济管理学院）

《中国工业经济》2020 年第 9 期
22.3 千字

“服务中小企业、振兴当地经济”是城市商业银行的两大战略定位，决定了其服务客户的资信水平以及预算约束能力。中小企业较低的资信水平加上当地政府寄托而来的政策性压力，极有可能催生僵尸企业。该文以城市商业银行数据和中国工业企业数据为基础，通过建立多期双重差分模型，深入研究了中国城市商业银行的建立与僵尸企业形成的关系。

该文研究结果表明：（1）城市商业银行规模扩张会促进新的僵尸企业形成，相较于大型银行，中小企业更容易在城市商业银行获得超额贷款；（2）跨区域兼并重组的城市商业银行的资金配置有效性高于本地城市商业银行，并且会降低城市商业银行对僵尸企业的诱发效应；（3）城市商业银行的设立提高了中小企业从银行贷款的可能性和负债水平，且城市商业银行的规模扩张对不同所有制企业和不同规模企业获得融资的作用存在差异。

该文提出如下政策建议：（1）地方政府应主动减少对城商行经营管理的干预，充分发挥银行自身在金融资源配置中的主体性作用；（2）金融监管机构应强化对城商行的信用风险监管，督促城商行加大对不良资产的处置力度；（3）城商行需要逐渐摆脱历史上的发展定位，深度参与金融行业中的市场化竞争；（4）城商行还应较其他同业竞争者更加重视和做好中小企业信贷的风险管理。（胡文龙）

**【互联网信息交互网络与股价崩盘风险：舆论监督还是非理性传染】**

朱孟楠　梁裕珩　吴增明（厦门大学经济学院）

《中国工业经济》2020 年第 10 期

21.1 千字

采用社会网络分析方法考察资本市场信息传递的做法逐渐引起学者们的关注，然而中小投资者在互联网上形成的社交网络却未得到足够的重视。中国股市的特点之一就是散户占比较大，这些“草根”散户通过互联网新兴媒体形成的庞大互联网信息交互网络是加强了上市公司的有效监督，还是加剧了非理性情绪的扩散？该文以 2010—2018 年的非金融类上市公司为研究样本，构建中小投资者在东方财富股吧论坛的信息交互网络。该文既拓展了股价崩盘风险问题的研究，也探索了中小投资者参与公司治理监督的新途径，还为监管机构在互联网新媒体环境下如何加强对中小股东利益的保护提供了新思路。

该文研究发现：网络中心度越高，处于网络中心位置的上市公司，股价崩盘风险越低，验证了中小投资者的网络舆论监督效应。当上市公司处于网络舆论“聚光灯”下，管理层难以掩盖负面信息，这样有助于缓解股东与管理层之间的信息不对称性，进而有助于降低风险累积的可能性，因此，互联网信息交互网络的信息传播及其监督效应是对现行上市公司监管措施的有效补充。进一步分析表明：当管理层持股比例较高、独立董事占比较低时，互联网信息交互网络的网络舆论监督效应更为显著。

该文提出如下政策建议。（1）对监管机构而言，在线下的常规监管之外，监管机构应整合利用线上资源，善用互联网技术提高监管治理水平，切实做到习近平总书记在网络安全和信息化工作座谈会上的“通过网络走群众路线”讲话要求。（2）对上市公司而言，上市公司应主动利用新媒体提高信息披露水平，积极接受广大网民的网络监督。（3）对互联网新兴媒体而言，互联网新兴媒体应当积极响应“网络强国”战略，积极部署云计算、移动互联网、大数据建设，为中小投资者提供更可靠的沟通交流平台和便捷的信息获取渠道。（胡文龙）

**【红利税改革对现金分红宣告效应的影响研究】**

王国俊（南京大学工程管理学院）　王跃堂（南京大学管理学院）

《中国工业经济》2020 年第 11 期

22.7 千字

现金分红宣告效应反映了股东对现金分红的偏好，是现金分红影响公司市值的重要证据。税差理论认为由于红利税率高于资本利得税率，因此股东对现金分红的偏好很低。股东税负如何解释现金分红宣告效应？红利税改革提供了研究这一问题的良好机会。该文不仅从一个新的角度研究了红利税对公司市值的影响，还拓宽了现金分红宣告效应研究的范围。随着中国证券监督管理委员会对于上市公司现金分红的监管政策日益严格，红利税改革影响的范围和广度将会大大提高，该文对于政府优化、完善红利税制有重要的启示作用。

该文基于红利税改革外生政策变化发现：红利税改革之后，股票的波动率越低，现金分红的宣告效应越积极，符合股东的边际税率影响其现金分红成本的假设预期（即“税负偏好”假说）。红利税改革对现金分红宣告效应的影响，在发放再融资“门槛”股利、分红管制更加严格的上海证券交易所、国有企业、大股东占款较多的样本更加显著，说明企业根据股东的税负变化调整股利政策的动机（“税负迎合”效应）显著弱化了“税负偏好”假说的解释能力。进一步，红利税改革之后，相比自然人股东，基金对于现金分红的偏好显著提高，说明红利税改革对于二者的影响截然不同。（胡文龙）

**【控股股东股权质押与并购业绩承诺——基于市值管理视角的经验证据】**

徐莉萍　关月琴　辛　宇（中山大学管理学院）

《中国工业经济》2021 年第 1 期

22.4 千字

该文考察控股股东股权质押对并购业绩承诺的影响。该研究发现符合股票价格的反馈效应理论，其研究结论为监管机构强化对高业绩承诺现象的监管提供了理论依据和现实启示。

该文研究发现：在控股股东股权质押期（或者控股股东股权质押比例较高时），上市公司签订并购业绩承诺的可能性更大、签订的业绩承诺额更高、承诺期更长。业绩承诺能够提升股票价格、支撑并购溢价，起到市值管理的作用；股价下跌的上市公司利用业绩承诺进行市值管理的动机更强。控股股东股权质押期间签订业绩承诺后，会在业绩承诺期通过正向盈余管理努力实现业绩承诺，以避免股价下跌。然而，控股股东质押期利用业绩承诺进行市值管理未能实现“价值创造”目标。从异质性检验看，控股股东的控制力能够增强股权质押与业绩承诺之间的正向效应，而证监会对重大资产重组的重点监管能在一定程度上发挥治理作用。

该文提出如下政策建议。（1）完善以信息披露为中心的并购交易监管制度，强化业绩承诺违约执行机制和处罚措施。（2）上市公司应该理性地利用业绩承诺方式进行市值管理。（3）上市公司应该完善内部公司治理结构，充分发挥独立董事等公司治理机制的作用。（4）中小投资者在投资过程中应该理性看待和合理评估业绩承诺。（5）发挥股票价格对实体经济活动的反馈效应，加强股票市场制度建设、提升股票价格信息效率。（胡文龙）

**【居民杠杆与企业债务风险】**

何德旭（中国社会科学院财经战略研究院，中国社会科学院大学商学院） 张斌彬（中国社会科学院财经战略研究院）

《中国工业经济》2021 年第 2 期
22.1 千字

中国正面临经济增速放缓与杠杆率高企的双重压力，为实现稳增长与稳杠杆间的平衡，在结构性去杠杆中各部门杠杆有升有降，居民部门加杠杆能否为企业去杠杆腾挪出空间，进而降低企业的债务风险呢？该文利用 2010—2018 年中国沪深两市非金融企业的面板数据，结合宏观层面的居民杠杆率，对“居民杠杆—企业债务风险”间的关系和影响渠道进行了系统研究。

研究结果显示：居民部门加杠杆不仅不能为企业去杠杆创造更有利的宏观经济环境，反而会通过企业债务期限变短、偿债能力减弱、金融化趋势增强、“僵尸化”程度加深等渠道机制致使企业的债务风险恶化。而且，居民部门加杠杆对企业债务风险的影响在不同的企业经营模式下呈现显著的异质性，在直接融资占比高的企业、融资约束低的企业、民营企业和高新技术企业中，居民部门加杠杆对企业债务风险的增加呈现出更为强烈的正向驱动效应。

该文提出如下政策建议。（1）高度重视居民部门加杠杆所引发的风险，控制好居民部门杠杆率的增速。（2）避免企业债务危机发生的根本在于释放实体经济活力和创造力。（3）大力发展直接融资特别是股权融资，减少对债务的依赖程度。（胡文龙）

**【机构投资者概念股偏好与股市泡沫骑乘】**

陆　蓉（上海财经大学金融学院，上海财经大学上海国际金融与经济研究院）孙欣钰（上海财经大学金融学院）

《中国工业经济》2021 年第 3 期
22.6 千字

中国股市投资者热衷炒作吸引眼球的“概念股”，概念股与一般股票不同，价格脱离基本面，短期能获得高收益，具有彩票特性。该文用博彩偏好理论来研究概念股炒作行为的起因和后果。与一般理论研究揭示个人投资者具有博彩偏好、是概念股炒作的根源有所不同，该文根据理性投机理论证实机构投资者也存在博彩偏好，是导致概念股炒作层出不穷的真正根源。

该文研究发现如下。（1）机构制造概念的目的是泡沫骑乘，即买入价格高估股票且在泡沫破裂前卖出，这推动股市泡沫产生并引起市场剧烈波动。（2）博彩偏好强烈的机构投资者会买入更多概念股且能够获得更高收益，符合理性泡沫骑乘的行为表现和预期后果。（3）异质性分析发现，机构的泡沫骑乘行为在市场错误定价更严重时，以及在私有信息更高的机构投资者中更强烈。（4）机构投资者的博彩偏好虽然对其本身而言是提高业绩的“理性”行为，但对市场而言，则诱导了其他投资者热衷于股票的概念炒作而非关注基本面，导致资本市场脱离实体经济。（5）长期机构投资者的博彩偏好并不显著，说明改善机构短期考核、鼓励长期投资的政策和机制有利于从源头上控制股市泡沫，促进价值发现，保护中小投资者利益。

该文发现，机构投资者并不总是对市场有稳定作用，很可能是股市泡沫"源泉"的"源泉"，即一些机构会利用个人投资者的非理性，诱发或加剧股市泡沫。因此，培育资本市场机构投资者的同时，应加强对机构投资者短期行为的监管。纠正资本市场概念股炒作，引导价值回归，健全资本市场服务实体经济的体制机制，需要注意：（1）改变外因，改良概念股炒作的"土壤"；（2）重视内因，重塑合理的业绩评价考核机制。（胡文龙）

**【违约边界与效率缺口：企业债务违约风险识别】**

丁志国（吉林大学商学院、数量经济研究中心） 丁垣竹 金 龙（吉林大学商学院）

《中国工业经济》2021 年第 4 期
22.5 千字

受经济下行压力加大和新冠肺炎疫情冲击的叠加影响，实体经济债务违约风险明显聚积，理性判别和科学应对以避免实体企业出现大面积"违约潮"，是当下保证经济平稳健康运行和推进高质量发展的前提。该文基于企业运营的资本收支均衡条件，理论推演企业债务违约风险的生成机理，发现企业的债务违约边界由运营效率、借款利率和资本结构共同决定，将债务违约边界上的运营效率与企业实际运营效率之间的差额定义为效率缺口，能够更好地识别企业债务违约风险。该文基于 2002—2018 年中国沪深 A 股上市公司数据，验证了企业债务违约边界的客观存在，以及效率缺口作为企业债务违约风险识别指标的有效性和稳健性，并发现在经济扩张期企业运营效率对融资成本和资本结构的变化更加敏感，而融资约束和股价高估对效率缺口与违约风险之间的关系分别具有显著的调节作用。

该文研究结论可以引申出以下政策启示。①企业管理者应该根据财务状况明确债务违约边界的位置和效率缺口指标特点，理性确定融资结构选择方案，保留合理的融资安全边际，并重点关注市场利率变动，避免陷入债务违约困境。②市场投资者应该更加理性地评估企业融资行为的合理性和主观动机，规避因企业债务"暴雷"造成的意外损失，提高投资决策的科学性。③政策制定者可以根据内外部经济环境的变化有针对性地制定政策和精准施策，坚持逆周期的宏观调控策略。（胡文龙）

**【谁利用了内部资本市场：企业集团化程度与现金持有】**

黎文靖 严嘉怡（暨南大学管理学院）

《中国工业经济》2021 年第 6 期
22.5 千字

为加快完善社会主义市场经济体制，深化经济机制体制改革，推动企业集团做强做优做大成为进一步的改革方向，中国企业集团呈现出更为紧密的集团化特征。该文利用 2008—2016 年中国 A 股上市公司及其附属子公司的企业集团数据，构造出度量企业集团化程度的指标，考察了不同集团网络的集团化程度对集团现金持有水平的影响，并揭示了不同产权属性企业集团下两者关系的差异。该文在理论上丰富了企业集团的相关研究，在实践上有助于深入理解中国情境下企业集团内部资本市场运作，也为推动大型企业集团建设提供支持性证据和政策建议。

该文研究发现：随着集团化程度的提高，集团现金持有水平将出现显著下降；按产权属性分组发现，仅在国有企业集团样本中，集团化程度的提高才会显著降低集团现金持有，而在民营企业集团样本中，集团化程度却对现金持有无显著影响。这是因为，相比民营企业，国有企业往往拥有更大的资金池，从而拓宽了国有企业集团利用内部资本市场实现资源配置的范围，并有利于内部资本市场发挥有效的“多钱效应”和“活钱效应”。异质性检验表明，集团化程度与现金持有的负向关系在融资约束较低、预算软约束较高、增长速度较高以及存在股利分配的企业集团中更为明显。（胡文龙）

**【共同机构所有权与企业盈余管理】**

杜　勇　孙　帆　邓　旭（西南大学经济管理学院）

《中国工业经济》2021 年第 6 期
23.4 千字

随着资本市场中共同机构所有权现象越来越普遍，学术界对共同机构所有权影响微观企业行为的探讨逐渐深入。在近年来盈余操纵事件愈演愈烈的背景下，该文实证检验了共同机构所有权对企业盈余管理的协同治理效应和合谋舞弊效应。

该文基于 2007—2019 年中国上市公司数据，考察共同机构所有权对企业盈余管理的影响。研究发现：共同机构所有权发挥了协同治理效应，改善了上市公司盈余信息质量。同行业势力和行业内竞争加强了机构协同效应，退出威胁和规模效应使得共同机构所有权的监督治理更加有效；具体途径探寻发现，共同机构所有权的协同和治理通过委派管理层实现。共同机构所有权的协同治理效应在经济增速较快、国有企业以及有长期共同机构投资者的样本中更为明显，同时发现共同机构所有权的协同治理得到了权威机构认可并降低了审计收费。

该文结论对中国共同机构所有权的合理利用和有效监管具有重要启示：（1）上市公司应充分利用共同机构所有权的信息资源和管理经验优势；（2）政府监管部门应充分发挥共同机构所有权这一非正式途径在资本市场中的协同治理作用；（3）投资者应借助共同机构所有权获取可靠、相关的盈余信息。（胡文龙）

**【金融业开放与宏观经济去杠杆】**

梅冬州（中央财经大学国际经济与贸易学院）　宋佳馨（中央财经大学金融学院）

《中国工业经济》2021 年第 10 期
21.8 千字

在金融业开放不断加快的同时，国内经济正面临着杠杆率高企、金融风险逐步显现的挑战。在该情形下，金融业开放是否有利于国内宏观经济杠杆率的下降？国内去杠杆政策对产出的负向冲击是否会受金融业开放下资本跨境流动的影响？该文在开放经济框架下构建了一个多部门DSGE模型，分析和讨论去杠杆冲击和外部冲击影响经济波动的作用渠道，并分析金融业开放程度的高低如何对冲击的传导产生影响。

该文研究发现如下。①无论是国内的去杠杆冲击还是外部冲击都会引起资本流出，造成基准利率、金融中介存贷溢价的上升，加大企业的贷款成本，并经过金融加速器机制进一步放大，导致国内产出剧烈下滑且幅度远高于信贷的收缩幅度，造成整体经济宏观杠杆率的上升。②对比不同金融业开放程度下的脉冲响应结果发现，随着金融业开放水平的提高，负向冲击会引起更大程度的资本流出，进一步带来更大降幅的经济衰退和更高的杠杆率水平。③为了应对冲击对经济产生的负向影响，要加强资本管制，防止出现大规模的资本流出，抑制基准利率、存贷溢价的上升。提升资本管制税率能够有效地防范和化解系统性风险，抑制外部冲击下的经济衰退和宏观杠杆率上升。

该文得出以下三点政策启示。①在国内实行去杠杆宏观政策的同时，需要时刻关注金融业扩大开放对宏观经济的影响，防止在国内外冲击下具有投机性质的跨境资本大量流出，破坏国内的银行资产负债表结构，增加企业贷款成本和难度，加速金融业系统性风险的累积和爆发。②为了抑制外部风险的负面影响、积极稳妥地推动金融业对外开放，就需要降低金融市场与贷款企业之间存在的信息不对称，减少金融中介部门对贷款企业进行风险评估的成本，同时要清理不必要的资金“通道”和“过桥”环节，改善融资环境，有效缩短融资链条，提高金融市场的融资效率。③要建立合理、健全的外部冲击应对机制。构建适应金融业双向开放的金融基础设施管理体系，将主要金融市场、金融机构纳入宏观审慎监管范围，重点加强重要金融机构跨境资本流动的审慎监管，减少市场上的投机交易，稳定跨境资本流动水平。（胡文龙）

**【子公司业务、债务承担与上市公司融资约束】**

马　忠　王龙丰　崔茹梦（北京交通大学经济管理学院）

《经济管理》2020年第1期
18.6千字

随着子公司承担经营业务与融资的比重逐步提升，上市公司业务与融资在母子公司间的结构性分布特征越来越明显，该文分析并检验了业务与债务融资在母子公司间的结构性分布对上市公司合并整体融资约束的影响。研究发现如下。（1）由于与母公司自营相比，子公司承担高比重经营业务会提升上市公司整体的融资违约风险水平，从而上市公司整体业务由子公司承担的比重越高，上市公司整体融资约束程度越高。（2）由于子公司个体违约风险高于母公司与上市公司整体的违约风险，从而子公司承担的债务融资比重越高，上市公司债务融资成本越高。（3）母子公司间内部资本市场为上市公司整体及子公司融资提供的隐性保险效应，以及母子公司间高管纵向兼任形成的监督效应，能够缓解子公司承担高比重业务及债务融资对上市公司整体融资约束的影响；母公司为子公司提供融资担保的显性保险效应能够缓解子公司承担高比重债务融资对上市公司融资约束的影响。

该文的实践启示意义主要在于以下四方面。(1)监管部门应完善对上市公司控股子公司风险与融资活动的监管。相关监管部门或机构应完善针对上市公司子公司的风险管控与融资等方面的制度，防止子公司风险对上市公司整体经营产生负面影响。(2)企业应建立完善子公司风险管控体系与子公司监控机制。母公司在对子公司进行经营授权的同时，应通过向子公司委派高管等方式，强化对子公司自主经营活动的有效监督，防止子公司层面产生高违约风险进而引发企业整体融资难问题。(3)企业应统筹外部融资主体安排并建立完善内部资本市场机制。对于子公司承担业务比重较高的企业而言，应尽量采取母公司主导的集中融资模式进行外部融资，避免分散融资下投资者选择风险规避而加剧企业融资约束；并应在完善内部资本市场机制的基础上，建立资金集中管理机制，强化母公司在内部资金配置中的主导作用，提升内部资本市场的现金流互补效应，为企业不同层面主体的外部融资提供隐性担保，也为企业缓解融资约束提供内部融资支持。(4)外部投资者应系统考察集团化企业的整体与局部违约风险进行投资决策。外部投资者进行投资决策时既要考察企业对外融资主体以及资金使用主体的局部风险水平，同时也应考察其所属集团所能够提供的融资担保以及内部资本市场机制产生的隐性保险效应，避免对中小企业一视同仁而夸大控股子公司的违约风险，加剧集团整体及其控股子公司的融资难问题。(胡文龙)

**【金融周期、全要素生产率与债券违约】**

罗朝阳（中国社会科学院研究生院） 李雪松（中国社会科学院工业经济研究所）

《经济管理》2020 年第 2 期

19.6 千字

基于宏微观结合的视角，该文首先从理论上阐释了金融周期和全要素生产率影响债券违约的机制，并基于我国 A 股非金融类上市公司发行的债券，进而实证检验了金融周期和全要素生产率对债券违约的影响。研究发现，金融周期和全要素生产率显著影响了债券违约发生概率，在金融周期顶部区域债券违约概率显著增加，全要素生产率越高的企业发生债券违约的概率越小。进一步的异质性分析表明，金融周期对周期性行业企业和非国有企业债券违约具有更高的平均边际影响。

该文的政策启示主要有两个方面：(1)要平衡好稳增长和防风险之间的关系，避免采取过度的经济刺激政策，在金融周期顶部期要采取以时间换空间的稳杠杆政策；(2)要确保减税降费政策措施落地生根，加大对科技研发特别是基础研究平台的支持力度，促进企业提高全要素生产率。(胡文龙)

**【社会地位会影响企业融资约束吗？——来自 A 股民营上市公司的经验证据】**

陈　钢　王　栋（河南财经政法大学工商管理学院）

《经济管理》2020 年第 2 期

19.5 千字

该文从企业的社会性对经济性行为影响的视角研究社会地位对民营企业融资约束的影响。以 2009—2018 年沪深 A 股民营上市公司为研究样本，研究发现：社会地位越高的企业面临的融资约束程度越小。将企业所在地区的市场化程度以及企业高管的金融背景纳入考虑之后，研究发现相比于市场化程度较高的地区，在市场化程度较低地区，社会地位缓解企业融资约束的效果更为显著；相较于拥有金融关联的企业，没有金融关联的企业提升社会地位更有利于缓解融资约束。且进一步研究发现，在市场化程度较低地区，没有金融关联的企业社会地位缓解融资约束的效果最为显著。

该文具有以下理论启示：（1）现有关于民营企业融资约束的研究大都将企业视为单纯的经济性组织，而忽视了企业嵌入社会单元而具有社会属性这一事实，该文研究证实了民营企业社会地位对融资约束影响的存在性，这为未来从企业的社会属性出发研究相关经济性行为提供了极具研究潜力的新视角；（2）鉴于企业处于社会建构的等级制度的不同位置而拥有不同的社会地位，该文将角色理论这一社会学科理论应用于企业的经济性问题分析中，希望未来的相关研究能够将交叉学科领域的理论更好地融入现有体系；（3）该文拓展了从非正式制度视角考察企业融资约束的研究，实证检验了金融关联对社会地位与民营企业融资约束之间关系的具体影响，不仅为没有搭建金融关联的民营企业缓解融资约束寻找可能路径，而且为后续相关研究提供了经验证据上的有力支撑。（胡文龙）

**【企业经营绩效、媒体关注与环境信息披露】**

杨广青　杜亚飞　刘韵哲（福州大学经济与管理学院）

《经济管理》2020 年第 3 期

18.6 千字

督促企业披露有“含金量”的环境信息，对构建绿色金融体系、助力生态文明建设意义重大。该文基于我国化工行业上市公司 2013—2017 年的数据，从经营不善的视角探讨企业披露环境信息的动机，将环境信息分为“财务类环境信息”和“非财务类环境信息”两类，分析其披露倾向，并讨论媒体关注对上述披露行为的治理作用。该文研究结论有助于投资者更理性地认识企业环境信息披露行为，并为督促各类企业披露有“含金量”的环境信息提供了思路。

该文研究发现：企业在经营绩效不佳时提升了环境信息披露水平，媒体关注对此起到正向调节作用。值得注意的是，企业原本倾向于披露非财务类环境信息，但在媒体关注的治理作用下，企业更侧重于披露财务类环境信息。所有权异质性分析发现，相比于非国有企业，国有企业更乐于在经营不善时披露环境信息，特别是非财务类环境信息；媒体关注能强化非国有企业经营不善时披露环境信息的动机，促使其增加财务类环境信息的披露，而对国有企业不存在显著影响。（胡文龙）

## 【利率管制松绑、企业会计信息披露质量与融资约束】

王嘉鑫（中南财经政法大学会计学院） 汪芸倩（武汉大学经济与管理学院） 张龙平（中南财经政法大学会计学院）

《经济管理》2020 年第 4 期
19.8 千字

该文使用 2003—2017 年沪深两市 A 股上市公司作为研究样本，借助 2013 年启动的利率市场改革这一外生事件，基于产权性质差异构造双重差分模型，检验利率管制松绑对企业会计信息质量、融资约束的影响以及具体路径。

该文研究发现：（1）利率管制松绑能够显著提升企业的信息披露质量，表明利率管制松绑存在信息溢出效应；（2）利率管制松绑能够显著缓解企业的融资约束，且机制检验发现，信息质量的提升是导致上述效应的重要渠道，表明利率市场化改革后信贷资源会优先配置给会计信息质量更高的企业；（3）拓展性检验发现，利率管制松绑的信息溢出效应在市场化程度较低地区、研发投入较高以及短期贷款占比较高的企业中显著。另外，经济后果检验发现，利率管制松绑有助于提升会计信息含量，表明利率管制松绑的信息溢出效应具有价值相关性。

该文研究结论具有以下启示意义。（1）贷款利率管制松绑对于改善企业的融资环境、优化信贷资源配置具有重要的作用。（2）为更好地适应宏观市场变革，缓解市场参与者的信息供需冲突，企业应重视高质量的信息披露。该文发现信息披露是利率管制松绑影响信贷资源配置的一个重要传导机制。（3）利率市场化改革对于缩小要素市场和资本市场之间的间隔，优化利率传导机制的运行具有重要作用。（胡文龙）

## 【保险资金持股与股价崩盘风险——市场“稳定器”还是崩盘“加速器”？】

夏常源（西南财经大学保险学院） 王靖懿（西南财经大学会计学院） 傅代国（西南财经大学西部商学院）

《经济管理》2020 年第 4 期
20.5 千字

该文关于 2007—2016 年 A 股上市公司大样本实证研究发现，无论是在经济意义还是统计意义上，保险资金持股都将增加股价崩盘风险，验证了保险资金是股价崩盘的“加速器”，而非市场的“稳定器”。这一结论在以保险资金进入和退出公司的 DID 分析、工具变量回归、PSM+OLS 等方法排除内生性，以及替代变量等稳健性检验之后依然成立。接着，该文通过区分保险公司异质性后发现，国有相比于民营保险公司、大型相比于中小保险公司、人寿相比于财产保险公司更易引发市场跟风炒作，从而加剧股价崩盘风险。最后，当保险资金成为公司前十大股东参与治理，会降低公司股价崩盘风险；而保险资金举牌达到 5% 和 20% 则并不会影响股价崩盘风险。

该文具有以下启示。（1）对于保险资金股票投资的监管，银保监会等相关监管机构既不能一概而论，视保险资金为“洪水猛兽”加以全盘否定，也不能任由保险资金“兴风作浪"，使其凭借规模效应通过低买高卖的频繁炒作进行市场投机。（2）监管机构在坚决贯彻"保险业姓保""监管姓监"的同时，需要注意在引导保险资金股票投资的过程中进一步加强"引导 + 限制"相结合。一方面，推动保险公司加强资产负债匹配关系、强化上市公司治理机制，更好地引导保险资金作为长期投资者发挥市场稳定器作用；另一方面，监管机构应确保保险机构自有资金和准备金分开运用，对保险资金的"财务投资"和"战略投资"进行差异化管理。（胡文龙）

**【过程、结果维度的环境治理与企业财务绩效】**

张国清　陈晓艳　肖　华（厦门大学会计发展研究中心 / 管理学院）

《经济管理》2020 年第 5 期
20.1 千字

该文基于中国的制度背景，将企业环境治理划分为过程维度和结果维度，基于一种权变的研究方法检验了过程和结果维度的环境治理分别对企业财务绩效的非线性影响。研究结果表明，环境治理过程正向影响环境治理结果，而环境治理的过程和结果均与企业财务绩效呈 U 型的非线性关系，表明环境治理对企业财务绩效的正向或负向影响取决于环境治理过程和结果的水平，这种由负到正的关系转变与 TLGT 效应的分析一致。此外，该文将环境治理过程、环境治理结果和企业财务绩效三者放在同一框架中进行了检验，发现环境治理结果在环境治理过程和企业财务绩效之间具有非线性中介作用。进一步的检验还发现，过程维度的环境治理对财务绩效的影响仅存在成本效应路径，而结果维度的环境治理对财务绩效的影响同时存在成本效应路径和差异化效应路径。

该文对政府监管机构环境治理行为提出如下建议：政府部门应该对企业环境治理建立长效监管机制，并加大环境违规处罚力度。目前政府已经颁布实施了诸多相关法规和公共政策，但这些政策较多侧重企业环境治理结果，并没有对企业环境治理过程给予同等的重视。政府制定的相关政策也应该考虑区分环境治理的过程和结果维度，强调将企业环境治理过程和结果的信息透明化，并增加对环境治理过程的考核指标，帮助解决企业在短期敷衍应对和表面整改的问题，从而使政府环境监管更加长效。政府加大环境违规处罚力度可以增加企业违规的机会成本，促使企业将资金更多地投入在环境治理过程方面，进而对环境治理做出切实的改善。（胡文龙）

**【货币政策不确定性、银行信贷与企业资本结构动态调整】**

何德旭（中国社会科学院财经战略研究院）张雪兰（中南财经政法大学金融学院） 王朝阳（中国社会科学院财经战略研究院） 包慧娜（有色金属技术经济研究院）

《经济管理》2020 年第 7 期
20.2 千字

中国经济步入以高质量发展为诉求的新时代，洞悉货币政策赖以运行的微观基础，是进一步疏通货币政策传导机制、增强服务实体经济能力的关键。在此背景下，该文运用随机波动模型刻画十余年来中国货币政策不确定性的发展，建构了货币政策不确定性经由银行信贷渠道作用于微观企业资本结构动态调整的逻辑分析框架，并应用面板向量自回归模型描绘了中国经济金融对应的典型事实，在此基础上，以2000—2017年中国沪深两市非金融类上市公司的年度数据为实证研究样本加以检验。研究结果表明，货币政策不确定性通过真实期权及不作为渠道、信息不对称渠道影响银行信贷利率及信贷规模，继而影响微观企业资本结构动态调整。当货币政策不确定性上升时，银行往往倾向于推迟或者谨慎放贷，提高审贷标准及利率水平，从而加大了企业资本结构调整成本，降低了其资本结构调整速度。

该文认为，保持货币政策的稳健性，对于进一步疏通货币政策传导机制、增强服务实体经济能力具有重要意义：（1）充分重视货币政策的不确定性经由银行信贷渠道传导对实体经济产生的负面影响，切实做到“坚定执行稳健的货币政策”；（2）注重货币政策的稳定性和连贯性，提高货币政策的透明度和前瞻性指引能力，充分发挥降低货币政策的不确定性在缓解银行信贷供给端的约束、促进“稳杠杆”中的积极作用。（胡文龙）

【劳动保护、人力资本密集度与全要素生产率】

廖冠民（中国人民大学商学院） 宋蕾蕾（中央财经大学会计学院）

《经济管理》2020年第8期
20.4千字

该文借助2008年中国实施《劳动合同法》这一外生事件，以2003—2017年A股非金融业上市公司为研究样本，从人力资本的视角，检验劳动保护对企业全要素生产率的影响。研究发现：（1）《劳动合同法》颁布导致的劳动保护加强，对人力资本密集度较高企业的全要素生产率，具有更显著的积极作用，并且当企业所处地区的司法效率较高时，《劳动合同法》对人力资本密集度较高企业全要素生产率的正向影响更为显著；（2）机制检验发现，劳动保护对生产率的积极作用主要通过增加企业而非员工自身的专用性人力资本投资实现；（3）《劳动合同法》的颁布促进了人力资本密集度较高企业股东回报的提高以及员工福利的改善。

该文研究结论具有以下重要的政策含义。（1）劳动保护对不同类型企业的影响存在差异，未来的劳动法改革应该兼顾立法公平性和企业差异性。（2）提高司法效率，保障法律的实施效果。高效执法是《劳动合同法》发挥作用的基本保证。（3）适度的劳动保护是实现劳动者“共享发展”的重要路径。适度的劳动保护可以在不损害股东利益的前提下使劳动者分享经济发展成果，有助于实现劳动者“共享发展”。（胡文龙）

【国家审计改革提高了地方国有企业全要素生产率吗？】

陈　茹（厦门大学管理学院） 张金若（重庆大学经济与工商管理学院） 王成龙（厦门大学管理学院）

《经济管理》2020年第11期

20.6千字

该文以2015年末的审计管理体制改革为准自然实验，研究发现，审计改革对试点地区地方国有企业TFP具有促进作用，肯定了国家审计制度完善的政策效果。审计改革影响地方国有企业TFP的机制包括规范政府干预和降低代理成本，这意味着，审计改革不仅加强了地方审计机关对地方国有企业高管代理行为的监督，也加强了对地方政府“越位”干预行为的监管。进一步研究中，该文还根据改革模式及地方国有企业所处内外部环境的不同，分情况讨论了审计改革的政策效果，为评价和推进审计改革提供了有益参考。

该文据此提出以下政策建议。（1）此次审计改革政策效果明显，“一步到位”改革模式效果更显著。应尽快总结审计改革试点的成功经验，并推广至全国。（2）应重视地方审计机关对地方国有企业的治理监督作用。地方审计机关应强化“效率”审计理念，可考虑推动地方审计机关与纪委监察机关、社会审计力量等外部监督力量的合作，形成监督合力，提高地方审计机关的审计效率。（3）针对被政府施以“掠夺之手”或治理水平较差的企业公司，地方审计机关应投入更多审计力量，加强对审计发现问题的整改情况的监督，对于违反法律法规的行为，及时进行追责与惩处。（4）建议权威部门发布更为详细的审计结果公告指引，提高审计公告的质量，加强社会公众对地方审计机关审计工作的监督。（胡文龙）

**【商誉、准则与制度：万亿商誉资产之谜】**

李晶晶［哈尔滨工业大学（深圳）经济管理学院］ 关月琴（中山大学管理学院） 魏明海 谢素娟（中山大学现代会计与财务研究中心）

《经济管理》2020年第12期

18.6千字

该文从商誉的经济实质出发，结合我国商誉会计准则和并购业绩补偿承诺制度，分析商誉在形成、确认和后续计量中的关键冲突问题并给予理论和制度解释。该文先从会计准则层面分析了商誉确认会计准则的内在假定与现实条件的冲突，认为现实条件下基于现行准则确认的商誉天然包含了部分“杂质”和“噪音”。聚焦并购业绩承诺制度，该文深入剖析了并购业绩承诺制度设计缺陷和衍生的代理冲突异化，并实证检验业绩承诺制度对并购溢价、商誉确认以及未来商誉减值的影响。检验发现，并购业绩承诺使得并购溢价和商誉确认金额更高，加大了未来商誉减值概率。进一步，该文发现并购业绩承诺制度降低了商誉的价值相关性。文章认为，在“倒挤式”商誉确认准则下，并购业绩补偿承诺制度的“低成本承诺”缺陷和衍生的代理问题变异，最终引致“商誉（减值）乱象”。

该文从并购业绩承诺制度和商誉会计准则两个层面分别给出了以下改善建议。（1）优化契约设计，强化穿透性监管，完善并购业绩承诺制度。当前情况下缓解商誉资产问题的首要可行办法在于改善和优化业绩承诺制度，弥补其制度缺陷，增强监管强度，进而缓解代理问题并增强商誉的价值相关性。(2)动态确认业绩承诺制度下商誉，完善商誉减值测试的方法，改进商誉会计准则。该文提出两种改进方法以约束商誉减值测试环节的管理层自由裁量权。其一，利用大数据和文本分析技术，对于减值原因和减值时点给予必要细节化指引，缩小管理层自由裁量权。其二，强化审计机构等外部治理中介对于减值测试环节管理层自由裁量权的约束。(胡文龙)

**【证券交易所问询监管与会计稳健性】**

石　昕　陈文瑞(厦门大学管理学院)刘　峰(厦门大学管理学院/厦门大学会计发展研究中心)

《经济管理》2021年第12期
18.6千字

该文以2015—2019年沪深A股上市公司为样本，探究问询监管制度影响会计稳健性的作用机理并提供经验证据。研究发现，证券交易所问询监管显著提升了被问询公司会计稳健性。问询监管主要通过增加公司融资约束和公司风险影响上市公司会计稳健性；问询监管力度越大，被问询后公司会计稳健性越高。进一步研究发现，在非国有企业和投资者关注度高的公司中，问询监管对公司会计稳健性的正向影响更强。该文结论为问询监管提高上市公司信息质量提供新的观察视角，丰富了问询监管有效性检验的相关文献，并且补充了会计稳健性的监管动因研究。

该文政策启示如下。(1)被问询公司应及时优化公司内部信息环境，进行“自我修正”，以降低因收到问询函而引致的负面冲击。(2)鉴于问询监管可能对不同特征公司的会计稳健性产生不同影响，规制压力较高或外部环境不利的公司应防患于未然，通过完善公司治理机制、提高现金持有水平等方式降低公司的潜在风险，规范公司经营，降低公司被问询监管的概率。(3)深化现行一线监管制度改革。证券交易所一线问询监管有助于降低资本市场参与者的潜在风险，其他一线监管机构应积极创新监管措施，丰富与上市公司的沟通渠道，提高其监管能动性。(胡文龙)

**【股票流动性影响企业生产效率吗?】**

史永东(东北财经大学应用金融与行为科学学院/东北财经大学应用金融研究中心/东北财经大学金融学院)王　超(东北财经大学金融学院)

《经济管理》2021年第11期
18.9千字

股票流动性作为股票市场信息的重要提供者，可以在价格和风险两个维度为企业提供基本面信息反馈，帮助管理者学习和分析企业目前状况，为未来的生产决策提供依据。因此，股票流动性对提升企业生产效率有重要作用。

该文实证结果表明：股票流动性有助于提升企业全要素生产率、创新能力、劳动生产率和经济增加值，从多个方面验证其有助于企业长期稳定发展。管理者学习理论在其中发挥重要作用，管理者通过对流动性信息的学习和分析，帮助企业进行生产经营决策，降低运营费用和人工成本，促进未来发展。对于融资约束和代理冲突问题严重的企业，股票流动性带来的信息参考和信息反馈作用可以更好地帮助企业提升全要素生产率。对于去杠杆压力较大的非国有企业，股票流动性能够有效拉近其与其他企业的差距，缓解企业发展压力。

该文可能的政策含义体现为：（1）增强企业挖掘股票市场信息价值的能力，提高股票流动性服务企业经营决策的水平。（2）提升企业股票流动性，缓解非国有企业因融资约束、代理冲突和去杠杆压力导致的生产效率问题。（3）加大股票市场的监管力度，提升股票市场与实体经济间的联动性。（胡文龙）

**【股权激励、企业并购与利润管理】**

潘星宇　沈艺峰（厦门大学管理学院）

《经济管理》2021 年第 10 期
18.7 千字

公司实施股权激励计划的初衷是为了使高管的利益与股东利益趋同，从而减少委托代理问题。然而在我国《管理办法》正式实施初期，学者们发现股权激励计划会诱使高管通过传统的四种盈余管理方法操纵盈余。随着学术界和业界对传统盈余管理手段的广泛认识与关注，高管们开始转向更加隐秘的盈余操纵手段——通过频繁的并购活动来增加公司短期利润。该文研究发现，在股权激励计划实施期间，公司进行了更多的并购活动。当该文把实施了股权激励计划的公司每年的并购次数与其年度收益进行回归分析后发现，在股权激励计划实施期间，公司的并购次数与当期净利润呈显著的正相关关系，与公司未来 1—3 年的净利润没有显著的正向关系，与未来第四年的净利润呈显著的负向关系；在激励计划实施完成后，公司的并购次数与当期净利润呈显著的负相关关系。这些结论说明，公司高管在股权激励计划实施期间依靠并购活动来增加该公司的当期净利润。

就如何消除股权激励计划的短期性质，该文给出了以下几点建议。（1）对高管股权授予权进行业绩限制。即公司必须到达规定的业绩目标，高管才能被授予股权。目前我国股权激励计划只对行使权和解锁权进行了严格的业绩限制。（2）将独立的每年业绩目标换成三年期及以上的整体业绩目标。比如，如果三年内公司净利润之和相较于基准年度增长了 80% 及以上，三年后高管才能一次性被授予一定数量的股权。（3）高管被授予股权后，有两年及两年以上的限售期。（4）限售期结束后，高管可以在接下来的各年度解锁或者行权部分股权。上述建议的基本思想是将股权激励有效期延长，以消除高管的投机心理。（胡文龙）

**【信息发布者会计背景有助于提高信息可读性吗？——基于董秘个人特征的证据】**

孙文章（东北财经大学会计学院 / 中国内部控制研究中心）

《经济管理》2021 年第 9 期
19.8 千字

该文采用手工方式在信息发布者个人简历中整理与筛选相关个人特征信息，并综合运用文本挖掘与灰色关联度评价年度报告的可读性，最终的实证研究结果创新性地验证了会计背景有助于信息发布者披露更可读的年度报告，而且这一关系在信息发布者拥有法律背景、海外经历、其他管理职位兼职与持股时，以及在诉讼风险较高、机构持股较多、持续负面盈余消息或暂时正面盈余消息的公司中更显著，但是政治关联会在一定程度上限制会计背景发挥作用。同时，该文还发现，会计背景信息发布者在披露了高可读性的年度报告后，不仅有助于提升自身薪酬水平，降低离职的可能性，而且还可以减弱信息不对称程度，最终提高公司价值。上述研究结论充分体现了信息发布者会计背景在提高信息披露质量过程中的积极作用。

该文研究结论对于在管理实践中如何从公司治理层面保证会计文本信息质量具有一定的启示：（1）公司应该积极提高思想认识，明晰会计相关专业性知识在选聘信息发布者时的关键作用，对具备优秀个人特质，例如会计背景、法律背景、海外背景的信息发布者进行适当倾斜，或者在日常管理工作中加强信息发布者的会计专业知识与法律专业知识的培训，从而逐步提高信息发布者的履职效率，为年度报告可读性“保驾护航”；（2）相关监管机构可以进一步聚焦行为主体的专业技术或背景经历等个体特征，有针对性地制定各类面向信息发布者的政策法规，做到有的放矢，从制度层面加强信息披露可读性的治理，从而有效提高信息披露质量，缓解内外部信息不对称，促进资本市场的健康有序发展。（胡文龙）

## 【混合所有制程度和国有企业金融资产配置】

梁上坤　徐灿宇（中央财经大学会计学院）

《经济管理》2021 年第 7 期

18.8 千字

在我国国有企业混合所有制改革和实体企业金融化趋势不断加强的背景下，该文结合金融资产两种持有动机——蓄水池动机和资本逐利动机，尝试考察了国有企业混合所有制改革对金融资产配置的影响。研究发现，国有企业混合所有制程度的加大削弱了原有国有股东的资源效应，强化了企业面临的融资约束程度，促使其持有更多金融资产以达到预防性储蓄的目的；企业面临的融资约束程度越强，其持有更多金融资产的动机也越强，而企业的逐利动机强弱则对金融资产的持有不产生显著影响；以上发现支持了蓄水池动机。进一步探索中，该文进行了区分不同金融资产类型、替代性解释、金融资产配置后果的检验，总体发现支持蓄水池动机而排除资本逐利动机。

该文可能的现实启示如下。（1）国有企业作为经济改革中的重中之重，应当注重国有股权和非国有股权的相互融合和联动治理，将国有股权的资源优势和非国有股权的治理优势充分融合，从根本上实现企业的长期、高质量发展。（2）针对进行混合所有制改革的国有企业，政府部门应制定更为完善的补贴或税收减免政策，弱化企业的预防性储蓄动机、降低企业的金融化趋势。（3）对于实体企业大幅持有金融资产、金融化趋势加强等现象，监管部门不应仅关注金融资产的持有规模而忽视了金融资产的持有动机，应从

源头上识别企业持有金融资产的根本原因，并针对性地出台差异化政策进行辅助或监督。（胡文龙）

**【纵向兼任高管能抑制公司违规吗？】**

乔 菲（东北财经大学会计学院） 文 雯（北京外国语大学国际商学院） 徐经长（中国人民大学商学院）

《经济管理》2021 年第 5 期
19.8 千字

基于我国普遍存在的上市公司高管纵向兼任现象，该文以 2003—2018 年的非金融类 A 股上市公司为样本，实证检验了纵向兼任高管对上市公司违规的治理作用。研究发现如下。（1）与不存在纵向兼任高管的上市公司相比，存在纵向兼任高管的上市公司的违规概率更低，发生违规行为的次数更少。（2）纵向兼任高管对上市公司违规的抑制作用是通过降低管理层的代理成本这一途径实现的。（3）纵向兼任高管对上市公司违规的治理作用在内部控制较为薄弱以及信息环境较差的企业中更加明显。（4）区分上市公司违规类型后发现，纵向兼任高管显著抑制了信息披露违规和公司经营违规，对领导人违规的抑制作用并不显著。（5）区分兼任高管的类型后发现，董事长纵向兼任和 CEO 纵向兼任均对上市公司违规具有治理作用。

该文具有较强的现实启示：（1）监管部门应重新审视并认识到纵向兼任高管制度的优势，鼓励企业利用纵向兼任高管制度完善公司违规治理机制。（2）企业应建立更加完善的内部控制制度，从制度规范性层面降低违规行为发生的概率，有效防范违法违规行为。（3）监管部门应引导企业营造更加透明的信息环境，降低内外部信息不对称程度，同时提高对上市公司违规的稽查概率和惩戒力度。（胡文龙）

**【管理层权力制衡强度与资本结构调整速度——基于债务约束效应视角】**

戴雨晴 李心合（南京大学商学院）

《经济管理》2021 年第 4 期
19.6 千字

该文基于 2010—2018 年我国 A 股上市公司数据，从维度变量、综合变量来衡量管理层权力制衡强度，实证检验了管理层权力制衡强度对资本结构调整速度的影响，并进一步分析了债务约束视角下产权性质、成长机会对两者关系的调节效应。结果显示，管理层权力制衡强度越大，公司资本结构调整速度越快，无论是综合权力制衡强度还是某一维度权力制衡强度（董事长对总经理的制衡强度、董事会对总经理办公会的制衡强度和董事会内部的制衡强度）都能证实此结论。同时，国有企业普遍存在的债务软约束使得国有企业身份弱化了管理层权力制衡强度对资本结构调整速度的促进作用；公司的高成长性大大强化了债务对经营者的监督环境，使得管理层权力制衡强度对资本结构调整速度的正面影响被弱化。

该文给公司管理层内部结构的改善提供如下政策建议。（1）公司应尽可能地明确管理层人员的职权，增大管理层中除掌握高权力的主体（如董事长）外，其他拥有较大控制权的董事、高管或是经营者团体的话语权，强化董事、高管这类管理层人员内部的权力制衡强度，能够有效缓解代理问题，利于管理层从优化资本结构调整速度的视角提高经营业绩。（2）国有企业需逐步建立并完善“经济型治理”来代替“行政化治理”，以降低行政化治理带来的负面影响；同时，在低成长性的公司或是公司处于成熟期、衰退期之类的低成长阶段，应增大管理层权力制衡强度，有效发挥其正面治理效应。（3）管理层内部权力制衡的缺乏，更多源于公司问责机制的缺失；公司应强化管理层的责任意识，在各种管理层机构均需设置问责机制，尤其是针对个人的问责机制，并加大该机制的执行力度。（胡文龙）

**【国有股权与基于所得税费用的盈余管理】**

刘 行 杨松岩（东北财经大学会计学院）

《经济管理》2021 年第 2 期
19.8 千字

基于所得税对企业利润的重要影响以及所得税会计的复杂性，企业有动机操纵所得税费用来达到盈余目标。该文采用中国上市公司 2003—2018 年的数据，考察了国有企业与非国有企业在基于所得税费用的盈余管理行为上的差异。实证结果显示，国有企业更有可能通过操纵所得税费用来达到盈余目标。进一步，这一结果在地区的税收征管强度更高时，或国有企业与政府的关系更为密切从而潜在的税务稽查风险更低时（如当企业位于市场化进程较低的地区时；国有第一大股东的持股比例较高时；股权制衡度较弱时）更显著。

根据该文的研究结论，可以获得如下启示。（1）税收征管部门在税收征管过程中要更加注重公平性，消除产权所有制歧视，维护良好的征税环境。（2）投资者在利用所得税费用估值时，要注意国有股权对所得税费用信息扭曲的现象。所得税费用和税后净利润这两个指标分别受到税法和会计准则约束，从不同角度提供了企业估值的相关信息。（3）国有资产监督部门在考核国有企业高管时，应当更加关注税前利润而非税后利润。（胡文龙）

# 工商管理·技术经济及管理

**【跨境电子商务与双边贸易成本：基于跨境电商政策的经验研究】**

张洪胜 潘钢健（浙江大学中国数字贸易研究院）

《经济研究》2021 年第 9 期
19.8 千字

世界经济正加速向互联网经济转变，信息化、数字化、智能化成为当前经济发展的新特征和新动能，数字经济成为引领世界经济的崭新引擎。在中国进入新常态的开放型经济新时期，跨境电子商务（跨境电商，CBEC）作为融合了电子商务和国际贸易两种交易形式的外贸新业态和新模式，以及作为“互联网 +”战略的重要组成部分，体现出了其以创新思维推动经济结构调整和外贸转型升级的独特优势。跨境电子商务作为承载“互联网 + 外贸”的贸易新业态，通过交易模式变革、交易环节简化、交易流程优化，推动贸易成本下降。该文基于 2012 年跨境电商（CBEC）相关政策作为拟自然实验，通过测算双边非对称贸易成本，利用 CBEC 政策清单等多种方法识别处理组，研究了跨境电商对中国双边贸易成本的影响。研究表明：（1）跨境电商显著降低中国出口和进口贸易成本。（2）跨境电商更有利于降低中国与信息通信技术服务出口规模和强度以及百度搜寻指数更小的贸易伙伴之间的贸易成本，表明 CBEC 显著降低了搜寻成本，且对出口中的企业搜寻成本降低效应大于对进口中的消费者搜寻成本的影响；跨境电商更有利于降低中国与物流绩效更弱国家的贸易成本，表明 CBEC 显著降低了跨境物流成本，且对出口中的跨境物流成本降低效应更大。（3）跨境电商的贸易成本降低效应在中国与发展中经济体之间更强，体现了跨境电商的“普惠贸易”特征。（4）跨境电商改善了贸易绩效，降低了出口产品价格，通过升级进口产品结构提高了进口产品价格，还促进了进出口产品质量升级。该文为近年来实施的跨境电商支持政策提供了有力证据，并为今后出口产品质量升级提供了思路。

该文的贡献主要体现在以下几个方面。

第一，该文基于中国 CBEC 政策作为拟自然实验，借助多种方法识别处理组，运用 Tombe & Zhu（2019）和 Tombe（2015）权威方法测算双边非对称贸易成本，采用双重差分方法，首次对跨境电商与中国双边非对称贸易成本的关系进行了经验检验。该文聚焦跨境电商与国际贸易成本，与 Fan 等（2018）的研究存在明显区别。

第二，该文基于跨境电商宏观整体数据展开分析，相对于基于单个企业的案例分析或基于特定跨境电商平台的局部分析更为全面。首次利用宏观整体数据聚焦于跨境电商对整体双边非对称贸易成本的影响。基于多种方法识别跨境电商处理组，结合联合国数据库双边贸易数据更全面地洞悉跨境电商对中国整体进出口贸易成本的影响，是对现有众多案例研究和基于单个平台局部研究的重要推进。

第三，该文从搜寻成本和已有文献完全没有涉及的跨境物流成本全新机制两个角度考察了跨境电商对整体贸易成本的作用机制，从发达经济体和发展中经济体角度剖析了跨境电商的异质性影响。发现跨境电商显著降低搜寻成本和跨境物流成本。跨境电商主要降低出口贸易成本中的企业搜寻成本和跨境物流成本，主要减少进口贸易成本中的消费者搜寻成本，对跨境物流成本的降低作用则较小，且对企业搜寻成本的影响大于对消费者搜寻成本的影响。跨境电商的贸易成本降低效应在发展中经济体更明显，体现了跨境电商的“普惠贸易”特征。

第四，该文进一步分析了跨境电商降低贸易成本带来的结果，即对贸易能力、贸易价格及贸易质量升级带来的影响。在非对称贸易成本框架下，出口和贸易成本之间并不是简单的线性关系，该文主要关注跨境电商对双边非对称贸易成本的影响所聚焦的主题是明显不同的。而且该文还涉及了对更广泛的贸易价格和贸易质量的影响，发现跨境电商显著降低了出口价格，同时也显著提高了进口价格，这是因为跨境电商增加了高价格和高质量产品的进口，升级了进口产品结构。此外跨境电商还显著提高了出口和进口产品质量。（袁星钰）

**【大数据环境下的决策范式转变与使能创新】**

陈国青（清华大学经济管理学院） 曾大军（中国科学院自动化研究所） 卫　强（清华大学经济管理学院） 张明月（上海外国语大学国际工商管理学院） 郭迅华（清华大学经济管理学院）

《管理世界》2020 年第 2 期
25.6 千字

近 10 年来，大数据作为互联网、物联网、移动计算、云计算、人工智能等技术变革汇聚而成的颠覆性力量，在经济、社会、生活各个领域不断触发日新月异的变革，同时也在国家、产业、组织、个人等各个层面上重塑着管理决策的过程和方式。大数据的概念在 2010 年前后开始引起了学界和业界的广泛关注。经过数年的概念传播与普及，大数据应用在各行各业取得了令人瞩目的成效。自 2013 年以来，大数据的发展进入了渗透融合的新阶段，逐渐触及产业与经济发展的基础性机制以及经济与管理决策的基本形式。各国政府都从国家战略的层面推出新的研究规划以应对其带来的深层次挑战。我国也高度重视大数据的发展，做出了一系列前瞻性的洞见和部署。针对大数据给管理与决策等领域所带来的新挑战，国家自然科学基金委员会（简称“基金委”）管理学部于 2015 年启动了“大数据环境下的商务管理”重大项目，研究商务管理领域面临的新课题。同时，在整个基金委层面启动了“大数据驱动的管理与决策研究”重大研究计划，以更高规格的项目集群形式，从多学科（如管理、信息、数理、医学等）多领域（如商务、金融、医疗健康、公共管理等）视角探索具有粒度缩放、跨界关联、全局视图特征的大数据管理决策问题。

该文从管理决策机理与理论的基础性转变视角出发，提出决策范式面临的4个主要转变（跨域转变、主体转变、假设转变和流程转变）以及催生的新型决策范式（大数据决策范式）。进而，围绕商务管理领域以及近年的一系列相关研究成果，阐述大数据决策范式和使能所带来的价值创造（如行为洞察、风险预见、模式创新等）。该文基于一系列的研究，从范式和创新角度凝练和阐述了大数据引发的重要转变和使能作用。一方面，传统的决策范式在大数据环境下遇到了深刻挑战，使得信息情境、决策主体、理念假设、方法流程等决策要素呈现出显著变化，催生了新型的大数据决策范式；另一方面，在大数据决策范式下，大数据使能进一步激发了行为洞察、风险预见和业务模式等方面的创新。

该文开展的总结和凝练工作，有助于大数据决策范式和使能创新方面更广泛深入的学术探索和应用实践。随着大数据在各个不同领域应用的深化，大数据决策范式的共性特征逐步显现；另外，信息数据、智能技术、环境演变和人的深度融合开始显现，并对管理决策研究和实践造成持续性冲击，也为今后的探索和创新提供了广袤的空间。进一步研究可在该文基础上，面向未来，着力于构建科学完整的管理决策新理论和新模型，并构建应用实践的新规范和新标准。（陈佳圆）

**【企业管理数字化变革能提升投入产出效率吗？】**

刘淑春（杭州电子科技大学浙江省信息化发展研究院） 闫津臣（中国人民大学经济学院） 张思雪（北京化工大学经济管理学院） 林汉川（浙江工业大学中国中小企业研究院）

《管理世界》2021年第5期
32.5千字

在数字经济的爆发式增长以及与实体经济的深度融合的新背景下，企业数字化转型的绩效研究越来越成为被学术界关注的一个焦点问题。企业对各类数字化转型项目的投资能否切实提升其投入产出效率？该文通过对全国第一个信息化与工业化深度融合国家示范区内1950家企业2015—2019年连续5年推行数字化管理的追踪调查数据，运用随机前沿分析方法和Tobit模型，测度企业数字化投入产出效率，分析影响企业管理数字化变革的关键要素，从而探索企业提升数字化管理效率的内在运行机制。研究发现，企业管理在数字化变革过程中的资本产出弹性远高于劳动产出弹性，二者投入对数字化效益产生的影响随时间发生改变；数字化转型投资项目的投资效率具有明显异质性特征，同时会随着企业规模的扩大产生相应的递增或递减效果。进一步研究表明，企业数字化投入和效率之间存在非线性关系（先下降、再加速下降直至拐点后上升，且在拐点后呈倒“U”型关系），且投资临界点在100万—200万元，走过推行数字化管理动态波动的“阵痛期”，企业数字化管理的先发优势得到显著提升。研究为企业制定数字化管理决策和政府制定企业数字化政策体系提供了经验证据和决策支持，并对在全国范围内进一步推进企业数字化变革具有重要的理论和现实指导意义。

该文的理论贡献主要体现在以下几个方面。

第一，该文证实了企业在推进数字化管理过程中的资本产出弹性远高于劳动产出弹性，并且资本和劳动的投入对数字化效益产出的影响会随着时间发生改变，因此，企业在推行数字化管理过程中，应当合理分配资本和劳动的投入比例，提高资本占比，进而更好地发挥出数字化改革的优势。该文在定量分析验证这一理论的基础上，计算了企业推行数字化管理的资本产出弹性和劳动产出弹性，比较二者的投入产出比例，确定企业应加大投资的重点要素，丰富拓展了企业管理数字化改革的资本—劳动产出弹性相关文献，为理论研究提供实证支持。

第二，该文认为行业类型、企业规模和所有制结构对企业推行数字化管理和投入产出效率具有明显的异质性影响。针对化工品和建材类的加工制造业，其数字化管理的投入产出效率明显高于技术密集型的中高端加工制造业和劳动密集型的低端加工制造业；ERP 和 PLM 数字化转型投资项目在加工业中对投入产出效率的推动作用最高，而 MES/DCS 项目在制造业中推动作用最大，因此，企业可以根据自身行业特征，合理编制推进数字化管理预算；对于 MES/DCS 和 PLM 数字化转型投资项目，其能够有效地提升企业推行数字化管理的投入产出效率，并且这两项数字化转型投资项目对于私营企业的推动作用更加明显；不同数字化转型投资项目带来不同的产出效率，同时会随着企业规模的扩大产生相应的递增或递减效果。进一步研究表明，企业数字化投入和效率之间存在非线性关系（先下降、再加速下降直至拐点后上升，且在拐点后呈倒“U”型关系）。

第三，基于文章结论，该文提出了政策建议：提高数字化管理的资本预算占比；优化企业数字化转型投资预算结构；完善企业管理数字化变革的激励政策体系；推出中小企业数字化转型的专项政策。（袁星钰）

**【企业数字化转型与资本市场表现——来自股票流动性的经验证据】**

吴　非（广东金融学院金融科技工程技术开发中心）　胡慧芷（华南理工大学经济与金融学院）　林慧妍（广东金融学院行为金融与区域实验室）　任晓怡（广东金融学院经济贸易学院金融科技系）

《管理世界》2021 年第 7 期
23.7 千字

随着人工智能、区块链、云计算、大数据等“ABCD”技术的不断涌现，数字化（数字科技）正逐步成为全球企业创新变革的重要突破点。数字化转型赋予了企业新的发展动能，这能否进一步改善企业在资本市场中的表现？该文基于中国上市企业 2007—2018 年数据，借助爬虫技术归集企业年报中的“数字化转型”关键词，创新性地刻画出企业数字化转型强度，实证检验企业数字化转型对股票流动性的影响及其渠道机制。研究发现，企业数字化转型显著提升了股票流动性，并呈现出一定结构异质性特征，上述结论在经过一系列稳健性检验后依旧成立。渠道机制表明，企业数字化转型程度的提高，一是能改善信息不对称并强化市场的正面预期，二是能促进企业研发投入与创新产出绩效提升，三是能提升企业价值和财务稳定性，这些都有助于提升企业股票流动性水平。该文还发现，企业数字化转型效力的发挥需要外部基础条件的支撑。在金融科技、数字金融发展较好情况下，企业数字化转型对股票流动性的提升作用更为明显。该文可为理解资本市场中微观主体流动性提供线索，并为更好地驱动企业数字化转型提供相关启示。

该文的边际贡献主要体现在以下几个方面。

第一，在研究立意上，将中国新时代企业数字化转型与资本市场活跃度联系起来，剖析“企业数字化转型—股票流动性”之间的关系，从微观结构主体视角拓展对资本市场流动性的认识，丰富市场同企业数字化转型互动模式的理解。

第二，在研究数据上，基于 Python 爬虫文本识别功能，以沪深两市上市企业年报为基础，采用关键词“搜索—配对—加总”的方法来刻画企业数字化转型水平，为评估企业数字化转型及其经济效应提供有益借鉴；在研究范式上，提供了一个“基准分析—异质性检验—机制分析”的研究框架，特别是基于“分析师与媒体关注”“创新投入与产出”“企业价值与财务稳定”的渠道进行分析，打开了数字化转型与股票流动性之间的机制“黑箱”。

第三，在研究内容上，突出金融科技（数字金融）发展大背景下企业数字化转型传递至资本市场中所需的基础条件，检验企业数字化转型驱动股票流动性提升的重要外部支撑，并通过有效的实证手段对其进行验证：企业数字化转型显著地提升了股票流动性水平，在不同企业属性特征差异下有着显著的非对称效果：非国有企业和高科技企业的数字化转型更能在市场中带来股票流动性水平的提升；企业数字化转型能够改善信息不对称问题，提升市场投资者预期，能够优化企业创新的投入产出状况，进而改善企业经营质效，均有助于企业股票流动性水平提升；有效的外部条件是企业数字化转型发挥作用的重要基础，良好的金融科技（数字金融）发展在“企业数字化转型—股票流动性”关系中扮演着正向的调节效应。（袁星钰）

**【数字平台履责与共享价值创造——基于字节跳动扶贫的案例研究】**

邢小强　汤新慧（对外经济贸易大学国际商学院）王　珏（对外经济贸易大学金融学院）张　竹（对外经济贸易大学国际商学院）

《管理世界》2021 年第 12 期
40.1 千字

以人工智能、大数据和云计算为代表的数字技术的进步及其在经济社会生活中的不断普及，推动了以平台企业为代表的新型组织形态在各个领域的崛起。数字平台正在从根本上改变价值创造与市场交易的模式与方式，成为驱动数字经济发展的重要力量。该文采用案例研究方法，通过对数字内容产业头部公司开展的扶贫工作进行深入研究，探讨了平台企业基于数字平台履行社会责任并创造出共享价值的过程、机制与支持要素。研究表明，数字平台企业主要运用平台嵌入、平台拓展与平台优化 3 个步骤来高效履行社会责任，其中每个步骤都包含具体的履责策略与方法，包括对平台用户基础、大数据与智能算法的应用，围绕平台来拓展价值网络和设定量化的履责绩效指标并持续优化等。其次，平台履责把社会价值创造内置于平台商业生态体系内，通过对社会、商业关系与资源的混合配置与转化利用来创造共享价值，其中社会价值创造是商业价值创造的前提，两种价值创造相互依赖且多有重叠。最后，平台企业自身具有的多平台产品线、数据决策导向与跨部门协作力因素会支持与促进平台履责与共享价值创造。

该文的主要贡献是构建出一个涵盖平台履责前因、过程、结果与内部支持要素的理论模型，通过联接起数字平台履责与共享价值创造而拓展与深化了相应研究领域，也为数字经济时代的金字塔底层战略与包容性创新研究贡献出新的内容。该文聚焦于创新实践层面，通过对字节跳动公司扶贫的案例研究，归纳平台企业基于数字平台履行社会责任的过程与方法，揭示出在此过程中企业创造共享价值的机制与要素，为数字经济背景下的平台企业履责与共享价值创造研究贡献出新的内容。该文选择扶贫作为企业履行社会责任的主题，研究扶贫社会责任总结与提炼中国经验，为世界其他国家与地区的数字平台企业有效履行扶贫社会责任提供参考与借鉴。（袁星钰）

**【数字化转型如何影响企业全要素生产率】**

赵宸宇（浙江工商大学金融学院、浙江工商大学浙商研究院） 王文春（浙江工商大学金融学院） 李雪松（中国社会科学院工业经济研究所、中国社会科学院大学）

《财贸经济》2021 年第 7 期

17.4 千字

近年来，党中央和国务院高度重视企业的数字化转型，党的十九大报告指出，要加快发展先进制造业，推动互联网、大数据、人工智能和实体经济深度融合。数字经济时代，数字化转型已经成为制造业企业高质量发展的重要路径。数字化转型能否成为制造业企业高质量发展的新动能？能否提升企业全要素生产率？其作用机制是什么？该文基于 2008—2017 年中国 A 股制造业上市公司数据，从理论层面梳理了数字化转型提升企业全要素生产率的内在机理，并构建微观层面的数字化转型指数，在此基础上从实证角度检验了数字化转型对企业全要素生产率的影响。考虑内生性等问题后，该文发现数字化转型显著提高了企业全要素生产率，已经成为数字经济时代提升制造业企业生产效率的强劲驱动力，这一结论在进行了一系列稳健性检验后仍然成立。在影响机制方面，数字化转型可以通过提高创新能力、优化人力资本结构、推动先进制造业和现代服务业融合发展以及降低成本的机制促进全要素生产率提升。基于异质性的研究发现，所有制性质、企业规模、要素密集度等企业微观特征以及知识产权保护、服务业开放等外部宏观环境会对数字化转型的效率提升作用产生差异性影响。该文的研究结论有助于准确评估数字化转型的生产率效应，为政策制定和调整提供经验证据。

该文的贡献主要体现在以下几个方面。

（1）该文基于上市公司微观数据，采用文本分析和专家打分相结合的方法构建企业数字化转型指数，对数字化转型的微观研究形成了有益补充。

（2）该文从更加多维的视角探讨数字化转型对企业全要素生产率的影响，不仅研究数字化转型对全要素生产率的总体影响，而且梳理出研发创新、人力资本、先进制造业和现代服务业融合、降本增效等作用机制，并在此基础上对其进行实证检验，丰富了数字化转型微观效应的理论与实证研究。

（3）该文将企业微观特征以及外部宏观环境等因素引入实证分析中，探讨数字化转型对制造业企业全要素生产率是否存在异质性影响，为政府更好地精准施策提供了重要参考：政府应通过一系列体制机制改革，为企业实施数字化转型营造良好的外部环境；企业应重视数字化转型对提升全要素生产率的强大推动作用；在数字经济与传统制造业的融合过程中，要重视通过技术创新、业务创新、组织创新和制度创新引领企业数字化转型。（袁星钰）

**【数字化转型与企业分工：专业化还是纵向一体化】**

袁　淳（中央财经大学会计学院） 肖土盛（中央财经大学会计学院、中国管理会计研究与发展中心） 耿春晓　盛　誉（中央财经大学会计学院）

《中国工业经济》2021 年第 9 期

21.3 千字

进入 21 世纪后，信息技术逐渐改变世界，包括互联网在内的一系列新兴信息科技与数字技术快速发展，对经济增长、创新创业、出口贸易等产生了深远影响。在“十四五”规划明确提出要加快数字化发展的背景下，由企业推动的数字化转型逐渐成为了学术界关注的重点。该文以 2010—2018 年 A 股上市公司为初始研究样本，包含 2359 家上市公司的 15942 个公司—年度观测值，利用机器学习方法刻画微观企业数字化水平，并在构建数理模型的基础上实证考察了企业数字化转型对企业分工的影响及其机理。研究发现：企业数字化转型显著提升了中国上市企业专业化分工水平，并且该结论在考虑内生性问题以及一系列稳健性检验基础上仍然成立；机制分析表明，数字化转型对企业专业化分工的促进作用主要通过降低企业面临的外部交易成本来实现；数字化转型对企业专业化分工的影响具有明显的异质性，在内部管控成本较低的企业、制造业以及竞争性行业中促进效果更加显著；数字化通过促进企业专业化分工提高了企业全要素生产率。该文研究不仅揭示了数字技术的发展对企业边界的影响机理及经济后果，也为数字经济与实体经济的融合效果提供了微观证据，研究结论对于数字化相关政策的制定以及经济高质量发展具有重要的政策启示。

该文的贡献主要体现在以下几个方面。

第一，理论层面上，该文丰富和拓展了数字化影响机制与经济后果的研究框架，系统剖析了微观企业数字化转型对企业边界的影响机理及后果。企业是市场的微观主体，是一切经济关系的载体，同时也是数字技术与实体经济深度融合的微观承载者。该文从企业边界这一视角，全方位、多维度地考察微观企业数字化转型的经济后果，对于揭示数字化对实体经济的影响机理具有重要意义，为理解企业数字化转型、释放数字红利提供了新的视角与思路。

第二，方法层面上，该文创新性地利用机器学习的文本分析法构建更为全面反映中国企业数字化水平的指标，是对微观层面企业数字化水平度量的有效完善，为后续评估企业数字化转型及其经济效应奠定了良好的基础。

第三，实践层面上，该文基于微观视角考察企业数字化转型的经济后果，有力揭示了对构建数字经济、推动数字经济与实体经济融合发展相关政策效果。厘清了数字化转型对企业生存发展的影响机制与经济后果，有利于总结数字技术赋能实体经济的发展进程与成功经验，加快对传统动能的提升改造与新兴动能的培育发展。

第四，该文探讨数字化转型对企业分工的影响，为数字化相关政策的制定以及经济高质量发展提供政策启示：新发展格局的重要内涵之一是构建以国民经济循环顺畅、国内分工不断深化、国家技术水平不断进步为内生动力的经济循环体系；要实现对数字化转型推动分工深化进而提升经济效率这一发展路径的积极引导，首先应当助力微观企业顺利实施数字化转型；政府应注重效率与均衡的兼顾；政府应当重视提高治理水平、着力加强体制改革、不断优化营商环境和契约环境，以化解企业缔约、履约风险，从根本上为企业降低市场交易成本，进而充分发掘市场分工潜力。（袁星钰）

## 【数字化创新研究的知识结构与拓展方向】

谢卫红（广东工业大学经济与贸易学院） 李忠顺（广东工业大学管理学院） 李秀敏 马风华（广东工业大学经济与贸易学院）

《经济管理》2020 年第 12 期

33.3 千字

数字化创新是指不同主体对数字化资源进行重新组合的活动，以产生新的产品、服务、流程、商业模式。如沃尔沃等企业积极探索数字化创新，利用不断发展的数字技术促进创新，不仅使企业更能适应需求的快速变化，而且增强了企业可持续发展的能力。一方面，国内外数字化创新实践方兴未艾，传统创新理论却未能恰当地解释这些数字技术驱动的创新创业活动；另一方面，随着中国数字化创新成为实体产业实现两化深度融合和高质量发展的重要命题，但鲜有中国学者深入研究，产业的发展缺乏理论的指导。

目前，已有许多学者对数字化创新进行理论探讨和机理研究。从研究方法上看，案例研究较关注数字技术所带来的商业模式、组织战略、企业绩效上的变化；理论研究较为关注数字化创新中的哲学基础、研究框架、组织逻辑、平台架构、价值创造等。总体上，数字化创新研究正逐渐深化，但对该研究领域的边界、知识结构和演变还缺少探讨，导致人们将数字化创新与IS创新等成熟的研究领域混淆，对这一重要现象缺少足够认识。目前国外有学者尝试梳理数字化创新的文献，国内也有学者介绍了数字化创新的概念内涵，并从技术和社会两个视角进行研究。数字化创新研究近几年经过迅速发展进入了新的阶段，国外相关文献快速增加，该文运用较为定量的方法分析数字化创新研究领域知识结构和拓展方向。

该研究针对1999—2019年Web of Science核心集合数据库中的数字化创新文献，使用文献计量对数字化创新研究的文献外部特征、学科知识结构和研究热点趋势进行了分析。研究发现如下：第一，数字化创新研究领域的学科知识结构由五部分组成，分别是数字化创新与基础设施、数字化与分布式创新、数字技术采纳与创新扩散、数字化服务创新以及数字化创新组织变革；第二，数字化创新热点趋势主要包括数字化商业模式创新、基于数字化平台的创新创业、数字化创新相关的组织变革等主题；第三，从驱动因素、流程创新、商业模式创新三个方面提出数字化创新未来可能的研究议题，以期为数字化创新学术研究和管理实践提供有益的参考。（陈佳圆）

**【区块链技术何以赋能农业协同创新发展：功能特征、增效机理与管理机制】**

生吉萍　莫际仙　于滨铜　王志刚（中国人民大学农业与农村发展学院）

《中国农村经济》2021年第12期
24.3千字

近年来，中国农业产业化蓬勃发展，在促进农民增收致富、农业提质增效和全面脱贫攻坚等方面作出了重要贡献。但是，目前中国农业产业化服务链条不完备，产业融合程度较低，带动能力较弱；龙头企业资金短缺，贷款落实难度大；契约不完整，定价不完善，农产品市场流通不畅。实现农业稳定增长、农民持续增收，需要不断推进科技、人才、政策和组织等农业协同创新发展。该文在介绍区块链发展进程和功能特点的基础上，通过构建生产组织、加工商和经销商三部门模型，剖析区块链提升供应链创新福利水平和供应链绩效的增效机理，进一步阐释区块链赋能农业协同创新发展的管理机制，最后基于种植、养殖、加工等产业的4个典型案例进行了具体分析。研究结果表明：区块链的使用可以实现农业产业化发展过程中各组织的可信、协作和互联，促进多主体供应链的协调和管理，并完善相应的金融支持体系；引入区块链技术后，供应链可以提高数据质量，并通过降低企业预测误差，降低能耗、物耗与维护费用，减少人力资本需求等，提升供应链绩效和供应链创新福利水平；基于区块链多技术的融合创新，通过产业横向整合、纵向整合和空间整合，提升农业生产效率、改善产品市场表现、提升农业市场效率、优化农业空间布局，从而促进农业协同创新发展；4则案例引入区块链技术后，结构分工更加清晰明确，农产品流通方式更加顺畅完备，追溯、监管更加智能化和现代化，各主体绩效和福利水平均得到了提高。总之，区块链应用优化了农业产业化路径和产业链交易方式，通过加快“供应链+区块链”“区块链+区域化”生产交易方式建设，推进产业链同类主体间的横向整合和上下游主体间的纵向整合，促进生产者降本增收和农产品提质增效。

该文的贡献主要体现在以下几个方面。

（1）该文基于区块链应用场景和功能特征，理论论证并进一步结合案例分析区块链技术对农产品供应链治理的经济效益，进而剖析区块链技术引入后农业产业的增效机理和福利效应，为乡村产业振兴政策制定提供理论启示：加快构建农业多主体合作联动机制，推动“供应链+区块链”建设；积极发挥数字治理效能，改善中低技能劳动者福利水平；加强数字化相关知识普及，培育现代高素质农民群体和农业农村数字人才；激励多部门跨界联合，建立健全财政金融社会资本支持体系。

（2）该文厘清区块链技术引入如何促进农业协同创新发展的管理赋能机制，构建管理机制模型，从农业产业横向整合、纵向整合和空间整合三个角度分析其具体的赋能机制。

（3）该文结合来自种植业、养殖业、加工业的区块链技术应用前沿典型案例，进一步探讨实践中区块链技术引入之后的现实挑战与发展路径选择，阐述区块链技术如何实现生产者降本增收和农产品提质增效的经济机理。（袁星钰）

**【动态环境下联盟竞合、治理机制与创新绩效的关系研究】**

彭珍珍　顾　颖　张　洁（西北大学经济管理学院）

《管理世界》2020年第3期
45.7千字

为应对技术的快速更迭和创新的不断加速，企业与生态系统中不同组织构建联盟开展研发合作。不同类型联盟间既有合作意图也存在竞争压力，其竞争的强度也存在差异。竞争与合作的强弱关系不同，所选择的治理机制也存在有效性差异，竞合关系的有效治理成为学者们关注的重要问题。竞合的价值取决于合作和竞争的相互作用，既发生在与竞争对手之间的横向联盟中，也出现在与供应商等之间的纵向联盟中，需要针对联盟间竞合关系差异来选择有效的治理机制以提升创新绩效。进一步，在动态环境下，如何根据竞合关系开展联盟治理以促进创新活动，更好地开展联盟组合管理成为企业面临的关键问题。基于前人的研究，该文从竞合视角审视联盟组合，结合动态关系观探讨有效的联盟治理机制，揭示了联盟组合中竞合关系（横向竞合、纵向竞合）、治理机制（契约治理、关系治理）和创新绩效之间的关系，并考察了动态环境特征（技术波动、竞争强度）的二次调节作用。在不同的竞合关系中，由于合作和竞争的强度不同，契约治理与关系治理机制的作用也存在差异，同时，治理机制与创新绩效之间的关系也受到两种不同环境动态性特征的影响。

该文的贡献主要体现在以下几个方面。

第一，研究从竞合视角审视联盟组合，将焦点企业与合作伙伴的竞合关系划分为横向竞合和纵向竞合，分析了不同竞合关系中合作和竞争的相互作用，有助于更好地理解不同类型创新伙伴之间的差异，扩展了竞合关系在联盟治理情境中的应用。

第二，在动态环境的情境中，探讨不同竞合关系中治理机制影响创新绩效的作用边界，结果显示，不同治理机制对环境的适应性存在差异，技术波动和竞争强度创造了重要的边界条件，对治理机制与创新绩效间的关系有截然相反的影响，研究强调了区分动态环境不同维度的重要性，识别了技术波动和竞争强度的作用情景。

第三，结合动态关系观整合研究了动态环境下研发联盟中竞合关系（横向竞合、纵向竞合）、治理机制（契约治理、关系治理）和创新绩效之间的关系，探讨了关系治理和契约治理的多重情境，补充了关系观在动态环境中的应用，根据不同竞合关系中竞争与合作的强度差异，该文实证检验了不同竞合关系中治理机制对创新绩效的重要性和有效性，丰富了竞合文献的理论基础，为企业管理不同的竞合关系提供建议。（陈佳圆）

**【金沙江下游大型水电工程智能建造管理创新与实践】**

樊启祥（中国长江三峡集团有限公司、中国华能集团有限公司） 陆佑楣（中国工程院、中国长江三峡集团有限公司） 李 果（中国长江三峡集团有限公司、中国华能集团有限公司） 强茂山 林 鹏（清华大学水利水电工程系） 刘益勇 邬 昆（中国长江三峡集团有限公司）

《管理世界》2021 年第 11 期
32.9 千字

当今世界，基础设施新建和更新改造重建的建设规模更大、综合功能更强、资源投入更多，与生态环境的关系更加密切，建设条件更加复杂，现代科学技术和管理在大型复杂工程建设中发挥的作用越来越大。金沙江下游大型水电工程面临建设环境复杂、资源流动强、工程规模大、技术难度高、施工风险多、建设历时长等管理挑战，通过智能建造管理实现高质量建设目标具有重要意义。该文首先围绕金沙江下游大型水电工程建设的安全、质量、环保、工期及造价等管理内容，提出了水电工程智能建造管理定义、特征和体系，构建了工程建设智能建造“全面感知、真实分析、实时控制”闭环控制管理理论；其次，面向电站设计、建设、运行的全生命期，围绕工程建设中资源投入、工艺过程、业务流程、结构性态、工程进度及实物成本等六大管理要素，以建筑物结构性态安全为核心，构建了深度融合关键智能建造技术的实时动态分析、耦合仿真预测和交互协同调控的智能化管理方法；最后，运用现代先进信息技术，构建了智能建造工程数据系统 DIM 和集成应用 GIS+BIM+MIS 技术的智能建造管理平台 iDam，研发智能化控制成套设备和应用软件，并通过产学研用深度融合及协同创新，达到优质安全绿色高效的工程建设绩效，实现价值创造。智能建造管理成果在金沙江溪洛渡300m级高拱坝智能化建设中取得了显著成效，并在乌东德、白鹤滩大坝工程中全面深化应用，也可在大型基础设施工程建设中推广应用。

该文的理论贡献主要体现在以下几个方面。

（1）提出了水电工程智能建造管理定义、特征和体系，构建了工程建设“全面感知、真实分析、实时控制”的智能建造闭环控制管理理论。

（2）围绕工程建设中资源投入、工艺过程、业务流程、结构性态、工程进度及实物成本等六大管理要素，以全生命期建筑物结构真实工作性态安全为核心，以耦合结构安全的多维进度联合管理为主线，聚焦工艺过程和工序链的智能控制，构建了深度融合关键智能建造技术的实时动态分析、耦合仿真预测和交互协同调控的智能化管理方法。

（3）结合混合定位、智能识别、移动交互等技术，研发了智能建造管理平台iDam（Intelligent Dam Analysis Management）和智能化控制成套设备，实现了六大管理要素的精准、实时、扁平化管理和调控，解决了复杂多变的现场环境、人员设备流动变化、工艺控制波动导致的资源流动性管理、工程质量、施工安全和结构安全控制等难题，实现实时在线精细管理与预测预警动态调控。（袁星钰）

**【金融投资行为与企业技术创新——动机分析与经验证据】**

段军山（广东财经大学金融学院）庄旭东（华南理工大学经济与金融学院）

《中国工业经济》2021年第1期
20.8千字

近年来，中国企业技术创新意识不断增强，创新能力不断提高。企业创新效果的不断提升为全面实施创新驱动、实现高质量发展打下了坚实基础，但与发达国家相比，中国企业创新能力还有很大的提升空间。中国金融、房地产等行业当前具有超额利润率，在资本逐利动机驱使下，更多的实体企业进行金融投资，参与企业对技术创新与研发投入缺乏主动。就企业金融投资行为对企业技术创新影响的探讨而言，学术界尚未达成一致。该文以2009—2018年中国A股市场的非金融企业为样本，探索企业金融投资对企业技术创新的影响。研究发现，企业金融投资行为对企业技术创新投入和企业技术创新产出均具有负效应。在分样本讨论后发现，企业金融投资对企业技术创新投入与产出依旧具有负效应，且倾向投机逐利动机与倾向风险平滑动机的企业金融投资行为对企业技术创新的影响程度存在异质性。进一步检验发现，资金蓄水池和短期财富效应两种机制在企业金融投资与技术创新投入之间表现为遮掩效应，资源挤占机制在企业金融投资与技术创新产出之间存在中介效应。对中国企业而言，企业金融投资是流动性储备行为与风险平滑手段这一理论的解释力较小，企业金融投资更是一种管理者短视行为与投机逐利手段，而且还是一种创新资源侵占行为与投资替代手段，抑制了企业技术创新投入与产出。该文的研究有助于解释中国企业金融投资行为的动机与影响，从政府引导和企业实践层面缓解经济“脱实向虚”问题，具有重要的现实意义。

该文的贡献主要体现在以下几个方面。

第一，基于中国上市企业经验证据，研究微观层面下企业金融投资行为对企业技术创新的影响，从理论上解释导致中国企业长期创新动力不足的原因，进一步探讨两者之间的内在影响机制，有助于厘清虚拟经济与实体经济之间的内在关系与相互影响，梳理中国企业金融投资行为的动机与影响，为未来中国经济体制改革提供理论依据与思考方向，更好地对相关研究进行补充扩展。

第二，基于中国特色背景，从创新投入与创新产出完整的创新过程角度进行分析，并且关注企业金融投资行为动机倾向性不同产生的影响异质性，有利于企业更好地认识企业金融化带来的实质影响，从理论上说服企业主动进行技术创新，提升企业的技术创新投入热情以释放创新主体的活力与动力，也为企业实践进行相关决策提供参考依据，具有重要的现实意义。（袁星钰）

**【领导创新期望与员工突破性创新投入：基于悖论理论的研究】**

刘智强　严荣笑　唐双双（华中科技大学管理学院）

《管理世界》2021 年第 10 期
21.4 千字

因致力于激进性改变和颠覆已有竞争格局，突破性创新经常成为领先企业扩大竞争优势和后进企业谋求逆袭的利器。基于罗森塔尔效应和悖论理论，通过对创新过程投入进行分类并将突破性创新概化为一个包含相互竞争的学习需求间张力的过程，该文构建了一个有调节的中介效应模型，集中探讨领导创新期望影响员工突破性创新投入的冲突心理机制和边界条件。通过对来自国内三家国有高新技术企业的 320 套上下级配对样本的两阶段数据分析发现：领导创新期望通过探索式—利用式学习张力间接影响员工突破性创新投入；员工认知灵活性不仅正向调节探索式—利用式学习张力和突破性创新投入间关系，而且调节领导创新期望通过探索式—利用式学习张力间接影响员工突破性创新投入间的关系，即员工认知灵活性越高，领导创新期望通过探索式—利用式学习张力影响员工突破性创新投入的作用越强。研究从新的视角为组织提升员工突破性创新投入提供了思路，有助于更加深刻地理解突破性创新的形成过程及作用机制。

该文的理论贡献主要体现在以下几个方面。

第一，在以往根据革新程度进行创新分类的基础上，关注创新的产生过程，对创新过程投入实施分类并独立出突破性创新投入，有助于更加深刻地理解突破性创新的形成过程，而且作为探索，该文率先搭建了领导创新期望与员工突破性创新投入之间的关系。

第二，从悖论视角出发，揭示领导创新期望经由探索式—利用式学习张力这一路径影响员工突破性创新投入的作用机制。与传统研究不同，该文跳出已有通过协作心理机制了解领导创新期望及其影响的惯常做法，选择从探索式—利用式学习悖论导致的冲突心理机制进行探讨，拓展了领导行为与突破性创新之间的理论研究框架。

第三，立足员工认知方式和行事风格分析认知灵活性对上述关系的权变影响，可从更新层次认知期望效应并对促进突破性创新投入的边界条件加以识别。（袁星钰）

**【价值共创如何影响创新型企业的即兴能力？——基于资源依赖理论的案例研究】**

王　琳　陈志军（山东大学管理学院）

《管理世界》2020 年第 11 期

39.2 千字

“众人拾柴火焰高”，在不确定环境下企业只有携手共进，深化利益联结机制进行价值共创，以增强组织韧性和提升即兴应变能力。该文采用归纳式案例研究，从资源依赖理论出发，基于结构依赖和过程依赖双重视角解析创新型企业价值共创过程促使即兴能力的反应，构建“资源—结构—能力”的理论分析框架。研究发现：渐进型创新阶段，以交易资源交换的价值共创机制打破结构资源依赖促进开发式即兴能力构建；适度型创新阶段，以资源交换 / 整合的价值共创机制打破结构和过程资源依赖促进开发式即兴能力、探索式即兴能力构建、提升；根本型创新阶段，以资源整合 / 优化创新的价值共创机制打破过程资源依赖促进探索式即兴能力构建、提升。

该文的贡献与启示主要体现在以下几个方面。

第一，打开“众人拾柴火焰高”的黑箱。该文以过程视角和多研究领域视角描绘了价值共创过程促使即兴能力的反应，通过对价值共创主体识别，剖析资源驱动价值共创活动以打破资源依赖结构，从而促使创新型企业开发式和探索式即兴能力的共演化机制。这一发现突破了现有价值共创机制或即兴能力提升的研究范畴，通过引入资源依赖理论，从打破资源依赖结构角度探讨价值共创过程促使即兴能力的反应。此过程机制作为一种行动策略，归纳了各价值共创主体（众人）如何整合资源打破资源依赖（拾柴）构建和提升即兴能力（火焰高），揭示了“资源—结构—能力”共同演进和互动机理，有助于解决创新型企业如何通过价值共创打破资源依赖结构，调整资源拼凑或资源搜索的即兴能力。

第二，打开“众人拾柴”的价值渠道，为数字化转型背景下创新型企业如何设计价值共创机制寻求价值创新提供思路。创新型企业识别价值共创主体并设计价值共创活动是实现资源有效整合的关键，是“众人拾柴”的解决思路，所以价值生态中跨层次、跨组织资源整合成为价值共创的重要前提。该文探讨了资源权力非均衡性下的创新型企业配置现有资源和整合新资源的价值共创机制，识别不同创新阶段价值共创主体及价值共创活动，提出不同资源交互方式下的多种价值共创机制。资源视角下的价值共创机制是多方的协同创新，创新型企业要尽最大努力配置现有互补资源、整合新资源用于价值共创，有助于发挥“众人拾柴”的协同作用。

第三，打通价值共创与资源依赖理论的连接通道。该文突破了以往从利益相关主体探讨价值共创机制，基于资源依赖理论视角，从打破结构资源依赖和过程资源依赖类型入手，剖析价值共创主体价值共创活动及过程机制。该文从资源依赖结构视角解读价值共创，将资源依赖关系、权力配置等嵌入价值共创主体识别和价值共创机制的挖掘中，有利于揭示创新型企业如何降低内生性、外生性资源的非均衡性，获取权力中心位置和资源能力。（陈佳圆）

**【动态能力研究述评及开展中国情境化研究的建议】**

焦　豪　杨季枫（北京师范大学经济与工商管理学院、创新创业与持续竞争力研究中心）
应　瑛（浙江财经大学工商管理学院）
《管理世界》2021 年第 5 期
30 千字

动态能力理论已经成为战略管理文献中最活跃的研究主题之一，其解释了企业如何提高与环境动态匹配从而快速应对外部技术和市场的变化。企业所拥有的资源和能力如何与所处环境动态匹配是战略管理领域研究的核心问题。动态能力理论拓展了资源基础学派的静态研究视角，以演化视角克服核心刚性缺陷，通过资源整合和重构进行战略革新获取动态环境下的可持续竞争优势，越来越受到学术界和实务界的重视。该文通过系统梳理 1997—2019 年发表在 Web of Science 核心合集的 666 篇英文文献，从论文发表趋势、期刊发表平台、核心学者和关键节点文献、研究热点演进等方面呈现动态能力研究概况。在此基础上，聚焦分析发表在 17 个国际期刊上的 84 篇英文文献，构建基于“研究视角—影响因素—作用过程—影响效应”的动态能力整合研究框架。最后，在对比中英文代表性文献基础上，提出开展中国情境化研究的 6 条建议，这对于进一步了解和把握动态能力研究的现状、演变与趋势具有重要意义。

该文的理论贡献主要体现在以下几个方面。

第一，可视化呈现动态能力研究概况，描绘动态能力研究领域的热点演进和前沿趋势，发现动态能力研究热度逐步提升，发表平台主要聚焦在 *Strategic Management Journal*、*Journal of Business Research*、*Management Decision*、*Industrial Marketing Management*、*Industrial and Corporate Change*，关键学者主要有 David J. Teece、Kathleen M. Eisenhardt、Constance E. Helfat、Sidney G. Winter、Maurizio Zollo，研究热点除了和创业管理、知识管理、战略管理、组织学习、社会责任等其他学科领域进行融合外，更加注重在“数字经济”和“新技术”情境进行动态能力的相关研究。

第二，构建基于“研究视角—影响因素—作用过程—影响效应”的动态能力整合研究框架：研究视角主要聚焦在要素论、流程论和层次论 3 个方面；影响因素主要有组织资源、组织文化、组织结构、市场导向、组织学习和信息技术等组织层面以及管理者认知与情绪、领导风格、员工创造力、管理者任期、管理者知识及国际视野等个体层面的因素；动态能力通过绿色创造力、创新、数字化平台能力、运营能力等中介机制影响企业的短期财务绩效或长期竞争优势，整个作用过程还受到来自环境层面、组织层面、环境与组织交互层面因素的调节作用。

第三，提出开展中国情境化研究的6条建议：应拓展研究方法，增加二手数据分析、行为实验与仿真模拟等多种研究方法的运用；深入挖掘研究内容，建构动态能力基于认知性和非认知性角度的双重微观基础；探究动态能力影响绩效的作用机理和过程机制；揭示动态能力在创新系统构建中的角色定位和作用机制；嵌入研究情境，关注数字经济情境下数据驱动的新型企业动态能力；关注中国独特文化和制度层面的嵌入对动态能力研究的影响机制研究。（袁星钰）

**【专业化知识搜寻、管理创新与企业绩效：认知评价的调节作用】**

余传鹏（华南理工大学经济与贸易学院、广州市大型企业创新体系建设研究中心） 林春培（华侨大学工商管理学院、华侨大学商务管理研究中心） 张振刚（华南理工大学工商管理学院、广州市大型企业创新体系建设研究中心） 叶宝升（华南理工大学经济与贸易学院、广州市大型企业创新体系建设研究中心）

《管理世界》2020年第1期
55.3千字

当前，我国经济进入以“高速增长向高质量发展转变”为标志的新时代，创新作为引领经济发展第一动力的作用更加凸显。自熊彼特1912年开创“创新”研究以来，主流学者非常“默契”地将研究焦点放在了技术创新。直到20世纪八九十年代，日本企业通过全面质量管理、精益生产等管理创新实践打败拥有显著技术优势的美国企业，推动日本成为第一个通过管理创新实现工业强国的典范后，管理创新才日益得到学术界的关注。近十年来，研究者围绕管理创新的驱动因素、过程机制、影响效果等主题开展了大量研究。目前创新研究领域的主流学者对“管理创新与技术创新对企业赢得持续竞争优势具有同等重要地位”的观点基本上已达成共识。但管理创新仍是一个新兴的研究领域，还有很多有待深入探讨的议题。研究基于探索/利用双元分析框架，将管理创新划分为利用式管理创新和探索式管理创新两个维度，并将知识搜寻和认知评价的理论观点整合到现有管理创新采纳与实施过程理论模型中，构建了一个研究模型，以考察双元管理创新的采纳过程及其实施对企业绩效的影响。

该文的理论贡献主要体现在以下几个方面。

第一，将经典的探索/利用双元分析框架引入管理创新研究领域，将管理创新划分为利用式管理创新与探索式管理创新两个维度并分别加以测量，以更细致地刻画管理创新的特征，弥补了现有研究要么只考虑利用式管理创新、要么只考虑探索式管理创新的单一维度局限，为后续开展管理创新相关实证研究提供了一个新的思考框架。

第二，该研究将知识搜寻和认知评价的理论观点整合到已有的管理创新采纳与实施过程理论框架之中，厘清了基于内部促进者视角的双元管理创新采纳的复杂过程机制。具体而言，该文基于不同知识源所提供知识元素的属性差异，从专业化视角对知识搜寻进行维度划分，并将其作为管理创新的直接驱动因素加以研究。同时，该文遵循前人构建主体认知评价框架的思路，立足于认知主体（高层管理团队）和认知客体（管理创新）的特征和特点，从风险性、匹配性、复杂性3个维度构建高层管理团队对管理创新的认知评价框架，并将认知评价作为调节变量引入到管理创新的采纳过程模型。这一研究丰富了认知评价的概念内涵和结构特征，是对认知评价框架的进一步拓展；厘清了高层管理团队发挥“内部促进者”角色的具体机制，并提供了实证证据，丰富了管理创新采纳过程的研究文献。

第三，基于管理创新实施过程理论，该文厘清了双元管理创新对企业绩效影响的差异化作用机制，为“管理创新如何影响企业绩效”这一目前学术界尚有争论的问题提供了新的理论阐释视角和实证证据。（陈佳圆）

**【交易型领导对中小企业管理创新实施的影响研究】**

余传鹏（华南理工大学旅游管理系） 叶宝升（华南理工大学工商管理学院） 林春培（华侨大学工商管理学院、华侨大学商务管理研究中心）

《管理学报》2021年第3期
9.8千字

在当前激烈的市场竞争环境下，“管理创新能够有效提升企业竞争力”成为越来越多学者的共识。然而，企业实施管理创新面临着较高的失败风险，如何提升管理创新的实施绩效成为理论界和实业界关注的重要问题。特别地，中小企业由于在技术积累、资金、人才等方面的劣势，使得其技术创新能力不足，管理创新能否成功实施对于中小企业的持续成长尤为重要。相比于大中型企业具有较为完善的管理制度、流程、规范，中小企业的管理更多地呈现与领导风格相匹配的特征。依据权变领导、自我控制以及资源能力基础观理论，引入跨部门整合、组织冗余变量，探究交易型领导对中小企业管理创新实施绩效的“激励”与“控制”双重效应，以及跨部门整合的非线性传导作用和组织冗余的情境效应。利用华南地区334家制造型中小企业数据进行实证检验，研究表明：（1）在影响中小企业管理创新实施绩效、跨部门整合的过程中，交易型领导包含“激励”与“控制”效应，双重效应叠加形成“边际递减效应”与“过犹不及”的倒U型关系；（2）在交易型领导与中小企业管理创新实施绩效的关系中，跨部门整合扮演非线性传导角色；（3）高组织冗余强化了交易型领导与跨部门整合的倒U型关系，而在低组织冗余条件下，倒U型关系变成U型关系。

该文的理论贡献主要体现在以下几个方面。

第一，该文丰富了交易型领导对中小企业管理创新实施绩效的关系机制。关于交易型领导对创新的影响，已有研究存在正向、负向以及没有影响3种不同观点。交易型领导以权变奖励、例外管理为基础，建立在“经济人”假设的前提之上。但是，员工不仅仅具有“经济人”属性，还具有“社会人”“自我实现人”属性。交易型领导在满足个体“经济人”需求的同时，通常缺乏考虑“社会人”“自我实现人”的需求，导致交易型领导在通过权变奖励、例外管理激励下属实施管理创新的同时，容易弱化下属的内在动机，形成“德西效应”。交易型领导对中小企业管理创新实施绩效的影响，可能不是单纯的线性关系。

第二，该文依据权变领导、自我决定理论、资源能力基础观，引入跨部门整合与组织冗余变量，以回答交易型领导对中小企业管理创新实施绩效的影响机理、内在机制与情境效应。

第三，该文也提出了相关启示：中小企业在实施管理创新的过程中，交易型领导风格需要维持在中等程度。同时，中小企业需要思考如何更好地促进各部门之间的互动与合作。再者，当中小企业拥有足够冗余资源时，其应思考如何在实施适度交易型领导的基础上，更多地考虑如何利用好冗余资源激发下属的内在动机；否则，在较高的组织冗余情境下，高强度的交易型领导对跨部门整合的负向作用也更加明显。（袁星钰）

**【财政科技支出如何影响企业技术创新？——异质性特征、宏微观机制与政府激励结构破解】**

车德欣　吴传清（武汉大学经济与管理学院）　任晓怡　吴　非（广东金融学院行为金融与区域实验室）

《中国软科学》2020年第3期
21.2千字

随着我国迈入新时代，传统“劳动力—资源”双驱动经济增长模式日渐式微，只有不断加大驱动创新力度，才能在高起点上加快新旧动能转换，为高质量发展提供强有力支撑。企业作为经济社会中最为活跃的主体，其技术创新活动已然成为我国创新驱动战略的核心因素。然而值得指出的是，技术创新活动有着明显长周期、高风险乃至强烈正外部性特征，以至于技术创新活动供给（质量）低于应有市场均衡水平。这种市场失灵难以依靠自身进行校正，这凸显政府介入和引导技术创新活动的不可替代性。政府作为驱动企业技术创新活动重要力量，能够通过产业政策、财政补贴、减税等方式提升企业技术创新动能。据此，该文着重对财政科技支出与企业技术创新关系及其机制进行研究，旨在提升政府财政科技支出有效性，有着较高的学理价值和实践意义。

在创新驱动转型发展大背景下，该文使用沪深两市A股上市公司2007—2017年数据进行研究，在考察财政科技支出对企业创新异质性影响基础上，识别其宏微观传导机制，并将“地方政府激励结构”嵌入“财政科技支出—企业技术创新”研究范式，尝试提供符合逻辑的实证支撑和经济解释，具体结论如下。一是政府财政科技对提升企业技术创新水平至关重要。政府财政科技支出越多，越有利于促进企业技术创新，且这种正面冲击在更长时间轴中同样适用。二是财政科技对企业技术创新促进作用受企业属性和地区异质性双重影响，具有显著“结构”特性。三是从宏观传导路径而言，财政科技政策能促进地方经济特别是非公有制经济发展，并为高校人才储备提供财政资源支撑，从而促进企业技术创新活动；基于微观传导，财政科技投入能在一定程度缓解企业预算约束，降低其杠杆水平和改善其财务状况，进而对企业技术创新有所裨益。四是地方政府激励体制是影响财政科技发挥其对企业创新促进作用的关键性因素之一。相比于“唯 GDP 论”的传统晋升考核体制，以创新为标杆的考核体系进一步推动财政科技显著提振企业的创新动能。此外，地方政府财政约束并不一定必然抑制企业技术创新。相较于财政实力较为雄厚地区，财政不平衡较严峻的地区，更重视财政科技支出管理，以期在财力短绌下提高财政资源创新生产弹性。（陈佳圆）

**【研发背景高管权力与公司创新】**

张　栋（中央财经大学会计学院） 胡文龙（中国社会科学院工业经济研究所、中国社会科学院大学） 毛新述（北京工商大学商学院）

《中国工业经济》2021 年第 4 期
23.7 千字

党的十九届五中全会明确提出要“强化企业创新主体地位，促进各类创新要素向企业集聚”“发挥企业家在技术创新中的重要作用”。高管团队的权力分布并不均匀，高管能够在多大程度上影响组织产出有赖于其在高管团队中的相对权力。是研发背景高管可以促进公司创新，还是仅“有权力的研发背景高管”才能促进公司创新？同样具备研发背景的高管，其权力大小是否以及如何对公司创新产生影响？该文利用手工收集的 2007—2017 年高管排名数据，借助最新提出的高管权力测度方法，实证检验了研发背景高管的权力大小对公司创新的影响。研究发现：高管职能背景特征和高管权力均会影响组织产出，研发背景高管在高管团队中的权力越大，公司创新投入和创新产出水平越高，且上述影响效果并非仅限于 CEO。高管权力对组织产出的影响效果在不同类型企业中存在差异，研发背景高管权力对公司创新产出的正向影响效果在非高新技术企业中更为显著，而对公司创新投入的正向影响效果则在高新技术企业和非高新技术企业中没有显著差异。该文不仅弥补了现有研究对研发背景高管多为非 CEO 高管这一实际状况的忽视，还将研究视角由高管团队组成进一步推进到高管团队结构，对相关文献从高管特征直接引致组织产出的逻辑链条进行了必要补充。

该文的贡献主要体现在以下几个方面。

第一，该文以权力作为切入视角，通过准确度量研发背景高管在高管团队中的相对权力来捕捉其对公司创新影响。通过对研发背景高管在高管团队结构中的权力进行定位，来更为准确地度量其对公司创新的影响效果。这一视角不仅为公司创新的相关文献做了有益补充，使得高管权力成为影响公司创新的重要因素之一，还打通了从高管特征到组织产出的逻辑链条，为研究其他特定背景高管与公司产出之间关系拓展了思路，提供了借鉴。

第二，该文探索了CEO以外特定职能背景高管权力的影响，通过将研发背景高管的考察范围扩大到所有高管团队成员，避免了在没有对公司高管团队的权力分布状况做出分析之前就默认高管团队权力分布高度集中于CEO一人，从而出现忽视CEO以外的其他高管的逻辑错误，对现有研究进行了补充。

第三，对高管权力进行了识别，区分了高管职能背景和高管权力的不同影响。该文手工收集了上市公司年报中高管排名信息，利用Ke等（2021）提出的高管权力测量方法并在其基础上做量纲处理，作为高管权力新的测度指标，更贴合中国实际地测度了高管的相对权力，将权力单独分离出来作为关键解释变量，更深入地解释了研发背景高管"位"与"为"之间的关系。

第四，为促进公司创新产出，该文提出了三点政策建议：通过制度建设激发人才创新活力；建立随公司战略目标和环境动态调整的公司管理层结构，优化战略人力资源管理；根据股东资源的稀缺程度对混合所有制改革后的国有企业进行管理层权力配置。（袁星钰）

**【加入行业协会能促进企业技术创新吗？——中国民营企业的微观证据】**

杨　进（西南财经大学财政税务学院）　张　攀（四川大学商学院）

《经济管理》2020年第1期

30.8千字

在简政放权和政府职能转变的背景下，以行业协会为代表的企业间组织在公共政策制定和提供社会服务上的作用日益重要。该文从制度理论和交易成本理论视角考察了加入行业协会对民营企业技术创新的效应及其影响机制，并以2004—2012年五次全国民营企业抽样调查数据进行实证检验，实证研究发现：加入行业协会对民营企业技术创新投入强度和创新产出绩效均存在显著正向影响；行业协会影响民营企业技术创新的机制主要是通过增加民营企业外部融资，扩大企业市场活动空间范围以及增强对企业产权的法律保护三条路径实现；行业协会对民营企业技术创新的促进作用与制度环境密切相关，行业协会的推动作用在市场化程度较低的地区更大；相对于有政治关联的企业，行业协会的正向影响对没有政治关联的企业更为显著；企业家主导型行业协会和政府主导型行业协会都能有效促进民营企业创新，且现阶段后者的作用更大。该文的研究成果不仅从理论上进一步丰富了对行业协会在经济转型中的作用研究，同时也对我国民营企业发展和行业协会管理实践具有一定的启示。

该文的贡献主要体现在以下几个方面。

第一，该文从推动企业技术创新的角度探讨了行业协会的作用，并使用大样本企业微观数据进行验证。与以往对行业协会的研究主要基于局部地区的分析不同，该文采用全国性样本数据，避免了样本的局限性，丰富了转型经济中行业协会对于经济发展作用的相关文献。

第二，该文探讨了行业协会促进民营企

业创新是如何随企业自身特征发生变化，提出行业协会对于缩小企业间差距具有重要作用，拓展了以往文献对于行业协会作用的认识。

第三，该文深入分析行业协会影响民营企业技术创新的微观机制，并使用大规模微观数据对机制做了实证检验。其中，行业协会可以显著扩大企业市场活动空间范围和提高本地司法系统对企业的法律保护得到实证检验。

第四，通过探讨行业协会与制度环境的联系，该文对于如何在市场制度不完善的情况下充分发挥行业协会的市场补充作用提供了理论依据。（陈佳圆）

**【管理者权力、技术创新与审计风险溢价】**

鲁清仿　王浩然　刘万丽（河南大学商学院）

《中国软科学》2020 年第 10 期
17.9 千字

管理者既是公司重大战略的酝酿者，也是战略的重要执行者。自由裁量权的存在使其对权力的使用存在机会主义的可能。在结果导向、管理者权力日益增大的情景下，研究管理者权力如何使用及其经济后果就成为必须应对的挑战。对于管理者而言，技术创新一方面能使企业在高度动态竞争环境中取得市场优势地位；另一方面技术创新外部环境的不确定性、技术创新的复杂性、人力资本投入的持续性与公司财务资本的有限性导致技术创新有可能成为企业的“吞金兽”，同样也给注册会计师审计带来巨大的审计风险。

根据高管权力理论，管理者可以利用自己的权力操纵薪酬合同并加以利用。注册会计师审计作为一种外部监督与约束机制，可以约束管理者的行为，缓解委托代理冲突。目前国内外学者在管理者权力配置和运用等方面展开了丰富的研究，但是结合我国制度环境的研究、聚焦于管理者通过内生式和加大技术创新建立与扩大私人王国的研究、从注册会计师行业视角研究管理者权力增大的经济后果的研究都不多。由于我国资本市场建立时间较短及其建立时初始目标的异化，致使上市公司治理制度存在内生性缺陷。且随着创新引领新发展理念以及高质量发展成为新时代的主题，大量上市公司日益加大了技术创新投入的强度与广度。因此，基于我国特殊的公司治理环境，研究管理者是否存在利用技术创新来实现自我私利，注册会计师是否能识别管理者行为并采取策略性的行动就显得更具必要性。

该文对管理者权力与审计风险溢价的关系及其传导机制进行探讨，并以沪深两市 2007—2018 年的上市公司为研究样本。研究发现：管理者权力对审计风险溢价具有显著的正向关系，此关系受到股权制衡度和公司成长性的调节影响；技术创新对管理层权力与审计风险溢价具有部分中介效应，管理者权力越大，越有可能通过技术创新实现私利，而在其进行过程中的经营风险及财务风险将增加进而加大了审计风险溢价。基于以上结论，该文提出如下政策建议：一是完善公司治理，抑制管理层权力的消极运用；二是转变公司发展方式，激励管理者自主创新；三

是改进审计风险模式与应对方法，拓展行业服务价值。（陈佳圆）

**【技术管理能力对突破性技术创新行为的影响】**

刘业鑫［哈尔滨工业大学（威海）经济管理学院］ 吴伟伟 于 渤（哈尔滨工业大学经济与管理学院）

《科学学研究》2020 年第 5 期
15.6 千字

突破性技术创新对企业获取和保持可持续竞争优势具有重要意义，如何实现突破性技术创新已成为理论研究和企业实践关注的焦点。基于行为科学理论，构建了技术管理能力对突破性技术创新行为影响的理论模型，并根据理论模型建立了技术管理能力对突破性技术创新行为影响的系统动力学模型。该文应用 Vensim PLE 对所构建的模型进行仿真分析，结果表明，技术管理能力有助于技术能力的积累以及激进式企业家精神和创新意愿的提升，进而激发突破性技术创新行为。对技术管理能力的取值进行敏感分析，发现技术管理能力对突破性技术创新行为的影响存在阈值。只有当技术管理能力达到中等偏上的水平时，随着时间的发展，突破性技术创新行为才会逐渐增加，最终达到稳定状态。因此，企业需要对技术管理能力进行长期投资，持续提升技术管理能力水平。

该文的理论贡献主要体现在以下几个方面。

第一，发现了技术管理能力对突破性技术创新行为具有重要影响。以往研究大都关注技术管理能力对技术创新的影响。该文聚焦于突破性技术创新这一特殊的技术创新类型，从行为视角出发，发现技术管理能力对突破性技术创新行为具有显著的正向影响，这一方面将技术管理能力纳入突破性技术创新的研究范围，拓展了技术管理能力的解释范畴；另一方面，发现了新的突破性技术创新的重要影响因素，丰富了突破性技术创新前因变量的研究成果。

第二，揭示了技术管理能力提升过程中技术管理能力对突破性技术创新行为影响的临界点效应。以往的技术管理能力对技术创新影响的研究多聚焦在静态实证分析上，缺乏对技术管理能力影响突破性技术创新行为过程中反馈的考虑，导致无法对技术管理能力对突破性技术创新行为的影响形成系统性认识。该文打破以往研究的静态视角，应用系统动力学模型，探索了技术管理能力与突破性技术创新行为间的动态关系，揭示了技术管理能力对突破性技术创新行为影响的阈值。技术管理能力与突破性技术创新行为间的动态关系研究克服了单因果性的研究缺陷，一方面，深化了技术管理能力与突破性技术创新行为关系的理论解释；另一方面，拓展了对技术管理能力功效发挥内在机理的认识。

第三，该文也对行为科学理论作了有益的补充。以往的创新行为的研究大都是在个体层次上进行的。该文在组织层次上对企业突破性技术创新行为进行深入挖掘，这是行为科学理论在组织层次研究的尝试，不仅夯实了突破性技术创新行为研究的行为学基础，而且能为现实中企业的突破性技术创新行为提供强有力的理论解释。（陈佳圆）

**【技术知识基础多元度对突破性技术创新行为的影响】**

吴伟伟 张 琦 梁 州（哈尔滨工业大学经济与管理学院） 刘业鑫［哈尔滨工业大学（威海）经济管理学院］ 于 渤 高秋彤（哈尔滨工业大学经济与管理学院）

《管理科学》2020 年第 5 期
38.3 千字

激发突破性技术创新行为对企业获取国际竞争力具有重要意义。已有研究较少关注突破性技术创新行为及其影响因素，尤其缺少技术知识基础多元度对突破性技术创新行为的影响机制的探索。文章基于知识基础观，探讨技术知识基础多元度对突破性技术创新行为的直接影响，分析在不同高管社会资本情景下，技术管理能力对技术知识基础多元度与突破性技术创新行为关系的调节作用，构建技术知识基础多元度影响突破性技术创新行为的理论模型。

该文选取 2013—2017 年中国制造业上市企业为研究样本，运用层次回归分析方法对研究假设进行实证检验。结果表明，技术知识基础多元度对突破性技术创新行为具有显著正向影响；技术管理能力在技术知识基础多元度影响突破性技术创新行为的过程中起正向调节作用；高管横向社会资本和纵向社会资本越丰富，越能够强化技术管理能力的正向调节作用，高管横向社会资本对技术管理能力调节作用的影响更大。

该文的理论贡献主要体现在以下几个方面。

第一，从行为视角拓宽了突破性技术创新研究，为技术创新理论研究提供新思路。该文聚焦于突破性技术创新行为，探索突破性技术创新行为的影响因素及其作用机制，深化了对突破性技术创新理论的认识。

第二，该文发现技术知识基础多元度对突破性技术创新行为具有重要的影响，扩展了技术知识基础的解释范畴。该文进一步探索，发现其多元度特征能够促进突破性技术创新行为。该文从技术创新行为角度对技术知识基础多元度的影响范围进行更深层次的拓展，使技术知识基础的影响研究更加全面。

第三，揭示了技术管理能力对技术知识基础多元度向突破性技术创新行为转化过程中的调节作用，丰富了技术管理理论的研究。该文以权变的观点分析技术管理能力调节技术知识基础与突破性技术创新行为之间的关系，从而更加全面地审视技术管理能力的经济功效；厘清了技术知识基础多元度影响突破性技术创新行为的边界条件，深化了技术管理能力作用发挥机制的理论认识。

第四，从高管社会资本的角度识别了技术管理能力调节作用发挥的情景依赖条件，拓展了高管社会资本在技术管理领域中的应用。该文在考虑技术管理能力调节作用的基础上，将高管社会资本纳入研究框架，有助于对技术知识基础多元度、技术管理能力、高管社会资本和突破性技术创新行为之间的关系形成更完整的认识，为影响技术知识基础与突破性技术创新行为之间关系的权变因素研究作出了增量贡献。（陈佳圆）

**【动荡环境下供应链动态能力对管理创新实施的影响】**

张振刚（华南理工大学工商管理学院、广州市数字创新研究中心） 许亚敏　沈　鹤（华南理工大学工商管理学院）

《管理学报》2021 年第 1 期
8.3 千字

近些年来，在管理创新领域涌现了大量的兴趣研究，但该领域的相关研究尚未形成完整的理论体系，企业在进行管理创新实践时缺乏具体的理论指导。此外，Millar 等呼吁打破既定的模式和模型，展示在一个波动性、不确定性、复杂性和模糊性占主导地位的环境中的管理创新。由此，企业需要在动荡环境中有目的、有计划地构建动态能力，以促进管理创新。该文基于动态能力理论，构建供应链动态能力对管理创新实施的理论模型，同时将环境动荡性纳入研究模型中。基于 320 份有效问卷调查数据进行实证检验，研究表明：供应链动态能力主要关注学习和吸收能力以及重构和变革能力两个维度，其中学习和吸收能力能够通过重构和变革能力正向影响管理创新实施，环境动荡性能够正向调节供应链动态能力与管理创新实施之间的关系；并且重构和变革能力能够帮助企业在快速变化的环境中更快地找到管理创新的方式。

该文的理论贡献主要体现在以下几个方面。

第一，认为供应链动态能力能够正向影响企业的管理创新实施行为，说明供应链动态能力可以作为企业的竞争优势来源，因此，企业要投入一定的资源构建供应链动态能力。

第二，企业的资源是有限的，企业在培养供应链动态能力时，要对供应链动态能力的不同维度进行区分，从而针对性地进行资源投入。

第三，企业供应链动态能力的不同维度之间是相互嵌套的，高阶动态能力嵌套于低阶动态能力并共同作用于企业的行为。供应链动态能力重点关注学习和吸收能力与重构和变革能力两个维度，学习和吸收能力能够通过重构和变革能力作用于企业的管理创新实施行为，重构和变革作为企业感知外部环境后的动作，嵌套于学习和吸收能力之中。

第四，供应链动态能力与管理创新实施之间的关系受到外部环境的调节。不同维度的供应链动态能力受到环境动荡性的影响程度不同。具体表现为：环境动荡性对学习和吸收能力与管理创新实施的关系调节强度，低于重构和变革能力与管理创新实施的关系调节强度，这与供应链动态能力的两个维度对外界环境变化的敏感程度存在差异的性质有关。学习和吸收能力强调企业对知识的吸收和利用；而重构和变革能力强调推动企业及时进行战略调整，从而正向影响管理创新实施。（袁星钰）

**【“男耕女织”影响企业创新吗——来自中国家族上市公司的经验证据】**

许宇鹏（上海财经大学应用经济学博士后科研流动站、浙商银行博士后工作站） 程　博（南京审计大学会计学院） 潘　飞（上海财经大学会计与财务研究院）

《南开管理评论》2021 年第 1 期

18.4 千字

保持家族企业基业长青的根本性因素是企业创新能力，面对国内和国际市场环境的不确定性与风险，家族企业的领袖们如何通过创新推动可持续发展并确保代际传承的有效性，成为不可回避的使命和挑战。研究家族企业创新问题，对于民营企业乃至国家经济高质量发展具有较为重要的理论与现实意义。该文以 2007—2016 年所有 A 股家族上市公司作为研究样本，考察了夫妻控制人对家族企业创新水平的影响，并进一步检验了夫妻控制人对家族企业创新水平的影响机制。实证检验结果发现，与非夫妻控制人家族企业相比，夫妻控制人家族企业对企业创新水平存在显著的正向影响。进一步检验发现，在夫妻控制人家族企业中，夫妻共同管理对家族企业创新水平有显著的促进作用，在这类上市公司中，夫妻间权威差异抑制了创新水平。同时还发现，妻子具备专业技术专长的人力资本能够提升夫妻共同管理下家族企业的创新水平。该文结果表明，基于情感纽带的夫妻共同治理是促进家族企业创新的重要因素，该结论为中国转型经济背景下尊重和释放民营企业家精神、尊重男女有效协作基础上的家庭和谐、充分发挥家族核心成员在企业中的作用带来了有益启示。

该文的实践启示主要体现在以下几个方面。

第一，该文从夫妻控制人这一视角考察了夫妻控制与管理对企业创新水平的影响，为家族企业如何影响公司创新提供了新的证据。与以往研究不同，该文从夫妻控制人这一具有双重关系特征的因素入手，切入家族企业内部，深入分析了家族内部这种结构异质性对公司创新的影响。

第二，该文丰富了经济社会学、家庭经济学与组织理论、公司治理等领域的相关研究。现有文献更多从所有权、管理权与控制权视角，研究家族企业与创新之间的关系。该文将夫妻关系内嵌于企业组织场景，考察不同的夫妻特质与合作模式对创新的影响，深化了关于夫妻关系这一社会结构中最为重要单元的研究，丰富了多学科视角下公司理论，为资本市场上的利益相关者群体提供了重要的信息参考。

第三，该文研究结论也有助于人们更加理性地看待中国家族企业发展过程中产生的内部权力与组织结构变化所导致的差异化结果，从宏观制度文化变迁到微观个体行为，家族企业创新发展之路仍然漫长。（袁星钰）

**【企业出口与创新驱动——来自中关村企业自主创新数据的证据】**

崔静波（武汉大学经济与管理学院、昆山杜克大学社会科学部） 张学立（武汉大学经济与管理学院） 庄子银（武汉大学经济与管理学院、宏观经济与政策评估中心） 程郁（国务院发展研究中心农村经济研究部）

《管理世界》2021 年第 1 期

18 千字

在全球制造业体系发展呈现新格局和我国制造业竞争优势逐渐流失的压力下，以创新驱动加快我国制造业发展方式转变，使我国制造业由“世界代工厂”转为“世界创新工厂”，已成为重塑我国制造业竞争优势的必由之路。以企业为主体的创新驱动成为理论界和决策层讨论和关注的焦点。我国对外开放政策是否促进了国内企业的自主技术创新，贸易深化是否提高了企业自主创新的学习能力，成为一个亟待解决的重要研究问题。该文采用2010—2015年北京中关村自主创新企业的面板数据，考察了出口对企业创新的影响。为了全面分析出口对创新的影响，该文将创新分为创新投入和创新产出两个部分：创新投入由研发部门支出和研发部门人员投入来衡量，而创新产出由新产品收入和专利授权数量来衡量。该文运用倾向得分匹配方法控制住了出口企业的自我选择效应，检验出口对创新的促进作用。研究发现：（1）总体上来看，企业出口显著促进了创新投入与创新产出；（2）从行业异质性角度出发，并不是每个行业出口都能促进企业的创新，在有些行业中出口对创新的提升是有限的；（3）出口对创新投入的提升会随着时间的推移先逐步减弱，再逐步增强，而对创新产出的影响随时间推移而减弱；（4）该文进一步采用2001年我国加入WTO作为稳健性检验，利用行业层面出口关税调整和政策时间变动构造双重差分模型，检验以出口关税下降形式的贸易自由化对企业创新研发投入和创新产出的影响，巩固了企业出口对创新驱动的因果促进效应。该文研究结果为我国经济迈向高质量发展阶段，进一步扩大开放新举措，提供贸易深化与企业创新驱动的理论支撑与政策建议。

该文的贡献主要体现在以下几个方面。

首先，从创新的衡量方面，首次从创新研发投入、产品创新、专利创新3个方面多维度测度企业的创新能力，全面揭示我国企业出口与创新之间的关系。

其次，在方法论上，运用倾向得分匹配方法，通过匹配首次出口企业与从不出口企业，在控制住企业出口自选择效应的同时，检验企业的出口处置效应对创新投入和创新产出的促进作用，探索企业出口对创新活动的因果效应。

再次，检验了出口处置效应的当期影响以及随时间变化的动态趋势。

最后，数据样本涵盖了工业、服务业，探讨了不同行业分类下，出口对企业创新的处置效应，从而为各个行业制定相关政策提供针对性指导：建设自贸区平台，打造参与国际竞争新优势、对外开放新高地，鼓励企业出口，出口企业的学习效应提高企业创新能力和国际竞争力，促进自主创新驱动；对高新技术企业实施税收减免和收入补贴政策，一方面鼓励企业出口，另一方面促进企业加大研发投入，加速创新驱动，形成一批具有国际竞争力、带制造业向价值链高端攀升的创新型领军企业；加强知识产权保护，营造公平竞争的市场环境，打破垄断链条，迫使企业通过创新驱动获得经济利润，从而进入长治有效的创新驱动发展轨道。（袁星钰）

**【高管团队能通过商业模式创新塑造新企业竞争优势吗？——基于CPSED II数据库的实证研究】**

杨　俊（浙江大学管理学院、南开大学创业

研究中心） 张玉利（南开大学创业研究中心、南开大学商学院） 韩 炜（西南政法大学管理学院） 叶文平（暨南大学管理学院）
《管理世界》2020 年第 7 期
59 千字

互联网和信息技术等新兴技术的应用诱发了商业模式创新热潮，但已有研究没有对“新企业高管团队能否通过商业模式创新来塑造竞争优势，以及该优势是否有助于改善绩效”这一问题予以合理解释。文章基于 969 家新三板 IT 企业数据统计分析的理论建构，提出了有助于解释这一问题并对未来理论检验有重要促进作用的研究命题和理论模型，对于商业模式和战略研究有着突出的理论贡献。理论模型表明：基于商业模式创新的效率优势和新颖优势的形成逻辑不同导致其存在非对称性互动强化关系，这一事实诱发了高管团队异质性影响新企业通过商业模式创新来获取竞争优势的双重机制，一旦获取竞争优势，在位企业报复性竞争所诱发的竞争损失导致这一优势并不必然会改善财务绩效，甚至可能诱发利润亏损，互补性资产可能会提升这一优势改善财务绩效的可能性。

该文的理论贡献主要体现在以下几个方面。

第一，对于商业模式研究而言，商业模式研究的学术贡献被学者质疑的原因是商业模式研究没有提出新问题也没有采用新视角来分析或解决这些问题。文章挖掘基于商业模式创新的竞争优势来源及其绩效启示并提出了重要的新命题，有助于推动未来立足于增添企业绩效差异来源的新解释的研究努力，谋求商业模式研究的学术合法性。

第二，对于战略研究而言，基于互联网和信息技术等应用驱动的新兴企业实践，不少学者都在反思既有战略理论工具的适用性并不断探索新的理论解释。文章提出的整合性研究框架为此提供了整合已有理论与新兴理论的思路和方法，尽管已有理论工具难以充分解释新兴实践背后的企业间绩效差异，但仍然有助于解释新企业商业模式创新过程的前因后果，将商业模式作为分析单元并将其与已有理论工具联系起来，更有助于解释企业竞争优势的深层次来源，有助于进一步丰富和补充战略研究。

第三，面向创新驱动发展战略的实施深化，如何创新商业模式是我国企业特别是新企业应该重视也是必须要解决的关键问题，因此针对中国情境下的商业模式研究有着重要的理论和实践价值。研究检索了在国家自然科学基金委资助的 A 类期刊上刊发的商业模式研究论文，发现研究文献呈现为快速增长趋势，形成了特色鲜明的研究团队，提出了“魏—朱模型”“商业模式的冰山理论”等理论模型，采用案例研究探索了技术与商业模式设计、面向底层用户的商业模式设计、创业企业如何实现商业模式内容创新等主题，在理论建构方面取得了重要进展。（陈佳圆）

**【消费者跨境物流信息偏好及其影响因素研究——基于 1372 家跨境电商企业出口运单数据的统计分析】**

马述忠 梁绮慧 张洪胜（浙江大学中国跨

境电子商务研究院）
《管理世界》2020 年第 6 期
37.1 千字

进入数字经济时代，多种行业新业态如雨后春笋般出现。《世界海关组织跨境电商标准框架》指出跨境电商领域正在增长的实体货物贸易形式为全球经济发展创造了巨大的机会，它提供了新的增长动力，催生了新的贸易模式，引领了新的消费趋势。随着大数据和云计算技术的发展与应用，信息的重要性越来越凸显，跨境电商企业和互联网企业可以通过收集大量的消费数据，对消费者需求进行分析和预测并优化自己的产品。然而，优化的前提是通过数据分析得出消费者偏好。该文聚焦跨境电商与消费者之间的“桥梁”——物流运输，基于跨境物流数据研究运输方式选择背后蕴藏的消费者跨境物流信息偏好及其影响因素，从信息和物流角度得出推动跨境电商进一步发展的建议。

该文将消费者偏好的研究扩展到跨境物流领域，对 2016 年 9 月至 2018 年 8 月中国 1372 家跨境电商企业的出口运单数据进行统计分析，构建并测算了消费者跨境物流信息偏好度指标，基于消费者物流产品选择效用模型，从商品属性、物流属性和消费者所在国属性 3 个层面对消费者跨境物流信息偏好的影响因素进行了实证分析。研究发现：消费者购买商品的重量、跨境物流信息服务费以及消费者所处的经济社会环境均对消费者跨境物流信息偏好产生影响。对于商品重量大、地理距离远的包裹，消费者偏好于为之购买跨境物流信息服务；若所在国互联网覆盖率高、跨境物流信息服务费用高，则消费者不愿为其包裹购买跨境物流信息服务。该文的研究结论启示我国跨境电商企业应根据不同目标市场提供差异化的服务，这对于我国跨境电商进一步降低成本和提高出口效率具有重要现实意义。

该文的边际贡献主要体现在以下几个方面。

第一，该文从消费者跨境物流信息偏好这一研究视角切入，试图打开国际贸易研究中跨境物流运输的“黑箱”，探究跨境物流运输成本、消费者跨境物流信息偏好以及消费者效用三者之间的关系。

第二，该文通过统计跨境物流运单数据，将消费者跨境物流信息偏好量化，提供了一种定位消费者偏好的手段，拓展了消费者信息偏好领域的学术研究。

第三，该文通过理论与实证分析，探讨了消费者跨境物流信息偏好的影响因素，揭示了消费者对跨境物流信息服务产品的内在需求，研究结果有助于我国跨境电商企业提供符合市场需求的服务，降低企业成本。（陈佳圆）

**【突破性技术创新研究：现状与展望——基于 SSCI 和 CSSCI 期刊的文献计量分析】**

肖海林　董慈慈（中央财经大学商学院）
《经济管理》2020 年第 2 期
31 千字

目前，学界对突破性技术创新概念的界定仍未达成统一、规范的共识，但有学者提出了突破性技术创新的概念，将技术创新按照创新的强度分为渐进性技术创新和突破性技术创新。已有研究揭示，在技术突破维度上，突破性技术创新将带来一系列全新的性能特征，使已有性能特征提高5倍或以上，产品成本大幅度削减；在市场发展维度上，突破性技术创新不会依照传统公司主流客户需求性能轨道进行改进，或暂时还不能满足公司主流用户的需求。比较而言，渐进性创新以维持现有产品竞争能力为主，容易使企业陷入创新困境，而突破性创新通过打破已有技术范式、创造全新产品，使企业建立或保持行业中技术领先的市场地位。现阶段，突破性技术创新是中国落实创新驱动、绿色发展、提升关键核心技术创新能力等多个国家战略的重要路径。

该文针对突破性技术创新日益重要和技术创新环境发生深刻变化的宏观背景，基于已有突破性技术创新的文献综述性研究的不足，使用文献计量分析方法和知识图谱工具，以2001—2018年发表于SSCI和CSSCI期刊的765篇文献为研究样本进行可视化分析，再依据文献计量分析的研究结论以及国家发展模式转型对突破性技术创新的研究需求展望了未来突破性技术创新的研究方向和难题。主要研究结论如下：一是近18年国内外突破性技术创新研究发文量总体呈逐年上升趋势，国内研究与国外相比起步较晚且持续热度较低、对外合作研究较少且国际影响力不足；二是突破性技术创新研究遵循的理论基础主要是社会网络理论、动态资源管理理论和组织学习理论；三是突破性技术创新研究的热点主要集中于技术、组织、资源和财务四个方面，与市场发展问题相关的研究是薄弱环节；四是进一步从创新主体、创新变轨、研究层次和研究主题四个方面归纳了突破性技术创新研究热点的演进规律和存在问题。

未来突破性技术创新的研究方向主要有突破性技术创新的市场风险、突破性技术创新的跨国合作战略、大数据赋能突破性技术创新的发展和绿色导向的突破性技术创新，其中，破解突破性技术创新市场风险的管理问题、中国作为崛起大国带来的跨国网络联盟战略的管理问题、绿色导向带来的反市场导向向市场导向转化的管理问题，是未来突破性技术创新研究的难题。（陈佳圆）

**【传承还是创新？老字号品牌双元性实现路径研究——一项模糊集的定性比较分析】**

徐　伟（安徽财经大学工商管理学院）汤筱晓　王新新（上海财经大学商学院）
《经济管理》2020年第8期
34.6千字

受特定历史、文化变迁以及经营条件的影响，老字号品牌老化问题尤为突出，多年来持续引起政府和业界的高度关注。诸多老字号企业纷纷着力产品、技术、经营模式和金融方式的创新，试图通过创新满足消费者变化的市场需求和提升企业的生产经营效率，但实施的效果却喜忧参半。究其问题产生的根源不难发现，部分老字号企业的发展忽略了传承和创新的平衡。老字号“重在传承，胜在创新”，不传承将失去原真而不再被称为“老”，不创新又将失去年轻人的偏好而陷入老化的困境所言，老字号在保留老元素和注入新元素之间出现了矛盾，既要建立清晰的品牌内涵又要通过创新适应市场变化，关键是创新不能通过稀释品牌身份来实现，老字号的传承和创新就成了“悖论”。不同于一般品牌，老字号的传承和创新“相生相克”，它们相互对立，又彼此依存和相互渗透。既有研究或割裂了两者的关系，或只是浅尝辄止并未构建系统的形成机理。Beverland等（2015）的品牌双元性理论和中国传统哲学阴阳互动论为界定和阐释传承与创新的矛盾统一关系提供了见解。第一，双元性是相互冲突的两种活动的组合与共存，主张老字号企业应从矛盾统一体的视角界定和处理传承和创新的关系，构建传承和创新的双元组合。第二，阴阳互动论辩证地处理管理活动中各种阴阳对立要素，通过调整阴阳互动实现阴阳的相对动态平衡。

基于此，该文从双元性和阴阳互动论的视角出发，选取安徽省25家中华老字号品牌作为研究对象，利用fsQCA方法，从消费者视角和企业视角分别构建老字号传承与创新的双元性构型组合。研究发现：第一，传承与创新分别具有阴阳特征，两者相互对立、相生、并存和互为消长，老字号品牌双元性是传承与创新活动的情境性共存与组合；第二，品牌双元性的实现有情境路径和通用路径两种形式九条路径，差异化的老字号双元性实现路径不仅“殊途同归”，而且在情境的变化中不断动态调整和转化；第三，技术能力强而市场匹配能力弱的老字号企业倾向于通过突破型发展模式实现品牌成长，技术能力弱而市场匹配能力强的老字号企业倾向于采用破坏型发展模式，同时，老字号企业在一般情境下可通过稳健型发展模式实现品牌成长。该文研究结论对于探索和揭示老字号传承和创新“悖论”的解决机制有着重要的理论和实践意义。（陈佳圆）

**【技术知识整合、机会主义与复杂产品创新绩效】**

李靖华　毛丽娜　王节祥（浙江工商大学工商管理学院）

《科学学研究》2020年第11期

26.7千字

作为国家战略发展的重要支撑，复杂产品在经济增长、产业升级、国家竞争力提升等方面均具有巨大推动作用。为降低复杂性，复杂产品研制采用模块化分包的方式，生产过程即创新过程。从知识转化的角度看，复杂产品研制过程本质上是集成商在关键供应商协助下进行技术知识整合的过程。因而，对处于项目主导地位的集成商而言，其技术知识整合能力对复杂产品创新绩效至关重要。然而，现实中具有相似技术知识整合能力的集成商却表现出相异的复杂产品创新绩效，这与多主体间的机会主义行为程度及其制衡策略密切相关。因此对机会主义行为的治理就显得极为重要。现有研究强调了集成商在项目实施之初通过识别和筛选合适的供应商来降低复杂产品研制过程中机会主义行为的发生概率，而且在筛选维度上主要关注供应商的资质等显性条件，忽视了长期合作导向对机会主义行为的抑制作用。

该文基于交易成本理论和关系治理理论，从双边视角切入，研究长期合作导向对关键供应商机会主义行为的制衡效应。通过对205家复杂产品集成商企业的问卷数据进行分析，结果显示：第一，关键供应商的显性和隐性机会主义行为均会减弱集成商技术知识整合对创新绩效的正向影响；第二，合作双方的长期合作导向均减弱了显性机会主义行为对上述关系的负向调节效应；第三，长期合作导向的制衡效应因行为主体与机会主义行为类型的不同而在程度上存在差异。该文更加关注对合作创新中多主体微观互动行为的考察，并提示复杂产品集成商做好事前治理，即在合作初期选择具有长期合作意愿的供应商。

该文的理论贡献主要体现在以下两个方面。

第一，是对已有研究的印证。主要有：关键供应商的机会主义行为对复杂产品创新过程产生负向调节作用；长期合作导向作为治理手段能够有效抑制创新中的机会主义行为；基于中国情境丰富了发展中国家复杂产品创新的研究；通过定量研究方法补充了复杂产品创新研究。

第二，是对已有研究的升华和拓展。主要体现在：细致区分了显性及隐性机会主义行为对创新过程调节效应的不同逻辑及作用效果；为机会主义行为的治理研究提供从长期合作导向切入的新视角；引入双方视角，从微观层面探索并验证了“自我治理”行为的动机与效果；深入比较了不同视角下的长期合作导向对两种机会主义行为制衡效应的差异。该研究有望为合作创新中机会主义行为的治理研究打开一个更为广阔的微观行为视角，一定程度上也是对社会网络主流研究中呼吁关注合作双方认知与行为不对等问题的回应。（陈佳圆）

**【深化体制改革中的产业创新体系演进——以中国高铁技术赶超为例】**

黄阳华（中国社会科学院办公厅） 吕 铁（中国社会科学院工业经济研究所）

《中国社会科学》2020年第5期
30.2千字

回望新中国成立70年，我国走过了发达国家数百年的工业化历程。但从结构上看，我国成为“世界工厂”主要得益于中低技术劳动密集型产业史无前例的增长，技术和资本密集型产业的发展相对滞后，从工业大国向工业强国迈进任重道远。主流的观点依据要素禀赋、比较优势、全球价值链和国际产业分工等经典理论，认为我国在相当长时期内不具备发展技术和资本密集型产业的条件。然而，近年来中国高速铁路（简称“高铁”）成功实现了技术赶超，对“老牌”高铁强国形成了技术和市场竞争。针对高铁作为“不具备比较优势的”资本和技术密集型产业，技术赶超为什么能够一枝独秀以及中国高铁技术赶超的经验对其他产业是否具有普适性这些问题，学术界仍有较大争议。究其原因，主要困难有二：一是铁路行业和高铁技术极为复杂，研究者必须进行扎实的调查研究，才能掌握研究所需的基本事实；二是后发国家的技术赶超仍是一个重大的理论难题，研究者必须立足中国产业创新实践做必要的理论创新，才能从鲜活的实践和繁杂的资料中构建起自洽的分析框架。

该文立足于中国经济体制改革和高铁产业创新发展的实践，利用对业内18家核心机构、300余人次的调研资料，采用产业创新体系的分析框架，对高铁行业技术赶超现象进行历史与逻辑相统一的解释。研究发现：铁路制度的调整塑造了微观主体的技术创新激励，是解释中国高铁技术赶超的关键；市场需求的升级在高铁技术赶超中发挥了基础性乃至决定性作用，同时也是产业政策有效发挥作用的必要条件；产品开发平台对高铁装备制造业技术能力的提升至关重要，而引进创新与自主创新都是完善产品开发平台的手段，二者是互补的关系。

此外，针对高铁技术赶超经验的一般性与特殊性，该文为建设制造强国提供了如下针对性的理论和经验启示：一是应充分发挥市场需求在产业创新中的牵引作用；二是应根据产业发展不同阶段的技术风险特征，处理好政府与市场的关系；三是应正确对待开放条件下引进创新与自主创新之间的关系；四是高铁创新的经验表明，完善企业产品设计开发平台和行业性科研试验体系，有助于企业便捷地将用户需求转化为产品设计和制造方案，对提高供给质量和技术能力至关重要。（陈佳圆）

**【企业知识重组对技术创新绩效的影响：知识基础关系特征的调节作用】**

王泓略　曾德明（湖南大学工商管理学院）　陈培帧（长沙学院经济与管理学院）

《南开管理评论》2020年第1期
21千字

随着知识经济时代的到来，知识创造与技术创新已然成为企业竞争中最重要的环节。技术创新与知识创造是对现有知识元素的重组，企业间技术创新绩效差异很大程度上取决于其创造新知识能力的差异。企业的知识储备与对知识的重新组合效率成为企业竞争力的核心环节。厘清知识重组对企业技术创新绩效的影响机理，如何让知识更高效地转化为技术产出，对企业知识管理与技术创新战略制定和实施有重要意义。同时企业新知识或技术的产生是企业知识积累及组合的结果，知识重组对技术创新绩效有积极意义。综上，该文从知识重组的潜在可能性与协作成本两个维度探究知识重组对技术创新的影响作用；通过引入企业知识基础关系特征变量知识多样性，将知识互补性与替代性等作为调节变量，探究企业知识基础关系特征对知识重组与技术创新绩效之间关系的调节作用。

该文以1996—2015年我国汽车产业142家整车生产企业为样本，探究知识重组对技术创新绩效的影响，并剖析三种主要知识基础关系特征对知识重组与技术创新绩效关系的调节作用。研究发现，研发者网络集聚性与平均路径的提高有助于提升知识重组的潜在可能性对创新绩效的正向作用；研发者网络平均连接数的上升将提升知识重组协作成本，对创新绩效有负向作用；知识基础关系特征对知识重组与创新绩效有显著的调节作用——（1）知识替代性负向调节知识重组潜在可能性对技术创新绩效的积极作用，（2）知识互补性正向调节知识重组潜在可能性对技术创新绩效的积极作用，（3）知识多样性负向调节知识重组协作成本对技术创新绩效的影响作用。

该文的理论贡献主要体现在以下两个方面。

第一，基于知识基础观，聚焦企业内部研发人员网络关系特征，梳理企业知识重组对技术创新绩效的影响机理，进一步明确不同知识关系特征在企业知识重组过程中的调节作用。

第二，基于知识重组与知识搜索理论，该文从企业层面与研发人员个体维度对知识重组的作用机理进行了分析，通过引入知识元素的关系特征对当中存在的权变关系进行了深入解读，丰富了技术创新理论与知识管理理论，深入解读了企业知识搜索与知识重组行为，对企业提升知识创新效率、优化企业知识结构具有指导作用。（陈佳圆）

**【地方官员晋升激励、政绩考核制度和企业技术创新】**

程仲鸣（温州大学金融研究院） 虞　涛　潘晶晶　张　烨（温州大学商学院）

《南开管理评论》2020 年第 6 期

30.9 千字

在晋升激励的驱动下，为了更快地向上级呈报辖区的政绩，地方官员运用其自由裁量权介入经济运行和发展，以在经济增长为基础的标尺竞争中获得有利位置。因此，晋升激励强化了地方官员推动经济发展的动力和干预市场的动机。我国银行信贷、招商引资、电力和铁路等基础设施投资、城市建设的“超常规”发展，与我国官员的政治激励体制密切相关。然而，地方官员为了政绩而竞争的短视行为，虽然在短期内会促进经济增长，但长期来看不利于增长质量提升，贪大求快和浮躁化的思想损害了经济质量，造成重复建设和产能过剩。地方官员为政治晋升追求增长而扭曲发展质量越来越受到学界的重视和关注，但是已有研究较少直接考察官员晋升激励对企业技术创新的影响，而技术创新是推动经济高质量和持续发展的驱动力。

该文考察了地方官员晋升激励影响微观企业技术创新的机理，分析政绩考核制度对上述关系的影响，并将企业与地级市官员治理数据相匹配进行检验，结果发现：地方官员的晋升压力显著损害了企业技术创新，而政绩考核新标准实施后，官员晋升压力对企业技术创新的抑制效应得到改善。进一步检验发现，晋升压力对企业技术创新的负面影响只存于官员长任期组、受教育程度高组和非国有企业组。这些组的地方官员晋升压力越大，企业的技术创新越低。然而，晋升压力与技术创新的负面影响只存在于低财政分权组，从而排除了财政分权对结论的替代性解释。

该文的贡献主要体现在以下几个方面。

第一，从企业技术创新投资视角丰富了政治锦标赛理论。已有文献从实物投资、银行信贷、产能过剩及环境治理等方面考察了官员晋升激励引致的负面效应，而该文利用上市公司数据考察地级市层面官员晋升激励是否抑制企业技术创新，并且分析地方官员异质特征的影响。相比省级层面，地方官员与辖区经济的绩效关联更紧密，更能有效证实官员晋升对微观企业行为影响的假说，从而有助于理解政治权力与市场的关系。

第二，基于转型国家强政府制度背景，深化了企业创新投资的研究。不同于从经济层面研究微观企业技术创新的文献，该文将契约环境对企业技术创新的影响推进到地方官员的政绩诉求层面进行更深入的考察。而基于地方官员的晋升激励动机来考察企业低技术锁定的机理，可从根源上理解经济增长动力转换和优化关键之所在。

第三，从官员治理视角拓展了政绩观转型塑造的激励结构对微观企业行为影响的相关文献。（陈佳圆）

**【传统服务业企业如何实现平台创新——一个探索性纵向案例研究】**

何永清（西北工业大学管理学院） 邹 波（中山大学管理学院） 潘杰义（西北工业大学管理学院） 卜振兴（中国国际经济交流中心、中国邮政储蓄银行）

《南开管理评论》2021 年第 6 期
20.4 千字

现有平台创新主要聚焦于“天生”的平台型企业，然而大数据和人工智能等数字技术的发展为传统服务业的平台创新提供了条件和可能。在新冠肺炎疫情影响下，传统服务业企业遭受重创，成为受疫情冲击最直接、最严重的行业，这些企业如何通过平台创新化危为机、实现自救，既是实践亟待解决的问题，也是理论上有待回答的问题。该文基于一家典型传统服务业企业的纵向案例研究，从企业网络和二元学习的视角揭示了传统服务业企业实现平台创新的内在机理。研究得出以下结论：基于网络结构的利用式学习能促进传统服务业企业进行效率型平台创新，而基于网络行为的探索式学习能促进其进行新颖型平台创新；传统服务业企业所嵌入的网络结构和网络行为之间的相互作用更有助于开展探索式学习，从而促进新颖型平台创新；传统服务业企业的平台创新是一个从效率型向新颖型动态转变的过程，基于网络行为的探索式学习产生的新颖型平台创新效果，远高于基于网络结构的利用式学习所产生的效率型平台创新效果。研究结论对传统服务业企业开展平台创新提供了理论参考。

该文的理论贡献主要体现在以下几个方面。

第一，对平台创新的概念作了明确界定。该文通过详细的文献梳理和分析，比较了平台型企业的服务创新与服务业的平台创新之间的异同，在此基础上明确界定了平台创新的概念，并划分为效率型平台创新和新颖型平台创新，为平台创新的深度研究作出了一定的理论贡献。

第二，该文拓展了传统服务业平台创新的相关研究。近年来，随着互联网经济的迅猛发展，平台成为学界和企业界关注的一个重要话题，传统企业的平台创新研究也成为热点。然而，学界关注的焦点多集中于海尔等传统制造业的平台化转型，传统服务业却显得“无人问津”，而实际上，传统服务业的平台化转型意义重大且更值得期待。

第三，该文推动了传统企业平台创新研究的情境化和动态分析。现有传统企业平台创新相关文献主要研究传统制造企业的平台创新问题，一般围绕前因和后果开展讨论，对平台创新的动态过程演化及驱动因素的研究不足。该文从二元学习和企业网络视角出发，分别探讨了基于网络结构和网络行为的二元学习对效率型和新颖型平台创新的影响，剖析了平台创新的实现路径。一方面，丰富了平台创新的研究类型及传统服务业企业平台创新的构建情景；另一方面，对于平台创新动态演化机理的研究也弥补了现有文献的不足。（袁星钰）

**【“众乐乐”还是“独乐乐”？“有核”集群的双向技术溢出与集群创新绩效】**

李　宇［东北财经大学工商管理学院、东北财经大学辽宁（大连）自贸区研究院］
唐　蕾（东北财经大学工商管理学院）
《南开管理评论》2020 年第 2 期
28.9 千字

产业集群的技术溢出效应与集群企业创新活动的关系是创新集群研究中颇具争议的问题。相当一部分研究认为，技术溢出效应有利于集群企业创新绩效的提升：技术溢出促进了知识扩散和组织间相互学习，技术知识在集群企业之间的共享、整合和应用极大提升了集群整体的知识容量。然而，知识容量的提升效应并非技术溢出对集群企业创新活动的单一影响，尤其在一些针对集群企业创新失败案例的研究中，技术溢出效应虽然降低了中小企业应用新技术的成本，但极易导致产品的同质化竞争，从而损害大企业的创造力，使小企业产生创新依赖性，最终陷入“集体创新动力缺失”的困境。分析现有文献发现，对立的观点往往来源于不同的分析视角。技术溢出的正效应主要是从技术接受方获利的角度出发，而负效应则主要强调了技术溢出方创新回报不足对创新动力的影响。该文将在技术溢出与集群创新绩效的研究中引入组织间依赖变量，探讨其在技术溢出与集群创新绩效关系中的调节作用。同时加深对集群企业技术溢出的认识，进一步揭示技术溢出对集群创新绩效的影响机制。

该文在整合技术溢出的“教授逻辑”和“说服逻辑”的基础上，结合资源依赖理论，从双向技术溢出视角试图揭示“有核”集群的技术溢出效应和集群创新绩效的关系，考察不同依赖关系情境下二者的变化规律。该文利用调查 168 个科技特色产业集群获得的 419 个样本数据，就存在合作关系的核心企业与中小企业的双向技术溢出活动对集群创新绩效的主效应、组织间依赖的调节效应进行实证研究。研究结果显示，双向技术溢出对集群创新绩效具有正向影响；联合依赖越高，双向技术溢出对集群创新绩效的促进作用越大；非对称依赖越高，双向技术溢出对集群创新绩效的促进作用越小。该文更为细致地刻画了产业集群技术溢出对集群创新活动的作用机制和约束条件，在确保集群创新绩效提升方面提出重要管理启示，即核心企业应有意识强化与配套企业的技术交流与共

享，集群内企业应构建拥有较高联合依赖和较低非对称依赖的关系管理格局。（陈佳圆）

**【“走出去”能否“反哺桑梓”：跨境研发与母国企业自主创新能力】**

徐　晨（上海应用技术大学经济与管理学院）孙元欣（上海财经大学自由贸易区研究院）

《南开管理评论》2021 年第 4 期
25.4 千字

中国企业的跨境研发实践起步较晚，始于 20 世纪 90 年代。企业之所以选择跨境研发，主要是因为跨境研发被认为是解决自主创新能力薄弱的“一剂良药”。中国企业的对外投资正逐步迈向价值链的前端，已有少部分企业涉足研究与开发领域以期提高自主创新能力。然而综观现有文献的研究成果，跨境研发与母国企业自主创新能力的关系仍是一个有待探索的议题。该文基于知识基础观和高阶梯队理论，利用 2007—2014 年中国 1242 家高科技类上市公司的数据，实证检验了跨境研发及其规模强度和地域广度对母国企业自主创新能力的影响，并考察高管背景特征的调节作用。研究发现：跨境研发对自主创新能力有显著的正向影响；对绝大多数中国企业而言，跨境研发规模强度和地域广度分别与自主创新能力之间存在边际效应递减的正向关系；匹配型高管境外经历和高管任期显著调节跨境研发对自主创新能力的正向作用。进一步分析内在机制后发现，探索型技术获取和利用型市场开拓在跨境研发与自主创新能力之间起部分中介作用。该文研究结论在更换变量的测度方法、剔除避税样本及控制内生性后依然成立，丰富了跨境研发绩效的理论成果，也为今后中国企业的跨境研发实践提供指导建议。

该文的贡献主要体现在以下几个方面。

第一，以中国上市公司为研究对象，同时探索了跨境研发及其规模强度和地域广度对自主创新能力的影响，不但从理论上揭开了跨境研发强度和广度与创新绩效之间的黑箱，也为中国企业今后的跨境研发扩张提供了理论依据和决策建议。

第二，基于高阶梯队理论，选择与跨境研发内在机制密切相关的高管境外经历和任期，实证检验了高管特征对跨境研发与创新绩效关系的调节作用，丰富了跨境研发绩效影响因素的理论成果，揭示了管理者背景特征在跨境研发实践中的重要性，为开展跨境研发活动的中国企业如何选择合适的管理者提供理论参考。

第三，揭示了跨境研发提升母国企业自主创新能力的内在作用机制。理论上，跨境研发的动因能够在很大程度上阐释跨境研发提升母国企业自主创新能力的内在机制，该文基于此提出探索型技术获取和利用型市场开拓两种内在机制；实证上，该文构造技术多样性和海外业务收入指标进行验证。

第四，该文在扩充样本容量的基础上，利用倾向得分匹配法缓解了因企业自选择和遗漏变量所造成的潜在内生偏误，通过提前被解释变量的方法也有效缓解互为因果问题，增强了研究结果的准确性。（袁星钰）

# 工商管理·旅游管理

**【制度松绑、市场活力激发与旅游经济发展——来自中国文化体制改革的证据】**

刘瑞明（中国人民大学国家发展与战略研究院） 毛　宇（西北大学经济管理学院） 亢延锟（中央财经大学经济学院）

《经济研究》2020 年第 1 期
22.5 千字

旅游业作为现代服务业的重要组成部分，是带动地区经济增长和实现产业优化升级的“绿色”驱动力。借助于中国文化体制改革的“准自然实验”，该文采用中国 283 个地级市 2002—2016 年的面板数据和双重差分方法，首次评估了文化体制改革对地区旅游业发展的影响。研究发现，文化体制改革激发了市场活力，促进了文化产业和旅游产业的融合，带动了地区旅游业的发展。随着时间的推移，这种带动效应呈现出越来越强的递增趋势。具体而言，文化体制改革通过丰富文化旅游产品和服务以及住宿餐饮等配套产业的发展，提高了地区过夜旅客人数和收入，进而使试点地区的人均国内旅游收入、人均国内旅游人次、人均国内外旅游总收入和人均国内外旅游接待总人次得到显著提升。而且，在那些旅游资源越丰富、旅游公共服务水平越高的地区，这种带动效应越强。

就目前中国的旅游业发展和经济增长而言，该文研究结果具有多重启示。(1) 该文研究结果为进一步在全国范围内实行文化体制改革提供了一个重要的制度变革依据。国家实行较为宽松自由的文化体制，不仅可以带来文化产业的繁荣，而且也会极大地促进地区旅游业的发展。因此，有必要在全国范围内进一步推广落实文化体制改革，使得改革的果实能够惠及更多地区。(2) 该文的研究结果为中国的产业升级提供了借鉴与启示。通过放开传统管制的领域，不仅可以破除传统行业本身的壁垒，而且可以充分释放市场活力来激发新兴产业形态，实现“一石多鸟”的效果。这对那些意图实现产业优化升级的地区具有重要的借鉴意义。(3) 考虑到中国地区经济的不平衡，该文的结论还有助于地区平衡政策的出台。现实中，相对落后的中西部地区具有更为独特、优越的旅游资源，但是中西部地区的体制束缚也更为严重，这导致长期以来这些地区的优势未能得到合理利用。该文的发现启示人们，通过文化体制改革的不断深化和合理布局，提升西部地区的旅游公共服务水平，则可以将中西部落后地区的旅游资源禀赋优势激发出来，不仅可以实现旅游经济的发展，而且可以促进地区间的平衡发展。（胡文龙）

**【乡村振兴战略的旅游路径研究——准入门槛及其差异化选择】**

刘民坤（广西大学工商管理学院、广西发展战略研究院） 任莉莉　邓小桂（广西大学工

商管理学院）

《经济管理》2021 年第 10 期
19.9 千字

乡村振兴战略实施的关键是选择战略路径，而发展乡村旅游是实现乡村振兴战略的重要路径和突破口。那么，乡村振兴战略的旅游路径是否存在准入门槛以及其旅游路径的差异性如何呢？该文采用组态视角和 QCA 方法，基于竞争优势理论框架构建乡村振兴旅游路径的组态分析模型，并结合 12 个全国乡村旅游发展典型案例进行实证研究，探索乡村振兴战略旅游路径的准入门槛及关键因素之间的耦合构成，探讨乡村振兴旅游路径的生成逻辑，并进行其旅游路径差异化选择研究。

该文研究结果表明：单个条件变量并不构成乡村振兴旅游路径准入的必要条件，乡村步入旅游发展之路并不存在严格必要的限制条件；实现乡村振兴的旅游路径是多元化的，共生成七条具有差异化的乡村振兴旅游路径，其中“政策与经济双驱型旅游路径”是乡村振兴的旅游最优路径；经济发达地区的重要旅游路径为“市场需求导向型旅游路径”“政策与经济双驱型旅游路径”和“高乡村性与高参与性加持型旅游路径”，经济欠发达地区最重要的路径包括“景区依附型旅游路径”和“资本加持型旅游路径”。

该文科学客观地评价了乡村振兴背景下乡村旅游的发展路径及其差异性，为避免通过乡村旅游实现乡村振兴战略的盲目性和无序性，提出了政策建议：一是注重乡村振兴战略旅游路径的地区差异性，因地制宜地制定乡村旅游准入机制及发展政策；二是加快完善乡村旅游市场经济体制，推进乡村地区精准投资和有效投资战略实施；三是丰富乡村旅游产品业态，挖掘国内旅游消费潜力；四是搭建乡村人才培养载体，培育乡村旅游精英；五是构建科学合理的乡村旅游空间结构网络，实现乡村空间均衡化发展。（胡文龙）

**【国际旅游能缩小地区收入差距吗？】**

王佳莹　张　辉（北京交通大学经济管理学院）

《经济管理》2021 年第 5 期
21.3 千字

基于国际贸易等理论，该文采用 161 个国家和地区 1998—2018 年的数据，探究了国际旅游对地区收入差距的总体影响和异质性影响，并进一步论证了国际贸易在二者影响中的调节作用机制。研究发现：第一，国际旅游对地区收入差距具有显著负向影响，其中，入境旅游和出境旅游均能缩小地区收入差距。而且，通过进一步讨论国际旅游与地区收入差距的非线性影响，结果表明，入境旅游与地区收入差距可能存在倒“U”型影响关系，且大多样本处于拐点值右侧，可进一步证明入境旅游对地区收入差距的缓解作用；但出境旅游与地区收入差距可能不存在明显非线性关系。第二，对于异质性影响，一方面，国际旅游对不同收入地区的收入差距存在一定异质性影响，入境旅游和出境旅游对地区收入差距的减缓作用，均在中高收入和高收入国家中表现更为显著；另一方面，分位数异质性影响结果表明，当地区收入差距越小，入境旅游对其影响的边际减缓效应越大，但出境旅游的边际减缓效应则越小。第三，国际贸易在入境旅游对地区收入差距的影响中存在一定调节效应，但基于国际贸易对地区收入差距的不确定影响，国际贸易在二者线性和非线性影响中分别具有负向和正向调节作用。但在出境旅游对地区收入差距的影响中，国际贸易尚未表现明显调节作用。

该文提出以下政策启示。（1）为有效发挥国际旅游对地区收入差距的减缓作用，我国应不断提高和调动中低收入者在国际旅游中的参与性，并积极组织和开展国际旅游经营和服务的相关培训活动，以提升其语言能力、生存技能和综合素质，并通过旅游收入效应和知识溢出效应而缩小地区收入差距。（2）为充分保障中低收入者在国际旅游中的各项权益，我国应制定和完善公平合理的利益分配机制，如应加强对出入境旅游从业者尤其是基层从业者的劳动权益保障，并通过旅游收入效应进一步缩小地区收入差距。（3）我国还应不断完善国际旅游签证、支付、网络等便利化服务设施，不仅能缩小地区收入差距和促进社会公平，也能有效促进我国国际旅游高质量发展和提升国际旅游竞争力。（4）为有效发挥国际贸易在国际旅游对地区收入差距影响中的正向调节效应，在国际贸易的经济交往中，我国应更加重视民众间的文化交流和情感沟通，不断强化国际贸易对国际旅游的正向促进作用。（胡文龙）

**【旅游服务贸易国际分工及中国角色演化研究】**

文　艳　孙根年（陕西师范大学地理科学与旅游学院）

《经济管理》2020 年第 9 期
19.6 千字

该文以旅游服务贸易差额为核心指标，结合出入境旅游关键影响因素，构建了旅游服务贸易国际分工的理论框架，为探索全球旅游服务贸易国际分工格局提供新的视角。在新框架指导下，分析了 62 个国家（地区）旅游服务贸易数据，得出以下结论。（1）全球旅游服务贸易国际分工格局包含四种分工角色类型：长期收益方、长期支出方、收益方转支出方、支出方转收益方。（2）旅游供给能力具有比较优势的国家（地区）形成长期收益方。旅游需求能力具有比较优势的国家（地区）形成长期支出方。旅游需求能力超越供给能力，导致收益方翻转为支出方。国家战略与产业政策的转变，带动旅游供给能力的全面提升，为支出方翻转为收益方提供了机会。（3）我国旅游服务贸易国际分工角色由收益方翻转为支出方，主要原因是入境旅游发展乏力与出境旅游扩张过快。

该文主要针对入境旅游提出以下政策启示。（1）重新认识入境旅游市场地位，制定切实的产业政策推动其发展。中央与地方政府需要重新审视入境旅游的市场地位，补充完善相关产业政策体系，创造良好的制度环境，为其长远发展提供支持。（2）提升服务质量，发挥旅游资源禀赋优势，挖掘入境旅游发展潜力。国家与地方政府有必要继续完善旅游服务质量监管体系，而旅游企业则需要切实贯彻旅游服务规范与标准，实现社会服务质量的全面提升，激发入境旅游发展潜力。（3）重视和维护友好国际关系，为入境旅游发展创造良好的政治环境。积极塑造新的国家旅游形象，如加强“友好中国”的对外宣传，以改善国际关系。（胡文龙）

**【在线旅行社行为不当感知与酒店反应策略】**

王立磊　胥兴安（海南大学旅游学院）

《经济管理》2020 年第 8 期
19.5 千字

该文基于社会排斥理论和资源依赖理论，借鉴企业行为不当性、被排斥感、惩罚、顺从及依赖程度等相关研究成果，构建感知 OTA 行为不当性对酒店反应策略影响（惩罚意愿和顺从意愿）的理论模型，深入研究了感知行为不当性、被排斥感、依赖程度与惩罚和顺从之间的关系。研究发现:（1）在不考虑其他因素的情况下，酒店感知 OTA 行为不当性程度越高，酒店越容易有惩罚意愿，而采取顺从意愿的可能性就越低。（2）酒店感知 OTA 行为不当性正向影响酒店的惩罚意愿、负向影响酒店的顺从意愿，且酒店被排斥感在感知行为不当性与惩罚意愿和顺从意愿的关系中具有中介作用。（3）酒店对 OTA 的依赖程度越高，在其面对 OTA 行为不当性时会弱化其惩罚意愿，而会强化其顺从意愿。

该文具有如下管理启示。（1）为认识和管理渠道成员不当行为提供借鉴。企业可以通过识别渠道成员不当行为以及危害，进而有效地预防和降低渠道成员行为不当性。（2）为维系和谐的渠道关系提出建议。要想保持良好的渠道氛围，企业应按照双方签订的合同办事，并想方设法提升其行为的合理性、减少其不当行为，这样才能获得渠道伙伴的顺从，进而为促进和维持和谐的渠道关系奠定基础。（3）酒店感知 OTA 行为不当性会提升其被排斥感，进而促进惩罚行为、降低顺从行为。企业可以通过培养合作伙伴对己方行为的认同感来降低伙伴的被排斥感，进而降低惩罚意愿、提高顺从意愿。（4）为了维持渠道和谐、提升渠道合作绩效，即使是在依赖关系不对称的情况下，强势方也应尊重双方签订的合同，按照合同规定办事，不做有损于弱势方利益的行为，进而获得弱势方的充分尊重和认可。渠道伙伴只有在心悦诚服的情况下，才能对企业心口如一的顺从。（胡文龙）

**【我国省域旅游地脆弱性对旅游突发事件严重性的门槛效应】**

黄　倩（华侨大学旅游学院）　谢朝武（华侨大学旅游学院、中国旅游研究院旅游安全研究基地）　黄　锐（华侨大学旅游学院）

《经济管理》2020 年第 7 期
19.8 千字

该文从省域尺度探索旅游突发事件的成因机制，对集群状态而不是个体旅游突发事件的脆弱性引致因素进行整体识别和分析，检验和明确了省域尺度旅游地脆弱性与集群状态旅游突发事件之间的结构关系。研究构建了整体脆弱性—子系统脆弱性—子系统维度—指标因子四个层次的脆弱性评价体系，并基于我国 2011—2017 年 31 个省域旅游地的面板数据，采用普通面板回归模型探索了省域尺度下旅游地脆弱性对集群状态旅游突发事件严重性的线性影响和门槛效应。

研究发现：（1）省域尺度的旅游地脆弱性对旅游突发事件严重性具有显著影响。其中，社会脆弱性对旅游突发事件严重性的影响最大，经济脆弱性次之，环境脆弱性的影响最小。（2）省域尺度的旅游地脆弱性对旅游突发事件严重性的影响是“S”型过程。随着旅游地经济脆弱性、社会脆弱性和环境脆弱性的增加，它们对旅游突发事件严重性的影响效应先增加后减小。（3）旅游业发展水平的提升有助于减缓脆弱性对旅游突发事件严重性造成的影响。整体脆弱性、经济脆弱性和社会脆弱性对旅游突发事件严重性都有显著的门槛效应，环境脆弱性对旅游突发事件严重性不存在门槛效应。（4）随着旅游业增长速度的提高，整体脆弱性、经济脆弱性和社会脆弱性对旅游突发事件严重性的影响效应先增加后减小。整体脆弱性、经济脆弱性和社会脆弱性对旅游突发事件严重性的影响存在显著的门槛效应。

根据以上结论，该文得到以下政策启示。（1）省域旅游地应树立系统的脆弱性治理理念。应建立系统观、协调观，不忽视任何环节的脆弱性，才能够达到降低整体脆弱性的目的，最终达到降低旅游突发事件严重性水平的治理目标。（2）旅游地应重视旅游发展与脆弱性的互动关系。旅游地管理部门应该淡化对数量指标的崇拜，转而加强对旅游产业发展质量、竞争力、游客满意度等综合指标的关注。（3）旅游地应选择“因地制宜”的旅游发展模式。旅游地应平衡发展水平和发展速度，提高旅游发展质量，从而实现对旅游突发事件的有效管控。（胡文龙）

**【旅游减贫具有空间溢出效应吗？】**

王松茂（复旦大学工商管理博士后流动站、山东农业大学经济管理学院） 何昭丽（复旦大学工商管理博士后流动站、南京财经大学工商管理学院） 郭英之（复旦大学工商管理博士后流动站、复旦大学旅游学系） 郭安禧（上海商学院酒店管理学院）

《经济管理》2020 年第 5 期
19.6 千字

针对现有文献缺乏旅游减贫多维效果及空间效应研究，该文基于多维贫困视角，运用 2008—2017 年中国 30 个省份的面板数据，构建了包含经济、教育、医疗、生活与环境五个维度的贫困减缓评价指标体系，并在地理距离矩阵和经济距离矩阵共同构成的综合嵌套矩阵的基础上，分别运用空间自相关检验、空间杜宾模型探究了各维度贫困减缓的空间分布特征及旅游发展对各维度贫困减缓的空间效应。

该文主要结论如下。（1）十年间，中国乡村旅游业发展水平呈现显著空间正向相关性，纳入空间效应的空间杜宾模型较好地揭示出区域间乡村旅游发展存在显著的空间溢出效应。（2）十年间，各维度的减贫效果亦呈现显著空间正向相关性，表明各维度减贫效果存在着空间集聚特征。（3）十年间，旅游发展对经济、生活、环境等维度的贫困均具有显著减缓作用，更重要的发现是旅游发展在这三个减贫维度上具有正向空间溢出效应。旅游发展对教育、医疗两个维度上贫困减缓的直接和间接效应均未通过显著性检验。(4)从空间异质性视角分析，旅游发展对经济减贫维度的空间溢出效应呈现出东部区域→中部区域→西部区域逐步递减规律；旅游发展对生活减贫维度和环境减贫维度的空间溢出效应均呈现出由东部区域→中部区域→西部区域逐渐增大特征。

该文就旅游减贫提出了相关政策建议。(1)重视旅游的多维减贫效应。各地政府需完善旅游减贫绩效考核制度，将多维减贫量化指标体系作为旅游减贫考核的重要依据，不仅考虑旅游减贫的经济维度，更应纳入教育、医疗、生活、环境等多种维度。(2)强化旅游减贫的示范效应。各地政府应继续强化当地贫困居民依靠旅游脱贫的意识，树立依靠旅游致富的模范榜样，释放贫困居民借助旅游减贫的内在潜力。(3)注重旅游减贫的区域合作。旅游管理部门制定旅游产业减贫政策应重视与其他区域合作，充分利用旅游减贫集聚效应、旅游减贫溢出效应等特征，促进旅游各生产要素的跨区域流通，扩大旅游减贫"渗透"效应、"乘数"效应。(4)改革旅游产业减贫供给产品。各地方加强旅游产品的供给侧结构性改革，坚持以游客消费需求为导向，立足自身优势，不断开发出参与性强、选择性多、附加值高、独特性显著的新型旅游产品，逐步优化旅游产品供给类型，让异质化的旅游产品成为游客互流的保障，增加旅游业减贫溢出效益。(胡文龙)

**【高铁开通与站点城市旅游业发展："引擎"还是"过道"？】**

冯　烽(中国社会科学院数量经济与技术经济研究所)　崔琳昊[中国社会科学院大学(研究生院)]

《经济管理》2020 年第 2 期
18.7 千字

完善的交通基础设施网络是满足人民日益增长的旅游生活需求之重要前提。我国高铁快速发展，高铁开通是成为推动区域旅游发展的"引擎"，还是仅起到交通"过道"的作用，这需要通过有效的方法予以甄别。该文基于 2003—2016 年中国 286 个城市的面板数据，使用渐进型双重差分法评估了高铁开通对站点城市旅游业发展的影响。

该文研究发现：控制年份、城市和剔除其他因素影响后，整体上，高铁开通对站点城市国内游客人数和游客总人数的增长具有正向的影响但并不显著，甚至有较弱的证据显示高铁开通平均降低站点城市大约 5% 的国内旅游收入和总收入。这一结果提示，对大多数站点城市而言，高铁仅作为城市的"过道"，没能成为拉动旅游业发展的"引擎"。对不同城市的异质性分析表明，高铁的旅游效应仅在五线城市表现显著，高铁开通可平均增加五线城市 14.82% 的国内游客人数。机制分析显示，高铁开通对影响旅游业发展的城市规模效应、结构效应和技术效应都并非是简单的正向传导路径，而是表现为正、负向影响并存的传导模式，从而导致了高铁开通的旅游效应不显著。

如何促进高铁成为拉动旅游业发展的

"引擎"？该文提出如下政策建议。一是在体制机制上，要加强城市间旅游合作，大力推进"全域旅游"发展。地方政府应当树立区域一体化发展的大局观，积极推进体制机制改革，要依托高铁沿线区域的旅游"同城化"建设，避免旅游产品的同质化竞争，共同推进"全域旅游"发展。二是在供给侧上，要加强旅游业供给侧结构性改革，创新旅游产品和服务的开发供给。旅游部门应当因地制宜创新旅游线路，围绕高铁旅游加大特色旅游产品和服务的供给，强化高铁旅游的精准营销。三是在保障旅游需求上，鼓励有条件的地方和单位根据实际情况实行弹性作息。四是在旅游交通网络上，要完善旅游基础设施网络。城市道路规划和公交体系需要兼顾重点景区与高铁站之间的联通性以提高旅游景区的通达性，实现从高铁站到景区最后"几公里"的无缝接驳。五是在产业融合发展方面，要加大信息通信技术与旅游业的融合发展，加快实现旅游信息的互联互通以及资源共享的现代化旅游信息网络。（胡文龙）

## 【空气污染与旅游经济的时空关系及影响机理】

方叶林　程雪兰（安徽大学商学院）　王　芳（安徽财贸职业学院朱熹文旅学院）

《经济管理》2020 年第 1 期
19.8 千字

区域旅游发展与空气质量之间的关系具有复杂性。该文综合利用脉冲响应模型、双变量空间自相关、地理探测器等分析方法，揭示中国大陆空气污染与旅游经济的时空动态关系及影响机理。该文研究结论主要有:（1）2000—2016 年中国大陆旅游业发展与空气污染的"库兹涅茨"曲线总体上不显著，空气污染与旅游经济并非简单的负向线性关系。一方面，从脉冲响应的分析结果看，$SO_2$ 与烟（粉）尘排放量对旅游经济的冲击并非完全负向的；另一方面，空气污染与旅游经济的全局空间自相关指数大部分时段为正值，并且局部空间自相关指数显著性个数较少。（2）空气污染与旅游经济的时空关系具有复杂性，主要原因是中国大陆旅游经济发展不充分、不均衡的客观实际，可能会"消化"空气污染对旅游经济的负向影响。在影响区域旅游经济增长的动力机制中，空气污染不是主导因素。（3）双变量 ESDA 及地理探测器分析结果为区域旅游高质量发展提供了理论指导，空气污染与旅游经济的时空关系，本质上反映的是旅游经济增长动力机制问题，区域旅游高质量发展需要重视系统中的"合力"因素及单个核心要素。

未来中国旅游经济高质量发展需要在提升空气质量的同时，进一步夯实地区经济基础、规范市场化制度、调整产业结构、完善基础设施。空气污染对旅游经济的影响具有时空分异规律，因而各个地区应该根据自身空气质量状况，采取不同的发展对策。（1）高污染—高收入（H–H）大部分分布在中国东部地区，旅游业发展面临着改善空气污染的外部任务。（2）低污染—低收入（L–L）主要分布在西部地区，西部地区旅游经济发展相对滞后，但空气质量却相对优越，需要借助良好的生态资源，大力发展生态旅游。（3）低污染—高收入（L-H）主要分布在北京、天津、吉林、上海、浙江、安徽、福建、江西、湖北、广东、海南、重庆等地。该片区旅游发展与空气质量实现了较好的优化组合，未来需要防止空气质量下降，促进旅游业更高质量的发展。（4）高污染—低收入（H-L）主要分布在辽宁、河南、四川、贵州、湖南等地，空气污染较为严重，旅游收入相对较低，旅游发展面临着改善空气质量的严峻形势。（胡文龙）

**【国际“过度旅游”现象述评】**

张广瑞（中国社会科学院旅游研究中心）

《经济管理》2020 年第 5 期

19.2 千字

“过度旅游”对可持续发展具有关键性的负向影响。人类旅行与旅游活动经历了一个漫长的发展过程，2000 年前后，全球大多数国家和地区都已经或开始进入大众旅游时代。旅游发展的各种影响——经济的和非经济的、积极的和负面的——都在不断扩大。从总的趋势而言，当人类旅行与旅游活动人数规模、访问区域、增长速度和影响较小的时候，对旅游发展的反对声音多局限在特定地区、时段和人群，但随着旅游规模扩展与速度逐渐加快，“拥挤度”加大的情况下，反对的声音则越来越强烈，甚至开始从情绪上反对转变成社会行动。到 21 世纪第二个十年的后期，“过度旅游”开始变成一种“全球关注”，关注的群体由最初的旅游目的地居民扩展到学术界、国际旅游机构、旅游业界、国家政府相关机构以及各类媒体，旅游者本身也参与其中。这一关注在 2018 年形成高潮，“overtourism”正式被英国《牛津英语词典》选入当年的年度词汇。于是，国际社会越来越关注“过度旅游”现象，并以不同的方式确定其含义，评估其影响，探讨产生的原因和谋划应对策略与行动。

尽管对“过度旅游”现象的认识还存在着很多分歧，政府、业界、社会乃至旅游者对待这一现象的态度大相径庭，但毕竟这一现象引起了全球的关注，因此，了解和研究这一现象，探讨其发展趋势，应当是旅游相关学术机构的责任。该文旨在对“过度旅游”现象的来龙去脉做一个初步的梳理，以期推进我国学术界关注这个“全球关注”现象的研究，促进我国旅游业健康有序地发展。也许“过度旅游”在中国尚未成为严重问题，但未雨绸缪、防患于未然是非常必要的。更何况，在全球更加开放，全球化不断深化的国际背景下，一个遍及全球的问题，恐怕中国也很难独善其身。（胡文龙）

**【文化和旅游融合：多层次关系内涵、挑战与践行路径】**

张朝枝（中山大学旅游学院、中山大学旅游发展与规划研究中心） 朱敏敏（中山大学旅游学院）

《旅游学刊》2020 年第 3 期

10.2 千字

文化和旅游部的组建使“文旅融合”成为热词，对文化和旅游关系的历时性反思却比较缺乏，进而影响了对文化和旅游关系的完整理解。文章基于对文化和旅游关系演变的历时性梳理，分析了文化和旅游关系的起源、发展与提升及其相应阶段可能面临的挑战。研究认为：文化的身份意义和旅游者追求身份认同使文化具有吸引物属性，建构文化的身份认同与集体记忆增强其吸引物属性并使之成为旅游资源，是践行文旅融合的第一层次路径，但也可能会面临关于文化工具性的批判。通过文化的可参观性生产提升文化的展示水平，是增强旅游者文化旅游体验的重要方式，也是践行文旅融合的第二层次路径，但因此而引起的文化商品化往往被批判为旅游导致文化衰落。文化旅游产品的进一步商业化与产业链延伸是践行文旅融合的第三层次路径，但也可能导致过度商业化与文化体验失真的批判。（胡文龙）

# 管理科学与工程

## 【从赋能到使能——数字化环境下的企业运营管理】

陈　剑　黄　朔（教育部人文社科重点基地清华大学现代管理研究中心、清华大学经济管理学院）刘运辉（清华大学智库中心）

《管理世界》2020 年第 2 期
15.1 千字

随着信息技术的迅猛发展，人类社会已经进入了一个以数字化为表征的新时代。围绕数字化带来的变革，该文就商务活动的经营环境、主体行为、产品以及产品创造过程等方面展开深入分析和探究，归纳、总结数字化环境下企业运营的一些典型特征。

结果表明:（1）建立对数字化及相关技术的信心，最终实现运营管理模式的颠覆式创新。（2）试图构建数字化环境下企业运营管理的理论框架和体系，并指出随着数字化程度的提高，变革呈现出从赋能向使能演进。（3）探讨数字化赋能提升企业运营效率的路径和方法。（4）分析数字化使能如何更好地服务于消费者需求，创造更高的商业价值。

该文具有以下贡献：分别探讨了数字化及相关技术对企业运营管理创新的作用，并建议企业分阶段、按步骤地实施数字化创新，在初期的项目中积累经验和技能，建立对数字化及相关技术的信心，最终实现运营管理模式的颠覆式创新。（樊围国）

## 【复杂供应链网络视域下关系资本对供应链融资作用机制研究——有调节的多重中介效应模型构建与检验】

胡海青　薛　萌　张　琅　张　丹（西安理工大学经济与管理学院）

《管理评论》2020 年第 1 期
16.4 千字

该文从复杂供应链网络的视角出发，以供应链网络内各节点中小企业为研究对象，依照“资源—结构—行为—绩效”的思路，揭示供应链网络内中小企业积累的关系资本对提升其供应链融资获取频率的作用机制。选取陕西省制造业中小企业为研究样本，共发放 660 份调研问卷，整理得到 596 份样本数据，有效问卷 446 份，问卷有效率为 74.83%。

结果表明:（1）中小企业积累的关系资本对供应链融资频率的提升有显著的促进作用。（2）对比“关系资本—供应链设计—供应链融资”与“关系资本—供应链整合—供应链融资”的拟合结果发现，两个特定变量的中介效应具有显著差异。（3）供应链复杂性显著调节中小企业关系资本对供应链融资的转化机制链条，节点中小企业获取供应链融资更依赖“关系资本—供应链设计—供应链整合—供应的多重链式传导机制”。

该文具有以下贡献:（1）分析了中小企业积累的关系资本对供应链融资起到的促进

作用。（2）搭建起“关系资本—供应链设计—供应链整合—供应链融资”的多重链式中介模型。（3）从复杂网络的视角出发，通过构建多群组结构方程模型，验证了供应链复杂性的潜在调节作用。（樊围国）

**【供应链数字化与供应链安全稳定—— 一项准自然实验】**

张树山　胡化广　孙　磊　夏铭璐（东北师范大学经济与管理学院）

《中国软科学》2021 年第 12 期
12.6 千字

该文基于 2013—2020 年 A 股上市公司数据，实证检验供应链数字化转型对节点企业风险承担能力的影响效应、发生机制及异质性表现。

结果表明：（1）供应链数字化显著提升了企业风险承担，有力维护了供应链安全稳定，且这种影响是即时且可持续的，经多项稳健性检验后结论依然成立。（2）供应链数字化通过发挥信息效应、融资效应和学习效应提升了企业风险承担。（3）企业内外部环境的差异会导致供应链数字化作用效果的非对称性，在非国有企业、公司治理水平较高的企业或供应链运营环境较差的企业中，供应链数字化对风险承担的影响更显著。

该文具有以下贡献：（1）拓展了供应链数字化领域的研究框架。（2）该文从供应链视角出发分析数字化与企业风险承担的关系，从而弥补了已有研究的不足。（3）该文为如何提高供应链安全稳定水平提供了现实路径，对落实政府部门提出的维护产业链供应链安全稳定的战略决策部署具有重要参考价值。（樊围国）

**【核心企业领导风格与弱稳定性的工程供应链信息共享：关系质量的中介作用】**

何伟怡　张娉娉（天津理工大学管理学院）

《南开管理评论》2020 年第 1 期
13.9 千字

现有研究对核心企业在工程供应链信息共享促进机制中的领导作用缺乏关注，该文探讨了核心企业领导风格与信息共享的关系，验证了供应链关系质量的中介作用。针对供应链成员企业发放问卷 412 份，有效问卷 373 份，有效回收率为 90.53%。

结果如下。（1）一致性、差异化变革型领导风格均促进供应链信息共享，关系质量在其中起部分中介作用；与一致性变革型领导风格相比，差异化变革型领导风格对关系质量的正向影响效应更强。（2）发展性交易型领导风格促进供应链信息共享，纠偏性交易型领导风格则阻碍供应链信息共享，且关系质量在交易型领导风格与信息共享之间起部分中介作用。

该文具有以下贡献：（1）解释了核心企业领导风格作用于工程供应链信息共享的具体路径。（2）把工程供应链信息共享的促进机制向供应链整体的关系质量及核心企业的领导风格视角延伸。（3）核心企业的领导风格会对成员企业间的关系质量产生显著影响，影响企业间的信息共享效果。（4）合同手段仍是激发成员企业提高责任意识、提高工作

效率的一个重要因素。（樊围国）

**【基于活动弹性的关键链项目缓冲管理方法研究】**

张俊光　季　飞（北京科技大学经济管理学院）

《管理学报》2020 年第 6 期
13.6 千字

该文首先基于项目工期及项目成本的不同，提出了项目活动弹性的概念以确定项目缓冲；其次提出累积缓冲概念，结合通过对项目设置滚动期提高缓冲监控过程中的再计划能力；最后对提出的研究方法进行对比验证。研究表明，在新提出的缓冲确定和缓冲监控模型下，项目运行中的错误预警次数明显较少，同时也使得项目工期提前，项目成本减少。

该文的创新主要体现在如下三个方面。（1）为确定适合提取的项目活动缓冲尺寸，该文创新性地提出了项目活动弹性的概念。（2）该文提出了累计缓冲概念用以提高缓冲监控的再计划能力，弥补了现有关于缓冲监控方面研究的不足。（3）该文同时考虑了对缓冲确定、缓冲分配和缓冲监控整个模型过程进行改进，提供了更全面的项目缓冲管理方法。（樊围国）

**【基于组合赋权模型的物流企业绩效评价指标体系构建研究】**

姜　旭　胡雪芹（北京物资学院物流学院）

《管理评论》2020 年第 8 期
12.3 千字

我国物流企业正处在急速发展的阶段，为了物流企业能够长期健康稳定地发展，需要构建适合的物流企业绩效评价指标体系。该文从经营活动、物流活动及内外部环境三方面构建了包含 24 个代表性指标的物流企业绩效评价指标体系，并以 25 家 5A 级综合服务型、仓储型、运输型物流企业数据进行验证。

研究表明:（1）综合服务型、仓储型、运输型等不同类型的物流企业的企业绩效存在差异，且运输型物流企业之间的绩效差异较小。（2）大部分综合服务型物流企业已完成向创新驱动模式的转化，且运输型物流企业发展明显落后于综合服务型物流企业。这种状况的出现主要是因为企业研发投入程度不同。（3）综合服务型、仓储型、运输型物流企业都存在较高的员工离职率。

该文创新点如下。（1）该文构建的物流企业绩效评价指标体系，不仅可以帮助政府分析物流行业发展情况，还可以对物流企业绩效评价工作起到一定的指导作用。（2）不同于以往的单一赋权方法，该文运用 G1 法和 BP 神经网络两种赋权方法相结合确定权重，使得研究结果更加精确。（樊围国）

**【考虑固定和凸变动成本以及两类需求的动态生产策略】**

赵　玲　刘志学（华中科技大学管理学院）

《管理学报》2020 年第 12 期
17.2 千字

该文在考虑固定成本和凸变动成本的情况下，同时考虑到了随机性需求和确定型需求。基于此，建立了随机动态规划模型，以分析制造商可以执行的最优策略。

研究表明：(1) 只有当初始库存比确定性需求低时，制造商的生产水平会随初始库存增加而增加。(2) 在制造商不考虑确定性需求的情况下，最优决策受到极大影响，也会影响对制造商的信誉。

该文创新点如下：先前研究大多只从制造商面临的随机需求角度进行动态生产策略研究，该文在此基础上，同时考虑了制造商面临的随机性需求和确定性需求，从而更符合企业实际运行状况，对企业制定生产策略具有一定的指导意义。（樊围国）

**【区块链、企业数字化与供应链金融创新】**

龚　强（中南财经政法大学文澜学院、北京大学数字金融研究中心）　班铭媛（中南财经政法大学文澜学院）　张一林（中山大学管理学院、中山大学国家治理研究院新结构经济学研究中心）

《管理世界》2021 年第 2 期

20.4 千字

该文在构建供应链上代表性企业抵押融资理论框架的基础上，从贷款企业的策略性信息操纵动机、贷款企业与银行实现互信均衡的条件及企业融资的可得性三个方面对比分析了传统供应链金融模式和数字供应链金融模式的差异。

研究表明：(1) 上链企业数量与信息质量之间可以相互替代，当上链信息质量提升时，贷款企业对欺诈的最优掩饰呈先增后减变化，且上链信息质量提升表现为防御效应和协同效应。(2) 上链信息量越大，数字供应链金融模式对贷款企业和银行形成互信均衡局面的促进作用更显著。(3) 上链企业数量越多，数字供应链金融越有利于促成企业融资。

该文创新点如下。(1) 对数字供应链金融相关的理论知识进行归纳总结，为未来相关研究提供了理论基础。(2) 从信息特征和共识机制两个角度分析了区块链对供应链金融信息结构的影响，为相关研究提供了新的视角。（樊围国）

**【区块链赋能供应链：挑战、实施路径与展望】**

李勇建　陈　婷（南开大学商学院）

《南开管理评论》2021 年第 5 期

18.9 千字

区块链技术的发展推动了供应链的数字化进程。该文首先从政府层面、行业层面及企业层面对区块链技术的发展现状进行了阐述；然后从供应上的透明化、制造上的智能化、物流上的安全化、销售上的平台化和治理上的生态化 5 个方面对技术变革带来的机遇与挑战进行了说明；最后从信息共享、信息追溯和信任建立 3 个方面提出区块链赋能供应链管理的途径，并从应用探索和科学研究两个方面对相关研究进行了展望。

研究表明：信息共享以保证供应链数据真实为供应链赋能；信息追溯是通过激励供应链中各参与方责任履行为供应链赋能；信任建立是通过在价值创造中实现各参与方的利益共享为供应链赋能。

该文创新点在于：在阐明区块链技术发

展现状的基础上，对区块链赋能供应链管理的途径进行了研究，为区块链和供应链交叉领域的研究提供新的研究视角，也对未来研究这一方面的学者提供经验借鉴。（樊国国）

**【生产链位置是否影响创新模式选择——基于微观角度的理论与实证】**

张陈宇（南开大学经济学院国际经济贸易系、中国特色社会主义经济建设协同创新中心） 孙浦阳（南开大学跨国公司研究中心、南开大学经济学院国际经济贸易系） 谢娟娟（南开大学经济学院国际经济贸易系、中国特色社会主义经济建设协同创新中心）

《管理世界》2020 年第 1 期
23.4 千字

该文首先研究了生产链位置对创新模式选择的影响，并使用 1998—2011 年企业个体信息、企业级专利信息及行业投入产出信息进行实例验证。研究表明：（1）生产链上游企业更愿意选择激进式创新，下游企业更愿意选择渐进式创新。（2）企业对利润侵蚀效应和协调成本效应的敏感性越高，生产链位置对企业创新模式选择的影响更显著。（3）差异化产品企业、在位企业和一般贸易企业对利润侵蚀效应的敏感度更高，从而也造成这些企业的生产链位置对创新模式的影响更大。（4）高产品复杂度企业、大规模企业以及低管理效率企业对协调成本效应的敏感性更高，从而使这些企业的生产链位置对创新模式具有更显著的影响。

该文创新点如下。（1）该文研究生产链位置角度对企业创新模式选择的影响，为滞后的研究开拓了新的视野与思路。（2）该文构建了生产链位置与创新模式选择的理论模型，填补了相关理论研究的不足。（樊国国）

**【数字农业运营管理：关键问题、理论方法与示范工程】**

阮俊虎　刘天军　冯晓春（西北农林科技大学经济管理学院） 乔志伟（北京京东尚科信息技术有限公司） 霍学喜　朱玉春（西北农林科技大学经济管理学院） 胡祥培（大连理工大学经济管理学院）

《管理世界》2020 年第 8 期
16.8 千字

虽然数字化与农业经济融合发展的技术越发成熟，但数字农业运营管理仍存在问题。该文找出了数字农业运营管理的关键问题，并构建了数字农业运营管理理论方法体系，同时与京东集团合作建设了京东农场示范工程，并建立出数字农业创新商业模式与一体化技术解决方案。

该文主要贡献如下。（1）识别了农业数字化标准体系构建、农业物联网基础设施建设、数据驱动模型与算法设计、数字农业经营主体的培育、数字农业商业模式的创新等 6 个方面存在的问题，并给予了解决方案。（2）为解决数字农业运营管理的问题，把流程重组、产业融合、知识管理、运筹优化、质量管理、价值共创等理论方法与农业运营管理理论相结合，形成了更加全面的数字农业运营管理理论方法，为决策者提供一定的指导。（樊国国）

**【碳交易视角下政府管制的汽车制造企业闭环供应链优化决策】**

李新军 陈美娜（烟台大学经济管理学院）达庆利（东南大学经济管理学院）

《管理评论》2020 年第 5 期
11.6 千字

该文通过在两阶段 Stackelberg 模型中设计激励契约，研究了基于政府政策的汽车制造企业闭环供应链优化决策。研究表明：（1）汽车制造企业有效地激励了回收商提高回收能力，且在不同条件下，要区别激励不同的碳排放量汽车制造企业。（2）政府的惩罚措施和消费者的低碳偏好程度影响汽车制造企业碳减排决策。（3）政府各碳政策之间的相互影响越深，政府最优补贴率受消费者行为的影响越大。（4）碳税及碳分配量较高时，政府可以通过碳补贴激励汽车制造企业实施碳减排。

该文创新点如下：先前较少学者将政府作为环境拥护者进行研究，该文将政府作为环境拥护者研究如何实现环境净福利最大化，如何决策使政府和汽车制造业都能实现最优化，从而使汽车制造企业闭环供应链的各个环节的二氧化碳排放都能够减少，也为其他相似行业或相关研究提供经验借鉴，具有一定的理论意义和现实意义。（樊围国）

**【制造商主导且回收商资金约束的闭环供应链融资模式选择策略】**

尤天慧 刘春怡（东北大学工商管理学院）曹兵兵（广州大学工商管理学院）吴雪艳（东北大学工商管理学院）

《管理学报》2020 年第 1 期
17.6 千字

该文构造了由一个制造商、一个零售商和一个资金约束的回收商组成的闭环供应链，从回收商内部融资和外部融资两个视角，站在制造商的角度，对回收商资金约束的闭环供应链融资模式选择策略进行研究。

研究表明：（1）转移价格对制造商和零售商最优决策的影响趋势相同，都受再制造产品节约的成本和回收商边际利润影响。（2）当回收难度大且回收商边际利润较小时，回收率降低；当回收难度小且回收商边际利润较大时，回收率增加。（3）当回收商边际利润较小时，外部融资模式的社会效益更高；当回收商边际利润较大时，内部融资的社会效益更高。

该文的创新之处在于：创新性地考虑了制造商主导且回收商资金约束限制下的闭环供应链融资模式选择策略，为闭环供应链决策研究提供了新的研究视角。（樊围国）

**【重大传染病疫情演化情境下应急物资配置决策建模分析：以新冠肺炎疫情为例】**

葛洪磊（浙江大学宁波理工学院） 刘南（浙江大学管理学院）

《管理工程学报》2020 年第 3 期
12.5 千字

2019 年 12 月底，新冠肺炎在武汉被发现，随后新冠肺炎疫情的蔓延使得我国经济社会受到严重冲击，考虑到疫情的突发性和危害性，该文首先对新冠肺炎疫情演化情景进行了分析，然后对重大传染病疫情演化情境下应急物资配置决策建模需要的关键因素进行识别，最后建立了多周期贝叶斯序贯决策模型进行研究，并以新冠肺炎疫情为例进行算例分析。

研究表明:（1）2020 年，新冠肺炎疫情正处于供应恢复下的产业与疫情并发管理期和国外疫情暴发期。（2）空间、信息、物资、供应、需求和网络是影响应急物资配置决策建模的 6 大因素，但在疫情演化的不同情境下，各影响因素的含义有一定差别。

该文创新点如下：提出了重大传染病疫情演化情境下的应急物资配置决策建模的关键因素，为以后更加科学和全面地进行应急物资配置决策提供依据与借鉴。（樊国国）

# 农林经济管理

## 【小农户参与农业全产业链的选择偏好及其异质性来源——基于选择实验法的分析】

韩喜艳 刘 伟（潍坊学院经济管理学院） 高志峰（佛罗里达大学食品与资源经济系）

《中国农村观察》2020 年第 2 期
26.9 千字

小农户是中国农业产业链上数量最庞大的主体，也是最基本最重要的主体。但是，分散化的小农户得不到有效的市场信息和市场监管，生产的农产品难以满足消费者对食物在营养、质量和安全上的更高需求，也难以抵御巨大的市场风险，长期以来被认为是农业产业链上最脆弱的主体。然而农业全产业链经营能够把小农户组织起来，这不仅是实现产业扶贫的有效途径，也是“实现小农户和现代农业发展有机衔接”的有效途径。但从目前的实践来看，大多数农业全产业链经营是由企业或政府主导，小农户的参与意愿往往被忽视。而且，全产业链涵盖“从田间到餐桌”的全部环节，超越了传统家庭经营的边界，对分散、弱势的小农户具有一定的排斥性。在农业全产业链布局下，只有让小农户更多地参与到农业全产业链中才能真正提高小农户在农业产业链中的地位。尊重小农户的参与意愿是小农户在农业全产业链中主体地位的体现，其核心问题是，小农户是否愿意及更愿意以什么样的方式参与农业全产业链。

该文基于山东省 339 户小农户的入户调查数据，采用选择实验法，建立混合 Logit 模型分析了小农户参与农业全产业链的选择偏好和偏好异质性来源，主要得到以下结论。第一，小农户在参与农业全产业链的途径选择上更偏好加入农民专业合作社。相比与龙头企业合作，小农户对农民专业合作社有更多的依赖和信任。第二，小农户希望建立紧密的利益联结机制以获得稳定的全产业链收益。第三，小农户参与农业全产业链最希望得到生产技术和市场信息服务。而且也希望得到政府的政策扶持，普惠性的、直接的补贴政策比金融支持政策更能提高小农户的参与积极性。第四，小农户选择偏好的异质性主要来源于小农户的兼业程度、家庭年纯收入和收入在村中水平三个因素。兼业程度越高、家庭年纯收入越高、收入在村中水平越高的小农户参与农业全产业链经营的意愿越弱，兼业程度越低、家庭年纯收入越低、收入在村中水平越低的小农户反而有较强的参与意愿。

基于以上研究结论，该文提出以下政策启示：一是扶持以小农户为核心主体的农民专业合作社的建设和发展；二是建立更紧密的利益联结机制，让小农户参与农业全产业链并获得稳定的收益；三是构建和完善面向小农户的生产服务体系和补贴机制；四是增

加收入和脱贫致富是小农户参与农业全产业链的初衷和目的。（陈佳圆）

**【“互联网 + 农业产业链”金融创新模式运行分析——以大北农生猪产业链为例】**

周月书　笪钰婕（南京农业大学金融学院）
于　莹（北京农信互联科技有限公司）

《农业经济问题》2020 年第 1 期
13.9 千字

农业是国民经济的基础，然而，金融支持匮乏仍是制约我国农业发展的首要问题，主要表现为涉农中小企业和农户普遍存在的信贷约束。信用体系缺失增加了银行对农户信息的搜寻成本和风险识别难度，进而提高了融资成本；农业生产的高风险特征则使银行倾向于对农户提供抵押贷款，而在农村地区合格的抵押品往往难以获得。以上两方面因素，共同造成了农户融资难、融资贵的局面。在传统的龙头企业带动型和合作社带动型农业产业链模式下，虽然少数加入产业链的农户能够凭借合作社和龙头企业的信用背书和担保，在一定程度上降低融资成本、提升信贷资金的可获得性，但是普通农户往往处于弱势地位，合作社和龙头企业的资源优势以及对于风险的管理控制能力难以平等地惠及所有农户。传统农业产业链金融模式的不足源于其未能从根本上解决农户融资中的两个关键制约因素——缺乏信用体系和有效的风险控制。当前，随着信息化和数字化的快速发展，借助“互联网 +”的金融创新模式是否能有效解决这两个关键问题？

该文以大北农生猪产业链为例，在分析“互联网 + 农业产业链”金融模式运行机制的基础上，探究农业产业链金融创新模式缓解农户融资难、融资贵的机理。通过分析发现，“互联网 + 生猪产业链”金融模式利用云计算、大数据、物联网、终端技术等新型信息技术，信息资源、数据资源作为主要生产要素参与到产业链上各个生产经营过程，由此建立数字信用体系，并为农业生产提供风控支持，这就有效解决了导致农户“融资难、融资贵”问题的关键制约因素，构筑起可自我循环的金融生态圈。同时，互联网与产业链的结合，创新了农业产业链金融的运行模式，使得产业链上各交易主体处于相对平等的地位，从而克服传统农业产业链金融模式中交易主体不对等的问题，契合“去中心化”的思路，实现小农户和现代农业发展的有机衔接。

基于以上研究结论，该文提出以下启示。一是有序推进农村信息化基础设施建设，缩小城乡间、地区间“数字鸿沟”的硬件基础。二是基础较为雄厚的农牧企业主动承担起与其能力相适应的社会责任，积极推进农产品标准化进程。同时，传统农牧企业要推动自身与互联网行业和金融领域的深度融合，在“触网”完成产业升级后，加强与正规金融机构的合作，扩大资金来源和业务开展范围，为农户提供精准的金融服务，实现多方共赢。三是作为农业产业链中的生产主体，农户应当积极转变思路，主动学习互联网知识，提升自身综合素质，实现与现代农业发展的有机衔接。（陈佳圆）

**【生鲜农产品供应链“互联网 +”农消对接实现路径——基于信任共同体构建视角的多案例研究】**

但　斌　吴胜男（重庆大学经济与工商管理学院）　王　磊（西南政法大学商学院）

《南开管理评论》2021 年第 3 期
29.9 千字

作为生鲜农产品从产地对接市场的一种重要形式，农消对接模式还处于萌芽阶段，未得到较好发展。针对这一问题，该文采用多案例研究方法，对四家农消对接案例企业进行剖析，提出“互联网 +”背景下农消对接模式的实现路径。研究发现，消费者需求是农消对接实现路径的关键因素，通过消费者需求识别，该文提出了“强产品”与“强服务”两种需求类型，并根据需求的即时性与否划分了四种需求层次，然后基于消费者需求层次构建了“强产品”型和“强服务”型两种农消对接实现路径。其中，“强产品”型对接辨识消费者产品需求，农消双方通过产品联结形成“品牌信任共同体”；“强服务”型对接挖掘消费者服务需求，农消双方通过服务联结形成“文化信任共同体”。该文的研究结论表明，生鲜农产品生产端可以根据消费者需求选择不同的农消对接实现路径，对于农消对接模式的实践发展具有指导意义。

该文的理论贡献主要体现在以下几个方面。

第一，该文洞察了生鲜农产品消费者需求，将消费者需求分为四个维度，掌握不同维度的需求特征及核心诉求，以便生产端抓住消费者“痛点”，实现精准对接。

第二，紧密结合“互联网 + 农业”发展需求，为生鲜农产品生产端提供了战略方向与运营思路，对农消对接过程进行了系统的实践指导。

第三，丰富了生鲜农产品供应链管理理论，补充了农消对接模式的理论研究缺口。该文通过案例研究提出两条实现路径，有助于农合组织和消费者高效对接，构建信任共同体，缓解生鲜农产品“卖难”“买贵”问题，促进农户增收和消费者满意。

第四，对农产品发展也提出了多个政策建议：互联网平台是实现农消对接模式的支撑，政府应通过政策鼓励互联网平台积极性，更有效地服务于农合组织和消费者，推动农消对接模式发展；“强产品”型对接主要通过打造生鲜农产品地理标志来促进“品牌信任共同体”形成，政府可培育示范性农民专业合作社，打造生鲜农产品地理标志，刺激消费者主动对接；“强服务”型对接主要通过推广涉农文化促成“文化信任共同体”，政府应将农村文化建设放在重点位置，培养文化建设专业人才，增强涉农文化的吸引力和感染力。（辛月季）

**【从合作社转向合作联社：市场扩展下龙头企业和农户契约选择的经济逻辑——以山西省太谷县某龙头企业和土地合作社为例】**

邓宏图（广州大学经济与统计学院、南开大学中国特色社会主义协同创新中心）　赵　燕（南开大学经济研究所）　杨　芸（湖南财政经济学院经济学院）

《管理世界》2020 年第 9 期

33.7 千字

从“龙头企业+农户”转向“龙头企业+农户+合作社”是治理机制上的一个根本性转变，它使农户、龙头企业均能在土地入股和劳力入股的治理框架内实现激励相容，尤其重要的是，在这个治理框架下，农户和龙头企业分享了剩余控制权和索取权，提高了农户的经济与社会地位，也满足了龙头企业的寻利预期，因而这是一个帕累托改进性质的转变。在市场需求不断累积增加的诱致下，合作社不仅会扩大生产经营规模，而且会发展出与市场需求相吻合的更细密的内部分工。种植的林木种类增加了，而且提供各种类苗木的生产也越来越专业化了，于是，为发挥分工与专业化优势，提高经营效率，已经扩大了经营规模的合作社逐渐地裂变（或分化）出生产不同种类的苗木的合作分社，合作分社相互协调，整体性地向合作联社转化。

研究发现，由于龙头企业在农业产业化过程中的独特性质，土地和劳力入股的合作社虽然相较于国际合作社的“罗虚代尔原则”出现了一些异化现象，但它把传统“龙头企业+农户”模式中的外部市场关系内化到合作社组织的不同类型的成员之间，提高了农村资源的配置效率和农业经济发展的规模效率。通过缔约结构的变化，企业可以突破土地、劳动力、资金和市场的约束，和合作社实现兼容，龙头企业通过纵向一体化的手段，流转土地、雇用员工，合作社则通过横向一体化的手段联合更多的农户，通过土地入股和劳力入股的方式激励更多的农户加盟合作社，共同缔结“龙头企业+合作联社+合作社+农户”的契约结构。这种契约结构锁定了双边的专用性资产投资，减少或节约了生产经营成本和交易成本，在合作社内部治理结构中楔进了激励相容机制。

案例调查和理论分析均发现，公司领办型合作社是在横向联合的基础上再进行产业链的延伸，使纵向一体化和横向一体化融为一体，加快了农业产业化和现代化的历史进程。习近平总书记强调指出，积极发展农民股份合作，是探索集体所有制有效实现形式，发展壮大集体经济的必经之路。由此看来，该文的研究具有深刻的现实背景，是有其理论与实践意义的。（陈佳圆）

**【农民合作社研究的多维度特征与发展态势分析——基于 1992—2019 年国家社科和自科基金项目的实证研究】**

张连刚　陈　卓　李　娅　谢彦明（西南林业大学经济管理学院）

《中国农村观察》2020 年第 1 期

17.8 千字

近年来农民合作社（以下简称“合作社”）研究快速发展，并迅速成为“三农”研究中最重要的主题之一。针对合作社问题，国内学者从不同视角展开研究，取得了丰富的研究成果。这些研究主要是应用归纳和演绎分析方法，对合作社研究现状和进展进行分析，为后续相关研究提供了重要参考。然而，这些研究主要是基于少量相关文献进行定性评述，很难全面了解国内合作社研究现状。为了解合作社研究全貌，国内学者利用文献计量法，系统地分析了国内合作社研究的热点主题、演化路径。此外，也有学者利用文献计量法分析了国内合作社领域的研究现状，但由于研究样本的时间跨度较小，分析不够全面。事实上，基于期刊数据库对某一学科或研究方向进行分析，是一种较为通用和常见的研究设计。除此以外，基于资助项目数据对特定领域进行分析，也可以集中反映该领域的研究特征及研究热点。

该文以1992—2019年国家社会科学基金与国家自然科学基金立项的以“合作社”为主题的165项数据为样本，利用SQLServer数据库管理系统和ROSTNAT软件，对合作社项目的基本情况、研究群体特征和热点主题进行实证分析，进而分析国家基金项目在合作社研究方面的规律、特征和趋势。研究结果表明：第一，合作社项目具有重大项目立项较少、理论研究不足、国家自科基金的项目论文产出比总体高于国家社科基金等特征。第二，合作社研究群体具有核心研究机构不够突出、研究力量区域分布不均衡、大多数项目负责人对合作社研究的延续性不够等特征。第三，合作社项目研究热点主要集中在合作社制度和机制、合作社法律、合作社治理等方面。

在综合分析合作社的研究热点、政策及文献的基础上，该文认为，一是国家基金项目可以适当提高对合作社理论研究项目的资助比重，同时，学者也应当增强理论自觉，积极思考中国特色的合作社研究如何在理论建构与理论创新方面有所突破；二是国家社科基金成果中的研究报告可以向社会免费开放且国家社科基金还可以在论文数量和质量上对项目结项成果作一定的要求，从而更好地发挥国家基金项目的作用；三是合作社与乡村治理、合作社规范化、股份合作社、合作社产业化经营、合作社的文化和社会功能等主题值得学界重点关注和深化研究。（陈佳圆）

**【家庭农场的效率及其决定——基于上海松江943户家庭农场2017年数据的实证研究】**

钱忠好（扬州大学商学院） 李友艺（南京农业大学公共管理学院）

《管理世界》2020年第4期
33.2千字

中国政府一直试图通过创新农业经营主体形式、推进土地适度规模经营以提高农业效率，保障粮食及农业产业安全，提高农业国际竞争力。在中央政策的强力驱动下，中国家庭农场得到了长足的发展。众多的研究表明，与其他新型农业经营主体相比，家庭农场突出地适应了农业自然与社会属性，实现了农业生产特点与家庭特点的高度契合，是中国现代农业经营的重要模式选择。然而，尽管我国家庭农场发展势头良好，但家庭农场的发展质态仍有待改善。如何采取有针对性的措施，最大限度地发挥家庭农场这一新型农业经营主体的作用和功能，有效地提升家庭农场的效率，进而促进家庭农场的健康发展，就具有特别重要的意义。

该文以上海松江区为研究区域、以松江家庭农场为研究对象，利用943户家庭农场2017年的数据，运用DEA模型估计家庭农场的效率并运用Tobit模型从农业要素投入特征、家庭农场主特征、家庭农场特征、环境特征4个维度考察其对家庭农场效率的影响，离析影响家庭农场效率的关键因素。研究结果表明，总体层面上，全部家庭农场效率不高，无论是家庭农场的纯技术效率还是规模效率均有着较大的提升空间。家庭农场土地经营面积与家庭农场效率之间呈现出倒“U”型的关系，土地经营规模过小或过大都不利于家庭农场效率的提高；家庭农场主受教育年限、家庭农场主是否具有农业从业经历、家庭农场经营权合同年限、绿肥种植面积占土地经营面积比例、政府补贴正向影响家庭农场效率；劳动力投入、家庭农场是否购买农机作业服务负向影响家庭农场效率。就不同类型的家庭农场而言，家庭农场类型不同，其效率及关键影响因素也存在一定的差异。相比较而言，种养结合型家庭农场效率最高，纯粮食种植型家庭农场和机农一体型家庭农场效率较低，且纯粮食种植型家庭农场的规模效率低于纯技术效率，种养结合型和机农一体型家庭农场的纯技术效率低于规模效率。

为此，文章认为现阶段需要选择合适的家庭农场经营者，尤其是要优先选择有农业生产经营意愿且具有农业生产经营经验的农户家庭经营家庭农场，要重视家庭农场从业者的人力资本积累，加强对家庭农场经营者的职业培训；要基于家庭实际，合理确定家庭农场经营规模，走适度规模经营之路；要切实保障家庭农场的土地经营权，健全农业社会化服务体系，加大对家庭农场发展的资金、政策等扶持力度。（陈佳圆）

**【中国种植类家庭农场的土地形成及使用特征——基于全国31省（自治区、直辖市）2014—2018年监测数据】**

郜亮亮（中国社会科学院农村发展研究所）

《管理世界》2020年第4期

31.8千字

家庭农场是中国农业当前发展阶段最核心的生产经营主体。自家庭联产承包责任制之后，中国农业取得了巨大成就。但土地细碎化、农业小规模生产、农业劳动力外流、种地积极性下降等问题日益严重。因此，构建现代农业经营体系是现阶段中国农业发展适应工业化、信息化和城镇化快速发展的重大现实需要，也是实现农业绿色发展和推进农业高质量发展的必然要求。构建现代农业经营体系的关键在于培育新型农业经营主体。从立体式复合型农业经营整体体系视角看，新型农业经营主体表现为家庭农场（专业大户）、合作社、龙头企业、社会化服务组织等主要形式。而家庭农场是这些经营主体中的核心主体，这也是中央高度重视家庭农场的缘由所在。因此，对家庭农场的发展现状和相关行为进行研究具有重要的现实意义。家庭农场的一切生产经营行为都以土地为基础。那么，家庭农场的土地经营规模现状如何；它们经营的土地中多少是转入地，多少转出户能支撑一个家庭农场，经营的土地是否跨村跨镇；它们是如何进行土地流转的，流转的合约形式和期限如何，租金如何变化；它们是否对转入土地进行整理，又是如何使用土地的等问题亟待回答。尽管已有一些文献关注了家庭农场的土地问题，但是利用连续多年且覆盖全国的监测数据进行的研究还很鲜见。

该文基于全国31个省份5年（2014—2018年）家庭农场监测数据，对农场经营土地的相关情况进行了统计描述分析。研究表明：2014—2018年，家庭农场土地经营规模逐年递增，2018年平均规模约400亩；农场的土地处于分割状态，平均一个农场经营15块地，需要从48—58户农户手中转入土地，跨村跨镇经营渐成趋势；2/3农场通过中介流转土地，采用书面合同的农场占比约96%，流转租金逐年上涨，九成农场采用现金形式租金，其中又有九成采用固定现金租金；2/5的农场对转入土地进行整理，整理后其中的2/5农场的土地面积增加，面积约增7%；平均每个农场种植两种作物，第一种主要作物面积占比超过83%；除了2015年外，其他年份农场实际经营面积均小于理想经营规模，未来准备缩小规模或保持规模不变的农场逐年增多。

为此，该文建议各地鼓励家庭农场进行适度规模经营；以农地“三权分置”和农村集体产权制度改革为契机推动农地制度改革，可借鉴陕西榆林榆阳区“一户一田”的做法，积极探索“先整理再发包再流转”的规模发展路径，各地应积极构建适合当地的农地流转交易平台，不断降低流转交易成本，为家庭农场上规模和连成片奠定基础；尽早探索“二轮承包到期再延长三十年”政策实现形式和路径，不断规范农地流转市场，为农场签订更长流转合约创造条件；积极完善农业保险市场，为农场专业化生产创造条件。（陈佳圆）

## 【什么样的农场主在经营中国的家庭农场】

郜亮亮　杜志雄（中国社会科学院农村发展研究所）谭洪业（山东工商学院工商管理学院）

《农业经济问题》2020年第4期
21.1千字

谁来种地是中国“三农”问题必须面对的挑战，对其进行研究具有现实性和急迫性。改革开放以来，农业发展取得了巨大成就，但随着工业化和城镇化快速发展，农村人口和农业劳动力急剧减少，谁来种地日益成为必须解决的现实问题。谁在经营家庭农场是谁来种地问题中的基础性问题，把研究聚焦于家庭农场这一类生产经营主体的经营者，特别是聚焦于农场主这一农场最主要决策者的特征具有现实意义，更是科学研究的内在要求。一方面，面对农业劳动力的减少，中国农业最核心的问题是构建现代农业经营体系，其关键在于培育新型农业经营主体。另一方面，农业生产经营主体的多元化要求研究农业问题必须注意主体特征的差异性。因此，聚焦某一类生产经营主体，比如家庭农场的农场主特征或许是科学研究的第一步。

该文基于全国31个省份2014—2018年5年监测数据，对中国家庭农场的农场主的年龄、性别、教育水平、户籍等情况进行了统计描述分析。研究表明，农场主性别呈“男九女一”特征，且女性农场主占比逐年微增；农场主平均年龄47岁，且随时间增加但增速慢于岁月增速，总体呈“年轻化”趋势；农场主学历教育水平方面，50%—60%为初中及以下，至少1/3为高中（中专或职高），

10% 左右为大专及以上（含本科和研究生）；再教育接受培训方面，接受培训的农场主占约八成到九成，由于培训学习的“累积效应”，占比在后面年份出现下降趋势；从事规模经营的经历长短，农场主们平均有 5—7 年规模经营经历，但越来越多的没有规模经营经历和经历短的人成为农场主；从业经历方面，近六成农场主有 1 种以上从业经历；八成农场的大部分土地所在村与农场主户籍所在村一致。

通过上述研究，该文认为下一步应继续完善劳动力市场建设，让任何一个愿意经营家庭农场的人，不管性别、年龄、从业经历、户籍如何都能成为农场主；完善农业职业教育培训体系，不但要增加培训的可获得性，也要增加培训的多样性以满足精准需求，让愿意接受培训的家庭农场主可以获得满意的教育培训。（陈佳圆）

**【玉米临时收储政策调整对家庭农场土地流转租金的影响分析】**

蔡颖萍（湖州师范学院农村发展研究院） 杜志雄（中国社会科学院农村发展研究所）

《中国农村观察》2020 年第 3 期

21.7 千字

近些年，农业规模经营进程中出现的“毁约弃耕”“种植大户跑路”等新闻屡见报端。2014 年以前粮价较高时，不少地方出现了土地流转热潮。一些农业领域以外的“新手”带着资金涌入农村，贪多贪快地流转土地，使其当遭遇自然灾害、粮价下跌等突发状况时难以有效应对而选择“毁约弃耕”。许多新闻报道中指出，粮价下跌的同时种植成本的上涨是导致“毁约弃耕”的主要原因，特别是“土地流转租金年年看涨”。可见，土地流转租金已成为农业规模经营主体不可忽略的生产成本。据农业农村部“百乡万户”在河北省的调研显示，土地成本已成为套在种粮大户头上的一道“紧箍咒”。然而，随着粮食价格开始下降，部分新闻报道提及土地流转租金也呈现出下降趋势。那么，土地流转租金居高不下甚至持续上涨是否具有普遍性？进一步而言，政策的调整是否会影响土地流转租金？

该文利用全国家庭农场监测 2014—2017 年的面板数据，以玉米种植农场为分析对象，研究结果显示：土地流转租金会根据政策调整而发生相应的变动，但这种变动具有一定的滞后性。农业种植收入是政策调整影响土地流转租金的中介变量，即随着农业种植收益的变化，土地流转租金会呈现出相应的变化。这说明，土地流转租金会随着粮食价格和种植收益的下降而出现一定幅度的下降，以平衡粮食生产者的实际收益；粮食生产者也会根据市场调整种植行为，以保障农业经营的稳定。

该文研究发现的政策含义如下。第一，要坚持市场在土地流转价格形成中的主导和基础性作用毫不动摇。第二，在农产品价格形成机制的改革中，应尽早公布政策的具体操作细节，增加政策的稳定性与透明性，让农户有合理的预期，提早安排生产计划并及时调整相关行为。第三，政府应建立相关干预机制直接对租金实施调控，如建立基准地租制度，在区域范围内制定土地流转租金的参考价。同时应充分利用市场手段，结合完善农业支持保护政策，降低农业生产成本。第四，应探索农业补贴的科学实现机制，转“针对地的补贴”为“针对种地的人的补贴”，转“通过要素和产品价格增加生产者收入”为“根据实际收入水平与应有收入水平差而直接补贴生产者收入”。第五，应摒弃这些成文或者不成文的约定，建立通过农产品价格变化来带动租金调整的机制。另外，应完善农业基础设施及生产配套设施建设，促进土地成方连片流转，减少土地细碎化带来的田间管理难度大、成本高等问题。（陈佳圆）

**【玉米收储制度改革对家庭农场经营决策的影响——基于全国 1942 家家庭农场两期跟踪调查数据】**

阮荣平　刘　爽（中国人民大学农业与农村发展学院）刘　力［中国石油大学（北京）经济管理学院］郑风田（中国人民大学农业与农村发展学院）

《中国农村观察》2020 年第 4 期
24.5 千字

2016 年中国开始了新一轮玉米收储制度改革。作为粮食支持制度改革的“重头戏”，收储改革直接影响包括小麦、水稻在内的整个粮食支持制度的改革，进而影响农业供给侧结构性改革。目前中国的粮食价格支持制度改革呈现出了三个方向：一是对以小麦、稻谷为代表的最低收购价政策中的收购价格进行调整；二是将以棉花、大豆为代表的临时收储政策改为目标价格政策；三是将以玉米为代表的临时收储政策改为生产者补贴制度。其中第三种改革方向是该文关注的重点。对于研究对象，该文所关注的则是在农业现代化过程中被寄予厚望的一类新型农业经营主体——家庭农场。这一做法可以提升对收储改革影响认识的全面性、完整性以及深刻性。相对于普通农户，家庭农场由于专业性强、规模大等特点，对政策的敏感性更强。

该文利用一套独特的且具有全国代表性的 1942 家家庭农场两期跟踪调查数据，利用改革实施地区及时间的异质性，构造了 DID 模型，详细考察了新一轮玉米收储制度改革对家庭农场经营决策的影响。主要结论如下。第一，收储改革对家庭农场玉米种植面积具有很强的负向效应。这一结果具有较强的稳健性。随着时间的推移，该抑制作用有弱化趋势，但趋势不甚明显。第二，家庭农场玉米种植面积下降的主要原因不是种植结构调整，而是总体经营面积下降。收储改革对于普通农户而言可能存在推动种植结构调整的作用，但对于新型农业经营主体的发展则可能存在十分不利的影响。第三，收储改革包含了临时收储政策取消和生产者补贴制度实施两个主要政策。在这两个政策中，临储政策取消起主导性作用，占收储改革所产生影响的 90% 以上，补贴制度实施的作用不甚明显。其主要原因可能在于补贴没有发放到实际经营土地的家庭农场手中（即“补贴错位”）。第四，收储改革通过风险机制和收益机制影响家庭农场的经营决策，其中起主导作用的是风险机制。

基于上述结论得出的政策启示：首先，调整种植结构需要配套多种农业支持政策，打好政策组合拳；其次，重视收储改革对家庭农场种植风险的影响，积极发展除价格支持和生产者补贴外的多种农业支持措施（如农业保险、订单农业等），增强家庭农场应对市场风险的能力；最后，坚持渐进性原则推进农业支持政策改革。（陈佳圆）

**【从务工到创业——农地流转与农村劳动力转移形式升级】**

杨子砚（厦门大学经济学院经济学系、厦门大学邹至庄经济研究中心） 文 峰（北京大学现代农学院中国农业政策研究中心）

《管理世界》2020 年第 7 期

34 千字

党的十八大以来，农村土地三权分置的格局逐渐清晰，已成为农业深化改革和农地基本制度的核心内容。农村土地三权分置是在实施家庭联产承包责任制的基础上，将农村土地的所有权、承包权和经营使用权三权分别设置。其中，农村土地归集体所有，农户享有农地承包权，并可从集体承包土地中享有土地的经营使用权，而且农地的经营使用权可以在承包权不受影响的情况下流转给其他经营主体。随着农地流转市场的繁荣发展，与土地要素市场息息相关的劳动力要素市场也随之发生了变化。当从事农业生产的边际收益小于从事非农工作的边际收益时，理性的农户倾向于转出农地，在收取农地租金的同时将劳动力向非农产业转移，逐步完成农业劳动力向非农产业转移的结构性变革。随着中国经济的快速发展和农业农村的转型升级，大批农民已经加入了创业的队伍。在乡村振兴战略稳步实施的农村经济新常态下，农民创业有望成为推动农业供给侧改革、扶贫攻坚和城乡经济融合发展的新引擎、新动能。因此，研究农地流转市场对农村劳动力创业的促进机制具有探索农业、农民、农村“升级式”脱贫、增收和发展的现实意义。

该文依据 2012—2014 年中国家庭追踪调查（CFPS）数据，按照“外出务工—农地流转—创业”这一实证研究框架建立联立方程模型，通过 3SLS 系统估计法，识别了外出务工对农地流转决策和农地流转对农户创业决策的影响。研究结果表明：户主外出务工使得农户参与农地流转的可能性提高了 1.72 个百分点；参与农地流转的农户的创业可能性比未参与农地流转的农户的创业概率高了 4.26 个百分点；农户外出务工后，若选择流转农地，则其创业可能性在边际上比仅务工不流转农地的农户高出 76%；外出务工的工资性收入与农地租金的资产性收入都促进了农户创业的积极性，但资产性收入对创业的正向影响比工资性收入高出 5 倍，早期的资产性收入对创业的促进作用比近期的资产性收入高出 3 倍。即农地流转在农村劳动力转移的形式升级中发挥了重要的促进作用；不同收入分组的异质性分析表明，低收入组的农民外出务工和流转农地对创业的促进作用更大。

根据研究结论，该文得到以下启示：要坚持农业土地改革；要配套完善支持和鼓励农户创业的政策与服务体系；要提高农户创

业培训的针对性；要注意在贫困地区实施有利于农村土地流转落实到位的政策。（陈佳圆）

**【土地流转背景下农户经营规模与土地生产率关系再审视——来自固定粮农和地块的证据】**

杨宗耀（南京农业大学经济管理学院） 仇焕广（中国人民大学农业与农村发展学院） 纪月清（南京农业大学经济管理学院）

《农业经济问题》2020 年第 4 期
20.6 千字

随着非农就业和土地流转的加速发展，加之政策扶持，中国土地得以集中、土地规模经营迅速发展。现有研究在肯定农户土地经营规模扩大对于提高农业劳动生产率和农民收入乃至提高经济效率、降低单位产品生产成本的积极作用的同时，也提出了会降低土地生产率、威胁农产品供应方面的担忧；并认为规模经营的政策取向取决于政策希望达到的目标。需要指出的是，农户经营规模和土地生产率关系的讨论需谨慎考虑地区和时期差异。一方面农户经营规模和单产关系是需要持续测度的实证性问题，另一方面两者关系非常难以测度。特别是在土地流转加速发展的中国，一是现阶段土地更多地向大农户流转，而大农户往往是具有更高能力的转入户；二是大农户转入的大多是土壤质量不高，以短期契约安排为主的地块，且也存在转入连片土地的复杂情形。

该文在非农就业和土地流转加速发展的背景下讨论了中国不同规模农户土地生产率差异的源泉，特别区分了规模扩大本身对单产的影响和对农户异质性、土地异质性的影响。研究发现，不同规模农户土地生产率差异还源于农户的异质性和所经营土地在土地质量、经营期限、地块规模以及面积测量口径等方面的异质性。该文基于固定农户的固定地块数据有效排除异质性干扰的实证策略，利用 4 个省两期跟踪调查数据对两者关系进行了再检验。实证分析显示，农户土地经营面积扩大并不会影响粮食单产，而不控制固定地块时往往会得到两者负相关的伪结论，并且仅控制固定农户时上述伪结论更为明显。

该文的基本结论是当前条件下农户经营规模扩大并不会降低土地生产率。仅从土地生产率角度来看，没有理由担心农户为增加收入而扩大规模会威胁粮食安全。而转入土地的农户平均粮食单产更高、在流转中实现整合与规模扩大的地块粮食单产更高，长期转入地块比短期转入地块粮食单产更高等结论意味着促进土地流转特别是连片化、长期化流转还具有提高土地生产率和增加粮食供应的含义。当然，一些激进的促进流转和规模经营的政策也会对粮食供应产生负面影响。（陈佳圆）

**【农地休耕如何影响农户收入？——基于西北休耕试点区 1240 个农户面板数据的实证】**

谢先雄 赵敏娟 蔡 瑜 邓 悦（西北农林科技大学经济管理学院、陕西农村经济与社会发展协同创新研究中心）

《中国农村经济》2020 年第 11 期
22.3 千字

当前中国粮食生产取得了“十三连增”的辉煌成就，但辉煌成就的背后却面临着耕地质量下降、土壤退化、水土流失、地下水严重超采、土壤重金属超标、面源污染加重和生物多样性锐减等严峻农业生态环境问题，严重制约中国农业可持续发展。休耕就是采用政策补贴的形式引导农户将过度使用的耕地在一定时期内退出农业生产，实施管护进行休养生息，以达到促进农业生态改善的目标。农户作为政策落实的主要参与者及关键利益群体，保证其收入不减少是保障休耕实施效果和建立休耕制度的重要前提。因此，稳定并提升农户收入对于保障中国休耕制度构建与形成意义重大。当前全国第一轮（2016—2018年）、第二轮（2017—2019年）休耕试点已结束，但休耕政策是否已实现了稳收增收的前提目标尚不明确。

该文构建了休耕影响农户收入的理论分析框架与研究假说，利用西北休耕试点政策作为准实验，基于甘肃省1240个农户的两期面板微观数据，采用双重差分法识别了休耕政策对农户收入的影响，并进一步探究了其作用机制与影响异质性。研究结论如下。首先，休耕政策显著增加了西北地区农户总收入，休耕有益于农户增收，且剔除休耕补贴后增收效果依然显著。具体而言，休耕使农户平均增收4978元，增幅为10.35%，但不同收入水平群体间的增收效应存在差异，突出表现为“益富不益贫”的特点。其次，作用机制分析表明，农地休耕主要通过提高转移性收入的直接作用和促进非农就业提高非农收入的间接作用两条途径来促进农户增收，且以增加的非农收入贡献度最大。其中，非农收入的提高主要源于农户外地务工人数和收入增加；休耕减少了种植业收入，但难以通过口粮补贴来完全弥补这一收入损失，增加的社保收入和亲人馈赠收入是损失弥补的关键；休耕不会影响农户资产性收入，也不存在促进畜牧业收入增加的农业结构调整效应。最后，休耕政策对农户总收入的影响在休耕参与程度和人力资本禀赋上均表现出显著异质性。

基于上述结论，该文得出如下启示。第一，在坚决打赢农村脱贫攻坚战的背景下，休耕政策后续推进应给予低水平农户群体更多的关注与扶持，谨防低收入群体“因休返贫”，对休耕政策实施造成不利影响。第二，应以耕地亩均净收益为下限适度提高休耕补偿标准、针对休耕试点区开展社保宣传以提升农村社会保障参与率、同时为有需求者提供非农就业帮扶促进其外地务工等，将有助于休耕户家庭增收。第三，鼓励农户大规模休耕，并提升家庭人力资本禀赋，将有助于提高休耕的增收效果。（陈佳圆）

**【农地整治何以促进农户收入增加——基于整治模式和地貌类型的异质分析】**

张超正　杨钢桥（华中农业大学公共管理学院）

《自然资源学报》2021年第12期

29.5千字

农地整治最初目的是为了增加有效耕地面积、提高耕地质量和改善农业生态环境。然而，在农地整治实践中，其范围与内容逐步扩大，其目标逐步延伸，因此还同时被赋予增加农民收入、促进非农就业、加快农业结构调整以及助力地方脱贫攻坚等职能。该文首先基于可持续生计框架构建农地整治对农户收入的影响机制，并进一步揭示其作用效果的整治模式与地貌类型差异；然后利用湖北省地处江汉平原的天门市和潜江市、武陵山区的宣恩县和咸丰市 483 个农户的两期面板数据，采用双重差分模型检验同一地貌是否实施农地整治、同一地貌不同农地整治模式和不同地貌同一农地整治模式对农户收入的影响。结果表明：（1）地方政府主导模式和新型农业经营主体主导模式均能显著增加农户收入。（2）新型农业经营主体模式的增收效应远远大于地方政府主导模式，但即使同一地貌类型，不同农地整治模式对农户分项收入的影响程度、大小和显著性存在较大差异。（3）平原农地整治的增收效应明显高出山区农地整治，但即使同一整治模式，不同地貌农地整治对农户分项收入的影响程度、大小和显著性存在明显差异。因此，农地整治的农户收入效应受到整治模式和地貌类型的共同制约。

该文的理论贡献主要体现在以下几个方面。

第一，相比于传统的农地整治，农村土地综合整治的对象更多元、范围更广阔、手段更综合和效果更全面，因而其综合绩效水平较高。农村土地综合整治作为中国转型时期土地整治的基本方向，各地应该综合考虑资源禀赋和产业特色，因地制宜探索符合本地实际和独具区域特色的土地综合整治，选择有条件和有潜力的区域先行实施，充分发挥农村土地综合整治在推动经济发展和民生改善的积极作用。另外，国家鼓励农地整治体制机制创新。

第二，新型农业经营主体开展农地整治项目建设受到一定的限制：一是项目实施需要大量资金投入，新型农业经营主体难以承受，整治过程中面临资金不足问题，导致项目规模较小，与其远景规划不够匹配；二是缺乏与之配套的施工管理体系和施工验收体系，导致项目的设计、施工和质量等难以得到保障。因此，今后应加大对新型农业经营主体投资农地整治项目的财政扶持力度，逐步扩大其整治项目规模；鼓励新型农业经营主体将通过地块归并和废旧宅基地复垦所增加的耕地面积作为占补平衡补充耕地指标，按照“谁投资、谁受益”的原则返还指标交易收益，拓宽其整治资金来源；地方政府有关部门应加大对新型农业经营主体主导模式的农地整治项目的全程技术指导、质量监督和工程验收，切实保障工程质量。（辛月季）

**【中国农地流转与农民收入的时空耦合关系及空间效应】**

洪名勇（贵州大学经济学院） 何玉凤（南京农业大学公共管理学院） 宋恒飞（中国科学院地理科学与资源研究所陆地表层格局与模拟重点实验室）

《自然资源学报》2021 年第 12 期
22.4 千字

该文基于中国省域 2003—2018 年面板数据，通过构建耦合协调发展模型，分析了农地流转与农民收入耦合协调发展时空演变特征，并运用空间杜宾模型剖析农地流转对不同类型农民收入的空间效应。结果表明：（1）在时间维度上，农地流转与农民收入的耦合协调发展程度趋于优化，但农地流转一直以滞后于农业收入为主，农地流转由同步于非农收入转为超前于非农收入。（2）在空间维度上，农地流转与不同类型农民收入的耦合协调发展程度在不同省区之间差异明显。（3）农地流转显著促进了本地区农业收入与非农收入的提高，且农地流转对农民人均收入产生直接效应与溢出效应；虽然户均农地规模增加并没有显著提高非农收入，但农地的规模经济使得户均农地规模增加，显著促进了农业收入提高。

该文的理论贡献主要体现在以下几个方面。

第一，该文借鉴物理学中的耦合理论与空间计量经济学的相关理论，从时间和空间两个维度讨论了农地流转与农民收入的耦合协调发展特征，并分析了农地流转与农民收入的空间效应，以期为中国人地关系与农民收入协调提供借鉴。

第二，该文探究了农地流转对农民收入结构的影响。这对于更好地进行适度规模经营、提升农业生产经营效率、实现农业现代化、助力乡村振兴有积极有效的理论指导意义，为政策制定与调整的精准性提供有效依据。

第三，该文提出农地流转由同步于非农收入转为超前于非农收入，非农收入具有滞后效应，未来需注意在促进农地转出的同时，通过针对性的职业培训提高农村劳动力非农就业竞争力，响应政策号召，构建农村第一二三产业融合发展体系，增加农村劳动力就业机会，进一步增加非农收入，以促进农地流转与非农收入协调同步发展，从而达到农地流转与农民人均收入的协调同步发展；未来可向发展较协调同步的省份借鉴经验，对发展不协调的省份究其原因，结合不同资源禀赋不同发展阶段的地区特征，采取因地制宜、因时制宜的精准化与差异化的施策方式。（辛月季）

**【土地转入、地块规模与化肥减量——基于湖北省水稻主产区的实证分析】**

梁志会　张　露　张俊飚（华中农业大学经济管理学院、湖北农村发展研究中心）

《中国农村观察》2020 年第 5 期

20 千字

在中国的农业生产中，化肥过量施用与低效利用现象普遍，造成了土壤肥力下降与水体污染等资源与环境问题，严重威胁农产品质量安全，阻碍农业的可持续发展。已有研究主要遵循“土地转入—规模扩张—化肥减量”的分析逻辑，土地流转与规模扩张被同质化处理，不同土地流转情景所表达的经营规模内涵与化肥减量潜力差异被忽视。事实上，土地转入包括分散转入与连片转入两种情景，规模扩张也包括经营规模扩张和地块规模扩张两个层面。分散化的土地转入虽然能够扩大经营规模，但却无法克服地块规模狭小的弊端，所以既有土地经营规模的扩张并不必然改善规模经济性。地块层面的规模经济才是农户规模经济的基础，土地连片经营产生的地块规模经济性才能诱导农户的长期投资行为。由此推断，转入土地的空间分布差异所引致的不同类型的土地规模变动，可能会导致截然不同的化肥减量绩效。

该文将转入地块的空间分布特征纳入理论分析框架，探析在分散化和连片化两类土地转入情景下农户化肥施用量的差异，并利用湖北省水稻主产区1314户稻农的样本数据进行实证检验。研究结果表明，若土地转入呈分散化特征，经营规模扩张但地块规模并无改进，规模经营的化肥减量作用将受限；若土地转入呈连片化特征，经营规模与地块规模的同步扩张会带来地块层面的规模经济，能够显著降低农户的化肥施用量。克服计量模型潜在的内生性问题，基于地块层面的稳健性检验同样支持上述结论。

该文的理论意义在于：揭示出土地转入及土地规模经营的化肥减量效应具有情景依赖性特征。在分散化与连片化土地转入两种情景下，土地经营规模和地块规模呈不同变动趋势，从而隐含着化肥减量绩效的差异性。该文可以深化人们对土地流转和土地规模内涵的理解，并拓展化肥减量施用的土地规模经营理论。

该文的实践意义在于：发现依托于土地流转改善规模经济性，继而实现化肥减量施用，需要重视地块层面的规模经济。可行的策略为：因地制宜，转变以往分散化的土地流转形式，鼓励地块整合与连片化流转。第一，对于规模户而言，考虑其在要素交易市场具有更高的谈判能力，建议开展以村组为单位的整组甚至整村流转，避免与分散农户交易可能产生的土地细碎化问题及其对化肥减量的阻碍。第二，对于小农户而言，建议积极引导他们开展土地置换与整合，促进其参与标准化、规整化的高品质良田建设，以改善地块层面的规模经济性，并实现化肥减量施用。（陈佳圆）

**【“三权分置”下农业经营的实践形态与农地制度创新】**

印　子（中南财经政法大学法学院）

《农业经济问题》2021年第2期
19.5千字

“三权分置”是农地制度改革的重要成果，为提升农业经营效益提供了制度保障。农业经营的实践形态显示，土地经营权的设立并未提升资本化耕种的农业经营收益，也难以提升村集体范围内农地产权正式转移的水平。农业经营体制在“统”的层面缺乏可操作性的产权制度方案，阻碍了农地产权设置在“分”的层面发挥出高效的制度效能。该文切实回应农地利用中实际耕者的地权诉求，解决农地细碎化、村集体内土地经营权流转价格过高、土地经营权配置不充分、土地经营权流转后的社会纠纷等问题，需要围绕农地高效利用，在“三权分置”下充分发挥集体土地所有权的管理权能，以集体土地所有权统合土地承包经营权和土地经营权。

该文的理论贡献主要体现在以下几个方面。

第一，该文基于实地调研，发现土地经营权的设立，无法实现通过市场化机制来确保农业收益的制度预期，也难以推动集体经济组织范围内的农地产权整合。农业经营实践充分展示出，农业经营中耕地利用者的地权诉求存在显著差异，分别侧重于土地经营权的整合、流转价格补偿、有偿获取、排他性利用等方面，这将农地制度改革的重心指向了夯实集体土地所有权方面，也对未来农地制度配置的精细化程度提出了挑战。

第二，该文围绕耕地利用者的地权诉求，提出了简要的制度优化思路。提出为了更好地推动农业现代化，农地制度创新必须在“三权分置”的架构下持续开展制度创新，“三权分置”后的农地权利体系，需要不断调整集体土地所有权、土地承包经营权和土地经营权之间的关系，而不能仅仅侧重于土地经营权的单向度放活。

第三，该文还提出，在未来的农地制度设计上，应当强化对农业经营实践形态的类型化分析，明确不同耕地利用者地权诉求的差异性，以集体经济组织来对接不同耕地利用者的地权诉求，平衡不同地权诉求之间的张力，真正做到耕者有其地权。农地制度应当在不断赋予农地权利以财产性的同时，充分调动耕地利用者配置农地资源的积极性，注重通过强化集体土地所有权来充分发挥土地经营权应有的制度效能，扩充集体土地所有权的统合性权能，以真正满足不同耕地利用者的地权诉求，实现农业经营实践形态之间的健康发展和良性互动，进而全面提升农业经营的效益。（辛月季）

**【建党百年中国农地制度变迁：动态演进与逻辑】**

徐亚东（西南大学经济管理学院）

《农业经济问题》2021年第12期

33.8千字

该文基于“大历史观”，在梳理农地制度演进的基础上，分析农地制度变迁的历史逻辑、实践逻辑和理论逻辑，这有助于党和国家判断并顺应历史潮流，制定科学有效的农地政策。研究发现如下。第一,百年以来，中国共产党带领人民实现中华民族从“站起来”“富起来”到“强起来”的历史性飞跃，经历了5次农地制度变迁，分别是由“国家公有、农民经营”向“农民私有、农民经营”、向“地主所有、租赁经营”、向“农民私有、农民经营”、向“集体所有、集体经营”、向“集体所有、农民经营”转变；该文构建“国内国际环境与农地制度调整变迁”理论分析框架，解释了中国农地制度百年变迁史。第二，中国农地制度变迁的历史逻辑表明，每次农地制度变迁都伴随国际国内环境变化以及党和国家战略重点转移。第三，中国农地制度变迁的实践逻辑表明，农地制度调整是党和国家在推进农地制度变迁时，结合国内农村社会经济环境变化和制度实施过程中经验总结对农地制度进行的修正。第四，中国农地制度变迁的理论逻辑表明，党和国家在推进农地制度变迁和调整过程中，受到马克思主义的指导，同时中国农村实践也发展了马克思主义。

该文的理论贡献主要体现在以下几个方面。

第一，该文认为中国农地制度变迁的历史逻辑表明，党和国家战略重点转移与农地制度变迁具有高度相关性，同时国际国内环境的变化与党和国家战略重点转移同样也具有高度相关性，即每次农地制度变迁都伴随国际国内环境变化和战略重点转移。

第二，中国农地制度变迁的实践逻辑表明，农地制度调整是党和国家在推进农地制度变迁时，结合国内农村社会经济环境变化和制度实施过程中经验总结对农地制度进行的修正；虽然在不同时期农地制度调整的方式方法不同，但是都围绕党和国家的战略目标，服务中华民族伟大复兴。

第三，该文还提出了相关政策启示。（1）深入农村实地调研，全面了解农村实际情况。没有调研就没有发言权，中国幅员辽阔，各地区之间实际情况差别较大，需要对农村深入全面了解。国民革命失败主要原因之一是缺乏对农村农民问题的深刻了解。乡村振兴背景下，需要了解不同地区的经济发展水平和制度诉求，为走差异化、多元化的农业现代化发展道路提供合适的制度安排和农地制度调整。（2）遵循广大农民意愿，切实保护农民根本利益。农地是农民的根基，推动农地制度变迁和调整不能伤害农民的根本利益。中国共产党始终坚持以人民为中心，带领人民推翻“三座大山”，实现“耕者有其田”；之后建立社会主义土地公有制，让人民富起来、国家强起来。由此，需要始终把人民利益摆在至高无上的地位，构建以保护农民利益为核心的农村土地利用管理体系。“十四五”时期，坚持以习近平新时代中国特色社会主义思想为指导，继续深化农村土地产权制度改革，切实满足人民对美好生活的向往。（3）结合内外经济环境，推动农地制度变迁调整。基于梳理，农地制度每次变迁都存在外部冲击。因为制度存在路径依赖，外部冲击有助于降低制度变迁的交易成本。虽然当前国际形势不确定不稳定因素增加，但是中国经济发展为促进和平与发展作出了重要贡献，和平与发展依旧是时代主题。由此，当前中国经济环境不存在农地制度变迁的外部条件，需要继续坚持农地集体所有制。（辛月季）

**【农业减量化：农户经营的规模逻辑及其证据】**

张　露（华中农业大学经济管理学院、华南农业大学国家农业制度与发展研究院） 罗必良（华南农业大学国家农业制度与发展研究院）

《中国农村经济》2020 年第 2 期

25 千字

农业发展的目标与模式由国家或地区要素禀赋特征所决定。中国面临人多地少的要素失衡局面，并且迫于人口高速增长压力，中国提升土地生产率的需求很高，造就单极化追求产量增长的发展模式。由产量目标导向所决定的农业发展模式，特别是化肥、农药等农业化学品的密集施用，已经取得卓越成就并解决了中国近十四亿人口的粮食安全问题。然而，持续过量农业化学品的施用引致了严重的资源环境危机，更为严重的是，环境的恶化反向威胁农产品的产量与品质安全，由此形成负反馈循环。农业减量化的关键在于降低农业生产中化肥、农药和兽药等的施用量。已有关于减量路径的探索包括三方面：一是生产者层面，通过对生产决策行为之心理动因的干预以提升减量偏好和经济激励刺激等；二是消费层面，通过引导消费者对绿色及有机农产品的偏好，倒逼生产方式转型，实现生产减量化；三是农业经营组织层面，通过农业劳动力非农转移带动土地流转，或通过新型农业经营主体带动合作经营，实现农地规模化生产，以达到减量化。中国农业的经营主体是农户。由此，该文重点关注农户生产要素配置与减量化之间的关联机理及其效果。

该文采用课题组于2018年底完成的对湖北省水稻主产区的农户抽样调查数据展开分析。具体抽样范围覆盖湖北省三大稻区，即鄂中丘陵、鄂北岗地单季籼稻板块，江汉平原、鄂东单双季籼稻板块，以及鄂东北粳稻板块。然后考虑各板块的播种面积确定样本县个数，并依据各县种植面积随机抽取2—3个乡镇，每个乡镇随机抽取2个行政村，每个村随机抽取45个农户，共发放问卷1800份，满足该文研究的问卷为1752份，问卷有效率97.33%。研究结果表明：①对于所有样本农户来说，地块规模越大，减施量越高。其中，追求产量最大化的生产型小农，减施量与经营规模呈“倒U”型变化，而追求多元化经营的功能型小农，减施量随经营规模的扩大而增加。②农户连片规模扩大，减施量就增高，并且能够增强地块规模扩大以及经营规模扩大对减施的促进作用。③农户社会服务卷入程度加深，能够增强地块规模、经营规模和连片规模扩大对减施的促进作用。

该文隐含的政策含义是：①通过土地整理扩大农户的地块规模，有助于农业的减量化；②在农地流转过程中，鼓励农户土地的连片流转或连片经营，能够改善农业的减量效果；③鼓励农户卷入横向分工推进农业的区域专业化，能够突破小规模、分散化与细碎化的小农经营对减量化的制约，从而改善减量绩效；④发育农业生产性社会化服务市场，鼓励农户通过服务外包卷入农业的纵向分工，能够通过服务规模经营方式进一步实现农业减量及其市场化。（陈佳圆）

**【资本下乡如何能够带动农户经营——基于江西省绿能模式的分析】**

胡新艳　陈文晖　罗必良（华南农业大学国家农业制度与发展研究院）

《农业经济问题》2021年第1期
21.1千字

资本下乡能否有效组织带动农户经营，推进农业转型发展，仍是有待探讨的问题。该文将“资本下乡”这一独特的社会经济现象放在特定“公司农业”视角下加以考察，围绕“江西绿能模式”案例的分析表明，尽管资本下乡企业的本意在于逐利，但是，资本农业以农地规模经营、服务规模经营发展为依托，在农业生产领域、服务领域与农户缔结不同的合约安排，客观上组织带动了“雇佣农户、承包农户”两类农户经营，深化了农业的企业内分工与社会化分工。通过分工诱导分工，两类分工规模经营协同演化，使得当地原有农业生产关系和市场关系被重构，形成一个新型的农业经营体系，推进了农业转型发展。该文认为，资本下乡组织带动农户经营的运作机制是“分工深化、交易治理与规模报酬递增”，其中，分工深化为本，交易治理为用。

该文的理论贡献主要体现在以下几个方面。

第一，该文提出在资本下乡的过程中，农业经营组织模式的演化发展具有多面性和复杂性。在中国农业转型发展过程中，需要保护的是农户利益，而农户经营形态是否存续及其规模，则应视为市场竞争选择的结果。

第二，该文指出资本下乡带动农户应该进入何种农业领域，并不存在必然绝对的结论。企业是运营多种业务的综合体，投资农业生产或服务领域并非是必然割裂的。绿能公司首先是流转农地进入农业生产领域，但随着企业内分工与专业化的不断发展，逐步从企业内分工转向企业外的社会化分工，从农业生产领域的规模经营效应外溢到农业服务领域。从发展趋势看，绿能公司进一步以资本俘获资本，引聚跨区的异地服务经营主体进入，将社会资本导向农业服务领域，协同推进了现代农业发展。但是对于断然地主张资本下乡企业应该或不应该进入某一投资领域的观点，需要保持审慎的态度。

第三，该文指出资本下乡过程中，需要正视农户、资本与国家三者之间所形成的利益关系，以及如何形塑这些关系。需要给予农户和资本、技术及先进管理经验充分结合的自主性和选择权，谨防在农业现代化的国家话语保护下，基层政府、工商资本结成“权力—资本”利益共同体，打着“做大做强”的旗号，强加给农民“超经济力量的无声强制”，强制推行农地流转及其农业经营制度改革，因政府“越位”埋下社会纠纷隐患，引发基层治理冲突。（辛月季）

**【我国农业农村投资状况及未来投资重点领域分析】**

毛世平　张　琳（中国农业科学院农业经济与发展研究所）何龙娟（农业农村部规划设计研究院）陈秧分　贾　伟（中国农业科学院农业经济与发展研究所）吴文斌（中国农业科学院农业资源与农业区划研究所）

《农业经济问题》2021 年第 7 期
12.3 千字

扩大农业农村投资是实施乡村振兴战略、打赢脱贫攻坚战和全面建成小康社会的重要支撑。自 2019 年以来我国农业农村投资增速明显下滑，2020 年初以来新冠肺炎疫情更对农业农村投资产生较大冲击。该文在分析我国农业农村投资现状的基础上，剖析造成农业农村投资下滑的主要原因，提出扩大农业农村有效投资的政策建议。研究认为，今后一段时期农业农村投资重点要聚焦现代农业设施、农村基础设施和公共服务、农业农村新型基础设施三大领域，加快推动农业农村投资立法，创新多元主体参与的投融资机制，深化农村土地制度改革，健全风险预警与应对机制，建立乡村振兴投入绩效评价体系。

该文的理论贡献主要体现在以下几个方面。

第一，该文基于 2014 年以来全国农林牧渔业和农副食品加工业固定资产投资数据以及农村公路、农村电网、农村通信设施、农村饮水安全等基础设施投资数据，分析我国农业农村投资下滑特点及回升过程中出现的新问题，从多角度剖析投资下滑的深层次原因。

第二，该文结合影响投资的因素，提出了投资要立足农业农村经济社会发展的新形势、新要求，对标乡村振兴战略和全面建成小康社会的目标任务，以提标准、补短板、拓增值为导向，聚焦现代农业设施、农村基础设施和公共服务、农业农村新型基础设施等关键领域和薄弱环节，扩大农业农村投资，加快补上“三农”领域突出短板。

第三，为稳定并扩大农业农村投资，落实农业农村优先发展、全面推进乡村振兴战略，该文提出了四点政策建议：加快推动农业农村投资立法；创新多元主体参与的投融资机制；深化农村土地制度改革；健全风险预警与应对机制。（辛月季）

**【农地经营权抵押贷款模式选择：转型与路径】**

宋　坤　徐慧丹（四川农业大学经济学院）

《财经科学》2021 年第 6 期
16.8 千字

农地经营权抵押贷款在试点地区存在“自上而下”政府主导型和“自下而上”市场主导型两种模式，且当前大多数试点地区均选择政府主导型模式来发展。该文重点关注抵押贷款模式选择的决定因素、政府主导型模式的可持续性问题及其向市场主导型模式变迁的路径。结果发现：（1）模式选择取决于农地经营权抵押贷款的供给量，当农村金融机构接受度较低时，应采用政府主导型模式，反之选择市场主导型模式；（2）政府主导型模式下贷款易陷入“停滞”状态，且农业经营主体参与意愿也偏低，该模式不具可持续发展性。因此，文章进一步讨论政府主导型模式变迁至市场主导型模式的速度和路径，发现最优变迁速度随时间推进呈衰减状态且衰减力度递增，最优路径依赖于最优变迁速度且随变迁速度递增。最后从动力机制、保障机制和运行机制三方面提出模式变迁的相关建议。除农村土地经营权外，上述结论与建议在一定程度上也适用于农民住房财产权、集体建设用地使用权等其他农村产权抵押融资。

该文的理论贡献主要体现在以下几个方面。

第一，该文首先探讨了政府主导在推进农地经营权抵押贷款的过程中对农业产业发展的作用，然后运用经济学研究方法构建动态优化模型，对农地经营权抵押贷款模式选择、变迁及实现的政策建议进行深入探讨。研究结论能够增进中国特有社会背景下发展农地经营权抵押贷款的理解，为实现农地经营权抵押贷款从试点阶段向“扩面、增量”，进而向“扩面、增量、增质”方向的稳步发展提供创新思路。同时，也能够对农民住房财产权、集体建设用地使用权等其他农村产权抵押融资的发展提供可借鉴的理论依据和有益的实践参考。

第二，运用经济学研究方法，从行为逻辑出发探讨在供需扭曲的情况下政府主导如何使价格发生偏离并对贷款申请者成本的影响，以验证市场主导型应当是农地经营权抵押贷款发展所采用的模式。

第三，农地经营权抵押贷款的供给量决定了发展模式的选择，当农村金融机构的接受度较低时，应采用政府主导型模式，由地方政府承担强制性制度的变迁成本；反之，则应采用市场主导型模式。虽然政府主导在农地经营权抵押贷款中通过资本投入加大和技术水平提升两个渠道能够促进农业增长，并对商业性贷款产生虹吸和扩张的功能，撬动更多资金进入和开展该贷款业务。但由于在政府主导型模式下利率受到管制，贷款易陷入“停滞”状态，同时，政府主导型模式下的金融机构更青睐规模较大的抵押贷款，农业经营主体参与意愿偏低，该模式不具备长期持续发展的条件，实际效果和理想目标会发生背离，政府主导型模式变迁至市场主导型模式是农地经营权抵押贷款长期发展的必然趋势。由于最优变迁速度随时间推进呈衰减状态且衰减力度递增，变迁至市场主导型模式的最优路径依赖于最优变迁速度且关于变迁速度递增。针对模式变迁的实现，在各地因地制宜发展的前提下提出建议。该文的分析与建议在一定程度上也可适用于农民住房财产权、集体建设用地使用权等其他农村产权抵押融资的探索发展。（辛月季）

**【农地产权稳定性与农地生产率——基于新一轮农地确权的研究】**

高叙文（北京大学汇丰商学院） 方师乐（浙江工商大学经济学院） 史新杰 卫龙宝（浙江大学公共管理学院）

《中国农村经济》2021年第10期

25.4千字

产权和生产率的关系一直是发展经济学研究的热点，而中国新一轮的农地确权为探究两者的关系提供了一个良好的外生自然实验。该文利用浙江大学中国家庭大数据库（CFD）2015年和2017年的数据，通过面板固定效应模型，研究了农地确权政策是否、在多大程度上以及如何影响农地生产率。研究结论显示，农地确权会显著提高农地生产率（3.7%），且其效应存在时间异质性。对确权1年以内的农户没有影响，但能显著提高确权1年以上农户的农地生产率（5%）。进一步的机制探究发现，稳定的产权能增加农户对农地的长期投资，同时加速农户的农地流转行为，进而提升农地生产率。

该文的理论贡献主要体现在以下几个方面。

第一，在研究视角方面，在资源约束日益加大、粮食供求长期处于紧平衡的背景下，该文研究侧重于探究农地确权是否能通过改善资源配置及促进农户投资来增大农地单产；在研究内容方面，该文不仅考察农地确权对农地生产率的总体效应，也考察农地确权的时间、事前产权状态和农地规模的异质效应；在研究方法方面，目前国内对农地确权的研究大多使用截面数据，或是小范围的面板数据，这就导致无法控制某些不可观测的固定效应或是结果不具有代表性，而该文研究使用全国范围的面板数据，利用固定效应模型可以更精确地识别确权的影响；在作用机制分析方面，该文选取是否施用有机肥作为农业长期投资的代理变量，能更好地识别农业长期投资这一作用机制。

第二，该文的研究内容和研究结论是对已有的产权和生产率研究的有效补充。2009年启动并于2013年全面推进的农村土地承包经营权确权登记颁证工作，以“四至”确权的方式，将农户承包土地的具体位置、面积、权属等信息在证书上进行绘制登记，由此强化农户地权的明晰，解决了过去确权中存在的“四至不清、面积不准”等问题，是对过去产权关系的进一步稳固，而不是传统文献意义上的农地确权。该文的研究结果表明，该举措仍对生产率的提升有显著影响，这说明任何形式的稳定产权行为，都对农地生产率的提高有一定帮助。该结论具有重要的政策含义，政府应通过建立完善的市场机制促进要素资源的合理配置，从而提高效率，增加农业产出。（辛月季）

**【农地经营权抵押贷款银担协作效应及模式选择——基于风险分担的视角】**

宋　坤（四川农业大学经济学院）　王君妍（南开大学经济学院）

《农业技术经济》2021年第4期

16.9千字

担保是分担农地经营权抵押贷款风险的有效手段之一。该文从理论上揭开商业银行与担保机构在开展农地经营权抵押贷款业务中各自利益诉求的黑箱，探讨银担协同式合作分担风险的内在机理。研究表明，银担分立式合作时，双方付出的成本高且收益低，同时在抵押率大于处置率时银行面临的损失显著高于担保机构；而协同式合作能增大贷款规模，增加各自收益并提升风险防范能力。以此为理论依据，该文从数理角度构建农地经营权抵押贷款银担合作的博弈模型，通过动态推演并结合双方优势资源禀赋，得到依赖成长的对称互利的银担协同式合作模式。最后从利益联结、利益分配和成本分摊、沟通和共享、动力保障四大层面设计实现该模式分担风险的具体路径。

该文的理论贡献主要体现在以下几个方面。

第一，基于银担面对农地经营权抵押贷款风险时各自的利益诉求分析发现，商业银行的抵押率越高，银行出于风险补偿的考虑会提高贷款利率；商业银行对抵押资产的处置程度越高，贷款利率就越低；担保机构净资产规模越大，也会出于风险考虑而收取更高的担保费。因此，银担合作是分散风险的内生需求，为更有效地分担风险，银担应协商确定合适的担保杠杆率。

第二，基于银担协同式合作的影响以及分担风险效应的研究发现，农地经营权抵押贷款业务中，商业银行和担保机构仅有分立式合作时，付出的成本更高，收益却更低，同时抵押率大于处置率时银行面临的损失显著高于担保机构。在银担协同式合作中，贷款规模和收益将随协同式合作程度的加深而增大，协同式合作能够提高风险偿还效率。

第三，依赖成长的对称互利合作模式在担保机构风险分担有效提高的同时，能够推动银行积极开展农地经营权抵押贷款业务，并且总体效应实现“1+1>2”。该模式中，担保机构可成为综合性担保服务机构，采取与商业银行、处置联盟、借款人多边互动的、不断反馈的弹性动态的公司化运作机制。该文最后从利益联结、利益分配和成本分摊、沟通和共享以及动力保障四大层面诠释了实现路径，力求为纵深推进农地经营权抵押贷款提供理论依据、决策思路和技术支持。（辛月季）

**【消费替代还是信任补偿？——转移支付收入对农民公共品供给意愿的影响研究】**

黄祖辉（浙江大学中国农村发展研究院、浙江大学公共管理学院） 王雨祥（浙江大学中国农村发展研究院、浙江大学管理学院） 刘炎周 胡伟斌（浙江大学中国农村发展研究院、浙江大学公共管理学院）

《管理世界》2020 年第 9 期
33.1 千字

分税制改革以来，地方政府特别是县乡一级政府长期面临着财政困难的问题，因而尽管公共品供给不足已成为乡村治理中存在的一个突出的问题，但仅依赖于县乡财政提供农村地区的公共品供给显然不太现实。为推进农村公共品供给改革，提升农村公共品供给水平，多元的公共品供给体系就显得尤为重要，而多元公共品供给体系的核心就在于农民的自主参与。但目前而言，农民的公共品供给参与仍显不足。针对这一现状，结合党的十九届四中全会提出的“坚持和完善统筹城乡的民生保障制度”的政策背景，农民获得了日益提高的转移支付收入，该文研究的问题是农民获得的转移支付收入的不断提高，能否促进农民自发长效地参与农村公共物品的供给，在公共品多元供给的角度上提高农村公共品的持续供给能力。

首先，该文构建理论模型，引入消费替代效应与信任补偿效应两个机制来解释转移支付对农民公共品供给参与的影响，研究发现它们的影响在不同转移支付强度下具有异质性。之后，该文使用来自中国新型农村社区建设与治理调查 2018 年开展的全国基础调查数据。该调查由浙江大学中国农村发展研究院主导，对象为我国农村地区 15 岁以上的居民，调查样本分布在全国 18 个省（自治区、直辖市）的 87 个村，共计 1657 人。并利用城乡居民基本养老保险的政策特点，采用 RD-IV 识别策略估计了转移支付收入对农民公共品供给意愿的影响。结果显示：平均而言，农民从各级政府获得的转移支付每增加 1000 元，其愿意参与公共品供给的概率大约平均提高 16%；在目前整体补贴力度下，转移支付主要通过提高农民对于村委会的信任从而促进其参与公共品供给，剥离掉信任补偿机制的影响后，目前转移支付力度尚无法通过农民私人消费替代的机制促进其公共品供给。

该文的研究结论隐含政策意义如下。首先，在基层政府财政普遍困难的当下，为乡镇层面的政府部门提供了一个公共品供给的新思路。其次，由于信任在农民能否积极参与乡村公共品供给中扮演了重要的角色，乡镇政府除了按时足额公正透明地向农民发放转移支付之外，乡镇干部需要在日常工作中注意与农民群众的沟通与交流，建立起农民群众对自身的信赖感，从而在公共品建设的集资筹力过程中得到当地农民的积极支持。最后，当前各级政府对于农民的整体转移支付力度仍然不足，日常弹性消费仍然存在较大的缺口，绝大部分农民还处于努力实现“独善其身”的阶段，而无法做到“兼济天下”。因此，完善农村民生保障、促进农民增收致富依然任重道远。（陈佳圆）

**【农村收入差距抑制了农户创业吗？——基于流动性约束与人力资本投资视角的实证分析】**

尹志超　刘泰星（首都经济贸易大学金融学院）王晓全（西南财经大学保险学院）

《中国农村经济》2020 年第 5 期
26.4 千字

农村地区创业活动的开展，为农村居民提供了大量的就业机会和就业岗位，在一定程度上解决了失业和贫困问题，加快了农村发展进程，成为实现乡村振兴的重要举措。尽管受益于脱贫攻坚、乡村振兴等一系列扶持政策，但农户的创业活力并没有因此而被激发。作为促进农民就业、增收与发展问题的重要力量，积极鼓励农户创业成为解决“三农问题”的关键切入点。除个体与家庭特征以外，环境因素也可能会对个体创业决策产生重要影响。目前现有研究忽视了农村内部收入差距对农户创业行为的影响。改革开放以来，中国农村内部收入差距急剧扩大，而农村收入差距的扩大可能会对农户创业产生多方面影响。

该文运用 2012—2016 年中国家庭追踪调查数据研究农村收入差距对农户创业的影响。得出以下研究结论。一是农村收入差距的扩大不仅显著降低了农户创业的概率，还对创业参与人数、经营规模和经营绩效产生了显著的负向影响。此外，农村收入差距的扩大显著降低了农户新创企业的概率，并显著提升了创业失败的可能性，增加了家庭中从事农业生产的人数和家庭成员外出打工的概率。二是农村收入差距通过两种机制影响农户创业。一方面，农村收入差距的扩大通过提升农户面临流动性约束的概率，降低了农户从事创业活动的可能性。另一方面，农村收入差距的扩大抑制了农户进行人力资本投资的能力，从而降低了农户创业水平。三是农村收入差距对农户创业的影响存在异质性，表现为在低教育水平、中低收入阶层和中西部地区家庭具有更大影响。

基于该文的研究结论，得到如下政策启示。第一，加大转移支付力度，提高中低收入家庭的相对收入水平，降低农村收入差距。农户收入差距扩大造成多方面不利影响，政府应该通过转移支付，建立农村收入再分配机制，不断缩小农村收入差距。第二，通过普惠金融缓解农户面临的流动性约束。完善农村金融体系，引导各类金融机构为农户提供借贷、支付、保险等普惠金融服务，缓解农户面临的流动性约束，为农户创业提供更加普惠性的金融支持。第三，加大对农户的技能培训，提升农户的人力资本。在农村地区设置固定的创业培训点或引入专门的创业培训机构，定期组织农民参与包括技术、文化素质和管理能力等在内的创业技能培训；并结合乡村产业特色，因地制宜，在农村地

区营造良好的创业氛围，形成农户创业与本地产业发展相融合的局面。（陈佳圆）

**【农家粮食：储备与安全——以晋浙黔三省为例】**

魏霄云　史清华（上海交通大学安泰经济与管理学院）

《中国农村经济》2020 年第 9 期
25.2 千字

人常说，“手中有粮，心中不慌”，粮食安全历来被视为关系国计民生的重大问题。中国是世界上人口最多的国家，人均耕地仅为 1.46 亩，因此，中国的粮食安全备受关注。得益于改革开放、技术进步和投资增加，中国的粮食产量自 2003 年起逐年递增，关乎 14 亿人口的温饱问题已基本解决。但粮食获得的可持续性依然是政府和学者关注的焦点。有研究表明虽然粮食产量连年增加，但其增加主要来自以饲料为主的玉米产量的提高，而直接用于生活的口粮的增加十分有限。另外，粮食的进口已从调剂余缺转向了大规模进口。中国作为粮食需求大国，面临着国际贸易摩擦等诸多不确定因素，在保障粮食的持续供应以及粮食市场的稳定等方面仍面临着重大挑战。因此，粮食安全问题仍需要予以高度重视，宏观粮食安全（粮食自给率）需要以微观粮食保障（农家粮食储备）为基石。相较于以粮食自给率衡量粮食安全指标，该文基于微观家庭视角下对粮食储备量和储粮可用时间的分析能够更为细致客观地反映粮食保障的基本情况。

该文采用 1995—2017 年山西、浙江和贵州三省的农村住户观察数据，对农户储粮和家庭粮食平衡进行了分析，并以此进一步考察了家庭粮食安全状况。结果表明，样本农户家庭粮食收支在观察期内均呈上升趋势，粮食结存量下降趋势明显，家庭储粮可用时间不断缩短，农户已倾向于从市场中获得粮食，较少甚至不再为家庭粮食消费进行储备，家庭粮食安全正在由“自我保障”向“社会或市场保障”转换。且就不同地区而言，经济欠发达地区家庭粮食储备量和可用时间都显著高于经济发达地区。

据此，该文提出了以下政策建议。首先，宏观粮食安全政策的制定需要充分了解农户粮食储备规模、种类以及用途，并估量农户储粮的变化对粮食政策执行效果的影响。在此基础上，也需要关注农户粮食储备技术手段，对农户储粮予以科学指导和必要帮助。其次，农村居民收入水平和社会保障都不及城镇居民，在面临市场失序和自然灾害时更为脆弱，而家庭粮食储备水平的下降又加剧其脆弱性，因此，需要对农村居民的民生问题从战略上予以高度重视，在生活上予以必要的补贴，同时在政策上给予帮助。最后，在综合研判国内粮食生产和储备情况以及国际贸易环境的前提下，国内粮食政策和粮食进出口政策的制定，要更加注重协调性和一致性。（陈佳圆）

**【生态种养模式认知、采纳强度与收入效应——以长江中下游地区稻虾共作模式为例】**

陈雪婷（华中农业大学经济管理学院、湖北农村发展研究中心）　黄炜虹（中南林业科技

大学商学院） 齐振宏　冯中朝（华中农业大学经济管理学院）

《中国农村经济》2020 年第 10 期
25.3 千字

生态种养模式将种植技术和养殖技术有机结合，以此形成农业产业内部模块的物质循环利用，从而达到将污染负效益转变为资源正效益的目的，是一种将农村发展、农民致富和生态友好融为一体的农业生产模式。生态种养模式作为一种综合性的生产模式，相比其他农业技术，农户在采纳决策时面临的不确定性更大。而当农户面临不确定性决策时，个体认知是影响其决策的重要因素之一。一般而言，出于规避风险和最大化耕地利用价值的考虑，农户会选择多样化的生产方式。对于生态种养模式来说，存在较大技术风险和市场风险，因此在分析农户认知对生态种养模式采纳决策的影响时，有必要将采纳决策细分为是否采纳和采纳强度两阶段。目前，大部分研究未进一步考察采纳行为的结果变量，即农户采纳决策时所考虑的收入效应，而对农户的采纳决策来说技术采纳诱因与收入效应是不可割裂的两个方面。同时，生态种养模式在农民增收方面究竟表现如何，需要给出经济学视角的回答。

该文在借鉴技术接受模型的基础上，通过构建农户的多目标效用函数，探讨了由认知差异带来的农户采纳生态种养模式的行为差异。在此基础上，该研究基于江苏、湖北两省 608 份微观农户调查数据，运用 Heckman 两阶段模型实证分析农户生态种养模式认知对其采纳行为的影响，并进一步运用内生转换模型分析农户采纳生态种养模式的收入效应，主要得出以下结论。第一，在自然资源禀赋适宜地区农户对生态农业模式进行了积极实践，样本农户中采纳农户比例较大，此外，地区间存在采纳强度的差异。第二，经济效应是农户采纳行为发生和提高采纳强度的根本驱动力，同时，对技术的感知易用性是影响其生态农业模式采纳行为发生和提高采纳强度的重要因素。第三，生态农业模式的采纳对提高农业收入有显著的影响，表现为反事实假设下，实际采纳稻虾共作模式的农户若未采纳，其亩均净收入将下降，实际未采纳稻虾共作模式的农户若采纳，其亩均净收入将增加。

基于上述结论，该文得出以下政策启示。一是加强生态农业模式技术研发，进一步增强其盈利性和可操作性。二是拓宽农户生态农业技术获取渠道，以增强农户对生态农业模式认知的准确性，引导农户理性采纳生态农业模式。三是完善绿色农产品市场体系建设，普及绿色农产品质量识别技术，鼓励农户联盟创建绿色品牌，以释放生态种养模式中“生态效应”所蕴藏的“经济效益”。（陈佳圆）

**【基于乡村经济韧性的传统农区城乡融合发展路径研究——以河北省典型县域为例】**

李玉恒　黄惠倩　王晟业（中国科学院地理科学与资源研究所／区域可持续发展分析与模型重点实验室、中国科学院大学资源与环境学院）

《经济地理》2021 年第 8 期

14.5 千字

乡村韧性是乡村系统应对外界扰动冲击，维持系统稳定性和可持续发展的重要属性。文章基于河北省景县 16 个乡镇、451 个行政村的问卷调查数据，构建“压力—状态—响应”模型，综合评价传统农区县的乡村经济韧性。研究结果显示：①景县乡村经济韧性平均值为 0.061，整体处于较低水平，空间分布呈现北部和西南部偏低、中部相对较高的格局特征，县城所在地及其邻近的周边地区、主要交通干线过境的乡镇乡村经济韧性较高，偏远地区的乡村经济韧性水平较低。②人均村集体经济收入、农户家庭人均纯收入、乡村人均固定资产投入与乡村人力资本为乡村经济韧性的主要短板因素。③文章对比分析河北省阳原县显示持续对乡村基础设施、公共服务、乡村产业的投入有利于提升乡村经济韧性。文章基于研究结果提出旨在推进传统农区城乡融合发展的路径建议。

该文的理论贡献主要体现在以下几个方面。

第一，该文认为我国传统农区肩负着保护耕地、保障粮食安全的重任，也一定程度上限制了非农产业发展与县域经济壮大，进而导致农业效益低下，乡村人口外流、农户不再以地为生的特征凸显。推进传统农区城乡融合发展首先应坚持农业农村优先发展的总方针，扎实推进乡村建设，切实补齐乡村基础设施、公共服务和人居环境短板，不断提升乡村发展质量与宜居水平。依托现代信息与通信技术，充分发挥乡村地区自然资源禀赋、优质农副产品等的优势，大力发展乡村休闲旅游、养老养生、文化创意等产业，增强乡村吸引力，扩大服务市场的广度与深度，提升乡村资源的经济价值。

第二，该文提出要着力壮大县域经济综合实力，强化县城对乡村地区的辐射带动作用，增强“以城带乡”的实效性，推进以重点镇、中心村、新型农村社区为载体的村镇化发展，提升村镇集聚生产要素的能力，为外来资本兴业、返乡能人创业搭建平台。同时要切实保障“三农”工作队伍配备、农业产业化用地供给、农村小微企业金融服务与劳动力职业化教育，提升村镇化发展质量，实现村镇化与城市化“双轮驱动”。（辛月季）

**【农业支持保护补贴促进规模农户种粮了吗？——基于全国农村固定观察点调查数据的分析】**

许　庆　陆钰凤（上海财经大学财经研究所）张恒春（农业农村部农村经济研究中心）

《中国农村经济》2020 年第 4 期

20.1 千字

在人多地少的基本国情下，确保国家粮食安全始终是中国经济健康发展与社会和谐稳定的基石。中国政府自 2004 年起逐步建立了以农作物良种补贴、种粮农民直接补贴、农机具购置补贴和农资综合补贴为主的农业补贴体系，其主要目标之一就是提高农民种粮积极性、促进粮食生产。但是，随着这些补贴政策的政策效应释放殆尽，其不足之处逐渐显现，对国家粮食安全构成挑战。鉴于此，近年来，中国加快改革完善农业补贴政策的步伐，于 2016 年开始在全国范围内展开三项补贴改革，将农作物良种补贴、种粮农民直接补贴和农资综合补贴三项补贴合并为农业支持保护补贴，并将政策目标调整为耕地地力保护和促进粮食适度规模经营。农业补贴政策改革的主要方向之一是转向对粮食适度规模经营主体进行补贴，以达到促进粮食生产、保障国家粮食安全的目的。那么农业支持保护补贴促进规模农户种粮了吗？其作用机制是什么？对上述问题的回答，不仅关乎中国粮食安全问题，也涉及中国农业补贴政策的改革方向。

该文主要考察农业支持保护补贴对规模农户种粮行为的影响，从理论上分析农业支持保护补贴为何以及如何影响规模农户的种粮行为，并利用 2016 年、2017 年农业农村部全国农村固定观察点调查数据进行实证检验。主要的研究发现包括以下三个方面。第一，无论是纯粮食种植户，还是粮食为主种植户，农业支持保护补贴皆有助于农户扩大粮食生产。第二，农业支持保护补贴主要是通过促进规模农户转入土地从而作用于粮食生产的。特别是对于纯粮食种植户，农业支持保护补贴不仅提高了农户转入土地的概率，而且扩大了农户转入土地的面积，这肯定了农业支持保护补贴对农地流转的积极作用。第三，总体上，该文验证了农业支持保护补贴在转变农业发展方式、促进粮食生产方面的积极作用。

基于上述研究，该文得出以下研究启示。一是从长远来看，推动农地流转、发展多种形式适度规模经营是中国未来农业发展的重要方向。加大对农地经营者的补贴，可成为解决当前农地流转不畅、促进规模经营的一个重要手段。二是应继续稳步推进农业补贴政策改革，加大对生产者尤其是粮食适度规模经营主体的支持力度。但是，在考虑国内农业农村发展现实的同时，还要兼顾国际因素。三是应从政策上继续加大对规模农户从事粮食适度规模经营的支持力度，从而发挥农业支持保护补贴在强化粮食安全保障能力、建设国家粮食安全保障体系方面的支撑作用。（陈佳圆）

# 公共管理

## 【共同富裕的内涵、实现路径与测度方法】

刘培林　钱　滔（浙江大学区域协调发展研究中心）黄先海（浙江大学经济学院）董雪兵（浙江大学区域协调发展研究中心、浙江大学中国西部发展研究院）

《管理世界》2021 年第 8 期
17.4 千字

共同富裕是社会主义的本质要求。该文围绕共同富裕的重大意义、实质、内涵、实现路径、测度指标以及相关的战略和政策等重大问题进行分析。

研究论点包括如下。（1）实现共同富裕是现代化新征程内在而紧迫的要求。共同富裕是新时代解决我国社会主要矛盾的重要抓手；是中国特色社会主义现代化的鲜明特征；是党巩固执政地位、提高执政能力，带领人民顺利推进现代化进程的内在要求。（2）共同富裕实质是全体人民共创共享日益美好的生活。具体内涵可以从政治、经济和社会 3 个层面加以把握。（3）要以更平衡更充分的高质量发展实现共同富裕。以让全体人民公平获得积累人力资本和参与共创共建的机会、公平地共享发展成果为主要思路，以壮大中等收入群体、提高中等收入群体富裕程度为主要入手点。（4）科学构建共同富裕的测度指标体系。（5）促进共同富裕的战略与政策。

该文的创新之处在于：详细阐述了共同富裕的内涵、实现路径与测度方法，为后续学者在此领域研究提供了丰富的理论基础。（王乐铮）

## 【垃圾分类政策试点扩散的逻辑分析——基于中国 235 个城市的实证研究】

李欢欢　顾丽梅（复旦大学国际关系与公共事务学院）

《中国行政管理》2020 年第 8 期
11.5 千字

垃圾分类和资源化利用制度是国家制度的重要组成部分。为进一步推动垃圾分类政策的全面推广，讨论垃圾分类政策试点扩散的影响因素具有重要意义。该文从政策试点扩散的角度进行分析，并在分析政策扩散影响因素的基础上，引入时间序列和区域划分，综合需求驱动逻辑、压力应对逻辑和效率考量逻辑，提出政策扩散的理论假设。样本覆盖 235 个地级市，样本考察期为 2000 年到 2018 年。

研究发现：（1）人均 GDP、人口密度、上级压力、社会压力、人力资本、制度建设会显著影响城市政府垃圾分类政策的采纳。（2）在政策扩散的不同阶段以及不同区域，不同逻辑变量不同程度地影响地方政府的政策采纳。但是，无论是出于需求驱动，还是压力应对，抑或是效率考量，垃圾分类政策的全面推广依靠政府推动、社会支持和全民参与。

该文的理论与实践贡献包括如下三点。（1）构建垃圾分类政策试点扩散的逻辑模型，发现需求驱动是影响城市实施垃圾分类的重要因素。因此，地方政府需要从自身需求出发，解决城市发展面临的“不平衡、不充分”环境治理问题，回应治理需求。（2）压力应对是政策扩散的重要“推力”。要想在全国形成垃圾分类管理的“燎原之势”，试点城市应当形成可复制、可推广的实践经验。（3）重视人力资本、制度建设对垃圾分类政策扩散的重要作用。（王乐铮）

**【审批制度改革优化了城市营商环境吗？——基于民营企业家“忙里又忙外”的实证分析】**

廖福崇（复旦大学国际关系与公共事务学院）

《公共管理学报》2020 年第 1 期

18.5 千字

近年来，营商环境建设取得显著进展，“放管服”改革如何优化城市营商环境是一个值得深入研究的政策议题。该文基于中国民营企业调查（CPES）和城市政商关系数据，从民营企业家时间配置的理论视角出发，分析“放管服”改革对于城市营商环境的影响，建立了两者之间的因果联系，进一步从制度化政企互动和政商关系的角度提出了影响机制。该文关于营商环境的样本数据，主要来自 2014 年中国私营企业调查和世界银行在中国大陆部分城市进行的企业调查，总共选择了 6144 家私营企业，样本具有良好的代表性。

研究结果表明：（1）许可服务大厅显著提升了城市营商环境质量，提高了民营企业对于当前发展环境的评价。（2）审批制度改革对于民营企业的影响十分显著，但是对于国有企业的影响则比较有限。进一步的机制分析发现，许可服务大厅提供了制度化的政企联系方式，减少了民营企业对于“关系网”的依赖，促进了新型政商关系的形成，从而提升了营商环境质量。许可服务大厅进驻的事项越多，这种提升作用越明显。

该文创新之处在于：（1）增进了对于企业家时间配置理论的理解，丰富了制度环境与政商关系的相关研究，提供了中国场景的经验证据。（2）既有研究以现状描述和典型案例经验总结为主，该文提供的经验证据是对现有研究的有益补充。（3）从政策启示上看，深入推进“放管服”改革，需要扎实做好简政放权，提高许可事项的集成化程度，重点关注民营企业，着力建设新型政商关系。（王乐铮）

**【数字时代的技术与文化】**

江小涓（清华大学公共管理学院）

《中国社会科学》2021 年第 8 期

35.6 千字

数字技术极大地推动了文化产业发展，文化产业也成为数字技术最重要的应用领域之一。该文以传统文化产业的低效率特征为出发点，分析数字技术如何全面全链赋能文化产业和提升效率，如何改变文化消费、生产和市场结构，数字大潮中文化内涵如何创造和传承，同时也分析了中国发展数字文化产业的突出优势。

该文的主要论点如下。（1）技术赋能与

文化产业发展的历史回顾。(2)从赋能消费者、赋能创意者、赋能生产者、赋能社交行为和赋能文化传播五个方面来分析数字技术如何提升文化产业的效率，如何推动数字内容成为文化产业的主体部门和数字传播成为文化传播的主要渠道。(3)数字文化成为市场主流，对文化消费结构、文化生产结构、文化市场结构和文化国内外比例结构等都产生了深刻影响。(4)中国发展数字文化产业具有两大优势：大市场与传统文化资源。(5)创作者追求文化内涵的动力和消费者对文化内涵的向往，将推动数字时代不断产生内涵丰富、持久传承的文化精品，数字与技术的融合既能形成多元文化生机勃勃的文化原野，也能造就具有深刻思想和精湛艺术表现的文化高峰。

该文的创新之处在于，通过强调数字技术与文化产业的互动优势，表明尽管当下数字技术主导着文化产业的非常态发展，但人类社会对文化内涵的普遍渴求是永继愿望，不会被技术表象的绚丽所淹没和取代。(王乐铮)

**【中国省份营商环境评价：指标体系与量化分析】**

张三保　康璧成(武汉大学经济与管理学院)　张志学(北京大学光华管理学院)

《经济管理》2020 年第 4 期

15.4 千字

良好的营商环境，是建设现代化经济体系、促进高质量发展的重要基础。该文以“十三五”规划纲要提出的“市场、政务、法律政策、人文”四个维度为一级指标，借鉴国内外营商环境评价指标体系并结合《优化营商环境条例》，确定二级指标和相应权重，构建出中国省份营商环境评价指标体系，并运用相关数据进行量化分析。

结果表明：(1)中国各省份营商环境呈现出层次化特征：北京和上海在中国内地省份营商环境建设上表现最优；广东和四川两省紧随其后；江苏、重庆和浙江三省位列第三等；湖北和天津处于全国中游以下；吉林、黑龙江和辽宁三省营商环境亟待提升；广西和西藏则处于托底水平。(2)中国各省份营商环境的均衡程度也存在较大差异：北京、上海、广东和四川位居前四，与整体营商环境排名匹配；浙江、安徽和贵州三省的均衡度排名，与其较优的整体营商环境排名情况不匹配；山西、陕西、新疆、西藏四省区虽然子环境发展较为均衡，但整体营商环境亟待提升。(3)营商环境在七大区域之间也存在显著差异：华东地区显著高于其他区域；西南、华北、华南、华中次之；东北和西北最为落后。

该文的创新之处在于：研究结论为省级政府优化营商环境、促进高质量发展提供了指引，也为后续探索宏观营商环境对微观企业行为与效应的影响奠定了基础。(王乐铮)

**【中国特色政府监管理论体系：需求分析、构建导向与整体框架】**

王俊豪(浙江财经大学中国政府监管与公共政策研究院、中国政府监管研究院)

《管理世界》2021 年第 2 期

30.5 千字

在中国建立与完善社会主义市场经济体制过程中，政府监管是一个不断加强的重要政府职能。最初引自西方发达国家的中国现有政府监管理论已不能较好满足新时代政府监管的实践需要，需要构建具备中国特色的政府监管理论体系。

研究结果表明：（1）中国特色政府监管理论体系构建具备6个基本导向。一是坚持以马克思主义为指导；二是立足中国社会主义基本制度；三是服务中国政府监管实践需求；四是学习借鉴发达国家有用理论与实践经验；五是提炼概括中国监管实践经验与规律；六是培育政府监管新兴交叉学科。（2）中国特色政府监管理论体系具备5个主要特征。一是政府监管的主要依据是相关法律法规制度；二是政府监管机构运行高效；三是政府监管方式精准有效；四是政府监管信息公开透明；五是实行激励约束相容的政府监管绩效评价。（3）中国特色政府监管理论体系主要应用价值是为分析特定领域或行业的政府监管问题，完善政府监管体系，提高政府监管效能提供理论框架。

该文的创新之处在于：通过系统分析构建中国特色政府监管理论体系的客观需求及其紧迫性，总结出了中国特色政府监管理论体系的构建导向与基本框架，为学者之后探索政府监管理论体系相关领域研究提供借鉴意义。（王乐铮）

**【探究政策机制的类型匹配与运用】**

赵　静　薛　澜（清华大学公共管理学院）

《中国社会科学》2021年第10期

27.4千字

从现代化角度审视，总结与归纳改革开放进程中的政策机制与模式匹配，有助于当前国家治理体系现代化建设，也为更长时段的国家治理调整提供思考。一直以来，我国重大体制机制改革或新型政策体系的决策实施过程中，形成了国家治理中的行政主导机制，实现了较高的治理效率。

新时代的政策环境发生了显著改变，公众对政策问题解决、决策科学性、政府治理能力都有了更高的要求。在以精准施政为支撑的高质量发展阶段，我国公共政策过程也正在配合着政策对象的多元趋势，演化出了多方博弈机制和影响网络机制，契合了宏观政策环境的变化。政策机制的运用从单一走向多元意味着治理形态呈现权变特征，而政策机制运用的转型体现了时代发展的历史必然性。在重大政策改革中，公共政策类型的分化与行政主导机制不匹配带来的施政挑战亟须关注。通过灵活协调使用各类政策机制，能够减少模式匹配带来的经济社会成本，保障全面深化改革效果。该文试图揭示新时代系统改革所需要的政策机制，以及国家治理现代化的适合转型路径。（祝泽政）

**【公共服务质量：分析框架与路径优化】**

翁列恩（中国计量大学人文与外语学院）　胡税根（浙江大学公共管理学院）

《中国社会科学》2021年第11期

30.4千字

伴随着中国特色社会主义进入新时代，经济社会进入高质量发展阶段，坚持以人民为中心的发展思想，需要提出更好满足人民日益增长的对公共服务需要的公共服务质量管理命题。基于公共服务发展的动态演进，按照公共服务的内在逻辑构建出公共服务质量发展的理论分析框架，可以阐释由绩效问责与民众参与的混合机制和公共服务质量循环机制共同生成的公共服务质量发展机制，并从我国公共服务质量发展的政策变迁与实践演绎角度继续探寻向公共服务高质量发展目标迈进的可能。

为了解决公共服务供给不足、效率低下或质量不高的问题，实现公共服务质量的稳定性、可靠性与持续性，我国公共服务质量发展的政策不断调整和完善。公共服务质量发展的目的是为公共部门如何向民众提供符合期望标准的公共服务，并致力于持续改进公共服务质量和提升民众满意度。为此，要通过强化以公共服务质量内循环为基础的过程控制、构建公共部门与民众质量感知之间互动与持续改进的机制以及建立公共服务质量持续改进与发展的绩效评估体系等措施，从而实现公共服务高质量发展，助推政府治理现代化，真正满足人民对美好生活的向往。（祝泽政）

**【中国行政体制改革的价值显现】**

何艳玲（中国人民大学公共管理学院）

《中国社会科学》2020 年第 2 期

26.9 千字

中国行政体制改革进程基本与市场化进程吻合，并在不同阶段先后呈现出适应市场（高效政府）、稳定社会（服务型政府）与人民满意（人民满意的服务型政府）的基本逻辑和价值取向，而其共同之处则在于回应主要由市场化所塑造的社会差异性。随着全球化、信息化与市场化进程的高度交织，特别是互联网社会对社会结构的影响日益深化，塑造了社会多元性并对行政体制改革带来了新挑战。新时代的中国行政体制改革，既要继续回应社会差异性，又要回应社会多元性，即双向回应。“以人民为中心”的提出，在理论层面是行政体制改革双向回应的价值表达，在实践层面是行政体制改革双向回应的中国方案。

该文认为，中国行政体制改革有必要实现从本土叙事向全球叙事的转变，从封闭叙事向开放叙事的转变，特别是需要针对多元性重新设计行政体制改革内容。（1）应对多元性，转变政策制定方式。（2）利用多元性，确认并重新理解社会分歧。（3）建构多元性，拓展解决公共问题的路径。（祝泽政）

**【智能革命与国家治理现代化初探】**

高奇琦（华东政法大学政治学研究院）

《中国社会科学》2020 年第 7 期

30.8 千字

智能革命给人类社会带来的深远影响正在逐步显现，也必然深刻影响并参与国家治理现代化的进程。国家治理现代化的目标是建构一种平衡型国家，其要义是国家与社会的动态平衡。在智能革命的背景下，人工智能技术至少在资源丰富、共识达成、充分回应等方面为国家治理现代化形成重要助力；但也在安全风险、公民隐私和公平难题等方面对国家治理提出新的挑战。

就技术特征而言，区块链是分布式账本、点对点传输、共识机制以及加密算法等技术的组合，对于人工智能可能引发的国家治理难题提供了一些解决的方案。作为程序智能，人工智能与区块链共同强化了国家的刚性治理，对于国家治理现代化具有重要意义。然而，程序智能更多体现的是程序正义，过度倚重程序智能可能会出现异化风险。要实现实质正义就需要在刚性治理和弹性治理之间进行平衡。弹性治理要求国家与社会对一些核心价值的定义达成充分共识，合力保证人类在治理实践中的自主性，并在保障国家治理能力有效性的基础上充分对社会个体进行赋权和鼓励社会单元的创新行为。

因此，智能革命加持的国家治理现代化，不仅要实现整体性国家力量的增强，还要回到个体本身，以每个个体的全面发展和解放为旨归。（祝泽政）

**【政府职能转变与市场监管治理体系构建的共同演进逻辑——基于疫苗监管治理体系及应对危机事件的案例研究】**

郁建兴　朱心怡（浙江大学公共管理学院）
高　翔（浙江大学公共管理学院、浙江大学MPA教育中心）

《管理世界》2020年第2期
17.0千字

基于2004年后13起疫苗危机的案例研究表明，尽管推动市场化、建立疫苗监管治理体系是政府改革的重要议程，市场化也不是引发疫苗危机的主要因素，政府依旧采取了行政化、集权化的回应策略。其中，行政化是指在疫苗供应中以行政审批代替市场监管，集权化是指在疫苗监管中加强垂直管理。疫苗治理从监管向审批的回撤可能源自政府监管能力与职能转变的不匹配。由于事中事后监管能力不足，回归行政审批成为了监管部门应对压力的保守策略。

以疫苗监管为研究对象，该文指出，在围绕中国市场监管治理体系与治理能力现代化的相关研究中可能有一个被忽略的重要问题，即在中央政府和研究学者都已经形成较为普遍共识的情况下，为何政府职能转变的实践却仍然存在一定的反复，甚至会走向政策议程的反面。

研究表明，政府职能转变与市场监管治理体系构建是相互依赖的共同演进关系。职能转变是构建市场监管治理体系的前提，市场监管治理能力的提升又是政府职能转变的支撑。政府应坚持推进市场化，通过完善治理体系、提高监管能力，为推进“放管服”改革、加快政府职能转变提供保障。（祝泽政）

**【构建重大突发公共卫生事件治理体系：基于中国情景的案例研究】**

欧阳桃花　郑舒文（北京航空航天大学经济管理学院）　程　杨（江西财经大学工商管理学院、奥尔堡大学材料与制造系）

《管理世界》2020年第8期
20.7千字

人类踏入21世纪20年代初，新冠肺炎疫情骤然在全球暴发，成为全球共同关注的重大突发公共卫生事件。中国政府举全国之力战疫，快速阻断了以武汉为主战场的全国本土疫情传播，向常态化疫情防控和经济社会发展双统筹迈进。

该文旨在基于文本数据、爬虫数据、访谈数据，复盘中国防疫模式。该文贡献主要为：率先把疫情管理活动分为基础活动与支持活动，并构建了由基础活动与支持活动的不同关键要素共同组成的疫情管理框架；疫情之下生命重于泰山的举国体制、政府强大的组织动员能力以及数字化平台是中国成功控制疫情的“法宝”。该研究结论不仅从微观动态层面为深入研究重大突发公共卫生事件奠定了理论基础，也有利于从常态化视角重构全球突发公共卫生事件治理体系，并对各国遏制疫情全球蔓延提供重要的管理启示与借鉴意义。

该文聚焦于新冠肺炎疫情的关键活动，构建了大规模突发性疫情管理的整体框架，其理论贡献如下。（1）从微观动态层面，率先对疫情的管理活动进行分类。（2）提出疫情管理的整体框架，有利于今后结构性深入分析重大突发公共卫生事件管理活动。（3）识别中国控制疫情的独特情境有利于重构“突发公共卫生事件”治理体系。（4）应急管理研究方法的创新。（祝泽政）

**【新时代中国公共行政的实践逻辑】**

孙柏瑛（中国人民大学公共管理学院）

《行政论坛》2021 年第 4 期

14.2 千字

随着中国公共治理实践的不断深化，扎根本土治理经验的公共行政概念、话语、理论正逐步生成，学科已逐渐超越知识“拿来主义”的阶段，在理论比较、对话的基础上，进入建构具有中国特色公共行政话语时期。新时代国家治理体系和治理能力现代化的推进，为公共行政学科的发展提供了理论养分和资源。

该文以我国新时代政党与政府治理实践及制度安排为基础，从公共行政的管理体制、运行机制和技术治理三个层面，讨论近年来公共行政实践所显示的重要特征，分析新时代公共行政立足的价值理念，探讨中国公共行政实践的逻辑意涵，致力于提取、概括公共行政理论发展的理论资源。

中国公共行政学科发展面向新时代中国特色社会主义建设的实践历程，回应新时代实践提出的现实问题，将坚持中国共产党全面领导，坚持“以人民为中心”的国家治理宗旨，作为公共行政话语和理论建构的基石，用于阐释国家治理的公共价值，致力于体现并抽象出国家与社会治理体制实践特征的经验、概念与理论、话语。新时代公共行政学科以理论重构服务于国家的善治之道。（祝泽政）

**【政策试验的注意力调控与适应性治理】**

杨宏山　李　沁（中国人民大学公共管理学院）

《行政论坛》2021 年第 3 期

14.7 千字

在多层级政府体系中，政策试验是检验新政策效果、提升公共治理效能的一项制度安排。政策试验的已有文献大多关注成功试验的运作机制，对效果不明显的政策试验的调控机制研究较少。从政治调控的视角，可以剖析决策者如何调整注意力分配，进而传递政策信号，促使地方政府改进政策安排，提升公共治理的适应性。

该文的案例研究表明，中国国家治理对政策试验秉持积极态度，在政策试验过程中，中央与地方之间具有持续的府际互动，形成了针对专门议题的政策学习网络。中央政府在对政策试验进行评估后，通过注意力调控方式，对政策试验提供正向或反向激励。对于成功的地方试验，中央政府在注意力分配时给予特殊关注，形成“注意力强化—政策扩散”的调控模式；当试验不成功时，中央政府通过注意力弱化机制，对无效的地方试验进行调适或予以悬置，从而形成一种柔性的容错纠错安排。（祝泽政）

**【基层服务型政府建设中的服务泛化问题及其解决】**

仇　叶（武汉大学社会学院）

《中国行政管理》2020 年第 11 期
17.9 千字

当前，乡村领域的基层服务型政府建设存在诸多误区，其核心在于忽略了服务公共性的重要意义，陷入服务泛化的困境。该文以“12345”公共服务平台的乡村实践为经验基础，指出公共服务是公私利益治理的复杂过程，需要基层政府同时具备服务与规制的双重职能，实现公共利益。服务泛化导致私人利益寻租空间不断增加，更瓦解了基层政府的规制权与公共利益仲裁者的角色，从根本上削弱了基层的公共服务能力。

基于乡村公共服务的整体性、关系性、实践性的基本特征，基层服务型政府建设需要具备公共服务的视野，以村庄为单位实现乡村利益整合、维持公平分配秩序。由此可见，服务型政府要从理念迈向实践，必须处理好服务公共性的问题，厘清公共利益与私人利益的边界，实现服务与规制职能的均衡。

总体而言，基于乡村公共服务的特殊性，必须注重乡村公共服务供给的总体性与复杂性，积极发挥村级组织的公共服务能力，切实保障农民的参与权利与基层干部规范化的规制权力，使基层服务型政府的建设能够真正服务于乡村的公共利益。（祝泽政）

**【从数字化城市管理到智慧化城市治理：城市治理范式变革的中国路径研究】**

焦永利（中国浦东干部学院教研部）　史　晨（工业和信息化部赛迪研究院）

《福建论坛（人文社会科学版）》2020 年第 11 期
14.0 千字

随着迈入城市社会，城市治理逐步成为我国国家治理体系的主要组成部分。进入 21 世纪以来，通过技术与制度创新相融合，中国城市治理经历了两次范式变革：信息化赋能产生了网格化数字化城市管理模式，当前的智能化技术赋能正在孕育全周期、智慧化的城市治理新模式。随着 5G、人工智能、物联网、大数据、云计算等技术使全社会的数字化程度进一步加深，也为城市治理提供了新的工具。通过分析上述两次范式变革的基本历程、创新案例，总结了两次范式变革背后的共性规律，展望了未来智能社会时代的城市治理新模式。

该文提出加速实现城市治理新模式的路径建议。（1）强化顶层设计，构建“理念—制度—技术”相贯通的治理架构。（2）发挥技术与管理的组合效应，提升城市治理的“规模化敏捷”能力。（3）拓展新安全观，系统部署云端城市的数据安全、运行安全。（祝泽政）

**【我国基本公共服务均等化的政策目标与演化规律——基于党的十八大以来中央政策的文本分析】**

姜晓萍　郭　宁（四川大学公共管理学院）

《公共管理与政策评论》2020 年第 6 期
13.6 千字

基本公共服务均等化是我国民生保障制度的核心内容。它是指全体公民都能公平可及地获得大致均等的基本公共服务，其核心是在保障机会均等的前提下，使全体国民公平享有基本公共服务的权利，而不是简单的平均化。

该文采用政策文本分析法，对党的十八大以来我国基本公共服务均等化的政策目标及其演变规律进行分析，发现我国基本公共服务均等化政策以保障人民权利为基本理念；以满足人民美好生活需要为目标；以健全体系、规范标准、统筹城乡为路径，体现了“以人民为中心”的价值理性。

基本公共服务均等化是推进国家治理体系和治理能力现代化进程中民生发展的战略部署和重要举措，其政策目标的阶段式变化反映出基本公共服务均等化任务从“人人享有”到“人人满意”的转变，体现出我国问题导向的民生保障制度建设逻辑。基本公共服务均等化的政策演化，其背后的深刻原因是当前国家发展的奋斗目标正在由满足人民对物质文化的需求向满足人民对美好生活的向往转型，国家发展的奋斗重心正在由满足人民的温饱向让人民幸福转型，民生建设的具体路径正在由改善基本民生水平向回应高级民生诉求转型。（祝泽政）

**【健全国家突发公共卫生事件应急管理体系的对策研究】**

李雪峰［中共中央党校（国家行政学院）应急管理培训中心（中欧应急管理学院）］

《行政管理改革》2020 年第 4 期
11.2 千字

该文着力分析若干典型国家的总体应急管理体系、卫生应急管理体系的特点，客观分析我国卫生应急管理体系的成绩和不足。

我国卫生应急管理体系和能力存在的短板和不足如下。一是法律制度规定不具体、不落实。二是部门间管理职能划分不清晰、不协调。三是应急管理链条各环节不顺畅、需整合。四是卫生应急技术支撑能力不足、不匹配。五是应急物资保障不到位、不完善。六是基层应急能力弱、基础薄。

在此基础上，提出健全国家突发公共卫生事件应急管理体系的总体目标和七个方面具体建议：（1）夯实突发公共卫生事件应急管理的法治保障；（2）完善国家总体应急管理体制，改革卫生应急管理体制；（3）全面完善防范化解公共卫生重大风险的工作机制；（4）建设高效权威、世界一流的疾病预防控制体系；（5）提高突发公共卫生事件医疗救治能力；（6）提升突发公共卫生事件应急保障能力；（7）大力推进公共卫生的社会参与，夯实卫生应急的社会基础。（祝泽政）

# 著作选介

【数字化时代中国企业国际化战略研究】

程　聪（浙江工业大学）

中国社会科学出版社 2020 年版

469 千字

作为当前世界经济增长的重要引擎，中国仍然是全球增长最快的主要经济体之一，中国企业国际化也是全球关注的焦点。

该著作基于当前独特的时代发展背景，紧紧围绕数字经济时代背景下中国企业国际化战略决策这一核心问题展开研究，全书主要由大数据影响企业战略决策、企业国际化组织应对、企业国际化速度、企业国际化创新以及数字化时代企业国际化实践五个专题组成。针对我国企业进行了长达 10 余年的实地跟踪调查，收集到了代表中国企业发展最高水平的长三角、珠三角地区的大量企业调查资料，围绕企业国际化进行了长期、系统的跟踪研究，旨在通过时代背景分析、前沿理论探讨、定性定量检验和实践经验总结等研究方法，在当前全球数字经济发展方兴未艾和国际贸易保护主义思潮不断高涨的双重背景下，为中国企业如何更好地实施国际化战略提供理论指导和实践启发。

在理论贡献方面，该书提出了数字经济时代背景下我国企业国际化经营的一套较为系统的理论研究框架。首先详细论证了数字化技术发展对企业决策的影响以及企业数字化转型应对机制的理论基础，在此基础上，从企业国际化速度和创新战略两个理论视角全面剖析了我国企业国际化如何应对数字化经济时代挑战的战略决策逻辑，并提出了若干可操作化的对策建议。（颜康康）

【基于持续竞争优势的企业文化作用机理研究】

王德胜（山东大学）

山东大学出版社 2020 年版

290 千字

探究企业文化对企业持续竞争优势的作用机理就具有很强的现实必要性，这也恰好作为该书的选题来源。该书在研究过程中，既注重理论演化的逻辑性、严谨性，又立足于企业永续发展的实际需要，在进行理论借鉴和整合的同时，也为企业的文化构建和价值性展现开辟了新的研究方向。

与此同时，当今随着信息技术的迅猛发展，全球已进入互联网时代，经济技术范式的不断变革呈现出网络经济的新特点。网络经济时代的管理理念、组织架构、员工需求和心理都在发生变化。所有这些无不要求企业文化不断变革，以匹配的文化特质作为企业持续竞争优势的根本动力和源泉。因此，如何把握互联网时代的企业文化建设的新特点，并探索推进企业文化建设新的路径和方法，也是当前理论界和实务界应该深入思考的问题。

该书在系统分析和全面梳理国内外相关研究成果的基础上，整合企业持续竞争优势的不同理论流派，探究驱动企业持续竞争优势的能力组合，对企业特质进行了测量，构建了企业文化对企业持续竞争优势作用的理论模型，再通过实证研究和高成长性企业的案例分析，检验了理论探究和实践结论的合理性，提出了企业文化变革和构建的对策。（张苏玉）

**【组织管理的逻辑：基于中国企业实践的系统思考】**

刘友平（浙江理工大学）

中国社会科学出版社 2020 年版

326 千字

该书深入挖掘了先秦诸子的组织管理思想，结合中国企业管理最新实践，进一步拓展了组织目标与计划管理、组织能力与组织结构、组织控制系统等理论，并通过对恒大地产集团、万科集团和万达集团三个典型企业的案例分析，发现——

第一，东西方组织理论发展逻辑差异。西方组织理论的演变逻辑在哲学上从科学主义走向了人本主义。在人性假设方面是由经济人假设到社会人假设，再到复杂人假设，最后到文化人假设。东方思想中，老子重在阐述管理哲学与文化；孔子重在构建领导理论；韩非子旨在发展组织控制学说；孙子则重在提出战略管理思想。

第二，中美企业共同的价值观不同点在于，中国企业往往强调求真务实、仁爱和美、忠诚奉献和敬业拼搏，美国企业价值观重点在于尊重、平等、信任等方面。内部整合维度价值观的差异主要受到国家传统文化的影响，这说明民族文化对企业价值观的影响在内部管理方面有较强体现。

第三，东方管理思想基于社会系统的视角提出管理的总原则，视人本主义为管理的目的，重视社会责任与管理道德。西方管理理论则是从组织系统的视角分析管理变量的具体关系，把人本主义当成管理的手段，强调市场竞争与组织绩效。因此，西方管理学在较短的时期内能取得很好的经济绩效，东方管理智慧不仅重视短期经济绩效，而且从长期看会取得更大的社会效益。（颜康康）

**【企业组织惯性对组织变革的作用机制研究】**

秦　铮（中国科学技术发展战略研究院）

经济管理出版社 2020 年版

251 千字

组织的平稳发展亦离不开组织惯性的作用，那么组织惯性究竟会对组织变革产生什么样的影响，企业怎么样才能成功实施变革并实现持续发展——这就是该书研究的问题之所在。为此，必须揭开组织惯性对组织变革作用机制的秘密，核心研究问题是：企业的组织惯性对组织变革的作用机制是怎样的？它包含以下几个子问题。第一，组织惯性对组织变革的影响是否是两面的？或者说，组织惯性是否具有双重属性？第二，如果组织惯性存在双重属性，那么各自的属性中包含哪些因素？第三，组织惯性如何导致了组织变革或不变革的效果？负面的作用机制是怎样的，正面的机制又是怎样的？

该书主要采用了量化的实证研究方法，通过问卷调查的方式获取数据，然后进行分析，最终得到以下结论。第一，组织惯性具有两重属性，既有僵化性，又有动态性。僵化惯性对组织变革具有负面作用，而动态惯性对组织变革具有正面作用。第二，僵化惯性对组织变革的负面作用遵循僵化惯性—路径依赖—组织变革的作用机制，即僵化惯性导致产生路径依赖，而路径依赖阻碍组织变革。其中僵化惯性包含惰性、刚性、抗性三

个要素，僵化惯性越强，组织变革的可能性越小。（张苏玉）

【理性、均衡与激励：组织行为与决策逻辑】

李军林（中国人民大学）

社会科学文献出版社 2021 年版

316 千字

改革开放以来，我国经济社会所取得的成绩堪称人类经济史上的奇迹。这无疑为我们从事哲学社会科学研究提供了丰沃的土壤，也为进一步繁荣我国哲学社会科学创造了难得的历史机遇。在此背景下，该书从理性观念和理性支持系统的讨论出发，依据博弈论、契约理论和产业组织理论等抽象得出理性、均衡和激励是组织行为与决策的逻辑。这一逻辑为理解改革开放以来中国企业与政府组织的典型行为和重要决策提供了相对统一的分析视角与理论框架。基于此，该书对我国的改革之路进行实践观察、经验总结与理论分析，具体研究了企业的经营决策与激励、政府的宏观调控与监管模式，以及中国经济增长的原因，系统且直观地展现了作者对这些重要问题的洞见。

该书共分为五篇。第一篇以理性观念和理性支持系统为起点，相对系统地阐述了理性人在社会博弈中的行为选择，重点介绍了知识和信念如何结合，以形成并支撑具有说服力和解释力的概念，有助于更好地理解、把握博弈论与经济现实的关系。第二篇对企业组织行为进行分析，聚焦现实中的企业激励机制、需求曲线以及决策方式。第三篇进一步研究了国有企业的效率与激励问题。第四篇对政府组织行为进行分析，具体探究政府如何使用货币政策和财政政策实施宏观调控。第五篇关注政府监管，具体研究了食品安全和系统性金融风险的最优监管模式，以及统计机构的最优管理模式。（丁佳琦）

【科技型中小企业协同创新策略研究】

陈　华（南昌大学）

经济管理出版社 2020 年版

142 千字

该书从科技型中小企业协同创新的视角入手，运用系统动力学反馈分析法、流率基本入树建模法、枝向量行列式反馈环计算法，对“科技型中小企业协同创新”进行反馈作用机理研究，提出促进科技型中小企业协同创新的策略，为科技型中小企业创新发展提供崭新的思路。

研究报告第一章为绪论，提出报告的研究背景、拟研究的问题及意义。第二章揭示认知空间，阐述数据、信息、知识的编码、抽象、扩散规律，以及人的认知、学习和创新的过程和原理；阐述技术知识在企业经济活动中的作用机理。第三章论述高科技企业技术知识管理与生态系统的相关理论，将生态系统与技术知识管理系统进行比较，得出两个系统的相似特征以及对应的相关概念，从而揭示出高科技企业技术知识管理借鉴生态理性和自然生态系统原理的可行性，为研究技术知识管理寻求借鉴工具。第四章借鉴生态学原理，结合实践调研，对高科技企业技术活动管理进行了全面剖析，以达到提高技术创新能力的目的。第五章借鉴生态学原理论述如何构建学习型组织，形成集体认知能力和团队智慧，为提升企业技术创新能力奠定基础条件。高科技企业可通过人力资源管理，信息系统（TKM）建设，构建扁平、灵活、柔性、网络化的组织结构，以及营造良好的企业文化，构建起学习型组织，全面提升高科技企业各项技术活动水平，最终提升企业技术创新能力。第六章解剖案例，对一家高科技企业进行实证分析，验证研究报告提出的基本理论、观点和方法的正确性、可行性和实用性。（张苏玉）

**【大数据视角的品牌微危机管理研究】**

熊文军（武汉轻工大学）

武汉大学出版社 2020 年版

227 千字

大数据时代品牌危机面临内涵重塑与管理流程重构的机遇。该书试图基于大数据的视角，结合品牌危机管理面临的问题，提出品牌微危机新概念，并探究其形成机理与危机因素的类型，建构品牌微危机管理模式。

研究表明：（1）微传播时代品牌所处的媒介环境发生了深刻变化，品牌进入高风险期。品牌的作用正在逐渐减弱，负面信息对其形象和声誉所造成的破坏和影响也进一步被放大。（2）大数据时代的到来为科学研究提供了“数据密集型科研”这一新的范式，同时也为品牌管理理论模型和管理实践效果的评价提供了“数据”这一新的视角和出发点。且大数据的使用使得品牌危机爆发前的微小的危机征兆都可以被搜集到，而且可以实现预测。（3）大数据视角下，微小形态的危机可以重回品牌危机理论研究的视野，并通过运用大数据思维与逻辑重塑品牌危机内涵与重构管理流程，可以实现品牌危机管理价值取向的转变。

理论贡献如下。（1）该书重新审视品牌危机理论研究困境，重视对微小形态危机探讨，同时借助于大数据的挖掘与分析技术，沿着大数据“预测”的核心逻辑重塑品牌危机管理的框架与流程，对品牌危机管理的理论进行了研究。（2）该书创新性地研究了品牌危机管理机制，补充相关研究的缺失。（樊围国）

**【中国应急管理制度创新：国家治理现代化视角】**

高小平（中国行政管理学会） 刘一弘（中国人民大学公共管理学院）

中国人民大学出版社 2020 年版

189 千字

应急管理是国家治理体系的重要组成部分，推进应急管理体系和能力现代化必须充分发挥中国应急管理制度的优势。新时代背景下，如何加强政府应急管理制度建设，建立健全各类预警和应急机制，提高政府应对突发事件和风险的能力成为公共管理学界讨论的重点问题。

该书首先介绍了应急管理制度基本框架。之后系统梳理了新中国成立以来，尤其是 2003 年以来政府应急管理的制度演化，并深入探讨了 2018 年应急管理部成立后应急管理制度创新及其发展趋势，强调中国应急管理体制应处理好整体性治理与专业化管理之间的关系。最后从公众参与、应急协同、应急产业、大数据技术与应急管理等角度对中国应急管理制度创新的特点、机理和走向进行系统而深入的分析和研究。

该书的理论价值如下。（1）突破当前应急管理领域主要从应急管理的主体、对象、流程和技术等方面开展研究的状况，从“制度”的视角切入研究，对政府应急管理制度进行系统性的专门研究，深入挖掘应急管理的政治价值意蕴，深化公共管理视角的应急管理研究，有助于展现制度在时代性话题中的新功能。（2）对应急管理制度进行了系统、全面的专门研究，为构建适应新时代要求的中国特色应急管理制度提供理论实践引导。（谭敏）

**【数字中国：区块链、智能革命与国家治理的未来】**

王　文　刘玉书（中国人民大学重阳金融研究院）

中信出版集团 2020 年版

219 千字

技术革命推动社会变革。当前，数字技术成为技术革命的核心新动能，数感力成为数字中国转型的关键。数字化正在以不可逆的方式实现全方位渗透，数字中国成为未来发展的必然趋势。

该书主要从以下几个方面论述数字中国。（1）从国家治理角度探讨数字中国的崛起。（2）回顾数字中国的发展过程，揭示数字中国迅速崛起并取得成功的关键变量。（3）论述我国数字社会的发展，为未来数字社会发展提出建议。（4）回顾我国 40 年来技术发展的过程，对数字中国崛起过程中的技术问题进行梳理。（5）梳理“数字丝路”相关概念，结合实际对“数字丝路”发展提出建议。（6）回顾区块链发展的事实状况，梳理区块链市场应用的学术研究进展，分析区块链面临的问题并提出建议。（7）从反全球化现象切入，分析我国制造业发展现状，针对我国智能制造方面的问题提出建议。（8）通过回顾我国半导体产业发展历程，对构建“自主创新”数字新功能发展战略提出建议。（9）评估美国未来对我国进行网络战略遏制的可能趋势，并提出相关防范对策。（10）基于新发展动能论述当今世界百年未有之大变局。

该书的主要理论贡献是以整全科学的视角，全景勾勒了数字化如何重构中国的经济社会，解释了数字中国的发展，对数字中国的成功经验进行梳理。为未来中国数字化发展提供引导建议的同时也为全球经济社会治理创新实践提供可参考的发展借鉴。（谭敏）

**【走向社会服务国家：全球视野与中国改革】**

林闽钢（南京大学）

中国社会科学出版社 2020 年版

370 千字

“社会服务国家”的研究具有学术前沿性。构建“社会服务国家”，超越“福利国家”俾斯麦模式和贝弗里奇模式的弊端，是一个世界性难题。中国人民在追求“美好生活”、实现“美好社会”过程中，必须要面对和解决这个难题。

该书基于全球视野，聚焦“社会服务国家”的理论建构，重点回答“中国在新的历史条件下应如何超越福利国家”这一重大现实和理论问题，全文分析主要分为以下三点。（1）分析西方发达国家“社会服务社会化”现象，从发展趋势、改革路径和主要模式，创新性地提出“社会服务国家”。（2）从中国社会服务转型历程和动力出发，提出以社会服务为基础，形成中国特色的社会保障体系，推动中国社会服务国家的建设。（3）该书分别研究中国社会养老服务及其管理、社会医疗服务及其管理、社会救助服务及其管理、流动人口服务及其管理、社区治理和服务等方面的最新进展，分析社会服务的供给侧改革、以需求为导向的社区服务管理所进行的改革探索，最后总结在社会服务管理制度、政策体系等关键领域所进行的改革创新。

该书的创新之处有两方面。一方面，视角新颖。以“社会服务国家”为切入点进行研究，探讨了中国在新的历史条件下应如何超越福利国家这一重大现实问题，充实了社会服务领域研究。另一方面，该书探讨社会服务国家的建设，深入贯彻了党中央精神，也为其他学者在本领域研究提供了良好的借鉴意义。（王乐铮）

**【中国之治：国家治理体系和治理能力现代化十五讲】**

杨开峰等（中国人民大学）

中国人民大学出版社 2020 年版

195 千字

坚持和完善中国特色社会主义制度、推进国家治理体系和治理能力现代化，是开启“中国之治”新境界的钥匙。如何认识中国国家治理的制度刚性、制度韧性与制度包容性的有机统一？如何将党和政府组织及市场组织、社会组织等多元主体有机地整合起来，形成一核多元、协商共治的治理格局？如何将中国国家治理的制度优势转化为治理的高效能？如何在国家治理各领域和各层面的工作中落实以人民为中心的理念？

围绕上述问题，中国人民大学公共管理学院的 15 位学者在《中国之治：国家治理体系和治理能力现代化十五讲》一书中给出了他们的思考和回答。该书的作者学科背景多样，研究旨趣不同，文字风格各异。

该书从公共管理、政治学、经济学等多学科的角度，选取制度建设、行政体制、经济治理、民生保障、社会治理、应急管理、生态文明、治理工具等国家治理的多个重要切面进行剖析，提出了诸多新思想和新理念。（祝泽政）

**【理解中国社区治理：国家、社会与家庭的关联】**

吴晓林（南开大学）

中国社会科学出版社 2020 年版

305 千字

人们所在的社区，是一个国家政治社会关系互构频繁的场域。人们可能并不十分了然国家的运行过程，却可以在日常生活社区触摸国家的脉搏。任何一个国家都会把社区视为稳固政权的根基，进而衍生出不同的社区治理政策。因而，有什么样的国家便会有什么样的社区，进而，有什么样的社区，便会体会怎样的国家。

该书为作者十年深耕田野与夙夜笃思之作，深度讨论了中国社区治理的历史与现实、结构与过程。全书新意频出：（1）鉴往知来，回溯社区治理的历史基因，破除“皇权不下县”的论调，实现古今社区治理的历史连接。（2）纵横中西，破除滕尼斯式的共同体迷思，剖析百年来中西方社区的概念差异，展现中西方社区“中心化治理”与“网络化治理”的实践差异。（3）追根溯源，首度聚焦社区治理之经济结构基础，析出影响社区治理的“三次生产分配关系”。（4）兼得形构，提炼中国“社区复合体”的形态，挖掘“国家、社会与家庭”的关联关系。（5）聚焦转型，破除“国家社会二元对立”框架，提炼“国家创制社会”机制，提出建设“关联社区”的方向。（祝泽政）

**【极化治理的中国经验：从收入极化治理到区域极化治理】**

贺蕊莉（东北财经大学）

中国人民大学出版社 2021 年版

236 千字

改革开放以来我国经济发展取得了巨大成就，但贫富差距的不断扩大和地区发展的不平衡问题仍然存在，已经成为党和政府高度重视和国内外学者高度关注的问题。有学者会从收入极化或区域极化角度进行分析，极化的加剧意味着社会矛盾激化或者社会不稳定，甚至社会动荡或战争。因此，关于收入极化和区域极化问题的研究对于中国建设和谐社会与保持经济平稳发展具有十分重要的意义。

该书分析了改革开放以来我国从收入极化到区域极化的极化过程，可以发现我国的收入极化速度较快，但在经济新常态下，我国区域极化问题比收入极化问题更为严重。形成这种极化过程的最基础性的因素是财政，因此只有深化财政制度改革才能从本质上解决我国的极化问题。创新之处：该书创新性地同时对区域极化和收入极化趋势及其影响因素进行了探讨，并以辽宁为例，对导致区域极化的基本要素——财政进行了实例验证，总结极化治理的中国经验，并提出切实合理的政策建议，为世界上相似国家提供经验借鉴。（樊围国）

**【创新管理】**

［美］乔·蒂德、约翰·贝赞特

中国人民大学出版社 2020 年版

约 200 千字

人类社会发展的历史，就是一部创新的历史。特别是人类经济在近两百多年里产生了奇迹般的巨大飞跃。14 世纪的文艺复兴开启了新思维的解放；15 世纪的大航海拓展了人类文明的疆域；16 世纪启动的科学革命奠定了技术革命的基础；17 世纪初资本市场的出现延伸了社会金融活动的空间；18 世纪开始的工业革命推动了经济的飞速增长。虽然目前的经济学理论和其他学说很难完全解释这个现象，但许多学者从这个历史发展轨迹中发现了一个共同的元素——创新。

当前新一轮科技革命和产业变革蓄势待

发，全球产业结构和竞争格局的深度调整正在孕育，未来可能取得突破的颠覆性创新对人类“技术—经济—社会”范式的变革具有重大意义。因此大到一个国家小到一个企业，如果不掌握核心技术和自主知识产权，不具有创新能力，就把握不了未来发展的主动权。创新是企业生存与发展的不竭源泉和动力。越来越多的企业发现只有足够高的生产效率、质量、灵活性等已不足以保持市场竞争优势，只有通过创新才能获取不同的战略优势。技术生命周期越来越短，以前一项发明需要几十年时间，然而现在互联网进入家庭才用了5年时间，甚至一些电子消费品几个月的时间就进入市场，如果一个企业不能快速创新其市场份额便会快速下降。

该书第一章对创新的核心过程进行了探讨，同时针对不同的组织形式给出了对应的流程变异形式，将组织的行为模式分为四类，从而为创新管理提供了一个理论框架。在第二部分，该书对如何创建利于创新的战略氛围进行了探讨。后续提供了一个框架，指导组织如何识别创新战略的关键要素，首先对“理性主义者”及“渐进主义者”的创新战略进行了简单回顾，在充分分析的基础上肯定了后者。由于创新过程是一个高度复杂、充满不确定性的过程，渐进方式有利于组织进行持续的动态调整。同时，该部分也对波特的创新战略思路进行了分析，并得出结论：虽然波特的创新战略观强调了竞争及环境在创新制定过程中所起的影响，但是他的理论低估了技术变化对创新战略的影响，高估了企业经理的战略选择范围。接着，该书讨论了企业如何分析竞争对手的市场定位，并根据竞争对手的市场定位对自己的定位进行调整，并指出企业收集竞争对手的技术及组织活动情况相对容易，而企业如要对这些活动进行模仿则相对较难，因为模仿过程需要大量的资源投入，企业需要对技术及其他形式的学习过程投入资源。（辛月季）

**【“一带一路”与中国对外贸易发展】**

杜秀红（南京大学）

东南大学出版社 2020 年版

110 千字

2011 年以来，中国经济增长面临较大的下行压力，中国的对外贸易形势不容乐观。降低贸易成本、寻求新兴市场是扩大中国对外贸易规模的必然途径。随着“一带一路”倡议的推进，中国与沿线国家的贸易往来加强，双边贸易成本也会随之下降。基于此背景，该书研究了贸易成本的下降对中国与“一带一路”沿线各国的贸易结构的影响关系。

研究表明：（1）中国已经是当之无愧的贸易大国，但贸易大国并不等同于贸易强国。贸易结构的调整与优化是今后中国需要解决的重要问题，中国与“一带一路”沿线大多数国家的贸易规模偏小，且贸易结构有待优化。（2）随着关税壁垒以及非关税壁垒的减少，中国的对外贸易成本呈快速下降趋势。随着“一带一路”倡议的推进，双边贸易成本仍有进一步下降的空间。（3）中国经济迈入转型升级的关键时期，对外贸易的发展应从以往片面追求规模扩张转为重视结构优化。

其理论贡献如下。（1）先前学者主要关注中国与“一带一路”沿线各国间的贸易关系、贸易格局以及贸易发展前景等方面的分析。该书尝试从贸易成本角度分析“一带一路”倡议的实施对中国贸易结构优化的意义。（2）该书讨论了中国与“一带一路”沿线国家的贸易成本下降与贸易结构优化的关系，补充了相关研究的缺失。（樊围国）

**【比特币的发展及其风险研究】**

李　靖（武汉学院）

重庆大学出版社 2020 年版

242 千字

凭借其独有的匿名性和去中心化特性，比特币超越了任何层面金融监管的藩篱，并迅速崛起。该书拟基于现有研究成果的不足，对比特币的发展和风险问题进行全方位、多视角、多维度的观察、分析和研究。

研究表明：比特币及其采用的区块链技术是一种互联网金融创新，切合了新时代互联网金融自由、开放、共享的特点。区块链技术不仅对数字货币的发展有重要影响，而且还有望应用在金融领域，提高金融服务效率，节省金融业务成本，对当前货币体系和金融服务造成革命性影响，甚至可以应用到医疗、文化等其他行业。

其理论贡献如下：相关研究结论不仅对深化比特币及其实现技术的研究有重要的理论指导意义，而且具有很强的实践和应用价值。它能唤起民众对比特币投资价值和投资风险的理性思考，引导民众树立正确的货币观念并理性投资；对政府强化对比特币发展及其风险问题的认识，采取切实有效的措施，防范比特币影响金融市场的健康发展，维护金融稳定，并进一步制定虚拟货币监管政策具有重要的实践参考价值；对相关人员进一步开展数字货币、区块链技术等网络金融创新研究有着深刻的启发意义。（樊围国）

**【动态环境下人力资源柔性能力的形成及作用机制研究】**

刘翔宇（天津师范大学）

知识产权出版社 2020 年版

200 千字

进入 21 世纪，外部环境的瞬息万变，人力资源柔性配置逐渐盛行，以“非典型雇佣”“组合雇佣”“差异化管理”等为代表的柔性策略风靡并日益显示出多样性特征。

然而，学术界对这一问题的研究仍显不足。其一，多将雇佣关系与人力资源管理两大领域进行割裂性而非整合性研究。其二，缺乏从柔性视角将战略、组织与人力资源管理三者融为一体，难以凸显人力资源管理对于组织变革与战略转型的关键性作用。其三，对揭示“人力资源管理—组织绩效”作用机理的中介变量的选取过于随意，缺少坚实的理论和实践支撑，导致“黑箱误区”（使原本混沌的内在机理更加复杂，无法清晰透视各种“黑箱”的本质特征和传导路径）。

该书以人力资源管理构型或特定人力资源管理模式为切入点，探索人力资源柔性能力的形成及作用机制，揭示企业如何通过结构性、差异化的人力资源实践系统，培育和构建人力资源柔性能力，发挥人力资源管理的多重适配作用，探索组织绩效的提升途径和过程机制。该书运用包括文献研究、扎根研究、案例研究、实证研究等多种质性与量化方法，逐层展开三个板块的研究。研究借鉴“结构—行为—绩效”（SCP）经典范式，归纳出“人力资源管理构型/类型—人力资源柔性能力—多维组织绩效”的分析框架，旨在构建柔性组织视野下的具有中国特色的人力资源战略适配模式，厘清不同人力资源管理模式与柔性能力的复杂联动关系，从而探索和验证差异化人力资源柔性能力的形成及作用机制。（颜康康）

**【企业员工工作场所非伦理行为研究】**

伍如昕（中南大学）

中国社会科学出版社 2020 年版

277 千字

当前全球爆发的一系列商业丑闻，日本神户制钢、神户牛肉等造假丑闻，直接导致了企业伦理危机、公众信任危机和企业生存危机，迫使管理者开始清醒地思考伦理问题，也使工作场所员工非伦理决策与行为逐渐成为组织管理理论界与实务界普遍关注的问题。该书在对当前非伦理决策和行为研究现状和趋势进行梳理的基础上，采用理论和实证研究相结合的方法就企业员工工作场所非伦理决策和行为中的部分关键问题展开研究，以期描绘更加贴近工作场所实际情况的非伦理行为发生和传导的过程，识别影响员工工作场所非伦理行为的关键因素，为工作场所非伦理行为的防治提供依据。

该书的理论贡献如下。首先，揭示了企业员工工作场所非伦理行为的形成过程，剖析了非伦理行为在员工个体间的扩散和传导过程，为解释工作场所非伦理行为的形成和扩散问题提供了统一的理论解释框架。其次，研究将有中国特色的因素如“人治”和“法治”、工作场所关系、工作场所“潜规则”等变量纳入研究范畴，有助于更好地理解中国政治经济转型背景下的工作场所伦理行为问题，同样可以为仍处于争论焦点中的非伦理行为影响因素提供研究证据，具有一定的理论意义。该文从激发伦理动机、培育伦理氛围等方面系统构建的工作场所非伦理行为防治举措，亦可为组织控制或减少员工工作场所非伦理行为、提高组织的伦理道德水平提供理论指导。（颜康康）

**【高质量发展背景下的工匠精神：成效、机制与启示】**

赵　晨（北京邮电大学）

北京邮电大学出版社 2021 年版

254 千字

在社会各界热议工匠精神的背景下，该书首先对现有工匠精神研究进行了系统性的梳理，总结了工匠精神的概念、实质、内涵和边界，尝试回答工匠精神究竟是什么、不是什么、为什么是、为什么不是等关键基础问题。其次，该书通过问卷调查，从个体动机、目标导向、创造力过程、工作投入与调节聚焦五个视角全面剖析了员工的工匠精神对员工双元行为、任务绩效、创新行为、主动性行为与建言行为等多种工作行为的作用成效和影响机制。最后，该书针对实证研究结果得出结论并提出建议，希望借此更加全面深入地理解工匠精神，进而为选择合适的途径来培育工匠精神提供启示。

该书的理论意义如下。第一，系统地梳理与总结工匠精神的已有研究成果，一方面通过横向比较寻找共识、总结分歧，从而使得关于工匠精神的学术对话能够有序进行；另一方面，通过纵向梳理该议题的发展脉络能够厘清关键的研究路线，确定已有的研究成果，进一步深挖工匠精神的本质。第二，从微观视角剖析工匠精神的边界及内涵，提出工匠精神是员工的一种工作价值观，其本身具有较为丰富的理论维度，使得工匠精神这一概念与价值观研究对接，形成了基于实践丰富理论的良性结果。第三，从多个角度利用多个理论建立员工工匠精神对工作结果的解释机制，基于自我决定理论、目标导向理论等经典理论从五个角度全面剖析了工匠精神对员工行为的影响机制，丰富了工匠精神的已有理论成果。第四，建立工匠精神与多种员工工作结果之间的桥梁。第五，利用多个样本检验工匠精神的影响机制的有效性。（丁佳琦）

**【团队成员边界跨越行为前因及其效能机制——基于平台管理视角的研究】**

凌楚定（中国人民大学） 谢小云（浙江大学）

中国人民大学出版社 2021 年版

167 千字

随着海尔、小米和韩都衣舍等行业标杆企业的创新引领，越来越多的企业由传统的科层制组织转化为平台型组织，并采用“大平台 + 小前端”的组织运营模式。该书致力于探讨这类平台组织背景下的团队管理内在机制问题。该书特别关注活跃于平台的基本运作实体—团队及其成员的边界跨越行为。作者希望通过整合当前有关平台管理的宏观背景和团队过程管理的微观研究，为平台组织背景下的团队管理研究和实践提供启发和参考。

该书的特色与创新点主要体现在以下三个方面。第一，从研究视角看，从以往研究割裂地看待团队内部或外部过程转向内外部整合的研究框架。通过一系列研究刻画并检验了平台型组织中团队外部网络特征通过团队边界跨越行为作用于团队内部过程进而影响团队效能的过程，为团队水平理论的内外部整合提供了研究证据支持。第二，从分析水平看，突破了以往研究对团队边界跨越行为仅从单一水平进行分析的局限，基于多水平理论和方法刻画出平台型组织中团队成员边界跨越行为作用于团队效能的微观动力过程。第三，从理论拓展看，与以往简单讨论团队边界跨越行为主效应的研究不同，在有关平台型组织中团队成员个人边界跨越行为的团队效能微观动力过程研究的基础上，进一步挖掘了这一过程发生作用的权变机制。深化了对团队成员边界跨越行为及其效应的理论认识，提升了企业更好地从外部导向活动中获得最大化收益的价值。（丁佳琦）

**【人工智能时代的全球人才流动与治理模式创新】**

胡　雯（上海社会科学院）

上海社会科学院出版社 2020 年版
158 千字

在全球经济科技大环境深刻变化及国际竞争白热化趋势下，以人工智能为代表的新一轮科技革命和产业变革，对“人”的内涵及外延产生深刻影响，使“人才”的边界和特质逐步演进嬗变，与之息息相关的人才政策也面临新一轮的挑战。该书从人工智能时代人才政策研究的四个新挑战出发，系统地探讨了人工智能时代的人才治理与政策转型：新时代人才争夺新格局和人才个体价值的重塑将触发新的人才发展治理理念，并推动人才发展治理体系转型；国际人才流动的新态势对现有海外人才引进策略和措施形成重大挑战，战略转型刻不容缓；创新范式转型对人才创新创业治理模式提出更高要求，海外人才创新创业治理路径多样化发展；人才发展新需求将推进人才培养模式的进化。

该书以人工智能时代的人才发展治理体系构建为起点，重点探索了人工智能技术发展对海外人才引进、海外人才创新创业智力、人才培养模式创新三个方面造成的冲击和应对策略，是对人工智能时代的全球人才流动及其治理模式创新的一种尝试。展望未来仍有许多问题值得研究：第一，人工智能时代的人才评价制度转型；第二，人工智能时代的人才激励机制创新；第三，人工智能时代的人才保障体系建设。（丁佳琦）

**【转型领导力：从技术到管理，从管理到领导，从领导到战略】**

沈小滨（清华大学）
电子工业出版社 2020 年版
208 千字

在 VUCA 时代，竞争加剧，领导者面临转型的迫切需求。该书结合作者几十年对企业现状的了解与经验，面向企业中高级领导者，紧跟时代要求，介绍变革时代领导者面临的新挑战，通过自我转型、管理转型、战略转型实现三个层次的突破与飞跃。具体而言，企业管理者转型需要跨越三个阶段：一是从技术到管理，二是从管理到领导，三是从领导到战略。该书的核心内容围绕这三个方面帮助企业各级管理者一步一个台阶做好自我转型，从而推动企业的转型。领导力的最高境界是要成为一名战略型领导者，带领团队去一个从来没有去过的地方，激励团队去做从来没有做过的事情。领导者的战略思维和高度，决定了企业和团队的高度。领导者的四大战略思维为领导者提升战略领导力开启了一扇窗。

该书的理论意义在于：一是在管理方面，帮助大家对管理体系有一个快速和系统的认识，让一名技术专家得以转型成为一名团队管理者；二是在领导力方面，让大家更好地了解管理与领导的区别，从管理走向领导，转型为一名团队的领导者、变革的推动者和创新的进取者。（丁佳琦）

**【农民合作与乡村振兴】**

赵晓峰（西北农林科技大学）
社会科学文献出版社 2021 年版
280 千字

新中国成立以来，党和政府为降低直接

与数以亿计分散小农户打交道的成本，始终致力于推动农民组织化，试图变直接为间接，寻找有效的组织载体来治理交易成本。整体来看，70年来，国家在将农民组织起来和让农民合作起来之间摇摆，未能明确一条清晰的农民组织化实现路径。该书试图通过梳理新中国成立以来农民组织化的基本逻辑，厘清组织农民和农民合作的本质差异，探讨农民组织化的发展趋势，为乡村组织振兴寻找实现路径，从而有序推进国家乡村振兴战略的实施。

当前中国农村制度变革的路径存在着两种不同的制度设计理念：一是在“市场与农民”关系的框架下展开，二是在“国家与农民”关系的框架下展开。但以上两种理念都有一定的片面性，当前的农村制度变革必须适应农村经济社会形势发展的需要，走出合作化与组织化的悖论，摆脱“市场与农民”和“国家与农民”两个二元对立的分析框架的束缚，重新审视合作化与组织化所赖以存在的经验基础，构建“国家、市场与农民”三元统一的分析框架，从而更加理性地建构农村制度变革“顶层设计”的新方案。

该书认为，在乡村不断去主体化和农民去组织化的发展背景下，合作社因其组织化能力和资源集聚等优势可以成为乡村振兴战略实施中的重要组织载体，促进乡村发展的人才振兴、组织振兴、产业振兴、生态振兴以及文化振兴，推动农业农村现代化发展和乡村振兴的全面实现；同时，党和政府对于乡村振兴战略的高度重视，坚持农业农村优先发展地位的观念转变，为乡村输送了人才和资金，有利于促进城乡要素流动，盘活乡村资源，提高农户收入，对于农民合作社发展而言意义重大。

乡村振兴，治理有效是基础。让农民合作起来，需要推动农村社会组织健康发展，推动各地因地制宜发展老年人协会、社区建设理事会和红白理事会等社区社会组织，将不同类型的农村社会组织纳入乡村治理的组织体系。同时，需要将重心放到促进农民合作社可持续发展上来，一方面有序引导土地入股和农地托管等新型农业经营主体创新发展，逐步推进农地集中，发展适度规模经营，提高农地规模化经营水平，另一方面引导合作社进入产前和产后环节，充分发挥合作社的社会化服务能力，助力服务规模化水平的快速提升。（胡安）

**【中国乡村振兴之路——理论、制度与政策】**

刘守英　程国强等（中国人民大学）

科学出版社 2021 年版

398 千字

该书在构建一个分析乡村振兴的理论框架的基础上，对乡村产业兴旺、生态宜居、智慧治理、农民增收、生产要素流动、城乡融合、农业支持保护和巩固脱贫攻坚成果所面临的深层次约束和问题，基于学理和实地调研的研究，提出了实现乡村振兴的实施路径、体制保障和政策措施，对实施乡村振兴战略的决策制定、政策实施和政府工作具有重大指导意义。

该书提出了一个分析乡村振兴的理论，

旨在表明中国在城市化水平达到60%基础上乡村振兴的基本格局，明确提出城乡中国是我们理解、分析和解决中国乡村现代化的基本结构形态，农民的代际革命及他们与土地和村庄的黏度变化是乡村转型的根本维度，违背这一规律将加重乡村问题。

在乡村振兴的支撑框架里，食品安全和生态安全在乡村振兴作为国家战略实施中的支撑作用，只有守住了这两个安全，乡村振兴才有实现的前提。为此，国家相关农业和乡村支持保护政策的实施不仅是为了农民和农村的发展，更是为了国家现代化战略的实施。基于此，该书的主要观点如下。（1）产业兴旺是乡村振兴的根本，农业产业的低回报、产业单一和低复杂度是中国与发达经济体乡村产业产生差距的根本原因，必须革新农业理念，推进农业要素组合与升级，实现农业和乡村产业革命。（2）生态宜居是乡村振兴的基本形态，乡村振兴中的乡村与自然是紧密的孪生体，村庄既是农民关系的载体，也是与生态环境互动的主体，乡村规划与形态必须以生态韧性为导引，实现人、村庄与自然的有机和谐。（3）农民收入可持续增长与缩小和其他群体差距是乡村振兴的标志，农民非农收入的增长难度加大及财产性收入低是影响农民收入增长的主要制约因素，只有真正实现农民的市民化才能使整体农民群体和继续从事乡村产业的农民实现收入水平的提高。（4）乡村治理是乡村振兴的内在规则保障，乡村的正式规则和非正式规则都在发生历史性变化，智慧治理嵌入乡村社会是提升乡村治理效能的重要途径。全面脱贫后农民收入的可持续增加依然是乡村振兴阶段的重要问题，正确理解乡村产业的基本特性，发展提高在地农民劳动利用率的可持续乡村产业是增加农民收入的可行方式。（5）城乡融合是城乡中国格局下乡村振兴的基本路径，乡村振兴的重要空间在城市与乡村的融合和延伸带上，只要打破城乡二元制度阻隔，实现要素、公共服务、基本权利的城乡平等，就能实现城乡融合与乡村振兴。（胡安）

**【“韧性乡村”认知框架和营建策略——基于小农现代转型背景】**

徐丹华（浙江大学）

东南大学出版社 2021 年版

278 千字

在乡村振兴战略下，由于“大国小农”的长期现实，乡村营建出现了小农现代化转型的新需求，面临着“社会、经济、环境”协同不足的新困境。在此背景下，该书基于韧性角度，构建了适合应对变化能力较为脆弱、小农问题最为严重的农业型乡村的“韧性乡村”认知框架，在此基础上，提出建设“韧性乡村”的方法和途径。

研究表明：（1）乡村建设仍存在小农产业单元未融合、村民主体与小农组织化未整合和不确定风险应对的未满足的问题。（2）“韧性乡村”是一种综合性发展模式，是基于主题适应性，用于应对不确定风险的模式。（3）为了营建“韧性乡村”，需要从主体层面构建以赋权转型小农为主题的乡建共同体，从产业层面实现多元复合产业链的深化与延长，在空间层面提升环境—经济—社会韧性水平。

该书创新之处主要体现在以下三个方面。（1）视角较为新颖。创新性地从韧性角度出发，重新阐述对乡村营建的认知，并将研究范围拓展到社会—经济—环境领域。（2）构建了“韧性乡村”的认知框架，对韧性作用的研究内容进行了补充。（3）提出“韧性乡村”的营建策略，为应对变化能力较为脆弱、小农问题最为严重的农业型乡村提供实践上的指导。（樊围国）

**【智能财务报表分析：应用技巧与案例解析】**

张金昌　张　英　董　娜（中国社会科学院工业经济研究所）

机械工业出版社 2021 年版

255 千字

目前，财务智能化趋势正在加速推进，但更多还限于概念层面，该书在简要介绍财务智能化技术的基础上，着重以一款智能财务分析软件为例，详解智能财务分析报表的操作步骤，是一本兼具实用性与操作性的高等财务会计学教材。该书是智能财务分析师的辅导教材，在对智能财务分析原理和财务分析智能化技术进行介绍的基础上，着重阐述利用智能财务分析软件对企业的资产负债状况、盈利能力、现金流状况、营运能力与经营杠杆、发展能力、偿债能力等进行分析的操作方法，并辅以丰富翔实的案例，注重实际操作能力的培养。

该书结构严谨，脉络清晰。首先介绍了智能财务分析的基础知识和相关智能分析技术，再分别详细介绍了 7 方面财务分析的指标体系及软件操作方法。该书配有大量案例，引导读者在具体场景中完成智能财务分析，便于理解，实用性强。该书适合企业财务工作者、金融投资者及高等院校师生阅读，特别适合财务实务工作者和高职院校师生阅读。（胡文龙）

**【智能财务分析方法：准确计算法和因素穷尽法】**

张金昌（中国社会科学院工业经济研究所）

中国社会科学出版社 2020 年版

200 千字

让计算机软件代替人进行财务报表分析，撰写图文并茂的分析报告，实现财务分析的智能化，确实是一件非常困难的事情。困难在于不同的人对同一企业的数据进行分析会得出不同的结论。出现这种情况的原因是在进行财务报表分析时缺乏一种大家公认的、可以得出相对正确结论的方法。该书就是长期努力寻找这种方法的成果。这种方法总结起来主要包括准确计算法和因素穷尽法两大类。有了这两类方法，就可以将其固化到计算机软件之中，让计算机软件来代替人进行分析判断，得出分析结论。使用这种方法如果得出了错误的结论，则可以根据错误事实修改结论，使其与实际相符。这样做也就保证了分析方法的持续改进和完善，使分析结论日益准确。（胡文龙）

**【美国资产评估准则（工商管理经典译丛·会计与财务系列）】**

美国评估促进会评估准则委员会（美国评估促进会）

中国人民大学出版社 2020 年版

502 千字

《美国资产评估准则》（USPAP）是一部享誉国际的专业性准则，在美国评估业和国际评估界有重要的影响力。此次再版不仅全文更新翻译了集中反映美国评估理论和实务精华的 USPAP、USPAP 咨询意见、常见问题等，还更新了关于美国评估行业的翔实介绍，并首次收录了反映美国近年来以财务报告为目的评估领域最新成果的专业文件。

基于对中美评估行业、理论和准则的长期研究以及中美评估深度比较，译者在翻译过程中添加的大量注释和补充资料成为该书的重要特色，使该书不是简单的翻译，而是对中美评估实务与准则比较、USPAP 对中国评估准则的影响等进行的深入释评，其中对一些重要概念所做的系统剖析对当前中国评估业具有特别重要的理论和研究价值。

该书是评估执业人员了解国际惯例的有益指南，是评估研究学者、监管部门全面深入了解美国评估行业的重要途径，也是金融监管部门、金融机构及相关研究和从业人员全面了解美国金融评估管理体制以及金融危机与评估关系的重要窗口。（胡文龙）

**【超越财务报告内部控制：中国经验】**

杨道广（对外经济贸易大学）

中国人民大学出版社 2021 年版

214 千字

该书在梳理与比较中美两国企业内部控制目标导向的历史演进过程、理论探讨不同目标导向下企业风险态度及行为差异的基础上，提出与内部控制的“财务报告导向”和“经营管理导向”相对应的两大假说——“矫枉过正假说”与“合理管控假说”；然后，分别以公司现金政策、兼并与收购、税收规避为切入点，实证检验内部控制在企业融资、投资以及利润分配三大财务活动中所发挥的作用，结果均支持“合理管控假说”。最后，以企业多元化战略为例，检验之所以得到这一与美国相反的结论是因为 SOX 后中美两国企业内部控制目标导向的差异——美国是以合理保证财务报告可靠性为核心的“财务报告导向”，而相比之下中国更偏向于以最终促进企业实现发展战略的“经营管理导向”。（胡文龙）

**【管理会计教学案例与分析（中国管理案例库）】**

周　宁　韩小汀　邹　艳（北京航空航天大学）

中国人民大学出版社 2021 年版

249 千字

随着中国经济的不断发展，企业变革的不断深化，管理会计作为企业创造价值的有效工具，其应用越来越受到企业和管理教育的重视。与财务会计主要是向利益相关者报告财务信息不同，管理会计主要是帮助企业管理者作出正确的经济决策。因此，在管理会计人才培养中，采用中国本土企业高质量的管理会计案例就显得十分必要和重要。

该书收录了 9 篇管理会计领域相关的案例，所有案例均是作者团队在对案例企业进行实地采访调研的基础上，结合管理会计理论与方法撰写的原创案例。案例内容涉及战略绩效考核与管理、项目进度与成本整合管理、战略性企业社会责任、产品成本核算方法、阿米巴经营模式等管理会计领域的核心内容。多个案例已在课堂上反复使用，广受学生好评，取得了良好的教学效果。作者团队基于课堂反馈，不断更新完善了案例内容。该书适用于工商管理硕士（MBA）、会计专业硕士（MPAcc）、工程管理专业硕士（MEM）、经济管理类本科生等课程的案例教学，也可用于企业中高层管理人员的培训。（胡文龙）

**【中国旅游业发展研究】**

郭旭红（华中科技大学）

华中科技大学出版社 2020 年版

260 千字

新中国成立后 60 余年的经济发展存有严重的痼疾，特别是受国内外环境变化促动，传统发展方式酿成的积弊日益凸显。加之受“三期叠加”等因素影响，进一步昭示了中国旅游业发展的紧迫性。回顾新中国成立以来旅游业发展的历史，反思旅游业发展中存在的主要矛盾和问题，总结其中的经验教训，为中国经济未来向好发展提供借鉴，这是时代交给经济学与历史学界的重任。

该书从五个方面对新中国成立以来旅游业发展展开研究：新中国 60 多年旅游业发展具有明显的阶段性特征，旅游业对中国和世界经济增长作出了重大贡献，但目前提质增效成为旅游业创新发展亟待解决的问题。改革开放以来，经济体制改革、全球化红利、人力资本以及消费结构是中国旅游业快速发展的主要驱动因素。运用修正后的 DEA 模型对旅游业效率进行实证研究，从稳定性和协调性两个方面评价旅游业效率结果，并提出旅游业未来发展的建议。从未来动态比较优势培育看，旅游业是产业结构转型升级的必然选择。新常态下，解决新的阶段性矛盾、促进经济发展方式的转变、推进跨越“中等收入陷阱”是新常态下提升旅游业竞争力的主要驱动因素，并从“钻石模型”六个要素研究旅游业竞争力的优劣势。（胡文龙）

# 学界动态

**【“疫情冲击下的企业管理创新”研讨会暨中国企业管理研究会2020年会长理事长会议】**

2020年8月22日，由中国企业管理研究会和江西财经大学联合主办、江西财经大学工商管理学院承办的“疫情冲击下的企业管理创新”研讨会暨中国企业管理研究会2020年会长理事长会议在南昌举行。中国企业管理研究会会长黄速建，中国社会科学院经济研究所所长、中国企业管理研究会理事长黄群慧和江西财经大学校长卢福财、原副校长吴照云出席了会议。来自全国各高校、研究机构、企业、杂志社等60余家单位的代表参加了会议。大会开幕式由黄群慧主持。

黄速建代表中国企业管理研究会对江西财经大学工商管理学院为此次会议做出的精心安排表示感谢。他说，在今年的疫情影响下，能够召开此次大规模的学术会议实属不易，这是抗疫斗争取得成效的标志，既体现了广大医护工作者的巨大贡献，也体现了管理的力量。希望大家群策群力应对重大突发公共事件，为管理学界提供理论指导。

卢福财代表学校致欢迎辞。他简要介绍了江西财经大学的办学历史、校训精神和育人理念，强调了工商管理学科在学校发展战略中的重要地位，高度肯定了工商管理学院近年来在学科发展、国际认证等方面取得的成效。同时，他感谢研究会以及各位专家学者长期以来对学校的支持与帮助，期待能够继续与大家一道为推进企业管理的创新发展献计献策。

会议分两个环节进行。在第一环节中，黄群慧研究员、江西财经大学工商管理学院院长胡海波教授、中国公司治理研究院院长李维安教授围绕“疫情冲击下的企业管理创业”主题，分别作了题为“百年未有之大变局下的经济新发展格局”“疫情冲击下的企业管理创新——拥抱平台型企业”“完善我国应急治理体系的有关问题”的报告。

第二环节是中国企业管理研究会2020年工作会议。黄群慧汇报了2019年研究会主要工作及2020年的工作计划。各专业委员会代表范徵、张金昌、彭正银、李常升、杜运周和王晓光分别作了工作汇报。与会专家们就2020年年会举办的地点、时间、主题及其他事项进行了热烈讨论。

此次大会为国内外受疫情影响下的企业管理创新提供了一个智慧碰撞的重要平台，对促进新经济形势下的“大循环为主，双循环相促进”产业升级发展、探索企业管理数字化、平台化新模式以及完善应急治理体系具有重要积极意义。（江西财经大学，摘自http：//news.jxufe.edu.cn/news-show-100438.html）

**【中国工商管理研究年度高端论坛（2020）】**

2020年10月24—25日，由中国社会科学院《经济管理》杂志社主办、河南财经政法大学工商管理一级学科承办的“中国工商管理研究年度高端论坛（2020）”在河南财经政法大学郑东校区隆重举行。此届论坛的主题为“瞻望‘十四五’：高质量发展背景下中国工商管理研究持续创新”。校长高新才教授、校党委副书记郭改英教授、副校长薛玉莲教授出席活动。江苏理工学院副校长谢忠秋教授、信阳师范学院副校长郑云教授、河南农业大学原副书记王文亮教授、中国社会科学院科研局学术期刊与年鉴处处长刘普、《经济管理》杂志社社长周文斌研究员，以及来自中国社会科学院、北京大学、南开大学等全国各地80多所高校和科研院所的120多位商学院院长、专家学者受邀参加活动，河南财经政法大学工商管理学院、会计学院、电子商务与物流管理学院、旅游与会展学院的部分师生300余人通过线下或线上参加了论坛。

大会开幕式由郭改英主持。高新才表示，面对更加复杂的发展环境、艰巨的风险挑战，中国工商企业和工商管理应该如何应对？亟待专家学者认真思考、潜心研究，提出一系列理论观点和前沿看法。中国社会科学院工业经济研究所所长、《经济管理》主编史丹研究员代表主办方致辞，对为保障此次论坛顺利召开付出辛勤努力的河南财经政法大学及工商管理一级学科领导和师生表示衷心的感谢！她表示，“中国工商管理研究年度高端论坛”致力于探索中国工商管理研究的规律和路径，促进国内工商管理学术界的互动与合作，稳健、踏实、持续提升国内工商管理一级学科研究水平。

会议分主题演讲和分论坛两部分。在主题演讲环节，中国社会科学院金碚教授、北京大学张国有教授、广州大学魏明海教授、北京大学武常岐教授、首都经济贸易大学王永贵教授、南开大学张玉利教授、东北财经大学汪旭晖教授、山东财经大学綦好东教授、北京师范大学魏成龙教授、吉林大学李政教授、河南大学王性玉教授、河南财经政法大学牛全保教授等10多位专家学者依次作了大会主题发言。分论坛分为战略与组织管理、会计与公司财务、市场营销与电子商务、旅游与疫情下区域高质量发展、工商管理教育院长论坛五个专题展开研讨，与会代表围绕各自论坛主题展开了热烈的讨论，点评专家也给出了精彩点评。周文斌进行了论坛总结。（河南财经政法大学，摘自 http://news.huel.edu.cn/info/1075/34774.htm）

**【中国企业管理案例与质性研究论坛（2020）】**

2020年11月6—8日，中国企业管理案例与质性研究论坛（2020）在新冠肺炎疫情防控期间按时在线上隆重召开。此届论坛以“数智时代的企业转型与组织重构”为主题，涵盖五场主题报告、四场工作坊、九场分论坛、六场圆桌讨论等多种形式。线上的形式一方面响应了国家疫情防控的要求，另一方面也打破了学术交流时间和空间的限制，吸引了海内外160余所院校的800多名专家学者参加，创参会人数新高。论坛充分发挥线上的优势，主题报告全部邀请境外资深质性研究专家，嘉宾阵容空前强大，包括斯坦福大学的 Kathleen M. Eisenhardt 教授、波士顿学院的 Michael G. Pratt 教授、欧洲工商管理学院（INSEAD）的 Quy Nguyen Huy 教授、伊利诺伊大学香槟分校吉斯商学院的 Melissa Emily Graebner 教授和香港科技大学的 Sam Garg 教授等。

此届论坛共收到来自海内外105所院校和企业的176篇稿件，全部都是研究型案例。投稿总量比去年略少，意味着疫情并未浇灭广大案例和质性研究学者的学习和交流热情。通过初评的稿件分别送191位相关领域专家进行“双向匿名评审”，每篇论文邀请至少4位评审专家，至少回收两篇有效评审意见。最终收录论文集105篇，总录取率为59.7%。其中分论坛报告30篇，录取率为17.0%。

除了Pratt教授的主题报告，其他几位嘉宾也做了精彩的分享。再次出席案例论坛的Eisenhardt教授围绕什么是“Eisenhardt Method”，从研究问题、研究设计、数据收集、数据分析、写作5个方面，对她创立的多案例研究方法论再次进行了详细的介绍，为使用这一研究方法提供了具体的指导和建议。

来自欧洲工商管理学院（INSEAD）的Huy教授介绍了自己在顶级期刊发表质性研究论文的经验。他认为“质性研究很难在高水平期刊上发表”的观点存在争议，因为这些期刊更加强调理论贡献，而质性研究在做出理论贡献方面不存在劣势。

另外两位主题报告嘉宾都是Eisenhardt教授的前学生，他们以自己使用Eisenhardt方法写作的论文为例展示了如何正确地使用这一方法做多案例研究。来自伊利诺伊大学香槟分校吉斯商学院的Graebner教授分享了自己的一篇论文从萌芽到发表的全过程（Graebner，2009），这篇论文还获得了2009年AMJ的最佳论文奖，她毫无保留地分享了应对审稿人评审意见的全过程，为读者提供了回复审稿人质疑的宝贵经验。针对用相同案例的数据发表多篇论文的方式是否会降低论文的可信任性，受到审稿人和读者的质疑？Graebner教授指出，“不必把所有有趣的东西放在同一篇研究中”，而应该对整体数据集进行切分，形成不同的数据子集，从而根据不同的研究视角形成多篇论文。这些论文源自同一个大的数据集，但是具体用到的数据子集会因为关注点不同而有所不同。通过这种方式既提升了论文的产出速度，同时也在一定程度上解决了审稿人和读者的质疑。另一位主讲嘉宾是来自香港科技大学的Sam Garg教授，他以自己的一篇工作论文为例，具体展示了使用Eisenhardt方法进行多案例研究的方法步骤，展示了多案例研究如何通过案例内分析和跨案例分析来识别关键构念、构建坚实的理论，并且通过范文的展示在各个环节介绍了如何规范地使用Eisenhardt方法。（周小豪、朱晓林，中国人民大学商学院，摘自《管理世界》2021年第3期）

**【“管理学在中国”2020年会（第十三届）】**

2020年伊始，一场突如其来的新冠肺炎疫情给社会各界带来了强烈冲击，充满不确定性的危机情境给管理实践也带来了诸多挑战。但“危”中有“机”，存在创新与创变的机会。当下的特殊情境正是组织应对危机和挑战、大胆创新和部署战略变革的难得机遇，亟待学者与实践者集合管理智慧，共同探索管理理论创新。在此背景下，由教育部科技委员会管理科学部、中国管理现代化研究会组织与战略管理专业委员会、西安交通大学中国管理问题研究中心、东北财经大学工商管理学院主办，东北财经大学工商管理学院承办，《管理学报》杂志社协办的“管理学在中国”2020年会（第十三届）围绕“危机管理与中国智慧”这一主题，基于当下中国管理实践所处的特殊情境，对相关热点和难点问题进行深入讨论与探究。

此次会议征集到众多学术佳作，以下主要从理论创新与本土管理、组织行为与领导研究、战略分析与企业决策、公共管理与政策分析4个方面对具有代表性的研究观点进行简述。

中国社会科学院王国成对数智时代的计算管理科学研究进行了探讨。他指出，计算科学与管理科学的多学科大跨度、多维度大纵深的交叉融合，引领管理学研究跃升到新的认知高度，有助于从理论上深入探讨揭示个体与群体行为关系和复杂情境下理解决策的行为机理。在管理实践中，则能为效率管理、风险管理、创新管理和新的时代背景下的商业智能、数字化转型、命运共同体和治理现代化等问题提供新的助力。大连理工大学潘安成等探索了“尊卑有序”与组织战略化之间的关系。该研究发现，在情理文化背景下，以内在价值观为主导的组织中，资历不同的成员之间以关系维持为本，这是组织成员根据自身感受在层累性记忆的基础上形成的内在习惯和处世智慧。尊卑有序是员工基于层级性组织结构自然而然形成的人情交往准则，能够保证新想法的产生和个人资源的继承，从而使企业持续且健康发展。

江西财经大学李敏等探究了同事人情关系和制度有效性对员工工作质量的影响。该研究发现，同事人情关系中的情感关系、资源关系、施报规范关系对企业内部员工的工作享受质量和工作产出质量有显著正向影响，员工感知到的制度有效性水平则在其中具有正向调节作用。领导研究是组织行为研究领域的重要议题之一。西南财经大学张宁俊等就领导排斥对员工越轨创新行为的影响路径进行了探究。该研究通过梳理包括个人、领导、组织层面的诱因，论证提出领导排斥影响员工越轨创新行为存在积极路径和消极路径，探索和展示了领导排斥这种负向行为所带来的积极效果。

东北财经大学查逸凡等解析了跨界搜寻行为对新创企业创新绩效的内在影响机制，发现跨界搜寻广度和深度对新创企业创新绩效具有显著正向影响，在这其中资源拼凑具有部分中介作用，而学习导向正向调节了跨界搜寻广度和深度对资源拼凑的关系，并正向调节了资源拼凑的中介作用。新冠肺炎疫情的暴发对商业模式发展带来了新的机遇与挑战。兰州大学李志远等通过基于服务生态系统视角的双案例研究，对新冠肺炎疫情冲击下社群电商如何实现价值共创的问题进行了探索。首先，该研究辨析了新冠肺炎疫情冲击下社群电商的内涵；其次，基于服务生态视角，探索研究了区域性新零售企业“红旗连锁”与全国性新零售企业“永辉超市”的管理实践，发现社群电商价值共创是一个各利益主体在多重保障的基础上，通过动态的价值共创，创造经济性价值与社会性价值，并满足主体的自我实现需求的过程。

湘潭大学罗伊平等以新冠肺炎疫情防治

为例，对“急时行政”背景下政府与公民合作关系的重塑过程进行了研究，分析了该背景下政府与公民合作关系的内涵和价值向度。该研究提出，未来重塑政府与公民合作关系的方略主要在于强化信息沟通共享，增进政民交流互信；推动社会组织发展，构筑政社合作格局；培育公民公共精神，提升责任担当意识；健全政民合作机制，确保合作行为规范稳定；多元共治网络舆情，增强政府舆情引导力。上海大学白冰峰就数字化创新对中国零售供应链协同带来的影响进行了阐述，并从实践和学术角度回答了供应链管理中的重要问题：如何消除零售供应链协同的障碍，数字化创新如何驱动零售供应链协同的迭代和升级。该研究指出，零售供应链协同存在传统线性逻辑向数字化成长的思维转变、分段串联和流程割裂的供应链信息状态、客户主导型供应网络的转型等挑战，数字化创新能力则能发挥需求预测、智慧决策、流程再造等作用。（孙悦、王磊，西安交通大学管理学院，摘自《管理学报》2021 年第 4 期）

**【“百年未有之大变局下的企业管理创新”学术研讨会暨中国企业管理研究会 2020 年年会】**

2020 年 11 月 14 日，“百年未有之大变局下的企业管理创新”学术研讨会暨中国企业管理研究会 2020 年年会在青岛大学召开。此次会议是由中国企业管理研究会、蒋一苇企业改革与发展学术基金、青岛大学主办，青岛大学商学院承办，得到了《经济研究》《管理世界》《中国工业经济》《经济学动态》《南开管理评论》《经济管理》《外国经济与管理》等期刊的大力支持。来自全国各高校、研究机构、企业、出版媒体等 71 家单位的 130 余位与会代表以及青岛大学的近 70 名师生参加了会议。

大会开幕式由东北财经大学高良谋教授主持。中国社会科学院工业经济研究所副所长张其仔研究员致辞。他向与会学者介绍了中国社会科学院工业经济研究所的学科特色、学术团体以及期刊建设情况，并希望与会专家利用此次学术研讨会对新变局下的企业管理创新进行深入地研讨。中国企业研究会会长、中国社会科学院工业经济研究所黄速建研究员致辞。他阐释了在 2020 年召开“百年未有之大变局下的企业管理创新”学术研讨会的现实意义和理论意义，并希望与会专家科学认识大变局和紧紧把握新变局，做高质量的管理研究，并借助此次研讨会深入研讨新变局背景下的中国企业管理创新，为新时代中国企业管理学创新发展作出自己的贡献！

会议分主题报告、期刊论坛和平行分论坛三大部分。在主题报告部分，中国社会科学院经济研究所黄群慧研究员、山东大学武常岐教授、北京工业大学黄鲁成教授、南开大学李维安教授、山东大学徐向艺教授、山西财经大学杨俊青教授、西安理工大学党兴华教授、南京理工大学周小虎教授、青岛大学钟永光教授等 9 位学者依次作了大会主题报告。

中国社会科学院工业经济研究所经济管理出版社总编辑杨世伟研究员主持了期刊论

坛环节。《经济研究》编辑部主任金成武研究员,《南开管理评论》编辑部主任程新生教授,《经济管理》副主编、编辑部主任刘建丽研究员和《中国工业经济》编辑部编辑李鹏博士等就论文选题、撰写以及编辑流程等分别进行了报告，并对作者撰写论文和投稿过程中困惑的问题进行了解答和讲解。

分论坛分别围绕“百年未有之大变局下中国企业高质量发展”“百年未有之大变局下中国管理学理论创新”“百年未有之大变局下中国创新创业研究”三个议题展开研讨，分别由北京中美经济投资公司乐宜仁先生、江西财经大学胡海波教授和西北政法大学张荣刚教授主持。论文作者分别对论文进行了汇报，点评人进行了精彩的点评，与会代表也积极参与了讨论。

闭幕式由青岛大学王庆金教授主持。此次年会共收到会议论文 47 篇，经过专家评审，甄选出 9 篇论文作为中国企业管理研究会 2020 年度优秀论文。其中，2 篇论文荣获优秀论文二等奖，7 篇论文荣获优秀论文三等奖。湖南省社会科学院朱有志教授、中央民族大学李曦辉教授和中国社会科学院工业经济研究所沈志渔研究员分别为论文获奖者颁奖。最后，青岛大学张宁教授作大会总结发言。（青岛大学，摘自 http://ibc.qdu.edu.cn/info/1250/2580.htm）

**【第十届企业跨国经营国际研讨会】**

2020 年 11 月 21—22 日，由南京大学商学院名誉院长赵曙明教授组织召开的第十届企业跨国经营国际研讨会在南京大学商学院和线上隆重召开，会议主题为“企业跨国经营管理——全球投资、新技术与创新人力资源管理实践”。

此次研讨会旨在为跨国企业的学者、企业家和首席执行官提供一个论坛，讨论企业如何创建新的业务模式、在全球范围内探索更多的商机以及重塑人力资源管理与新技术进步之间的关系。近 150 名与会者于南京大学商学院报告厅、来自近 20 个国家和地区的超过 20000 名与会者通过线上参加了此次研讨会。

此次研讨会由南京大学商学院主办，美国美利坚大学科戈德商学院、美国克莱蒙特研究生大学彼得·德鲁克管理学院、美国康奈尔大学约翰逊管理研究生院、德国哥廷根大学经济科学学院、荷兰马斯特里赫特管理学院、美国密苏里大学圣路易斯分校全球与工商管理学院、澳大利亚悉尼大学商学院、韩国又松大学协办，大全集团有限公司、江苏环太集团有限公司、金雨茂物投资管理股份有限公司、江苏联发纺织股份有限公司、江苏洋河酒厂股份有限责任公司、南京富岛信息工程有限公司、上海崇山投资有限公司、江苏秀圆果信息科技有限公司、江苏天有家居用品科技有限公司、南京思谋管理顾问有限责任公司、机械工业出版社华章公司、江苏省广播电视总台、《改革》杂志社、新浪江苏微博、《扬子晚报》、南京大学出版社等支持，并由中国国家自然科学基金会管理学部资助。

11 月 21 日，会议的开幕式由南京大学商学院党委书记、教授刘洪博士主持，南京大学商学院名誉院长、研讨会主席赵曙明博士作会议筹备报告，南京大学校长、中科院院士吕建教授致欢迎词。德国哥廷根大学经济科学学院院长马蒂亚斯·舒曼博士、荷兰马斯特里赫特管理学院院长明哈德·甘斯、澳大利亚悉尼大学商学院院长格雷格·惠特威尔博士、联合国贸发组织投资和企业司司长詹晓宁博士等高校及组织代表于线上致辞。

刘洪教授主持开幕式，对此次大会的与会嘉宾进行了逐一介绍。赵曙明教授从此次会议举办的目的、内容和展望三个角度出发作会议筹备报告。此次会议旨在为国内外各位学者和企业提供一个互相交流学习的平台，尤其是在现今新技术不断涌现的大环境下，探索出新的企业发展和变革模式是当务之急。此次会议有 23 位杰出学者被邀请在分论坛中汇报自己的研究成果和贡献，围绕会议主题展开讨论。最后，赵曙明教授对主、协办此次会议的机构如南京大学、美国美利坚大学科戈德商学院等众多高校，资助机构中国国家自然科学基金会管理学部，以及积极参与筹办此次会议的会务人员表达了真挚的感谢。会议邀请德国哥廷根大学经济科学学院院长马蒂亚斯·舒曼博士、荷兰马斯特里赫特管理学院院长明哈德·甘斯、澳大利亚悉尼大学商学院院长格雷格·惠特威尔博士、联合国贸发组织投资和企业司司长詹晓宁博士分别致辞。诺贝尔经济学奖得主、纽约大学教授迈克尔·斯宾塞博士，德国菲尼克斯电气集团首席执行官弗兰克·斯敦伯格先生，第十届国际会议主席、南京大学人文社会科学资深教授、行知书院院长、商学院名誉院长赵曙明博士分别作了主题报告。

11 月 22 日，会议开幕式由南京大学商学院党委书记、教授刘洪博士主持，南京大学商学院名誉院长、研讨会主席赵曙明博士作会议筹备报告，南京大学校长、中科院院士吕建教授致欢迎词。会议邀请美利坚大学科戈德商学院院长约翰·德莱尼博士、韩国又松大学校长约翰·恩迪科特博士、美国密苏里大学圣路易斯分校校长克里斯汀·索博利克博士、联合国贸发组织投资和企业司司长詹晓宁博士等高校及组织代表分别致辞。

南京大学商学院党委书记、教授刘洪博士对当天与会的嘉宾做了简要介绍。赵曙明教授为当天研讨会开幕致辞并作了简要筹备报告。赵曙明教授对前一日的研讨会内容进行了简要总结，并感谢了所有进行演讲的学者和企业家。美利坚大学科戈德商学院教授、院长约翰·德莱尼博士，韩国又松大学校长约翰·恩迪科特博士，美国密苏里大学圣路易斯分校校长克里斯汀·索博利克博士，联合国贸发组织投资和企业司司长詹晓宁博士分别为会议致开幕词。

11 月 22 日，诺贝尔经济学奖得主、芝加哥大学经济学教授詹姆斯·赫克曼博士，诺贝尔经济学奖得主、斯坦福大学经济学教授埃尔文·罗斯博士，韩国 Dr. Jart+ 公司首席执行官李振旭先生，英国开曼群岛 Scully Royalty 有限公司董事长迈克尔·斯密斯先生分别作了主题报告。

与会期间，各领域的专家学者，就企业家精神、创新与创造力、跨国公司的战略管理、人力资源管理与新技术、人力资源管理与社交网络、跨国公司的创新人力资源管理模式等议题进行了热烈讨论，分享前沿观点，线上线下气氛活跃，思想激烈碰撞。此次研讨会设有 11 个分会场，进行了论文演讲与交流。此外，此次大会还组织了两场专题研讨分会，包括：第 15 届中国南京大学—日本九州大学—中国人民大学三校研讨会——新冠肺炎疫情后全球经济与企业管理，该研讨会由中国南京大学、日本九州大学和中国人民大学联合举办；国家自然科学基金重点项目研讨会与论文演讲。

当前由全球经济危机所带来的紧张贸易局势加剧了跨国企业所面临的贸易和投资的不确定性，在此背景下，第十届企业跨国经营国际研讨会的举办，为中国的管理学者和企业家们与世界各国的同行搭建了一座交流研究成果、分享管理经验的桥梁。此届研讨会的圆满举办对于促进中国企业管理理论的发展和实践的转型升级，推动跨国企业商业模式与创新人力资源管理的转型影响深远。（南京大学商学院，摘自 https://nubs.nju.edu.cn/ab/27/c8895a502567/page.htm）

**【第十五届（2020）中国管理学年会】**

2020 年 12 月 11—13 日，第十五届（2020）中国管理学年会隆重召开。此次年会以“危机时代的治理与管理创新”为主题，由中国管理现代化研究会（以下简称“研究会”）、复旦管理学奖励基金会（以下简称“基金会”）主办，四川大学商学院承办，四川省系统工程学会等 6 个单位共同协办。由于受到成都疫情的影响，此次年会采用了线下与线上相结合的方式，在四川大学商学院设置直播主会场，通过网络直播方式举行，商学院师生代表在直播主会场参会，线上参加人数突破 10000 人；各分论坛采用远程会议的形式进行。

开幕式由研究会秘书长赵景华教授线上主持。四川大学校长李言荣院士，中国科学技术协会党组成员、书记处书记吕昭平教授在开幕式上发表视频致辞。四川大学副校长姚乐野教授在直播主会场出席开幕式并致辞。

李言荣院士代表四川大学向此次年会的召开表示祝贺。他认为，此届年会以“危机时代的治理与管理创新”作为主题，很有现实意义，尤其是此次新冠肺炎疫情更说明了进一步提高危机应对和社会治理能力的紧迫性和重要性。吕昭平教授代表中国科学技术协会致辞，中国科学院虚拟经济与数据科学研究中心主任、中国科学院大数据挖掘与知识管理重点实验室主任、研究会法人理事长石勇教授代表研究会致辞。

开幕式结束后，会议又举行了系列主旨报告、平行论坛、专题论坛等活动。主旨报告环节，中国工程院院士、湖南工商大学校长、中南大学商学院名誉院长陈晓红教授以“数字新技术助力智慧社会治理体系建设”为题，介绍了智慧社会的建设背景与治理战略、智慧社会治理中的数字技术创新以及智慧社会治理现代化的实践探索。中国工程院院士、合肥工业大学杨善林教授以“高端装备智能制造工程管理理论与方法”为题，介绍了高端装备制造的工程管理现状，阐述了运载火箭的研制过程优化和成型装备的智能运维保障过程中存在的难点问题及解决思路。刘作仪研究员以“科学基金改革与管理科学部资助工作”为题，介绍了国家自然科学基金委深化改革的主要任务和重大举措，以及国家自科基金管理科学部资助工作的思路。大会网络直播最高同时观看人数达到40000人。

其中商务智能分论坛由商务智能分会副主任委员、大连理工大学郭崇慧教授、复旦大学朱扬勇教授共同主持，有15篇来自国内知名高校和研究院所的优秀论文进行了汇报交流，促进了商务智能领域的交流与合作。

中国管理学年会是中国管理学领域规模最大、层次最高的综合性学术会议之一，旨在加强中国管理学界的合作与交流，推动中国管理科学研究的发展，提升中国管理实践的水平。以往每届年会都会吸引1000余位来自海内外管理学界的专家学者、政府及企业界的代表在大会上互动交流。（中国科学院大数据挖掘与知识管理重点实验室，摘自https://bdk.ucas.ac.cn/index.php/xyxw/2803-2020-2）

**【第十三届（2020）中国战略管理学者论坛暨第八届（2020）战略管理国际会议】**

2020年12月18—20日，第十三届（2020）中国战略管理学者论坛暨第八届（2020）战略管理国际会议成功举办。此届论坛暨会议以“数字化背景下的战略管理：重思、重塑与重构”为主题，由中国管理科学学会战略管理专业委员会、中国战略管理学者论坛组委会、战略管理国际会议组委会共同主办，四川大学商学院承办，得到《经济管理》《管理世界》《南开管理评论》《外国经济与管理》等杂志社的共同支持。

此届论坛暨会议通过腾讯会议平台在线举行。数十位资深学者作了主旨演讲，多位青年学者进行了学术成果分享，线上参会达1000余人次。四川大学副校长姚乐野教授出席开幕式并致辞。

四川大学商学院党委副书记张黎明教授主持了第一场主旨报告分享。山东大学管理学院武常岐教授以“企业数字化转型的战略与机制”为题，介绍了数字化革命对战略管理和商业模式的影响及其带来的挑战和机会。华南理工大学工商管理学院蓝海林教授以“积极地发现与解决问题”为题，分享了关于如何做“有意义研究”的一些想法，介绍了格力电器前任董事长朱江洪的管理思想和关于新宝电器的战略咨询案例，提出在中国情境下应该坚持本心和初心，围绕做强主业，通过积极地发现与解决问题作出恰当的战略选择。

对外经济贸易大学国际商学院范黎波教授主持了第二场主旨报告分享。四川大学商学院揭筱纹教授以“高质量发展目标下制造企业绿色技术创新的思考”为题，阐释了绿色技术创新的内涵与特征，介绍了制造企业绿色技术创新的影响因素和效率评估方法，展示了绿色技术创新与企业绩效的关系。南开大学商学院许晖教授以“后疫情时代的国际化战略突围：如何精准触达海外客户”为题，分享了在国际环境不确定性和“双循环”发展新格局下如何解决互联网、大数据时代的营销悖论。北京大学光华管理学院武亚军副教授以“鉴古知今，继往开来——让历史学方法回归中国战略管理学术研究”为题，以历史学方法与战略管理学的兴起及转向为引入，阐释“通晓历史的战略研究”（HIS2R）的内涵、方法与范式，并对“通晓历史的战略研究”方法的机遇与前景作了展望。

四川大学商学院杨雪副教授主持了第三场主旨报告分享及第一场分论坛。在第三场主旨报告中，电子科技大学经济与管理学院杜义飞教授以“在本土现象的‘大地’上播种、耕耘与坚持”为题，介绍了“做好的研究”和“做好看的研究”间的平衡关系，指出中国西部因环境、政策和技术迎来了绝好的研究机会，并以自贡市自流井区平台企业为研究案例，强调了价值攫取与价值创造对平台企业的重要作用。广州大学管理学院谢洪明教授以“数字时代的全球化战略”为题，介绍了数字企业及其全球化实践，论述了经典全球化理论及其数字化发展前沿。四川大学商学院杨雪副教授以“基于信息不对称视角的创新型企业专利质押研究”为题，分析了高企认定、企业规模、专利年龄、创新型企业专利质押之间的关系。在第一场分论坛中，数十位青年学者围绕数字化背景下国际战略、竞争合作、企业社会责任等问题进行了成果分享。

四川大学商学院周贵川副教授主持了第四场主旨报告分享。上海财经大学常务副校长徐飞教授以“数智时代战略管理的价值重塑”为题，从“社区团购”上热搜谈起，深入浅出地指出互联网巨头应该有更高远的技术追求，强调对科技巨头实施有效监管的必要性，应该重视数智时代对战略管理价值重塑的影响。四川大学商学院王涛副教授以“企业创新网络集体声誉认知、网络能力对企业创新绩效的影响研究”为题，认为集体声誉认知和企业网络能力对企业绩效有重要影响。四川大学商学院周贵川副教授以“公私合作技术创新网络中企业创新产出提升路径”为题，介绍了企业优化技术创新效率、提升战略收益的具体路径。四川大学商学院王涛副教授主持了第二场分论坛，数十位青年学者就数字化背景下产业供应链治理、中小企业再定位与互联网转型、“直播电商 +”的产业选择与培育等问题进行了成果分享。（四川大学商学院，摘自 http：//bs.scu.edu.cn/xwxueyuanxinwen/202012/6849.html）

**【第八届中国战略管理学者高端论坛】**

产业数字化和数字产业化浪潮席卷全球，中国企业的创新发展面临极大的挑战和机遇。在此背景下，2021 年 6 月 4—5 日，由浙江大学管理学院主办的“战略前沿 思维盛宴”——第八届中国战略管理学者高端论坛在杭州举行。

国内知名高校的顶尖战略研究学者、专家出席论坛，围绕“数字化与战略创新”主题，从不同视角探讨数字经济时代下战略研究的新议题、新方法和新趋势。

6 月 4 日上午，论坛由浙江大学魏江教授、吉林大学蔡莉教授主持，美国华盛顿大学赵敏渊教授、香港科技大学李家涛教授、首都经济贸易大学王永贵教授、同济大学李垣教授、山东大学武常岐教授、大连理工大学朱方伟教授分别作精彩报告。

6月5日上午，论坛由南开大学张玉利教授和北京大学路江涌教授主持，上海财经大学徐飞教授、北京师范大学戚聿东教授、中国人民大学徐二明教授、华中科技大学杨治教授、大连理工大学苏敬勤教授、中欧国际工商学院陈威如教授、东北大学蒋忠中教授、上海大学于晓宇教授、哈尔滨工业大学王铁男教授等围绕“数字经济时代背景下战略创新”主题，分享深刻洞见。华中科技大学杨治教授，浙江大学吴晓波教授、邬爱其教授等各位与会学者围绕报告展开热烈讨论。

与会学者认为，相比挑战与机遇，人们更应该关注数字经济带来的范式转变和管理转变，以及数字带来的价值创造的改变，这些改变使得竞争优势的形成机制不断被颠覆。同时，数字正在引发一种新形态，用旧世界的视角看新世界很可能出现偏差，只有将数字经济、数字平台企业的结构解构清楚，才能以更加准确的视角看待新世界。他们还指出，在面对日益复杂的数字化浪潮时，学者不能仅通过现象说明问题，而是要理性地思考，帮助企业家解决数字化转型的焦虑，脚踏实地地解决问题，将论文写在祖国大地上。

6月4日上午，论坛“再聚求是园”专场在浙江大学管理学院院长魏江教授和吉林大学管理学院蔡莉教授的先后主持下举行。国内高校的6位战略管理学者围绕“数字化与战略创新”主题，从不同角度带来前沿分享。

赵敏渊指出，平台企业专利诉讼少的原因在于，数字经济时代从技术中获益更依赖于平台内部互补性，使得平台企业的知识产权保护关注点由注重外部制度转向内部组织战略。数字平台情境中，传统基于单个技术的竞争已经开始转变为平台间的竞争。她认为，平台企业通过内部组织战略实现从创新中获益，是未来知识产权研究应当关注的重点。

李家涛认为，评价数字“一带一路”成功的因素应该包含有公认的价值、有机会参与、有利益收获等方面。同时，在政治经济学视角下，基于“一带一路”倡议的国际商务研究机会应该存在于：企业参与“一带一路”倡议过程中达成同层次博弈的条件限制，以及在具体“一带一路”项目中评价这些条件的影响程度，企业参与“一带一路”倡议的议价博弈动态性及其影响，“一带一路”倡议参与过程中的分歧及其整合策略，跨国企业应对地缘政治压力的动态能力构建，地缘政治与国际商务领域的实证分析等。

王永贵指出，现实情境中，合同不完备性是一种常态，尽管合同柔性有利于不确定性处理，但同时也增加了机会主义行为风险。考虑合同的跨文化情境时，这个过程还会受到买方政治关系和供应商方权力的影响。故而，结合国家情境因素考究合同柔性对机会主义行为和不确定性处理之间的权衡，是影响企业间成功合作的关键。

李垣认为，中国诸多企业所谓的人工智能其实只是一般机器人的概念，甚至没有涉及人工智能的设备和算法。企业数字战略的构建与实施需要有专业的领导、数字化的基础设施以及正确的战略选择。他认为，AI技术在嵌入企业过程中确实能降低部分原有的成本，但同时也增加了一些新的成本，决定企业是否采用AI技术的关键在于AI技术的管理能力，如果企业不具备驾驭AI技术的管理能力，就不应该急于跟风，盲目引入AI技术并加以运用。

武常岐认为，中美贸易摩擦中的制裁名单上，满篇写的都是知识产权，和贸易本身关系不大。即便是近期大家关注的疫苗开发问题中国与国的对抗、"一带一路"倡议下国与国的对抗，其实都在反映一个尤为现实且重要的问题，即大国博弈情境下基于知识产权的竞争。中国企业国际化发展过程中，面对没有硝烟的知识产权战争，中国企业该如何行动？这是中国管理学者需要回答的问题。

朱方伟认为，外部环境变化和内部企业战略的调整最终都要落脚到效率与个性化之上，而效率一定来自简单重复，具体要在什么层面、什么范围内实现效率，这是企业应该思考的问题。他指出，在数字化转型背景下，企业效率提升的关键在于如何将数字化的属性和功能赋予模块，最终实现数字化与科学化的有机融合，在网络的逻辑上实现规模效应的扩张。

此次论坛结合开放会议、参观学习和闭门会议等形式展开数字化情境下的战略创新前沿探讨，内容涵盖管理范式、管理理论、管理方法在数字时代的挑战与机遇。魏江感谢与会学者的尽情分享，在打造一场精彩的战略管理思维盛宴的同时，也为助推中国战略管理学科与实践的发展碰撞出了新火花、新思考。（浙江大学管理学院，摘自 http：//www.som.zju.edu.cn/2021/0608/c63655a2384894/page.htm）

**【《中国工业经济》第四届中国管理学高端前沿论坛】**

2021年6月20日，由上海交通大学安泰经济与管理学院、《中国工业经济》杂志社共同主办的《中国工业经济》第四届中国管理学高端前沿论坛在上海交通大学安泰经济与管理学院召开。此次论坛通过腾讯会议，在线同步举办。来自全国高校、科研院所的1000余位专家学者参加会议。

开幕式由上海交通大学安泰经济与管理学院院长陈方若教授主持。上海交通大学党委副书记顾锋教授首先致辞，对专家学者莅临会议表示热烈欢迎，并介绍了学校近年来在文科教学与科研方面取得的佳绩，希望学者们力争做出更好的研究，通过期刊平台聚拢优秀学者，为国家经济社会发展建言献策。

中国社会科学院工业经济研究所纪委书记、副所长张其仔研究员致辞，介绍了《中国工业经济》的办刊理念和学科定位，指出中国的经济社会发展为学者们提供了丰沃的"土壤"，国内学者有丰富的实践感知，在很多前沿问题研究上接近国际水准，相信中国的管理学能够为全球学科发展作出特别的贡献。

接下来是嘉宾演讲环节，上半场由《中国工业经济》编辑部主任王燕梅研究员主持。中国社会科学院工业经济研究所所长史丹研究员作题为"碳中和与节能价值观——大学生群体问卷调查的实证研究"的主题演讲，从微观视角——消费者心理的角度对双碳目标进行研究，指出碳中和的实现，除了制定宏观战略，更要进行消费者心理调试与调整，营造良好环境。中国社会科学院财经战略研究院院长何德旭研究员作题为“数字金融时代的金融消费者权益保护”的主题演讲。当前进入数字金融时代，金融消费者在利用数字技术获得便利的同时面临着越来越高的风险。对此，寻求系统性解决方案，形成完善的金融消费者权益保护体系，有机结合、突出协同。武汉大学经济与管理学院院长宋敏教授作题为“从供应链到创新链”的主题演讲，指出要充分发挥政府在创新发展上的“帮助之手”作用，这是一个外部性问题；要充分发挥市场对资源配置作用，因为产业链之间的关系最终是由市场决定。清华大学经济管理学院党委书记、副院长陈煜波教授作题为“数字经济时代的中国营销科学研究”的主题报告，分析了共享经济发展模式，指出围绕数据建立价值链和创新链，采用重资产的自营模式和高度整合的商业模式。

下半场由上海交通大学安泰经济与管理学院副院长吴文锋教授主持。复旦大学管理学院黄丽华教授作题为“数字生态环境下的复杂社会技术系统与企业管理新模式”的主题报告，介绍了数字生态与复杂社会技术系统、数字生态环境下的企业管理新模式，以及基于数字化的企业管理创新。浙江大学管理学院胡祥培教授作题为“基于‘物联网+区块链’的农产品供应链溯源方法研究”的主题报告，介绍如何使用区块链创造的去中心化的溯源模式治理农产品电子商务问题，涉及解决防假、查假、打假等问题的技术路线。上海交通大学船舶海洋与建设工程学院李朝阳教授作题为“新时代城市交通治理新思路”的主题报告，从交通运输的背景、问题、经验、理念、行动五方面介绍了交通管理方面的研究成果，提出精细化管理和依法严格管理等建议。

论坛征集论文200余篇，从中遴选出34篇优秀论文参会宣讲，同时邀请优秀中青年专家学者共同研讨。设置七个平行分论坛，涉及数字经济与大数据管理、平台战略与创新生态系统、公司治理与战略、创新与金融资产管理、数字化转型与人工智能等前沿主题。与会学者对宣讲文章展开深入研讨。

此届论坛在主办方、协办方和广大学者的共同努力和积极参与下成功召开，为学者们搭建了高层次学术交流平台，对推动新时代中国管理学理论创新和实践发展作出应有的贡献。（上海交通大学安泰经济与管理学院，摘自 https://www.acem.sjtu.edu.cn/news_center/news/57192.html）

**【“新发展阶段的中国企业管理创新与发展”暨中国企业管理研究会2021年会】**

2021年7月10日，“新发展阶段的中国企业管理创新与发展”暨中国企业管理研究会2021年会在内蒙古自治区呼伦贝尔市海拉尔召开。此次会议是由中国企业管理研究会、蒋一苇企业改革与发展学术基金、内蒙古财经大学主办，内蒙古财经大学工商管理学院、呼伦贝尔学院经济管理学院、中国社会科学院管理科学与创新发展研究中心联合承办。

来自全国各高校、研究机构、企事业单位、出版社、杂志社等 90 多家单位的 150 人参加了会议。

大会开幕式由内蒙古财经大学副校长晓芳教授主持。内蒙古财经大学副校长侯淑霞教授代表学校致辞。首先她向与会者表示热烈欢迎，同时介绍了内蒙古财经大学的现状及未来发展目标。她指出："此次中国企业管理研究会 2021 年会的召开，十分契合新时代发展的战略需求。有充分理由相信，在此时间节点、时空背景下，各位专家学者围绕'新发展阶段的中国企业管理创新与发展'为主题进行研讨，定会使智慧之花绽放，咨政之思泉涌，必将为中国新时代经济高质量发展碰撞出新的理论创新成果。"最后她感谢此次会议为内蒙古财经大学的发展和建设提供平台和学习交流机会。

呼伦贝尔学院副院长孟祥宏教授致辞。他介绍了呼伦贝尔在"一带一路"中蒙俄经济走廊建设中的重要战略地位以及呼伦贝尔学院近几年发展所取得的成绩，对与会人员的到来表示热烈欢迎。

中国企业管理研究会会长、中国社会科学院工业经济研究所黄速建研究员致辞。他指出 2021 年是中国企业管理研究会成立 40 周年，也是我国"十四五"规划开启之年，阐释了企业创新发展在中国现代化建设全局中的核心地位。他希望与会专家展开深入对话和交流，为进一步传递中国管理理论声音和创新管理理论体系提供良好的基础！

会议内容分主题报告、平行分论坛和期刊论坛三大部分。在主题报告环节，北京大学张国有教授、南开大学李维安教授、西安理工大学党兴华教授、河北经贸大学董兆伟教授、西北政法大学张荣刚教授、南开大学白长虹教授、中央财经大学崔新健教授、中央民族大学李曦辉教授、内蒙古财经大学赵云辉教授等 9 位学者依次作了大会主题报告。

分论坛分别围绕新发展阶段的经济高质量发展、新发展阶段的企业管理创新、新发展阶段的企业数字化转型、新发展阶段的企业绿色发展四个议题展开研讨，分别由内蒙古财经大学陶克涛教授、天津财经大学彭正银教授、上海外国语大学范徵教授和北京龙瀚投资公司乐宜仁先生主持。与会代表围绕各自主题展开了热烈的交流探讨，点评专家也给出了中肯的建议。

中国社会科学院工业经济研究所、经济管理出版社总编杨世伟研究员主持了期刊论坛环节。《南开管理评论》杂志社白长虹主编、《经济研究》编辑部谢谦副主任、《经济学动态》编辑部李仁贵副主任、《经济管理》杂志社刘建丽副主编、《中国工业经济》崔志新编辑、《山东大学学报（哲学社会科学版）》纪小乐编辑等就论文发表过程中作者普遍关心的内容展开了阐释，并对参会代表提出的问题进行了回应。

中国企业管理研究会会长、中国社会科学院工业经济研究所黄速建研究员主持了此次大会的闭幕式。湖南省社会科学院朱有志教授、中国社会科学院工业经济研究所沈志渔研究员为优秀论文获奖者进行颁奖。

内蒙古财经大学工商管理学院院长王瑞永教授作大会总结发言。指出此次会议突出研讨主题的“新”，参会人员及收获的“多”，学术水平的“高”。对推动内蒙古财经大学学科建设与学术水平提升起到重要作用。（内蒙古财经大学工商管理学院，摘自 https://www.imufe.edu.cn/gsglxy/info/1016/2761.htm）

**【中国企业高质量发展前沿论坛】**

2021 年 7 月 11 日，《中国工业经济》杂志社与北京师范大学经济与工商管理学院共同主办的“中国企业高质量发展前沿论坛”在北京师范大学举办。来自国务院发展研究中心、中国社会科学院、清华大学、北京大学、中国人民大学、浙江大学、南开大学、厦门大学、中山大学、上海财经大学、对外经济贸易大学、北京航空航天大学、北京理工大学、中央财经大学、首都经济贸易大学等国内高校和科研机构的专家学者以及师生参加了论坛。论坛采取线上线下相结合的方式进行。

北京师范大学经济与工商管理学院副院长崔学刚主持论坛开幕式。《中国工业经济》编辑部主任王燕梅、北京师范大学经济与工商管理学院院长戚聿东先后代表主办方致辞。他们对论坛的举办和大家的到来表示热烈的祝贺和欢迎。王燕梅在致辞中重点介绍了《中国工业经济》发展历程、办刊定位和特色，以及合作举办学术会议的情况、期刊关注的热点问题、论文的审稿流程。戚聿东在致辞中指出，当前立足新发展阶段、贯彻新发展理念、构建新发展格局的背景下，大家紧紧围绕国家重大发展战略需求积极撰文投稿，希望在收到的约 150 篇论文中由专家委员会遴选出的 23 篇论文利用研讨机会进行充分交流。

主论坛由北京师范大学经济与工商管理学院副院长崔学刚和蔡宏波主持。

国务院发展研究中心企业研究所副所长项安波总结了我国企业在发展过程中涌现出的新特点，并对促进我国金融企业、国有企业、中小微企业以及外资企业高质量发展的政策举措及重点进行分析解读。项安波认为，完善政策体系，促进企业高质量发展的对策，包括企业政策适应性调整和再平衡，完善国际化、市场化、法治化的营商环境，促进公平竞争和公平监管以及竞争政策、创新政策、产业政策的兼容、协调与融合。

首都经济贸易大学副校长王永贵回顾了市场营销理论与实践的创新与发展，对成功企业的营销共性进行了总结。他分别对中国市场营销研究 70 年和中国服务营销研究 40 年进行了梳理和评价，提出市场营销研究要以国家、区域、社会需求为导向，注重大趋势的识别与内容布局，在变革中寻找本质的甚至永恒的、在传承中寻找需要改变的甚至变革的内容。

北京航空航天大学经济管理学院院长范英提出，碳中和转型会深远影响电力结构，高比例可再生能源成为必然趋势。在华北地区的电力系统转型中，内蒙古将成为重要的能源基地，电力跨区传输规模将大幅增加。早期的装机投资决策会产生“锁定效应”，从而影响未来对不同技术的依赖程度和脱碳路径。虽然转型可能增加电力系统成本并改变电力系统成本结构，但会带来长远和巨大的环境收益和气候收益。

北京师范大学经济与工商管理学院焦豪教授认为，我国数字经济发展已进入成熟期，数字技术成为企业可持续竞争优势的重要驱动力，企业面临着颠覆性的数字化竞争对手、不断变化的消费者行为和颠覆性的数字化技术，迫切需要传统战略管理转为面向数字经济的战略管理。他从数字经济的制度要素更新、面向数字经济的企业战略路径设计、面向数字经济的管理者认知变革三方面系统阐述了数字技术发展对战略管理的影响。

会议还进行了分论坛研讨，分为 2 个线下分论坛和 3 个线上分论坛同步进行。其中，2 个线下分论坛分别由《中国工业经济》杂志社李鹏、北京师范大学经济与工商管理学院童璐琼主持，3 个线上分论坛分别由北京师范大学经济与工商管理学院郑飞虎、方芳和周江华主持。入选论文的作者详细展示了研究成果，各个分论坛均邀请了相关领域的专家学者逐一进行点评。（北京师范大学，摘自 https://bs.bnu.edu.cn/xw/237017.html）

**【首届新时代人力资源管理创新与发展高端学术论坛】**

2021 年 10 月 23 日，由中国社会科学院大学、中国社会科学院财经战略研究院联合中国人事科学研究院共同举办的“首届新时代人力资源管理创新与发展高端学术论坛”在中国社会科学院大学成功召开。此次论坛围绕“新时代人力资源理论创新与发展”和“新时代人力资源管理的挑战与变革”两大主题进行了研讨。

中国社会科学院大学副校长王新清教授、中国人事科学研究院院长余兴安研究员、中国社会科学院财经战略研究院院长何德旭教授到会并致辞。中国人事科学研究院副院长李建忠研究员等 8 位专家作了主题报告。

余兴安研究员在致辞中充分肯定了人力资源管理研究对推动管理实践及学术事业的贡献，指出无论是理论认识还是工作实践，人力资源管理与被人们称为传统的、落后的劳动管理、人事管理的实质性差别并没有清晰体现出来，基础不牢的问题甚为突出，需要花大气力去补足。他还强调现行的劳动法律制度、人力资源管理体系大体是基于工业革命以来形成的雇佣体制、劳动关系而建构的，但现在，标准劳动关系正面临松动，一些新的就业形态或工作形态正不断涌现，在新形势下，人力资源管理的理论认识、逻辑体系及工作架构都面临变革。论坛期间共收到论文 80 余篇，共有 15 篇论文获奖。政府相关部门的领导、知名高校院长及教授、知名杂志社主编和商界的专业人士等参加论坛，并就新时代人力资源管理所面临的理论和实践问题展开全方位的探讨。（摘自《中国人事科学》2021 年第 11 期）

**【第十六届（2021）中国管理学年会】**

2021 年 11 月 5—7 日，第十六届（2021）中国管理学年会在南方科技大学举行，国内外众多管理学界专家学者、企业家参加。会议采用线上线下相结合的形式举行。

年会以“新管理—新责任”为主题，由中国管理现代化研究会与复旦管理学奖励基金会联合主办，南方科技大学商学院承办，清华大学经济管理学院—清华大学经济管理深圳研究院、西安交通大学管理学院、哈尔滨工业大学（深圳）大数据会计与决策研究中心和四川大学商学院共同协办。

中国管理现代化学会秘书长赵景华主持开幕式。他表示，当前世界疫情与百年变局交织，世界经济面临前所未有的挑战，此届年会围绕“新管理—新责任”这一主题，分享观念，共同探寻新时代中国管理世界和管理学创新的可能与出路，具有重大的理论和实践意义。中国科学院院士、南方科技大学校长薛其坤，深圳市决策咨询委员会专职常务副主任高振怀，哈尔滨工业大学（深圳）党委书记吴德林分别发表讲话。国家自然科学基金委员会管理科学部副主任刘作仪表示，国家自然科学基金委员将继续强调原创探索，引领世界管理科学的发展，强调面向国家重大需求，凝炼科学问题，解决国民经济和社会发展中的管理难题。中国管理现代化研究会联职理事长、发展中国家科学院院士石勇指出，在新时代，管理者面对各种挑战，将承担新管理、新责任，以应对战略创新、产品创新、运营创新、治理创新、模式创新等新管理趋势，方能危中窥机、化逆势为优势。中国管理现代化研究会联职理事长、南开大学讲席教授李维安表示，管理科学是兴国之道，服务国家战略，讲好中国故事，是管理学者非常重要的历史使命。复旦管理学奖励基金会副秘书长黄丽华表示，管理科学是一个国家软实力的重要组成部分，希望未来复旦管理学基金会、中国管理现代化研究会和管理学领域的学者、专家和广大管理实践者一起共同促进中国管理学人才的成长，提升中国管理学在国内外的影响力。

在主旨报告环节，南京大学教授赵曙明，国际信息系统学会（AIS）原主席和会士（AIS Fellow）、美国佐治亚大学 Regent 讲席教授 Richard Watson，中国管理现代化研究会联职理事长、天津大学讲席教授张维，招商银行股份有限公司原行长马蔚华，南方科技大学商学院创院院长、国际信息系统学会会士（AIS Fellow）黄伟分别围绕大会主题和学科发展前沿问题作精彩的主旨演讲。

会议期间，还举行了校长—院士学者专家论坛、优秀青年学者论坛、女管理学家论坛、期刊专委会闭门会议 / 期刊论坛四个平行论坛。其中，南方科技大学代理副校长金李在校长—院士学者专家论坛致辞。

围绕大会主题，会议共设立了 49 场“平行专题论文报告论坛”，涵盖组织与战略管理、商务智能、技术创新与管理、政府战略与公共管理等 28 个学会的专业研究方向。会议交流讨论了约 350 篇论文，共有 15 篇论文获得年会优秀论文奖。

据悉，中国管理学年会是中国管理学领域规模最大、层次最高的综合性学术会议之一，旨在加强中国管理学界的合作与交流，推动中国管理科学研究的发展，提升中国管理实践的水平。每届年会都会吸引千余位来自海内外管理学界的专家学者、政府及企业界的代表在大会上互动交流。（南方科技大学，摘自 https://newshub.sustech.edu.cn/html/202111/41402.html）

**【2021 年经济学管理学中国学派研究 60 人论坛第四届年会】**

2021 年 12 月 5 日，经济学管理学中国学派研究 60 人论坛第四届年会在中央民族大学举办。此届年会以“人类文明新形态与中国学派研究”为主题，由中央民族大学、《管理世界》杂志社、经济管理出版社主办，《经济研究》《中国工业经济》《区域经济评论》《中央民族大学学报》提供学术支持。来自全国各地的专家学者通过线上线下相结合的形式参会。中央民族大学校党委副书记、副校长李计勇出席开幕式，开幕式由管理学院党委书记李文娟主持。

李计勇在致辞中对各位专家学者的到来表示热烈欢迎，对大会的顺利召开表示祝贺。他指出，60 人论坛自成立就一直肩负重要而光荣的使命，希望各位专家学者深刻揭示党百年奋斗所蕴含的理论逻辑、历史逻辑和实践逻辑，为全党全社会贯彻好党的十九届六中全会精神提供坚实的学理支撑。

《管理世界》杂志社社长李志军表示，未来《管理世界》杂志社将积极响应 60 人论坛倡议，与学术界一道，共同推动构建具有中国特色、中国风格、中国气派的学科体系、学术体系和话语体系，全力推动经济学管理学中国学派的发展。

经济管理出版社社长杨世伟对域观经济学的研究表达了高度认可，认为《域观经济学研究》的出版对于经济学研究的发展意义重大。

论坛主题演讲环节分别由杨世伟，中央民族大学期刊社乌仁图雅，中国社会科学院工业经济研究所研究员、《中国工业经济》编辑部主任王燕梅，中央民族大学文学院党委书记、副教授邓光奇和中国社会科学院工业经济研究所区域经济室主任、研究员叶振宇主持。

中央民族大学管理学院院长李曦辉在总结发言时表示，此次年会各专家学者围绕“人类文明新形态与中国学派研究”的会议主题，结合各自对经济学管理学所作的高质量、高水平的研究和思考，抒发真知灼见，起到了思想碰撞、理论借鉴的重大作用。（中央民族大学，摘自 https://news.muc.edu.cn/info/1011/20803.htm）

**【第十二届“中国·实践·管理”论坛（2021）】**

由《管理学报》杂志社发起，华中科技大学管理学院与东南大学经济管理学院主办，国家自然科学基金委员会管理科学部与复旦管理学奖励基金会支持，机械工业出版社华章分社、中国管理学现代化研究会管理思想与商业伦理专业委员会、中国企业管理研究会管理哲学专业委员会、东南大学管理哲学与方法论研究所协办的第十二届“中国·实践·管理”论坛于 2021 年 12 月 18—19 日通过线上会议的方式在“云端”召开。此届论坛以“新发展格局下的中国管理研究与实践：挑战和应对”为主题，致力于系统地、科学地探讨新发展格局下中国管理研究与实践问题，以期能够促进学术研究和管理实践的交流融合，助力中国管理研究和企业实践的创新发展。此届论坛围绕会议主题设置了 8 个主题报告、2 个专题工作坊以及 9 个论文交流分论坛。

基于2020年党的十九届五中全会通过"'十四五'规划和2035年远景规划"、国务院印发文件推动树立浙江省共同富裕典范的大背景，南京大学赵曙明在题为"共同富裕与人的全面发展"的主题报告中指出，实现共同富裕主要存在五大挑战：一是我国经济发展仍处于中等水平；二是收入差距过大；三是财产差距急剧扩大；四是中等收入群体规模仍偏小；五是公共服务在城乡和地区的差异非常明显。

此届论坛中，来自西交利物浦大学、南开大学、北京大学的席酉民、李维安等学者分别就数智与数字时代对工商管理及生态管理、公司治理创新等方面的影响分享了各自的洞见。在主题报告中，来自大连理工大学、中国科学院大学的苏敬勤和陈凯华两位学者，基于中国情境，分别从方法论和创新转型发展的角度探讨了如何推进中国管理理论的发展。苏敬勤从管理哲学及方法论的角度指出，深度情境化的案例研究是发展中国本土管理理论的重要推手，需要结合归纳—溯因—演绎等发现逻辑，从独特现象中挖掘理论，并结合情境界定、适用范围、理论化等外推逻辑提升理论的普适性。

来自中国人民大学的学者杨杜，以及来自江苏长江汇科技有限公司、东莞讯诚电业有限公司、佛山法萨建材集团的方保利、刘敏鹃、范立方3位企业家同与会代表分享了新发展格局下，源自一线管理实践的企业故事及其成长逻辑。刘敏鹃在专题分享中介绍了讯诚电业如何引入中国优秀传统文化促进企业精益生产的具体实践。范立方则讲述了法萨建材结合中国优秀传统文化，将公司打造成为兼备温馨、有归属感的家庭，高效、纪律性强、战斗力强的军队，以及持续学习的学校的生态化联盟。

首都经贸大学高闯在主题报告中指出，企业在应对突发事件时会呈现出4条可能曲线：一是，企业在突发事件后依然能恢复到最初水平，表现出强大韧性的物理韧性曲线；二是，企业历经突发事件后反而能够茁壮成长和壮大的塔勒布曲线；三是，当突发事件发生时，企业跌落至谷底，而后又触底反弹的巴顿曲线；四是，企业在面对突发事件时，不堪一击，迅速衰落甚至破产的伽利略曲线。杨杜在"华为的活法"的专题交流中指出，企业创新必然伴随着风险，但是不创新就是等死。东南大学李东在题为"翻山越岭：宏观跨越的微观能力探析"的专题交流中指出，我国超过一半的企业位于微笑价值曲线的中间产品供给部分，而进口占比最高的芯片和化妆品则分别占据微笑曲线的两端，以此引出了我国企业应如何稳健地由价值洼地迈向两侧高地这一问题。基于此，李东从三个层次的供给形态进化探讨了相应的微观能力内涵，即企业从普通工具到关键工具，再到简易工具箱，最后升级为"忠实助手"的三级跨越。

华南理工大学晁罡在专题交流中，从传统文化践履型企业的发端、成长和确立三个阶段明确了企业践行传统文化的内在机理。

此届论坛还设立了学者和企业家对话的环节。该环节由东南大学学者胡汉辉主持，由来自企业界的刘敏鹃、范立方两位企业家与来自学界的杨杜、李东、晁罡3位学者，分别基于实践和理论的视角，以“精益生产背后的文化力量”为主题，进行了极富洞见和启迪的在线对话与交流。

在此届论坛的“中国企业家管理思想解读”专题工作坊交流和研讨阶段，《管理学报》副主编田志龙，以及来自复旦大学、北京航空航天大学、江西财经大学的苏勇、欧阳桃花、胡海波3位学者，分别就中国企业家管理思想研究的持续开展和进一步推进进行了精彩报告。

在“中国企业家管理思想解读”工作坊的论文打磨阶段，来自英国利兹大学以及我国华南理工大学、华中科技大学、东北大学、山东大学的研究团队分别宣读交流了各自的研究成果，并由与会的专家进行了细致、精当和专业的点评。

在“中国文化与管理”专题工作坊上，围绕“中国文化与管理”这个研究主题，由来自华东师范大学、大连理工大学、东北大学、东北财经大学、广东金融学院的贾利军、巩见刚、孙新波、胡国栋、周建波等几位学者进行了精彩报告和深入研讨。

另外，此次论坛还专门开设了“管理实践创新论坛”，以更好地促进学术界和实践界的交流和沟通。来自北京大学、中国科学院大学、中国人民大学等知名高校的专家学者、研究生以及来自企业界的嘉宾共800余人参加了此次论坛。中国知网平台对论坛的主题报告进行了在线直播，观看人数总计超3000人次。（李佳馨、杜运周、孙宁、刘秋辰、陈凯薇，东南大学经济管理学院/东南大学管理哲学与方法论研究所，摘自《管理学报》2022年第3期）

**【中国会计学会对外学术交流专业委员会学术年会暨*China Journal of Accounting Studies*（CJAS）2020年第一次学术研讨会】**

2020年8月14—15日，由中国会计学会对外交流专业委员会、中国会计学会*China Journal of Accounting Studies*编辑部主办，东北财经大学会计学院承办的中国会计学会对外学术交流专业委员会学术年会暨*China Journal of Accounting Studies*（CJAS）2020年第一次学术研讨会隆重召开。受新冠肺炎疫情的影响，此次会议借助腾讯会议App，全部采用线上研讨的方式举行。鉴于线上会议参与的便捷性，此次会议吸引了超过500位来自国内外近50所高等院校和科研机构的专家学者参会。

此次会议邀请到美国康奈尔大学的左罗教授和香港大学的林晨教授分别发表了关于现代信息技术对企业和员工的影响以及企业“抗疫性”的主题演讲。会议同时设置四个分会场，入选优秀论文共计28篇。参会论文选题新颖而多样，既有关注互联网、信息技术对企业财务行为的影响，也有对特殊情境或制度下企业行为的集中讨论，同时，会计信息质量、债务契约、企业避税行为等经典话题也有所涉猎。与会的专家学者对会议论文进行了详细而深入的点评和讨论。

此次会议的主题演讲及六篇报告论文都不约而同地关注现代信息技术对企业的信息效率、财务行为、企业绩效和公司价值的影响。左罗教授的研究以美国证券交易委员会1993—1996年分批要求上市公司由纸质申报转为在线申报为契机，探讨这种信息技术的应用对企业的影响。研究发现，在线申报的强制实施降低了投资者与管理层以及投资者之间的信息不对称程度，进而提高了市场流动性，最终在整体上提高公司绩效。

现代信息技术影响了信息效率。中央财经大学的李哲团队从盈余管理角度切入，探究区块链技术的实施对公司会计信息产生的影响。上海大学的吴茂国团队基于互联网建立的深交所“互动易”平台的开启，发现通过降低投资者与公司间的信息不对称性，对所有上市公司整体的信息效率水平都带来了显著的提升，且这种影响具有持续动态效应。江西财经大学的罗劲博团队基于中小投资者在“雪球论坛”中的发帖信息，发现中小股东的社交媒体关注度与负面情绪均显著增强了企业下一年的会计稳健性，但影响机制有所不同：前者通过信息机制、后者通过压力机制倒逼管理层提高企业的会计稳健性水平。河海大学的新夫团队分享了数字资产对企业季度营业收入和个股超额收益率的预测模型。

现代信息技术重塑了企业的销售模式。西南财经大学的彭博团队认为，“互联网+销售”能够为公司的信息技术带来升级，帮助管理层提升掌握公司盈余信息的能力，这种能力的提升最终会促使管理层及时发布业绩预测。天津财经大学的黄宏斌团队借鉴传播学中的“两级传播理论”，分析发现自媒体营销信息披露显著提升了企业绩效，且这一提升作用在微博粉丝数量较多时更为显著。

此次会议的主题报告以及多篇入选论文的另一特点是关注特定环境或特定制度背景下的企业和员工行为。左罗教授的主题报告中的另一篇研究探讨了新冠肺炎疫情期间，分析师居家工作的工作效率以及预测结果的准确性问题。林晨教授的主题报告同样关注了企业在新冠肺炎疫情这一全球危机中的市场表现，探索企业多个维度的不同特征。

为了促进我国资本市场的良性发展，各类完善交易机制的政策和制度相继出台。三篇论文讨论了资本市场交易制度的政策效果。石河子大学的白俊团队、东北财经大学的张晓东团队、北方工业大学的洪峰分别就此分享研究发现。

2013年11月，习近平总书记在湘西考察时首次提出了“精准扶贫”的重要思想。为2020年全面建成小康社会，“十三五”时期打赢脱贫攻坚战是关键所在。东北财经大学的甄红线团队研究了企业的精准扶贫行为影响债券信用利差的客观表现与传导路径。广州大学的黎文飞团队研究了我国产业政策对企业商业信用二次配置的影响及作用机制。东北财经大学的唐大鹏团队关注社保基金投资对企业债务融资成本的影响。

针对中国情境下具备发达经济体公司特征却根植于转轨经济土壤中的无实际控制人公司这一独特样本，北京工商大学王斌团队发现，相较于其他公司，无实际控制人能提高公司价值17%。无实际控制人公司价值提升是经营者充分发挥企业家精神“主动为之”以及束缚于控制权市场“被迫之举”共同作用的结果。同样针对无实际控制人这一特殊治理结构，江西财经大学的张洪辉团队分析了无控股股东对内部人寻租的影响。厦门大学的倪骁然发现，控股股东侵占中小股东的程度越严重，企业的劳动投资效率越低。厦门大学的罗进辉团队认为二代接班是当前正值代际传承高峰期的中国家族企业偏好金融投资的一个重要客观原因。

厦门大学的王艳艳团队选取“收入确认”关键审计事项为研究切入点，探究其披露对上市公司管理层讨论与分析（MD&A）披露策略的影响。南昌大学的闫焕民团队基于我国审计师轮换制度背景，发现审计师轮换“返审”之后是否优待老客户取决于冷却模式。中央财经大学的郑登津团队研究股权质押的情境下，分析师实地调研所发挥的治理作用。复旦大学的汪琼团队探讨了高铁建设对个人投资者参与股东大会程度的影响，证明距离会影响股东参与公司治理的程度。

家乡偏好和同姓同源反映了中国传统文化中典型的“关系型”社会特征，属非正式制度。上海对外经贸大学的孙淑伟团队基于家乡偏好这一非正式制度，发现相较于其他异地并购，高管回乡并购后的长期市场业绩更差。北京航空航天大学的闫伟宸团队则从关系文化的视角研究发现，高管团队的“本家关系”的存在加剧了企业的税收规避行为。

此次会议还有部分入选论文围绕会计信息质量、企业债务融资和避税行为等经典话题，通过结合新理论、新视角或新的研究方法，使传统研究话题焕发新意。上海财经大学的薛爽团队、中南财经政法大学的谭超团队、中央财经大学的窦超团队、华东师范大学的黄海杰团队、北京交通大学的李高波和周守华、广东外语外贸大学的王艳团队分别就此分享了研究成果。（金韵韵、曲琦、宋淑琴，东北财经大学会计学院／中国内部控制研究中心，摘自《会计研究》2021 年第 2 期）

**【中国会计学会 2020 年学术年会】**

习近平总书记在党的十九届四中全会上指出，坚持和完善中国特色社会主义制度、推进国家治理体系和治理能力现代化，是关系党和国家事业兴旺发达、国家长治久安、人民幸福安康的重大问题。在此背景下，2020 年 10 月 31 日至 11 月 1 日由中国会计学会会计教育分会主办、中山大学南方学院会计学院和中山大学现代会计与财务研究中心承办的“中国会计学会 2020 年学术年会”在广东省广州市召开。

此次会议以党的十九届四中全会强调“治理体系”建设为引领，以“新时代会计与治理创新”为主题，重点关注新时代中国制度背景下会计与治理创新问题。通过 9 个大会主题报告和 15 个分论坛的学术交流，与会者共同探讨了会计与国家治理、企业创新、会计与审计创新、公司财务、并购重组以及新技术在会计中的应用等问题，呈现出“聚焦新时代，拓展新空间”的特点。

厦门大学李建发教授作的主题演讲从政府会计改革的过程及时代背景出发，指出必须坚持推进政府会计改革，夯实国家治理基础，将政府会计融入国家治理体系建设，以促进公共管理改革，提高政府治理能力，更好地服务现代财政制度建设，并提出通过推进相关配套改革，营造政府会计改革小环境，完善政府会计标准体系建设及强化政府财务报告审计等举措。

谭洪涛、曾晓和辛莹莹从实证的角度发现“行政审批改革”改善营商环境的证据，认为行政审批中心可以通过改善企业治理水平、降低企业融资约束提升企业的投资效率，更好地发挥投资效率的提升作用。纳超洪、向未名与樊骁发现“一带一路”倡议的实施显著提升了“一带一路”国家企业投资效率、有效缓解企业过度投资问题，对企业国际化决策、投资决策等方面提供了经验借鉴。杨兴龙、杨开元、李歆、楚有为、李强、张恬静和王圣营、张建平、李苗和张嵩珊分别就新时代下会计与国家治理体系建设提出观点。

财务会计理论创新研究随着新经济、新战略与新技术的发展，会计学理论研究模式与方法也同步发展与创新。中山大学教授魏明海在题为“根植中国实践的公司财务理论与方法若干思考”的主题演讲中指出目前会计学术界的研究范式主要是寻找财务变量与其他变量之间的关联研究，但对核心财务问题并未深挖，现有研究存在着关联模型、小数定律、内卷化、攀爬、错配等陷阱，值得深入思考与探究。中国人民大学戴德明教授作的“会计准则国际趋同：回顾与展望”主题演讲以中国会计准则国际趋同的过程为主线，从趋同的背景、对象、策略等方面详述了趋同取得的显著成果。

清华大学贾宁副教授、上海财经大学何贤杰教授、中山大学张俊生教授等专家学者就新时代下财务会计发展创新做出演讲分享。

此外，学者们也将新技术应用在会计研究方法上。洪峰和褚剑基、罗炜、马玥和高瑞翎、张俊瑞、仇萌和张志超、李晚金和周昀、胡志勇、罗依茹和黄琼宇、曾雪云、王丽芳和徐雪宁等专家学者先后分享成果。李闻一、李栋栋、靳光辉、刘晓琳、张雨欣、孙瑞琦、刘永冠和褚波等专家学者就管理会计创新和税务会计创新分享研究成果。

在新经济形势下，企业管理模式持续变化并衍生出诸多公司财务问题，引起学者们的普遍关注。谭超和杨文莺认为上市公司杠杆操纵动机越强，其表外租赁规模越大，且租赁方式的操控成本即契约签订成本和契约监督成本越低，杠杆操纵动机所产生的表外租赁规模越大。郑国坚、马新啸、曹玉珊、张露露、林璐、罗丽榕、肖卓伟等专家学者就公司财务分享研究成果。

多元化兼并推动了企业集团的产生，内部资本市场也随之应运而生，引发了学者们在这一领域的研究浪潮。张俊生和王子然研究发现我国仍然有大约一半的上市公司在财务资助信息方面存在不同程度的信息隐藏，从而导致降低分析师预测准确性且提高上市公司未来股价崩盘风险的经济后果，上市公司的“微违规”行为应当引起监管机构的重视。谭文浩、曹天任和黄溢认为内部资本市场的存在与否并不会显著地影响当地的全要素生产率。李善民、周钰廷、黄琼宇，姚琼、李晶晶、张芮杏等专家学者也分别就并购重组专题做出分享。

公司治理与内部控制是提高企业经营效

率和持续竞争力的重要途径。南京大学陈冬华教授在“会计与治理：谁是硬币的反面”的主题演讲中以会计的本质作为起点，指出治理是因会计技术局限而替代出现的方法，治理本身最终还是要回答“值还是不值”的问题，而会计正是试图回答“值还是不值”，因此，治理本身其实就是会计的过程，是不完美会计的衍生物。徐莉萍、段霞、辛宇、戴捷敏、方红星、王玉兰、李志芳等专家学者就企业内控与公司治理分享最新研究成果。

许罡研究发现强制披露企业社会责任报告显著缓解资产误定价程度，发挥了信息沟通效应。贺朴真采用 PSM-DID 的研究方法构建了准自然实验来研究企业社会责任披露对融资成本的影响，研究发现强制披露企业社会责任显著降低了企业债务及权益融资成本，提升了企业的财务绩效。苑泽明、王培林和富钰媛认为受负面事件波及的上市公司会显著提高自身捐赠水平。汪顺、盛明泉和吴少敏研究表明企业的扶贫响应具有政策支持效应和声誉效应，能够有效缓解外部融资约束，但被动摊派式扶贫以及穷人慷慨式扶贫并不能有效缓解企业融资约束。

创新是企业发展和经济增长的重要驱动力，且与公司治理相辅相成、密不可分。自“大众创业、万众创新”成为新常态下经济发展的“双引擎”之一以来，企业创新成为政府、企业及学术界共同关心的重要问题。毛新述、岳新瑜、李慧聪、汪敏、王婧云、王浪等专家学者也就企业创新分享了最新研究发现。

资本市场已成为我国经济体系中不可或缺的组成部分，资本市场与会计及公司治理相互影响、相互依存并相互促进，呈现不断演化的动态关系。方军雄、于雪航和陈婧从证券分析师视角系统的检验发现上市公司股票随意停牌导致分析师跟踪人数的减少，分析师预测准确度的下降，以及分析师预测分歧度的增加，恶化了公司的信息环境。陈少凌、张媛和黄嘉兴通过网络拓扑分析法考察了分析师的分级网络特征，研究发现分析师之间的紧密连接关系弱化分析师关注对股票收益率促进作用，而分析师的信息隔离效应却可强化分析师关注对股票收益率的积极影响。唐松莲和贺羿、李挺、位豪强、黄俊和朱红军也就资本市场专题分享了最新研究发现。此外，李青原和陈世来、程敏英、皮敏和刘骏、曾涛和阮彬等专家学者就 IPO 过程分享了最新的研究成果。

新时代聚焦新目标，新时代审计工作面临新特点、新目标、新任务等诸多挑战。蔡春和张翼凌、田高良、陈匡宇和齐保垒、刘静和徐梦、洪金明和林润雨等专家学者就新时代下审计创新和发展专题分享研究成果。（张媛、董成杰、张轲珍、姚懿轩，中山大学南方学院，摘自《会计研究》2020 年第 12 期）

**【中国会计学会环境资源会计专业委员会 2020 学术年会】**

社会经济的不断发展，人类各类需求的增加，导致资源的过度消耗以及环境问题日益加剧。我国作为资源消耗大国，面临着较为严峻的环境问题。2020年11月21日，由中国会计学会环境资源会计专业委员会主办、南华大学经济管理与法学学院承办的“中国会计学会环境资源会计专业委员会2020学术年会”在湖南衡阳隆重召开。

此次年会共收到学术论文92篇。全国各地代表以线上会议方式共同探讨了当今环境会计研究中的理论和实践问题。此次年会从环境会计、社会责任会计、环境审计与企业环境绩效、资源环境经济与管理四个模块探讨了生态补偿制度下的环境会计体系重构、环境会计业绩评价及信息披露、政府及管理者因素对社会责任会计的影响、碳资产价值创造机制及应用、不同视角下的环境审计的建立以及治理机制、交易制度以及不同视角下的环境绩效评价等问题，这对相关理论建设和实务发展都有重要的启示。然而关于环境会计、绿色会计的研究内容及成果并不局限于此次年会探讨的内容，有更多的关于环境会计、绿色会计的指标的建立，信息的披露，机制的构建等问题等着人们去探讨去研究，期待更多的学者和专家关注并推动这一领域的更新。

张本越和范钰浛认为我国环境治理的关键问题是环境污染的外部成本内部化，分别从立法与制度两个方面分析我国目前的生态补偿建设情况，并对我国的生态补偿制度与环境会计实施存在的问题与原因进行了分析，提出应从做好观念和理论准备，积极建立健全生态补偿制度，构建环境财务会计和环境管理会计体系框架这三个方面解决相关问题。张国清、陈晓艳和肖华从利益相关者理论、声誉构建理论和行为经济学理论等角度出发，考察了环境处罚对分析师评级的影响。章慧敏认为实体企业等微观主体的应对策略和投资选择是环境治理效率的决定性因素。徐素波和王耀东认为深入探讨环境规制对企业盈余管理行为有很重要的价值。王世杰和杨世忠从分析资产负债表的本质、自然资源管理要求和权责现状出发，认为国家主体管辖的自然资源与企业主体运用资产之间存在管理需求共性。刘雅倩认为生态会计应作为一种指导工具，与政府、企业、社会各方面借助法律保障、公众参与、社会监管等方法，使宏观与微观相结合，不断推动生态会计与各个领域的融合，促进其不断创新，最终实现我国生态文明建设目的。唐久芳、王思思、马文超、胡国柳、陈咏怡和柳姝婷等也分别就环境会计分享研究成果。

刘建秋和杨艳华从道德补偿视角进行研究，研究结果表明：政府补贴可以有效提高企业参与捐赠活动的积极性，即使在改变企业捐赠度量方式、控制内生性问题后这一结论依旧成立；政府补贴对企业捐赠的促进作用随着企业道德赤字水平的升高而显著。付强和廖益兴实证分析了上市公司董监高党员身份与企业社会责任之间的关系。颜剩勇和王典以是否参与“一带一路”建设为区别分为两组样本公司。李九斤以2011—2017年在创业板上市的企业为样本，研究风险投资对其投资企业社会责任的影响效果及机理。张文宇以W集团高管变更风波为契机，从管理者客观能力的角度出发，研究其对企业社会责任履行的影响，研究认为管理者能力在一定程度上影响企业社会责任的履行，管理者能力与履行社会责任的主动性呈正相关关系，并由此提出完善管理者能力培养机制、健全内部治理体系、强化政府引导角色的建议。阳秋林和梁慧从市场化程度的角度出发，研究了高管海外背景及市场化程度与企业责任的关系。雷铭通、刘广生和于珊珊等也就社会责任会计这一主题分享了研究成果。

崔也光、周畅和刘禹晴以 2014—2018 年 7 个试点碳市场日度交易数据为样本，研究控排企业纳入机制、会计规范对碳市场流动性的影响。张彩平和余宁在我国碳排放权交易市场现有水平上，提出碳资产就是企业的“金山银山”的观点。尹香香以发电企业为例，采用碳素价值流的方法，核算出了该发电企业的碳成本总额及碳减排量。企业碳信息披露影响因素研究方面，谈多娇和郭梦璇以 A 股上市电力公司的数据为样本，从企业内部控制的角度，研究参与碳排放权交易市场及企业内部控制效率对企业碳信息披露质量的影响。罗喜英和张睿敏则认为外部利益相关者对碳信息披露具有显著的正相关关系。

黄溶冰和谢晓君运用多期双重差分模型，研究了自然资源资产离任审计试点与企业环境治理支出之间的关系。洪宇认为将自然资源审计与国家的发展联系起来，对政府官员的履职起到监督作用，对环境的可持续发展具有推动作用。王曹和张亚连将 PSR 模型引入自然资源资产离任审计评价中并将粗糙集（RS）理论运用其中，研究表明 RS 理论适用于自然资源资产离任审计，再结合 PSR 模型就能很好地体现自然资源资产离任审计各因素间的逻辑关系。唐洋和刘炎从水环境审计的角度研究了湘江流域水污染治理中的作用机制及路径，提出了水环境审计的动力机制、运行机制、评价机制、监督机制等四个作用机制，并探究了相应的实施路径。谭畅和张卫民基于森林资源资产负债表，构建了领导干部森林资源资产审计评价指标体系，并详细介绍了这些指标体系的含义和数据来源。

唐国平、孙洪锋和陈曦根据碳排放权交易市场这一制度背景，利用倾向得分匹配与双重差分法从微观层面探索了碳排放权交易制度对企业环境绩效的影响。孙芳城、陈欣和钟廷勇基于“污染光环”和“污染天堂”假说，研究发现：企业环境绩效因企业具有外资持股而变好且持股比与环境绩效呈正相关关系；媒体关注可以产生正向的调节效应作用于上述关系上；外资持股对企业环境绩效的促进作用在国有企业、非重污染行业和中西部地区更显著。张玥、张娆和张长江基于正式制度与非正式制度角度，研究发现：命令型环境规制对企业环境绩效呈正向影响，而市场型的影响效果不大；媒体关注能够使得企业环境绩效提升，企业环境绩效的改善有待政府、媒体和企业共同努力。周冉、王语彤和扎力嘎胡借鉴现代产业经济学的“结构—行为—绩效”分析范式，将环境保护税和企业技术创新结合，围绕环境税如何影响战略绩效展开研究。贺正楚、李玉洁和刘大能采用主成分分析法，将企业环境业绩的财务指标与非财务指标相结合，构建了绿色发展评价指标体系，并以全产业链的深圳市地铁集团有限公司为例，验证了轨道交通产业链企业绿色发展评价指标体系的可行性。

秦格、刘晓艳从验证固定资产投资对GDP的推动作用出发，通过提出固定资产投资、GDP和工业固定资产投资存在长期趋势的假设，以及工业固定资产投资、工业企业利润总额、工业总产值、工业废水、工业废气和工业固定废物存在长期趋势关系的假设并加以证明，分别获得了宏观经济因素对各项生态损失之间的影响因子和各类生态环境损失的治理因子。王满和孙涵结合企业进行绿色技术创新投资的意愿和对绿色技术创新的重视程度，采用双重差分模型探究了2012年银监会出台的《绿色信贷指引》对企业绿色技术创新的影响。刘婷婷、陈熙江和许梦洁基于环境库兹涅茨假说（EKC），收集长江流域沿岸的11个省市上市公司2013—2018年的面板数据，探讨了结构效应、规模效应与技术效应对公司EKC的影响。宁金辉、苑泽明和王晓祺认为投保环责险能极大促进企业的绿色创新，促进其绿色创新的主要路径是缓解融资约束和降低代理成本。田利军、王丹阳、王皓羽、张长江、陈雨晴和许敏也就资源环境与经济管理专题分享了研究成果。（唐洋、阳秋林、游战武、郭丹，南华大学经济管理与法学学院，摘自《会计研究》2021年第2期）

**【中国会计学会会计基础理论专业委员会2021年学术研讨会】**

为了加强学术交流，促进学术创新，由中国会计学会会计基础理论专业委员会主办、中央民族大学管理学院承办的“中国会计学会会计基础理论专业委员会2021年学术研讨会”于2021年5月15日在北京举行。此次学术研讨会以“智能转型、资本市场改革与会计理论创新”为主题，采取线上与线下结合的方式进行。来自50所院校的110余位专家学者与师生代表参加了会议。财政部会计司副司长、中国会计学会秘书长吴祥云以“加强会计基础理论研究，推动会计理论繁荣”为题作了主旨演讲。

刘峰教授以“会计的性质：再认识”为主题，从会计起源的角度，阐述了会计对人类历史发展的贡献。王雄元教授以“大数据对财会审的影响”为主题，梳理和评述了大数据背景下财务、会计和审计的前沿研究。云南财经大学纳超洪和陈雪研究发现财务共享能够提升会计信息质量。重庆工商大学孙芳城等关注了数字普惠金融的负面影响。对外经济贸易大学钟凯等也发现数字普惠金融程度越高，上市公司商业信用的供给会越少，表明数字普惠金融是中小企业有效的替代性融资方式。中南财经政法大学王嘉鑫等研究发现地方政府搭建金融区块链缓解了辖区内企业的融资约束。该研究为金融科技更好助力经济发展提供了政策依据。中国人民大学伊志宏等使用机器学习方法对年报文本内容变化进行识别和量化，发现年报文本相似度越高，公司未来股价崩盘风险越低。上海财经大学梁思源等利用样本公司的文本数据与财务数据研究了客户管理层语调这一非财务信息对供应商投资效率的影响。中国人民大学张博等探讨了年报语调操纵的影响因素和约束机制。

财政部会计司制度二处处长陈瑜以“中国企业会计准则体系的发展与展望”为主题，系统回顾了我国企业会计准则体系的建设与实施情况，深入阐释了我国企业会计准则建设框架和国际财务报告准则的最新进展。中国人民大学王玉涛和北京大学韦程元总结了1997年以来的历次具体会计准则变革过程，发现会计准则变革总体上对企业股东财富具有显著的影响。四川农业大学贾巧玉和西南交通大学周嘉南检验了在内地和香港资本市场分别公布两套财务报表对投资者判断的影响。安徽大学张东旭等利用2013年中国《企业会计准则解释第5号》实施这一外生事件，研究了商誉初始计量规则趋严对企业并购决策的影响。西南财经大学李越冬等通过案例研究，对同一控制下企业合并与非同一控制下企业合并经济实质的异同追根溯源，分析了同一控制下企业合并选择权益结合法的合理性，以及影响同一控制下企业合并经济实质的主要因素，在此基础上提出了重新界定同一控制下企业合并的范围、缩小权益结合法在同一控制下企业合并中的适用范围以及加强关联方交易信息披露等建议。

吉林大学毛志宏和李丽基于《国际综合报告框架》构建了我国企业报告综合信息质量评分量表，检验了我国企业报告综合信息质量在企业内部管理决策和外部资本市场的决策有用性。该研究发现综合信息质量越高，越能够为企业内外部使用者决策提供有用信息，进而降低企业的权益资本成本、增加未来预期现金流、提高股票流动性和提升投资效率。此外，企业报告披露信息整合程度的提高同样能够带来上述积极后果，表明信息整合同样具有显著的信息增量。

中国人民大学王化成等总结了我国上市公司核心竞争力信息披露现状及存在的问题。西南财经大学邓博夫等认为探究企业的商誉减值行为对于防范和化解资本市场风险具有重要意义。中央民族大学黄小琳等检验了大股东持股对并购商誉与股价崩盘风险关系的影响作用。中国人民大学周华等基于股价驱动并购模型和商誉生存分析模型，推演并讨论了高溢价并购的后续商誉择时性减值问题。中国海洋大学王竹泉等从矫正财务风险信息扭曲的角度提出了解决路径。王竹泉等发现由于传统财务风险分析体系缺陷致使中小企业面临更为严重的财务风险高估，而财务风险信息扭曲在债务融资的企业规模歧视中发挥了部分中介作用。中央民族大学金鲜花和郭慧捷以在美国上市的中概股为样本，研究发现高质量的信息披露有助于降低做空危机，有效的内部控制通过提升信息披露质量从而降低做空危机的程度。

中央民族大学李书锋教授在主题报告中论述了如何在创新创业的大环境下，运用公允价值与估值技术，对企业进行精准的分析与投资。中国矿业大学姚圣和林云燕基于重污染行业上市公司数据的研究发现，经济政策不确定性会抑制企业环保投资的进行。中央民族大学盛庆辉和姜苏展研究发现，经济政策不确定性会引起审计师定价的显著提高，而公司高质量的内部控制会削弱经济政策不确定性与审计费用的正相关关系。北京大学李孟哲等发现我国股票市场的发展能够促进非上市公司创新，表现为上市公司数量占比增加时，相关的（同省份/同行业）非上市公司申请的发明专利增多。上海工程技术大学赵薇和曹海敏研究发现，我国资本市场的融资融券抑制了高管的机会主义减持，也抑制了公司的盈余管理程度，发挥了一定的外部治理作用。东北师范大学唐亮等研究了财务报告问询函对分析师关注度的影响，发现收到财务报告问询函的上市公司有更低的分析师关注度，原因在于财务报告问询函提高了监管处罚风险，从而提高了分析师声誉损失的风险，提高了分析师的成本。北京工业大学刘亭立等基于广泛存在的连锁董事背景，定位上市公司在董事网络中的位置，探讨网络位置特征对会计信息可比性的影响。重庆工商大学钟廷勇和刘荟检验了国控重点污染源自动监控项目对企业环境绩效的影响，评估中央环保监督在改善生态环境方面的有效性。该研究发现，中央环保监督实施后显著降低了企业污染排放及单位能耗，有效改善了企业环境绩效。

综上所述，在智能转型、资本市场改革的背景下，此次研讨会较为深入地探讨了会计基础理论发展与创新的相关问题。其中，主题报告专家分析了新技术环境下会计、审计、财务的发展机遇与挑战，提出了未来会计领域的发展方向及职业前景。在分会场的研讨中，与会学者就信息技术发展对会计信息的影响、会计准则的变革与发展、资本市场会计信息披露、经济环境和制度环境与会计信息等问题进行了讨论。此次会议研讨在会计基础理论的研究视角、研究内容和研究方法等方面取得了新进展，达到了预期目标。与会代表一致认为，新时代下会计基础理论需要改革与创新，积极主动适应会计环境的新变化和会计实践的新要求，才能为我国经济转向高质量发展阶段作出贡献。（盛庆辉、李书锋、蒋亚含、黄小琳，中央民族大学管理学院，摘自《会计研究》2021 年第 6 期）

**【中国会计学会 2021 年学术年会】**

以“会计与高质量发展”为主题，由中国会计学会会计教育分会主办、东北财经大学会计学院和中国内部控制研究中心承办的“中国会计学会 2021 年学术年会”在这一时代背景下顺利召开。

此次年会组织了 8 场主题报告并分设 17 个平行论坛，与会的专家学者围绕国家治理、资本市场、公司治理、审计创新、财务会计发展与创新、税务会计等专题分别展开讨论，分享了相关学术领域的最新研究进展。

随着时代的发展，会计理论和研究方法也在不断地更迭创新。20 世纪 90 年代实证会计的引入为会计研究注入新的活力的同时，也带来了一定的问题。北京大学的陆正飞教授论证了实证会计研究中的事实判断和价值判断的关系，提出了事实判断是基础，而价值判断是灵魂的观点。同样是对会计研究本质的反思，东北财经大学的方红星教授从会计研究的学与术出发，生动阐述了理论创新与技术方法之间的关系，强调会计研究要正本清源，学、术并进。

数字时代下，大数据、人工智能等新技

术的发展对会计产生深远影响，推动会计不断变革。中国人民大学的王化成教授基于数据时代造就的网状企业间组织结构，阐述了财务管理理论的新发展和企业价值创造的新路径。厦门大学的陈亚盛教授从人工智能时代背景出发，论证了会计在人工智能时代将会扮演的角色以及人工智能对会计的影响，并认为人工智能并不会取代会计，反而会给会计带来新机遇。对外经济贸易大学陈德球教授列举了新经济时代下，颠覆性的新技术给公司治理带来的变革与创新，以及已然出现的创新治理实践，为公司治理研究指出了新方向和新命题。

植根于中国情景的会计研究才更具研究意义。上海财经大学的靳庆鲁教授将制度改革与技术变革引入实物期权估值模型，发展构建了适应中国情景的估值新理论。复旦大学的方军雄教授系统梳理了中国实践下，促进中小股东参与公司治理、行使股东权力的有效手段及相应的佐证文献，为保护中小股东权益、促进资本市场有序健康发展提供了基于中国国情的解决之道。中央财经大学的陈运森教授强调会计学术研究的选题要聚焦中国问题，从资本市场实践中的经济现象提炼出科学研究问题。（姜柯利、王昕、金韵韵、宋淑琴，东北财经大学会计学院/中国内部控制研究中心，摘自《会计研究》2021年第9期）

**【中国会计学会第二十届全国会计信息化学术年会】**

2021年7月18—19日，中国会计学会第二十届全国会计信息化学术年会在华东理工大学召开。大会收到投稿论文134篇，采用主题报告、分论坛学术报告和圆桌讨论等形式，围绕“会计信息化：从电算化到智能化”主题进行了深入研讨。

财政部会计司副司长吴祥云认为新发展阶段信息化对会计行业转型发展的驱动效应更加突出，需要探索由点及面的实干路线，构建科学系统的知识和理论体系。上海国家会计学院的刘勤提出“Accountech”（会计技术）概念，认为会计行业要加快转型脚步迎接智能化的挑战，构建全新的人才培养体系，重视发展人机协同共生的会计生态。华谊集团的魏建华认为，信息化逐渐成为企业核心竞争力，可以实现规划、标准、设计、投资、建设、管理“六统一”。西安财经大学的左锐、重庆工商大学的石道元等也就会计信息化提出了观点。

中山大学的程敏英等利用图像识别技术发现，IPO路演过程中管理层的微表情能提示公司应计和真实盈余管理及盈余持续性等信息，甚至能反映IPO后的持股和募资投向决策信息。上海大学的许金叶等通过自然语言处理技术，将管理层分析与讨论文本集成到了财务欺诈分析系统中，发现集成文本处理模型可以成为财务报表量化指标模型的有力补充。中国财政科学研究院的周卫华指出区块链能够实现决策透明化，促进决策控制权和决策管理权的融合，实现决策权的双向流动。重庆工商大学的王杏芬等提出利用公有化区块链强化审计外部监督，利用其节点安全性支撑实时跟踪审计。重庆理工大学的刘自豪、湖南大学的樊斌等、中南林业科技大学的柳姝婷等、厦门国家会计学院的江腾蛟、重庆理工大学的吴花平等均就会计信息化前沿技术应用研究分享了发现成果。

福州大学的方巧玲等发现，国企集团公司数字化转型，能提升信息产生与传递效率，提高集团子公司股价信息含量。华东理工大学的万柯等提出结合人工智能、大数据以及云计算技术，依托改进的ARP系统实现企业财务转型。上海国家会计学院的刘梅玲等认为，数据资产同时具备数据的属性和资产的属性，同时数据资产课税具有经济上的可税性、制度上的合法性和征管上的可行性。福州大学的刘琨等利用中国上市公司跨国并购事件进行实证研究发现，东道国数字经济的发展有助于抑制因跨国并购事件导致的企业交易成本上升和创新投入下滑，进而优化并购整合效果。华东理工大学的杨应荣、中国海洋大学的王舰、中山大学的郭瑞营、中国财政科学研究院的周卫华等均就数字化与企业财务转型研究分享了成果。

西安邮电大学的刘飞等发现，智能制造并没有给制造业上市公司的生产率带来显著的影响，而无形资本、税收、成本支出等变量对公司生产率产生了显著的影响。重庆理工大学的程平等发现，在应收账款和银行存款函证程序中引入RPA机器人流程自动化技术，能高效完成函证程序中重复性高、工作量大、效率低、基于规则的工作。福州大学的王冰等提出利用大数据分析高管行为以识别舞弊的贪婪因子，并发现审计数字化可以提高舞弊暴露的可能性。中国移动通信集团的李爱琴等发现“税企直连”模式是支持企业税务智能化转型的一种重要模式，在纳税过程的监管上实现了前端化和集中化，节约了纳税成本。海通证券股份有限公司陈巍鎏等发现，智能化在证券公司的税务管理、会计核算辅助支持、数据采集及加工和财务统计分析等场景下有着非常优异的应用，同时智能化有力地催生了金融科技的发展。合肥工业大学的张超等、中国人民大学的王化成、上海财经大学的俞濛萌等均就智能化与企业高质量发展进行分享。

南京审计大学的许汉友等发现，城市竞争力对企业财务共享中心选址的影响越来越明显。上海国家会计学院的刘笑然指出对共享平台进行系统整合，以应对新老系统整合困难、数据接口不一致问题。华中师范大学的李闻一等发现，上市公司财务共享服务中心的建立显著降低了其现金持有水平，提升了企业现金持有价值。上海对外经贸大学的张媛等发现上市公司财务共享服务中心的建立降低了股价同步性。青岛理工大学的程晓凤发现，构成财务共享模式的四个关键管理手段——战略规划、信息系统、流程管理、组织管理，通过共同作用实现营运资金管理提能增效。海通证券的马中等发现，海通证券的财务共享建设实现从财务管理观念到财务管理流程的全面革新，对员工工作效率的提升和运营管理的支撑作用已经显现。山西财经大学的李娜等发现财务共享应用可以归纳为五种模式，即服务中心、数据中心、管控中心、卓越中心、大共享中心。江汉大学的于敏等认为，信息化发展对提高管理会计工作质量起到至关重要的作用，而财务共享服务中心的建设则是管理会计信息化不可或缺的前置条件。

山东大学的张玉明等认为，智能会计能够解决信息割裂的困境，有助于形成“业、财、税、管”等模块融合的最终形态，实现业务驱动财务、业财税数据合流支持管理决策、决策数据反哺业务。兰州财经大学的贾妍尝试将风险清单和风险矩阵两大管理会计工具引入铁路商贸物流企业业财融合中，有益于从源头上管控经营风险，提升业财融合效益。广东省人民医院的李丹等发现，通过业财融合赋能公立医院医保管理，提升医保管理的智能化水平和效率。中化二建集团的房芳发现，施工企业项目管理业财融合可以帮助管理者获得精细化数据，提升施工企业竞争力。

美国会计学会会计信息系统委员会主任 David Wang 认为，会计教育工作者一方面要结合时下信息科技，及时更新会计课程的内容；另一方面要推进产教融合。中国石油大学的李秀等提出高校主动以智能化、数据化、国际化的视角建立教学体系，为新技术背景下培养复合型、智能化 MPAcc 人才提供保障。安徽工业大学的王锴针对会计学科线上教学中的问题，提出汲取循证教学理念，改进课堂教学内容和方法。山东财经大学的牛艳芳等总结了智能会计人才培养的现实路径，即立足自身院校层次，结合学科特色，注重产学研相结合，强调丰富教学方法，解决课时限制。山东工商学院的谷增军发现，基于结构化主题研讨的“财务共享模拟”课程可以激发学生的学习兴趣。重庆理工大学的聂琦等在“RPA 财务机器人”课程中导入 FAST 教学设计理念，通过聚焦问题、整合方案、精选教法和优化成果建立课程框架，提高了学生动手能力。

此外，与会者还对信息披露、企业创新、企业捐赠等问题展开了探讨。（胡仁昱、刘勤、邱穆青、花贵如、熊艳，华东理工大学/上海国家会计学院，摘自《会计研究》2021 年第 10 期）

**【中国会计学会金融会计专业委员会 2021 年学术年会】**

由中国会计学会金融会计专业委员会主办、兰州财经大学会计学院承办的“中国会计学会金融会计专业委员会 2021 年学术年会”于 2021 年 7 月 24 日在兰州隆重召开。会议的主题是“金融会计创新发展：理论与实践”。来自厦门大学、中国人民大学、广东财经大学、北京师范大学、吉首大学、浙江财经大学、天津工业大学、长安大学、兰州大学、上海师范大学、首都经济贸易大学、山西财经大学等高校的 100 余名专家教师及青年学者参加了此次会议。

会议研讨环节共分两个部分。一是主题演讲，会议邀请了四位专家作主题演讲。二是分组报告，会议分两组，邀请优秀论文作者报告了十一篇论文，并进行了深入的研讨。此次学术年会重点对金融会计理论创新研究，数字经济、注册制改革、绿色发展等背景下的金融会计创新发展进行了深入的探索，并且提出了一系列创新性的思想和观点。

基于贷款拨备视角的理论、经验与思考，

广东财经大学副校长丁友刚教授发表了题为“银行与坏账：基于贷款拨备视角的理论、经验与思考”的报告。他提出银行坏账的发生主要是由于经营上的原因导致的，银行以经营信贷业务为主，出现坏账不可避免。

厦门大学的傅元略教授发表了题为“会计数智化的几个重要问题”的主题演讲。傅元略教授对会计数智化的未来五大智能系统（内部控制智能化、预算管控智能化、成本管控智能化、风险管控智能化、决策智能大脑系统）进行了深入讲述，还提出了与各位学者一同将会计智能化理论和应用体系优先在中国建立的宏伟展望。

中国人民大学的周华教授作题为“英美证券市场关于会计审计规则的反思及其启示”的主题演讲。周华教授从《英国财务报告史》一书中所提及的“‘英国会计’的终结”谈起，梳理了英美公共会计师行业发展及其相关会计规则演化历程的时空关系。

北京师范大学经济与工商管理学院副院长崔学刚教授的演讲主题为“会计研究创新：理论、方法与数据”。崔学刚教授在回顾国际上百年会计研究趋势的基础上，重点分析了当前会计研究理论、方法与数据的创新趋势。

基差贸易在疫情发生以后的突然增长，使很多学者关注到这类业务会计核算暴露的一些问题。冯晓探讨了基差贸易的业务特征和基差贸易会计规范沿革以及基差贸易会计核算现状，并且从客观性、实质重于形式和可比性三个方面探究了基差贸易会计核算存在的主要问题。邓永勤和戴安琪分析了保险合同核算中准备金计量单元划分标准、边际因素定义，剩余边际计量；应收保费和资产负债错配，最佳估计原则应用，准备金计量方法选择，保单获取成本递延；会计信息披露方面等问题。李昊基于中国独有的营改增政策进行实证研究，发现参与营改增会导致我国上市公司会计稳健性的显著降低。

白雪莲等从供应商视角出发，研究发现企业金融化程度越高，从供应商处获取的商业信用越少，具体通过财务风险增加和交易关系稳定性下降这两条路径影响。于小悦从分析企业金融化的动因切入，研究要素市场扭曲对实体企业金融化的影响。杨松令等对金融科技发展水平和企业金融资产投资水平进行研究，发现地区金融科技发展水平与企业金融化程度呈现显著负相关关系。

李子健等研究发现，MD&A 的前瞻性信息越多，公司股价同步性越低。MD&A 前瞻性信息通过吸引分析师跟踪与增加机构投资者持股等途径影响股价。良好的公司内外部治理机制有利于缓解代理问题，并发挥管理层前瞻性信息披露的价值发现功能，进一步提高资本市场定价效率。

刘亭立等结合我国社会融资结构特征，研究发现会计信息可比性的提高能够显著降低公司的债务融资成本，证实了可比会计信息的治理效应。朱泽钢等通过构建博弈模型研究投资者对 IPO 公司信息披露治理的关键因素，发现注册制下投资者是信息披露治理的核心主体，而制约投资者信息披露治理效率的关键因素是投资者所承担的信息成本。

陈利等研究发现，刻意隐瞒商誉减值信息企业的股价崩盘风险更大，而会计稳健性水平和第一大股东持股能发挥公司内部治理作用，从而降低刻意隐瞒商誉减值信息可能引发的股价崩盘风险。

孙红梅等研究发现使绿色债券的融资成本显著低于常规债券的关键在于绿色金融债。梁志坚从企业环境绩效视角出发，检验银行信贷的影响因素。

企业资本结构趋优调整问题不仅关乎企业的风险和价值，还关乎整个资本市场的有序健康发展。刘亭立等研究发现，数字金融发展能够通过降低资本结构的调整成本促进动态资本结构优化。而且，对于过度负债和金融错配程度高的企业，其影响效果更加明显。

在如今经济下行压力较大的背景下，防范化解企业重大债务风险是实现中国经济高质量发展的基本要求。聂梓和李秉成研究发现，金融科技纠正了传统金融中的“规模错配”“属性错配”与“阶段错配”问题，降低了企业债务违约风险。而且，金融科技的监管有助于其作用的发挥。

随着大数据、区块链和机器学习等新兴技术的兴起，企业内部数据搜集和整合的成本下降，部门协调和决策水平逐渐提高。李文涛等研究发现，与非数字技术相比，数字技术能够通过降低因管理层过度自信和信息不对称导致的过度投资来降低非效率投资，而数字技术对过度投资的抑制作用主要来自区块链技术和物联网技术。罗勇根等研究发现，区块链技术可以通过改善公司治理水平、缓解信息不对称以及降低企业违约风险，从而增加企业获得的商业信用。万静芳和罗韵分析了数字货币最有可能使用的会计方法以及往后会对金融会计产生的影响，并建议会计相关机构建立一套有关数字货币的会计确认和计量准则，可以有效解决相关问题给各界带来的困扰。

与传统的普惠金融相比，数字普惠金融在缓解信用采集难、成本高等问题上有着独特的作用。杭奕彤从数字技术推动普惠金融发展的时代背景出发，介绍我国数字普惠金融的发展、存在的问题和监管状况，并在此基础上探索对应的监管框架，提出了相关建议。创新是推动经济转型升级的动力和源泉。孙芳城等基于数字普惠金融和知识产权保护驱动企业创新的理论阐释进行实证研究，研究表明数字普惠金融和知识产权保护能增加创新投入，还有助于创新的绩效改进。

在数字技术的应用方面，程晓凤和薄建奎以美的集团的财务共享模式为研究对象，研究了构成财务共享模式的四个关键管理手段——战略规划、信息系统、流程管理、组织管理（组织结构设计、人员管理）如何在不同程度上加强营运资金管理。杨梅等从经营环境、风险评估、控制措施、信息与沟通、监督五方面对拼多多进行风险管理分析，为大数据应用背景下同类电商企业提供了风险管理的思路。王怡昕以光大银行为例，研究了其数字化转型的内外部动因以及采取的措施，分析数字化转型前后的经济效果，并建议商业银行用新兴技术推出更多金融产品和服务。（南星恒、周华、曹畅，兰州财经大学会计学院/中国人民大学商学院，摘自《会计研究》2021 年第 8 期）

【2020年第六届管理科学青年学者研讨会】

2020年1月2—3日，2020年第六届管理科学青年学者研讨会在浙江杭州顺利召开。与会学者主要来自美国伊利诺伊大学香槟分校、加拿大麦吉尔大学、新加坡国立大学、新加坡管理大学，以及我国香港中文大学、清华大学、南京大学、东南大学、浙江大学、中国科学与技术大学、厦门大学等国内外知名高校。

香港中文大学的佟世璐副教授报告了通过在线平台向大型市场销售产品的垄断企业是否需要采用消费信贷的问题。新加坡管理大学的郑智超副教授从信息预测的角度对重症监护室的拔管决策问题进行了研究，构建了一个多阶段有限期的马尔可夫决策模型，并将这一模型应用到了重症监护室的拔管决策上，这一方法能够有效地降低拔管的可能性，提高患者的存活率。新加坡国立大学商学院的助理教授胡震禹报告了在供应链中报价规模与报价响应时间对包含提议者（如零售商）和响应者（如消费者）的Stackelberg博弈的影响，发现当替代报价市场对响应者有利时，提议者应提供有冲击性的价格；当替代报价市场对响应者不利时，提议者可以通过在更严酷的市场中以较小的规模提供具有冲击力的价格而获利。浙江大学管理学院的张政研究员采用两阶段随机整数规划的方法建立了非马尔可夫性的疾病检测模型，并提出容易实施的预定义策略，基于疾病风险为病人量身定制疾病监测方案，并将该方法用于前列腺癌的检测中。浙江大学管理学院的陈发动研究员报告的题目是“Information Processing Speed Predicts Preferences”，研究了多属性动态决策过程（在自私和亲社会之间权衡），记录了被试者在实验中做小独裁者游戏时的鼠标移动轨迹。结果表明，亲社会主体对他人报酬的处理速度快于对自己报酬的处理速度，自私主体则相反。另外还发现，即使在存在时间压力和时间延迟的情况下，对自己和他人回报的相对处理速度也能预测受试者的偏好。

此届研讨会就当前管理科学领域研究的热点问题与当前社会经济发展的前沿问题进行了交流研讨，重点探讨大数据在管理科学领域的应用实例，如供应链及消费信贷问题、疾病监测方案、共享自动驾驶电动汽车的充电协调、区块链技术应用场景等，为专家学者以及业界同行提供了一个前沿高端学术交流平台。（摘自《浙江大学学报（人文社会科学版）》2020年第2期）

【第七届中国管理科学论坛】

2020年12月5日，由国家教育部科学技术委员会主办，广西大学商学院、杭州电子科技大学创新与发展研究院、广西发展战略研究院共同承办的“第七届中国管理科学论坛”在广西大学举行。论坛以“全球疫情下经济转型与管理创新”为主题。中国工程院刘人怀院士、杨善林院士、金智新院士，国家粮食局原副局长吴子丹，杭州电子科技大学副校长徐江荣等国内管理科学界的专家学者、高校师生代表以及学术期刊负责人参会。广西大学党委书记刘正东与参会专家学者深入交流，共同探讨疫情时代管理科学的创新。

论坛开幕式由广西大学商学院学术院长李光辉主持。大会主席、中国工程院刘人怀院士在致辞中表示，信息技术大大改变目前世界综合国力，同时也促进了更多的人与管理之间的互动交流，管理科学发展前景可期。广西大学副校长冯家勋从全球疫情下经济转型与管理创新角度提出我国经济高质量的发展需要寻求新思路、拓展新途径。杭州电子科技大学副校长徐江荣结合目前疫情大背景，强调鼓励人才发展，以助力未来中国管理科学持续健康发展。

会议期间，嘉宾们分别从创新、发展、转型三大维度，各抒己见、畅所欲言。教育部科技委管理学部副主任杨善林院士指出，现在学界对大数据的认识和应用总体还处在初级阶段，未来努力的方向是将大数据和人工智能技术应用在支持人类的决策行为上。华南理工大学原党委副书记张振刚表示，新冠肺炎疫情之下数据赋能尤为重要。数据链的融通性、开放式数字创新战略大势所趋，实体经济与数字技术深度融合，能够催生出共创共生的数据，赋能产业创新共同体。暨南大学管理科学与工程研究所孙东川表示，中国的抗疫斗争不单是中观层面（医疗行业的行为）+微观层面（各个医院和医疗队、医疗组的行为），同时也是宏观层面即党和国家的行为，这是国家级系统工程范例。国家粮食局原副局长吴子丹表示，新冠肺炎疫情对全球粮食安全的影响已成为当前国际社会普遍关注的问题之一。在经济转型升级的关键时期，我国的粮食问题应该且必须由自己解决，主要落实“以我为主，立足国内，确保产能，适度进口，科技支持”的战略安排，打造新型“四合一”粮仓，真正做到从数字粮食到智能粮食再到智慧粮食的转化。《经济管理》杂志社社长周文斌提出重大疫情的传染性特点使其不同于其他重大灾难、局部战争，人人都有被动的风险。我们需要自控，群体、集体、人类共同合作。因此，现在的人力资源管理要求讲究“理性、科学、节制、自省、自觉、自律”。同时协同处理好社会理性和科学理性的关系是实现良性转型发展的途径。

会议还设“数字经济与创新人才培养”“全球疫情下经济管理创新”“全球疫情下文化与旅游产业发展”“全球疫情下的供应链管理和创新研究”“双循环下的企业创新与产业发展”等五个分论坛，与会人员分享了最新成果、特色及最佳实践，为政府、企业、高校、机构等提供充分交流的契机，为师生们开拓视野、增长见识提供一个良好的平台。（广西大学商学院，摘自 https://news.gxu.edu.cn/info/1002/37993.htm）

### 【第四届中国农业经济理论前沿论坛】

2020 年全面决胜脱贫攻坚战后，我国将进入后减贫的新历程。从脱贫攻坚走向全面推进乡村振兴，是我国“三农”工作重心的历史性转变。党的十九届五中全会提出，优先发展农业农村，全面推进乡村振兴。习近平总书记在 2020 年 12 月 28—29 日召开的中央农村工作会议上强调，民族要复兴，乡村必振兴。优先发展农业农村、全面推进乡村振兴，是一项具有全局和战略意义的重大任务。如何坚持农业农村优先发展的总方针，实施乡村振兴战略的总目标，促进农业高质高效、乡村宜居宜业、农民富裕富足，中国农业经济学界应该有所担当、有所作为、有所贡献。

此届论坛紧扣“坚持农业农村优先发展”这一主线，围绕农业经济提质与高质量发展、资源环境与可持续农业、土地制度改革、城乡融合发展、农村社会变革和农村金融创新六个主题，对农业农村发展中遇到的现实问题进行研究。通过规范研究、理论分析和实证检验相结合，总结成功经验，寻求解决策略。此届论坛的成功举办，有助于凝炼和形成具有中国特色的农业经济理论，为资源稀缺型国家的农业经济发展提供借鉴参考。同时，论坛前瞻性地明确在当前脱贫攻坚有效衔接乡村振兴的关键期，亟须创新农业经济理论，以适应农业农村高质量发展和现代化的客观需求。

闭幕式由华南农业大学国家农业制度与发展研究院罗必良教授主持。分论坛负责人分别汇报了各专题研讨成果。（石宝峰、赵敏娟、夏显力、罗必良，摘自《经济研究》2021 年第 5 期）

**【2021 年中国农林经济管理学术年会】**

2021 年 8 月 21—22 日，中国农林经济管理学术年会（Chinese Conference on Agricultural Forestry Economics and Management，CAFEM 2021）成功召开。此次年会由国务院学位委员会农林经济管理学科评议组、教育部高等学校农业经济管理类专业教学指导委员会、中国农业经济学会青年工作委员会、中国农业技术经济学会青年学者委员会联合主办，华中农业大学经济管理学院承办，《华中农业大学学报（社会科学版）》编辑部协办。根据疫情防控要求，年会采取线上线下相结合、线上为主的方式召开。

国务院学位委员会农林经济管理学科评议组召集人、中国人民大学副校长朱信凯教授，教育部高等学校农业经济管理类教学指导委员会主任委员、中国人民大学唐忠教授，中国人民大学农业与农村发展学院院长仇焕广教授等在北京会场参会。会议承办方华中农业大学校长李召虎教授、副校长青平教授、原副校长李崇光教授和经济管理学院院长李谷成教授等在武汉会场参会。来自全国各地及部分海外高校的 3000 余位学者参加了开幕式。

华中农业大学校长李召虎教授为开幕式致辞。李召虎表示，中国的现代化离不开农业农村的现代化，我国正处于新发展阶段，如何推动农业农村高质量发展、实现乡村振兴是亟待破解的重大课题。新冠肺炎疫情和气候变化等新问题为农业农村发展带来了前所未有、不可预见的新挑战，相信此次会议一定能够为我国“三农”事业发展提供最前沿的理论支撑、实证分析和政策启迪。随后，国务院学位委员会农林经济管理学科评议组召集人、南京农业大学经济管理学院院长朱晶教授，唐忠教授分别代表主办单位致欢迎词。

开幕式结束后，年会进入主题报告环节。国际食物政策研究所原所长、中国农业大学樊胜根教授，北京大学新农村发展研究院院长黄季焜教授，朱晶教授，仇焕广教授，青平教授依次为大会作主题报告。他们分别围绕“全球食物系统峰会的中国方案”“农业经济研究学术前沿及动态变化”“高水平制度型开放下的中国粮食安全：规则约束与目标兼容”“关于粮食安全的几点辨析”和“生鲜农产品电商平台的顾客价值、竞争优势与发展战略的实证研究”等主题展开了深入的学术交流。该环节由李谷成教授主持。

此届年会共收到投稿论文447篇，主题专场申请22个，专场论文95篇，合计542篇。经年会学术委员会评审，共有235篇论文入选口头报告，分设论文专场40个，主题专场20个。会议正式注册代表251人，论文汇报专场主持人和评论人合计103人，涵盖“中国青年农业经济学家论坛专场”“粮食安全”“高维大数据下的农业经济问题研究”等35个研讨主题。此次年会特别面向优秀论文获选者和青年学生设计了大会报告环节，引领和带动更多青年学子力争上游、勇攀高峰。

年会于8月22日下午闭幕。闭幕式由唐忠教授主持。年会学术委员会秘书长、中国人民大学农业与农村发展学院副院长毛学峰作学术委员会工作情况通报。青平教授、朱信凯教授分别代表各自单位作总结讲话。会议期间，参会代表对此次线上线下相结合的新形式给予了高度评价，认为这是一种非常成功且值得推广的学术交流新模式。据了解，此次会议论文投稿与入选数量、参与人数等均创下历史新高，线上累计参与人数达15000余人次。（李谷成，摘自《华中农业大学学报（社会科学版）》2021年第5期）

**【中国行政管理学会2020年会暨“学习贯彻党的十九届五中全会精神　加强数字政府建设　推进国家治理现代化”研讨会】**

2020年11月1日，中国行政管理学会2020年会暨“学习贯彻党的十九届五中全会精神　加强数字政府建设　推进国家治理现代化”研讨会在北京隆重召开。来自全国行政管理学术界的专家学者和国家部委、地方政府部门的代表共260余名出席会议，会员理事和专家学者等近25000名线上参会。

大会开幕式及致辞讲话阶段由中国行政管理学会执行副会长兼秘书长鲍静主持。十二届全国政协副主席、国家电子政务专家委员会主任王钦敏在致辞中指出，数字政府建设将推动政府服务方式向需求驱动转变、治理模式向精准治理转变、决策方法向数据驱动的智能研判型转变、监管形式向联合监管和注重社会协同监管转变，要加快形成数字化、精细化、智能化、科学化的现代化治理体系。中国行政管理学会会长、全国人大常委、全国人大社会建设委员会副主任委员江小涓在致辞中指出，发展数字经济和加强数字政府建设对完成“十四五”各项任务具有特殊的重要意义，要以积极有效的制度和政策促进数字经济发展，利用数字技术更有效调控经济和监管市场，不断提高社会管理和公共服务的数字化水平，同时也要对数字技术的应用进行有效监管。中国建设银行股份有限公司党委副书记、行长刘桂平在致辞中指出，智慧政务是推进“放管服”改革的重要举措，是实现经济高质量发展的重要保障，并介绍了建设银行近年来的数字政府建设情况和下一步努力方向。

主旨发言阶段由中国行政管理学会副会长、中央党校原教育长、全国政协委员罗宗毅主持。国务院办公厅电子政务办公室主任卢向东，国务院办公厅政府信息与政务公开办公室主任向东，中央网信办信息化发展局局长秦海，国家信息中心副主任、国家电子政务外网管理中心副主任周民，江苏省人民政府副秘书长、办公厅主任、参事室主任、江苏省行政管理学会会长谢润盛，广东省政务服务数据管理局副局长高尚省，北京市经济和信息化局党组成员、副局长潘锋，中央党校（国家行政学院）电子政务研究中心主任、国家电子政务专家委员会副主任王益民，清华大学公共管理学院教授、国家治理研究院执行院长孟庆国等围绕"政府数字化转型趋势""数字政府顶层设计""'十四五'数字政府建设规划""政府信息化策略""推进智慧政务战略""深化数字时代的政务公开"等议题进行了发言，为大会提供了思想盛宴。

下午同步举办了四个专题研讨会，每个专题研讨会各有 8—9 位来自实务部门的领导和高校、科研院所的专家学者作专题发言。"数字政府建设与治理变革"专题研讨会由中国行政管理学会副会长、国家机关事务管理局原副局长陈建明主持。复旦大学郑磊教授、中国人民大学李文钊教授担任点评人，山东省行政管理学会会长张述存担任点评人兼大会发言人。"数字经济与政府监管"专题研讨会由中国行政管理学会副会长、国务院参事室副主任赵冰主持。上海市行政管理学会副会长朱春奎教授、《电子政务》副主编宋文好研究员担任点评人，北京师范大学李韬教授担任点评人兼大会发言人。"智慧政务与公共服务创新"专题研讨会由中国行政管理学会副会长段国华主持。江苏省行政管理学会副会长孔繁斌教授、湖南省行政管理学会副会长兼秘书长吴厚庆教授担任点评人，中国人民大学杨开峰教授担任点评人兼大会发言人。"数字社会与社区治理创新"专题研讨会由中国行政管理学会副会长、北京大学政府管理学院常务副院长燕继荣教授主持。中国社会科学网常务副主编李放研究员担任点评人，四川省行政管理学会副会长姜晓萍教授担任点评人兼大会发言人。年会闭幕式由中国行政管理学会副会长、中国人民大学党委副书记郑水泉教授主持。宁夏回族自治区人民政府办公厅副主任李鹏作题为"创新机制强化统筹　推进数字政府建设行稳致远"的专题发言。各专题研讨会的大会发言人代表各专题进行了总结发言。中国行政管理学会副会长、中国政法大学副校长常保国，广东省行政管理学会会长、中共广东省委编办主任潘享清作年会总结。常保国教授提出了行政管理改革应该研究的十个方面的议题，潘享清主任就中国行政管理学会年会的举办和行政管理理论的研究提出了建议。（中国行政管理学会，摘自《中国行政管理》2020 年第 11 期）

**【第九届"公共管理、公共财政与政府会计跨学科研究论坛"暨第十一届"政府会计改革理论与实务研讨会"暨第四届"政府会计 Plus 论坛"】**

2020 年 11 月 14 日，由中国会计学会政府及非营利组织会计专业委员会主办、河南大学商学院承办的第九届“公共管理、公共财政与政府会计跨学科研究论坛”暨第十一届“政府会计改革理论与实务研讨会”暨第四届“政府会计 Plus 论坛”在河南大学召开。会议采用线下和线上相结合方式举行。财政部会计司副司长、中国会计学会秘书长吴祥云，中国会计学会副会长、政府及非营利组织会计专业委员会主任委员、厦门大学党委常务副书记李建发教授，河南省财政厅二级巡视员张建社，审计署审计科研所副所长、审计学会副秘书长刘力云研究员，河南财政金融学院党委书记王雪云教授，河南大学校长宋纯鹏，以及来自全国 20 余所高校、科研院所的专家学者，政府部门、企业单位的代表出席此次会议。

开幕式由教育部高等学校工商管理类教指委委员、河南大学商学院院长王性玉主持。宋纯鹏在致辞中对出席论坛的各位嘉宾表示热烈的欢迎和衷心的感谢。他强调，这届论坛以“新征程、新使命——政府会计改革与新发展”为主题，紧扣我国政府会计改革发展实践需求，理论联系实际，是贯彻落实党的十九届五中全会的重要举措，对进一步深化我国政府会计改革与发展，推进我国政府治理体系和治理能力现代化建设有着重要意义。

吴祥云代表财政部会计司、中国会计学会致开幕词。她简要回顾总结了近年来我国政府会计改革取得的成果，对政府会计标准体系在实施过程可能出现的问题进行了深入剖析，包括政府综合财务报告编制与合并问题、政府财务报告审计与公开问题、政府财务报告的分析应用问题、政府成本会计问题、其他特定业务会计问题等，并强调要持续加强相关领域理论研究，积极建设优良学风，推出优秀科研成果，推动政府会计标准体系的完善和实施。张建社指出，“经济越发展，会计越重要”，会计工作是财政管理工作的基础，深化会计改革、在经济转型和高质量发展中发挥会计的作用，是会计人不断探索和努力实践的重大课题。李建发教授以“国家治理导向的政府会计改革”为题，分析了政府会计、财政、国家治理之间关系，认为全面依法治国战略的实施、国家治理体系和治理能力现代化建设为政府会计改革提供了法治保障；他还从政府会计改革融入国家治理体系、服务现代财政制度建设等角度，深入阐述了如何推进和深化政府会计改革。

开幕式后，由中国会计学会政府及非营利组织会计专业委员会副主任委员兼秘书长、中南财经政法大学财务部长、政府会计研究所所长张琦教授主持，审计署审计科研所副所长、审计学会副秘书长刘力云研究员，华中科技大学孔东民教授，南开大学经济学院马蔡琛教授，《经济研究》编辑部副主任谢谦，河南大学商学院院长王性玉教授分别作了主题报告。

14 日下午，大会分为四个分论坛，通过线下和线上相结合的会议方式对参会论文进行报告与评论。分论坛主题分别为“地方政府债务与公共财政”“国家治理与政府审计”“政府会计 Plus 论坛”“政府会计与非营利组织财务管理”。闭幕式上，浪潮铸远公司总经理、中国高校共享财务专委会秘书长马建军作了题为“大数据在政府会计中应用”的主题发言。中南财经政法大学财务部长、政府会计研究所所长张琦教授对大会进行了总结。（河南大学，摘自 https://news.henu.edu.cn/info/1083/111657.htm）

**【“新时代公共管理知识体系反思与重建”学术研讨会暨《公共管理与政策评论》年度论坛】**

2021 年 1 月 8—9 日，中国人民大学召开“新时代公共管理知识体系反思与重建”学术研讨会暨《公共管理与政策评论》年度论坛。会议由中国人民大学公共管理学院承办。全国政协副主席辜胜阻，中国人民大学校长刘伟、副校长刘元春，中国行政管理学会常务副会长兼秘书长鲍静出席开幕式。会议采取线下和线上相结合的方式。来自清华大学、北京大学、北京师范大学、复旦大学、上海交通大学、厦门大学、武汉大学、中山大学等 30 多所高校的 100 多名专家参加会议。

全国政协副主席辜胜阻在致辞中表示，“中国之治”成就了国际社会都赞叹的经济快速发展和社会长期稳定两大“奇迹”，这在根本上得益于中国特色社会主义制度优势，而政治制度特别是新型政党制度发挥了重要作用。他强调，抗击新冠肺炎疫情是对世界各国国家治理体系和治理能力的一次大考，我国在全球范围内率先控制住疫情，保持产业链和供应链稳定，成为 2020 年唯一实现正增长的主要经济体，彰显了中国之治的显著制度优势。

中国人民大学校长刘伟在致辞中提出，发展具有中国特色的公共管理知识体系需要坚持立足中国实践，深入贯彻习近平新时代中国特色社会主义思想，坚持博采众长，树立全球视野，形成全景式知识结构。他期盼各位专家学者深入探讨新时代中国特色公共管理知识体系，为推进学科建设贡献智慧，为提升国家治理体系现代化和治理能力现代化作出新贡献。

副会长兼秘书长鲍静指出，会议主题“新时代公共管理知识体系反思与重建”具有重要历史意义和现实价值，基于自身文化基因和发展轨迹，是新时代知识体系反思与建构的逻辑基础，这样才能在学习借鉴外来文明中不迷失自己。

在主旨报告阶段，国务院学位委员会公共管理学科评议组召集人、全国 MPA 教指委副主任委员、清华大学苏世民书院院长薛澜教授，中国行政管理学会前执行副会长高小平研究员，国家自然科学基金委员会管理科学部副主任杨列勋，《管理世界》杂志社社长李志军，中国国际发展知识中心常务副主任贡森，国务院学位委员会公共管理学科评议组秘书长、全国 MPA 教指委秘书长、中国人民大学公共管理学院执行院长杨开峰分别发表了主旨演讲。

此次会议还安排了圆桌对话、前沿论坛、平行论坛和《公共管理与政策评论》编委会会议。与会专家围绕公共管理的知识图景、学科框架、基于中国实践的知识体系建构、重构知识体系的基本原则、提升期刊质

量等议题进行了深入研讨和对话。（季哲，摘自《中国行政管理》2021 年第 1 期）

【第十届中美公共管理国际学术研讨会】

2021 年 9 月 25 日，由中国行政管理学会、中国人民大学公共管理学院与美国公共管理学会、美国罗格斯大学纽瓦克校区公共事务与管理学院共同组织的第十届中美公共管理国际学术研讨会在京举行。来自全球不同国家和地区公共管理领域的 500 余名专家学者、师生在线上和线下参加会议。据不完全统计，在线观看开幕式和全体会议的观众达 26.5 万人次。这届会议原定于 2020 年举办，因疫情延至 2021 年。会议主题为“后疫情时代的公共治理”。

中国行政管理学会会长、全国人大常委会委员、全国人大社会建设委员会副主任委员江小涓教授，中国人民大学副校长刘元春教授，中国行政管理学会常务副会长兼秘书长鲍静研究员，中国行政管理学会副会长、北京大学政府管理学院院长燕继荣教授，四川省行政管理学会副会长、四川大学公共管理学院党委书记姜晓萍教授，上海行政管理学会副会长、复旦大学国际关系与公共事务学院朱春奎教授，北京航空航天大学公共管理学院院长蔡劲松教授，天津大学公共管理学院院长傅利平教授等出席开幕式并致辞或发表主旨演讲。美国公共管理学会现任会长艾伦·罗森鲍姆教授、候任会长帕特丽娅·德·兰西·朱尔尼斯教授，中美公共管理国际学术研讨会主要创始人之一、美国公共管理学会前会长马克·霍哲教授，美国罗格斯大学纽瓦克校区公共事务与管理学院院长查尔斯·门尼费尔德教授，美国公共管理学会秘书长威廉姆斯·谢尔兹先生等线上出席开幕式并致辞或发表主旨演讲。开幕式和大会主旨演讲分别由中国人民大学公共管理学院执行院长杨开峰教授及党委书记孙柏瑛教授主持。

江小涓会长简要介绍了中国行政管理学会的基本情况，阐述了中国行政管理学会参与研究中国政府“放管服”改革的研究成果。她指出，在加强国际交流互鉴、促进公共治理创新过程中需要特别重视以下三点：一是如何把现代化社会治理的共性和中国现代化治理的特性结合好，提出具有前瞻性的治理目标建议；二是如何把凝练现代化建设新的理论问题与回应现代化建设的现实问题结合好，为国家治理体系现代化提供学术成果支撑；三是如何把推动科技发展与加强科技治理结合好，促进科技创新造福人类发展与社会进步。

刘元春副校长强调，此届会议的主题切中当前和未来国家治理的核心主题，中国在疫情防控中展现的制度优势和治理效能获得了广泛关注。在全球疫情态势依然严峻的情况下，疫情防控和后疫情时代的国家治理仍有诸多问题亟待研究和解决。他期待此届会议能够通过丰富的研讨和对话，为后疫情时代的公共治理提供更富有创造力和引领性的思想体系、理论框架和行动方案。

艾伦·罗森鲍姆会长表示，此届研讨会的主题与今天美国乃至世界的现实情况息息相关，后疫情时代公共治理的重要意义更是不言而喻。他认为，要了解后疫情时代的公共治理，应以史为鉴，考虑公共治理在世界各地的具体情境及其对公众、社会的巨大影响。他指出，科学技术的发展、政府与更多部门之间的协同合作、弱势群体的权利等议题，在后疫情时代尤其需要全球公共管理学者的聚焦与关注。

马克·霍哲教授指出，20 年来，中美公共管理国际学术研讨会的许多参与者都成为了两国公共管理领域的重要支柱，双方之间良好的伙伴关系不断发展。为此，感谢中国行政管理学会和中国人民大学公共管理学院的支持和坚持。他表示，研讨会有助于为相关机构和人员赋能，搭建交流互建的平台，推动公共管理信仰和价值观的传播，对公共福祉具有重要意义。

查尔斯·门尼费尔德院长指出，研讨会会集来自中、美以及世界各国的优秀学者和研究论文，彼此间的交流对所有人都大有裨益。此次会议的主题“后疫情时代的公共治理”，也体现了当前世界和公共管理需要关注的问题。他认为，世界各地的政府官员、学者应做好准备，积极应对、携手合作，共同面对后疫情时代的公共治理。

中美公共管理国际学术研讨会自 2002 年举办首次会议以来，迄今已成功举办了九届，不仅是中美公共管理领域学术交流的重要平台，也是国内公共管理领域参会人数最多、层次最高的学术会议之一。

此届中美公共管理国际学术研讨会会期 3 天（含 9 月 24 日举办的一场超级分论坛），除开幕式、全体大会以外，共设立 12 场超级分论坛（主题包括：“人口老龄化背景下多支柱养老金制度改革的国际经验”“推进高质量发展的政绩考核”“性别与公共治理：女性、家庭和公共政策”“全球公共管理学院院长论坛”“英文期刊主编论坛”“后疫情时代城市韧性治理”“中国治理的政策过程工作坊 2021”“应对全球疫情中社会治理的作用和机制”“CPAR 公管新秀论坛”“城市内涝与应急管理”“统一城乡土地要素市场”“中国政策试点与示范”），22 场平行分论坛（主题包括：“疫情防控与公共治理”“‘放管服’改革与政府治理转型”“科技创新与公共政策”“疫情防控与政府能力”“地方治理与公共政策”等）。

来自不同国家和地区的公共管理领域内的专家学者和在校师生，以中文、英文和中英文相结合的形式，围绕“后疫情时代的公共治理”展开学术交流。此次会议上，围绕后疫情时代的公共治理进行深入研究和广泛研讨，有助于深化公共管理学科的相关研究，并为政府决策和政策执行提供理论依据和经验启示。（纪哲，摘自《中国行政管理》2021 年第 10 期）

**【“如何构建中国场景的案例研究”青年研讨会】**

2021 年 11 月 10—11 日，“如何构建中国场景的案例研究”青年研讨会在苏州大学举行。此次会议由《公共管理学报》《公共管理评论》共同举办，苏州大学政治与公共管理学院承办。会议以“如何构建中国场景的案例研究”为主题，旨在与公共管理学者深入探讨中国场景案例研究的方法论和论文写作实践，促进我国公共管理学科案例研究水平的提升。此次会议采用线上线下结合、全网直播的形式，全国相关研究领域的青年专家学者 50 余位与会。线上参会人数 9220 人，线上观看人数逾 2 万人次。

会议开幕式由苏州大学政治与公共管理学院院长谢岳主持。苏州大学人文社科处处长于毓蓝代表苏州大学人文社科处向专程出席会议的各位专家表示热烈欢迎。她表示，此次会议主题意义重大，从服务国家发展、服务地方需求、服务科研成果需求出发，新文科发展需要大力推动包括案例研究在内的实证方法来契合当前需要。清华大学公共管理学院常务副院长、《公共管理评论》副主编朱旭峰受中国专业学位案例建设专家咨询委员会主任委员、清华大学公共管理学院院长江小涓委托，代表案例建设专家咨询委员会、清华大学公共管理学院以及《公共管理评论》对会议召开表示热烈祝贺。他指出，对于中国公共管理学界来说，研究中国问题、讲好中国故事、提出中国方案、贡献中国智慧正当其时，要充分发挥案例研究作为重要研究方法和教育教学资源的重要作用。

哈尔滨工业大学经济与管理学院教授、《公共管理学报》主编米加宁发表了题为“怎么做一个好的实证研究”的引导性发言。米加宁指出，规范研究与实证研究两种分析方法产生的两个世界分别为理论世界与真实世界；规范研究旨在解决“这个世界应当如何”的问题，是一种价值判断；实证研究则旨在解决“这个世界为什么如此”的问题，是一种事实判断。两者之间不可通约，两个世界之间不应出现“循环论证”。他认为，目前学界对于方法的运用存在一定随意性，存在规范研究与实证研究混用的现象，公共管理的案例研究应当建立在实证研究之上。米加宁还对社会科学的实证研究起源及发展历程进行了梳理。他指出社会科学的研究对象要远远复杂于自然科学，因此社会科学的实证研究不应一味向自然科学看齐。最后，米加宁指出，公共管理专业未来可以从人类学、大数据方法和伦理学三个方向深化实证研究。

清华大学公共管理学院长聘副教授、《公共管理评论》副主编兼编辑部主任梅赐琪发表了题为“真相还是意义：辨析案例研究的目的”的引导性发言。梅赐琪以瓦努阿图的“货物崇拜教”为切入点讨论了人类认识论困境问题。梅赐琪认为，无论是采用名进实退的证伪路径，还是走名退实进的深描路径，如果案例研究的目标是寻求真相，那么它都有可能和“货物崇拜教”一样无法有效地摆脱认识论困境。梅赐琪阐述了将意义构建作为案例研究目标的另一种可能性。他认为明确案例研究的意义构建功能可能会更有效地让研究者明白研究的局限：如果“瓦努阿图”不可告别，不如与它相向而行。

在主报告与交流环节，三位主讲人分别结合自己近期在《公共管理学报》发表的三篇高水平案例研究论文进行了研究经验分享。其中，华侨大学政治与公共管理学院教授侯志阳作了题为“如何发问：中国场景公共管理案例研究的困惑”的报告，中国矿业大学（北京）文法学院教授谭爽作了题为“找寻，挖掘与叙事：一篇中国案例研究论文的诞生”的报告，苏州大学政治与公共管理学院副教授李慧凤作了题为“如何将‘好故事’升华为‘好理论’？案例研究写作过程中的困惑与体会”的报告。

此次研讨会在两天的时间共设有两轮共八组主题讨论及自由主题发言环节。八组主题分别是：（1）案例研究的特殊性与普遍性的关系是什么？（2）案例研究能否产生理论输出，进而与原有理论对话？（3）怎样理解西方公共管理理论的标杆作用？（4）是不是中国案例、中国故事就是中国方案？就能构建中国理论？（5）我们的案例研究为什么写得无趣？可读性不强？（6）案例研究作为一种实证研究，它与定量研究、规范研究的关系是怎样的？（7）怎样解决理论与案例两张皮的问题？（8）我们的案例研究是否缺少理论的想象力？在自由主题发言环节，中国海洋大学李辉、福建师范大学张翔、复旦大学胡业飞、中央民族大学李健、南开大学锁利铭、中国人民大学张楠迪扬、南开大学凌争、清华大学蒙克、清华大学孟天广、湖南大学何韵共10位青年学者先后发言。

研讨会聚焦案例研究问题，讨论范围广，讨论程度深，引起了学界广泛关注。（《公共管理评论》编辑部，摘自《公共管理评论》2021年第4期）

**【2021《旅游学刊》中国旅游研究年会】**

由华东师范大学和北京联合大学主办，华东师范大学经济与管理学部、北京联合大学旅游学院和《旅游学刊》编辑部承办，上海市文化和旅游局指导，绿地旅游研究院协办的“2021《旅游学刊》中国旅游研究年会”于2021年11月13日在上海开幕。此届年会首次采用线上线下同步举办，三万余名旅游学界和业界人士齐聚云端参加此次学术盛会。会议以“新阶段、新理念、新格局中的旅游与旅游研究”为主题，讨论新时代背景下旅游研究的前沿理论与我国旅游产业实践的焦点问题，以期促成具有引领性的中国旅游研究成果，探索面向未来的中国旅游产业与旅游学科发展之路，凝聚旅游学人之力，服务国家和社会的发展。

上海市文化和旅游局副局长程梅红，华东师范大学副校长雷启立教授，华东师范大学经济与管理学部学术委员会主任、复旦大学经济学院袁志刚教授，绿地酒店旅游集团总经理李瑞忠，华东师范大学工商管理学院院长冯学钢教授，以及华东师范大学旅游与会展系师生参加开幕式。《旅游学刊》60余位编委，来自北京大学、复旦大学、中山大学等全国高校的三万余名师生代表，通过网络会议与线上直播方式参加了大会。开幕式由华东师范大学工商管理学院院长冯学钢教授主持。华东师范大学副校长雷启立，上海市文化和旅游局副局长程梅红，北京联合大学旅游学院常务副院长、《旅游学刊》主编严旭阳教授分别致辞。

袁志刚教授发表了题为“生产要素配置效率与共同富裕”的主旨演讲。首先，他基于系列统计数据提出，收入差距扩大是当今世界人类面临的共同挑战，造成贫富差距的原因除了市场经济激励机制、产业链全球化、垄断性权力、过度金融化、人口老龄化等共性原因，还受到各国不同的政治、税收、财政支出制度的影响，特别是公共产品的结构性变化，会显著影响一个国家的收入分配，也必然会对经济的可持续发展与社会安定造成严重的冲击。其次，他认为要将中国经济做大蛋糕的基础建立在提高生产要素配置效率与高质量就业之上；要坚持优化生产要素的配置效率，促进要素确权和要素流动；就业是民生之本，坚持中国的劳动力比较优势，争取全球产业链在中国布局，促进劳动力进入服务业，实现劳动力充分就业。最后，他提出公共产品均等化是共同富裕的关键环节，是当前中国推进城市化、区域一体化的最大障碍，建议在朝着共同富裕的目标迈进的过程中，给出中国特色的收入分配制度。

北京大学考古文博学院教授、云冈研究院院长杭侃作题为“文旅融合与云冈景区发展”的主旨报告。他首先介绍了世界文化遗产云冈石窟的建造与发展历史、文化意义与遗产价值。他指出，云冈石窟是东方早期石窟的经典作品，对于经典之作，需要保护好、研究好、阐释好、传播好、感悟好。他以云冈部分洞窟的保护性修复与云冈博物馆为例，介绍了云冈石窟文旅融合的做法与经验，也指出云冈景区发展在管理体制与经营机制、旅游交通设施与城市公共服务、文旅品牌建设与市场营销、市场认知与游客体验等方面存在的问题。他认为，云冈景区应该通过从景点、景区到目的地的转变，建设新的雁北文化高地，谱写云冈文化的宏图愿景。

《旅游学刊》执行主编、北京联合大学旅游学院特聘教授张凌云作题为“国家文化公园创建的探索——以黄河国家文化公园为例”的主旨演讲。他在演讲中指出，目前我国的国家公园基本沿袭美国以自然资源为主的国家自然公园，而“国家文化公园”处于创建和探索阶段，尚未被纳入国家公园体系范畴，因此建议创新中国国家公园体系，分为国家自然公园和国家文化公园两大系列，分别由自然资源部、文化和旅游部归口管理。他探讨了国家文化公园的概念与价值，并以黄河国家文化公园的创建和治理为例，提出黄河国家文化公园应该成为高质量发展与文旅深度融合的示范区，在资源保护的基础上利用和开发，强化旅游产业功能，通过旅游业传播与传承中华传统文化。

四川大学旅游学院杨振之教授作题为“旅游疗愈：游客生命质量提升与旅游业的高质量发展”的主旨报告。他首先提出，旅游业高质量发展内涵的两个维度，一是旅游产品和服务的高质量，二是游客体验的高质量，尤其是后疫情时代，旅游是否能提升游客的生命质量成为旅游业满足民众健康需求关键问题。他提出了“旅游疗愈”的概念，认为游客通过亲身参与非医药干扰的旅游活动与愉悦、放松、畅爽等情景式体验，能对其生理、心理、社会健康等产生一定的疗愈作用。他介绍了正在海南开展的候鸟旅游者实证研究与王岗坪应用案例，阐述了用多学科交叉的混合方法来开展特定旅游环境 / 场景下的实验观察、干预实验、模拟实验，量化解释度假旅游对游客生命质量在不同方面健康的提升效果。最后，他总结了旅游疗愈研究的理论价值与社会意义，认为旅游疗愈是推动旅游高质量发展的重要推手，旅游的疗愈功能提升了人的生命质量，最终回到人的存在价值。

李瑞忠作题为“绿地酒店旅游集团的创新思考与实践”的主题报告。他介绍了绿地酒店旅游集团作为绿地控股集团有限公司的全资子公司的酒店、旅游、会展三大业务板块，总结了该集团在过去发展历程中的经验：国际酒店品牌的严苛合作条件倒逼出多元自有品牌、地产主业的波动性压力成就了轻资产发展模式、互联网时代的市场巨变催生了服务渠道一体化的战略、国内行业的内卷化竞争助力海外轻资产发展步伐。对于未来的创新发展，李瑞忠提出要聚焦高质量发展、存量挖掘与综合能力提升，着力提高业务运营能力、企业品牌能力、组织管理能力、行业链接能力。

在开幕式结束之后的一天半时间里，年会设16个、28场平行论坛，是自2011年《旅游学刊》中国旅游研究年会创办以来，分论坛场次与汇报人数最多的一次。主题分别为：“双循环”新发展格局与旅游业再出发，红色旅游与国家认同，旅游大数据预测与决策，旅游休闲城市与特色街区，乡村旅游与乡村振兴，区域文旅一体化与城市群发展，在线新文旅与智能服务，会展与体育赛事旅游，旅游经济理论前沿与创新，旅游地理研究传统与转向，旅游、休闲与社会进步，遗产保护与遗产旅游，旅游创新与新业态，游客行为与旅游新消费，水上旅游与岸线资源开发，旅游教育与学科未来。（华东师范大学经济与管理学部，摘自 https://www.ecnu.edu.cn/info/1094/58753.htm）

# 学科建设

# 中国社会科学院大学商学院管理学科建设

## 一 学科与专业动向

中国社会科学院大学商学院是在中国社会科学院党组领导下，在中国社会科学院财经战略研究院、工业经济研究所、数量经济与技术经济研究所支持下，融合中国社会科学院大学财经系、工业经济系、数量经济与技术经济系的相关工商管理学科而创立。学院拥有会计学、企业管理、技术经济及管理、旅游管理、人力资源管理等5个博士学位点、5个学术型硕士学位点和工商管理、会计2个专业硕士点，以及财务管理本科专业。

学科相关期刊包括《经济管理》（月刊，中国社会科学院工业经济研究所主办）、《数量经济技术经济研究》（月刊，中国社会科学院数量经济与技术经济研究所主办）、《财经智库》（中国社会科学院财经战略研究院主办）和《问题与对策（内刊）》（中国社会科学院工业经济研究所主办）。

学科主要研究方向有以下几个方面。（1）战略管理，组织管理，人力资源管理，数字化商业模式，研发与知识管理，生产与技术管理，国有企业改革，企业社会责任与企业文化等。（2）跨国公司成长理论与世界一流企业发展，数字经济时代的跨国公司，国际创业与企业家精神，跨国并购，跨国公司母子公司管理体制，全球生产网络与跨国公司治理。（3）创新战略与管理，高技术产业发展，创新链安全与全球创新网络，数字技术与商业模式创新，平台战略与技术创新，创新政策与科技规划，中小企业和创业等。（4）企业税负，企业成本，兼并与收购，财务分析，绩效评价，智能财务信息披露，资本市场等。（5）技术经济理论与方法，可行性研究与技术经济论证，技术进步（全要素生产率）与经济增长，技术创新等。（6）科技规划与科技政策，数字经济与网络信息技术，信息化理论与政策、产业技术经济评价和大数据分析和创新评价系统等。（7）能源技术经济学，资源区域经济学，环境经济政策模拟及环保产业发展，可持续发展与环境研究，能源规划与战略研究、循环经济等。（8）旅游与现代服务业，旅游与休闲发展研究，旅游经济管理，旅游市场营销等。（9）人力资源开发与管理，人力资源战略管理等。

## 二 科研团队与成果

管理学科人才梯队建设较为合理，研究人员年龄结构、职称结构和知识结构较为科学，对进一步推动技术经济及管理学科建设发挥较好的保障作用。团队研究实力雄厚，具有丰富的教学与研究经验。目前，学院共有教学科研人员 80 人，其中博士研究生导师 25 人，硕士研究生导师 31 人。

2019 年以来，学科科研团队在《中国社会科学》《管理世界》《数量经济技术经济研究》《财贸经济》《旅游学刊》等国内顶级和权威刊物发表论文六十余篇，CSSCI 核心期刊论文四百余篇、一般期刊论文三百余篇；出版专著四十余本、研究报告三十余本；报送内部研究报告五百余份；发表“三报一刊”《人民日报》《光明日报》《经济日报》和《求是》理论文章六十余篇；出版论文集十余本，普及读物、工具书、译著、译文合计达十余本（篇）。共获得三十余项省部级、院级奖励。团队成员主持和参与国家自然科学基金、国家社会科学基金、科技部、国家发改委、中国工程院、中国社会科学院交办项目等百余项。

## 三　教学与课程创新

学院实行导师负责与集体培养相结合的办法，针对每位博士研究生和硕士研究生的培养需要，由 3—5 名本专业和相关学科专业的专家组成指导小组，由该生的导师任组长。在研究生培养过程中，合理安排课程学习、社会实践、科学研究、学术交流等环节，优化知识结构，夯实专业理论基础。充分发挥研究生的主动性和自觉性，教学方式以启发式、研讨式为主。严格考试、考核制度，建立健全必要的竞争和淘汰机制，提高研究生的培养质量。

学院在 2021 年修改了各二级学科研究生培养方案，在传统课程的基础上新增加了一些前沿和文献阅读课程。目前主要开设了管理学定量研究方法、管理学质性研究方法、计量经济学（中级）、管理经济学、技术经济学、战略管理、创新管理、跨国公司理论、企业组织行为学、人力资源管理、人力资源培训与开发、技术经济与管理、旅游管理、旅游经济学、员工福利与管理、服务管理与创新、企业社会责任、组织变革理论前沿、技术经济学前沿等专业基础课和专业课。由各专业带头人和中青年骨干老师面向博士研究生和硕士研究生授课，既系统讲授相关基础理论，同时也注重前沿文献研读、案例分析和实证方法等。

另外，学院组织科研教学团队参与到学科专业主文献制度建设项目中，按照“权威、核心、前沿”的原则，企业管理学科主文献资料库确定了 70 余篇（部）经典文献和前沿文献，会计学科主文献资料库确定了 60 余篇（部）经典文献和前沿文献。

## 四　人才培养与社会效益

1. 人才培养

学院现有在校学生 682 人，其中博士研究生 178 人、硕士研究生 418 人、本科生 86 人。

学院旨在培养思想品德优秀、专业能力过硬的高素质人才，要求学生能够掌握马列主义、毛泽东思想、邓小平理论以及习近平新时代中国特色社会主义思想，热爱祖国，遵纪守法，品德优良，学风严谨，积极为社会主义现代化建设及中华民族伟大复兴而努力奋斗。掌握经济学基础理论，具有扎实的管理学理论基础和深入系统的企业管理专业知识；具有较强的分析能力和社会实践能力；深入了解所从事研究方向的历史、现状和国内外发展动态；具有独立工作和从事科研与教学的能力；能取得创造性研究成果。

2. 学术交流平台搭建

2019 年以来，学院不断加强各专业学位点的建设，借助《经济管理》《数量经济技术经济研究》《财贸经济》等期刊编辑部、中国企业管理研究会等平台，共举办相关领域的高端学术论坛及研讨会五十余场，坚持产学研相结合、本硕博一体化的培养方式，为学生提供多层次、宽领域的学术交流平台，引导学生积极参与学术研讨，启发研究思路。通过这些学术活动，能够为学生把握当前学术界关注的趋势、前沿议题和研究方法，将最新研究成果转化为优质教学资源，帮助学生选准研究方向，收到了很好的教学效果。

另外，学院充分利用中国社会科学院的广泛社会调研基础，形成丰富生动的案例数据库，将招商局、中国化工等大型国企，阿里巴巴等互联网企业，华为、金科集团、振烨集团等大型民企的企业案例融入教学中，丰富教学内容。

3. 人才去向与社会评价

该学科就业率 100%，学生就业发展情况良好，为我国经济社会建设输出优秀人才，多名研究生已经在相关部门担任重要岗位。

（撰稿人：赵静怡、林森、王蕊）

# 清华大学经济管理学院工商管理学学科建设

## 一　学科背景

清华大学工商管理学科的建设单位是清华大学经济管理学院。学院成立于 1984 年，以“创造知识，培育领袖，贡献中国，影响世界”为使命，以“成为世界一流的经济管理学院”

为愿望，以“正直诚实、敬业尽责、尊重宽容”为核心价值。38 年来，清华大学经济管理学院在人才培养、科学研究、社会影响、国际交流等方面保持国内领先水平，并为建设世界一流的经济管理学院而不断努力。

清华大学工商管理学科的定位是根植中国、面向世界、追求真理、崇尚科学。清华大学工商管理学科的建设为中国经济和社会的发展做贡献，为在世界范围内产生影响而努力。学科建设既崇尚思想和理论，又注重实践和行动，并通过加强智库建设，扩大社会影响，为企业、高校 / 研究机构、政府以及非赢利组织等培养有潜力的、未来的管理者、研究者和领导者。

工商管理学科在人才培养中强调为国家战略服务，加强社会主义核心价值观教育，将学术诚信、职业规范、商业伦理与企业社会责任落实到培养方案之中，创新“环境—社会—治理”（ESG）教育。MBA 项目致力提升国际影响力，加强与美国 MIT 斯隆管理学院、法国 HEC 等国际顶尖院校的合作，深化 MBA 学生科技创新知识和全球胜任力的培养。管理硕士项目积极提升国内国际声誉，提高国际生源的申请数量和质量，继续加强国际合作，建设好高水平双学位项目。清华大学—新加坡管理大学首席财务官会计硕士双学位项目和清华大学高级财务管理与大数据硕士项目持续优化课程体系和教育方式，服务国家“一带一路”倡仪、粤港澳大湾区战略、大数据发展战略，培养高水平、高层次复合型的专业人才。EMBA 项目依托清华大学的资源优势，加强科技创新和产业转型的支撑，产业领袖、科创英才、金融科技三大模块助力领袖培养，提升 TIEMBA 的国际影响力，稳居国际同类项目前列。博士项目强调提升人才培养的学术质量，坚持高水平学术就业，为国内高校工商管理学科建设高水平师资队伍贡献生力军，并成功为国外名校提供师资，国际影响力进一步上升。

## 二　学科建设亮点与成效

清华大学工商管理学科的建设亮点主要是以下三个：坚持为国育才、引领学科发展、创新创业教育。

第一，坚持为国育才。清华工商管理学科坚持中国特色世界一流大学建设目标方向，为服务国家富强民族复兴人民幸福贡献力量。守初心、担使命。学科建设坚持培养志存高远、追求卓越、掌握现代工商管理理论和方法的学生。

第二，引领学科发展。清华工商管理学科始终把学科建设发展与服务国家发展、同行共同进步等作为自己义不容辞的社会责任。学科通过高水平的学术研究提供智库支持，与同行汇聚一起，讨论新时代工商管理学科的建设并付诸行动。

第三，创新创业教育。清华工商管理学科一直坚持把领先的创新创业教育作为重要特色，发挥清华大学工商管理学科和其他学科融合的优势。依托该学科建设的清华 x-lab 是清华大学新型创意创新创业人才教育平台引领国际范围的创新创业教育。

清华工商管理学科建设的突出成效和贡献有：

第一，践行高水平的人才培养。在人才培养方面，清华大学工商管理学科在国际一流的专业人才培养项目群、高水平学术就业的博士人才培养项目、领先的创新创业教育、针对中国文化和管理实践的教材建设上取得突出成绩。学科在多个教学项目上培养了多层次的国际化优秀人才。毕业的博士生去国内双一流高校和海外高水平研究大学就业的比例持续走高，博士生在读或毕业后有多篇论文发表于国内外顶尖期刊如 *Academy of Management Journal, Review of Accounting Studies* 和《管理世界》《经济研究》等。

第二，贡献影响力的学科成果。2019 年以来，清华大学工商管理学科承担国家自然基金委重大项目子课题、国家社科基金重大项目、国家自然基金委重点项目、国家重点研发计划项目多项。研究成果多次获奖，包括高等学校科学研究优秀成果奖（人文社会科学）一等奖。清华大学工商管理学科多位教师入选爱思唯尔中国高被引学者。学科推动我国商学院共同成立 C9+ 商学院联盟；举办教育部领导参加的“新时代经济管理学科建设论坛”；通过“清华大学工商管理案例大赛”掀起管理案例探讨研究、实践学习的热潮；在《清华管理评论》年度的管理创新高峰论坛上邀请国内外一流学者、前沿企业家共聚一堂，分享管理真知。

第三，率先可持续的双创教育。清华 x-lab 成立 9 年来，以培养学生三创能力为主旨，累计入驻创意创新创业不同阶段的项目团队 1700 多个。2019 年 10 月，清华 x-lab 在培团队“清航装备”获得第五届中国“互联网 +”大学生创新创业大赛总决赛冠军；由国家发改委委托中国科协开展的 2019 年全国双创示范基地第三方评估结果发布，清华大学双创示范基地在此次评估中总分第一，清华 x-lab 在其中发挥了重要作用。近年，清华 x-lab 围绕实现联合国可持续发展目标的大规模挑战性学习实践活动——SDG 开放创新马拉松挑战赛获得国内外好评。

## 三　社会服务

长期以来，清华大学工商管理学科在社会服务中展现奉献和担当。

清华大学工商管理学科参与重大政策制定和执行，多篇报告获得中央和省部级领导批示，特别是在数字经济、创新创业、体育产业、资本市场等多个领域为各级政策制定提供智库支持。

2020 年年初的新冠疫情开始后，清华大学工商管理学科积极开展公益性的经济管理在线教育和论坛，助力全民抗疫，在“学习强国”推出“清华经管说”，聚焦企业复工复产面临的各类难题。

清华大学工商管理学科一直强调社会担当，以各种形式服务社会发展。学科鼓励校友参与甘肃兴华基金、社会公益、创新创业等活动，践行清华经管人的社会责任。学科非常重视文化传承创新，招募校友导师，邀请校友走进各个培养项目的课程，分享社会认知、人生经验与职业发展，引导学生树立正确的人生观和价值观，树立正确的成长意识，了解行业前沿知识与实务经验。

清华大学工商管理学科还接受国家委托，为国家经济发展培养新时代高层次战略型企业家，比如中央企业领导人员经营管理培训班和新时代民营企业家培养计划。

清华大学工商管理学科重视“讲好中国企业故事”，以清华经管学院中国工商管理案例中心为依托，推动我国工商管理案例教学水平提高，向哈佛案例库、毅伟案例库的案例投稿数量质量双提升，让中国工商管理案例中心成为展示中国工商管理学者撰写的中国企业故事的具有国际影响力的平台。

（撰稿人：李纪珍）

# 中国人民大学工商管理学科建设

## 一　学科介绍

中国人民大学工商管理学科对应教育部一级学科工商管理（代码 1202），下辖二级学科会计学（代码 120201）、企业管理（含财务管理、市场营销、人力资源管理，代码 120202）、技术经济及管理（代码 120204）。中国人民大学工商管理学科是新中国工商管理教育的奠基者，全国工商管理学科最早的博士、MBA、MPAcc 专业学位人才培养单位。

该学科定位于“贡献中国管理智慧、培养全球领袖人才”，始终站在国家经济建设和改革发展前沿，创新研究、积极探索中国企业面临的重大理论和实践问题，努力构建扎根中国实践、具有全球视野的工商管理理论，建设“最懂中国管理的世界一流工商管理学科”。

该学科 2017 年入选教育部“世界一流学科”第一轮建设名单，2022 年以优异成绩继续入选第二轮建设名单；2017 年在教育部第四轮学科评估中获评最高等级 A+ 级，持续领跑国内工商管理学科；2018 年在全国首次专业学位评估中会计专业学位（MPAcc）获评 A+ 级，是全国唯一同时获得工商管理学科整体评估 A+ 及会计专业硕士 A+ 的学科；该学科工商管理、会计学、财务管理、人力资源管理、贸易经济、市场营销六个专业入选“双万计划”国家级一流本科专业建设点。

## 二　学科特色

1. 开创面向数字经济的新发展局面

面向全球第四轮产业革命与中国在多个领域全球领先的数字经济所带来的理论创新机会，2019 年在各主要工商管理学科中首个确立“数字化转型与组织重构”为整个学科建设的战略焦点，并于 2022 年进一步调整为“促进数字化转型，助力世界一流企业建设”，引领工商管理在数字经济领域的科研与教学。

2. 保持案例研究与案例教学持续优势

开创了中国特色的工商管理案例研究论坛，连续 15 年持续举办中国企业管理案例与质性研究论坛，已建设成为全球规模最大、国内公认水平最高的工商管理案例与质性研究平台。推进了原创本土企业教学型案例的各项创新工作，在传统案例之外，研发了微案例、重点案例、粗案例、在线多媒体案例等新形式；近五年新立项 130 项，已有 48 篇案例获评“全国百篇优秀管理案例”，2 篇获评“全国 MPAcc 优秀教学案例”，入库案例总数超过 390 篇，国内名列前茅。

3. 涵养国际领先的人才培养模式

MBA 项目于 2017 年通过中国高质量工商管理教育认证，MPAcc 项目于 2018 年度获国家级教学成果一等奖；2019 年该学科启动全面提升国际性五年行动方案，2022 年开办首个跨三大洲的管理学三学位本科项目。

## 三　科研团队与成果

近五年，中国人民大学商学院（以下简称“商学院”）年均纵向项目立项经费 700 余万元，2021 年纵向项目立项经费达近 1200 万元，其中国家自然科学基金项目的立项数量及立项总金额为近五年最高。近五年主持 8 项国家级基金重大或重点项目，坚定理论自信，创造性地开发了基于马克思劳动价值论的会计宏观价值指数，提出了社会再生产中的流通职能与劳动价值论，设计了面向国际趋同的国家统一会计制度优化路径，并积极探索中国产业供应链现代化发展模式、总结消费者在线行为模式、构建组织平台化转型适应理论、研究中国企业裂变式发展重大问题。

商学院近五年在工商管理顶级中文期刊上年均发文 8 篇以上，其中在《管理世界》上发表的高水平论文数量在全国各学院中名列前茅。商学院国际学术影响力持续提升，在德克萨斯大学达拉斯分校收录的 24 本顶级经管类期刊（UTD24）上发表论文增速较快，“十四五”期间在 UTD24 上发文数量是“十三五”期间的五倍。

## 四　课程创新

该学科点始终重视课程方案设计与教学质量，形成了“基础方法课、专业方向课、特色前沿课”三位一体的课程培养体系，充分整合优质师资，邀请海外优秀学者加入授课队伍，提高全英文课程比例，系统地锻炼硕士研究生和博士研究生的学术能力与国际交流能力。所有二级学科专业均开设主文献研读课，并结合大数据分析、编程软件使用、专题前沿课等特色课程，将定量研究和定性研究充分结合，多门课程采用案例教学，积极引导硕士研究生和博士研究生扎根中国实践，深入企业调研，选择具有现实意义与应用价值的研究方向，将论文写在中国大地上。

在课堂教学基础上，加强对研究生的培养与考核，推行“导师组”“主副导师”制度，促进各师门读书研讨。各学系为研究生搭建海外访学与合作研究平台，邀请来自哈佛大学、哥伦比亚大学、剑桥大学等境内外一流高校的学者开办学术工作坊，同时也将学术讲座参与次数纳入课程考核要求，进一步加大对硕士研究生和博士研究生的科研训练力度。

## 五　人才培养

本科项目完成新一轮培养模式的重大改革，强化素质教育，推行学分制管理模式，学生根据兴趣自主选择专业，获得更宽阔的成长空间和更多的课程选择。通过实施“通识教育 + 个性化”培养相结合的人才培养模式，全面提升通识教育水平，通过院内外优秀师资开设通识教育课程；同时加强个性化培养，与和君商学院、TalkingData、慧科集团、德勤合作，开设了若干面向数字经济的大数据方法培训项目，助力学生成为适应数字化转型浪潮的新型人才；共同开发“社会企业家精神培养计划”，提高英文课堂的比例，鼓励更多学生出国交换。

硕博项目牢固确立学术型高水平人才培养目标，推行硕博直通一贯制培养模式，积极参与学校研究生院的招生改革，2019 年作为全校首批“哲学社会科学直博培养改革”试点学院，率先探索并推行直博生培养模式。大力鼓励参与研究生科研基金项目和拔尖创新计划项目，锻炼独立研究能力，每年入选拔尖创新计划项目的博士研究生人数位列全校第一。

通过聘请海外客座教授、设立公派联培专项奖学金、配套国际学术会议资助等措施，积极支持研究生参加国际学术交流，拓展国际视野，提升国际学术水平，与新加坡管理大学会计学院合办双学位博士项目。近三年，博士研究生申请国家留基委公派联合培养资助通过率达到80%以上，获得国家留基委、校级、院级联合培养资助的博士研究生年均30余人。

该学科始终坚持为党育人、为国育才的培养使命，大力引导博士研究生高校教职就业，为国家和社会输送优秀的学术研究人才。通过有效的学术基础训练，博士毕业生前往科研岗位就职比例达到60%以上，其中就职于中山大学、南京大学、哈尔滨工业大学、四川大学、湖南大学、对外经贸大学、中央财经大学等“双一流”高校教职博士毕业生年均10余人。同时也有大批优秀博士毕业生就职党政机关重要部门、国企管理岗位等。

（撰稿人：叶康涛、邓子梁）

# 南京大学工商管理学科建设

## 一　学科介绍

南京大学工商管理学科起源于1902年三江师范学堂的商科，以周三多为代表的老一辈管理学家，以赵曙明、陈传明教授等为代表的第二代早期海归学者，以及近期涌现出的新生代领军人才，经过代际传承，形成一支高水平师资队伍。下设工商管理系、会计学系、营销与电子商务系、人力资源管理学系4个系，同时设有整合全院研究力量的企业战略研究所、人力资源战略研究所、品牌与服务管理研究中心、南京大学会计与财务研究院等研究机构。这些系所承担了5个本科专业（工商管理、会计学、财务管理、电子商务、市场营销）、2个硕士点（企业管理、会计学）、1个国家一级学科博士点（工商管理）、4个二级学科博士点（企业管理、会计学、技术经济与管理、人力资源管理）的教学与科研工作。企业管理2002年获评为国家重点二级学科，工商管理一级学科于2003年获评为江苏省重点学科，2011年获评为江苏省优势学科，会计学二级学科于2003年获评为江苏省唯一的会计学省级重点学科。工商管理在2016年教育部第四轮学科评估中获评A级。

该学位点共有教师101名，其中教授42名、副教授25名。全院超过98%的教师在国内外知名学府获得博士学位。他们在管理理论、人力资源管理、企业战略与组织、技术创新、市场营销、会计学以及财务管理等领域开展了大量有价值的科学研究，在学术界产生重要影响。

## 二 学科特色与进展

近年来，南京大学工商管理学科积极响应国家战略新兴产业发展规划和江苏经济社会发展的需要，坚持立德树人，聚焦学科内涵发展。针对中国经济转型实践中资本市场、产品创新、互联网平台等重大基础性管理问题，探究解决问题的方法和思路，揭示组织变革的演变规律，向世界展示了中国企业独特的变革实践、领导行为与国际化能力。该学科以 2 个国家级 2011 协同创新中心（评估优良）、1 个江苏高校协同创新中心（参与）为依托，在团队建设、科研成果产出、国际交流与合作以及社会服务贡献等方面取得了丰硕的成果。

团队建设方面，该学科现有教育部“长江学者奖励计划”特聘教授 3 人，“长江学者奖励计划”青年学者 3 人，国家“万人计划”3 人，国家优秀青年科学基金项目获得者 3 人，国务院学位委员会第八届学科评议组成员 1 人，专业学位研究生教育指导委员会委员 3 人，本科教指委委员 2 人，“新世纪优秀人才支持计划”4 人，“百千万人才工程”1 人，“马工程”首席专家 1 人，财政部“会计名家培养工程”2 人。

科研成果方面，2019 年以来该学科教师以第一作者或通讯作者在国际顶级期刊 UT Dallas24 发表论文 23 篇，实现高质量论文发表在数量和质量上的“双提升”。积极申报国家级课题，该学科新增获批国家社会科学基金重大项目 2 项，国家自然科学基金重点项目 3 项，获得高等学校科学研究优秀成果奖（人文社科）二等奖 1 项，江苏省哲学社会科学优秀成果奖一等奖 2 项，二等奖 7 项，三等奖 6 项。创办于 2010 年的《人力资源管理评论》有很好的学术影响力，于 2021 年入选 CSSCI 收录集刊；创办学术刊物《中国文化与管理》，于 2021 年入选 CSSCI 收录集刊。

国际交流与合作方面，2020 年，该学科举办了第十届企业跨国经营国际研讨会。该会议通过线上线下相结合的方式邀请来自 20 个国家和地区超过 20000 名专家学者参会，其中包括 3 位诺贝尔奖获得者在内的数十位国内外优秀学者和企业家作主题演讲或报告。通过青年学者论坛、德鲁克论坛等，邀请境外专家开展讲座报告 216 人次，实现 91 人次的学生赴境外学习。资助师生参加国际学术交流 140 人次，招收培养境外留学生 24 人，与德国哥廷根大学开展硕士双学位项目 1 项，教师在国内外重要学术会议上作报告 40 次。

社会服务贡献方面，坚持“把论文写在祖国大地上”，立足江苏，利用该学科的知识优势，推动知识的推广与转化，为国家和江苏经济社会建设作出该学科的贡献。该学科主要通过承办中国高校人力资源管理师资培训研讨会、江苏企业家高层论坛暨江苏省人力资源学会论坛、与企业共建“南大·中兴财务云 2025 未来实验室”、支持盐城电子商务研究院的建设以及提供优质高层管理培训等方面，实现在顶层设计、机制体制、教育教学等方面与地方市场的紧密结合，与区域经济发展方式转变形成联动。

## 三　课程设置特点

管理学院把创新思维培养作为教学改革的突破口，以团队协同模式整合内外资源，发挥双团队在教学与创业活动中的协同效应，优化调整传统专业课程体系，打造创业课程体系。

在构建双创课程体系基础上，重点推行“四融五法”，即专业与创业、研究与实践、模拟与实战、课内与课外的融合，以及案例式、问题式、双团队、双课堂、MOOC 五种教学方法。通过教师创业教育意识和能力的提升，将创新思维培养理念融入人才培养全过程，以真正激发学生的学习兴趣，启发学生的创新创业意识，训练学生的创新思维，进而达到专业教育和创业教育的融合，提升学生就业和培养质量。

借力“四融五法”教学模式改革，形成专业教育与创业教育的有效融合机制。同时，立足学科专业优势资源，通过搭建学术创新服务实践创业服务双平台，构建起一个创新思维导向的管理型双创人才培养模式。

## 四　人才培养成效

该学科坚持社会主义办学方向，立德树人，培养有创新精神和人文情怀的引领型人才。良好学科声誉吸引了广大优质生源，研究生每年招生规模约 110 人，80% 来源于“双一流”高校。

近年来，该学科在人才培养方面成果显著。该学科的《管理学》教材，已发行 1200 万册，对应课程获评教育部“国家级线下一流课程”（2020）；5 个专业全部获得国家一流本科专业建设点；获得国家教学成果奖二等奖 1 项，省教学成果奖二等奖 1 项；2021 年，该学科教师主编的《人力资源管理与开发（第二版）》获得教育部首届全国教材建设奖高等教育类一等奖，《管理学》获得高等教育类二等奖。工商管理专业 2021 年获得江苏省首批课程思政示范专业。建设 12 门全英文课程，发表省优秀博士学位论文 4 篇，省优秀硕士学位论文 2 篇，省优秀专业学位硕士论文 1 篇，全国百篇优秀案例 7 个。

（撰稿人：王跃堂、李晶）

# 武汉大学工商管理学科建设

## 一 学科背景

武汉大学是我国最早设立工商管理学科的高校之一，由著名学者许俊千和孔祥桢等老一辈学者创设。1981 年，以武汉大学经济学系部门经济教研室为基础，于原经济学系之外另成立经济管理学系，成为武汉大学工商管理学科的发端。企业管理（经济管理）于 1981 年招收本科生，1985 年获得硕士学位授予权，1996 年被评为湖北省重点学科，1998 年获得博士学位授予权；人力资源管理于 1998 年招收硕士研究生，2001 年招收本科生，2002 年招收博士研究生，2007 年设立人力资源管理硕士点；市场营销于 1984 年招收硕士研究生，1994 年招收博士研究生（是国内最早培养市场营销专业方向博士研究生的两个学校之一），1995 年招收本科生；会计学于 1985 年获得硕士学位授予权，2002 年获得博士学位授予权。武汉大学 2003 年获批设立工商管理博士后科研流动站；2004 年获得工商管理一级学科博士学位授予权，形成了本科、硕士、博士和博士后完备的人才培养体系，武汉大学工商管理学科的学科建制基本完成。甘碧群、谭力文教授等分别是国内最早开设市场营销、企业战略管理课程并从事相关领域研究的学者之一，在学界产生了系列有影响力的学术成果，培养了大批学术人才。

工商管理一级学科现有 98 位专职教师。其中，教授 36 人，副教授 36 人，讲师 19 人，特聘研究员 1 人，特聘副研究员 2 人，助理教授 4 人，形成了较好的梯队结构。现有教师中包括：第八届国务院学位委员会学科评议组（工商管理）成员 1 名，教育部高等学校工商管理类学科专业教学指导委员会委员 1 名；国家自然科学基金管理科学部学科评审专家 1 人、国家社会科学基金项目学科评审组专家 2 人；入选教育部长江学者特聘教授 1 人、长江青年学者 3 人、长江学者讲座教授 3 人、中组部青年拔尖人才 1 人、教育部新世纪优秀人才支持计划 9 人。

近五年来，工商管理学科总体实力稳步提升。学科点拥有 3 个省级重点研究中心，2016 年第四轮全国学科评估中被评为 A- 级学科，先后通过 AMBA、EQUIS、AACSB 国际认证。

## 二 学科特色

武汉大学工商管理一级学科下设企业管理、人力资源管理、市场营销、会计学、技术经济及管理、旅游管理等二级学科。

企业管理学科的研究领域包括战略管理、国际企业管理、创新创业、公司治理、战略领导力等研究方向，主要优势集中于“全球战略与国际竞争力提升”。人力资源管理的研究特色是战略性人力资源管理与组织领导力。市场营销专业以全球化和新技术背景下的营销战略与创新作为该学科的重点发展方向，在全球化的视野下，将营销战略与互联网和人工智能等进行有效整合，重点探究企业营销战略的新理论、新模式和新方法。会计学科的发展植根于武汉大学传统的人文科学和社会科学的优势基础上，形成以新技术变革、政策改革与会计、审计和财务研究为主要研究方向的学科体系。技术经济与管理学科融合传统优势与新兴技术，形成以复杂科学管理的方法解决风险决策及创新创业、企业战略和政策支持的特色。

## 三　科学研究

近年来获批立项的科研项目数量和质量均有显著提升，获批国家自然科学基金重点项目 4 项、自然科学基金面上和青年基金项目 50 余项；获批国家社科基金重大招标立项 7 项，一般项目、青年项目近 20 项；获批教育部哲学社会科学重大课题攻关项目 1 项，人文社科研究规划基金项目、青年基金项目、后期资助项目、科技发展中心高校产学研创新基金等 27 项。其中：国家自然科学基金重点项目 4 项，分别是汪涛主持的全球化和网络化环境下的中国企业品牌国际化营销战略研究（240 万元，2016）、黄敏学主持的大数据驱动的消费市场的全景响应式营销管理与决策研究（240 万元，2018）、曾伏娥主持的移动互联网时代的新产品开发策略与商业模式创新（240 万元，2019）、黄敏学主持的技术赋能的商务信息全景化管理与增强型决策的人机协同新范式（204 万元，2022）；获批国家社科基金重大招标 7 项，分别是李燕萍主持的“驱动中国创新发展的创客与众创空间培育战略研究”（15ZDC014）、刘林青主持的“全球生产网络、知识产权保护与中国外贸竞争力提升研究”（15ZDB155）、陈立敏主持的“全球产业链转移新趋势下中国出口价值链的提升举措研究”（15ZDA061）、吴先明主持的“‘一带一路’建设面临的政治风险、经济风险、安全风险、经营风险及应对研究”（18VDL016）、夏清华主持的“中国科技体制的结构性矛盾及其改革策略与路径研究”（18VSJ058）、李青原主持的“政府职能转变的制度红利研究”（18ZDA113）、范如国主持的“应对重大突发风险城乡社区治理研究”（20&ZD155）；获批教育部哲学社会科学重大课题攻关项目 1 项，即汪涛主持的“战略性新兴产业国际化发展战略研究”（14JZD017）。此外，谭力文教授的专著《改革开放以来中国管理学的发展研究》（第一作者）入选 2019 年“国家哲学社会科学成果文库”。

学科点老师以第一作者或通讯作者身份在 UTD24 和 FT50 期刊发表论文十余篇，独立或以第一作者身份在《中国社会科学》发表论文4篇，在《经济研究》发表论文4篇，在《管理世界》发表论文7篇；获得教育部人文社科优秀成果奖二等奖2项、三等奖2项；获得商务部发展研究成果奖、湖北省社会科学优秀成果奖等省部级以上奖励20余项。学科点教师在切实履行教学与科研职能的同时，更以强烈的使命感和责任感，积极参与各类社会服务工作，为国建言献策，近20篇咨询报告获得省部级以上领导批示采纳；主动服务企业，打造多支“产学研”融合团队，为中建三局、人福医药、宁波柯力、浪潮集团等企业提供战略咨询与管理辅导，有效助推企业发展。

## 四 人才培养

工商管理学科坚持“立德树人”根本任务，全面推动“三全育人”工作，不断完善人才培养体系，市场营销专业成功获批首批“国家级一流本科专业建设点”；李燕萍负责的“人力资源管理”获评“国家级一流本科课程”，黄敏学负责的“数字化驱动的市场营销专业全景式教学平台”获得中国高等院校市场学研究会教学成果一等奖；汪涛荣获“宝钢优秀教师奖”、黄敏学荣获“霍英东基金青年优秀教师奖”。

该学科点强化本科生对升学和就业市场的竞争能力，加强与企业实践对接，提升学生实践与研究的专业能力，尤其是提高学生的科学量化研究能力，同时加大与海外高校合作开展联合培养，提升学生国际视野，成为高素质工商管理专业人才的培养基地。

提高硕士研究生的研究思想与方法的训练，一方面是不断提高科学学位硕士的学术研究水平，加强研究方法的学习和研讨，联合海外教授资源开设高水平研究方法及理论课程，如“高级计量经济学”“高级宏微观经济学”“管理研究理论与方法”等；另一方面，不断壮大提升专业学位研究生教育的规模和质量，以强化市场影响力为主要抓手，积极鼓励校友、企业和政府等领域的领导和专家参与到专业学位教育的各个环节，提高学生理论与实践相结合的能力，办好EMBA、MBA、MPAcc等专业学位点。

大力培养博士研究生对重大理论问题和现实问题的发现、分析和解决能力，全方位加强博士研究生的国际化水平。积极鼓励博士研究生参加顶级国际会议并做论文宣读；利用多种渠道和形式，包括国家留学基金委、学校、学院以及教师个人的资源和途径，加强海外联合培养博士研究生的力度，如与美国伊利诺伊大学香槟分校、华盛顿大学Foster商学院建立长期稳定的合作研究关系，先后有20多人次师生前往这两校交流学习；推动博士研究生与境外导师合作发表管理领域顶级期刊，如JM、JMR、JOM等论文。

（撰稿人：汪涛、彭琼）

# 北京师范大学工商管理学科建设

## 一 学科介绍

北京师范大学工商管理学科定位于“倡导中国商业文明及其与全球的交流与融合”，在数字企业管理、领导力与人力资源管理、会计与财务管理、创新创业、公司治理等领域进行高端人才培养、前沿学术研究和社会服务实践，形成了从学士、硕士、博士到博士后的完整人才培养体系，并支撑了师范院校中最早开设的 MBA 项目。1985 年开始工商管理类本科招生［目前会计学入选国家级一流本科专业、工商管理（数字企业管理实验班）入选北京市一流本科专业］，1993 年获批企业管理硕士点，2003 年获批会计学硕士点，2007 年获批试办工商管理硕士（MBA），2019 年获批工商管理一级学科博士点。

2016 年北京师范大学经济与工商管理学院整体通过 EQUIS 认证，在欧洲 Eduniversal 等多个全球最佳商学院排名中，始终稳居中国大陆 10 名左右。在第四轮教育部学科评估排名中，工商管理获评 B 级。在 2022 年泰晤士高等教育中国学科评级中，工商管理学科获评 A 级。

该学科拥有国家级人才计划入选者 1 人、国家自然科学基金优秀青年基金获得者 1 人、教育部新世纪优秀人才 2 人以及财政部会计名家、全国会计领军人才等 7 人，国务院国资委与中国社会科学院国有经济研究智库学术委员 2 人，教育部工商管理教学指导委员会委员 1 人，国务院反垄断委员会专家咨询组成员 1 人，商务部 WTO 新一轮多边贸易谈判专家组成员 1 人。此外，日本国际大学前校长 Kimio Kase、首尔国立大学国际大学院前院长 Hwy-Chang Moon 等国际知名管理学家受聘外籍长期专家。

近些年来，该学科教师获批国家社会科学基金重大项目、重点项目以及国家自然科学基金面上项目等多项重要课题。获评北京市高等学校教学名师奖、入选 2020 年爱思唯尔“中国高被引学者”榜单。入选首批国家级一流本科课程、教育部首批新文科研究与改革实践项目。荣获第八届高等学校科学研究优秀成果奖（人文社会科学）、北京市哲学社会科学优秀成果奖等重要奖项。出版教材著作近 20 部，在《经济研究》《管理世界》等优秀中文期刊及 *Human Resource Management Journal*、*Journal of Applied Psychology* 等重要国际期刊发表论文百余篇。研究成果多次获得重要批示，《中国上市公司治理分类指数报告》研究报告连续发布十年以上，形成较大的学术和社会影响。

## 二　学科特色

该学科点在多年的发展与探索中，紧跟时代步伐，形成了符合中国发展国情的学科特色。一是富有人文底蕴和社会责任。工商管理研究及工商管理教育不仅应该关心如何做大、做强、做久一家企业，更应该关注如何做具有高水平社会责任、富有人文精神的企业和企业家。百年师大，人文璀璨，北京师范大学工商管理学科根植百年师大的人文学科优势，浸润人文情怀，践行社会责任，倡导中国商业文明，积极探讨依托中国文化的中国商业文明发展，及其与全球商业文明的交流与融合，践行“励商弘文”。二是学科交叉强。依托学校的优势学科，大力推进学科交叉，促进该学科点的特色发展。嫁接教育、心理、人文等优势学科，把对人（员工、顾客）的认知、发展、心理活动等融入工商管理，奉行以人为本，提出人本管理，推动人力资源和消费心理等方向的交叉研究，探索企业发展和企业家个人的心理和行为基础，推动数字企业管理、智能会计等专业方向的建设和发展。三是行业服务能力强。结合学校在教育产业的庞大校友资源，立足国家重点学科教育经济与管理，在 MBA 设置“教育运营与管理”和“管理咨询”专业方向，前者服务于中国教育、培训产业发展和中小学教育管理水平提升，后者服务于帮助企业发展，都是发挥北京师范大学一百多年来对“教育”的理解和研究优势，在服务行业和区域经济社会发展等方面打造特色。

## 三　课程设置

根据学校“双一流”建设方案，该学科遵循一级学科大类培养，强化一级学科平台课程建设。为硕士研究生和博士研究生开设高级微观经济学、高级宏观经济学、高级计量经济学等专业基础课，开设企业理论与公司治理、公司财务理论与方法等学位基础课，开设人力资源管理研究、网络营销研究等学位专业课，开设新制度经济学、消费者行为研究等专业方向课，系统全面地向学生教授工商管理的核心基本概念、理论框架和研究前沿，指导学生参与研究重大议题。

MBA 项目重视实践教学，其中中文项目的行业教师均为企业高管或高级专业技术人员，主要工作为参与授课、举办讲座、调研参访和实践活动等。整体师资队伍均坚持师德为上，将师德教育落实到教学科研的各个环节。而 MBA 英文项目的授课教师绝大部分具有在世界一流大学学习或任教经历，部分教师曾在世界银行、亚洲开发银行、国际货币基金组织等重要国际机构任要职。此外，“一带一路”沿线国家的前政要作为特聘教授也参与教学工作，如波黑前总理拉古姆季亚、波兰前副总理科勒德克和吉尔吉斯共和国前总理奥托尔巴耶夫。

## 四　研究生培养

人才培养坚持立德树人，促进学生全面发展，秉承“经邦济世，励商弘文”的育人理念，贯彻“拓宽基础、加强融合、尊重个性、追求卓越”的指导思想，旨在培养具有优秀的人文与科学素养、宽厚的专业基础、开阔的国际视野和勇于实践的创新创业人才。硕士研究生的学习年限为2—3年，博士研究生学习年限为3—6年。注重培养学生的独立研究能力，鼓励学生参加学院、学校提供的研究生科研基金项目和拔尖创新计划项目，鼓励研究生参加国内外高水平学术会议。创造条件让研究生接触更多的中国实际实情，鼓励研究生扎根中国大地开展研究，鼓励研究生深入实践开展研究，定期向博士研究生介绍国内外高水平知名大学博士研究生人才培养的新动向和特色。

支持学生参与国际交流，在学习和科研方面力求做到与国际接轨，培养自身的国际化视野。建设2个年度国际学术交流平台：一是首都经济论坛（Capital Business Forum），致力于多个国家首都经济圈的企业商业投资与合作、工商管理教育的交流与合作，以及区域经济发展和创新的政策对话和比较研究；二是与德国哥廷根大学合作打造人力资源管理国际论坛，致力于脑认知和科学、心理学和人力资源管理的交叉融合，以及中国和欧盟国家的企业管理比较研究。

（撰稿人：蔡宏波）

# 东南大学工商管理学科建设

## 一　学科介绍

东南大学工商管理学科是一级学科博士、硕士以及学士学位授权点。该学科具有悠久历史和拼搏发展的历程：从1985年开始招收工管专业本科生，1996年开始招收企业管理学术硕士研究生，之后陆续招收会计学、技术经济与管理和MBA、EMBA、MPAcc、资产评估等专业学位硕士研究生。2003年开始培养工商管理方向的博士研究生。2006年获得工商管理一级学科硕士点。该学科在2013年江苏省硕士学位授予权一级学科点评估中成绩优秀且排名第一。2015年工商管理类（含企业管理、会计学、物流管理）获批江苏省“十二五”高等学校重点专业。第四轮全国学科评估中，工商管理硕士学位点（MBA）获评A-级。

该学科现有专职教师58人，其中正教授22人、副教授21人、讲师15人，具有博士学位比例为96.6%，高级职称比例为74.1%。其中，有全国工商管理专业学位研究生教育指导委员会委员、教育部工商管理类专业教学指导委员会委员；有担任国际著名学术团体核心人员、权威期刊评审专家等。

近年来该学科教师主持了包括国家自然科学基金重大项目、重点项目与国家社会科学基金重大招标项目、重点项目等在内的国家级项目51项，总体科研经费4000余万元。在国家自然科学基金委管理科学部认定的A类期刊及SSCI期刊发表高水平学术论文125篇。其中，在《管理世界》《中国工业经济》《管理科学学报》等权威中文期刊及*Journal of Business Ethics*、*Journal of Business Research*、*International Journal of Human Resources Management*等优秀国际期刊发表论文80余篇；出版专著22部，获省部级及以上科研奖20余项，多项研究成果获省委主要领导批示。近年来获得三项教育部首批一流本科生课程，三门国家精品视频公开课以及教育部三门慕课课程。较强的科学研究能力推动了人才培养、社会服务、文化传承等方面的能力提升，形成该学科综合的能力优势。

## 二 学科特色

该学科有三个研究方向：企业管理、会计学、技术经济。在多年的发展中，立足中国经济发展与管理创新的需要，关注和参与国内外前沿理论研究，坚持以严谨科学态度开展理论和方法创新，并以对重大管理实践做出原创理论贡献作为衡量科学研究的基本准则，逐步形成了该学科的三个优势特色。（1）服务国家战略，聚焦重大难点。商业模式创新理论、政府会计理论研究等领域国内领先，对我国供给侧改革，形成深度服务优势。（2）立足时代前沿推动理论和方法创新。针对管理基础研究中的“卡脖子”问题开展前沿研究，如管理哲学问题研究、复杂系统问题和方法论研究等；积累了多方面成果，多个领域国内领先，形成学术影响优势。（3）与多个理工学科开展融合研究探索前沿科技产业化路径，推动具有中国特色的科技成果转化，放大了理工科科技成果价值，形成杠杆优势。

## 三 课程设置

除按照教育部规定开设的本科课程以外，该学科还为硕士研究生、博士研究生开设了多门富有特色、深受欢迎的课程，在基础类课程方面开设了：工商管理研究设计与方法、工商管理理论前沿、科学哲学与定性比较分析方法（QCA）等基础类课程，通过培育学生的前沿问题识别能力、管理哲学思维、管理研究方法等，形成坚实的研究与分析能力基础；在前沿实践方面，开设了数字经济与商业模式创新、技术创业与商业计划开发、新型企业组织架构研究、管理控制专题研究、组织行为学等课程，使学生充分了解和掌握现代经济中企业管理的各个前沿实践问题和相应的系统解决方案。

## 四 研究生培养

该学科招收企业管理、会计学、技术经济三个专业的学术性硕士研究生，工商管理学术博士研究生。此外，还招收工商管理专业学位硕士（MBA）、高级工商管理专业学位硕士（EMBA）以及 MPAcc、资产评估等专业学位硕士研究生。硕士研究生的学制为 2—3 年，博士研究生学制 4—6 年。博士研究生以培养具有正确政治方向、遵纪守法、具有较强事业心和责任感、具有良好道德品质和学术修养、专业基础扎实、能够胜任工商管理学及相关学科研究和教学的领军人才、政府经济管理部门及企业高层次管理人才为目标。硕士研究生的培养目标则是使其具备较为系统的工商管理基础理论知识和较为扎实的专业理论知识，形成从事科学研究的基本素养，为从事更高层次理论研究或专业性的经营管理工作提供坚实基础。专业学位研究的培养目标是为我国经济与社会发展提供具有系统专业知识和管理技能、具有较为广阔的战略视野和严谨思维的职业管理者。

（撰稿人：李东、杜运周、吕鸿江）

# 中国海洋大学工商管理学科建设

## 一 学科与专业介绍

中国海洋大学工商管理一级学科下设会计学、企业管理、旅游管理、技术经济及管理、财务管理共 5 个二级学科。中国海洋大学分别于 1994 年和 1996 年获得企业管理和会计学专业硕士学位授予权，2003 年获得技术经济及管理、旅游管理专业硕士学位授予权，2006 年获得会计学专业博士学位授予权（为山东省首个），2011 年获批工商管理一级学科博士学位授予权，形成了从本科到博士的完整人才培养体系，2013 年获批工商管理博士后流动站。学科点在第四轮学科水平评估中获评 B 级，2020 年入选山东省特色高水平学科，2021 年在软科中国大学最好学科排名中位居工商管理学科前 13%（山东省高校排名第 2）。所依托的中国海洋大学管理学院 2018 年入选教育部首批 50 个“三全育人”综合改革试点院（系），2021 年完成改革试点，顺利通过验收。

学科点现有教师 92 人，其中，教授 33 人、副教授 44 人。多名教师先后被评为国家高层次人才、四个一批人才、会计名家、教育部新世纪优秀人才、全国会计领军人才、国家旅游局青年专家、全国海洋经济学科首席科学传播专家、山东省有突出贡献的中青年专家、山东省青年泰山学者等，4 人享受国务院政府特殊津贴，1 人被财政部授予全国会计领军人才特殊支持计划和会计名家（均为山东省唯一）。

近年来，学科点取得了丰硕的科研成果，在《经济研究》《管理世界》《南开管理评论》《中国工业经济》《中国农村经济》等优秀中文期刊及 *Emerging Markets Review*、*Information Sciences*、*Expert Systems with Applications* 等重要国际期刊发表论文 140 余篇，获批国家级项目 10 项（含国家社科基金重大项目 2 项，国家社科基金重点项目 1 项），获批省部级课题 9 项。目前，在研的国家社科基金项目 19 项，国家自然科学基金项目 7 项，其他各类项目数十项，多项成果多次获得重要批示。

## 二　学科特色

中国海洋大学工商管理学科经过多年建设和发展，在科教融合与智库建设和海洋产业研究等方面形成了鲜明的特色。

科教融合和智库建设特色。持续开展资金管理理论创新和实践调查，持续出版“营运资金管理发展报告”系列丛书，持续开发“中国资金管理智库数据平台”，持续主办“中国资金管理智库高峰论坛”，打造资金管理领域的“学术高地”和“权威智库”。主持承担国家社科基金重大项目，在《经济研究》《管理世界》《会计研究》等期刊发表了系列高水平论文，多项成果被国务院发展研究中心、《中国社会科学文摘》、光明日报思想理论成果库等收录，营运资金管理领域被引率最高的 5 篇论文该校占 3 篇，科教融合成果获得国家教学成果奖和多项省级一等奖。中国企业营运资金管理研究中心入选中国智库索引（CTTI）高校智库百强（A）和山东省高等学校示范协同创新中心。

海洋产业研究特色。学科点坚持满足服务加快建设海洋强国的国家重大战略需求，主持承担了 3 项国家社科基金重大招标课题，研究成果在 *Marine Policy*、*Journal of Cleaner*

*Production*、*Ocean and Coastal Management*、《中国人口·资源与环境》等国内外一流期刊发表，多项成果要报得到中央和省部主要领导批示，形成鲜明特色。

## 三 教学和课程创新

2021 年，学科点经过校外专家论证、各专业研讨等多个环节，全面修订了 2021 级工商管理一级学科教学和课程方案，培养体系更加科学合理。学科点为硕士研究生和博士研究生开设现代管理学理论、现代经济学理论、高级计量经济学、高级管理学、高级经济学等专业基础课，开设会计理论前沿专题、会计理论研究、审计理论研究、实证会计研究、财务理论研究、数量财务、财务计量经济学、公司财务与资本市场研究、公司理论与企业运行机制、企业管理专题、企业战略管理专题等方向必修课，开设旅游开发与管理研究、区域经济学专题、农业经济专题等选修课。

学科点高度重视课堂教学，严格执行学生培养方案，认真加强课程教学质量。在教学内容上，密切关注企业一线专业运用案例，保证教学内容具有实用性、时代性，鼓励“自主创新”走出去增强学术同行认可，推动“开放创新”引进来促进多方教学合作。双向交流掌握学术动态，确保课程内容与时俱进，强化课程思政建设，通过提升商业伦理、诚信意识等方面的融合，将思政教育有机融入专业课程教学。在教学方法上，推行启发式、研讨式、互动式教学方法，克服传统“独角戏”问题，强调案例开发和教学。2021 年，新增山东省研究生教育案例库项目 3 项，累计达到 10 项，山东省研究生教育优质课程 3 门，山东省研究生教育课程思政示范课程 1 门。山东省研究生教育联合培养基地建设 2 个。教学案例入选中国管理案例共享中心、中国专业学位教学案例中心以及中国国际工商管理案例库等达 12 项。

## 四 研究生培养

学科点秉承“精业博学，经世致用”的育人理念，旨在培养知识结构合理、系统掌握工商管理前沿理论与专业技能，熟练运用外语和现代信息技术，综合素质高、创新能力强、社会实践能力强、具有“企业家精神”的复合型高级管理人才。学科点下设会计学、企业管理、旅游管理、技术经济及管理、财务管理、营销管理、农业经济与海洋产业管理等七个培养方向。学科点坚持“以特色带动综合、以综合强化特色”的学科总体发展思路，强化特色方向的学科基础，积极靠拢学科前沿，实现强特色与主流的互动和协同，充分发挥高端创新平台的科研优势，科教融合。学科点开发特色课程和教育资源共享平台，充分发挥青岛名牌企业荟萃优势，产教融合，联合开发教学案例和创新课程，共建研究生联合培养基地，推动科学研究、人才培养与社会服务的良性互动。

2021 年学科点共招收学术型研究生 125 人，其中博士研究生 21 人，学术硕士研究生 104

人。毕业学术型研究生 134 人，其中授予博士学位 20 人，授予硕士学位 114 人。15 人被授予山东省优秀毕业生，其中博士 2 人，硕士 13 人。学科点高度重视毕业生就业工作，关注社会需求，深化教学改革，不断提高人才培养质量，努力实现毕业生更加充分、更高质量就业。截至 2021 年年底，研究生总体毕业去向落实率为 99.6%，其中硕士为 99.6%，博士为 100%。硕士毕业生的主要就业去向是企业（65.5%），其次是党政机关（19.1%）。博士毕业生的主要就业去向是高等教育单位和科研设计单位（69.2%），其次是企业（19.2%）。根据就业满意度调查，毕业生就业满意度达 99.6%，毕业生发展状况良好。用人单位对 2021 届毕业生的整体满意度为 98.3%，持续高点攀升。培养出的硕士和博士已经成为企业、党政机关、高等院校等单位重要的行业人才。

（撰稿人：王竹泉、李志刚、戚昕）

# 中央民族大学工商管理学科建设

## 一　学科与专业动向

中央民族大学工商管理学科始建于 1991 年，2003 年获得企业管理二级学科硕士学位授予权，2006 年获得技术经济及管理二级学科硕士学位授予权，并于 2011 年成为工商管理一级学科硕士培养单位，2012 年起开始招生。中央民族大学于 2009 年获得工商管理（MBA）专业硕士学位授予权，会计（MPAcc）专业硕士学位授予权。中央民族大学工商管理学科始终围绕着服务国家发展战略大局、服务民族地区经济和社会发展的目标，依托中央民族大学及其前身延安民族学院在民族学学科的积累，运用管理学、经济学和民族学的交叉学科优势，以民族经济管理基本理论问题、民族地区重大国计民生问题和可持续发展为焦点，集中体现三大专业特色和优势。

一是民族经济管理基本理论问题和重大国计民生问题。在“一带一路”倡议这一中国版全球化背景下，聚焦跨民族跨文化经济管理的基本理论问题，建立民族经济管理理论的中国话语体系；对民族地区重大国计民生问题进行专题研究，为国家民族政策制定和民族地区经济发展提供科学依据，推动民族地区有效融入国内经济大循环。

二是企业创新与公司治理。从组织行为和企业家精神的双重视角考察企业创新的内生动力机制；从制度理论视角探讨我国企业公司治理的外部约束机制，从审计角度考察国家政策对企业绩效的影响机制；从社会网络视角寻找民族地区企业在精准扶贫中的牵引机制，从文化资本角度考察民族地区文化企业的商业模式创新。

三是企业战略管理与可持续发展。针对民族地区社会企业的场域特点，聚焦企业战略、社会责任等方面的科学研究与人才培养；从民族地区的制度环境出发，聚焦社会企业成长的外部生态支持系统，发展健康的新型政商关系。

## 二　科研团队与成果

### （一）科研团队建设情况

中央民族大学工商管理学科现有教师 43 人，其中，教授 18 人（42%）、副教授 17 人（40%）、讲师 8 人（18%）。现有博士生导师 11 人，占教师总人数的 26%，硕士生导师 38 人，占教师总人数的 88%。教师的结构层次合理，拥有博士学位教师 43 人（100%），中青年教师 33 人（77%），具有国（境）外学习、进修经历的教师 16 人（37%）。该学科拥有享受国务院特殊津贴 1 人、国家民委“突出贡献专家”1 人、教育部新世纪优秀人才称号 2 人，拥有国家民委和北京市人才称号 7 人，在各类学术组织兼职 30 人次。

### （二）科研项目与论文发表

2019 年至今，中央民族大学工商管理学科教师共发表论文 97 篇，其中，SCI 、SSCI、EI 检索、CPCI 检索论文共 4 篇，CSSCI、核心期刊检索论文共 51 篇，“三报一刊”共 5 篇。出版各类著作多部。多篇论文发表在 SSCI、《管理世界》《经济研究》《经济管理》《中国软科学》《会计研究》《管理学报》等重要期刊。

2019 年至今，该学科教师共承担纵向科研项目 14 项，合同金额 280 万元；承担横向科研项目 36 项，合同金额 283 万元。在纵向科研项目中，国家级课题 5 项，省部级课题 9 项。其中，国家社会科学基金重大项目 1 项，国家社科基金一般项目 2 项，国家自然科学基金面上项目 1 项，国家自然科学基金青年项目 1 项。在横向科研项目中，技术服务项目 4 项，技术咨询项目 4 项，企事业单位委托 28 项。

### （三）科研成果与社会影响

中央民族大学工商管理学科发挥交叉学科优势，在国家战略需要服务、民族地区经济社会发展、制定行业标准、减贫与乡村振兴、服务学术共同体、社会公益服务等方面提供社会服务，成效显著。

一是在学术影响方面，该学科举办承办多场国内学术研讨会、论坛，发起成立“经济学管理学中国学派研究 60 人论坛”、中国区域经济学会少数民族经济专业委员会、北京产业经济学会等学术组织，为民族地区经济建设和管理运行研究提供新思路，为用中国理论解决中国实践建言献策，推动管理学科研究创新性、创造性发展。

二是在成果转化方面，该学科先后有 12 个研究报告被党中央、国务院、全国政协、国家发改委、国家民委、北京市委等领导批示采用，转化为具体政策；承担 16 项来自内蒙古、西藏、新疆等民族地区的社会政策研究课题，为民族地区经济社会发展提供专业建议和科学决策依据。

三是在社会服务方面，该学科为民族地区非遗产品进行营销策划，义务服务 30 余场次，为特殊产品生产企业提供营销咨询建议；组织和指导 36 个 MBA 学生团队为校园周边中小企业义务进行管理咨询，先后为 108 家中小企业提供智力支持；助力北京地区基层治理能力提升、社会组织和企业更好履行社会责任，为美赞臣、汇丰银行等多家企业的发展献计献策，并在人员培训方面给予支持，助力企业成长和发展。

## 三　教学与课程创新

中央民族大学工商管理学科将铸牢中华民族共同体意识“浸润”到人才培养全过程，全力推进学科课程思政建设。该学科结合课程内容，以党和国家的方针政策、战略规划作为案例讲解，把乡村振兴、脱贫攻坚、西部开发、“一带一路”倡议与课程建设紧密结合，推动思政与专业育人的有机融合，增强学生在新时代的使命感和责任感。把管理学中的理论、知识和中华传统文化中的精髓结合起来，增强学生的民族自豪感；把党史中丰富的典型事迹引入管理学课程的案例中，使学生在生动的讲授中了解党史、新中国史、改革开放史、社会主义发展史。

该学科先后有多名教师获得北京市优秀教学团队、北京市“教学名师”、中央民族大学本科教学“十佳教师”称号。目前已经形成了“教学名师—重大攻关项目—优秀教学团队—国家级特色专业”发展格局，正在向“教材建设、科学研究、基础建设、重点学科”四位一体共同推进的模式转化。2019 年以来，该学科获得 1 项国家民委教学成果奖三等奖，获得 1 项北京高校“优质本科教材”奖、1 项北京高校“优质本科课程”奖，获得 1 项教育部工商管理类专业教学指导委员会《工商管理类专业课程思政教学指南》教改课题。

## 四　人才培养与社会效益

### （一）人才培养数量

2020—2021 年，中央民族大学工商管理学科现有在校研究生 66 人，其中男生 11 人，女生 55 人。按专业方向分，企业管理 26 人、技术经济及管理 14 人、会计学 12 人、旅游管理 14 人；按年级分，2019 级 24 人、2020 级 17 人、2021 级 25 人。

该学科在研究生招生中强调能力优先，录取标准明确，录取政策公开，注重对于考生的综合素质考核。2020—2021 年，报考该学科硕士研究生共计 179 人，录取 15 人，录取比例为 8.4%。研究生招生生源质量良好，免试推荐研究生录取 8 人，100% 学生来自国内“双一流”大学。

2020—2021 年，该学科共有毕业生 41 人，就业率为 92.7%。硕士研究生就业领域涉及外资企业、党政机关、高校科研院所和民营企业等多个领域。2021 年，17.07% 的毕业生进入高校、科研院所；19.51% 的毕业生进入国有企业；26.83% 的毕业生进入民营和外资企业；21.95% 的毕业生进入党政机关和事业单位；4.88% 的毕业生选择升学深造；2.44% 的毕业生选择自主创业。

2020—2021 年，该学科在面向毕业生的雇主调查中，从调查情况来看，用人单位对该学位点毕业生的评价整体情况良好，满足用人单位需求。研究生毕业生后敬业精神突出，工作和学习态度认真，做事负责，专业基础扎实，能够吃苦耐劳，具有较强的责任心。用人单位满意度较高。

### （二）人才培养特色

一是以扎根和服务基层和民族地区为导向，实现政治性和专业性相统一。中央民族大学工商管理学科着眼于培养学生具备坚定的政治素养和扎实的专业素质，构建“价值塑造、能力培养、知识传授”三位一体的人才培养体系，在润物无声的教学过程中厚植爱党爱国情怀，在各实践教学环节中树立积极为民族地区服务的理想抱负。深耕第一课堂主阵地，滴灌浸润，持续深入做好“课程思政”建设，开展“课程思政教学案例库”建设，把乡村振兴、脱贫攻坚、“一带一路”倡议等时政议题与专业育人进行有机融合；精耕第二课堂大平台，深刻务实，以“必修 + 选修”的方式结合重要纪念日、重大事件、重要节点精心设计主题，开展具有固定主题的系列活动。近五年来，超过 60% 的毕业生主动选择到中西部民族地区、边疆地区就业，积极服务基层建设和社会发展。

二是以行走的课堂锤炼扎根中国大地本领，实现理论性和实践性相统一。中央民族大学工商管理学科构建行走的课堂实践教学体系，以中国本土实践为主题设计“社会实践金课”，用心指导学生开展专业实践和创新创业，鼓励引导学生从国家战略和发展趋势、民族地区和家乡发展建设、社会现实和民生福祉等角度进行选题和实践，增强本领技能，提高用中国特色社会主义理论解决实际问题的能力。在专业课程教学中形成“1+1+1”模式，即每门专业课带学生做一次专业见习，请一位相关领域实务界人士做一次交流。强调课程教学过程中要把马克思主义基本原理、方法论讲清楚，把人类社会发展规律讲清楚；采用课堂 + 现场、线上＋线下、学校＋企业、模拟实训等多维协同路径创新，打破“重理论、轻实践”的传统教学模式，为培养学生的实践创新能力提供有力支撑。

三是以铸牢中华民族共同体意识作为主线，实现多元性和一体性相统一。中央民族大学工商管理学科以“红色基因”为底色，以“美美与共、知行合一”校训为内涵，全面构建以铸牢中华民族共同体意识教育为核心的思政铸魂、文化育人和实践育人“三位一体”的红色思政铸魂体系。该学科培养了一批又红又专的接班人，为民族地区经济社会发展提供人才和智力支持。学生所撰写的毕业论文、课程论文、学术论文以及调研报告 60% 以上聚焦新形势下民族地区发展与跨文化管理、社会发展和基层治理，在《中国工业经济》《行政论坛》《中央民族大学学报（哲学社会科学版）》《民族研究》《公共管理学报》等期刊上发表多篇论文，体现了对“中华民族共同体”的深刻思考和热切关注。

（撰稿人：李曦辉、车峰、黄基鑫）

# 北京邮电大学经济管理学科建设

## 一　学院介绍

北京邮电大学经济管理学院的前身是 1955 年建校时成立的三大系之一的工程经济系，1980 年重建为管理工程系，1997 年学校院系调整时组建管理与人文学院，2000 年 5 月重组成立经济管理学院，2017 年公共管理学院并入。经过 60 余年的建设与发展，形成了信息通信背景浓郁、学科专业特色鲜明的多层次的学科与专业布局。

目前，学院设有博士后科研流动站管理科学与工程，一级学科博士授权点管理科学与工程，4 个一级学科硕士点（管理科学与工程、工商管理、应用经济学、公共管理），5 个专业学位硕士点（工商管理硕士、工程管理硕士、国际商务硕士、会计硕士、公共管理硕士），4 个本科专业［大数据管理与应用专业、金融科技专业、工商管理（智能化与创新管理）专业、公共事业管理（智慧城市与计算社会科学）专业］。

经济管理学院专任教师105人，其中，教授25人，副教授50人，讲师28人。有博士学位的教师占专任教师队伍的88%以上；有海外学习经历的教师占45%；博士生导师31人，硕士生导师90人（含兼职导师）；35岁以下青年教师21人。另外，还从国内外聘请了众多知名人士担任客座教授和兼职教授。学院有“万人计划”领军人才2人，“百人工程”学者2人，全国文化名家暨“四个一批”人才1人，世界生产力科学院院士1人，北京市教学名师2人，校级教学名师10人。

## 二　学科特色

学院现有教育部首批建设的5个教育部战略研究培育基地之一“北京邮电大学高水平特色型大学发展战略研究中心”、“信息管理与经济”工业和信息化部重点实验室、“中央农办乡村振兴软科学研究基地”北京邮电大学数据资产管理研究中心、北京市级实验教学示范中心，以及院属众多学术研究机构。近年来该学院承担了国家973计划、863计划、国家自然科学基金、国家社会科学基金、国家软科学、教育部人文社科等数十项国家级重大课题，众多省部级纵向课题和国际合作项目，千余项横向企业课题，每年科研经费高达2000万元以上。

学院一贯重视学生创新能力和综合素质的培养，依托社会资源，建立了企业导师制度和稳定的企业实习基地。学院的毕业生以良好的专业素质、扎实的理论基础和踏实的工作态度颇受社会的欢迎和好评。近年来，研究生、本科生就业率接近100%，学生就业面广，历届毕业生受聘于包括腾讯、百度、阿里巴巴等互联网企业，中国移动、中国联通、中国电信等国有企业，以及银行证券保险会计机构、政府、事业单位、知名外企等，为国家培养了大批各级各类高级专门人才。他们在国内许多重要的专业技术和管理岗位上肩负重任，为国家信息通信事业的发展和改革作出了重大贡献，受到社会高度赞誉。该学院也因此被誉为“新一代ICT精英的摇篮”。

## 三　学科介绍

北京邮电大学管理科学与工程学科是教育部“211”工程重点资助项目、北京市重点学科，具有由北京市教学名师、教育部新世纪优秀人才等组成的多层次师资队伍。经多年的建设与发展，该学科已形成信息科技产业背景浓郁、专业特色鲜明、学科优势突出的多层次学科格局，对信息通信技术快速发展过程中出现的前沿管理问题保持着深刻的洞察力。下设互联网与通信管理、数据科学与智能信息系统、服务科学与运营管理、风险管理与智慧应急四个研究方向。

北京邮电大学应用经济学学科坚持基于信息通信行业特色，专业优势突出，已经形成多层次与多学科交叉格局，具有雄厚的师资力量、优秀的培养质量和广泛的学术交流，建有信息管理与经济、国际贸易仿真实验室，建立了信息经济与竞争力、区域经济与产业发展、互联网金融与创新金融等研究中心，承担多项国家重点课题并在国内外期刊发表系列高水平论文。下设产业经济学、国际贸易学、金融学、数字经济理论与政策四个研究方向。

北京邮电大学工商管理学科以创新引领发展、以科研促进教学，持续提升教学科研协同发展，始终探索网络信息技术在企业管理中的发展和应用，不断丰富信息化与产业管理融合的理论体系，积极构建网络科学与管理的研究范式。该学科已经形成数据管理导向、学科方向聚焦、学术前沿引领的学科特色，构建了分工明确、层次分明、重点突出的学科体系，具有雄厚的师资力量和高水平的人才培养体系，教师主编的教材获首届全国教材建设优秀教材奖二等奖，多人次获得全国 MBA 教育指导委员会全国百篇优秀管理案例奖。下设大数据营销、组织与人力资源管理、会计与财务管理、创新创业与战略四个研究方向。

北京邮电大学公共管理学科以立德树人为根本，依托北京邮电大学的信息学科优势，面向信息社会需要，瞄准公共管理前沿，注重交叉学科发展。拥有国家网络空间国际治理研究基地、教育部战略研究培育基地、工业和信息化部重点实验室、北京市实验教学示范中心等。拥有国家级人才称号专家、享受国务院政府特殊津贴专家、国家社科基金重大项目首席专家等一批学术带头人和青年学术骨干，研究成果获得习近平总书记重要批示。下设创新治理与公共政策、新兴科技与网络空间治理、电子政务与智慧城市、应急管理与公共安全四个研究方向。

## 四　研究生培养

北京邮电大学经济管理学院现有学术博士研究生 206 人，学术硕士研究生 416 人，专业学位硕士研究生 1000 人左右。自 2003 年起，我院研究生人数超过本科生，成功转型为研究型学院。

北京邮电大学经济管理学院研究生培养遵循严谨求实的科学精神，恪守学术道德规范，崇尚学术诚信，严格遵守国家有关法律、法规及学术规范，尊重他人知识产权。研究生掌握该学科坚实的基础理论、系统深入的专业知识、广博的技能和方法，具有独立从事该学科科学研究工作及其他相关工作的能力。充分发挥专业特色，积极跟踪研究动态，具有持续学习的兴趣和能力，能够创造性地解决理论和实际问题。

该学院鼓励和支持学生参加对外交流项目，开拓国际视野，提升学生的国际化素质和竞争力，与美、法、英、日、澳、新加坡等国家的十多所著名大学建立了紧密的合作关系。其中与美国佐治亚理工、法国里昂商学院的中外合作办学，在本科生、研究生中已开展多年，效果良好。

（撰稿人：张晓航、赵晨）

# 首都经济贸易大学管理学学科建设

首都经济贸易大学管理学学科涵盖工商管理、管理科学与工程、公共管理等三大一级学科门类。2019 年以来，工商管理等一级学科获批北京市高精尖学科，并获得北京市与中央高校共建一流学科项目支持；教育部第四轮学科评估中，工商管理学科进入全国前 20% 行列。

目前，管理学学科已逐渐形成以特色谋优势、以优势促发展的良性循环建设机制，学科布局日益优化，学科建设取得显著成效。

## 一　工商管理学科建设：高精尖

工商管理学科拥有企业管理、会计学、旅游管理和技术经济及管理四个二级学科，具有一级学科博士学位授予权与博士后流动站，形成包含博士后、博士、硕士、学士以及 MBA、MPAcc 和 MTA 专业硕士在内的完备学科体系。1963 年招收本科生，1979 年招收硕士研究生，2003 年获批博士学位授予权，2012 年获批工商管理博士后流动站。

工商管理和会计学为国家级一流本科专业、北京市高校重点建设一流专业，工商管理入选北京市高精尖学科。企业管理、会计学为北京市重点学科，技术经济及管理是北京市重点建设学科。

### （一）学科方向与优势特色

该学科设市场营销与旅游管理、企业战略与公司治理、财务会计、组织行为与人力资源管理、技术经济及管理 5 个学科方向。

1. 师资队伍雄厚。青年教师比例达 60%，其中，30% 为海外知名大学毕业。其中国务院学位委员会学科评议组成员、“国家百千万人才工程”、享有国务院政府特殊津贴、国家杰出青年、教育部工商管理类学科专业教学指导委员会委员、教育部电子商务专业教学指导委员会委员、“北京市教学名师”、“北京市青年教学名师”、“北京市高层次创新创业人才支持计划教学名师”等近 20 人。

2. 科研成果丰硕。近年来获批国家级课题 40 余项，包括国家自然科学基金重点项目、国家社会科学基金重大专项和重点项目等多项；在 *Journal of Consumer Research*、《管理世界》等顶尖期刊发表论文 200 多篇，出版著作 80 多部，获北京市哲学社会科学优秀成果奖、教育部高等学校科研优秀成果奖等奖励 30 余项。参与国家重大政策起草 19 项，成果获习近平、李克强等 20 余名中央和省部级领导批示。

3. 国际影响力持续提升。多位教师担任国内外顶级期刊主编、编委等，在国家级学术团体担任重要职务服务学界。连续入选高被引中国学者榜单；发表在 JCR 等国际顶级期刊的高水平论文数量逐年递增。举办具有全球影响力的国际学术会议。开设全英文本—硕—博项目。建立外籍教师聘任机制，目前聘任多位外籍专任教师和特聘教授。

**（二）研究生招生与培养**

2021 年工商管理学科共招收研究生 132 人，其中硕士研究生 102 人（企业管理 52 人，会计学 50 人），博士研究生 30 人（企业管理 10 人，技术经济及管理 5 人，旅游管理 2 人，会计学 13 人）。学术型硕士推免生生源占实际招生的 60% 以上，其中企业管理和会计学学术型硕士研究生录取比例不超过 15%。

该学科致力于培养具有高度社会责任感、掌握扎实管理理论、能适应环境变革并有较强研究能力和创新精神的高级经管人才和研究人才。目前，该学位点拥有 9 个国家级和省部级教研平台、15 个校级研究中心 / 研究院和 8 个科研平台。在思政课程建设方面，构建了“北京名师团队 + 全国优秀教材奖 + 北京高校优质课件 + 北京思政示范课程”的四轮驱动体系，推动思政教育全面融入课程教学过程；形成了“专业教师 + 辅导员 + 班主任 + 校友”四位一体，联动第一、第二课堂，推动思政教学模式全方位改革。

学位点以培养“强思政意识、重学术能力、懂研究方法、有国际视野”四维能力型卓越商科人才为目标，通过全方位评估、迭代改进和培养质量年报，保证研究型人才培养质量。

1. 推动思政教育全面融入课程教学过程。围绕教师、教学和课堂，组建课程思政推进和评估小组、课程思政经验分享会。根据不同课程特征，充分发掘思政育人元素，形成动态更新的课程思政资源库，并纳入院系例会汇报、论文写作与答辩汇报、青教基本功测评和教师职业规划全过程。

2. 打造高质量的研究型课程体系。以高阶性、创新性和挑战度为标准推进研究型金课建设。推出“管理学前沿”“公司治理专题研究”“外文文献阅读与论文写作”等精品课程；开展移动课堂和企业家进课堂等多样性教学；开发“大数据挖掘与商业智能”“旅游电子商务与智慧旅游”等新兴交叉课程；以暑期学校、国际联合培养、国际学术会议和“一带一路”项目助推课程体系国际化。

传承北京市经管人才培养基地的“政企学”特色育人模式，以研究项目拓展教学内容的广度和深度。依托特大城市经济社会发展研究院（省部共建协同创新中心）、首经贸 - 德勤会计事务所校外实践基地（国家级大学生校外教育教学基地）、首经贸经济管理实验中心（国家级实验教学示范中心）和管理会计实践基地（工信部产学研基地）等，推进产教融合。

通过参与工信部、商务部、财政部、科技部、文旅部、审计署、京东等研究项目，培养学生联系实际和服务国家意识。

3. 形成全方位的质量督导改进机制。建立全主体参与评估制度，坚持以学生为中心，开展全面、定向和随机相结合的评价，评价结果应用于教师晋升、晋级和评优。形成“目标—教学—评价—反馈”全流程持续改进机制，围绕培养目标、教学过程、毕业要求达成度三大流程，推进教学内容、组织和方法的迭代改进。推出教学和培养质量年报，基于师生反馈、问卷调查和大数据技术，评估不同课程教学结果和实效，最终形成有依据、有记录和可追踪的质量年报，为改进教学质量提供扎实基础。

## （三）课程与教材建设

2021 年，学位点课程建设取得一系列成果，如表 1 所示。

**表 1　2021 年工商管理学科课程建设成果**

| 序号 | 课程名称 | 主讲人 | 获奖类别 |
|---|---|---|---|
| 1 | 审计学 | 顾奋玲等 | 教育部课程思政示范课程 |
| 2 | 服务营销 | 王永贵 | 北京市优质本科课程重点项目 |
| 3 | 管理学 | 褚福磊 | 北京市高校普通本科教育课程思政示范课程 |
| 4 | 管理经济学 | 范合君 | 北京市高校研究生教育课程思政示范课程 |
| 5 | 零售管理 | 张松波 | 2021 北京高校“优质本科课程” |
| 6 | 审计学 | 顾奋玲 | 2021 北京高校“优质本科课程” |
| 7 | 财务管理学 | 闫华红<br>邹　颖 | 2021 北京高校“优质本科课程” |
| 8 | 成本管理会计 | 许江波 | 北京市高校普通本科教育课程思政示范课程 |
| 9 | 战略管理专题研究 | 张　晗 | 校级研究生课程思政建设课程 |

2021 年，学位点教材建设取得一系列成果，如表 2 所示。

**表 2　2021 年工商管理学科教材建设成果**

| 序号 | 教材名称 | 负责人 | 获奖类别 |
|---|---|---|---|
| 1 | 客户关系管理 | 王永贵 | 全国优秀教材奖（高等教育类） |
| 2 | 中级财务会计 | 于　鹏 | 2021 年北京高校优质本科教材课件 |
| 3 | 服务营销 | 王永贵 | 校级新编教材建设项目 |
| 4 | 管理学 | 徐　炜 | 校级修订教材建设项目 |
| 5 | 企业资源规划（ERP）原理与实训 | 佘镜怀 | 校级修订教材建设项目 |
| 6 | IT 审计 | 王海洪 | 校级新编教材建设项目 |

## 二 管理科学与工程学科建设：产学研融合

管理科学与工程学科始建于20世纪70年代末，1980年招收信息管理与信息系统本科生和硕士研究生，2003年获批一级学科硕士学位点，2011年获批一级博士学位授予权，2014年获批一级学科博士后流动站，2017年在教育部第四轮学科评估中获评B级。该学科2008年获批北京市重点建设学科，2009年获批北京市管理科学与工程实验示范中心。信息管理与信息系统专业2009年获批北京市特色专业，近年先后获批“2019年度北京市一流本科专业建设点”和“2020年度国家级一流本科专业建设点”。

### （一）学科方向与优势特色

该学科博士点设置五个研究方向：量化金融与风险管理、多模式城市交通系统、信息系统与信息管理、复杂系统与复杂网络、安全工程管理。

硕士点设置五个方向：决策技术与优化方法、信息系统与信息管理、量化金融与机器学习、交通行为与计算交通、复杂系统建模与仿真。

该学科具有以下优势特色。

1. 团队建设助力学科发展。以科研团队孵化与培育为重要举措，优化师资队伍结构。拥有量化金融研究中心和大数据与智慧交通研究中心，以及复杂系统仿真和数据挖掘与应用等多个科研创新团队。

2. 研究优势推出坚实成果。发挥信息管理和决策优化方向的优势，在量化金融、信息资源管理等领域取得一系列研究成果。陈炜教授关于资产配置的研究在金融工程领域具有一定的影响力；马慧教授获得北京市哲学社会科学优秀成果奖二等奖。2019年以来学科点共承担国家自然科学基金、国家社会科学基金、北京市自然科学基金、北京市社会科学基金等项目32项，在*Management Science*等国际顶级期刊发表论文32篇，获得省部级以上奖励48项，横向课题合同经费1365.44万元，科研成果丰硕。

3. 产学研融合促进成果转化。针对经济社会发展的重大需求，在城市交通和安全管理等领域取得了应用成果。张军教授团队开发了智能城市交通管理仿真平台；陈大伟副教授承担了“雄安集团工程建设质量安全管理体系与模式创新研究”课题。

### （二）研究生招生与培养

该学科致力于培养适应现代经济和社会发展需要，德智体美劳全面发展，熟练掌握管理科学与工程领域的基本理论和方法，能够分析和解决管理方面的有关理论和实际问题，并具有创新精神和创造能力的高层次优秀人才。

该学位点建立了一支高水平的教学科研团队，制定了科学合理、切实可行的培养方案，为研究生培养提供坚实的保障。学科博士授权点从2012年开始招生，截至2021年已经招收了10届65名博士研究生。2021年有5名博士研究生毕业。学科硕士授权点从2004年开始招生，截至2021年已经招收了18届硕士研究生，培养了15届毕业生，毕业率达到100%，毕业生得到用人单位一致好评。2021年该学科博士研究生报名29人，录取11人，报录比2.64。硕士研究生报名138人，录取30人，报录比4.6。

该学科拥有管理科学与工程北京市实验示范中心，包括数字创新平台实验室、信息管理实验室、虚拟仿真实验室等教学科研平台。

**（三）课程设置与建设成效**

该学科点为硕士研究生和博士研究生开设管理科学方法论，最优化理论与方法，高级微观经济学，高级统计学，网络模型与网络优化，智能优化方法，机器学习与量化投资，深度学习：理论、框架与案例，复杂系统建模，应急管理及工程，外文文献阅读与论文写作，风险管理与公共安全，金融风险管理专题，现代交通科学专题等特色课程。

目前，该学科积极推进以下学科建设。

1. 举办重要学术会议提升学科声誉。举办了第十届计算交通科学国际研讨会、首届智能投资学术研讨会、第一届量化金融与风险管理论坛等学术会议，高层次的学术会议提升了学科声誉和影响力。

2. 注重成果应用与转化，得到社会认可。积极进行成果转化，将高水平科研成果与行业应用相结合。该学科承担了数据挖掘、安全工程等领域的企业委托课题。获批“一种面向中文语言的大规模本体映射方法”“对碳排放过程的监测控制方法”等专利成果。

3. 开展学术交流，促进学科发展。选派教师赴普渡大学、斯坦福大学、利兹大学等学校进行交流与合作；选派研究生赴美国、英国、法国等国家的高校学习。

## 三　公共管理学科建设：厚积薄发

公共管理学科历史积淀厚实，发展基础坚实，发展特色鲜明。1981年全国首创工商行政管理（市场监管）专业，1985年首创城市管理专业。1998年工商行政管理转为行政管理专业。行政管理、社会保障学科为北京市重点建设学科。2011年获公共管理一级学科硕士和MPA专业硕士授予权。2019年社会保障专业获批国家级一流专业，2020年行政管理专业获批北京市一流专业，2020年城市管理专业获批国家级一流本科专业建设点。

自2005年起，依托劳动经济学科招收社会保障方向博士。2008年依托区域经济学招收土地资源管理方向博士，2013年依托应用经济学、工商管理学和管理科学与工程自设交叉学科博士点，招收城市经济与战略管理方向博士。

**（一）学科方向与优势特色**

该学科设立行政管理、土地资源管理、教育经济与管理、社会保障、城市经济与战略管理五个方向。学科发展历史久，与政府部门联系紧，师资力量较强。师资队伍中，93.3% 拥有博士学位。10 名博士生导师，1 名全国公共管理教指委委员。有 3 个北京市学术创新团队，5 个稳定研究方向团队。

1. 注重政策研究、政策建言，理论与实践相结合，政府市场监管研究特色突出。近年来在政府市场监管领域承担了 30 余项国家、省部级纵向项目，高水平科研论文和研究成果逐年增加，学术影响力不断提高。土地资源管理形成了与土地经济融合研究和人才培养特色，社会保障形成了与劳动经济、人力资源管理、人口学多学科交叉融合的人才培养特色。

2. 关注首都发展，城市经济与战略管理方向特色鲜明，依托特大城市经济社会发展研究院等研究基地在特大城市公共管理、京津冀协同发展研究方面形成了独具特色的研究成果，得到张高丽等中央领导批示 6 项，京津冀省市领导批示 8 项，荣获省部级奖项 10 余项。

3. 建设最早、坚守恒久的市场监管和城市管理两个领域为高校学科专业的持续建设、重振发展奠定了基础、积累了经验。聚集着该领域最早的学者及团队、教材和论著。一定程度上成为这方面理论研究、人才培养和社会服务的先行和高地，得到公认。连续举办十四届的都市圈论坛和连续举办八届的科学监管与监管科学论坛，成为该领域的优势品牌和特色标志。在国际上，在该领域与亚利桑那州立大学、罗格斯大学、克利夫兰大学等院校有密切的合作交流关系。

### （二）研究生培养与课程建设

围绕服务北京“四个中心”建设和超大城市发展需要，致力于培养具备良好的政治思想素质和职业道德素养，系统掌握现代公共管理、公共政策前沿性理论、知识和方法，具有较高的研究能力和创新精神、德才兼备的复合型、创新性人才。生源来自全国各地院校，也有少量来华留学生。2021 年，公共管理招收学术硕士 58 人，公共管理专业硕士 49 人，现有硕博研究生 350 余人，研究生一次就业率达 100%。与自然资源部、国家发改委、国家市场监督管理总局以及北京市经信委、商务委、规自委、住建委、市场监管局、城管委等单位紧密合作，开展战略协作和人才培养，拥有数十家学生就业实习基地。学位点原有数字城市实验室成为学校国家级实验教学示范中心的一部分，以城市运行与应急管理实验中心为依托的城市群系统演化与可持续发展的决策模拟实验室是北京市重点实验室。

在课程建设方面，专业教师结合自身专业优势、专业课程的性质和特点，由资深教师牵头领衔，组建课程组，整合并共享教学案例、课件等课程资源，集中研究课程的内容体系、教学方式，研发教学工具等，形成了公共管理经典文献、公共政策分析、政治学等三门核心课程为主的课程体系。努力加强课程质量建设，构建“互联网 + 高等教育”新形态，推进线上线下混合式教学成为常态模式。突出“以学生为中心”和“持续改进”的理念，积极推进使用微课程、移动课堂、翻转课堂、线上线下混合教学、移动教学、碎片化教学等多种新型教学方式；注重以学生为中心的启发式教学方法的运用，积极实行案例式、讨论式以及角色扮演式的教学方法；大力引进和开发多媒体教学课件，不断加强课程建设。

（撰稿人：王永贵、姚东旭、姜红、张杰）

# 江西财经大学工商管理学科建设

## 一 学科介绍

江西财经大学工商管理学科是江西省一流学科、省重点学科。1985 年获硕士学位授权点，2010 年获一级学科博士授权点，是全国首批 MTA、第二批 EMBA、MPAcc 培养单位，是全国第 20 家通过中国高质量 MBA 教育认证单位，AAPEQ 质量认证 A 级成员单位，中国大陆经管院校参加 BGA 单独国际认证首批金牌院校。2009 年工商管理博士后科研流动站建站。学科点在全国第四轮学科评估中获评 B+ 级。

学科点现设有企业管理、技术经济及管理、会计学、旅游管理等 4 个二级学科博士点。2021 年获批设置数字科学与管理工程交叉学科博士点，这也是该校获批设置的第一个交叉学科博士点。该学科基础厚实，有 2 个国家级特色专业、7 个国家级一流本科专业建设点，其中工商管理类专业入选数居全国高校首位，并被中国科教评价网评为 5★+（全国第 9）。依托国家级教师团队、国家级众创空间、2 个省人文社科重点研究基地，构建了双创教育与学科建设“双平台”。

近年来，学科点企业管理二级学科围绕数字经济与企业数字化转型领域，重点开展营销创新与数字营销、数字经济与创新管理、企业组织与人力资源、东方管理思想等研究；技术经济及管理二级学科聚焦技术创新与产业转型升级领域，重点开展核心创新能力、创新生态圈、供应链金融、大数据技术革命、高技术产业与技术创新等研究；会计学二级学科聚焦智慧财务、大数据与会计、财务管理以及审计理论与方法等开展研究；旅游管理二级学科聚焦红色旅游与文旅产业数字化、旅游资源开发与规划、旅游企业管理和旅游服务管理等开展研究。学科点全力打造一流水平的新型高端智库，为社会经济发展献计献策，成为学校社会服务试点单位，入选江西省首批“领航江西”智库成员单位（全校唯一，全省 10 个）。

## 二 学科骨干及成果

学科点拥有国家级教学名师、全国模范教师、国务院特殊津贴获得者共 8 人，全国教指委委员 3 人次。学科带头人工商管理学院院长胡海波教授，是教育部学位中心首批优秀案例教师、井冈学者特聘教授、江西省百千万人才工程人选。知名学者包括张蕊教授，国家级教学名师、全国会计专业学位研究生教育委员会委员，享受国务院“政府特殊津贴”；章卫东教授，享受国务院“政府特殊津贴”，财政部“管理会计咨询专家”；曹元坤教授，国家科技部和财政部项目评估专家、江西省委政策研究室经济政策特约研究员；舒辉教授，江西省高校中青年学科带头人、江西青年科学家；田逢军教授，中国未来研究会旅游分会理事、中国地理学会会员等。

近三年，学科点着力产出高质量科研成果，在《管理世界》《南开管理评论》《经济管理》等权威学术期刊上发表论文 150 余篇，立项国家社会科学基金项目 4 项、国家自然科学基金项目 22 项、教育部人文社会科学研究项目 7 项和省部级项目 50 余项，获省社科优秀成果奖一等奖 3 项、二等奖 10 项、三等奖 7 项；着力打造一流水平新型高端智库，30 余篇研究报告获省级以上领导批示，并参与 10 余项政策文件编制；着力开展管理案例开发与研究，6 篇英文案例入选哈佛 / 毅伟案例库，33 篇案例获“全国百篇优秀管理案例”，一批教学案例被中国工商管理案例库、MTA 教学案例库、全球数字化赋能计划（DEP）案例库收录。

学科点积极承办各类全国性重要学术会议以提升学界影响，如世界管理论坛暨东方管理论坛、管理学学术期刊年会暨管理创新研讨会、新时代红色旅游教育高质量发展论坛、第三届海峡两岸土地（不动产）制度比较与城乡发展学术研讨会等，吸引了众多管理学界知名学者和企业家参加。

## 三 教学与课程创新

学科点以立德树人为根本，紧扣经济社会发展需求，从课程的内容、开发和教学三个方面开展创新。一是课程内容紧跟学科前沿。开设“管理学前沿研究”“组织理论专题研究”等前沿课程和“会计研究方法论”等方法类课程，以前沿理论引领和方法传授，增强研究生创新意识。二是课程开发彰显学科特色。与企业共同开发优秀案例并嵌入课程，为开展翻转课堂教学提供素材，打造特色化案例教学。三是课程教学贯彻协同育人。所有课程均建立集体授课制，每位教师结合研究专长授课；邀请企业高管与校内教师同台授课，做到高管进课堂、课程进企业；依托柔性引进的国际师资，开设与国际接轨的课程。

学科点近三年入选国家级一流课程 2 门，省研究生优质课程 2 门、首批研究生“课程思政”示范课程 1 门，编著出版教材 10 余本，立项省学位与研究生教育教学改革研究项目 12 项，获省级教学成果奖一等奖 4 项、二等奖 7 项。胡海波入选 2019 年教育部学位中心首批优秀案例教师，胡海波名师工作室获 2020 年“江西省教育系统名师工作室”命名，周海燕辅导员工作室 2021 年获评江西省高校辅导员“名师工作室”。

## 四　研究生培养

学科点 2020 年招收博士研究生 17 人、学术型硕士研究生 84 人，授予 19 人博士学位、73 人硕士学位；2021 年招收博士研究生 22 人、学术型硕士研究生 87 人，授予 12 人博士学位、55 人硕士学位。截至 2021 年底，学科点现有在校博士研究生、学术型硕士研究生共 338 人。

学科点通过“四个引领”强化研究生培养过程及质量。一是学术引领。通过直接参与导师科研项目、研究生独立申请省（校）级研究生创新课题等多种途径，用好研究生学术报告会、学术会议分享论坛、博士生公开讲座活动，加强对研究生的学术训练。二是实践引领。基于“导师课题 + 地方建设需要 + 学生科研需要”组织硕博研究生参与暑期实践调研，在导师帮助下，提升研究生实践能力。三是国际引领。依托国家留学基金委“全球运营管理（GOBA）跨学科交叉融合创新型人才培养项目”，选送优秀硕博研究生出国留学、访学，并与美国纽约理工学院、英国皇家特许会计师公会（ACCA）等境外高校或组织开展合作办学。四是党建引领。工商管理学院是全国财经类高校唯一“双样板”学院（全国党建工作样板支部、全国高校百个研究生样板党支部），以双样板为平台党团联动开展活动，丰富研究生政治素养与知识。

在“四个引领”的推动下，毕业生就业状况良好，主要就业流向为党政机关、高等教育单位、国有企业与民营企业等，此外，每年还有一批学生选择了升学与留学，近三年，有 9 名硕士研究生考入中山大学等国内知名高校攻读博士学位、9 名研究生获国家留学基金委资助公派出国留学（其中 6 名博士研究生获 CSC 资助联合培养博士研究生、3 名硕士研究生获 CSC 资助攻读博士学位）。经学校及学科点前期跟踪调查，学科点毕业生职业发展状况良好，同时受到用人单位的广泛好评。

（撰稿人：胡海波、蔡文著、聂烜）

# 山西财经大学工商管理学科建设

## 一 学科简介

山西财经大学工商管理一级学科起步于20世纪50年代初，在晋商文化长期熏陶下，在资源型经济转型和全国经济建设需求中成长。2006年获工商管理一级学科硕士学位授予权，2011年经国务院学位委员会批准获得工商管理一级学科博士学位授予权，2012年开始招收博士研究生。经过七十余年的发展和积淀，工商管理学科具备了从本科、硕士到博士完整的高层次人才培养体系。目前，工商管理一级学科博士学位授权点下，设企业管理、会计学、财务管理、技术经济及管理、旅游管理5个二级学科博士学位授权点，设企业管理、会计学、财务管理、人力资源管理、技术经济及管理、旅游管理6个二级学科硕士学位授权点，以及MBA、EMBA、MPAcc、MAud、资产评估、旅游管理6个专业学位授权点；工商管理一级学科下的工商管理、会计学、财务管理、资产评估、旅游管理本科专业全部为国家一流专业。学科有资源型经济转型发展研究院、中小企业发展研究院两个山西省高等学校人文社会科学重点研究基地，资源型经济转型发展研究院是山西省社科智库。近二十多年来，在为国家资源型经济转型蹚出一条新路中探索企业管理理论与管理实践方略，在第四轮学科评估中获评B+级，名列全国前20%。一级学科带头人为杨俊青教授。

## 二 学科特色

工商管理学科立足国家资源型经济转型发展的需要，在经济学与管理学的比较综合中实现理论创新与解决经济社会发展难题。近年来，以为国家资源型经济转型发展蹚新路为使命开展研究，形成了五个特色较为鲜明的学科方向：中小企业发展与人力资源管理创新（带头人为杨俊青）、资源型企业转型与管理创新（带头人为郭淑芬）、资源型地区旅游发展评价与管理（带头人为程占红）、企业高质量发展会计与审计治理（带头人为吴秋生）、企业高质量发展的财务决策与公司治理（带头人为田祥宇）。具体特色体现在以下方面。

（一）中小企业发展与人力资源管理创新。针对中小企业“民工荒”、劳资关系紧张、劳资冲突频发、劳动生产率低、创新不足等问题，使用以薪酬为主要内容的总体报酬的激励职能，构建了中小企业劳动者、企业与社会合作共赢的单因子、双因子、五因子“人本管理”理论模型，使用构建的理论模型发展了古典、新古典劳资关系对立理论，诺奖得主刘易斯二元经济转化理论，凯恩斯劳动就业理论，对菲利普斯曲线给出了解释，实现了泰勒科学管理思想，回答了宏观管理的微观基础质疑，为资源型地区中小微企业贯彻好创新、协调、绿色、开放与共享新发展理念、助推资源型地区转型发展找到了理论与实践路径。

（二）资源型企业转型与管理创新。围绕煤炭资源型企业转型发展中的问题，创立了煤炭企业转型与可持续发展系统评价方法、构建了煤炭企业核心竞争力体系；围绕煤炭企业转型发展中的公司治理、技术创新、知识管理等问题进行了系统研究。

（三）资源型地区旅游发展评价与管理。构建了衡量资源型区域旅游业碳均衡测算模型，解析了旅游交通和酒店碳排放机理，识别了游客低碳旅游认知主要维度和影响因素，为构建低碳旅游理论和实践发展奠定了基础。评价了旅游地演化过程和响应度、旅游经济失配度及其空间格局和形成机理，阐释了旅游地形象与旅游品牌的互动性，有助于旅游地可持续发展能力的提高。

（四）企业高质量发展会计与审计治理。以中央确定的本轮国资国企深化改革目标、任务和要求为指导，基于山西省转型综改的现实背景，研究国企改制重组、国有资本投资运营公司设立等改革涉及的公司治理、内部控制、资本运作与资金运营、审计监督与鉴证、会计信息化与数智化转型等问题，对推进山西国资监管体制改革与转型综改协同发展，实现国企高质量发展具有启示意义。

（五）企业高质量发展的财务决策与公司治理。立足山西经济转型实践，对山西企业绿色投资决策及其效应进行了深入研究；基于上市公司高质量发展的要求，围绕金融生态环境、财税政策、要素市场发育等外部因素，以及公司治理和商业模式、企业创新等内部因素，就山西上市公司高质量发展问题进行了多视角的研究。

## 三　科研团队与成果

工商管理学科现有专任教师 157 人，其中教授 35 名，副教授 81 名（博士学位 118 人，占比 75.2%）。享受国务院特殊津贴专家 3 人，教育部新世纪优秀人才 1 人，山西省“三晋英才”支持计划高端领军人才 1 人、拔尖骨干人才 6 人、青年优秀人才 6 人；中华全国总社优秀教师 1 人，山西省学术技术带头人 6 人，山西省教学名师 9 人，山西省优秀研究生导师 1 人。获批省级教学研究创新团队 1 个、省级新型智库 1 个、省级优秀教学团队 1 个、省级高校优秀创新团队 1 个。

2019 年以来共主持 27 项国家级科研项目，其中，国家自然科学基金项目 4 项，国家社会科学基金项目 9 项，教育部项目 14 项，获科研经费 1800 多万元；在 SSCI、CSSCI、

CSCD 来源期刊上发表 200 余篇论文；出版著作 41 本；获得发明专利 1 项。

获山西省第十一次社会科学研究优秀成果一等奖 1 项，即 2020 年杨俊青、陈虹发表于《南开管理评论》的论文《非国有企业薪酬激励能够实现劳动者、企业与社会的合作共赢吗——基于劳动生产率、盈利与吸纳劳动力视角的研究》。

获山西省公共管理领域优秀科研成果一等奖 1 项，即 2019 年杨俊青等发表于《中国人口科学》的论文《传统产业转型与新兴产业培育发展中的就业问题研究——以山西省为例》。

获山西省科技进步奖二等奖 2 项，分别是：2020 年赵国浩、张华明等的《应对气候变化的煤炭资源低碳化利用与政策研究》；2021 年赵国浩、曹翠珍等的《煤炭资源综合利用及资源型经济转型研究》。

2020 Highly Commended Award 1 项， 即 2020 年 Highly Commended  Award is awarded to Junqing Yang for the paper Can Rewards in Centives of Non-stateowned Enterprises Realize Co-win Cooperation of Workers，Enterprises and the Society?—From the Perspective of Labor Productivity，Profit and Labor Absorption，authored by Junqing Yang，Hong Chen.

## 四 教学与课程创新

工商管理学科根据人才培养目标和学科的专业特色，制定了目标明确、特色鲜明的企业管理、会计学、技术经济及管理、财务管理、旅游管理、人力资源管理、MBA、EMBA、MPAcc 等 9 个专业研究生培养方案和教学计划，制定了完善的课程教学大纲，每门课程在遵循统一模式下，据专业培养目标设置教学目标、教学内容、教学要求、教学方法和考核方式等。

授课以问题为导向，坚持研究型教学，主要培养工商管理研究生提出问题、分析问题、解决问题的能力，受到学生好评；根据经济社会企业发展遇到的热点、难点问题，持续改进教学内容。

2019 年，“中级财务会计”“管理学”“审计学”“会计信息系统”“资产评估”被认定为山西省高等学校精品共享课程；2020 年，“管理学”“审计学”“财务报表分析”被认定为国家一流课程，“现代企业人力资源管理”被国家教育部工商管理教指委评为金课；“战略管理”“现代企业人力资源管理”“财务管理学”被认定为山西省高等学校精品共享课程；2019 年，结合课程思政修订出版了《管理学》教材、2020 年修订出版了《人力资源管理——宏微观人力资源管理相通探索》教材。2021 年，“市场营销学”“管理会计”“资产评估学”“会计学”被认定为山西省高校精品共享课程。杨俊青教授的“现代企业人力资源管理”课程在 2021 年全国首届教学创新大赛中获山西赛区三等奖、王玉娟老师“管理学”课程 2021 年荣获山西省课程思政教学设计大赛三等奖，任少华、杨小琴分别获得 1 项省级思政课题，任少华获校级辅导员大赛二等奖。2021 年杨俊青教授领衔的教学团队完成的教改成果“新时代地方高校国家一流专业建设点——工商管理专业人才培养模式创新与实践”，荣获山西省教学成果（高等教育）特等奖，袁春生老师的项目“地方高校财会专业校政行企协同育人模式的探索与实践”获得省级教学成果一等奖。

## 五　人才培养与社会效益

2020—2021 年工商管理学科录取博士研究生 18 人，录取硕士研究生 151 人。在校博士研究生 70 人，在校硕士研究生 651 人。授予博士学位人数 9 人，授予硕士学位人数 119 人。

工商管理学科致力于为国家资源型地区转型发展与黄河流域经济区建设培养德才兼备，综合素质高，具备坚实、深厚和系统的经济学和管理学及工商管理专业的基础理论与管理知识，熟练掌握本专业的学术研究方法，熟悉本专业的学术研究动态和理论研究前沿，具有较强的科研创新意识和创新能力，政治过硬，学术视野宽阔，学风严谨求实，适应工商管理及相关领域工作需要的高素质复合型、研究型人才。

博士研究生基准学制为 3 年。非定向博士研究生（档案以学生身份转入学校者）可在 3—6 年内完成学业。定向博士研究生（档案未以学生身份转入学校者）的学习年限一般不少于 4 年，可在 3—6 年内完成学业。

博士研究生培养实行学分制。总学分 35 学分，其中理论教学 24 学分，实践与创新培育 11 学分。在培养期间应完成培养方案规定的课程学习、实践教学、学术活动、科学研究和学位论文撰写等工作。课程学习安排在前三个学期内完成，第四个学期开始为科研及博士学位论文工作阶段，其中毕业要求满足专业学术论文完成 5 学分，科学研究项目 2 学分。学科每月举行的振动管理大讲堂已成为学生聆听全国经济管理学家、企业家、领导讲授经济管理理论与实践管理方略与智慧的著名讲堂。

工商管理学科鼓励学生毕业后到艰苦地区和基层就业，毕业生有近一半到各基层组织参加工作。凭借其适应能力强、专业技能扎实、思想觉悟高、职业进步快，长期受到用人单位的好评。文化旅游学院的硕士研究生刘楚楚毕业后入职西藏大学，立志扎根西藏，为祖国边陲教育事业贡献自己的一份力量。有 5 名同学考取大学生村官，2 名同学进入“三支一扶”岗位，深入基层，服务群众。大批同学进入各地党政机关部门和国家电网以及其他企事业单位基层分支机构。这些同学为促进各地区企业与经济社会发展不懈努力。

（撰稿人：赵越超、杨俊青）

# 山东财经大学工商管理学科建设

## 一　学科介绍

山东财经大学工商管理学科始建于1952年，1979年恢复办学后开设工业会计和商业会计专业，是山东省最早的工商管理类专业。1991年会计学获批山东省首个会计学重点学科，1993年会计学获批山东省首个硕士学位授权点，1996年获批企业管理硕士学位授权点，2013年获批工商管理一级学科博士学位授权点，2018年入选省一流立项建设学科，2020年入选山东省高水平建设学科。

工商管理学科始终是山东省重点建设学科。2002年获批山东省首个省级强化建设重点学科，2010年企业管理获批省级强化建设重点学科，2006年、2008年企业管理和会计学分别入选“泰山学者”设岗学科。该学科在教育部第四轮学科评估中获评B+级（前10%—20%）；现有2个学术学位博士专业，7个学术型硕士学位授权点，3个专业硕士学位授权点，9个本科专业。会计学、财务管理、工商管理2019年获批国家级一流本科专业建设点，市场营销、人力资源管理、审计学2020年获批国家级一流本科专业建设点，旅游管理和资产评估为省级一流本科专业建设点。

该学科拥有“互联网+会计发展协同创新中心”、山东省工商管理研究基地等9个省级研究平台。会计学、财务管理、工商管理教学团队为省级教学团队。拥有“经济与管理实验教学中心”（国家级实验教学示范中心）、“管理学实验教学中心”“会计学实验教学中心”（省级实验教学示范中心）高水平教学平台。大学生创业园为“全国高校实践育人创新创业基地”。

## 二　师资队伍

该学科拥有一支较高水平的师资队伍。高级职称占80%，博士学位占74%，海外学习经历者占30%。英国社会科学院院士1人，“国家百千万人才工程”入选者2人，国家万人计划哲学社会科学领军人才1人，国家级有突出贡献的中青年专家1人，全国优秀教师4人，享受国务院特殊津贴专家3人，教育部新世纪优秀人才支持计划1人，“泰山学者”3人，山东省有突出贡献的中青年专家6人，省智库高端人才8人，省教学名师3人，省级优秀研究生导师6人，团队成员中1支教师团队获批教育部“全国高校黄大年式教师团队”，3支团队入选山东省高等学校青创团队，3支团队入选山东省高等学校“青创人才引育计划”。

## 三 人才培养

该学科建立了全面的人才培养质量保障体系，坚持立德树人，重视“三全育人”，不断强化教学研究、优质课程建设与案例教学。2019年以来，该学科获批国家级“课程思政示范课程”2项，省级“课程思政示范课程”3项；国家级和省级一流课程分别为4门、34门；全国优秀教材一等奖、二等奖各1项，省级一流教材3项；获教育部本科教改项目2项，省级重点本科教改项目6项；获国家级教学成果二等奖1项，以第一完成人获省级教学成果一等奖6项，省级研究生教育质量提升计划项目23项，哈佛、毅伟、全国百篇优秀管理案例、全国专业学位研究生教指委入库案例7项。近四年培养硕博研究生814人，本科生7622人，获省级研究生优秀成果奖14项；全国优秀会计专业学位硕士论文1篇，省优秀硕士学位论文18篇；大学生创新创业训练计划立项国家级15项、省级32项；全国大学生创新创业大赛和学科竞赛30项，其中特等奖2项、一等奖3项。

## 四 科研成果与转化

该学科注重在智能会计、数字化转型、生态审计等领域的科学研究，产出了一批高水平研究成果。2018年以来，承担国家社科基金重大项目2项、重点项目4项，省部级重大项目3项、重点项目18项，重大重点项目累计科研经费480万元；在《管理世界》《南开管理评论》等高层次期刊发表学术论文177篇；获教育部科研优秀成果三等奖1项、省社科优秀成果一等奖8项。

该学科依托山东财经战略研究院、山东省人才发展研究中心、山东省政府规制创新智库等平台，立足于国情省情，积极为政府和企事业单位提供决策咨询服务，承担国家及省部级党政部门及大型企业委托重大课题10项以上，14项研究成果得到省部级以上领导肯定性批示。

## 五 交流与合作

该学科始终注重与国内外高校展开学术交流。2006年，该学科开始中新会计学专业合作项目，已与新西兰梅西大学、加拿大滑铁卢大学、美国明尼苏达大学等10余所境外大学就联合培养研究生、联合举办国际高端论坛、推进智能会计学术联盟等开展交流与合作。

2019 年在教育部全国工商管理教指委指导下，与毅伟案例中心共同主办“工商管理案例开发与教学国际研讨会”。2020 年举办“首届智能会计发展高端研讨会”“第二届‘会计文化与东方文明’国际高端论坛”“新时代党和国家监督体系中的财会监督云论坛”“中国政府审计研究中心 2020 年第二期审计主体研究工作坊”等学术会议。2021 年主办“第二届智能会计发展高端研讨会暨师资研修班——迈向财务会计与管理会计深度融合的新时代”“第六届生态文明审计理论创新发展研讨会”；助力济南市成功申报文旅部 2022 年“东亚文化之都”，并完成“东亚文化之都·济南活动年”百场文化交流活动等。

（撰稿人：涂罡、张明志、王旭、刘政敏）

# 北京工商大学工商管理学科建设

## 一　学科与专业动向

北京工商大学工商管理学科始于 1960 年的财务会计专业，于 1984 年招收会计学硕士研究生，1990 年取得企业管理硕士研究生授予权，2003 年经教育部批准与中央财经大学联合培养会计学博士研究生，2006 年取得财务管理、技术经济及管理硕士研究生授予权，2007 年、2010 年分别获得工商管理硕士（MBA）、会计专业硕士（MPAcc）授予权，2021 年获得工商管理一级学科博士学位授权点，该学科是北京市首批高精尖学科，拥有国家和北京市一流专业建设点、北京市重点学科 5 个，并于教育部第四轮学科评估中获评 B 级。

该学科先后提出增减记账法、投资者保护理论、分层财务理论、服务蓝图、物流系统论等理论和应用体系，形成了会计与投资者保护、公司财务与国有资产管理、企业管理与服务创新、物流管理与智慧供应链 4 个特色方向，现有会计学、财务管理、企业管理、市场营销、人力资源管理 5 个专业。拥有省部级国有资产管理协同创新中心，校级政府绩效管理研究院、国资国企研究院等研究机构。

## 二 科研团队与成果

该学科现有专业教师112人，教授29人，副教授52人，讲师31人。享受国务院政府特殊津贴1人，教育部青年长江学者1人，省部级有突出贡献专家2人，北京市跨世纪优秀人才工程入选者1人，教育部“新世纪优秀人才支持计划”入选者2人，财政部会计名家3人、会计领军（后备）人才9人，北京市高层次创新创业人才支持计划教学名师2人，北京市高校教学名师2人，北京市青年教学名师1人，北京市优秀教育工作者1人，北京市青年拔尖人才培养计划8人，北京市长城学者培养计划5人，北京市青年英才计划3人，获北京高校青年教师教学基本功比赛一等奖1人。

经过长期积累，该学科形成了特色鲜明、优势突出的学科优势，近3年来承担国家级项目30余项，国家自然科学基金项目12项，国家社科基金项目21项（其中重大3项，重点2项）。团队高质量科研成果取得重大突破。在国内外顶级期刊发表论文100余篇，毛新述教授以通讯作者身份在国际顶级管理学期刊 *Management Science* 发表题为 Top Management Team Power in China：Measurement and Validation 的论文，向外界宣传了中国管理思想和智慧，引起国内外学界和业界的广泛关注。团队成员积极响应国家号召，将论文写在祖国大地上，在国内顶级期刊《经济研究》《管理世界》发表论文14篇，出版专著45部，获省部级科研成果奖5项，累计科研经费近2500万元。多项成果被《新华文摘》、人大复印报刊资料等转载，部分成果被财政部、国务院国资委、北京市财政局、中央和省属国有企业批示或采用。

该学科谢志华教授、杨有红教授、王斌教授、毛新述教授等多项成果获得北京市哲学社科优秀成果奖、财政部中国会计学会优秀成果奖。团队立足于中国管理实践，借助专业优势积极服务于政府决策，产生了显著的社会影响：深度参与财政部会计准则、专项课题研究，发挥会计宏观决策价值功能。服务北京市财政，落实全面预算绩效管理，系统总结提炼了北京市财政全成本预算绩效管理典型经验，为北京市财政预算绩效管理工作提供了重要依据。

## 三 教学与课程创新

围绕学科特色，该学科开设管理研究方法、会计理论研究、财务理论研究、企业战略管理、会计前沿专题、公司财务前沿专题、国有资产管理前沿专题、企业管理前沿专题等相关课程。在此基础上，学科积极融入数智化元素，先后打造大数据管理与应用、区块链技术与应用、数字化与价值管理、数据可视化与分析等相关课程，开设智能会计、数字管理、数字营销等方向，培养商科数智化人才。积极推进专业与课程思政建设，“中级财务会计”“企业管理实践”课程获国家级一流本科课程，《中级财务会计》《财务管理》教材获北京高校“优质本科教材”，“会计学原理”“管理学”“人力资源管理”课程获评北京市“优质本科课程”。

该学科积极推进契合教学需求的原创教材资源建设，打造了清华版会计与财务系列、工商管理大平台系列两套教材，翻译改编多部外文教材，拥有国家级规划教材 1 本、国家级精品教材 4 本、北京市优质教材 2 本。

该学科注重育人成效，获省部级教学成果奖 6 项。团队先后获“全国教育系统先进集体”“北京市优秀教学团队”和“北京市党建研究会优秀成果一等奖”，连续多人次获教学名师、教学标兵、师德标兵等称号，深受师生广泛认可。率先组织实施了基于国资国企改革重大需求协同创新的管理人才培养模式创新，积极推动科研和实践育人，获北京市高等教育教学成果一等奖。提出面向服务首都国际交流中心定位及国家“一带一路”倡议的新商科人才培养模式，凸显会计国际化人才培养特色，获北京市高等教育教学成果二等奖。

## 四　人才培养与社会效益

该学科紧密围绕中国特色社会主义进入新时代、百年未有之大变局的历史新方位和数字科技产业新变革的重大社会需求进行人才培养，提出了“思政引领、数智融合、国际导向”的人才培养理念，形成了多元融合、固本思变、符合时代发展要求的新商科特色培养理念。通过对传统商科知识体系重新建构，与时俱进地将数字技术、价值塑造等融入商科教育，突出教学内容的综合性和可适应性。打破“传统商科”思维，构建“数字商科”模式，倡导知识性与思想性、实践性的统一。强化问题导向的场景化教学，凝聚不同学科优势资源，完善政产学研协同育人机制，搭建了“深入实践、资源共享、产学互动”的人才培养新模式。先后与美国、加拿大、英国等国家和地区的 20 余所高校展开国际合作项目，该学科每年毕业生达 800 余人，在校生规模 2800 余人。

该学科搭建了学术交流平台，建立了学术活动制度，先后举办“北京市高精尖学科创新论坛”系列论坛、数字管理与数字营销国际学术研讨会、中国资本市场与国资国企改革国际学术研讨会等国际学术会议，定期举办名家大讲堂、青年学者论坛、博士生论坛等系列学术活动，邀请知名专家学者、实务界专家、青年学者等前来交流。

得益于该学科推进的商科教育供给侧改革，输送的毕业生得到用人单位的广泛认可和赞誉，部分学生继续前往中国人民大学、南开大学、对外经济贸易大学等高校深造，就业率一致保持在 95% 以上，高水平就业不断提升。

（撰稿人：毛新述、张伟华、张晨宇）

# 河南财经政法大学工商管理学科建设

## 一 学科介绍

河南财经政法大学工商管理一级学科始建于1983年，2005年获一级学科硕士学位授权，现有企业管理、市场营销学、技术经济及管理、会计学、电子商务、旅游管理6个二级学科硕士点。2008年工商管理一级学科荣获河南省重点资助一级学科，其中企业管理、会计学、技术经济及管理获批河南省重点学科，管理学、会计学、财务管理获批河南省省级教学团队。

截至2022年，市场营销、会计学、财务管理、旅游管理和电子商务5个专业入选国家级一流专业建设点；学科所在学科群“现代服务业学科群”2020年被确立为河南省特色骨干学科群（B类），该学科在全国第四轮学科评估中获得“B-”类成绩，这是河南省该学科获得的最好成绩。

学科师资团队年龄结构年轻化，职称和学历结构合理。截至2021年年底，具有高级职称专任教师105人，中级职称专任教师54人，共计159人。其中45岁以下人数占64.78%。学历结构持续改善，具有博士学位的人数占61.64%。

近年来，学科点坚持问题导向进行科学研究，将科学、前沿的研究方法应用于数字化转型、豫商文化、中小企业领导力、服务营销、内部控制与审计、文旅融合、跨境电商等领域面临的实际问题上，强调理论研究的前沿性和科学性，取得丰硕的研究成果。例如：学科于2020年度新增旅游管理硕士（MTA）专业学位授权点，在《中国软科学》《管理学报》《科研管理》等重要中文期刊以及*Journal of Business Research*、*European Journal of Innovation Management*等重要国际期刊发表论文近70篇；获得国家级重大项目1项，国家自然科学基金项目1项，国家社会科学基金项目5项，教育部人文社科基金等省部级课题4项，省部级以上纵向课题37项。

## 二 学科特色

本着“笃学修德、教书育人”理念，学科点紧紧围绕学术研究能力提升，按照“国内有地位国际有影响特色鲜明的高水平大学”的目标进行学科建设和人才培养。学科点紧密结合地方经济发展与学科前沿，形成6个研究方向：企业管理、市场营销学、技术经济及管理、会计学、电子商务、旅游管理。

学科点坚持前沿学科与地方经济发展相融合，坚持质性研究与定量研究相结合，以企业数据、行业数据库为基础，运用大数据方法，拓展数据来源，整合多种数据库平台和企业调研数据，坚持一手数据和二手数据相结合，紧盯研究分析方法，形成比较完备的科研体系。学科点紧紧围绕黄河流域生态保护和高质量发展国家战略，以豫商、豫企为研究对象，结合数字化转型、组织变革、企业成长等理论在企业管理、消费行为与大数据分析、会计、审计、跨境电商、文旅融合等方向形成丰硕成果。

2021年学科新增“豫商文化与河南企业高质量发展研究院”“电子商务与现代服务业发展研究院”2个智库；学科拥有河南省高校哲学社会科学创新团队1个；2021年《人力资源开发与河南省经济增长》获省级领导批示；牛全保教授团队获得教育部工商管理类专业教学指导委员会《工商管理类专业课程思政教学指南》教改课题立项；潘勇教授“面向新文科融合现代信息技术的教师教学方法创新与实践——从专业具体知识学习走向思维能力构建”获得首批国家新文科研究与改革实践项目立项；学科点扎根河南本土，策划撰写了“新时代河南企业创新发展论丛”，出版4部研究豫企的系列学术著作。

学科点承办中国工商管理研究年度高端论坛（2020），协办“2021中原会展高质量发展论坛暨郑州会展行业协会人才专业委员会成立大会”、第五届（2021）中原营销国际学术论坛等全国性、区域性学术会议，推动了学术研究在全国高校之间的交流和合作；近年来，学科点不断打造并提高科研平台的国际化水平，与联合国贸发会建立合作关系，承接国际组织委托科研任务。

## 三 教学与课程创新

除国家规定和学校要求的相关课程外，该学科点为硕士研究生开设如工商管理前沿、信息经济学与电子商务经济学、新制度经济学导论等课程，指导学生贴近经管学科研究热点；同时，学科点还开设案例研究与实验研究方法、管理学名著选读、统计分析方法等一系列课程帮助硕士研究生夯实基础，助力科研道路行稳致远。

近年来，学科积极推进相关课程改革创新，不断优化协同育人的一级学科培养方案，明晰协同培养目标，优化教学内容。例如：2021年，学科更新硕士研究生课程“管理研究方法”教学大纲；学科点获得全国高等学校工商管理类专业《教学质量国家标准》实施教学研究成果奖、河南省高等教育教学成果奖、全省课堂教学创新大赛等教学成果奖17项；获得河南省哲学社会科学、河南省教育厅等科学研究优秀成果奖15项；获得2021年度河南省首届全省教材建设奖 5 项；2022 年 5 月完成工商管理一级学科学术研究生人才培养方案修订工作。

学科重视产学研结合，积极开展实习基地建设，先后与多家知名企业签署战略合作协议，拥有“河南大信整体厨房科贸有限公司”“新道科技股份有限公司”等 8 个教育创新基地、实训基地。

## 四 研究生培养

2020 年一级学科招收研究生 41 人，2020 届毕业生 40 人；2021 年一级学科招收研究生 50 人，2021 届毕业生 34 人。

学科招生对象是具有国民教育序列大学本科学历（或本科同等学力）人员。该学科全日制学术学位硕士研究生为 3 年学制，实行导师负责和导师组集体培养相结合的原则，导师负责对其指导的学生的思想品德教育和学业教育，导师是研究生培养第一责任人；各二级学科根据研究方向设导师组及导师组组长，组长负责对导师组的指导，指导本学科、专业的研究生培养工作。2019 年以来，学科点研究生在《中国软科学》、*European Journal of Innovation Management* 等核心期刊发表论文 12 篇，参与学术会议 25 人次。多篇研究论文在第五届（2021）中原营销国际学术论坛，第三届管理哲学、研究方法与中国管理实践暨中国企业管理研究会管理哲学专业委员会（2021）年会，第十八届 JMS 中国营销科学学术年会暨博士生论坛等学术会议上宣讲并获评优秀论文。

学科点承办“中国工商管理研究年度高端论坛（2020）”，主办“第三届（2019）中原营销国际学术论坛”，促进了学术交流与合作，提升了工商管理学科的学科影响力。近年来，学科点先后邀请周南、张玉利、王小平、王雪华等为硕士研究生作学术报告近 20 场次，举办“青年学术论坛”近 10 场次，培养和提升硕士研究生创新能力、实践能力。学校 2020 年、2021 年毕业生 74 人，6 人考取博士研究生，23 人进入国有企业，6 人进入党政机关，5 人进入高等教育单位，3 人考取事业单位，10 人进入科研设计单位，其他 21 人，就业率达到 100%，用人单位满意度高。

（撰稿人：王永伟、李岚、郭萌萌）

# 重庆工商大学工商管理学科建设

## 一 学科介绍

重庆工商大学工商管理学科于1981年设立，2003年获批硕士点，拥有会计学、市场营销等国家级特色专业以及工商管理、会计学、市场营销、财务管理、物流管理等五个国家一流本科专业建设点，拥有工商管理一级学科学术硕士点及工商管理硕士（MBA）、会计硕士（MPAcc）、审计硕士（MAud）、国际商务硕士（MIB）、旅游管理硕士（MTA）等五个专业学位硕士点。该学科在全国第四轮学科评估中获评B-级，2021年软科中国最好学科排名第74，均位居重庆市属高校前列。该学科连续入选"十二五""十三五""十四五"重庆市重点学科建设点，并于2017年获得重庆市首批"一流学科"立项建设，2020年12月以优秀等级通过重庆市"一流学科"周期总结验收。

该学科现有专任教师200余人，专任教师中具有博士学位的教师占比达到60%，高级职称教师占比达到65%，45岁以下教师占比达到67%，博士生导师16人。拥有新世纪百千万人才工程国家级人选、国务院政府特殊津贴专家、全国工商管理专业教指委委员、全国优秀教师、中宣部宣传思想文化青年英才、重庆市"首席专家工作室"领衔专家、重庆英才、巴渝学者等省部级人才30余人次。

近5年，获国家自然科学基金、国家社会科学基金项目36项，其中国家社会科学基金重点项目2项，承担教育部基地重大项目、中国工程院重大项目3项；在*International Journal of Information Management*、*European Journal of Operational Research*、*International Business Review*等SSCI以及《管理世界》《管理科学学报》《南开管理评论》等国家自然基金委A类期刊发表论文120余篇；获国家教学成果奖二等奖、教育部高等学校科学研究优秀成果奖（人文社会科学）三等奖、重庆市社会科学优秀成果奖一等奖、重庆市发展研究优秀成果奖一等奖等科研奖励20余项。

该学科还拥有教育部人文社科重点研究基地"长江上游经济研究中心"、科技部国际科技合作基地"国家智能制造服务国际科技合作基地"、国家级实验教学示范中心、国家级虚拟仿真实验教学中心等4个国家级和重庆市人文社科重点研究基地"企业管理研究中心"、重庆市2011协同创新中心“重庆现代商贸物流与供应链协同创新中心”、重庆市重点实验室“电子商务及供应链系统重庆市重点实验室”等10个省部级教学及科研平台。

## 二 学科特色

该学科深入贯彻党的十九大精神和党的教育方针，以习近平新时代中国特色社会主义思想为指导，秉承“特色、开放、创新”的学科建设理念和“融汇中外智慧、扎根本土实践、探索管理新知、培育卓越人才”的办学使命，瞄准学科前沿，围绕国家战略和地方经济社会发展需求，以“一流学科、一流人才、一流服务”为建设目标，形成以下五个特色研究方向：(1)会计改革与环境审计方向，主要研究领域为会计转型、绿色财会与环境审计，并形成长江经济带审计理论、环境审计、绩效评价与绿色财务等特色方向；(2)企业转型与组织管理方向，主要研究领域为企业战略转型、国际化发展和组织管理，并形成老工业基地企业数智化转型、西部企业国际化发展、新场景下组织行为与人力资源管理等特色方向；(3)旅游开发与乡村振兴方向，主要研究领域为乡村旅游、乡村用地和乡村可持续发展，并形成三峡库区与成渝地区乡村旅游开发、乡村旅游用地管理，乡村扶贫、乡村规划与乡村治理等特色方向；(4)技术创新与知识管理方向，主要研究领域为技术创新、知识管理和服务创新，并形成三峡库区与成渝地区区域创新生态治理、共性技术创新、知识管理与协同创新等特色方向；(5)物流与供应链管理方向，主要研究领域为国际商贸物流、农产品物流、应急物流与供应链管理，并形成内陆地区国际物流、应急物流、农产品物流与供应链管理等特色方向。

该学科点积极加强对外学术交流，致力于持续提升学科影响力。近年来，承办了中国会计学会2016年学术年会、第二届（2018年）国际计算金融与管理学术研讨会、第一届（2019年）全国高等学校经管院长本科教学联席会议、第十九届（2019年）全国科技评价学术研讨会、第二十二届中国管理科学学术年会暨中国优选法统筹法与经济数学研究会2020年年会、中国创新与企业成长（CI&G）2020年度学术会议等系列高水平学术会议。

## 三 课程设置

除了国家规定和学校要求的相关课程外，该学科点还为硕士研究生开设中级微观经济学、企业战略与公司治理、中级计量经济学、博弈论、管理运筹学等专业基础课，开设营销理论前沿（双语）、物流与供应链管理前沿（双语）、组织行为学、财务会计理论研究、审计理论与方法（双语）、旅游经济理论与实践等专业必修课，开设实证研究方法与技术、文献阅读与专业论文写作、消费行为理论、供应链管理、会计准则前沿专题、旅游体验与消费行为研究等专业选修课。以紧扣国际国内经济社会发展对高层次工商管理研究人才的需求，立足重庆，服务西部，面向全国，依托学校多学科协调发展优势，培养学生具备宽厚、复合、外向的知识结构，具备扎实的管理学基础理论，具备严谨的学风和学术研究道德，具有诚信、独立和相互尊重的学术精神，具有国际视野以及中国特色社会主义理论素养，具有健康的体魄和良好的心理素质的高层次工商管理人才。

## 四　研究生培养

为培养德、智、体、美全面发展的社会主义建设者和接班人，重庆工商大学工商管理学科设立企业管理、人力资源管理、技术经济及管理、会计学、旅游管理等二级学科硕士点，硕士研究生的学习年限为2—5年。要求硕士研究生按照培养方案完成学分、科学研究及撰写学术论文等，并定期举办学术讲座、学术报告、文献阅读与学术沙龙等交流活动，鼓励研究生积极参与，以提高研究生的学习和科研能力。同时，也注重培养研究生独立开展研究的能力，鼓励研究申报相关省部级、校级科研创新项目，鼓励学生积极参加国内外学术会议并作报告，不断完善、提升研究能力和工作水平。

学科点构建了“一主线、双导向、三融合”的研究生培养和质量督导模式。“一主线”即坚持“三型一化”（复合型、应用型、创新型、国际化）研究生人才培养目标主线，“双导向”即坚持“培养—使用”和“研究—深造”的研究生培养导向，“三融合”即坚持产教融合、专创融合、学研融合的研究生过程培养理念。近两年来，人才培养成效显著，研究生初次就业率均在95%以上，就业质量稳居同类高校前列。

（撰稿人：重庆工商大学）

# 湖北经济学院工商管理学科建设

## 一　学科与专业动向

湖北经济学院工商管理一级学科主要建设工作由湖北经济学院工商管理学院、会计学院、旅游与酒店管理学院联合进行，包含了工商管理、物流管理、市场营销、人力资源管理、会计学、财务管理、审计学、旅游管理等专业。

该学科建设着重发挥经济学、管理学等传统专业优势，强化特色发展，适应新形势、新技术、新业态，打造优势特色专业，积极发展新兴专业。2020 年获批大数据管理与应用、供应链管理等五个新专业。

2009 年湖北经济学院与湖北大学联合招收会计学术硕士研究生，2011 年获得会计专业硕士（MPAcc）学位授权。2021 年 10 月 26 日，国务院学位委员会下发《关于下达 2021 年审核增列的博士、硕士学位授予单位及其学位授权点名单的通知》，湖北经济学院成功获批硕士学位授予单位，同时获批会计、金融和法律 3 个硕士专业学位授权点。

工商管理一级学科为省级重点特色学科，企业管理学科为湖北省第四批硕士学位点立项建设学科。拥有五个国家级一流专业：市场营销、物流管理、会计学、财务管理、旅游管理；两个国家级特色专业点：市场营销、会计学；此外还包括一批省级专业建设工程，包括湖北省一流专业：工商管理；湖北省品牌专业：市场营销、会计学；湖北省专业综合改革试点：市场营销、会计学；湖北省首批战略新兴人才培养计划项目：物流管理（冷链方向）。

2021 年，以湖北经济学院工商管理学科方向“绿色企业经营与管理”为支撑的“区域经济发展与碳中和”以及以“智慧供应链体系构建”为支撑的“人工智能与数字经济”两个湖北省优势特色学科群获批立项建设。“楚天学者”设岗学科及高层次人才引育工程成果突出，聘请比利时鲁汶大学、纽约州立大学、伦敦大学、华中科技大学、中山大学著名学府的知名教授为特聘讲授、主讲教授和讲座教授，充分发挥学科在学科引领、团队培养、示范教学方面的作用为学科发展创造良好条件。

该学科拥有三个省级重点人文社科重点研究基地，具体如下。

（1）湖北企业文化研究中心是经湖北省教育厅批准，依托湖北经济学院工商管理学院成立的高校人文社科重点研究基地。中心设有四个研究所，采取开放式运作，聚集校内外各种资源，集中研究湖北企业文化建设与发展中的重大理论与现实问题，力争将中心建设成为在全省居于领先水平、在全国具有较大影响的企业文化学术研究中心、产学研培训基地、决策服务与信息咨询的“人才库”“思想库”和“智慧库”。

（2）湖北物流发展研究中心是湖北省教育厅批准的重点研究基地。依托湖北经济学院开放式运作，研究人员省内外聚集，集中研究湖北物流发展中的重要问题，为湖北物流产业发展服务。总体目标：建成在全省领先、在全国有影响的物流学术研究中心、产学研培训中心、决策服务与信息咨询中心，在学科建设、队伍建设、科研方面取得一批标志性成果。

（3）湖北会计发展研究中心由湖北省注册会计师协会与湖北经济学院会计学院联合设立，是该校会计学科未来发展建设的又一重要平台。研究中心由湖北省注册会计师协会和湖北经济学院共同负责管理，下设会计、财务、审计三个研究所，每年将编辑出版湖北会计发展年鉴、对外公开招标课题、联合举办专业学术会议、合作创办学术杂志等，主要致力于研究、解决湖北会计发展中的热点、难点问题。

## 二 科研团队与成果

工商管理学科专任教师团队目前190人，其中教授33人，副教授83人，博士131人。五年来共引进、培养湖北省外专百人计划专家1人，国务院特殊津贴专家1人，楚天学者1人，楚天学子4人，特聘教授5人，台湾博士4人，优秀国内博士13人。累计选派出国访学和参加国际会议的教师达到100人次。以学科带头人为核心的学科团队逐步形成，学术影响力显著增强。

近年来，学院教师已承担国家及省部级科研课题80余项，其中有22项国家级项目、20余项教育部人文社科项目；承担出版“十一五”国家规划教材《市场营销学》《服务营销学》等30部（含专著）；在*European Journal of Operational Research*、《管理世界》《南开管理评论》《会计研究》《经济评论》《经济地理》《资源科学》《旅游学刊》《统计研究》《干旱区地理》等权威刊物发表论文1200余篇，其中SCI、EI收录110多篇；有20余项获湖北省人民政府、武汉市人民政府等部门授予的各类奖励，有20多份调研报告被湖北省委办公厅《决策参考》采用，多次荣获学校科研“先进集体”称号。

企业管理方向主要研究领域为中小企业管理与创新、企业组织行为和商贸流通。依托工商管理省级重点特色学科，建有“湖北企业文化研究中心”省级人文社科重点研究基地，聚焦中小企业发展和农产品流通等重点问题，拥有“组织文化创新与社会可持续发展”“智慧流通理论与企业政策研究”等多支团队。

会计学方向主要研究领域为会计信息质量、财务治理、风险管理与企业高质量发展。拥有国家一流本科专业建设点、会计专业硕士学位授权点和“湖北会计发展研究中心”省级人文社科重点研究基地，建有“大智移云时代会计创新”“并购重组与公司治理研究”等5支团队，形成了碳会计信息披露、行为财务和供应链融资风险等研究特色。

旅游管理方向主要研究领域为旅游空间结构与区域发展、国家公园管理与制度创新。依托湖北省旅游管理“楚天学者”设岗学科，注重管理学与地理学、生态学多学科融合，围绕长江经济带旅游空间结构演变与优化、国家公园区域旅游政策与旅游发展问题开展理论与应用研究。

物流与供应链管理方向主要研究领域为现代供应链创新、智慧物流与应用。依托湖北省战略新兴产业人才培养计划项目，建有“湖北物流发展研究中心”省级人文社科重点研究基地，聚焦“大数据”“物联网”在物流与供应链应用中出现的理论与实践问题。

## 三　教学与课程创新

近年来，该学科积极推进产业经济学学科与人工智能、大数据等学科的深度合作，将人工智能、大数据等课程融入培养体系，引导学生参与交叉学科科研项目，熟悉新科技、新产业、新业态的发展。

该学科现自建有68门在线开放课程，其中包含“管理学”“市场营销学”“会计学”“物流管理学”“人力资源管理”“供应链管理”“财务管理学”“中级财务会计学”“成本会计学”“旅游规划与开发”等管理学类课程。此外该学科还积极引进多门优质网络通识选修课程，满足学生多样化选课需求。

在此基础上，该学科取得了一系列优秀教学成果，包括湖北省省级教学团队——管理与营销教学团队、会计学教学团队；湖北省省级优秀基层教学组织——会计系、市场营销管理系、旅游管理系、物流管理系；获批湖北省省级一流本科课程立项，包括“基础会计学”“市场营销学”“旅游学概论”“中级财务会计学”“管理学”。

## 四　人才培养与社会效益

湖北经济学院工商管理学科2022届学位授予数：工商管理55人，市场营销108人，人力资源管理85人，物流管理76人，会计学261人，财务管理167人，审计学56人，资产评估44人，旅游管理41人。

会计专硕企业管理方向硕士培养质量稳步提升，完成5届学生的培养工作，培养质量显著提升，已培养研究生501人。每年有25%左右的本科毕业生考取国内外知名大学研究生。已向社会累计培养和输送数万名会计人才，一大批优秀毕业生已成长为业界翘楚、行业中坚，在社会上赢得良好的办学声誉。

该学科拥有国家级实验教学示范中心——经济管理国家级实验教学示范中心，省部级虚拟仿真实验教学中心——经济管理虚拟仿真实验教学中心，省部级实验教学示范中心——旅游与餐饮实验（实训）教学示范中心。

会计硕士专业学位打造了重职业操守、重实践应用、重综合素质的“三重”人才培养特色。3篇学位论文获评全国MPAcc优秀学位论文，3支队伍参加全国MPAcc学生案例大赛获二、三等奖，13篇教学案例入选中国专业学位教学案例中心案例库，3篇获全国优秀教学案例。

创新研究生培养模式，利用工商管理学院研究生学术沙龙等活动，提升了研究生培养质量，带动了研究生学术研究能力与学术氛围。与人福医药合作共建获批省级研究生工作站，同时与湖北省银行纠纷调研中心、九州医药物流有限公司合作共建获批校级研究生工作站，为下一步研究生工作的不断推进奠定了良好基础。

工商管理学科先后与15家会计师事务所、8家资产评估事务所、4家省内上市公司签订了实习基地协议，与4家上市公司共同建立了研究生工作站，2015年与湖北省注册会计师协会共建的实习基地获批省级大学生实习实训示范基地，高效多元的实践教学平台为专业教育提供了充足的硬件支持。

该学科在建设过程中着力提升学生综合素养。围绕人才培养目标，在强化课堂教学的同时，加强校园文化建设和丰富第二课堂内容。通过举办学术讲座、学科竞赛活动，以及丰富多彩的学生社团活动和形式多样的社会实践活动等，增强了学生的专业素养、竞争意识、创新精神与实际动手能力。近年来，该学科相关专业学生在国家和省级营销策划大赛、模拟企业经营挑战赛、创业设计大赛、商务谈判大赛、大学生职业规划大赛、物流设计大赛、BIM设计大赛中屡获大奖，捷报频传。多年来，该学科毕业生一次就业率一直保持在92%以上，毕业生因综合素质高、专业知识扎实和实际动手能力强，受到用人单位的一致好评。有一大批学生于北京大学、复旦大学、中国人民大学、浙江大学、武汉大学等名校进行研究生阶段学习。

（撰稿人：冷凯君）